lonely planet

Thailand
Inseln & Strände

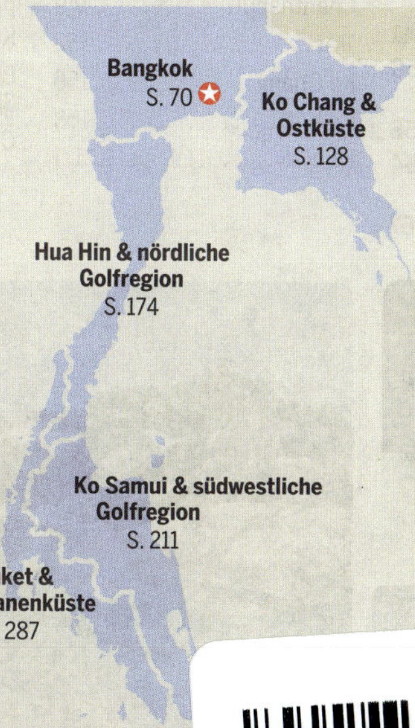

Damian Harper,
Tim Bewer, Austin Bush, David Eimer, Andy Symington

REISEPLANUNG

REISEZIELE

CATHERINE SUTHERLAND / LONELY PLANET ©

KO PHI-PHI DON S. 363

ANEKOHO / SHUTTERSTOCK ©

KAJAK FAHREN UM KO KUT S. 168

PANATFOTO / SHUTTERSTOCK ©

SCHNORCHELN VOR KO CHANG S. 158

Inhalt

Willkommen auf Thailands Inseln & an den Stränden

Buchten mit weißem Sand, bunte Korallenriffe, aus türkisblauem Wasser aufragende, bewaldete Karstfelsen: Thailands Inseln und Strände lassen Träume von einem tropischen Paradies wahr werden.

Traumstrände

Thailands Strände sind legendär. Palmen neigen sich über weißen Sand, im warmen, türkisblauen Wasser gedeihen bunte Korallen, und Strandpartys locken Nachtschwärmer an. Die beiden Küstenlinien mit ihren dschungelbedeckten Inseln ziehen Genussmenschen, aber auch Ruhebedürftige, Luxusurlauber und Budgettraveller an. Man kann die Klippen von Krabi erklettern, vor Ko Tao und den Surin-Inseln zwischen Walhaien tauchen, über den halbrunden Strand von Ko Lipe schlendern, in Trang den Fischern zusehen, an den Seafood-Imbissen von Hua Hin schlemmen oder in Phukets Luxuslokalen feiern. Die Qual der Wahl…

Outdoor-Abenteuer

Wegen der zahllosen Optionen, sie zu genießen, ist Thailands Natur noch eindrucksvoller als ohnehin. Von Seilrutschen und Wildwasserrafting bis hin zu Ausritten am Meer und SUPs – Thailands Outdoor-Möglichkeiten sind überwältigend. Man kann in den Nationalparks Ko Chang und Khao Sok wandern, vor den Küsten von Phuket, Krabi, Ko Samui und Hua Hin kitesurfen, Yoga auf Ko Lanta und Ko Samui üben, an den Kalksteinnadeln von Ao Phang-Nga vorbeipaddeln, auf die Felsen von Railay klettern und im blauen Wasser des Südens tauchen.

Leckeres Thailand

Die Strände mögen der Grund für eine Reise nach Thailand sein, aber viele Gäste kommen wegen des Essens immer wieder. Die Thai-Küche ist vielfältig und nuanciert, erfrischend und zwanglos, köstlich und bunt. Die Speisen – scharf, süß, salzig und sauer – haben einen gewissen tropischen Touch. Besonders scharf und heiß isst man im Seafood liebenden Süden. Gerichte werden aus lokalen Zutaten zubereitet: mit Zitronengras, saftigen Mangos, extrascharfen Chilis, frischen Meeresfrüchten, Tofu und knusprigem Hühnchen.

Land des Lächelns

Ob es leuchtende Augen beim *wâi* (Gruß, bei dem die Handflächen aneinandergelegt werden) oder schmunzelnde Passanten sind, es fällt schwer, vom Land des Lächelns nicht beeindruckt zu sein. Thailand gilt seit Langem als das freundlichste Land Südostasiens, das Reisende aus aller Welt einlädt, die Pracht des Königreichs zu genießen. Auch wenn nicht überall immer alles paradiesisch ist, so grüßen die Menschen einander und ihre Gäste noch immer so bezaubernd wie seit eh und je. Und noch immer locken die Inseln und Strände mit ihrem betörenden Mix aus Meerespanorama, Kalksteinfelsen und Sonne.

Warum ich Thailands Inseln & Strände liebe

Von David Eimer, Autor

Weshalb Thailands Inseln und Strände zu den Traveller-Highlights zählen, ist offensichtlich. Was ich an dieser Region allerdings am meisten liebe, ist die Gastfreundschaft, mit der man hier beschenkt wird. Man ist umgeben von lächelnden Menschen, von bedingungsloser Freude, von dem Wissen, dass hier jeder einen Platz für sich finden kann, der ihm entspricht. Außerdem kriege ich nie genug davon, mich im türkisfarbenen Meer treiben zu lassen, umweht von einer tropischen Brise, und die Sonne untergehen zu sehen, bevor ich ein kaltes Bier genieße und einige der köstlichsten Meeresfrüchte, die man sich nur vorstellen kann.

Mehr über unsere Autoren gibt's auf S. 491.

Oben: Ko Phing Kan (James Bond-Insel; S. 311)

Thailand – Inseln & Strände

Khao Sok National Park
Üppiges, urzeitliches Dschungelparadies (S. 300)
Surin- & Similan-Inseln
Großartige Tauchspots in der Andamanensee (S. 298 & S. 307)
Phuket
Die fantastische Luxushauptstadt der Andamanen (S. 320)
Ko Phi-Phi
Weicher weißer Sand, traumhafte Ausblicke, lange Nächte (S. 363)
Ko Lanta
Ruhiger Genuss an goldfarbenen Stränden (S. 371)
Trang-Inseln
Perfekte weiße Strände umgeben ruhige Inseln (S. 385)
Ko Lipe
Tiefblaues Wasser küsst weiße Sandstrände (S. 398)
Ko Tao
Energiegeladenes Taucher-Eldorado (S. 254)
Ko Pha-Ngan
Palmengesäumte Strände mit Rund-um-die-Uhr-Partys (S. 235)
Ko Samui
Lieblicher, lässiger und wunderschöner Rückzugsort (S. 214)
Ao Phang-Nga
Eine zauberhafte Bucht voller steiler Felsspitzen (S. 309)
Railay
Hier toben sich Kletterer an hoher Karstfelsen aus (S. 355)
Chumphon
Isthmus von Kra
Ranong
Ko Tao
Ang Thong Marine National Park
Ko Pha-Ngan
Ko Samui
Laem Son National Park
Chaiya
Surin Islands Marine National Park
Surat Thani
Khao Sok National Park
Takua Pa
Khao Lak
Nakhon Si Thammarat
Phang-Nga
Similan Islands Marine National Park
Ao Phang-Nga Marine National Park
Thung Song
Hua Sai
Krabi
Railay
Phuket
Phuket
Ranot
Hat Noppharat Thara-Mu Ko Phi Phi Marine National Park
Ko Phi Phi
Trang
Phatthalung
Ko Lanta
Kantang
Thaleh Luang
Trang Islands
Hat Chao Mai National Park
Songkhla
Hat Yai
Pattani
Ko Tarutao Marine National Park
Sadao
Ko Tarutao
Satun
Yala
Ko Lipe
Pulau Langkawi
Narathiwat
Sungai Kolok
Kota Bharu
Alor Setar
Betong
Sungai Petani
MALAYSIA
GOLF VON THAILAND
SÜDCHINESISCHES MEER
10° N
8° N
6° N
98° O
100° O
104° O

Thailands Inseln & Strände

Top 18

1

Inselhopping in Trang

1 Die Morgensonne taucht ein grünes Eiland inmitten des Blaus in honigfarbenes Licht. Die Stille wird nur vom Motor eines verwitterten, mit bunten Stoffstreifen verzierten Longtail-Boots gestört, und in der Ferne lädt eine weitere der vielen Inseln mit leuchtend weißem Strand zum Erkunden, Schnorcheln und Wandern ein. Vielleicht ist es das schicke Ko Ngai (s. Bild unten; S. 387), das schimmernde Ko Kradan oder das beliebte Ko Muk? Die großartige Bootsfahrt steht dabei der paradiesischen Idylle der Trang-Inseln (S. 385) in nichts nach.

Felsenklettern in Railay

2 Die Kletterwelt von Railay (S. 355) begeistert Experten und Anfänger gleichermaßen. Über 1000 Routen an Kalksteinwänden gewähren unglaubliche Ausblicke über eine spektakuläre Szenerie mit senkrechten Felsnadeln inmitten grüner Natur, umgeben von kristallklarem Meer und herrlichen Sandstränden. Auch die kürzesten Abschnitte versprechen Adrenalin pur, und so bleiben erfahrene Kletterer Monate. Das ultimative Abenteuer ist eine Free-Solo-Tour über dem Meer, die mit einem Sprung ins Wasser endet. Danach kann man in einer hübschen Reggaebar entspannen.

JAKGREE / GETTY IMAGES ©

2

SOMPORN SUEBHAIT / SHUTTERSTOCK ©

Einsamkeit auf Ko Kut

3 Thailands viertgrößte und östlichste Insel ist ein entspanntes Naturparadies mit dichtem Dschungel und seidenweichen, unberührten Stränden. Sie lädt zu langen Nachmittagen in der Sonne, langsame Kajaktouren, Schnorchelausflügen und wunderbar ruhigen Abenden ein. Landschaftlich ähnelt Ko Kut (S. 168) mit dem Regenwald und den tief versteckten Wasserfällen vielen anderen thailändischen Inseln, die Lage an der Südspitze des Ko-Chang-Archipels verleiht dem küstennahen Meer jedoch einen einzigartigen smaragdgrünen Schimmer.

Ko Pha-Ngan

4 Ko Pha-Ngan (S. 235), weltbekannt für Vollmondpartys und durchtanzte Nächte mit Elektromusik, ist keine verschlafene Boheme-Insel mehr, sondern ein Ziel für Urlauber jeder Couleur. Statt Strandhütten gibt's hier mittlerweile Boutiqueflair, sodass Komfortsuchende und Familien eine Alternative zu Ko Samui finden. An der Nord- und Ostküste können sich Hängemattenfans noch immer wie moderne (gut versorgte) Robinson Crusoes fühlen, während direkt vor der Küste eines der besten Tauchreviere des Golfs, Sail Rock, von Walhaien besucht wird.

3

Ang Thong Marine National Park

5 Als Alex Garland seinen Roman *Der Strand* (der später mit Leonardo DiCaprio verfilmt wurde) schrieb, muss er wohl an den Ang Thong Marine National Park gedacht haben (S. 270). Dieses beeindruckende Archipel, auf Thai bekannt als Mu Ko Ang Thong, besteht aus 42 kleinen Inseln mit schroffen Kalksteinfelsen, versteckten Lagunen, perfekten, pfirsichfarbenen Stränden und einer interessanten Menagerie tropischer Lebewesen. Die unberührten Inseln, die am besten auf einem Tagesausflug von Ko Samui oder Ko Pha-Ngan aus erkundet werden können, laden zum Tauchen, Schnorcheln, Kajakfahren und Wandern ein.

6

7

Wunderschönes Ko Phi-Phi

6 Ko Phi-Phi (S. 363), eine der charakteristischsten Attraktionen Thailands, verdient sowohl das Lob, als auch die Kritik, die es bekommt. Azurblaues Wasser, weiße Strände und Kalksteinklippen laden zum Tauchen, Wandern, Schnorcheln, Klettern und einem Sonnenbad vor einer Traumkulisse ein. Abends verwandelt sich Phi-Phi in ein Partymekka mit Feuertänzern und Feiernden mit Cocktaileimern. Der morgendliche Kater ist unvermeidlich, lässt sich jedoch an Sandstränden und auf Bootsfahrten auskurieren.

Tauchen in Ko Tao

7 Thailands Tauchmekka, Ko Tao (S. 254), bleibt der preiswerteste und praktischste Ort der Region, um zu lernen, wie man mithilfe einer Sauerstoffflasche die Tiefen des Meeres erkundet. Das Wasser ist ruhig und warm, die Sichtweite gut. Vor der Küste machen malerische Felshöhlen und seichte Korallenriffe mit allen möglichen Fischen Lust auf Schnorchelabenteuer. Wer Abwechslung vom Tauchen sucht, kann mühelos jeden Schlupfwinkel der kleinen dschungelbewachsenen Insel erkunden.

OZEROV ALEXANDER / SHUTTERSTOCK ©

KWANCHAI_K PHOTOGRAPH / GETTY IMAGES ©

Ko Lanta

8 Nur einen Spaziergang von den Touristenstränden Ko Lantas (S. 371) entfernt warten freundliche muslimische Fischerdörfer, unerforschte Höhlen und Dschungellandschaften. Ban Si Raya ist mit seinen Pfahlbauten und Kunstläden ein Pflichtstopp auf dem Weg die Ostküste hinab, die vom Tourismus größtenteils unbeeindruckt bleibt. Neben dem Mu Ko Lanta National Park (s. Bild unten) gibt es viele Höhlen und Sandstrände, hinzu kommen gute Tauch- und Schnorchelspots, Yoga und ein entspanntes Nachtleben.

Ko Lipes Strände

9 Ko Lipe (S. 398) bezaubert mit Stränden: An der Südküste formt der Hat Pattaya einen perfekten weißen Sandbogen mit Longtail-Booten in der blauen Bucht sowie Fischlokalen und Bars an der Küste. Ebenso exquisit ist der helle Hat Sunrise an der Ostküste, von dem aus man die majestätische Insel Ko Adang sieht. Wer genug von diesen betriebsamen Stränden hat, nimmt die Dschungelpfade zum wilderen Hat Sunset und zu versteckten Sandstränden. Und vor der Küste warten auch noch erstklassige Tauchspots.

MATTHEW WAKEM / GETTY IMAGES ©

KEVIN HELLON / SHUTTERSTOCK ©

Ko-Yao-Inseln

10 Nicht weitersagen! Von Phuket (Stadt) zu den ruhigen Ufern der Koh-Yao-Inseln (S. 312), die wie stille Nachbarn in der Ao Phang-Nga liegen, dauert es nur etwa eine Stunde. Wer Strandbars und Clubs hinter sich lässt, auf den warten muslimische Fischerorte und nur von Meeresrauschen begleitete Sonnenaufgänge über Kalksteininseln. Zwar gibt's hier eines der luxuriösesten Resorts der Region, vor allem aber sind die Inseln bekannt für einfachere Öko-Resorts, in denen man nach Tauch-, Kletter- und Mountainbiketrips gut schlummert. Yoga-Kurs auf Ko Yao Noi (S. 312)

Luxus auf Phuket

11 Phuket (S. 315) steht für Luxus, Strandclubs, Boutiquen und Patongs Nachtleben, hat aber viel mehr zu bieten, als die Werbebroschüren versprechen. Besucher können an duftenden Schreinen und restaurierten sino-portugiesischen Häusern in Phuket (s. Bild oben) vorbeispazieren, in die Geschichte Thalangs eintauchen, durch das Khao Phra Thaew Royal Wildlife & Forest Reserve wandern, kochen lernen, tauchen oder in der Nebensaison surfen und kitesurfen. Ruhigeres Strandvergnügen bieten Hat Nai Thon im Norden und in Laem Phanwa im Süden.

Kajakfahren in der Ao Phang-Nga

12 Viele Besucher quetschen sich auf überfüllte Schnellboote, um einen Blick auf die mit Kalksteintürmen gespickte Bucht im Ao Phang-Nga National Park (S. 311) zu erhaschen, doch bei einer morgendlichen Kajaktour sieht man diese in aller Ruhe. Man passiert Meereshöhlen mit Felskunst, picknickt an Stränden, schwimmt und kann in dem muslimischen Pfahldorf neben Ko Panyi übernachten. Nachts bezaubert die Bucht mit Biolumineszenz. Kanufahren im Ao Phang-Nga, in der Nähe der Tham-Lod-Höhle (S. 311)

SAKCARED / SHUTTERSTOCK ©

Khao Sok National Park

13 Im Landesinneren erstrecken sich die dunstigen dschungelbeckten Hügel und flachen Täler des beliebtesten Nationalparks in Südthailand (S. 300). Unbefestigte Wege führen unter feuchten Baumkronen zu Wasserfällen, Kalksteintürmen und Höhlen, während sich im Dickicht Bären, Fledermäuse, Gibbons, Elefanten, Tiger und die seltene, penetrant riechende Pflanze *Rafflesia kerrii* verbergen. Ein absolutes Highlight ist eine Nacht auf dem malerischen See Chiaw Lan in schwimmenden Hütten (s. Bild rechts).

MUZHIK / SHUTTERSTOCK ©

Ko Chang

14 Die schroffe Szenerie von Ko Chang (S. 156) birgt eine der am besten erhaltenen Naturlandschaften Südostasiens. Im bergigen Inselinneren erinnern sie mit ihren Reptilien, Vögeln und Elefanten an *Jurassic Park*. Wasserfälle stürzen von den Hügeln, und jede Menge Guides helfen auf Dschungeltouren bei der Erkundung des vielfältigen Grüns. Auch wenn Bauunternehmer den Strand für sich reserviert haben und es eine lebendige Partyszene gibt, hat man im Osten und Süden einige sandige Ecken fast für sich allein. Schnorcheln abseits von Ko Chang (S. 158)

Unter Wasser um die Similan- & Surin-Inseln

15 Die Meeresnationalparks um die Similan- und Surin-Inseln sind zwei der Schätze Thailands. Fast unberührt liegen hier weiße Sandstrände und regenwaldbedeckte Hügel. Das Highlight ist jedoch das, was die Inseln umgibt: herrlich klares Wasser, das sie zu einem der besten Tauch- und Schnorchelspots des Landes macht. Taucher kommen vor allem um die Similan-Inseln (S. 307), insbesondere Ko Bon und Ko Tachai, auf ihre Kosten, während Schnorchler die Surin-Inseln lieben. Tauchen bei den Similan-Inseln (S. 307)

PANATFOTO / SHUTTERSTOCK ©

PAP18888 / GETTY IMAGES ©

BORUT FURLAN / WATERF / AGE FOTOSTOCK ©

ALEKSANDAR TODOROVIC / SHUTTERSTOCK ©

HAFIZ JOHARI / SHUTTERSTOCK ©

Tauchsafari zum Richelieu Rock

16 Die weltbekannten Tauchspots im kristallklaren Meer um die Similan- und Surin Inseln gehören zu einigen der schönsten Thailands. Das absolute Highlight ist jedoch der ferne Richelieu Rock (s. Bild; S. 299), ein hufeisenförmiges Riff aus Kalksteinspitzen, die aus 40 m Tiefe emporragen, und das Mantarochen und Walhaie anzieht. Richelieu Rock liegt etwa 200 km nordwestlich von Phuket und ist nur für diejenigen zugänglich, die zu einer mehrtägigen Tauchsafari nach Norden in Richtung der sogenannten Burma Banks aufbrechen.

Ko Samui

17 Ko Samui (S. 214) will vor allem gefallen und steht daher für die Art Tourismus, bei dem die Urlauber selten die Hotelanlagen verlassen. Doch es lohnt sich, sich aus dem Liegestuhl am Pool zu erheben und die Insel zu erkunden: Jenseits der Resorts locken ruhigere Strände und Höhlen im Süden und Westen, die Ko Samuis alten Spitznamen „Kokosnussinsel" heraufbeschwören. Daneben kann man unter Wasserfällen schwimmen, die florierende Wellnessszene mit Yoga, Meditation und Detox-Retreats erleben und den einen oder anderen Tempel besuchen. Wat Plai Laem (S. 214)

Bangkok

18 Ein paar Tage in Thailands hektischer, kosmopolitischer Hauptstadt bereichern jeden Insel- und Strandurlaub. Die künstliche Insel Ko Ratanakosin, eines der atmosphärischsten Viertel und die Wiege des modernen Bangkoks (S. 70), beherbergt den Großteil der Hauptattraktionen der Stadt, darunter der Wat Pho und der Wat Phra Kaew mit seinem eindrucksvollen Smaragd-Buddha. Daneben locken betriebsame Straßenmärkte mit Imbissen, kultivierte Hochhausbars, schicke Mega-Malls, die quirlige Chinatown und der riesige Chatuchak-Wochenendmarkt.

Gut zu wissen

Weitere Infos gibt's im Abschnitt „Praktische Informationen" (S. 449)

Währung
Baht (B)

Sprache
Thai

Visa
Bei touristischen Aufenthalten bis zu 30 Tagen benötigen Besucher gewöhnlich kein Visum.

Geld
In Thailand kann man überwiegend nur mit Bargeld bezahlen. Einige ausländische Kreditkarten werden in gehobeneren Einrichtungen akzeptiert.

Handys
Thailand nutzt den GSM-Standard; es sind günstige Prepaid-SIM-Karten erhältlich. Bangkok, größere Städte und die stärker bevölkerten Inseln haben 4G.

Zeit
MEZ +6 Std.

Reisezeit

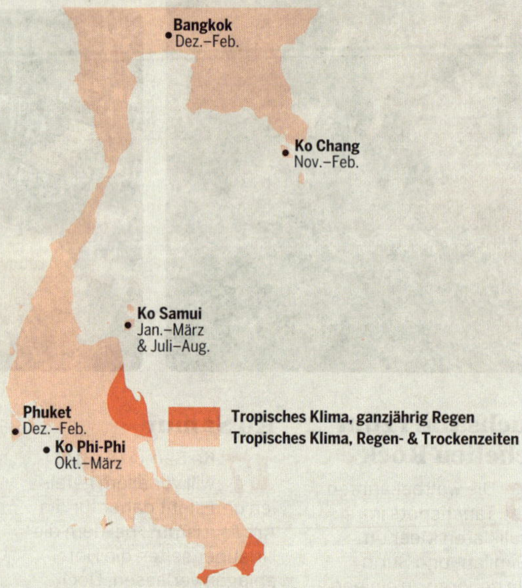

Hauptsaison
(Nov.–März)

➡ Auf den Monsun folgt eine kühle, trockene Phase: Alles grünt, und die Temperaturen sind angenehm.

➡ In der Zeit um Weihnachten, Neujahr und das chinesische Neujahrsfest kommen massenweise Menschen; Unterkünfte sind teuer.

Zwischensaison
(April–Juni)

➡ Meist sehr heiß und trocken, die Durchschnittstemperatur liegt bei 30 °C, aber die Meeresbrise sorgt für Erfrischung.

Nebensaison
(Juli–Okt.)

➡ Die Andamanen und die Golfküste bekommen den Monsunregen ab.

➡ An der südlichen Golfküste ist das Wetter im Juli und August recht angenehm.

➡ Auf einigen Inseln ist alles geschlossen; Boote fahren eventuell nicht.

Infos im Internet

Tourism Authority of Thailand (TAT; www.tourismthailand.org) Nationale Tourismusbehörde; Infos und spezielle Events.

Thaivisa (www.thaivisa.com) Expat-Website mit nützlichem Forum.

Lonely Planet (www.lonely planet.de/thailand) Infos zum Land, Forum und mehr.

Thai Language (www.thai-language.com) Online-Wörterbuch und Thai-Tutorials.

Thai Travel Blogs (www.thai travelblogs.com) Blogger schreiben über Thailand.

Wichtige Telefonnummern

Landesvorwahl Thailand	☎66
Notruf	☎191
Vorwahlen für internationale Gespräche	☎001, ☎007, ☎008, ☎009 (verschiedene Anbieter)
Auslandsgespräche mit Vermittlung	☎100
Touristenpolizei	☎1155

Wechselkurse

Eurozone	1 €	39 B
	100 B	2,56 €
Schweiz	1 SFr	33,26 B
	100 B	3 SFr

Aktuelle Wechselkurse sind unter www.xe.com abrufbar.

Tagesbudget

Günstig – weniger als 2000 B

➡ B im Schlafsaal oder einfaches Zi. in einer Pension: 300–1000 B

➡ Essen auf Märkten und an Imbissständen: 40–100 B

➡ Kleine Flasche Bier: 80 B

➡ Motorradtaxi oder kurze Fahrt im Longtail-Boot: 40–200 B

Mittelteuer – 2000–5000 B

➡ Flashpacker-Pension oder Zi. im Mittelklassehotel: 1000–3000 B

➡ Westliches Mittagessen und Seafood-Dinners: 250–500 B

➡ Schnorcheltour: 1500–2000 B

➡ Mietmoped: 200–250 B/Tag

Teuer – mehr als 5000 B

➡ Boutiquehotel-Zi.: ab 3000 B

➡ Mahlzeit im Spitzenklasserestaurant: ab 500 B

➡ Spa-Anwendung: ab 500 B

➡ Mietwagen: ab 1200 B/Tag

Öffnungszeiten

Banken Mo–Fr 9.30–15.30 Uhr; Geldautomaten 24 Std.

Bars 18–0 od. 1 Uhr

Clubs 20–2 Uhr

Läden Einzelhändler tgl. 9–18 Uhr; Kaufhäuser tgl. 10–22 Uhr; in kleinen Städten sind Läden So geschl.; 7-Eleven-Filialen sind 24 Std. geöffnet.

Regierungsstellen Mo–Fr 8.30–16.30 Uhr; manche schließen in der Mittagspause (12–13 Uhr), einige auch Sa geöffnet (9–15 Uhr).

Restaurants 10–22 Uhr; einige sind auf Frühstück spezialisiert und schließen gegen 15 Uhr.

Ankunft am …

Suvarnabhumi International Airport (S. 460) Taxis mit Taxameter (220–380 B) brauchen ca. eine Stunde bis in die Stadt. Lokalbusse fahren ins Zentrum (40 B, 5–22 Uhr, häufig). Per Airport Rail Link (45 B, 30 Min., 6–0 Uhr) kommt man alle 15 Minuten zur Station Phaya Thai; per Expressservice zu den Stationen Makkasan und Phaya Thai.

Don Mueang International Airport (S. 461) Taxis mit Taxameter (200–220 B) brauchen 30 bis 60 Minuten in die Stadt. Klimatisierte Busse fahren in ein bis zwei Stunden zur Th Khao San (150 B, 10–1 Uhr); Shuttles (30 B, 8.30–23 Uhr) verkehren halbstündlich zwischen dem Flughafen und der Haltestelle Mo Chit BTS (20 Min.) und dem Siegesdenkmal (30 Min.). Züge fahren zwischen 4 und 11.30 Uhr alle 60 bis 90 Minuten zum Bahnhof Hualamphong (5–20 B, 45 Min.), zwischen 14 und 21.30 Uhr dann etwa stündlich.

Unterwegs vor Ort

Flugzeuge, Züge, Busse und Boote bringen einen in den Süden. Es ist im Übrigen besser, aus dem Ausland direkt nach Phuket oder Ko Samui zu fliegen als über Bangkok.

Flugzeug Viele Flüge und Flugziele; Fliegen kann teuer sein.

Bus & Minivan Viele Optionen; billig und effizient.

Zug Billig und komfortabel, aber langsamer und weniger verlässlich als Busse.

Schiff Es gibt sowohl große, langsame Fähren als auch schnelle, private Longtail- bzw. schicke Speedboote.

Verleih Transportmittel gibt's in jeder Stadt.

Mehr zu **Verkehrsmitteln & -wegen** gibt's auf S. 460. ➡

Thailands Inseln & Strände für Einsteiger

Weitere Infos gibt's im Kapitel „Praktische Informationen" (S. 449)

Checkliste

- Gültigkeit des Reisepasses (noch mind. 6 Monate) prüfen.
- Ggf. Bank und Kreditunternehmen über die geplante Reise informieren.
- Bei einem Aufenthalt von mehr als 30 Tagen Visum bei der Botschaft beantragen.
- Reise- und Tauchversicherung abschließen.
- Gepäckeinschränkungen beachten.
- Gesundheitscheck beim Arzt fürs Tauchen.

An alles gedacht?

- Thailändischer Sprachführer
- Stromadapter
- Wasserfester Sonnenschutz
- Insektenschutzmittel mit DEET
- Creme gegen Insektenbisse
- Leichte, langärmlige Shirts
- Bequeme Hosen
- Sonnenhut
- Sonnenbrille
- Bequeme Sandalen
- Taschen-/Stirnlampe

Top-Tipps für die Reise

- Mietfahrzeuge (vor allem ein Motorrad oder Jetskis) vor der Nutzung fotografieren. So vermeidet man die weit verbreiteten betrügerischen Versuche, Touristen für schon vorhandene Beschädigungen verantwortlich zu machen.
- Bei Onlinebuchungen von Unterkünften immer die Lage des Hotels prüfen. Viele „Schnäppchen" liegen oft weit ab vom Schuss. Möglichst wenige Nächte im Voraus bezahlen, um zu vermeiden, dass man bei früherer Abreise um die Rückgabe des Geldes streiten muss.
- Selbst in schwierigsten Situationen Ruhe bewahren. Thailänder schätzen Selbstbeherrschung; Schreien und Wutausbrüche verschlimmern nur die Lage und sind stets zum eigenen Nachteil.
- Jegliches Gespräch über Monarchie und Politik vermeiden.

Dresscode

In der ganzjährig tropischen Hitze ist leichte, lockere Kleidung am bequemsten. Man sollte auch eine warme Jacke mitnehmen, die vor unerwartet kühlen Abenden (und der Klimaanlage im Bus oder Flugzeug) schützt. Wer Tempel besucht, braucht langärmlige Blusen bzw. Hemden und lange Hosen. Sandalen oder Flip-Flops sind zwar bequem, wer aber abends in einer Großstadt ausgeht, sollte ein Paar geschlossene Schuhe dabeihaben (in vielen Sky-Bars von Bangkok ist der Zutritt in Sandalen nicht gestattet).

Schlafen

Resorts Die Bandbreite reicht von Villen mit eigenem Pool und Butler bis zu Bambus-Hütten, die nur von der Meeresbrise klimatisiert werden.

Pensionen Sie sind immer noch am häufigsten vertreten, trotz der wachsenden Anzahl von Resorts. Gelegentlich fehlt es an Ausstattung, aber sie sind preiswert und bieten einen guten Service.

Hostels Gibt's vor allem auf den Inseln mit vielen Backpackern.

Steuern & Erstattungen

In Thailand wird auf viele Waren und Dienstleistungen eine Umsatzsteuer von 7% erhoben. Hotels und Restaurants der

Mittel- und Spitzenklasse nehmen zudem einen Serviceaufschlag von 10 %. Diese 17 % erscheinen auf den Rechnungen als „Plus Plus" bzw. „++".

Bei der Ausreise kann man sich die Umsatzsteuer auf Einkäufe, jedoch nicht auf Lebesmittel oder Hotels, rückerstatten lassen. Wie man das anstellt, erfährt man unter www.rd.go.th.

Feilschen

Feilschen ist in Thailand ein Schlüsselelement jeder Form kommerzieller Handlung.

- Wenn man etwas kauft, am besten in größerer Stückzahl kaufen – je mehr T-Shirts man will, desto niedriger wird der Preis sein. Immer lächeln.
- Feilschen sollte man nicht in Restaurants, bei den 7-Elevens und an den Tankstellen.
- In teuren Hotels nicht den Preis herunterhandeln, bei den meisten Strandunterkünften kann man sein Glück versuchen.

Trinkgeld

Trinkgeld wird im Allgemeinen nicht erwartet. Eine Ausnahme stellt das Rückgeld bei einer hohen Restaurantrechnung dar: Kostet eine Mahlzeit 488 B und man bezahlt mit einer 500 B Note, werden einige Thais die Differenz dem Servicepersonal überlassen. So gibt man zu verstehen, dass man nicht so geldgierig ist, um sich auch noch den letzten Baht einzustecken. In vielen Hotel- und gehobenen Restaurants wird zusätzlich ein Bedienungsgeld in Höhe von 10 % auf die Rechnung aufgeschlagen.

RMNUNES / GETTY IMAGES ©

Yaksha-Statue, Wat Phra Kaew (S. 72)

Etikette

Thais sind sehr gastfreundlich und verständnisvoll. Einige Tabus und Verhaltensregeln sollte man dennoch kennen:

Das Gesicht wahren Konflikte löst man am besten mit einem Lächeln (S. 426). Verärgerung oder gar offener Streit gilt als beschämend.

Tempel Beim Besuch eines Tempels sollten Schultern und Knie bedeckt sein und die Schuhe ausgezogen werden. Man sitzt im Schneidersitz, damit die Füße nicht auf Buddhabildnisse zeigen. Frauen dürfen einen Mönch oder dessen Besitztümer nicht berühren.

Am Strand Nacktheit in der Öffentlichkeit vermeiden. Die meisten Thais gehen völlig bekleidet ins Wasser. Abseits des Strandes sollten Männer Hemden oder T-Shirts tragen, und die Frauen sollten über die Badekleidung etwas überziehen.

Monarchie Keine abfälligen Bemerkungen über die Königsfamilie! Alle Dinge mit dem Bild des Königs, also auch Münzen und Geldscheine, sind mit Respekt zu behandeln.

Körpersprache Vermeiden, jemanden am Kopf zu berühren, und aufpassen, wohin die eigenen Füße zeigen; sie sind – im wörtlichen und übertragenen Sinn – der unterste und niedrigste Teil des Körpers.

Essen

Auf den thailändischen Inseln und an den Stränden stehen vor allem jede Menge Meeresfrüchte auf der Speisekarte, aber auch die klassischen thailändischen Currys, Salate und Pfannengerichte sowie eine ständig wachsende Auswahl an internationalen Speisen sind im Angebot.

Weitere Informationen gibt's auf S. 56.

Was gibt's Neues?

Phuket Elephant Sanctuary

Das ausgezeichnete Elefantenreservat ist zügig zu einem der beliebteten Reiseziele der Insel geworden. Hier kann man die Elefanten füttern und ihnen dabei zuzusehen, wie sie baden und in ihrem bewaldeten Altersheim ihr Leben genießen. (S. 350)

Neue Verbindung zwischen Pattaya und Hua Hin

Inzwischen verbindet ein täglicher – und ganzjähriger – Katamaran-Service Pattaya und Hua Hin und verkürzt die Reisezeit zwischen den beiden beliebten Ferienorten auf nur noch zwei Stunden.

Bezauberndes Chanthaburi

Mit seinen Holzbauten, den Läden, den angesagten Cafés und den Hotels in der hübschen Flussufergegend wird das verschlafene Chanthaburi zunehmend zu einem großartigen Reiseziel. Und ganz in der Nähe gibt's zudem einige entdeckenswerte Strände. (S. 149)

Freitauchen auf Ko Tao

Bei denen, die Tauchen lernen wollen, gilt Ko Tao bereits länger als die Nummer eins unter Thailands Inseln. Zunehmend entwickelt sich hier dank jeder Menge Schulen, die sich darauf spezialisert haben, Interessierten beizubringen, wie man mit einem Atemzug 20 m tief tauchen kann, auch ein Freitauch-Zentrum. (S. 254)

Ko Lanta Bridge

Die Brücke, die Ko Lanta Noi mit Ko Lanta Yai verbindet, ist endlich für den Verlehr freigegeben. Damit haben die Warteschlangen vor den Fähren ein Ende und es geht deutlich zügiger von Krabi nach Lanta. (S. 371)

Immer noch kein Flughafen

Ko Pha-Ngan wartet immer noch auf die Eröffnung des teilweise fertiggestellten Flughafens, während unterdessen neue Investoren für das Projekt gesucht werden. Sobald die zusätzlich benötigten Mittel aufgetrieben sind, sollte es noch ein weiteres Jahr dauern, bis der Bau abgeschlossen ist. (S. 235)

Mit & ohne Strom

Jetzt gibt's auch auf Ko Phayam (S. 295) Elektrizität rund um die Uhr und keiner muss mehr beim Licht seiner Taschenlampe lesen. Anders am Kletter- und Hippiestrand von Hat Ton Sai (S. 358) auf Railay – hier gibt's nach wie vor meistens keine Stromversorgung.

Früher Feierabend auf Samui

Da die Polizei angekündigt hat, bei nächtlichen Partys hart durchzugreifen, schließen Bars und Clubs auf Ko Samui jetzt schon um 1 Uhr früh. In der Regel. Häufig. Manchmal. Nicht immer scheinen dieser Ankündigung Taten zu folgen. (S. 214)

Die Grab-App auf Phuket

Mit der Grab-App (www.grab.com/th/de) kommt man in ganz Thailand weiter, aber auf Phuket hilft sie ganz besonders, die örtliche Taxi-Mafia in die Schranken zu weisen. Mit der App können jederzeit und an jedem Ort Taxis bestellt werden, die zuverlässig mit eingeschaltetem Taxameter unterwegs sind, was deutlich günstigere Fahrten zur Folge hat.

Weitere Empfehlungen und Beschreibungen gibt's unter **lonelyplanet.com/thailand.**

Wie wär's mit…

Schöne Strände

Die Zeiten, in denen man das Paradies ganz für sich allein hatte, mögen vorbei sein, trotzdem gehören Thailands Strände nach wie vor zu den schönsten der Welt.

Ko Kut Ko Kut ist von langen, einsamen Sandstränden umgeben. Hat Khlong Chao ist ein Traum. (S. 170)

Trang-Inseln Türkisfarbenes Wasser in allen Schattierungen umsäumt die hellen Sandstrände und Kalkfelsen dieser romantischen Inselgruppe im Süden. (S. 385)

Ko Pha-Ngan Die Mutter aller Hippie-Inseln bietet Vollmondpartys und gemütliche Stunden in der Hängematte an den nördlichen Stränden. (S. 235)

Ko Lipe Der strahlend weiße Sand von Hat Pattay und Hat Sunrise versetzt Strandsüchtige in Verzückung. (S. 398)

Exzellentes Essen

Straßenstände gibt's nahezu an jeder Ecke, auf Nachtmärkten brutzelt das Abendessen über dem Feuer, Familienrestaurants bringen die traditionelle Thai-Küche auf den Tisch und aus all diesen Einflüssen schaffen High-End-Fusion-Köche kulinarischen Hochgenuss.

Bangkok Das ganze Spektrum der Thai-Küche, von Nudelsuppe an einem Straßenstand bis zur Sterne-Gastronomie berühmter Küchenchefs. (S. 70)

Hua Hin Ein Nachtmarkt, auf den es vor allem Thai-Touristen verschlägt, überzeugt mit Krabben Curry, Muschel-Omelettes und Riesengarnelen. (S. 184)

Trang Bekannt für gegrilltes Schweinefleisch, Dim Sum, Kaffeehäuser und den besten Nachtmarkt der Andamanenküste. (S. 383)

Phuket (Stadt) Hier bekommt man erstklassige Thai-Fusion-Küche inmitten chinesisch-portugiesischer Architektur sowie sensationelle Gerichte von Straßenständen und vom Markt. (S. 320)

Tauchen & Schnorcheln

Die klaren Gewässer des Golfs von Thailand und der Andamanensee warten mit eine Vielzahl von Unterwasserlandschaften und Meerestieren auf und machen das Land zu einer der beliebtesten Tauchdestinationen der Welt.

Surin & Similan Islands Marine National Parks Mit dramatischen Felsschluchten, diversen Korallenriffen und unzähligen Meereslebewesen bieten diese Andamanen-Inseln einige der besten Tauch- und Schnorchelplätze der Welt. (S. 298; S. 307)

Ko Lanta Eine Vielzahl faszinierender Tauchspots umgeben diese Andamanen-Insel. Den Unterwasserbesucher erwarten Mantas, Walhaie und andere große pelagische Fische. (S. 371)

Ko Tao Dank günstiger Tauchschulen, flacher Gewässer und ganzjährig guter Tauchbedingungen ist Ko Tao nach wie vor das Ausbildungszentrum des Landes. (S. 254)

Outdoor-Abenteuer

Thailand mag zwar vor allem für seine wunderbaren Tauchspots berühmt sein (zurecht), aber auch diejenigen, denen der Sinn nach Nervenkitzel ohne Schnorchel und Sauerstofftank steht, können hier glücklich werden.

Klettern, Railay Die dramatischen Kalksteinfelsen in Railay sind Ziel Hunderter begeisterter Kletterer. (S. 355)

Kitesurfen vor Phuket, Krabi, Ko Samui & Hua Hin Dank steter Winde und seichter Gewässer sind diese Küsten ideal für den immer populärer werdenden Sport. (S. 318; S. 351; S. 214; S. 184)

Wandern, Khao Sok National Park Über mit Dschungel bewachsene Hügel geht's zu Wasserfällen. Unterwegs wird man unter Umständen sogar mit einem Blick auf einzigartigen Tierarten belohnt. (S. 300)

Kajakfahren auf offener See, Ao Phang-Nga Im Kajak durchs ruhige Wasser paddeln, mit Blick auf zerklüftete Felsen, die an Wolken zu kratzen scheinen. (S. 311)

Surfen, Kata Yai In der Nebensaison sind die Wellen, die an diesem Strand von Phuket anbranden, ideal für Anfänger. Der Break bei Hat Bang Sak auf der Festlandküste der Andamanensee ist ebenfalls einen Versuch wert. (S. 337)

5-Sterne Luxus

Auf Thailands größeren Inseln gibt's einige der weltweit besten Fünf-Sterne-Anlagen (und ein paar davon sind überraschend erschwinglich).

Point Yamu by Como Eine ganze Reihe gehobener Unterkünfte ziert Phukets weiß gesäumte Küste, darunter auch dieses exklusive Hotel an der Ostküste. (S. 351)

Six Senses Samui In Sachen nachhaltigem Luxus kann nichts diesem herrlichen Resort auf Ko Samui das Wasser reichen. (S. 226)

Rayavadee Ein ruhiges Strandhotel auf der Halbinsel Railay inmitten faszinierender Natur. (S. 357)

Peninsula Hotel Der starke Wettbewerb hält die Preise in Bangkok unten, da mag man sich sogar den Luxus des Peninsula Hotels gönnen. (S. 98)

Oben: Wandern im Khao Sok National Park (S. 300)

Unten: Meeresfrüchte-Gericht mit Riesengarnelen, Hua Hin

Einfach genießen

Ihre Zahl nimmt zwar ständig ab, doch auch heute noch findet man in Thailand günstige Strandbungalows mit kaum mehr als einem Bett, einer Terrasse, kalter Dusche und einem Moskitonetz.

Ko Phayam Einerseits wird's hier ebenfalls touristischer, andererseits steht Ko Phayam weiterhin für klassische Strandhütten-Atmosphäre, z. B. die Aow Yai Bungalows. (S. 295)

Ko Pha-Ngan Hier kann man immer noch nahezu unberührte Ecken wie Chalok Lam finden. (S. 235)

Ko Wai Auf diesem weißsandigen Eiland im Ko Chang Archipel lässt es sich in den Bungalows des **Ko Wai Paradise** wunderbar faulenzen. (S. 171)

Ko Chang (Ranong) An dem von Dschungel umgebenen Hippiestrand nahe der Grenze zu Myanmar scheint die Zeit stehengeblieben zu sein. (S. 293)

Monat für Monat

TOP-EVENTS

Songkran, April

Geburtstag des Königs, Juli

Vegetarierfest, Oktober

Loi Krathong, November

Vollmondpartys, jeden Monat

Januar

Das Wetter ist trocken und kühl. Mit der Ankunft der europäischen Reisenden, die dem Winter zu Hause entfliehen möchten, wird die Touristenhauptsaison eingeläutet.

Chinesisches Neujahrsfest

Thais mit chinesischen Wurzeln feiern den Beginn des neuen chinesischen Mondjahrs (Termine variieren) traditionell mit einer Woche Hausputz und Feuerwerk. In Phuket, Bangkok und Pattaya finden überall in den Städten Veranstaltungen statt. Im Allgemeinen ist das Chinesische Neujahrsfest (*đrùt jeen*) aber ein Fest, das im Kreis der Familie gefeiert wird. Hochsaison für chinesische Touristen.

Februar

Nach wie vor Hauptsaison. Heerscharen sonnenhungriger Besucher strömen aus ihren nördlichen Heimatländern ins angenehm sonnige und aufregende Thailand.

Blumenfest

Chiang Mai zeigt sich drei Tage lang in floraler Pracht. Höhepunkt ist die Parade der mit Blumen geschmückten Festwagen.

Makha Bucha

Makha Bucha (*mah·ká bu·schah*) ist einer von drei Feiertagen, die wichtige Augenblicke im Leben Buddhas markieren, und soll an den Tag erinnern, an dem 1250 *arhats* (Heilige) Buddha besuchten und von ihm die Grundsätze des Buddhismus erhielten. Das Festival fällt auf den Vollmond des dritten Mondmonats und ist ein gesetzlicher Feiertag.

März

Die heiße, trockene Jahreszeit rückt näher, die Strände werden leerer, Winde wehen und die Kiteboarding-Saison wird eröffnet. Außerdem beginnen in Thailand die Semesterferien, die viele Studenten auch zum Sightseeing nutzen.

Golden-Mango-Saison

Mangos haben von März bis Juni Hochsaison und werden überall verkauft. Vor den Augen der Kunden werden sie frisch aufgeschnitten, mit Klebreis in eine Dose gepackt und schließlich mit einer süßen Sauce garniert.

Drachenfest

Während der windigen Jahreszeit „kämpfen" bunte Drachen am Himmel über der Sanam Luang in Bangkok und überall im Land um die Lufthoheit.

Pattaya International Music Festival

Bei diesem kostenlosen Musikfestival treten in Pattaya Pop- und Rockbands aus ganz Asien auf und ziehen busladungsweise Studenten aus Bangkok an.

April

Es ist heiß und trocken; die Hauptsaison neigt sich dem Ende zu – und trotzdem ist das ganze Land auf

den Beinen, denn an Songkran werden noch einmal alle Register gezogen.

Poi Sang Long

Während des farbenfrohen buddhistischen Festivals (Ende März/Anfang April in Mae Hong Son und Chiang Mai) werden junge männliche Shan (Tai Yai) zu Novizen geweiht. Bei den Prozessionen sind die Sieben- bis Vierzehnjährigen mit Kostümen, Kopfschmuck und Schminke herausgeputzt.

Songkran

Thailands Neujahrsfest (Mitte April) beginnt mit morgendlichen Tempelbesuchen und wird anschließend zur Wasserschlacht. Die Einheimischen füllen ihre Wasserpistolen und machen sich auf zur „Straßenschlacht", bei der niemand vor einer Abkühlung sicher ist.

Mai

Kurz vor der Regenzeit bitten die Thais mit diversen Festen um viel Regen und eine reiche Ernte. Die Preise sind günstiger und es sind weniger Touristen unterwegs, aber noch immer gibt's richtig viel Sonne.

Raketenfest

Im Nordosten, wo der Regen häufig nur spärlich ist, basteln die Dorfbewohner Bambusraketen (*bâng fai*), die dann in den Himmel geschossen werden und für den notwendigen Niederschlag sorgen sollen. Das Fest wird in Yasothon, Ubon Ratchathani und Nong Khai gefeiert.

Königliche Pflugzeremonie

Bei dieser Zeremonie, die der verstorbene König Rama IX. in den 1960er-Jahren wieder aufleben ließ, bedient man sich der Astrologie und alter brahmanischer Rituale, um die Reispflanzsaison einzuläuten. Heilige Ochsen werden vor einen Holzpflug gespannt und pflügen die Grünfläche der Sanam Luang in Bangkok.

Visakha Bucha

Visakha Bucha *(wí·săh·kà boo·chah)* fällt auf den Vollmond im sechsten Mondmonat im Mai oder Juni und erinnert an Buddhas Geburt, Erleuchtung und *parinibbana* (Tod). Die Festlichkeiten konzentrieren sich auf den örtlichen Tempel und werden mit Prozessionen bei Kerzenschein und mit Gesang und Predigten begangen.

Juni

In einigen Landesteilen erkennt man die Regenzeit nur am nachmittäglichen Schauer. Der restliche Tag ist frei für viel Musik und Feierlaune.

Hua Hin Jazz Festival

Zu dieser musikalischen Hommage an den verstorbenen König IX. – einem Jazz-Saxophonisten und -Komponisten – kommen Jazzbands zur königlichen Residenz. Findet manchmal auch schon im Mai statt. (S. 188)

Phi Ta Khon

Der heilige buddhistische Tag Bun Phra Wet erlebt im Dörfchen Dan Sai in Nordostthailand eine karnevalistische Erneuerung. Gläubige hüllen sich in „Geister"-Kostüme und ziehen Holzphalli schwingend und Reiswhisky trinkend durch die Gassen. Im Juni oder Juli.

Juli

Mit dem Beginn der Regenzeit bereiten sich die Gläubigen auf das buddhistische Fasten vor, eine stille Zeit der Besinnung und der Meditation.

Asahna Bucha

Zum Vollmond des achten Mondmonats erinnert Asahna Bucha an Buddhas erste Predigt. Am nächsten Tag beginnt Khao Phansaa, auch die buddhistische Fastenzeit genannt.

Khao Phansaa

Der Tag nach Asahna Bucha ist der Beginn der buddhistischen Fastenzeit (der erste Tag des abnehmenden Mondes im achten Mondmonat), in der Männer traditionell als Mönche leben und sich meist für eine begrenzte Zeit ins Kloster zurückziehen. Gläubige spenden während Khao Phansaa den Tempeln Gaben und nehmen an religiösen Feierlichkeiten teil.

Geburtstag des Königs

Der 28. Juli, der Geburtstag des Königs, ist Nationalfeiertag. Die Th Ratchadamnoen Klang in Bangkok ist mit Lichtern und Flaggen geschmückt. Die Menschen tragen rosafarbene Hemden – rosa ist die Farbe der Monarchie.

August

Bedeckter Himmel und tägliche Schauer prägen die Mitte der Regenzeit und verstärken die allgegenwärtige, hohe Luftfeuchtigkeit.

Geburtstag der Königin

Der Geburtstag von Königin Sirikit, der Gemahlin des verstorbenen Königs Rama IX., am 12. August ist ein Feiertag und zugleich der thailändische Muttertag. In Bangkok wird der Tag mit farbenfrohen Blumengirlanden und Lichterketten entlang der Th Ratchadamnoen und der Sanam Luang begangen.

Oktober

Die religiösen Vorbereitungen für das Ende der Regenzeit und der buddhistischen Fastenzeit beginnen. Der Monsun neigt sich (in den meisten Landesteilen) dem Ende zu.

Ork Phasana

Das Ende der buddhistischen Fastenzeit (3 Mondmonate nach Khao Phansaa) wird mit der *gà tĭn*-Zeremonie gefeiert, bei der Mönche von Gläubigen neue Gewänder erhalten.

Vegetarierfest

Das neuntägige Fest der Fleischesabkehr (im neunten Mondmonat) wird gemäß der chinesischen Überzeugung gefeiert, dies reinige Körper und Geist. In Phuket artet es ein wenig aus, wenn die Prozessionsteilnehmer völlig in

Oben: Loi Krathong

Unten: Songkran

Trance zu menschlichen Fleischspießen werden.

November

Die kühle Trockenzeit hat begonnen, und wer früh genug anreist, entgeht den Touristenmassen. Die herrlich grüne Landschaft verlockt zum Wandern, beispielsweise zu idyllischen Wasserfällen.

Loi Krathong

Loi Krathong wird am Tag des ersten Vollmonds im zwölften Mondmonat gefeiert. Während dieses Festivals dankt man der Flussgöttin dafür, dass sie den Feldern und den Wäldern Leben schenkt, und bittet um Vergebung. Kleine, kunstvoll gefaltete Boote aus Bananenblättern werden auf den Gewässern ausgesetzt.

Dezember

Touristenhauptsaison: Die Sonne strahlt vom blauen Himmel und Ferienstimmung macht sich breit.

Geburtstag von König Rama IX.

Mit einem Feiertag wird am 5. Dezember dem Geburtstag des verstorbenen Königs gedacht; zugleich Vatertag.

Reiserouten

2 WOCHEN

Thailand für Einsteiger

Es empfiehlt sich, direkt nach **Phuket** aufzubrechen. Dort angekommen sucht man sich einen Strand, an dem man sich ein oder zwei Tage lang vom Jetlag erholt. Partyfreaks sollten ein Domizil im lebhaften, wenn auch etwas verrufenen Patong suchen. Wer es ruhiger mag, macht hingegen mit den Stränden im Norden nichts falsch.

Nachdem sich die ersten Anzeichen von Entspannung einstellen, steigt man in ein Boot nach **Ko Phi-Phi**, wo man sich entweder unter die Scharen von Backpackern mischt, die mit Unmengen an Whisky bewaffnet im feinen Sand der Traumbuchten lungern, oder zur ruhigeren Ostküste der Insel schippert. Man sollte die Schönheit dieses Ortes ein paar Tage genießen, bevor man abermals per Boot weiter nach **Ko Lanta** fährt. Von hier geht's über **Krabi** nach **Railay** mit seinen schroffen Felszacken – ein Kletterparadies, das zudem einige der schönsten Strände und Meerblicke weltweit zu bieten hat.

Nun ist es an der Zeit, die Küsten zu wechseln. Vor dem Heimflug sollte man sich noch ca. fünf Tage auf einer oder auch zwei der drei idyllischen Inseln im Golf von Thailand bequem machen: Man hat die Qual der Wahl zwischen dem Taucheldorado **Ko Tao**, der legeren **Ko Pha-Ngan** und der luxuriösen **Ko Samui**. Wer es partymäßig krachen lassen will, sollte den Aufenthalt in die Zeit der Vollmondpartys von Ko Pha-Ngan legen.

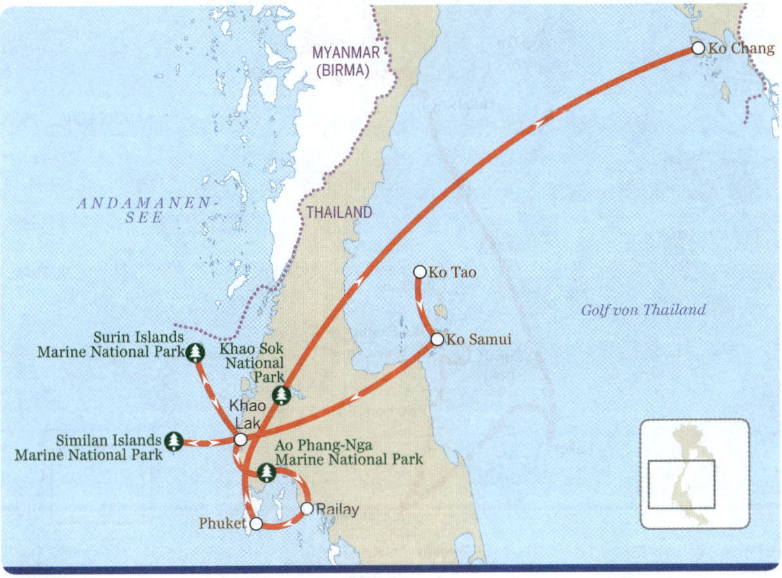

2 WOCHEN

Outdoor- & Unterwasser-Abenteuer

In Thailand gibt's nicht nur traumhaft schöne Strände: Unter der Wasseroberfläche wartet dank weltberühmter Tauchspots und toller Schnorchelgebiete eine ganz besondere Wunderwelt. Und wen es nicht in die Tiefe zieht, der kann abgelegene Höhlen mit dem Kajak erkunden, Karstformationen besteigen oder bei Wanderungen durch einige der ältesten Regenwälder der Erde faszinierende Tierbegegnungen erleben.

Tauchanfänger sollten sich zuerst nach **Ko Tao** aufmachen, noch immer der günstigste und einfachste Ort, um zu lernen, sicher mit den Fischen zu schwimmen. Sollte hierzu die Zeit fehlen, kein Problem. Tauchschulen gibt es auf vielen Inseln, einschließlich **Ko Samui**, wo viele Anbieter die selben Tauchplätze ansteuern. Erfahrenere Taucher sollten **Khao Lak** in Erwägung ziehen. Von hier werden von Mitte Oktober bis Mitte Mai täglich Tagesausflüge und Tauchsafaris (Dauer 3–7 Tagen) zu den **Similan-Inseln** angeboten – dem Traumziel aller leidenschaftlichen Taucher. Zu den ultimativen Tauchspots gehört auch Ko Bon, wo Mantarochen inmitten einer Vielzahl kleinere Fischen gesunde Riffe umschweben. Weiter im Norden liegen der Richelieu Rock, der Star unter Thailands Tauchgebieten, mit Chancen auf Walhai-Sichtungen, sowie die von kristallklarem Wasser umgebenen **Surin-Inseln** – mit das beste Schnorchelgebiet des Landes.

Über Wasser warten die umwerfenden Kalkstein-Felsnadeln und Höhlensysteme des **Ao Phang-Nga Marine Nationalpark**, die sich vom Kajak aus bestaunen und entdecken lassen (Kajakfans können sich übrigens auf vielen Inseln eines der Boote mieten). Kletterer finden ihr Glück in **Railay**, wo sie sich den Affen anschließen und an den Klippen oberhalb traumhafter Strände baumeln können. Es gibt viele Routen für Anfänger, und kein Mangel an Anbietern, die Interessierten (buchstäblich) zeigen, wo's lang geht. Ganz besonders Wagemutige (und Erfahrene!) können ihren Aufstieg mit einem kühnen Sprung ins türkisfarbene Meer beenden. Wem der Sinn nach Wildtieren steht, für den empfehlen sich die Dschungel im Norden **Phukets** und von **Koh Chang** mit ihren Naturschutzgebieten und Nationalparks. Im prähistorischen Regenwald des **Khao Sok National Park** auf dem Festland kann man zu abgelegenen Wasserfällen wandern und seltene Blumen bestaunen.

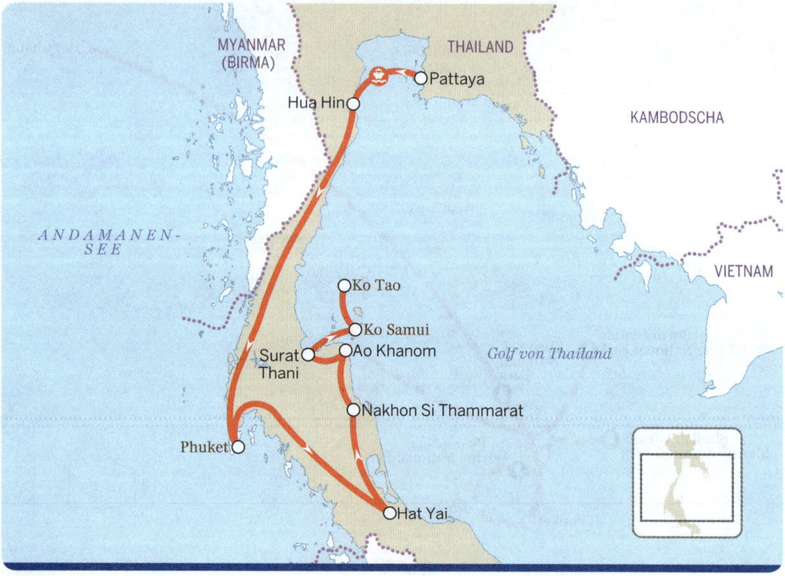

2 WOCHEN

Küsten-Leckereien

Womöglich waren es die weißen Sandstrände und das jadegrüne Meer, die einen hierher gelockt haben, aber es ist mehr als nur wahrscheinlich, dass die hervorragende Küche Thailands mindestens ebenso lange im Gedächtnis bleiben wird.

Ein paar Autostunden südlich von Bangkok begeistert **Pattaya** mit ausgezeichneten Meeresfrüchtegerichten und einer großen Auswahl internationaler Küchen. Von Pattaya geht's mit dem Katamaran in zwei Stunden über den Golf von Thailand nach **Hua Hin**, wo Fischmärkte und Restaurants am Pier warten. Die Thai-Küche hier ist unverfälscht – denn es wird für Thais gekocht, schließlich gehören vor allem Einheimische zur Klientel.

Nachdem man sich ein paar Tage lang durchgefuttert hat, steht als nächstes **Phuket** auf dem Programm. Von Hua Hin aus geht's mit dem Minivan direkt zu einem der beiden Flughäfen von Bangkok und von dort aus mit dem Flieger weiter (man kommt aber auch mit einem Nachtbus hin). Thailands größte Insel bietet die vielfältigsten Speiseerlebnisse aller Inseln und Strände. In Phuket (Stadt) hat man die Qual der Wahl zwischen unzähligen leckeren Gerichten von ebenso unzähligen Straßenständen und den fantastischen Nachtmärkten. Entlang der Strände stehen frische Meeresfrüchte auf der Karte, verführen Fusion-Köche mit faszinierenden Speisen ebenso wie eine ständig wachsende Zahl internationaler Restaurants, darunter besonders exklusive in den 5-Sterne-Resorts. Interessierte können in erstklassigen thailändischen Kochschulen lernen, die Gerichte nachzukochen.

Wer jetzt noch immer hungrig ist, der kann die gastronomische Tour fortsetzen, indem er sich mit dem Bus von Phuket nach **Hat Yai** aufmacht, um dort einige der besten und authentischsten chinesischen Gerichte Thailands zu probieren. Von Hat Yai fährt ein Zug nach Norden ins verschlafene **Nakhon Si Thammarat** mit seinen tollen Restaurants. Anschließen geht's im Minivan noch weiter nach Norden die Küste entlang nach **Ao Khanom** zum Mittag- oder Abendessen mit herrlichem Blick über den Golf von Thailand. Immer noch Appetit auf mehr? Dann via **Surat Thani** auf nach **Ko Samui** und die anderen Inseln der südwestlichen Golfregion, wo man sich dank verschiedener hervorragender Restaurants bis ganz nach **Ko Tao** durchschlemmen kann.

4 WOCHEN Das komplette Programm

Soll es ein ganzer Monat sein? Dann wird dieser Trip kein normaler Strandausflug sein. Inseln, Strände und dschungelbedeckte Nationalparks wollen entdeckt werden.

Von Thailands Hauptstadt **Bangkok** geht's nach Süden. Erster Halt ist das an Stränden reiche **Ko Samet**, das beliebte Wochenendziel der Hauptstädter und Expats. Der Küste folgend erreicht man das verschlafene **Trat**, von wo man mit dem Boot auf eine der vielen Inseln des Ko-Chang-Archipels übersetzt. Man kann über das Dschungelinnere von **Ko Chang**, der größten und erschlossensten Insel dieser Region, wandern. Danach ist es ein Katzensprung zur flachen Strandinsel **Ko Mak** oder zur schroffen **Ko Kut**.

Dann geht's zurück nach Trat und mit dem Bus weiter nach **Pattaya**. Von hier sind es zwei Stunden mit dem Katamaran nach **Hua Hin**, den vom König bevorzugten Urlaubsort, der mit Seafood-Märkten und etwas verfallenen Piers aufwartet. Danach kann man die felsigen Hügel des ruhigen **Khao Sam Roi Yot National Park** besteigen, vor **Ko Tao** (über Chumphon zu erreichen) in fischreiche Tiefen abtauchen, auf **Ko Pha-Ngan** einige Tage am Strand relaxen oder nebenan auf der etwas abwechlungsreicheren Insel **Ko Samui** den Zauber eines Urlaubsortes erleben, der jeden Wunsch erfüllt.

Von Ko Samui geht's über Surat Thani zum **Khao Sok National Park** auf dem Festland, der einen der ältesten Dschungel der Welt schützt. Nach einer Regenwaldwanderung kann man an den Stränden von **Khao Lak** entspannen. Von hier aus bietet sich auch eine ein- oder mehrtägige Tauchtour zu den Schätzen der Unterwasserwelt in den **Surin & Similan Islands Marine National Parks** an. Weiter Richtung Süden ist **Phuket** das nächste Ziel, wo man die luxuriöse Variante thailändischer Gastlichkeit kennenlernt. Man paddelt rund um das ruhige **Phang-Nga** und übernachtet am Fuß der Klippen von **Ko Phi-Phi**, nachdem man Strandtänzern und Feuerkünstlern zugejubelt hat. Man kann die Felszacken des nahen **Railay** besteigen, über **Ko Lanta** schlendern und dann in ein Boot zu den **Trang-Inseln** steigen. Wer noch weiter nach Süden Richtung malaysischer Grenze reist, darf sich auf eine weitere Inselkette freuen. Zu dieser gehört **Ko Lipe** – eine Trauminsel für alle, die von tollen Stränden nicht genug bekommen können.

2 WOCHEN

Weniger bekannte Inseln

Es lohnt sich, abseits der Hauptrouten unbekanntere Inseln und Strände Südthailands zu besuchen und dabei von der Westküste zur Ostküste und wieder zurück zu springen.

Start ist in der geschäftigen Grenzstadt **Ranong**, die nur eine 45-minütige Bootsfahrt von der Grenze zu Myanmar entfernt liegt. Nur ein Katzensprung ist's zur verschlafenen **Ko Phayam**, wo man die Füße im warmen, weißen Sand am Strand vergräbt. Eine längere Auszeit sollte man sich auf der schlichten „kleinen" **Ko Chang** gönnen, einem rustikalen Rückzugsort mit entspannter Atmosphäre (die „große" Ko Chang liegt in der Provinz Trat unweit der Grenze zu Kambodscha). Wer's aktiver mag, kann weiter südlich vor **Khao Lak** tauchen und schnorcheln. Möglich sind auch drei- bis fünftägige Tauchsafaris vor den **Similan-** und den **Surin-Inseln**, bei denen man an Bord übernachtet.

Wieder zurück auf dem Festland, geht's hinüber zur Golfküste. Unterwegs lohnt sich ein Stopp im **Khao Sok National Park**, wo man in einen der weltweit ältesten Dschungelwälder eintauchen und eine der größten Blumen der Welt entdecken kann. Auch Wandern, Kajakausflüge sowie Rafting- und Bootstouren stehen hier auf dem Programm. Auf dem Weg nach Osten sollte man **Surat Thani** nicht auslassen, eine typische Thai-Stadt mit großer chinesischer Minderheit und bunten chinesischen Tempeln. Zum Faulenzen einladende Strände warten rund um **Ao Khanom** am Golf – da kann man gut auf die von Touristen belagerten Inseln Ko Samui, Ko Pha-Ngan und Ko Tao verzichten. Mit etwas Glück lassen sich auch rosa Delfine blicken.

Auf der Weiterfahrt nach Süden entdeckt man das reiche Kulturerbe von **Nakhon Si Thammarat**, einer netten historischen Stadt, in der einer der bedeutendsten und heiligsten buddhistischen Tempel Thailands steht. Danach kehrt man nochmals zum Inselhopping an die Andamanenküste zurück. Dabei hat man die Qual der Wahl, welche der entlegenen Kalksteininseln der **Trang-Inseln** es denn sein soll: die von weißem Sand gesäumte **Ko Kradan**, die verschlafene **Ko Sukorn** oder doch die an Fauna und Flora so reiche **Ko Libong**? Zu guter Letzt geht's weiter gen Süden, wo auf den stillen Inseln **Ko Rawi** oder **Ko Adang** ein Schnorchelausflug mit den *chow lair* (Seenomaden) lockt.

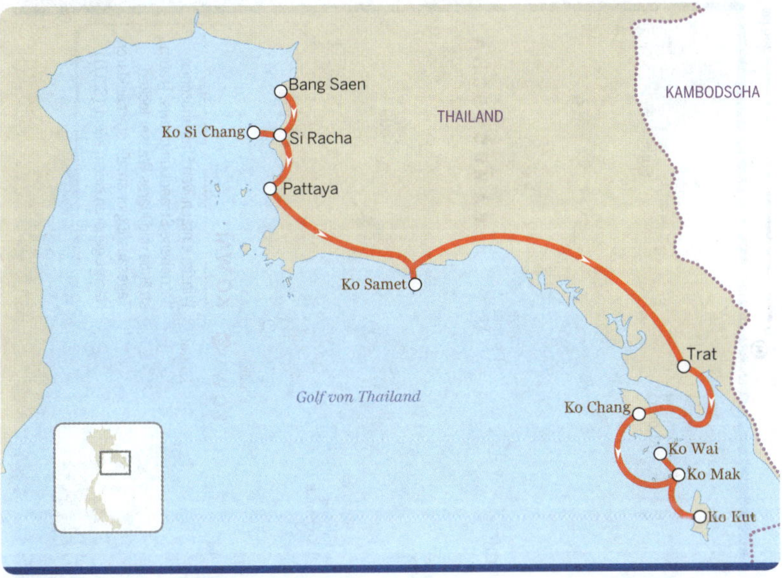

10 TAGE

Inselhüpfen im Osten

Thailands südliche Inselwelt ist der große Schatz des Landes. Wer aber wenig Zeit hat und/oder weiter nach Kambodscha reist, sollte die östliche Golfregion genauer erkunden.

Längst erfreut sich auch diese Inselregion Thailands, die wegen ihrer Nähe zu Bangkok gut zu erreichen ist, großer Beliebtheit, zumal sie sich auch ideal für Strandspaziergänge, Tauch- und Schnorchelausflüge, Wanderungen und Kajaktouren eignet. Bangkok am nächsten sind der Strand und die lang gezogene Promenade von **Bang Saen**, das nur knapp eine Stunde von der Hauptstadt entfernt ist (entsprechend viel ist am Wochenende los). Von hier ist es nicht mehr weit zum Badeort **Si Racha** und zur felsigen **Ko Si Chang**, deren Strände nicht spektakulär sind, aber allemal einen Abstecher lohnen.

Die Strandpartys und Go-Go-Bars **Pattayas** zu verpassen, ist wohl kein Verlust – man sollte aber die Gelegenheit nutzen, die vorzügliche, international ausgerichtete Gastronomie kennenzulernen und das verblüffende Sanctuary of Truth zu besichtigen. An den weißen Stränden der bewaldeten **Ko Samet** verfolgt man gemeinsam mit den Flashpackern die Shows der Feuerkünstler. Zwar lassen es die Bangkoker hier am Wochenende krachen, dennoch gibt es mehr als genug Rückzugsorte – man muss nur dem Fußpfad an der Küste folgen, der von Bucht zu Bucht führt. Trotz ihres Rufs ist die Insel noch vielerorts touristisch wenig erschlossen, sodass viele Unterkünfte weiterhin rustikal und altmodisch sind.

Folgt man dem Verlauf der Festlandküste, erreicht man das verschlafene **Trat** mit seinem traditionellen Charme, von wo aus man per Boot zu einer der vielen Inseln des Ko-Chang-Archipels gelangt. Im Inneren der zerklüfteten, von Dschungel bedeckten **Ko Chang**, der größten und erschlossensten Insel dieser Region, kann man wandern. Oder man erkundet in einem Kajak die Insel vom Wasser her. Auf Tauchfreunde warten zudem tolle Tauchspots, die alle von hier aus erreichbar sind, z. B. Ko Rang, Ko Yak, Ko Tong Lang und Ko Laun. Weiter abseits der üblichen Routen liegt das winzige **Ko Mak**, toll schnorcheln lässt es sich vor **Ko Wai**. Hartgesottene Robinson Crusoes zieht es auf die extrem schlichte Insel Ko Kham. **Ko Kut** bietet zwar kein Nachtleben, dafür aber die Gelegenheit, mit einem Spaziergang im puderfeinen Sand den Trip abzurunden.

Abseits der üblichen Pfade: Thailands Inseln & Strände

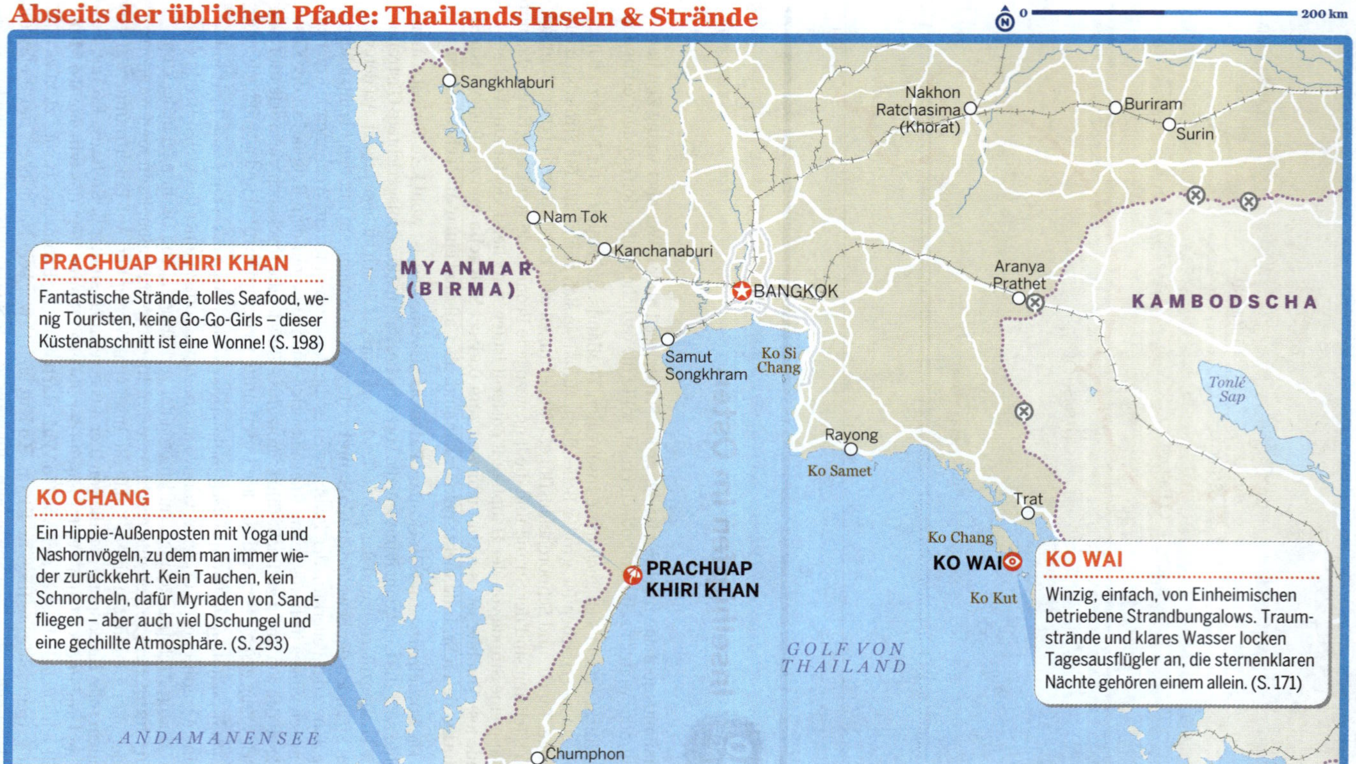

PRACHUAP KHIRI KHAN

Fantastische Strände, tolles Seafood, wenig Touristen, keine Go-Go-Girls – dieser Küstenabschnitt ist eine Wonne! (S. 198)

KO CHANG

Ein Hippie-Außenposten mit Yoga und Nashornvögeln, zu dem man immer wieder zurückkehrt. Kein Tauchen, kein Schnorcheln, dafür Myriaden von Sandfliegen – aber auch viel Dschungel und eine gechillte Atmosphäre. (S. 293)

KO WAI

Winzig, einfach, von Einheimischen betriebene Strandbungalows. Traumstrände und klares Wasser locken Tagesausflügler an, die sternenklaren Nächte gehören einem allein. (S. 171)

KO PHRA THONG & KO RA

Freundliche *chow lair* (Seenomaden) und reizende Strände. Der nahe Dschungel auf Ko Ra ist ein perfekter Tummelplatz für Wanderer und Vogelbeobachter. (S. 302)

KO YAO ISLANDS

Hoch aufragende Karstinseln, azurblaues Wasser – der unglaublich malerische Phang-Nga National Marine Park birgt die wilden Urwälder und Strände von Ko Yao Yin. (S. 312)

KO TARUTAO MARINE NATIONAL PARK

In Höhlen paddeln oder über zerfurchte Berge wandern und radeln. Hier gibt es keine Resorts, nur Nationalpark-Lodges – und genau das ist der Grund, warum es so ruhig ist. (S. 395)

LAEM SON NATIONAL PARK

Längster geschützter Küstenabschnitt Thailands – ideal, um ungestört das (gefiederte) Leben in den Mangroven zu beobachten. Ein Sprungbrett zu unbekannten Inseln und Stränden. (S. 297)

AO KHANOM

Ein Traumstrand mit großer Bandbreite an Unterkünften. Im Inland wollen Höhlen und Wasserfälle erkundet, vor der Küste die berühmten rosa Delfine gesichtet werden. (S. 274)

KO JUM & KO SI BOYA

Die versteckten, ländliche Strandorte nahe Ko Lanta sind Favoriten von Wiederholungstätern. (S. 381)

KO SUKORN & KO LIBONG

Die muslimischen Fischergemeinden von Ko Sukorn (S. 392) und Ko Libong (S. 391) heißen Besucher willkommen. Schnorcheln, Motorradtouren, Dugongs, bunte Vögel und großartiges Seafood bewegen sie zu bleiben.

Reiseplanung

Verantwortungsbewusst reisen

Thailand ist für Traveller ein eher einfaches Reiseland. Doch Hintergrundwissen zur Etikette und den sozialen Konventionen macht die Reise noch angenehmer. Zudem verringert das Befolgen grundlegender Anregungen für verantwortungsbewusstes Reisen mögliche negative Auswirkungen, die Tourismus mit sich bringen kann.

Freiwilligenorganisationen

Wild Animal Rescue Foundation (WARF; ☎02 712 9715; www.warthai.org) Unterhält das Gibbon Rehabilitation Centre in Phuket (wo Freiwillige helfen können, Käfige zu säubern, die Gibbons zu füttern und zu verfolgen, wie es den in die Freiheit entlassenen Affen geht), sowie mehrere andere Programme landesweit.

Wildlife Friends Foundation Thailand Rescue Centre and Elephant Refuge (S. 188) Bietet Freiwilligen die Möglichkeit, in ihrer Auffangstation in Phetchaburi für Malaienbären, Makaken, Gibbons und Elefanten zu sorgen.

Open Mind Projects (☎042 413578; www.openmindprojects.org) Vermittelt Freiwilligenjobs in der IT-Branche, im Gesundheitswesen, in der Bildung und im gemeindeorientierten Ökotourismus überall in Thailand.

Starfish Ventures (www.starfish-adventure.com) Vermittelt Freiwilligen Jobs in der Baubranche, im Gesundheitswesen und in Bildungsprogrammen.

Volunthai (www.volunthai.com) Die familienbetriebene Organisation setzt Freiwillige als Lehrer an Schulen auf dem Land ein und bringt sie in Gastfamilien unter.

Etikette

Der Monarchie und der Religion (die miteinander verbunden sind) wird in Thailand ein Höchstmaß an Achtung entgegengebracht. Aus Furcht, jemanden zu kränken, oder – schlimmer noch – wegen der im Land sehr strengen Gesetze bezüglich Majestätsbeleidigung ins Gefängnis zu wandern, vermeiden es die Thais strikt, die königliche Familie zu kritisieren oder zu verunglimpfen.

Bilder und Statuen des Buddha gelten als heilig. Daher gehört es sich absolut nicht, albern vor einer Buddhafigur für ein Foto zu posieren oder gar darauf herumzuklettern, auch nicht in einer Tempelruine. Die Thais bezeugen jeder Buddhastatue, auch wenn sie noch so armselig sein mag, ihren Respekt mit einem *wâi*-Gruß, bei dem die Hände wie zum Gebet aneinandergelegt werden. Da die Mönche in Askese leben, dürfen sie Frauen weder berühren noch von ihnen berührt werden. Wenn eine Frau einem Mönch etwas geben möchte, stellt sie es in Reichweite des Mönchs ab oder platziert es auf seinem „Empfangstuch".

Aus religiösen Gründen betrachten die Thais den Kopf als höchsten und heiligsten Teil des menschlichen Körpers, während die Füße als niedrigste und schmutzigste Körperteile gelten. Dabei haben viele „Fußtabus" durchaus einen praktischen Sinn und sind historisch begründet, denn die Thais haben traditionell auf dem Fußboden ihrer kaum möblierten Wohnungen gegessen und geschlafen. Um die Wohnung und den „Esstisch" sauber zu halten, entstanden für Füße (und Schuhe) eine Vielzahl von Regeln.

Als Zeichen des Respekts, aber auch aus hygienischen Gründen, werden in Privatwohnungen und Tempeln grundsätzlich keine Schuhe getragen. Thais können ihre Schuhe in einer einzigen Bewegung wegschleudern und viele Schnürrschuhe werden in praktische Slipper umgewandelt. Außerdem treten Thais niemals auf, sondern immer über die Türschwelle, denn dort lebt nach allgemeinem Glauben der „Geist" des Hauses. Wenn in manchen Bussen oder 3.-Klasse-Zügen die Thais dennoch manchmal die Füße hochlegen, ist das zwar nicht die feine englische Art, aber zumindest ziehen sie vorher immer ihre Schuhe aus. Dies gilt auch, wenn sie auf einen Stuhl oder Sitz steigen müssen.

Thais berühren einander auch niemals am Kopf oder wuscheln sich gegenseitig als Zeichen der Zuneigung in den Haaren. Berühren sich junge Leute dennoch gegenseitig am Kopf, so handelt es sich um eine Neckerei oder Stichelei unter Freunden.

ETIKETTE

Auf jeden Fall

Eine respektvolle Haltung (Aufstehen!) einnehmen, wenn die Königs- und die Nationalhymne erklingt! Sie werden im Fernsehen und Radio sowie in öffentlichen und staatlichen Einrichtungen gespielt.

Immer nett lächeln. Damit geht alles viel einfacher.

Wer bei Thais zu Hause eingeladen ist, bringt ein Gastgeschenk mit. Es bieten sich Obst, Getränke oder Snacks an.

Die Schuhe ausziehen, bevor man eine Wohnung oder einen Tempel betritt.

Tempel angemessen bekleidet besuchen. D.h. Ellbogen und Knöchel bedecken und vor dem Betreten eines Gebäudes mit Buddha-Abbild immer die Schuhe ausziehen.

Wer sich in einem Tempel hinsetzt, sollte dies wie die „kleine Meerjungfrau" tun: Die geschlossenen Beine werden so angewinkelt, dass die Füße nicht auf ein Abbild Buddhas zeigen.

Es gilt als äußerst höfliches Verhalten, die rechte Hand auszustrecken und mit der linken Hand den rechten Ellbogen zu umfassen, wenn man einer anderen Person einen Gegenstand überreicht oder etwas entgegennimmt.

Bloß nicht!

Sich ein Buddha Tattoo stechen lassen. Das gilt als Gotteslästerung.

Die Monarchie kritisieren. Diese wird hoch geachtet und ist gesetzlich vor Diffamierung geschützt – heutzutage mehr denn je.

Füße auf den Tisch oder Stuhl legen. Füße gelten als schmutzig, auf Stühlen sitzt man, vom Tisch isst man.

Auf heruntergefallenes Geld treten, um ein Davonwehen zu verhindern. Das Abbild des Königs prangt auf allen Münzen und Geldscheinen (Füße + Monarchie = schwerwiegende Majestätsbeleidigung).

Über andere Personen oder ihre Habseligkeiten hinwegsteigen – auch hierfür ist der Grund in den fiesen Füßen zu suchen.

Schuhe außen am Rucksack befestigen – sie könnten eventuell jemanden streifen.

Thais am Kopf berühren. Dies gilt als unhöflich, nicht als vertraulich.

Frauen dürfen Mönche und ihre Habseligkeiten nicht berühren. Deswegen hält frau gebührenden Abstand, wenn sie an einem Mönch vorbeiläuft, und setzt sich in öffentlichen Verkehrsmitteln nicht neben sie.

Gesellschaftliche Konventionen & Gestik

Der traditionelle thailändische Gruß ist der *wâi*, bei dem die Handflächen wie zum Gebet aneinandergelegt werden. Wie tief man sich dabei verbeugt und wie hoch die Hände gehalten werden, ist abhängig vom Status der Person, die gegrüßt wird. Kinder werden von Erwachsenen nicht mit dem *wâi* gegrüßt, ebensowenig das Servicepersonal, wenn es gerade „im Dienst" ist.

In den traditionelleren Regionen Thailands gelten Berührungen zwischen Menschen unterschiedlichen Geschlechts, sei es von Liebespärchen oder Freunden, als unschicklich. Außerhalb großer Städte wie Bangkok gilt es nicht als akzeptables Verhalten, sich an den Händen zu halten. Dagegen sind Berührungen unter Frauen bzw. Männern durchaus üblich: Sie gelten als Zeichen von Freundschaft, nicht von sexueller Anziehung. So wie sich gute Kumpels gegenseitig auf den Rücken klopfen, fassen ältere Thais jüngeren Männern häufig an den Oberschenkel. Thai-Frauen sind liebenswürdig zueinander, sie sitzen oft nah beisammen oder gehen Arm in Arm.

Im Allgemeinen legen die Thais bei ihrer Kleidung großen Wert auf Sittsamkeit, nur bei den Jüngeren ändert sich dies allmählich. Auch am Strand ist angemessene Bekleidung ein Muss. Im Gegensatz zu Stadtbewohnern baden Thais aus der Provinz in voller Montur. Deshalb sind hüllenloses Sonnenbaden und „oben ohne" inakzeptabel und oft verboten. Badeanzüge sind reine Strandbekleidung; also: auf dem Weg vom Strand zum Hotel etwas überziehen!

Tourismus

Begegnungen mit Elefanten

Elefanten wurden in Thailand schon immer wegen ihrer Stärke, Ausdauer und Intelligenz verehrt. Unter der Leitung ihrer Mahuts schleppten sie Teakholzstämme aus dem Urwald, transportierten Güter durchs Gebirge und zogen sogar in den Krieg.

Viele traditionellen Aufgaben der Elefanten wurden inzwischen von Maschinen übernommen oder wurden verboten, die grauen Riesen und ihre Betreuer wurden arbeitslos. Einige Mahuts verlegten sich aufs Betteln in Bangkok und anderen Touristenzentren, wo viele Elefanten in zirkusähnlichen Shows auftreten oder Touristen als Reittiere dienen. Einige Elefantencamps bieten Mahut-Trainingskurse an, während Schutz- und Rettungszentren den Dickhäutern, die nicht mehr arbeiten können und für ihre Besitzer nutzlos sind, einen bescheidenen Lebensabend ermöglichen.

Der artgerechte Unterhalt eines Elefanten kostet monatlich ca. 30 000 B (1000 US$), das entspricht dem Monatsgehalt eines Thai der oberen Mittelschicht. In der Tourismusbranche gelten für soziale Standards keine Vorgaben oder gesetzlichen Regelungen. So liegt es in den Händen des Konsumenten, die Elefantenindustrie dazu zu ermutigen, sichere Arbeitsbedingungen für die Tiere zur Norm zu machen.

Tierschützern stehen inzwischen viele Beweise zur Verfügung, mit denen sie belegen können, dass Elefantenreiten und Shows schädlich für die sanften Riesen sind, und dass sie oft misshandelt werden. Deshalb bietet eine kleine, aber wachsende Zahl von Anbietern und Schutzzentren nachhaltigere Interaktionen wie Wandern mit oder das Baden von geretteten oder im Ruhestand lebenden Elefanten.

Lonely Planet empfiehlt, nicht auf Elefanten zu reiten oder Aufführungen mit den Tieren zu besuchen. Wir bitten Traveller zudem dringend, sich vor Organisationen zu hüten, die einerseits für ihre Schutzeinrichtung werben, gleichzeitig aber dort Ausritte und Shows anbieten.

Freiwilligenarbeit

Tier- & Umweltschutz

In Auffangstationen und Schutzzentren, die auf freiwillige Helfer angewiesen sind, wird die harte Arbeit oft mit tollen Erlebnissen mit den Tieren belohnt.

Humanitäres & Unterricht

Wer Interesse an einer Freiwilligentätigkeit hat, sollte sich gut informieren, was die gewählte Organisation macht und wie sie dabei vorgeht. Bei Projekten mit Kindern muss deren Schutz höchste Priorität haben. Sollte hier kein ausführlicher Background-Check von einem verlangt werden, ist größtmögliche Vorsicht angebracht.

Ko Chang (S. 156)

Reiseplanung

Für jeden der richtige Strand

Es ist ein seltsames Dilemma: Thailand hat einfach zu viele Strände. Selbst wer schon einmal hier war, hat die Qual der Wahl, und der Tourismus entwickelt sich so rasant, dass wer nach fünf Jahren an einen Ort zurückkehrt, diesen kaum mehr wiedererkennt. Deshalb folgen auf den nächsten Seiten Infos und Entscheidungshilfen, mit denen jeder seinen Traumstrand finden kann.

Beste Strände für …

Ruhe und Action zugleich

Ko Mak Strandbar-Szene, leicht zu erkundender und ausgedehnter Sandstrand.

Ko Phayam Auf Nebenstraßen zu einsamen Stränden oder zu Partys radeln.

Hat Mae Nam Ruhiger Strand auf Ko Samui, in der Nähe ist aber jede Menge los.

Ko Bulon Leh Entspannt, aber viel Action.

Kultur der Einheimischen

Ko Yao Noi Die Karst-Insel ist das Angelparadies muslimischer Thais.

Ko Sukorn Landwirtschaftliche und von Fischerei geprägte Insel voller Mangroven und Wasserbüffel.

Ko Phra Thong Mit einem Guide der *chow lair* (Moken; „Seenomaden") nach seltenen Orchideen suchen.

Hua Hin In dem städtischen Rückzugsort kann man sich unter die thailändische Mittelklasse mischen.

Von Bangkok gut erreichbar

Heute sind die Strände in unmittelbarer Nähe zu Bangkok nicht zwangläufig jene, die am schnellsten und einfachsten zu erreichen sind. Es gibt internationale Direktflüge nach Phuket, was einen Zwischenstopp in der Hauptstadt überflüssig macht, und von Bangkok (und einigen anderen südostasiatischen Ländern) aus kommt man bequem mit dem Flugzeug in etliche Städte des Südens.

Wer nicht fliegen will, aber auch nicht allzu viel Zeit hat, findet den Bangkok am nächsten liegenden Inselstrand auf Ko Samet (ca. 4 Std. Reisezeit), während die nächstgelegenen Strandresorts Bang Saen (1 Std. mit dem Bus) und Pattaya (1½ Std. Fahrzeit) sind. Auf dem Festland sind die nächstgelegenen Strandorte Cha-am (2½ Std.) und Hua Hin (3 Std.). Etwa sechs Stunden braucht man bis Ko Chang, was wesentlich schneller ist als die mindestens zehn Stunden, die notwendig sind, um die Inseln in der südwestlichen Golfregion zu erreichen. Wer es eilig hat und mit dem Bus fahren möchte, sollte die Orte an der Andamanenküste meiden.

In Partylaune?

Wohin?

Die meisten Reisenden fahren in den Süden Thailands, um es mal so richtig krachen zu lassen, und die lokale Tourismusindustrie kommt diesem Wunsch nur allzu gern entgegen: Dröhnende Strandbars säumen viele der großen Strände. Glücklicherweise kann man dem Partywahnsinn

THAILANDS INSELN & STRÄNDE IM ÜBERBLICK

STRÄNDE	PAUSCHAL-TOURISTEN	BACK-PACKER	FAMI-LIEN	PARTYS	TAUCHEN & SCHNOR-CHELN	BESONDERHEITEN
Ko Chang & Ostküste						
Ko Samet	✓	✓	✓	✓		Schöne Strände, von Bangkok leicht zu erreichender Urlaubsort
Ko Chang	✓	✓	✓	✓	✓	Internationaler Ferienort, mittelmäßige Strände, Dschungel
Ko Wai		✓	✓		✓	Primitives Tagesausflugsziel, abends verlassen
Ko Mak	✓	✓	✓			Mittelmäßige Strände, tolle Stimmung
Ko Kut	✓	✓	✓			Hübsche, teils erschlossene Insel, herrlich einsam

STRÄNDE	PAUSCHAL-TOURISTEN	BACK-PACKER	FAMI-LIEN	PARTYS	TAUCHEN & SCHNOR-CHELN	BESONDERHEITEN
Hua Hin & nördliche Golfregion						
Hua Hin	✓	✓	✓			Internationaler Ferienort, von Bangkok aus leicht zu erreichen
Pranburi & Umgebung	✓		✓			Ruhig & in der Nähe von Bangkok
Ban Krut			✓			Einfach, bei Thais beliebt
Bang Saphan Yai		✓	✓			Preiswerter Festlandsstrand
Ko Samui & südliche Golfregion						
Ko Samui	✓	✓	✓	✓		Internationaler Ferienort für gesellige Strandurlaube
Ko Pha-Ngan	✓	✓	✓	✓	✓	Beliebte Strände, mit Saufgelage am Hat Rin
Ko Tao	✓	✓	✓	✓	✓	Jede Menge Tauchschulen
Ang Thong		✓	✓			Tolle Karstlandschaft
Ao Khanom		✓	✓			Ruhig, kaum bekannt
Phuket & Andamanenküste						
Ko Chang (Ranong)		✓	✓		✓	Ländlich
Ko Phayam		✓	✓			Ruhig, wird zunehmend beliebter
Surin & Similan-Inseln			✓		✓	Tauchspots, erreichbar auf Tauchtouren mit Übernachtung
Ko Yao	✓	✓	✓			Schlechte Strände, aber nette Stimmung und großartige Landschaft
Phuket	✓	✓	✓	✓	✓	Internationaler Ferienort für gesellige Strandurlaube
Ao Nang	✓	✓	✓		✓	Touristisch, nahe Railay
Railay	✓	✓	✓			Hochburg der Felskletterer mit einigen großartigen Stränden
Ko Phi-Phi	✓	✓		✓	✓	Nette Partyinsel
Ko Jum	✓	✓	✓			Mittelmäßiger Strand, nette Stimmung
Ko Lanta	✓	✓	✓		✓	Anständige Strände
Trang-Inseln	✓	✓	✓		✓	Ko Ngai ist prima für Kinder
Ko Bulon Leh		✓	✓		✓	Hübsch, kaum bekannt
Ko Tarutao		✓	✓			Entstehender Nationalpark
Ko Lipe	✓	✓	✓	✓	✓	Immer was los, gute Strände, praktisch für Visaverlängerungen
Ko Adang		✓			✓	Beliebt bei Tagesausflüglern

Der Weg zum individuellen Strand-Abenteuer

Nicht jeder reist gleich weit für seinen Traumstrand. Hier wählt man zunächst einen Startpunkt und folgt dann seinen Vorlieben.

Beliebte Hotspots

Start

Ich würde keinen ganzen Tag reisen wollen, aber ein einstündiger Flug oder der Nachtzug ab Bangkok wären o.k.

Wenn es um die Unterkunft geht, suche ich nach ...

...Backpacker-Buden.

...etwas Familienfreundlichem oder Luxuriösem.

Gerätetauchen ...

...klingt super.

...ist nichts für mich.

Meine Lieblingsbeschäftigung ist ...

...am Strand faulenzen.

...Klettern

Wenn es ums Essen geht ...

...ist Seafood das Größte.

...sind Thai-Standards völlig o.k.

...liebe ich die Vielfalt.

Das perfekte Resort ...

...liegt an einem ruhigen Strand und hat eine jugendliche Atmosphäre.

...bietet Gerätetauchen.

...hat höchsten internationalen Standard.

Ko Lanta S. 371

Hua Hin S. 184

Ko Tao S. 254

Railay S. 355

Ko Samui S. 214

Phuket S. 315

Ko Chang (Andamanenküste) S. 293

Trang-Inseln S. 387

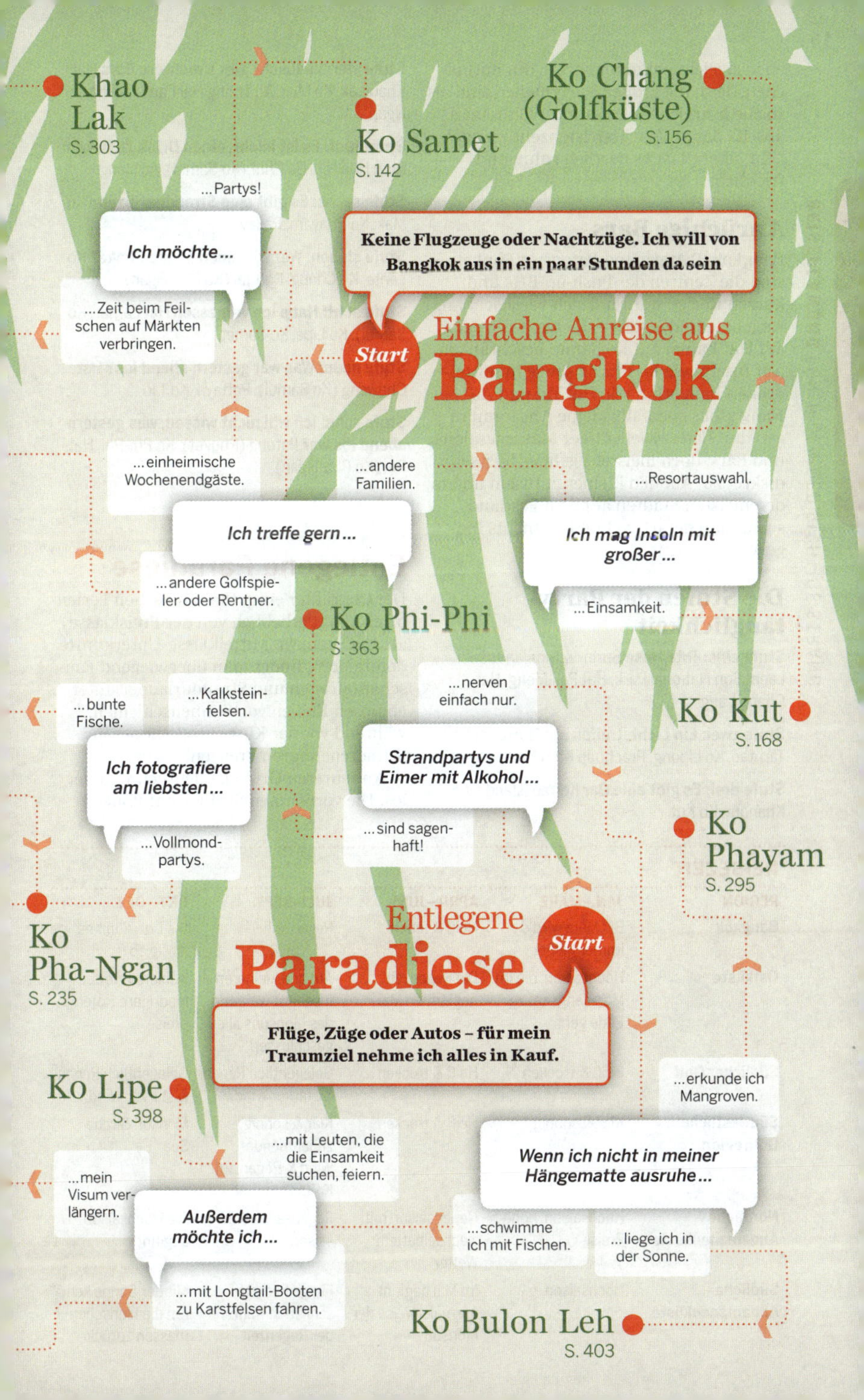
Einfache Anreise aus
Bangkok
Start
Keine Flugzeuge oder Nachtzüge. Ich will von Bangkok aus in ein paar Stunden da sein
Ich möchte ...
... Partys!
... Zeit beim Feilschen auf Märkten verbringen.
Ich treffe gern ...
... einheimische Wochenendgäste.
... andere Familien.
... andere Golfspieler oder Rentner.
Ich mag Inseln mit großer ...
... Resortauswahl.
... Einsamkeit.
Khao Lak
S. 303
Ko Samet
S. 142
Ko Chang (Golfküste)
S. 156
Ko Phi-Phi
S. 363
Ko Kut
S. 168
Ich fotografiere am liebsten ...
... bunte Fische.
... Kalkstein-felsen.
... Vollmond-partys.
Strandpartys und Eimer mit Alkohol ...
... nerven einfach nur.
... sind sagenhaft!
Ko Pha-Ngan
S. 235
Ko Phayam
S. 295
Entlegene
Paradiese
Start
Flüge, Züge oder Autos – für mein Traumziel nehme ich alles in Kauf.
Wenn ich nicht in meiner Hängematte ausruhe ...
... erkunde ich Mangroven.
... schwimme ich mit Fischen.
... liege ich in der Sonne.
Außerdem möchte ich ...
... mit Leuten, die die Einsamkeit suchen, feiern.
... mein Visum verlängern.
... mit Longtail-Booten zu Karstfelsen fahren.
Ko Lipe
S. 398
Ko Bulon Leh
S. 403

ebenso leicht entkommen wie ihn mitmachen, denn die großen Partymeilen sind als solche hinreichend bekannt. Wohin man abseits der großen Touristenzentren auch geht, überall ist es herrlich ruhig und friedlich.

Anrüchige Bars

Bangkok, Pattaya und Patong in Phuket sind die Zentren der Push-up-BHs und kurzen Röcke, während sich vergleichbare Angebote in der südwestlichen Golfregion auf Hat Lamai auf Ko Samui beschränken. Auf Inseln wie Ko Chang sowie in mittelgroßen Badeorten wie Hat Yai und Ao Nang gibt's ebenfalls kleine Ansammlungen durchaus zwielichtiger Massagesalons und Bars, doch meistens geht es hier sehr diskret zu. Auf den kleineren Inseln und in den meisten Städten auf dem Festland sucht man derartige Etablissements hingegen vergebens.

Die Stufen der Partytauglichkeit

Stufe eins: Tote Hose Surin- & Similan-Inseln, Laem Son National Park, Hat Pak Meng, Hat Chang Lang

Stufe zwei: Ein Lichtstreifen am Horizont Ko Tarutao, Ko Libong, Prachuap Khiri Khan

Stufe drei: Es gibt eine Bar Ko Yao Islands, Ao Khanom, Ko Kut

Stufe vier: Vielleicht gibt's mehrere Bars Hat Khao Lak, Ko Muk, Ao Thong Nai Pan (Ko Pha-Ngan)

Stufe fünf: Es ist leicht, einen Drink zu bekommen Hua Hin, Bo Phut (Ko Samui), Ao Nang

Stufe sechs: Es gibt eine Strandbar-Szene Ko Mak, Ko Phayam, Railay

Stufe sieben: Wer will einen Magic Shake? Ko Lanta, Ko Chang, Ban Tai (Ko Pha-Ngan)

Stufe acht: Habe ich vergessen Hat Lamai (Ko Samui), Ko Lipe, Ko Samet

Stufe neun: Was war gestern abend los? Hat Chaweng (Ko Samui), Pattaya, Ko Tao

Stufe zehn: Ich will nicht wissen, was gestern abend los war Patong (Phuket), Ko Phi-Phi, Hat Rin (Ko Pha-Ngan)

Entlegene Paradiese

Der Charakter eines thailändischen Ferienortes hängt erheblich von der Preisklasse ab. In Orten, wo Mittelklasse-Unterkünfte dominieren, findet man überwiegend Pauschaltouristen und Strandurlauber unter endlosen Reihen von Sonnenschirmen, während vor der Küste große Boote für Schnorcheltouren kreuzen.

An teureren Orten ist deutlich weniger los. Die vornehmen Strände auf Phuket,

REISEZEIT

REGION	JAN.–MÄRZ	APRIL–JUNI	JULI–SEPT.	OKT.–DEZ.
Bangkok	Bis März wird's immer heißer	Heiß & feucht	Regenzeit	Bis Dez. kühlt es stetig ab
Ostküste	Hochsaison, die im März langsam zu Ende geht	Die Regenzeit beginnt im Mai	Auf den kleineren Inseln ist während des Monsuns alles geschlossen	Kühleres Wetter, niedrigere Hotelpreise
Südlicher Golf	Heiß & trocken	Heiß & trocken	Gelegentlich Regen & starker Wind	Gelegentlich Regen & starker Wind
Südwestliche Golfregion	Klar & sonnig	Heiß & trocken	Klar & sonnig, zunehmender Wind & Regen auf Ko Tao	Monsun & raue See
Nördliche Andamanenküste	Hochsaison, hohe Preise	Nebensaison mit wechselhaftem Wetter	Regenzeit & Surfsaison	Die Hochsaison beginnt
Südliche Andamanenküste	Hochsaison	Im Mai beginnt normalerweise der Monsun	Einige Resorts schließen während der Regenzeit	Mit der Sonne kehren die Menschenmassen zurück

Oben: Hat Tham Phra Nang, Railay (S. 355)

Unten: Ko Tao (S. 254)

MATT MUNRO / LONELY PLANET ©

z. B. Surin und Ao Ban Tao gehören zu den ruhigeren auf der Insel, und trotzdem gibt's auch hier einige Restaurants und Cocktailbars. Ko Kut vor der Ostküste hat nette Badeorte an einigen der unberührtesten Stränden des Landes, während an den abgelegenen Stränden im Nordosten von Ko Samui einige der luxuriösesten Resorts Thailands angesiedelt sind. Je teurer die Anlagen sind, desto mehr Privatsphäre und Abgeschiedenheit gibt es.

Es gibt noch ein paar Strandhütten, zumeist an einigen der abgelegensten Strände des Landes.

Aktivitäten

Viele Urlauber richten sich bei der Auswahl ihres Strandes danach, was man außer Faulenzen dort noch alles tun kann.

Tauchen & Schnorcheln

Thailand ist ein Paradies für Taucher und Schnorchler. Die schönste Unterwasserwelten im ganzen Land haben die Andamanenküste und Ko Tao in der südwestlichen Golfregion zu bieten. Auf manchen Inseln wie Ko Samui und Ko Lanta kann zwar an den Stränden nicht besonders gut geschnorchelt werden, zum Ausgleich gibt es allerdings Schnorcheltouren zu nahe gelegenen Spots, wo man einige Korallen und Fische und mit etwas Glück sogar eine Meeresschildkröte oder einen Hai zu Gesicht bekommt.

Klettern

Railay ist das bekannteste Kletter-Eldorado im Süden Thailands. Es bietet ausgezeichnete Bedingungen für Anfänger wie auch erfahrene Kletterer und zudem noch eine vergnügliche Stimmung. Auf Ko Phi-Phi gibt es neben der lebhaften Partyszene viele Aktivitäten an Land und auf dem Wasser sowie einige hervorragende Kletterareale (wobei die Veranstalter für Klettertouren ihren Sitz auf Railay haben).

Ein paar weniger frequentierte, abgelegene Routen gibt's zudem rund um das reizende Festlandsstädtchen Krabi. Langsam aber sicher entwickeln sich die Ko-Yao-Inseln zu einem Ziel vor allem für erfahrene Kletterer. Auch Ko Tao zieht Sportkletterer an.

Ko Nang Yuan (S. 254)

Wandern

In den Nationalparks auf dem Festland wie z. B. Khao Sok gibt's die meisten Möglichkeiten zum Wandern auf Dschungelpfaden, aber auch bewaldetere Inseln wie Ko Chang, Ko Pha-Ngan und sogar Phuket haben tolle Wanderwege, die oft zu Wasserfällen oder Aussichtspunkten über das Meer führen.

Kultur

Wer authentische thailändische Kultur kennenlernen will, muss die großen Touristenzenten verlassen und sich in Küstenstädte wie Trang, Surat Thani oder Nakhon Si Thammarat begeben. Alternativ kann man auch weniger bekannte Inseln wie Ko Si Chang oder Ko Sukorn aufsuchen oder auf die seltener besuchten Regionen der Inseln, wie die Südküste von Ko Samui oder die Ostküste von Ko Lanta ausweichen. Aber selbst mitten im touristischen Patong oder auf Ko Phi-Phi kann man einen Einblick in das Leben außerhalb der Ferienanlage bekommen, indem man einfach an einem Imbissstand isst, mit den Besitzern plaudert, stets freundlich lächelt und den Kontakt mit den Einheimischen sucht.

Gefahren & Ärgernisse

Wenn man einen Motorroller oder ein Motorrad mietet, kann es vorkommen, dass man nicht versichert ist. In den meisten Mietverträgen ist eine Versicherung nicht enthalten und die eigene Versicherung deckt nicht immer die Kosten eines Unfalls. Wahrscheinlich wird man für ärztliche Ausgaben und Reparatur- oder Ersatzkosten des beschädigten Fahrzeugs selbst aufkommen müssen. Wer keinen thailändischen oder internationalen Führeschein besitzt, ist illegal unterwegs (viele Fahrzeugverleiher fragen nicht danach). Wer ein Fahrzeug gemietet hat, sollte auf Sand oder Schotter auf der Straße (vor allem beim Bremsen) achten, langsam (mit weniger als 40 km/h) fahren, vor allem nach Regengüssen, und keinen Alkohol trinken. Darüber hinaus sollte man auch einen Helm tragen.

Fälle von Ertrinken kommen häufig vor. Unbedingt auf die roten und gelben Flaggen am Strand achten und nicht vergessen, dass es an vielen Stränden keine Rettungsschwimmer gibt. Zu beachten sind außerdem die Brandungsrückströme, die einen hinaus aufs offene Meer treiben können. Wer in tiefem Wasser in einen Brandungsrückstrom gerät, sollte nicht versuchen, dagegen anzukämpfen, da man schnell erschöpft wird. Es ist ratsamer, um Hilfe zu rufen, sich mit der Strömung treiben zu lassen und so Kraft zu sparen. Die Strömung treibt einen zwar weiter hinaus aufs Meer, man kann aber danach wieder zurückschwimmen. Brandungsrückströme sind relativ schmal, sodass eine andere Technik, ihnen zu entkommen, darin besteht, zunächst eine gewisse Strecke ungefähr parallel zum Ufer zu schwimmen, wenn man von der Strömung erfasst wird.

An manchen Stränden warnen Symbole vor Würfelquallen. Deshalb sollte man, bevor man ins Wasser steigt, nach diesen Symbolen Ausschau halten. Stiche von Würfelquallen können tödlich sein, und obwohl dadurch verursachte Todesfälle sehr selten sind, kam es im Wasser rund um Ko Pha-Ngan und Ko Samui 2014 und 2015 innerhalb von 12 Monaten zu drei Todesfällen.

Beim Schwimmen unbedingt auf Jetskis und Longtail-Boote achten – man kann auf keinen Fall davon ausgehen, dass die nach Schwimmern Ausschau halten, auch dann nicht, wenn sie gerade auf das Ufer zusteuern.

Schnorcheln vor Ko Rang (S. 158

Reiseplanung

Tauchen & Schnorcheln

Egal, ob es der erste oder der 100. Tauchgang ist, Thailand bietet mit seinem warmen, klaren Wasser, den artenreichen Meereslebewesen und einigen der schönsten Tauchspots der Welt eine Vielzahl von Unterwassererlebnissen. Dank der erschwinglichen Preise ist das Land zudem ideal für alle, die Tauchen lernen wollen.

TANUNPAT / SHUTTERSTOCK ©

Infos zum Tauchen & Schnorcheln

Beste Orte für Anfänger

Ko Tao Fantastische Tauchgründe in seichtem Gewässer, in das sich gelegentlich sogar Walhaie verirren. Dies ist der beste (und preiswerteste) Ort in Thailand, um Gerätetauchen auszuprobieren. Sail Rock (näher zu Ko Pha-Ngan) und Chumphon Pinnacle sind die Top-Tauchgründe.

Beste Trips mit Übernachtung

Khao Lak Das Tor zu den Surin- und Similan-Inseln. Die schier zahllosen Tauchgründe kann man bei einer Tauch-Safari mit Übernachtung erkunden und den Richelieu Rock aufsuchen, einen einmaligen Tauchspot, den Jacques Cousteau entdeckt hat.

Schönste Unterwasserwelt

Ko Lanta and Ko Phi-Phi Don Top-Spots, die für ihren Artenreichtum berühmt sind. Die untermeerischen Felsnadeln von Hin Daeng und Hin Muang sind von beiden Seiten aus zugänglich.

Beste Schnorchelspots

Ko Phi-Phi Nach dem Tsunami hat es ein rauschendes Comeback gefeiert und lockt mit traumhaften Riffen. Ko Mai Phai und Ko Nok sind erstklassige Schnorchelgründe; Hin Bida und Ko Bida Nok gehören zu den beliebtesten lokalen Tauchspots.

Tauchen

Thailand hält für Anfänger ebenso wie für Fortgeschrittene einige der weltweit erschwinglichsten, faszinierendsten und am leichtesten zugänglichen Tauchgründe bereit.

Tauchkurse

Thailand ist einer der besten Orte, um Tauchen zu lernen. Am besten ist das Geld angelegt, wenn man an Kursen zertifizierter Tauchschulen auf Ko Tao teilnimmt, bei denen die Kursgebühren bei 9000 bis 10 000 B beginnen und davon abhängen, was für ein Zertifikat man erhalten möchte. Außer auf Ko Tao gibt es noch etliche weitere Inseln, auf denen man ein Tauchzertifikat erlangen kann, wobei das Open Water Diver (OWD)-Zertifikat mit weiteren 3000 bis 6000 B zu Buche schlägt. Ko Pha-Ngan, Ko Phi-Phi, Khao Lak und Ko Lanta zählen ebenfalls zu den fünf Top-Orten für Tauchkurse.

PADI Open Water Kurse werden für Kinder ab 10 Jahren angeboten. Einführende Tauchgänge werden von unzähligen seriösen Tauchschulen angeboten.

Apnoetauchen

Beim Apnoe- oder Freitauchen muss der Taucher mit einem einzigen Atemzug auskommen – ohne technische Zusatzgeräte oder einen Schnorchel. Eines der führenden Zentren, in dem man diesen Sport erproben kann, befindet sich auf Ko Tao in der südwestlichen Golfregion, aber Schulen für Freitauchen gibt es mittlerweile auch auf Ko Pha-Ngan und Ko Lanta. Anfängerkurse (üblicherweise mit einer Dauer von zwei Tagen) kosten etwa 5000 B.

Informationen zum Apnoetauchen findet man auf AIDA International (www.aidainternational.org) und CMAS (www.cmas.org).

Tauch-Safaris mit Übernachtung

Das Geschäft mit den Tauch-Safaris inklusive Übernachtung hat sich in den letzten 20 Jahren stetig entwickelt. Die meisten Tauchausflüge mit Übernachtung finden vor Khao Lak statt, gleich nördlich von Phuket an der Andamanenküste. Diese Angebote sind all inclusive (Übernachtung auf dem Boot, Verpflegung, Tauchausrüstung, Guides) und erstrecken sich über eine Dauer von zwei bis fünf Tagen. Wenn auf den Similan-Inseln vor der Andamanenküste Nebensaison ist, werden einige Tauch-Safaris in der Golfregion rund um Koh Tao, im Ang Thong Marine National Park und auf Koh Pha-Ngan veranstaltet.

Technisches Tauchen

Das oft auch nur Tec-Tauchen genannte technische Tauchen ist eine fortgeschrittene Form des Gerätetauchens und beinhaltet den Einsatz zusätzlicher Ausrüstung und – vor allem – den eines Tanks mit Atemmischgasen, was ein Abtauchen in größere Tiefen ermöglicht. Das technische Tauchen wird oft von jenen als Freizeitsport ausgeübt, die Interesse am Wrack- oder Höhlentauchen haben.

Höhlentauchen hat in den vergangenen Jahren rasant an Beliebtheit gewonnen, und es gibt inzwischen zahlreiche Anbieter auf Ko Tao, die sowohl eintägige Trips als auch Ausflüge mit Übernachtung zu den faszinierenden Unterwassergrotten in der Nähe auf dem Programm haben.

Reiseplanung

Der Monsunregen und die Hauptsaison für Touristen sind zwei Faktoren, die darüber entscheiden, wann und auf welche Insel bzw. zu welchem Strand man reist. Die Heftigkeit der Regenfälle schwankt je nach Jahreszeit und Küste, wobei es auch trockene und feuchte Mikroklimate gibt.

Kosten

Tauchen in Thailand ist erheblich günstiger als in den meisten anderen Ländern. Ein Paket mit zehn Tauchgängen kostet an den preiswerteren Küsten in der Regel etwa 7000 bis 12000 B. Die Preise für Ganztagstrips hängen in erster Linie davon ab, wie weit das Boot aufs Meer hinausfährt, und außerdem natürlich auch von den aktuellen Kraftstoffpreisen. Man muss mit etwa 2250 B für einen Ganztagstrip von Ko Pha-Ngan rechnen und mit bis zu 6000 B für einen Ausflug von Ko Lanta nach Hin Daeng und Hin Muang.

Vorausbuchung

In Thailand muss man Tauchausflüge nicht im Voraus buchen, es sei denn, man plant eine Tauchsafari mit Übernachtung, bei der es bis zum Surin Islands National Park oder zum Similan Islands Marine

THAILANDS RIFFE ERHALTEN

Thailands Unterwasserreich ist ein hochkomplexes, empfindliches und einzigartiges Ökosystem, deshalb sollte man sich unbedingt vor einem Tauchgang oder Schnorchelausflug über bestimmte Regeln und den verantwortungsvollen Umgang mit diesem wertvollen Mikrokosmos informieren. Im Folgenden sind einige der Grundregeln aufgeführt, was jedoch nicht bedeutet, dass die Aufzählung vollständig ist.

➡ Ob auf einer Insel oder im Boot, man sollte stets sämtlichen Abfall – selbst biologisch Abbaubares wie Kerngehäuse von Obst – mitnehmen und auf dem Festland entsorgen.

➡ Nicht vergessen, dass die Zerstörung oder das Entfernen von Korallen in Meeresparks eine Straftat ist!

➡ Meerestiere nicht berühren oder bedrängen.

➡ Nie auf Korallen stellen oder setzen; das zerstört sie und kann auch zu schmerzhaften Schnittwunden führen.

➡ Sicherstellen, dass keine Ausrüstung über ein Riff gezogen wird.

➡ Schnorchler (und besonders Anfänger) sollten ihre Technik abseits von Korallen einüben, bis sie sie zuverlässig beherrschen.

➡ Einen Neoprenanzug tragen oder eine Weste überziehen, statt auf Sonnenschutzcremes zu bauen; Letztere können das Riff schädigen.

➡ Darauf achten, wo sich die Flossen befinden und dafür sorgen, dass man mit ihnen nicht den Boden aufwühlt oder die Korallen beschädigt.

➡ Keinerlei Muschelschalen mit nach Hause nehmen – das ist verboten!

➡ Schnorcheln ist der beste Weg, Walhaie zu beobachten; die Luftblasen der Taucher können sie aber stören oder verwirren.

➡ An einer Riff-Säuberungsaktion teilnehmen, die von Tauchshops gesponsert wird.

➡ Die Fische nicht anfüttern – und auch den Tauchführer (deutlich) bitten, keine Essensreste im Wasser zu entsorgen. Die Fische werden von dieser Nahrungsquelle abhängig und wenden sich von den Algen auf den Korallen ab, wodurch das Riff Schaden nehmen würde.

Tauchen an der Andamanenküste

National Park geht, da die Plätze auf diesen Booten begrenzt sind. Nicht vergessen, dass die Zimmer auf Ko Pha-Ngan in der Woche vor und während der Vollmondpartys schnell belegt sind und dass es auf Ko Tao in den Tagen nach dem monatlichen Klamauk recht eng werden kann. Wer also in dieser Zeit zum Tauchen gehen möchte, sollte möglichst weit im Voraus reservieren.

Wo tauchen?

Thailands Küsten befinden sich an der Schnittstelle von zwei klar abgegrenzten ozeanischen Zonen – der Andamanensee im Westen und der Golfküste im Osten, deren Reichweite sich bis zu den Inseln Indonesiens und zum Südchinesischen Meer hin erstreckt.

Der Andamanensee Bei gutem Wetter bietet die Andamanensee einige der besten Tauchspots im südostasiatischen Raum. Oft wird behauptet, dass es in der Andamanensee bessere Tauchgründe als in der Golfregion gibt, dies ist aber vor allem auf die ausgezeichnete Sicht im Wasser während der wenigen Monate mit gutem Meereswetter zurückzuführen. In den letzten Jahren wurde die Korallenbleiche zu einem aktuellen Diskussionsthema. Ihr begegnet man jedoch weniger an entlegenen Tauchspots wie dem Richelieu Rock und Ko Bon.

Der Golf von Thailand Im Allgemeinen herrschen das ganze Jahr über im Golf von Thailand günstige Tauchbedingungen. Die südwestliche Golfregion hat neben den Inseln Ko Tao und Ko Pha-Ngan die besten Tauchspots überhaupt zu bieten. Pattaya, das nur eine etwa zweistündige Fahrt vom wuseligen Bangkok entfernt ist, bietet ebenfalls einmalige Tauchgründe, inklusiver einiger Wracks. Im äußersten Osten der Küste weist der Archipel Ko Chang einige nette Tauchgründe auf, darunter etliche Schiffwracks, obwohl die Tauchsaison aufgrund der bewegten See auf die Zeit von November bis Mai begrenzt ist.

Beste Reisezeit

Im Allgemeinen ist der Golf von Thailand ganzjährig zum Tauchen ideal, während es an der Andamanenküste die besten Tauchbedingungen von Dezember bis April gibt. Im Ko-Chang-Archipel sind die Monate November bis Anfang Mai die beste Tauchsaison. Man sollte versuchen, die Monsun- und Regenzeit zu meiden.

Dez.–Feb. Die Tage sind meist trocken und unter den Wellen gibt's große Ansammlungen pelagi-

WALHAIE

Der scheue Walhai – der größte Meeresfisch – hat ein riesiges Maul, das er bis zu 2 m weit öffnen kann (man kann sich dann unschwer vorstellen, wie groß sein Körper ist). Aber keine Sorge: Walhaie ernähren sich durch Filtrieren des Wassers, also vor allem durch Plankton, Krill und andere Kleinstlebewesen. Diese ruhigen Kreaturen schwimmen rund um untermeerische Spitzen. Oft halten sie sich an einer Stelle mehrere Tage auf, bevor sie ihren Weg weiter fortsetzen. Wenn also das Gerücht umgeht, dass ein Walhai gesichtet wurde, dann sollte man schleunigst die Schnorchelausrüstung packen und sich ins Wasser stürzen.

scher Fische an den Futterstationen entlang der Andamanenküste.

April–Juni Es ist recht ruhig um diese Zeit entlang der Golfküste, das Wetter ist angenehm und ermöglicht eine gute Sicht unter Wasser.

Juni–Sept. Der Monsunregen erreicht die Andamanenküste, einige Hotels schließen und Bootsfahrten können wegen zu starken Sturms ausfallen.

Okt.–Dez. In dieser Zeit trägt die Golfküste die Hauptlast der Regenzeit.

Sicheres Tauchen

Vor dem Tauchgang

Bevor man an Bord eines Bootes geht, um einen Tauchgang zu absolvieren, sollte man folgende Punkte unbedingt berücksichtigen und prüfen, damit der Tauchgang sicher und ohne unangenehme Überraschungen verläuft:

➡ Sich vergewissern, dass man sich bereit zum Tauchen fühlt und an dem Tag, an dem man taucht, ausreichend Flüssigkeit zu sich genommen hat.

➡ Sicherstellen, dass der letzte Tauchgang mindestens 24 Stunden vor dem Flug zurück liegt. Man kann jedoch ohne Weiteres kurz nach der Landung einen Tauchgang unternehmen.

➡ Prüfen, ob die Versicherung auch Tauchunfälle abdeckt. Wenn dies nicht der Fall ist, kann man eine ergänzende Versicherung über www.diversalertnetwork.org abschließen.

➡ Die PADI-Gesundheitscheckliste downloaden und durchgehen, da einige strenge gesundheitliche Anforderungen für das Tauchen eingehalten werden müssen.

Dekompressionskammern

Im Hinblick auf die große Beliebtheit, die das Tauchen genießt, gibt es in Thailand eine überraschend geringe Anzahl ärztlicher Einrichtungen zur Behandlung von Tauchunfällen.

Dekompressionskammern (hyperbarische Kammern) gibt es in den meisten großen Tauchzentren, darunter Bangkok, Ko Samui, Pattaya und Phuket. Ko Tao verfügt über keine solche Kammer – die nächste befindet sich auf Ko Samui, etwa 1½ Stunden Fahrt mit einem Hochgeschwindigkeitsboot entfernt. Vor Khao Lak verletzte Taucher werden meist nach Süden, nach Phuket transportiert (etwa eine Stunde entfernt). Man sollte sich beim Betreiber der Tauchkurse erkundigen, wo sich die nächste Dekompressionskammer befindet. Außerdem sollte man sich vergewissern, dass auf dem Boot, mit dem man unterwegs ist, Reserve-Sauerstoffflaschen für Notfälle vorhanden sind.

Schnorcheln

Viele Inseln, wie die Trang-Inseln oder Ko Tao, Ko Pha-Ngan, Ko Phi-Phi, Ko Lipe und die Inseln des Ko Chang Archipels haben grandiose Schnorchelgründe direkt vor der Küste.

Auf eigene Faust

Es ist nicht weiter schwer, sich ein Schnorchelabenteuer selbst zu organisieren – nahezu überall auf den Inseln und an den Stränden Thailands gibt es jede Menge Resorts und Tauchshops, die für 100 bis 200 B pro Tag Tauchausrüstung verleihen. Wer auf eigene Faust schnorcheln möchte, sollte die gängigen Regeln befolgen, die auch für das Tauchen gelten:

➡ Immer zu zweit tauchen oder schnorcheln.

➡ Niemals ohne einen Guide hinaus aufs Meer gehen, wenn man kein guter Schwimmer ist oder nicht sicher ist, wie man sich im Notfall verhalten soll.

➡ Auf dem Festland Bescheid geben, dass man schnorcheln geht, falls einem selbst oder dem

Kumpel, mit dem man zusammen unterwegs ist, etwas zustößt.

➡ Immer wieder über die Wasseroberfläche blicken, um zu verhindern, dass man abtreibt.

➡ Unbedingt auf Boote achten! Man sollte nicht davon ausgehen, dass deren Besatzung nach Menschen im oder unter Wasser Ausschau hält!

Geführte Touren

Viele Tourenveranstalter und Tauchschulenbetreiber bieten Schnorchetrips ab 600 B an. Oft ist das Schnorcheln auch Teil eines größeren Tagesausflugs, der außerdem noch den Besuch einer unberührten Insel sowie eine Kajakfahrt beinhaltet.

Teurere Touren mit hochpreisiger Ausrüstung finden in den meisten Fällen an Bord eines Speedboots statt, während die preisgünstigeren Touren den sozialen Aspekt in den Vordergrund stellen und die Ausflügler zu gewöhnlichen Riffen bringen.

Nachtmarkt in Hua Hin (S. 18

Reiseplanung

Essen & Trinken wie die Thais

Scharfe Currys, Berge von Nudeln, Köstlichkeiten aus dem Meer und tropische Früchte – all das bietet die Thai-Küche. Wer ihre ganze Vielfalt erleben will, muss sich mit den Gerichten der verschiedenen Regionen und Volksgruppen vertraut machen.

GREGD / SHUTTERSTOCK ©

Essen rund ums Jahr

Sommer (März–Juni)

In der heißesten Zeit des Jahres ist vor allem frisches Obst angesagt: Voll ausgereifte Durianfrüchte (Bild links), Mangos, Mangostanfrüchte und Litschis bersten jetzt vor Süße und Geschmack.

Regenzeit (Juli–Oktober)

Kulinarischer Höhepunkt der Regenzeit ist jedes Jahr das Vegetarierfestival (üblicherweise Ende Sept. oder Anfang Okt.). Besonders ausgiebig wird das Fest in Städten mit großer chinesischer Bevölkerung wie Bangkok, Phuket und Trang gefeiert.

Winter (November–Januar)

In der sehr kurzen kühlen Jahreszeit öffnen in allen größeren Städten des Landes die Biergärten, die zumeist auch typisch thailändische Snacks auftischen.

Kulinarische Erlebnisse

Top-Restaurants

Krua Apsorn (S. 109), Bangkok Dieses preisgekrönte Restaurant bietet eine tolle Auswahl typischer Gerichte aus Bangkok und Zentralthailand.

One Chun (S. 324), Phuket (Stadt) In dem sinoportugiesischem Gebäude, das wirkt als habe sich hier seit den 1950er-Jahren nichts getan, kommen südthailändische Currys und Meeresfrüchtegerichte auf den Tisch.

Chanthorn (S. 151), Chanthaburi Am Wasser gelegen; wunderbar, um traditionelle Gerichte wie Schweinefleisch mit Chamuang zu probieren.

Koti (S. 191), Hua Hin Stehen die Leute bis um die Ecke Schlange, um einen Tisch zu ergattern, weiß man, dass dies ein gutes Restaurant ist.

In Town Seafood (S. 201), Prachuap Khiri Khan Das bei Einheimischen beliebte Lokal bietet fantastische Meeresfrüchte und eine tolle Aussicht auf die Bucht von Prachuap Khiri Khan.

Krua Thara (S. 362), Krabi Eines der besten Meeresfrüchterestaurants Thailands, das Einheimische aus dem ganzen Land nach Krabi lockt.

Gut & günstig

MBK Food Island (S. 88), Bangkok Günstige und leckere Einführung mit Klassikern der thailändischen bzw. thailändisch-chinesischen Küche.

Abdul's Roti Shop (S. 323), Phuket (Stadt) Vorn im Laden brutzelt Abdul, eine lokale Legende, seit Jahren leckere *roh·dee* (eine Art Pfannkuchen) – sowohl süße mit Bananenmus als auch pikante mit scharfen Fisch- oder Fleischcurrys.

Jek Pia (S. 190), Hua Hin Top-Restaurant, in dem mehrere von Hua Hins besten Köchen arbeiten.

Krua Talay (S. 277), Nakhon Si Thammarat Meeresfrüchte im reizvollen Garten-Ambiente.

Blues Blues Restaurant (S. 166), Ko Chang Künstlerisch angehauchte Oase mit tollen Wok-Gerichten – gut, um sich vom Trubel zu erholen.

Kochkurse

Die eintägigen Standard-Kochkurse starten meist mit dem Besuch eines Marktes, wo man die Zutaten kauft, bevor man mit der Zubereitung von Currypasten, Suppen, Currys, Salaten und Desserts beginnt.

Amita Thai Cooking Class (S. 92), Bangkok Thai-Kochkurse in einer familiengeführten Schule am Kanalufer.

Samui Institute of Thai Culinary Arts (S. 218), Ko Samui Bietet auch Kurse im Obstschnitzen an.

Hemingway's on the Beach (S. 229), Ko Samui Thai-Kochkurse in einem Strand-Restaurant.

Phuket Thai Cookery School (S. 329), Ko Sireh Kurse mit täglich wechselnden Gerichten.

Regionale Spezialitäten

Auch wenn ihre Heimat flächenmäßig relativ klein ist, so ist die Thai-Küche nicht überall gleich, sondern besteht aus verschiedensten Arten der Zubereitung und Gerichten, die es oft nur in einer Provinz gibt.

Bangkok & Zentralthailand

Wenn Nicht-Thailänder von thailändischem Essen sprechen, meinen sie meist Gerichte aus der Küche Bangkoks und dem zentralen Tiefland. Tatsächlich begünstigten das reiche Angebot an landwirtschaftlichen Erzeugnissen, der Zugang zum Meer und Einflüsse aus aller Welt die Entstehung einer raffinierten und sehr vielseitigen Küche.

Die Einwohner von Zentralthailand mögen süß-pikante Geschmacksrichtungen, und zu vielen Gerichten gibt es Süßwasserfisch, Schweinefleisch, Kokosmilch und Palmzucker. Aufgrund der Nähe dieser Region zum Golf von Thailand bieten die Gaststätten Zentralthailands und besonders jene aus Bangkok eine Vielzahl von Seafood-Gerichten. Chinesische Arbeiter und Verkäufer haben seit gut 200 Jahren eine Riesenauswahl von Nudeln und Wokgerichten in Zentralthailand eingeführt.

Eine probierenswerte Auswahl von Gerichten aus Zentralthailand und Bangkok:

Pàt tai Dünne, angebratene Reisnudeln mit getrockneten und/oder frischen Shrimps, Bohnensprossen, Tofu, Ei und Gewürzen, traditionell serviert mit Limettenhälften, etwas chinesischem Schnittlauch und geschnittenen Bananenblüten.

Yam ƀlah dùk foo Gebratener, klein gehackter Seewolf mit Chili und Erdnüssen; serviert mit süßsäuerlichem Mango-Dressing.

Đôm yam Zitronengras, Kaffir-Limette und Limettensaft geben dieser Suppe ihren Geschmack, frische Chilischoten oder eine ölhaltige Chilipaste die legendäre Schärfe. Sie ist fast überall erhältlich, wobei die Version, die im Krua Apsorn (S. 109) auf den Tisch kommt, kaum zu überbieten sein dürfte.

Yen đah foh Diese Kombination aus süßlicher, purpurroter Fleischbrühe mit unterschiedlichsten Fleischbällchen, Würfeln aus geronnenem Blut und knusprigen grünem Gemüse zählt vermutlich zu den beliebtesten Nudelgerichten in Bangkok. Gibt's an vielen Imbissständen.

Gaang sôm Die „saure Suppe" wird oft mit Süßwasserfisch, Gemüse und/oder Kräutern sowie einer dicken, scharfen Fleischbrühe zubereitet.

Gŏo•ay đĕe•o reua Dieses Gericht aus Bootsnudeln (sie wurden ursprünglich von Booten auf den Kanälen in Zentralthailand aus serviert) mit Schweine- oder Rindfleisch zählen zu den am stärksten gewürzten thailändischen Nudelgerichten.

Südthailändische Küche

Damit niemand behaupten kann, man hätte ihn nicht gewarnt: Die südthailändische Küche zählt zu den schärfsten überhaupt in einem Land mit scharf würzenden Regionalküchen. Ebenso neigt die Küche der südthailändischen Provinzen dazu, sehr gesalzen zu sein, und Meeresfrüchte spielen eine bedeutende Rolle. Die Vielfalt der Gerichte reicht von frischem Fisch, der gegrillt oder Suppen beigegeben wird, bis zu eingelegtem oder vergorenem Fisch, der als Sauce oder Gewürz verwendet wird. Zwei der wichtigsten Agrarprodukte in Südthailand sind Kokosnüsse und Cashewkerne, die für viele Gerichte verwendet werden. Zudem lieben die Südthailänder ihr „Grünzeug", und zu fast jeder Mahlzeit wird ein Teller mit frischen Kräutern und Gemüse gereicht, sowie ein pikanter „Dip" aus Garnelenpaste, Chili, Knoblauch und Limette.

Zu den Gerichten, denen man in Südthailand begegnet, gehören folgende:

Gaang đai ƀlah Sehr scharfes und salziges Curry mit *đai ƀlah* (gesalzene Fischnieren); schmeckt viel besser, als man denkt.

Gaang sôm Die sauer-scharfe Suppe, in Zentralthailand als *gaang lĕu·ang* (gelbes Curry) bekannt, erhält ihre Farbe durch die reichliche Zugabe von Kurkuma, einer Wurzel, die in der südthailändischen Küche häufig verwendet wird.

Gài tôrt hàht yài Das berühmte frittierte Hähnchen aus der Stadt Hat Yai erhält sein Aroma durch eine Marinade mit getrockneten Kräutern.

Kà·nŏm jeen nám yah Zu diesem Gericht aus dünnen Reisnudeln, die mit einer feurigen, curryartigen Sauce serviert werden, gibt es immer einen Teller mit frischem Gemüse und Kräutern.

Kôo·a glîng Das Hackfleisch mit einer scharfen Currypaste ist ein typisch südthailändisches Gericht.

Pàt sà·đor Dieses beliebte Gericht aus „stinkenden Bohnen" mit Shrimps, Knoblauch,Chili und Shrimpspaste ist scharf und schmeckt kräftig.

Ethno-Spezialitäen

Außer von der geografischen Lage wurde die Regionalküche Thailands auch von den vorherrschenden Minderheiten – Muslime und Chinesen – entscheidend, wenn auch auf unterschiedliche Weise beeinflusst.

Nudelgericht *Pàt tai*

Chinesisch-thailändische Küche

Seit Jahrhunderten gestalten chinesische Einwanderer die thailändische Küche mit. So waren es wohl chinesische Arbeiter und Kaufleute, die den Wok und diverse Nudelgerichte in Thailand einführten. Sie beeinflussten die Küche Bangkoks auch auf andere Weise: aufgrund der chinesisch-buddhistischen Lehre, die das Essen "großer" Tiere verbietet, kommt Rindfleisch in Bangkok nur selten auf den Teller.

Bekannte chinesisch-thailändische Gerichte, die auf Speisekarten u.a. in Bangkoks Chinatown zu finden sind, sind:

Kôw kăh mŏo Geschmorte Schweinshaxe auf Reis, oft mit Gemüse und einem harten Ei, ist der Inbegriff einer chinesisch-thailändischen Mahlzeit. Erhältlich im **Soi 10 Food Centres** (Karte S. 94; Soi 10, Th Silom; Hauptgerichte 20–60 B; ⌚Mo–Fr 8–15 Uhr; Ⓜ Si Lom Ausgang 2, Ⓢ Sala Daeng Ausgang 1) oder bei anderen Imbissständen.

Kôw man gài Das von der chinesischen Insel Hainan stammende Hühnchen auf Reis wird jetzt an jeder Straßenecke Bangkoks angeboten. Besonders empfehlenswert ist die Variante, die es im **Boon Tong Kiat Singapore Chicken Rice** (Karte S. 90; 440/5 Soi 55/Thong Lor, Th Sukhumvit; Hauptgerichte 65–300 B; ⌚10–22 Uhr; ❄; Ⓢ Thong Lo Ausgang 3 & Taxi) gibt.

Bà·mèe Die chinesischen Eiernudeln werden meist mit gegrillten Schweinefleischstreifen und Gemüse oder Wan-Tan-Teigtaschen serviert. **Mangkorn Khăo** (Karte S. 100; Ecke Th Yaowarat & Th Yaowaphanit; Hauptgerichte ab 50 B; ⌚Di–So 18–24 Uhr; ⛴ Ratchawong Pier, Ⓜ Hualamphong Ausgang 1), ein Imbissstand in Chinatown, gehört hierfür zu Bangkoks besseren Adressen.

Săh·lah þow Beliebte Dampfnudeln, die es in Bangkoks chinesischen Traditionscafés mit süßen oder herzhaften Füllungen gibt.

Gŏo·ay đĕe·o kôoa gài Die breiten Reisnudeln, die mit Ei, Hühnchenfleisch und gesalzenem Tintenfisch in Knoblauchöl gebraten werden, sind beliebt.

Hŏy tôrt Die Austern an klebrigem Teig und Ei sind ein weiteres Gericht, das in Bangkoks Chinatown auf vielen Speisekarten steht. Im **Nai Mong Hoi Thod** (Karte S. 74; 539 Th Phlap Phla Chai; Hauptgerichte 50–70 B; ⌚Di–So 17–22 Uhr; ⛴ Ratchawong Pier, Ⓜ Hua Lamphong Ausgang 1) gibt's womöglich Bangkoks beste Variante.

Gŏoay jáp Dieses Gericht besteht aus einer deutlich pfeffrigen Brühe und Innereien vom Schwein.

PAVARID / SHUTTERSTOCK ©

Gaang mát·sà·màn

Má·đà·bà Das in Malaysia und Indonesien unter dem Namen *murtabak* bekannte Gericht besteht aus Fladenbrot, das pikant oder auch süß gefüllt und knusprig gebraten wird. Gibt's im Karim Roti-Mataba (S. 109) in Bangkok.

Súp hăhng woo·a Die Ochsenschwanzsuppe, möglicherweise ein anderer malaiischer Export, ist noch kräftiger und oft auch saurer als die „buddhistische" *Thai đôm yam*. Probieren lohnt sich z. B. im Muslim Restaurant (S. 111) in Bangkok.

Sà·làt kàak Dieses Gericht bedeutet wörtlich „Muslimischer Salat" und besteht aus Eisbergsalat, Stückchen festen Tofus, Gurke, hart gekochten Eiern und Tomaten, die mit einer süßen Erdnusssauce zubereitet werden.

Gaang mát·sà·màn Das „muslimische Curry" wird mit viel Kokosmilch und mit getrockneten Gewürzen zubereitet. Wie bei vielen thailändisch-muslimischen Gerichten, steht die Süße im Mittelpunkt. In Restaurants der gehobenen Preisklasse, wie dem Nahm (S. 111) in Bangkok, wird oft eine Version angeboten, die nicht halal ist.

Roh·đee Der knusprig gebratene Pfannkuchen, mit Kondensmilch und Zucker beträufelt, ist das perfekte Straßendessert.

Muslimisch geprägte thailändische Küche

Als Muslime im späten 14. Jh. erstmals nach Thailand kamen, brachten sie eine Küche mit, die auf Fleisch und getrockneten Gewürzen aus ihrer Heimat in Indien und dem Nahen Osten basierte. Fast 700 Jahre später ist dieser Einfluss in Bangkok noch immer spürbar.

Während manche typischen Gerichte, wie das dem indischen *paratha* ähnelnde Fladenbrot *roh·đee*, sich kaum verändert haben, sind andere wie *gaang mát·sà·màn* eine Mischung aus thailändischer, indischer und nahöstlicher Kochkunst.

Typische Gerichte im thailändisch-muslimischen Stil:

Kôw mòk Das in der ganzen muslimischen Welt bekannte Gericht Biryani findet sich auch in Bangkok. Hier wird es meist mit Hühnchen zubereitet und mit einer süß-sauren Sauce und einer Schale Hühnerbrühe serviert.

Sà·đé (Satay) Diese gegrillten Fleischspieße fanden wahrscheinlich über Malaysia ihren Weg auf Thailands Tische. Die pikante Erdnusssauce, die zu diesen Grillspießen serviert wird, stammt nicht, wie oft vermutet, aus der Thai-Küche.

Essen wie die Einheimischen

Abgesehen vom gelegentlichen Genuss frittierter Schmankerl steht bei den meisten Thais eine abwechslungsreiche und relativ gesunde Ernährung aus Früchten, Reis, Gemüse und nur kleineren Mengen an tierischen Eiweißen und Fett auf dem Speiseplan. Dabei geht es nicht zwingend darum, möglichst große Mengen zu vertilgen, sondern eher im Laufe des Tages viele Gerichten mit möglichst vielen und unterschiedlichen Geschmacksrichtungen zu genießen.

Lebensmittel sind auch nicht auf bestimmte Tageszeiten beschränkt. Praktisch alles kann frühmorgens gegessen werden, egal ob süß, salzig oder scharf. *Kôw gaang* (Curry mit Reis) ist ein beliebtes Frühstück, ebenso wie *kôw nĕe o mŏo tôrt* (frittiertes Schweinefleisch mit Klebreis) und *kôw man gài* (Hühnchen mit in Hühnerbrühe gekochtem Reis). Zu den leichteren Frühstücksoptionen gehören, besonders für Thais chinesischer Abstammung, *Ϸah·tôrng·gŏh* (frittierte Teighäppchen), die in warme *nám đow·hôo* (Sojamilch) getunkt werden. Thais essen auch Nudeln, ob gebraten oder in Suppe, mit großer Begeisterung sowohl morgens, als auch zu jeder anderen Tages- oder Nachtzeit.

Kôw (Reis) ist Bestandteil nahezu aller thailändischen Gerichte und stellt die Basis des täglichen Speiseplans. Die meisten Bangkoker Familien schalten direkt nach dem Aufstehen den Reiskocher an, um für den Tag gewappnet zu sein.

Zu fast jeder Mahlzeit gehört *ƀlah* (Fisch), sei es auch nur in Form von *nám ƀlah*: mit dieser dünnen, bernsteinfarbenen Sauce aus fermentierten Sardellen werden thailändische Gerichte gesalzen. Sie ist ebenso allgegenwärtig wie Sojasauce im Ostasien. Schweinefleisch ist zweifellos die bevorzugte Proteinquelle, an zweiter Stelle kommt Huhn, Rindfleisch wird in Bangkok selten gegegessen.

Thais verzehren sehr viel Obst. Verkäufer schieben mit Papaya, Ananas, Wassermelone und Mango gefüllte Karren aus Glas und Holz durch die Straßen. Teilweise haben sie auch in Salz eingelegte oder kandierte Früchte der Saison im Angebot. Meist werden die Früchte in kleinen Plastikbeuteln mit einem Bambusstäbchen als Besteck verkauft.

Es gibt unzählige günstige Restaurants, und oft ist es nicht viel teurer, sich bedienen zu lassen, als selbst zu kochen. Deshalb gönnen sich die Einheimischen häufiger ein Essen auswärts, als etwa Europäer. Thailänder bevorzugen es, in Gesellschaft zu essen, weil dann jeder die Gelegenheit hat, mehrere Gerichte zu probieren. Wenn sie allein sind, z. B. in der Mittagspause, bestellen sie oft Tellergerichte wie gebratenen Reis oder ein Curry mit Reis.

Wohin zum Essen?

Fertig zubereitete Gerichte sind an fast jeder Straßenecke erhältlich, weshalb Thais oft außer Haus essen. Reisenden kommt das natürlich entgegen.

Märkte unter freiem Himmel und Imbissbuden gehören zu den liebsten Anlaufstellen der Einheimischen. Morgens reihen sich an den großen Pendlerstraßen Stände aneinander, die Kaffee und Donuts nach chinesischer Art anbieten. Mittags verspeisen Bangkoker ein simples Pfannengericht auf einem Plastikstuhl oder nehmen sich Nudeln in einer Kunststoffbox mit ins Büro. In den Vororten gibt's oft zentral gelegene Nachtmärkte mit Imbissständen, Metalltischen und Stühlen, die dazu einladen, nach der Mahlzeit noch zu stöbern.

Natürlich locken in Thailand auch viele Restaurants (*ráhn ah·hahn*), von schlicht bis exklusiv. Die Mittagszeit eignet sich gut, um in einem *ráhn kôw gaang* (Lokal für Reis und Curry) ein vorbereitetes Gericht zu essen. Auf Bestellung gekocht wird das Abendessen im *ráhn ah·hăhn đahm sàng*; diese sind an den zur Schau gestellten rohen Zutaten, wie Chinakohl, Tomaten, Schweinehack, Fisch, Nudeln, Auberginen und Frühlingszwiebeln, zu erkennen. Hier sind die üblichen Thai- und chinesisch-thailändischen Speisen erhältlich. Gekocht wird alles, was das Herz begehrt – allerdings ist es schwer, seine Wünsche mitzuteilen, wenn man kein Thai spricht.

Glossar

a·ròy – „lecker" auf Thai
bà·mèe – Weizenmehlnudeln mit Ei
đôm yam – Thailands bekannte Suppe mit säuerlich-scharfem Geschmack
gaang – Curry
gài – Hühnchen
gŏo·ay đĕe·o – allgemeines Wort für Nudelsuppe
kà·nŏm – thailändische Süßigkeit
kôw – Reis
kôw nĕe·o – klebriger Reis
lâhp – „Salat" aus Hackfleisch
mŏo – Schweinefleisch
nám dèum – Trinkwasser
nám ƀlah – Fischsauce
nám prík – Dips auf Chili-Basis
pàk – Gemüse
pàt – gebraten
pàt see·éw – breite Reisnudeln, mit Gemüse und Schweinefleisch gebraten
pàt tai – dünne Reisnudeln, mit Ei und Gewürzen gebraten
pèt – pikant
ƀèt – Ente
ƀlah – Fisch
pŏn·lá·mái – Frucht
prík – Chilli
ráhn ah·hăhn – Restaurant
tôrt – frittiert
yam – thailändische Salatvariante

Kulinarische Highlights

Rezepte aus vier individuellen Regionen, Einflüsse aus Ländern von China bis zum Nahen Osten, viele Zutaten und verschiedene Schärfegrade: Bei Thailands Küche verliert man schnell den Überblick. Anhaltspunkte liefert diese Kurzübersicht mit Gerichten, die man unbedingt probieren sollte:

1. Đôm yam

Die „saure Thai-Suppe" steht auf vielen Speisekarten. Der Name beschreibt die saure und zugleich feurig-scharfe Kräuterbrühe aber nur unzureichend.

2. Pàt tai

Die gebratenen dünnen Reisnudeln mit Ei, Tofu und Garnelen, verfeinert mit Fischsauce, Tamarinde und getrocknetem Chili, sind zum Aushängeschild für die Thai-Küche geworden.

3. Gaang kĕe·o wăhn

Die Kombination aus cremiger Kokosmilch und pikanter Kräuterwürzpaste ist im Ausland als „grünes Curry" bekannt. Sie verkörpert Thailands einzigartige Aromen und Zutaten wie kaum etwas anderes.

4. Yam

Die Thai-„Salate" kombinieren Fleisch oder Seafood mit Kräutern und säuerlich-scharfem Dressing.

5. Lâhp

Der Hackfleisch-„Salat" mit geröstetem Reispulver, Limette, Fischsauce und frischen Kräutern ist ein Beispiel für die rustikale Küche des Nordostens.

6. Bà·mèe

Die Weizen-Ei-Nudeln, meist mit gebratenem Schweine- und/oder Krabbenfleisch, sind Standard an den Imbissständen in Thailand, kommen aber aus China.

7. Kôw mòk

Thailands Biryani-Version aus goldgelbem Reis, Hühnerfleisch, pikanter Brühe und süß-saurem Dip.

8. Sôm·đam

„Papaya-Salat" trifft es nicht genau: Für das extrem scharfe Gericht werden Streifen aus unreifen Papayas mit Tomaten, Spargelbohnen, Chili, Limettensaft und Fischsauce in einem Mörser zerstampft.

9. Kôw soy

Diese Suppe, eine cremige und komplex gewürzte Kokosmilch-Brühe mit Weizen-Ei-Bandnudeln, aus Thailands Norden ist auch anderswo sehr beliebt.

10. Pàt pàk bûng fai daang

Knackiges grünes Gemüse, das mit viel Chili und Knoblauch kurz angebraten wird – ein wahres „Essen für die Seele" nach Thai-Art.

NARIN NONTHAMAND / SHUTTERSTOCK ©

NENEULTIMATE / SHUTTERSTOCK ©

CHOCKDEE ROMKAEW / SHUTTERSTOCK ©

PAUL_BRIGHTON / SHUTTERSTOCK ©

MOXUMBIC / SHUTTERSTOCK ©

PIYATO / SHUTTERSTOCK ©

CBENJASUWAN / SHUTTERSTOCK ©

Reiseplanung

Mit Kindern reisen

Thais lieben Kinder und den exotisch aussehenden Nachwuchs von Ausländern finden sie besonders niedlich. Kleinkinder werden wie Stars behandelt und stehen sofort im Mittelpunkt. Älteren Kindern wird zwar nicht dieselbe Aufmerksamkeit entgegengebracht, sie genießen dafür aber die Sandstrände und das warme Wasser.

Top-Regionen für Kids

Ko Samui & Südwestliche Golfregion

Ältere Kids können auf Ko Tao gut schnorcheln. Die nördlichen Strände von Ko Samui und die nord- und östlichen Strände von Ko Pha-Ngan sind für kleine Kinder geeignet, Hat Chaweng ist eher für ältere.

Phuket & Nördliche Andamanenküste

Phuket bietet nicht nur viele Strände, sondern auch jede Menge Unterhaltung, die Partyszene von Patong sollte man aber meiden. Ko Lanta hat lange Strandabschnitte mit sanfter Brandung, während die Trang-Inseln ruhige Sandstrände und gute Schwimmmöglichkeiten bieten.

Ko Chang & Ostküste

Das seichte Wasser ist gut für Nichtschwimmer geeignet, und beim abendlichen Niedrigwasser kann man im Sand auf Schatzsuche gehen. Ältere Kinder haben Spaß im Dschungel oder bei Kajakfahrten durch die Mangrovenwälder.

Hua Hin & Nördliche Golfregion

Hua Hin hat einen langen Sandstrand und bei den Tempeln treiben Affen ihren Unfug. In den Höhlentempeln von Phetchaburi gibt's häufig Fledermäuse zu beobachten. Auf Ban Krut und Bang Saphan Yai geht es sehr entspannt zu – ideal für Kinder.

Thailands Inseln & Strände für Kinder

In Sachen Kinderfreundlichkeit ist diese Region kaum zu überbieten. Nicht nur sind die Thais wirklich von Kindern begeistert, Thailand ist auch ein sicheres Reiseland und überall gibt's für die lieben Kleinen Sandstrände, ein warmes, meist friedliches Meer zum Schwimmen und jede Menge Spaß und Aktivitäten.

Die größeren Inseln – Phuket, Ko Samui und Ko Chang – sind besonders gut auf Kinder eingestellt. Viele Resorts organisieren spezielle Wassersportaktivitäten für Kids ab sechs Jahren. Zudem gibt's neben jeder Menge Outdoor-Spaß auch noch Vergnügungsparks und Naturschutzgebiete, die den Nachwuchs begeistern.

Highlights für Kinder

Im, auf & unter Wasser

Schwimmen, Trang-Inseln & Ko Samui Die flachen Buchten der Trang-Inseln (S. 385) und die nördlichen Strände von Ko Samui (S. 214) sind ideal für Anfänger oder jüngere Schwimmer.

Schnorcheln, Ko Lipe & Ko Wai Ältere Kinder können auf Ko Lipe (S. 398) und Ko Wai (S. 171) einen Schnorchel anlegen und loslegen.

Splash Jungle Water Park (S. 318)

Surfen, Hat Kata Yai Die sanfte Brandung bei Hat Kata Yai (S. 337) auf Phuket ist ideal für Anfänger. Die Älteren könnten einen Surfkurs belegen.

Tauchen, Ko Tao Dank der guten Tauchschulen und den seichten Tauchspots ist Ko Tao (S. 254) perfekt um den Sport zu erlernen. Kinder können ab 10 Jahren einen Open-Water-Kurs belegen.

Kajakfahren, Ao Phang-Nga Marine National Park (S. 311). Der Park ist ideal für eine Kajaktour.

Resorts, Phuket, Ko Chang & Ko Samui Viele der großen Resorts auf Phuket (S. 315), Ko Samui (S. 214) und Ko Chang (S. 156) bieten organisierte Wassersportaktivitäten für Kinder ab sechs.

Andere Outdoor-Aktivitäten

Freizeitparks, Phuket Gibt's auf Phuket reichlich. Wie wär's mit dem Splash Jungle (S. 318) oder dem Phuket Wake Park (S. 318)?

Fahradfahren, Hua Hin & Phuket Sowohl Hua Hin Bike Tours (S. 187) in Hua Hin als auch Amazing Bike Tours (S. 322) auf Phuket haben tolle Radtouren im Programm.

Khao Sok National Park (S. 300) Bei einer Wanderung durch den Regenwald lassen sich abgelegene Wasserfälle und Höhlen entdecken.

Klettern, Railay (S. 355) Atemberaubend und das beste Klettergebiet der Region. Außerdem gibt's hier auch viele kinderfreundliche Anfängerrouten. Und die Auswahl an guten Veranstaltern stimmt ebenfalls.

Seilrutschen, Ko Chang & Phuket Kinder ab sieben Jahren können an Ziplines über die Dschungel im Inselinnern von Ko Chang (S. 156) und Phuket (S. 315) durch die Luft sausen.

Spaß mit Tieren

Tierrettung, Ko Lanta & Ko Chang Es gibt einige Tierrettungsorganisationen, darunter Lanta Animal Welfare (S. 372) und das Koh Chang Animal Project (S. 161), bei denen Kids Tiere beobachten und mit den Hunden Gassi gehen oder mit Kätzchen spielen können.

Phuket Aquarium (S. 328) In diesem beeindruckenden Aquarium gibt's Unmengen an bunten Fischen, Haien und Zitteraalen.

Phuket Elephant Sanctuary (S. 350) Kinder lieben es, die Elefanten zu füttern und ihnen dabei zuzusehen, wie sie baden und ihren Ruhestand genießen.

Phuket Gibbon Rehabilitation Project (S. 349) Man kann den Gibbons zwar nicht wirklich nahe kommen, aber allein sie zu beobachten ist für die meisten Kinder etwas Besonderes.

Affen, Ko Phi-Phi, Railay & Phetchaburi Affenspaß gibt's am Strand von Ko Phi-Phi (S. 363), an den Kalksteinfelsen von Railay (S. 355) und bei den Tempeln von Phetchaburi (S. 176).

Weitere Highlights

Lebensmittelmärkte, Phuket & Trang Essen im Freien macht eigentlich immer Spaß. Der Indy Market (S. 324) in Phuket (Stadt) und der Trang Night Market (S. 352) bieten zudem noch unaufdringliche Live-Musik.

Malls, Hua Hin & Phuket Dank Klimaanlagen, Geschäften, Restaurants und Kinos bieten Malls in Hua Hin (S. 184), auf Phuket (S. 320) und in den größeren Städten vor allem während des Monsuns Ablenkung und Schutz vor der Witterung.

Zugfahrten Nachtfahrten mit dem Zug finden viele Kids aufregend. Sie können herumlaufen und ihnen werden die unteren Schlafplätze mit Blick auf die Stationen zugewiesen. Manche Kinder mögen den hübschen Bahnhof von Hua Hin (S. 187).

Tempel, Phetchaburi Die Höhlentempel und die Pagoden auf den Hügeln von Phetchaburi (S. 176) sind leicht zu erkunden und machen dank der Fledermäuse und Affen Spaß.

Reiseplanung

➡ Kindersitze für Autos, Hochstühle in Restaurants oder Wickelräume in öffentlichen Toiletten gibt es in Thailand praktisch nicht. Eltern müssen deshalb kreativ nach Ersatz suchen oder dem Beispiel der einheimischen Familien folgen (und die Kleinkinder auf dem Schoß halten).

➡ Baby-Milchpulver und Windeln bekommt man in den größeren Städten und Orten in Supermärkten und 7-Eleven-Filialen, aber als Größen gibt es meist nur „klein", „kleiner" und „ziemlich klein". Wenn das Baby Größe 3 und mehr braucht, sollte man die Läden von Tesco Lotus, Big C oder Tops Market aufsuchen. Wundcremes sind in Apotheken erhältlich.

➡ Thailands Bürgersteige sind oft zu überfüllt, um einen Kinderwagen schieben zu können. Deshalb empfiehlt sich ein leichter, kompakter und wendiger Buggy, mit dem man sowohl einem Hydranten als auch einem Obstkarren ausweichen kann und der zusammengeklappt in einem Túk-Túk Platz findet. Auch eine Tragehilfe kann nützlich sein, man sollte aber darauf achten, dass der eigene Kopf den des Kindes überragt, denn es gibt im normalen Fußgängerstrom eine Unmenge von Gegenständen, die in Stirnhöhe herabhängen.

➡ Ein Aufenthalt während der Regenzeit sollte möglichst vermieden werden. Das gilt auch für die heißesten Wochen des Jahres.

Der Lonely Planet Band *Travel with Children* bietet viele Tipps und Hinweise.

Mit Kindern essen gehen

Mit Kindern – besonders den Kleinsten – in Thailand essen zu gehen, ist eine besondere Erfahrung, denn die Einheimischen sind ja überaus kinderlieb. Man kann davon ausgehen, dass die Kids verhätschelt werden, man mit ihnen spielt und sie in den meisten Fällen von der Bedienung des Restaurants herumgetragen werden. Man sollte dies als eine wohlverdiente Pause betrachten, ganz zu schweigen davon, dass es auch eine Art von kultureller Erfahrung darstellt.

Da die meisten Thai-Gerichte sehr scharf sind, ist es eine echte Herausforderung, für Kinder „geeignete" Speisen zu bestellen. Doch in der überwiegenden Mehrheit der Thai-Küchen ist man gern bereit, kindgerechte Speisen zu empfehlen und zuzubereiten. In vielen Restaurants und Resorts gibt's spezielle Gerichte für Kinder, inklusive der bei westlichen Kids beliebten Klassiker.

Im Allgemeinen beginnen Thai-Kinder erst ab dem Grundschulalter, scharfe Gerichte zu essen. Bis dahin werden sie mit Reis und Gelee-Snacks ernährt. Weitere kinderfreundliche Gerichte sind Hühnchen in allen möglichen milden Variationen – *gài yâhng* (gegrilltes Hühnchen), *gài tôrt* (gebratenes Hühnchen) und *gài pàt mét má•môo•ang* (gebratenes Hühnchen mit Cashewkernen) sowie *kài jee•o* (Omelette nach thailändischer Art). Milde Gerichte beinhalten auch *kôw man gài* (Reis mit Hühnchen nach Hainan-Art).

Die Thais lieben Süßes, entsprechend umfangreich ist die Auswahl an Kuchen und Nachspeisen. Wem der Zuckerkonsum seiner Kleinen grundsätzlich ein Anliegen ist, der sollte in Thailand besonders wachsam sein.

Gesundheit & Sicherheit

In den meisten Fällen müssen sich Eltern keine allzu großen Sorgen über die Gesundheit ihrer Kinder machen, dennoch gibt es einige Grundregeln (wie etwa regelmäßiges Händewaschen), die helfen, mögliche Gesundheitsprobleme zu vermeiden. Besonders ist zu beachten:

➡ Kinder sollte man dringend davor warnen, mit Haustieren (von Hunden bis zu Affen) zu spielen, denn die Bisse können sehr fies sein und Tollwut ist in Thailand recht verbreitet.

➡ Mückenstiche führen bei Kindern oft zu starken Schwellungen. Ist das Kind gestochen worden, gibt es zahlreiche thailändische Salben, die die Schwellungen und den Juckreiz lindern. Außerdem sollte man alle üblichen empfohlenen Gesundheitsvorkehrungen treffen.

➡ Für den Fall, dass ein Kind ärztlich behandelt werden muss: Die Krankenhäuser in großen Städten oder auf großen Inseln wie Phuket, Ko Samui und Ko Chang entsprechen internationalen Standards.

Thailands Inseln & Strände im Überblick

Bangkok

Kultur & Geschichte
Nachtleben
Essen

Buddhistische Tempel
Bangkoks königliche buddhistische Tempel wurden als Machtsymbol nach dem verheerenden Krieg von 1765–1767 gegen Birma (Myanmar) errichtet und stellen sowohl nationale Pilgerstätten als auch eindrucksvolle Zeugnisse klassischer Kunst und Architektur dar.

Cocktails über der Stadt
In Bangkok ist es üblich, Wolkenkratzer mit einer Bar zu krönen. Tatsächlich ist die Stadt berühmt für ihre schicken Dachterrassenbars mit Blick auf die Flussufer und die hypermoderne Stadtlandschaft.

Seitengassen Gerichte
Für abenteuerlustige Gastrofreunde, die auch ohne weiße Tischtücher auskommen, gibt es wohl kein besseres Reiseziel als Bangkok. Wer nie auf den Straßen der Hauptstadt zwischen den Schwaden von Abgasen frisch gebrutzelte Nudeln probiert hat, der kann nicht wirklich behaupten, thailändisch gegessen zu haben.

S. 70

Ko Chang & Ostküste

Inseln
Kleinstädte
Tauchen

Insel-Dreierpack
Ko Chang ist bekannt für Dschungel und Partys, Ko Mak besticht durch seine relaxte Atmosphäre und Ko Kut bietet einige der schönsten Anblicke, die man sich vorstellen kann. Zwischen den drei Inseln gibt es gute Verkehrsverbindungen.

Provinzschönheiten
Zu den sehenswerten Städtchen an der Ostküste zählen Bang Saen, das für seinen Edelsteinmarkt berühmte Chanthaburi und Trat, eine Transitverbindung nach Ko Chang. Diese Orte bestechen durch ihre Alltäglichkeit und einen Mittelklasse-Wohlstand, den es so auf den Inseln nicht gibt.

Unterwasserfunde
Sie sind mit den weiter südlich gelegenen zwar nicht vergleichbar, aber Wracks und Korallenbänke lohnen einen Tauchgang allemal. Viele gut erhaltene Korallenriffe finden sich vor Ko Rang, und auch das absichtlich versenkte Schiff HTMS *Chang* vor Ko Chang lädt zum Tauchen ein.

S. 128

Hua Hin & nördliche Golfregion

Küstenlandschaft
Kultur & Geschichte
Essen

Tolle Panoramen

In Prachuap Khiri Khan gibt es Karstbuchten, in denen Fischerboote schaukeln, während Hua Hin und Phetchaburi Ladenviertel besitzen, die aus der Zeit stammen, als dieser Teil der Küste noch von chinesischen Kaufleuten besiedelt war.

Königliche Küste

Einst zogen sich Thailands Könige zur Erholung nach Hua Hin zurück, heute folgen ihnen viele Einwohner Bangkoks, die zum Königspalast und zu den Höhlenschreinen pilgern. Der Küstenstreifen dieser Region ist nicht so überlaufen wie in anderen Urlaubsorten.

Seafood

Wer probieren will, wie die Thais ihre Meeresfrüchte mögen (scharf!), ist in der nördlichen Golfregion richtig. Hier ist man eher auf Thai-Touristen eingestellt. Eine riesige Aromenvielfalt bieten die günstigen Stände auf den Märkten und die Imbissbuden für Meeresfrüchte auf Prachuap Khiri Khan und Chumphon.

S. 174

Ko Samui & südwestliche Golfregion

Nachtleben
Strände
Tauchen

Strandpartys

Die größte, wildeste Strandparty Thailands steigt einmal im Monat in Hat Rin Nok auf Ko Pha-Ngan. Man sollte gefasst sein auf Feuerkünstler, Bässe, fluoreszierendes Bodypainting, viel süßen Fusel und absoluten Verzicht auf Schlaf.

Sonne & Sand & Meer

In dieser klassischen Urlaubsregion punktet Ko Pha-Ngan mit entspanntem Flair, während das touristische Ko Samui auf höchste Standards und Aktivurlauber ausgerichtet ist. Ein toller Tagesausflug führt zu den Kalksteinklippen des Ang Thong Marine National Park, die aus dem azurblauen Wasser aufragen.

Unterwasserspaß

Mit warmem Wasser, seichten Buchten, Ganzjahresbetrieb und preiswerten Tauchschulen zählt Ko Tao zu den weltweit führenden Orten, an denen man Gerätetauchen lernen kann. Vor der Küste finden Schnorchler ideale Optionen.

S. 211

Phuket & Andamanenküste

Tauchen
Essen
Spas

Frisch auf den Tisch

Die fantastischen Nachtmärkte in Phuket (Stadt), eine wachsende Zahl an guten, aber erschwinglichen internationalen Lokalen sowie viele Top-Restaurants machen Phuket und die Andamanenküste zu einem Feinschmeckerparadies. Und dann sind da ja auch noch die Meeresfrüchte!

Entspannung pur

Dank einiger der besten Spas des Landes gibt's in Thailand wohl keinen besseren Ort als Phuket, um sich verwöhnen zu lassen. Und sollte das Budget eher knapp sein, kein Problem – erschwingliche Massageoptionen gibt es viele.

Unterwasserglück

Reiche Fischbestände, Korallen, kristallklares Wasser – herrliche Tauch- und Schnorchelspots umgeben die Similan- und die Surin-Inseln. Auf einer Tauchsafari kann man mit Mantarochen und den seltenen Walhaien beim Richelieu Rock, bei Ko Bon und Ko Tachai schwimmen.

S. 287

Reiseziele

Bangkok
S. 70
Ko Chang &
Ostküste
S. 128
Hua Hin & nördliche
Golfregion
S. 174
Ko Samui & südwestliche
Golfregion
S. 211
Phuket &
Andamanenküste
S. 287

Bangkok

☎02 / EW. 9,27 MIO.

Inhalt ➡

Gut essen

- nahm (S. 111)
- Eat Me (S. 111)
- Krua Apsorn (S. 109)
- Jay Fai (S. 109)
- MBK Food Island (S. 88)
- Soul Food Mahanakorn (S. 112)

Schön übernachten

- AriyasomVilla (S. 105)
- Phra-Nakorn Norn-Len (S. 108)
- Siam Heritage (S. 104)
- Loy La Long (S. 98)
- Lamphu Treehouse (S. 97)

Auf nach Bangkok!

„Same same, but different" ist auf vielen Touri-Shirts zu lesen, und das bringt es ziemlich genau auf den Punkt: In Bangkok treffen das Bekannte und das Exotische aufeinander wie verschiedene Geschmacksrichtungen in einem *pàt tai*.

Hier stehen riesige klimatisierte Einkaufszentren neben 200 Jahre alten Wohngebäuden, Tempel mit goldenen Türmen inmitten neonbeleuchteter Viertel und die Fahrzeuge auf den verstopften Straßen werden von Longtail-Booten auf dem königlichen Fluss überholt. Für abenteuerlustige Gourmets, die keine weißen Tischtücher brauchen, ist Bangkok ein Paradies, und dank der Einwanderer, die aus allen Ecken Thailands und der Welt kommen, ist die Küche sehr vielseitig.

Da sich ein Großteil des Alltags auf der Straße abspielt, lohnt sich die Erkundung der Stadt. Nach einer Bootsfahrt besucht man einen versteckt gelegenen Markt, in Chinatown schlendert man durch die Gassen und entdeckt eine Opernaufführung, und abends steigt man in den Skytrain nach Sukhumvit, wo das Nachtleben einer weltoffenen Stadt wartet.

Reisezeit

Bangkok

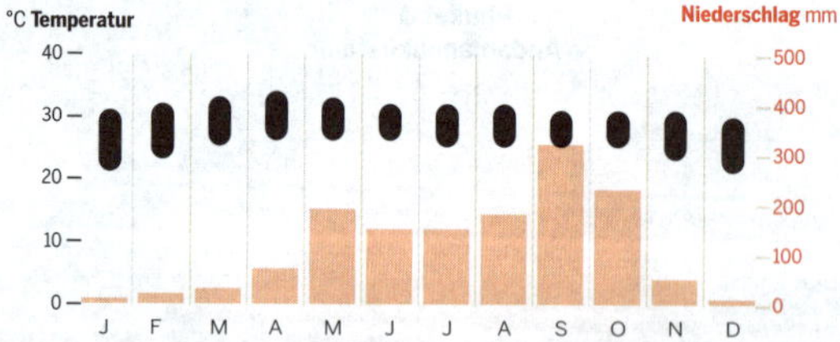

Nov.–März Es ist relativ kühl und trocken; aufgrund der vielen Besucher gibt es überteuerte Preise.

Mai–Okt. Es können in der Stadt über 200 mm Regen pro Monat fallen.

Dez.–Jan. Ein paar verhältnismäßig kältere Wochen bieten eine Verschnaufpause von der Hitze.

Highlights

1. **Wat Pho** (S. 77) Beim Anblick des gigantischen liegenden Buddhas versuchen, nicht mit offenem Mund stehenzubleiben
2. **Wat Phra Kaew & Großer Palast** (S. 76) Den Glanz des Smaragd-Buddhas bestaunen
3. **Chatuchak-Wochenendmarkt** (S. 119) Seine Baht für bunte Souvenirs, antike Klamotten und leckere Snacks ausgeben
4. **Jim-Thompson-Haus** (S. 85) Beste thailändische Architektur und Kunst kennenlernen
5. **Thai-Massage** (S. 89) Sich in einem der preisgünstigen Massage-Zentren durchkneten lassen
6. **Chinatown** (S. 109) Sich an den Straßenständen von Chinatown satt essen
7. **Dachterrassenbars** (S. 116) Hoch über der Stadt den Sternen und den funkelnden Lichtern der Wolkenkratzer zuprosten
8. **Kochschulen** (S. 92) In einem Kochkurs Gewürze und authentische Thai-Rezepte erlernen
9. **Thonburis Kanäle** (S. 80) Bei einer Bootsfahrt von einer Sehenswürdigkeit zur anderen gleiten
10. **Amphawa** (S. 83) Die idyllischen Holzgebäude des Städtchens am Kanal außerhalb von Bangkok erkunden

Geschichte

Heute ist Bangkok der Regierungssitz und das kulturelle Zentrum Thailands, aber seine Entstehung während einer Zeit des Aufruhrs war ein historisches Wunder. Nach dem Fall von Ayutthaya im Jahr 1767 zerfiel das Königreich in Parteien, die sich gegenseitig militärisch bekämpften. General Taksin gelang es schließlich, das Land wieder zu vereinen. Seinen Stützpunkt rich-

Wat Phra Kaew & Großer Palast

BANGKOKS WICHTIGSTE RELIGIÖSE UND HERRSCHER-MONUMENTE ERKUNDEN

Der erste Bereich, den Traveller betreten, ist die als Wat Phra Kaew bezeichnete buddhistische Tempelanlage. Ein überdachter Weg führt rund um das Gelände, dessen Innenwände mit **1 2 Wandmalereien von Szenen aus dem *Ramakian*** geschmückt sind. Die 178 Bilder, die die Kämpfe Ramas bei der Befreiung seiner entführten Frau Sita zeigen, sind der thailändischen Fassung des indischen Hindu-Epos *Ramayana* entnommen und entstanden in der Herrschaftszeit Ramas I. (reg. 1782–1809).

Nachdem man die Bilder bewundert hat, geht es durch eines der von **3 Yaksha** bewachten Tore in den inneren Bereich. Das wichtigste Gebäude hier ist der **4 *bòht***, in dem der **5 Smaragd-Buddha** untergebracht ist.

ALINA_ZAINEA / GETTY IMAGES ©

Kinnari
Diese anmutigen Wesen, halb Schwan, halb Frau, stammen aus der hinduistisch-buddhistischen Mythologie. Sie stehen vor dem Prasat Phra Thep Bidon.

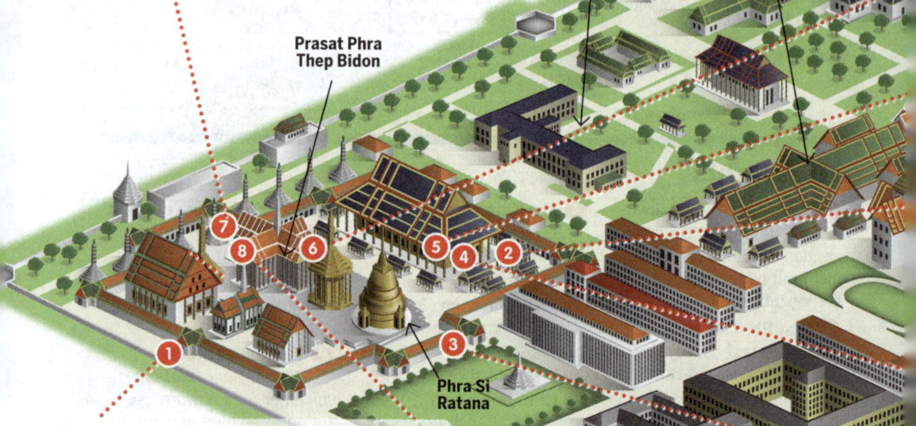

Wandmalereien aus dem *Ramakian*
Die Wandmalereien, die an der Ostseite des Wat Phra Kaew beginnen, zeigen Szenen, die oft eher an das Thailand des 19. Jhs. erinnern als an das antike Indien.

ANTONIO D'ALBORE / GETTY IMAGES ©

Hanumans
Reihen der spitzbübischen Affengottheiten aus der hinduistischen Mythologie stützen die unteren Geschosse zweier kleiner *chedi* nahe dem Prasat Phra Thep Bidon.

Östlich davon befindet sich die Obere Terrasse, der erhöhte Bereich mit den **6 Turmspitzen der drei Haupt-*chedi***. Das mittlere Gebäude, das Phra Mondop, beherbergt buddhistische Handschriften. Hier gibt es auch mehrere bemerkenswerte mythische Figuren, darunter winkende **7 Kinnaris** und Grimassen schneidende **8 Hanumans**.

Durch das Westtor gelangt man nun in den Bereich des Großen Palasts, wo nur wenige Gebäude für die Öffentlichkeit zugänglich sind. Das bedeutendste Bauwerk ist der 1882 errichtete **9 Chakri Mahaprasat**. Die Fassade dieser Halle zeichnet sich durch eine einzigartige Mischung aus westlicher und traditionell thailändischer Architektur aus.

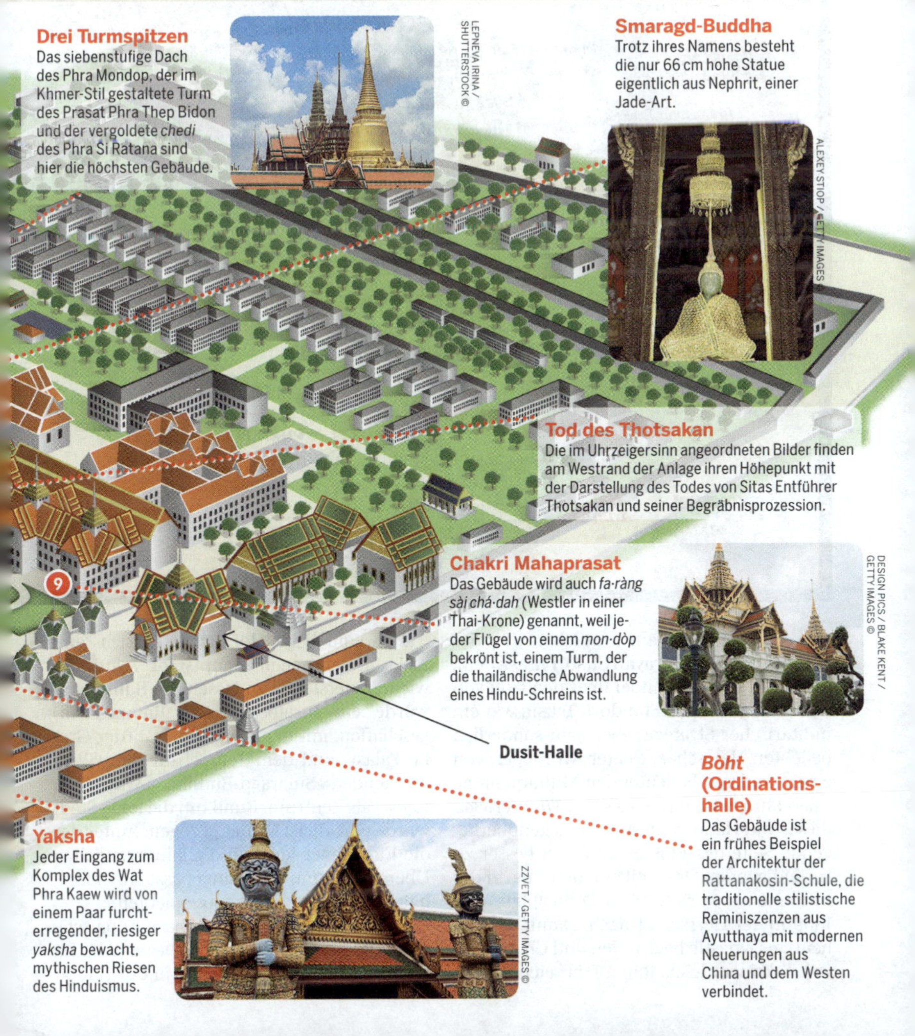

Ko Ratanakosin, Banglamphu & Thonburi

tete er in Thonburi am westlichen Ufer des Mae Nam Chao Phraya (Chao Phraya) ein, einem für den Seehandel über den Golf von Thailand günstigen Standort. Taksin war ein militärischer Stratege, aber kein sonderlich beliebter Herrscher. Später wurde er von einem anderen bedeutenden Militärgeneral, Chao Phraya Chakri, abgesetzt. 1782 verlegte dieser die Hauptstadt auf die gegenüberliegende Seite des Flusses an einen besser zu verteidigenden Ort, weil er einen Angriff der Birmanen erwartete. Sein Sohn folgte ihm 1809 in der Herrschaft nach. Damit war die heutige Dynastie begründet, und Chao Phraya Chakri wurde als Rama I. bezeichnet.

Der königliche Hof setzte es sich zum Ziel, in der neuen Hauptstadt Ayutthaya wiederauferstehen zu lassen. Im Sumpfland wurde ein Inselbezirk (Ko Ratanakosin) geschaffen, mit dem Königspalast (der Große Palast) und dem Tempel für den Glück bringenden Smaragd-Buddha (Wat Phra Kaew) als Zentrum. Rund um die neue Stadt wurde eine dicke Mauer gezogen, hinter der die Einwohner ideal an die jahreszeitlichen Überschwemmungen angepasst in Pfahlhäusern oder auf Hausbooten lebten.

Als ab dem Ende des 19. Jhs. europäische Ästhetik und Technologien begannen, im Osten Fuß zu fassen, brachen in der Haupt-

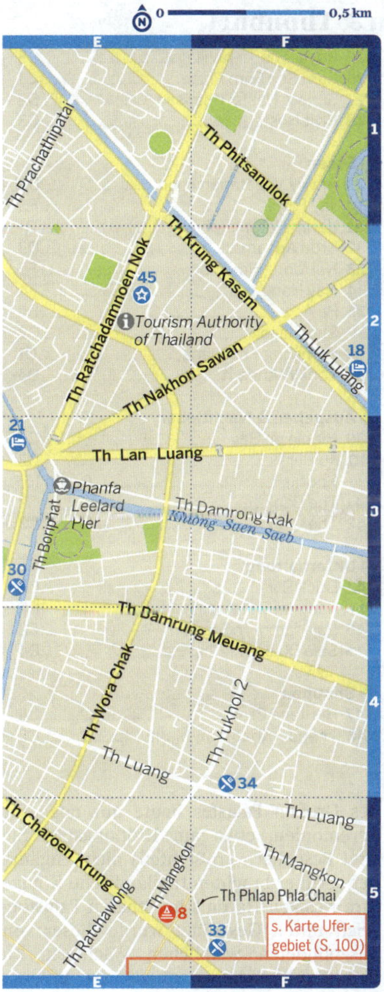

stadt moderne Zeiten an. Unter Rama IV. (König Mongkut; reg. 1851–68) und Rama V. (König Chulalongkorn; reg. 1868–1910) erhielt Bangkok seine erste asphaltierte Straße (Th Charoen Krung, früher bekannt als New Road) und einen neuen Königsbezirk (Dusit), der nach dem Vorbild europäischer Palastanlagen angelegt wurde.

Bangkok war noch recht provinziell, als amerikanische Soldaten während des Vietnamkriegs hier in den Go-go-Bars und Bordellen Ablenkung und Vergnügung suchten. Erst während des Booms in den 1980er- und 1990er-Jahren entwickelte sich Bangkok explosionsartig zu einer echten Metropole mit kolossalen Wolkenkratzern und einer endlosen Betonwüste, die immer mehr Reisfelder und Grünflächen verschlang. Die extravagante Expansion wurde durch den wirtschaftlichen Einbruch von 1997 gezähmt, was nach über zwei Jahrzehnten noch immer an den vielen halbfertigen Wolkenkratzern zu erkennen ist. Allerdings verschwinden diese zunehmend hinter moderner Verkehrsinfrastruktur, endlos scheinenden Wohnblöcken und großen Glasfassaden von Mega-Malls, die das Gesicht des heutigen Bangkoks prägen.

In den letzten Jahren hat die Militärjunta mehrere Strategien und Projekte auf den Weg gebracht, die bereits große Auswirkungen auf die Stadt haben. Das Verbot von Straßenverkäufern in manchen Vierteln hat das Stadtbild verändert. Pläne für den Bau einer 14 km langen Promenade entlang des Mae Nam Chao Praya haben bereits zum Abbruch von fast 300 Bauten am Fluss geführt, von denen viele schon mehrere Jahrzehnte hier standen. Diese Entscheidungsmacht in Verbindung mit wirtschaftlichen Interessen sorgt dafür, dass sich Bangkok rasant verändert.

Sehenswertes

Bangkoks beliebteste Sehenswürdigkeiten sind zum Großteil kultureller und religiöser Natur. Wer die Stadt auf eigene Faust erkundet, wird zudem noch Märkte mit frischen Lebensmitteln und verschiedene Stadtviertel kennenlernen.

Ko Ratanakosin

Die künstliche Insel Ko Ratanakosin ist der Ort, an dem vor über 200 Jahren alles begann. Die Überreste dieser Geschichte stellen heute die wichtigsten Sehenswürdigkeiten der Stadt dar und sind ein Hauptbesuchermagnet. Am bekanntesten sind der Wat Phra Kaew, der Große Palast und der Wat Pho. Diese liegen nur einen kurzen Fußweg von der Chao-Phraya-Expressboot-Anlegestellen Chang Pier, Maharaj Pier und Tien Pier entfernt. Sie sind auch untereinander leicht zu Fuß zu erreichen, wobei sich dies angesichts der Hitze oft schwieriger gestaltet, als man denkt. Alternativ steigt man in eines der vielen Túk-Túks (sprich: *đúk đúk*). Wer mehrere Sehenswürdigkeiten an einem Tag abklappert möchte, sollte früh morgens kommen – so entgeht man der Hitze und den Besuchermassen. Der Abend bietet sich vor allem für die typischen Schnappschüsse des Wat Arun bei Sonnenuntergang an.

Ko Ratanakosin, Banglamphu & Thonburi

★ Wat Phra Kaew & Großer Palast BUDDHISTISCHER TEMPEL

(วัดพระแก้ว, พระบรมมหาราชวัง; Karte S. 74; Th Na Phra Lan; 500 B; 8.30–15.30 Uhr; Chang Pier, Maharaj Pier, Phra Chan Tai Pier) Der Tempel des Smaragd-Buddhas, landläufig Wat Phra Kaew genannt, ist eine riesige, märchenhafte Anlage, in der u. a. die ehemalige Residenz des thailändischen Monarchen, der Große Palast, untergebracht ist.

Das Gelände wurde 1782, in Bangkoks erstem Jahr als Hauptstadt, geweiht und ist heute die größte Touristenattraktion der Stadt und eine Pilgerstätte für gläubige Buddhisten und Nationalisten. Auf 94,5 ha stehen hier mehr als 100 Gebäude, die 200 Jahre königlicher Geschichte und architektonischer Experimente repräsentieren.

Der **Smaragd-Buddha**, untergebracht in einer fantastisch dekorierten *bòht* (Kapelle), ist die Hauptattraktion des Tempels.

Von dem einen oder anderen Vorraum abgesehen, nutzt der König die Gebäude des Großen Palastes heute nur noch für Zeremonien, etwa am Krönungstag. Sie sind Besuchern größtenteils nicht zugänglich. Früher brachten thailändische Könige ihre riesigen Harems im inneren Palastbereich unter. Geschützt wurde dieser von ausgebildeten weiblichen Wächtern. Zu den für Besucher zugänglichen äußeren Palastgebäuden zählt die **Borombhiman-Halle**. Der französisch inspirierte Bau diente Rama VI. (König Vajiravudh; reg. 1910–25) als Residenz. Westlich davon steht die **Amarindra-Halle** (Mo–Fr geöffnet), die man ursprünglich als Gerichtshalle anlegte und die nun für Krönungszeremonien genutzt wird. Diese Halle ist als einziges Palastgebäude generell für Touristen zugänglich. Der größte der Palastbauten ist der **Chakri Mahaprasat**, die Halle des Großen Palastes. Ganz am Ende steht die **Dusit-Halle** im Ratanakosin-Stil, die früher als Ort für königliche Audienzen diente und später zur königlichen Begräbnishalle umfunktioniert wurde.

Am Ticketkiosk können Führer angeheuert werden. Angebote, die andernorts gemacht werden, sollte man ignorieren. Für 200 B können Besucher eine zweistündige Audioguide-Tour unternehmen.

Im Eintrittspreis für die Anlage ist auch der Zugang zum Park des Dusit-Palasts (S. 87) enthalten. Dieser beherbergt den Vimanmek-Teakholzpalast und den Abhisek-Dusit-Thronsaal.

★ Wat Pho — BUDDHISTISCHER TEMPEL

(วัดโพธิ์/วัดพระเชตุพน, Wat Phra Chetuphon; Karte S. 74; Th Sanam Chai; 100 B; ⌚8.30–18.30 Uhr; ⛴ Tien Pier) Hier trifft man weniger Touristen als am Wat Phra Kaew, aber Wat Pho ist unser Favorit unter Bangkoks Sehenswürdigkeiten. Die Anlage kann einige Superlative für sich verbuchen: den größten liegenden Buddha der Stadt, Thailands größte Sammlung von Buddha-Darstellungen und ältestes Zentrum für Bildung im Königreich.

Das Highlight von Wat Pho ist der eindrucksvolle **Liegende Buddha**, der beinahe zu groß für sein Zuhause ist.

Das weitläufige Gelände des Wat Pho umfasst 8 ha Land. Die wichtigsten Attraktionen liegen nördlich der Th Chetuphon, die Klosteranlagen südlich. Die Tempelanlage ist außerdem das nationale Zentrum für die Lehre und Erhaltung der traditionellen Thai-Medizin, zu der auch Thai-Massagen gehören. Rama III. hatte diese Einrichtung ins Leben gerufen, als die Tradition vom Aussterben bedroht war. Die berühmte Massageschule verfügt über zwei **Massage-Pavillons** (Thai-Massage 420 B/Std.; ⌚9–16 Uhr; ⛴ Tien Pier) auf dem Tempelgelände und über zusätzliche Räume in der Trainingseinrichtung (S. 93) außerhalb des Tempels.

Museum of Siam — MUSEUM

(สถาบันพิพิธภัณฑ์การเรียนรู้แห่งชาติ; Karte S. 74; www.museumsiam.org; Th Maha Rat; 300 B; ⌚Di–So 10–18 Uhr; 👪; ⛴ Tha Tien) Die unterhaltsame Sammlung dieses Museums, das zum Zeitpunkt der Recherche leider für Renovierungsarbeiten geschlossen war, gewährt mithilfe verschiedener Medien einen Einblick in die Ursprünge des thailändischen Volkes und seiner Kultur. Es ist in einem im europäischen Stil erbauten Gebäude aus dem 19. Jh. untergebracht, das einst das Handelsministerium beherbergte. Die Exponate werden auf moderne, mitreißende und interaktive Art und Weise präsentiert, was für thailändische Museen eher ungewöhnlich ist. Die Ausstellungen sind erfrischend ausgewogen und ansprechend, und die Galerien beleuchten den Ursprung der Nation und seines Volkes.

Nationalmuseum — MUSEUM

(พิพิธภัณฑสถานแห่งชาติ; Karte S. 74; 4 Th Na Phra That; 200 B; ⌚Mi–So 9–16 Uhr; ⛴ Tha Chang, Tha Maharaj, Tha Phra Chan Tai) Von Schleppern oft als das größte Museum Südostasiens angepriesen, beherbergt Thailands Nationalmuseum doch eine beeindruckende, wenn auch teilweise recht angestaubte Sammlung. Diese schaut man sich am besten im Rahmen einer der zweimal wöchentlich stattfindenden **Führungen** (kostenlos mit Museumseintritt; ⌚Mi & Do 9.30 Uhr) an.

Der Großteil der Museumsgebäude wurde im Jahr 1782 als Palast für Prinz Wang Na, Vizekönig von Rama I., erbaut. Rama V. wandelte es dann 1874 in ein Museum um. In seiner gegenwärtigen Form zeigt es nun drei Dauerausstellungen, die sich über mehrere Gebäude erstrecken. Zum Zeitpunkt der Recherche wurde ein Teil der Ausstellungsräume gerade renoviert.

Die erst vor Kurzem renovierte **Gallerie der Thailändischen Geschichte** beherbergt einige der schönsten Buddha-Bildnisse des Landes.

Der **Geschichtsflügel** folgt auf eindrucksvolle Weise einer modernen kurato-

> **WAT PHRA KAEW: KLEIDERORDNUNG & TIPPS ZUM TICKETKAUF**
>
> ➡ Den Komplex des Wat Phra Kaew und des Großen Palasts betritt man durch das deutlich gekennzeichnete dritte Tor von der Anlegestelle am Fluss. Die Tickets werden drinnen gekauft. Wer einem weismachen möchte, dass der Komplex geschlossen hat, ist ein Edelsteinschlepper oder Betrüger.
>
> ➡ Die Kleiderordnung auf dem Gelände des Wat Phra Kaew und des Großen Palasts wird streng durchgesetzt. Wer etwas zu viel Haut zeigt, wird in eine Umkleidekabine komplimentiert und mit einem Hemd oder Sarong (das Ausleihen ist kostenlos, man muss aber ein Pfand von 200 B bezahlen) ausgestattet.
>
> ➡ Im Eintrittsgelt für den Komplex ist auch der Zugang zum Park des Dusit-Palasts (S. 87) enthalten.

Wat Pho

RUNDGANG ZU DEN GROSSEN BUDDHAS DES WAT PHO

Der Rundgang beginnt am Haupt-*wí•hăhn* (Heiligtum), in dem sich das wichtigste Werk des Wat Pho befindet, der ❶ **Liegende Buddha**. Neben der monumentalen Größe sind auch die ❷ **Perlmuttintarsien** auf seinen Fußsohlen eindrucksvoll. Die Innenwände des *wí•hăhn* sind mit Wandmalereien geschmückt, die Szenen aus früheren Leben des Buddha darstellen. An der Südseite des Gebäudes erblickt man 108 Mönchsschalen aus Bronze; für 20 B kann man 108 Münzen kaufen und eine in jede Schale werfen, was Glück bringen soll.

Aus dem *wí•hăhn* geht es nach Osten vorbei an den ❸ **Steinriesen**, die das Tor zum Rest der Anlage bewachen. Direkt südlich von ihnen sieht man die vier hohen ❹ **königlichen *chedi***.

VICHAN SRISEANGNIL / GETTY IMAGES ©

Phra Ubosot
Der imposante *bòht* (Ordinationssaal) wurde unter Rama I. erbaut. Seine heutige Erscheinung erhielt er während der Renovierungsarbeiten unter Rama III. (reg. 1824–1851).

KISZON PASCAL / GETTY IMAGES ©

Buddha-Galerien
Die zwei überdachten Gänge rund um den Phra Ubosot beherbergen sage und schreibe 394 vergoldete Buddha-Figuren. Viele von ihnen weisen klassische Elemente der Ayutthaya- oder Sukhothai-Ära auf.

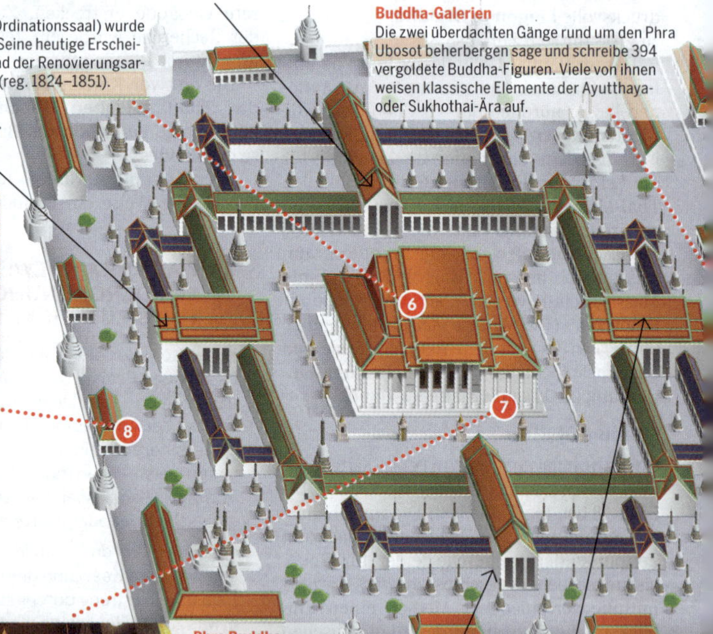

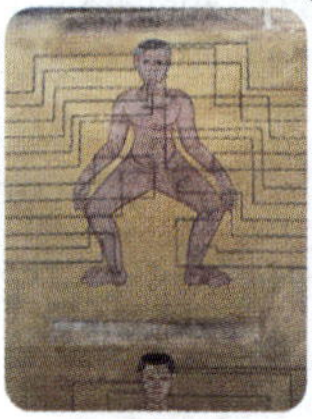

PIDJOE / GETTY IMAGES ©

Massagepavillons
Wenn es warm ist und die Füße schmerzen, sorgen die zwei klimatisierten Massagepavillons für willkommene Abkühlung bei einer hochwertigen und relativ günstigen Thai-Massage.

OASIZZ / GETTY IMAGES ©

Phra Buddha Deva Patimakorn
Diese Statue aus der Ayutthaya-Zeit steht auf einem dreistufigen Sockel, in dem die Asche von Rama I. aufbewahrt wird, und wurde vom König hergebracht.

Weiter östlich durchquert man zwei **5 Galerien mit Buddha-Statuen**, die vier *wí•hăhn* miteinander verbinden, von denen zwei besonders interessante Buddha-Figuren aus der Sukhothai-Zeit beherbergen. Sie bilden die Kulisse für den **6 Phra Ubosot**, den Ordinationssaal, das zweitwichtigste Bauwerk des *wát*. Der Sockel ist von diversen Basrelief-Inschriften umgeben, und drinnen befindet sich die außergewöhnliche Buddhafigur **7 Phra Buddha Deva Patimakorn**.

Wat Pho wird oft als Thailands erste Universität bezeichnet. Die Tradition wird mit der Schule für Thai-Medizin und den **8 Massagepavillons** am Ostrand fortgesetzt.

In der Osthälfte der Anlage finden sich mehrere kleinere *chedis* sowie Felsengärten.

TAKEPICSFORFUN / GETTY IMAGES ©

Königliche *chedi*
Die vier in klassischem Ratanakosin-Stil mit bunten Fliesen dekorierten *chedi* sollen die ersten vier Könige der Chakri-Dynastie repräsentieren.

SAMART BOONYANG / GETTY IMAGES ©

Liegender Buddha
Der imposante Liegende Buddha im Wat Pho wurde um einen 46 m langen und 15 m hohen Kern aus Ziegelsteinen modelliert, mit Gips verputzt und mit Blattgold überzogen. Er steht für den Übergang Buddhas ins Nirwana.

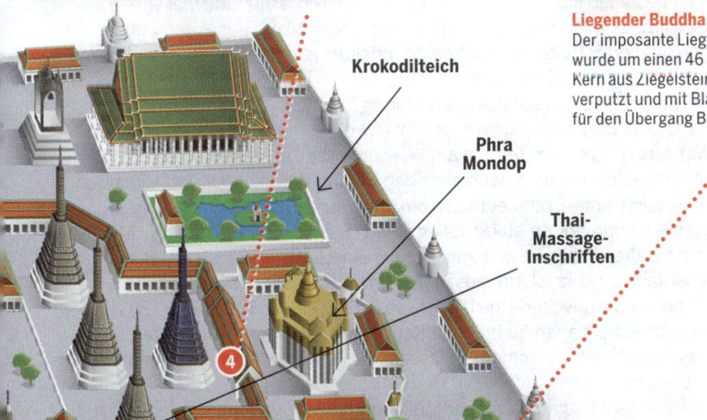

IMAGE SOURCE / GETTY IMAGES ©

Steinriesen
Die riesigen Granitfiguren – die Darstellungen reichen von Figuren aus der chinesischen Oper bis hin zu Marco Polo – kamen im 19. Jh. als Ballast chinesischer Dschunken nach Thailand.

Perlmuttintarsien
Die 108 glückverheißenden *lák•sà•nà*, körperliche Merkmale Buddhas, sind auf den Fußsohlen des Liegenden Buddha dargestellt.

KAMPEE PATISENA / GETTY IMAGES ©

ABSTECHER

THONBURI: UNTERWEGS IM „VENEDIG DES OSTENS"

Bangkok wurde früher auch das „Venedig des Ostens" genannt, da die Stadt von einem hochentwickelten Netz aus *klorng* (auch *khlong*) durchzogen war, künstlich angelegte Kanäle, die die Einwohner als Transportmittel für sich selbst und für ihre Waren nutzten. Heute haben Autos und Motorräder die Boote verdrängt und die Mehrzahl der Kanäle Bangkoks wurde aufgefüllt und in Straßen umgewandelt. Wo dies nicht geschehen ist, trocknen sie meist langsam aus und stinken vor sich hin. Am Westufer des Mae Nam Chao Phraya in Thonburi kann man einen Einblick in die von Wasser geprägte Vergangenheit der Stadt erhaschen.

Thonburis Netz aus Kanälen und Nebenflüssen wimmelt auch heute noch von einer bunten Flotte an Wasserfahrzeugen – von Kanus bis hin zu mit Reis beladenen Frachtkähnen – und die Vordertüren der auf Stelzen erbauten Wohnhäuser, Handelshäuser und Tempel öffnen sich zum Wasser hin. Die Anwohner sind davon überzeugt, dass diese Wasserwege sie vor den saisonalen Überflutungen schützen, von denen die Hauptstadt immer wieder heimgesucht wird. Der **Khlong Bangkok Noi** ist von Pflanzen und historischen Tempeln gesäumt, entlang des kleineren **Khlong Mon** stehen überwiegend Wohnhäuser. Der **Khlong Bangkok Yai** verläuft dort, wo der tatsächliche Fluss früher verlief, bevor ein Kanal gebaut wurde, um die Durchfahrt zu beschleunigen. Die Longtail-Boote, die überall auf diesen und den übrigen Kanälen Thonburis verkehren, kann man heutzutage chartern (am Tha Chang und Tha Tien, beide auf der Ko Ratanakosin). Die Preise an diesen Anlegestellen sind etwas höher als an anderen Orten und viel Verhandlungsspielraum gibt es auch nicht, aber die Wahrscheinlichkeit, dass man auf die Schippe genommen wird oder hinterher Trinkgelder oder andere unerwartete Gebühren erhoben werden, ist hier am geringsten.

Bei einer Bootstour fährt man meist über den Khlong Bangkok Noi und den Khlong Mon und kommt am Royal Barges National Museum (Nationalmuseum der königlichen Barkassen), am Wat Arun und einem Tempel am Wasser vorbei, an dem Fische gefüttert werden. Längere Ausflüge führen auch noch über den Khlong Bangkok Yai und schließen teilweise noch den Besuch einer Orchideenfarm ein. Am Wochenende besteht zudem die Möglichkeit, den Schwimmenden Markt Taling Chan (S. 124) kennenzulernen. Man muss aber wissen, dass die am häufigsten angebotene einstündige Tour (1000 B, bis zu 6 Pers.) zeitlich einfach zu kurz ist, um auszusteigen und die Sehenswürdigkeiten zu erkunden. Es ist deshalb sinnvoller, eine längere Tour (1½/2 Std., 1300/1500 B) zu buchen. Die meisten Anbieter haben festgelegte Routen, wer aber ein bestimmtes Ziel im Kopf hat, kann sich auch dorthin schippern lassen. Die Touren werden im Allgemeinen zwischen 8 und 17 Uhr angeboten.

Wem der Sinn nach einem längeren und persönlicheren Ausflug steht, für den bietet **Pandan Tour** (☎ 02 689 1232, 087 109 8873; www.thaicanaltour.com; Touren ab 2395 B) eine ganze Reihe an Ausflügen (vorwiegend ganztägig) an. Eine günstigere Alternative sind die **Longtail-Boote für Pendler** (Karte S. 74; Tha Chang, abseits der Th Maha Rat; 25 B; ⏲ 4.30–19.30 Uhr; ⛴ Tha Chang) vom Tha Chang bis nach Bang Yai am nördlichsten Ende des Khlong Bangkok Noi. Diese Boote fahren nur in eine Richtung; Ausländern wird allerdings teilweise davon abgeraten, mit diesen Booten zu fahren.

rischen Ästhetik und zeigt eine prägnante Chronologie von Ereignissen und Figuren aus prähistorischen Zeiten sowie aus der Sukhothai-, Ayutthaya- und Bangkok-Ära. Zu den Highlights zählen eine beschriftete Steinsäule des Königs Ramkamhaeng, die als ältestes Zeugnis thailändischer Schrift gilt (auch wenn dies umstritten ist), der Thron König Taksins, eine Rama V. gewidmete Ausstellung und ein Film über Rama VII. mit dem Titel *The Magic Ring*.

Die **Ausstellung über dekorative Kunst und Ethnologie** deckt jede erdenkliche Form des Kunsthandwerks ab: traditionelle Musikinstrumente, Keramiken, Kleidung und Textilien, Holzschnitzereien, Insignien und Waffen. Der **Flügel für Archäologie und Kunstgeschichte** zeigt Ausstellungen, die von prähistorischen Zeiten bis zur Bangkok-Epoche reichen.

Neben den großen Ausstellungsräumen gibt es noch die **Bhuddhaisawan-**

(Phutthaisawan-)Kapelle, in der einige gut erhaltene Wandgemälde und eines der am höchsten verehrten Buddha-Bildnisse des Landes, Phra Phuttha Sihing, zu sehen sind. Die Legende besagt, das Bildnis sei aus Sri Lanka nach Thailand gekommen, Kunsthistoriker gehen aber davon aus, dass sie aus dem Sukhothai des 13. Jhs. stammt.

Banglamphu

Neben der Ko Ratanakosin erstrecken sich die von Bäumen gesäumten Gassen, antiken Ladenhäuser, geschäftigen Märkte (die sogenannten *wet markets*) und goldenen Tempel von Banglamphu, dem mit Abstand typischsten Viertel Bangkoks. Hier findet man noch Überreste der idyllischen Stadt, die Bangkok einst war – jedenfalls bevor man auf die Th Khao San trifft, die wohl berühmteste Backpacker-Enklave der Welt.

★ Wat Suthat — BUDDHISTISCHER TEMPEL

(วัดสุทัศน์; Karte S. 74; Th Bamrung Meuang; 20 B; 8.30–21 Uhr; Klorng-Boot bis Tha Phanfa Leelard) Der Wat Suthat ist nicht nur riesig und beeindruckend, er genießt außerdem den höchsten königlichen Tempelrang. Im Inneren des *wí·hăhn* (Heiligtum für eine Buddha-Skulptur) befinden sich aufwendige Wandgemälde, die *jataka* (Geschichten aus Buddhas Leben) zeigen, sowie der 8 m hohe **Phra Si Sakayamuni**, Thailands größte noch erhaltene Bronzestatue aus der Sukhothai-Ära, die im 14. Jh. in der einstigen Hauptstadt Sukhothai gegossen wurde. Die Asche von Rama VIII. (König Ananda Mahidol; reg. 1935–1946) wird im Sockel des Bildnisses aufbewahrt.

Thonburi

Gegenüber von Bangalamphu, am anderen Ufer des Mae Nam Chao Phraya, liegt Thonburi, ein scheinbar vergessener und doch lohnenswerter Teil der Stadt. Es besteht aus verschlafenen Wohngebieten, die durch *klorng* (Kanäle; auch *khlong*) miteinander verbunden sind. Das Gebiet erreicht man über die 3B-Flussfähren, die vom Chang Pier und vom Tien Pier aus auf die andere Seite des Flusses übersetzen.

★ Wat Arun — BUDDHISTISCHER TEMPEL

(วัดอรุณฯ; Karte S. 74; www.watarun.net; abseits der Th Arun Amarin; 50 B; 8–18 Uhr; Flussfähre ab Tha Tien) Nach dem Fall Ayutthayas übernahm König Taksin hier an einem Schrein feierlich die Macht und errichtete einen Königspalast und einen Tempel für den Smaragd-Buddha. Der Tempel wurde nach dem indischen Gott der Morgendämmerung (Aruna) benannt und stand für die wortwörtliche und symbolische Gründung eines neuen Ayutthayas. Heute zählt der Tempel zu den bekanntesten Bauwerken Bangkoks und ist zudem einer der wenigen buddhistischen Tempel, die man besteigen darf.

Sein markantestes Merkmal, den 82 m hohen **þrahng** (Turm im Khmer-Stil), erhielt der Wat Arun aber erst, als sowohl die Hauptstadt als auch der Smaragd-Buddha nach Bangkok verlegt wurden. Mit dem Bau des Turms wurde in der ersten Hälfte des 19. Jhs. unter Rama II. (König Phraphutthaloetla Naphalai; reg. 1809–24) begonnen, die Fertigstellung erfolgte unter Rama III. (König Phranangklao; reg. 1824–51). Steile Treppenstufen führen hinauf zu seiner Spitze, von wo aus man einen beeindruckenden Blick auf den Mae Nam Chao Phraya hat. Die kunstvollen **Blumenmosaike** sind von Weitem nicht zu erkennen. Sie sind aus bunten Scherben chinesischen Porzellans gefertigt, einer üblichen Form der Verzierung von Tempeln, die zu Beginn der frühen Ratanakosin-Periode typisch war (damals luden chinesische Schiffe tonnenweise Ballast in Form von altem Porzellan im Hafen von Bangkok ab).

Auch ein Blick ins Innere des **bòht** (Ordinierungshalle) lohnt sich. Das zentrale Buddha-Bildnis wurde angeblich von Rama II. persönlich entworfen. Die **Wandmalereien** stammen aus der Zeit von Rama V. (König Chulalongkorn; reg. 1868–1910). Am eindrucksvollsten ist eine Abbildung von Prinz Siddhartha, wie er außerhalb seiner Palastmauern Geburt, Alter, Krankheit und Tod begegnet – eine Erfahrung, die ihn dazu brachte, sein weltliches Leben aufzugeben. Die Asche von Rama II. ist im Fundament des hier vorherrschenden Buddha-Bildnisses begraben.

In regelmäßigen Abständen verkehren Flussfähren vom Tien Pier (3 B) zum Wat Arun am anderen Ufer.

Chinatown & Phahurat

Chinatown verkörpert die hektische, lärmende und verschmutzte Seite Bangkoks, aber gerade deshalb ist eine Erkundung dieses Viertels so reizvoll. Hier gibt es mehr als nur einige große Sehenswürdigkeiten wie den Wat Traimit (Goldener Buddha) und die vielen Straßenmärkte, die einen Besuch lohnen: Wer Chinatown auskundschaftet, sollte auch genügend Zeit mitbringen, um sich zwischen den mit Neonlichtern beleuchteten Goldgeschäften, den versteckten Tempeln, den bröckelnden Ladenfassaden und den schmalen Gassen treiben zu lassen, besonders in den engen, gewundenen Sträßchen, die von der Soi Wanit 1 (alias Sampeng Lane) abzweigen.

Lange Zeit war Chinatown auch für sein riesiges Stauaufkommen berüchtigt. Seit hier 2005 jedoch die Anbindung an die MRT (Metro) besteht, ist die Situation um einiges besser geworden. Die Haltestelle liegt allerdings von vielen Sehenswürdigkeiten bis zu 1 km entfernt, sodass man einen längeren Fußmarsch oder eine kurze Taxifahrt auf sich nehmen muss. Alternativ besteigt man das Chao-Phraya-Expressboot und fährt bis zum Tha Ratchawong. Dort liegen in unmittelbarer Nähe zahlreiche Restaurants und auch viele Sehenswürdigkeiten sind nicht weit entfernt.

Am westlichen Rand von Chinatown erstreckt sich das kleine, aber lebhafte Phahurat, das indische Viertel Bangkoks.

★ Wat Traimit (Goldener Buddha) — BUDDHISTISCHER TEMPEL

(วัดไตรมิตร, Tempel des Goldenen Buddha; Karte S. 100; Th Mittaphap Thai-China; 100 B; 8–17 Uhr; Ratchawong Pier, Ⓜ Hua Lamphong, Ausgang 1) Der Besuchermagnet des Wat Traimit ist zweifellos die eindrucksvolle, 3 m hohe und 5,5 t schwere **Buddha-Statue aus massivem Gold**, die glänzt wie – nun ja, wie Gold eben. Die im anmutigen Sukhothai-Stil gearbeitete Statue wurde vor etwa 60 Jahren „entdeckt", als sie beim Umzug in ein neues Gebäude innerhalb der Tempelanlage vom Kran fiel und der Gipsmantel, der sie bis dahin verbogen hatte, in Stücke zersprang.

Man vermutet, dass die Umhüllung hinzugefügt wurde, um die Statue vor marodierenden Horden, entweder gegen Ende der späten Sukhothai-Ära oder später, während der Ayutthaya-Ära, als die Stadt von den Birmanen belagert wurde, zu schützen. Der Tempel selbst soll aus dem frühen 13. Jh. stammen.

Spenden und ein konstanter Besucherstrom erwiesen sich als profitabel und so ist die Statue nun in einem eindrucksvollen vierstöckigen Bauwerk aus Marmor untergebracht.

Im 1. Stock des Gebäudes ist die **Phra-Buddha-Maha-Suwanna-Patimakorn-Ausstellung** (นิทรรศการพระพุทธมหาสุวรรณปฏิมากร; Karte S. 100; 40 B; Di–So 8–17 Uhr) zu sehen, in der man erfährt, wie die Statue hergestellt und entdeckt wurde und wie sie an ihren aktuellen Aufenthaltsort gelangt ist. Im 2. Stock befindet sich das **Yaowarat Chinatown Heritage Center** (ศูนย์ประวัติศาสตร์เยาวราช; Karte S. 100; Di–So 8–17 Uhr), ein kleines, aber faszinierendes Museum mit Multimedia-Exponaten über die Geschichte von Bangkoks Chinatown und die ihrer Bewohner.

Talat Mai — MARKT

(ตลาดใหม่; Karte S. 100; Soi Yaowarat 6/Charoen Krung 16; 6–18 Uhr; Ratchawong Pier, Ⓜ Hua Lamphong, Ausgang 1 & Taxi) Mit fast zwei Jahrhunderten Geschichte auf dem Buckel ist die Bezeichnung „Neuer Markt" für diese Handelszone eigentlich nicht mehr ganz passend. Davon abgesehen trifft man hier auf den authentischsten chinesischen Markt Bangkoks, wenn nicht sogar Thailands. Die getrockneten Lebensmittel, Gewürze, Kräuter und Saucen werden Kennern der Volksrepublik bekannt vorkommen. Doch auch wer nicht an chinesischer Kost interessiert ist, dem wird die Mischung aus Hektik (Vorsicht vor Motorradfahrern, die sich zwischen den Marktbesuchern durchdrängeln!) sowie exotischen Anblicken und Düften als surrealer Sinneseindruck im Gedächtnis bleiben.

Wat Mangkon Kamalawat — BUDDHISTISCHER TEMPEL

(วัดมังกรกมลาวาส; Karte S. 74; Ecke Th Charoen Krung & Th Mangkon; 6–18 Uhr; Tha Ratchawong, Ⓜ Hua Lamphong Ausgang 1 & Taxi) GRATIS Duftschwaden von Räucherstäbchen und der Klang von Gesängen heißen die Besucher des im chinesischen Stil erbauten Tempels des Mahayana-Buddhismus willkommen. Rund um den Tempel bieten Straßenverkäufer Speisen für die Götter an – Orangen und gedämpfte Dim Sum in Lotusblütenform –, die im Tempel als Gabe dargebracht werden.

Der Tempel stammt aus dem Jahr 1871 und ist das größte und bedeutendste religiöse Bauwerk in der Gegend. Während des jährlich stattfindenden Vegetarierfests (S. 96) spielt sich ein großer Teil der religiösen und kulinarischen Aktivitäten hier ab.

Flussufer

Der Uferbereich bietet sich zum ziellosen Umherschlendern zwischen alten Gebäu-

ABSTECHER

DER LANGE WEG NACH AMPHAWA

Amphawa liegt nur 80 km von Bangkok entfernt, wer es aber richtig anstellt, für den wird es bis dorthin eine lange Reise mit Zügen, Booten, einem Motorrad und sogar mit einer kurzen Fahrt auf der Ladefläche eines Pick-ups. Und warum das Ganze? Weil die Reise zu einem Ort manchmal ebenso interessant sein kann wie das Ziel selbst. Das Abenteuer beginnt am Bahnhof Wong Wian Yai (S. 122) in Thonburi. Unmittelbar nach dem Kreisverkehr Wong Wian Yai befindet sich ein relativ unspektakulärer Markt mit Lebensmitteln, hinter dem sich der ebenso unspektakuläre Bahnhof der Pendlerlinie verbirgt. Hier steigt man in einen der Züge nach Samut Sakhon (10 B, 1 Std., 5.30–20.10 Uhr), die stündlich verkehren.

Nach 15 Minuten in dem ruckelnden Zug weicht die dichte Bebauung der Stadt so langsam kleinen Ortschaften mit niedrigen Häusern. Vom Fenster aus kann man in Wohnhäuser, Tempel und Läden hineinspicken, die gerade einmal eine Armlänge von den vorbeifahrenden Zügen trennt. Fährt man weiter, säumen Palmen, wie Flickenteppiche aussehende Reisfelder und Sümpfe voller Aronstab- und Blumenrohrgewächse die Eisenbahnstrecke, unterbrochen nur von dem einen oder anderen Bahnhof, an dem der Zug nur bei Bedarf hält. Die abgelegenen Höfe verschwinden aber schnell, sobald **Samut Sakhon** erreicht ist. Die Einheimischen nennen die Stadt auch gern Mahachai, da sie am Zusammenfluss des Mae Nam Tha Chin und des Khlong Mahachai liegt. In dieser geschäftigen Hafenstadt einige Kilometer flussaufwärts vom Golf von Thailand endet auch der erste Teil der Zugstrecke. Vor dem 17. Jh. trug sie den Namen Tha Jiin (chinesische Anlegestelle), da hier zahlreiche Dschunken aus China anlegten.

Nachdem man sich den Weg durch einen der hektischsten Frischmärkte des Landes gebahnt hat, erreicht man einen weitläufigen Hafen voller Wasserhyazinthen und Fischerboote aus Holz. Ein paar verrostete, auf den Fluss gerichtete Kanonen zeugen von der Existenz der langsam verfallenden Festung der Stadt, die das Königreich vor Angreifern vom Meer schützen sollte.

Mit der Fähre geht es hinüber nach **Baan Laem** (3–5 B). Während der Überfahrt ringt man mit Lehrern auf Motorrädern und Leuten, die ihre Besorgungen dabeihaben, um Platz. Wenn man nicht mit der seltener verkehrenden Fähre für 5 B übersetzt, steht nun noch eine Fahrt mit dem Motorradtaxi (10 B) für die 2 km zum **Wat Chawng Lom** (วัดช่องลม; Ban Laem, Samut Sakhon; ⏲ Sonnenaufgang–Sonnenuntergang) GRATIS an. Dort ist der **Jao-Mae-Kuan-Im-Schrein** untergebracht, ein 9 m hoher Springbrunnen in der Form der im Mahayana-Buddhismus verehrten Göttin der Barmherzigkeit, die oft von Reisegruppen aus der Region besucht wird. Neben dem Schrein befindet sich die Bahnstation Tha Chalong, an der dreimal täglich Züge nach Samut Songkhram abfahren (8.10, 12.05 & 16.40 Uhr, 10 B, 1 Std.). Der Zug rumpelt aus der Stadt hinaus und durch einen Wald, der die Gleise fast zu verschlingen scheint. Dieser kleine Abschnitt fühlt sich tatsächlich an, als sei man Welten vom Lärm und Gestank Bangkoks entfernt.

Der Dschungel lichtet sich allerdings bald und alle Illusionen, in ein Paralleluniversum ohne Asphalt und Beton eingetaucht zu sein, lösen sich bei der Einfahrt nach **Samut Songkhram** in Luft auf. Und um den Schock perfekt zu machen, hält der Zug mitten in einem Bienenstock aus hektischen Marktständen, die zwischen Ankunft und Abfahrt eines Zuges direkt auf den Bahngleisen aufgestellt werden. Wenn ein Zug auf die Station zurollt, muss das alles natürlich hastig weggeräumt werden – eine ganz schön beeindruckende Szene!

Samut Songkhram, oder häufig auch Mae Klong genannt, ist die adrettere Version von Samut Sakhon und hat als Stadt auch viel mehr zu bieten. Dank des flachen Lands und der vielen Wasserquellen kann sich das Gebiet rund um die Hauptstadt der Provinz eine stete Bewässerung leisten, die für den Anbau von Guave, Litschis und Trauben unerlässlich ist. Am Anleger beim Tha-Mae-Klong-Markt (*tâh đà·làht mâa glorng*) kann man ein Boot für etwa 1000 B chartern oder in eines der *sŏrng·tăa·ou* (Sammel-Pick-up; 8 B) hüpfen, die nicht weit vom Markt starten, und die 10-minütige Fahrt nach Amphawa antreten.

den an. Dieser Abschnitt des Mae Nam Chao Phraya lag einst in der internationalen Zone Bangkoks und hat sich bis heute besonders einen chinesischen und muslimischen Flair bewahrt. Die meisten Sehenswürdigkeiten in der Gegend kann man sich an einem Vormittag anschauen. Die BTS-Haltestelle am Saphan Taksin ist ein guter Ausgangspunkt dafür.

★ Bangkok-Museum MUSEUM

(พิพิธภัณฑ์ชาวบางกอก; Karte S. 100; 273 Soi 43, Th Charoen Krung; Eintritt gegen Spende; ⌚ Mi–So 10–16 Uhr; ⛴ Tha Si Phraya/River City) Das Völkerkundemuseum ist in drei alten Gebäuden aus dem frühen 20. Jh. untergebracht. Es befasst sich mit einer oft vernachlässigten Ära der Stadtgeschichte und bietet einen Einblick in ein Bangkok, das heute in rasendem Tempo verschwindet.

Das Hauptgebäude wurde 1937 als Wohnhaus der Familie Surawadee errichtet und wurde, so ist es auf diversen Schildern zu lesen, von chinesischen Zimmerleuten für weniger als die dafür veranschlagten 2400 B rechtzeitig fertiggestellt (dafür würde man heutzutage kaum mehr einen Türgriff bekommen). Dieses und das große Holzhaus rechts daneben – es wurde als Pension hinzugefügt, um die Kosten zu decken – beherbergen die Überbleibsel aus dem Nachkriegsalltag der Familie und sind ein beeindruckendes Fenster in die Vergangenheit. Das dritte Gebäude steht hinter dem Wohnblock und wurde 1929 als Praxis für einen britischen Arzt errichtet, der jedoch schon kurz nach seiner Ankunft in Thailand verstarb.

Lumphini-Park & Rama IV

Mit 58 ha ist der Lumphini-Park die größte und beliebteste Grünanlage in Bangkoks Zentrum. Am einfachsten ist der Park über die BTS-Haltestelle Sala Daeng oder die MRT-Haltestellen Si Lom und Lumphini zu erreichen.

★ Lumphini-Park PARK

(สวนลุมพินี; Karte S. 94; zw. Th Sarasin, Rama IV, Th Witthayu/Wireless Rd & Th Ratchadamri; ⌚ 4.30–21 Uhr; 👪; Ⓜ Lumphini Ausgang 3, Si Lom Ausgang 1, Ⓢ Sala Daeng Ausgang 3, Ratchadamri Ausgang 2) Der nach Buddhas Geburtsort in Nepal benannte Park ist die beste Möglichkeit, Bangkok zu entkommen, ohne die Stadt tatsächlich verlassen zu müssen. Schattige Wege, ein großer künstlich angelegter See und weitläufige Rasenflächen lassen den Verkehrswahnsinn und die unförmigen Betontürme für einen Moment in den Hintergrund rücken.

Silom & Sathon

Die Th Silom mit ihren hoch aufragenden Hotel- und Bürogebäuden ist das offizielle Finanzviertel Bangkoks. In der Th Sathon gleich daneben finden sich viele Botschaften, und der untere Teil der Th Silom ist der Schwulen-Hotspot der Stadt.

Die BTS-Haltestelle Sala Daeng und die MRT-Station Si Lom befinden sich im unteren Teil der Th Silom und sind perfekte Ausgangspunkte für einen Besuch im Lumphini-Park oder für die Restaurants und Sehenswürdigkeiten in der Gegend.

Schlangenfarm Queen Saovabha Memorial Institute ZOO

(สถานเสาวภา, Snake Farm; Karte S. 94; Ecke Rama IV & Th Henri Dunant; Erw./Kind 200/50 B; ⌚ Mo–Fr 9.30–15.30, Sa & So bis 13 Uhr; 👪; Ⓜ Si Lom Ausgang 1, Ⓢ Sala Daeng Ausgang 3) Viele Schlangenfarmen in Thailand sind eher eine Karnevalsdarbietung als eine Einrichtung zum Wohl der Tiere – nicht so aber das Queen Saovabha Memorial Institute. Die hiesige Schlangenfarm wurde 1923 gegründet. Die hier lebenden Tiere werden gemolken, ihr Gift wird Pferden injiziert und das dadurch gewonnene Gegengift wird anschließend gesammelt und gereinigt. Schließlich werden damit Menschen, die von Schlangen gebissen wurden, behandelt. Im Amphitheater im Freien werden regelmäßig Schlangenshows vorgeführt (Mo–Fr 14.30, Sa & So 11 Uhr) und man kann dabei zusehen, wie die Tiere gemolken werden (Mo–Fr 11 Uhr).

M.R.-Kukrit-Pramoj-Haus HISTORISCHES GEBÄUDE

(บ้านหม่อมราชวงศ์คึกฤทธิ์ปราโมช; Karte S. 94; ☎ 02 286 8185; Soi 7, Th Naradhiwas Rajanagarindra/Chong Nonsi; Erw./Kind 50/20 B; ⌚ 10–16 Uhr; Ⓢ Chong Nonsi Ausgang 2) Der Schriftsteller und Staatsmann Mom Ratchawong Kukrit Pramoj (1911–1995) lebte einst in diesem bezaubernden Komplex, der mittlerweile öffentlich zugänglich ist. Die fünf Teakholzgebäude sind von gepflegten Gartenanlagen umgeben und machen Besucher mit der traditionellen thailändischen Kunst und Architektur sowie dem einstigen Hausherren bekannt. Kukrit Pramo war 1974 und 1975 Premierminister Thailands, schrieb 150 Bücher und verbrachte 20 Jahre seines Lebens damit, dieses Haus auszuschmücken.

Siam Square & Pratunam

Angesichts der mehrstöckigen Megamalls, Einkaufsstraßen und endlos vielen Märkte bestehen keine Zweifel daran, dass dies das Einkaufsviertel der Stadt ist. Wer sich wirklich ernsthaft auf Shoppingtour begeben möchte, sollte dafür hier einen Großteil des Tages einplanen. Am besten startet man gegen 11 Uhr, dann ist am wenigsten los. Vermeiden sollte man jedoch den Sonntag, da dann halb Bangkok die klimatisierten Einkaufszentren bevölkert.

Zum Siam Sq kommt man am einfachsten mit dem BTS (Skytrain).

★ Jim-Thompson-Haus — HISTORISCHES GEBÄUDE

(เรือนไทยจิมทอมป์สัน; Karte S. 86; www.jimthompsonhouse.com; 6 Soi Kasem San 2; Erw./Student 150/100 B; 9–18 Uhr, Besuch nur mit Führung, alle 20 Min.; Klorng-Boot bis Sapan Hua Chang Pier, S Nationalstadion, Ausgang 1) Das dschungelartig bewachsene Anwesen war einst das Heim des gleichnamigen amerikanischen Seidenhändlers und Kunstsammlers. Der 1906 in Delaware geborene Thompson war während des Zweiten Weltkriegs für kurze Zeit in Thailand für das Office of Strategic Services (den Vorgänger der CIA) tätig. Nach dem Krieg ließ er sich in Bangkok nieder, wo er auf die von Hand hergestellte Seide seines Nachbarn aufmerksam wurde – sein Geschäftssinn war geweckt. Er schickte Muster an Modehäuser in Mailand, London und Paris und baute sich allmählich weltweit einen festen Kundenstamm auf.

Neben Textilien sammelte Thompson auch Teile verschiedener baufälliger thailändischer Häuser und ließ sie 1959 an ihrem heutigen Standort wieder aufbauen. Einige stammen aus der alten königlichen Hauptstadt Ayutthaya, andere – wie das erste Haus, das man bei der Führung betritt – aus Baan Khrua und wurden mit Flößen über den *klorng* transportiert. Ein bemerkenswertes Element, das vom traditionellen Stil abweicht, sind die nach innen gekehrten Außenwände, die die Fachwerkkonstruktionen erkennen lassen. Im Haupthaus sind auch Thompsons kleine, aber feine Sammlung asiatischer Kunst und seine persönlichen Habseligkeiten ausgestellt.

Thompsons Geschichte endet jedoch nicht mit seiner informellen Regentschaft als am besten angepasster Ausländer Bangkoks. Bei einem nachmittäglichen Spaziergang im Jahr 1967 in den Cameron Highlands im Westen Malaysias verschwand Thompson spurlos. Im selben Jahr wurde seine Schwester in den USA ermordet, was zu verschiedenen Verschwörungstheorien führte. Waren es kommunistische Spione? Geschäftskonkurrenten? Oder ein menschenfressender Tiger? Das Rätsel wurde zwar nie gelöst, aber die Hinweise des amerikanischen Journalisten Joshua Kurlantzick in seinem Porträt von Thompson, *The Ideal Man,* legen nahe, dass die lautstarke antiamerikanische Haltung, die Thompson in seinen späteren Jahren einnahm, ihn zu einem potenziellen Ziel der CIA machte.

Besucher sollten sich vor den gut gekleideten Touristenanwerbern in den Soi (Gassen) nahe des Thompson-Hauses in Acht nehmen: Diese wollen Reisenden weismachen, das Museum sei geschlossen, um sie in windige Läden zu locken.

Erawan-Schrein — DENKMAL

(ศาลพระพรหม; Karte S. 86; Ecke Th Ratchadamri & Th Phloen Chit; 6–23 Uhr; S Chit Lom, Ausgang 8) GRATIS Der Erawan-Schrein wurde ursprünglich 1956 erbaut und war ein letzter verzweifelter Versuch, eine Unglücksserie rund um den Bau des damals als Erawan Hotel bekannten Hotels zu beenden.

Nach mehreren Zwischenfällen, von verletzten Bauarbeitern bis hin zum gesunkenen Schiff, das Marmor für das Hotel transportiert hatte, wurde ein Brahmanen-Priester um Rat gefragt. Da das Hotel nach der Elefanteneskorte Indras aus der Hindu-Mythologie benannt werden sollte, entschied der Priester, dass Erawan einen Passagier brauche, und schlug dafür den Gott Brahma vor. Eine Statue wurde errichtet und die Unglücksserie war auf wundersame Weise beendet.

Das ursprüngliche Erawan Hotel wurde 1987 abgerissen, der Schrein existiert jedoch noch und ist bis heute eine bedeutende Pilgerstätte für Thais, vor allem wenn sie materielle Hilfe benötigen. Wer der Statue gegenüber einen Wunsch äußern möchte, kommt am besten zwischen 7 und 8 oder zwischen 19 und 20 Uhr. Die speziellen Opfergaben umfassen u.a. Kerzen, Räucherstäbchen, Zuckerrohrwürfel und Bananen, von denen meist jeweils sieben dargeboten werden. Besonders beliebt sind Teakholzelefanten; der Gewinn aus deren Verkauf fließt an ein Wohltätigkeitsprojekt des ak-

Siam Square

tuellen Hotels, dem Grand Hyatt Erawan. Touristenbroschüren preisen an, dass auch Gruppen gebucht werden können, die klassische thailändische Tänze zeigen. Oftmals bedankt man sich damit für die Erfüllung eines Wunsches.

Eine Bombe explodierte im August 2015 in der Nähe des Schreins; dabei starben 20 Menschen und der Schrein wurde leicht beschädigt. Nach nur zwei Tagen wurde der Schrein repariert und wiedereröffnet.

Sukhumvit

Japanische Enklaven, Burgerrestaurants, nahöstliches Nachtleben und geschmacklose Treffs für Sextouristen – all das ist entlang der Th Sukhumvit zu finden, Bangkoks inoffiziellem internationalem Distrikt. Wo einst Reisfelder und Tempel zu finden waren, erwarten einen heute Einkaufszentren, Nachtclubs und viele weitere Einrichtungen, die sich an die Einheimischen aus der Mittelschicht und an die hier lebenden Ausländer richten. Der BTS (Skytrain) verläuft entlang der gesamten Th Sukhumvit, was einen Besuch hier einfach macht. Die Haltestellen des BTS sind auch gute Fixpunkte, um die verschiedenen Atmosphären entlang der Straße zu beschreiben.

★ Siam Society & Kamthieng House — MUSEUM

(สยามสมาคม & บ้านคำเที่ยง; Karte S. 90; www.siam-society.org; 131 Soi 21/Asoke, Th Sukhumvit; Erw./Kind 100 B/frei; ⌚ Di–Sa 9–17 Uhr; M Sukhumvit Ausgang 1, S Asok Ausgang 3 oder 6) Ban Kamthieng entführt seine Besucher in ein Dorf des nördlichen Thailands. In einem traditionellen Holzhaus erfährt man anhand verschiedener Ausstellungen Wissenswertes über Alltagsrituale, Volksglaube und die alltäglichen Hausarbeiten. Das Museum wird von der Siam Society betrieben, mit der es sich auch die Räumlichkeiten teilt. Die Siam Society ist Herausgeber des renommierten

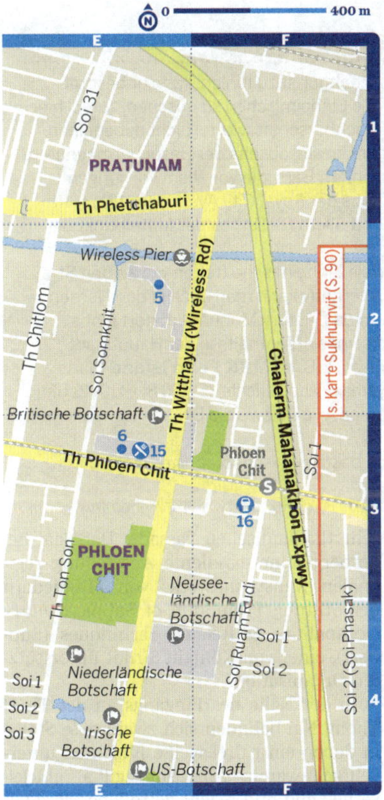

Siam Square

Highlights
1 Jim-Thompson-Haus A2

Sehenswertes
2 Erawan-Schrein D3
3 Madame Tussauds B2
4 Sea Life Ocean World C2

Aktivitäten, Kurse & Touren
5 Asian Oasis E2
6 Issaya Cooking Studio E3
7 KidZania C2

Schlafen
8 Bed Station Hostel B1
9 Boxpackers Hostel C1
10 Chao Hostel A2
11 Hansar D3
12 Lub*d A2
Siam@Siam ....(siehe 10)

Essen
Din Tai Fung ....(siehe 18)
13 Gaa D4
14 Gaggan D4
MBK Food Island ....(siehe 19)
15 Open House E3

Ausgehen & Nachtleben
16 Hair of the Dog F3
17 Mixx D2

Shoppen
18 CentralWorld D2
19 MBK Center B2
20 Siam Discovery B2
21 Siam Paragon C2

Journal of the Siam Society und tapferer Hüter der thailändischen Kultur.

Thewet & Dusit

Thewet, und vor allem das Gebiet rund um die Th Samsen, verkörpert die hektische, geschäftige Atmosphäre, die oft mit Bangkok in Verbindung gebracht wird. Der angrenzende Fluss bietet den einzigen Rückzugsort von dem ganzen Trubel und ist zudem ein guter Zugangspunkt, da die meisten Sehenswürdigkeiten und Restaurants nur einen kurzen Fußmarsch von der Anlegestelle der Flussfähre entfernt liegen.

Dusit hingegen ist der vielleicht ordentlichste Distrikt Bangkoks. Hier finden sich von Bäumen gesäumte Alleen und königliche Monumente, die man ebenso in Paris finden könnte. Dusits Attraktionen liegen relativ weit voneinander entfernt, sodass man sich hier am besten mit dem Taxi oder Túk-Túk fortgewegt.

★ Dusit Palace Park MUSEUM, HISTORISCHE STÄTTE

(วังสวนดุสิต; Karte S. 102; zw. Th Ratchawithi, Th U Thong Nai & Th Nakhon Ratchasima; Erw./Kind 100/20 B, frei mit Ticket für den Großen Palast; Di–So 9.30–16 Uhr; Tha Thewet, S Phaya Thai Ausgang 2 & Taxi) Nach seiner ersten Europarundreise 1897 kehrte Rama V. (König Chulalongkorn; reg. 1868–1910) mit Visionen europäischer Schlösser nach Hause und machte sich daran, diese Baustile abzuwandeln und sie in einer einzigartigen thailändischen Architektur zum Ausdruck zu bringen, die im heutigen Park des Dusit-Palasts bewundert werden kann. Der aktuelle König hat mittlerweile eine weitere Residenz. Heute beherbergt der Komplex ein Hausmuseum und andere kulturelle Sammlungen.

Der Dusit Palace Park war zum Zeitpunkt der Recherche vorübergehend für Renovierungsarbeiten geschlossen, sollte aber dem-

INSIDERWISSEN

BANGKOK ERLEBEN WIE DIE EINHEIMISCHEN

Wer keine Lust hat, sich wie ein behüteter Pauschaltourist zu fühlen, kann unbesorgt sein: In Bangkok ist es ein Leichtes, sich unter die Einheimischen zu mischen, zumal hier hektische Touristenattraktionen und typische Nachbarschaftsviertel dicht nebeneinander liegen – manchmal reicht schon ein winziger Umweg abseits der Besuchermagneten.

Im Viertel Banglamphu (S. 113) gibt es massenhaft Bars, die vor allem von jungen Einheimischen besucht werden. Auch in den Clubs der Royal City Avenue (S. 121) trifft man vor allem auf einheimische Partygänger, und Silom (S. 114) ist der Mittelpunkt der lokalen LGBT-Gemeinde.

Beim Abendessen wird man nirgendwo so viele Einheimische treffen wie an den Straßenständen in Bangkoks Chinatown (S. 109). Alternativ kann man auch in den Norden von Bangkok fahren, etwa in das Gebiet rund um das Victory Monument; dort gibt's einfache Straßensnacks. Irgendwann während seines Aufenthalts in der Hauptstadt sollte man unbedingt in einem Food-Court speisen, z. B. im **MBK Food Island** (Karte S. 86; 6. Stock, MBK Center, Ecke Rama I & Th Phayathai; Hauptgerichte 35–150 B; ⌚10–21 Uhr; ❄ 🖉; Ⓢ National Stadium Ausgang 4). Hier sieht man, wie und wo die Einheimischen essen gehen.

BK (www.bk.asia-city.com) ist die vermutlich beste englischsprachige Quelle dafür, was die Einheimischen in ihrer Freizeit so treiben.

nächst wieder geöffnet werden. Infos dazu erhält man am Kartenschalter des Großen Palasts (S. 76).

Das **Vimanmek-Herrenhaus** (พระที่นั่งวิมานเมฆ; Karte S. 102) wurde ursprünglich 1868 auf der Insel Ko Si Chang erbaut und 1910 an seinen heutigen Standort versetzt. Es umfasst 81 Zimmer, Säle und Vorräume und gilt als weltweit größtes Gebäude aus Akazienholz. Angeblich wurde bei seinem Bau kein einziger Nagel verwendet. Die Villa war das erste dauerhafte Gebäude auf dem Gelände des Dusit-Palasts und diente Rama V. Anfang des 20. Jhs. als Residenz. Innen sind verschiedene Gebrauchsgegenstände des Königs und ein wahrer Schatz aus frühen Ratanakosin-Kunstobjekten und -Antiquitäten zu sehen. Der Palast kann nur im Rahmen von Führungen (auf Englisch) besichtigt werden. Sie beginnen zwischen 9.45 und 15.15 Uhr alle 30 Minuten und dauern etwa eine Stunde.

In der Nähe präsentiert das **Museum für alte Stoffe** (พิพิธภัณฑ์ผ้าไทยโบราณ; Karte S. 102) eine wunderschöne Sammlung traditioneller Seiden- und Baumwollstoffe, die Teil der königlichen Tuchsammlung sind.

Der kleinere **Abhisek-Dusit-Thronsaal** (พระที่นั่งอภิเศกดุสิต; Karte S. 102) wurde 1904 für Rama V. erbaut. Er ist ein typisches Beispiel für die gehobene Architektur jener Zeit. Die durch die viktorianische Ära beeinflusste Zuckerbäckerarchitektur und die maurischen Säulenhallen verschmelzen miteinander zu einer beeindruckenden, sehr thailändischen Fassade. Der Saal beherbergt eine exzellente Ausstellung regionalen Kunsthandwerks von Mitgliedern der Stiftung Promotion of Supplementary Occupations & Related Techniques (Support), einer von Königin Sirikit unterstützten Organisation.

In der Nähe des Eingangs an der Th U Thong Nai befinden sich zwei große Ställe, in denen einst drei weiße Elefanten untergebracht waren – Albinismus gilt als glücksverheißend und macht betroffene Tiere automatisch zum Eigentum des Königshauses. Heute ist hier das **Königlich-Thailändische Elefantenmuseum** (พิพิธภัณฑ์ช้างต้น) zu finden. In einem der Gebäude sind Artefakte und Fotos ausgestellt, die die Bedeutung von Elefanten in der Geschichte Thailands vergegenwärtigen und erklären, nach welchen körperlichen Merkmalen ihr unterschiedlicher Status festgelegt wird. Im zweiten Stall befindet sich eine lebensgroße Figur des ersten königlichen Albino-Elefanten. Thailändische Besucher begegnen der in königliche Gewänder gehüllten Statue fast schon wie einem Schrein.

Da es sich um königliches Gelände handelt, sollten Besucher lange Hosen (keine Caprihosen) oder Röcke tragen und keine ärmellosen Oberteile anziehen.

Nord-Bangkok

Es gibt mehrere Gründe, den Großraum Bangkok zu erkunden, die meisten Besucher kommen aber wegen Märkten wie dem Chatuchak-Wochenendmarkt (S. 119). Zu den Tagesmärkten fährt man am besten so früh wie möglich. Die meisten liegen im nördlichen Einzugsgebiet des BTS (Skytrain) und/oder der MRT (Metro) und sind somit einfach zu erreichen. Zu anderen Zielen in Bangkoks Außenbezirken kommt man oft nur durch eine Kombination aus BTS/MRT und Taxi sowie mit einer guten Portion Glück. Ein Smartphone mit Kartenfunktion ist oft unentbehrlich, um zur richtigen Zeit zum richtigen Ort zu gelangen.

Chang Chui MARKT

(ช่างชุ่ย; Karte S. 102; en.changchuibangkok.com; 460/8 Th Sirindhorn; 20–40 B; ⌚ Di–So 11–23 Uhr) Ein stillgelegtes Flugzeug, Craft-Bier-Bars, ein Hipster-Barbier, Veranstaltungsräume, ein Blumenladen in Totenkopfform, ein Restaurant mit Insektenspezialitäten ... Chang Chui lässt sich nicht so leicht beschreiben. Er zählt zu den vielseitigsten Märkten Bangkoks und ist eine der spannendsten Neueröffnungen der letzten Jahre. Der Markt mit seinen 18 verschiedenen Bauten, die alle aus ausrangierten Objekten zusammengeschustert wurden, ist teilweise auch tagsüber geöffnet. Die beste Zeit für einen Besuch ist jedoch definitiv am Wochenende abends, wenn sich hier eine künstlerisch angehauchte Atmosphäre breit macht, die etwas kultivierter ist als die des Chatuchak-Wochenendmarktes.

Aktivitäten

Massagen & Spas

Oriental Spa SPA

(Karte S. 100; ☎ 02 659 9000; www.mandarinoriental.com; Mandarin Oriental, 48 Soi 40/Oriental, Th Charoen Krung; Massage- & Spa-Pakete ab 2900 B; ⌚ 9–22 Uhr; ⛴ Tha Oriental oder hoteleigenes Shuttleboot ab Tha Sathon/Central Pier) Das Oriental Spa gilt als eines der führenden Spas weltweit und setzt auch bei Wellnessanwendungen im asiatischen Stil hohe Maßstäbe. Wer einen langen Flug hinter sich hat, wird Gefallen an der Jetlag-Massage finden. Man sollte allerdings beachten, dass alle Anwendungen vorab gebucht werden müssen.

Health Land MASSAGE

(Karte S. 90; ☎ 02 261 1110; www.healthlandspa.com; 55/5 Soi 21/Asoke, Th Sukhumvit; Thai-Massage 2 Std. 550 B; ⌚ 9–23 Uhr; M Sukhumvit Ausgang 1, S Asok Ausgang 5) Das Konzept aus erschwinglichen Preisen, hervorragend geschultem Personal und einer freundlichen Einrichtung scheint aufzugehen: Health Land hat sich in der Stadt ein kleines Imperium aufgebaut.

Asia Herb Association MASSAGE

(Karte S. 90; ☎ 02 392 3631; www.asiaherbassociation.com; 58/19-25 Soi 55/Thong Lor, Th Sukhumvit; Thai-Massage 1 Std. 500 B, mit Kräuterwickeln 1½ Std. 1100 B; ⌚ 9–24 Uhr; S Thong Lo Ausgang 3) Diese Kette in japanischem Besitz hat verschiedene Filialen entlang der Th Sukhumvit und ist auf *prà·kóp*-Massagen spezialisiert, bei denen traditionelle thailändische Kräuterwickel mit 18 verschiedenen Kräutern zum Einsatz kommen.

Meditation & Yoga

Center Meditation Wat Mahadhatu MEDITATION

(Karte S. 74; ☎ 02 222 6011, 02 223 3813; Section 5, Wat Mahathat, Th Maha Rat; Spenden willkommen; ⌚ Kurse 7, 13& 18 Uhr; ⛴ Chang Pier, Maharaj Pier, Phra Chan Tai Pier) Das kleine Zentrum auf dem Gelände des Wat Mahathat veranstaltet täglich dreistündige Meditationskurse unter Leitung des englischsprachigen Lehrers Prasuputh Chainikom (Kosalo). Wer möchte, kann auch einen Aufenthalt mit Unterkunft und Verpflegung buchen, allerdings muss man sich an strenge Verhaltensregeln halten.

Yoga Elements Studio YOGA

(Karte S. 90; ☎ 02 255 9552; www.yogaelements.com; 7. Stock, 185 Dhammalert Bldg, Th Sukhumvit; Kurse ab 600 B; S Chit Lom Ausgang 5) Der Besitzer des renommiertesten Yogastudios der Stadt, der Amerikaner Adrian Cox, hat bereits im Om in New York Kurse gegeben. Er unterrichtet vorwiegend *vinyasa* und *ashtanga*. Die Lage des Studios hoch über Bangkok hilft dabei, alles andere hinter sich zu lassen.

Kampfkunst

Jaroenthong Muay Thai Gym KAMPFKUNST

(Karte S. 74; ☎ 02 629 2313; www.jaroenthongmuaythaikhaosan.com; Th Phra Athit; Kurse ab 600 B; ⌚ ohne Anmeldung 10–11.30 & 14–21 Uhr; ⛴ Tha Phra Athit/Banglamphu) Zu diesem viel gelobten Fitnessstudio gehören Filialen im ganzen Land, und es gibt auch einen Ableger nicht weit von der Th Khao San entfernt. Anfänger können einfach vorbeikommen und bei angenehm kühlen Temperaturen üben. Wer schon etwas Erfahrung mitbringt, kann auch am intensiveren Kursprogramm teilnehmen.

Sukhumvit

0
1 km
N
A
B
C
D
E
F
G
1
2
3
4
Kamphaeng Phet 7
Th Phetchaburi
Khlong Saen Saeb
Soi Thong Lor Pier
Wat Mai Chonglom Pier
Italthai Pier
Prasanmit Pier
Nana Chard Pier
Nana Nua Pier
Bumrungrad International Hospital
SUKHUMVIT
Soi Ekamai 21
Soi Thong Lor 16
Soi Thong Lor 17
Soi Thong Lor 13
Soi Thong Lor 10
Soi Thong Lor 5
Soi 55 (Thong Lor)
Soi 9
Soi 53
Soi 51
Soi 49
Soi 47
Soi 43
Soi 41
Soi 39
Soi Prom Si 1
Soi Phrom Si 2
Samitivej Hospital
Soi Prommit
Phrom Phong
Th Sukhumvit
Benjasiri Park
Soi 33
Soi 31
Soi 29
Soi 27
Soi 23
Soi 21 (Asoke)
Soi 22
Soi 20
Soi 18
Soi 16
Soi 14
Soi 12
Soi 10
Soi 8
Soi 6
Soi 4
Soi 19
Soi 15
Soi 13
Soi 11
Soi 11/1
Soi 7
Soi 5
Soi 3 (Nana)
Soi 1
Nana
Asok
Sukhumvit
1 Siam Society & Kamthieng House
Th Ratchadaphisek
Lake Ratchada
TOBACCO MONOPOLY
s. Karte Siam Square (S. 86)
4
7
8
9
10
11
13
14
15
16
17
19
21
22
23
25
26
27
29
30
32
33
34
35

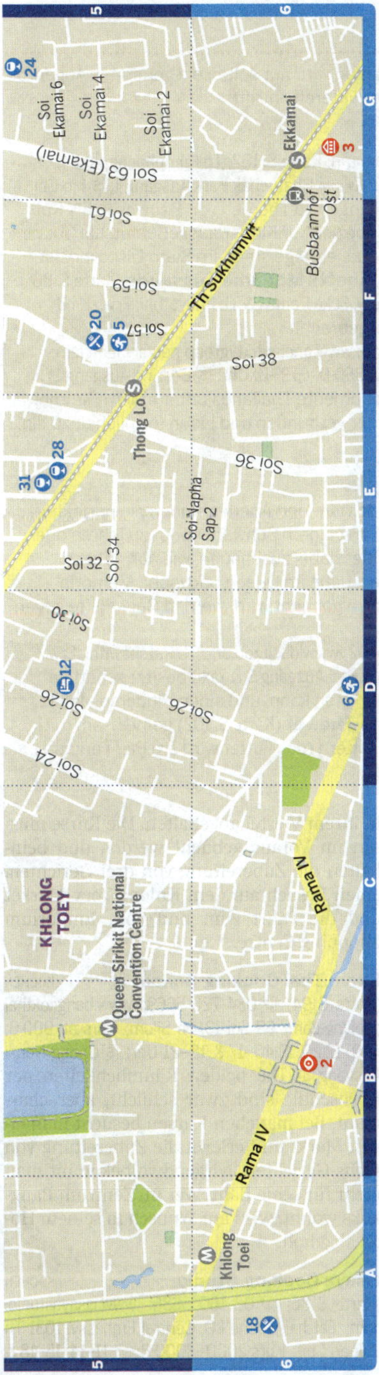

Sukhumvit

Highlights
1 Siam Society & Kamthieng House B3

Sehenswertes
2 Khlong Toey Market B6
3 Stanley MiniVenture G6

Aktivitäten, Kurse & Touren
4 ABC Amazing Bangkok Cyclists D4
5 Asia Herb Association F5
6 Fun-arium D6
7 Health Land B2
8 Yoga Elements Studio B2

Schlafen
9 AriyasomVilla A1
10 Cabochon Hotel E4
11 FU House Hostel A3
12 Pause Hostel D5
13 S31 ....C3
14 S-Box C3
15 Tints of Blue C3

Essen
16 Boon Tong Kiat Singapore Chicken Rice F3
Gateway Ekamai ....(siehe 3)
17 Gokfayuen F4
18 Issaya Siamese Club A6
Jidori Cuisine Ken ....(siehe 4)
19 Saras C4
20 Soul Food Mahanakorn F5
21 Sri Trat D3

Ausgehen & Nachtleben
22 Golden Coins Taproom G4
23 Levels B1
24 Mikkeller G5
25 Narz C3
26 Q&A Bar C1
27 Scratch Dog C3
28 Studio Lam E5
29 Tuba G2
30 Walden C3
31 WTF E5

Unterhaltung
32 The Living Room B3

Shoppen
33 Duly E3
34 Rajawongse A2
35 ThaiCraft Fair C3

Kurse

Es ist eine Sache, alle kulinarischen Besonderheiten Bangkoks probiert zu haben, eine andere Sache aber, dies auch für seine Freunde zu Hause selbst nachkochen zu können. Der Besuch eines Kochkurses für

BANGKOK MIT KINDERN

Kinder sind so gut wie überall willkommen und man wird nur selten ein genervtes Augenrollen sehen, wie man es in der westlichen Welt des Öfteren antrifft.

Kinderfreundliche Museen

Das **Children's Discovery Museum** (พิพิธภัณฑ์เด็ก; Karte S. 102; Th Kamphaengphet 4, Queen Sirikit Park; ⌚Di–Fr 9–17, Sa & So 10–18 Uhr; 👪; M Chatuchak Park Ausgang 1, S Mo Chit Ausgang 1) GRATIS präsentiert interaktive Ausstellungen zu Themen von Bauwesen bis Kultur. Das Museum of Siam (S. 77) ist zwar nicht speziell auf Kinder ausgerichtet, hat aber viele interaktive Exponate, die auch jüngere Besucher begeistern. Im Siam Discovery ist ein Ableger des berühmten **Wachsfigurenkabinetts Madame Tussauds** (Karte S. 86; www.madametussauds.com; 4. Stock, Siam Discovery, Ecke Rama I & Th Phayathai; Erw./Kind 990/790 B; ⌚10–21 Uhr; S Siam Ausgang 1) untergebracht.

In der **Ancient City** (เมืองโบราณ, Muang Boran; www.ancientcitygroup.net/ancientsiam; 296/1 Th Sukhumvit, Samut Prakan; Erw./Kind 600/350 B; ⌚9–19 Uhr; S Bearing Ausgang 1) außerhalb der Stadt sind die berühmtesten Monumente Thailands unter freiem Himmel nachgebaut. Sie sind durch Radwege miteinander verbunden und laden förmlich dazu ein, erklommen zu werden.

Parks, Spielplätze & Zoos

Der Lumphini-Park (S. 84) ist in den kühleren Morgen- und Abendstunden ein perfekter Ort, um Drachen steigen zu lassen (Feb.–April), mit einem Schwanenboot zu fahren oder Fische zu füttern. Ganz in der Nähe können Kinder dabei zuschauen, wie aus giftigen Schlangen nicht ganz freiwillig Altruisten werden, denn im Queen Saovabha Memorial Institute (S. 84), das auch einfach nur Snake Farm genannt wird, werden Gegengifte gegen Schlangenbisse gewonnen.

Der **Dusit-Zoo** (สวนสัตว์ดุสิต/เขาดิน; Karte S. 102; www.dusitzoo.org; Th Ratchawithi; Erw./Kind 150/70 B; ⌚8–18 Uhr; ⛴ Tha Thewet, S Phaya Thai Ausgang 3 & Taxi) besitzt schattige Anlagen, einen See mit Paddelbooten, die man mieten kann, und einen Kinderspielplatz.

Für die Kleinen ist es ein großer Spaß am **Tha Thewet** (Karte S. 102) gemeinsam mit Novizen und thailändischen Kindern Fische zu füttern (das Futter wird am Pier verkauft).

Thai-Küche ist für viele Traveller in Bangkok mittlerweile zu einem festen Bestandteil, für manche sogar zum Highlight ihrer gesamten Reise geworden.

★ Amita Thai Cooking Class KOCHEN
(Karte S. 102; ☎02 466 8966; www.amitathaicooking.com; 162/17 Soi 14, Th Wutthakat, Thonburi; Kurse 3000 B; ⌚Do–Di 9.30–13 Uhr; ⛴ Klorng-Boot ab Maharaj Pier) Die Kochschule gehört zu den charmantesten der Stadt und ist in einem am Kanal gelegenen Haus in Thonburi untergebracht. Die Kurse unter Leitung des engagierten Piyawadi „Tam" Jantrupon beinhalten einen Abstecher in den Garten und die Zubereitung von vier Gerichten. Im Preis inbegriffen ist auch die Anfahrt inklusive Bootsfahrt ab dem Maharaj Pier.

★ Cooking with Poo & Friends KOCHEN
(☎080 434 8686; www.cookingwithpoo.com; Kurse 1500 B; ⌚Kurse 8.30–13 Uhr; 👪) Die beliebte Kochschule wurde von einer Bewohnerin der Khlong-Toey-Slums gegründet und wird in ihrem Viertel abgehalten. Die Kurse müssen im Voraus gebucht werden und beinhalten die Zubereitung von drei Gerichten, einen Besuch auf dem Khlong Toey Market und die Fahrt zum und vom Emporium Shopping Centre.

Silom Thai Cooking School KOCHEN
(Karte S. 94; ☎084 726 5669; www.bangkokthaicooking.com; 68 Soi 13, Th Silom; Kurs ab 900 B; ⌚9–12.20, 13.40–17 & 18–21 Uhr; S Chong Nonsi Ausgang 3) Die beiden Räumlichkeiten der Kochschule sind zwar schlicht, aber charmant. Bei manchen Kursen besucht man einen Markt und erlernt die Zubereitung von sechs Gerichten. Nirgendwo bekommt man mehr für seine Baht. Wer im Zentrum Bangkoks wohnt, wird auf Wunsch in seinem Hotel abgeholt.

Issaya Cooking Studio KOCHEN
(Karte S. 86; ☎02 160 5636; www.issayastudio.com; Eatthai, Ebene LG, Central Embassy, 1031 Th Phloen Chit; Kurs 2000–3000 B; ⌚11–14, 15–18 &

Zu den empfehlenswerten Erlebniszentren, die auf Kinder ausgerichtet sind, gehören das **Fun-arium** (Karte S. 90; ☎ 02 665 6555; www.funarium.co.th; 111/1 Soi 26, Th Sukhumvit; 110–330 B; ⌚ Mo–Do 9–18, Fr–So bis 19 Uhr; 👪; Ⓢ Phrom Phong Ausgang 1 & Taxi), das größte seiner Art in Bangkoks Innenstadt, sowie das eindrucksvolle **KidZania** (Karte S. 86; ☎ 02 683 1888; www.bangkok.kidzania.com; 5. Stock, Siam Paragon, 991/1 Rama I; Erw. 425–500 B, Kind 425–1000 B; ⌚ Mo–Fr 10–17, Sa & So 10.30–20 Uhr; Ⓢ Siam Ausgänge 3 & 5). **Siam Park City** (☎ 02 919 7200; www.siamparkcity.com; 203 Th Suansiam; Erw./Kind 30/25 US$; ⌚ 10–18 Uhr; Ⓜ Chatuchak Park Ausgang 2 & Taxi, Ⓢ Mo Chit Ausgang 1 & Taxi) und **Dream World** (☎ 02 577 8666; www.dreamworld.co.th; 62 Mu 1, Th Rangsit-Nakornnayok, Pathum Thani; ab 1200 B; ⌚ Mo–Fr 10–17, Sa & So bis 19 Uhr; Ⓜ Chatuchak Park Ausgang 2 & Taxi, Ⓢ Mo Chit Ausgang 1 & Taxi) sind zwei gigantische Vergnügungsparks im Norden der Stadt.

Spaß an Regentagen

Wer Bangkok in der Regenzeit besucht (etwa Juni–Okt.), sollte ein paar Optionen mit Dach über dem Kopf in der Hinterhand haben.

Im MBK Center (S. 119) und im **Siam Paragon** (Karte S. 86; www.siamparagon.co.th; 991/1 Rama I; ⌚ 10–22 Uhr; Ⓢ Siam Ausgänge 3 & 5) gibt es Bowlingbahnen, mit denen man auch ältere Kinder recht gut bei Laune halten kann. Letzteres hat auch ein IMAX-Kino und das **Sea Life Ocean World** (Karte S. 86; www.sealifebangkok.com; UG, Siam Paragon, 991/1 Rama I; Erw./Kind ab 490/350 B; ⌚ 10–21 Uhr; Ⓢ Siam Ausgänge 3 & 5), einem Aquarium im Untergeschoss . An ganz besonders heißen Tagen kann man sich auf der Eisbahn des **Central-World** (Karte S. 86; www.centralworld.co.th; Th Ratchadamri; ⌚ 10–22 Uhr; Ⓢ Chit Lom Ausgang 9 zum Sky Walk, Siam Ausgang 6 zum Sky Walk) abkühlen. Die meisten Einkaufszentren haben auch kleine Vergnügungszentren mit Videospielen, kleinen Fahrgeschäften und Spielplätzen. Oft befinden sie sich in der Nähe von Food-Courts. Im **Gateway Ekamai** (Karte S. 90; www.gatewayekamai.com; 982/22 Th Sukhumvit; ⌚ 10–22 Uhr; ❄; Ⓢ Ekkamai Ausgang 4) findet man eine Spielhalle und einen Ableger von **Stanley MiniVenture** (Karte S. 90; www.stanleyminiventure.com; 1. Stock, Gateway Ekamai, 982/22 Th Sukhumvit; Erw./Kind 500/400 B; ⌚ 10–20 Uhr), einer Miniaturstadt im Stil einer Modelleisenbahn.

18–20 Uhr; Ⓢ Phloen Chit Ausgang 5) In der Kochschule des aus Bangkok stammenden Starkochs Pongtawat „Ian" Chalermkittichai erhält man in den Vormittagskursen die Anleitung für die Zubereitung von vier Gerichten, die auch in seinem angeschlossenen Restaurant **Issaya Siamese Club** (Karte S. 90; ☎ 02 672 9040; www.issaya.com; 4 Soi Sri Aksorn; Hauptgerichte 150–600 B; ⌚ 11.30–14.30 & 18–22.30 Uhr; ❄ 🍷; Ⓜ Khlong Toei Ausgang 1 & Taxi) serviert werden. Bei den Kursen am Nachmittag und Abend liegt der Schwerpunkt eher auf Desserts und der Zubereitung von Mischgetränken. Im Kalender kann man nachschauen, welche Kurse anstehen. Es werden auch Spezial- und Privatkurse angeboten.

Chetawan Traditional Massage School GESUNDHEIT & WOHLBEFINDEN
(Karte S. 74; ☎ 02 622 3551; www.watpomassage.com; 392/32-33 Soi Phen Phat; Kurse ab 2500 B, Thai-Massage 420 B/Std.; ⌚ Kurse 9–16 Uhr, Massage 9–20 Uhr; ⛴ Tha Tien) Diese Einrichtung gehört zum nahe gelegenen Tempel gleichen Namens und bietet Grund- und Fortgeschrittenenkurse in traditioneller Massage an. Die Grundkurse bestehen aus 30 Stunden, die sich über 5 Tage erstrecken; der Schwerpunkt bildet entweder die allgemeine Massage oder die Fußmassage. Auch wer keinen Kurs belegt, kann einfach für eine Thai-Massage vorbeischauen. Die Schule befindet sich außerhalb des Tempelgeländes in einem renovierten Shophouse in der Soi Phen Phat.

Geführte Touren

Bangkok ist eine extrem große Stadt, die leicht einschüchternd wirken kann, und manche Besucher begrüßen es, wenn sie in Form einer geführten Tour an die Hand genommen werden. Aber selbst wenn man sich schon ganz gut alleine zurechtfindet, sind Thementouren mit privatem Guide oder Fahrradtouren eine tolle Möglichkeit, eine andere Seite der Stadt kennenzulernen.

Silom & Sathon

Bangkok Food Tours SPAZIEREN
(☎ 095 943 9222; www.bangkokfoodtours.com; Touren ab 1150 B) Im Angebot sind halbtägige kulinarische Touren durch Bangkoks ältere Stadtviertel.

Thai Private Tour Guide GEFÜHRTE TOUREN
(☎ 082 799 1099; www.thaitourguide.com; geführte Tour ab 2000 B) Stadtführungen mit Guides, die Unmengen an gutem Feedback erhalten.

Bootsfahrten auf dem Fluss & Kanal

Am günstigsten und einfachsten lassen sich die Attraktionen am Fluss mit den Pendlerbooten von **Chao Phraya Express Boat** (☎ 02 623 6001; www.chaophrayaexpressboat.com) erkunden. Die Endanlegestelle für die meisten Boote, die nach Norden fahren, ist der Tha Nonthaburi, für die Boote die nach Süden fahren ist es der Tha Sathon (auch Central Pier genannt), der sich in der Nähe der BTS-Station Saphan Taksin befindet (manche Boote fahren aber auch weiter nach Süden bis zum Wat Ratchasingkhon).

Einen persönlicheren Blick auf die Stadt erhält man bei einer Fahrt entlang der Kanäle mit einem gecharterten Longtail-Boot. Alternativ bucht man bei Pandan Tour (S. 80) eine private „Kleinboot"-Tagestour auf Bangkoks Kanälen. Eine nette Option sind auch die verschiedenen Dinner-Bootstouren, die allabendlich auf dem Mae Nam Chao Phraya angeboten werden.

Die Ruinen der ehemaligen königlichen Hauptstadt Ayuthaya erreicht man heute – schneller als zu Zeiten von Segelschiffen – von Bangkok aus im Rahmen einer Bootstour. Für gewöhnlich wird entweder der Hin- oder der Rückweg von bzw. nach Bangkok/Ayuthaya mit dem Boot zurückgelegt, der andere Teil mit dem Bus. Empfehlenswerte Anbieter sind u.a. **Asian Oasis** (Karte S. 86; ☎ 088 809 7047, 081 496 4516; www.asian-oasis.com; 7. Stock, Nai Lert Tower, 2/4 Th Witthayu/Wireless Rd; 2-Tages-Tour 7850–16 100 B; ⌚ Mo–Fr 9–17 Uhr; Ⓢ Phloen Chit Ausgang 1) und **Thanatharee** (Karte S. 102; ☎ 02 440 1979;

Silom & Sathon

Highlights
1 Lumphini-Park E1

Sehenswertes
2 M.R.-Kukrit-Pramoj-Haus C4
3 Queen Saovabha Memorial Institute C1

Aktivitäten, Kurse & Touren
4 Silom Thai Cooking School A3

Schlafen
5 kokotel A2
6 LUXX A2
7 Metropolitan by COMO E3
8 Mile Map Hostel A3
9 S1 Hostel F4
10 Siam Heritage C2
11 Silom Art Hostel A3
12 Smile Society B2
13 Sofitel So F2
14 Sukhothai Hotel E3
15 Urban House D2

Essen
16 Chennai Kitchen A3
17 Eat Me C3
18 Jay So C3
19 nahm E3
20 Soi 10 Food Centres B2
21 Sushi Tsukiji C2

Ausgehen & Nachtleben
22 DJ Station D2
23 Moon Bar E3
24 Namsaah Bottling Trust B3
Park Society .... (siehe 13)
25 Smalls D4
26 Telephone Pub C2
27 Vesper C2

Unterhaltung
28 Patpong C2

Shoppen
29 House of Chao A2
30 July D2

www.thanatharee.com; 21/8 Th Krung Thonburi; 2-Tages-Tour 11 900–16 200 B; S Wongwian Yai Ausgang 1).

Radtouren

Manch einer wird sich fragen, warum man sich in der notorischen Staustadt Bangkok mit ihrem saunaähnlichen Klima aufs Fahrrad schwingen sollte. Auf diese Weise kann man jedoch eine völlig neue Seite der Stadt kennenlernen, die für den vierrädrigen Verkehr buchstäblich unerreichbar ist. Mehrere Veranstalter bieten regelmäßige, sehr beliebte Touren ab 1000 B für einen halben Tag an.

Grasshopper Adventures RADFAHREN
(Karte S. 74; ☎ 02 280 0832; www.grasshopperadventures.com; 57 Th Ratchadamnoen Klang; halb-/ganztägige Touren ab 1350/2400 B; ⊙ 8.30–18.30 Uhr; Klorng-Boot bis Phanfa Leelard Pier) Dieser renommierte Anbieter veranstaltet verschiedene einzigartige Radtouren in und um Bangkok, darunter eine bei Nacht und einen Ausflug zu den historischen Gegenden der Stadt.

ABC Amazing Bangkok Cyclists RADFAHREN
(Karte S. 90; ☎ 081 812 9641; www.realasia.net; 10/5–7 Soi Aree, Soi 26, Th Sukhumvit; Touren ab 1300 B; ⊙ Touren tgl. 8, 10, 13 & 18 Uhr; ; S Phrom Phong, Ausgang 4) Der alteingesessene Veranstalter bietet morgendliche, nachmittägliche und ganztägige Radtouren in Bangkok und in den Vororten.

Co van Kessel Bangkok Tours RADFAHREN
(Karte S. 100; ☎02 639 7351; www.covankessel.com; EG, River City, 23 Th Yotha; Touren ab 950 B; ⏲6–19 Uhr; ⛴River City Pier) Dieser Anbieter unter ursprünglich niederländischer Leitung veranstaltet verschiedene Touren in Chinatown, Thonburi und in den Grünanlagen der Stadt, die oft auch eine Bootsfahrt beinhalten. Ausgangspunkt ist jeweils das Büro des Veranstalters im Einkaufszentrum River City.

Feste & Events

Viele thailändische Feiertage richten sich nach dem Mondkalender (ein komplexes astrologisches System), sodass nach dem gregorianischen Kalender das Datum, an dem sie begangen werden, jedes Jahr ein anderes ist. Die genauen Termine erfährt man bei der Touristeninformation.

Chinesisches Neujahr KULTUR
(⏲Jan. oder Feb.) Thai-Chinesen feiern den Beginn des neuen Mondjahrs eine Woche lang mit Hausputz, Löwentänzen und Feuerwerk. Die meisten Feierlichkeiten finden in Chinatown statt. Die Termine sind jedes Jahr unterschiedlich.

Songkran KULTUR
(⏲Mitte April) Die Feierlichkeiten um das Neujahrsfest sind zu einer Wasserschlacht geworden, bei der alle Teilnehmer (ob gewollt oder nicht) mit Hochleistungswasserpistolen und Wasserbomben beschossen werden. Die heftigsten Gefechte finden auf der Th Silom und der Th Khao San statt.

ZIMMER MIT AUSSICHT

Arun Residence Reizende Zimmer unmittelbar gegenüber dem Wat Arun.

Millennium Hilton (S. 99) Hoch aufragendes Hotel am Ufer mit einem der besten Blicke aufs Wasser in Bangkok.

Bangkok Tree House (Karte S. 102; ☎082 995 1150; www.bangkoktreehouse.com/cozy-nests.html; nahe dem Wat Bang Na Nork, Phrapradaeng; Bungalow inkl. Frühstück 6000–10 000 B; ❄@📶≋; Ⓢ Bang Na Ausgang 2 & Taxi) In Bangkoks „grüner Lunge“ kann man aus den erhöht liegenden Bungalows den Blick ins Grüne und auf den Fluss genießen.

Sofitel So (S. 101) Aus den Zimmern blickt man über die städtische Oase des Lumphini-Park.

Vegetarierfest ESSEN & TRINKEN
(⏲Sept. oder Okt.) Bei diesem zehntägigen chinesisch-buddhistischen Fest mit gelb beflaggten Straßenständen werden fleischlose Köstlichkeiten angeboten. Die meisten Stände findet man in Chinatown. Die Termine variieren.

Loi Krathong KULTUR
(⏲Anfang Nov.) Ein wunderschönes Vollmondfest, bei dem nachts kleine Boote aus Bananenblättern auf dem Mae Nam Chao Phraya schwimmen. Sie haben die Form von Lotusblüten und werden mit Kerzen erleuchtet.

Geburtstag des Königs Bhumibol/Vatertag KULTUR
(⏲5. Dez.) Der Geburtstag des vorherigen Monarchen wird von den Einheimischen mit Paraden und Feuerwerk gefeiert.

Schlafen

Wem beim Gedanken an das typische Bangkoker Hotel unweigerlich der Film *Hangover 2* in den Sinn kommt, sei beruhigt: In der Stadt gibt es jede Menge moderne Hostels, Pensionen und Hotels. Zudem bieten die meisten Unterkünfte in Bangkok ein hervorragendes Preis-Leistungs-Verhältnis, und der Wettbewerb ist so stark, dass man fast immer saftige Rabatte absahnen kann. Es gibt außerdem eine so große Anzahl an Übernachtungsoptionen, dass man, abgesehen von den kleineren Boutiquehotels, meist nicht im Voraus buchen muss.

Ko Ratanakosin & Thonburi

Wer sich für ein Hotel in Ko Ratanakosin oder Thonburi entscheidet, findet den Großteil der berühmtesten Sehenswürdigkeiten von Bangkok direkt vor der Tür.

Royal Tha Tien Village HOTEL $$
(Karte S. 74; ☎095 151 5545; www.facebook.com/theroyalthatienvillage; 392/29 Soi Phen Phat; Zi. 1200 B; ❄@📶; ⛴Tien Pier) Die zwölf Zimmer verteilen sich auf zwei umgebaute Shophouses und sind recht unauffällig, überzeugen jedoch mit TV, Kühlschrank, Klimaanlage, viel Platz, glänzendem Parkettboden und gemütlich-heimeliger Atmosphäre. Wegen der großen Beliebtheit empfiehlt es sich, früh zu buchen.

★ **Inn a Day** HOTEL $$$
(Karte S. 74; ☎02 221 0577; www.innaday.com; 57-61 Th Maha Rat; inkl. Frühstück Zi. 3500–4200 B,

Suite 7500–9000 B; ❄@📶; ⛴Tha Tien) Das Inn A Day beeindruckt mit coolem Retro-Industrie-Design (das Hotel ist in einer ehemaligen Zuckerfabrik untergebracht) und seiner Lage (es überblickt den Fluss und den Wat Arun). Die elf Zimmer sind nicht gerade groß, haben jedoch originelle Extras wie Duschkabinen hinter durchsichtigen Neonlichtscheiben. Die zweistöckigen Suiten im Obergeschoss verfügen über riesige freistehende Badewannen mit Löwenfüßen.

★ Arun Residence HOTEL $$$
(Karte S. 74; ☎02 221 9158; www.arunresidence.com; 36–38 Soi Pratu Nokyung; Zi. inkl. Frühstück 3500–4200, Suite/Villa inkl. Frühstück 5800/12000 B; ❄@📶; ⛴Tien Pier) Das mehrstöckige Holzhaus in toller Flusslage direkt gegenüber vom Wat Arun hat sehr viel mehr zu bieten als nur hübsche Ausblicke. Die sieben Zimmer sind sowohl gemütlich als auch stilvoll. Die beste Wahl sind die Suiten im Obergeschoss mit Balkonen. Zu den einladenden Gemeinschaftsbereichen gehören eine Bibliothek, eine Dachbar und ein Restaurant. Reservierung erforderlich.

Banglamphu & Umgebung

Obwohl Banglamphu immer noch die höchste Dichte an Budgetunterkünften der Stadt hat, ist hier mittlerweile fast das gesamte Spektrum an Unterkünften vertreten. Schon alleine die große Auswahl an Essens-, Ausgeh- und Shoppingoptionen lohnt den Aufenthalt, allerdings ist Banglamphu auch etwas isoliert vom Rest der Stadt.

Suneta Hostel Khaosan HOSTEL $
(Karte S. 74; ☎02 629 0150; www.sunetahostel.com; 209-211 Th Kraisi; inkl. Frühstück B 470–570 B, Zi. 1180 B; ❄@📶; ⛴Tha Phra Athit/Banglamphu) Diese herausragende Unterkunft bietet eine angenehme, unprätentiöse Atmosphäre, ein einzigartiges Retro-Design (manche Schlafsäle erinnern an Schlafwagenabteile), eine Lage direkt abseits der Hauptstraße und freundlichen Service.

Vivit Hostel HOSTEL $
(Karte S. 74; ☎02 224 5888; www.vivithostel.com; 510 Th Tanao; B/Zi. inkl. Frühstück 475/965 B; ❄📶; ⛴Klorng-Boot bis Tha Phanfa Leelard) Blümchenvorhänge, eingerahmte Blumenportraits und Standuhren verleihen diesem Hostel ein etwas verstaubtes Flair, obwohl das Vivit erst 2017 eröffnet wurde. Nichtsdestotrotz bieten die (etwas fade eingerichteten) Schlafsäle ein hervorragendes Preis-Leistungs-Verhältnis.

★ Lamphu Treehouse HOTEL $$
(Karte S. 74; ☎02 282 0991; www.lamphutreehotel.com; 155 Wanchat Bridge, abseits der Th Prachathipatai; inkl. Frühstück Zi. 1650–2500 B, Suite 3500–4500 B; ❄@📶🏊; ⛴Klorng-Boot bis Tha Phanfa Leelard) Trotz des Namens steht dieses hübsche Mittelklassehotel mit exzellentem Preis-Leistungs-Verhältnis fest auf dem Boden. Die Zimmer mit Holzverkleidung sind attraktiv, einladend und gut gepflegt. Ein Sonnendeck auf dem Dach, ein Pool, ein Internetcafé, ein Restaurant und die ruhige Lage am Kanal sorgen dafür, dass Gäste gar nicht mehr abreisen wollen. Dank des Erweiterungsbaus ein paar Blocks entfernt erhöhen sich die Chancen auf eine erfolgreiche Reservierung.

Baan Dinso HOSTEL $$
(Karte S. 74; ☎02 621 2808; www.baandinso.com; 113 Trok Sin; Zi. inkl. Frühstück 900–2500 B; ❄@📶; ⛴Klorng-Boot bis Tha Phanfa Leelard) Die alte Holzvilla ist vielleicht nicht das beste Schnäppchen in Bangkok, aber als Unterkunft mit nostalgischer Atmosphäre und charakteristischem Flair ist sie fast unschlagbar. Von den zehn kleinen, aber makellosen Zimmern haben nur fünf ein eigenes Bad. Es gibt auch funktionale und einladende Gemeinschaftsbereiche.

Old Capital Bike Inn HOTEL $$$
(Karte S. 74; ☎02 629 1787; www.oldcapitalbkk.com; 609 Th Phra Sumen; Zi. inkl. Frühstück 3200–7800 B; ❄@📶; ⛴Klorng-Boot bis Tha Phanfa Leelard) Das alte Shophouse ist der Inbegriff eines Hotels für Hochzeitsreisende. Es hat 10 Zimmer, die alle dekadent und luxuriös ausgestattet sind. Sie punkten außerdem mit kräftigen Farben und schweren Holzmöbeln. Wie der Name schon vermuten lässt, zieht sich das Fahrradthema durch die gesamte Unterkunft und Räder können kostenlos gemietet werden.

Praya Palazzo HOTEL $$$
(Karte S. 74; ☎02 883 2998; www.prayapalazzo.com; 757/1 Somdej Prapinklao Soi 2; inkl. Frühstück Zi. 6900–8900 B, Suite 11900–18900 B; ❄📶🏊; ⛴hoteleigenes Shuttleboot ab Tha Phra Athit/Banglamphu) Nachdem sie fast 30 Jahre vor sich hin geschlummert hatte, wurde diese am Fluss gelegene elegante Villa aus dem 19. Jh. als attraktives Boutiquehotel wiedergeboren. Die 17 Zimmer sind ein bisschen klein und nicht von jedem hat man freien Blick auf den Fluss, aber die sorgfältige Renovierung, die hübsche Möblierung mit

Antiquitäten und die idyllische Atmosphäre machen das Praya Palazzo zu einem Boutiquehotel mit echt kolonialem Charme.

Chinatown & Phahurat

In Chinatown finden sich einige gute Budget- und Mittelklasseunterkünfte. Außerdem ist der nächste Stand mit hervorragendem Straßenessen nie weit weg und auch die Nähe zum Hauptbahnhof ist ein nettes Extra. Nachteile sind der Lärm, die Verschmutzung und die relativ weite Entfernung zu öffentlichen Verkehrsmitteln und zum „neuen" Bangkok.

Wanderlust HOSTEL $

(Karte S. 100; ☎083 046 8647; www.facebook.com/onederlust; 149-151 Rama IV; B 450 B, Zi. 1300–1800 B; Ⓜ Hua Lamphong Ausgang 1) In diesem neuen Hostel herrscht ein fast klinisches Industrie-Flair vor. Die Schlafsäle haben zwischen vier und acht Betten, und die privaten Zimmer bieten nicht gerade viel Platz; die günstigeren Optionen teilen sich Gemeinschaftsbäder. Im Erdgeschoss gibt's ein superschickes Café mit Restaurant. Das Wanderlust bietet vielleicht nicht das beste Preis-Leistungs-Verhältnis in Chinatown, dafür hat es ziemlich sicher den größten Image-Faktor der Gegend.

★ **Loy La Long** HOTEL $$

(Karte S. 100; ☎02 639 1390; www.loylalong.com; 1620/2 Th Songwat; Zi. inkl. Frühstück 2700–4900 B; Ratchawong Pier, Ⓜ Hua Lamphong, Ausgang 1 & Taxi) Die sechs Zimmer in dem 100 Jahre alten Holzhaus sind rustikal, retro und charmant, punkten jedoch nicht nur mit Charakter, sondern auch mit einer einzigartigen versteckten, erhöhten Lage über dem Mae Nam Chao Phraya und ihrem fast geheimnisvollen Flair.

Das einzige Problem liegt darin, das Hotel zu finden. Dafür läuft man zur Th Songwat und über den **Wat Patumkongka Rachaworawiharn** (วัดปทุมคงคาราชวรวิหาร; Karte S. 100; abseits der Th Songwat; bei Tageslicht; Marine Department Pier, Ⓜ Hua Lamphong Ausgang 1 & Taxi) GRATIS zum Fluss.

Shanghai Mansion HOTEL $$$

(Karte S. 100; ☎022212121; www.shanghaimansion.com; 479–481 Th Yaowarat; Zi./Suite inkl. Frühstück 2500–4500/4500 B; Ratchawong Pier, Ⓜ Hua Lamphong, Ausgang 1 & Taxi) Das preisgekrönte Boutiquehotel ist die mit Abstand stilvollste Unterkunft in Chinatown, wenn nicht sogar in ganz Bangkok. Es erinnert mit dem Buntglas, den zahllosen Lampen, den kräftigen Farben und seinem ironischen Chinatown-Kitsch unweigerlich ans Shanghai um das Jahr 1935. Wer bereit ist, etwas mehr auszugeben, wählt eines der größeren Zimmer zur Straße hin mit hohen Fenstern, die viel Licht hineinlassen.

Ufergebiet

Glur Bangkok HOSTEL $

(Karte S. 100; ☎02 630 5595; www.glurbangkok.com; 45 Soi 50, Th Charoen Krung; inkl. Frühstück B 285–720 B, Zi. 1300–1600 B; Tha Sathon/Central Pier, Ⓢ Saphan Taksin Ausgang 1) Das schmale Shophouse beherbergt drei hübsche, gemütliche Schlafsäle mit je acht Betten. Viel Platz gibt es nicht, das Glur macht mit seinen unterhaltsamen, funktionellen Gemeinschaftsbereichen (dazu gehört ein Café im Erdgeschoss) jedoch das Beste daraus.

Swan Hotel HOTEL $$

(Karte S. 100; ☎02 235 9271; www.swanhotelbkk.com; 31 Soi 36/Rue de Brest, Th Charoen Krung; Zi. inkl. Frühstück 1200–2000 B; Tha Oriental) Die Möblierung aus den 1960er-Jahren lässt dieses klassische Bangkoker Hotel trotz Renovierung alt aussehen. Die Zimmer sind aber luftig und nahezu makellos, und das altmodische Ambiente verleiht dem Swan, besonders seinem Pool, ein witziges Flair.

Mandarin Oriental HOTEL $$$

(Karte S. 100; ☎02 659 9000; www.mandarinoriental.com; 48 Soi 40/Oriental, Th Charoen Krung; inkl. Frühstück Zi. 14 000–30 000 B, Suite 26 700–160 000 B; Tha Oriental oder hoteleigenes Shuttleboot ab Tha Sathon/Central Pier) Wer das echte Bangkok erleben möchte, sollte in diesem prächtigen alten Hotel am Fluss absteigen. Die meisten Zimmer liegen im modernen, kürzlich renovierten New Wing, authentischer sind jedoch der Garden Wing und der Author's Wing mit ihrem altmodischen Charme. Zum Hotel gehören auch eines der renommiertesten Spas der Gegend, ein legendäres Edelrestaurant und eine Kochschule.

Peninsula Hotel HOTEL $$$

(Karte S. 100; ☎02 861 2888; www.peninsula.com; 333 Th Charoen Nakhon; inkl. Frühstück Zi. 7500–8100 B, Suite 10 600–130 000 B; hoteleigenes Shuttleboot ab Tha Sathon/Central Pier) Auch nach 20 Jahren scheint das Peninsula noch immer alles bieten zu können: ausgezeichnete Lage (über dem Fluss thronend), perfekter Ruf (bei der Wahl der weltweit besten Luxushotels ist es stets vorne mit dabei) und eines der höchsten Serviceniveaus der Stadt. Wenn Geld keine Rolle spielt, mietet man sich am besten in den oberen Stockwerken ein. Hier liegt einem Bangkok im wahrsten Sinne des Wortes zu Füßen.

Millennium Hilton HOTEL $$$
(Karte S. 100; ☎ 02 442 2000; www.bangkok.hilton.com; 123 Th Charoen Nakhon; inkl. Frühstück Zi. 4000–5900 B, Suite 6500–7000 B; ❄@📶🏊; ⛴ hoteleigenes Shuttleboot ab Tha Sathon/Central Pier) Schon wenn man die imposante Lobby betritt, erkennt man, dass dies wohl Bangkoks jüngstes und modernstes Hotel am Flussufer ist. Die Zimmer – alle mit großen Fenstern und Flusspanorama – sind dementsprechend mit flippigen Möbeln und Fotos mit landestypischen Motiven ausgestattet. Der gläserne Aufzug und der künstliche Strand sind nur zwei der coolen Extras.

Lumphini-Park & Rama IV

ETZzz Hostel HOSTEL $
(Karte S. 102; ☎ 02 286 9424; www.etzhostel.com; 5/3 Soi Ngam Du Phli; B 180–350 B, Zi. 750–900 B; ❄@📶; Ⓜ Lumphini Ausgang 1) In dem schmalen Shophouse in praktischer Lage nahe der MRT gibt es Schlafsäle mit vier bis zwölf Betten und zwei private Zimmer (mit eigenem Bad). Alle sind nach einem Farbschema, das auf den Grundfarben basiert, gestaltet.

Urban House HOTEL $$
(Karte S. 94; ☎ 081 492 7778; www.urbanh.com; 35/13 Soi Yommarat; inkl. Frühstück Zi. 800–2300 B, Suite 1580 B; ❄📶; Ⓜ Si Lom Ausgang 2, Ⓢ Sala Daeng Ausgang 4) Das Shophouse mit seinen sechs Zimmern ist eher unauffällig, aber gerade das macht auch seinen Charme aus. Die Zimmer sind dezent gehalten, komfortabel und relativ geräumig. Dank des Gastgebers und der ruhigen Wohngegend ist die Atmosphäre des Hotels ruhig und heimelig.

LUXX XL HOTEL $$
(Karte S. 102; ☎ 02 684 1111; www.staywithluxx.com; 82/8 Th Lang Suan; inkl. Frühstück Zi. 1500–2400 B, Suite 3700–7700 B; ❄@📶🏊; Ⓢ Ratchadamri Ausgang 2) Das moderne LUXX XL verströmt einen flippen minimalistischen Charme, der auch nach London oder New

FLUGHAFENHOTELS

Die meisten Bangkok-Besucher müssen sich zum Glück keine Gedanken um das leidige Thema Flughafenhotels machen, da Taxis nicht nur allgegenwärtig, sondern auch noch billig sind. Zudem ist der Verkehr nachts und am frühen Morgen nicht sehr dicht, sodass man schnell am Ziel ankommt. Wer sich aber dennoch Sorgen wegen eines extrem frühen Abflugs oder einer sehr späten Ankunft macht, kann ruhigen Gewissens in einem der folgenden Hotels nächtigen:

Novotel Suvarnabhumi Airport Hotel (☎ 02 131 1111; www.novotelairportbkk.com; Suvarnabhumi International Airport; inkl. Frühstück Zi. 4500–7300 B, Suite 9500–10 400 B; ❄@📶; Ⓢ Phra Khanong Ausgang 3 & Taxi, 🚆 Suvarnabhumi Airport & hoteleigener Shuttlebus) Über 600 Luxuszimmer direkt auf dem Gelände des Flughafens Suvarnabhumi.

The Cottage (☎ 02 727 5858; www.thecottagebangkokairport.com; 888/8 Th Lad Krabang; Zi. inkl. Frühstück 880–1379 B; ❄@📶🏊; Ⓢ Phra Khanong Ausgang 3 & Taxi, 🚆 Suvarnabhumi Airport & hoteleigener Shuttlebus) Dieses solide Mittelklassehotel mit Flughafenshuttle liegt in der Nähe des Suvarnabhumi-Flughafengeländes und in fußläufiger Entfernung zu Essens- und Einkaufsmöglichkeiten.

Sleep Box (☎ 02 535 7555; Terminal 2, Don Mueang International Airport; Zi. 1800 B; ❄📶) Endlich gibt's eine Alternative zum unbequemen Schlummern auf den Flughafenstühlen des Don Mueang International Airport. Die Zimmer sind vielleicht nichts für Menschen mit Platzangst, dafür bekommt man ein eigenes Bad, Wasser, WLAN und sogar Essensgutscheine. Kurzaufenthalte sind auch möglich (1000 B für 3 Std.). Wer nur duschen möchte, bezahlt 300 B.

Amari Airport Hotel (☎ 02 566 1020; www.amari.com/donmuang; 333 Th Choet Wutthakat; Zi. 1845–2205 B, Suite 2205–3105 B; ❄@📶🏊; Ⓜ Chatuchak Park Ausgang 2 & Taxi, Ⓢ Mo Chit Ausgang 3 & Taxi) Hotel mit internationalem Standard direkt gegenüber vom Don Mueang International Airport.

Ufergebiet

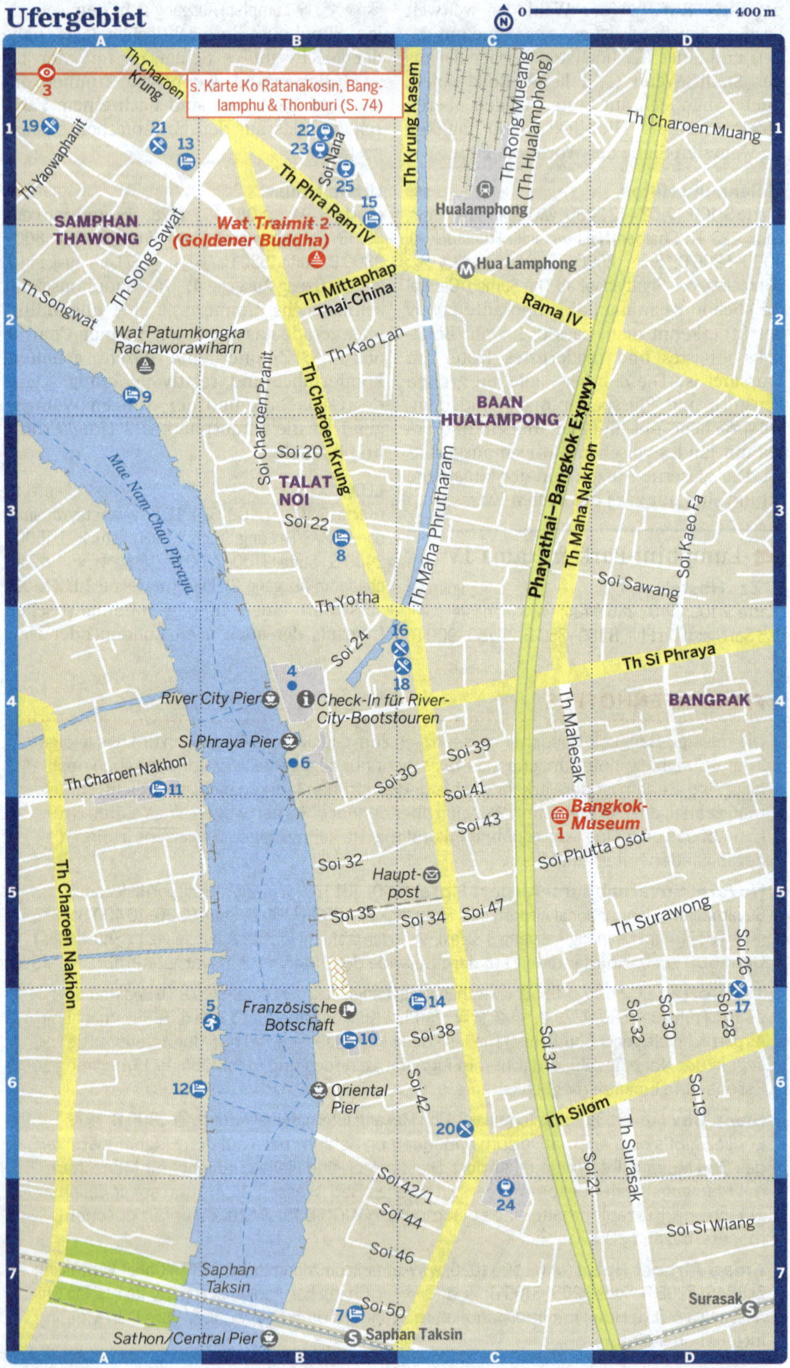

0
400 m
s. Karte Ko Ratanakosin, Banglamphu & Thonburi (S. 74)
Th Charoen Krung
Th Yaowaphanit
SAMPHAN THAWONG
Th Song Sawat
Th Songwat
Wat Traimit (Goldener Buddha)
Th Phra Ram IV
Soi Nana
Th Krung Kasem
Th Rong Muang (Th Hualamphong)
Hualamphong
Hua Lamphong
Th Charoen Muang
Rama IV
Th Mittaphap Thai-China
Th Kao Lan
Wat Patumkongka Rachaworawiharn
BAAN HUALAMPONG
Phayathai–Bangkok Expwy
Th Maha Nakhon
Mae Nam Chao Phraya
Soi Charoen Pranit
Soi 20
TALAT NOI
Soi 22
Th Maha Phrutharam
Soi Kaeo Fa
Soi Sawang
Th Yotha
Soi 24
Th Si Phraya
River City Pier
Check-In für River-City-Bootstouren
BANGRAK
Si Phraya Pier
Th Charoen Nakhon
Soi 39
Soi 30
Soi 41
Th Mahesak
Bangkok-Museum
Soi 43
Soi Phutta Osot
Soi 32
Haupt-post
Soi 35
Soi 34
Soi 47
Th Surawong
Soi 26
Französische Botschaft
Soi 38
Soi 34
Soi 32
Soi 30
Soi 28
Oriental Pier
Soi 42
Soi 19
Th Silom
Th Surasak
Soi 21
Soi 42/1
Soi 44
Soi 46
Soi Si Wiang
Saphan Taksin
Soi 50
Surasak
Sathon/Central Pier
Saphan Taksin

Ufergebiet

Highlights

1 Bangkok-Museum ...C5
2 Wat Traimit (Goldener Buddha) ...B2

Sehenswertes

Phra-Buddha-Maha-Suwanna Patimakorn-Ausstellung ...(siehe 2)
3 Talat Mai ...A1
Yaowarat Chinatown Heritage Center ...(siehe 2)

Aktivitäten, Kurse & Touren

Chao Phraya Princess ...(siehe 4)
4 Chaophraya Cruise ...B4
Co van Kessel Bangkok Tours ...(siehe 4)
Grand Pearl ...(siehe 4)
5 Oriental Spa ...B6
Supanniga Cruise ...(siehe 4)
6 Wan Fah ...B4
White Orchid ...(siehe 4)

Schlafen

7 Glur Bangkok ...B7
8 Loftel 22 ...B3
9 Loy La Long ...A2
10 Mandarin Oriental ...B6
11 Millennium Hilton ...A4
12 Peninsula Hotel ...A6
13 Shanghai Mansion ...A1
14 Swan Hotel ...C6
15 Wanderlust ...B1

Essen

16 80/20 ...C4
17 Bonita Cafe & Social Club ...D6
18 Little Market ...C4
19 Mangkorn Khăo ...A1
20 Muslim Restaurant ...C6
21 Seafood-Stände an der Thanon Phadungdao ...A1

Ausgehen & Nachtleben

22 Ba Hao ...B1
23 Pijiu Bar ...B1
24 Sky Bar ...C7
25 Tep Bar ...B1

York passen würde. Durch die deckenhohen Fenster kommt viel Sonnenlicht herein, die Suiten bieten zusätzlich eine Kochnische, und alle Zimmer sind mit entsprechend schicken Möbeln eingerichtet. An der Th Decho, abseits der Th Silom, gibt es einen weiteren, etwas billigeren (und kleineren) Ableger, das **LUXX** (Karte S. 94; ☎02 635 8844; 6/11 Th Decho; Zi. 1060–1445 B, Suite 1570 B; ❄@📶; Ⓢ Chong Nongsi Ausgang 3).

Sukhothai Hotel HOTEL $$$
(Karte S. 94; ☎02 344 8888; www.sukhothai.com; 13/3 Th Sathon Tai (Süd); inkl. Frühstück Zi. 4000–5200 B, Suite 6000–80 000 B; ❄@📶🏊; Ⓜ Lumphini Ausgang 2) Wie der Name vermuten lässt, findet man auf dem Gelände des Sukhothai Hotel – eine der stilvollsten Luxusoptionen Bangkoks – Ziegelstupas, Innenhöfe und alte Skulpturen, die für eine friedliche, fast tempelartige Atmosphäre sorgen. Im krassen Kontrast dazu stehen die Zimmer mit Hi-Tech-TV, Telefon und (teilweise) einer Hi-Tech-Toilette.

Sofitel So HOTEL $$$
(Karte S. 94; ☎02 624 0000; www.sofitel.com; 2 Th Sathon Neua (Nord); inkl. Frühstück Zi. 8100–9100 B, Suite 13 000–48 000 B; ❄@📶🏊; Ⓜ Lumphini Ausgang 2) In den letzten Jahren wurden in Bangkok eine Handvoll großer und trotzdem hipper Hotels bekannter Ketten eröffnet – das Sofitel So ist eines davon. Man hat hier einen tollen Blick auf den Lumphini-Park nebenan, von dem es sich auch bei der Gestaltung inspirieren ließ. Das Design orientiert sich an den vier Elementen, und es gibt keine zwei Zimmer, die völlig gleich sind, aber alle wirken groß, stilvoll, modern und jung.

Silom & Sathon

Mile Map Hostel HOSTEL $
(Karte S. 94; ☎02 635 1212; 36/4 Th Pan; B 250–285 B, Zi. 600–900 B; ❄@📶; Ⓢ Chong Nonsi Ausgang 3) Das Hostel orientiert sich zwar am Industrie-Design, versprüht aber dennoch ein einladendes, heimeliges und freundliches Flair. Die Schlafsäle mit zehn Betten bieten mit das beste Preis-Leistungs-Verhältnis der Stadt. Die privaten Zimmer sind in einem abgefahrenen, minimalistischen Stil eingerichtet, allerdings fehlt ihnen etwas Tageslicht.

★ **Smile Society** HOTEL $$
(Karte S. 94; ☎081 442 5800, 081 444 1596; www.smilesocietyhostel.com; 30/3–4 Soi 6, Th Silom; B inkl. Frühstück 450–600 B, Zi. inkl Frühstück 1100–2200 B; ❄@📶; Ⓜ Si Lom, Ausgang 2, Ⓢ Sala Daeng, Ausgang 1) Teils Boutiquehotel, teils Hostel: Das vierstöckige Shophouse bietet kleine, aber komfortable, gut ausgestattete Zimmer und Schlafsäle mit makellosen Gemeinschaftsbädern. Darüber hinaus überzeugt es mit seiner zentralen Lage, äußerst positiven Gästemeinungen und hilfsbereitem englischsprachigem Personal. Das Smile Society wird immer beliebter; ist es ausgebucht, ist der fast identische Anbau nebenan eine gute Alternative.

Großraum Bangkok

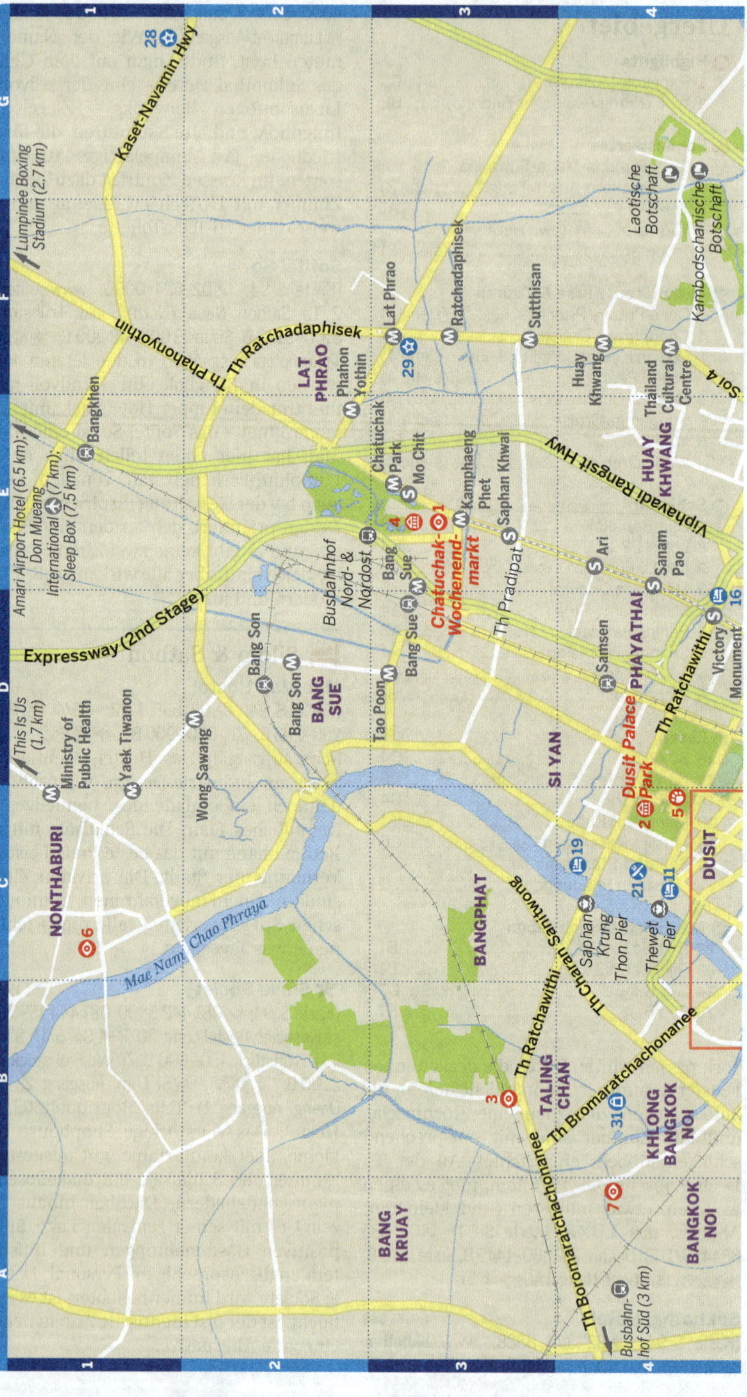

Siam Park City (10,5 km)
Suvarnabhumi International (15 km)
Ramkhamhaeng
The Cottage (12 km)
PHRA KHANONG
Bang Chak
Punnawithi
Udom Suk
Bang Na
On Nut
Soi 71
KHLONG TAN
Rama IV
Phra Khanong
BANGNA
Bearing (1,5 km)
Mae Nam Chao Phraya
Bang Kachao
PORT
KHLONG TOEY
Th Sukhumvit
Th Phetchaburi
Phra Ram 9
Rama IX
Makkasan (Bangkok City Air Terminal)
Tourism Authority of Thailand
s. Karte Sukhumvit (S. 90)
Makkasan
FRATUNAM
SIAM SQUARE
Phaya Thai
RATCHATHEWI
s. Karte Siam Square (S. 86)
Lumphini-Park
Lumphini
SATHON
Th Silom
s. Karte Silom & Sathon (S. 94)
Th Naradhiwas Rajanagarindra (Chong Nonsi)
TROK CHAN
Hualamphong
Hua Lamphong
s. Karte Ufergebiet (S. 100)
THANON TOK
Rama III
RATBURANA
Th Suksawat
Chalerm Mahanakhon Expwy
Rama II
BANGLAMPHU
CHINATOWN
s. Karte Ko Ratanakosin, Banglamphu & Thonburi (S. 74)
KHLONG SAN
Krung Thonburi
Th Lat Ya
Wongwian Yai
Th Charoen Nakhon
Th Taksin
Pho Nimit
Talat Phlu
Wutthakat
KHLONG BANGKOK YAI
THONBURI
Bangkok Noi (Thonburi)
KHLONG MON
KHLONG BANG LUANG
Th Phetkasem
Bang Wa
Phuttamonthon 1
DAO KHANONG
Th Ratchaphruk
14
17
18
15
25
13
12
20
22
24
23
27
26
30
10
9
8
A
B
C
D
E
F
G
5
6
7
8

Großraum Bangkok

★ kokotel HOTEL $$
(Karte S. 94; ☎02 235 7555; www.kokotel.com; 181/1-5 Th Surawong; Zi. 1400–3400 B; ❄@📶; S Chong Nonsi Ausgang 3) Die vielleicht familienfreundlichste Unterkunft der Stadt bietet große, sonnige Zimmer mit weichen Betten, einem großen Spielbereich für Kinder und einem Café (mit Rutsche) im Erdgeschoss. Auch das Preis-Leistungs-Verhältnis stimmt.

★ Siam Heritage HOTEL $$$
(Karte S. 94; ☎02 353 6101; www.thesiamheritage.com; 115/1 Th Surawong; Zi./Suite inkl. Frühstück 3500–3800/5000–6500 B; ❄@📶🏊; M Si Lom, Ausgang 2, S Sala Daeng, Ausgang 1) Etwas abseits der viel befahrenen Th Surawong versteckt sich dieses Hotel mit heimeligem thailändischen Charme – vermutlich, weil die Besitzer im selben Gebäude wohnen. Die 73 Zimmer mit Seidenstoffen und dunklem Holz sind stilvoll gestaltet und haben durchdachte Annehmlichkeiten. Auf dem Dach befindet sich ein einladender Bereich mit Garten, Pool und Spa, und alles wird von einem Team aus professionellen und charmanten Angestellten in Schuss gehalten. Sehr zu empfehlen!

★ Metropolitan by COMO HOTEL $$$
(Karte S. 94; ☎02 625 3333; www.comohotels.com; 27 Th Sathon Tai (Süd); inkl. Frühstück Zi. 3500–5300 B, Suite 6200–27 000 B; ❄@📶🏊; M Lumphini Ausgang 2) Die Fassade des ehemaligen YMCA hat sich kaum verändert, ein Blick ins Innere verrät aber, dass es sich um eines der schicksten und coolsten Hotels in Bangkok handelt. Die 171 Zimmer sind in auffälligem Schwarz-Weiß-Gelb gehalten. Es muss aber erwähnt werden, dass die „City"-Zimmer etwas eng sind, wohingegen die zweistöckigen Penthouse-Suiten wie kleine Wohnungen wirken.

Siam Square & Pratunam

Boxpackers Hostel HOSTEL $
(Karte S. 86; ☎02 656 2828; www.boxpackershostel.com; 39/3 Soi 15, Th Phetchaburi; inkl. Frühstück B 390–570 B, Zi. 1360–2000 B; ❄📶; S Ratchathewi Ausgang 1 & Taxi) Das moderne, schlichte Hostel hat in seinen Schlafsälen für vier bis zwölf Personen Etagenbetten stehen, einige davon sind auch Doppelbetten. Zu den gemütlichen Gemeinschaftsbereichen zählen im Erdgeschoss ein Café und ein Loungebereich mit Billardtisch. Das angeschlossene Hotel bietet 14 kleine, aber ähnlich ansprechende private Zimmer.

★ Siam@Siam HOTEL $$$
(Karte S. 86; ☎02 217 3000; www.siamatsiam.com; 865 Rama I; Zi. inkl. Frühstück 4500–7800 B; ❄@📶🏊; S National Stadium Ausgang 1) Mit einer scheinbar zufälligen Mischung aus Industriedesign und bunten, recycelten Materialien in der Lobby kann man den Stil hier am besten als „Schrottplatz-Chic" beschreiben – im positiven Sinne natürlich.

In den Zimmern, die sich über den 14. bis 24. Stock erstrecken, wird dieses Thema größtenteils wieder aufgegriffen. Zudem bieten sie einen tollen Ausblick auf die Stadt. Das Hotel glänzt des Weiteren mit einem Dachterrassen-Restaurant sowie einem Pool im 11. Stock. Seit der kürzlich durchgeführten Renovierung erstrahlt es glanzvoller denn je.

Hansar HOTEL **$$$**
(Karte S. 86; 02 209 1234; www.hansarbangkok.com; 3 Soi Mahadlekluang 2; Suite inkl. Frühstück 5800–24 000 B; ; S Ratchadamri Ausgang 4) Das Hansar punktet mit Stil und gutem Preis-Leistungs-Verhältnis. Alle 94 Zimmer sind hübsch mit riesigen Bädern und großen Schreibtischen ausgestattet. Das Top-Angebot sind jedoch die kleinsten (und billigsten) Wohnstudios mit Kochnische, Waschmaschine, freistehender Badewanne, Gratis-WLAN und (in fast allen Fällen) mit Balkon.

Sukhumvit

FU House Hostel HOSTEL **$**
(Karte S. 90; 098 654 5505; www.facebook.com/fuhouseghostel; 77 Soi 8, Th Sukhumvit; B/Zi. inkl. Frühstück 500/1650 B; ; S Nana, Ausgang 4) Wer nach einer ruhigen, kleineren Unterkunft sucht, ist in dieser zweistöckigen Holzvilla in einem Wohngebiet richtig. Zur Auswahl stehen hübsche Etagenbetten in zwei geräumigen Schlafsälen, die Privatsphäre gewährleisten, sowie Zimmer mit eigenen Bädern.

★ **Tints of Blue** HOTEL **$$**
(Karte S. 90; 099 289 7744; www.tintsofblue.com; 47 Soi 27, Th Sukhumvit; Zi. inkl. Frühstück 1800–2000 B; ; M Sukhumvit Ausgang 2, S Asok Ausgang 6) Die Lage des Hotels in einer grünen, ruhigen Straße spiegelt sich in den Zimmern wieder, denn sie versprühen ein Gefühl von Abgeschiedenheit, Wärme und Gemütlichkeit. Mit Küchenzeile, viel natürlichem Licht, jeder Menge Platz und Balkon sind sie mit ihrem Preis ein echtes Schnäppchen.

S31 HOTEL **$$**
(Karte S. 90; 02 260 1111; www.s31hotel.com; 545 Soi 31, Th Sukhumvit; inkl. Frühstück Zi. 3700 B, Suite 4200–25 000 B; ; S Phrom Phong Ausgang 5) Die plakativen Muster und Grafiken sowohl innen als auch außen machen das S31 zu einer angenehmen, erfrischenden Wahl. Durch kleine, aber feine Details wie Küchennischen mit großen Kühlschränken, hypergroßen Betten und kostenlosen Kursen (Thai-Boxen, Yoga) beweist das Hotel, dass hinter dem ganzen Style auch etwas steckt. Online kann man saftige Rabatte absahnen. In der Soi 15 und Soi 33 finden sich zwei weitere Ableger.

Beat Hotel HOTEL **$$**
(Karte S. 102; 02 178 0077; www.beathotelbangkok.com; 69/1 Th Sukhumvit; Zi. inkl. Frühstück 2000–2500 B; ; S Phra Khanong Ausgang 3) Das Hotel mit Kunstdekor versprüht bereits in der Lobby dynamisch-jugendliches Flair, das sich in den 54 Zimmern fortsetzt. Manche schmückt farbenfrohe bodenhohe Kunst, andere sind in nur einer kräftigen Farbe gehalten. Die riesigen Deluxe-Quartiere sind ihren Preis wert.

S-Box HOTEL **$$**
(Karte S. 90; 02 262 0991; www.sboxhotel.com; 4 Soi 31, Th Sukhumvit; Zi. inkl. Frühstück 1100–2200 B; ; S Phrom Phong, Ausgang 5) Der Name passt: Die Zimmer sind tatsächlich nicht groß, dafür jedoch hübsch, modern und mit stilvollen Möbeln sowie praktischen Annehmlichkeiten ausgestattet. Die Günstigsten ähneln kleinen, recht dunklen Kabinen, die teureren haben Fenster, die vom Boden bis zur Decke reichen.

★ **Ariyasom Villa** HOTEL **$$$**
(Karte S. 90; 02 254 8880; www.ariyasom.com; 65 Soi 1, Th Sukhumvit; Zi. inkl. Frühstück 6900–10 500 B; ; S Phloen Chit, Ausgang 3) Hinter einer Wand aus tropischem Grün am Ende der Soi 1 versteckt sich diese wunderschön renovierte Villa aus den 1940er-Jahren – eines der am schlechtesten gehüteten Geheimnisse von Bangkoks Unterkunftsszene. Die 24 Zimmer sind geräumig und sorgfältig mit durchdachten thailändischen Designelementen und wunderschönen alten Möbeln ausgestattet, zudem gibt es einen

DIE VERSINKENDE STADT

Bangkok ist sehr tief gelegen: Weite Teile der Stadt befinden sich nur etwa 1,5 m über dem Meeresspiegel und Bangkok sinkt jedes Jahr um weitere 2 cm ab. Einige Wissenschaftler rechnen damit, dass es angesichts des steigenden Meeresspiegels in der Stadt innerhalb der nächsten 15 Jahre zu ersten Überschwemmungen kommen dürfte.

DIE BESTEN HOTELS IN BANGKOK

Wer mit knappem Budget reist, der findet in Bangkok eine Vielzahl an Übernachtungsoptionen, von Hi-Tech-Schlafsälen mit Kojen-Betten in brandneuen Hostels bis hin zu modernen Etagenbetten in einem Shophouse in Chinatown. (Und wer sich etwas mehr Privatsphäre wünscht, der bekommt in fast allen Bangkoker Hostels auch private Zimmer.)

Lub*d (Karte S. 86; 02 612 4999; www.siamsquare.lubd.com; Rama I; B 550 B, Zi. 1900–2500 B; ; S National Stadium Ausgang 1) Der Name ist ein Wortspiel mit dem thailändischen *làp dee*, was „schlaf gut" bedeutet. Angesichts der angenehmen Atmosphäre wird man allerdings versucht sein, die ganze Nacht durchzumachen. Es gibt einen einladenden Gemeinschaftsbereich mit Spielen und einer Bar sowie durchdachte Extras von Waschmaschinen bis hin zu einem Theaterraum.

Chern (Karte S. 74; 02 621 1133; www.chernbangkok.com; 17 Soi Ratchasak; B 400 B, Zi. 1400–1900 B; ; Klorng-Boot bis Tha Phanfa Leelard) Die weiten, offenen Räume und das leuchtende Weiß dieses Hostels wirken fast schon surreal.

Niras Bangkoc (Karte S. 74; 02 221 4442; www.nirasbankoc.com; 204-206 Th Mahachai; B 450–500 B, Zi. 1300–1500 B; ; Klorng-Boot bis Tha Phanfa Leelard) Das Niras hat die Vorzüge seiner Lage in einem alten Shophouse perfekt ausgenutzt und ein bezauberndes, altmodisches Flair geschaffen. Die Schlafsäle mit vier und sechs Betten sind mit dunklem Holz und alten Möbeln eingerichtet. Das Personal ist freundlich, im Erdgeschoss gibt's ein gemütliches Café und das Hostel liegt in einer wunderbar stimmungsvollen Ecke der Stadt.

Silom Art Hostel (Karte S. 94; 02 635 8070; www.silomarthostel.com; 198/19-22 Soi 14, Th Silom; B 300–350 B, Zi. 1300–1500 B; ; S Chong Nonsi Ausgang 3) Das künstlerisch angehauchte, skurrile, freundliche und unterhaltsame Silom Art Hostel kombiniert recycelte Materialien, unkonventionelle Möbel und bunte Gemälde wie sonst keine Einrichtung in der Stadt. Trotzdem dreht sich nicht alles um Stil: Die Betten und Zimmer sind funktional und komfortabel, und es gibt ansprechende Gemeinschaftsbereiche.

Loftel 22 (Karte S. 100; www.loftel22bangkok.com; 952 Soi 22, Th Charoen Krung; B 250–300 B, Zi. mit Gemeinschaftsbad 850–1300 B; ; Tha Marine Department, M Hua Lamphong

Spa und einen einladenden tropischen Pool. Man sollte unbedingt weit im Voraus reservieren!

Das Frühstück in der Villa ist vegetarisch und wird im atemberaubenden Speisesaal mit den großen Fenstern serviert.

Cabochon Hotel BOUTIQUEHOTEL $$$

(Karte S. 90; 02 259 2871/3; www.cabochonhotel.com; 14/29 Soi 45, Th Sukhumvit; inkl. Frühstück Zi. 4900–6500 B, Suite 7200–13 000 B; P ; S Phrom Phong Ausgang 3) Der Name Cabochon bedeutet übersetzt „poliertes Juwel" und das Hotel ist im rauen Bangkok tatsächlich so etwas wie ein Diamant. Die Zimmer sind nicht nur hell und schlicht, sondern auch mit raffinierten Kuriositäten wie antiken Telefonen, Schreibmaschinen, Schildpatt, Modellflugzeugen und altem Teegeschirr ausgestattet. Man kann sich die Zeit im Pool auf dem Dach vertreiben und einfach mal entspannen oder im gemütlichen thailändischen und laotischen Restaurant Thai Lao Yeh Leckereien im Imbissformat genießen.

Ratchathewi

HI Mid Bangkok HOSTEL $$

(Karte S. 102; 02 644 5744; www.midbangkok.com; 481/3 Th Ratchawithi; B 390 B, Zi. 1000–2400 B; ; S Victory Monument Ausgang 4) Moderne Elemente (Industrie-Design, glatter Beton) und ein Hauch des alten Bangkoks (immitierte alte Fliesen, Holzmöbel) machen den Reiz dieses einladenden Hostels aus. Die Schlafsäle sind gemütlich und haben saubere Gemeinschaftsbäder, während die privaten Zimmer lichtdurchflutet und geräumig, wenn auch etwas kahl sind (nur die größeren Deluxe-Zimmer haben TVs).

Bizotel HOTEL $$

(Karte S. 102; 02 245 2424; www.bizotelbkk.com; 104/40 Th Rang Nam; Zi. inkl. Frühstück 1900–2100 B; ; S Victory Monument Ausgang 4) Hübsch und hell und voller nützlicher Annehmlichkeiten: Wenn man sich die Zimmer hier so anschaut, könnte man glatt mei-

Ausgang 1) In zwei aneinander angrenzenden Shophouses sind hier stylishe, einladende Schlafsäle untergebracht. Der freundliche Service und die gute Lage in einer der stimmungsvollsten Ecken Chinatowns runden das Gesamtpaket ab.

NapPark Hostel (Karte S. 74; ☎ 02 282 2324; www.nappark.com; 5 Th Tani; B 440–600 B; ❄@📶; ⛴Tha Phra Athit/Banglamphu) Das beliebte Hostel hat Schlafsäle verschiedener Größe. Die kleinsten und teuersten von ihnen haben sechs Kojen-Betten, die alle mit Steckdosen, Mini-TVs, Leselampen und WLAN ausgestattet sind.

Chao Hostel (Karte S. 86; ☎ 02 217 3083; www.chaohostel.com; 8. Stock, 865 Rama I; inkl. Frühstück B 550 B, Zi. 1600–1800 B; ❄@📶; S National Stadium Ausgang 1) Hier wird moderner Minimalismus mit typischen Thai-Designelementen vermischt. Das Chao mit seinen großzügigen, offenen Räumen ist eines der kultiviertesten Hostels, das man in Bangkok finden kann.

Pause Hostel (Karte S. 90; ☎ 02 108 8855; www.onedaybkk.com; Oneday, 51 Soi 26, Th Sukhumvit; inkl. Frühstück B 450–600 B, Zi. 1300–1500 B; ❄@📶; S Phrom Phong Ausgang 4) Gleich neben einem Coworking-Space mit Café befindet sich dieses moderne, weltoffene Hostel. Die Schlafsäle haben vier bis acht Betten und sind in einem hübschen industriellen Design gehalten. Zudem gibt es gemütliche Gemeinschaftsbereiche mit viel Tageslicht.

S1 Hostel (Karte S. 94; ☎ 02 679 7777; www.facebook.com/s1hostelbangkok; 35/1–4 Soi Ngam Du Phli; B 330–380 B, Zi. 700–1300 B; ❄@📶; M Lumphini, Ausgang 1) Ein riesiges, neues Hostel mit Schlafsälen, die schlicht, aber hübsch in Grundfarben gehalten sind. Die vielen Einrichtungen (Waschküche, Küche, Dachgarten) und die praktische Lage in Gehweite zur MRT sorgen für ein gutes Preis-Leistungs-Verhältnis.

Bed Station Hostel (Karte S. 86; ☎ 02 019 5477; www.bedstationhostel.com; 486/149-150 Soi 16, Th Phetchaburi; inkl. Frühstück B 500–650 B, Zi. 1350–1550 B; ❄@📶; S Ratchathewi Ausgang 3) Die Schlafsäle in diesem modern anmutenden Hostel sind alle in einem schönen und schicken Industriedesign gehalten. Sie sind mit vier bis acht Betten ausgestattet und teilen sich saubere Waschräume und eine Waschküche.

nen, sie würden das Doppelte kosten. Ein weiterer Bonus sind die Lage in einer relativ ruhigen Ecke der Stadt sowie die hilfsbereiten und freundlichen Angestellten.

K Maison BOUTIQUEHOTEL $$

(Karte S. 102; ☎ 02 245 1953; www.kmaisonboutique.com; Soi Ruam Chit; inkl. Frühstück Zi. 2200–3500 B, Suite 6500 B; ❄📶; S Victory Monument Ausgang 4) Schon in der Lobby mit ihrem unschuldigen Weiß, den geschwungenen Marmorverzierungen und den blauen Akzenten wird man auf das vorbereitet, was einen in diesem neuen Boutiquehotel erwartet. Die 21 Zimmer sind im selben Stil gehalten und auf eine feine, ansprechende Weise bescheiden. Wer allerdings denkt, dass das alles mehr Schein als Sein ist, der sei beruhigt: K Maison ist gleichzeitig auch komfortabel und zweckmäßig.

Thewet & Dusit

Wer in Thewet und Dusit wohnt, wird mit guten Budgetunterkünften, einer dörflichen Atmosphäre am Fluss und der Nähe zu lohnenswerten Attraktionen belohnt.

Penpark Place HOTEL $

(Karte S. 74; ☎ 02 628 8896; www.penparkplace.com; 22 Soi 3, Th Samsen; Zi. 300–1700 B, Suite 2200 B; ❄@📶; ⛴Tha Thewet) Die frühere Fabrik wurde in ein preiswertes Budgethotel umgewandelt. Die Zimmer im Originalgebäude bieten kaum mehr als ein Bett und einen Ventilator, aber im neueren Anbau gibt's ein paar gut ausgestattete Apartmentzimmer und Suiten.

★ **Sam Sen Sam Place** PENSION $$

(Karte S. 74; ☎ 02 628 7067; https://samsensam.com; 48 Soi 3, Th Samsen; Zi. inkl. Frühstück 600–2400 B; ❄@📶; ⛴Tha Thewet) Die bunte, renovierte alte Villa zählt zu den gemütlichsten Unterkünften der Gegend, wenn nicht sogar der ganzen Stadt, und erntet viele begeisterte Kritiken für den freundlichen Service und die ruhige Lage. Die 18 Zimmer sind sehr gepflegt; die günstigsten haben Ventilatoren und teilen sich ein Bad.

★ Phra-Nakorn Norn-Len HOTEL $$
(Karte S. 74; ☎02 628 8188; www.phranakorn-nornlen.com; 46 Soi Thewet 1; Zi. inkl. Frühstück 2200–4200 B; ❄@📶; ⛴Thewet Pier) Das helle, fröhliche Hotel in einer abgeschlossenen Gartenanlage beschwört die Wohngegend aus Bangkoks vergangener Zeiten herauf und ist eine unterhaltsame und atmosphärische, wenn auch nicht gerade preisgünstige Unterkunft. Die 31 Zimmer sind ansprechend mit Antiquitäten und Wandbildern ausgestattet, TV haben sie allerdings nicht. Das machen die täglichen Aktivitäten, Massagen und zahllosen wundervollen Entspannungsmöglichkeiten jedoch wieder wett.

Baan Manusarn PENSION $$
(Karte S. 102; ☎02 281 2976; www.facebook.com/baanmanusarn; Th Krung Kasem; Zi. inkl. Frühstück 1400 B; ❄@📶; ⛴Tha Thewet) Nur wenige Schritte vom Tha Thewet entfernt liegt dieses einladende alte Shophouse mit vier Zimmern. Alle Quartiere sind geräumig und mit wunderschönen Holzfußböden ausgestattet. Die Hälfte von ihnen hat einen Balkon und die beiden Familienzimmer bieten am meisten Platz.

Loog Choob Homestay PENSION $$
(Karte S. 74; ☎085 328 2475; www.loogchoob.com; 463/5-8 Th Luk Luang; inkl. Frühstück Zi. 2100 B, Suite 3800–4400 B; ❄@📶; ⛴Tha Thewet, Ⓢ Phaya Thai Ausgang 3 & Taxi) Manch einer wird bei einer Unterkunft in einer ehemaligen Edelsteinfabrik außerhalb der Touristenzone eher skeptisch sein, die fünf Zimmer sind aber stylish und einladend und mit einer ganzen Reihe an durchdachten Aufmerksamkeiten versehen. Hier erwartet die Gäste außerdem ein freundlicher, herzlicher Service.

The Siam HOTEL $$$
(Karte S. 102; ☎02 206 6999; www.thesiamhotel.com; 3/2 Th Khao; inkl. Frühstück Zi. 16 100–22 400 B, Villa 26 300–37 000 B; ❄@📶🏊; ⛴Tha Thewet oder hoteleigenes Shuttleboot ab Tha Sathon/Central Pier) Das moderne Hotel am Flussufer ist eine Retrospektive in die 1930er-Jahre und mit Art-déco-Elementen, reichlich Marmor und wunderschönen Antiquitäten ausgestattet. Die Zimmer sind groß und gut gepflegt, während die Villen mit Dachterrassen und Tauchbecken noch eins draufsetzen. Das Siam ist aber nicht nur schön, sondern hat auch einiges an Aktivitäten zu bieten, etwa Unterricht im Thai-Boxen und ein eigenes Theater.

Essen

In Bangkok wird Thailands große Wertschätzung fürs Essen besonders offensichtlich. Für Außenstehende scheint das Leben hier nur aus einer Aneinanderreihung von Gerichten und Zwischenmahlzeiten zu bestehen, die ab und an von ein bisschen Arbeit unterbrochen wird (nicht andersherum!). Wer es schafft, sich an diesen Lebensstil anzupassen, wird einen unvergesslich leckeren Aufenthalt haben.

Ko Ratanakosin

Im Gegensatz zum Rest Bangkoks gibt es in Ko Ratanakosin nur wenige Restaurants und Essensstände, und die wenigen von ihnen tischen vorwiegend Thai-Küche auf. Es ist allerdings eine Überlegung wert, für internationalere Angebote nach Banglamphu zu fahren – es liegt nur eine kurze Taxifahrt entfernt.

Pa Aew THAI $
(Karte S. 74; Th Maha Rat; Hauptgerichte 20–60 B; 🕐Di–Sa 10–17 Uhr; ⛴Tha Tien) Auf Plastikstühlen genießt man hier leckere, Seafood-lastige Gerichte im Bangkoker Stil. Das Pa Aew ist zwar recht kahl und eigentlich nur eine Freiluft-Currybude, aber was das Essen anbelangt, gibt es in dieser Ecke der Stadt nichts Besseres.

Ein Schild mit lateinischer Schrift gibt es nicht. Einfach nach den Essenstabletts direkt vor der Krung Thai Bank nahe der Ecke mit der Soi Pratu Nokyung Ausschau halten.

★ Tonkin-Annam VIETNAMESISCH $$
(Karte S. 74; ☎093 469 2969; www.facebook.com/tonkinannam; 69 Soi Tha Tien; Hauptgerichte 140–300 B; 🕐Mi–Mo 10–22 Uhr; ❄; ⛴Tha Tien) Das retro-minimalistische Innere hier mag für Freunde der ethnischen Hipster-Küche ein rotes Tuch sein, das Tonkin-Annam serviert jedoch mit das beste vietnamesische Essen der Stadt. Im Angebot sind ein herrlich pikanter, gut gepfefferter Salat mit Bananenblüten, aber auch Gerichte, die man sonst nirgendwo findet wie etwa *bánh bèo* (gedünstetes Reismehl mit Schweinefleisch), eine von Hues Spezialitäten.

Banglamphu

Banglamphu ist berühmt für seine traditionelle mittelthailändische Küche, die in dieser Ecke der Stadt vorherrscht. Internationaler geht's in der Th Khao San zu, wo sich sowohl internationale Fast-Food-Ketten als auch ausländische und vegetarische Restaurants finden.

Somsong Phochana THAI $

(Karte S. 74; abseits der Th Lamphu; Hauptgerichte ab 30 B; 9.30–16 Uhr; Tha Phra Athit/Banglamphu) Das Somsong ist eine der wenigen Adressen der Stadt, die *gŏo·ay đĕe·o sù·kŏh·tai* (Nudeln im Sukhothai-Stil) auf der Speisekarte stehen hat. Dieses Gericht besteht aus gegrilltem Schweinefleisch und dünnen Reisnudeln, die in einer klaren Brühe mit einer Prise Zucker und mit gemahlenen Erdnüssen als Verzierung serviert werden; dazu gibt's geschnittene grüne Bohnen als Beilage. Ein Schild mit lateinischer Schrift existiert leider nicht. Das Somsong findet man am einfachsten, wenn man auf der Th Lamphu die erste Straße nach links geht (gegenüber der Watsungwej-Schule). Das Restaurant befindet sich auf der rechten Seite.

Karim Roti-Mataba THAI $

(Karte S. 74; 136 Th Phra Athit; Hauptgerichte 40–130 B; Di–So 9–22 Uhr; Tha Phra Athit/Banglamphu) Dieses klassische Bangkoker Speiselokal ist in den letzten Jahren zwar über seine Verhältnisse gewachsen, die thailändisch-muslimischen Gerichte wie Roti, *gaang mát·sà·màn* („muslimisches Curry"), pikantes Fisch-Curry und *má·đà·bà* (so etwas wie ein gefüllter Pfannkuchen) sind aber immer noch köstlich.

Der klimatisierte Essbereich oben und die paar Tische im Freien bieten selten genügend Platz für die vielen treuen Fans und neugierigen Traveller.

★ **Krua Apsorn** THAI $$

(Karte S. 74; www.kruaapsorn.com; Th Din So; Hauptgerichte 100–450 B; Mo–Sa 10.30–20 Uhr; ; Klorng-Boot bis Tha Phanfa Leelard) Der Speiseraum im Stil einer Cafeteria gehört zu den Lieblingsadressen der thailändischen Königsfamilie, und Restaurantkritiker lieben das Krua Apsorn ebenfalls. Die zentral- und südthailändischen Gerichte sind allesamt lecker, Stammkunden bevorzugen jedoch das dekadente Pfannengericht mit Krabben und gelbem Chili oder das Krabbenomelette, das an eine spanische Tortilla erinnert.

Es gibt außerdem eine weitere **Filiale** (Karte S. 102; 503-505 Th Samsen; Hauptgerichte 100–450 B; Mo–Fr 10.30–19.30 Uhr, Sa bis 18 Uhr; ; Tha Thewet) an der Th Samsen in Thewet und Dusit.

Shoshana ISRAELISCH $$

(Karte S. 74; 88 Th Chakraphatdi Phong; Hauptgerichte 80–320 B; 10–24 Uhr; ; Phra Athit/Banglamphu Pier) Das Shoshana zählt zu Khao Sans ältesten israelischen Restaurants und erinnert mit seinen kitschigen Wandgemälden und den Tischsets aus Plastik irgendwie an Omas Wohnzimmer. Man kann hier alles Frittierte bedenkenlos bestellen – darin sind die Köche bei Shoshana nämlich besonders gut, – und sollte dazu unbedingt den leckeren Knoblauch-Auberginen-Dip probieren.

★ **Jay Fai** THAI $$$

(Karte S. 74; 327 Th Mahachai; Hauptgerichte 180–1000 B; Mo–Sa 15–2 Uhr; Klorng-Boot bis Tha Phanfa Leelard) Trotz des kahlen Speiseraums ist das Jay Fai weit und breit für die teuersten *pàt kêe mow* Bangkoks bekannt: Diese „Trunkenbold-Nudeln" sind gebratene breite Reisnudeln mit Meeresfrüchten und thailändischen Kräutern. Der hohe Preis ist jedoch angesichts der reichlichen Meeresfrüchte und der besonderen Zubereitungsart, bei der das Endergebnis fast gänzlich ohne Bratfett serviert wird, gerechtfertigt.

Das Restaurant befindet sich in einem quasi unbeschilderten Shophouse direkt gegenüber einer 7-Eleven-Filiale.

Chinatown & Phahurat

Bei dem Wort Chinatown denken die meisten Einwohner Bangkoks sofort an leckeres Essen von der Straße und dabei besonders an die Seitenstraßen der Th Yaowarat.

Im westlichen Teil liegt Phahurat, Bangkoks indisches Viertel. Hier verstecken sich kleine indische und nepalesische Restaurants in der winzigen Soi abseits der Th Chakkaraphet.

Nay Hong STRASSENSNACKS $

(Karte S. 74; abseits der Th Yukol 2; Hauptgerichte 35–50 B; 16–22 Uhr; Tha Ratchawong, M Hua Lamphong Ausgang 1 & Taxi) Wer es schafft, dieses winzige Lokal ausfindig zu machen, wird mit einem der besten gebratenen Nudelgerichte in ganz Bangkok belohnt, dem *gŏo·ay đĕe·o kôo·a gài* (flache, in Knoblauchöl angebratene Reisnudeln mit Hühnchen und Ei). Es gibt keine Speisekarte auf Englisch.

Ein Schild mit lateinischer Schrift gibt es ebenfalls nicht. Hierher gelangt man, indem man von der Ecke der Th Suapa und der Th Luang in Richtung Norden geht und dann nach rechts in die erste Seitenstraße einbiegt. Das Nay Hong liegt schließlich am Ende des engen Gässchens.

80/20 INTERNATIONAL **$$**

(Karte S. 100; ☎02 639 1135; www.facebook.com/8020 Bkk; 1052-1054 Th Charoen Krung; Hauptgerichte ab 240 B; ⏲Mi–Mo 18–24 Uhr; ❄; ⛴Tha Ratchawong, Ⓜ Hua Lamphong Ausgang 1) Fusion-Küche ist es genau genommen nicht: Das 80/20 bedient sich vielmehr verschiedener thailändischer und westlicher Zutaten und Gerichte, vereint diese meisterhaft und schafft damit wirklich einzigartige Kreationen. Besonders die oft pikanten Desserts, über die ein japanischer Konditormeister wacht, sind einen Besuch wert. Das 80/20 ist ein Hauch Fortschritt im sonst so konservativen Chinatown.

Little Market AMERIKANISCH **$$**

(Karte S. 100; www.facebook.com/littlemarketbkk; 1056/7 Soi 28, Th Charoen Krung; Hauptgerichte 100–180 B; ⏲Di–So 10–22 Uhr; ⛴Tha Ratchawong, Ⓢ Hua Lamphong Ausgang 1) Die kleinen Slider-Sandwiches sind vielleicht unscheinbar, sie gehören aber zu den besten Burgern der Stadt. Nimmt man noch die knusprigen Tater Tots (eine Art Kroketten), das amerikanische Frühstück und das coole Retro-Flair mit klassischer Rockmusik hinzu, ist Little Market das vielleicht authentischste amerikanische Lokal in ganz Bangkok.

Seafood-Stände an der Thanon Phadungdao STRASSENSNACKS **$$**

(Karte S. 100; Ecke Th Phadungdao & Th Yaowarat; Hauptgerichte 100–600 B; ⏲Di–So 16–24 Uhr; ⛴Ratchawong Pier, Ⓜ Hua Lamphong, Ausgang 1 & Taxi) Nach Sonnenuntergang verwandeln sich die zwei einander gegenüber stehenden Imbisse – von denen jeder behauptet, das Original zu sein – in ein kulinarisches Gewimmel mit Grillanlagen, lautstark agierenden Verkäufern, Auslagen voller Meeresfrüchte auf Eis und mit chaotischen Sitzbereichen auf dem Fußweg. Die meisten Kunden sind zwar ausländische Touristen, aber das hat keinen Einfluss auf das heitere Ambiente, das unterhaltsame Erlebnis und die niedrige Rechnung.

DINNER-BOOTSFAHRTEN

Eine Dinner-Bootsfahrt auf dem Mae Nam Chao Phraya gilt als einzigartiges Bangkok-Erlebnis, und es bieten gleich mehrere Unternehmen solche Fahrten an. Dabei muss man sich allerdings auf eine recht kitschige Atmosphäre mit lautem Unterhaltungsprogramm auf riesigen, hell beleuchteten Booten gefasst machen, sodass man kaum noch mitbekommt, dass man auf dem Wasser ist. Das Essen, das typischerweise als Büfett serviert wird, reicht von mittelmäßig bis nicht erwähnenswert. Die besondere Atmosphäre, der Blick vom dunklen Fluss auf die beleuchteten Tempel und Wolkenkratzer am Flussufer und die kühle Brise, die die Hitze des Tages verdrängt, machen allerdings all das wieder wett.

Gute Anlaufstelle für alle Fragen rund um eine Dinner-Bootsfahrt ist das **Check-In-Zentrum für River-City-Bootstouren** (Karte S. 100; www.rivercity.co.th; EG, River City, 23 Th Yotha; ⏲10–22 Uhr; ⛴Tha Si Phraya/River City oder Shuttleboot ab Tha Sathon/Central Pier), wo Tickets für **Grand Pearl** (Karte S. 100; ☎02 861 0255; www.grandpearlcruise.com; Bootsfahrt 2000 B; ⏲Bootsfahrt 19.30–21.30 Uhr; ⛴Tha Si Phraya/River City), **Chaophraya Cruise** (Karte S. 100; ☎02 541 5599; www.chaophrayacruise.com; Bootsfahrt 1700 B; ⏲Bootsfahrt 19–21 Uhr), **Wan Fah** (Karte S. 100; ☎02 622 7657; www.wanfah.in.th; Bootsfahrt 1500 B; ⏲Bootsfahrt 19–21 Uhr), **Chao Phraya Princess** (Karte S. 100; ☎02 860 3700; www.thaicruise.com; Bootsfahrt 1500 B; ⏲Bootsfahrt 19–21.30 Uhr) und **White Orchid** (Karte S. 100; ☎02 438 8228; www.whiteorchidrivercruise.com; Bootsfahrt 1400 B; ⏲Bootsfahrt 19.20–21.45 Uhr) gekauft werden können. Alle Bootsfahrten legen am River City Pier ab. Auf der Webseite gibt's genauere Infos dazu, was gerade angeboten wird.

Eine Erfahrung der gehobeneren Art haben die Anbietet **Manohra Cruises** (Karte S. 102; ☎02 476 0022; www.manohracruises.com; Bootsfahrt 2300 B; ⛴hoteleigenes Shuttleboot ab Tha Sathon/Central Pier) und **Supanniga Cruise** (Karte S. 100; ☎02 714 7608; www.supannigacruise.com; Bootsfahrt 1250–3250 B; ⏲Bootsfahrt 16.45–17.45 & 18.15–20.30 Uhr; ⛴Tha Si Phraya/River City) im Programm. Die Atmosphäre ist hier persönlicher und auch das Essen ist besser als das, das bei den anderen Dinner-Bootsfahrten aufgetischt wird.

Lumphini-Park & Rama IV

★nahm THAI $$$

(Karte S. 94; ☎02 625 3388; www.comohotels.com; EG, Metropolitan Hotel, 27 Th Sathon Tai/South; Mittagsmenü 600–1600 B, Abendmenü 2500 B, Gerichte 310–800 B; ⌚Mo–Fr 12–14, tgl. 19–22.30 Uhr; ❄; M Lumphini, Ausgang 2) Der australische Chefkoch und Autor David Thompson steht hinter diesem Thai-Restaurant, das zu den besten Bangkoks – laut Kritikern sogar der Welt – zählt. Inspiriert von alten Kochbüchern, hat er vergessenen Gerichten mit exotischen Umschreibungen wie „geräuchertes Fischcurry mit Garnelen, Geflügelleber, Muscheln, Chili und schwarzem Pfeffer" neues Leben eingehaucht.

Silom & Sathon

Die Th Silom bietet von allem etwas. Das Angebot reicht von Thai-Küche alter Schule bis hin zu einigen der besten internationalen Luxusrestaurants der Stadt.

Jay So THAI $

(Karte S. 94; 146/1 Soi Phiphat 2; Hauptgerichte 45–80 B; ⌚Mo–Sa 10–16 Uhr; M Si Lom Ausgang 2, S Sala Daeng Ausgang 2) Das Jay So hat keine Speisekarte, aber Mörser, Stößel und ein riesiger Grill verraten, was hier Sache ist. Serviert werden ein teuflisch scharfer *sôm·đam* (grüner Papayasalat), ein überragender, mit Kräutern gefüllter Wels vom Grill und andere Spezialitäten aus dem Nordosten Thailands. Ein Schild mit lateinischer Schrift gibt es auch nicht, deshalb hält man am besten Ausschau nach der baufälligen, weißgrünen und mit Coca-Cola-Werbung dekorierten Bretterbude auf etwa halber Höhe der Soi Phiphat 2.

Muslim Restaurant THAI $

(Karte S. 100; 1354-6 Th Charoen Krung; Hauptgerichte 40–140 B; ⌚6.30–17.30 Uhr; ⛴ Tha Oriental, S Saphan Taksin Ausgang 1) Wer sich in eine beliebige hölzerne Sitzecke dieses alteingesessenen Lokals setzt, erhält einen Eindruck davon, wie Restaurants in Bangkok früher einmal waren. Weder die Speisekarte noch die Innenausstattung scheint sich in der 70-jährigen Geschichte des Restaurants groß verändert zu haben, und die Biryanis, Currys und Samosas sind heute wie damals eher indisch als thailändisch.

Sushi Tsukiji JAPANISCH $$

(Karte S. 94; 62/19-20 Th Thaniya; Sushi je Stück 60–700 B; ⌚11.30–14.30 & 17.30–22.30 Uhr; ❄; M Si Lom Ausgang 2, S Sala Daeng Ausgang 1) An der Th Thaniya gibt es unzählige japanische Lokale, das beste ist jedoch das Tsukiji, benannt nach dem berühmten Meeresfrüchtemarkt in Tokio. Ein Abendessen hier reißt ein gewaltiges Loch in die Brieftasche. Deshalb schaut man besser unter der Woche zum Mittagessen vorbei, wenn das Tsukiji reichhaltige Menüs für gerade einmal 300 B anbietet.

★Eat Me INTERNATIONAL $$$

(Karte S. 94; ☎02 238 0931; www.eatmerestaurant.com; Soi Phiphat 2; Hauptgerichte 300–1400 B; ⌚15–1 Uhr; ❄✎; M Si Lom, Ausgang 2, S Sala Daeng, Ausgang 2) Die Gerichte klingen etwas übertrieben und prätentiös – hier gibt es z. B. „Salat von geschmortem Chicorée und Mozzarella mit eingelegter Zitrone und Cecina-Rind"–, allerdings überzeugt das Essen geschmacklich auf ganzer Linie. Und das Eat Me gehört defintiv zu unseren Lieblingsrestaurants in Bangkok: Die lässig-elegante Atmosphäre, die exzellenten Cocktails, eine gute Weinkarte und mit die besten Desserts der ganzen Stadt sind nämlich weitere Pluspunkte.

DAS BESTE VEGETARISCHE ESSEN IN BANGKOK

Bonita Cafe & Social Club (Karte S. 100; www.bonitacafesocialclub.wordpress.com; 100 Soi 26, Th Silom; Hauptgerichte 100–300 B; ⌚Mi–Mo 9.30–21.30 Uhr; ❄📶✎; S Surasak Ausgang 3) Veganes Restaurant mit ausländischen Einflüssen.

Anotai (Karte S. 102; www.facebook.com/anotaigo; 976/17 Soi Rama 9 Hospital, Rama IX; Hauptgerichte 150–300 B; ⌚Do–Di 10–21 Uhr; ❄✎; M Phra Ram 9 Ausgang 3 & Taxi) Raffinierte fleischfreie Gerichte.

Saras (S. 112) Fast-Food nach südindischer Art.

Arawy Vegetarian Food (Karte S. 74; 152 Th Din So; Hauptgerichte ab 30 B; ⌚7–20 Uhr; ✎; ⛴ Klorng-Boot bis Tha Phanfa Leelard) Alteingesessenes vegetarisches Thai-Restaurant.

Chennai Kitchen (Karte S. 94; 107/4 Th Pan; Hauptgerichte 70–150 B; ⌚10–15 & 18–21.30 Uhr; ❄✎; S Surasak Ausgang 3) Südindische Hausmannskost.

Siam Square, Pratunam & Umgebung

Wer in diesem Teil des Stadtzentrums vom Hunger übermannt wird, der ist hauptsächlich auf die Food-Courts und Kettenrestaurants in den Einkaufszentren angewiesen. Das alles gehört aber auch zu Thailand, und wenn man es schafft, die sterile Atmosphäre auszublenden, ist das Essen ganz ordentlich.

Open House CAFÉ

(Karte S. 86; 02 119 7777; www.centralembassy.com/anchor/open-house; 6. Stock, Central Embassy, 1031 Th Phloen Chit; 10–22 Uhr; S Phloen Chit) Das Open House im noblen Einkaufszentrum Central Embassy ist eine schicke, lichtdurchflutete Multifunktionsfläche, die vom gleichen Team entworfen wurde, das auch für das Design der Hauptsitze von YouTube und Google in Tokio verantwortlich ist. Auf der offenen Fläche sind Restaurants, Galerien und eine Buchhandlung untergebracht. Es gibt außerdem einen luftigen Balkon zum Verweilen und einen tollen Panoramablick auf die geschäftige Th Sukhumvit. Hier kann man sich bei einem Iced Latte erholen und im schnellen WLAN surfen.

Gaa INTERNATIONAL $$$

(Karte S. 86; 091 419 2424; www.gaabkk.com; 68/4 Soi Langsuan; Tagesmenü 1800–2400 B; 18–21.30 Uhr; S Ratchadamri) In dem in knalligem Gelb und Pink gestrichenen Shophouse gegenüber dem **Gaggan** (Karte S. 86; 02 652 1700; www.eatatgaggan.com; 68/1 Th Langsuan; Tagesmenü 5000 B; 18–23 Uhr; S Ratchadamri Ausgang 2) befindet sich das Gaa. Hier kocht heute die einstige Souschefin des Gaggan, Garima Arora, die ihre Fertigkeiten im berühmten Noma in Kopenhagen verfeinert hat. Ihre Spezialität sind klassische indische und thailändische Gerichte, die durch moderne Kochtechniken aufgewertet und in kunstvollen Probiermenüs mit acht bis zwölf Gängen kredenzt werden. Reservierung dringend empfohlen.

Din Tai Fung CHINESISCH $$

(Karte S. 86; 7. Stock, CentralWorld, Th Ratchadamri; Hauptgerichte 65–350 B; 11–22 Uhr; S Chit Lom Ausgang 9 zum Sky Walk, Siam Ausgang 6 zum Sky Walk) Die vielgepriesene taiwanesische Kette lockt ihre Kundschaft vor allem mit *xiao long bao* (mit Brühe gefüllte Suppen-Teigtaschen) und das völlig zu Recht. Die anderen Gerichte nach nordchinesischer Art sind jedoch genauso lecker und lohnen einen Blick auf die hinteren Seiten der Speisekarte.

Sukhumvit

Auf dieser scheinbar endlos langen Straße mit der größten Auswahl an internationalen Restaurants der Stadt, kann man – für die Dauer des Essens – schon mal vergessen, dass man sich in Thailand befindet.

Gokfayuen CHINESISCH $

(Karte S. 90; www.facebook.com/wuntunmeen; 161/7 Soi Thong Lor 9; Hauptgerichte 70–140 B; 11–23.30 Uhr; S Thong Lo Ausgang 3 & Taxi) Das Gokfayuen hat sich alle Mühe gegeben, für Hongkong typische Gerichte hier in Bangkok neu aufzulegen. Zu den hausgemachten Nudeln aus Weizen und Ei passen gebratenes Schweinefleisch oder gedünstetes Gemüse mit Austernsauce ganz hervorragend. Auch der Milchtee à la Hongkong ist lecker.

Saras INDISCH $

(Karte S. 90; www.saras.co.th; Soi 20, Th Sukhumvit; Hauptgerichte 90–200 B; 9–22.30 Uhr; M Sukhumvit Ausgang 2, S Asok Ausgang 4) Der Slogan „Fast-Food-Schlaraffenland" mag vielleicht nicht die cleverste PR für ein Restaurant sein, aber es ist nun mal eine passende Beschreibung dieses indischen Lokals. Man bestellt an der Theke und erhält dann *dosai* (knuspriges südindisches Brot), fleischfreie regionale Tagesgerichte oder reichhaltige Currys (das Essen wird einem an den Tisch gebracht). Wenn Fast Food doch nur immer so befriedigend wäre.

★ **Soul Food Mahanakorn** THAI $$

(Karte S. 90; 02 714 7708; www.soulfoodmahanakorn.com; 56/10 Soi 55/Thong Lor, Th Sukhumvit; Hauptgerichte 140–290 B; 17.30–24 Uhr; S Thong Lo Ausgang 3) Das moderne Soul Food begeistert mit seiner Doppelnatur als einladendes Restaurant – auf der Karte finden sich Abwandlungen rustikaler thailändischer Gerichte – und als Bar mit leckeren, alkoholischen, thailändisch inspirierten Cocktails. Reservierung empfohlen.

★ **Sri Trat** THAI $$

(Karte S. 90; www.facebook.com/sritrat; 90 Soi 33, Th Sukhumvit; Hauptgerichte 180–450 B; Mi–Mo 12–23 Uhr; S Phrom Phong Ausgang 5) Die Spezialität dieses neuen Restaurants sind die einzigartigen Gerichte der beiden östlichen Provinzen Thailands, Trat und

Chanthaburi. Man sollte sich auf herzhafte, leicht süßliche und von Kräutern geprägte Aromen, frische Meeresfrüchte und Gerichte gefasst machen, die man in Bangkok sonst nirgends findet. Sehr empfehlenswert.

★ Jidori Cuisine Ken JAPANISCH $$

(Karte S. 90; ☎ 02 661 3457; www.facebook.com/jidoriken; abseits der Soi 26, Th Sukhumvit; Hauptgerichte 60–350 B; ⏲ Mo–Sa 17–24, So bis 22 Uhr; ❄; Ⓢ Phrom Phong Ausgang 4) Dieses gemütliche japanische Restaurant serviert leckere Tofugerichte, köstliche Salate und hervorragende Desserts. Im Grunde genommen ist hier alles überdurchschnittlich gut, das Highlight sind aber die rauchigen Hähnchenspieße mit perfekter Würze. Reservierung empfohlen.

Ausgehen & Nachtleben

Wer denkt, dass Bangkoks Nachleben nur aus Angeboten besteht, die das Wort „Gogo" beinhalten, der sollte sich schämen. Wie in jeder anderen internationalen Großstadt reicht die Ausgehszene Bangkoks von billig bis stilvoll und füllt auch das gesamte Spektrum dazwischen aus. Bereits 2001 begann die Thaksin-Regierung damit, Sperrstunden durchzusetzen und andere Ausschweifungen einzudämmen, für die Bangkoks Nachtleben bis dato berühmt-berüchtigt war. Nach Thaksins Amtsenthebung 2006 wurden diese Gesetze aber mehr und mehr umgangen oder nicht streng genug durchgesetzt. Seit dem Staatsstreich 2014 gibt es Anzeichen für eine Rückkehr der Ära von 2001. Seither werden Schließzeiten und Baugesetze strenger durchgeführt.

Ko Ratanakosin, Thonburi & Banglamphu

Die feucht-fröhliche Th Khao San ist eine der besten Adressen für eine lange Partynacht. Wem das eine Spur zu hektisch ist, der kann die (etwas) ruhigeren Ausgehoptionen entlang der Soi Ram Buttri und Th Samsen testen. In Ko Ratanakosin gibt's nur wenige Kneipen, dafür haben immer mehr Hotels am Ufer ihre eigenen Bars.

Roof BAR

(Karte S. 74; www.salaresorts.com/rattanakosin; 5. Stock, Sala Rattanakosin, 39 Th Maha Rat; ⏲ Mo–Do 17–24, Fr–So bis 1 Uhr; ⛴ Tha Tien) Die Freiluftbar auf dem Dach des Hotels Sala Rattanakosin hat die Messlatte für den perfekten Blick auf den Wat Arun bei Sonnenuntergang merklich höher gehängt – falls man bei all den fotografierenden Touristen überhaupt einen Blick auf den Tempel erhaschen kann. Früh kommen, um einen guten Platz zu ergattern.

Hippie de Bar BAR

(Karte S. 74; www.facebook.com/hippie.debar; 46 Th Khao San; ⏲ 15–2 Uhr; ⛴ Phra Athit/Banglamphu Pier) Hippie de Bar punktet mit ihrem witzigen Retro-Ambiente, den Sitzmöglichkeiten im Innen- und Außenbereich sowie der für Bangkok untypischen Indie- und Popmusik. Trotz der Lage an der Th Khao San gibt es hier überraschend wenige ausländische Gäste und man kommt recht schnell mit Einheimischen in Kontakt.

The Club CLUB

(Karte S. 74; www.facebook.com/theclubkhaosanbkk; 123 Th Khao San; Eintritt Fr & Sa 120 B; ⏲ 21–2 Uhr; ⛴ Phra Athit/Banglamphu Pier) Diese irgendwie höhlenartige Tanzhalle mitten auf der Th Khao San zieht eine ziemlich gute Mischung aus Einheimischen und Backpackern an. Die Facebook-Seite informiert über anstehende Veranstaltungen und die Gast-DJs.

Ku Bar BAR

(Karte S. 74; www.facebook.com/ku.bangkok; 3. Stock, 469 Th Phra Sumen; ⏲ Do–So 19–24 Uhr) Wer keine Lust auf Getränke in Eimern und Cocktails mit Red Bull hat, findet in der Ku Bar in fast jeglicher Hinsicht das genaue Gegenteil zur Partyszene von Khao San. Nach drei Etagen Treppenlaufen tritt man durch eine mit einem winzigen Schild gekennzeichnete Tür in einen fast schon befremdlich minimalistischen Raum. Dort werden raffinierte Frucht- und sonstige Cocktails mit z. B. Litschi, Tomaten oder Ananas mit roter Paprika serviert. Dazu gibt's düstere Musik, die das Untergrundflair noch verstärkt.

Chinatown & Phahurat

Dank einer Handvoll neuer, künstlerisch angehauchter Bars an der Soi Nana und entlang der Th Charoen Krung hat sich Chinatown endlich auch zu einer interessanten Gegend zum Ausgehen gemausert.

★ Tep Bar BAR

(Karte S. 100; www.facebook.com/tepbar; 69–71 Soi Nana; ⏲ Di–So 17–24 Uhr; Ⓜ Hua Lamphong, Ausgang 1) Eine solch niveauvolle und zugleich lässige Bar hätten wir in Chinatown nie erwartet! Das Tep punktet mit modernem Thai-Dekor, leckeren Hauscocktails, landestypischen Snacks und von Donnerstag bis Sonntag mit lauter thailändischer Livemusik.

Ba Hao BAR

(Karte S. 100; www.ba-hao.com; 8 Soi Nana; ⌚Di–So 18–24 Uhr; Tha Ratchawong, M Hua Lamphong Ausgang 1) Dieses renovierte Shophouse im retro-chinesischen Stil in der Soi Nana ist zwar nicht sonderlich originell, trinkbares Craft-Bier, kreative Cocktails und wirklich hervorragende, chinesisch angehauchte Barsnacks (unbedingt probieren sollte man die chinesischen Pfannkuchen mit geschmortem Schweinebauch und Spiegelei) machen das Ba Hao aber zu einer lohnenden Adresse.

Pijiu Bar BAR

(Karte S. 100; www.facebook.com/pijiubar; 16 Soi Nana; ⌚Di–So 17–24 Uhr; Tha Ratchawong, M Hua Lamphong Ausgang 1) In dieser neuen Bar, die sich anfühlt, als gäbe es sie schon immer, trifft der alte Westen auf das alte Shanghai. Hier dreht sich alles ums Bier („pijiu" ist das chinesische Wort für Bier) und es gibt jeweils vier wechselnde Craft-Biere vom Fass. Fast noch verlockender sind die Wurstplatten (300 B) mit einer Auswahl an geräucherten und konservierten Produkten der besten Anbieter in Chinatown.

Silom & Sathon

Auf den unteren Abschnitt der Silom konzentriert sich Bangkoks Schwulenszene. Insgesamt findet man in der Gegend jedoch auch viele unterhaltsame Bars und Tanzclubs für Gäste jeder Fasson.

★Smalls BAR

(Karte S. 94; www.facebook.com/smallsbkk; 186/3 Soi Suan Phlu; ⌚20.30 Uhr–open end; M Lumphini Ausgang 2 & Taxi) Obwohl es erst 2014 eröffnet wurde, könnte man meinen, das Smalls sei ein alteingesessener Platzhirsch. Gäste erwarten frech-dekadentes Dekor, ein einladender Bereich auf dem Dach, Themenabende mit Essen (Infos auf der Facebook-Seite) sowie Livejazz jeden Mittwoch. Die abwechslungsreichen Hauscocktails sind stark und süß, und die Barsnacks reichen von Rilletten bis hin zu Quesadillas.

DJ Station CLUB

(Karte S. 94; www.dj-station.com; 8/6-8 Soi 2, Th Silom; Eintritt ab 150 B; ⌚22–2 Uhr; M Si Lom Ausgang 2, S Sala Daeng Ausgang 1) Das DJ Station ist einer der legendärsten Schwulenclubs Bangkoks, ja sogar ganz Asiens. Das Publikum setzt sich zusammen aus thailändischen Geschäftsleuten, Strichjungen und ein paar Leuten aus dem Westen. In der Soi 2 gibt's zahlreiche Clubs dieser Art.

Vesper BAR

(Karte S. 94; www.vesperbar.co; 10/15 Th Convent; ⌚Mo–Fr 12–14.30 & 18–1, Sa 18–24, So 12–14.30 Uhr; M Si Lom Ausgang 2, S Sala Daeng Ausgang 2) Eines der neuesten Gesichter in der Ausgehszene Bangkoks ist dieses Restaurant mit Bar, das gefühlt schon seit Jahrzehnten besteht. Im Vesper gibt's vor allem Cocktails, darunter auch wiederbelebte Klassiker und Longdrinks, die zur Reifung sechs Wochen lang in weißen Eichenfässern gelagert werden.

Namsaah Bottling Trust BAR

(Karte S. 94; www.namsaah.com; 401 Soi 7, Th Silom; ⌚17–2 Uhr; M Si Lom, Ausgang 2, S Sala Daeng, Ausgang 2) Das Namsaah mag es unkonventionell. Von den Räumlichkeiten (eine ehemalige, in frechem Pink gestrichene Villa) über die Cocktails (variierte Klassiker) bis hin zu den Barsnacks und Gerichten (*pàt tai* mit *foie gras*) ist hier alles im positiven Sinne etwas anders.

Siam Square, Pratunam & Umgebung

Bangkoks zentralste Gegend hat gerade einmal eine Handvoll Bars im Angebot.

Hair of the Dog BAR

(Karte S. 86; www.hairofthedogbkk.com; 1. Stock, Mahathun Plaza, 888/26 Th Phloen Chit; ⌚17–24 Uhr; S Phloen Chit Ausgang 2) Die halb versteckt gelegene Bar ist Sinnbild für den Craft-Bier-Hype, der Bangkok in den letzten Jahren erfasst hat. Drinnen sieht es aus wie in einer Leichenhalle; es gibt Dutzende Flaschenbiere und 13 wechselnde Biere vom Fass – der perfekte Ort für einen skurrilen, bierseeligen Abend.

Sukhumvit

An der langen Straße sind die schicksten Bars und Clubs der Straße ansässig.

★WTF BAR

(Karte S. 90; www.wtfbangkok.com; 7 Soi 51, Th Sukhumvit; ⌚Di–So 18–1 Uhr; ; S Thong Lo, Ausgang 3) Das „Wonderful Thai Friendship" (was sollte es denn bitte sonst heißen?) ist eine originelle, freundliche Bar mit Galeriebereich. Kunstinteressierte Einheimische und ortsansässige Ausländer schätzen die altmodischen Cocktails, die Livemusik, die DJ-Events, die Dichterlesungen, die Ausstellungen und die leckeren Barsnacks. Wir stimmen den Betreibern zu: Das WTF ist die beste Bar Bangkoks!

★ Q&A Bar BAR

(Karte S. 90; www.qnabar.com; 235/13 Soi 21/Asoke, Th Sukhumvit; ⏲ Mo–Sa 19–2 Uhr) Man stelle sich einen modernen Speisewagen in den 1950er-Jahren oder eine Flughafenlounge vor und schon hat man so ungefähr eine Idee davon, wie es im Inneren des Q&A aussieht. Die Cocktailkarte ist zwar alles andere als klassisch, zur eleganten Atmosphäre passen aber der Dresscode und die guten Manieren, die angemahnt werden.

★ Studio Lam BAR, CLUB

(Karte S. 90; www.facebook.com/studiolambangkok; 3/1 Soi 51, Th Sukhumvit; ⏲ Di–So 18–1 Uhr; S Thong Lo Ausgang 3) Das Studio Lam gehört zu dem hippen Plattenlabel ZudRangMa. Das Soundsystem nach jamaikanischer Art wurde speziell für die hiesigen DJs angefertigt, die Weltmusik und retro-thailändische Rhythmen auflegen. Zudem finden gelegentlich Liveshows statt. Wer in Bangkok tanzen gehen möchte und keine Lust auf die aktuellen Charts hat, ist im Studio Lam genau richtig.

★ Tuba BAR

(Karte S. 90; www.facebook.com/tubabkk; 34 Room 11-12 A, Soi Thong Lor 20/Soi Ekamai 21; ⏲ 11–2 Uhr; S Ekkamai Ausgang 1 & Taxi) Teils Lagerraum für ausgefallene Antiquitäten, teils Restaurant, teils freundliche Nachbarschaftskneipe: In dieser unkonventionellen Bar wird es einem bestimmt nicht langweilig. Alkohol bestellt man am besten flaschenweise (trinkt man die Flasche nicht leer, wird sie vom Personal bis zum nächsten Besuch verwahrt) und gegen den Hunger helfen leckere Chicken Wings oder das hervorragende frittierte *lâhp* (säuerlich-würziger Hackfleischsalat).

Mikkeller BAR

(Karte S. 90; www.mikkellerbangkok.com; 26 Yaek 2, Soi Ekamai 10; ⏲ 17–24 Uhr; S Ekkamai Ausgang 1 & Taxi) Diese dänischen „Wander"-Brauer ernten ganz schön viel Aufmerksamkeit und haben sich nun in Bangkok niedergelassen. Im Angebot sind über 30 Biere vom Fass; dabei reicht die Auswahl von lokalen Gebräuen (Sukhumvit Brown Ale) bis hin zu völlig abgefahrenen Biersorten (Beer Geek, ein aus Hafer hergestelltes Starkbier mit 13 % Alkohol). Die Atmosphäre ist einladend und die Barsnacks sind auch nicht zu verachten.

Golden Coins Taproom KLEINBRAUEREI

(Karte S. 90; ☎ 082 675 9673; www.facebook.com/goldencoinstaproom; Ekamai Mall, Ekkamai Soi 10; ⏲ 17–24 Uhr; S Ekkamai) Aufgrund der in Thailand geltenden Gesetze für Craft-Bier musste die Kleinbrauerei von Golden Coins

BANGKOKS LGBT-SZENE

Bangkok ist bekannt für seine LGBT-freundliche Atmosphäre. Von sexy Wäscheläden für Männer, die an jeder Straßenecke aus dem Boden sprießen, bis hin zu Lesben-Treffen kann man als Angehöriger der LGBT-Community in Bangkok tagelang essen, shoppen und feiern, ohne sich auch nur einmal aus der toleranten Komfortzone herausbegeben zu müssen. Im Gegensatz zu anderen Ländern in Südostasien steht auf Homosexualität in Thailand keine Strafe und die generelle Haltung hier ist extrem offen.

Bangkok Lesbian (www.bangkoklesbian.com) ist die wichtigste Website der Stadt für alle Frauen, die Frauen lieben. BK (www.bk.asia-city.com) und Siam2nite (www.siam2nite.com) sind gute Informationsquellen für LGBT-Veranstaltungen in der Stadt. Die bekannten Pop-Parodisten Trasher (www.facebook.com/trasherbangkok) organisieren schwulenfreundliche Partys. Auf der Website kann man nachschauen, was während des eigenen Besuchs geboten wird.

Im DJ Station (S. 114), Asiens Schwulen-Club mit Kultstatus, sollte man unbedingt vorbeischauen. Weitere Highlights sind das **Telephone Pub** (Karte S. 94; www.telephonepub.com; 114/11-13 Soi 4, Th Silom; ⏲ 18–1 Uhr; 📶; M Si Lom Ausgang 2, S Sala Daeng Ausgang 1), eine alteingesessene Bar mitten im Schwulenviertel Bangkoks, und die bekannteste Dragshow der Stadt, das **Playhouse Magical Cabaret** (Karte S. 102; ☎ 02 024 5522; www.playhousethailand.com; 5 Th Ratchadapisek, Chompol Sub-District, Chatuchak; 960 B; ⏲ Vorstellungen 20 & 21.30 Uhr; S Lat Phrao Ausgang 1).

NICHT VERSÄUMEN

DACHTERRASSENBARS

In Bangkok scheint sich niemand daran zu stören, wenn auf dem Dach eines Wolkenkratzers eine Bar gebaut wird. Die Stadt ist heute der Inbegriff für schicke Dachterrassenbars, und rund um die Th Sathon und die Th Silom finden sich einige der besten von ihnen. Zu sehen gibt's dabei alles, vom Flussufer bis hin zur hypermodernen Stadtlandschaft. Man muss aber wissen, dass so gut wie alle Dachterrassenbars der Hotels in Bangkok eine strenge Kleiderordnung haben. Wer in Shorts und/oder Sandalen auftaucht, wird nicht reingelassen.

Moon Bar (Karte S. 94; www.banyantree.com; 61. Stock, Banyan Tree Hotel, 21/100 Th Sathon Tai (Süd); 17–1 Uhr; M Lumphini Ausgang 2) Eine beunruhigend niedrige Absperrung trennt die Gäste dieser Dachterrassenbar von den 61 Stockwerke tiefer liegenden Straßen Bangkoks. Die Moon Bar auf dem Banyan Tree Hotel ist nach eigenen Angaben eine der höchstgelegenen Freiluftbars der Welt. Außerdem hat man einen tollen Ausblick auf die Halbinsel Phrapradaeng, jenes riesige natürliche Areal, das auch als Bangkoks grüne Lunge bekannt ist.

Park Society (Karte S. 94; 29. Stock, Sofitel So, 2 Th Sathon Neua (Nord); 17–2 Uhr; M Lumphini Ausgang 2) Der Blick von hier oben aus dem 29. Stock schweift zuallererst hinunter auf die grüne Weite des Lumphini-Parks, die abrupt von hoch aufragenden Gebäuden zu fast allen Seiten begrenzt wird. Und da soll noch einer sagen, Bangkok erinnere nicht sofort an Manhattan. Leider erinnern auch die Getränkepreise im Park Society stark an New York City, jeden Monat gibt's aber einige Specials.

Sky Bar (Karte S. 100; www.lebua.com; 63. Stock, State Tower, 1055 Th Silom; 18–1 Uhr; Tha Sathon/Central Pier, S Saphan Taksin Ausgang 3) Über eine an Hollywood erinnernde Treppe geht es hinunter zu dieser Bar, die über die Stadt und den Mae Nam Chao Phraya hinausragt. Die Sky Bar ist eine klassische Bangkoker Dachterrassenbar und einige Szenen aus dem zweiten Teil von *Hangover* wurden sogar hier gedreht. Obwohl die Cocktails nicht gerade günstig sind und die fotografierenden Massen nerven können, ist die Aussicht einfach atemberaubend.

ihre Außenstelle in Chinatown (Let the Boy Die) leider schließen und sich mit Brauereien in Vietnam zusammentun, um die Biere zu brauen, die nun in Ekkamai ausgeschenkt werden. Es stehen sechs Sorten zur Auswahl, darunter ein dessertähnliches Starkbier und ein nicht zu hopfiges IPA, das perfekt zum Barbecueangebot im amerikanischen Stil passt.

Walden BAR
(Karte S. 90; 7/1 Soi 31, Th Sukhumvit; Mo–Sa 18.30–1 Uhr; S Phrom Phong Ausgang 5) Wenn man sich einmal mit der hyperminimalistischen Atmosphäre abgefunden hat, erkennt man in dieser Bar mit ihren durchdachten japanischen Elementen eine der freundlichsten Adressen der Stadt. Auf der kurzen Getränkekarte stehen Longdrinks im japanischen Stil, Craft-Biere aus den USA und einfache, köstliche Barsnacks.

☆ Unterhaltung

Wer sich in Bangkok langweilt, sollte sich schämen. Beim Unterhaltungsangebot der Stadt mit traditionellen Kulturaufführungen, Tanz, Kunst, Livemusik und, ja, auch mit den berüchtigten Go-go-Bars ist für jeden Geschmack etwas dabei.

Gà·teu·i-Kabarett

In den letzten zehn Jahren hat sich diese Form des Kabaretts zu einem Muss für viele Bangkok-Besucher entwickelt. Dabei führen *gà·teu·i* (auch *kàthoey*), also thailändische Transgender und Transvestiten, choreografierte Bühnenshows mit Beinschwüngen wie am Broadway und Playback gesungenem Pop auf. Sowohl das Playhouse Magical Cabaret (S. 115) als auch das **Calypso Bangkok** (Karte S. 102; 02 688 1415; www.calypsocabaret.com; Asiatique, Soi 72-76, Th Charoen Krung; Erw./Kind 900/600 B; Vorführungen 20.15 & 21.45 Uhr; Shuttlefähre ab Tha Sathon/Central Pier) am Markt Asiatique werden diesem Trend gerecht.

Livemusik

★ **Parking Toys** LIVEMUSIK
(Karte S. 102; 02 907 2228; 17/22 Soi Mayalap, abseits des Kaset-Navamin Hwy; 16–2 Uhr;

Ⓜ Chatuchak Park Ausgang 2 & Taxi, Ⓢ Mo Chit Ausgang 3 & Taxi) Das Parking Toys ist einer der besten Bangkoker Livemusik-Schuppen und veranstaltet abwechslungsreiche Gigs mit tollen Bands, deren Stile von Rockabilly bis zu Elektro-Funk-Jam reichen.

Um hierher zu kommen, fährt man mit einem Taxi vom BTS-Bahnhof Mo Chit (oder der MRT-Station Chatuchak Park) nach Norden zur Kreuzung des Kaset Hwy. Dort biegt man dann rechts auf die Th Kaset-Navamin ab. Das Parking Toys befindet sich an dieser Straße gleich hinter der zweiten Ampel.

★ **Brick Bar** LIVEMUSIK

(Karte S. 74; www.brickbarkhaosan.com; UG, Buddy Lodge, 265 Th Khao San; Eintritt Sa & So 150 B; ⏲19–1.30 Uhr; ⛴ Phra Athit/Banglamphu Pier) Die Kellerkneipe zählt zu unseren Bangkoker Lieblingsadressen für Livemusik. Jeden Abend tritt eine andere Band vor fast ausschließlich einheimischem Publikum auf, das zu großen Teilen am Ende des Abends auf den Tischen tanzt. In der Brick Bar wird es oft sehr voll, deswegen sollte man recht früh kommen.

★ **The Living Room** LIVEMUSIK

(Karte S. 90; ☎02 649 8888; www.thelivingroomatbangkok.com; EG, Sheraton Grande Sukhumvit, 250 Th Sukhumvit; ⏲18–24 Uhr; Ⓜ Sukhumvit Ausgang 3, Ⓢ Asok Ausgang 2) Vom äußeren Erscheinungsbild darf man sich hier nicht täuschen lassen: Die scheinbar langweilige Hotel-Lounge verwandelt sich jeden Abend in den besten Jazzschuppen der Stadt. Die bequemen Sofas machen dem Namen (Wohnzimmer) alle Ehre; hier kann man es sich gemütlich machen und der Musik lauschen. Am besten informiert man sich vorab, welcher Saxofon-Virtuose oder Drummer gerade in der Stadt ist. Nach 20.30 Uhr kostet der Eintritt 300 B.

Lam Sing LIVEMUSIK

(อีสานลำซิ่ง; Karte S. 102; www.facebook.com/isanlamsing; 57/5 Th Phet Phra Ram; ⏲21.30–4 Uhr; Ⓢ Ekkamai Ausgang 1 & Taxi) Nicht einmal David Bowie in seiner Zeit als Ziggy Stardust hätte mit diesem dunklen, dekadenten, mit Strass ausgeschmückten Schuppen mithalten können. Das Lam Sing ist eine der besten Locations der Stadt für *mŏr lam* und *lôok tûng*, zwei Musikrichtungen, die ihre Wurzeln im ländlichen Nordosten Thailands haben. Hier gibt's klangstarke Livemusikauftritte, die von Backgroundtänzern in aufwendigen Kostümen und mit akkurater Choreografie begleitet werden. Ein Schild in lateinischer Schrift sucht man hier vergebens, aber die meisten Taxifahrer kennen den Ort.

Thai-Boxen (Moo·ay tai)

★ **Rajadamnern Stadium** ZUSCHAUERSPORT

(สนามมวยราชดำเนิน; Karte S. 74; www.rajadamnern.com; abseits der Th Ratchadamnoen Nok; Tickets 3. Klasse/2. Klasse/Ring 1000/1500/2500 B; ⏲Kämpfe Mo–Do 18.30–23, So 15 & 18.30 Uhr; ⛴ Tha Thewet, Ⓢ Phaya Thai Ausgang 3 & Taxi) Das Rajadamnern Stadium ist Bangkoks ältester und altehrwürdigster Veranstaltungsort für *moo·ay tai* (Thai-Boxen, auch *muay thai*). Kämpfe finden hier montags, mittwochs und donnerstags von 18.30 bis etwa 23 Uhr und sonntags von 15 bis ca. 18.30 Uhr statt. Die Tickets unbedingt am offiziellen Kartenschalter oder online kaufen. So umgeht man die Schlepper und Schwarzmarkthändler, die vor dem Eingang herumhängen.

Lumpinee Boxing Stadium ZUSCHAUERSPORT

(☎02 282 3141; www.muaythailumpinee.net; 6 Th Ramintra; Tickets 3. Klasse/2. Klasse/Ring 1000/1500/2500 B; ⏲Kämpfe Di & Fr 18.30–23, Sa 14–20.30 Uhr; Ⓜ Chatuchak Park Ausgang 2 & Taxi, Ⓢ Mo Chit Ausgang 3 & Taxi) Der zweite bekannte Ring für Thai-Boxen ist in einem modernen Bau weit im Norden der Stadt untergebracht. Wettkämpfe finden dienstags und freitags von 18.30 bis 23 und samstags von 14 bis 20.30 Uhr statt.

Go-go-Bars

Obwohl Prostitution eigentlich verboten ist, ist sie in Bangkok ein blühendes Geschäft, und aufgrund des Einflusses von organisierter Kriminalität und Korruption wird es wohl noch lange dauern, bis die vorhandenen Gesetze auch wirklich durchgesetzt werden. Aber trotz des Bildes, das die westlichen Medien zeichnen, ist das Bangkoker Rotlichtmilieu nicht zwangsläufig von Gesetzesbruch und Ausbeutung geprägt (obwohl es das natürlich auch gibt), sondern versprüht eher eine Aura von Vulgarität und Langeweile. **Patpong** (Karte S. 94; Th Phat Phong & Soi Phat Phong 2; ⏲16–2 Uhr; Ⓜ Si Lom Ausgang 2, Ⓢ Sala Daeng Ausgang 1) erlangte in den 1980er-Jahren durch seine Sex-Shows einen berüchtigten Ruf.

Theater

Sala Chalermkrung THEATER

(Karte S. 74; ☎02 224 4499; www.salachalermkrung.com; 66 Th Charoen Krung; Ticket 800–1200 B; ⏲Vorstellungen Do & Fr 19.30 Uhr; ⛴ Tha Saphan Phut/Memorial Bridge Pier, Ⓜ Hua Lamphong Ausgang 1 & Taxi) Das Theater – ein ehemaliges Kino von 1933 – ist in einem Art-déco-Wahrzeichen Bangkoks am Rand von Chinatown-Phahurat untergebracht. Es ist eine der letzten Adressen, in denen *kŏhn* (Tanztheater mit maskierten Darstellern, die Geschichten aus dem *Ramakian*, der thailändischen Version des indischen *Ramayana*, zeigen) aufgeführt wird. Das traditionelle Tanzdrama wird von Lasergrafiken, Hightech-Sound und englischen Untertiteln begleitet. Auch Konzerte und andere Veranstaltungen finden hier statt. Genauere Infos findet man auf der Website.

DAS BESTE VON BANGKOKS NACHTLEBEN

Wong's Place (Karte S. 102; 27/3 Soi Si Bamphen; ⊙ Di–So 21 Uhr–open end; Ⓜ Lumphini Ausgang 1) Hier ist ab Mitternacht was los. Wong's Place hat geöffnet, bis der letzte Gast auf allen Vieren die Bar verlässt.

The Bank (Karte S. 74; 3. Stock, 44 Th Chakraphatdi Phong; ⊙ 18 Uhr–open end; ⛴ Tha Phra Athit/Banglamphu) An der Th Khao San kann man hier bis tief in die Nacht Shisha rauchen oder tanzen.

Narz (Karte S. 90; www.narzclubbangkok.net; 112 Soi 23, Th Sukhumvit; ab 400 B; ⊙ 21–2 Uhr; Ⓜ Sukhumvit Ausgang 2, Ⓢ Asok Ausgang 3) Das Narz hat drei große Bereiche, die die Feierwütigen bis zum Morgengrauen bei Laune halten.

Levels (Karte S. 90; www.levelsclub.com; 6. Stock, Aloft, 35 Soi 11, Th Sukhumvit; 500 B; ⊙ 21 Uhr–open end; Ⓢ Nana Ausgang 3) Wenn die meisten Bars in der Soi 11 so langsam schließen, fängt die Party im Levels erst so richtig an.

Mixx (Karte S. 86; www.mixx-discotheque.com; UG, InterContinental Hotel, 973 Th Phloen Chit; 300 B; ⊙ 22–2 Uhr; Ⓢ Chit Lom Ausgang 7) Die Late-Night-Disco befindet sich im Untergeschoss des Intercontinental Hotel.

Scratch Dog (Karte S. 90; UG, Windsor Suites Hotel, 8-10 Soi 20, Th Sukhumvit; 400 B; ⊙ 24 Uhr–open end; Ⓜ Sukhumvit Ausgang 2, Ⓢ Asok Ausgang 4) Ins Scratch Dog kommt man, wenn man noch weiterfeiern will, die Clubs mit guter Musik aber wegen der Sperrstunde schließen mussten.

Nationaltheater THEATER
(Karte S. 74; ☎ 02 224 1342; 2 Th Ratchini; Tickets 60–100 B; ⛴ Chang Pier, Maharaj Pier, Phra Chan Tai Pier) Das Nationaltheater zeigt von Januar bis September am ersten und zweiten Sonntag des Monats um 14 Uhr *kŏhn*-Vorstellungen. Von Oktober bis Dezember gibt's am ersten und zweiten Sonntag des Monats um 14 Uhr *lá·kon* (klassisches Tanztheater). Tickets werden ab eine Stunde vor Vorstellungsbeginn verkauft.

Shoppen

Kreditkarten und Baht bereithalten, denn Bangkok ist ein echtes Einkaufsparadies! An fast jeder Ecke der Stadt finden sich Händler und behelfsmäßig aufgestellte Straßenstände. Damit aber nicht genug: Bangkok hat auch einige der weltweit größten Freiluftmärkte und mit die größten Einkaufszentren Südostasiens.

Banglamphu & Chinatown

Shoppen in Banglamphu geht normalerweise mit Straßenmärkten und traditionellen Gegenständen einher, während Chinatown das vielleicht handelsstärkste Viertel der Stadt ist. Der Großteil des Umsatzes dort wird aber durch Gebrauchsgegenstände erzielt und ist somit von geringem Interesse für Traveller.

★ **Thanon Khao San Market** GESCHENKE & SOUVENIRS
(Karte S. 74; Th Khao San; ⊙ 10–24 Uhr; ⛴ Phra Athit/Banglamphu Pier) Die Pensionenmeile in Banglamphu ist Tag und Nacht ein Einkaufsbasar mit allem, was das Backpacker-Herz begehrt. Zur Auswahl gehören profane T-Shirts, MP3-Raubkopien, Hanfkleider, gefälschte Studentenausweise, imitierte Designerware, Selfie-Sticks, Orangensaft und natürlich diese quakenden Holzfrösche.

Heritage Craft KUNST & KUNSTHANDWERK
(Karte S. 74; 35 Th Bamrung Meuang; ⊙ Mo–Fr 11–18 Uhr; ⛴ Klorng-Boot bis Tha Phanfa Leelard) Kunsthandwerk fürs gute Gewissen: Diese neue Boutique dient den qualitativ hochwertigen heimischen Waren von **ThaiCraft** (Karte S. 90; www.thaicraft.org; UG, Jasmine City Bldg, Ecke Soi 23 & Th Sukhumvit; Ⓜ Sukhumvit Ausgang 2, Ⓢ Asok Ausgang 3) als stimmungsvoller Ausstellungsraum. Einigen der Produkte liegt der Herstellungsgrundsatz des Fair Trade zugrunde.

Zu kaufen gibt es unter anderem Seide aus Thailands Nordosten, Körbe aus dem Süden und Schmuck aus dem Norden. Zudem ist das zugehörige Café auch äußerst einladend.

Ufergebiet, Silom & Sathon

Asiatique MARKT

(Karte S. 102; Soi 72-76, Th Charoen Krung; 16–23 Uhr; Shuttleboot ab Tha Sathon/Central Pier) Der Asiatique am Mae Nam Chao Phraya gehört zu Bangkoks beliebteren Nachtmärkten. In den Warenlagern gibt es Kleider, Kunsthandwerk, Souvenirs sowie ein paar Lokale und Bars.

Hierher gelangt man mit einem der zwischen 16 und 23.30 Uhr häufig verkehrenden, kostenlosen Shuttle-Boote ab dem Tha Sathon/Central Pier.

House of Chao ANTIQUITÄTEN

(Karte S. 94; 9/1 Th Decho; 9.30–19 Uhr; S Chong Nonsi Ausgang 3) Dieser Laden auf drei Ebenen ist passenderweise in einem alten Shophouse untergebracht. Hier gibt's alles für das kolonialzeitliche Herrenhaus, von dem man schon so lange träumt. Besonders interessant sind die verschiedenen verwitterten Türen, Torbögen, Pforten und Gitter, die hinter dem Ausstellungsraum zu finden sind.

Siam Square, Pratunam & Umgebung

Rund um den Siam Sq befindet sich die höchste Konzentration an Einkaufszentren der Stadt. Wer auf Markennamen steht, wird hier auf jeden Fall fündig. Gleich nördlich davon, in Pratunam, gibt's günstige Klamotten.

★ **Siam Discovery** EINKAUFSZENTRUM

(Karte S. 86; www.siamdiscovery.co.th; Ecke Rama I & Th Phayathai; 10–22 Uhr; S Siam Ausgang 1) Das vor Kurzem erst renovierte Siam Discovery Center versprüht ein offenes Flair und fühlt sich fast schon wie ein Markt an. Es bietet eine beeindruckende Vielfalt an einzigartigen Produkten von Haushaltwaren bis zu Kleidung (darunter auch viele Stücke thailändischer Designer) und ist zweifellos das am meisten auf Design ausgerichtete Einkaufszentrum Bangkoks.

★ **MBK Center** EINKAUFSZENTRUM

(Karte S. 86; www.mbk-center.com; Ecke Rama I & Th Phayathai; 10–22 Uhr; S National Stadium Ausgang 4) Dieser achtstöckige Markt in einem Einkaufszentrum hat sich zu einer der größten Touristenattraktionen Bangkoks entwickelt. Am Wochenende sind im MBK halb Bangkok und so gut wie alle Traveller dabei anzutreffen, wie sie eine nicht enden wollende Anzahl kleiner Stände und Läden durchkämmen.

Nord-Bangkok

★ **Chatuchak-Wochenendmarkt** MARKT

(ตลาดนัดจตุจักร, Talat Nat Jatujak; Karte S. 102; www.chatuchakmarket.org; 587/10 Th Phahonyothin; Mi & Do 7–18 Uhr nur Pflanzen, Fr 18–24 Uhr nur Großhandel, Sa & So 9–18 Uhr; M Chatuchak Park Ausgang 1, Kamphaeng Phet Ausgänge 1 & 2, S Mo Chit Ausgang 1) Der Chatuchak zählt zu den größten Märkten der Welt und scheint alles zu haben, was man käuflich erwerben kann (von gebrauchten altmodischen Sneakern bis hin zu Babyeichhörnchen). Man sollte für den Besuch einen ganzen Tag einplanen, da es hier viel zu sehen, zu erleben und zu kaufen gibt. Wer den Massen und der Hitze entgehen möchte, kommt am besten schon recht früh, idealerweise gegen 10 Uhr.

Praktische Informationen

GEFAHREN & ÄRGERNISSE

Bangkok ist im Allgemeinen eine sichere Stadt, es gibt allerdings einige Dinge zu beachten:

- In den letzten Jahren war Bangkok vermehrt Schauplatz politischer Proteste, die gelegentlich auch in Gewalt umschlugen. Vor Antritt der Reise sollte man einen Blick auf die Reisewarnungen der eigenen Botschaft werfen.
- Jegliche Form der Kritik an der thailändischen Monarchie ist ein schwerer sozialer Fauxpas und kann sehr unangenehme Folgen haben. Am besten spricht man gar nicht erst darüber.
- Vorsicht vor Betrugsmaschen und Schwindlern: übereilte Edelsteinkäufe („Nur heute!"), verdächtig niedrige Transportkosten, dubiose Schneider.
- Die Straßen Bangkoks sind extrem gefährlich und nur wenige Fahrer nehmen auf Fußgänger Rücksicht. Vor dem Überqueren einer Straße (und auch von Gehwegen) sollte man in beide Richtungen schauen und allem Vorfahrt gewähren, das mehr Metall an sich trägt als man selbst.
- Die meisten Imbissstände in Bangkok haben montags Ruhetag.
- Die Regenzeit in Bangkok dauert von Mai bis Oktober. Dann muss man täglich mit Regengüssen und gelegentlich auch mit Überflutungen rechnen.

Thais können so freundlich und entspannt erscheinen, dass bei Reisenden schnell ein falsches Sicherheitsgefühl entsteht. Während man sich in Thailand nur selten um seine persönliche Sicherheit sorgen muss, kann es gut passieren, dass einem – ohne dass man es merkt – mit viel Charme das Geld aus der Tasche gezogen wird oder man ein Opfer von Abzocke wird (S. 126).

GELD

Banken sind im Allgemeinen von 8.30 bis 15.30 Uhr geöffnet; Filialen an viel frequentierten Orten oder in Einkaufszentren können auch längere Öffnungszeiten haben. Geldautomaten sind rund um die Uhr in Betrieb und in Bangkok überall zu finden. Der Nachteil ist, dass man an thailändischen Automaten zusätzlich zur Währungsumrechnung und Fremdnutzungsgebühr der eigenen Bank zu Hause auch noch eine Transaktionsgebühr von 200 B für nicht thailändische Karten bezahlen muss.

In Luxushotels werden manche ausländischen Kreditkarten akzeptiert, die meisten anderen Einrichtungen nehmen aber nur Bargeld. Geldscheine von 1000 B sollte man in 7-Eleven-Läden oder an anderen seriösen Orten „anbrechen". Straßenverkäufer und Taxifahrer werden kaum in der Lage sein, einen Schein von 500 B oder größer zu wechseln.

INTERNET & TELEFON

WLAN ist in Pensionen und Cafés mittlerweile Standard. Die Signalstärke nimmt bei mehrstöckigen Gebäuden mit zunehmender Etagenzahl ab. Dann kann man um ein Zimmer in der Nähe des Routers bitten. Die Mobilfunknetze werden immer besser ausgebaut und haben auch immer höhere Kapazitäten.

Zum Telefonieren in Thailand kauft man sich am besten ein Handy mit einer lokalen SIM-Karte. Eine Prepaid-Karte ist in Bangkok so einfach zu finden wie ein 7-Eleven. Sie werden mit Freiminuten und Datenpaketen verkauft, und auch das Aufladen ist mit einer Karte ganz einfach.

Eine praktische Anlaufstelle zum Stillen seiner Kommunikationsbedürfnisse im Zentrum Bangkoks ist das **TrueMove** (Karte S. 86; www.truemove.com; Soi 2, Siam Sq; ⏲7–22 Uhr; Ⓢ Siam Ausgang 4). Hier stehen Computer mit schneller Internetverbindung und Skype, man kann Handys und SIM-Karten kaufen, und zudem bekommt man Infos über WLAN-Zugangspunkte für Computer und Telefone in der ganzen Stadt.

MEDIEN

- Die wichtigsten englischsprachigen Tageszeitungen der Stadt sind die *Bangkok Post* (www.bangkokpost.com) und *Nation* (www.nationmultimedia.com) mit dem Schwerpunkt Wirtschaft.
- *Bangkok 101* (www.bangkok101.com) ist eine touristenfreundliche Zeitschrift mit Veranstaltungsinformationen, *BK* (www.bk.asia-city.com) hat einen ausführlicheren Kalender mit Events und *Coconuts Bangkok* (https://bangkok.coconuts.co) bietet zusätzlich zum Veranstaltungsprogramm auch noch etwas ausgefallenere Lokalnachrichten.
- Auf Twitter ist Richard Barrow (@Richard Barrow) eine tolle Quelle für alle Infos, die für Besucher von Interesse sind.

MEDIZINISCHE VERSORGUNG

Bangkok gilt in Südostasien als Zentrum medizinischer Kompetenz. Private Krankenhäuser sind teurer als andere medizinische Einrichtungen, dafür sind die Pflegestandards auch höher und das Personal spricht Englisch. Die Kosten für die Gesundheitsversorgung sind in Thailand im Vergleich zu den meisten westlichen Ländern relativ gering.

Die folgenden Krankenhäuser haben Englisch sprechende Ärzte:

Bangkok Christian Hospital (Karte S. 94; ☎02 625 9000; www.bch.in.th; 124 Th Silom; Ⓜ Si Lom Ausgang 2, Ⓢ Sala Daeng Ausgang 1) Modernes Krankenhaus im Zentrum Bangkoks.

BNH (Karte S. 94; ☎02 686 2700; www.bnhhospital.com; 9 Th Convent; Ⓜ Si Lom, Ausgang 2, Ⓢ Sala Daeng, Ausgang 2) Modernes Krankenhaus in zentraler Lage.

Bumrungrad International Hospital (Karte S. 90; ☎02 667 1000; www.bumrungrad.com; 33 Soi 3, Th Sukhumvit; ⏲24 Std.; Ⓢ Phloen Chit, Ausgang 3) Krankenhaus mit internationaler Reputation.

Samitivej Hospital (Karte S. 90; ☎02 022 2222; www.samitivejhospitals.com; 133 Soi 49, Th Sukhumvit; Ⓢ Phrom Phong, Ausgang 3 & Taxi) Modernes Krankenhaus in Bangkok.

Apotheken gibt es viele und an zentralen Orten sprechen die Apotheker meist auch Englisch. Wenn man in den großen Ketten Boots und Watsons oder in den lokalen Apotheken nicht fündig wird, kann man auch in ein Krankenhaus gehen.

NOTFALL & WICHTIGE TELEFONNUMMERN

Die Nummer der Polizei in Thailand gilt als generelle Notfallnummer. Sie kann auch gewählt werden, wenn man einen Krankenwagen braucht oder ein Feuer melden möchte.

Vorwahl Bangkok	☎02
Landesvorwahl	☎66
Telefonauskunft (kostenlos)	☎1133
Vorwahl für internationale Gespräche	☎001, 007
Vermittlung für Auslandsgespräche	☎100
Polizei	☎191
Touristenpolizei	☎1155

POST

Hauptpost (Karte S. 100; ☎02 233 1050; Th Charoen Krung; ⏲Mo–Fr 8–20, Sa & So bis 13 Uhr; ⛴ Oriental Pier)

ABSTECHER

IN SAUS UND BRAUS: DIE ROYAL CITY AVENUE

Tagsüber ist es nur eine fade Geschäftsstraße, am Freitag- und Samstagabend verwandelt sich die Royal City Avenue – die gemeinhin nur RCA genannt wird – jedoch in die beliebteste Vergnügungsmeile Bangkoks. Die großen Clubs hier können oft Tausende Gäste anziehen, allerdings kommt man ohne Ausweis und angemessene Kleidung (keine Shorts oder Sandalen) nicht rein.

Am besten nimmt man sich von der MRT-Haltestelle Phra Ram 9 ein Taxi. Diesem wird es in der Regel aber nicht erlaubt sein, auf die RCA selbst zu fahren. Aus diesem Grund macht man entweder einen U-Turn oder überquert die belebte Th Phet Uthai zu Fuß. Von der Th Phet Uthai kommend finden sich entlang der RCA folgende Locations:

Onyx (Karte S. 102; www.facebook.com/onyxbkk; RCA/Royal City Ave; 500 B; ⌚20–2 Uhr; Ⓜ Phra Ram 9 Ausgang 3 & Taxi) Dies ist der vermutlich eleganteste Club auf der RCA – was nicht zuletzt der gesalzene Eintrittspreis und das geschniegelte Klientel verraten. Auf der Facebook-Seite erfährt man, welche DJ-Events anstehen.

Route 66 (Karte S. 102; www.route66club.com; 29/33-48 RCA/Royal City Ave; 300 B; ⌚20–2 Uhr; Ⓜ Phra Ram 9 Ausgang 3 & Taxi) Dieser weitläufige Club ist so alt wie die RCA selbst, durch regelmäßige Renovierungen und Erweiterungen hat er jedoch nichts von seiner Popularität eingebüßt. Die große Tanzfläche wird mit den Top 40 der Hip-Hop-Charts beschallt, während auf den zahlreichen kleineren Floors alles von Thai-Pop bis Livemusik gespielt wird.

Vesbar (Karte S. 102; www.facebook.com/GoVesBar; 29/68 RCA/Royal City Ave; ⌚Mo–Sa 11–24 Uhr; Ⓜ Phra Ram 9 Ausgang 3 & Taxi) In diesem Restaurant mit Bar dreht sich alles um Vespas. Serviert werden internationale Gerichte sowie Importbiere und es gibt jazzige Livemusik auf die Ohren (Mi, Fr & Sa).

Taksura (Karte S. 102; 9 RCA/Royal City Avenue; ⌚18–2 Uhr; Ⓜ Phra Ram 9 Ausgang 3 & Taxi) Das Taksura im Retro-Design ist irgendwo zwischen Restaurant und Kneipe anzusiedeln. Wer sich vor einem Clubbesuch noch etwas stärken möchte, wird von den würzigen *gàp glâem* (Thai-Snacks zu Alkohol) sicher nicht enttäuscht werden.

REISEN MIT KINDERN

Bambi (www.bambiweb.org) Eine nützliche Informationsquelle für Eltern in Bangkok.

Bangkok.com (www.bangkok.com/kids) Die Website umfasst eine schwindelerregende Auswahl an kinderfreundlichen Aktivitäten.

Thorn Tree Kids To Go Forum (www.lonelyplanet.com/thorntree/forums/kids-to-go) Fragen und Antworten von anderen Travellern mit Kindern im Forum von Lonely Planet.

TOILETTEN

Typisch asiatische Hocktoiletten werden in Thailand immer seltener, und überall dort, wo viele ausländische Touristen verkehren, sieht man mittlerweile vor allem herkömmliche westliche Toiletten. Aber selbst wenn es Sitztoiletten gibt, verkraften die Rohre eventuell kein Toilettenpapier. In diesem Fall ist ein extra Abfalleimer für benutztes Toilettenpapier und Damenhygieneartikel vorhanden. Wer in Bangkok öffentliche Toiletten sucht, hält sich am besten an die Einkaufszentren oder Fast-Food-Restaurants.

TOURISTENINFORMATION

Bangkok Information Center (Karte S. 74; ☎02 225 7612-4; www.bangkoktourist.com; 17/1 Th Phra Athit; ⌚Mo–Fr 8–19, Sa & So 9–17 Uhr; ⛴Tha Phra Athit/Banglamphu) Touristeninformation für alle Belange rund um Bangkok.

Tourism Authority of Thailand (TAT; Karte S. 102; ☎02 250 5500, landesweit 1672; www.tourismthailand.org; 1600 Th Phetchaburi; ⌚8.30–16.30 Uhr; Ⓜ Phetchaburi Ausgang 2) Staatlich betriebene Tourismusbehörde und Werbeagentur. Seit 1960 gibt sie hervorragende Broschüren zu Sehenswürdigkeiten heraus. Kontaktmöglichkeiten findet man auf der Website.

ℹ An- & Weiterreise

BUS

Bangkok ist der wichtigste Knotenpunkt für Busverbindungen in jede Ecke des Königreichs. Busse, die von staatlichen Busbahnhöfen abfahren, sind viel zuverlässiger. Auch Zwischenfälle wie Diebstähle passieren seltener als in den Bussen, die an der Th Khao San oder in anderen Touristenzentren starten.

Für die Fahrt zu den Busbahnhöfen sollte man aus den meisten Teilen Bangkoks mindestens eine Stunde einplanen.

Vom **Busbahnhof Ost** (Karte S. 90; ☎ 02 391 2504; Soi 40, Th Sukhumvit; Ⓢ Ekkamai Ausgang 2) starten Busse nach Pattaya, Rayong, Chanthaburi und zu anderen Zielen im Osten (außer zum Grenzübergang in Aranya Prathet). Die meisten Leute nennen den Busbahnhof *sà·tăh·nee èk·gà·mai* (Ekamai-Bahnhof), weil er in der Nähe des BTS-Bahnhofs Ekamai liegt.

Der **Busbahnhof Nord- & Nordost** (Mo Chit; Karte S. 102; ☎ Busse in den Nordosten 02 936 2852, Durchwahl 602/605, Busse in den Norden 02 936 2841, Durchwahl 325/614; Th Kamphaengphet; Ⓜ Kamphaeng Phet Ausgang 1 & Taxi, Ⓢ Mo Chit Ausgang 3 & Taxi) ist ein hektischer Knotenpunkt und liegt gleich nördlich des Chatuchak-Parks. Er wird auch *kŏn sòng mŏr chít* (Mo-Chit-Bahnhof) genannt, darf aber nicht mit dem BTS-Bahnhof Mo Chit verwechselt werden. Von hier fahren alle Busse nach Norden und Nordosten sowie zu nahe gelegenen Zielen außerhalb Thailands. Hierher gelangt man mit dem BTS bis Mo Chit oder mit der MRT bis Kamphaeng Phet, wo man in den Stadtbus 3, 77 oder 509 umsteigt bzw. ein Taxi oder Motorradtaxi nimmt.

Vom Bangkoker Busbahnhof Nord- & Nordost fahren einige Busse auch zu Zielen im Ausland.

ZIEL	PREIS (B)	DAUER (STD.)	ABFAHRT
Pakse (Laos)	900	12	20.30 Uhr
Phnom Penh (Kambodscha)	750	11	1.30 Uhr
Siem Reap (Kambodscha)	750	7	9 Uhr
Vientiane (Laos)	900	10	20 Uhr

Der **Busbahnhof Süd** (Sai Tai Mai; ☎ 02 422 4444, Infotelefon 1490; Th Boromaratchachonanee) wird gemeinhin *săi đâi mài* genannt und liegt ein ganzes Stück westlich vom Zentrum Bangkoks. Von hier fahren nicht nur alle Busse in den Süden, sondern auch nach Kanchanaburi und ins westliche Thailand. Der einfachste Weg zum Busbahnhof ist per Taxi. Man kann aber auch von der Th Ratchadamnoen Klang den Bus 79, 159, 201 oder 516 nehmen.

Suvarnabhumi Public Transport Centre (☎ 02 132 1888; Flughafen Suvarnabhumi) Von diesem Busbahnhof, 3 km vom Suvarnabhumi International Airport entfernt, fahren relativ häufig Busse Richtung Osten und Nordosten, darunter nach Aranya Prathet (zur kambodschanischen Grenze), Chanthaburi, Ko Chang, Nong Khai (zur laotischen Grenze), Pattaya, Rayong, Trat und Udon Thani. Vom Flughafen fährt ein kostenloser Shuttle-Bus hierher.

FLUGZEUG

Der **Suvarnabhumi International Airport** (☎ 02 132 1888; www.suvarnabhumiairport.com) liegt 30 km östlich vom Zentrum Bangkoks. Der Name des Flughafens wird *sù·wan·ná·puhm* ausgesprochen. Auf der Website findet man Details zu allen Abflügen und Landungen in Echtzeit.

Der andere Flughafen Bangkoks, der **Don Mueang International Airport** (☎ 02 535 2111; www.donmueangairportthai.com), liegt 25 km nördlich des Zentrums und ist das Drehkreuz für Billigflieger. Am Terminal 1 werden internationale Flüge abgewickelt, während am Terminal 2 nur Inlandsflüge starten und landen.

ZUG

Der Hauptbahnhof der Stadt ist **Hualamphong** (☎ 02 220 4334, Infotelefon 1690; www.railway.co.th; abseits der Rama IV; Ⓜ Hua Lamphong Ausgang 2). Man sollte sowohl die Schlepper als auch die Angebote der Reisebüros hier ignorieren. Infos zu Abfahrtszeiten und Ticketpreisen findet man auf der Website des State Railway of Thailand (www.railway.co.th/main/index_en.html).

Der winzige Bahnhof **Bangkok Noi** (☎ 02 418 4310, Infotelefon 1690; www.railway.co.th; abseits der Th Itsaraphap; ⛴ Thonburi Railway Station, Tha Wang Lang/Siriraj, Ⓢ Wongwian Yai Ausgang 4 & Taxi) ist auch als Thonburi bekannt. Von hier starten (überteuerte) Züge nach Kanchanaburi.

Wong Wian Yai (☎ 02 465 2017, Infotelefon 1690; www.railway.co.th; abseits der Th Phra Jao Taksin; Ⓢ Wongwian Yai Ausgang 4 & Taxi) ist ein versteckt gelegener, winziger Bahnhof und Ausgangspunkt des Pendlerzugs nach Samut Sakhon (auch als Mahachai bekannt).

ℹ Unterwegs vor Ort

Auf den ersten Blick scheint Bangkok ein einziges undurchdringliches Chaos zu sein, sein Verkehrsnetz wird aber nach und nach verbessert. Obwohl man höchstwahrscheinlich an irgendeinem Punkt seines Aufenthalts in der Stadt hoffnungslos im Verkehrt feststecken wird, sind die Staus bei Weitem nicht mehr so legendär wie sie einst waren.

BTS Die Hochbahn verkehrt zwischen 6 und 24 Uhr. Tickets für die BTS kosten zwischen 16 und 44 B.

MRT Die Metro fährt zwischen 6 und 24 Uhr. Die Preise der Tickets betragen zwischen 16 und 42 B.

Taxi Außerhalb der Rushhour sind die Bangkoker Taxis ein günstiges Fortbewegungsmittel. Die Grundgebühr liegt be 35 B.

Chao Phraya Express Boat Verkehrt von 6 bis 20 Uhr. Für eine Fahrt bezahlt man zwischen 10 und 40 B.

Klorng-Boot Bangkoks Kanalboote verkehren an fast allen Tagen zwischen 5.30 und 20 Uhr. Tickets kosten zwischen 9 und 19 B.

Bus Eine billige, aber auch langsame und unübersichtliche Fortbewegungsoption in Bangkok. Tickets kosten zwischen 5 und 30 B.

VOM/ZUM FLUGHAFEN

Suvarnabhumi International Airport

Bus & Minivan Das Zentrum für öffentliche Verkehrsmittel (Public Transport Centre) ist 3 km vom Flughafen entfernt. Hier gibt es auch einen Busbahnhof, von dem Langstreckenbusse in einige Provinzen sowie Stadtbusse und Minivans ins Zentrum starten. Zwischen dem Zentrum und den Flughafenterminals verkehrt ein kostenloser Flughafen-Shuttle. Für Traveller relevante Busverbindungen in die Stadt sind u. a. die Busse 551 zur BTS-Station Victory Monument (40 B, 5–22 Uhr regelm.) und 552 zur BTS-Station On Nut (20 B, 5–22 Uhr regelm.). An diesen Punkten hat man Anschluss an andere öffentliche Verkehrsmittel; man kann aber auch ein Taxi bis zum Hotel nehmen.

Taxi Fahrzeuge mit Taxameter stehen auf der Ebene 1 an der Straße bereit. Die Schlepper, die einem bereits im Terminal ein „offizielles Flughafentaxi" andrehen wollen, sollte man einfach links liegen lassen. Typische Taxipreise (mit Taxameter) ab Suvarnabhumi sind etwa 200 bis 250 B zur Th Sukhumvit, 250 bis 300 B zur Th Khao San und 400 B bis Mo Chit. Hinzu kommen noch Mautgebühren zwischen 25 und 70 B, die von den Passagieren bezahlt werden müssen. Auf Fahrten, die am Flughafen beginnen, wird noch eine Flughafengebühr von 50 B draufgeschlagen, die direkt an den Fahrer bezahlt wird.

Zug Der **Airport Rail Link** (☎ Infotelefon 1690; www.srtet.co.th) verkehrt zwischen dem Suvarnabhumi International Airport, der BTS-(Skytrain-)Haltestelle Phaya Thai (45 B, 30 Min., 6–24 Uhr) und der MRT-(Metro-)Station Phetchaburi (45 B, 25 Min., 6–24 Uhr).

Don Mueang International Airport

Bus & Minivan Vor der Ankunftshalle gibt es vier Flughafenbuslinien: Der Bus A1 hält am BTS-Bahnhof Mo Chit (50 B, 7.30–23.30 Uhr, regelm.), Bus A2 am BTS-Bahnhof Mo Chit und am BTS-Bahnhof Victory Monument (50 B, 7.30–23.30 Uhr, alle 30 Min.), Bus A3 an den Haltestellen Pratunam und Lumphini-Park (50 B, 7.30–23.30 Uhr, alle 30 Min.) und A4 an der Th Khao San und Sanam Luang (50 B, 7.30–23.30 Uhr, alle 30 Min). An der Schnellstraße vor dem Flughafen halten öffentliche Busse. Zu den nützlichen Linien gehören Bus 29 zum Bahnhof Hualamphong (24 Std.) mit Zwischenstopp an der BTS-Station Victory Monument, Bus 59 mit Halt nahe der Th Khao San (24 Std.) und Bus 538 mit Halt an der BTS-Station Victory Monument (4–22 Uhr). Eine Fahrt kostet etwa 20 B.

Taxi Wie am Suvarnabhumi International Airport fahren auch hier öffentliche Taxis vor der Ankunftshalle ab; zum Taxameter-Tarif kommt noch eine Flughafengebühr von 50 B hinzu.

Zug Über den Fußweg, der vom Flughafen zum Amari Airport Hotel führt, erreicht man auch den Bahnhof Don Muang. Von dort verkehren zwischen 4 und 11.30 Uhr alle 60 bis 90 Minuten sowie zwischen 14 und 21.30 Uhr etwa stündlich Züge zum Hualamphong-Bahnhof (5–10 B).

> **NICHT VERSÄUMEN**
>
> **DIE BESTEN MÄRKTE ZUM ERKUNDEN**
>
> **Pak Khlong Talat** (ปากคลองตลาด, Blumenmarkt; Karte S. 74; Th Chakkraphet; 24 Std.; Tha Pak Klong Taladd, Tha Saphan Phut/Memorial Bridge Pier) Dies ist der berühmte Blumenmarkt der Hauptstadt. Am besten kommt man spät abends und bringt die Kamera mit.
>
> **Talat Mai** (S. 82) Dieser hektische Frischmarkt bringt ein Stück China nach Bangkok.
>
> **Nonthaburi Market** (ตลาดนนทบุรี; Karte S. 102; Tha Nam Nonthaburi, Nonthaburi; 5–9 Uhr; Tha Nonthaburi) Ein authentischer Landmarkt, der nur wenige Minuten von Bangkok entfernt ist.
>
> **Khlong Toey Market** (ตลาดคลองเตย; Karte S. 90; Ecke Th Ratchadaphisek & Rama IV; 5–10 Uhr; Ⓜ Khlong Toei Ausgang 1) Der größte Frischmarkt von ganz Bangkok.

AUTO

Wer nur kurz in der Stadt ist, für den ist Autofahren (und Parken) eine größere Be- als Entlastung. Wer keine öffentlichen Verkehrsmittel nutzen kann oder möchte, kann sich über sein Hotel ein Auto mit Fahrer mieten oder einen Taxifahrer anheuern, der vertrauenswürdig scheint. Ein seriöser Anbieter ist z. B. **Julie Taxi** (☎ 082 664 4789, 081 846 2014; www.facebook.com/tourwithjulietaxi); hier gibt es viele verschiedene Fahrzeuge und einen hervorragenden Service.

Wer dennoch gerne selbst fahren möchte, findet hier alle großen Autovermietungen. Sie haben Büros in der Stadt, aber auch an den beiden Flughäfen Suvarnabhumi und Don Mueang. Die Preise beginnen bei etwa 1000 B pro Tag für ein kleines Auto. Für alle Mietautos braucht man einen internationalen Führerschein und seinen Pass.

BTS & MRT

Die Hochbahn **BTS** (☎ 02 617 6000, Touristeninformation 02 617 7341; www.bts.co.th), auch Skytrain (*rót fai fáh*) genannt, düst durch das „neue" Bangkok (Silom, Sukhumvit und Siam Sq). Die zwei BTS-Linien kreuzen sich am Bahn-

ABSTECHER

SCHWIMMENDE MÄRKTE

Fotos von *đà·làht nám* (schwimmenden Märkten) voller Holzkanus, die mit bunten exotischen Früchten beladen sind, prägen seit Jahrzehnten das offizielle touristische Profil Thailands. Die Märkte sind zwar ebensolche Wahrzeichen wie der Große Palast oder der Liegende Buddha, aber sie werden inzwischen fast nur noch für Touristen aus dem In- und Ausland abgehalten – und von denen sind sie auch abhängig, denn dank der Straßen und Motorräder erledigen die Bangkoker ihre Besorgungen schon längst trockenen Fußes. Trotzdem lohnen einige der schwimmenden Märkte in Thailand durchaus einen Besuch.

Schwimmender Markt Tha Kha (ตลาดน้ำท่าคา; Tha Kha, Samut Songkhram; ⌚7–12 Uhr, 2., 7. & 12. Tag des zunehmenden & abnehmenden Mondes sowie Sa & So) Dieser Markt wirkt am „echtesten", ist aber auch am schwersten zu erreichen. Hier liegt eine Handvoll Verkäufer am Ufer eines offenen, ländlichen *klorng* (Kanal; auch *khlang*), der von Kokospalmen und alten Holzhäusern gesäumt ist. Es können Bootsfahrten (20 B/Pers., 45 Min.) auf dem Kanal arrangiert werden und überall werden leckere Snacks und Früchte verkauft. Infos zur nächsten Bootsfahrt erhält man beim **Touristenbüro** (☎034 752 847; 71 Th Prachasret; ⌚8.30–16.30 Uhr) von Amphawa. Hin kommt man mit einem der morgendlichen *sŏrng·tăa·ou* (Sammel-Pick-up, 20 B, 45 Min.) vom Marktplatz in Samut Songkhram.

Schwimmender Markt Amphawa (ตลาดน้ำอัมพวา; Amphawa; Gerichte 20–40 B; ⌚Fr–So 16–21 Uhr) Der schwimmende Markt Amphawa in der Provinz Samut Songkhram wird nahe dem Wat Amphawa abgehalten. Hier gibt es vor allem Lebensmittel und Touri-Schnickschnack. Da der bei Besuchern aus Bangkok sehr beliebte Markt nur am Wochenende stattfindet, kann es ganz schön hektisch zugehen.

Schwimmender Markt Taling Chan (ตลาดน้ำตลิ่งชัน; Karte S. 102; Khlong Bangkok Noi, Thonburi; ⌚Sa & So 7–16 Uhr; Ⓢ Wongwian Yai Ausgang 3 & Taxi) Der Taling Chan liegt direkt außerhalb von Bangkok an der Zufahrtsstraße zum Khlong Bangkok Noi und ist wie jeder andere Frischmarkt auch von Verkäufern der umliegenden Farmen bevölkert. Das Besondere sind aber die schwimmenden Docks, die als inoffizielle Speiseräume dienen. Die entsprechenden Küchen befinden sich auf den Kanus, die an den Docks festgebunden sind. Der Taling Chan in Thonburi kann mit einem Taxi von der BTS-Station Wongwian Yai oder mit dem klimatisierten Bus 79 (16 B, 25 Min.) erreicht werden, welcher an der Th Ratchadamnoen Klang hält. Man kann sich an jedem größeren Pier in Bangkok auch ein Longtail-Boot zum Taling Chan und dem nahe gelegenen Khlong Chak Phra mieten.

Schwimmender Markt Damnoen Saduak (ตลาดน้ำดำเนินสะดวก; Damnoen Saduak, Ratchaburi; ⌚7–12 Uhr) Dieser 100 Jahre alte schwimmende Markt – der berühmteste im Land – ist mittlerweile ein schwimmender Souvenirstand voller Pauschaltouristen. Schon das alleine bietet natürlich einen spannenden Einblick in die thailändische Kultur, da die Mehrzahl der Touristen hier tatsächlich Thais sind und es durchaus aufschlussreich sein kann, sich diesen kulturellen Themenpark unter dem Gesichtspunkt anzuschauen. Die kleinen Kanäle abseits des Marktes gleichen einem recht ruhigen Wohnviertel und können mit einem gemieteten Boot (100 B/Pers.) erkundet werden. Geführte Touren machen an kleinen Familienunternehmen Halt, darunter auch ein thailändischer Zurckerbäcker, eine Pomelofarm und ein Messerschmid. Vom südlichen Busbahnhof in Thonburi kommt man mit dem Minivan nach Damnoen Saduak (80 B, 2 Std., 6–21 Uhr regelm.).

Don-Wai-Markt (ตลาดดอนหวาย; Don Wai, Nakhon Pathom; ⌚6–18 Uhr) Dieser Markt am Flussufer in der Provinz Nakhon Pathom schwimmt eigentlich gar nicht, war aber in seinen Anfangszeiten im frühen 20. Jh. ein schwimmender Markt für Pomelo- und Jackfruchtbauern und -händler. Wie bei vielen touristischen Attraktionen, die auf einheimische Besucher abzielen, ist das Essen hier der Hauptmagnet; es gibt z. B. Früchte, traditionelle Süßwaren und *bèt pah·lóh* (geschmorte Ente mit fünf Gewürzen). Das kann man dann genüsslich an Bord großer Boote bei einer Fahrt auf dem Mae Nam Nakhorn Chaisi (60 B, 1 Std.) verspeisen. Am einfachsten kommt man mit einem Minivan (45 B, 35 Min.) vom **Central Pinklao** (Karte S. 102; Th Somdet Phra Pin Klao; ⌚10–22 Uhr; Ⓢ Talat Phlu Ausgang 3 & Taxi oder Victory Monument Ausgang 3 & Taxi) in Thonburi zum Don-Wai-Markt.

hof Siam und verkehren zwischen 6 und 24 Uhr häufig. Ein Ticket kostet zwischen 16 und 44 B, eine Tageskarte 140 B. Die meisten Fahrkartenautomaten nehmen nur Münzen an, aber an den Infoschaltern kann man Geld wechseln.

Die Bangkoker Metro **MRT** (☎02 354 2000; www.bangkokmetro.co.th) ist hilfreich für Besucher, die in Sukhumvit oder Silom wohnen und zum Bahnhof Hualamphong wollen. Ein Ticket kostet 16 bis 42 B, eine Tageskarte 120 B. Die Züge fahren zwischen 6 und 24 Uhr häufig.

BUS

Das öffentliche Bussystem der Stadt wird von der **Bangkok Mass Transit Authority** (☎02 246 0973, Infotelefon 1348; www.bmta.co.th) betrieben.

- Da die Routen der Busse oft unersichtlich und Taxis so günstig sind, muss man schon richtig knapp bei Kasse sein, um dieses Verkehrsmittel zur Fortbewegung in Bangkok zu wählen.
- Die Fahrpreise für klimatisierte Busse liegen bei 10 bis 23 B, für die Fahrt in einem normalen Bus (mit Ventilator) starten sie bei 6,5 B.
- Die meisten Linien verkehren zwischen 5 und 22 oder 23 Uhr. Die Nachtbusse starten um 3 oder 4 Uhr und stellen den Verkehr dann am Vormittag ein.
- Um sich zurechtzufinden, wird man kaum um den *Bangkok Bus Guide* von thinknet herumkommen.

FAHRRAD

Fahrradfahren hat in Bangkok in den vergangenen Jahren enorm an Popularität gewonnen. Die Verkaufszahlen für Fahrräder schnellen in die Höhe, zum Zeitpunkt der Recherche wurde gerade ein 23 km langer Radweg rund um den Suvarnabhumi International Airport saniert und zu einem Radfahr-Event Mitte 2015 kamen 40 000 Teilnehmer in die thailändische Hauptstadt. Es gibt sogar ein Bike-Sharing-Programm, das zum Zeitpunkt der Recherche aber kurz vor dem Aus zu stehen schien. Angesichts gefährlicher Straßen, Verkehr, Hitze, Verschmutzung und fehlender Radwege ist Bangkok aber noch Lichtjahre davon entfernt, ein sicherer Ort für Fahrradfahrer oder gar eine Fahrradstadt zu sein, in der man sich problemlos mit dem Rad fortbewegen kann.

MITFAHRGELEGENHEITEN PER APP

Hier sind in Bangkok verfügbare, App-basierte Alternativen zu traditionellen Taxis aufgelistet:

All Thai Taxi (www.allthaitaxi.com)
GrabTaxi (www.grab.com/th)
Uber (www.uber.com/cities/bangkok)

MOTORRADTAXI

Motorradtaxis (*motorsai*) erfüllen in Bangkok zwei Zwecke.

Sie sind vor allem ein wesentlicher Bestandteil des öffentlichen Verkehrsnetzes. Sie starten dort, wo eine große Durchgangsstraße, z. B. die Th Sukhumvit, eine Soi kreuzt und fahren bis in die hinterste Ecke der jeweiligen Soi. Die Fahrer tragen bunte, nummerierte Westen und sammeln sich am Anfang oder Ende einer Soi. Der Preis liegt bei 10 bis 20 B. Einen Helm gibt's meist nur, wenn man explizit darum bittet.

ONE NIGHT IN BANGKOK … REICHT NICHT, UM SICH EINEN ANZUG SCHNEIDERN ZU LASSEN

Viele Bangkok-Traveller glauben, sie könnten sich hier Klamotten nach Maß zum Schnäppchenpreis schneidern lassen. Die goldene Regel lautet aber auch hier: Man bekommt das, wofür man bezahlt. Selbst wenn sich ein Angebot auf den ersten Blick toll anhört, hängt der Preis natürlich stark vom gewählten Stoff ab. Bevor man also einen Laden betritt, sollte man genau wissen, was man eigentlich möchte.

Wer sich etwas schneidern lassen möchte, sollte dafür eine Woche einplanen. Hemden und Hosen können oft schon in 48 Stunden oder weniger mit nur einer Anprobe fertiggestellt werden, aber für einen guten Anzug braucht man mehr als eine, oft auch mehr als zwei Anproben (egal was der Schneider auch verspricht).

July (Karte S. 94; ☎02 233 0171; www.julytailor.com; 30/6 Th Sala Daeng; ⏰Mo–Sa 9–18 Uhr; Ⓜ Si Lom Ausgang 2, Ⓢ Sala Daeng Ausgang 4) Arbeitet für Thailands Königshaus und Eliten. Die Anzüge sind nicht billig und vom Schnitt her konservativ, aber die Qualität ist sehr gut.

Rajawongse (Karte S. 90; ☎02 255 3714; www.dress-for-success.com; 130 Th Sukhumvit; ⏰Mo–Sa 10.30–20 Uhr; Ⓢ Nana Ausgang 2) Ein sehr bekannter und alteingesessener Schneider in Bangkok. Die von Jesse und Victor angefertigten Kleidungsstücke sind besonders unter amerikanischen Besuchern und Expats sehr beliebt.

Duly (Karte S. 90; ☎02 662 6647; www.laladuly.co.th; Soi 49, Th Sukhumvit; ⏰10–19 Uhr; Ⓢ Phrom Phong Ausgang 1) Hochwertige italienische Stoffe und erfahrene Schneider machen Duly zu einer der besten Adressen, um ein Hemd in Auftrag zu geben.

Dann sind sie aber auch ein Mittel, um dem Verkehrschaos zu entgehen. Man sagt dem Fahrer, wohin man möchte, verhandelt den Preis (ab 20 B für ein Kurzstrecke bis zu 150 B für eine Fahrt ans andere Ende der Stadt), setzt den Helm auf (bei längeren Strecken bestehen die Fahrer darauf) und schickt, bevor es losgeht, noch schnell ein Stoßgebet gen Himmel.

SCHIFF/FÄHRE

Es gibt eine ganz Reihe von Pendlerbooten, die auf dem Mae Nam Chao Phraya und auf den Kanälen der Stadt verkehren.

Boote auf dem Fluss

Chao Phraya Express Boat (S. 94) betreibt den wichtigsten Fährdienst auf dem Mae Nam Chao Phraya. Die zentrale Anlegestelle ist als Tha Sathon, Saphan Taksin oder manchmal auch Tha Sathon/Central Pier bekannt. Hier befindet sich die BTS-Haltestelle Saphan Taksin.

➡ Die Boote fahren zwischen 6 und 20 Uhr. Tickets (10–40 B) können am Pier oder an Bord gekauft werden. Das Ticket muss man als Kaufnachweis aufbewahren.

➡ Am häufigsten fahren die orangefarbenen Expressboote, die zwischen dem Wat Rajsingkorn im Süden Bangkoks und Nonthaburi im Norden hin und her pendeln. Gestoppt wird an den meisten großen Piers (15 B, 6–19 Uhr regelm.).

➡ Die blauen Touristenboote (40 B, 9.30–17 Uhr alle 30 Min.) fahren vom Tha Sathon/Central Pier zum Tha Phra Athit/Banglamphu und halten unterwegs an acht Piers mit wichtigen Sehenswürdigkeiten. Dabei ertönt ein kaum verständlicher Kommentar in englischer Sprache. Verkäufer am Tha Sathon/Central Pier versuchen, einem ein Tagesticket für 150 B anzudrehen; sofern man aber nicht vorhat, viel mit dem Boot zu fahren, lohnt sich dieses nicht wirklich.

➡ Es gibt auch Dutzende Fähren, die bis spätabends alle paar Minuten den Fluss überqueren. Das Übersetzen kostet 3 B.

➡ Private Longtail-Boote für Sightseeing-Touren mietet man am Tha Phra Athit/Banglamphu, Tha Chang, Tha Tien und am Tha Oriental.

Boote auf dem Kanal

Auf dem Khlong Saen Saep (Banglamphu nach Ramkhamhaeng) verkehren Kanaltaxis, mit denen man einfach von Banglamphu zum Jim-Thompson-Haus, zu den Einkaufszentren am Siam Square (für beide Ziele am Tha Saphan Hua Chang aussteigen) und zu anderen Zielen weiter östlich an der Th Sukhumvit gelangt – allerdings muss man dafür am Tha Pratunam umsteigen.

➡ Diese Boote werden hauptsächlich von Pendlern genutzt und legen nur wenige Sekunden am Pier an – entweder man springt sofort auf oder man bleibt zurück.

➡ Eine Fahrkarte kostet zwischen 9 und 19 B; die Boote fahren unter der Woche ungefähr von 5.30 bis 19.15 Uhr (Sa 6–18.30, So 6–18 Uhr).

TAXI

➡ Beim ersten Bangkok-Besuch zögern viele noch, die Taxis in der Stadt zu nutzen, im Allgemeinen sind sie jedoch neu und komfortabel, und die Fahrer höflich und hilfsbereit. Das macht sie zu einem exzellenten Fortbewegungsmittel.

➡ Alle Taxis sind zur Nutzung des Taxameters verpflichtet (Starttarif 35 B). Fahrten zu den meisten Zielen im Zentrum kosten 60 bis 90 B. Die Autobahnmaut (je nach Ausgangspunkt 25–70 B) muss vom Passagier bezahlt werden.

➡ **Taxi Radio** (☎1681; www.taxiradio.co.th) und weitere rund um die Uhr verfügbare Taxirufdienste berechnen zusätzlich zum Taxametertarif 20 B.

GÄNGIGE ABZOCKEN IN BANGKOK

Am besten führt man sich diese typischen Betrugsmaschen zu Gemüte und schließt sich unserem Kreuzzug gegen Bangkoks gewiefte Betrugskünstler an.

Edelsteinabzocke Eine große Bitte an alle Traveller, die nicht gerade Edelsteinhändler von Beruf sind: Auf keinen Fall ungefasste Edelsteine kaufen. So simpel ist das.

Heute geschlossen Einfach jeden „freundlichen" Einheimischen ignorieren, der behauptet, eine Attraktion sei aufgrund eines buddhistischen Feiertags oder wegen Reinigungsarbeiten geschlossen.

Túk-túk-Fahrten für 20 B Die sogenannten „Touren" lassen alle Sehenswürdigkeiten links liegen und führen die Passagiere stattdessen zu den windigen Schmuckhändlern und Schneidern, die den Fahrern für die Kundschaft Provisionen bezahlen.

Taxifahrt zum Pauschalpreis Pauschalpreise für Taxifahrten sollte man generell entschieden ablehnen. Man kann davon ausgehen, dass diese dreimal so hoch sind wie der eigentliche Preis laut Taxameter.

Freundliche Fremde Bei elegant gekleideten Herren, die fragen, woher man kommt und wohin man will, ist äußerste Vorsicht geboten.

TIPPS ZUM TAXIFAHREN IN BANGKOK

➡ Man sollte nie in ein Taxi einsteigen, dessen Fahrer sein Taxameter nicht einschalten möchte. Diese warten oft vor Hotels und in Touristengebieten. Stattdessen nimmt man lieber eines, das gerade an der Straße vorbeifährt.

➡ Die Taxifahrer Bangkoks werden normalerweise nicht versuchen, ihre ausländischen Fahrgäste übers Ohr zu hauen, wie es in anderen Ländern oft der Fall ist. Sie verdienen mehr Geld, wenn sie sich an wechselnde Laufkundschaft halten.

➡ Man sollte immer daran denken, dass Bangkoks Taxifahrer eigentlich Saisonarbeiter sind, die oft gerade erst aus ihrer ländlichen Heimat in der Stadt angekommen sind und sich nicht auskennen.

➡ Wenn ein Fahrer sich weigert, einen mitzunehmen, liegt das vermutlich daran, dass er sein gemietetes Taxis bis zu einer bestimmten Uhrzeit zurückgeben muss und nicht daran, dass ihm die Nase des potenziellen Fahrgastes nicht gefällt.

➡ Nur wenige Taxifahrer in Bangkok sprechen wirklich gutes Englisch. Es kann also eine ungeheure Hilfe sein, die Adresse in thailändischer Schrift auf einem Zettel dabeizuhaben.

➡ Ältere Taxis sind oft weniger komfortabel, dafür sitzen meist erfahrenere Fahrer hinter dem Steuer, da ihnen die Fahrzeuge selbst gehören. Neue Taxis sind meist nur gemietet.

➡ Wer etwas in einem Taxi liegen lässt, ruft am besten die Nummer ☎1644 an, auch wenn die Chancen relativ gering sind, es wiederzubekommen.

TÚK-TÚK

➡ Die für Bangkok typischen Túk-túks (sprich *đúk đúk;* eine Art motorisierte Rikscha) werden von Thais für kurze Distanzen genutzt, wenn sich der Grundpreis für ein Taxi nicht lohnen würde. Für Ausländer gehören diese Gefährte zur Bangkok-Erfahrung dazu. Trotz der unverschämt überhöhten Preise und der Tatsache, dass man aufgrund des niedrigen Dachs nichts sieht, wird sich wohl jeder Bangkok-Besucher mindestens einmal zu einer Fahrt hinreißen lassen.

➡ Túk-túk-Fahrer sind berüchtigt für kleine „Umwege“ vorbei an Läden, die Edelsteine, Seide oder Massagen anbieten und ihnen eine Kommission für die Kundschaft bezahlen. Unterwegs zu ganz „besonderen“ Tempeln wird man auf „hilfsbereite“ Einheimische treffen, die einem versuchen, noch mehr Geld aus der Tasche zu ziehen. Wenn man eine Túk-túk-Fahrt für unglaubliche 20 B angeboten bekommt, sollte man sofort stutzig werden und ablehnen.

➡ Die große Mehrheit der Túk-tuk-Fahrer versucht, Touristen viel zu viel Geld abzuknöpfen (*fa·ràng*, die als Expats hier leben, nutzen dieses Fortbewegungsmittel nie). Selbst für die kürzeste Entfernung wird man einen Preis von 100 B genannt bekommen. Für eine Kurzstrecke sollte man versuchen, den Fahrer auf ungefähr 60 B herunterzuhandeln. Am besten macht man die Erfahrung einer Túk-túk-Fahrt bei Nacht, weil dann die Luftverschmutzung nämlich nicht (ganz) so schlimm ist. Nach dieser Fahrt wird man vermutlich auf Taxis umsteigen – sie sind günstiger, sauberer, kühler und ruhiger.

ZU FUSS

Man wird bei seinem Besuch nur sehr wenige Thais sehen, die zu Fuß unterwegs sind, und schon nach kurzem Aufenthalt wird einem auch klar, warum. Hohe Temperaturen, Verschmutzung, unebene oder schlichtweg nicht existente Gehwege, Gehwege, die von Straßenverkäufern oder Motorrädern blockiert werden, und die schiere Größe der Stadt machen das Laufen zu einer der am wenigsten erstrebenswerten Optionen, um die Stadt zu erkunden.

Ko Chang & Ostküste

Inhalt ➡

Gut essen

- Mantra (S. 140)
- Chanthorn (S. 151)
- Blues Blues Restaurant (S. 166)
- Namchok (S. 154)
- Pan & David Restaurant (S. 134)

Schön übernachten

- Baan Luang Rajamaitri (S. 150)
- Baan Rim Nam (S. 163)
- Bann Makok (S. 170)
- Mangrove Hideaway (S. 164)
- Rabbit Resort (S. 139)

Auf nach Ko Chang & an die Ostküste!

Die beiden Inseln Ko Samet und Ko Chang locken die meisten Traveller an Thailands Ostküste. Doch auch das Festland hat viele Attraktionen zu bieten – insbesondere den zauberhaft altmodischen Charme von Trat und Chanthaburi.

Ko Samet ist die nächstgelegene große Insel im Umkreis von Bangkok und bei Luxus-Backpackern sehr beliebt. Diese trinken dort Wodka aus Eimern, bewundern Feuerjongleure am Strand und relaxen an den ruhigeren Buchten im Süden. Weiter unten an der Küste liegt die zweitgrößte Insel Thailands: Auf Ko Chang kann man tauchen, an den Stränden der Westküste relaxen, durch dichten Dschungel wandern und – nach ausreichender Erholung – in eine turbulente Partyszene eintauchen.

Deutlich weniger Reisende zieht es nach Si Racha und Bang Saen, obwohl letzteres einen langen Strand hat und in beiden Fällen auch gute Seafood-Lokale einen Besuch lohnenswert machen. In direktem Kontrast dazu steht das laute, wilde Pattaya mit seinem ausschweifenden Nachtleben und diversen familienfreundlichen Attraktionen.

Reisezeit

- Die beste Reisezeit für die Ostküste ist am Ende der Regenzeit, also im November, und vor Beginn der Hochsaison (Dez.–März). Dann ist es angenehm kühl, die Landschaft ist üppig grün und die Preise sind angemessen. Während der Ferien über Weihnachten und Neujahr ist auf Ko Chang Hochsaison. Erst im März wird es wieder ruhiger, aber dann beginnt die heiße Trockenzeit.
- Obwohl es in der Regenzeit von Mai bis Oktober oft tage- oder gar wochenlang gar nicht regnet, schließen einige Hotels und Geschäfte auf Ko Chang und Ko Kut; auf Ko Mak und Ko Wai ist alles dicht und die Inseln befinden sich im Winterschlaf. Während des Monsuns ist Ko Samet die beste Wahl, da es aufgrund des dortigen Mikroklimas relativ trocken ist.

Si Racha ศรีราชา

☎038 / 80000 EW.

Si Racha (sprich „si ra-tscha") ist das Tor zum besuchenswerten Inselchen Ko Si Chang. Bis heute sieht man hier farbenfrohe Fischerboote mit knarrenden Planken und Geräten zum Fang von Tintenfischen – inzwischen erblickt man daneben aber auch riesige Containerschiffe. Außerdem überschatten die Ergebnisse eines Baubooms zunehmend die traditionellen Flachbauten im Stadtzentrum.

Das Zentrum von Si Racha ist nun eine Art Klein-Tokio: In den örtlichen Sushi-Restaurants und Karaokebars treffen sich zahllose Japaner, die in der regionalen Industrie arbeiten. Si Racha wahres Herz ist jedoch der Hafenbereich mit geschäftigen Piers, einem ruhigen Gesundheitspark und baufälligen Pensionen auf Stelzen.

Sehenswertes

Ko Loi INSEL

(เกาะลอย) Auf der Insel mit Straßenanschluss zum Festland gibt es einen **thailändisch-chinesischen Tempel** (วัดเกาะลอย; ⏲Sonnenaufgang–Sonnenuntergang) GRATIS und einen Aussichtsbereich mit Blick auf den eindrucksvollen Sonnenuntergang. Am gigantischen Teich unterhalb des Schreins kann man riesige Schildkröten füttern. Zum Recherchezeitpunkt wurde die Brücke zur Insel gerade renoviert; bis zum Abschluss der Arbeiten, der auf 2018 angesetzt war, ist das Eiland nicht erreichbar. Man sollte sich vorab über den Fortschritt der Bauarbeiten informieren.

Schlafen

Die hölzernen und sehr charaktervollen Hotels auf den Piers sind die authentischsten Unterkünfte der Stadt. Im unteren Preisbereich haben sie aber eine sehr einfache Ausstattung.

Samchai Resort PENSION, HOSTEL $

(☎081-963 1855; Soi 10, Th Jermjompol; B 275 B, Zi. 350–900 B; ❄📶) Das große und sehr individuelle Samchai am Hafen hat einen hilfsbereiten Inhaber, der auch Englisch spricht. Bei den Zimmern (günstigere Varianten nur mit Ventilatoren) reicht die vielfältige Auswahl von zweckmäßigen „Schachteln" ohne Fenster bis hin zu klimatisierten Suiten mit Meerblick. Am Ende des Piers gibt's super Sitzplätze mit Aussicht aufs Wasser.

Triple B HOTEL $$

(☎092 897 7881; www.triplebhotel.com; 119/1 Mu 2, Surasak Subdistrict; DZ inkl. Frühstück 700–1000 B; P❄📶🏊) Das Triple B vermietet komfortable und geräumige Zimmer mit ein paar attraktiven Designelementen. Die besten Varianten mit etwas mehr Aussicht liegen ganz oben. Vom Frühstücksraum schaut man auf ein kleines Tauchbecken. Obwohl hier nicht alles ganz reibungslos funktioniert, hat das Hotel ein gutes Preis-Leistungs-Verhältnis und ist zudem praktisch bei der Ankunft mit dem Minivan.

Essen & Ausgehen

Diverse belebte Thai-Bars säumen die Th Thetsaban. Nordwestlich davon liegen einige Karaokebars.

My One VIETNAMESISCH $

(☎089 693 3270; 14/10 Th Surasak 1; Hauptgerichte 50–160 B; ⏲9–21 Uhr) Das schlichte Lokal mit thailändisch-vietnamesischer Küche serviert allerlei frische und gesunde Gerichte (z. B. Salate und Frühlingsrollen aus Reispapier). Zu erkennen ist es am Kaffee-Karren vor dem Eingang.

Labubon Sriracha THAI $

(☎087 748 1696; Th Si Racha Nakorn; Hauptgerichte 60–160 B; ⏲8.30–22 Uhr) In einem offenen Schuppen gibt's verlässlich gute Küche à la Isan. Auf der Karte stehen z. B. leckerer *nám đòk mŏo* (pikanter Salat mit Schweinefleisch) und ein paar tolle Fischgerichte, die locker für zwei Personen reichen.

INSIDERWISSEN

GAUMENFEUER

Chilisauce der Marke „Sriracha" ist ein globaler Hit. So könnte man meinen, dass ihr die gleichnamige Stadt ein entsprechendes Denkmal setzt, was jedoch nicht der Fall ist. Angeblich wurde das scharfe Zeug vor Jahrzehnten hier erfunden, aber die berühmte Version mit dem Hahnen-Logo stammt von einem vietnamesischen Einwanderer aus L. A., der die Firma gründete und die Sauce berühmt machte.

Thailands eigene Variante (*nám prík sĕe rah·chah*) schmeckt süßer als ihr viel bekannteres US-Pendant und wird meist als Dip zu *kài jee·o* (Omelett) oder *hŏy tôrt* (Omelett mit gebratenen Muscheln) gereicht.

Highlights

1 **Ko Chang**
(S. 156) Auf der großen Insel, die für jeden Geschmack etwas zu bieten hat, schnorcheln und durch den Dschungel wandern

2 **Ko Kut** (S. 168)
An den Traumstränden des südöstlichen Eilands den ganzen Tag lang faulenzen

3 **Ko Wai** (S. 171)
Rund um die beliebte winzige Insel nahe Ko Chang in kristallklarem Wasser mit den Fischen schwimmen

4 **Ko Samet**
(S. 142) Auf der entzückenden Insel zwischen hübschen Buchten spazieren

5 **Chanthaburi**
(S. 149) Durch das alte Hafenviertel der historischen Stadt am Flussufer schlendern

6 **Trat** (S. 152)
In der netten Stadt die altmodische Atmosphäre des Geschäftsviertels mit Holzhäusern aufsaugen

7 **Ko Si Chang**
(S. 133) Vom schönen Si Racha aus per Fähre einen Tagestrip zum ruhigen Ko Si Chang unternehmen

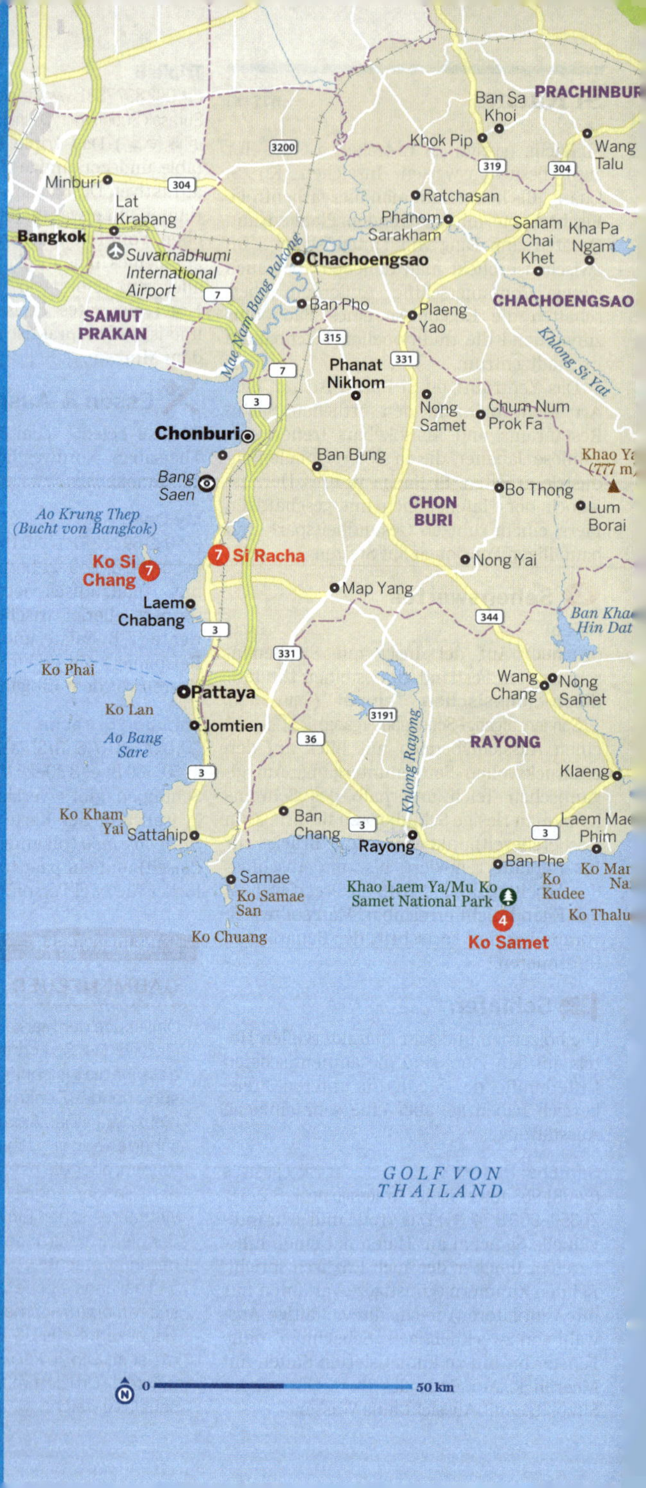

SA KAEO
Ta Phraya
Kabin Buri
33
Sa Kaew
Lam Prachinburi
Non Mak Mun
348
Ang Sila
Huay Jot
33
Aranya Prathet
Poipet
Khao Chakan
Watthana Nakhon
Sisophon
Sai Diaw
3395
Non Sao-Eh
317
Khlong Hat
Khao Takrup (660 m)
Wang Mai
KAMBODSCHA
Khao Daeng
Thun Khanan
Khao Soi Dao Nua (1566 m)
Tamun
Battambang
CHANTHABURI
Pung Ngon
Ban Pakard
Takra
Psar Pruhm
Nong Chek Soi
Nong Khla
Pong Nam Ron
Pailin
Khao Khitchakut National Park
317
Makham
3
Tha Mai
Chanthaburi
Chang Thun
Ban Pa-Ah
Chao Lao
Ta Chalap
Nam Tok Phlio National Park
Chak Yai
Nong Sii
Laem Sing
Khlung
3157
Pong
Dan Chumpon
Laem Ko Proet
Tha Chot
3271
TRAT
3394
Bang Kradan
Trat
Ban Noen Sung
3156
Laem Ngop
Laem Muang
Ao Trat
318
KAMBODSCHA
Tha Sen
Laem Sok
Ko Chang
Hat Mai Rut
Mai Rut
Ko Khlum
Mu Ko Chang National Marine Park
Ko Wai
Hat Ban Chun
Ko Kradat
Ko Ran
Ko Mak
Khlong Yai
Ko Mai Si
Ko Kut
Hat Lek
Koh Kong (Stadt)

Si Racha

Si Racha

Sehenswertes
1 Ko Loi ... A1
2 Wat Ko Loi ... A1

Schlafen
3 Samchai Resort ... B3
4 Triple B ... D3

Essen
5 Labubon Sriracha ... C3
6 My One ... B3

Ausgehen & Nachtleben
7 Teab Ta ... B3

Praktisches
8 Immigration Office (Einreisebehörde) ... C1

Transport
9 Busse nach Bangkok ... C4
10 Minivans nach Bangkok ... D3
11 Minivans nach Pattaya & Rayong ... D3
12 *Sŏrng·tăa·ou* nach Pattaya & Bang Saen ... B4

Mum Aroi SEAFOOD $$
(☎038 771555; Soi 8, Th Jermjompol; Hauptgerichte 160–450 B; ⊙11–22 Uhr; 📶) Der Name „köstliche Ecke" ist Programm: Die Stufenterrassen des Mum Aroi sind in Si Racha der beste Ort, um beim Vertilgen von Meeresfrüchten direkt aufs Wasser und das Fanggerät für Tintenfische zu schauen. In Richtung Samitivej Sriracha Hospital liegt das Lokal nördlich der Stadt. Vor dem Eingang steht ein Aquarium mit einem 2 m langen Fisch.

Teab Ta CRAFT-BIER
(www.facebook.com/teabtasriracha; Soi 16, Th Jermjompol; ⊙Mo–Fr 17–24, Sa & So ab 16 Uhr; 📶) Am langen Pier kredenzt das Teab Ta eine tolle Auswahl an Craft-Bieren aus aller

Welt (darunter einige nordeuropäische Spitzengebräue zu europäischen Preisen). Die Uferterrasse mit schöner Aussicht ist super für Sundowner. Auf der Speisekarte stehen typische Snacks von der Bar und schlichte Gerichte für recht wenig Geld. Aus den Boxen kommt moderne und sorgsam zusammengestellte Indie-Musik.

Praktische Informationen

Immigration Office (☎038 312571; www.immchonburi.go.th; 3/1 Th Jermjompol; ⏲Mo–Fr 8.30–16.30 Uhr) Einreisebehörde.

Krung Thai Bank (www.ktb.co.th; Ecke Th Surasak 1 & Th Jermjompol; ⏲Mo–Fr 8.30–16.30 Uhr) Mit Geldautomat und Wechselstube.

Post (Th Jermjompol; ⏲Mo–Fr 8.30–16.30, Sa bis 12.30 Uhr) Gegenüber vom Gemeindepark.

Samitivej Sriracha Hospital (☎038 320300; www.samitivejhospitals.com; Soi 8, Th Jermjompol)

Anreise & Unterwegs vor Ort

Nahe dem Kaufhaus **Robinson Department Store** (☎037 771001; www.robinson.co.th; 90/1 Th Sukhumvit, ⏲Mo–Fr 10.30–21, Sa & So ab 10 Uhr) an der Th Sukhumvit (Hwy 3) brechen Minivans u. a. gen **Bangkok**, **Pattaya** und **Rayong** auf. Am nahegelegenen Elektronik-Kaufhaus **Tuk Com** (☎038 773619; www.tukcom.com; Th Sukhumvit; ⏲Mo–Fr 10.30–21, Sa & So ab 10 Uhr) fahren **Busse** und Minivans ab.

In der Nähe von Si Rachas **Uhrenturm** starten weiße *sŏrng·tăa·ou* (Passagier-Pickups) zum Naklua-Markt in Pattaya (40 B, 45 Min., 6–18 Uhr). Von der gleichen Stelle aus fahren auch rote *sŏrng·tăa·ou* nach Bang Saen (15 B, 20 Min., 6–18 Uhr).

Für Stadtfahrten mit Motorradtaxis bezahlt man 30 bis 40 B.

Ko Si Chang เกาะสีชัง

☎038 / 5000 EW.

Ko Si Chang, einst eine Sommerresidenz des thailändischen Königshauses, versprüht die Atmosphäre eines Fischerdorfs. Hier warten genügend Attraktionen für einen netten Tagesausflug ab Si Racha, und für diejenigen, die sich entspannen wollen, gibt es außerdem prima Unterkünfte. Am Wochenende ist hier vergleichsweise mehr los: Dann kommen viele Thailänder auf die Insel, um Seafood zu essen, Selfies am Meer zu knipsen und in örtlichen Tempeln zu beten.

Das einzige Inselnest (dort befindet sich auch der Fähranleger) liegt auf der Festlandsseite. Holperstraßen verbinden das Dorf mit den anderen Sehenswürdigkeiten.

Sehenswertes & Aktivitäten

Einige Einheimische veranstalten **Schnorcheltrips** zur benachbarten Ko Khang Khao (Fledermausinsel), wo auch ein guter Strand wartet. Alternativ fahren Schnellboote (400 B) ab dem Hauptpier dorthin. Der **Hat Tham Phang** (หาดถ้ำพัง, Strand der eingestürzten Höhle) ist Ko Si Changs einziger Sandstrand. Dort gibt's **Leihkajaks** (200 B/Std.), mit denen man z. B. hinüber nach Ko Khang Khao paddeln kann (45 Min.).

Phra-Chudadhut-Palast HISTORISCHE STÄTTE
(พระจุฑาธุชราชฐาน; ⏲9–17 Uhr) GRATIS Dieser Palast war früher eine Sommerresidenz von König Chulalongkorn (Rama V.). Nach einer kurzen Besetzung der Insel durch Frankreich (1893) wurde er jedoch aufgegeben. Der herrliche Hauptthronsaal (auch bekannt als Vimanmek Teak Mansion) aus ver-

VERKEHRSMITTEL VON/NACH SI RACHA

ZIEL	BUS	MINIVAN	ZUG
Ost-Busbahnhof (Ekamai), Bangkok	103 B, 1½ Std., 5–20 Uhr stündl.		
Bangkok Hualamphong,			ab 28 B, 3¼ Std., Mo–Fr 1-mal tgl.
Nord-Busbahnhof (Mo Chit), Bangkok	113 B, 2 Std., 5–19.30 Uhr stündl.		
Suvarnabhumi International Airport, Bangkok	110 B, 1 Std., 5.10–20 Uhr stündl.		
Victory Monument in Bangkok		110 B, 1½ Std., 5–20 Uhr alle 30 Min.	
Pattaya		40 B, 30 Min., regelm.	ab 5 B, 30 Min., Mo–Fr 1-mal tgl.

goldetem Teakholz wurde 1910 nach Bangkok gebracht. Übrig blieb eine gartenartige Anlage mit recht unauffälligen Gebäuden im viktorianischen Stil, die teils Museen (Mo geschl.) beherbergen. Ab dem Fährkai sind es 15 Gehminuten bis zum Palast.

San Chao Pho Khao Yai BUDDHISTISCHER TEMPEL
(ศาลเจ้าพ่อเขาใหญ่) GRATIS Die wohl eindrucksvollste Sehenswürdigkeit der Insel: Der prachtvolle Tempel mit vielen Drachen stammt aus jenen alten Tagen, in denen chinesische Handelsschiffe im Schutz der Insel vor Anker gingen. Heute feiern zahllose chinesische Touristen ihr Neujahrsfest im Februar auf Ko Si Chang. Zum Tempel gehören mehrere Höhlenschreine sowie Aussichtsplattformen mit schönen Blicken auf die Insel und das Meer. Der Komplex liegt gleich nördlich des Dorfs.

Sichang Healing House MASSAGE
(081 572 7840; abseits der Th Makham Thaew; Do–Di 9–16 Uhr) Die zauberhafte Besitzerin dieses Paradiesgartens spricht Englisch und bietet verschiedene tolle Massagen (300–600 B) an. Zudem verkauft sie selbstgemachte Gesundheitsprodukte und vermietet schlichte Zimmer mit Bambuswänden (300 B).

Schlafen & Essen

Charlie's Bungalows PENSION $$
(061 749 4242; www.kosichang.net; Th Makham Thaew; Zi. 1000–1100 B; P) Die ganz in Weiß gehaltenen Bungalows stehen in einem Garten und sind mit TVs und DVD-Playern ausgestattet. Das Personal ist freundlich und hilfsbereit. Für Wochenenden und Feiertage im Voraus buchen!

Somewhere Ko Sichang BOUTIQUEHOTEL $$$
(038 109400; www.somewherehotel.com; 194/1 Mu 3, Th Thewawong; Zi. inkl. Frühstück 2600–3600 B; P) Das moderne und stilvolle Hotel ist ein erholsames, charmantes Refugium in Weiß. In sehr zentraler, aber trotzdem ruhiger Lage gibt es riesige Zimmer mit maritim angehauchtem Dekor; die meisten punkten außerdem mit Meerblick und einem Balkon. Für einen Aufenthalt sprechen auch das schöne Hausrestaurant und das engagierte Personal.

FlowerBlue CAFÉ $
(081 305 5544; www.facebook.com/flowerblue.coffee; Hauptgerichte 70–190 B; 7–22 Uhr;) Besucher aus Bangkok schätzen das trendige Café mit stets belebter Atmosphäre für seine Klimaanlage und seine fairen Preise. Auf der Karte stehen u. a. Frühstück, Burger und Kaffeespezialitäten. Echte Pflanzen und Blumenbilder zieren die ansprechenden Räumlichkeiten.

★ **Pan & David Restaurant** INTERNATIONAL, THAI $$
(038 216629; www.ko-sichang.com; 167 Mu 3, Th Makham Thaew; Hauptgerichte 170–300 B; Mo–Fr 10–22.30, Sa & So 8.30–22 Uhr;) Fleisch von freilaufenden Hühnern, selbstgemachtes Eis, eine anständige Weinkarte, tolles thailändisches Essen und ein paar italienische Gerichte machen das Pan & David immer zur guten Wahl. Auf dem großen Gelände gibt's auch ein paar Gästezimmer und Bungalows (750–1800 B); darunter finden sich auch ein paar charaktervoll umgebaute Fischerboote in einem Trockendock.

Pee Noi SEAFOOD $$
(Th Makham Thaew; Hauptgerichte 100–350 B; 11–21 Uhr) Das Restaurant mit Tischen an der Straße und Essen zum Mitnehmen wird von den Einheimischen für seine großartigen Meeresfrüchte geschätzt. Zu erkennen ist es an den blauen Tischen und Sonnenschirmen.

Praktische Informationen

Auf der Internetseite des Restaurants Pan & David (www.ko-sichang.com) findet man viele nützliche Infos über die Insel.

Die **Kasikornbank** (99/12 Th Atsadang; 8.30–15.30 Uhr) hat einen Geldautomaten und eine Wechselstube.

Post (Th Atsadang; Mo–Fr 8.30–16.30, Sa 8.30–12.30 Uhr)

ABSEITS DER ÜBLICHEN PFADE

GEHEIMER MANGROVENWALD

Das **Mangrove Forest Conservation Centre** (ศูนย์ศึกษาธรรมชาติและอนุรักษ์ป่าชายเลนเพื่อการท่องเที่ยว; 038 398268; Ang Sila; 8.30–18.30 Uhr) ist so unbekannt, dass selbst viele Einheimische nichts von seiner Existenz wissen. Durch die Mangroven führt ein 2 km langer Rundweg aus Holzplanken. Zu sehen gibt's hier u. a. Krebse, Herzmuscheln und Schlammspringer. Interessant sind auch die Geräusche und Gerüche.

Der Wald liegt 6 km nördlich von Bang Saen in Ang Sila.

Anreise & Unterwegs vor Ort

Am Ende von Si Rachas Hauptpier starten Boote nach Ko Si Chang (einfache Strecke 50 B, 45 Min., 7–20 Uhr stündl.; in die Gegenrichtung 6–19 Uhr stündl.). Diese kurven beim Auslaufen um die vielen Frachter vor Anker in der Bucht herum und steuern unterwegs noch das kleine Ko Karm an.

Auf Ko Si Chang fahren Motorradtaxis vom Pierende für 30 bis 50 B zu beliebigen örtlichen Zielen. Touren mit geschmückten *săhm·lór* (oder auch *săamláw*; Fahrradrikschas) klappern für 250 B die wichtigsten Sehenswürdigkeiten der Insel ab.

Am Pier kann man **Motorräder** (pro Std./ Tag/24 Std. 80/250/300 B) und **Fahrräder** (☎ 089 747 9097; pro Tag/24 Std. 120/160 B) ausleihen.

Bang Saen

บางแสน

☎ 038 / 45 000 EW.

Als nächstgelegener Strandort im Umkreis von Bangkok ist Bang Saen bei Wochenend-Stadtflüchtlingen sehr beliebt. Hierfür sorgen u.a. ein schöner Palmenstrand und zahllose verschiedene Unterkünfte. Auf der 4 km langen Promenade sieht man tagsüber zahlreiche Tandems und Seafood-Stände. Abends bevölkern viele Studenten die hippe Restaurant- und Barmeile mit Meerblick. Der Sand ist hier schmutziger als anderswo in Thailand. Doch wer keinen großen Wert auf Schwimmen legt, kann in Bang Saen super ein Gefühl für Strandferien im thailändischen Stil bekommen.

Sehenswertes

Nezha-Sathaizhu-Tempel BUDDHISTISCHER TEMPEL

(ศาลเจ้าหน่าจาซาไท้จื้อ, Wihahn Tepsatit Pra Gitichairloem; Ang Sila; ⏲ 8–17 Uhr) GRATIS Vor dem prachtvollen Tempel im chinesischen Stil erhebt sich eine mächtige Säule, die Himmel und Erde symbolisiert. Das Innere des vierstöckigen Baus wird von komplexen Malereien und herrlichen Skulpturen geziert. Das Dekor umfasst viele Drachen und Fledermäuse, die jeweils Glückssymbole sind. Die Einheimischen beten und opfern hier regelmäßig. Wer letzteres selbst tun will, bekommt von Freiwilligen bereitwillig die Rituale erklärt. Rund 5 km nördlich von Bang Saens Strand liegt der Tempel an der Hauptstraße in Ang Sila.

Khao Sam Muk HÜGEL

(เขาสามมุข, Affenberg; ⏲ Straße 5–23 Uhr) Auf dem kleinen Hügel leben Hunderte gieriger Rhesusaffen mit flinken Händen. Achtung: Die Tiere auf keinen Fall füttern, da sie sonst noch aggressiver werden!

Schlafen & Essen

Die Soi 1 mit zahllosen Budget-Pensionen (Zi. ab 200 B) führt vom Strand landeinwärts. Ein paar gehobenere Bleiben säumen die Küste in Richtung Norden. Das **KT Guesthouse** (☎ 096 747 6711; 197/10 Th Long Had Bang Saen; Zi. ohne Frühstück 500–600 B; ❄📶) liegt in praktischer Nähe zu Strand und Barmeile. Seine modernen Zimmer haben teilweise Balkone. Das familiengeführte **Song Row Guesthouse** (☎ 038 193545; Soi 1, Bang Saen Sai 1; Zi. ohne/mit Bad 300/400 B) vermietet blitzsaubere Zimmer mit und ohne Bad (Klimaanlage und Warmwasser zzgl. 50 B). Es hat zwar kein englischsprachiges Schild, ist aber an den rot-weißen Kacheln in Rautenform zu erkennen.

Das **Summer's Corner** (☎ 090 070 6403; www.facebook.com/summerscorner193; 193/25 Th Long Had Bang Saen; Hauptgerichte 100–170 B; ⏲ Do–Di 11–22 Uhr; ❄📶) tischt u. a. Zitronentorte und Waffeln auf. **Andy's Seafood** (Bang Saen Sai 1 nahe der Soi 1; Hauptgerichte 120–350 B; ⏲ 17–24 Uhr) serviert gedünsteten Zackenbarsch bei Blick auf Palmen, die sich in der Abendbrise wiegen. Die beliebten Bars bzw. Nachtclubs an der Th Long Had Bang Saen locken feierwütige Studentenscharen mit Freilufttischen und mörderisch lauter Livemusik.

An- & Weiterreise

Nahe der Hauptabzweigung nach Bang Saen starten Minivans und Busse auf beiden Seiten der Th Sukhumvit. Rote *sŏrng·tăa·ou* fahren von hier aus nach Si Racha (15 B, 20 Min., 5.30–21 Uhr), blaue *sŏrng·tăa·ou* (Linie 1) nach Ang Sila.

ZIEL	BUS	MINIVAN
Ost-Busbahnhof (Ekamai), Bangkok	86 B,1 Std., stündl.	
Nord-Busbahnhof (Mo Chit), Bangkok	99 B, 1½ Std., stündl.	120 B, 1½ Std., 5–20.30 Uhr stündl.
Suvarnabhumi International Airport, Bangkok	110 B, 1 Std., stündl.	
Victory Monument in Bangkok	110 B, 1½ Std., stündl.	
Ban Phe (nach Ko Samet)		190 B, 2 Std., 8–17 Uhr

Pattaya เมืองพัทยา

☎038 / 300 000 EW.

Das multikulturelle Pattaya hat ein paar hervorragende Unterkünfte und Restaurants. Zudem säumen viele familienfreundliche Resorts die umliegende Küste. Die Stadt selbst ist jedoch kein Tropenparadies und gilt mit Hunderten von Bierkneipen, Go-Go-Bars und Massagesalons zu Recht als Sex-Metropole. Ansonsten steht Pattaya fast ganz im Zeichen des normalen Massentourismus: Zu zahllosen Sonnenanbetern gesellt sich hier ein hektischer und fast konstanter Strom von riesigen Tourgruppen. Vor Ort leben auch sehr viele ausländische Pensionäre.

Die Stadt erstreckt sich rund um den Rand der halbmondförmigen **Ao Pattaya**. In den 1960er-Jahren war diese weite Bucht eins von Thailands ersten Stranddomizilen, in denen US-Soldaten aus Vietnam ihren Fronturlaub verbrachten. Auf Süd-Pattaya (Pattaya Tai) konzentriert sich bis heute das örtliche Nachtleben, während Nord-Pattaya (Pattaya Neua) vergleichsweise vornehmer ist. Rund um die Stadt liegen die relativ ruhigen Strandorte **Jomtien** (südwärts) und **Naklua** (nordwärts). In Wong Amat gibt's ein paar Luxusresorts.

Sehenswertes & Aktivitäten

Ratten auf dem Strand und jede Menge ausgelaufenes Bootsbenzin machen Schwimmen im Stadtzentrum ungemein unappetitlich. Vergleichsweise besser badet es sich nordwärts in Naklua oder südwärts in Jomtien, wo sich auch der schwulenfreundliche Strand von Hat Dongtan befindet.

Rund 20 km südlich von Pattaya liegt Bang Sare mit guten Resorts an einem langen und schmalen Strand.

Die besten Strände im Umland findet man 35 km südlich von Pattaya auf der winzigen Insel Ko Samae San (dort gibt's auch prima Schnorchelspots) sowie im Bereich von Hat Nahng Ram, wo Thailands Marine die Aufsicht hat.

Sanctuary of Truth — BUDDHISTISCHES DENKMAL

(ปราสาทสัจธรรม; ☎038 367229; www.sanctuaryoftruth.com; Soi Naklua 12; Erw./Kind 500/250 B; ⏲8–18 Uhr) Das ganz aus Holz, aber ohne einen einzigen Nagel errichtete Heiligtum der Wahrheit, das zudem einen himmlischen Blick aufs Meer bietet, lässt sich am besten als visionären Lebensraum beschreiben, einer Mischung aus Kunstinstallation, religiösem Schrein und Kulturdenkmal. Die Architektur ist ebenso beeindruckend wie die Lage, denn die vier Flügel des Heiligtums sind jeweils der thailändischen, kambodschanischen (Khmer), chinesischen und indischen religiösen Bilderkunst gewidmet.

Das reich verzierte, tempelähnliche Bauwerk wurde vom thailändischen Millionär Lek Viriyaphant entworfen, der sein gesamtes Vermögen für dieses und andere historische Projekte wie etwa das Freilichtmuseum Ancient City bei Bangkok ausgibt, um die alten, traditionellen Bautechniken und Architekturen nicht nur vor dem Verschwinden zu bewahren, sondern sogar zu neuem Leben zu erwecken. In diesem Fall geht es darum, die alte Kunst der Holzbearbeitung ohne moderne Hilfsmittel zu pflegen. Kein Wunder, dass an dem Bauwerk seit 1981 gewerkelt wird und es immer noch nicht fertig ist.

Jeder Zentimeter des 105 m hohen Gebäudes ist mit Schnitzereien von hinduistischen und buddhistischen Gottheiten bedeckt – eine kunstvolle Verschmelzung der Jahrhunderte voller religiöser Mythen unter einem Dach vereint.

Eine Besichtigung ist nur im Rahmen von Führungen möglich, die alle 30 Minuten stattfinden. Außerdem werden um 11.30 und 15.30 Uhr thailändische Tänze vorgeführt. Das Heiligtum befindet sich etwa 3 km vom Zentrum entfernt am Ende der 1 km langen Soi 12, einer Seitenstraße der Th Naklua.

Anek Kusala Sala — MUSEUM

(Viharn Sien; อเนกกุศลศาลา/วิหารเซียน; ☎038 235250; abseits der Th Sukhumvit; 50 B; ⏲8–17.30 Uhr) Das bei Reisegruppen beliebte Museum zeigt über 300 eindrucksvolle chinesische Kunstwerke, vor allem Bronze- und Messingstatuen, die sowohl historische Persönlichkeiten als auch buddhistische, konfuzianische und taoistische Gottheiten darstellen. Gegründet wurde es von dem im China aufgewachsenen Thai Sanga Kulkobkiat zur Förderung der Freundschaft zwischen beiden Ländern.

Im 1. Stock drängen sich chinesische Unsterbliche, von Pangu, dem kosmischen Riesen, bis zu Guan Yin, der Göttin der Gnade. Auf der Terrasse im 2. Stock stehen die beeindruckendsten Stücke der Ausstellung: überlebensgroße Statuen von Shaolin-Mönchen in verschiedenen Kampfsporthaltungen. Nebenan befindet sich eine bewegende

Pattaya

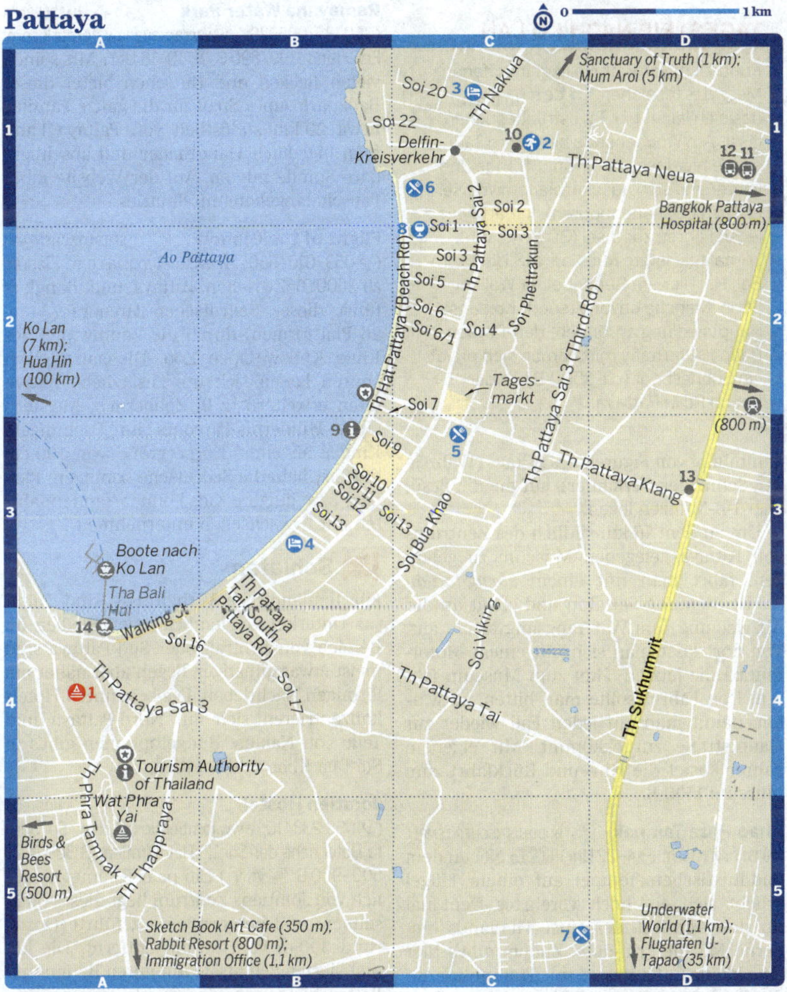

Pattaya

Sehenswertes
1 Khao Phra Tamnak A4

Aktivitäten, Kurse & Touren
2 Fairtex Sports Club C1

Schlafen
3 Garden Lodge Hotel C1
4 Nonze Hostel B3

Essen
5 Leng Kee C3
6 Mantra C1
7 Thepprasit Market C5

Ausgehen & Nachtleben
8 Gulliver's C2

Praktisches
9 Tourist Information Kiosk B3

Transport
10 Bangkok Airways C1
11 Bell Travel Service D1
12 Busbahnhof D1
13 Minivans nach Bangkok D3
14 Royal Ferry Group A4

TAGESTRIP NACH KO LAN

Rund 7 km vor Pattaya liegt im offenen Meer das Inselchen **Ko Lan** (เกาะล้าน), das sich leicht per Tagestrip besuchen lässt. Am Wochenende bevölkern Tausende hier insgesamt fünf Strände und vergnügen sich auf azurblauem Wasser (z. B. mit Bananenbooten). In Pattaya legen Fähren zur Insel (30 B, 45 Min., 11-mal tgl.; letzte Rückfahrt 18 Uhr) vom Bali Hai Pier am Südende der Walking St ab. Manche davon steuern Ko Lans Hauptsiedlung an, andere den Tawaen Beach. Alternativ mietet man sich privat ein Schnellboot (ca. 2500 B) an der Beach Rd in Pattaya.

Sammlung von Figuren des Alltags (Wahrsager, Schneider, Verkäufer), auf die die Besucher 1-B-Münzen legen.

Um zu dem 16 km südlich des Zentrums von Pattaya gelegenen Museum zu gelangen, fährt man mit einem *sŏrng·tăa·ou* (25 B) Richtung Sattahip und steigt an der Abzweigung zum Wat Yangsangwaram aus. Von dort lässt man sich mit einem Motorradtaxi die letzten 5 km zum Museum fahren. Den Fahrer sollte man bitten, zu warten, damit man auf jeden Fall wieder zur Hauptstraße zurückkommt. Mit eigenem Fahrer kostet die Hin- und Rückfahrt zum Museum 1500 B.

Khao Phra Tamnak BUDDHISTISCHER TEMPEL
(เขาพระตำหนัก; ⏲4–22 Uhr) GRATIS Neben dem buddhistischen Tempel auf einem Hügel erhebt sich ein hoch verehrtes Denkmal für den Admiral, der einst Thailands moderne Marine gründete. Zudem gibt's hier eine kleine Caféterrasse mit Traumblick auf die Bucht von Pattaya. Dieser ist bei Sonnenuntergang besonders schön, was täglich viele Besucher anlockt. Ab dem Südende der Walking St ist der Tempel zu Fuß erreichbar.

Underwater World Pattaya AQUARIUM
(อันเดอร์วอเตอร์เวิลด์ พัทยา; ☎038 756879; www.underwaterworldpattaya.com; 22/22 Mu 11, Th Sukhumvit; Erw./Kind 500/300 B; ⏲9–18 Uhr; 👪) Das größte Aquarium der Region liegt ca. 4 km südlich von Pattaya an der Hauptstraße. Streichelbecken und Koi-Fütterungen machen es ausgesprochen kinderfreundlich. Hiesiges Highlight ist ein begehbarer Unterwassertunnel.

Ramayana Water Park WASSERPARK
(☎033 005929; www.ramayanawaterpark.com; Erw./Kind 1190/890 B; ⏲10–18 Uhr) Mit seinen vielen Becken und Rutschen bietet dieser Badepark super Spaß für die ganze Familie. Etwa 20 km südöstlich von Pattaya kann man hier auch Handtücher und abschließbare Spinde mieten. Auf der Website gibt's Pauschalangebote mit Shuttles.

Flight of the Gibbon SEILRUTSCHENPARK
(☎053 010 660; www.treetopasia.com; Touren ab 3600 B) Zwischen Pattaya und Bangkok führt dieser Seilrutschen-Parcours (3 km, 26 Plattformen) durch die Baumwipfel des Khao Kheow Open Zoo. Die ganztägigen Touren lassen sich um zusätzliche Aktivitäten erweitern (z. B. Zoobesuch, Meistern eines Hindernis-Parcours im Dschungel). Kinder ab einer Körpergröße von 100 cm dürfen allein die Seilrutsche benutzen; kleinere bzw. jüngere Kids können Tandemfahrten mit Erwachsenen unternehmen.

Schlafen

Für thailändische Verhältnisse sind Pattayas Unterkünfte ziemlich teuer. Bleiben im Bereich von Zentral- oder Süd-Pattaya sind meist etwas günstiger, liegen aber näher am lärmigen Nachtleben. Die bekannten Hotels konzentrieren sich auf Nord-Pattaya und Teile von Naklua. Budgetoptionen gibt's in Soi Bua Khao und Jomtien.

Jomtien Hostel HOSTEL $
(☎038 233416; www.jomtienhostel.com; Soi Sarita Hotel nahe der Soi 12, Hat Jomtien; B 300 B, Zi. 600–900 B; ❄@📶) Ein paar Kilometer südlich von Jomtiens Zentrum liegt dieses blitzsaubere und hervorragend geführte Hostel rund 300 m vom Strand entfernt. Die klimatisierten Schlafsäle mit guten Betten und Bettvorhängen werden durch Privatzimmer mit einem prima Preis-Leistungs-Verhältnis ergänzt. Rabatte gibt's in der Nachsaison.

Nonze Hostel HOSTEL $
(☎038 711112; www.nonzehostel.com; Th Hat Pattaya; EZ/2BZ 650/1400 B; ❄📶) Direkt am Meer lockt das Nonze mit Blick aufs Wasser und sehr schickem Innendesign im Industriestil. Die winzigen Zimmer sind quasi übereinander angeordnete Schlafkabinen – ziemlich interessant und schnuckelig, sofern man nicht an Platzangst leidet. Die Varianten mit zwei Betten sind vergleichsweise etwas geräumiger. Bei den Gemeinschaftsbädern gibt's nichts zu meckern.

Garden Lodge Hotel HOTEL $$

(☎038 429109; www.gardenlodgepattaya.net; Ecke Soi 20 & Th Naklua; Zi./Bungalow/Suite 1200/1700/3000 B;) Das Garden Lodge am angenehmeren Ende von Pattaya ist eine gute Wahl für Familien und bei deutschen Urlaubern sehr beliebt. Rund um die altmodischen Zimmer erstreckt sich ein Landschaftsgarten mit einem großen Pool.

★ **Rabbit Resort** RESORT $$$

(☎038 251730; www.rabbitresort.com; Hat Dongtan, Jomtien; Zi. inkl. Frühstück 6800–9000 B;) Das Rabbit deklassiert Pattayas meiste andere Unterkünfte in puncto Qualität: Die separat stehenden und äußerst stilvollen Bungalows bzw. Villen prunken mit Design und Kunst à la Thailand. Die Obergeschosszimmer sind besonders hell und attraktiv. Auf dem ruhigen Strandgelände mit viel Grün gibt's auch zwei Pools (einer davon speziell für Familien). Der großartige Service trägt zum hervorragenden Preis-Leistungs-Verhältnis bei. Das Resort liegt zwischen Jomtien und Pattaya Tai.

Birds & Bees Resort RESORT $$$

(☎038 250556; www.cabbagesandcondoms.com; Soi 4, Th Phra Tamnak; Zi. 4500–11000 B;) Diese tropische Gartenanlage verfügt über zwei Pools und geräumige Quartiere. Sie unterstützt außerdem mit ihren Einnahmen die bemerkenswerte Arbeit der gemeinnützigen Hilfsorganisation PDA, die sich für die Entwicklung auf dem Land engagiert. Die günstigsten Zimmer im Birds & Bees Resort haben keine Fenster. Die Anlage selbst ist sehr attraktiv: An verschlungenen Fußwegen stehen Schilder mit skurrilen und nachdenklich stimmenden Kommentaren zur aktuellen Lage der Dinge. Gäste genießen direkten Strandzugang und schauen vom Restaurant aus unmittelbar auf den Sand.

Essen & Ausgehen

In ganz Thailand ist richtig schlechtes Essen eher die Ausnahme, nicht so aber in Pattaya – vor allem im überteuerten Nightlife-Viertel. Anderswo in der Stadt und im Umland gibt's aber durchaus ein paar hervorragende Restaurants, darunter z. B. das Bang Sare, dessen trendige Lokale mit thailändischer und internationaler Küche am Wochenende kräftig brummen.

Die zahlreichen Bars an der anrüchigen Walking St sind in erster Linie etwas für Leute, die einfach nur ausgelassen feiern wollen. Der noch grellere Rotlichtbezirk beginnt einen Block hinter dem Strand.

Leng Kee CHINESISCH $

(Th Pattaya Klang; Hauptgerichte 100–300 B; ⌚24 Std.) Entengerichte sind das Highlight des renommierten Leng Kee mit thailändisch-chinesischer Küche. Das Seafood des Lokals schmeckt aber auch super. Für seine hohe Qualität ist das Essen sehr günstig, Romantiker haben jedoch Pech: Hier bezahlt man weder fürs Ambiente noch fürs Dekor.

Thepprasit Market MARKT $

(Ecke Th Thepprasit & Th Sukhumvit; Snacks 30–80 B; ⌚Fr–So 16–22 Uhr) Neben allerlei Krimskrams und Unmengen von Klamotten gibt's auf dem gut besuchten Nachtmarkt am Wochenende auch eine große Auswahl an Smoothies, Nudelgerichten und Snacks.

Mum Aroi SEAFOOD, THAI $$

(☎038 223252; 83/4 Soi 4, Th Naklua; Hauptgerichte 150–420 B; ⌚11–23 Uhr) Das alteingesessene Restaurant am Wasser liegt genau dort, wo das ehemalige Fischerdorf von Naklua endet. Tatsächlich liegen noch ein paar alte Fischerboote verlassen vor der

PATTAYA – STADT DER AUSLÄNDER

In den 1960er-Jahren wurden die ersten US-Soldaten zwecks Fronturlaub von Vietnam nach Pattaya geschickt. Seitdem ist die Stadt ein Synonym für den Sextourismus. Sie hat aber auch eine weniger anrüchige Seite: Zahllose Auswanderer schätzen die hohe Lebensqualität, die recht niedrigen Lebenshaltungskosten und die vielen Annehmlichkeiten (darunter ein paar der besten Golfplätze Thailands).

So wohnen in Pattaya heute ca. 50 000 Ausländer – z. B. zahlreiche Russen und Briten, die hier teilweise auch Geschäfte eröffnet haben. Eine arabische Gemeinde floriert rund um die Soi 16 am Südende der Walking St, während Naklua vor allem bei Deutschen beliebt ist. Bei den kulinarischen Spezialitäten aus aller Welt reicht das lokale Angebot von Kaffee aus Südafrika bis hin zu französischem Käse. Die örtliche Zahl an Ausländern erhöht sich jedes Jahr noch um die Scharen von Langzeittouristen (Tendenz steigend).

Küste. Eine frische Brise umweht die Gäste, die sich gierig über das fantastische Thai-Essen hermachen. Unbedingt probieren sollte man *sôm·đam þoo* (würziger Papaya-Salat mit Krebsfleisch) und *þlah mèuk nêung ma-now* (in Limettensaft gedünsteter Tintenfisch).

Sketch Book Art Cafe INTERNATIONAL, THAI **$$**
(038 251625; 478/938 Mu 12, Th Tha Phraya; Hauptgerichte 120–300 B; 8.30–21 Uhr) Das großartige Café mit Künstlertouch und vielen Pflanzen bietet willkommene Erholung vom üblichen Pattaya-Vibe: Es liegt in einem großen Garten und wird innen von selbstgemalten Bildern des Inhabers geziert. Zu den frischen Thai-Gerichten auf der ellenlangen Karte gibt's leckere Smoothies. Wer selbst kreativ den Pinsel schwingen will, kann hier auch alles Nötige dafür kaufen.

Glass House THAI **$$**
(081 266 6110; www.glasshouse-pattaya.com; Soi Najomtien 10, Hat Jomtien; Hauptgerichte 170–380 B; 11–24 Uhr;) Die Gäste des komplett weißen Strandlokals mit romantischer Atmosphäre vergraben ihre Zehen im warmen Sand, während die Kellner z. B. Seafood, Pizza und Steak servieren. Die Qualität der thailändischen Gerichte ist besonders hoch. Das Lokal liegt rund 9 km südlich von Pattayas Zentrum entfernt.

★ **Mantra** THAI, INTERNATIONAL **$$$**
(038 429591; www.mantra-pattaya.com; Th Hat Pattaya; Hauptgerichte 350–1100 B; tgl. 17–1, So auch 11–15 Uhr;) Das Mantra gehört zu Pattayas besten Restaurants. Selbst wenn man sich nur einen der noblen Cocktails (ab 180 B) leisten kann, lohnt sich ein Besuch: Gebäude und Einrichtung sind sehr mondän. Am attraktivsten ist das Obergeschoss, wo sich gemütliche Separees und Tische mit Blick auf das Treiben im Lokal befinden. Auf der Speisekarte steht Kulinarisches aus aller Welt, aber die appetitlich angerichteten Thai-Gerichte sind geradezu sensationell.

Gulliver's BAR
(www.gulliverbangkok.com; Th Hat Pattaya; 15–2 Uhr;) Die recht pompöse Fassade im Neo-Kolonialstil und die kleine US-Freiheitsstatue täuschen: Das Gulliver's ist eine recht gewöhnliche Sportsbar am Strand. Für den Laden sprechen jedoch das anständige Bier, der gute Service, die Klimaanlage und die Abwesenheit von Bardamen.

Praktische Informationen

EINREISE

Einreisebüro (038 252750; www.immigration.go.th; Soi 5, Hat Jomtien; Mo–Fr 8.30–12 & 13–16.30 Uhr)

GEFAHREN & ÄRGERNISSE

- Das größte Problem in Pattaya ist der Alkohol, der immer wieder zu Verkehrsunfällen und Schlägereien führt.
- Man sollte immer alle Wertsachen im Zimmersafe des Hotels lassen!
- Auch sollte man keine Jet-Skis mieten, da es immer wieder zu vorgetäuschten „Beschädigungen" kommt.

GELD

Banken und Geldautomaten gibt's überall.

MEDIZINISCHE VERSORGUNG

Das **Bangkok Pattaya Hospital** (038 259999; www.bangkokpattayahospital.com; 301 Mu 6, Th Sukhumvit, Naklua; 24 Std.) bietet erstklassige medizinische Versorgung.

NOTFALL

Die Touristenpolizei hat ihre **Zentrale** (Notruf 1155; tourist@police.go.th) neben dem Büro von Tourism Authority of Thailand an der Th Phra Tamnak. Sie betreibt auch Posten an den Stränden von **Pattaya** und Jomtien.

TOURISTENINFORMATION

Tourism Authority of Thailand (TAT; 038 428750; www.tourismthailand.org; 609 Th Phra Tamnak; 8.30–16.30 Uhr) Das hilfsbereite Personal des Büros an der nordwestlichen Ecke des Parks Rama IX hält Broschüren und Stadtpläne bereit.
Tourist Information Kiosk (8–18 Uhr)

INFOS IM INTERNET

Pattaya Mail (www.pattayamail.com) Eine von Pattayas englischsprachigen Wochenzeitungen.

Pattaya One (www.pattayaone.news) Interessante Einblicke in die dunkleren Seiten der Stadt.

An- & Weiterreise

BUS & MINIVAN

Der **zentrale Busbahnhof** befindet sich in der Th Pattaya Neua und bietet Verbindung nach Bangkok sowie mit **Bell Travel Service** (084 427 4608; www.belltravelservice.com; Th Pattaya Neua) auch zum dortigen Suvarnabhumi Airport (250 B, 1½–2 Std., 7-mal tgl.). Bei rechtzeitiger Reservierung holt einen Bell Travel vom Hotel ab. Ebenfalls zum Suvarnabhumi Airport fahren die vergleichsweise deutlich günstigeren Busse von **Roong Reuang Coaches** (120 B; www.airportpattayabus.com), die in Jomtien nahe der Ecke mit der Th Thep Prasit an der Th Tha Phraya starten.

Ab der Ecke Th Sukhumvit und Pattaya Klang rollen **Minivans** nordwärts nach Bangkok. Minivans zur kambodschanischen Grenze brechen an der Ecke Th Sukhumvit und Th Pattaya Tai auf. Reisebüros im Stadtzentrum arrangieren Minivantrips nach Ko Chang (550 B), Ko Mak (750 B) und Ko Kut (800B).

FLUGZEUG

Pattayas Flughafen heißt **U-Tapao** (UTP; ☎ 038245595; www.utapao.com) und liegt 33 km südlich der Stadt. Taxifahrern sollte man unbedingt klar mitteilen, dass dieser Flughafen gemeint ist – andernfalls gehen die Chauffeure eventuell automatisch von Bangkok als Ziel aus!

Bangkok Airways (☎ 038 412382; www.bangkokair.com; Fairtex Arcade, Th Pattaya Neua), **Air Asia** (www.airasia.com) und **Kan Airlines** (www.kanairlines.com) verbinden Pattaya täglich mit Zielen in ganz Thailand.

Air Asia und ein paar andere Fluglinien bieten zudem Auslandsflüge an.

Hinzu kommen regelmäßige Charterflüge.

SCHIFF/FÄHRE

Bei unserem Besuch hatte die **Royal Ferry Group** (☎ 038 488999; www.royalferrygroup.com) gerade erst einen Schnellkatamaran-Service zwischen Pattaya und Hua Hin (Standard/Business Class 1250/1550 B; zum Recherchezeitpunkt 1-mal tgl., zukünftig häufiger) eingerichtet. Trotz Problemen bei rauer See und der recht hohen Preise wird diese neue Verbindung über den Golf von Thailand offenbar gut angenommen: Sie reduziert die bisherige Reisezeit um 50 %.

Zum Recherchezeitpunkt hatte dieselbe Betreibergesellschaft auch einen Service zwischen Ko Chang und Sattahip (30 km südlich von Pattaya) in Aussicht gestellt. Bis zum Betriebsstart wird's aber wohl noch recht lange dauern.

ZUG

Der **Bahnhof von Pattaya** (☎ 038 429285) liegt im Osten der Stadt, in der Nähe der Th Sukhumvit.

ℹ Unterwegs vor Ort

Die in Pattaya als „Baht-Busse" bezeichneten *sŏrng·tăa·ou* fahren entlang der Hauptstraßen. Einfach einsteigen und beim Aussteigen 10 B bezahlen! Wer die ganze Strecke von Naklua (oder in umgekehrter Richtung) fahren möchte, muss eventuell am **Delfin-Kreisverkehr** (Th Naklua & Th Pattaya Neua) in Pattaya Neua umsteigen. Am Kreisverkehr verkehren außerdem Baht-Busse zum Busbahnhof. Wer noch weiter fahren möchte, kann einen ganzen Baht-Bus chartern, sollte aber den Preis unbedingt im Voraus aushandeln. Motorräder werden für 200 B am Tag vermietet.

Rayong & Ban Phe

ระยอง/บ้านเพ

☎ 038 / 70 000 EW.

Auf dem Weg nach Ko Samet kommt man höchstwahrscheinlich durch diese beiden Städte. Im großen und weitläufigen Rayong starten regelmäßig Busse zu allen möglichen Zielen. Rund 18 km weiter östlich liegt der kleine Hafenort Ban Phe mit einem recht schönen Strand und Fährverbindungen

VERKEHRSMITTEL AB/NACH PATTAYA

ZIEL	BUS	MINIVAN	ZUG
Aranya Prathet (nach Kambodscha)		260 B, 5 Std., 4–18 Uhr stündl.	
Ost-Busbahnhof (Ekamai), Bangkok	108 B, 2 Std., 4.30–23 Uhr alle 30 Min.	130 B, 2 Std., regelm.	
Bahnhof Hualamphong, Bangkok			ab 31 B, 4 Std., Mo–Fr 1-mal tgl.
Nord-Busbahnhof (Mo Chit), Bangkok	117 B, 2½ Std., 4.30–21 Uhr alle 40 Min.	150 B, 2½ Std., regelm.	
Süd-Busbahnhof, Bangkok	119 B, 3 Std., 6–18.30 Uhr alle 2 Std.	150 B, 2½ Std., stündl.	
Hua Hin	389 B, 6 Std., 1-mal tgl.		
Ko Samet		160 B, 1 Std., stündl.	
Rayong		100 B, 1½ Std., regelm.	
Si Racha		40 B, 50 Min., regelm.	ab 5 B, 30 Min., Mo–Fr 1-mal tgl.

nach Ko Samet. Zwischen den zwei Städten pendeln blaue *sŏrng·tăa·ou* (25 B, 45 Min., alle 15 Min.). Bei genügend Zeit empfiehlt sich in Rayong ein Bummel durch die malerische Altstadt südlich der Hauptstraße.

Schlafen & Essen

Rayongs zahlreiche Unterkünfte befinden sich größtenteils außerhalb vom Zentrum. In Ban Phe gibt's neben vielen Pensionen – hautsächlich sind es Budget-Bleiben – auch eine Uferstraße mit verschiedenen Lokalen. Darunter ist auch das eindrucksvolle Resort-Restaurant **Tamnanpar** (☎038 652884; www.tamnanpar-rayong.com; 167/6 Mu 7; Hauptgerichte 150–300 B; ⊙10–22 Uhr; 📶) im Stil eines Regenwalds.

La Paillote PENSION **$$**
(☎038 651625; www.lapaillotebanphe.com; Ban Phe; Zi. 700–900 B; ❄📶) Von dieser anständigen Budgetoption in Ban Phe ist es nicht weit bis zum Strand und zum Fährhafen. Unter den einfachen, aber komfortablen und gut ausgestatteten Zimmern sind auch gute Optionen für Familien. Weitere Pluspunkte sind das freundliche Personal und das hauseigene Freiluftrestaurant mit Bar.

Rayong President Hotel HOTEL **$$**
(☎038 622771; www.rayongpresidenthotel.com; Soi Klongkhud abseits der Th Sukhumvit, Rayong; Zi. 700–850 B; P❄📶) Rayongs andere Bleiben sind größtenteils besser als diese, liegen aber alle ein gutes Stück außerhalb vom Zentrum. Zudem gehört das Rayong President zu den wenigen örtlichen Optionen in Laufentfernung zum zentralen Busbahnhof. Die ansatzweise renovierten Zimmer haben ein akzeptables Preis-Leistungs-Verhältnis und sind bei Verzicht auf Frühstück günstiger.

Anreise & Unterwegs vor Ort

Rayong hat einen **zentralen Busbahnhof** (Nr. 1) und einen **neuen Busbahnhof** (Nr. 2). Letzterer liegt 7 km nordwestlich vom Zentrum und wickelt nun alle Fernverbindungen ab. *Sŏrng·tăa·ou* pendeln ständig zwischen den beiden Terminals (15 B, 20 Min.).

Ab Busbahnhof 2 fahren Minivans zum östlichen (Ekamai) und nördlichen Busbahnhof (Mo Chit) in Bangkok (jeweils 160 B, 3½ Std., 4.40–20 Uhr stündl.). Unterwegs kann man sich am letzten AirportLink-Bahnhof vor dem Suvarnabhumi Airport absetzen lassen. Weitere Minivans rollen nach Pattaya (100 B, 1½ Std., regelm.), Chanthaburi (120 B, 2 Std., regelm.) und Trat (200 B, 3 Std., regelm.).

Von Ban Phe aus schippern normale Boote und Schnellboote regelmäßig nach Ko Samet. Gegenüber vom örtlichen Nuanthip-Pier besteht eine Busverbindung zu/ab dem östlichen Busbahnhof in Bangkok (Ekamai; 166 B, 4 Std., 7–18 Uhr alle 2 Std.).

In Ban Phe brechen Minivans zudem nach Laem Ngop auf. Dort starten neben Booten nach Ko Chang (250 B, 3 Std., 3-mal tgl.) auch überteuerte Busse nach Pattaya (200 B, 2 Std., stündl.) und zum Siegesdenkmal in Bangkok (200 B, 4 Std., alle 40 Min.).

Sŏrng·tăa·ou rollen vom Busbahnhof 1 in Rayong nach Ban Phe (25 B, 30 Min.) und fahren dort in die Gegenrichtung vor den Hauptpiers ab.

Ko Samet เกาะเสม็ด

Das ehemalige Backpacker-Paradies zieht heute ein wesentlich vielfältigeres Publikum an. Jedes Wochenende stürmen Scharen von Ausflüglern aus Bangkok die feinen Sandstrände und kleinen Buchten mit azurblauem Wasser, um abzufeiern. Derweil sind viele Hotels, Resorts und der Hauptstrand fest in der Hand von Pauschaltouristen aus aller Welt. Während es an den Stränden im Norden jeden Abend Feuershows und Grillpartys gibt, ist der südliche Teil der Insel noch recht ruhig und abgeschieden.

Doch trotz dieser Beliebtheit und der unmittelbaren Nähe zu Bangkok ist Ko Samet überraschend wenig erschlossen. Das Inselinnere ist noch immer von dichtem Dschungel bedeckt, der bis an die niedrigen Hotels heranreicht.

Sehenswertes & Aktivitäten

Manche Inseln stehen für Strand-Hopping, während man auf Ko Samet grandiose Buchten entlang eines Küstenpfads abklappert. Dieser passiert auch felsige Landzungen und Wälder voller zirpender Zikaden. Gen Süden werden die Buchten stückweise menschenleerer.

Unter den angebotenen Aktivitäten vor Ort sind Kajakfahren, Parasailing, Tauchen, Schnorcheln, Stehpaddeln und Angeln (u. a. Tintenfische). **Seaddict** (☎085 397 2716; www.facebook.com/s3addict; Ao Hin Khok) an der Hauptstraße verleiht Stehpaddelbretter, Skimboards und Ausrüstung fürs Windsurfen. Zudem werden dort Kurse angeboten.

Geführte Touren

Zusammen mit neun anderen Inseln gehört Ko Samet zum **Khao Laem Ya/Mu Ko Sa-**

met National Park (อุทยานแห่งชาติเขาแหลมหญ้า-หมู่เกาะเสม็ด; ☎038 653034; www.dnp.go.th; Erw./Kind 200/100 B). Obwohl auch diese Inseln touristisch ein wenig erschlossen sind, kommen die meisten Besucher nur für einen Tag. **Ko Kudee** bietet einen hübschen kleinen Sandstrand, klares Wasser zum Schnorcheln und einen netten Wanderweg. Auf Ko Man Nai befindet sich mit dem **Rayong Turtle Conservation Centre** ein geschützter Brutplatz für die vom Aussterben bedrohten Meeresschildkröten, über die die kleine Touristeninformation ausführlich informiert. Die Veranstalter der Bootsfahrten, die direkt an den Stränden zu finden sind, haben diverse Touren im Angebot (ab 500 B/Pers.).

Schlafen

Eine Warnung für Frühaufsteher: Hat Sai Kaew, Ao Hin Khok, Ao Phai und Ao Wong Deuan sind die beliebtesten Strände, an denen Nacht für Nacht lautstarke Partys gefeiert werden.

Hat Sai Kaew & Na Dan

Nahe dem Fähranleger im Nordosten erstreckt sich der breiteste, schmutzigste und belebteste Strand der Insel: der teils total überfüllte Hat Sai Kaew (หาดทรายแก้ว; Stadtstrand), an dem auch abends viel los ist.

Mossman House PENSION $

(☎038 644017; Zi. 1200–1500 B; ❄📶) Diese anständige Pension liegt kurz vor dem Ticketbüro des Nationalparks an der Hauptstraße. Auf dem grünen Gelände säumen große und komfortable Zimmer eine gemeinsam genutzte Veranda. Ruhebedürftige wählen ein hinten befindliches Quartier: Die Bar gegenüber vom Vordereingang hat sehr lange geöffnet. In der Nachsaison sinken die Zimmerpreise auf ca. 800 B.

Baan Minnie PENSION, APARTMENTS $$

(☎086 691 9662; www.facebook.com/baanminnie; Silver Park Ave, Na Dan; DZ 1200–1700 B; P❄📶) Hinter der Hauptstraße von Ko Samets Hauptdorf erstreckt sich diese Reihe von Terrassenhäusern mit verschiedenen Unterkünften, darunter sind z. B. gepflegte „Houses" (Apartments; teilweise zwei in einem Gebäude) mit Platz für sechs Personen. Alle Quartiere haben feste, bequeme Matratzen und schickes Dekor der modernen Art. Hier geht's ziemlich zwanglos zu: Die Gäste sind auf sich allein gestellt.

Ao Hin Khok & Ao Phai อ่าวหินโคก/อ่าวไผ่

Diese beiden tollen Buchten zwischen Felszungen sind ruhiger als der Hat Sai Kaew. Sie werden von einem vergleichsweise jüngeren Publikum besucht und sind die traditionellen Backpacker-Partyzentren der Insel.

Silver Sand RESORT $$

(☎038 644300; www.silversandsamed.com; Ao Phai; Zi. inkl. Frühstück 2500–2800 B; P❄@📶) Das ständig wachsende Silver Sand ist momentan noch ein Miniresort mit Läden, einem Restaurant und einer belebten LGBT-Bar. Die Atmosphäre wirkt aber etwas unpersönlich. Dafür entschädigen die anständigen Zimmer in super Strandlage.

Samed Pavilion Resort RESORT $$$

(☎038 644420; www.samedpavilionresort.com; Ao Phai; DZ inkl. Frühstück 3500–5500 B; P❄@📶🏊) Am Rand eines geselligen Poolbereichs verteilen sich die eleganten und geräumigen Unterkünfte des feschen Resorts auf zwei Stockwerke. Dank vieler spezieller Familienzimmer, der Lage abseits der Straße und dem Strandzugang ist dies eine gute Option für Familien. Bei Onlinebuchung sind die Preise am niedrigsten; in der Nachsaison gibt's aber oft direkt reservierbare Sonderangebote. Unter der Woche bezahlt man generell deutlich weniger für die Zimmer.

Ao Phutsa & Ao Nuan

Südlich der Ao Hin Khok und Ao Phai schafft die reizende, sandige Ao Phutsa (อ่าวพุทรา) den Spagat zwischen recht guter Erreichbarkeit und erträglichen Besucherzahlen.

★ **Ao Nuan Bungalows** BUNGALOWS $$

(☎081 781 4875; Ao Nuan; Bungalow mit Ventilator 800–1200 B, mit Klimaanlage 1500–3000 B; ❄📶) Am Ende einer unbefestigten Piste versteckt sich diese Anlage abseits der Hauptstraße an Samets einziger verbliebener „Boheme-Bucht". Der Dschungelhang mit den reizenden Holzbungalows erstreckt sich bis hinunter zum Meer. Die Zimmerauswahl reicht von einfachen Varianten mit Ventilatoren und Kaltwasser in Gemeinschaftsbädern bis hin zu klimatisierten Romantik-Refugien mit eleganten Terrassenmöbeln. Auf dem Gelände gibt's auch eine Bar und ein schlichtes Restaurant. Wer mehr Action braucht, findet diese ein paar Gehminuten entfernt am Tubtim Beach.

Ko Samet

0
1 km
Ban Phe
(7 km)
Laem Noi Na
Laem Phra
Ao Wiang
Wan
Ao Noi
Ao Kham
Ao Noi Na
Ao Klang
Sŏrng·tăa·ou-Haltestelle
Na Dan Pier
34
Na Dan
Khao Laem Ya/
Mu Ko Samet
National Park
8
s. Detailplan
31
15
Ao Prao
3
33
Laem
Yai
Ao Hin Khok
Ao Hin Khok
Ao Phai
Ao Phai
2
23
Ao Phutsa
(Ao Tub Tim)
10
Laem Rua Taek
Ao Nuan
Ao Cho
National-
parkbüro
6
14
13
Ao Wong Deuan
Golf von
Thailand
4
Ao Thian
24
22
Ao Lung Dam
11
Golf von Thailand
20
5
Ao Wai
Ao Kiu Na Nai
18
Ao Kiu Na Nok
17
Laem Khut
Ao Karang
0
200 m
12
Ko Samet
Health
Centre
29
25
16
30
Hauptbüro der
Parkverwaltung
Taxi-
Halt
27
28
7
19
9
26
32
1
21
Ao
Hin Khok

Ko Samet

Sehenswertes

1	Ao Hin Khok & Ao Phai	C7
2	Ao Phutsa	C3
3	Ao Prao	B2
4	Ao Thian	B4
5	Ao Wai	B5
6	Ao Wong Deuan	B4
7	Hat Sai Kaew	D7
8	Khao Laem Ya/Mu Ko Samet National Park	B2

Aktivitäten, Kurse & Touren

9	Seaddict	C7

Schlafen

10	Ao Nuan Bungalows	B3
11	Apaché	B5
12	Baan Minnie	D6
13	Blue Sky	B4
14	La Lune Beach Resort	B4
15	Lima Coco Resort	B2
16	Mossman House	D6
17	Nimmanoradee Resort	A7
18	Paradee Resort	A6
19	Samed Pavilion Resort	C7
20	Samet Ville Resort	B5
21	Silver Sand	C7
22	Ton Had Bungalow	B5
23	Tubtim Resort	C3
24	Viking Holidays Resort	B4

Essen

25	Banana Bar	D6
26	Jep's Restaurant	C7
27	Kitt & Food	D7
28	Ploy Talay	D7
29	Red Ginger	D6

Ausgehen & Nachtleben

30	Audi Bar	D6
31	Breeze	B2
32	Naga Bar	C7
33	Talay Bar	D2

Praktisches

34	International Clinic Ko Samet	C2

Tubtim Resort RESORT $$

(☎038 644025; www.tubtimresort.com; Ao Phutsa/Ao Tub Tim; Zi. mit Ventilator 700–1400 B, mit Klimaanlage 2200–3700 B, jeweils inkl. Frühstück; P❄📶) In Strandnähe vermietet das gut geführte Tubtim anständige und geräumige Bungalows mit verschiedenen Standards. Verwirrenderweise stehen die besten Varianten in der „N-Zone": Von Bett, Schreibtisch und Terrasse aus genießt man dort einen tollen Direktblick auf den Sand. Die Unterkünfte der „A-Zone" sind älter und liegen vergleichsweise etwas weiter hinten, bieten aber dennoch Meerblick bei akzeptabler Attraktivität. Das Resort veranstaltet jeden Abend eine großartige Grillparty.

Ao Wong Deuan & Ao Thian อ่าววงเดือน/อ่าวเทียน

Der Ao Wong Deuan („Halbmondbucht") ist Samets zweitbeliebtester Strand. Hier gibt's diverse Resorts und ein paar günstigere Pensionen. Eine sanfte Neigung und flaches Wasser machen den breiten Sandbogen prima für Kinder. Der Ao Thian (Candlelight Beach) gehört zu den entspanntesten Stränden der Insel: Im Schutz großer Felsbrocken warten an diesem „Strand des Kerzenlichts" allerlei lauschige und sandige Plätze.

Apaché BUNGALOWS $

(☎081 452 9472; Ao Thian; Zi. 800–1500 B; ❄📶) Das ultra entspannte Apaché liegt am Südende einer ruhigen Straße. Vielerlei schräge Deko-Elemente und fröhlich-wilde Farben verleihen der Anlage einen gewissen Charakter. Die einfachen Bungalows haben ein akzeptables Preis-Leistungs-Verhältnis. Das Hausrestaurant auf Stelzen ist ebenfalls empfehlenswert.

Blue Sky BUNGALOWS $

(☎089 936 0842; Ao Wong Deuan; Zi. 800–1200 B; ❄📶) Das Blue Sky zählt zu den wenigen Budget-Bleiben am Ao Wong Deuan. An dessen Nordende stehen verwitterte Bungalows auf einer Felszunge. Die freundlichen Inhaber akzeptieren Vorausbuchungen etwas ungern, daher muss man eventuell persönlich vorbeikommen und reservieren.

★ **Viking Holidays Resort** BUNGALOWS $$

(☎038 644354; www.vikingholidaysresort.com; Ao Thian; Zi. inkl. Frühstück 1500–1800 B; P❄📶🐾) An diesem ruhigen Strandabschnitt liegen mehrere Bungalow-Anlagen mit lässiger Atmosphäre. Eine davon ist das gut geführte Viking mit Teppichböden und dekorativen Muschelketten in hübschen, kompakten Zimmern. Das ausgesprochen freundliche und hilfsbereite Personal spricht gut Englisch. Im Gegensatz zu vielen anderen Optionen auf Ko Samet kann man hier online buchen und den Standort seines Bungalows selbst wählen.

Ton Had Bungalows BUNGALOWS $$

(☎081 435 8900; Ao Thian; Zi. inkl. Frühstück 1200–1800 B) Die reizende Anlage am Ao Thian wird von einer Familie geführt. Die einfachen Bungalows sind mit Muschelscha-

EINTRITTSGEBÜHR FÜR DEN STRAND

Als Teil des Khao Laem Ya/Mu Ko Samet National Park (S. 142) steht Ko Samet unter Naturschutz. So müssen alle Besucher bei der Ankunft eine Eintrittsgebühr (Erw./Kind 200/100 B) entrichten. Wer nachweisen kann, dass er in Thailand lebt und arbeitet, berappt aber nur den „Einheimischenpreis" (40 B). Bezahlt wird beim **Hauptbüro der Parkverwaltung** (www.dnp.go.th; Hat Sai Kaew; ⌚8.30–20 Uhr); alle *sŏrng·tăa·ou* ab dem Fähranleger halten automatisch am Tor. Das Ticket sollte man für spätere Kontrollen unbedingt gut aufbewahren! Bei Ankunft per Schnellboot kann man die Gebühr auch beim zweiten **Parkbüro** (⌚8.30–16.30 Uhr) am Ao Wong Deaun oder bei allen örtlichen Rangern bezahlen. Anlegen am Pier von Na Dan kostet 20 B extra.

len dekoriert und versprechen dank Ventilator oder Klimaanlage einen erholsamen Schlaf. Das Gelände liegt an einem kurzen Felsufer zwischen zwei Stränden. So genießt man hier eine super Aussicht, läuft aber beinahe zwei Minuten bis zum Sand – fast schon unzumutbar.

La Lune Beach Resort HOTEL $$$
(☎Koh Samet 089 892 9690, Reservierung in Bangkok 02 260 3592; www.lalunebeachresort.com; Ao Wong Deuan; Zi. inkl. 3000–4500 B; P ❄ 📶 🏊) Das La Lune steht für Samets neue Seite: Stilvolle Nobelresorts dieser Art werden hier immer häufiger. Die 40 Zimmer in sanften Farbtönen (grünlich, grau, weiß) haben künstlich gealterte Holzfußböden. Rund um einen zentralen Pool verteilen sie sich auf die drei Stockwerke eines U-förmigen und zum Strand hin offenen Komplexes. Die drei Zimmerkategorien unterscheiden sich nur in puncto Aussicht, die aber jeweils nicht großartig variiert.

Ao Wai อ่าวหวาย

Der zauberhafte Ao Wai wirkt sehr abgeschieden, obwohl er nur 1,5 km vom Ao Thian entfernt liegt.

Samet Ville Resort RESORT $$
(☎038 651682; www.sametvilleresort.com; Zi. Standard inkl. Frühstück mit Ventilator/Klimaanlage 1400/2000 B, Superior 2300–5000 B; P ❄ 📶 🏊) Das 4,5 ha große Samet Ville säumt gleich zwei Buchten (Ao Wai und Ao Hin Kleang). Sein grünes Gelände verspricht Ruhe und Erholung in Abgeschiedenheit. Die Zimmer mit verschiedenen Standards liegen alle nur ein paar Schritte vom tollen Strand entfernt, allerdings hätten sie bei diesen Preisen dringend eine Renovierung nötig. Zudem wirkt das Management desinteressiert.

Ao Prao อ่าวพร้าว

Die Ao Prao (Kokosnussbucht) an Samets Westküste hat einen der schönsten Inselstrände. Sie wirkt recht abgeschieden, wird aber von drei Spitzenklasseresorts gesäumt – auf diese Weise ist hier immer einiges los.

Lima Coco Resort RESORT $$$
(☎Bangkok 02 129 1140; www.limaresort.co.th; Zi. inkl. Frühstück 3000–8900 B; ❄ 📶 🏊) An der Ao Prao liegen drei noble Resorts. Das günstigste davon ist das Lima Coco in der Mitte. Über einen Hang hinter dem Strand verteilen sich hier kompakte Zimmer mit weißem Putz und verschiedenen Standards. Für den leicht heruntergekommenen Eindruck entschädigen das engagierte Personal und die Extras (z. B. Massagen am Strand).

Ao Pakarang & Ao Kiu

Auf der südlichsten Inselspitze dominieren Exklusivität und Diskretion.

Paradee Resort RESORT $$$
(☎038 644283; www.samedresorts.com/paradee; Ao Kiu; Zi. inkl. Frühstück 25 000–35 000 B; P ❄ 📶 🏊) Das elegante Resort nahe der südlichen Inselspitze (Westseite) gehört auf Samet zu den exklusivsten und luxuriösesten seiner Art. Die hier gebotene Privatsphäre ist vom Feinsten: Die mit Stroh gedeckten Villen haben meist eigene Whirlpools und sind diskret abgeschirmt. Der schöne Strand davor ist praktisch privat. Die Barterrasse auf der anderen Straßenseite punktet mit einem hervorragenden Blick auf den Sonnenuntergang über dem Meer.

Nimmanoradee Resort RESORT $$$
(☎038 644271; www.nimmanoradee.com; Ao Pakarang; Zi. inkl. Frühstück 3000-5800 B; P ❄ 📶) Das südlichste Resort der Insel paart Idylle mit viel Platz, freundlichem Personal, guten Bademöglichkeiten, einer hübschen kleinen Landzunge und achteckigen Bungalows in fröhlichen Farben. Gäste können Kajaks und Schnorchelausrüstung für Erkundun-

gen ausleihen. Das sehr nette Freiluftrestaurant serviert ausgezeichnetes Essen zu fairen Preisen.

Essen

Restaurants und Bars säumen die Inselstrände. Die Hausrestaurants vieler Hotels und Pensionen veranstalten abends Grillpartys am Strand. Und an der Hauptstraße in Na Dan gibt's viele Billiglokale mit thailändischer Küche.

Banana Bar THAI $
(038 644033; Na Dan; Hauptgerichte 80–150 B; 11–22.30 Uhr) Das Banana Bar an der Hauptstraße wirkt gleichsam heruntergekommen und seltsam attraktiv. Es wird von einer energischen Matrone geleitet, versprüht aber relaxte Zwanglosigkeit. Zudem empfiehlt sich der Laden für seine rundum köstliche Thai-Küche zu erschwinglichen Preisen. In recht kleinen Portionen kommen hier z. B. Currys, Salate und Gerichte à la Isan auf den Tisch.

Jep's Restaurant INTERNATIONAL $
(038 644 112; www.jepsbungalows.com; Ao Hin Khok; Hauptgerichte 70–200 B; 7–23 Uhr;) An den Ästen eines großen Baums baumeln Hängelichter über diesem hübschen Strandrestaurant. Auf der langen internationalen Speisekarte stehen auch ein paar thailändische Gerichte. Unbedingt Platz für den Nachtisch lassen!

Red Ginger INTERNATIONAL, THAI $$
(084 383 4917; www.redgingersamed.com; Na Dan; Hauptgerichte 120–565 B; 11–22 Uhr;) Das stimmungsvolle Lokal an der Hauptstraße wirkt wie das Wohnzimmer der thailändisch-kanadischen Betreiberfamilie: Im fröhlich-zwanglosen Ambiente mit allerlei Kuriositäten plauschen Gäste hier bei Drinks mit dem sympathischen Inhaber. Ein paar internationale Optionen ergänzen die authentischen und aromatischen Thai-Gerichte auf der kurzen, aber guten Karte. Das Highlight sind die im Ofen gegarten Rippchen mit Barbecue-Sauce.

Kitt & Food SEAFOOD, THAI $$
(038 644087; Hat Sai Kaew; Hauptgerichte 120–400 B; 11–22.30 Uhr) Das Kitt & Food ist besser als die meisten anderen Strandrestaurants der Insel, und besonders Romantiker werden das Lokal mögen: Die Tische werden hier fast von den Wellen umschwappt. Am besten studiert man die ellenlange Karte gar nicht erst großartig, sondern konzentriert sich gleich auf das Seafood (die Meeresfrüchte sind die Spezialität des Hauses). Gäste können hier zwischen verschiedenen Arten von frischen Fisch (meist aus Zucht) wählen und auch die Zubereitungsweise selbst bestimmen. Tipp: Das optionale Backen im Salzmantel dauert zwar eine Weile, der Fisch schmeckt dann aber äußerst köstlich!

Ploy Talay SEAFOOD, THAI $$
(038 644212; Hat Sai Kaew; Hauptgerichte 110–400 B; 11–23 Uhr;) Am Hat Sai Kaew gibt's mehrere mittelmäßige Strandrestaurants. Das betriebsamste davon ist das Ploy Talay, dessen optisch und olfaktorisch eindrucksvolle Feuershow (tgl. 20.30 Uhr) stets viele Besucher anlockt. Das Spektakel lässt sich auch vom Strand aus beobachten, wird hier aber bevorzugt bei Seafood in ruhiger Atmosphäre (für die das Personal strikt sorgt) bewundert. Die Essensqualität ist akzeptabel; Gäste bezahlen jedoch in erster Linie für die Lage.

Ausgehen & Nachtleben

Am Wochenende steppt der Bär auf Ko Samet: Reisegruppen aus aller Welt üben sich in Karaoke, die Jugend schüttet sich mit Bier zu und tanzt zur Techno-Musik ab. Vor allem in Hat Sai Kaew, Ao Hin Khok, Ao Phai und Ao Wong Deuan ist ständig Party angesagt.

Audi Bar BAR
(084 418 8213; Na Dan; 16–4 Uhr;) Die Audi Bar an der Hauptstraße teilt sich ein Obergeschoss mit einem Fitnessstudio. Inmitten von ein paar Pooltischen und Samets typischen Neon-Graffiti schaut man hier

MONSTERBEGRÜSSUNG

Den Pier von Na Dan ziert eine markante Frauenstatue mit blankem Busen (der zum Recherchezeitpunkt aber gerade züchtig mit einem Tuch verhüllt war). Das Standbild ehrt Ko Samets berühmtesten Sohn: den Dichter Sunthorn Phu und dessen bekanntestes Werk *Phra Aphaimani*. Darin wird ein Prinz in ein Königreich unter dem Wasser verbannt, über das eine liebestolle Riesin herrscht. Eine Meerjungfrau verhilft dem Prinzen zur Flucht nach Ko Samet, wo er die Riesin per Zauberflötenspiel besiegt. Am Westende von Hat Sai Kaew sind Prinz und Meerjungfrau zusammen zu sehen.

prima auf das Treiben auf der Straße hinunter. Die Atmosphäre ist ausgesprochen einladend: Das Personal sorgt dafür, dass sich alle Gäste wohlfühlen. Beim Heimschwanken von den Stranddiscos genehmigen sich viele Nachtschwärmer noch einen Absacker in dem Laden.

Talay Bar BAR

(083 887 1588; Hat Sai Kaew; 14–24 Uhr;) Am Ostende des belebtesten Inselstrandes (und somit abseits der Hauptaction) wird der Eingang dieser fetzigen Bar von fröhlichem Dekor, brennenden Fackeln und thailändischen Nationalflaggen geziert. In fröhlicher Atmosphäre relaxt man bei Cocktails und Bier auf dem Sand. Die Getränkekarte hat ein unpraktisches Riesenformat.

Naga Bar BAR

(Ao Hin Khok; 15 Uhr–open end) Freundliche Einheimische leiten diese muntere Strandbar mit Neon-Graffiti, guter Musik, jeder Menge Whisky und Wodka/Red Bull in Eimern. Zu späterer Stunde ist auf der Tanzfläche kräftig was los.

Breeze BAR

(038 644100; www.samedresorts.com; Ao Prao Resort, Ao Prao; 7–22.30 Uhr;) Das zauberhafte Küstenrestaurant auf der westlichen Inselseite ist super für Sundowner. Der Nachteil: Es lässt sich nur mit privaten Verkehrsmitteln oder zu Fuß (2,5 km ab dem Hat Sai Kaew) erreichen.

Praktische Informationen

Auf Ko Samet gibt's viele Geldautomaten. Man findet sie z. B. in einigen Resorts, nahe dem Na Dan Pier oder vor der 7-Eleven-Filiale hinter dem Hat Sai Kaew – ebenso in Ao Wong Deuan, Ao Thian und Ao Phutsa.

Die Touristenpolizei ist im **Hauptdorf** (24 Std. 1155) und in **Ao Wong Deuan** (24 Std. 1155) vertreten.

In der Nähe des Na Dan Pier im Dorf bieten das **Ko Samet Health Centre** (038 644123; 24 Std.) und die **International Clinic Ko Samet** (038 644414, Notruf 086 094 0566; www.sametclinic.in.th; 8–18 Uhr, Notfälle bis 24 Uhr) jeweils medizinische Dienstleistungen an. Das nächstgelegene Krankenhaus mit komplettem Behandlungsspektrum befindet sich in Rayong.

An- & Weiterreise

In Ban Phe auf dem Festland gibt's viele Piers, von denen man mit diversen Fährgesellschaften nach Ko Samet schippern kann. Diese Firmen verlangen jeweils dieselben Preise (einfache Strecke ab Festland/Insel 70/50 B, hin & zurück 100 B, 40 Min., 8–17 Uhr stündl.) und steuern alle Ko Samets Hauptpier **Na Dan** (Benutzungsgebür 20 B) an. Dort legt das letzte Boot zum Festland täglich um 18 Uhr ab.

Wer eine Unterkunft am Ao Wong Deuan oder weiter südlich hat, kann vom Festland aus per Boot direkt zum Strand fahren (einfache Strecke/hin & zurück 90/140 B, 1 Std., 2- bis 3-mal tgl.).

Alternativ flitzen Schnellboote zu allen Stränden (einfache Strecke 200–500 B). Sofern sie nicht privat gemietet sind (ca. 1500 B), legen diese Kähne aber erst ab, wenn sich genügend Passagiere eingefunden haben.

Vorsicht an den Piers von Ban Phe: Dort werden oft überteuerte Tickets für Fähren und Schnellboote angeboten. Zudem wollen einem viele Verkäufer unbedingt einen Schnellboottrip aufschwatzen, z. B. mit der erfundenen Behauptung, dass in den nächsten Stunden keine langsamen, normalen Boote ablegen würden.

Von Bangkok aus kann man z. B. einen Bus zum Busbahnhof 2 in Rayong nehmen und dort zu einem Minivan nach Ban Phe umsteigen. Die meist schnellere Alternative besteht darin, per *sŏrng·tăa·ou* zum Busbahnhof 1 in Rayong zu fahren und dort in ein weiteres *sŏrng·tăa·ou* nach Ban Phe zu steigen. Keine Direktverbindung nach Rayong besteht jedoch am Suvarnabhumi Airport in Bangkok. Wer dort landet, muss sich daher nach Pattaya oder zu Bangkoks östlichem Busbahnhof (Ekamai) begeben und dort jeweils gen Rayong bzw. Ban Phe umsteigen.

In Gegenrichtung lassen sich leicht Minivantrips nach Bangkok (250 B), zum Suvarnabhumi Airport (500 B), zu den Piers von Ko Chang (250 B) und zu anderen Zielen arrangieren.

Unterwegs vor Ort

Das kleine Ko Samet kann hervorragend zu Fuß erkundet werden. Straßen überziehen den Großteil der Insel.

Grüne *sŏrng·tăa·ou* (hier „Taxis" genannt) erwarten die Bootspassagiere am Pier und bringen sie zu den verschiedenen Inselstränden (20–200 B je nach Strand und Passagierzahl). Bei Privatmiete schlagen die Vehikel offiziell mit 150 bis 700 B zu Buche; meist lässt sich aber ein Rabatt heraushandeln. „Taxis" warten auch vor dem Nationalparkeingang am Hat Sai Kaew.

In der nördlichen Inselhälfte gibt's fast überall Leihmotorräder (pro Std./Tag 100/300 B). Die örtlichen Straßen sind gut, dennoch ist Vorsicht auf den steilen Gefällestrecken geboten! Zwischen dem Fährhafen und der südlichen Inselspitze liegen sieben Straßenkilometer. Freunde von vier Rädern können auf Ko Samet auch Golfmobile mieten.

Chanthaburi จันทบุรี

☎039 / 120 000 EW.

Chanthaburi beweist: Es ist nicht alles Gold, was glänzt. Hier funkeln in erster Linie Edelsteine (z. B. Saphire und Smaragde) jedes Wochenende auf einem belebten Straßenmarkt. In dessen Nähe zeugen die schön restaurierten Ufergebäude der zauberhaften Altstadt vom chinesischen, französischen und vietnamesischen Einfluss auf die örtliche Kultur und Architektur.

Während des 19. Jhs. flohen vietnamesische Christen vor der Verfolgung im damaligen Cochinchina (Südvietnam) nach Chanthaburi. Von 1893 bis 1905 besetzte Frankreich die Stadt anlässlich eines Grenzstreits zwischen Siam und Indochina. In den 1920er- und 1940er-Jahren trafen weitere Vietnamesen ein – dieses Mal auf der Flucht vor der französischen Kolonialherrschaft. Eine dritte Flüchtlingswelle folgte 1975 nach der kommunistischen Machtübernahme in Südvietnam.

Im Umland von Chanthaburi warten charmante Stranddörfer und Nationalparks mit vielen Wasserfällen.

Sehenswertes

★ Chanthaboon Waterfront Community HISTORISCHE STÄTTE
(ชุมชนริมน้ำจันทบูร; Th Sukhaphiban) In dem entzückenden Stadtteil am Ufer des Mae Nam Chanthaburi stehen viele restaurierte Häuser, vor denen ältere Einheimische mit ihren Nachbarn plauschen. Das **Learning House** (ศูนย์เรียนรู้ประจำชุมชนริมน้ำจันทบูร; ☎081 945 5761; 69 Th Sukhaphiban; ⏲10–16 Uhr) GRATIS dokumentiert die Geschichte des Viertels mit Fotos, Gemälden und Bauplänen. Das Obergeschoss beherbergt u. a. Zeichnungen von komplexen Hausbelüftungssystemen, die gleichzeitig chinesische Schriftzeichen und französische Lilien aufweisen.

Edelsteinmarkt MARKT
(ตลาดพลอย; Th Si Chan & Trok Kachang; ⏲Fr–So 9–18 Uhr) Jedes Wochenende wird's laut auf den ansonsten ruhigen Straßen rund um die Th Si Chan (auch bekannt als „Gem Road"): Dann feilschen hier viele Edelsteinhändler schnatternd um die Kostbarkeiten. Ungeachtet der edlen Waren geht's dabei zu wie auf einem normalen thailändischen Markt – die Menschen drängen sich um die provisorisch aufgebauten Tische und untersuchen die losen Steine, die in Kleinmengen darauf liegen.

Kathedrale der Unbefleckten Empfängnis KATHEDRALE
(อาสนวิหารพระนางมารีอาปฏิสนธินิรมล; ⏲8.30–16.30 Uhr) GRATIS Thailands größte Kathedrale steht am Ostufer des Mae Nam Chanthaburi. Aus einer schlichten Kapelle (erb. 1711) wurde hier nach vier Umbauen das heutige Gotteshaus im gotischen Stil. Eindrucksvolle Buntglasfenster und eine Empore verleihen

ABSEITS DER ÜBLICHEN PFADE

DIE KÜSTE BEI CHANTHABURI

Die Küste bei Chanthaburi wird von den meisten ausländischen Inselfans links liegen gelassen. Sie ist allerdings ein prima Tagesziel ab der Stadt bzw. ermöglicht einen malerischen Abstecher auf dem Weg nach/ab Rayong. Die Küste ist von Chanthaburi aus per Drahtesel erreichbar und bei thailändischen Radlern sehr beliebt. In allen folgenden Strandorten gibt's Unterkünfte und Restaurants.

Rund 20 km von der Stadt entfernt liegt **Laem Sing** an einer breiten und schönen Flussmündung, die von einer Brücke überspannt wird. Hier findet man eine Fischereiflotte, eine vorgelagerte Insel und einen langen Strand am Rand eines Parks.

Von Laem Sing aus führt die Rte 4036 in Richtung Nordwesten – vorbei an einigen Abzweigungen zu ruhigen Stranddörfern. Nächste Station ist dann das vergleichsweise stärker erschlossene **Hat Chao Lao**. In dessen Nähe liegt **Hat Laem Sadet** mit Mittelklasseresorts, einem Strand, einer Bucht (Ao Khung Kraben) und einem geschützten Mangrovenwald. In diesem lässt sich das Ökosystem der Flussmüdung entlang hölzerner Plankenstege erkunden.

Etwa 15 km hinter Chao Lao und Laem Sadet kommt mit **Hat Khung Wiman** der letzte Strandort an diesem Routenabschnitt in Sicht. Hier warten ein netter schmaler Strand und eine schöne Aussicht gen Westen. Die Dorfstraße führt einmal im Kreis zu einem separaten Fischerdorf an der Bucht, wo es gute Lokale mit schlichtem Seafood gibt.

Chanthaburi

Chanthaburi

Highlights
1 Chanthaboon Waterfront Community C2

Sehenswertes
2 Kathedrale der Unbefleckten Empfängnis D2
3 Edelsteinmarkt C3

Schlafen
4 Baan Luang Rajamaitri C2
5 Chernchan Hostel C3
6 River Guest House C3

Essen
7 786 Muslim Restaurant C3
8 Chanthorn C2
9 Tamajun Restaurant C2

Transport
10 Busbahnhof & Minivan-Haltestelle A2
11 Minivans nach Ban Pakard C3

dem Inneren die Atmosphäre eines mittelalterlichen Saals. Über 200 000 Saphire zieren die Marienstatue am Eingang – ein Zeichen der engen Verbindung zwischen Religion und Edelsteinhandel.

Schlafen

River Guest House PENSION $
(☎092 717 1470; www.facebook.com/theriverguesthouse; 3/5-8 Th Si Chan; EZ 170–250 B, DZ 300–350 B; ❄📶) Direkt am Fluss liegt diese freundliche Pension neben einer lärmigen Brücke. Für die einfachen Betten in den schlichten Zimmern entschädigt ein Sitzbereich mit Blick aufs Wasser. Die günstigsten Quartiere teilen sich ein Gemeinschaftsbad. Die Varianten mit Warmwasser und Klimaanlage sind etwas teurer. Gäste können außerdem Fahrräder und Mopeds ausleihen.

★ **Baan Luang Rajamaitri** HISTORISCHES HOTEL $$
(☎088 843 8516; www.baanluangrajamaitri.com; 252 Th Sukhaphiban; Zi. inkl. Frühstück 1250–1900 B, Suite 3100–3300 B; ❄📶) 🍃 Das historische und sorgfältig restaurierte Hotel in kommunalem Besitz ist nach einem einheimischen Philantropen benannt. Im Herzen des Uferviertels wartet es mit wunderbar charaktervollen und eleganten Zimmern auf. Dunkles Holzmobilar, knarrende Bodendielen und eine tolle Uferterrasse verleihen ihm eine großartige Atmosphäre. Die günstigsten Zimmer mit komfortablen

Stockbetten und Miniterrassen sind recht klein. Kuriose Antiquitäten zieren das ganze Haus – alles in allem einfach großartig!

Chernchan Hostel HOSTEL $$
(☎065 573 8841; www.facebook.com/chernchan2017; 43/11-13 Th Tirat; B 450 B, Zi. 900–1500 B; ❄📶) An einer ruhigen Gasse in Flussnähe punktet dieses Boutiquehostel mit Leihfahrrädern, freundlichem Personal und markantem Design der modernen Art. Die Zimmer und Schlafsäle sind kompakt, aber komfortabel. Das Café im Untergeschoss des Hostels serviert üppiges Frühstück (nur im Zimmer- und nicht im Bettenpreis enthalten).

Essen

Chanthaburi ist für seine frischen Früchte berühmt. Für Kostproben empfehlen sich die **Obststände** (Obst 20–80 B; ⏲8–21 Uhr; 🖉) an der Th Sukhumvit, die man bei der Anfahrt automatisch passiert: Rund 8 km nordöstlich der Stadt gibt's dort z. B. Bananen, Rambutan und Mangostanfrüchte. Beim alljährlichen **Obstfest** (⏲Mai od. Juni) kann man die herrlich klebrigen und saftigen Agrarprodukte der Region (u. a. streng riechende Durianfrüchte) noch viel besser probieren.

Weitere örtliche Spezialitäten sind Nudeln mit Krabben und Schweinefleisch mit *chamung*-Blättern. Eine Gastromeile säumt die Th Sukhaphiban; im ganzen Zentrum findet man aber noch viele weitere Restaurants. Drüben am anderen Flussufer liegen ein paar Freiluftlokale mit Aussicht auf Chanthaboon.

786 Muslim Restaurant INDISCH $
(☎081 353 5174; Th Si Chan; Hauptgerichte 50–80 B; ⏲9.30–18 Uhr) Muslimische Thais leiten mitten zwischen Chanthaburis vielen Edelsteinläden dieses Restaurant. Serviert werden hervorragende *paratha, biryani,* Currys, Fleischbällchen und Chai-Tees.

★ **Chanthorn** THAI $$
(102/5-8 Th Benchamarachutit; Hauptgerichte 120–250 B; ⏲9–21 Uhr; 🖉) Nahe dem Uferbereich im Zentrum wird das einladende Chantorn von einer Familie geführt. Hier kann man prima Chanthaburis Spezialitäten probieren. *Chamung*-Blätter mit Schweinefleisch und Nudeln mit Krabben sind die Highlights unter den köstlichen Gerichten. Das Lokal schließt allerdings abends recht früh.

ABSTECHER

NATIONALPARKS BEI CHANTHABURI

Nahe Chanthaburi liegen zwei kleine und leicht erreichbare Nationalparks, die sich großartig als Tagesziele eignen. Achtung: Es besteht jeweils Malariagefahr, weshalb man die üblichen Vorbeugemaßnahmen treffen sollte!

Der 59 km² große **Khao Khitchakut National Park** (อุทยานแห่งชาติเขาคิชฌกูฏ; ☎039 452074; http://nps.dnp.go.th; Eintritt 200 B; ⏲8.30–16.30 Uhr) erstreckt sich 28 km nordöstlich der Stadt. Er zählt landesweit zu den kleinsten seiner Art, grenzt aber an weitere Naturschutzgebiete und beheimatet wilde Elefanten. Hier findet man auch den Wasserfall Nam Tok Krathing (nur direkt nach der Regenzeit eindrucksvoll) und als weitere Attraktion einen Tempel auf einer Hügelspitze: Dort soll Buddha seinen Fußabdruck auf einem riesigen Felsbrocken hinterlassen haben. In Chanthaburi starten *sŏrng·tăa·ou* nach Khao Khitchakut (35 B, 45 Min.); die Passagier-Pickups stehen neben der Post nahe der nördlichen Marktseite. Sie setzen einen 1 km vor der Parkverwaltung an der Rte 3249 ab und das letzte Stück ist zu Fuß zurückzulegen. In die Gegenrichtung gibt's weniger Fahrten, daher ist mit Wartezeit zu rechnen.

Der **Namtok Phlio National Park** (อุทยานแห่งชาติน้ำตกพลิ้ว; ☎039 434528; http://nps.dnp.go.th; Eintritt 200 B; ⏲8–18 Uhr) abseits des Hwy 3 liegt 14 km südöstlich von Chanthaburi und ist vergleichsweise deutlich populärer. Ein kurzer und kurviger, aber schöner Naturpfad führt hier zu Wasserfällen mit Badestellen, die von Asiatischen Barben bevölkert werden. Zu Besichtigungen laden der eindrucksvoll bemooste Stupa Phra Nang Ruar Lom (erb. 1876) und der *chedi* Along Khon (erb. 1881) ein. Auf der Nordseite von Chanthaburis Markt starten *sŏrng·tăa·ou* nach Namtok Phlio (50 B, 30 Min.; Privatmiete 1500 B), die ca. 1 km vor dem Parkeingang halten.

Das **Park-Reservierungssystem** (☎02 562 0760; www.dnp.go.th) erlaubt Unterkunftsbuchungen für beide Parks.

GRENZÜBERGANG NACH KAMBODSCHA: VON BAN PAKARD NACH PSAR PRUHM

Anreise zur Grenze Ab Chanthaburi fahren **Minivans** (☎ 092 037 6266) nach Ban Pakard (180 B, 1½ Std., 10 & 12 Uhr). Der Stand mit Buchungsmöglichkeit liegt gegenüber vom River Guest House (S. 150) am anderen Flussufer. Alternativ brechen *sŏrng·tăa·ou* (100 B, 2 Std.) zumeist frühmorgens an Chanthaburis Busbahnhof auf.

An der Grenze Hier geht's deutlich ruhiger und unkomplizierter zu als am Übergang Poipet weiter nördlich. Bei der Einreise muss man ein Passbild vorlegen und die Visagebühr (offiziell 30 US$) bezahlen. Offiziell werden E-Visa für Kambodscha nicht anerkannt, dennoch kamen einige Traveller wohl schon damit ins Land. Hier ist es außerdem üblich, dass für das Visum 35 US$ verlangt wird.

Weiterreise Motorradtaxis fahren von Psar Pruhm nach Pailin, wo Sammeltaxis (5 US$/Pers., 1½ Std., regelm.) zum malerischen Battambang starten. Dort besteht wiederum Anschluss nach Siem Reap (per Boot) und Phnom Penh (per Bus).

Tamajun Restaurant THAI $$
(☎ 039 311977; www.tamajunhotel.com; Th Sukhaphiban; Hauptgerichte 140–260 B; ⏲ Küche 16–23 Uhr; 📶) Das nobelste der Restaurants am Flussufer empfängt Gäste mit elegantem Vintage-Dekor und tollen Terrassentischen über dem Wasser. Abends gibt's sehr pikante Köstlichkeiten (z. B. Spezialitäten mit Garnelen oder Schweinefleisch) zu live gespielten Schlager-Schnulzen.

Praktische Informationen

In der ganzen Stadt gibt's Bankfilialen mit Geldautomaten und Wechselstuben.

Chanthaburi Bangkok Hospital (☎ 039 319888; www.chanthaburihospital.com; Th Tha Luang; ⏲ Notdienst 24 Std.) Im Stadtzentrum.

Anreise & Unterwegs vor Ort

Westlich vom Fluss starten auch Minivans an Chanthaburis Busbahnhof (Th Saritidet). Für Stadtfahrten mit Motorradtaxis werden 20 bis 40 B fällig.

Trat ตราด

☎ 039 / 22 000 EW.

Trat ist ein wichtiger Verkehrsknotenpunkt in Richtung Ko Chang und Kambodschas Küste. Ein Besuch lohnt sich aber ohnehin wegen des altmodischen (wenn auch wenig beachteten) Charmes der Stadt. Die meisten Pensionen von Trat befinden sich in den Holzhäusern eines stimmungsvollen Ladenbezirks. Dazwischen spielt sich das typisch thailändische Straßenleben in verwinkelten Gassen ab: Kinder flitzen auf Fahrrädern herum und Menschen erledigen Besorgungen, während in kleinen Geschäften billiger Schmuck und Alltagsgegenstände verkauft werden.

Sehenswertes

Die oberen Stockwerke eines Kaufmannshauses in der Th Lak Meuang wurden absichtlich in Nistplätze der Salanganen umgewandelt, deren essbare Nester bei den Chinesen als Delikatesse gelten. Essbare Schwalbennester waren ziemlich selten (und teuer), da sie in schwindelerregender Höhe von der Decke bestimmter Höhlen gepflückt werden mussten.

In den 1990er-Jahren schafften es jedoch findige Unternehmer, diese Höhlenatmo-

VERKEHRSMITTEL AB CHANTHABURI

ZIEL	BUS	MINIVAN
Ost-Busbahnhof (Ekamai), Bangkok	184 B, 4 Std., 25-mal tgl.	210 B, regelm.
Nord-Busbahnhof (Mo Chit), Bangkok	187 B, 4 Std., 4-mal tgl.	215 B, regelm.
Nakhon Ratchasima (Khorat)	279 B, 4 Std., alle 2 Std.	
Rayong		120 B, 2 Std., stündl.
Sa Kaew	145 B, 2 Std., alle 2 Std.	
Trat		52–70 B, 1 Std., regelm.

sphäre in mehrstöckigen Geschäftshäusern nachzubauen.

Markthalle MARKT
(ตลาดกลาง; Soi Sukhumvit; ⌚ 6–17 Uhr) Auf dem überdachten Markt, der sich östlich der Th Sukhumvit bis zur Th Tat Mai erstreckt, bekommt man einfach alles, auch das, was man beim Packen zu Hause vergessen hat. Ohne es richtig zu merken, befindet man sich plötzlich auf dem Tagesmarkt (S. 153), wo es frisches Obst, Gemüse und Essen zum Mitnehmen gibt.

Schlafen

In den traditionellen Holzhäusern rund um die Th Thana Charoen sind viele preiswerte Hotels untergebracht.

★ **Ban Jai Dee Guest House** PENSION $
(☎ 039 520678, 083 589 0839; banjaideehouse@yahoo.com; 6 Th Chaimongkol; EZ/DZ 250/300 B;) Die ruhige Pension in einem traditionellen Holzhaus vermietet sieben einfache Zimmer, die sich Gemeinschaftsbäder mit Warmwasserduschen teilen. Die künstlerisch veranlagten Inhaber haben die schönen Gemeinschaftsbereiche mit Eigenkreationen (u. a. Gemälde) dekoriert. Zudem liefern sie viele nützliche Infos und sind auf die Bedürfnisse von Budgettravellern eingerichtet. Aufgrund des herrlich erholsamen Ambientes und der geringen Zimmerzahl herrscht hier oft volles Haus.

Yotin Guest House PENSION $
(☎ 089 224 7817; Th Thana Charoen; Zi. 350–600 B;) Hinter einem typisch altehrwürdigen Haus in Trats reizender Altstadt warten hier hübsche sowie einladend renovierte Zimmer mit bunter Bettwäsche und bequemen Matratzen. Die günstigeren Varianten mit Gemeinschaftsbädern oder winzigen eigenen Bädern sind recht kompakt. Die teureren Quartiere bieten da vergleichsweise mehr Platz. Das aufmerksame und zuvorkommende Inhaberpaar vermietet auch Fahrräder. Alles in allem eine sehr solide Bleibe.

★ **Rimklong Boutique Hotel** BOUTIQUEHOTEL $$
(☎ 039 523388; www.facebook.com/Rimklong-Boutique-Hotel-trat-127177424027071/; 194 Th Lak Meuang; EZ 650 B, DZ 950–1100 B, Suite 1300 B; P) Der kultivierte und hilfsbereite Mr. Tuu leitet dieses Hotel im Herzen der Altstadt. Die kleinen, aber blitzsauberen Zimmer sollten rechtzeitig reserviert werden, denn nicht ohne Grund herrscht hier oft Vollbelegung: Für die gebotene Qualität sind die Preise sehr erschwinglich. Ein paar der Zimmer befinden sich in einem Anbau etwas weiter unten an der Gasse. Das Restaurant im vorderen Hotelbereich serviert auch Cocktails und Espresso aus handgemahlenen Bohnen.

Artist's Place PENSION $$
(☎ 082 469 1900; pier.112@hotmail.com; 132/1 Th Thana Charoen; Zi. inkl. Frühstück 300–1100 B; P) Mr. Phukhao hat die Zimmer seiner Pension individuell mit eigenen Kunstwerken eingerichtet. Seine Kreationen zieren auch den angrenzenden Garten. Die günstigeren Bleiben mit Ventilatoren und Gemeinschaftsbädern sind jedoch düster sowie weitaus weniger charaktervoll. Eingecheckt wird gegenüber im Restaurant Pier 112.

Essen & Ausgehen

In Trat speist man hauptsächlich auf Märkten: Auf dem **Tagesmarkt** (ตลาด; Th Tat Mai; ⌚ 6–17 Uhr) gibt's z. B. *gah·faa bohrahn* (traditioneller Kaffee). Der **Nachtmarkt** (abseits der Th Sukhumvit; Hauptgerichte ab 30 B; ⌚ 17–21 Uhr) und die Markthalle (S. 153) empfehlen sich für Nudeln zum Mittagessen. Ab Sonnenuntergang säumen Imbissstände die Th Sukhumvit.

Trat (Provinz)

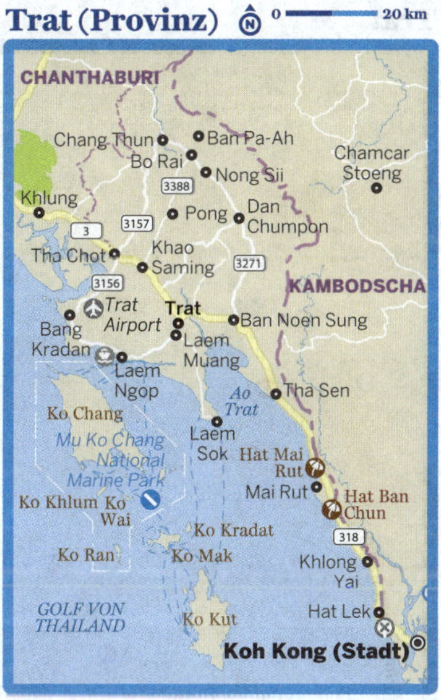

Trat

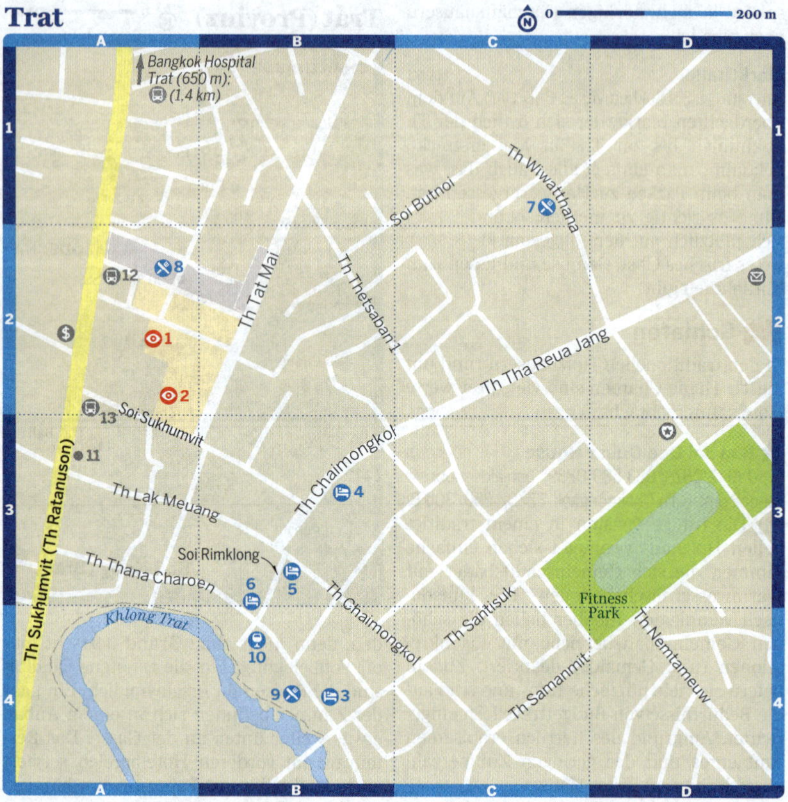

Trat

Sehenswertes
1 Tagesmarkt ... A2
2 Markthalle ... A2

Schlafen
3 Artist's Place ... B4
4 Ban Jai Dee Guest House ... B3
5 Rimklong Boutique Hotel ... B3
6 Yotin Guest House ... B3

Essen
7 Namchok ... C1
8 Nachtmarkt ... A2
9 Pier 112 ... B4

Ausgehen & Nachtleben
10 Cafe Oscar ... B4

Transport
11 Family Tour ... A3
12 *Sŏrng·tăa·ou* zum Busbahnhof & nach Laem Sok ... A2
13 *Sŏrng·tăa·ou* zu Ko Chang Ferries ... A2

★ Namchok THAI $$
(Th Wiwatthana; Hauptgerichte 100–250 B; ⏲10–22 Uhr) Das zwanglose Namchok, das an drei Seiten offen ist, ist zu Recht ein Lokalfavorit: Verführerische Köstlichkeiten (z. B. Seafood, Straußenfleisch, Salat mit rohem Blaukrabbenfleisch) werden hier von einer freundlichen Armee junger Hilfskräfte kredenzt. Die englischsprachige Karte ist jedoch mangelhaft übersetzt und ohne Preisangaben. Das Restaurant hat auch kein englischsprachiges Schild – am besten hält man deshalb nach den Coke- und Chang-Logos am Eingang Ausschau!

Pier 112 THAI $$
(132/1 Th Thana Charoen; Hauptgerichte 80–250 B; ⏲10.30–21 Uhr; 📶📝) Am Flussufer in der

Altstadt serviert das Pier 112 neben verlässlich guten Currys auch viele vegetarische Gerichte. Optional kann man draußen in einem Garten mit zahlreichen Pflanzen futtern. Der Service ist manchmal etwas langsam – aber warum auch Eile?

Cafe Oscar BAR

(Th Thana Charoen; ⏲16.30 Uhr–open end) In der kabuffmäßigen Eckbar tummelt sich eine bunte Schar von Thais und Auswanderern auf Holzmöbeln. Aus den Boxen schallen alte Hits der 1970er- und 1980er-Jahre. In der Hauptsaison öffnet der Laden deutlich früher als sonst.

Praktische Informationen

Die meisten Bankfilialen und Geldautomaten gibt's an der Th Sukhumvit, die oft auch Th Ratanuson genannt wird und quer durch die Stadt verläuft.

Bangkok Hospital Trat (☎039 552777; www.bangkoktrathospital.com; 376 Mu 2, Th Sukhumvit; ⏲24 Std.) Das beste Krankenhaus der Region liegt 400 m nördlich vom Stadtzentrum entfernt.

Krung Thai Bank (Th Sukhumvit; ⏲Mo–Fr 8.30–16.30 Uhr) Mit einem Geldautomaten und Wechselstuben.

Polizeiwache (☎24 Std. 1155; Ecke Th Santisuk & Th Wiwatthana) Liegt ein paar Gehminuten außerhalb der Innenstadt.

Post (Th Tha Reua Jang; ⏲Mo–Fr 8.30–16.30, Sa & So 9–12 Uhr) Östlich des Geschäftsbezirks.

An- & Weiterreise

BUS

Die Minivan-Firma **Family Tour** (☎081 940 7380; Th Sukhumvit) bietet Trips nach Bangkok, Phnom Penh und Siem Reap an.

FLUGZEUG

Bangkok Airways (☎039 525767; www.bangkokair.com; ⏲8.30–18.30 Uhr) verbindet Trat mit dem Suvarnabhumi International Airport (Bangkok; 1 Std., 3-mal tgl.).

Der Trat Airport liegt 40 km außerhalb der Stadt. In die Stadt nehmen Neuankömmlinge am besten ein *sŏrng·tăa·ou*, da ein Taxi (600 B) vergleichsweise viel teurer ist.

SCHIFF/FÄHRE

Nach/ab Ko Chang

Rund 30 km süwestlich von Trat liegen westlich von Laem Ngop insgesamt drei Piers, an denen verschiedene Firmen Bootsüberfahrten nach/ab Ko Chang anbieten. Am praktischsten sind dabei die Fahrten mit **Koh Chang Ferry** (☎039 555188; Pier: Tha Thammachat; einfache Strecke Erw./Kind/Auto 80/30/120 B; ⏲6.30–19 Uhr) und **Centrepoint Ferry** (☎039 538196; Pier: Tha Centrepoint; einfache Strecke/hin & zurück Erw. 80/150 B, Kind 40/70 B, Auto 100/180 B; ⏲6–19.30 Uhr stündl., Mai–Okt. bis 19 Uhr).

Gleich hinter Trats Markthalle (Th Sukhumvit) starten **sŏrng·tăa·ou** nach Laem Ngop und zu den Piers (50–60 B/Pers., Fahrzeug 300 B, 40 Min.). Bei direkten Privatfahrten vom Busbahnhof zu den Piers ist der Mietpreis für das Vehikel etwa gleich hoch.

BUSSE AB TRAT

Die Bushaltestelle von Trat liegt 2 km außerhalb der Stadt, und die Busse fahren folgende Ziele an:

ZIEL	PREIS (B)	DAUER (STD.)	HÄUFIGKEIT
Ost-Busbahnhof (Ekamai), Bangkok	256	4½	6–23.30 Uhr stündl.
Nord-Busbahnhof (Mo Chit), Bangkok	265	5½	4-mal tgl.
Bangkok Suvarnabhumi International Airport	245	4–4½	5-mal tgl.
Chanthaburi	70	1	8.15–18 Uhr alle 2 Std.

Zu diesen Zielen fahren auch Minivans:

ZIEL	PREIS (B)	DAUER (STD.)	HÄUFIGKEIT
Ost-Busbahnhof (Ekamai), Bangkok	280	4	8.30–16.30 Uhr alle 2 Std.
Nord-Busbahnhof (Mo Chit), Bangkok	280	4	8.30–16.30 Uhr alle 2 Std.
Chanthaburi	70	50 Min.	6–18 Uhr häufig
Hat Lek (an der Grenze zu Kambodscha)	120	1½	5–18 Uhr stündl.
Pattaya	300	3½	8–18 Uhr alle 2 Std.
Rayong/Ban Phe (nach Ko Samet)	200	3½	8–18 Uhr alle 2 Std.

ABSEITS DER ÜBLICHEN PFADE

HAT MAI RUT

Der Ausläufer der Provinz Trat, der sich im Südosten entlang der kambodschanischen Grenze erstreckt, ist von Sandstränden gesäumt. Sehr gut zu erreichen ist **Hat Mai Rut**, der praktisch auf halber Strecke zwischen Trat und dem Grenzübergang von Hat Lek liegt. Ganz in der Nähe befindet sich ein altes Fischerdorf mit bunten Holzbooten, in dem sich seit Generationen Familienunternehmen der Fischerei im kleinen Stil widmen. Die Häuschen des **Mairood Resort** (☎089 841 4858; www.mairood-resort.com; 28 Mu 6, Khlong Yai; Bungalows inkl. Frühstück 1650–2250 B, Hütten 750 B; P ❄ @ ≋ ≋ 🐾) am Meer inmitten von Mangroven versprechen einen schönen Aufenthalt.

Um hierher zu kommen, nimmt man am Busbahnhof von Trat ein *sŏrng·tăa·ou* Richtung Hat Lek. Das Resort ist 3 km vom Kilometerstein 53 an der Schnellstraße entfernt. Ungefähr 7 km entfernt von hier liegt Hat Ban Chun mit mehreren Resorts und Hotels.

An Bangkoks östlichem Busbahnhof (Ekamai) besteht Verbindung zum Pier Tha Centrepoint (250 B, 5 Std., 3-mal morgens; in Gegenrichtung 2-mal nachmittags). Die Busse halten unterwegs auch am Busbahnhof des Suvarnabhumi Airport und am Terminal in Trat.

Nach/ab Ko Kut

Etwa 22 km südöstlich von Trat liegt **Laem Sok** (S. 170), wo man neben dem nächstgelegenen Busbahnhof mit Umsteigemöglichkeit auch den Pier für die Fähren nach/ab Ko Kut findet. Bei rechtzeitiger Reservierung holen die Bootsfirmen ihre Passagiere gratis in Trat ab (im Zentrum oder am Busbahnhof, aber nicht am Flughafen).

Mangels öffentlicher Verkehrsmittel bleiben für Fahrten zwischen den Piers von Laem Ngop und Laem Sok nur Taxis (400–500 B). Im Sommer kann man sich das aber dank einer direkten Bootsverbindung zwischen Ko Chang und Ko Kut sparen.

ℹ Unterwegs vor Ort

Für Stadtfahrten mit Motorradtaxis bezahlt man etwa 20 bis 30 B.

In der Nähe von Trats Markthalle starten *sŏrng·tăa·ou* an der **Th Sukhumvit** in Richtung Busbahnhof (je nach Passagierzahl 20–60 B). Eine Privatfahrt zum Flughafen kostet 600 B für das ganze Vehikel.

Im Umkreis der Pensionen gibt's Leihmotorräder (150–200 B/Tag) an der Th Sukhumvit.

Ko Chang เกาะช้าง

☎039 / 10 000 EW.

Das malerische Ko Chang (Elefanteninsel) mit seinen steilen Dschungelhügeln wirkt bis heute ursprünglich und abgeschieden – und das, obwohl einige Teile des Eilands beliebte Ziele für Pauschaltouren sind. Die weiten Buchten an der Westküste werden meist von Streifen aus Pulversand und teils auch von Kiesstränden gesäumt. Die Zahl der Sandstrände ist aber insgesamt recht gering. Hierfür entschädigt eine ungewöhnliche Kombination aus leichtem Naturzugang und großer Partyszene.

Aufgrund der relativen Abgeschiedenheit kommen Urlauber erst seit etwa 20 Jahren nach Ko Chang. Auch heute noch dauert die Anreise ziemlich lange. Die örtlichen Resorts leiden trotzdem nicht unter Gästemangel: Neben vielen Pauschaltouristen und Travellern auf dem Weg nach Kambodscha steigen dort auch strandliebende Paare ab, die zu einsameren Eilanden im regionalen Meeresschutzgebiet unterwegs sind und einen Zwischenstopp auf Ko Chang einlegen. Die weitläufigen Resort-Ministädte an der bevölkerungsreichen Westküste haben inzwischen eine bessere Infrastruktur als die eigentliche Insel. Im Südwesten vermitteln die Dörfer Ban Salak Phet und Ban Salak Kok inmitten von Mangrovenwäldern einen Eindruck vom alten Ko Chang.

◉ Sehenswertes

◉ Westküste

Dank Buchten und Stränden ist die Westküste der bei weitem am besten erschlossene Teil von Ko Chang. Öffentliche *sŏrng·tăa·ou* (Passagier-Pickups) machen Strandhopping hier stressfrei und erschwinglich. Die Strände sind teilweise ziemlich felsig, was Schwimmsandalen für Kinder sinnvoll macht. Die Wellen sind meist niedrig und sanft. Bei Sturm und in der Regenzeit (Mai–Okt.) besteht jedoch Gefahr durch starke Brandungsrückströmungen.

Der **Hat Sai Khao** (หาดทรายขาว; Weißer Sandstrand) ist der längste und luxuriöseste Inselstrand. Vor Hotels voller Pauschaltouristen bräunen sich Hardcore-Sonnenanbeter. Der Backpacker-Bereich im Nordabschnitt ist vergleichsweise ruhiger. Nicht so der **Lonely Beach** (หาดท่าน้ำ): Ko Changs Backpacker-Enklave Nr. 1 ist abends das umtriebigste Pflaster auf der Insel – inklusive lauter Musik und eimerweise Wodka. **Hat Kai Mook** (หาดไขมุก) bedeutet „Perlenstrand". Konkret kommt der Name aber von den großen Kieseln, die hier u. a. mehrere Landzungen bedecken. Rund um Letztere tummeln sich viele Fische. Der Hat Kai Mook eignet sich nicht zum Schwimmen und Sonnenbaden, bietet aber gute Schnorchelmöglichkeiten.

Zwischen mächtigen Felszungen wird der hübsche Sandstrand an der **Ao Khlong Prao** (อ่าวคลองพร้าว; Khlong Prao) von zwei Flussmündungen durchzogen. Bei Ebbe stöbern Muschelsucher im feingerippten Sand nach Kleintieren, die das Meer zurückgelassen hat. Der benachbarte **Hat Kaibae** (หาดไก่แบ้) ist hervorragend für Familien und Paare ab 30 Jahren. Sein schmaler Sandstreifen erstreckt sich rund um eine Bucht mit mehreren Inselchen.

Ban Bang Bao — DORF

(บ้านบางเบ้า) Dieses frühere Fischerdorf prägt immer noch die traditionelle Bauweise mit miteinander verbundenen Bootsanlegern. Die Bewohner leben aber heute nicht mehr vom Fischfang, sondern haben Teile ihrer Häuser in Souvenirläden und Restaurants verwandelt. So kommen die meisten Besucher wegen der super Seafood-Gerichte und Einkaufsmöglichkeiten.

Ostküste

Fürs Erkunden der idyllischen und nicht erschlossenen Ostküste braucht man ein eigenes Fahrzeug.

Ban Salak Phet — DORF

(บ้านสลักเพชร) Das verschlafene Dorf im äußersten Südosten vermittelt einen Eindruck von alten Ko Chang vor dem Tourismusboom: Bis heute sieht man hier viele Stelzenhäuser, Fischerboote und Hunde, die lang ausgestreckt am Straßenrand gähnen. Vor Ort beginnen auch ein paar gute Wanderrouten.

Ao Salak Kok — BUCHT

(อ่าวสลักคอก) Der dichte Mangrovenwald steht unter dem Schutz der einheimischen Fischer, die um seine Bedeutung für das Ökosystem dieser Gegend wissen. Mangroven sind die Kinderstube der Meeresbewohner sowie der hiesigen Vögel und Krustentiere, die hier die nächsten Generationen großziehen. So ist die Bucht mittlerweile eine Hochburg des Ökotourismus.

Die Dorfbewohner betreiben ein preisgekröntes Projekt zum Schutz der Umwelt und zur Bewahrung der traditionellen Lebensweise. Dafür vermieten sie Kajaks über die Salak Kok Kayak Station (S. 160) und führen das dazu gehörende Restaurant.

Nam Tok Khiri Phet — WASSERFALL

(น้ำตกคีรีเพชร) Der kleine Wasserfall ist 2 km entfernt von Ban Salak Phet. Nach dem 15-minütigen Marsch von der Straße aus

GRENZÜBERGANG NACH KAMBODSCHA: VON HAT LEK NACH CHAM YEAM

Anreise zur Grenze Der von Trat am nächsten gelegene Grenzübergang befindet sich zwischen Hat Lek (Thailand) und Cham Yeam (Kambodscha). Ab Trats Busbahnhof fahren Minivans nach Hat Lek (120 B, 1½ Std., 5–18 Uhr stündl.).

An der Grenze Überzogene Gebühren für kambodschanische Visa (offiziell 30 US$) sind hier die Norm: Die Beamten verlangen den Betrag für E-Visa (36 US$) oder bestehen auf das Bezahlen in Baht zum miesen Wechselkurs. Zwecks Stressvermeidung ist es daher ratsam, sich rechtzeitig vorab ein E-Visum für Kambodscha zu besorgen. Achtung: Offiziell wird ansonsten nur ein Passbild benötigt – daher alle Betrüger ignorieren, die etwas von einem „Gesundheitszeugnis" oder anderen Dokumenten erzählen! Die Grenze ist von 7 bis 20 Uhr offen.

Vor Ort lassen sich auch thailändische Visa verlängern, aktuell maximal um 30 Tage und auch maximal 2-mal pro Jahr.

Weiterreise Ab Cham Yeam fahren Taxis (10 US$), Túk-Túks (5 US$) und *motos* (Motorradtaxis; 3 US$) nach Ko Kong. Dort besteht Anschluss nach Sihanoukville (4 Std., 1- bis 2-mal tgl.) und Phnom Penh (5 Std., bis 11.30 Uhr 2- bis 3-mal tgl.).

Ko Chang (Ostküste)

kann man im kleinen tiefen Badebecken abtauchen. Hier ist meist weniger los als an den größeren Wasserfällen, und er ist gut von Ao Salak Phet aus zu erreichen.

Nam Tok Than Mayom WASSERFALL

(น้ำตกธารมะยม; Parkeintritt 200 B; ⌚8–17 Uhr) Die insgesamt drei Wasserfälle des Flusses Khlong Mayom sind über die Hauptverwaltung des Nationalparks in der Nähe von Nam Tha Than Mayom zu erreichen. Der Blick von oben ist atemberaubend. Ganz in der Nähe sind Inschriftensteine mit den Initialen von Rama V., Rama VI. und Rama VII. zu sehen.

Aktivitäten

Auf Ko Chang warten zahlreiche Bootstouren – häufig mit Glasbodenbooten und inklusive Zwischenstopps, damit man die Unterwasserwelt beim Schnorcheln entdecken kann. Die Trips beginnen meist in Bang Bao.

Tauchen & Schnorcheln

Die Tauchreviere rund um Ko Chang bieten eine Vielfalt an Korallen, Fischen und für Anfänger geeignete, seichte Gewässer.

Das Unterwassergebirge, das sich vor der südlichen Inselspitze im Mu Ko Chang National Marine Park erstreckt, ist nach einer 30-minütigen Bootsfahrt erreicht. Zu den beliebtesten Tauchspots gehören **Hin Luk Bat** und **Hin Rap**, felsige, mit Korallen überzogene Abhänge unter Wasser, die zwischen 18 und 20 m tief liegen und ein Paradies für Schwarmfische und einige Schildkrötenarten sind. In der Nähe von Hin Rap wurde 2013 absichtlich ein 30 m langes Kampfflugzeug versenkt, das nun auf der Seite liegt.

Bei Weitem am besten tauchen kann man aber rund um **Ko Rang**. Da die unbewohnte Insel zum Nationalpark gehört, ist die Fischerei hier verboten. Die Sicht ist viel besser als vor Ko Chang und beträgt im Schnitt zwischen 10 und 20 m. Ein beliebtes Tauchrevier ist **Hin Gadeng**, dessen spektakuläre

Ko Chang (Ostküste)

Sehenswertes
1 Ao Khlong Prao B3
2 Ao Salak Kok C3
3 Ban Bang Bao B4
4 Ban Salak Phet C4
5 Hat Kai Mook A2
6 Hat Kaibae B3
7 Hat Sai Khao A2
8 Lonely Beach B4
9 Nam Tok Khiri Phet C3
10 Nam Tok Than Mayom C2

Aktivitäten, Kurse & Touren
BB Divers .... (siehe 3)
11 KayakChang B3
12 Koh Chang Animal Project B1
13 Salak Kok Kayak Station C3
14 Scandinavian Chang Diving Centre B2
Scubadawgs .... (siehe 3)
15 Tree Top Adventure Park B4

Schlafen
16 Amber Sands B1
Arunee Resort .... (siehe 7)
17 Bang Bao Beach Resort B4
DD Lonely Beach .... (siehe 8)
Buddha View .... (siehe 3)
Chill .... (siehe 6)
18 Cliff Cottage B4
El Greco .... (siehe 3)
Garden Resort .... (siehe 6)
Green Resort .... (siehe 6)
Independent Bo's .... (siehe 7)
Little Eden .... (siehe 8)
Mangrove Hideaway .... (siehe 4)
Oasis Koh Chang .... (siehe 8)
19 Pajamas Hostel A2
Paradise Cottage .... (siehe 8)
20 Porn's Bungalows B3
21 Rock Sand Resort A1
22 Serenity Resort B1
23 Spa Koh Chang Resort C3
Starbeach Bungalows .... (siehe 7)
Warapura Resort .... (siehe 8)

Essen
Barrio Bonito .... (siehe 6)
24 Blues Blues Restaurant A1
Oodie's Place .... (siehe 7)
25 Paul's Restaurant A2
Porn's Bungalows Restaurant ... (siehe 20)
Saffron on the Sea .... (siehe 5)

Ausgehen & Nachtleben
26 Shambhala A1

Praktisches
Bang Bao Health Centre .... (siehe 3)
Nuttakit Tour .... (siehe 3)

Transport
Sawadee Koh Chang Travel .... (siehe 6)
27 Schnellboote nach Ko Mak & Ko Wai C1

korallenbedeckte Felstürme bis zu 28 m weit zu sehen sind. An der Ostküste von Ko Rang liegt **Hin Kuak Maa**, das auch als „Drei-Finger-Riff" bekannt ist. Das Besondere hier ist eine mit Korallen bedeckte Felswand, die von 2 auf 14 m abfällt und ganze Schwärme marinen Lebens anzieht.

Die flacheren Tauchgebiete von **Ko Yak**, **Ko Tong Lang** und **Ko Laun** sind für Anfänger und Fortgeschrittene gleichermaßen geeignet. Vor den kleinen Felseninselchen, die komplett umrundet werden können, wimmelt es nur so von Korallen, Schwarm- und Kugelfischen, Muränen, Barrakudas, Rochen und manchmal sogar Schildkröten.

Rund 7 km vor Ban Bang Bao liegt mit dem Wrack der **HTMS Chang** ein sehr beliebter Tauchspot. Das 100 m lange Schiff der thailändischen Marine wurde 2012 absichtlich versenkt, um ein künstliches Riff zu schaffen. Es liegt 30 m unter der Wasseroberfläche.

Beim Schnorcheln rund um das riffgesäumte Ko Wai (S. 171) kann man eine Vielzahl farbenprächtiger Hart- und Weichkorallen bewundern. Die Insel ist ein beliebtes Tagesausflugsziel, bietet aber auch einfache Unterkünfte – für mehr Zeit im Riff.

Ko Mak hat zwar vergleichsweise schlechtere Schnorchelspots, ist aber ein anständiges Tauchrevier, auch wenn in den Riffen nicht so viele Fische zu sehen sind wie anderswo.

Auf Ko Wang sind u. a. eintägige Tauchausflüge (meist ab 3000 B) und Kurse mit Zertifikat (z. B. PADI; ca. 15 000 B/Pers.) im Angebot. Viele örtliche Tauchshops haben auch in der Regenzeit (Mai–Okt.) geöffnet; Unterwassersicht und Bedingungen sind dann aber meist schlecht.

BB Divers TAUCHEN
(☎ 039 558040; www.bbdivers.com; Bang Bao; 2 Tauchgänge vom Boot 3000 B) Der gut geführte Tauchveranstalter mit Hauptsitz in Bang Bao ist auch am Lonely Beach und Hat Sai Khao vertreten – ebenso auf Ko Kut und Ko Mak (dort jeweils nur in der Hauptsaison).

Scubadawgs TAUCHEN
(☎ 080 038 5166; www.scuba-dawgs.com; Bang Bao; 2 Tauchgänge vom Boot 3000 B) Die peppige

Firma mit hilfsbereitem und kundenorientiertem Team veranstaltet auch Tauchkurse mit Zertifikat (PADI, RAID).

Scandinavian Chang Diving Centre TAUCHEN
(☎ 039 619022; www.changdiving.com; Ban Khlong Prao) Das Scandinavian Chang ist ein Profi-Tauchzentrum mit Leihausrüstung vom Feinsten und exzellentem Lehrpersonal. Die gute Auswahl an Ausflügen und Kursen umfasst auch spezielle Optionen für Kinder bzw. Familien.

Kajakfahren

Von einem Seekajak aus betrachtet wirkt Ko Chang sehr eindrucksvoll und erhaben. Das Meer ist hier meistens ruhig, und die vorgelagerten Inseln sind Paddelziele vor der Horizontgrenze. Viele Inselhotels verleihen oben offene Kajaks (ab 300 B/Tag), die sich aber nur für Gelegenheitspaddler und/oder für Fahrten in der Nähe des Ufers eignen. Ernsthafte Wassersportler wenden sich daher besser an den Anbieter **Kayak-Chang** (☎ 097 182 8319; www.kayakchang.com; Emerald Cove Resort, Khlong Prao; Leihkajak ab 1000 B/Tag).

Salak Kok Kayak Station KAJAKFAHREN
(Chang Spirit Club; ☎ 087 748 9497; Baan Salak Kok; Leihkajak 200 B/Std.) Mit der Erkundung der Mangrovensümpfe von Ao Salak Kok im Osten der Insel unterstützt man ein preisgekröntes Projekt des Ökotourismus. Der Kajakverleih an Selbstfahrer ist ein Projekt der Dorfgemeinschaft zur Förderung des Tourismus bei gleichzeitiger Erhaltung der traditionellen Lebensweise. Die Inhaber können auch geführte Touren mit Holzbooten (200 B) und Wanderungen sowie Unterkünfte bei den Familien des Dorfs (Homestays) organisieren.

Wandern, Trekken & Seilrutschen

Auf Ko Chang geht's nicht nur um Strände: Hier gibt's auch eine große Trekking-Szene. Im Inselinneren führen diverse Routen durch dichte Wälder voller Vögel, Affen und Blumen. Am Rand des Dschungels sind ein paar Einheimische aufgewachsen, die Englisch sprechen und ihre Geheimnisse heute gern als Guides mit Gästen teilen.

Hinweis: Auf der schlechten Karte zum Nationalpark verläuft ein Wanderpfad quer über die Insel. Dieser ist aber schon lange zugewuchert und sollte nur mit einem Guide in Angriff genommen werden.

Mr. Tan WANDERN
(☎ 089 645 2019; Wanderungen 600–1400 B) Dieser Guide mit guten Englischkenntnissen bietet u. a. Aufstiege zur Spitze des Khao Chom Prasart und Tagestreks in der Umgebung des Wasserfalls Khlong Prao an. Hinzu kommen vergleichsweise leichtere Familientouren.

Jungle Fever WANDERN
(☎ 081 588 3324; www.junglefever.in.th) Unter den halbtägigen (700 B) und ganztägigen Treks (1200 B) dieser Firma sind z. B. Inselüberquerungen von Wasserfall zu Wasserfall. Zudem werden Aufstiege an den größten Inselbergen und spezielle Trips für Vogelbeobachter angeboten.

Evolution Tour WANDERN
(☎ 039 557078; www.evolutiontour.com) Ko Changs Rangerstationen sind für Solo-Trekker keine große Hilfe. Guides für Wanderungen durchs Inselinnere organisiert man daher am besten über diese Agentur.

Tree Top Adventure Park BAUMWIPFELPARK
(www.treetopadventurepark.com; Ao Bailan; 2-stündige Tour 1100 B, Shuttle hin & zurück zzgl. 150 B;

EINE WOCHE AUF KO CHANG

Zuerst entspannt man sich einfach am Strand in der Sonne und hüpft zwischendurch mal ins Meer. Am zweiten Tag heißt's endlich aufraffen und die Insel erforschen – z. B. bei einer Umrundung mit dem Kajak oder einer Tageswanderung durch den Dschungel. Per *sŏrng·tăa·ou* (Passagier-Pickup) geht's dann nach Ban Bang Bao (S. 157), um ein Mittag- oder frühes Abendessen mit der Souvenirjagd zu kombinieren. Am dritten Tag erkundet man mit dem Leihmotorrad die Mangrovenwälder und Fischerdörfer an der Ostküste (S. 157). Am vierten Tag ist wieder der Strand angesagt – alternativ geht man Tauchen (S. 158).

Das Programm am fünften Tag besteht aus Schnorcheln auf Ko Mak (S. 171) oder Relaxen auf dem weißen Pulversand von Ko Wai (S. 171). Wer will, kann schließlich an den letzten beiden Tagen der Insel etwas zurückgeben und beim Koh Chang Animal Project mithelfen.

⏲9–17 Uhr) In dem beliebten Park nahe der Bailan Bay schwingt man sich wie Tarzan durch die Dschungelwipfel, meistert Seilbrücken, flitzt an Seilrutschen entlang und fliegt per Fahrrad oder Skateboard durch die Luft. Besuche sind bei allen Tourveranstaltern auf Ko Chang buchbar. Mindestalter sieben Jahre, Flip-Flops verboten.

Freiwilligenarbeit

Koh Chang Animal Project FREIWILLIGENARBEIT

(☎089 042 2347; www.kohchanganimalproject.org; Ban Khlong Son) Verletzte, misshandelte und ausgesetzte Tiere werden von der gemeinnützigen Organisation medizinisch versorgt und in Pflege genommen. Aber auch die Tiere der Inselbewohner werden hier veterinärmedizinisch versorgt, sterilisiert und kastriert. Freiwillige Helfer sind ebenso willkommen wie Spenden. Besonders gefragt sind natürlich Tierärzte und Tierarzthelferinnen, aber auch fachfremde Reisende können sich hier nützlich machen. Vorher telefonisch anmelden.

Wenn man als Adresse „Ban Lisa" (Lisas Haus) in Khlong Son angibt, wissen die meisten *sŏrng·tăa·ou*-Fahrer Bescheid. Wer mit dem Motorrad kommt, biegt in Ban Khlong Son beim 7-Eleven von der Hauptstraße ab und fährt danach noch 1,5 km weiter.

Massage

Sima Massage MASSAGE

(☎081 489 5171; Khlong Prao; Massage 250–400 B/Std.; ⏲8–22 Uhr) Unter Einheimischen gilt das Sima als Ko Changs bester Massagesalon – eine Ehre auf einer Insel, die mehr solche Salons als 7-Eleven-Filialen hat. Es befindet sich an der Hauptstraße.

Kurse

Koh Chang Thai Cookery School KOCHEN

(☎039 557243; www.kohchangcookery.com; Blue Lagoon Bungalows, Khlong Prao; Kurse 1500 B) Die Kochkurse sollen Körper und Geist beleben und sind eine tolle Alternative zum Faulenzen. Die Kurse dauern meist fünf Stunden und beinhalten eine Einkaufstour auf dem Markt. Geschnippelt, gebraten und frittiert wird in einer schattigen Küche unter freiem Himmel, direkt neben der Flussmündung. Im Voraus buchen.

Schlafen

Im Allgemeinen gingen die Preise nach oben, die Qualität aber leider nicht. Das liegt teilweise daran, dass die auf Reisegruppen eingerichteten Hotels garantierte Übernachtungen haben und nicht darauf angewiesen sind, Stammgäste oder Laufkundschaft zufriedenzustellen. Zudem werden die Preise einfach nachgeahmt, sodass preisbewusste Reisende kaum eine freie Auswahl haben.

An der Westküste sind die Unterkünfte am Lonely Beach immer noch am preiswertesten, in Hat Kaibae gibt es das beste Preis-Leistungs-Verhältnis, und in Hat Sai Khao ist alles völlig überteuert.

Lonely Beach

Die Unterkünfte am Lonely Beach zählen zu den günstigsten der Insel. Echte Budget-Bleiben direkt am Strand sind aber auch hier recht rar. Vor Ort gibt's keine funkelnden Resorts: Die Straßen werden vielmehr von vielen schäbigen Bars und Billigpensionen gesäumt.

★ **Paradise Cottage** BUNGALOWS $

(☎081 773 9337; www.paradisecottageresort.com; 104/1 Mu 1; Zi. mit Ventilator ohne/mit Warmwasser & Strom 450/990 B, Zi. mit Klimaanlage & Meerblick 1700 B; P❄📶) House-Musik im Hintergrund, Hängematten mit Meerblick und kleine, aber ansehnliche Zimmer machen das gut geführte Paradise Cottage zum herrlich erholsamen Refugium. Die teuersten Quartiere punkten mit Klimaanlage und grandiosem Meerblick. In den günstigsten Varianten mit Ventilatoren hat man kein warmes Wasser und Steckdosen sind ebenfalls nicht vorhanden. Gleich hinter den örtlichen Felsen liegt bei Ebbe eine zu Fuß erreichbare Sandbank frei. Super Rabatte gibt es in der Nachsaison.

Little Eden BUNGALOWS $

(☎084 867 7459; www.littleedenkohchang.com; Soi 3; Zi. mit Ventilator/Klimaanlage 950/1500 B; P❄📶) Auf der ruhigen Hauptstraßenseite (aber trotzdem in der Nähe des Strandes) liegt diese Gruppe von Holzbungalows, die über komplex verwinkelte Plankenstege miteinander verbunden sind. Die komfortablen Bleiben haben Terrassen, Holzfußböden und Moskitonetze; durch die Fenster dringen allerlei laute Geräusche von Dschungeltieren herein.

Für das Little Eden sprechen auch das gute Essen (u. a. das hervorragende Frühstück), der nette Gemeinschaftsbereich und das freundliche Personal.

BB Lonely Beach HOSTEL $
(☎089 504 0543; www.bblonelybeach.com; B 250 B, Zi. mit Ventilator 500–700 B;) Das BB zählt zu den wenigen Hostels in direkter Strandnähe. Die einfachen Schlafsäle und Privatzimmer sind zwar stickig, bieten aber angesichts der Schnäppchentarife dennoch ein anständiges Preis-Leistungs-Verhältnis. Für jede Menge Action sorgen eine Tauchschule, ein Fitnessraum, belgisches Bier und ein Pool, an dem man prima Kontakt zu anderen Travellern knüpfen kann.

Die Lage inmitten von Bars ist definitiv etwas für Feierwütige.

Oasis Koh Chang BUNGALOWS $$
(☎081 721 2547; www.oasis-kohchang.com; 4/28 Mu 1; Zi. 550–1600 B; P) Die beste Option am Lonely Beach – hauptsächlich aufgrund seiner Hanglage mit herrlichem Meerblick (vom Baumhaus in 12 m Höhe ist dieser noch grandioser!). Das freundliche Inhaberpaar aus den Niederlanden vermietet geräumige Mittelklasse-Bungalows in vier verschiedenen Standards. Die günstigeren Varianten haben nur Ventilatoren.

Warapura Resort HOTEL $$
(☎039 558123; www.warapuraresort.com; 4/3 Mu 1; Zi. inkl. Frühstück 1700–3300 B; P@) Direkt am Meer überzeugen die hervorragenden Zimmer des Warapura mit rustikalem Mobiliar und hellen Farben (Weiß plus ein Hauch von Türkis). Die teureren Varianten warten mit tollen Balkonen, riesigen Bädern und mehr Platz auf; zudem liegen sie näher am Meer. Allerdings ist Schwimmen am örtlichen Strand fast unmöglich. Hierfür entschädigen das Wellenrauschen und der anständige Pool.

Hat Kaibae

Mit Boutiquehotels, einfachen Hütten und Bungalows der mittleren Preisklasse verfügt Hat Kaibae wohl über die größte Unterkunftsvielfalt auf der Insel. Dafür besteht der Strand hier nur teilweise aus Sand.

Porn's Bungalows BUNGALOWS $
(☎080 613 9266; www.pornsbungalows-kohchang.com; Zi. 600–1600 B; P) Das super relaxte Porn's am äußersten Westende des Kaibae Beach kombiniert ein beliebtes Hausrestaurant mit Holzbungalows, die nur von Ventilatoren gekühlt werden. Tipp: Die vergleichsweise größeren Varianten direkt am Strand bieten eine tolle Aussicht und sind echte Schnäppchen (Zi. ca. 1000 B). Sie lassen sich allerdings nicht reservieren – zu Spitzenzeiten sollte man daher schon vorab nach einer Alternative schauen.

Garden Resort HOTEL $$
(☎039 557260; www.gardenresortkohchang.com; 98/22 Mu 4; Zi. inkl. Frühstück 2200–3500 B; P@) Das Garden Resort liegt gleich abseits der Hauptstraße, ist aber dennoch ausreichend ruhig und befindet sich in Laufweite zu einem Sandstrand. Große und recht reizende Bungalows säumen hier einen schattigen Gartenpfad, der zu einem netten Poolbereich führt. Das Barrestaurant im Vorderbereich ist ein beliebter Treff.

Green Resort BUNGALOWS $$
(☎097 110 7094; www.thegreen-kohchang.com; 51/3 Mu 4; Zi. 1200 B; P) Dieses Resort liegt zwar gleich abseits der Strandmeile am Hat Kaibae, hat aber eine ruhige Atmosphäre. Rund um eine Rasenfläche verteilen sich geschmackvolle und attraktive (wenn auch etwas dunkle) Zimmer mit toller moderner Ausstattung. Diese umfasst Kabel-TV, Kühlschränke und gutes WLAN. Das Personal ist freundlich und hilfsbereit.

Chill RESORT $$$
(☎039 552555; www.thechillresort.com; Zi. inkl. Frühstück 5250–14 400 B; P@) Ein cleveres Architekturkonzept prägt das Chill: Alle Erdgeschosszimmer grenzen hier an einen von drei Pools. Die modernen, hellen und sehr geräumigen Quartiere bieten viele Extras. Für das Resort sprechen auch die direkte Strandlage, das äußerst zuvorkommende Personal und die guten Einrichtungen für Familien.

Khlong Prao

Zwischen den Luxusresorts an der Ao Khlong Prao verstecken sich ein paar Budget-Bleiben.

★ **Pajamas Hostel** HOSTEL $
(☎039 510789; www.pajamaskohchang.com; Khlong Prao; B/Zi. inkl. Frühstück 570/2600 B; P) Ein paar Kilometer nördlich der Khlong-Prao-Hauptmeile liegt das großartige Pajamas direkt am Strand. Neben einer sehr relaxten Atmosphäre wartet hier auch ein durchgehender Aufenthaltsbereich und Poolblick von der Bar aus. Das Obergeschoss beherbergt gute klimatisierte Schlafsäle mit moderner Ausstattung. Die wirklich erstklassigen Privatzimmer im Untergeschoss punkten mit Coolness, Helligkeit, Betten auf

BITTE NICHT FÜTTERN!

Bei den Bootstouren rund um die Insel beglücken viele Veranstalter ihre Gäste mit einem Stopp vor einer Felsenklippe, damit sie die dort lebenden Affen füttern können. Das scheint ganz unbedenklich und recht unterhaltsam zu sein, hat aber verhängnisvolle Folgen, denn die Affen werden von dieser Futterquelle abhängig. Wenn die Boote aber nicht mehr so oft kommen, z. B. in der Nebensaison, sind jüngere und schwächere Tiere nicht in der Lage, sich selbst zu versorgen.

Gleiches gilt für Tauchgänge und Bootsausflüge, bei denen die Reste des Mittagessens an die Fische verfüttert werden. Oft wird sogar am Bootsanleger Brot nur für diesen Zweck verkauft. Natürlich ist es toll, so Schwärme buntschillernder Fische anzulocken, doch diese geben dafür die Korallenriffe auf. Ohne das tägliche „Abknabbern" durch die Fische wiederum sind die Korallen bald mit Algen überwuchert und können ersticken.

Plattformen und eigenen Terrassen bzw. Balkonen. Das Hostel wird außerordentlich gut geführt und ist rundum blitzsauber.

★ Baan Rim Nam PENSION $$
(☎ 087 005 8575; www.iamkohchang.com; Khlong Prao; Zi. 1000–1900 B; ❄📶) Direkt über den Mangroven an der Flussmündung verspricht dieses fabelhaft umgebaute Fischerhaus einen ungemein ruhigen Aufenthalt. Die attraktiven Zimmer mit Klimaanlage grenzen an eine tolle Uferterrasse. Der auskunftsfreudige Inhaber legt Wert darauf, dass seine Gäste die regionalen Highlights richtig genießen können. Zudem verleiht er kostenlos Kajaks und Kanus für Paddeltrips zum Strand, der 3 Minuten entfernt liegt.

Blue Lagoon Bungalows BUNGALOWS $$
(☎ 089 515 4617; www.kohchang-bungalows-bluelagoon.com; Ban Khlong Phrao; Bungalow 800–2000 B; P❄📶) An einer malerischen Flussmündung warten hier viele verschiedene Zimmer und Bungalows in einem uferseitigen Mangrovenhain. Die individuell geschnittenen Bleiben in rustikalem Ambiente sind per Steg mit dem Strand verbunden. Das Dekor folgt diversen Themen (z. B. „Elefantenmist" in einem Familienzimmer).

Dewa RESORT $$$
(☎ 039 557341; www.thedewakohchang.com; Khlong Prao; Zi. inkl. Frühstück 5100–12 000 B; P❄@📶🏊) Das führende Luxusresort in dieser Inselecke ist rundum elegant – von den modernen Zimmern mit Traumdesign à la Thailand bis hin zum Pool (700 m²) mit dunklem Boden. Es gibt kräftige Rabatte für Frühbucher.

Ban Bang Bao & Umgebung

Die Unterkünfte in Ban Bang Bao sind hauptsächlich umgebaute Hafenhäuser mit Meerblick, die leichten Zugang zu den Inselfähren und zum schönen Khlong Kloi Beach etwas weiter östlich bieten. Notorische Nachteulen sollten lieber ein Motorrad mieten oder anderswo schlafen: Nach der Abendessenszeit werden *sŏrng·tăa·ou* hier rar und teuer.

Cliff Cottage BUNGALOWS $
(☎ 080 823 5495; www.cliff-cottage.com; Ban Bang Bao; Bungalow 950–1100 B; ❄📶) Westlich vom Pier werden hier ein paar Dutzend einfache, aber komfortable Bungalows in Hanglage teilweise von dichter Vegetation verdeckt. Rechts, links und unterhalb der Anlage erstreckt sich eine felsige Bucht. Die meisten der Bleiben punkten mit (teils sensationellem) Meerblick.

★ Buddha View PENSION $$
(☎ 039 558157; www.thebuddhaview.com; Ban Bang Bao; Zi. 800–1400 B; ❄📶) Die sehr schicke Pension am Pier vermietet lediglich sieben sorgsam gestaltete Zimmer. Diese sind komplett mit Holz eingerichtet und verfügen in vier Fällen über eigene Bäder. Die drei Quartiere mit Gemeinschaftsbädern sind aber gleichsam super. Im ebenso hervorragenden Hausrestaurant sitzt man an niedrigen Tischen mit einer Glasplatte, unter denen sich ein Loch im Boden befindet. Durch dieses lässt man die Beine über dem Wasser und über Skulpturen baumeln.

★ Bang Bao Beach Resort BUNGALOWS $$
(☎ 093 327 2788; www.bangbaobeachresort.com; Hat Khlong Koi; Zi. 1700–2500 B) Gleich östlich von Bang Bao säumen hier großartige alte und neue Bungalows eine grüne Rasenfläche am Rand des herrlichen Khlong Koi Beach. Alle Quartiere der äußerst gepflegten sowie professionell geführten Anlage sind klimatisiert und attraktiv mit Holz eingerichtet. Gäste genießen leichten Zugang zu mehre-

> **ÜBERNACHTUNGSPREISE**
>
> In der Regenzeit (Mai–Okt.) fallen die Zimmerpreise sehr stark, allerdings haben viele örtliche Bleiben dann geschlossen. Für die Hauptsaison (Nov.–März) sowie für Wochenenden und Feiertage am besten nach Online-Sonderangeboten schauen – und unbedingt rechtzeitig reservieren!

ren Restaurants und Strandbars. Hierher geht's entweder bei einem Strandspaziergang ab der Kanalbrücke oder dank einer langen Anfahrt außen rum.

El Greco PENSION **$$**
(☎086 843 8417; elgrecoloungebar@gmail.com; Ban Bang Bao; Zi. 1400–1600 B; ❄📶) In einzigartiger Lage (etwa in der Mitte von Bang Baos Pier) vermietet eine sehr sympathische Familie einfache, aber ansprechende Zimmer mit Balkonen, Moskitonetzen und etwas harten Betten. Das empfehlenswerte Hausrestaurant serviert griechische Küche.

Hat Sai Khao

Der schönste Strand der Insel ist zugleich auch der teuerste. Dennoch gibt's am Nord- und Südende jeweils noch ein paar Budget- und Mittelklasseoptionen mit leichtem Zugang zu feinstem Sand. Die Backpacker-Enklave nördlich des KC Grande Resort ist nur zu Fuß über den Strand erreichbar.

Independent Bo's PENSION **$**
(☎039 551165; Zi. 300–800 B; 📶) Diese altmodische, komplex verwinkelte Budget-Bleibe mit Boheme-Touch wirkt gleichzeitig skurril, erheiternd und eindrucksvoll: Direkt am Strand findet man hier Hütten aus Treibholz, Schilder mit schrägen Sprüchen und Gemeinschaftsbereiche mit geselliger Hippie-Atmosphäre. Die einfachen Zimmer sind größtenteils recht charmant und werden ausschließlich mit Ventilatoren gekühlt. Bei den Bädern reicht das Spektrum von spartanisch bis hin zu modernisiert. Keine Reservierungen und keine Kinder.

Starbeach Bungalows PENSION **$**
(☎089 574 9486; www.starbeach-kohchang.com; Bungalow 600–750 B; 📶) Die baufällig wirkende Pension eignet sich super, um in spartanischem Ambiente direkt am schönsten Strandabschnitt zu übernachten. Die Zimmer sind schlicht und verfügen nur über Ventilatoren, warten aber allesamt mit anständiger Ausstattung und Meerblick auf. Die Pension hat auch ein freundliches Hausrestaurant mit Bar. Allerdings akzeptiert sie keine Reservierungen, daher fragt man besser vorab per Mail nach freien Zimmern! Um hierher zu kommen, läuft man neben der 7-Eleven-Filiale zum Strand hinunter und hält sich dort dann rechts.

Rock Sand Resort PENSION **$$**
(☎084 781 0550; www.rocksand-resort.com; Zi. inkl. Frühstück mit Ventilator/Klimaanlage 1000/3500 B; P❄📶) Das Rock Sand bewirbt sich selbst als „Flashpacker-Bleibe". Es ist die nobelste Option unter den vielen Unterkünften am Nordende des White Sand Beach und im Sommer überteuert. Die Zimmer mit Meerblick und Gemeinschaftsbalkon bieten dennoch was fürs Geld. Die günstigeren Varianten sind recht schlicht. Über den Strand vor dem Haus hinweg schwappen die Wellen bei Flut bis an die Fundamente heran. Die steile Straße zum White Sand Beach Resort ermöglicht eine direkte Anfahrt.

Arunee Resort PENSION **$$**
(☎086 111 9600; aruneeresorttour@hotmail.com; Zi. inkl. Frühstück mit Ventilator/Klimaanlage 500/1500 B; ❄📶) Das Arunee ist nicht sonderlich schick, hat für seine Lage aber akzeptable Preise: Abseits der Hauptstraße sind es nur 50 m bis zum Strand. Dank einer kürzlichen Renovierung wirken die günstigsten Zimmer nun hell und luftig.

Inland & Ostküste

Diese beiden Inselbereiche sind weitaus schwächer erschlossen, belohnen Besucher aber mit umso mehr Ruhe. Ein eigenes Fahrzeug macht Sinn, um sich hier nicht allzu verloren zu fühlen.

★ **Mangrove Hideaway** PENSION **$$**
(☎080 133 6600; www.themangrovehideaway.com; Ban Salak Phet; Zi. 1900–2700 B; ❄📶) 🍃 Die freundliche Pension mit Ökobewusstsein und Aussicht auf den Mangrovenwald ist eine fabelhafte Wahl: Von den ansprechend minimalistischen Standardzimmern schaut man auf den grünen vorderen Garten. Die luxuriösen Superior-Suiten mit tollen Holzfußböden punkten mit Blick auf das Hausrestaurant und die Mangroven an der Flussmündung. In dem Gebäude, das aus einheimischem Holz errichtet wurde, arbeiten Dorfbewohner von der Insel. Oben war-

ten ein Massagesalon und einen Whirlpool im Freien auf die Gäste.

Serenity Resort HOTEL **$$**
(☎088 092 4452; www.serenity-koh-chang.com; Ao Dan Kao; Zi. 2800–3200 B; P ❄ 📶) Das attraktive Serenity liegt nahe dem Fährhafen an Ko Changs ruhiger Ostküste. In den erholsamen stillen Zimmern mit Klimaanlage und weißer Einrichtung findet man Handtücher, die selbst für thailändische Verhältnisse sehr eindrucksvoll gefaltet sind. Das ganze Hotel wirkt freundlich, modern und blitzsauber. Zudem wartet es direkt am Strand mit einer Bar, einem Pool und ausleihbaren Wassersportgeräten (Kajaks, Stehpaddelbretter) auf.

Amber Sands HOTEL **$$$**
(☎039 586177; www.ambersandsbeachresort.com; Ao Dan Kao; Zi. 3250–5250 B; ⏲Mitte Okt.–Aug.; P ❄ 📶 🏊) Das wunderschön gepflegte Gartengelände des tadellos geführten Amber Sands grenzt direkt an einen ruhigen Strand mit orange-rotem Sand. Die äußerst reizvollen Zimmer haben tolle Holzfußböden und elegantes Mobiliar. Die hauseigene Aussichtsterrasse ist perfekt zum Relaxen. Das Hotelrestaurant akzeptiert mittags auch reine Speisegäste. Gäste wähnen sich fernab der Zivilisation, wohnen aber in Wirklichkeit nahe dem Fähranleger und können sich an diesem abholen lassen.

Spa Koh Chang Resort RESORT **$$$**
(☎083 115 6566; www.thespakohchang.com; Ao Salak Kok; Zi. inkl. Frühstück 2150–4000 B; P ❄ 📶 🏊) Dieses Resort ist auf gesundheitsfördernde Pauschalaufenthalte mit Fasten, Yoga und Meditation spezialisiert. Das idyllische und üppig grüne Gelände grenzt fast an die Mangrovenwälder am Buchtufer. Die elegant gestalteten Bungalows an einem blumenreichen Hang sind ruhige Refugien für Qualitätsbewusste, die Zeit für sich brauchen. Die „Hill“-Quartiere sind jedoch deutlich heller als die Optionen der Kategorie „Oriental“. Das Hausrestaurant serviert auch vegetarische und vegane Kost. Kein Strandzugang.

Essen & Ausgehen

Fast alle örtlichen Unterkünfte haben Hausrestaurants mit akzeptabler, aber nicht unbedingt erstklassiger Küche. Dennoch kann man auf Ko Chang sehr gut speisen, wobei die besten Lokale meist außerhalb der Touristenzonen liegen.

Bei den vielen Strandpartys reicht der Publikumscharakter von eher älter und gesetzter (Hat Sai Khao) bis hin zu vergleichsweise jünger und wilder (Lonely Beach).

Westküste

Porn's Bungalows Restaurant THAI **$**
(Hat Kaibae; Hauptgerichte 80–180 B; ⏲11–23 Uhr; 📶) Das entspannte, in dunklem Holz gehaltene Restaurant ist die ultimative Strandlounge. Das Barbecue ist lecker. Ansonsten ist das Trinken hier eindeutig wichtiger als das Essen, und eine Kleiderordnung gibt es auch nicht.

★ **Phu-Talay** SEAFOOD **$$**
(☎039 551300; 4/2 Mu 4, Khlong Prao; Hauptgerichte 120–320 B; ⏲10–22 Uhr) Direkt am *klorng* (Kanal) liegt das hübsche Phu-Talay mit Holzfußböden, blau-weißem Dekor, malerischer Terrasse und einem eigenem Boot, das Gäste von nahegelegenen Unterkünften abholt. Spezialität des Hauses sind Meeresfrüchte (Tipp: die Gerichte mit Blaukrabben, Garnelen oder Fisch nehmen). Im Vergleich zu vielen anderen Seafood-Restaurants auf der Insel ist das Lokal deutlich günstiger.

★ **Barrio Bonito** MEXIKANISCH **$$**
(☎080 092 8208; www.barriobonito.com; Hat Kaibae; Hauptgerichte 160–280 B; ⏲Juli–Ende Mai 17–22 Uhr; 📶 🖉) Das stilvolle Barrio Bonito im Herzen von Kaibae zählt zu den besten Restaurants der Insel: Am Straßenrand serviert ein zauberhaftes französisch-mexikanisches Paar erfrischende Cocktails zu authentischen und appetitlich angerichteten Köstlichkeiten à la Mexiko (u. a. super Fajitas).

Saffron on the Sea THAI **$$**
(☎039 551253; Hat Kai Mook; Hauptgerichte 120–350 B; ⏲8–22 Uhr; 📶) Dieser kleine, freundliche und hübsche Bungalow-Komplex gehört einem aus Bangkok geflüchteten Künstler. Der schöne Essbereich am Meer verströmt eine ruhige und romantische Atmosphäre. Es werden lokaltypische (d.h. eher süße als scharfe) Thai-Gerichte serviert. In der Nachsaison ist die Speisekarte etwas kürzer. Auf der Vorderseite vermietet das Lokal ebenso attraktive Zimmer (Hauptsaison 1200–1500 B).

Baanta THAI **$$**
(www.facebook.com/baantaorchidrestaurant; Khlong Prao; Hauptgerichte 120–320 B; ⏲12–22 Uhr; 📶) An der Hauptstraße überzeugt das ansprechende Baanta mit freundlichem Ser-

vice und vielen verschiedenen Gerichten von verlässlich guter Qualität. Darunter sind thailändische Klassiker, regionale Spezialitäten, Seafood-Specials, diverse westliche Optionen und Lachsteller, die von japanischen Gerichten inspiriert sind.

Oodie's Place INTERNATIONAL, THAI $$
(☎ 039 551193; www.facebook.com/oodies.place; Hat Sai Khao; Hauptgerichte 80–390 B; ⏲ 11–24 Uhr) Der einheimische Musiker betreibt diesen wunderbar vielseitigen Laden, in dem exzellente französische Küche sowie leckere Thai-Spezialitäten und Pizzas auf den Tisch kommen und Livemusik (ab 22 Uhr) gespielt wird. Auch nach all den Jahren bei der Ausländergemeinde noch immer sehr beliebt!

Paul's Restaurant DEUTSCH, THAI $$
(☎ 039 551499; www.topresort-kohchang.com; Hat Sai Khao; Hauptgerichte 140–330 B; ⏲ 6–22 Uhr; 📶) Das Hotelrestaurant am oberen Klippenrand tischt solide deutsche und thailändische Küche in großen Portionen auf. Als Beilage gibt's die sarkastischen Sprüche des unterhaltsamen Inhabers. Der verdientermaßen populäre Laden erfordert in der Hauptsaison stets eine rechtzeitige Reservierung.

Ka-Ti Culinary THAI $$
(☎ 081 903 0408; www.facebook.com/katikhruathai; Khlong Prao; Hauptgerichte 160–510 B; ⏲ Mo–Sa 12–22, So ab 17 Uhr; 📶) Die Highlights in diesem Lokal sind die Meeresfrüchte, ein paar Gerichte à la Isan und die berühmte selbstgemachte Currysauce. Auf der Karte stehen auch einfallsreiche Smoothies (u. a. Litschi-Zitrone-Pfefferminz) und spezielle Optionen für Kinder. Als Tagesangebote gibt's hier manchmal Köstlichkeiten mit Fisch (z. B. im Ganzen gedünsteten Schnapper).

Up2You THAI $$
(Khlong Prao; Hauptgerichte 120–300 B; ⏲ 10–22 Uhr; 📶) Nahe der 7-Eleven-Filiale an der Hauptstraße punktet das Up2You mit guter Seafood-Auswahl, einladender Atmosphäre und anständigem Preis-Leistungs-Verhältnis. Von den generell sehr aromatischen Gerichten empfehlen sich vor allem die Garnelen und die leckeren Jakobsmuscheln aus dem Wok. Die Portionen sind allerdings immer recht klein.

Inland & Ostküste

★ Blues Blues Restaurant THAI $
(☎ 087 144 6412; Ban Khlong Son; Hauptgerichte 80–170 B; ⏲ 9–21 Uhr) Hinter dem grünen Vorhang aus tropischen Pflanzen verbirgt sich ein künstlerisch angehauchtes Thai-Lokal, das wegen seiner Erfahrung, Effizienz und erfreulicher Preise sehr geschätzt wird. An den Wänden hängen vom Besitzer gemalte Aquarelle. Um hin zu kommen, nimmt man die Straße nach Ban Kwan Chang; nach 600 m kommt es rechts in Sicht.

★ Shambhala BAR
(☎ 098 579 4381; www.shambhalabeachbar.com; Siam Royal View, Ao Khlong Son; ⏲ Do–Di 11–mind. 22 Uhr) Zum Resort Siam Royal View an Ko Changs Nordspitze gehört dieses Barrestaurant, das super Cocktails zu fairen Preisen an einem Pool serviert. Die Lage ist perfekt für Sundowner: Über grünen Rasen hinweg schaut man wunderbar auf eine bewaldete Halbinsel und einen einsamen Strand mit goldfarbenem Sand. Auf der Karte stehen auch thailändische und internationale Gerichte von hoher Qualität. Hierher geht's durch den südlichsten Eingang („Marina") des Resorts.

ℹ Praktische Informationen

GEFAHREN & ÄRGERNISSE

- Auf der Straße zwischen Ban Khlong Son im Norden und Hat Sai Khao ist größte Vorsicht geboten, denn sie ist gefährlich steil und hat einige scharfe Haarnadelkurven. Bei Sturm kommen noch schlechte Straßenverhältnisse und Schlammlawinen dazu. Wer mit einem gemieteten Motorrad unterwegs ist, sollte zwischen Hat Kaibae und Lonely Beach besonders vorsichtig fahren, vor allem in der Regenzeit. Und grundsätzlich Schutzkleidung tragen!
- Die Polizei führt regelmäßig Drogenrazzien in den Unterkünften der Insel durch. Wer mit Rauschgift erwischt wird, zahlt hohe Geldstrafen oder landet sogar im Gefängnis.
- Vorsichtig sollte man auch bei billigen Fahrscheinen für den Minibus von Siem Reap nach Ko Chang sein, denn meist sind damit betrügerische Provisionszahlungen verbunden, die einen letzendlich viel Zeit und Geld kosten können.
- Die Gefahr, auf Ko Chang an Malaria zu erkranken, ist eher gering. Daher dürfte der ausgiebige Gebrauch von Insektenabwehrmitteln als angemessene Prophylaxe ausreichen.

GELD

Banken mit Geldautomaten und Wechselstuben gibt's an allen Stränden der Westküste.

MEDIZINISCHE VERSORGUNG

Bang Bao Health Centre (☎ 039 558086; Ban Bang Bao; ⏲ 8.30–16 Uhr) Für kleinere Wehwehchen.

Ko Chang Hospital (☎ 039 586131; Ban Dan Mai) Das staatliche Krankenhaus mit gutem Ruf und günstigen Behandlungspreisen befindet sich südlich des Fähranlegers.

Ko Chang International Clinic (☎ 039 551555; www.bangkoktrathospital.com; Hat Sai Khao; ⏲ 24 Std.) Das Krankenhaus gehört zur Bangkok Hospital Group und akzeptiert die meisten Reise-Krankenversicherungen, ist aber teuer.

NOTFALL

Der Posten der **Touristenpolizei** (☎ 1155) in Khlong Prao kümmert sich um alle Notfälle.

POST

Ko Chang Post (☎ 039 551240; Hat Sai Khao; ⏲ 9–17 Uhr) Ganz am südlichen Ende von Hat Sai Khao.

REISEBÜROS

Nuttakit Tour (☎ 092 647 3009; nuttakit-tour@gmail.com; Bang Bao) Das Reisebüro in Bang Bao liegt gleich rechts hinter dem Piereingang und ist etwas besser als seine Konkurrenz: Das freundliche Personal spricht Englisch und arrangiert neben Standardtouren auch individuell gestaltbare Bootstrips.

TOURISTENINFORMATION

Das kostenlose Magazin *Koh Chang Guide* (www.koh-chang-guide.com) ist praktisch überall auf der Insel erhältlich und beinhaltet nützliche Karten der Strände.

Die umfassende Website **I Am Koh Chang** (www.iamkohchang.com) ist das Herzensprojekt eines Briten, der auf der Insel lebt. Recht respektlos gibt er jede Menge subjektive Berichte und Informationen zum Besten.

ℹ An- & Weiterreise

Ob ab Bangkok oder Kambodscha: Die Anreise nach Ko Chang dauert immer einen ganzen Tag. Der Trip lässt sich aber nett mit einer Übernachtung in Trat unterbrechen.

Nahe Laem Ngop auf dem Festland starten Fähren zur Insel entweder am Pier Tha Thammachat (Firma: Koh Chang Ferry; S. 155) oder am Pier Tha Centrepoint (Firma: Centrepoint Ferry; S. 155). Vergleichsweise etwas besser und schneller sind dabei die Kähne von Koh Chang Ferry, die auf dem Eiland den Pier Tha Sapparot anlaufen. Centrepoint Ferry macht 3 km weiter südlich fest.

Ab Bang Bao im Südwesten von Ko Chang schippert **Bang Bao Boat** (☎ 084 567 8765; www.kohchangbangbaoboat.com; Ban Bang Bao; ⏲ Nov.–April) in der Hauptsaison über Ko Mak nach Ko Wai, wo wiederum Schnellboote gen Ko Kut aufbrechen.

Während der Hauptsaison fahren zudem Schnellboote ab Bang Bao und Hat Kaibae zu den anderen Inseln.

An Bangkoks östlichem Busbahnhof (Ekamai) besteht Verbindung nach/ab Ko Chang, wobei

VERKEHRSMITTEL AB/NACH KO CHANG

AUSGANGSPUNKT	ZIEL	BOOT	BUS
Ost-Busbahnhof (Ekamai), Bangkok	Tha Thammachat (Laem Ngop)		269 B, 6 Std., 2-mal tgl.
Ko Chang	Bangkok's Suvarnabhumi International Airport		einfache Strecke/hin & zurück 600/900 B, 6–7 Std., 2- bis 3-mal tgl.
Ko Chang	Ko Kut	Schnellboot 900 B, 2½ Std., 3-mal tgl.; Holz- & Schnellboot kombiniert 700 B, 5 Std., 1-mal tgl.	
Ko Chang	Ko Mak	Schnellboot 600 B, 1 Std., 3-mal tgl.; Holzboot 400 B, 2 Std., 1-mal tgl.	
Ko Chang	Ko Wai	Schnellboot 400 B, 30 Min., 3-mal tgl.; Holzboot 300 B, 1 Std., 1-mal tgl.	
Tha Centrepoint (Laem Ngop)	Ko Chang	80 B, 40 Min., 6–19.30 Uhr stündl.	
Tha Thammachat (Laem Ngop)	Ko Chang	80 B, 30 Min., 6.30–19 Uhr alle 45 Min.	

die Reise jeweils über Chanthaburi und Trat führt. Der **Minivan- und Busservice** (☎083-794 2122; www.bussuvarnabhumikohchang.com) des Suvarnabhumi International Airport bringt einen dagegen ohne Zwischenstationen ans Ziel.

Von Ko Chang aus gesehen befindet sich der nächstgelegene Flughafen in Trat. Ab dort bietet **Ko Chang Minibus** (☎087 785 7695; www.kohchangminibus.com) zu Pauschalpreisen diverse Shuttles zu den Inselstränden an.

Unterwegs vor Ort

An den Fähranlegern warten Sammel-*sŏrng·tăa·ou*, um ankommende Passagiere zu den verschiedenen Stränden zu kutschieren (Hat Sai Khao 100 B, Khlong Prao 150 B, Lonely Beach 200 B). Eine Fahrt zwischen benachbarten Stränden kostet 50 bis 200 B. Nach Einbruch der Dunkelheit steigen die Preise dramatisch an, dann werden für die Strecke von Bang Bao nach Hat Sai Khao 500 B fällig.

Motorräder werden für 200 B am Tag vermietet. Die bergigen und kurvigen Straßen von Ko Chang sind allerdings gefährlich, daher sollte man unbedingt überprüfen, ob das Motorrad einwandfrei funktioniert.

Leihwagen sind eine gute Alternative für Inselerkundungen und gibt's vor Ort bei **Sawadee Koh Chang Travel** (☎086 712 6804; sawadeekohchang@hotmail.co.th; Hat Kaibae; Auto ab 1200 B/Tag; ⏲8–20.30 Uhr) und bei ein paar wenigen anderen Anbietern.

Ko Kut

เกาะกูด

☎039 / 2100 EW

Für viele ist Ko Kut (auch „Koh Kood“ geschrieben) *die* thailändische Insel schlechthin – und das zu Recht: pudrig feine Sandstrände, glasklares Wasser in malerischen Buchten und mehr Kokosnusspalmen als Häuser.

Im Gegensatz zur großen Schwester Ko Chang sucht man Nachtleben, Verkehrschaos oder laute Musik hier vergebens. Aber genau deshalb kommen die Besucher, und auch, um endlich mal nichts tun (zu müssen). Wem es in der Hängematte doch zu langweilig wird, kann Kajak fahren oder schnorcheln oder auf der Nachbarinsel Ko Rang Fische beobachten.

Die viertgrößte Insel Thailands ist nur halb so groß wie Ko Chang und war schon immer die Domäne des gehobenen Pauschaltourismus und der oberen Zehntausend, die die Abgeschiedenheit suchen. Doch nun wird die Insel zunehmend egalitärer, und auch immer mehr Individualtouristen, insbesondere Familien und Paare, werden sich künftig hier erholen.

Sehenswertes & Aktivitäten

Ruhige Felsbuchten und Flussmündungen mit Mangroven machen Ko Kut zum tollen Revier für Schnorchler und Kajakfahrer. Entsprechende Leihausrüstung gibt's bei den meisten örtlichen Resorts.

Die westliche Inselküste wird von weißen Sandstränden mit herrlich aquamarinblauem Wasser gesäumt. Der schönste davon ist der **Hat Khlong Chao**, der in puncto Attraktivität locker mit dem Hat Chaweng auf Ko Samui konkurrieren kann. Der hübsche Strand an der **Ao Noi** wartet mit Felsbrocken, einer Steilkante und kräftigen Wellen für trainierte Schwimmer auf. Der Sandstreifen an der **Ao Prao** ist gleichsam reizvoll.

Auf Ko Kut gibt's keine öffentlichen Verkehrsmittel, aber verschiedene Taxis. Zudem kann man die westlichen Strände mit dem Leihmotorrad besuchen. Die Straße zwischen dem Khlong Hin Beach (Südwesten) und der Ao Noi (Nordosten) ist größtenteils befestigt.

Nam Tok Khlong Chao WASSERFALL

(น้ำตกคลองเจ้า) Die beiden Wasserfälle der Insel sind prima Ziele für Kurzwanderungen. Der größere und beliebtere davon ist der breite Nam Tok Khlong Chao, der malerisch in ein großes Naturbecken hinabstürzt. Zu diesem geht's entweder über einen kurzen Dschungelpfad ab der Straße oder entlang des Khlong Chao flussaufwärts per Paddeltrip. Der **Nam Tok Khlong Yai Ki** etwas weiter nördlich ist vergleichsweise kleiner, hat aber auch einen großen Naturpool an seinem Fuße.

Schlafen & Essen

In der Nachsaison fahren weitaus weniger Boote nach Ko Kut, während einige örtliche Unterkünfte komplett geschlossen haben. An Wochenenden und Feiertagen in der Hauptsaison bevölkern thailändische Urlauber die Inselresorts – vor allem für diese Spitzenzeiten sollte man auf jeden Fall rechtzeitig reservieren! Die Wahl der Unterkunft im Voraus hat generell auch den Vorteil, dass man sich vom Schnellboot-Skipper bzw. Shuttlefahrer direkt am jeweils praktischsten Inselpier absetzen lassen kann.

Die meisten örtlichen Bleiben haben Hausrestaurants. Auf Ko Kut gibt's aber

Ko Kut & Ko Mak

Ko Kut & Ko Mak

Sehenswertes
1 Ao Ngam Kho D3
2 Hat Khlong Chao C3
3 Nam Tok Khlong Chao D3

Aktivitäten, Kurse & Touren
4 Koh Mak Divers A3

Schlafen
5 Ao Kao Resort B4
6 Baan Koh Mak A3
7 Bann Makok C3
Cozy House .... (siehe 2)
Kokut Coconut Garden Resort .... (siehe 1)
8 Lazy Day Resort B4
Mangrove Bungalow .... (siehe 2)
9 Monkey Island A3
10 Seavana A3
Tinkerbell Resort .... (siehe 2)

Essen
Ra Beang Mai .... (siehe 2)

Praktisches
11 Ball Cafe A3
12 Krankenhaus C3
13 Ko Mak Health Centre B3
14 Polizeiwache D3

Transport
15 Ao Salad Pier D2

auch viele eigenständige Lokale, von denen viele hauptsächlich Seafood servieren.

Mangrove Bungalows BUNGALOWS $
(☎089 936 2093; www.kohkood-mangrove.com; Hat Khlong Chao; Zi. inkl. Frühstück mit Ventilator 700–1000 B, mit Klimaanlage 1500 B; ❄📶) Die hiesigen Holzbungalows stehen mitten in der Natur: Auf einer Seite erstreckt sich ein Mangrovenwald, während der Strand nur einen kurzen Fußmarsch entfernt liegt. Mit

einem Kajak oder zu Fuß haben es Gäste zudem nicht weit bis zum Wasserfall Khlong Chao. Die sauberen und ansprechenden Quartiere werden durch ein Hausrestaurant ergänzt.

Cozy House PENSION $
(☎089 094 3650; www.kohkoodcozy.com; Hat Khlong Chao; Zi. inkl. Frühstück 600–1200 B; ❄📶) Von Ko Kuts bester Backpacker-Bleibe sind es nur zehn Gehminuten bis zum herrlichen Hat Khlong Chao. Zur Auswahl stehen im Cozy House fröhliche Budgetzimmer mit Ventilatoren und vergleichsweise komfortablere Holzbungalows mit Klimaanlage.

★ **Bann Makok** HOTEL $$
(☎088 203 0699; www.facebook.com/bannmakok; Khlong Yai Ki; Zi. inkl. Frühstück 3200–3800 B; P❄@📶) 🍃 Das in den Mangroven versteckte Boutiquehotel erinnert an ein traditionelles Fischerdorf an einem Pier. Für die Einrichtung der acht Zimmer wurde Altholz in nostalgischen Farben verwendet. In Leseecken und auf den Gemeinschaftsterrassen hat man genug Ruhe, um dem Vogelgezwitscher zu lauschen oder sich in ein Buch zu vertiefen.

Kokut Coconut Garden Resort BUNGALOWS $$
(Suan Maphrao; ☎086 833 7999; www.facebook.com/Suan-Maprao-Ko-Kut-Resort-1533121720312175; Ao Ngam Kho; Zi. 1500 B; P❄📶) Gleich abseits der südlichen Strandstraße (gegenüber vom Wasserflugzeug-Pier) wird man hier mit ehrlich gemeinter Herzlichkeit begrüßt. Die hervorragenden Bungalows sind schlicht, aber modern und stilvoll, u.a. dank der Holzverkleidung und den Innenwänden aus geglättetem Beton. Einen kurzen Fußmarsch vom Strand entfernt stehen die Quartiere zwischen hohen Kokospalmen. Im Vorderbereich der attraktiven Anlage befindet sich ein anständiges Restaurant.

Tinkerbell Resort RESORT $$$
(☎081 826 1188; www.tinkerbellresort.com; Hat Khlong Chao; Zi. inkl. Frühstück 9800–12000 B; P❄@📶≋) Das Tinkerbell ist eins von insgesamt vier Inselresorts, die nach Figuren aus dem Peter-Pan-Universum benannt sind. Mit Naturmaterialien, Sichtschutzzäunen aus Bambus und strohgedeckten Dächern fügt es sich nahtlos in die Landschaft ein. Terrakottafarbene Bungalows liegen hier direkt an einem Postkartenstrand; ein Stück dahinter stehen Villen mit eigenen Tauchbecken. Die Hausbar eignet sich hervorragend für Sundowner. In der Nachsaison gibt es bis zu 40% Rabatt.

Ra Beang Mai THAI $$
(Hat Khlong Chao; Hauptgerichte 100–180 B; ⏱8–22 Uhr; 📶) Das hübsche Lokal ist im Besitz einer freundlichen Familie und liegt in praktischer Nähe zu den Unterkünften im Bereich des Khlong Chao Beach. Sein Speiseraum grenzt an einen netten Freiluftbereich mit rustikalen Holzmöbeln. Die servierten Gerichte (z.B. Seafood-Currys, Salate mit großen Garnelen sowie internationale Klassiker) sind allesamt sehr aromatisch.

ℹ Praktische Informationen

Auf Ko Kuts einzigen Geldautomaten verlässt man sich besser nicht. Viele große Resorts tauschen Bargeld um.

Fast alle Hotels und Pensionen haben WLAN.

Das kleine **Krankenhaus** (☎039 525748; ⏱24 Std.) in Ban Khlong Mad bietet begrenzte Notfallbehandlung.

Polizeiwache (☎039 525741; ⏱24 Std.) Nahe dem Krankenhaus in Ban Khlong Dam.

ℹ An- & Weiterreise

Rund 22 km südöstlich von Trat, wo sich der nächstgelegene Busbahnhof befindet, benutzen Fähren nach/ab Ko Kut den Festlandshafen nahe **Laem Sok**. An benachbarten Piers sind dort drei Fährgesellschaften und eine Schnellbootfirma vertreten. Passagiere werden jeweils gratis in Trat abgeholt (von Unterkünften und vom Busbahnhof, aber nicht vom Flughafen!).

Schnellboote ab Laem Sok bringen einen nach Möglichkeit direkt zum gewählten Resort. Die normalen Boote schippern dagegen zum Pier an der **Ao Salad** (nordöstliche Inselspitze). Von hier geht es dann per Gratisshuttle zum jeweiligen Endziel weiter.

Koh Kood Princess (☎086 126 7860; www.kohkoodprincess.com) schickt ein klimatisiertes Boot (350 B, 1¾ Std., 12.30 Uhr) zur Ao Salad.

Dorthin schippert auch eine klimatisierte Schnellfähre (350 B, 1¼ Std., 13 Uhr) von **Ko Kut Express** (☎09-0506 0020; www.kokutexpress.in.th). Diese Firma betreibt zudem Schnellboote (600 B, 1 Std., Nov.–April tgl. 10.30 & 14.30 Uhr), die in der Nebensaison aber nur am Wochenende und bei ausreichend gutem Wetter verkehren.

Ebenfalls von Laem Sok zur Ao Salad fährt ein Katamaran (500 B, 1¼–1¾ Std., 10.45 & 14.20 Uhr) von **Boonsiri** (☎085 921 0111; www.boonsiriferry.com), der nachmittags auch Ko Mak ansteuert. Zwischen Mitte Mai und Mitte Oktober bietet die Firma von Samstag bis Donnerstag nur eine Verbindung an (13.30 Uhr ohne Anlegen auf Ko Mak), schickt den Katamaran aber frei-

ABSTECHER

KO WAI

Ko Wai (เกาะหวาย) ist zwar winzig und recht primitiv, aber auch atemberaubend: Neben schöner Aussicht auf Ko Chang bietet die Insel auch kristallklares Wasser und Schnorchelmöglichkeiten an herrlichen Korallenriffen. An den meisten Nachmittagen tummeln sich hier Tagesausflügler, ansonsten ist das Eiland aber ziemlich ruhig.

An einem Postkartenstrand auf der Westseite der Nordküste liegt das **Ko Wai Paradise** (☎081 762 2548; Zi. 300–500 B; ⏲Okt.–Mitte Mai) mit schlichten Holzbungalows. Ein ebenso gutes Preis-Leistungs-Verhältnis hat das **Good Feeling** (☎081 850 3410; Zi. 400–600 B; ⏲Okt.–Mitte Mai) auf einer felsigen Landzunge: Die zwölf Holzbungalows besitzen eigene Bäder (bis auf eine Ausnahme) und liegen in der Nähe von guten Schnorchelspots. Vergleichsweise nobler ist das **Koh Wai Beach Resort** (☎081 306 4053; www.kohwaibeachresort.com; Zi. inkl. Frühstück 2100–3400 B; ⏲Okt.–Mitte Mai; ❄📶) auf der südlichen Inselseite, das in unmittelbarer Nähe zum Strand mit allen modernen Extras aufwartet.

Hinweis: Von Mai bis September haben alle Budget-Bungalowanlagen auf Ko Wai geschlossen. Zu dieser Zeit gibt's hier oft hohe Wellen und Überflutungen, während die Stromversorgung rationiert und unregelmäßig ist (nur nicht in den Resorts). Die Insel hat weder Bankfilialen noch Geldautomaten, daher unbedingt genügend Bargeld mitbringen!

Von November bis April fahren Boote nach Ko Wai. Im übrigen Jahr (wenn die meisten Bleiben ohnehin geschlossen sind) kann man sich der dann seltener verkehrenden Kähne nach Ko Mak bedienen: Einfach den Kapitän um Anlegen auf Ko Wai bitten! Schnellboote ab Laem Ngop (einfache Strecke 450 B, 50 Min.) setzen einen an dem Anleger ab, der der gewählten Unterkunft am nächsten liegt. Ansonsten ist ein Fußmarsch (15–30 Min.) entlang eines schmalen Waldpfads erforderlich. Ab Ko Chang schippern Schnellboote (400 B, 15 Min., 3-mal tgl.) und ein Holzboot von Bang Bao Boat (S. 167; 300 B, 45 Min., 1-mal tgl.) nach Ko Wai. Ab dort geht's dann weiter nach Ko Mak (Holz-/Schnellboot 200/400 B) und Ko Kut (700 B; nur Schnellboot) sowie schließlich wieder zurück.

tags zusätzlich um 10.45 Uhr los. Boonsiri betreibt auch Direktbusse ab Bangkok (850 B inkl. Bootspssage, 5 Std.), die auf die Ablegezeiten in Laem Sok abgestimmt sind.

Ab Ko Chang flitzen Schnellboote von zwei Firmen über Ko Wai und Ko Mak nach Ko Kut (900 B, 2½ Std.). Diesbezüglich am günstigsten ist ein Kombitrip (700 B) mit Bang Bao Boat (S. 167), bei dem das erste Stück bis Ko Mak per Holzboot und das zweite bis Ko Kut per Schnellboot zurückgelegt wird.

Unterwegs vor Ort

Ko Kuts steile Straßen machen Leihfahrräder quasi sinnlos, sofern man kein extrem trainierter Radler ist.

Vor Ort gibt es Mietmotorräder für 200 bis 300 B pro Tag.

Ko Mak

เกาะหมาก

☎039 / 600 EW.

Auf dem kleinen Ko Mak (16 km²) gibt's weder rasende Kraftfahrzeuge noch dichte Bebauung, lärmige Bierbars oder überfüllte Strände. Stattdessen bietet das reizende Eiland eine relaxte Atmosphäre und Palmenstrände mit sanften Wellen. Die Kehrseiten sind Sandfliegen und viel Müll an manchen Stränden. Eine einheimische Organisation bemüht sich jedoch, den örtlichen Tourismus nachhaltig zu gestalten. Das ruhige Inselinnere ist von Plantagenwirtschaft (Kokosnüsse und Kautschuk) geprägt.

Während der Hauptsaison (Dez.–März) ist Ko Mak vergleichsweise einfacher erreichbar; während der Nebensaison (Mai–Sept.) ruhen viele Bootsverbindungen.

Sehenswertes & Aktivitäten

An der **Ao Pra** im Westen erstreckt sich der schönste Inselstrand. Dieser ist jedoch komplett unerschlossen und zudem schwer erreichbar. Fürs Schwimmen und Strandwandern eignet sich aktuell am besten die **Ao Suan Yai** im Nordwesten: Dort wartet ein breiter Sandstreifen mit kristallklarem Wasser, der zudem weniger unter Sandfliegen leidet als seine Pendants im Süden. Obendrein ist die Bucht von allen örtlichen Unterkünften aus leicht mit dem Fahrrad oder Motorrad erreichbar.

Je nach Windrichtung und -stärke wird an allen Inselstränden mitunter viel Müll angespült, der vor allem von den Fischerbooten stammt.

Die vorgelagerte Insel **Ko Kham** war früher ein beliebtes Tagesziel. Seit ihrem Verkauf an eine Privatperson im Jahr 2008 für angeblich 200 Mio. B ist sie jedoch ein Resort. Besucher können immer noch den dortigen Strand benutzen, müssen nun aber eine Gebühr dafür bezahlen.

Koh Mak Divers TAUCHEN
(☎083 297 7724; www.kohmakdivers.com; Ao Khao; Touren mit 2 Tauchgängen ab 2500 B) Dieser Anbieter ist an der Straße in der Nähe des Baan Koh Mak ansässig. Er veranstaltet Tauchtrips zum Mu Ko Chang National Marine Park, der sich ca. 45 Fahrtminuten entfernt befindet.

Schlafen & Essen

Die meisten Budget-Bleiben säumen den schönen Sandstreifen an der Ao Khao im Südwesten. An der vergleichsweise malerischeren Ao Suan Yai im Nordwesten liegen die Resorts. Die meisten Bungalow-Anlagen und Resorts haben ganzjährig geöffnet, dennoch sind ein paar Optionen von Mai bis September geschlossen.

Praktisch alle Pensionen und Resorts haben eigene Strandrestaurants. Zudem gibt's ein paar familiengeführte Lokale an der Hauptstraße zwischen dem Monkey Island und dem Makathanee Resort.

Monkey Island BUNGALOWS $
(☎085 389 0949; www.monkeyislandkohmak.com; Ao Khao; Zi mit Ventilator ohne/mit Bad 400/600 B, Zi. mit Klimaanlage inkl. Frühstück 1300–2000 B; P❄@☎) Das Monkey Island vermietet Lehmziegel- und Holzbungalows in drei „affigen" Kategorien (Pavian, Schimpanse, Gorilla) mit witzigen Einrichtungsdetails. Die Bleiben reichen dabei von spartanischen Hütten bis hin zu schicken Strandvillen. Das hippe Hausrestaurant serviert anständige Thai-Küche in zwangloser Atmosphäre. Die Anlage hat auch einen kleinen Kinderpool.

Seavana RESORT $$
(☎090 864 5646; www.seavanakohmak.com; Ao Suan Yi; Zi. 2900–5800 B; P❄☎) Das erstklassige Resort nahe dem nördlichen Pier punktet u. a. mit freundlichem und kompetentem Personal. Es besteht aus stilvollen weinroten Gebäuden, von denen man auf Kokospalmen, weißen Sand und einen Garten schaut. Das Highlight unter den hervorragenden Quartieren sind die Zimmer im Obergeschoss mit Meerblick vom eigenen Whirlpool aus – perfekt für einen tollen Romantikurlaub zu zweit oder fürs Angeben in sozialen Netzwerken.

Lazy Day Resort BUNGALOWS $$
(☎081 882 4002; www.kohmaklazyday.com; Ao Khao; Zi. inkl. Frühstück 2700–3000 B; ⏲Okt.–Mai; ❄☎) Das professionell geführte Lazy Day liegt am Ende der Buchtkurve von Ao Khao. Ein Dutzend große weiße Bungalows auf Podesten verteilt sich hier über einen ansehlichen Garten. Leider wird am hübschen Strand vor der Anlage mitunter Plastikmüll angespült. Hierfür entschädigt der großartige Service, der Gäste wirklich herzlich empfängt und echte Entspannung garantiert.

Baan Koh Mak BUNGALOWS $$
(☎089 895 7592; www.baan-koh-mak.com; Ao Khao; Zi. 1800–2600 B; P❄☎) Die schicken Bungalows dieser Anlage punkten allesamt mit viel Tageslicht, künstlerischen Einrichtungsdetails und verwinkelten Dächern. In puncto Preis gilt dabei: Je näher am Strand, desto teurer. Neben einem guten Hausrestaurant erwartet die Gäste hier auch eine Strandbar, in der Feuerjongleure für eine gute Stimmung sorgen.

Ao Kao Resort BUNGALOWS $$$
(☎080 567 0197; www.aokaoresort.com; Ao Khao; Zi. 4500–5000 B; P❄☎) An einer hübschen Buchtkurve vermietet das Ao Kao Resort verschiedene stilvolle Betonbungalows, die leichten Zugang zum Strand bieten. Alle Quartiere haben tolle Dachterrassen mit Strohdächern, Hängematten und Meer-

SCHNELLBOOTE VON/NACH KO MAK

ZIEL	PREIS (EINFACHE STRECKE)	DAUER	HÄUFIGKEIT
Ko Chang	600 B	1 Std.	3-mal tgl.
Ko Kut	400 B	45 Min.	3-mal tgl.
Ko Wai	400 B	30 Min.	3-mal tgl.
Laem Ngop (Pier auf dem Festland)	450 B	1 Std.	8-mal tgl.

blick. Unter den vielen Annehmlichkeiten der Anlage sind Sportangebote und ein Massagesalon.

ℹ Praktische Informationen

Auf der Insel gibt's weder Bankfilialen noch Geldautomaten, daher unbedingt genügend Bares mitbringen!

Ball Cafe (☎ 081 925 6591; Ao Khao; ⏰ 8–21 Uhr; 📶) Dieser Mix aus Café und Touristeninformation liegt gleich hinter dem Baan Koh Mak. Inhaber Khun Ball engagiert sich aktiv für die Insel, betreibt die Website www.kohmak.com und leitet diverse Umweltschutzprojekte. Zudem verleiht er Fahrräder (100 B/24 Std.) und Motorroller (250 B/24 Std.).

Ko Mak Health Centre (⏰ 8.30–16.30 Uhr) Die kleine Klinik leistet Erste Hilfe bei Notfällen und Krankheiten. Nahe dem Ao Nid Pier liegt sie an der Straße, die quer über die Insel führt.

Polizeiwache (☎ 1155) Kleines Gebäude in der Inselmitte.

ℹ Anreise & Unterwegs vor Ort

Ab Laem Ngop fahren Schnellboote (einfache Strecke 450 B, 1 Std.) zu den Piers an der Ao Suan Yai, Ao Nid und Ao Khao (Makathanee Resort). In der Hauptsaison steuert der Katamaran von Boonsiri (S. 170) auf dem Weg nach Ko Kut ebenfalls Ko Mak an (ab dem Festland 400 B, 1-mal tgl.).

In der Nebensaison besteht eine Bootsverbindung ab dem Festland nur ein- bis zweimal pro Tag. Alle örtlichen Unterkünfte holen Gäste gratis am jeweiligen Anleger ab.

Ab Ko Chang schippern Schnellboote (600 B, 1 Std., 3-mal tgl.) und ein Holzboot von Bang Bao Boat (S. 167; 400 B, 2 Std., 1-mal tgl.) nach Ko Mak. Die Fahrt führt dabei jeweils über Ko Wai (Holz-/Schnellboot 200/400 B). Von Ko Mak aus geht's dann weiter nach Ko Kut (400 B; nur Schnellboot) und schließlich wieder zurück.

Auf Ko Mak kann man Fahrräder (40 B/Std.) und Motorräder (200 B/Tag) für Erkundungen ausleihen.

Hua Hin & nördliche Golfregion

Inhalt ➡

Gut essen

- Cicada Market (S. 185)
- In Town Seafood (S. 201)
- Jek Pia (S. 190)
- Koti (S. 191)
- Sôm·đam Tanontok 51 (S. 190)

Schön übernachten

- Baan Bayan (S. 189)
- Centara Grand Beach Resort & Villas (S. 189)
- La a natu Bed & Bakery (S. 195)
- Salsa Hostel (S. 207)
- The Theatre Villa (S. 204)

Auf nach Hua Hin & in die nördliche Golfregion!

Die nördliche Golfregion ist dank der Nähe zu Bangkok seit Langem die bevorzugte Spielwiese der thailändischen Elite, die sich auf diese Art der Königsfamilie anschließt: Seit Rama IV. haben alle thailändischen Monarchen den Sommer in den diversen Sommerresidenzen der Gegend verbracht. Dem Beispiel der Könige und der Elite folgen zahllose thailändische Urlauber, die die Aussicht auf Spaß und gute Meeresfrüchte an diesen Küstenabschnitt lockt.

Historische Stätten, Nationalparks und lange Sandstrände, die (trotz nicht so toller Schwimmgelegenheiten) ideal für einen Strandurlaub sind, bieten Besuchern eine attraktive Mischung aus Freiluftaktivitäten und Kultur. Auch immer mehr ausländische Traveller zieht es hierher – angelockt von der Kombination aus unberührter Küstenlandschaft und geruhsamem Provinzleben. Schnorchel- und Tauchspots sind zwar dünn gesät, aber Kitesurfer finden hier die mit Abstand besten Bedingungen in ganz Thailand vor und fühlen sich wie im siebten Himmel.

Reisezeit

- Die beste Reisezeit ist die heiße Trockenzeit (Feb.–Juni).
- Januar bis März sind die besten Monate, um Kitesurfen zu lernen – dann ist das Wasser meist ruhig.
- Der Oktober ist zwar der regnerischste Monat, doch ist es hier dann immer noch trockener als im übrigen Land, sodass nichts gegen einen Besuch spricht.
- Am kühlsten ist es von November bis März – Besucher können in dieser Zeit das „Nebelmeer" im Kaeng Krachan National Park bewundern.

Highlights

1 Kuiburi National Park (S. 194) Im Nationalpark wilde Elefanten beobachten

2 Khao Sam Roi Yot National Park (S. 196) Eine Pilgerfahrt zum beleuchteten Höhlenschrein der Tham Phraya Nakhon machen

3 Phetchaburi (S. 176) Den Palast auf dem Hügel und die Höhlen erkunden und sich dabei von den Affen necken lassen

4 Prachuap Khiri Khan (S. 198) Eine kurvenreiche Motorradtour zwischen Buchten und Kalksteingipfeln unternehmen

5 Kaeng Krachan National Park (S. 181) In den Tiefen des Nationalparks tropische Vögel, hangelnde Gibbons und das Nebelmeer entdecken

6 Hua Hin (S. 184) In Hua Hin, einer Stadt mit zahlreichen guten thailändischen und internationalen Restaurants, richtig gut essen

7 Ban Krut & Bang Saphan Yai (S. 203) Einsame Sandstrände abseits der Backpacker-Route erobern

Phetchaburi

เพชรบุรี

☎ 032 / 23200 EW.

Phetchaburi liegt nur einen Katzensprung von Bangkok entfernt. Die Stadt ist nicht nur ein Pflichtstopp für kulturell interessierte Traveller dank ihrer Tempel, Paläste und Höhlenschreine, sondern auch eine bequeme Zwischenstation auf dem Weg zum Strand. Der eigentliche Reiz besteht aber darin, dass Phetburi – wie die Stadt meist genannt wird – ein unberührtes Provinzstädtchen mit Ufermärkten und alten Ladenhäusern aus Teakholz ist. Hier kann man nach Lust und Laune herumspazieren, und es gibt kaum Touristen.

Historisch gesehen gaben sich in Phetchaburi die Könige, die Südostasien beherrschten, die Klinke in die Hand. Im 11. Jh. siedelten sich die Khmer hier an, auch wenn ihre Herrschaft nur relativ kurz währte. Als die Macht der Khmer schwand, wurde Phetchaburi zu einer strategisch wichtigen Festung der Thai-Königreiche von Sukhothai und Ayutthaya und im 17. Jh. zu einem florierenden Handelsposten zwischen Myanmar (Birma) und Ayutthaya. Die Stadt wird oft als „lebendes Ayutthaya" bezeichnet, weil die hiesigen, noch erhaltenen Tempel den größeren, völlig zerstörten in der einstigen Hauptstadt Ayutthaya ähneln.

Sehenswertes

Phetchaburi erlebte seine Blüte zur Zeit des Königreichs Ayutthaya, daher gibt's in fast jedem Tempel der Stadt etwas Interessantes zu sehen.

★ Phra Nakhon Khiri Historical Park

HISTORISCHE STÄTTE

(อุทยานประวัติศาสตร์พระนครคีรี; ☎ 032 401006; 150 B, Seilbahn hin & zurück 50 B; ⏲ Park 8.30–16.30 Uhr, Museum 9–16 Uhr) Dieser historische Nationalpark thront königlich und in vornehmer Pracht auf dem Khao Wang (Palasthügel) über der Stadt. Rama IV. (König Mongkut) ließ den Palast und Dutzende umliegende Gebäude 1859 als einen Rückzugsort außerhalb Bangkoks errichten. Dank der Hügellage konnte der König hier seinen astronomischen Interessen frönen. Teile des in einer Mischung aus europäischen, thailändischen und chinesischen Stilen errichteten Palasts sind heute ein **Museum**, in dem die Besitztümer der Herrscher ausgestellt sind.

Mit Kopfsteinen gepflasterte Wege führen vom Palast über den Hügel zu drei Gipfeln, die jeweils von einem Stupa bekrönt sind. Vom mittleren Gipfel ragt der 40 m hohe, weiße Turm des **Phra That Chom Phet** in den Himmel. Im Inneren kann man den Turm bis zur mittleren Höhe besteigen. Auf dem westlichen Gipfel erheben sich der **Wat Phra Kaew Noi** (Kleiner Wat Phra Kaew), ein kleines Gebäude, das entfernt an einen der wichtigsten Tempel Bangkoks erinnert, und der Stupa **Phra Prang Daeng**, dessen Gestaltung Khmer-Einfluss verrät.

Es gibt zwei Zugänge zu dem Gelände. Der vordere Eingang im Osten liegt an der Th Ratwithi und erfordert keinen besonders anstrengenden Fußmarsch. Beim westlichen Eingang an der gegenüberliegenden Seite des Hügels befindet sich eine **Seilbahn**, die hinauf zum Gipfel schwebt (im Juni ist sie 15 Tage lang für Wartungsarbeiten sowie für weitere Tage im Jahr zum Kabelaustausch geschlossen). An beiden Eingängen muss man sich vor Horden unberechenbarer Affen hüten (S. 177).

Der Ort ist ein beliebtes Ziel für Schulausflüge – Traveller werden da schnell zu einer ebenso großen Fotoattraktion wie die historischen Gebäude.

★ Wat Mahathat Worawihan

BUDDHISTISCHER TEMPEL

(วัดมหาธาตุวรวิหาร; Th Damnoen Kasem; ⏲ tagsüber) GRATIS Der zentral gelegene, glänzend weiße Wat Mahathat ist ein eindrucksvoller Tempel. Sein Prunkstück ist ein 42 m hoher, fünfgeschossiger *prang* (maiskolbenförmiger Stupa) im Ayutthaya-Stil, der mit Stuckreliefs verziert ist – eine Spezialität der hiesigen Kunsthandwerker, von der man überall in der Stadt Beispiele erblickt. In dem vorgelagerten *wí·hăhn* (Schrein) finden sich bedeutende Wandmalereien aus dem frühen 20. Jh, die allerdings stark beschädig sind.

Tham Khao Luang

HÖHLE

(ถ้ำเขาหลวง; ⏲ Mo–Fr 8–16, Sa & So bis 17 Uhr) GRATIS Rund 4 km nördlich der Stadt befindet sich die Khao-Luang-Höhle, eine spektakuläre Felskammer voller Stalaktiten, die zu Thailands eindrucksvollsten Höhlenschreinen zählt und einer der Lieblingsorte von Rama IV. in seiner Zeit als Mönch war. Steile Stufen führen in die Höhle hinein. An jedem Morgen bei Sonnenschein leuchtet sie im Glanz der Sonnenstrahlen auf, die durch die Deckenöffnung ins Innere gelangen.

Phra Ram Ratchaniwet HISTORISCHE STÄTTE
(พระรามราชนิเวศน์, Ban-Peun-Palast; Th Damnoen Kasem; 50 B; Mo–Fr 8.30–16, Sa & So bis 16.30 Uhr) Der Bau dieses eleganten Sommerpalasts, einer eindrucksvollen Jugenstilschöpfung, wurde 1910 auf Geheiß Ramas V. (der kurze Zeit nach Baubeginn verstarb) begonnen und 1916 abgeschlossen. Der deutsche Architekt Karl Döhring bediente die Leidenschaft der Königsfamilie für alles Europäische mit einer Poseidon-Statue, einer Badminton-Anlage, Cherubim aus Keramik, die die doppelte Wendeltreppe schmücken, und einer anpassbaren, für diese Zeit hochmoderne Dusche im Badezimmer des Königs.

Wat Yai Suwannaram BUDDHISTISCHER TEMPEL
(วัดใหญ่สุวรรณาราม; Th Phongsuriya; *bòht* 7–18 Uhr, *săh·lah* 8–17 Uhr) GRATIS Dieser große, geschichtsträchtige Tempel reicht bis in die Ayutthaya Ära zurück. Am bedeutendsten sind die verblassten Wandmalereien im schönen *bòht* (Ordinationshalle), die um 1700 entstanden und damit zu den ältesten erhaltenen thailändischen Tempelwandmalereien zählen. Überwiegend stellen sie Gottheiten dar, die in Reihen angeordnet sind. Das eindringliche Bild an der Eingangswand zeigt den Dämon Mara und seine Armee beim Versuch, den Buddha am Erlangen der Erleuchtung zu hindern.

Shadow Puppet Museum MUSEUM
(พิพิธภัณฑ์หนังใหญ่ วัดพลับพลาชัย; Th Damnoen Kasem; 9–17 Uhr) GRATIS Das ist zwar kein richtiges Museum, aber im alten *bòht* des Wat Plabplachai sind in beleuchteten Schaukästen 32 große *năng-yài*-Schattenspielfiguren zu sehen, die der frühere Abt angefertigt hat. Das Gebäude ist in der Regel verschlossen; man muss auf der anderen Straßenseite nach einem Mönch suchen, der einem den Schlüssel gibt. Die Gebäude des Tempels sind mit meisterhaften historischen Stuckarbeiten verziert.

Wat Phra Phuttaya Saiyat (Wat Phra Non) BUDDHISTISCHER TEMPEL
(วัดพระพุทธไสยาสน์/วัดพระนอน; Th Khiriataya; tagsüber) GRATIS Die Hauptattraktion dieses Tempels, der auch als Wat Phra Non (Tempel des liegenden Buddha) bekannt ist, ist die 43 m lange Figur des liegenden Buddhas, die fast so groß ist wie die Statue im berühmten Wat Pho (S. 78) in Bangkok. Der Publikumsandrang ist hier allerdings weitaus geringer.

Tham Khao Bandai-It HÖHLE
(ถ้ำเขาบันไดอิฐ; Rte 3171; 8–17 Uhr) GRATIS Das Kloster an einem Hügel 2 km westlich der Stadt erstreckt sich über mehrere große Kammern, die in schlichte Buddhaschreine und Meditationsräume verwandelt wurden. Es gibt hier einige natürliche Felsformationen und Deckenöffnungen, und in einer Höhle finden sich viele Fledermäuse, aber trotzdem ist die Anlage bei Weitem nicht so schön wie die Tham Khao Luang (S. 176). Die Höhle ist gut beleuchtet, und der Boden besteht durchgängig aus Beton. Die Kinder, die sich als Führer anbieten, sind daher eigentlich unnötig; wenn man sie aber engagiert, erwarten sie ein Trinkgeld.

Feste & Events

Phra Nakhon Khiri Fair KULTUR
(งานพระนครคีรี-เมืองเพชร) Das zehntägige provinzielle Fest findet üblicherweise im Februar rund um den Hügel Khao Wang statt. Der Phra Nakhon Khiri Historical Park (S. 176) wird mit Lichtern geschmückt, und es gibt traditionelle Tanzvorführungen, Kunsthandwerks- und Imbissstände sowie einen Schönheitswettbewerb.

AFFENTHEATER

In Phetchaburi leben eine Menge Makaken, die weder Scham noch Furcht kennen. Einst beschränkte sich ihr Revier auf den Hügel Khao Wang (im Phra Nakhon Khiri Historical Park; S. 176), mittlerweile haben sie es aber bis zu den umliegenden Gebäuden ausgeweitet. Weitere Affenhorden leben an der Tham Khao Luang (S. 176), der Tham Khao Bandai-It und an weiteren bewaldeten Stellen. Die Affen lungern an den Imbissständen herum oder halten nach Opfern unter den vorbeigehenden Fußgängern Ausschau. Vor allem haben sie es auf Getränke und Plastiktüten abgesehen, weil sie in diesen etwas Essbares vermuten. Man sollte also beides nicht zur Schau stellen. Auch die Tasche mit dem Fotoapparat sollte man gut festhalten. Es reicht nicht aus, die Warnschilder zu beachten und die Affen nicht zu füttern und nicht anzulocken. Vielmehr muss man zu jeder Zeit äußerst wachsam sein, wenn sie in der Nähe sind. Und die kleinen Kerle beißen auch kräftig zu!

Phetchaburi (Phetburi)

Schlafen

★ 2N Guesthouse PENSION $
(☎085 366 2451; two_nguesthouse@hotmail.com; 98/3 Mu 2, Tambol Bankoom; DZ & 2BZ/4BZ mit Frühstück 580/850 B; P❄📶) Die sechs Zimmer in einem ruhigen Viertel 1,5 km nördlich vom Stadtzentrum sind groß, hell und für den Preis prima. Die Englisch sprechenden Inhaber machen alles selbst und sind um das Wohl der Gäste bemüht. Sie helfen bei der Planung und verleihen kostenlos Fahrräder.

Ferngully Hostel HOSTEL $
(☎085 369 4692; www.ferngullyhostel.com; Th Chisa-In; B mit Frühstück 300 B, 4BZ 700 B; ❄📶) Die Inhaberin Fern hat ein älteres Gebäude mit einigen Gästezimmern und viel Gemeinschaftsfläche aufgemöbelt. Sie reist selber gern und hat viele Infos zu Phetchaburi auf Lager. Das Hostel befindet sich gleich neben dem Phra Nakhon Khiri Historical Park (S. 176). In der abgegrenzten Lounge auf dem Dach kommt man mit den Affen auf Tuchfühlung und von hier oben hat man eine gute Sicht auf den Stupa des Phra That Chom Phet.

Sabaidee Resort PENSION $
(☎086 344 4418; sabai2505@gmail.com; 65-67 Th Klongkrachang; Zi. 350–500 B; ❄📶) Die An-

Phetchaburi (Phetburi)

Highlights
1 Phra Nakhon Khiri Historical Park A2
2 Wat Mahathat Worawihan C3

Sehenswertes
3 Shadow Puppet Museum C3
4 Wat Phra Phuttaya Saiyat (Wat Phra Non) B3
5 Wat Yai Suwannaram D2

Schlafen
6 Ferngully Hostel B2
7 Sabaidee Resort C2
8 Sun Hotel A3
9 White Monkey Guesthouse C3

Essen
10 Cucina C3
11 Kow Chae Mae Awn D3
12 Ney & Neyn C2
13 Phetchaburi Walking Street C2
14 Rabieng Rimnam C3
15 Rim Nam Market D3
16 Talat Taa Rot Tua C2

Praktisches
17 Kasikorn Bank B4

Transport
18 Busse nach Cha-am & Hua Hin D3
19 Südliche Bushaltestelle A4
20 Minivans zum Wat Tham Kaew A3

lage sieht zwar nicht vielversprechend aus, aber drinnen erwarten einen gute Zimmer rund um einen kleinen Garten und eine schattige Terrasse direkt am Fluss. Die modernen Zimmer aus Beton und die Bambus-Cottages verfügen alle über ein eigenes Bad – die Cottages haben Kaltwasserduschen. Die netten Eigentümer organisieren thailändische Kochkurse; Fahrräder (50 B) und Motorroller (300 B) können ausgeliehen werden.

★ White Monkey Guesthouse PENSION $$
(☎092 840 1633; whitemonkey.guesthouse@gmail.com; 78/7 Th Klongkrachang; 2BZ/DZ/FZ 500–650/900/1500 B; P❄@🛜) Die ausgezeichnete Pension hat helle, geräumige, blitzblanke Zimmer in toller Lage (die billigsten Quartiere haben Gemeinschaftsbäder und keine Klimaanlage). Von der Dachterrasse blickt man auf den Phra Nakhon Khiri Historical Park (S. 176) und den Wat Mahathat Worawihan (S. 176). Das hilfsbereite, Englisch sprechende Personal organisiert gern für Gäste Ausflüge in die Umgebung. Fahrräder werden außerdem kostenlos ausgeliehen.

Sun Hotel HOTEL $$
(☎032 401000; www.sunhotelthailand.com; Th Rim Khao Wang; Zi. mit Frühstück 850–950 B; P❄@🛜) Das Hotel gegenüber dem Eingang mit der Seilbahn zum Phra Nakhon Khiri Historical Park (S. 176) hat zuvorkommendes Personal und große, langweilige Zimmer, die recht gut sind, aber etwas billiger sein könnten. Im Erdgeschoss gibt's ein nettes Café und einen Fahrradverleih.

Die Lage klingt besser, als sie ist: Außer dem historischen Park ist alles andere von hier aus schlecht zu erreichen.

Essen

Das von Palmzuckerplantagen umgebene Phetchaburi ist berühmt für seine thailändischen Süßwaren wie *kà·nŏm môr gaang* (Eiercreme) und diverse „goldene" Desserts aus Eigelb und Zucker. Diese Süßspeisen sowie Palmzucker findet man auf den meisten Märkten.

Von den nahe gelegenen Obstplantagen kommen erfrischend aromatische *chom·pôo phet* (Phetchaburi-Rosenäpfel – die Früchte schmücken auch viele Straßenschilder), Ananas und *nám-wáh*-Bananen.

Rabieng Rimnam THAILÄNDISCH, INTERNATIONAL $
(☎032 425707; rabieng@gmail.com; 1 Th Chisa-In; Hauptgerichte 50–120 B; ⏰8–24 Uhr; 🛜) Das Restaurant in einem 1897 erbauten Holzhaus beschwört die Atmosphäre vergangener Tage herauf und bietet in der Regel gutes Essen – zu empfehlen ist das Palmfrucht-Curry mit Garnelen. Die Englisch sprechenden Inhaber Nid und Tom plaudern gern über Thailand und können bei ihren Reiseratschlägen auf jahrzehntelange Erfahrung zurückgreifen.

Talat Taa Rot Tua MARKT $
(Th Ratwithi; ⏰16–21 Uhr) Ab dem späten Nachmittag geht es auf dem großen, überdachten Nachtmarkt geschäftig zu. Hier findet man alle üblichen beliebten Thai-Gerichte sowie Phetchaburis berühmte *kà·nŏm jeen tôrt man* (frische Reisnudeln mit frittierten Fischfrikadellen, die mit Curry gewürzt werden). An Sitzplätzen herrscht kein Mangel.

Cucina THAILÄNDISCH $
(Th Suwanmunee; Hauptgerichte 50–390 B; ⏰10.30–21 Uhr; 🛜🌿) Das kleine Restaurant

versteckt sich in einer engen Gasse gegenüber dem Wat Mahathat (S. 176) und hat eine umfangreiche Karte: von gebratenem Reis mit grünem Curry über Hühnchen-Teriyaki bis zu Waffel-Sandwiches. Es gibt auch ein paar lustige Fusionsgerichte wie den *đôm-yam*-Fischsalat oder die „Cucina-Pizza" – eine Pizza, deren Boden aus Instant-Nudeln besteht.

Phetchaburi Walking Street MARKT $
(Th Chaisurin; ⌚ Sa 16–21 Uhr) Anders als auf typischen Straßenmärkten gibt's hier fast an jedem Stand etwas zu essen, sodass man sich gut mit Snacks vollstopfen kann.

Kow Chae Mae Awn THAILÄNDISCH $
(ข้าวแช่แม่อร; Th Panichjaroen; 15 B; ⌚ 9–16 Uhr; ✎) Mae Awn verkauft ihren berühmten *kôw châe* (gedämpften Reis) mit Fisch, Shrimps oder eingelegtem Daikon im Gang an der südöstlichen Seite des **Rim Nam Market** (⌚ 5–11 Uhr). Es gibt nur zwei Tische, aber das Geschäft läuft gut, weil die Leute ihr Essen einfach mitnehmen.

Ney & Neyn THAILÄNDISCH $
(Th Damnoen Kasem; Hauptgerichte 30–120 B; ⌚ 8–16 Uhr) Tolle Suppen in Tonschalen sind das Markenzeichen dieses zwanglosen Lokals. Die *gŏo·ay đĕe·o gài* (Nudelsuppe mit Huhn) wird nach südlicher Art mit einer ganzen Hühnerkeule serviert. Der Laden hat kein Schild in Lateinschrift, ist aber an den Stapeln mit Tonschalen leicht zu erkennen.

ℹ Praktische Informationen

Eine offizielle Touristeninformation gibt es in der Stadt nicht. Aktuelle Infos erhält man jedoch in den Pensionen. Das Büro der **Tourism Authority of Thailand in Cha-am** (TAT; ☎ 032 471005; tatphet@tat.or.th; Th Phetkasem; ⌚ 8.30–16.30 Uhr) ist für die gesamte Provinz Phetchaburi zuständig.

Die **Kasikorn Bank** (Th Bandai-It; ⌚ 11–19 Uhr) im Einkaufszentrum Phetpaiboon Plaza ist die dem Stadtzentrum am nächsten gelegene Bank mit verlängerten Öffnungszeiten.

ℹ An- & Weiterreise

Der Zug ist in der Regel das praktischste und komfortabelste Verkehrsmittel. Phetchaburis **Bahnhof** (☎ 032 425211; Th Rot Fai) liegt in Gehweite zu den meisten Pensionen.

Nach Bangkok fahren keine Busse mehr, sondern nur noch Minivans. Diese nutzen die neue **Wat Tham Kaew Minivan Station** (Th Bandai-It; *sà·tăh·nee bor kŏr sŏr wát tâm gâaou)* wie auch die Minivans zum Kaeng Krachan National Park. Das Personal der meisten Pensionen kann anrufen, damit einen die Minivans zum Kaeng Krachan vor der Tür abholen; das kostet pro Person 50 B extra.

Die Minivans nach Hua Hin, Cha-am und Prachuap Khiri Khan halten 500 m südlich vom Minivanbahnhof an der Straße neben dem Phet-

VERKEHRSMITTEL VON/NACH PHETCHABURI

ZIEL	BUS	MINIVAN	ZUG
Bangkok Hualamphong			34–388 B, 3–3½ Std., tgl. 12-mal
Bangkok Southern & Northern (Mo Chit) Bus Terminal		100 B, 2 Std., 3.30–19.30 Uhr häufig	
Bangkok Thonburi			31 B, 4 Std., 7.16 & 12.56 Uhr
Cha-am	30 B, 1 Std., 5.40–16.30 Uhr stündl. (ab Wat Potaram)	50 B, 45 Min., 5–18.20 Uhr häufig	8–38 B, 40 Min., tgl. 5-mal
Chumphon	328–500 B, 6 Std., 6.30–20 Uhr stündl., 20–22 Uhr häufig		58–455 B, 5½–6½ Std., tgl. 11-mal
Hua Hin	40 B, 1½ Std., 5.40–16.30 Uhr stündl. (ab Wat Potaram)	80 B, 1 Std., 5–18.20 Uhr häufig	14–341 B, 1 Std., tgl. 12-mal
Kaeng Krachan National Park		120 B, 1 Std., 7.30–18.30 Uhr stündl.	
Prachuap Khiri Khan	150–200 B, 2½ Std., 6.30–20 Uhr stündl., 20–22 Uhr häufig	150 B, 2½ Std., 5–18.20 Uhr alle 40 Min.	31–382 B, 2–3 Std., tgl. 11-mal

charat Hospital sowie weiter südlich vor dem Einkaufszentrum Big C. Einige Fernbusse, die die Stadt passieren (nach Norden und nach Süden), halten ebenfalls am Big C; wer sie benutzen will, muss sich aber auf lange Wartezeiten gefasst machen. Busse nach Chumphon und zu Städten im Süden halten an der kleinen **südlichen Bushaltestelle** (Phetkasem Hwy) 300 m südlich des Hospitals. Eine weitere Option nach Hua Hin und Cha-am sind die **gewöhnlichen Busse**, die im Stadtzentrum neben dem Wat Potaram starten.

Unterwegs vor Ort

Motorradtaxis fahren für 20 bis 40 B sämtliche Ziele im Zentrum an. Phetchaburis vierrädrige Túk-Túks (die vor Ort *rót léng* genannt werden) kosten nur wenig mehr. Man kann sie auch für einen ganzen Tag mieten (ca. 700–800 B).

Alle Pensionen vermieten Fahrräder (50 B/Tag) und Motorräder (150–250 B); das Rabieng Rimnam (S. 179) verlangt am wenigsten. Man sollte das Motorrad gleich mit dem Zimmer reservieren, weil viele Pensionen sie von anderswo beziehen und man sonst eine Weile warten muss, wenn man eines an der Rezeption verlangt.

Kaeng Krachan National Park อุทยานแห่งชาติแก่งกระจาน

Wenn der frühe Morgennebel über dem Blätterdach des Waldes liegt, erwacht man zur unheimlichen Sinfonie der Gibbon-Schreie. Anschließend wandert man durch die üppigen Wälder, um Elefantenherden und andere Wildtiere zu beobachten. Der mit 2915 km² größte Nationalpark Thailands liegt der Zivilisation überraschend nahe, schützt jedoch eine dichte Wildnis, in die sich nur relativ wenige Reisende verirren.

Im Park gibt es ein Problem mit Wilderei, aber dennoch eine reiche Tierwelt, zu der wilde Elefanten, Tiger, Leoparden, Tapire, Gaurs (Wildrinder), Weißhandgibbons, südliche Brillenlanguren und Schwarze Riesenhörnchen zählen. Darüber hinaus ist der Park als südlichster Lebensraum der nordthailändischen Vogelarten und nördlichster der südthailändischen Vogelarten eine interessante Schnittfläche zweier Habitate. Hier sind mehr als 400 Vogelspezies vertreten, darunter Blaupittas, Leiterschwanzelstere, Rosenkopf-Breitrachen, Puderspechte und Doppelhornvögel.

Abgesehen von dem malerischen Stausee an der Parkzentrale und dem **Wasserfall Pa La-U** (น้ำตกป่าละอู; ⌚8–17 Uhr) ist der gesamte Park von August bis Oktober für die Öffentlichkeit geschlossen. Die besten Monate für einen Besuch liegen zwischen November und März. Dann kommen auch die meisten Besucher, aber einen Massenandrang gibt es nur an Wochenenden und Feiertagen. Man kann den Park auch auf eigene Faust ohne eigenes Auto besuchen, das erfordert aber Geduld. In einigen Bereichen braucht man einen Geländewagen.

Sehenswertes & Aktivitäten

Im Zentrum des Parks gibt es zwei Hauptgebiete, die eine Erkundung lohnen. Im artenreichen, für Vogelbeobachter besonders interessanten Gebiet **Ban Krang** gibt's einen schönen, 2,5 km langen Naturpfad. Von dort gelangt man über eine 15 km lange, nur für Geländewagen geeignete Straße zum Aussichtspunkt Panoen Thung. Infos zum Park und Hilfe findet man im **Parkbesucherzentrum** (☎032 772311; Rte 3432; ⌚8–16 Uhr) am Haupteingang gleich beim malerischen **Kaeng Krachan Reservoir**.

Insbesondere kann man hier Fahrer mieten, um in den eigentlichen Park zu gelangen. Einige Mitarbeiter sprechen auch Englisch.

★ Panoen Thung Viewpoint AUSSICHTSPUNKT

(จุดชมวิวพะเนินทุ่ง) Der am Ende einer nur für Geländewagen geeigneten Straße liegende Aussichtspunkt bietet 960 m über dem Meeresspiegel erfrischende Kühle. Die meisten Besucher kommen wegen der fantastischen Aussicht in die Berge, insbesondere wegen des morgendlichen Blicks auf das „Nebelmeer" *(tá·lair mòrk)*. Diese Erscheinung kann im ganzen Jahr auftreten, ist aber in der kühlen Jahreszeit (Nov.–März) besonders häufig. Wer morgens rechtzeitig vor Ort sein will, muss um 5.30 Uhr von der Parkzentrale aufbrechen.

Vom Aussichtspunkt führt ein 4 km langer Weg zum **Nam Tok Tho Thip**, einem neunstufigen Wasserfall. Man bekommt allerdings nur fünf Stufen des Wasserfalls zu sehen. Diese Wanderung kann nur in Begleitung eines Rangers unternommen werden.

Schlafen & Essen

Es gibt schlichte **Bungalows** (☎032 772311; http://nps.dnp.go.th/reservation.php; Kaeng Krachan National Park; Bungalow 1200–3000 B) und einen **Campingplatz** (Stellplatz/gemietetes Zelt 30/200–300 B pro Pers.; Ⓟ) am Stausee beim Parkeingang, wo man allerdings außer Vögeln kaum Wildtiere zu Gesicht bekommt.

Campingplätze gibt's auch tief im Wald bei **Ban Krang** (Stellplatz/gemietetes Zelt 30/200–300 B pro Pers.; P) und **Panoen Thung** (Stellplatz/gemietetes Zelt 30/200–300 B pro Pers.; P) sowie tief im Süden des Parks nahe dem Wasserfall **Pa La-U** (Stellplatz/gemietetes Zelt 30/200–300 B pro Pers.; P). Campingausrüstung kann auf allen Plätzen gemietet werden. Die Bungalows beim Wasserfall Pa La-U werden gerade renoviert.

Auf allen Campingplätzen gibt's Fastfood-Restaurants mit Nudel- und Reisgerichten. Die Restaurants auf den Plätzen auf dem Berg (Ban Krang & Panoen Thung) sind generell von 8 bis 18 Uhr geöffnet, allerdings sind die Öffnungszeiten abhängig vom Besucherstrom, während die Restaurants an der Parkzentrale und dem Wasserfall Pa La-U in der Regel um 16 Uhr schließen. Wer etwas mehr Auswahl haben will, findet weitere Restaurants gleich vor dem Parkeingang.

An- & Weiterreise

Kaeng Krachan liegt 52 km südwestlich von Phetchaburi und 68 km von Hua Hin entfernt. Geführte Touren werden von beiden Städten aus angeboten, allerdings sind sie insbesondere von Phetchaburi aus relativ selten, sofern man nicht für eine private Tour bezahlt.

Die Parkzentrale kann man mit Minivans von Phetchaburi und Bangkok aus erreichen. In beiden Fällen muss man aber dem Fahrer verständlich machen, dass man zum Kaeng Krachan National Park und nicht bloß in die Ortschaft Kaeng Krachan gelangen möchte. In Phetchaburi starten Minivans (120 B) stündlich zwischen 7.30 und 18.30 Uhr; für 50 B pro Person extra kann die Pension dafür sorgen, dass man an der Unterkunft abgeholt wird.

In Bangkok starten die Minivans (250 B) stündlich zwischen 9 und 17 Uhr vom alten Southern Bus Terminal *(sâi đâi gòw)*; die Fahrt dauert 3½ Stunden. Von Hua Hin aus kann man, um die Fahrt bis nach Phetchaburi zu vermeiden, auch einen Minivan gen Norden bis Tha Yang nehmen und dort in einen Minivan nach Kaeng Krachan umsteigen (wenn dieser freie Plätze hat).

Unterwegs vor Ort

Eine Straße führt durch den Hauptabschnitt des Parks. Mit normalen Autos gelangt man 35 km weit bis zum Campingplatz Ban Krang, doch jenseits davon benötigt man einen Geländewagen. Es gibt keine öffentlichen Verkehrsmittel, und Motorräder und Fahrräder dürfen wegen der Gefahr durch Wildtiere die Straße (außer zum Wasserfall Pa La-U) nicht benutzen. Wer als Anhalter irgendwo mitfahren will, braucht Geduld.

Fahrer mit geländetauglichen Trucks stehen an der Parkzentrale und in Bang Krang bereit. Die Fahrt (hin & zurück) kostet pro Truck (bis zu 10 Pers.) und Tag vom Besucherzentrum zum Campingplatz Ban Krang 1200 B und zum Campingplatz Panoen Thung 1600 B; weitere 200 B werden fällig, wenn man die Nacht draußen verbringt und am nächsten Morgen zurückfährt. Oft, aber nicht immer, findet man an der Parkzentrale andere Traveller, mit denen man sich die Kosten teilen kann. Die Straße ist so schmal, dass sie nur als Einbahnstraße befahren werden darf. In den Park hinein ist sie von 5.30 bis 7.30 Uhr und von 13 bis 15 Uhr geöffnet; in der anderen Richtung zwischen 9 und 10 sowie zwischen 16 und 17 Uhr.

Cha-am

ชะอำ

032 / 35 600 EW.

Der günstige, fröhliche Strandort Cha-am ist ein beliebtes Ziel für Arbeiterfamilien und Studenten aus Bangkok. Am Wochenende und an Feiertagen bringen in Neonfarben bemalte Busse (*ching chap tua* genannt) mit laut dröhnender Musik Urlauber in die Stadt. Diese feiern dann typisch thailändische Strandpartys in Form eines Ess- und Trinkmarathons rund um die von Schirmen beschatteten Strandmöbel. Fürs Unterhaltungsprogramm sorgen Bananenboote, die hin und her rasen und ihre Passagiere schließlich mit einem finalen, abrupten Wendemanöver ins Meer befördern.

Nach Cha-am verirren sich nur wenige Ausländer; meist ältere Europäer, die lieber hier als im teureren Hua Hin überwintern. Wie in Hua Hin ist der Strand wegen der flachen See besser für Spaziergänge und zum Sonnenbaden als zum Schwimmen geeignet. Anders als in der weiter südlich gelegenen Stadt gibt's aber hier nur wenig, abgesehen vom Strand und dem **Waldpark** (วนอุทยานชะอำ; Phetkasem Hwy; tagsüber) mit seinen Gibbons. Die Meeresfrüchte sind aber hervorragend; es macht Spaß, die Wochenendausflügler zu beobachten, und die Preise sind hier so günstig wie kaum irgendwo sonst an der Küste.

Feste & Events

Gin Hoy, Do Nok, Tak Meuk ESSEN & TRINKEN

(Sept.) Bei diesem jährlich im September stattfindenden Fest kann man wirklich alles erleben. Der Name bedeutet „Schalentiere essen, Vögel beobachten, Tintenfische fangen" und ist ein treffendes Motto für die örtlichen Attraktionen und Traditionen.

Hauptsächlich handelt es sich um ein kulinarisches Fest, bei dem diverse Meeresfrüchte im Mittelpunkt stehen, es gibt aber auch Vogelbeobachtungs-Events in nahegelegenen Schutzgebieten sowie abendliche Konzerte.

Thailand International Kite Festival KUNST
(März) In den meisten, aber nicht in allen Jahren fliegen an einem langen Wochenende im März künstlerisch gestaltete Drachen am Himmel über dem Strand.

Schlafen

Billige, reizlose Pensionen in schmalen Beton-Ladenhäusern nahe dem Strand stellen das Gros der Unterkünfte in Cha-am. Man sollte möglichst nicht an der schmuddeligen Soi Bus Station übernachten, wenn man gut schlafen will. Werktags gibt's beträchtlichen Preisnachlass.

Pa Ka Ma PENSION $$
(032 433504; Soi Cay-ben Tee-wee; Zi. 1000 B;) Diese Pension mit nur etwas höheren Preisen als der Durchschnitt ist wahrscheinlich die beste Budgetunterkunft in Cha-am. Jedes Zimmer der attraktiv gestalteten Unterkunft hat seinen eigenen Stil, und die nach hinten liegenden besitzen kleine Balkone. Die Badezimmer sind gut, allerdings muss man vielleicht lange warten, bis das Wasser heiß wird. Das Personal spricht nur wenig Englisch.

Die Pension liegt in einer unbezeichneten Gasse zwischen den Sois 1 und 2 North. Falls das Haus ausgebucht ist, gibt's in der Nähe noch einige andere gute Alternativen.

Cha Inn @ Cha-Am HOTEL $$
(032 471879; www.chainn-chaam.com; 274/34 Th Ruamjit; Zi. mit Frühstück 1200–2000 B; P) Die Besitzer haben das alte Gebäude mit viel Kreativität in ein schönes, stilvolles Hotel verwandelt, das sich auf erfrischende Weise von den üblichen Unterkünften in Cha-am abhebt. Es gibt ein Restaurant im Erdgeschoss und darüber eine luftige Lounge. Die 17 Zimmer sind groß, komfortabel und genauso schön und subtil gestaltet wie die öffentlichen Bereiche.

Dream Boutique Hotel HOTEL $$
(032 470896; 235/35 Soi Anatachai; DZ 800–1200 B, FZ 1800 B; @) Die Bezeichnung Boutiquehotel passt nicht, aber das ist auch schon der einzige Kritikpunkt an diesem sehr gut geführten, makellos sauberen Hotel. Die Zimmer sind nicht schick, aber voll ausgestattet und haben Balkone, und die Gäste können auf dem Dach abhängen. Es gibt einen Fahrrad- und Motorradverleih, und wenn man in der Stadt ankommt, wird man abgeholt.

Das Hotel liegt zwischen den Sois 1 und 2 South, das ist die dritte Soi südlich der Th Narathip.

Bann Pantai Resort HOTEL $$$
(032 470155; www.bannpantai.com; Th Ruamjit; Zi. mit Frühstück 4000–6000 B; P) Das familienfreundliche Hotel ist eleganter als die meisten Hotels in Cha-am und hat einen riesigen Pool sowie ein kleines Fitnesscenter – und der Strand liegt gleich über die Straße.

Die Zimmer sind groß und verfügen über hervorragende Betten und Vorderterrassen.

Essen & Ausgehen

Vom Liegestuhl aus kann man einen der Straßenhändler heranwinken, die in Plastik verpackte Gerichte verkaufen, oder man bestellt etwas von den vielen nahegelegenen Strandrestaurants mit Lieferservice.

Die besten Meeresfrüchterestaurants finden sich am Angelpier am nördlichen Ende des Strands.

Die größte Ausländerenklave mit kaltem Bier, Billardtischen, Sportfernsehen, Massagen und Bordellen ist die Soi Bus Station, die erste Straße südlich der Th Narathip. Man kann es aber auch machen wie einige thailändische Touristen und auch nach Sonnenuntergang einfach mit seiner Flasche in einem Liegestuhl sitzen.

Khrua Rua Makham THAILÄNDISCH $$
(Th Ruamjit; Hauptgerichte 60–420 B; So–Do 7–19, Fr & Sa 7–20 Uhr;) Das Freiluftrestaurant serviert hauptsächlich typisch thailändische Gerichte wie gebratenes Huhn mit Knoblauch, grünes Curry und dergleichen, es gibt hier aber auch eine gute Auswahl an Meeresfrüchten, unter denen gebratener Tintenfisch die hiesige Spezialität ist. Das Essen wird einen zwar nicht unbedingt begeistern, aber genauso wenig enttäuschen.

Krua Medsai Seafood THAILÄNDISCH $$
(Off Th Ruamjit; Hauptgerichte 40–450 B; 10–22 Uhr) Das riesige Medsai ist eines unter Dutzenden Meeresfrüchtelokalen am Fischerhafen von Cha-am. Manche der kleineren Restaurants hier sind sicher stimmungsvoller, aber nur wenige andere haben eine so

große Auswahl und eine in verständliches Englisch übersetzte Speisekarte.

Praktische Informationen

Der Phetkasem Hwy führt durch Cha-ams geschäftiges Stadtzentrum, das über die Th Narathip rund 1 km vom Strand entfernt ist. Hier findet man Banken, den Freiluftmarkt, den Bahnhof und die meisten Bushaltestellen.

An der Th Ruamjit gibt's viele Geldautomaten und ein paar Wechselstuben mit verlängerten Öffnungszeiten.

An- & Weiterreise

Vom kleinen Minibus-Bahnhof von **Hua Hin-Pran Tour** (☎ 032 511654; Th Sasong) an der Soi Bus Station gibt's zwischen 7 und 17.30 Uhr halbstündlich Fahrten nach Bangkok (Southern Terminal & Mo Chit Terminal). Alle übrigen öffentlichen Busse und Minivans halten an der Kreuzung des Phetkasem Hwy mit der Th Narathip. Überwiegend handelt es sich dabei um Minivans, da nur wenige Busse aus Hua Hin oder anderen Orten im Süden in Cha-am halten, um Passagiere aufzunehmen. Der **Airport Hua Hin Bus** (☎ 084 697 3773; www.airporthuahinbus.com; Th Phetkasem, neben dem Hua Hin Airport), der aus Hua Hin zum Bangkoker Flughafen Suvarnabhumi fährt, hält in Cha-am vor der Government Savings Bank, ebenso wie die Busse von Shinnakeart Korat nach Bangkok, Nakhon Ratchasim (328 B, 8 Std., 10.30 & 21.30 Uhr) und Ubon Ratchathani (609 B, 15 Std., 18.30 Uhr).

Der **Bahnhof** (☎ 032 471159; Th Narathip) liegt westlich des Phetkasem Hwy am Ende der Th Narathip und wird nicht von Expresszügen bedient. Achtung: Im Fahrplan ist Cha-am als „Ban Cha-am" aufgeführt.

Am Strand kann man Taxis (d. h. beliebige Privatautos, die Passagiere befördern) anheuern. Die Fahrt nach Hua-Hin kostet 500 B.

Unterwegs vor Ort

Eine kurze Fahrt mit dem Motorrad (40 B) oder dem Taxi (100 B) bringt einen vom Stadtzentrum zum Strand.

Fahrräder (100 B/Tag) und Motorräder (200–250 B) kann man an der Th Ruamjit mieten.

Hua Hin หัวหิน

☎ 032 / 59 369 EW.

Thailands ältestes Seebad ist keine von Palmen gesäumte, einsame Insel – und vielleicht gerade deshalb umso schöner. Stattdessen bietet es eine erfrischende Mischung aus Stadt und Meer mit fast kosmopolitischem Flair, lebhaften Märkten, guten Golfplätzen und Wasserparks, internationaler Küche und ausgezeichneten Unterkünften. Tatsächlich setzen viele Besucher hier nie einen Fuß auf dem Sand.

Hua Hins aristokratische Wurzeln reichen bis ins Jahr 1911, als die Bahnstrecke aus Bangkok eröffnet wurde und einige Angehörige des Königshauses sich hier Ferien-

VERKEHRSMITTEL VON/NACH CHA-AM

ZIEL	BUS	MINIVAN	ZUG
Bangkok Don Mueang International Airport		180 B, 4 Std., 6.30–18.30 Uhr alle 40 Min.	
Bangkok Hualamphong			40–143 B, 4–4½ Std., 1.40, 4.55 & 14.33 Uhr
Bangkok Southern & Northern (Mo Chit) Bus Terminal	241 B, 4½ Std., 9.30, 12.30, 14.40 & 17.30 Uhr	160 B, 3½ Std., 4.30–19.30 Uhr häufig	
Bangkok Suvarnabhumi International Airport	269 B, 4 Std., 6.20–18.20 Uhr alle 90 Min.		
Bangkok Thonburi			38 B, 4 Std., 6.41 & 12.13 Uhr
Hua Hin	20 B, 30 Min., 6.30–17.30 Uhr stündl.	30 B, 30 Min., 6–19.30 Uhr häufig	6–33 B, 30 Min., tgl. 5-mal
Kanchanaburi		200 B, 3½ Std., 6.40–17.40 Uhr stündl	
Phetchaburi	30 B, 1 Std., 6.30–16.30 Uhr stündl.	50 B, 45 Min., 6–19.30 Uhr häufig	8–38 B, 40 Min., tgl. 5-mal

ABSTECHER

STRÄNDE IN DER NÄHE VON HUA HIN

Südlich von Hua Hin liegen eine Reihe von Stränden, die von spektakulären Landzungen umrahmt sind und die sich für tolle Tagesausflüge anbieten, wenn einem der Strand von Hua Hin zu städtisch vorkommt.

Der **Khao Tao** (Schildkrötenberg) schützt eine idyllische kleine Bucht, wo der Strand von **Hat Sai Noi** dramatisch schnell ins Meer abfällt, sodass sich die seltene Gelegenheit zum Schwimmen in tiefem Wasser bietet. Hier gibt's ein kleines Resort (S. 189) und ein paar Restaurants. Am Wochenende strömen die Massen hierher, aber werktags ist es ruhig – mit etwas Glück hat man den Strand ganz für sich allein.

Im **Wat Tham Khao Tao** an der Nordseite des Hügels finden sich viele buddhistische und andere Statuen in einer Beton-„Höhle" vor der eigentlichen, kleinen Höhle. Wer weiter vordringt, kann noch farbenprächtigere Schreine entdecken und zu dem Buddha auf dem Hügel hinaufsteigen. Zu Fuß oder per Motorrad geht man vom Strand aus einfach um den Fuß des Hügels herum zum Tempel, mit einem Auto muss man hingegen den langen Umweg rund um den Stausee nehmen.

Um zum Strand zu gelangen, nimmt man in Hua Hin einen Bus Richtung Pranburi und bittet den Fahrer, einen im Dorf Ban Tao abzusetzen (20 B). Von dort bringt einen ein Motorradtaxi – es gibt hier nicht viele, sodass man vielleicht eine Weile warten muss – zum Strand (30 B). Für die Rückfahrt sollte man sich vom Fahrer dessen Telefonnummer geben lassen. Per Anhalter zu fahren dürfte sehr schwierig werden.

residenzen errichteten. Mitte der 1920er-Jahre war Hua Hin ein voll entwickelter Ferienort für den Bangkoker Adel mit einem Golfplatz und einem Hotel am Meer, dessen Restaurant von einem Europäer gemanagt wurde. Auch die Könige Rama VI. und Rama VII. ließen sich hier Sommerpaläste erbauen. Der **Phra Ratchawang Klai Kangwon** (พระราชวังไกลกังวล; Th Phetkasem; „Palast Sorgenfrei") von Rama VII. ist auch heute noch eine Königsresidenz, in der König Rama IX. (Bhumibol Adulyadej) in seinen letzten Jahren längere Zeit wohnte.

In Hua Hin fließt zwar viel Geld, aber die Stadt ist immer noch ein günstiges Ziel: Die Meeresfrüchte sind reichlich vorhanden und günstig, es gibt bequeme öffentliche Verkehrsmittel und von Bangkok aus kommt man viel schneller und müheloser hierher als zu den Inseln im Süden.

Sehenswertes

Hua Hins Altstadt, ein ehemaliges Fischerdorf, hat sich seine Verbindung zur Vergangenheit bewahrt. Noch heute gibt es ein altes Viertel mit Ladenhäusern aus Teakholz, das von schmalen, krummen Gassen durchzogen ist und an dessen Rand sich Ufergebäude mit Restaurants und Pensionen sowie ein geschäftiger Fischerpier befinden, der noch heute benutzt wird. Am Strand, insbesondere im Norden, erblickt man immer noch viele historische, aus Holz erbaute Sommerresidenzen.

Der **Hua Hin Beach** (หาดหัวหิน) ist ein schöner, aber nicht hinreißender weißer Sandstrand, an den ruhige, graugrüne Wellen schlagen – wunderbar zum Spazierengehen oder Sonnenbaden; zum Schwimmen eignet er sich allerdings nicht. Besonders in der Regenzeit ist Vorsicht vor Quallen geboten.

★ Cicada Market MARKT

(ตลาดจั๊กจั่น; ☎080 650 4334; www.cicadamarket.com; Soi Hua Thanon 23, Th Phetkasem, South Hua Hin; ⌚Fr–So 16–23 Uhr) GRATIS Viel besser als der Hua Hin Night Market (S. 191) im Stadtzentrum ist dieser 3,5 km weiter südlich gelegene beliebte Markt, der eine lustige Mischung aus Kulinarischem, Einkaufsmöglichkeiten und Straßenkunst bietet. Das Einkaufserlebnis ist entspannt, da man nicht bedrängt wird. Viele Künstler verkaufen hier handgearbeitetes Heimdekor und Kleidung, und es gibt nicht nur Essen aus Thailand. Ab 20.30 Uhr beginnt die Live-Unterhaltung auf der Bühne, und Straßenmusikanten sind immer mit dabei.

Der letzte grüne *sŏrng·tăa·ou* zurück in die Stadt kommt gegen 21 Uhr vorbei.

Mrigadayavan Palace HISTORISCHES GEBÄUDE

(พระราชนิเวศน์มฤคทายวัน; ☎032 508443; www.mrigadayavan.or.th; 30 B; ⌚Do–Di 8.30–16.30 Uhr, letzter Einlass 16 Uhr) In luftiger Lage am Meer, 12 km nördlich von Hua Hin entfernt, wurde dieser Sommerpalast 1924 unter der

Hua Hin

Hua Hin

Sehenswertes
1 Hat Hua Hin D4
2 Hua Hin Train Station A4

Aktivitäten, Kurse & Touren
3 Hua Hin Adventure Tour B3
4 Hua Hin Golf Centre C3
5 Thai Massage by the Blind B1

Schlafen
6 Baan Somboon C4
7 Centara Grand Beach Resort & Villas D4
8 Chanchala Hostel B4
9 Hua Hin Place B1
10 King's Home B2
11 Love Sea House C2

Essen
12 Straßenimbisse-Ecke Chomsin-Naebkehardt B2
13 Hua Hin Vegan Cafe B3
14 Jek Pia B3
15 Koti B3
16 The Social Salad C2
17 Velo Cafe B1

Ausgehen & Nachtleben
18 White Lotus Sky Bar C3

Shoppen
19 Hua Hins Nachtmarkt B3

Praktisches
20 Städtische Touristeninformation B3
21 Tourism Authority of Thailand B2

Transport
22 Hua Hin-Pran Tour A3
23 Lomprayah C4

Herrschaft Ramas VI. erbaut. Die Anlage in einem wunderschönen Garten mit großen Bäumen und hinreißendem Ausblick aufs Wasser besteht aus 18 miteinander verbundenen Teakholzgebäuden. Die Häuser stehen auf Stelzen, haben hohe Fenster samt Fensterläden und weisen filigrane Holzverzierungen auf.

Baan Silapin GALERIE

(บ้านศิลปิน; ☎086 1620162; www.huahinartistvillage.wordpress.com; Th Hua Hin-Pa Lu-U; Kunstkurse pro Std. Erw./Kind 150/100 B; ⌚Di–So 10–17 Uhr) GRATIS Tawee Kasangam, ein Maler aus der Gegend, gründete diese Künstlerkolonie in einem schattigen Wäldchen, 4 km westlich der Stadt. Die Galerien und Atelierräume zeigen die Werke von mehr als einem Dutzend Künstlern. Viele von ihnen sind Bangkoks hektischer Kunstwelt entflohen, um sich in die entspanntere Atmosphäre Hua Hins mit seiner wunderschönen Berg- und Meereslandschaft zurückzuziehen.

Khao Takiab HÜGEL

(เขาตะเกียบ) Rund 7 km südlich der Stadt wacht der monumentale „Essstäbchenberg" über das südliche Ende des Strands von Hua Hin. Eine steile Straße kurvt hinauf zur Spitze des 77 m hohen Hügels und führt vorbei am **Meeresfrüchtemarkt** zum **Wat Khao Takiab**. Der thailändisch-chinesische Tempel ist zwar architektonisch nicht besonders bemerkenswert, aber man hat von hier aus einen tollen Blick auf die Stadt. Unten am Rand des Strandes erhebt sich ein großer **stehender Buddha**, der ein beliebtes Fotomotiv ist.

Hua Hins grüner *sŏrng·tăa·ou* hält im 1 km entfernten Dorf Khao Takiab, man kann aber mit den Fahrern aushandeln, sich direkt zum Tempel bringen zu lassen – 50 bis 100 B extra pro Person (einfache Strecke) dürften ausreichend sein.

Hua Hin Train Station HISTORISCHE STÄTTE

(สถานีรถไฟหัวหิน; Th Liap Thang Rot Fai) Dieses rotweiße Wahrzeichen ist der wohl schönste Bahnhof in Thailand. Er wurde 1926 anstelle des ursprünglichen Bahnhofs errichtet. Der Pavillon im viktorianischen Pfefferkuchen-Stil sticht dank der vielen geschnitzten Holzpfeilern und Holzleisten hervor. Da Hua Hin seinen Wohlstand der Bahn verdankt, ist der Bahnhof für die Einwohner ein stolzes Prunkstück, und Nachahmungen dieses Entwurfs finden sich überall in der Stadt.

Aktivitäten & Kurse

Mit neun Golfplätzen in der Umgebung ist Hua Hin ein sehr beliebtes Ausflugsziel für Golfer.

Das Fahrrad ist eine schöne und günstige Option zur Erkundung der Attraktionen in Hua Hins Umgebung, vor allem an Werktagen, wenn der Verkehr nicht so stark ist. Besondere Vorsicht ist auf der Th Phetkasem geboten – da sind wirklich fürchterliche Raser unterwegs!

Geführte Touren, darunter einige tolle für Fahrradfahrer, sind eine gute Möglichkeit, sich die umliegenden Sehenswürdigkeiten anzuschauen.

Hua Hin Bike Tours RADFAHREN

(☎081 173 4469; www.huahinbiketours.com; 15/120 Th Phetkasem, zw. Soi 27 & 29; ganztägige Tour ab 2950 B; ⌚10–20 Uhr) Das Veranstalter-Ehepaar bietet ganz- und mehrtägige Touren durch Hua Hin und in die Umgebung, darunter auch eine viertägige Fahrt von Bangkok nach Hua Hin. Das Paar vermietet auch hochwertige Fahrräder (500 B/Tag, Rabatt für längere Anmietung) an Radfahrer, die auf eigene Faust unterwegs sind, und kann geeignete Routen empfehlen.

Die beiden veranstalten außerdem die Langstreckenfahrt **Tour de Thailand** (www.tourdethailand.com), die durchs ganze Land führt und deren Einnahmen wohltätigen Zwecken dienen.

North Kiteboarding Club KITESURFEN

(☎083 438 3833; www.northkiteboardingclub.com; 113/5 Th Phetkasem, bei Soi 67, South Hua Hin; 3-tägiger Anfängerkurs 11 000 B; ⌚9–21 Uhr) Das gut geführte Unternehmen hat seinen Sitz in Hua Hin, besitzt aber auch Filialen in Chumpon und Phuket. Es betreibt einen großen Laden und bietet Kitesurfing-Unterricht.

Hua Hin Golf Centre GOLFEN

(☎032 530476; www.huahingolf.com; Th Selakam; ⌚12–20.30 Uhr) Das freundliche Personal in diesem professionellen, von **Hua Hin Golf Tours** (☎032 530119; Soi 41; ⌚6.30–22 Uhr) geführten Laden informiert über die günstigsten gepflegten Golfplätze, auf denen man sicher sein kann, dass die Affen nicht versuchen, den Spielern die Bälle zu stibitzen.

Das Unternehmen organisiert Golfausflüge und vermietet an seine Kunden hochwertige Golfschläger (500–700 B/Tag).

Thai Massage by the Blind MASSAGEN

(☎081 944 2174; The Naebkenhardt; Thai-Massage 200 B; ⌚7–21 Uhr) Blinde Masseurinnen geben hier traditionelle Kopf-, Fuß- und Körpermassagen sowie einige weitere Anwendungen, darunter Kräuterwickel. Es gibt noch zwei weitere Filialen in größerer Entfernung zum Stadtzentrum.

Thai Cooking Course Hua Hin KOCHEN
(☎ 081 572 3805; www.thai-cookingcourse.com; Soi 19, Th Phetkasem; Kurs 1500 B) Angehende Chefköche sollten sich für diesen eintägigen Kochkurs inklusive Marktbesuch, Zubereitung von fünf Gerichten und Kochbuch einschreiben. Für den Kurs müssen mindestens drei Teilnehmer zusammenkommen. Die Teilnehmer werden direkt von ihren Hotels abgeholt.

Geführte Touren

Feast Thailand ESSEN
(☎ 095 461 0557, 032 510207; www.feastthailand.com; Th Naebkehardt, im Raruk Hua Hin Market; ab 1350 B; ⏲ Mo–Sa 8.30–16 Uhr) Das kleine Unternehmen veranstaltet sehr zu empfehlende, halbtägige kulinarische Touren. Man wählt seine Tour – entweder zur thailändischen Standardküche oder zu selteneren Spezialitäten – und wird bei seinem Hotel abgeholt. Manchmal gibt's auch Touren, denen man sich spontan anschließen kann.

Hua Hin Adventure Tour ABENTEUER
(☎ 032 530314; www.huahinadventuretour.com; Th Naebkehardt; ⏲ Mo–Sa 9–18 Uhr) Hua Hin Adventure Tour veranstaltet Aktiv-Ausflüge, darunter Kajaktouren im Khao Sam Roi Yot National Park (S. 196) und Wildbeobachtungstouren im Kaeng Krachan National Park (S. 181).

Feste & Events

Hua Hin Jazz Festival MUSIK
Zu Ehren der privaten Vorliebe Ramas IX. (Bhumibol Adulyadej) für Jazzmusik veranstaltet die Stadt, in der sich so viele Königsresidenzen befinden, alljährlich ein Jazzfestival mit thailändischen und internationalen Musikern. Alle Konzerte sind kostenlos. Das Festival findet jedes Jahr in einem anderen Monat statt; der Termin wird in der Regel nicht weit im Voraus bekanntgegeben.

Schlafen

Nördlich der Th Chomsin wird die Stadt plötzlich viel ruhiger und ländlicher. Bangkoks trendbewusste Jugend zieht es in dieses Viertel rund um die Th Naebkehardt und die Soi 51.

Wer hauptsächlich wegen Sonne und Strand kommt, sollte im Süden wohnen, wo der Strand recht ruhig und frei von aufdringlichen Verkäufern ist.

Chanchala Hostel HOSTEL $
(☎ 086 331 6763; www.chanchalahostelhuahin.com; 1/5 Th Sasong; B mit Frühstück 340 B; ❄ 📶)

NICHT VERSÄUMEN

ELEFANTENASYL

Man muss nicht lange in Thailand sein, um zu verstehen, welch geringe Beachtung hier dem Tierschutz geschenkt wird. Die Wildlife Friends Foundation Thailand ist eine der aktivsten Gruppen, die daran etwas ändern wollen. Sie betreibt 45 km westlich von Hua Hin ein **Wildtier-Schutzzentrum** (มูลนิธิเพื่อนสัตว์ป่า; ☎ 032 458135; www.wfft.org; Tour inkl. Mittagessen halber/ganzer Tag 1100/1800 B) 🍃. Hier werden misshandelte, verletzte und ausgesetzte Tiere, die nicht mehr ausgewildert werden können, aufgenommen und versorgt.

Das Zentrum kümmert sich um mehr als 500 Tiere, darunter Bären, Tiger, Gibbons, Makaken, Loris und Vögel. Angeschlossen ist eine Rettungsstation für Elefanten, in der die Dickhäuter ihren Lebensabend frei von Ketten verbringen. Ein Besuch hier ist ein wunderbarer Tagesausflug – viel besser als die Elefanten- und Tiger-Touristenattraktionen, die häufig bei Touren ins Umland von Hua Hin auf dem Programm stehen. Bei den Führungen des Zentrums hat man überall Zugang und erfährt jede Menge über die Tiere und die Geschichte ihrer Rettung. Bei der ganztägigen Führung ist man beim Ausführen und Baden der Elefanten dabei. Zufallsbesucher ohne Anmeldung sind nicht willkommen.

Der Transfer vom Hotel in Hua Hin oder Cha-am kostet 200 B pro Person, und es gibt vor Ort auch eine kleine Lodge (4000 B/Nacht inkl. Mahlzeiten). Wer den Tieren noch näher kommen will, kann im Zentrum **Freiwilligenarbeit** (☎ 032 458135; www.wildlifevolunteer.org) 🍃 leisten.

Das blitzsaubere Hostel mit drei Schlafsälen ist fünf Gehminuten vom Bahnhof entfernt und macht alles richtig. Zu jedem Schlafplatz in den Schlafsälen mit sechs und acht Betten (von denen einer Frauen vorbehalten ist) gehören ein eigenes Schließfach, eine Leselampe und eine Steckdose. Im Café mischen sich die Gäste unter das freundliche Personal, und in der Lounge auf dem Dach kann man sich mit anderen Travellern austauschen.

★ King's Home PENSION $$

(☎089 052 0490; www.huahinkingshome.blogspot.com; abseits der Th Phunsuk; Zi. 750–950 B; ❄📶🏊) Die von einer Familie geführte Pension hat tolle Preise und viel Charakter: An der Vordertür wird man von einem Kristallkandelaber und der Statue eines Deutschen Schäferhunds mit einer Blumengirlande auf dem Kopf begrüßt. Das ganze Haus einschließlich der sechs kleinen Gästezimmer ist vollgestopft mit Antiquitäten und Kitsch, die für eine anheimelnde Atmosphäre sorgen.

Big Apple PENSION $$

(☎089 686 1271; www.bigapplehuahin.com; Soi Hua Hin 83, Th Phetkasem, South Hua Hin; Zi./Apt. 1200/1800 B; P❄📶🏊) Die kleine, makellose Pension (die Inhaber bezeichnen sie als „Bed & Pool") liegt in einer Soi zwischen dem Strand und dem riesigen Einkaufszentrum Bluport. Es gibt fünf normale Zimmer und drei Apartments mit kleinen Küchen neben einem verspielten Garten samt großem Swimmingpool. Für die Hauptsaison sollte man weit im Voraus reservieren. Der Mindestaufenthalt beträgt zwei Nächte.

Hua Hin Place PENSION $$

(☎032 516640; www.huahin-place.com; 43/21 Th Naebkehardt; DZ & 2BZ 400–1500 B, FZ 1200–1500 B; ❄📶) Es ist nicht ganz klar, ob die recht große Unterkunft ein Hotel oder eine Pension ist, sie fällt aber eher noch in die letztere Kategorie dank der flotten Lounge im Erdgeschoss – diese ist mit museumswürdigen Muscheln, Fotos und anderem Schnickschnack ausstaffiert. Hier können sich die Gäste untereinander austauschen und mit der charmanten Inhaberin plaudern.

Love Sea House PENSION $$

(☎080 079 0922; siamozohlie@hotmail.com; 35 Th Dechanuchit; Zi. 700–800 B; ❄📶) Die nette, von einer Familie geführte Pension präsentiert sich maritim in Blau und Weiß. Die Englisch sprechenden, älteren Inhaber halten die großen Zimmer sehr sauber. Die Unterkunft liegt zwar in der Nähe der Partyzone von Hua Hin, ist aber ungeeignet für Leute, die sich in den Partytrubel stürzen wollen.

Baan Somboon PENSION $$

(☎032 511538; 13/4 Soi Hua Hin 63, Th Damnoen Kasem; Zi. 800 B; ❄📶) Mit eingerahmten Fotos als Wandschmuck, polierten Holzböden und einem kleinen Garten wirkt diese Unterkunft an einer sehr ruhigen, zentral gelegenen Soi wie das Haus der verschollenen thailändischen Lieblingstante. Die Zimmer sind zwar klein und altmodisch, aber die Pension ist trotzdem die anheimelndste in ganz Hua Hin.

★ Centara Grand Beach Resort & Villas HOTEL $$$

(☎032 512021; www.centarahotelsresorts.com; 1 Th Damnoen Kasem; Zi. mit Frühstück 8700–14 000 B; P❄@📶🏊) Das historische Railway Hotel wurde 1922 als erstes Hotel der Stadt eröffnet. Im Laufe der Jahrzehnte wurde es renoviert und erweitert, hat seine vornehme Aura aber immer bewahrt – kein anderes Hotel vor Ort hat ein so prächtiges Ambiente. Die Zimmer sind groß, die Einrichtungen fantastisch, das Personal ist auf Zack und den großen Garten schmücken Frangipani und kunstvoll in Form geschnittene Bäume und Sträucher.

★ Sanae Beach Club HOTEL $$$

(☎032 900971; www.sanaebeachclub.com; Hat Sai Noi; Zi. mit Frühstück 3700–4700 B; P❄📶🏊🐾) Der Hauptpluspunkt dieses kleines Resorts ist seine Lage: Als einziges liegt es direkt am prächtigen Hat Sai Noi (S. 185). Der Strand ist tagsüber fast verlassen, aber an den Wochenenden trotz der Tagesgebühr von 300 B fast überlaufen. Die Zimmer sind groß und komfortabel, auch wenn das ausschließlich weiße Dekor etwas störend ist.

★ Baan Bayan HOTEL $$$

(☎032 533540; www.beachfronthotelhuahin.com; Th Phetkasem, auf Höhe Soi 69, South Hua Hin; Zi. mit Frühstück 4000–13 000 B; P❄📶🏊) Die Anlage, deren Mittelpunkt ein schönes Teakholzhaus aus dem frühen 20. Jh. bildet, ist ideal für Traveller, die einen Luxusurlaub ohne die überladene Atmosphäre eines großen Resorts erleben wollen. Das Hotel ist luftig, bietet Zimmer mit hohen Decken, hat aufmerksames Personal und liegt direkt am

Strand. Die meisten Zimmer stammen aus jüngerer Zeit, wirken aber genauso historisch wie die drei originalen.

Essen

Hua Hin ist berühmt für seine Meeresfrüchte, aber die Einheimischen bevorzugen die schlichten Restaurants in Ban Takiab südlich der Stadt – in manchen von diesen gibt's Büfetts schon für 400 B.

★ Baan Khrai Wang THAILÄNDISCH, KAFFEE $
(Th Naebkehardt; Hauptgerichte 65–285 B; 9–18 Uhr) Die Palmen, der Blumengarten, die aus Holz gezimmerten historischen Strandhäuser und das Geräusch der Wellen sorgen im „Haus nahe dem Palast" für das perfekte Ambiente. Viele kommen hierher, um Kaffee zu trinken und Kokoskuchen zu essen, aber es gibt auch eine kleine Speisekarte, auf der u.a. Kaeng Masaman, gebratener Reis mit Krabben, *kôw châe* und Caesar-Salad-Wraps stehen.

★ Jek Pia THAILÄNDISCH $
(51/6 Th Dechanuchit; Hauptgerichte 35–150 B; 6.30–12.30 & 17.30–20 Uhr) Das über 50 Jahre alte Restaurant, ein früherer Kaffeeladen, ist heute eines der kulinarischen Top-Ziele von Hua Hin. Die verstorbene Mutter des heutigen Inhabers lud ihre Lieblingsköche ein, sich ihr anzuschließen – so entstand ein Gourmet-Foodcourt, weshalb einen gleich bei der Ankunft ein ganzer Stapel von Speisekarten begrüßt.

★ Sôm·đam Tanontok 51 THAILÄNDISCH $
(Th Damrongraj/Soi 51; Hauptgerichte 40–190 B; 10–20 Uhr;) Das herausragende Restaurant in einem tollen kulinarischen Viertel bietet echte Isan-Gerichte, die von einer Familie aus Khorat zubereitet werden. Es gibt alles, was man erwartet, darunter gegrillten Wels, *gaang orm* (ein milchfreies Curry mit Kräutern und Kokosmilch) und viele Arten von *sôm·đam,* nicht nur mit Papaya, sondern auch mit Gurke und Bambussprossen. Tintenfisch-*lâhp* kommt hier ebenfalls auf den Tisch.

Hua Hin Vegan Cafe VEGAN, THAILÄNDISCH $
(Th Phetkasem; Hauptgerichte 100–250 B; 9.30–21 Uhr;) Abgesehen vom Fehlen tierischer Produkte hat dieses moderne Lokal nichts gemein mit den typischen thailändischen veganen Restaurants: Hier gibt's Wein, Knoblauch, eine Klimaanlage, Jazz, Bio-Zutaten und kreative Gerichte. Viele thailändische Speisen – traditionelle oder weniger traditionelle (z.B. Quinoa-*lâhp*) – stehen auf der Karte, aber diese kennt keine Grenzen: Man findet auch Burger mit Jackfrucht-Teriyaki, Linsen-Tacos und westafrikanische Erdnusssuppe.

Straßenimbisse-Ecke Chomsin-Naebkehardt STRASSENKOST $
(Ecke Th Chomsin & Th Naebkehardt; 6–24 Uhr) An dieser bemerkenswerten Ecke mit Straßenimbissen wird sehr günstige Kost geboten, und trotz des bescheidenen Ambiente gibt's hier ausgezeichnetes thailändisches Essen. Die Action beginnt am frühen Morgen in der Th Naebkehardt rund 50 m südlich der Th Chomsin, und später kommen immer mehr Imbisswagen hier und auf der anderen Straßenseite an der Kreuzung hinzu. Beide Stellen sind überdacht, sodass man tagsüber komfortabel schlemmen kann.

Gegen 17 Uhr erobert der bis spät dauernde *dtôo rûng lék* (Kleine Nachtmarkt) die Soi 55/1. Durch ihn kommen noch ein paar Isan-Gerichte zu dem Mix hinzu.

IM KITESURF-FIEBER

Hua Hin ist Thailands Kitesurf-Hauptstadt dank starker, böiger Winde, flachem Wasser und einem lang gezogenen Strand, an dem man seine Drehungen und Sprünge ausführen kann. 2010 fand hier sogar der Kiteboarding World Cup statt.

Von hier bis hinunter nach Pranburi bläst der Wind von Oktober bis Dezember aus Nordosten – meist begleitet von vielen Wellen – und dann von Januar bis Mai bei meist glatter See aus Südosten. Aber selbst in der Regenzeit (Mai–Okt.) gibt es viele Tage, an denen der Wind zum Kitesurfen günstig ist.

Hua Hin ist einer der besten Orte in Thailand, um das Kitesurfen zu lernen. Eine Reihe von Schulen bieten Unterricht an. Ungefähr nach drei Tagen kann man sich dann allein auf die Wellen wagen. Die Monate Januar bis März sind für Anfänger am besten geeignet, weil in dieser Zeit das Meer ruhiger ist. Die Schulen kümmern sich aber auch um Fortgeschrittene, so kann man sich hier zum Kitesurf-Lehrer ausbilden lassen.

Baan Tuayen Icy Beans THAILÄNDISCH $
(Th Naebkehardt; Hauptgerichte 55–145 B; ⌚7–22 Uhr; 📶) Der Hipstertreff lockt die Massen mit unterschiedlichen Karten für Frühstück, Mittag- und Abendessen. Es gibt Gerichte wie z.B. grünes Curry mit geschmortem Schweinefleisch, aber – wie der Name schon verrät – stehen die Desserts im Mittelpunkt: Zu empfehlen sind das Eis mit roter Bohnensauce oder die Rote-Bohnen-Smoothies.

Velo Cafe KAFFEE $
(Th Naebkehardt; Kaffee ab 50 B; ⌚7.30–17.30 Uhr; 📶) Kaffeehäuser gibt's überall in Hua Hin, aber wenige nehmen das Geschäft so ernst wie dieser kleine Laden, der seine Bohnen selber röstet. Es gibt hier auch sehr gute Sandwichs.

★ **Ratama** THAILÄNDISCH $$
(12/10 Th Naebkehardt; Hauptgerichte 50–200 B; ⌚8.30–15.30 Uhr) Die Karte dieses Restaurants reicht von thailändischen Omelettes über würzige Meeresfrüchte-Currys bis zu einem tollen Panang-Curry, berühmt ist es aber für seine vielen Entengerichte, darunter die Nudelsuppe *gŏo·ay đĕe·o* oder ein Teller gebratener Entenschnäbel.

Wir empfehlen auch das *sùpêr đeen gài* (*đôm yam* mit Hühnerfüßen), das es auf Wunsch auch mit Entenfüßen gibt.

Das Schild in Lateinschrift ist leicht zu übersehen – am besten hält man nach der riesigen Entenfigur Ausschau.

★ **Koti** CHINESISCH, THAILÄNDISCH $$
(☎032 511252; 16/1 Th Dechanuchit; Hauptgerichte 40–400 B; ⌚11–22 Uhr) Das 1932 eröffnete thailändisch-chinesische Restaurant ist ein echtes kulinarisches Highlight des ganzen Landes. Thailänder bevorzugen die in der Pfanne gebratenen Austern mit Mehl und Eis, während Ausländer oft das *đôm yam gûng* (Krabbensuppe mit Zitronengras) bestellen. Alle lieben den *yam tá·lair* (würziger Meeresfrüchtesalat) und das klassische grüne Curry. Auf einen Tisch wird man warten müssen.

The Social Salad INTERNATIONAL $$
(1/8 Th Chomsin; Hauptgerichte 85–280 B; ⌚8–22 Uhr; 📶📝) 🍃 Das schlichte, aber hübsch dekorierte Lokal hat dank seiner Salate für 190 B, die man selber aus den vielen frischen Bio-Zutaten zusammenstellt, viele treue Stammgäste. Wer keinen Salat mag, findet hier einige Nudelgerichte und Fisch mit Pommes. 10% des Gewinns geht an Programme zum Pflanzen neuer Bäume.

Ausgehen & Nachtleben

Das Nachtleben in der touristischen Zone von Hua Hin scheint in einer Zeitschleife gefangen zu sein und besteht aus Sportbars und Animierlokalen. Wer mehr Stil haben will, hält sich an die Nobelhotels.

White Lotus Sky Bar BAR
(Th Naresdamri; Bier ab 200 B; ⌚18–24 Uhr; 📶) Oben in der 17. Etage des Hilton Hotel bietet diese Lounge mit Klasse eine inspirierende Aussicht und eine frische Brise. Obwohl die Bar nach Osten blickt, sollte man früh kommen, um den ungehinderten Blick in den Sonnenuntergang zu genießen. Es gibt hier auch ein schickes chinesisches Restaurant.

Shoppen

Plearn Wan MARKT
(เพลินวาน; ☎032 520311; www.plearnwan.com; Th Phetkasem zw. Soi 38 & Soi 40; ⌚So–Do 9–21, Fr & Sa 9–22 Uhr) Der Plearn Wan („Verlieren Sie sich in der Vergangenheit") ist für thailändische Traveller ein Top-Ziel: Ein Nostalgie-Markt mit kleinen Ständen, die in ihrer Gestaltung an die alten Ladenhäuser in den thailändisch-chinesischen Vierteln von Bangkok und Hua Hin erinnern. Man sieht hier viele alte Fotos, Stilmöbel und Thailänder, die für Fotos posieren.

Nachtmarkt von Hua Hin MARKT
(Th Dechanuchit; ⌚17–24 Uhr) Hua Hins zwei Blocks langer Nachtmarkt macht dem Strand in Sachen Beliebtheit Konkurrenz. Jeden Abend drängen sich hier die Touristen. Es gibt das übliche Angebot an Raubkopien von Markenklamotten und billigen Souvenirs sowie Dutzende, sehr lästige Restaurant-Schlepper, die einem mitten auf der Straße mit ihren Speisekarten vor dem Gesicht herumwedeln.

Das Lung Ja scheint das einzige hiesige Restaurant zu sein, in dem auch thailändische Besucher essen – Einheimische lassen sich allerdings in keinem blicken. Der südöstliche Marktabschnitt abseits der Straße ist als Chatsila bekannt und hat zum Großteil ein ähnliches Angebot. Hier gibt es aber auch ein paar Läden, die echte Kunst verkaufen.

Praktische Informationen

Bis in den Abend geöffnete Wechselstuben und Geldautomaten sind überall im touristischen Zentrum vorhanden, vor allem in der Th Naresdamri und der Th Damnoen Kasen. Banken mit umfassendem Service gibt's in der Th Phetkaksem, Bankfilialen, die auch abends und am Wochenende geöffnet sind, in den Shoppingmalls.

Bangkok Hospital Hua Hin (☎ 032 616800; www.bangkokhospital.com/huahin; Th Phetkasem Höhe Soi 94) Eine Außenstelle der geschätzten landesweiten Krankenhauskette im Süden von Hua Hin.

Immigration Office (☎ 032 905111; Th Phetkasem, Höhe Soi 100, South Hua Hin; ⌚ Mo–Fr 10–18 Uhr) Das Büro im Untergeschoss des Einkaufszentrums Bluport verlängert Touristenvisa.

San Paolo Hospital (☎ 032 532576; www.sanpaulo.co.th; 222 Th Phetkasem, South Hua Hin) Das kleine, private Krankenhaus südlich der Stadt bei Soi 86 ist eine gute Option bei einfachen Krankheiten und bei Verletzungen.

Städtische Touristeninformation (☎ 032 611491; Th Naebkehardt; ⌚ Mo–Fr 9–16.30, Sa & So 9–17 Uhr) Hat eine gute kostenlose Karte der Stadt und der Umgebung und beantwortet grundlegende Fragen, die Traveller stellen.

Tourism Authority of Thailand (TAT; ☎ 032 513854; www.tourismthailand.org/hua-hin; 39/4 Th Phetkasem, Höhe Soi 55; ⌚ 8.30–16.30 Uhr) Das Personal spricht Englisch und ist sehr hilfsbereit, allerdings hält es sich nur selten an die Öffnungszeiten.

Touristenpolizei (☎ 032 516219; Th Damnoen Kasem) Am östlichen Ende der Straße unmittelbar vor dem Strand.

ℹ An- & Weiterreise

Der Zug ist das angenehmste Verkehrsmittel für die Anreise nach Hua Hin, die meisten kommen aber per Minivan. Wer möglichst schnell (ab 3 Std.) von Hua Hin nach Bangkok oder umgekehrt kommen möchte, nimmt ein Privatauto (ab 1600 B).

BUS & MINIVAN

Die Minivans Richtung Norden (darunter nach Phetchaburi, Kanchanaburi und zu vielen Zielen in Bangkok) nutzen die neue **Hua Hin Van Station** (Soi 51), während die Minivans (und vereinzelten Busse) Richtung Süden in der Straße neben dem Uhrenturm halten. Minivans fahren zu den meisten Zielen ab ca. 6 Uhr (nach Bangkok und Phetchaburi ab 4 Uhr) bis in den frühen Abend in geringen Abständen.

Von der ruhigen, kleinen **Hua Hin Bus Station** (Th Phetkasem, Höhe Soi 96) südlich der Stadt fahren einige wenige Busse (die meisten Busse zwischen Bangkok und dem Süden halten nicht in Hua Hin) nach Bangkok, Chiang Mai, Nakhon Ratchasima (Khorat), Phuket und Ubon Ratchathani ab. Die Tickets sollte man einen Tag im Voraus kaufen.

Eine bequemere Option für einen Bus nach Bangkok (Southern Bus Terminal) ist Hua Hin-Pran Tour (S. 184) an der Th Sasong nahe dem Nachtmarkt; die Busse sind allerdings alt. Dann gibt es noch den Airport Hua Hin Bus (S. 184) vom Flughafen in Hua Hin zu Bangkoks Suvarnabhumi International Airport und nach Pattaya. Wer diesen Bus nutzt, kann sich für 100 B per Shuttle zu seinem Hotel bringen lassen – das ist weniger, als ein Túk-Túk-Fahrer für die Fahrt in die Stadt verlangt. Die grünen *sŏrng·tăa·ou* fahren nicht so weit ins Umland.

Gewöhnliche Busse (mit Ventilatoren) starten täglich ungefähr stündlich von der Th Sasong am Nachtmarkt nach Pranburi und von der Th Phetkasem gegenüber der Esso-Tankstelle nach Cha-am und Phetchaburi.

SCHIFF/FÄHRE

Lomprayah (☎ 032 532761; www.lomprayah.com; Th Phetkasem; ⌚ 8–22 Uhr) bietet eine kombinierte Bus-Schiffsverbindung von Hua Hin nach Ko Tao (1050 B, 6–9 Std.) sowie nach Ko Pha-Ngan (1300 B, 9–12 Std.) und Ko Samui (1400 B, 10–13 Std.); Abfahrt ist am Büro um 8.30 und 23.30 Uhr.

Es gibt jetzt auch eine **Passagierfähre** (☎ 093 495 9499; www.royalferrygroup.com; Soi Ao Hua Don 3; Economy/1. Klasse/VIP-Raum für 8 Pers. 1250/1550/14 000 B; ⌚ Abfahrten Pattaya/Hua Hin 10/13 Uhr) zwischen Hua Hin und Pattaya, mit der man Bangkok umgehen kann.

ℹ Unterwegs vor Ort

Grüne *sŏrng·tăa·ou* (10 B) starten von der Kreuzung Th Sasong und Th Dechanuchit am Nachtmarkt. Zwischen 6 und 21 Uhr fahren sie auf der Th Phetkasem südwärts zum Khao Takiab (und biegen dabei unterwegs nach Osten auf die Th Damnoen Kasem ab) und nordwärts zum Flughafen.

Die Kosten für kurze Fahrten mit vierrädrigen Túk-Túks beginnen bei stolzen 100 B. Motorradtaxis sind für kürzere Strecken weitaus günstiger (30–50 B).

Viele Läden überall in der Stadt vermieten Motorräder (200–250 B/Tag) und einige auch Fahrräder (100–200 B/Tag). In der Th Damnoen

---

ℹ HUA HIN: INFOS IM INTERNET

Hua Hin Today (www.huahintoday.com) Eine von ortsansässigen Ausländern herausgegebene Zeitung. Die gedruckte Version (50 B) erscheint einmal im Monat.

Tourism Hua Hin (www.tourismhuahin.com) Annehmbare Infos zur Stadt und ihrem Umland.

VERKEHRSMITTEL VON/NACH HUA HIN

ZIEL	BUS	MINIVAN	ZUG
Bangkok Don Mueang International Airport		200 B, 4½ Std., alle 40 Min.	
Bangkok Ekkamai (Eastern Bus Station)		180 B, 4½ Std., stündl.	
Bangkok Hualamphong			44–402 B, 3½–4½ Std., tgl. 12-mal
Bangkok Northern (Mo Chit) Bus Terminal	241 B, 4½ Std., 9, 12, 13.30 & 15 Uhr	180 B, 4 Std., häufig	
Bangkok Southern Bus Terminal	155 B, 4½ Std., tgl. 3, 10 & 12 Uhr & Fr–Sa 16 & 21 Uhr	180 B, 4 Std., häufig	
Bangkok Suvarnabhumi International Airport	269 B, 4½ Std., 6–18 Uhr alle 90 Min.		
Bangkok Thonburi			42–96 B, 4½ Std., tgl. 2-mal
Cha-am	20–30 B, 30–45 Min., 6–16 Uhr stündl.	30 B, 30 Min., häufig	6–33 B, 30 Min., tgl. 5-mal
Chiang Mai	735–980 B, 13 Std., 17.30, 18 & 18.15 Uhr		
Chumphon	328 B, 5 Std., 12 Uhr		49–423 B, 4–5 Std., tgl. 12-mal
Kanchanaburi		220 B, 4 Std., stündl.	
Nakhon Ratchasima (Khorat)	347–518 B, 6–7 Std., 10, 18, 21 & 23 Uhr		
Pattaya	389 B, 5 Std., 11 Uhr		
Phetchaburi	40 B, 1½ Std., 6–16 Uhr stündl.	80 B, 1 Std., häufig	14–341 B, 1 Std., tgl. 12-mal
Phuket	587–913 B, 10–11 Std., 10, 12.30, 19, 20.30, 21, 22.30 & 24 Uhr		
Prachuap Khiri Khan		80 B, 1½ Std., häufig	19–353 B, 1–1½ Std., tgl. 11-mal
Pranburi	20 B, 30 Min., 7–15 Uhr alle 30 Min.	30 B, 30 Min., häufig	5–31 B, 30 Min., tgl. 3-mal
Ubon Ratchathani	628–868 B, 12–13 Std., 18, 21 & 23 Uhr		

Kasem, der Th Naebkehardt und der Th Chomsin gibt's jeweils gleich mehrere dieser Läden. Hua Hin Bike Tours (S. 187) und **Velo Thailand** (☎ 032 900392; www.velothailand.com; Th Phetkasem; ganztägige Touren ab 3850 B; ⏲ So–Do 8–18, Fr & Sa 8–21 Uhr) vermieten hochwertige Fahrräder.

Es gibt überall im Stadtzentrum Tische am Straßenrand, wo man Taxis (darunter sind alle Fahrzeuge zu verstehen, die man chartern kann, auch Kleintransporter und Túk-Túks) bekommen kann. Die Preise sind weitgehend festgelegt, es lohnt sich aber durchaus zu feilschen. Man sollte keinem Preis zustimmen, ehe man genau weiß, welches Fahrzeug man bekommt. Die Buchung über das Hotel oder einen Tourveranstalter kostet vielleicht etwas mehr, als wenn man die Sache selber in die Hand nimmt.

Thai Rent A Car (☎ 083 887 5454; www.thairentacar.com; Th Phetkasem Höhe Soi 84, South Hua Hin; ⏲ 8.30–18.30 Uhr) ist eine professionelle thailändische Autovermietung mit konkurrenzfähigen Preisen, einer gut gewarteten Autoflotte, Anlieferung ans Hotel und Vermietung von Autos für Fahrten mit Rückgabe an einem anderen Zielort.

Pranburi & Umgebung

ปราณบุรี

☎032 / 24 800 EW.

Eine halbe Stunde südlich von Hua Hin befindet sich die „ländliche Vorstadt" des Landkreises Pranburi, eine ruhige Alternative an der Küste. Hier gibt es viele teure Boutique-Resorts, die ideal sind, wenn man den Massen entkommen, sich dabei aber nicht zu weit von der Zivilisation entfernen will.

Das Herzstück ist die kleine Ortschaft **Pak Nam Pran** („Mündung des Flusses Pranburi"), wo es die größten Resorts, aber nicht viel Strand gibt. Obwohl der Tourismus wächst, ist die Fischerei immer noch der Hauptpfeiler der hiesigen Wirtschaft, und die meisten thailändischen Besucher haben bei der Abreise getrockneten Tintenfisch im Gepäck.

Südlich von Pak Nam Pran erstreckt sich ein Sandstrand, und auf der Küstenstraßen kann man einen schnellen schönen Ausflug zum **Khao Kalok** („Schädelberg") unternehmen, einer riesigen, zu einer seltsamen Form erodierten Landzunge, die den einzigen wirklich attraktiven Strand in der Gegend schützt. Das Gebiet ist als Thao Kosa Forest Park ausgewiesen, aber die Einheimischen und die Straßenschilder bezeichnen es als Khao Kalok.

Sehenswertes & Aktivitäten

In Pak Nam Pran und den Punkten weiter südlich gibt es die gleichen tollen Winde zum Kitesurfen wie in Hua Hin. Kitesurfing-Unterricht veranstaltet die **Yoda Kite School** (☎087 017 6428; www.pudla0.wixsite.com/yodakiteschool; Beach Rd, Pak Nam Pran; ⏲10–18 Uhr), die auch die Ausrüstung vermietet; ansonsten kann man sich diesbezüglich auch an Karl Tindell im Beach House Bistro (S. 195) oder in seiner neuen Beach House Bar, die sich 250 m südlich von Yoda befindet, wenden.

★ **Kuiburi National Park** NATIONALPARK
(อุทยานแห่งชาติกุยบุรี; ☎085 266 1601; Rte 4024; Erw./Kind 200/100 B, Wildtierbeobachtungstour 850 B/Truck; ⏲Touren 14–18 Uhr) Wer würde nicht gern Herden wilder Elefanten sehen, die durch den Wald ziehen oder abends ein Bad genießen? Im *hôoay-léuk*-Abschnitt des Kuiburi National Park nahe der Grenze zu Myanmar ist ein solches Erlebnis fast garantiert. Die Wildtierbeobachtungsfahrten, bei denen bis zu 10 Teilnehmer hinten auf der Ladefläche des Trucks auf Bänken sitzen, führen durch den Wald und ehemaliges Ackerland, wo rund 240 Elefanten leben. Sie sind daran gewöhnt, Fahrzeuge zu sehen und schenken ihnen wenig Beachtung, sodass man sich hier fast wie bei einer Safari in Afrika fühlen kann.

Es gibt hier auch viele Gaure (Wildrinder), die man sehr häufig entdecken kann. Die meisten Fährtensucher sprechen kein Englisch, kennen aber zumindest einige wichtige Wörter. Am besten kommt man nicht samstags, weil dann der Besucherandrang im Park groß ist. Der Park liegt 45 Minuten westlich des Khao Sam Roi Yot National Park (S. 196) – folgt man der Nationalpark-Ausschilderung „wildlife watching", lassen sich beide Parks prima zu einem Besuch kombinieren.

Pranburi Forest Park NATURSCHUTZGEBIET
(วนอุทยานปราณบุรี, Wana-Utthayan Pranburi; ☎032 621608; ⏲6–18 Uhr) Gleich nördlich des Flusses Pranburi befindet sich ein ausgedehnter natürlicher Mangrovenwald. Auf einem 1 km langen Plankenweg mit Erläuterungstafeln (einige auch auf Englisch) kann man das Gelände aus der Perspektive eines Schlammbewohners erkunden, und von dem Beobachtungsturm aus überblickt man es aus der Sicht eines Vogels. Bei Flut nehmen die Fischer Besucher zu 45-minütigen Bootstouren (500 B) auf dem Fluss und den kleinen Kanälen mit.

Man erblickt dabei Hunderte von Krabben und für gewöhnlich auch recht viele Vögel, Schlammspringer und Bindenwarane. In manchen Gebieten lassen sich auch Knallkrebse hören. Für Abwechslung ist gesorgt: Das Ökosystem im Wald unterscheidet sich recht stark von dem in den jungen, neu gepflanzten Mangroven am Fluss im **Sirinart Rajini Mangrove Ecosystem Learning Center** (ศูนย์ศึกษาเรียนรู้ระบบนิเวศป่าชายเลนสิรินาถราชินี; Pak Nam Pran; ⏲8.30–16.30 Uhr) GRATIS – für Naturfreunde sind beide interessant und lohnen einen Besuch.

Das Naturschutzgebiet ist 14 Fahrtkilometer von Pak Nam Pran entfernt und über die Rte 1019 zu erreichen, die unterwegs sehr nahe am Strand Hat Sai Noi (S. 185) vorbeiführt. Viele Karten zeigen eine direktere, nur halb so lange Route, die allerdings nicht mehr passierbar ist.

Schlafen

Nicht alle Strandresorts sind ihren Preis wert, man sollte also vorsichtig sein, wenn man online reserviert. Wie in Hua Hin gibt's auch in Pranburi und Umgebung werktags beträchtliche Preisnachlässe.

Thongsuk Mini Resort HOTEL $$
(☎098 423 2661; jamsawang38@gmail.com; Zi. 850 B; P ❄ 📶) Das Hotel besteht aus neun weißen Bungalows und ist zwar nicht die billigste Adresse in Pak Nam Pran, aber eine gute Budgetoption – hier bezahlt man auch nur rund 100 B mehr als bei anderen Unterkünften. Es gibt kostenlose Leihfahrräder, und die Inhaber sind sehr um die Gäste bemüht, auch wenn sie nur wenig Englisch sprechen. Die Anlage ist zwei Gehminuten von dem Verkehrskreisel entfernt, an dem die Minivans halten.

★La a natu Bed & Bakery BOUTIQUEHOTEL $$$
(☎032 689941; www.laanatu.com; südlich von Khao Kalok; Zi./FZ mit Frühstück & Nachmittagstee 5500–16 000/11 000 B; P ❄ 📶 ≋) Das La a natu macht – und das mit Bravour – aus einem thailändischen Reisbauerndorf ein Urlaubserlebnis der Luxusklasse. Die wunderbar einsamen strohgedeckten Villen auf Stelzen erinnern von draußen an die amerikanische Sitcom *Gilligans Insel* aus den 60er-Jahren, in der Schiffbrüchige auf einer Insel gestrandet sind. Die Unterkünfte sind innen recht luxuriös, während sich davor die Reisfelder ausbreiten.

Essen & Ausgehen

Die obligatorischen Meeresfrüchterestaurants liegen oben an der Spitze der Ortschaft Pak Nam Pran nahe der Flussmündung. Der größte **Nachtmarkt** (Beach Rd; ⌚17–21.30 Uhr) findet an der Küstenstraße statt, während es noch einen viel kleineren „Rondell-Markt", den **Talat Wong-Wian** (Th Pasukwanich Höhe Soi 10; ⌚17–21 Uhr), im Stadtzentrum gibt.

An der Küstenstraße in Pak Nam Pran und südwärts bis nach Khao Kalok finden sich verstreut Bars, die hauptsächlich von ortsansässigen Ausländern und Langzeitgästen frequentiert werden.

★Krua Renu THAILÄNDISCH $
(Th Pak Nam Pran; Hauptgerichte 40–120 B; ⌚Do–Di 7–22 Uhr) An der Küstenstraße gibt's billige Esslokale und schöne Restaurants, aber mit das beste Essen in Pak Nam Pran bietet dieses große Restaurant, das 200 m östlich des Verkehrskreisels liegt. Am besten hält man sich an das übliche *đôm yam* oder versucht das *gaang pàh hâang* (getrocknetes Dschungel-Curry).

Südlich von Hua Hin

Beach House Bistro INTERNATIONAL $$
(☎095 549 0206; Th Pak Nam Pran-Khao Kalok; Hauptgerichte 80–365 B; ⌚9–22 Uhr; 📶) Das kleine Lokal besticht mit Strandatmosphäre, obwohl es 1 km vom Meer entfernt ist. Es gibt ein bisschen was von allem: italienische, mexikanische und thailändische Gerichte, Baguette-Sandwichs, Wein und sonntags einen ordentlichen Braten für 265 B – von der Qualität eines Vier-Sterne-Resorts, aber zum halben Preis.

Anreise & Unterwegs vor Ort

Pak Nam Pran liegt rund 25 km südlich von Hua Hin. Gewöhnliche Busse (20 B, 30 Min., 7–15 Uhr alle 30 Min.), Minivans (30 B, 30 Min., 6–19 Uhr häufig) und Züge (5–31 B, 30 Min., 11.47, 17.50 & 20.10 Uhr) setzen ihre Passagiere in der Ortschaft Pranburi, 10 km von Pak Nam Pran entfernt, ab; Taxifahrer verlangen für die Fahrt zwischen Pranburi und Pak Nam Tran 200 B. Es fahren auch Minivans (60 B, 1 Std., 5–18.40 Uhr häufig) und Züge (14–62 B, 1 Std., 4.51, 10.03 & 14.26 Uhr) aus Prachuap Khiri Khan.

Es gibt auch ab dem frühen Morgen bis in den späten Nachmittag alle 30 Minuten eine Minibus-Direktverbindung von Pak Nam Pran (Haltepunkt am Verkehrskreisel im Süden der Stadt) nach Bangkok (Busbahnhöfe Mo Chit & Southern, 200 B, 5 Std.). Diese Minivans halten auch in Phetchaburi (140 B, 2 Std.), aber nicht in Hua Hin.

Wer das Gebiet erkunden will, sollte ein Motorrad mieten, weil der öffentliche Nahverkehr hier keine Option ist. Motorräder (ab 200 B/Tag) bekommt man beim Beach House Bistro (S. 195) oder bei **Luang Utane** (☎ 084 080 4023; Th Pak Nam Pran; ⏲ 8.30–17 Uhr). Ein Auto mit Fahrer lässt sich über jedes Hotel beschaffen; **Cosmo Car** (☎ 080 139 6665) in der Ortschaft Pranburi ist eine verlässliche und günstige Autovermietung, allerdings spricht das Personal nur wenig Englisch.

Khao Sam Roi Yot National Park

อุทยานแห่งชาติเขาสามร้อยยอด

Mächtige Kalksteinfelsen bilden in diesem 98 km² großen Nationalpark, dessen Name „300 Berggipfel" bedeutet, eine felsige, an ein Puzzle erinnernde Landschaft. Es gibt hier auch Höhlen, Strände und Feuchtgebiete, die darauf warten, von Outdoor-Fans und Vogelbeobachtern erkundet zu werden.

Dank seiner Nähe zu Hua Hin ist der Park ein beliebtes Ziel von Tagesausflüglern und umfasst sowohl öffentliche Schutzgebiete als auch private Krabbenfarmen, die den ursprünglichen Mangrovenwald weithin verdrängt haben. Fast alle Besucher kommen wegen der Tham Phraya Nakhon, einer der spektakulärsten und bei den Thailändern berühmtesten Höhlen in Thailand.

Die Vogelbeobachtungsmöglichkeiten sind ausgezeichnet, aber ansonsten gibt es außer den üblichen Makaken kaum Wildtiere zu sehen. Die an Ziegen erinnernden Chinesischen Seraue sind scheu und werden daher nur selten gesichtet. Der niedliche Südliche Brillenlangur ist an der Tham Phraya Nakhon und am Besucherzentrum leicht zu entdecken.

Es gibt kein Parkeingangstor. An allen Attraktionen des Parks werden aber die Eintrittstickets verkauft, die man hier auch vorzeigen muss. Lagepläne bekommt man an diesen Stellen ebenfalls.

Sehenswertes & Aktivitäten

Der Nationalpark liegt am Schnittpunkt der ostasiatischen und der australischen Zugvogelroute, und hier leben mehr als 300 Zug- und Standvögel, darunter Chinadommeln, Purpurhühner, Zimtsumpfhühner, Hindublatthühnchen, Schwarzkopfibisse, Schelladler und Chinarohrsänger. Der Park ist einer der wenigen Orte in Thailand, wo Purpurreiher und Malaienregenpfeifer brüten.

Die meisten Vogelbeobachter kommen wegen der Wasservögel, die am häufigsten in der kühlen Jahreszeit von November bis März zu finden sind. Zwei Hotspots sind der Strand östlich der Parkzentrale und die Marsch im Westen. Ausführliche Infos erhält man bei **Thai Birding** (www.thaibirding.com).

★ Tham Phraya Nakhon & Hat Laem Sala HÖHLE

(ถ้ำพระยานคร/หาดแหลมศาลา; Parkplatz 30 B; ⏲ tagsüber) Die meistbesuchte Attraktion des Parks ist diese verehrte Höhle mit der **Khuha Kharuehat Pavilion**, einer königlichen *săh·lah* (Versammlungshalle, oft auch *sala* geschrieben), die 1890 für Rama V. gebaut wurde. Bilder dieser Halle, auf denen sie in das Licht der Vormittagssonne getaucht ist (normalerweise ab ca. 10.30 Uhr), sind so weit verbreitet, dass dieser Ort im gesamten Königreich berühmt ist. Noch interessanter ist die Höhle selbst. In den beiden großen Kammern ist die Höhlendecke eingestürzt, sodass sich drinnen kleine Wäldchen ansiedeln konnten; diese wirken so, als seien sie nicht von dieser Welt.

Zu der Höhle führt eine 430 m lange, steile und felsige Treppe, die in den Hügelhang geschlagen wurde. Auf dem Weg trifft man fast immer auf Makaken und Südliche Brillenlanguren. Der Pfad beginnt am malerischen **Laem Sala Beach**, der, zu drei Seiten von Kalksteinhügeln flankiert, im Schatten von Kasuarinen liegt. An den Wochenenden kann hier viel Betrieb herrschen, aber nachts und am frühen Morgen ist es immer beschaulich.

Es gibt keine Zufahrt zum Strand. Die meisten Menschen kommen mit einem Boot (einfache Strecke 200 B) vom Fischerdorf Bang Pu. Bei der Ankunft muss man durch das flache Wasser bis zum Strand waten. Alternativ folgt man von Bang Pu einem steilen Fußweg bis zum Strand (1 km). Eine Bootsfahrt vom Resortgebiet des Hat Sam Roi Yot zum Laem Sala kostet 1200 B; für

NICHT VERSÄUMEN

DOLPHIN BAY

Die **Hat Sam Roi Yot** oder Dolphin Bay („Delfinbucht") – hier werden, wie der Name schon sagt, gelegentlich weit vor der Küste schwimmende Delfine gesichtet – ist 15 Fahrtminuten von Bang Pu entfernt, dem Haupttor zum Khao Sam Roi Yot National Park. Die Resorts sind wertorientiert, der Verkehr ist minimal, und ein Nachtleben gibt es praktisch nicht. Der breite, puderweiche Sandstrand ist nicht zum Baden geeignet, man kann hier aber prima sitzen und auf die malerischen, mit Dschungel bedeckten Inseln im Süden und die zerklüftete Küste im Norden blicken. Kajaks kann man für 100 B pro Stunde mieten, manche Pensionen stellen sie ihren Gästen auch kostenlos zur Verfügung.

Wer länger als einen Tag bleiben will, kann im **Dolphin Bay Resort** (032 825190; www.dolphinbayresort.com; Th Liap Chai Tale, Hat Sam Roi Yot; Zi. 4590–13 680 B, FZ 1690–2790 B; P ❄ @ ☰ ≋) wohnen, einem familienfreundlichen Refugium mit einer Auswahl hochwertiger Zimmer und Villen üblicher Art, zwei großen Pools, einem Spielplatz und einem Spielzimmer.

zusätzliche 200 B kommt die Landung an einer „Affeninsel" hinzu.

Ein entspannter Besuch der Tham Phraya Nakhon dauert mindestens drei Stunden, mit einem Aufenthalt am Strand kann man hier auch einen ganzen Tag verbringen oder sogar als Camper übernachten (s. unten).

Khlong Khao Daeng FLUSS
(คลองเขาแดง; 062 479451; Rte 4020; 500 B/bis zu 6 Pers.; 8–17.45 Uhr) In Wat Khao Daeng kann man überdachte Boote für eine einstündige malerische Fahrt auf diesem Strom mieten. Man genießt dabei einen tollen Blick in die Berge und sieht Vögel, Makaken, Bindenwarane und Schlammspringer. Die Guides sprechen kaum Englisch, kennen aber die relevanten Wörter.

Tham Kaew HÖHLE
(ถ้ำแก้ว; tagsüber, Wanderung spätestens um 15.30 Uhr beginnen) Obwohl sie auf dem Weg zur Tham Phraya Nakhon liegt, besuchen nur wenige diese schöne Höhle, deren Stalaktiten und Sinterdecken von glitzernden Kalzitkristallen durchzogen sind. Den Kristallen verdankt sie auch den Namen „Edelsteinhöhle". Auf einen steilen und rauen 130 m langen Weg klettert man den Berg hinauf zum Eingang, von wo eine Leiter in das Innere der Höhle führt. Hier kommt man 200 m weit recht leicht voran und kann die Naturwunder bestaunen; dahinter liegen weitere Höhlenkammern, bei deren Erkundung man sich schmutzig machen wird.

Schlafen & Essen

Der attraktive, nur zu Fuß oder per Boot erreichbare **Laem Sala Beach Campground** (032 821568; Stellplatz 30 B/Pers., gemietetes Zelt für 2 Pers. 150 B) ist ein friedlicher Ort zum Übernachten. Auch bei **Thung Sam Roi Yot** (032 821568; Stellplatz 30 B/ Pers.) und am **Sam Phraya Beach** (032 821568; Stellplatz 30 B/Pers., gemietetes Zelt für 3 Pers. 150 B) gibt's Campingplätze. Die Bungalows am Khao Daeng sind nicht besonders angenehm. Viele Leute übernachten gleich außerhalb des Parks am Strand von Hat Sam Roi Yot.

In Bang Pu, wo der Besuch der Tham Phraya Nakhon beginnt und endet, stehen Restaurants, die von 6 bis 18 Uhr geöffnet sind. Restaurants finden sich auch am Strand von Laem Sala (8–17.30 Uhr) und von Sam Phraya (bis 20 Uhr) sowie am Sumpf Thung Sam Roi Yot (bis 20 Uhr).

Praktische Informationen

In der touristischen Zone Hat Sam Roi Yot sind Geldautomaten und kleine Läden vorhanden.

Khao Sam Roi Yot Visitor Center (032 821568; Rte 4020; 8–16.30 Uhr) Das Hauptbesucherzentrum des Parks hat freundliches, hilfsbereites Personal, aber in der Regel braucht man hier nicht vorzusprechen, weil man an allen Parkattraktionen die Tickets und Lagepläne erhält. Früher gab es hinter dem Besucherzentrum einen 900 m langen Plankenweg durch den Mangrovenwald, der vielleicht eines Tages wiedereröffnet werden wird.

An- & Weiterreise

Der Park ist rund 50 km sowohl von Hua Hin als auch von Prachuap Khiri Khan entfernt. Zum Park und in ihm gibt's es keine öffentlichen Verkehrsmittel, man braucht also einen eigenen fahrbaren Untersatz. Ein gechartertes Auto mit Fahrer kostet für einen Tag ab Hua Hin oder Prachuap ca. 1800 bis 2000 B inklusive Benzin und von Hat Sam Roi Yot nur 1200 B. Manche Leute zahlen einen Aufpreis, um auch die Thung

Sam Roi Yot zu besuchen. Viele Traveller kombinieren den morgendlichen Besuch im Khao Sam Roi Yot mit einer nachmittäglichen Elefantenbeobachtung im Kuiburi National Park (S. 194). Die meisten Tourveranstalter in Hua Hin bieten Tagesausflüge an, die aber nur die Tham Phraya Nakhon beinhalten.

Motorräder (250–350 B/Tag) und Fahrräder (100–200 B) kann man im Dolphin Bay Resort und an einigen anderen Stellen in Hat Sam Roi Yot mieten.

Für ein Taxi vom Bahnhof oder der Bushaltestelle in Pranburi nach Hat Sam Roi Yot zahlt man einen Festpreis von 400 B. Öffentliche Verkehrsmittel fahren hier nicht mehr.

Prachuap Khiri Khan

ประจวบคีรีขันธ์

032 / 33 500 EW.

Das verschlafene Städtchen Prachuap Khiri Khan ist ein angenehm entspannter Ort am Meer und damit das genaue Gegenteil von Hua Hin. Die breite Bucht leuchtet in tropischem Türkis und ist gespickt mit schaukelnden Fischerbooten. Ganz in der Nähe liegen herrliche Strände vor der Kulisse wabenförmiger Kalksteinberge. Solch eine Landschaft findet man sonst nur an der südlichen Andamanenküste!

In den letzten Jahren haben Ausländer den Zauber von Prachuap entdeckt, und einige Bangkoker fahren am Wochenende über Hua Hin hinaus bis in diese Stadt. Die Besucherzahlen sind aber, verglichen mit bekannteren Zielen, immer noch sehr gering.

Sehenswertes & Aktivitäten

An der Th Suseuk südlich des Städtischen Marktes 1 stehen noch viele alte Holzhäuser, sodass ein Bummel bei Tag oder Nacht viel Spaß macht. Am ersten Wochenende jedes Monats findet hier der **Suseuk Culture and Fun Street Market** mit viel Essen und Musik statt.

Ao Prachuap — BUCHT

(อ่าวประจวบ) Das Aushängeschild der Stadt ist die Ao Prachuap (Prachuap-Bucht), eine elegant gebogene Bucht, die von einer Uferpromenade und spektakulären Landzungen an beiden Enden gesäumt wird. Der Sonnenaufgang ist hier herrlich, und ein abendlicher Spaziergang auf der Promenade und am Pier ist ein beschauliches Vergnügen.

Jenseits der Brücke, nördlich des **Khao Chong Krajok** (เขาช่องกระจก), erstreckt sich die friedliche Bucht bis zu einem zackigen Berg, der zum **Khao Ta Mong Lai Forest Park** (วนอุทยานเขาตาม่องล่าย; 081 378 0026; tagsüber) gehört. Zu dem langen Sandstrand, der vor dem Forstpark parallel zur Straße verläuft, kommen nur am Wochenende Besucher und auch dann nicht viele, sodass man hier jederzeit gut entspannen und am Strand wandern kann. Das Wasser ist tief genug zum Schwimmen, aber nicht besonders sauber.

Wat Ao Noi — BUDDHISTISCHER TEMPEL

(วัดอ่าวน้อย; tagsüber) GRATIS Wenn man hinter der Ao Prachuap nach Norden abbiegt, gelangt man vorbei am Fischerdorf **Ban Ao Noi** – hier legen einige der größeren Boote an und löschen ihre Ladung – nach 2,5 km zu diesem großen Tempel zwischen den beiden Buchten Ao Noi und Ao Khan Kradai. Der Tempel besitzt einen schönen, ohne Nägel aus Teakholz gezimmerten *bòht*. Der Wandschmuck besteht aus umrahmten, bemalten Holzschnitzereien, die Szenen aus Buddhas Leben darstellen. Im Teich vor dem Tempel leben viele Fische, die sich gern von den Gläubigen füttern lassen.

Ao Manao — STRAND

(อ่าวมะนาว; Strandzone 5–19 Uhr, Bergzone 6–18 Uhr) An den Wochenenden zieht es die Einheimischen zur Ao Manao, einer von Inseln durchsetzten Bucht mit einem kurvenförmigen Strand, der innerhalb des Abschnitts 5 eines Stützpunkts der thailändischen Luftwaffe liegt. Dies ist der einzige Strand, an dem die Einheimischen baden, weil hier sowohl das Wasser als auch der Sand sauber sind. Man findet die üblichen Strandeinrichtungen: Restaurants, Liegestühle, Sonnenschirme und Schwimmreifen sowie einige Möglichkeiten für Ablenkungen an Land, darunter Fahrten mit Quads und einen Streichelzoo. Der Strand ist an den Wochenenden voll, werktags aber oft nahezu einsam.

Besucher müssen sich am Eingang des Stützpunkts am Ende der Th Salacheep anmelden. Normalerweise braucht man keinen Pass, sollte ihn aber dabeihaben, falls ihn doch einmal jemand verlangt. Von dort sind es 2,5 km zum Strand. Gegenüber dem öffentlichen Strand befindet sich an der Bucht Khao Lammuak (S. 200).

Bootsfahrt in den Sonnenuntergang — BOOTSFAHRT

(080 110 8272; www.samaowtour.com; Th Chai Thaleh; 300 B) Sam Aow Princess Tour ver-

Prachuap Khiri Khan

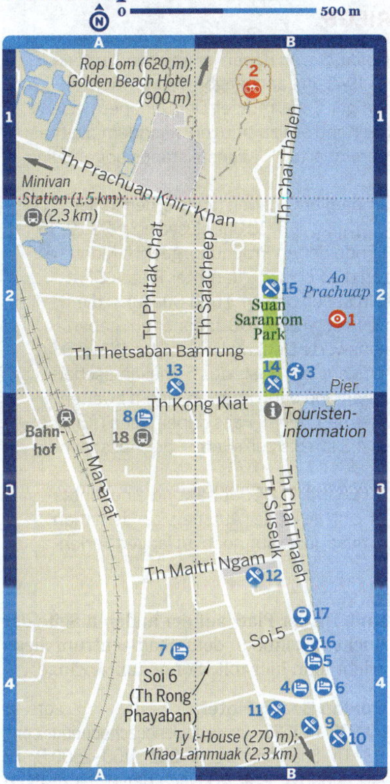

Prachuap Khiri Khan

Sehenswertes
1 Ao Prachuap B2
2 Khao Chong Krajok B1

Aktivitäten, Kurse & Touren
3 Sunset Cruise B2

Schlafen
4 Grandma's House B4
5 Maggie's Seaview Guesthouse B4
6 Prachuap Beach Hotel B4
7 Safehouse Hostel A4
8 Yutichai Hotel A3

Essen
9 Ciao Pizza B4
Grandma's House .... (siehe 4)
10 In Town Seafood B4
11 Krua Chaiwat B4
12 Städtischer Markt 1 .... B3
13 Nachtmarkt A2
14 Rim Taley Market B2
15 Som Tam Baa Nook B2

Ausgehen & Nachtleben
16 Maggie's Wine Garden B4
17 Top Dock B1

Transport
18 Busse nach Bangkok & Phetchaburi A3

anstaltet eine kurze Sonnenuntergangs-Kreuzfahrt in der Bucht von Prachuap. Die Bootstour startet abends gegen 17.30 Uhr oder 18 Uhr, wenn genug Interessenten zusammenkommen. An Bord werden Getränke verkauft.

Schlafen

In dieser Stadt möchte man nahe am Meer wohnen. Die luxuriöseste Alternative sind ein paar ordentliche Mittelklassehotels. Im Stadtzentrum gibt's viele kleine Privatunterkünfte und Pensionen. Für Wochenenden in der Hauptsaison sollte man rechtzeitig im Voraus buchen.

In der Stadt

Safehouse Hostel HOSTEL $

(☎087 909 4770; 28 Soi 6, Th Salacheep; B 250 B, Zi. 450–650 B; ❄📶) Angesichts der altmodischen, aber sehr ordentlichen Zimmer ist die Gastgeberin Sherry der eigentliche Grund, warum dieses kleine Hostel so beliebt ist. Sie bemüht sich sehr um ihre Gäste und veranstaltet gute Touren zum Kuiburi National Park (S. 194) und anderswohin. Es gibt eine Gemeinschaftsküche.

Yutichai Hotel HOTEL $

(☎032 611055; yutichai_hotel@hotmail.com; 115 Th Kong Kiat; Zi. mit Ventilator 220–450 B, Klimaanlage 500–550 B; ❄📶) Das alte, aus Holz gezimmerte Hotel direkt am Bahnhof ist ein echtes Stück Geschichte und dabei gepflegt sowie günstig. Die meisten Zimmer (darunter die mit Klimaanlage, eigenem Bad und Warmwasser) befinden sich in dem moderneren, aber immer noch klassischen Betongebäude hinten. Wer einen leichten Schlaf hat, sollte ein Zimmer nach hinten nehmen oder anderswo übernachten.

★ **Prachuap Beach Hotel** HOTEL $$

(☎032 601288; www.prachuapbeach.com; 123 Th Suseuk; DZ & 2BZ 800–900 B, 3BZ 1200 B; P❄📶) Das Hotel mit der besten Lage ist wohl das ruhigste der Stadt und liegt in der Nähe vieler guter Restaurants. Es öffnet sich zur Promenade und bietet von den oberen

ABSTECHER

DENKMÄLER DES ZWEITEN WELTKRIEGS

Prachuap war einer der sieben Punkte an der Golfküste, an denen japanische Truppen während der Thailand-Invasion am 8. Dezember 1941 an Land gingen. Der Luftwaffenstützpunkt an der Ao Manao war Schauplatz heftiger Scharmützel. Den Japanern gelang es erst am nächsten Tag, die Stadt voll unter ihre Kontrolle zu bringen, nachdem die thailändische Regierung ihre Soldaten wegen des vereinbarten Waffenstillstands angewiesen hatte, die Gegenwehr einzustellen.

41 Soldaten und Zivilisten kamen bei den Kämpfen ums Leben und werden in der Gedenkstätte auf dem **Khao Lammuak** (เขาล้อมหมวก; ⌚6–18 Uhr, Museum Sa & So 9–15 Uhr), einem hohen Kalksteinberg am südlichen Ende der Ao Prachuap, geehrt. Mehrere Straßennamen in der Stadt erinnern ebenfalls an die Schlacht, darunter Phitak Chat („das Heimatland verteidigen"), Salacheep („sein Leben opfern") und Suseuk („die Schlacht ausfechten"). Bei den Gefechten kamen auch rund 400 Japaner um Leben.

Rund 400 m vor dem Berg erinnern drei sehenswerte Denkmäler und das **Wing 5 Museum** an die Schlacht. Man muss sich am Eingang zur Basis des 5. thailändischen Luftwaffengeschwaders am Ende der Th Salacheep und dann noch an einem zweiten Kontrollpunkt anmelden. Sicherheitshalber sollte man seinen Pass dabeihaben (für den Fall, dass er verlangt wird). Vom Eingang sind es 4,3 km bis zum Berg – der Ausschilderung „Historical Park" folgen!

Auf dem felsigen Gipfel des Bergs warten ein Fußabdruck Buddhas und eine fantastische Aussicht auf die Landschaft. Wegen vieler Unfälle ist der Aufstieg, bei dem man sich an einigen Stellen an Seilen hinaufhangeln muss, jetzt nur noch an langen Ferienwochenenden erlaubt.

Etagen einen tollen Ausblick. Die Zimmer im 2. Stock sind am billigsten, es lohnt sich aber für 100 B zusätzlich ein höher gelegenes Zimmer zu nehmen – das Hotel hat insgesamt fünf Stockwerke.

Die Zimmer sind altmodisch, aber für ihren Preis sehr gut.

★ Grandma's House BOUTIQUEHOTEL $$
(☎089 526 6896; grandmaprachuap@gmail.com; 238 Th Suseuk; Zi. mit Frühstück 700–900 B; ❄ 📶) Über dem beliebten, altmodisch aufgemachten **Café** (Hauptgerichte 39–159 B, Kaffee ab 30 B; ⌚7.30–18 Uhr; 📶) finden sich zwei kleine und ein großes Zimmer, die ganz aus Holz gezimmert und mit einigen echten Antiquitäten ausstaffiert sind. Die Zimmer teilen sich zwei moderne Bäder.

Es gibt etwas Straßenlärm, aber nachts ist es normalerweise recht ruhig.

Außerhalb der Stadt

★ Khao Ta Mong Lai Forest Park Campsite CAMPING $
(☎081 378 0026; Stellplatz 50 B, gemietetes Zelt für 3 Pers. 200 B) Der schattige, wenig benutzte Campingplatz in diesem Park (S. 198) hat mit die saubersten Einrichtungen in Thailand. Es gibt auch schlichte Bungalows, die allerdings für große Reisegruppen gedacht sind. Da der Platz auf der anderen Seite der Bucht gegenüber dem Stadtzentrum liegt, erlebt man hier tolle Sonnenuntergänge.

Golden Beach Hotel HOTEL $$
(☎032 601626; www.goldenbeachboutique.com; 113 Th Suanson; DZ & 2BZ 1100–2500 B, FZ 1400–1800 B; P ❄ 📶) Nach der vollständigen Renovierung gehören die Zimmer im Golden Beach Hotel nun zu den besten in Prachuap, wenn man sich nicht daran stört, rund 2 km vom Stadtzentrum entfernt zu wohnen. Die Zimmer zu höheren Preisen haben den weitesten Blick aufs Meer, die Aussicht aus den hinten liegenden, billigsten Zimmern ist aber vorzuziehen. Von diesen Bleiben aus kann man nämlich gleichzeitig das Meer und den Fluss sehen. Der Strand liegt auf der anderen Straßenseite.

Essen

Die Restaurants in Prachuap sind für ausgezeichnete, billige Meeresfrüchte bekannt, und auch westliche Gerichte lassen sich leicht finden. Auf dem **Städtischen Markt 1** (Th Maitri Ngam; ⌚4–16 Uhr) bekommt man frische Ananas von den Obstplantagen, die man sich von den Verkäufern aufschneiden lassen kann. Im Stadtzentrum gibt's eine Reihe kleiner **Nachtmärkte** (Th Kong Kiat; ⌚16.30–2 Uhr).

Krua Chaiwat THAILÄNDISCH $

(Th Salacheep; Hauptgerichte 40–160 B; ⏲ Mo–Sa 9–15 & 16.30–20 Uhr; 📶✎) Mit gutem Essen zu kleinen Preisen ist dieses kleine Restaurant bei Einheimischen und Ausländern gleichermaßen beliebt. Thailändisches Essen ist die Spezialität – das *đôm yam* und das *mêe·ang kam* (ein Snack mit wilden Pfefferblättern, den man sich selber zusammenstellt) sind wirklich gut –, es gibt aber auch Steaks und ein paar Fusiongerichte wie die in der Pfanne gebratenen Spaghetti mit gesalzener Makrele.

Ty I-House BÄCKEREI $

(235 Th Suseuk; Backwaren 30 B; ⏲ Mo–Sa 8–17 Uhr; 📶) Khun Suchada ging früh in den Ruhestand und machte ihr Hobby zu einem kleinen Unternehmen. Sie backt, was ihr in den Sinn kommt; auf diese Weise sind immer nur einige wenige Dinge im Angebot. Verkauft wird ihre Ware an einem kleinen Tisch. Die Schoko-Brownies sind ausgezeichnet.

Som Tam Baa Nook THAILÄNDISCH $

(Th Suseuk; Hauptgerichte 30–90 B; ⏲ 7–16 Uhr) Baa Nook stammt aus dem Isan und bietet in ihrem improvisierten Straßenimbiss echte Gerichte aus dem Nordosten. Das *sôm·đam* (würziger Papaya-Salat) ist ausgezeichnet – sie bezieht die *plah ráh* (fermentierte Fischsauce) direkt von ihren Verwandten aus Buriram – und es gibt auch Hühnchen-*lâhp,* gegrillten Wels und weitere Gerichte.

Rim Taley Market MARKT $

(Th Chai Thaleh; ⏲ Mo–Do 16–20.30, Fr & Sa 16–21 Uhr) Der „Markt am Meer" ist nicht sehr groß, aber ideal am Abend, weil man sein Essen dann an der Promenade oder am Pier verzehren kann. Freitags und samstags kommen rund 200 Anbieter zu den wenigen dutzend hinzu, die hier regelmäßig ihre Stände aufbauen. Dann wird der Markt zu einem regelrechten **Straßenmarkt**, auch wenn hier nur wenig Kunsthandwerk und handgefertigte Waren zu finden sind.

★ **In Town Seafood** THAILÄNDISCH $$

(Th Chai Thaleh; Hauptgerichte 50–350 B; ⏲ 15–23 Uhr) In dem bei wählerischen Einheimischen beliebten Restaurant kann man auf der Straße unter dem Zelt sitzen und auf die Fischerboote in der Bucht schauen. Das große Angebot frischer Meeresfrüchte – Barrakudas, Krabben und Schalentiere – wird zu Schau gestellt, sodass man einfach auf das gewünschte Tier zeigen kann, wenn man den Namen auf der Karte nichts zuordnen kann. Der Service kann langsam sein.

Ciao Pizza ITALIENISCH $$

(Th Suseuk; Hauptgerichte 160–280 B; ⏲ 11–15 & 16–22 Uhr; 📶✎) Das Restaurant gehört Italienern und bietet feine Pizza, Pasta, Gelato und täglich frisch gebackenes Brot. Es gibt auch eine Verkaufstheke für Käse und Salami. Hinten befindet sich ein ruhiger Speisebereich.

Rop Lom MEERESFRÜCHTE $$

(Th Suanson; Hauptgerichte 70–190 B; ⏲ 10–21 Uhr; 📶) Das bei den Einheimischen beliebte *pàt pŏng gà·rèe poo* (Krabbencurry) kommt mit großen Stücken süßen Krabbenfleisches auf den Tisch, das *yam tá-lair* (Meeresfrüchtesalat) ist scharf und pikant. Nicht aus dem Meer stammt das *yam dòk·kaa* (Sesbaniablüten-Salat).

Ausgehen & Nachtleben

Das Nachtleben konzentriert sich auf die Straße am Strand. Ein paar entspannte Bars finden sich nördlich des Prachuap Beach Hotel; es gibt hier aber nichts, was mit der

ABSEITS DER ÜBLICHEN PFADE

MYANMAR (BIRMA) BORDER MARKET

Nur 12 km westlich von Prachuap Khiri Khan liegt die Grenze zu Myanmar, und seit vielen Jahren heißt es, die Grenze werde „in naher Zukunft" für Ausländer geöffnet – bisher hat sich allerdings nichts getan. Bis es soweit ist, kann man immer noch den thailändischen Grenzort Dan Singkhon, 20 Fahrtkilometer außerhalb der Stadt, besuchen. Am Samstagmorgen gibt es einen Grenzmarkt für birmanische Händler, die herüberkommen, um Thailändern ihre Waren anzubieten. Der ehemalige exotische Reiz ist einem modernen Bau gewichen, und nur noch wenige Leute halten den Trip für lohnend, wenn man nicht gerade nach Holzmöbeln oder Orchideen sucht. Viele Leute, die diese Produkte anbieten, sind auch unter der Woche vor Ort. Vom Minivanbahnhof in Prachuap Khiri Khan (S. 203) fahren Minivans (100 B, 30 Min.) allerdings nur, wenn genügend Passagiere zusammenkommen.

lauten, schmierigen Barszene von Hua Hin vergleichbar wäre.

Maggie's Wine Garden BAR

(Th Chai Thaleh; halbgefrorene Cocktails 200 B; ⌚Sa–Do 16–23 Uhr; 📶) Nur ein paar Häuser von ihrer **Pension** (☎087 597 9720; Th Chai Thaleh; Zi. 250–600 B; ❄@📶) entfernt betreibt Maggie diese gemütliche Bar mit großer Spirituosenkarte und einigen Speisen. Die eiskalten Margaritas und Ananas-Mojitos sind für die Stimmung passender als der Shiraz. An den bereitstehenden Instrumenten können Freiwillige ihre Fähigkeiten unter Beweis stellen.

Top Deck BAR

(53 Th Chai Thaleh; Bier/Cocktail ab 65/130 B; ⌚Do–Di 13.30–23 Uhr; 📶) Im Top Deck kann man bis relativ spät etwas trinken und dabei auf die funkelnden Lichter der Fischerboote in der Bucht schauen. Es gibt hier auch überraschend gute thailändische und ein paar westliche Gerichte (80–300 B).

ℹ Praktische Informationen

Im Stadtzentrum gibt's viele Banken und Geldautomaten. Die nächstgelegenen Banken, die auch abends und an Wochenenden geöffnet sind, befinden sich im Einkaufszentrum Tesco-Lotus draußen am Highway, 3 km westlich des Stadtzentrums.

Touristeninformation (☎032 604143; Th Chai Taley; ⌚Mo–Fr 8.30–12 & 13–16.30 Uhr) Am Fuß des Piers. Hier gibt's kostenlose Stadtpläne; das Personal spricht auch Englisch.

ℹ Anreise & Unterwegs vor Ort

Die meisten Busse fahren nicht in die Stadt hinein, sondern halten 4 km nordwestlich des Stadtzentrums am Phetkasem Hwy (Hwy 4) auf einem Gelände, das *sà·tăh·nee dern rót* genannt

VERKEHRSMITTEL VON/NACH PRACHUAP KHIRI KHAN

ZIEL	BUS	MINIVAN	ZUG
Ban Krut	70 B, 1 Std., tgl. 3-mal (in die Stadt)	70–90 B, 1 Std., 5.40–19 Uhr alle 30 Min. (zum Hwy)	13–339 B, 1 Std., tgl. 8-mal
Bang Saphan Yai	80 B, 1½ Std., tgl. 10-mal (in die Stadt)	80–100 B, 1½ Std., 5.40–19 Uhr alle 30 Min. (8-mal in die Stadt, alle übrigen zum Hwy)	16–347 B, 1¼ Std., tgl. 9-mal
Bangkok Hualamphong			168–455 B, 4½–5½ Std., tgl. 9-mal
Bangkok Northern (Mo Chit) Bus Terminal	240 B, 6–7 Std., 15.30 Uhr	220 B, 5 Std., 1.30–19.30 Uhr alle 45 Min.	
Bangkok Southern Bus Terminal	200 B, 6–7 Std., 7.30–21 Uhr alle 90 Min.	200 B, 5 Std., 3–19 Uhr alle 45 Min.	
Bangkok Thonburi			56–130 B, 6 Std., 13.05 Uhr
Cha-am		120 B, 2 Std., 5–18.40 Uhr häufig	54–85 B, 2 Std., tgl. 4-mal
Chumphon	220 B, 4 Std., 11–24 Uhr stündl.	180 B, 3½ Std., 6–19 Uhr alle 50 Min.	16–347 B, 2½–3 Std., tgl. 10-mal
Hua Hin		80 B, 1½ Std., 5–18.40 Uhr häufig	19–353 B, 1–1½ Std., tgl. 11-mal
Phetchaburi	150 B, 2½ Std., 7.30–21 Uhr stündl.	150 B, 2½ Std., 3–19 Uhr alle 40 Min.	31–382 B, 2–2½ Std., tgl. 11-mal
Phuket	587–913 B, 9–10 Std., 11 Uhr & 20–24 Uhr alle 30 Min.		
Pranburi		60 B, 1 Std., 5–18.40 Uhr häufig	14–62 B, 1 Std., tgl. 3-mal
Ranong		250 B, 4½ Std., 8, 10, 3 & 15.30 Uhr	

wird. Die Tickets werden an der nach Norden führenden Straßenseite verkauft. Wer sicher gehen will, einen Platz zu bekommen, sollte das Ticket einen Tag im Voraus kaufen – die Busse sind oft schon voll besetzt, wenn sie in Prachuap durchkommen. Die Ausnahme bilden die vier klimatisierten Busse, die täglich von einer kleinen **Bushaltestelle** an der Th Phitak Chat nach Bangkok (Southern Bus Terminal, 200 B, 9, 11, 13 & 1 Uhr) und Phetchaburi (150 B, 2 Std.) fahren. Minivans sind das Rückgrat der Verkehrsmittel in Prachuap; sie starten alle vom Minivanbahnhof **kew rót đôo** (Th Prachuap Khiri Khan/Rte 326) an der Kreuzung der Rte 326 und des Hwy 4 nahe der Hauptbushaltestelle. Der **Bahnhof** (☎ 032 611175; Th Maharat) ist 15 Gehminuten vom Hauptempfangsbereich entfernt.

Prachuap ist klein genug, um zu Fuß herumzukommen, man kann zu den meisten Orten aber auch für 30 B ein Motorradtaxi nehmen; zur Bushaltestelle und zum Minivanbahnhof zahlt man 50 B. Die meisten Hotels verleihen Motorräder für 200 bis 250 B pro Tag, einige auch Fahrräder (50 B).

Ban Krut & Bang Saphan Yai

☎ 032 / 4200 & 15100 EW.

Die Strände von Ban Krut und Bang Saphan Yai idyllisch zu nennen, wäre zwar übertrieben, aber sie sind in Sachen Schönheit auch keine Nieten. Sie liegen rund 65 bzw. 90 km südlich von Prachuap Khiri Khan, und die meisten Leute kommen nicht wegen der Landschaft, sondern wegen der Einsamkeit hierher. Hier gibt's keine Hochhäuser, keine Nachtbars und keinen starken Verkehr, der einem beim Lesen, Baden, Essen und Radfahren stört. Oft ist man ganz sich selbst überlassen, wenn man zwischen den Kokospalmen und dem kristallblauen Meer an dem langen Sandstrand sitzt oder wandert. Die Hauptsaison dauert von November bis März, aber selbst dann ist es wunderbar ruhig an den Stränden.

Sehenswertes & Aktivitäten

An der Uferstraße von Ban Krut gibt's eine Reihe von Resorts, Restaurants und Läden, die Schwimmreifen vermieten. Familien parken ihre Autos und verbringen den Tag damit, zu essen, zu trinken und den Kindern beim Planschen zuzuschauen. Dennoch geht es hier immer noch viel weniger turbulent zu als an einem typischen Touristenstrand. Selbst an den Wochenenden in der Urlaubszeit braucht man nicht weit nach Süden zu gehen, um ein einsames Fleckchen Sand zu finden.

Der Gipfel des **Khao Thong Chai**, der Landzunge nördlich des Strands von Ban Krut, wird von einem schönen, ungewöhnlich breiten, 50 m hohen Stupa bekrönt, dem **Phra Mahathat Chedi Phakdi Praka** (พระมหาธาตุเจดีย์ภักดีประกาศ; Rte 1029; ⌚8–17 Uhr) GRATIS. Im Hauptraum finden sich moderne Wandmalereien im traditionellen thailändischen Stil, die örtliche Feste und Zeremonien aus ganz Thailand darstellen. Darunter bietet sich neben der 10 m hohen sitzenden Buddhastatue ein schöner Blick auf die Küste.

Bang Saphan Yai klammert sich immer noch an das berühmte Strandklischee eines Thailands, wie es vor 20 Jahren war, ehe die Villen mit Pools und die Pauschaltouristen die einsamen Strandgänger verdrängten. Viele Unterkünfte liegen direkt am Hat Suan Luang genannten Strand, und Straßenhändler sind hier selten. Bei den Inseln vor der Küste, zu denen **Ko Thalu** mit seinem natürlichen Felsbogen zählt, gibt's von März bis Oktober gute Tauch- und Schnorchelbedingungen, die besten im März und April. Die Inseln liegen nahe bei Bang Saphan Yai, aber Ausflüge zu ihnen lassen sich auch von Ban Krut aus vereinbaren.

Schlafen

Die meisten Unterkünfte sind werktags ziemlich verwaist und sind nur stärker an Ferienwochenenden belegt, wenn sich die Bangkoker die Zeit nehmen, über Hua Hin hinaus ins Umland zu fahren.

Ban Krut บ้านกรูด

Die meisten Unterkünfte finden sich im geschäftigen Hauptstrandbereich, der 1 km außerhalb des winzigen, aus zeitlosen Ladenhäusern aus Holz bestehenden Dorfs beginnt. Nördlich der von dem Tempel bekrönten Landzunge am Strand Hat Sai Kaew sowie südlich vom Hauptstrand wird es schnell ziemlich einsam; hier liegen nur ein paar zerstreute Resorts zwischen den Kokospalmenhainen.

Siripong Guesthouse PENSION $
(☎ 032 695464; Hat Ban Krut; Zi. mit Ventilator 250–300 B, Klimaanlage 400 B; P ❄ 📶) Die billigste Unterkunft der Region ist ziemlich kahl, aber die Zimmer sind tatsächlich besser als das ungepflegte Äußere vermuten lässt, und die Unterkunft liegt direkt an der

Kreuzung, ein Stück entfernt von den belebtesten Teilen des Strands. Es gibt Duschen mit Kaltwasser; die Zimmer mit Ventilator haben entweder Toiletteneimer im Zimmer oder Gemeinschaftsbäder.

Proud Thai Beach Resort PENSION $$
(☎089 682 4484; www.proudthairesort.com; Hat Ban Krut; Zi. 800 B; P❄📶) Die acht Holzbungalows mit Terrassen liegen im Schatten der Bäume jenseits der Strandstraße. Sie sind alt, werden aber von dem auch Englisch sprechenden Inhaber gut in Schuss gehalten.

Bayview Beach Resort HOTEL $$$
(☎032 695566; www.bayviewbeachresort.com; Ban Krut; Zi. 1900–2300 B, FZ 3500–4800 B jeweils mit Frühstück; P❄📶🏊) Das Bayview bietet hübsche Bungalows mit großen Veranden auf einem schattigen Anwesen an einem ziemlich einsamen Strandabschnitt ein gutes Stück nördlich der Haupttouristenzone. Es gibt einen Pool am Strand mit einem Planschbecken für Kinder und einen kleinen Spielplatz. Das Resort veranstaltet auch Schnorchel- und Tauchausflüge und vermietet Kajaks, Motorräder und Fahrräder.

Bang Saphan Yai บางสะพานใหญ่

Der Strand liegt 6 km südlich der Stadt Bang Saphan Yai. Es gibt hier ein paar kleine schicke Resorts sowie eine Reihe schlichter Budget-Bungalows mit direktem Strandzugang nördlich der Why Not Bar.

Ploy Bungalows BUNGALOWS $
(☎032 817119; Zi. 500–700 B; P❄📶) Diese ruhige, entspannte Anlage besteht aus bunt angestrichenen Betonbungalows. Ein Vorteil für Backpacker besteht darin, dass die Bungalows direkt am Strand alle zu der mit Ventilator ausgerüsteten Variante für nur 500 B zählen. An der Straße liegen noch mehrere andere, ähnlich ausgestattete Unterkünfte. Essen gibt's hier nicht, man muss also ein Stück laufen, um sich zu verpflegen.

★ **The Theatre Villa** HOTEL $$
(☎085 442 9150; www.thetheatrevilla.com; Zi. mit Frühstück 1350–2100 B; P❄📶) Das selbst für die Verhältnisse in Bang Saphan ruhige kleine Hotel liegt an einem schönen Strandabschnitt und wird sorgsam gepflegt. Die Zimmer sind hell und sehr komfortabel. Es gibt sie in drei Varianten: Hinten befinden sich hotelartige Zimmer, in der Mitte teurere Bungalows und ganz vorn zwei Zimmer mit Meerblick. Die Anlage befindet sich westlich der Hauptstraße.

Coral Hotel HOTEL $$$
(☎032 817121; www.coral-hotel.com; Zi. 3400 B, FZ 4940–6700 B jeweils mit Frühstück; P❄📶🏊) Das gehobene, hauptsächlich auf französische Traveller ausgerichtete Hotel mit ordentlichen Restaurants befindet sich direkt am Strand und bietet alle für ein Resort typischen Annehmlichkeiten, darunter organisierte Tauch- und Schnorcheltouren, Ausflüge in die Nationalparks und thailändische Kochkurse. Die geschmackvoll dekorierten Zimmer sind sehr komfortabel, und der Pool ist groß.

Essen & Ausgehen

Die Einheimischen essen fast ausschließlich an der Straße in die Stadt, wo es ein paar richtige Restaurants, Kaffee-Shops und einen kleinen Nachtmarkt (15–21 Uhr) neben dem Supermarkt Tesco-Lotus Express gibt. In Bang Saphan Yai gibt's ein paar auf Ausländer ausgerichtete Restaurants.

In beiden Städten finden sich Bars. Das billigste Bier in Ban Krut gibt's an improvisierten Ständen am Strand schräg gegenüber dem Siripong Guesthouse – sowohl Einheimische als auch Ausländer hängen hier ab. Das Kasama's hat eine gute Auswahl an Spirituosen.

In Bang Saphan Yai finden sich einige bei Ausländern beliebte Bars. Die **Why Not Bar** liegt am Strand und die **Blue Bar**, in der es einen Billardtisch gibt, fast an der Highway-Kreuzung. In beiden Bars wird oft Livemusik gespielt.

Kasama's Pizza ITALIENISCH $$
(☎081 139 0220; www.kasamapizza.com; Rte 1029, Hat Ban Krut; Hauptgerichte 45–355 B; ⏲10–22 Uhr, in der Nebensaison verkürzte Öffnungszeiten; 📶) Das freundliche Lokal gehört zu den am längsten bestehenden Restaurants in Ban Krut und serviert gehaltreiche Sandwichs, Frühstück den ganzen Tag, Pizzas und richtige Schoko-Milchshakes. Und es liefert sogar zum Strand aus.

Das Restaurant befindet sich abseits der Zufahrtsstraße hinter dem 7-Eleven.

Praktische Informationen

Ban Krut Info (www.bankrutinfo.com) Örtliche Infos zur Gegend.

Bang Saphan Guide (www.bangsaphanguide.com) Informationen zur Gegend.

Bankrut Tour & Travel (☎ 081 736 3086; www.bankrut.co.th; Hat Ban Krut; ⌚8–20 Uhr) Der freundliche und verlässliche Reiseveranstalter im Na Nicha Bankrut Resort gleich vor dem Strand organisiert Tagesausflüge, darunter auch Schnorcheltouren zur Insel Ko Thalu, und Tickets zur Weiterreise wie Fährtickets zu den südlichen Inseln.

An- & Weiterreise

In beiden Ortschaften gibt's Bahnhöfe. Alle 11 Züge vom Bangkoker Bahnhof Hualamphong in Richtung dem äußersten Süden (179–480 B, 5–7 Std.) halten am **Bahnhof Bang Saphan Yai** (☎ 032 691552; Soi Bang Saphan) und sieben auch am **Bahnhof Ban Krut** (☎ 032 695004). Die meisten dieser Züge kommen spät in der Nacht durch. Um 7.30 Uhr fährt ein normaler Personenzug vom Bangkoker Bahnhof Thonburi (67–155 B, 7½ Std.). Beide Ortschaften sind per Zug auch aus Prachuap Khiri Khan (16–347 B, 1 Std.), Chumphon (20–355 B, 1½–2 Std.) und Hua Hin (33–386 B, 2 Std.) erreichbar.

Vom Bangkoker Southern Terminal fahren zwischen 7.30 und 24 Uhr rund alle zwei Stunden Busse nach Bang Saphan Yai (273 B, 6 Std., stündl.), von denen drei auch in Ban Krut halten. Auf dem Weg nach Norden halten diese Busse in Prachuap Khiri Khan (80 B, 1 Std.) und Phetchaburi (173 B, 3½ Std.), aber nicht in Hua Hin. Die Bushaltestellen in beiden Ortschaften liegen ein kurzes Stück südlich der jeweiligen Bahnhöfe. Gegen eine kleine Gebühr besorgen das eigene Resort oder Bankrut Tour & Travel (s. oben) die Fahrkarten.

Minivans (Rte 3169) starten in Bang Saphan Yai am Highway vor der Sweet Home Bakery im Stadtzentrum nach Prachuap Khiri Khan (100 B, 1 Std., tgl. 8-mal zw. 6.20 und 16.50 Uhr) und Chumphon (80 B, 2 Std., 7 Uhr). Die Minivans nach Prachuap nehmen auch in Ban Krut Fahrgäste auf. Das tut der Minivan nach Chumphon in der Regel nicht, Bankrut Tour & Travel kann dies aber arrangieren, die Kosten belaufen sich in dem Fall allerdings auf insgesamt 400 B.

Weitere Busse und Minivans halten am Highway rund 10 km westlich beider Ortschaften und fahren nicht in sie hinein. Die meisten Busse auf dieser Route halten bei Bang Saphan Yai, aber nur wenige bei Ban Krut; wenn man es dort versucht, muss man im Zweifel lange warten. Die Fahrt von diesen Haltestellen in den jeweiligen Ort mit einem Motorradtaxi kostet 100 B, für die Strecke zu den Stränden bezahlt man noch mehr.

Unterwegs vor Ort

Von den billigsten Resorts abgesehen holen alle ihre Gäste in der Stadt kostenlos ab und bringen sie auch wieder zurück. Alle verlangen aber eine Gebühr, wenn man zum Phetkasem Hwy gebracht werden will oder von dort kommt.

Der Strand von Bang Saphan Yai liegt 6 km südlich der Stadt und ist über die Rte 3374 zu erreichen – die Ausfahrt ist wegen der vielen Schilder der Resorts gar nicht zu übersehen. Ban Krut ist 1 km vom Strand entfernt, aber die meisten Unterkünfte liegen weiter vom Ort weg. Für ein Motorradtaxi zum Strand muss man in Bang Saphan Yai 100 B bezahlen, in Ban Krut 20 bis 30 B.

In Ban Krut vermieten das Siripong Guesthouse (S. 203), Bankrut Tour & Travel (s. linke Spalte) und mehrere andere nahegelegene Läden rund um die Kreuzung Motorräder für 200 B pro Tag. Am Strand von Bang Saphan Yai verleihen einige Läden Motorräder für 250 bis 350 B. Ein weitere Möglichkeit in der Stadt ist **Tae's Restaurant** (☎ 087 919 2910; Soi Bang Saphan; ⌚14–1 Uhr) gleich am Bahnhof, das Motorräder für 200 bis 250 B vermietet. Dort geht es aber sehr locker zu, weshalb oft keine Räder verfügbar sind.

Chumphon ชุมพร

☎ 077 / 33 500 EW

Die Transitstadt wird vor allem von Travellern auf dem Weg von oder nach Ko Tao, nach Ranong oder Phuket im Süden frequentiert. In Chumphon beginnt der eigentliche Süden Thailands; muslimische Kopftücher sind hier ein vertrauter Anblick.

Im Ort gibt's zwar nicht viel zu tun, während man auf seine Fähre wartet, aber die Stadt ist nicht unangenehm, und die umliegenden Strände bieten Sonne und Sand abseits der Backpacker-Routen. Der schöne **Hat Thung Wua Laen** („Strand der rennenden Kuh"), 15 km nordöstlich der Stadt, ist der bekannteste, bietet viele Einrichtungen für Traveller und ist unter der Woche nahezu verlassen. An den Wochenenden herrscht hier hingegen Hochbetrieb.

Sehenswertes

Das **Chumphon National Museum** (พิพิธภัณฑสถานแหงชาติ ชุมพร; ☎ 077 504105; 100 B; ⌚Mi–So 9–16 Uhr) gehört zwar nicht zu den größten und besten Nationalmuseen Thailands, aber die ausgestellten prähistorischen Töpferwaren, Äxte und Schmuckstücke sind für Geschichtsbegeisterte durchaus interessant. Einen Blick lohnt auch Chumphons gängiger **Fresh Market** (ตลาดสด ชุมพร; Th Pracha Uthit; ⌚24–15 Uhr), von dem die meisten Restaurants der Stadt ihr Fleisch, Obst und Gemüse beziehen. Besonders viel los ist hier am frühen Morgen.

Chumphon

Chumphon

Sehenswertes
1 Chumphon Fresh Market B3

Schlafen
2 Fame Guesthouse B2
3 Loft Mania D3
4 Salsa Hostel C1

Essen
5 Kook Noy Kitchen C2
6 Nachtmarkt C1
7 Prikhorm A3

Ausgehen & Nachtleben
8 Aeki's Bar B1

Praktisches
9 New Infinity Travel B2
10 Ocean Shopping Mall C1

Transport
11 Affiliated Bus A1
12 Minivans nach Bang Saphan Yai A2
13 Choke Anan Tour C3
14 Minivans nach Ranong A2
15 San Tavee New Rest Home B2
16 Minivans nach Surat Thani & Prachuap Khiri Khan C2

Feste & Events

Für gewöhnlich findet Mitte März in der Uferstadt Paknam, 13 km südöstlich von Chumphon, das **Chumphon Marine Festival** (März) statt. Vier Tage lang gibt's Events, die mit dem Meer zu tun haben, darunter Bootstouren, Sandskulpturen und eine Reinigungsaktion, bei der der Müll unter Wasser eingesammelt wird.

Anlässlich des Endes der buddhistischen Fastenzeit (Ork Phansaa), in der Regel im Oktober, treten traditionelle Longtail-Boote bei Rennen auf dem Fluss Lang Suan rund 60 km südlich von Chumphon gegeneinander an. Anders als bei anderen Longtail-Bootsrennen in Thailand muss sich hier ein Mann am Bug des Boots anklammern und eine Fahne halten.

Schlafen

Die meisten Traveller, die in Chumphon übernachten, sind Backpacker, deswegen gibt's hier viele Budgetunterkünfte. Die **Th Tha Taphao** mit ihren billigen, älteren Pensionen ist die örtliche Th Khao San. Einige neuere, schickere Hostels finden sich östlich des Bahnhofs an der Th Krumluang Chumphon. Wer lieber am Meer als in der Stadt übernachtet, findet Unterkünfte am **Hat Thung Wua Laen** 15 km nordöstlich der Stadt.

★ Salsa Hostel HOSTEL $
(☎077 505005; www.salsachumphon.com; 25/42 Th Krumluang Chumphon; B 300–330 B, 2BZ/DZ 650/750 B jeweils mit Frühstück; ❄@☎) Das Hostel östlich des Bahnhofs nahe dem Nachtmarkt zählt zu den besten Adressen in Chumphon. Das Haus ist sauber, freundlich und nicht zu groß, und man bekommt verlässliche Infos zum Ort in ausgezeichnetem Englisch. Und auch die Privatzimmer gehören zu den besten der Stadt, und zwar ungeachtet der Preisklassen.

Fame Guesthouse PENSION $
(☎077 571077; www.chumphon-kohtao.com; 188/20-21 Th Sala Daeng; Zi. mit Gemeinschaftsbad/eigenem Bad 150–200/300 B; @☎) Diese Traveller-Anlaufstelle macht von allem etwas: Es vermietet saubere, schlichte Zimmer an Übernachtungsgäste (oder an Leute, die sich auch nur tagsüber ausruhen wollen), bucht Tickets und vermietet Motorräder. Das angeschlossene Restaurant ist ein wichtiger Travellertreff und bietet eine große Palette thailändischer, indischer und westlicher Gerichte.

Chumphon Cabana Resort & Diving Centre HOTEL $$
(☎077 560245; www.chumphoncabanaresort.com; Hat Thung Wua Laen; Zi. mit Frühstück 1000–1500 B; P❄☎) Das abseits der Straße an einem schönen Strandabschnitt gelegene Resort ist *die* angesagte Unterkunft am Hat Thung Wua Laen, solange man nicht Wert auf richtigen Luxus legt. Die Zimmer haben Veranden, auf denen man entspannen kann, und sind recht komfortabel, wobei eine Renovierung geplant ist. Der Transfer aus Chumphon kostet 300 B.

Loft Mania HOTEL $$
(☎077 501789; loftmania.bh@gmail.com; Th Suksamur; Zi./Suite 1300/4000 B; P❄☎) Das beliebte Hotel kommt in der Stadt Chumphon einer Luxusherberge noch am nächsten. Die Zimmer sind hochwertig und zeigen Design im Industrieschick. Das Personal ist hilfsbereit, und ein mittelalterliches Wappenschild begrüßt die Gäste an der Eingangstür. Es gibt einen Pool, ein Fitnesscenter und kostenlose Leihfahrräder.

Essen & Ausgehen

Chumphons **Hauptnachtmarkt** (Th Krumluang Chumphon; ⏲16–24 Uhr) bietet eine große Vielfalt an Essen und gute Gelegenheit, die Leute zu beobachten. Weiteres Straßenessen gibt's abends am südlichen Ende der Th Tha Taphao sowie südlich vom Bahnhof.

★ Kook Noy Kitchen THAILÄNDISCH $
(Th Suksamur; Hauptgerichte 40–180 B; ⏲Mo–Sa 16–4 Uhr; ☎) Das Lokal, das nur aus einem Betonboden, einem Wellblechdach und einer chaotischen Küche besteht, serviert bekannte zentral- und südthailändische Gerichte wie *đôm yam* mit Fleisch von freilaufenden Hühnern und gebratenen Reis mit Krabben. Es stehen aber auch seltenere Speisen auf der Karte, darunter gebratene Entenschnäbel oder *pàt pèt gòp* (mit Curry gebratene Frösche).

Prikhorm THAILÄNDISCH $$
(32 Th Tha Taphao; Hauptgerichte 95–450 B; ⏲11–22 Uhr; ☎) Das schick sein wollende Lokal hat Gerichte aus dem gesamten Königreich, von südthailändischem *gaang sôm*-Fischcurry bis zu Pilz-*lâhp* aus dem Nordosten; letzteres ist eines von vielen vegetarischen Gerichten.

Aeki's Bar BAR
(Soi Rot Fai 1; Bier/Cocktails ab 65/100 B; ⏲15 Uhr–open end; ☎) Die Bar mit Inselstimmung gegenüber dem Bahnhof wird von vielen Travellern besucht. Es gibt einen Billardtisch, einen *moo·ay tai*-Ring (Thai-Boxen), thailändische und internationale Gerichte, Live-Reggae und eine freundliche Begrüßung durch den Inhaber.

DSCHUNGEL-REFUGIUM

Die nur 4 km außerhalb von Chumphon, aber tief im Land liegende **Villa Varich** (☎086 964 7123; www.villavarich.com; Soi Wat Bangmak; Zi. 700–900 B, Suite 1600 B jeweils mit Frühstück; P❄☎) unterscheidet sich von allen anderen Hotels von Chumphon. Die großen Zimmer sind komfortabel und attraktiv – und viele befinden sich direkt am mit Dschungel überwucherten Fluss Tha Taphao; man erwacht unter dem Gezwitscher der Vögel. Tang und Khom sind hervorragende Gastgeber. Es gibt kostenlose Leihfahrräder, und man kann auch Kajaks und Motorräder (jeweils 200 B) ausleihen. Ein Túk-túk vom Bahnhof sollte 200 B kosten. Es empfiehlt sich, im Voraus zu reservieren.

VERKEHRSMITTEL VON/NACH CHUMPHON

ZIEL	SCHIFF/FÄHRE	BUS	MINIVAN	ZUG	FLUG-ZEUG
Bang Saphan Yai			80 B, 2 Std., 14 & 15.30 Uhr	20–355 B, 1½–2 Std., tgl. 12-mal	
Bangkok Don Mueang International Airport					ab 1200 B, 1 Std., tgl. 2-mal
Bangkok Hualamphong				Sitzplatz/Sleeper 192–510/620–1194 B, 6½–8 Std., tgl. 11-mal	
Bangkok Southern Bus Terminal		155–510 B, 8 Std., 9–22 Uhr tgl. 11-mal			
Bangkok Thonburi				80–383 B, 9½ Std., 7.30 Uhr	
Chiang Mai		1385 B, 18 Std., 18 Uhr			
Hat Yai		328–355 B, 7 Std., 7–24 Uhr tgl. 8-mal		79–502 B, 8–10½ Std., tgl. 7-mal	
Hua Hin				49–423 B, 4–5 Std., tgl. 12-mal	
Ko Pha-Ngan (Lomprayah)	1000 B, 3¼–3¾ Std., 7 & 13 Uhr				
Ko Pha-Ngan (Songserm)	900 B, 4½ Std., 7 Uhr				
Ko Samui (Lomprayah)	1100 B, 3¾–4¼ Std., 7 & 13 Uhr				
Ko Samui (Songserm)	1000 B, 6¼ Std., 7 Uhr				
Ko Tao (Autofähre)	400 B, 6 Std., Mo–Sa 23 Uhr				
Ko Tao (Lomprayah)	600 B, 1¾ Std., 7 & 13 Uhr				
Ko Tao (Songserm)	500 B, 2¾ Std., 7 Uhr				
Ko Tao (Sonntags-Nachtboot)	450 B, 6 Std., So 24 Uhr				
Nakhon Si Thammarat			300 B, 5½ Std., 8–14 Uhr alle 2 Std.		
Phetchaburi		328–500 B, 6 Std., 7–22 Uhr stündl.		58–455 B, 5½–6½ Std., tgl. 11-mal	

ZIEL	SCHIFF/FÄHRE	BUS	MINIVAN	ZUG	FLUGZEUG
Phuket		350–600 B, 6–7 Std., 5–14.30 Uhr tgl., 7-mal			
Prachuap Khiri Khan		220 B, 4 Std., 7–22 Uhr stündl.	180 B, 3½ Std., 5.30–18 Uhr alle 50 Min.	16–347 B, 2½–3 Std., tgl. 10-mal	
Ranong		120 B, 2½ Std., tgl. 4-mal	120 B, 2½ Std., 6–17 Uhr stündl.		
Surat Thani			170 B, 3½ Std., 6–17.30 Uhr stündl.	34–388 B, 2–3 Std., tgl. 12-mal	

Praktische Informationen

Mehrere Banken, die auch abends und an den Wochenenden geöffnet sind, finden sich in der **Ocean Shopping Mall** (Th Krumluang Chumphon) schräg gegenüber dem Nachtmarkt.

Immigration Office (☎ 077 630282, Rte 41, im Busbahnhof Chumphon; ⏲ Mo–Fr 8.30–12 & 13–16.30 Uhr) Die Einwanderungsbehörde befindet sich neben dem Busbahnhof und kann Touristenvisa verlängern.

New Infinity Travel (☎ 077 570176; new_infinity@hotmail.com; 68/2 Th Tha Taphao; ⏲ 8.30–21 Uhr; 📶) Der wundervolle Reiseveranstalter hilft in ausgezeichnetem Englisch. Es gibt hier auch ein gutes Sortiment an gebrauchten Büchern in vielen Sprachen. Die Schließzeiten variieren.

Tourism Authority of Thailand (TAT; ☎ 077 502775; tatchumphon@tat.or.th; Soi 1, Th Tawee Sinka; ⏲ 8.30–16.30 Uhr) Wahrscheinlich bekommt man alle nötigen Infos in seiner Pension, wenn aber nicht, ist dieses Büro hilfreich. Außerdem erhält man einen guten kostenlosen Stadtplan von Chumphon.

Virajsilp Hospital (☎ 077 542555; Th Poramin Mankha) Das Privathospital bietet eine Notfallversorgung.

An- & Weiterreise

Für einen Verkehrsknoten ist Chumphon erstaunlich unorganisiert; es gibt keinen einheitlichen Busbahnhof, und die Fähranlegestelle der Boote nach Ko Tao, Ko Pha-Ngan und Ko Samui ist ein gutes Stück von der Stadt entfernt. Aber Reisebüros und Pensionen weisen einem den rechten Weg und verkaufen Tickets für alle Fähren und Flüge sowie für viele Busse.

BUS

Chumphons **Hauptbusbahnhof** (☎ 077 576 796; Rte 41) liegt am Highway, unpraktische 12 km außerhalb von Chumphon. Er wird nicht viel benutzt und viele Ticketschalter sind die meiste Zeit des Tages unbesetzt, da die wichtigsten Busunternehmen ihre eigenen Haltestellen in der Stadt haben.

Choke Anan Tour (☎ 077 511480; abseits der Soi 1, Th Pracha Uthit) nahe dem Hauptmarkt hat die meisten Busse nach Bangkok (über Phetchaburi und Prachuap Khiri Khan) und Phuket (über Ranong) sowie einen nach Hat Yai. Die **Minivans nach Ranong** fahren von der Th Tha Taphao schräg gegenüber von New Infinity Travel und die **Minivans nach Surat Thani und Prachuap Khiri Khan** (Th Krumluang Chumphon) vom Chumphon Night Bazaar, vom Bahnhof 500 m die Th Krumluang Chumphon hinunter nahe dem Salsa Hostel.

Weitere Busunternehmen finden sich an der Th Nawamin Ruamjai südlich des Bahnhofs. **Suwannatee Tour** (☎ 077 504901) betreibt jenseits des Flusses, rund 1 km außerhalb der Stadt, fünf Busse nach Bangkok, darunter einen billigen zweiter Klasse, sowie **Minivans nach Nakhon Si Thammarat** (☎ 077 506326). **Affiliated Bus** (☎ 082 284 6462) betreibt einen Nachtbus nach Bangkok von seinem Büro nahe der Tankstelle aus sowie Busse nach Hat Yai, und die **Minivans nach Bang Saphan Yai** fahren von einer gelb beschilderten, überdachten Minivanhaltestelle 400 m südlich der Tankstelle.

Für die wenigen Ziele, die vom Busbahnhof bedient werden, z. B. Chiang Mai, kann man Tickets in den Pensionen und Reisebüros kaufen. Achtung: Es gibt keine fahrplanmäßige Direktverbindung nach Hua Hin; um dorthin zu kommen, muss man in Prachuap Khiri Khan umsteigen.

FLUGZEUG

Chumphons Flughafen befindet sich fast 40 km vom Stadtzentrum entfernt. Nok Air, die einzige auf ihm vertretene Fluglinie, fliegt am frühen Morgen und am späten Nachmittag zu Bangkoks Flughafen Don Mueang. Das Fame Guesthouse (S. 207) bietet einen Flughafenshuttle (150 B/Pers.).

SCHIFF/FÄHRE

Es gibt im Wesentlichen zwei Optionen, um nach Ko Tao zu gelangen. Die eine sind die tagsüber fahrenden modernen Fähren von **Lomprayah** (☎ City 081 956 5644, Pier 077 558214; www.lomprayah.com; Th Krumluang Chumphon; ⏲ 4.30–18 Uhr) und **Songserm** (☎ 077 506205; www.songserm.com). Lomprayah ist der bessere und beliebtere Anbieter; Songserm hat den Ruf, schlecht organisiert zu sein und bei seinen Fähre-Bus-Kombitickets den versprochenen Bustransfer nicht bereitzustellen (was allerdings erst bei der Ankunft auf der Insel zum Thema wird). Die Fähren der beiden Unternehmen legen auch in Ko Pha-Ngan und Ko Samui an.

Die zweite Option sind die nachts fahrenden Schiffe diverser Unternehmen. Von Montag bis Samstag verkehren Autofähren mit klimatisierten, mit Betten ausgestatteten Zimmern – gewissermaßen Schlafsälen auf See –, am Sonntag ist regelmäßig ein Holzboot unterwegs. Letzteres hat Ventilatoren und Matratzen auf dem Boden, aber keine Klimaanlage.

Die Fähren legen an verschiedenen Anlegestellen ab; der Transfer zu ihnen kostet zwischen 50 und 100 B. Manchmal werden Tickets verkauft, in denen der Transfer eingeschlossen ist, manchmal aber ist das auch nicht der Fall. Man muss immer darauf achten, dass man ein Ticket sowohl für das Schiff als auch für den Bus hat.

ZUG

Die häufig verkehrenden Züge zwischen Bangkok und dem tiefen Süden halten in Chumphon. Reservieren sollte man so weit im Voraus wie möglich. Liegeplätze in der 2. Klasse sind oft am Abfahrtstag verfügbar, selten einmal aber auch in der 1. Klasse.

ℹ Unterwegs vor Ort

Motorradtaxis (20–30 B/Fahrt) sind überall in der Stadt zu sehen, die teureren, vierrädrigen Túk-túks sind viel seltener. Ein paar davon stehen aber immer am Bahnhof.

Viele Pensionen vermieten Motorräder für 200 bis 300 B pro Tag. Das **San Tavee New Rest Home** (☎ 089 011 1749; Soi Sala Daeng 3) verleiht neben Motorrädern auch Fahrräder (100 B/Tag).

Die gelben *sŏrng·tăa·ou* zum Hat Thung Wua Laen (30 B, 30 Min., 5.30–18 Uhr häufig) starten vom Chumphon Fresh Market an der Th Pracha Uthit und fahren dann über die Th Sala Daeng nach Norden. Die kleinen weißen *sŏrng·tăa·ou* zum Hauptbusbahnhof und dem Immigration Office (25 B, 30–45 Min., 7–17 Uhr häufig) starten an der Th Phinit Khadi neben dem City Pillar Shrine. Ein Túk-túk aus dem Stadtzentrum zum Busbahnhof kostet ab 300 B. Das Fame Guesthouse (S. 207) bietet einen Flughafenshuttle (150 B/Pers.).

Ko Samui & südwestliche Golfregion

Inhalt ➡

Gut essen

- Dining On The Rocks (S. 226)
- Pepenero (S. 227)
- Fisherman's Restaurant (S. 249)
- Barracuda (S. 265; Ko Tao)
- Barracuda (S. 226; Ko Samui)

Schön übernachten

- Six Senses Samui (S. 226)
- Four Seasons Koh Samui (S. 218)
- Kupu Kupu Phangan Beach Villas by l'Occitane (S. 243)
- Jamahkiri Resort & Spa (S. 264)

Auf nach Ko Samui & in die südwestliche Golfregion!

Die südwestliche Golfregion wartet mit Thailands ultimativem Trio auf: Ko Samui, Ko Pha-Ngan und Ko Tao. Diese spektakulären Inseln locken mit ihrem puderfeinen Sand und dem smaragdgrünen Wasser jedes Jahr Millionen Traveller an. Ko Samui ist sozusagen der große Bruder unter den dreien und ganz groß im Geschäft. In den mit perfekter Effizienz betriebenen Luxusresorts der Insel lesen uniformierte Butler den Gästen jeden Wunsch von den Augen ab. Ko Pha-Ngan ist das mittlere Kind, ein Faulenzer mit Hang zu verfilzten Dreadlocks und bis in die Morgenstunden andauernden Partys. Ko Tao dagegen ist das lebenslustige Nesthäkchen, das Outdoor-Aktivitäten liebt und vor Abenteuerlust und Energie nur so strotzt – auf der Insel hat man sich auf Aktivitäten spezialisiert, die einen Adrenalinschub garantieren, darunter erstklassige Tauch- und Schnorchelmöglichkeiten.

An die Festlandküste vor den Inseln kommen kaum ausländische Besucher, aber es ist das viel authentischere Thailand. Diese Region hat jede Menge Highlights abseits der ausgetretenen Pfade zu bieten, von rosa Delfinen und Wasserfällen an der verschlafenen Ao Khanom bis zu Strandspaziergängen im muslimisch geprägten Songkhla und dem Charme von Nakhon Si Thammarat.

Reisezeit

- Von Februar bis April, nach dem Ende des Monsunregens, strahlt die Sonne ohne Unterlass.
- Juni bis August gehören zu den schönsten Monaten, in denen es nur relativ kurze Phasen leichten Regens gibt, und praktischerweise sind auf der nördlichen Erdhalbkugel dann Sommerferien.
- Von Oktober bis Dezember trommelt sintflutartiger Monsunregen auf die heißen Blechdächer; und die Zimmerpreise fallen deutlich (außer in der Weihnachtszeit).

Highlights

1 **Ko Tao** (S. 254) Im farbenprächtigen Tauchparadies Nemo finden

2 **Ang Thong Marine National Park** (S. 270) Zu den versteckten weißen Stränden paddeln

3 **Ko Pha-Ngan** (S. 235) In einer Baumwollhängematte entspannen und an einem einsamen Strand an der Ostküste durch die sich kräuselnden Wellen waten

4 **Ko Samui** (S. 214) Internationale Fünf-Sterne-Küche und schicke Cocktails bei Sonnenuntergang genießen

5 **Vollmondparty** (S. 250) Sich den vielen Partypilgern anschließen und am Hat Rin auf Ko Pha-Ngan die Nacht durchtanzen

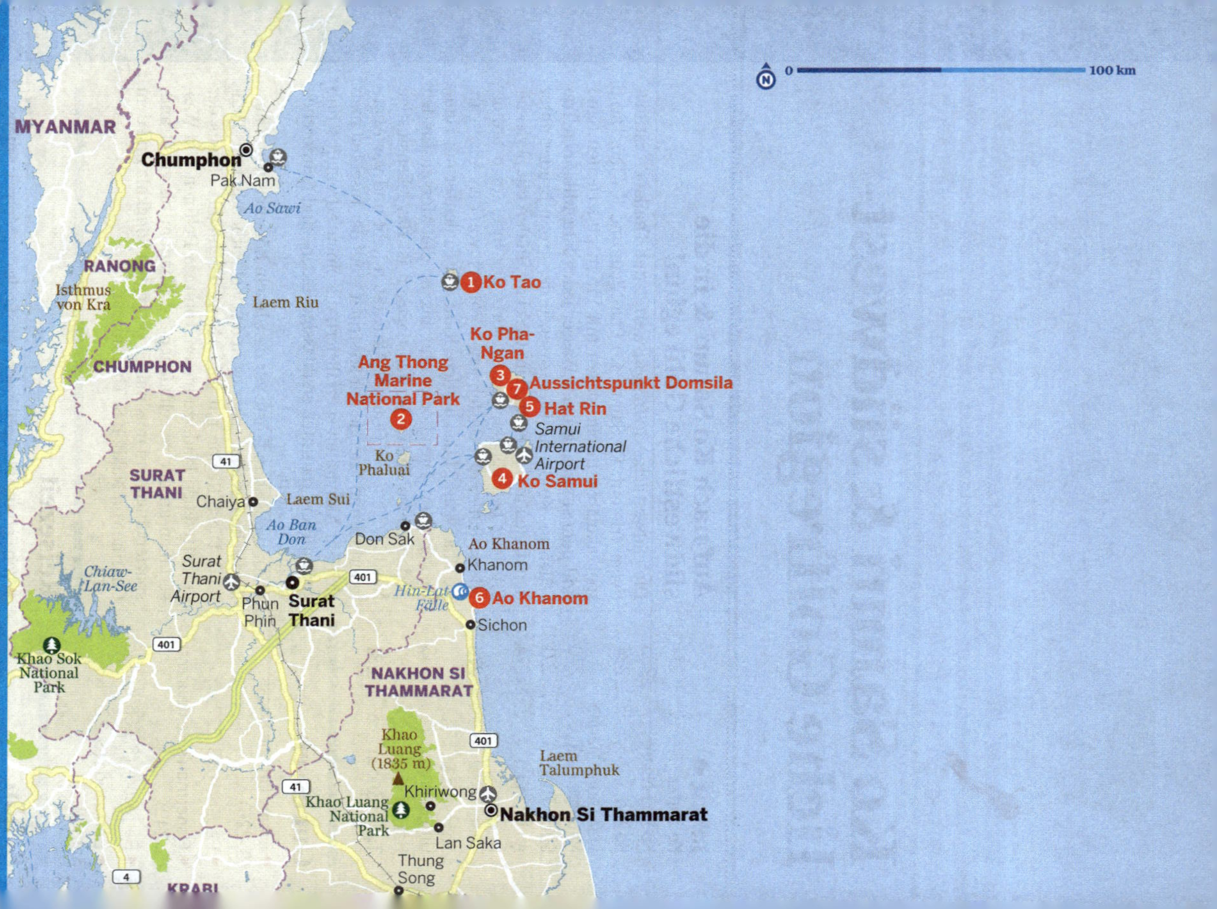

6 Ao Khanom (S. 274) Die seltenen rosafarbenen Delfine beobachten, wenn sie an den wenig besuchten Küsten vorbeiziehen

7 Aussichtspunkt Domsila (S. 235) Vorbei an rauschenden Wasserfällen durch den Dschungel zu diesem Aussichtspunkt hoch über Ko Pha-Ngan wandern

GOLFINSELN

Ko Samui

เกาะสมุย

62 000 EW.

Auf Ko Samui geht einfach alles: Sonnenbaden, in der Hängematte dösen, internationale Spitzenküche genießen, am Strand feiern sowie in einem luxuriösen Spa entspannen.

Ko Samuis Strände sind vielfältig – einfach mit dem Strandtuch losmarschieren und sehen, wo es einem am besten gefällt. Am Coco Tam's im Fisherman's Village kann man Cocktails schlürfen und hervorragend entspannen, am Chaweng Beach Sonnenaufgang und Menschen beobachten, am langen Mae Nam Beach Ruhe finden oder im Schatten einer Kokospalme ein Nickerchen halten, bevor man bestaunt, wie die untergehende Sonne das Meer rot färbt. Das Essen ist Samuis anderes Highlight. Die Insel ist voller wackeliger Holzbuden, die das authentische Thaicurry *kôw gang* (Reis & Curry) anbieten. Die Einheimischen findet man auf den Lebensmittelmärkten, wer mehr Atmosphäre sucht, gönnt sich ein romantisches Dinner beim Sonnenuntergang.

Zur weiteren Entspannung trägt ein Rundum-Verwöhnprogramm bei. Reinigungsfasten, Yoga, Tai-Chi, Kräuterdampfbehandlungen und Chakra-Balancing bringt das aus dem Lot geratene System wieder ins Gleichgewicht. Und wer sich einfach nur von den Strapazen des Sonnenbadens am Strand erholen will, genießt die Annehmlichkeiten von Ko Samuis Spas.

Sehenswertes

Mit 229 km² ist Ko Samui recht groß – die Ringstraße der Insel ist insgesamt mehr als 50 km lang.

Wat Plai Laem BUDDHISTISCHER TEMPEL

(Karte S. 216; Sonnenaufgang–Sonnenuntergang) GRATIS Die interessanteste Statue der Insel ist die tausendarmige Kwan Im (die buddhistische Bodhisattva des Mitgefühls), die in diesem kürzlich erbauten, umwerfenden Tempel mit 18 Armen dargestellt ist. Die bunte Statue thront auf einer Insel in einem See direkt neben einem Tempel, der auch über dem Wasser steht. An der Nordseite der Tempelhalle befindet sich eine Statue des heiteren Buddha Maitreya, oder des Buddhas der Zukunft. Die Lage ist absolut malerisch und höchst fotogen.

Na Muang Waterfalls WASSERFALL

(Karte S. 216) Diese zwei Wasserfälle liegen direkt nebeneinander und haben ihren Ausgangspunkt an den höchsten Stellen der Insel. Bei voller Stärke ist es ein wunderbarer Anblick, wie das eiskalte Wasser in Felsenpools stürzt und das blaue Meer aufschäumt. Der größere der beiden ist mit 30 m der berühmteste auf Samui und liegt etwa 12 km entfernt von Na Thon im Zentrum der Insel. In der Regenzeit stürzt das Wasser in Kaskaden über ätherisch schöne, violette Felsen in die Tiefe, wo sich ein toller Badesee befindet.

Den kleineren der beiden Na Muang-Wasserfälle, den **Na Muang Waterfall 2** (Karte S. 216) GRATIS, erreicht man über den ziemlich dürftigen Na Muang Safari Park, wo

DIE GOLFINSELN IN ...

... einer Woche

Nachdem man sich damit abgefunden hat, dass man nur eine Woche hat, um diese idyllischen Inseln zu erkunden, beginnt man damit an einem der abgeschiedenen Strände im Westen von **Ko Pha-Ngan** oder reist nach Osten, um seine Robinson-Crusoe-Fantasien auszuleben. In der zweiten Wochenhälfte heißt es Partymachen in **Hat Rin**, süßes Nichtstun auf **Ko Samui** oder Tauchen auf der kleinen Insel **Ko Tao**.

... zwei Wochen

Los geht's auf **Ko Tao** mit einem dreieinhalbtägigen Open-Water-Kurs mit Zertifikat oder ein paar Spaßtauchgängen. Dann geht's rüber nach **Ko Pha-Ngan**, um den geselligen Vibe im partywütigen Hat Rin aufzusaugen. Danach schnappt man sich ein Longtail-Boot und macht sich für ein paar Tage zu einer der versteckten Buchten der Insel auf, um zu entgiften und Ruhe und Einsamkeit zu genießen. Nächste Station ist **Ko Samui**. In **Bo Phut** locken Boutique-Unterkünfte, an den Stränden von Chaweng und Choeng Mon kann man dagegen einen draufmachen wie ein Rockstar. Wer Zeit hat, unternimmt eine Tagestour zum **Ang Thong National Marine Park**.

man Schnappschüsse mit einem Tiger oder Leopard machen oder einen Elefanten mit Bananen füttern kann (alles gegen Gebühr und von uns nicht empfohlen).

Fisherman's Village DORF

(Karte S. 230; Bo Phut) Diese Ansammlung von schmalen chinesischen Shophouses in Bo Phut wurde in einige trendige (häufig mittelklassige) Boutiquehotels, Restaurants, Cafés und Bars verwandelt. Der dazugehörige Strand ist vor allem im östlichen Teil schmal und grobkörnig, aber Richtung Westen wird er breiter und üppiger. Die Kombination aus schönem Strand und aufgemöbeltem alten Dorf ist großartig, leider wird es in der Hochsaison sehr voll. Abseits davon ist es reizend, ruhig und stressfrei.

Ban Hua Thanon STADTVIERTEL

(Karte S. 216; Ban Hua Thanon) Gleich südlich des Hat Lamai bietet Hua Thanon viele Fotomotive und hat eine lebendige muslimische Gemeinde. Die Fischerboote mit dem hohen Bug, die am fast menschenleeren Strand hinter den Palmen am Ende der Gemeinde vertäut liegen, bilden eine veritable Galerie komplexer Formen – einen Gegensatz dazu bildet der Müll, der überall im Sand liegt. An der Hauptstraße nach der grünen, goldenen und weißen **Moschee** im Dorf Ausschau halten.

Wat Racha Thammaram BUDDHISTISCHER TEMPEL

(Wat Sila Ngu; Karte S. 225; abseits der Rte 4169; Sonnenaufgang–Sonnenuntergang) Dieser Tempel (auch Snake Stone Temple genannt) südlich der Rte 4169 hat eine kürzlich gebaute Tempelhalle aus rotem Lehm, die mit einer faszinierenden Sammlung an Flachreliefs und Statuen geschmückt ist. Ein toller Anblick gegen den blauen Himmel. Eine goldene Pagode beherbergt die Reliquien von Sakyamuni, und auf dem Gelände wächst ein heiliger Bodhibaum. Von der Pagode führen Stufen hinunter zu einer Reihe von Stupas, die an frühere Mönche erinnern.

Hainan-Tempel TEMPEL

(Hailam Nathon-Schrein; 海南公所; Karte S. 216; Na Thon; Sonnenaufgang–Sonnenuntergang) GRATIS Vor dem wahrscheinlich farbenfrohsten chinesischen Tempel (und Gildehaus) der Insel stehen zwei goldene chinesische Löwen, die mit Drachen geschmückt sind. Der Schrein wurde von Thai-Chinesen aufgestellt, die von der Insel Hăinán im äußersten Süden von China kamen. Abseits der Rte 4169 weisen Schilder den Weg dorthin.

NICHT VERSÄUMEN

KO TAN

Keine Lust mehr auf Touren und volle Strände? Für den furchtlosen DIY-Traveller gibt es keine bessere Art, einen Tag auf Ko Samui zu verbringen, als ein Trip zu den weißen Stränden von Ko Tan. Ein Longtail-Boot kann man bei einem der Bootsmänner mieten, die ihre Gefährte vor den Meeresfrüchterestaurants am Hat Thong Tanot an Ko Samuis Südküste anbieten. Ein Boot für bis zu sechs Leute kostet 1500 bis 2000 B für eine vierstündige Fahrt. Die Insel selbst liegt nur etwa 15 Minuten von Ko Samui entfernt. Schnorcheln kann man zwar nicht so gut, aber der weiße Sandstrand ist abgesehen von gelegentlichen Besuchen von Charterbooten und örtlichen Fischern leer und die Aussicht und die Schwimmmöglichkeiten sind überwältigend.

Hin-Ta & Hin-Yai FELSEN

(Karte S. 225; Lamai) Am Südende des Hat Lamai ragen die berühmt-berüchtigten Felsen „Großvater" und „Großmutter" empor. Ihre Form, die an Genitalien erinnert, sorgt bei thailändischen Touristen für fröhliches Dauerkichern.

Aktivitäten

Viele Aktivitäten auf Ko Samui sind auf Kinder und Teenager ausgerichtet. Vorsicht ist bei „Ökotourismus"-Touren auf der Insel geboten – viele sind nur kommerzielle Geschäfte, die sich nicht sonderlich darum scheren, mit was sie werben.

★ **Red Baron** BOOTSFAHRT

(Karte S. 230; contact@redbaron-samui.com; Hat Bang Rak; ab 2500 B) Die Red Baron in Bangrak ist eine traditionelle und sehr beliebte Segel-Dschunke und bietet Tagesfahrten um Ko Samui (Di 9.30 Uhr), Brunch-Fahrten nach Ko Pha-Ngan (Mi & So 11 Uhr), Sonnenuntergangs-Dinnerfahrten nach Ko Som (Mo & Fr 16.30 Uhr) und Reisen über die Wellen zum Ang Thong Marine Park (Do 8.30 Uhr) an. Essen und Trinken ist inklusive. Man kann sie auch privat chartern.

Samui Dog & Cat Rescue Centre FREIWILLIGENARBEIT

(Karte S. 220; 081 893 9443; www.samuidog.org; Soi 3, Chaweng Beach Rd; 9–18 Uhr) Freiwillige Mitarbeit und/oder Geldspenden werden im

Ko Samui

Samui Dog & Cat Rescue Centre gern angenommen. Hier werden immer Freiwillige gebraucht, die sich in den Hundezwingern und der Tierklinik in Ban Taling Ngam (nicht aber in der Zweigstelle Hat Chaweng) um die Tiere kümmern. Interessierte können im Zentrum anrufen oder einfach vorbeigehen. Die Kontaktdaten stehen auf der Website.

Coco Splash Waterpark WASSERPARK

(Karte S. 225; ☎081 082 6035; www.samuiwaterpark.com; Ban Lamai; über/unter 1,5 m 349/329 B, unter 0,9 m frei; ⏲10.30–17.30 Uhr) Kinder unter zehn Jahren werden diesen kleinen Park voller bemalter Wasserrutschen aus Beton lieben. Besucher können sich für 60 B (200 B Pfand) Handtücher ausleihen und es gibt ein Restaurant (bis 22 Uhr geöffnet). Wer nicht selbst ins Wasser gehen will, sondern nur die Kinder beaufsichtigen will, kommt kostenlos in den Park. Ist man kleiner als 1,5 m, bekommt man ein T-Shirt geschenkt, ansonsten gibt's einen Cocktail.

Koh Samui Rum DESTILLERIE

(Karte S. 216; ☎091 816 7416; www.rum-distillery.com; Ban Bang Kao; Proben 50–75 B; ⏲9–18 Uhr) Die einzige Rumbrennerei Thailands produziert einen Rhum agricole im karibischen Stil (gebrannt aus frischem, fermentiertem Zuckerrohrsaft) in vielen natürlichen Geschmacksrichtungen, darunter ein köstlicher Kokosrum, für den das Kokosfleisch mehrere Monate in Rum durchzieht. In einer schönen Umgebung unter Schatten spendenden Palmen warten ein Video über den Produktionsprozess, ein Verkostungsbereich, ein hervorragendes Restaurant mit französischer und thailändischer Küche und ein Laden auf Besucher.

Kiteboarding Asia WASSERSPORT

(Karte S. 216; ☎083 643 1627; www.kiteboardingasia.com; Na Thon; 1-/3-tägige Kurse 4000/11 000 B; ⏲9–18 Uhr) In dieser professionellen Schule lernt man das Kitesurfen in flachem Wasser. Die Filiale in Na Thon an der West-

Ko Samui

Sehenswertes
1 Ban Hua Thanon ... C3
2 Hainan-Tempel ... A2
Ko Samui Central Mosque ... (siehe 1)
3 Na Muang Waterfall 2 ... B3
4 Na Muang Waterfalls ... B3
5 Wat Plai Laem ... D1

Aktivitäten, Kurse & Touren
6 Absolute Sanctuary ... D1
7 Hemingway's on the Beach ... B4
Kiteboarding Asia ... (siehe 2)
Koh Samui Rum ... (siehe 26)
8 Mind Your Language ... C2
Samahita Retreat ... (siehe 12)
Spa at the Four Seasons ... (siehe 14)

Schlafen
Belmond Napasai ... (siehe 9)
Chytalay Palace Hotel ... (siehe 2)
9 Coco Palm Resort ... B1
10 Code ... B1
11 Conrad Koh Samui ... A4
12 Easy Time ... B4
13 Elements ... B4
14 Four Seasons Koh Samui ... A1
15 Intercontinental Samui Baan Taling Ngam Resort ... A3
16 Jungle Club ... C2
17 Samui Honey Cottages Resort ... D1
18 Shangri-la ... B1
19 Six Senses Samui ... D1

Essen
20 Bang Po Seafood ... B1
21 Big John's Seafood Restaurant ... A2
Dining On The Rocks ... (siehe 19)
22 Dr. Frogs ... D2
23 Farmer ... B1
Fish Restaurant ... (siehe 29)
Gaon Korean Restaurant ... (siehe 29)
Hemingway's on the Beach ... (siehe 7)
Hua Thanon Market ... (siehe 1)
John's Garden Restaurant ... (siehe 18)
Lucky ... (siehe 2)
24 Pepenero ... C1
25 Phootawan Restaurant ... B1
26 Sweet Sisters Cafe ... B4

Ausgehen & Nachtleben
Air Bar ... (siehe 15)
27 Buffalo Baby ... B4
Jungle Club ... (siehe 16)
Max Murphys ... (siehe 2)
28 Nikki Beach ... A2

Shoppen
29 Straßenmarkt Mae Nam ... B1
Thanon An Thong ... (siehe 2)

Praktisches
30 Bandon International Hospital ... C2
31 Ko Samui Hospital ... A2

Transport
32 Raja ... A3
33 Samui International Airport ... D1

seite eignet sich für die Winde von Dezember bis März; eine weitere in Hua Thanon im Süden der Insel für die Winde von April bis Oktober.

Tauchen

Wem es mit dem Tauchen ernst ist, der sollte direkt auf Ko Tao wohnen. Wer wenig Zeit hat und Ko Samui nicht verlassen will, gelangt mit vielen Anbietern zu denselben Tauchspots (natürlich zu höheren Preisen). Am besten wählt man eine Firma, die selbst ein Boot besitzt oder chartert. Das ist zwar etwas teurer, lohnt sich aber im Nachhinein: Veranstalter ohne eigene Boote bringen Taucher oft per Passagierkatamaran nach Ko Tao, wo dann ein zweiter Kahn zur Tauchstelle startet. Bei diesen recht unpersönlichen, mühsamen Trips gibt's auch nichts zu essen.

Auf Ko Samui sind Qualifizierungskurse oft doppelt so teuer wie auf Ko Tao – größtenteils wegen zusätzlicher Spritkosten, da das winzige Ko Tao deutlich näher an den bevorzugten Tauchspots liegt. Neben dem Tauchschein (14 000–22 000 B) gibt's Tagestouren inklusive zwei Tauchgängen, die je nach Lage der Tauchstelle zwischen 4500 und 6200 B kosten.

Ko Samuis **Dekompressionskammer** (Karte S. 230; ☎077 427427, Notfall 081 081 9555; www.sssnetwork.com/our-chambers-and-medical-clinics/koh-samui-thailand; Big Buddha Beach; ⏲24 Std.) liegt am Big Buddha Beach (Hat Bang Rak).

★100 Degrees East TAUCHEN
(Karte S. 230; ☎077 423936; www.100degreeseast.com; Hat Bang Rak; ⏲Dez.–Okt. 9–18.30 Uhr) Höchst professionell und empfehlenswert, mit einem engagierten Team und ausgezeichneten Tauch- und Schnorchelausflügen zum Ang Thong Marine National Park, Ko Tao, Sail Rock und anderen Stätten.

★The Life Aquatic TAUCHEN
(Karte S. 230; ☎086 030 0286; www.thelifeaquatic.asia; The Wharf, Fisherman's Village) Geleitet

von freundlichen und sehr kompetenten und erfahrenen Tauchlehrern bietet dieser erstklassige Tauchanbieter eine Reihe von SSI- & PADI-Tauchkursen, Tauchausflüge nach Ko Tao sowie Schnorcheltrips und Unterkunft.

Spas & Yoga

Aufgrund der starken Konkurrenz im Fünf-Sterne-Hotelsektor auf Ko Samui sind die örtlichen Wellnesstempel vom Allerfeinsten. Als ältestes Gesundheitszentrum der Insel ist das Spa Resort (S. 220) in Lamai bis heute für effektives „Durchputzen" durch Fasten bekannt.

Yoga wird in vielen Hotels angeboten und ist hier auch ein „Big Business". Ko Pha-Ngan ist vielleicht eher der Ort für Hardcore-Leute, aber auf Ko Samui gibt's überall Kurse – z. B. im Samahita Retreat (s. unten) oder im Absolute Sanctuary (s. unten).

★ Spa at the Four Seasons SPA
(Karte S. 216; ☎ 077 243000; www.fourseasons.com/kohsamui/spa; Bang Po) Das luxuriöse **Four Seasons** auf der felsigen Halbinsel in der nordwestlichen Ecke von Ko Samui hat eines der besten Spas der Gegend: eine berauschende Palette an Behandlungen, um Körper und Seele zu verwöhnen, von Chakra-Balancing bis zu Körperpackungen und Kokosnuss-Pediküre. Man fühlt sich wie verwandelt.

★ Absolute Sanctuary YOGA, SPA
(Karte S. 216; ☎ 077 601190; www.absolutesanctuary.com; Choeng Mon) Entgiftung, Spa, Yoga, Pilates, Fasten, Lifestyle- und Ernährungspakete in einem charmanten marokkanischen Ambiente.

Samahita Retreat YOGA, SPA
(Karte S. 216; ☎ 077 920090; www.samahitaretreat.com; Laem Sor Beach) In versteckter Lage an der Südküste warten hier moderne Einrichtungen und ein engagiertes Trainerteam auf Entspannungssuchende, Wellness-Urlauber und ernstzunehmende Entgiftungswillige. Die Unterkünfte sind weiter oben in einem Appartmentblock untergebracht. Die Yogastudios, Wellnesszentren und ein Restaurant mit gesunder Kost liegen direkt am Ufer.

Tamarind Springs MASSAGE
(Karte S. 225; ☎ 080 569 6654; www.tamarindsprings.com; abseits der Rte 4169; Spa-Pakete ab 1500 B) Weitab vom Strand verbirgt sich das Tamarind in einer ruhigen Kokosplantage. Eine kleine Ansammlung von Villen und Massagestudios ist perfekt in die Natur integriert. Teilweise zieren Granitbrocken die Wände und Böden, anderswo gibt's Privatteiche oder kreative Freiluftbäder. Das Restaurant serviert supergesunde Kost und es gibt Angebote für Aufenthalte von drei oder mehr Nächten in den eleganten Villen und Suiten.

Kurse

★ Samui Institute of Thai Culinary Arts KOCHKURS
(SITCA; Karte S. 220; ☎ 077 413172; http://sitca.com; Chaweng, Beach Rd; Kurse 1850 B) Wer einen Thai-Kochkurs belegen möchte, sollte sich für das SITCA entscheiden. Neben täglichen Kochkursen gibt's hier auch Unterricht in der königlich-thailändischen Kunst, komplexe Blumenmuster aus Obst und Gemüse zu schnitzen. Die Kurse fürs Mittagessen beginnen um 11 Uhr, Abendessen lernt man ab 16 Uhr (je 3 Std. inkl. 3 oder mehr Gerichte).

★ Lamai Muay Thai Camp GESUNDHEIT & WOHLBEFINDEN
(Karte S. 225; ☎ 087 082 6970; www.lamaimuaythaicamp.com; 82/2 Moo3, Lamai; Trainingsstunde pro Tag/Woche 300/1500 B; ⏲ 7–20 Uhr) Die beste *moo·ay tai*-Schule (Thaiboxen) der Insel. Sie ist ideal für alle, die es ernst meinen, und richtet sich sowohl an Anfänger als auch an Fortgeschrittene, die sich weiterentwickeln wollen. Zudem gibt es ein gut ausgestattetes Fitnessstudio für Boxer und Nichtboxer, die ihre Fitness steigern wollen, sowie Pakete mit Unterkunft und Frühstück (auch Vollpension möglich).

Hemingway's on the Beach KOCHEN
(Karte S. 216; ☎ 088 452 4433; abseits der 4170, Ao Thong Krut; 1500 B/Pers.; ⏲ 10.30–12.30 Uhr) Unter der Woche verwandelt sich das Restaurant am südlichen Strand von Thong Krut in eine Thai-Kochschule – man darf sich drei Gerichte auf der Karte aussuchen und lernt in einem zweistündigen Kurs, wie man sie zubereitet. Die Teilnehmerzahl muss pro Kurs mindestens zwei und darf höchstens vier betragen.

Mind Your Language SPRACHE
(Karte S. 216; ☎ 077 962088; www.mindyourlanguagethailand.com; 142/7 Mu 1, Bo Phut) In dieser erschwinglichen und professionellen Sprachschule in Bo Phut mit Unterrichtsstunden ab 600 B wird Thai gelehrt. Es gibt auch Intensivkurse.

Schlafen

An Spitzenresorts mit exklusiven Bungalows und hinreißenden Spas herrscht kein Mangel. In Bo Phut an der Nordküste der Insel gibt es viele charmante Boutiqueunterkünfte der mittleren Preisklasse. Rucksacktouristen müssen vielleicht etwas länger suchen, doch an allen Stränden gibt es immer wieder auch günstigere Bleiben.

Hat Chaweng

Das lebhafte, pulsierende Handelszentrum Chaweng ist voller Unterkünfte: von billigen Backpacker-Absteigen bis zu futuristischen Villen mit Pools. Die nördliche Hälfte des Strandes ist die größte Partyzone und die Resorts in dieser Gegend befinden sich in Hörweite der Ark Bar im Zentrum des Geschehens. Wer Wert auf ruhige Nächte legt, sollte sich ein Resort am südlichen Teil des Strandes suchen oder Ohrstöpsel mitbringen.

Samui Hostel HOSTEL $
(Karte S. 220; ☎089 874 3737; Chaweng Beach Rd; B 200–300 B, DZ 850 B; ❄@) Von vorne sieht das Hostel nicht sehr vielversprechend aus, aber die gepflegte, saubere, freundliche und beliebte Unterkunft liegt sehr zentral und bietet schicke Schlafsäle mit Ventilator und Klimaanlage sowie nette klimatisierte Doppelzimmer an der Straßenseite ohne Strand. Der Service ist überdurchschnittlich. Ein beliebter Raum mit Holztischen vorn lädt zum Entspannen und Kontaktaufnehmen ein.

Pott Guesthouse PENSION $
(Karte S. 220; Chaweng Beach Rd; Zi. mit Ventilator/Klimaanlage ab 300/600 B; ❄📶) Die großen, hellen Betonzimmer in diesem unscheinbaren Wohnblock haben alle ein Bad mit fließend heißem Wasser und Balkon und sind ein echtes Schnäppchen, aber das war's auch. Die Rezeption befindet sich in einem namenlosen Restaurant an der Hauptstraße genau gegenüber.

Ark Bar Beach Resort RESORT $$$
(Karte S. 220; ☎077 961333; www.ark-bar.com; Chaweng Beach Rd; Zi. ab 2000 B; ❄📶🏊) Im sauberen und gepflegten Ark Bar mit 328 Zimmern findet man mindestens zwei Exemplare jeder Art: harte Jungs, entspannte Hippies, Teenager, Mittvierziger etc. Die modernen, hell gestrichenen Zimmer mit Balkon sind ein beträchtliches Stück von der Bar entfernt, aus der den ganzen Tag und bis tief in die Nacht Musik dröhnt. An ihr finden auch Feuershows statt. Die Optionen im Erdgeschoss bieten weniger Privatsphäre und sind lauter.

Tango Beach Resort RESORT $$$
(Karte S. 220; ☎077 300451; www.tangobeachsamui.com; Chaweng Beach Rd; Zi. 2200–2800 B, Suite 3800–7500 B; ❄📶🏊) Die bunte Lobby lässt einen jugendlichen Vibe vermuten, aber das Tango ist eher eine Aneinanderreihung von Standard-Bungalows, die an einem Teakholz-Bohlenweg liegen, der sich zu einem tollen, aber lebhaften Strandabschnitt schlängelt. Das Personal ist freundlich. Durch die dunkel getönten Fenster kommt das Resort von außen recht schäbig rüber (und der altmodische Pool macht es nicht besser), aber die Zimmer sind frisch genug.

Chaweng Garden Beach RESORT $$$
(Karte S. 220; ☎077 960394; www.chawenggarden.com; Chaweng Beach Rd; Zi. 3600–33 000 B; ❄@📶🏊) Mitten im üppigen Blattwerk verstecken sich viele verschiedene Zimmertypen. Es gibt recht langweilige Standardzimmer mit Balkon, aber auch eine nette, private Strandvilla mit Pool. Das beste Preis-Leistungs-Verhältnis bieten die modernen, asiatisch inspirierten „Shino"-Zimmer und die Bungalows aus poliertem Holz. Das ganze Resort ist eine gepflegte Oase in Grün und die hilfsbereiten Mitarbeiter lächeln hier besonders freundlich.

★ **Buri Rasa Village** RESORT $$$
(Karte S. 220; ☎077 956055; www.burirasa.com; Chaweng Beach Rd; Zi. 4850–8900 B; ❄📶🏊) Die preisgünstige Unterkunft in einer mit Palmen und Frangipani-Blumen gestalteten, wunderschönen Gartenanlage, die eine meditative Atmosphäre verströmt, liegt zentral und an einem schönen, belebten Strandabschnitt. Holztüren im Thai-Stil führen zu Villen mit Terrassen und einfachen, aber eleganten Zimmern. Aber der eigentliche Grund, hier zu übernachten, ist der unglaublich freundliche, hilfsbereite und eifrige Service.

★ **Library** RESORT $$$
(Karte S. 220; ☎077 422767; www.thelibrary.co.th; Chaweng Beach Rd; Studio/Ste inkl. Frühstück ab 11 900/13 600 B; ❄@📶🏊) Diese Fata Morgana in funkelndem Weiß ist fast schon zu cool und heißt ironischerweise Library (Bibliothek). Schwarze Elemente und geschlitzte Jalousien setzen Akzente, während in jeder

Hat Chaweng

„Seite“ (engl. *page*; die hiesige Zimmerbezeichnung) ein futuristischer iMac steht. Abgesehen davon mögen wir vor allem die bunten, großen Wandinstallationen, die abends hell leuchten und sich farblich an die eigene Stimmung anpassen lassen.

Hat Lamai & der Südosten

Am zentralen pudrig-weißen Strandabschnitt von Hat Lamai drängen sich sonnenverbrannte Touristen, doch an den grobkörnigeren Strandenden im Norden und Süden ist es ruhiger. Ban Lamai erstreckt sich hinter dem zentralen Strandbereich. Anders als am Hat Chaweng findet die größte Party Lamais abseits des Strandes statt, darum ist die Unterkunft ruhiger.

New Hut BUNGALOW $
(Karte S. 225; ☎077 230437; Lamai North; Hütte 250–800 B; 📶) Die Hütten in A-Form am Strand teilen sich einen großen, sauberen Bäderblock. Es gibt ein lebhaftes Restaurant und das Personal ist freundlich genug. Das alles macht das New Hut zu einer der schlichtesten und fröhlichsten Backpacker-Unterkünften mit dem besten Preis-Leistungs-Verhältnis in Lamai.

Spa Resort BUNGALOWS $$
(Karte S. 225; ☎077 230855; www.thesparesorts.com; Lamai North; Bungalow 720–1200 B; ❄📶🏊) Zu den Anwendungen in diesem freundlichen, erfahrenen und schlichten Spa gehören Colon-Hydro-Therapie, Massagen, Aqua-Detox, Hypnotherapie und Yoga, um nur ein paar zu nennen. Die gemütlichen und preiswerten Zimmer sind mit Rattanmöbeln, traditionellen Wandgemälden und Balkonen ausgestattet, aber immer schnell ausgebucht. Nichtgäste dürfen an den Programmen teilnehmen und im ausgezeichneten **Freiluft-Restaurant** (Karte S. 225; abseits der Rte 4169; Gerichte 100–400 B; 🕗7–22 Uhr; 📶🖉) am Strand (gesund) essen.

Hat Chaweng

Aktivitäten, Kurse & Touren
1 Samui Dog & Cat Rescue Centre A3
2 Samui Institute of Thai Culinary Arts B3

Schlafen
3 Ark Bar Beach Resort C2
4 Buri Rasa Village B3
5 Chaweng Garden Beach B2
6 Library B3
7 Pott Guesthouse B4
8 Samui Hostel B3
9 Tango Beach Resort D1

Essen
10 Hungry Wolf B3
11 Laem-Din-Markt B3
12 Larder D1
Page .... (siehe 6)
13 Tuk Tuk Backpackers C2

Ausgehen & Nachtleben
Ark Bar .... (siehe 3)
14 Bees Knees Brewpub B1
15 Drink Gallery B3
16 Pride Bar C2
17 Sawasdee Bar B2

Unterhaltung
18 Paris Follies Cabaret C2

Shoppen
19 Central Festival B2

Transport
20 Bangkok Airways A4

★ Rocky's Resort RESORT $$$
(Karte S. 225; ☎077 418367; www.rockyresort.com; abseits der Rte 4169; Zi. 8000–20 000 B;) Das Rocky findet mit seinem sehr ruhigen Empfangsbereich und zwei Pools scheinbar mühelos die richtige Balance zwischen Nobelambiente und ungezwungener, geselliger Atmosphäre. In den ruhigeren Monaten sind die Preise unschlagbar, an Meerblick herrscht kein Mangel und jedes Zimmer (manche mit Pool) ist mit schönen Möbeln im Thai-Stil mit modernem Touch ausgestattet.

Samui Jasmine Resort RESORT $$$
(Karte S. 225; ☎077 232446; www.samuijasmineresort.com; 131/8 Moo 3, Lamai; Zi. & Bungalow 4600–12 000 B;) Genau in der Mitte des Hat Lamai bietet das mit lackiertem Teakholz und trotzdem gemütlich gestaltete Samui Jasmine ein tolles Preis-Leistungs-Verhältnis. Die preiswerteren Zimmer sind besonders empfehlenswert – von vielen hat man einen tollen Blick aufs Meer und den langen, kristallklaren Pool.

Bo Phut & der Nordosten

Im Mittelpunkt steht das Fisherman's Village mit einer guten Auswahl an Unterkünften. In der Hauptsaison ist viel los, aber in der Nebensaison sinken die Preise und es ist absolut ruhig und einladend.

Castaway Guesthouse PENSION $$
(Karte S. 230; ☎081 968 5811; www.castawaysamui.com; Fisherman's Village; Zi. mit Ventilator/Klimaanlage 650–1500 B;) Das Castaway liegt einen Block vom Strand entfernt und bietet 15 saubere, helle und freundliche Zimmer.

Eden BUNGALOW $$$
(Karte S. 230; ☎077 427645; www.edenbungalows.com; Fisherman's Village; Bungalow 1500–2300 B;) Die zehn Bungalows und fünf Zimmer verstecken sich in einem hübschen wilden Garten mit einem kleinen Pool in der Mitte. Die günstigeren Unterkünfte sind etwas schäbiger, aber wer etwas mehr bezahlt, bekommt eine stilvolle Suite mit gelben Wänden und natürlichen Holzmöbeln. Für Familien gibt es zudem ein 100 m² großes Apartment mit Küchenzeile. Der Strand ist fußläufig erreichbar.

Hacienda PENSION $$$
(Karte S. 230; ☎077 960827; www.samui-hacienda.com; Fisherman's Village; Zi. 2500–4800 B;) Poliertes Terrakotta und Torbögen verleihen dem Eingang den Charakter einer spanischen Mission. Die bezaubernden Zimmer sind in einem ähnlichen Stil dekoriert, etwa mit Badezimmerwänden aus Kieseln und transparenten Bambuslampen. In den Hacienda Suites ein paar Häuser weiter – dem Zweitgebäude – stehen Gästen kleinere und preiswertere Zimmer zur Verfügung, die meist fensterlos, aber sauber und komfortabel sind. Vom Minipool auf dem Dach bietet sich ein toller Blick aufs Meer.

★ Samui Honey Cottages Resort RESORT $$$
(Karte S. 216; ☎077 427093; www.samuihoney.com; Choeng Mon; Zi. inkl. Frühstück 3500–6500 B;) Dieses kleine Resort (mit genauso kleinem Pool) am ruhigeren südlichen Teil des Strandes ist nichts Besonderes, aber netter als manch andere mittelmäßige Angebote in derselben Preisklasse in der Nähe.

GIPFEL-REFUGIUM

Wer die riskante Fahrt die Straße von Chaweng hoch geschafft hat, wird mit einer unfassbaren Aussicht vom **Jungle Club** (Karte S. 216; ☎ 081 894 2327; www.jungleclubsamui.com; Hütte 800–1800 B, Haus 2700–4500 B; ❄@📶🏊) aus belohnt. Das abgeschiedene Bergrefugium erfreut sich mit seiner entspannten Zurück-zur-Natur-Atmosphäre bei Einheimischen wie Reisenden riesiger Beliebtheit. Die Gäste chillen am großartigen Infinity Pool oder machen unter dem Dach einer offenen *säh·lah* ein Nickerchen. Auch wenn man nicht hier übernachtet, lohnt sich die Fahrt für einen Drink bei herrlicher Aussicht an der **Bar** (⏲9–21.30 Uhr). Für 400 B holen die Leute vom Jungle Club Gäste aus Chaweng ab, zum gleichen Preis bekommt man ein Taxi.

Die Gäste werden von schönen, klassischen Zimmern im Zen-Stil erwartet.

★ Scent RESORT $$$
(Karte S. 230; ☎ 077 960123; www.thescenthotel.com; abseits der Beach Rd; Suite 8500–10 500 B) Der indochinesische Stil (und dank der Gratis-Räucherstäbchen auch der Duft) in diesem ruhigen Resort erweckt die Eleganz der Kolonialzeit im Asien der 1940er- und 1950er-Jahre wieder zum Leben. Lange Fenster mit Teakholzrahmen lockern das große, graue Betongebäude auf, in dessen Innenhof ein Swimmingpool sowie Zierbäume und -pflanzen angeordnet sind.

★ W Retreat Koh Samui RESORT $$$
(Karte S. 230; ☎ 077 915999; www.wretreatkohsamui.com; Mae Nam; Zi. ab 20 000 B; ❄@📶🏊) Ein mit Glitzersteinen geschmücktes „W" empfängt die Gäste an der kurvigen Straße zur Lobby, hinter der sich glitzernde Infinity Pools bis zum Horizont erstrecken. Das Markenzeichen „W-Glamour" zeigt sich überall und steht für die Verbindung von urbaner Atmosphäre und Tropenidylle. Man beachte aber, dass das Hotel auf einem Hügel und nicht am Strand liegt – es verfügt aber über einen eigenen Strandabschnitt.

Mae Nam & die Nordküste

Mae Nam bietet einige ausgezeichnete Unterkünfte, vor allem am oberen Ende der Preisskala, aber auch Budget-Reisende finden hier preisgünstige Bungalows.

Shangri-la BUNGALOW $
(Karte S. 216; ☎ 077 425189; Mae Nam; Bungalow mit Ventilator/Klimaanlage ab 500/1300 B; ❄📶) Für Backpacker ist dies wirklich ein Shangri La: Die Hütten gehören zu den preisgünstigsten weit und breit, und sie liegen an einem der schönsten Strandabschnitte. Das Gelände ist gärtnerisch nicht besonders gestaltet, aber die einfachen Betonbungalows haben alle ein eigenes Bad (Warmwasser gibt's nur in den Zimmern mit Klimaanlage) und sind sehr gepflegt, und die Mitarbeiter sind freundlich.

★ Code HOTEL $$$
(Karte S. 216; ☎ 077 602122; www.samuicode.com; Mae Nam; Suite 3300–11100 B; ❄📶🏊) Schnittige, moderne Linien, alles weiß und nicht ein Staubkörnchen weit und breit. Der Kontrast zum türkisblauen Meer und dem großen Infinity Pool sorgt für ein überwältigendes architektonisches Erlebnis. Die Suiten mit vollständigem Meeresblick sind geräumig und zweckmäßig, und auch der Service ist exzellent. Natürlich steht alles, was man braucht, jederzeit zur Verfügung, darunter Fitnessstudio, Spa, Dampfbad, Tennisplatz und Restaurant.

Coco Palm Resort BUNGALOW $$$
(Karte S. 216; ☎ 077 447211; www.cocopalmbeachresort.com; Mae Nam; Bungalow 3000–9450 B; ❄📶🏊) Die unzähligen Bungalows im gepflegten Coco Palm warten alle mit Tropenholz, Bambus und Rattan auf. Das Zentrum entlang des Strands bildet der palmengeschützte, rechteckige Pool mit Blick aufs Meer. Die preiswertesten Unterkünfte liegen am weitesten vom Strand entfernt, aber auch sie sind komfortabel. Am schönsten wohnt man direkt am Strand in den Villen mit Pool.

★ Belmond Napasai RESORT $$$
(Karte S. 216; ☎ 077 429200; www.napasai.com; Bang Po; Zi. 15 800–80 800 B; ❄@📶🏊) Ein schön gestaltetes Gelände heißt müde Traveller willkommen, die bei der Anreise grasende Wasserbüffel und Gärtner in cremefarbenen Tropenhüten passieren. Über das weitläufige Grundstück verteilen sich Villen, deren traditionelles Thai-Dekor von aufwendig geschnitzten Holzornamenten bis zu Bändern aus vor Ort erzeugter Seide und Bambuseinrichtung reicht. Von den hübschen Balkonen hat man traumhafte Blicke über den Golf von Thailand.

Na Thon & der Westen

Na Thon selbst hat nur wenige interessante Hotels, aber es ist praktisch für Leute, die mit dem Boot ankommen oder abfahren. Weiter südlich befinden sich die zwei besten Hotels der Insel: das Conrad Koh Samui und das Intercontinental Samui Baan Taling Ngam Resort.

Chytalay Palace Hotel HOTEL $$
(Karte S. 216; ☎ 077 421079; 152 Nathon Moo 3; DZ 400–950 B, 3BZ 800–1000 B; ❄📶) Dieses ruhige Hotel an der Straße am Strand, einen kurzer Marsch südlich vom Pier, hat geräumige Zimmer mit Balkonen zum Meer und mit Blick auf herrliche Sonnenuntergänge. In den Zimmern in der unteren Etage blockieren Stromkabel teilweise die Aussicht, sie kosten aber auch 400 B weniger als die neueren Zimmer oben. Die billigeren Doppelzimmer haben nur einen Ventilator. Alle Zimmer sind mit Duschbädern ausgestattet. Der Service ist angenehm.

★ **Conrad Koh Samui** RESORT $$$
(Karte S. 216; ☎ 077 915888; www.conradkohsamui.com; Villa 45 000–126 000 B; ❄📶🏊) Die 81 außergewöhnlich gepflegten, modernen und fantastischen Villen des prächtigen Conrad blicken über ihre privaten Infinity Pools auf das azurblaue Meer. Hier ist einfach alles hochmodern, die Bäder sind die Perfektion in Marmor und die Sonnenuntergänge sind unvergesslich. Vier Restaurants, ein Weinkeller und ein erstklassiges Spa runden das hübsche und verlockende Bild ab.

★ **Intercontinental Samui Baan Taling Ngam Resort** RESORT $$$
(Karte S. 216; ☎ 077 429100; www.samui.intercontinental.com; Taling Ngam; Zi. ab 12 000 B; ❄📶🏊) Das Resort mit 79 Zimmern an der Westküste erlöst Reisende von der überfüllten Ostküste und verwöhnt sie mit Luxus, Sonnenuntergängen in Hülle und Fülle und Blicken auf den Ang Thong Marine National Park. Die Zimmer sind mit dunklen Holzmöbeln ausgestattet, das Resort trumpft mit sieben Swimmingpools auf. Die Villen am Strand haben Tauchbecken, die kulinarische Versorgung ist einfach großartig.

Südküste

Easy Time BUNGALOWS $$$
(Karte S. 216; ☎ 077 920111; www.easytimekohsamui.com; Bang Kao; Villa 2300–4000 B; ❄@📶🏊) In diesem kleinen Refugium in sicherer Entfernung vom Touristengetümmel ist der Service nicht so gut geölt – hier kann jeder sein einsames Robinson-Crusoe-Idyll selbst managen. Zum Strand geht's in wenigen Minuten an einem netten Pool vorbei. Die Doppelvillen und das elegante Restaurant wirken erfrischend unprätentiös.

Elements RESORT $$$
(Karte S. 216; ☎ 077 914678; www.kosamui.com/elements-boutique-resort; Ao Phang Ka; Zi. inkl. Frühstück 7400–24 000 B; ❄@📶🏊) Das friedliche Elements liegt an einem einsamen Strand mit vielen Palmen und Blick auf die Five Islands und ist der ideale Ort für einen meditativen Rückzug oder einen romantischen Pärchenurlaub. Die schicken Zimmer befinden sich in mehrstöckigen Gebäuden, zu den versteckten Villen geht es auf dem Pfad, der zu den Liegen am Strand führt. Weitere Pluspunkte sind die kostenlosen Kajaks und Fahrräder sowie der ausgezeichnete Service.

Essen

Die Insel wird reichlich mit frischen Meeresfrüchten versorgt und die vielfältigen Einflüsse der südlichen Thai-Küche bestimmen die Zubereitung: Malaiische, indische, chinesische und indonesische Zutaten, Aromen und Gerichte fanden hier ihren Platz. Die Currys sind hier schärfer als die in Zentral-Thailand und zudem oft mit Kurkuma gelb gewürzt. Nelken, Zimt und Kardamom sind drei der Gewürze, die aus Indonesien und Indien herkamen und das Aroma der lokalen Gerichte, wie Curry *mát·sà·mân* (muslimisches Curry) und *kôw mòk gài* (Hühnchen-Biryani), beeinflussten.

Hat Chaweng

Am „Strip" servieren Dutzende Restaurants eine Mischung aus einheimischen Gerichten, internationaler Küche und Fast Food. Ständig kommen neue Optionen hinzu und das Niveau steigt. Dem allabendlichen ohrenbetäubenden Lärm der *moo·ay tai* (Thaiboxen)-Wagen entgeht man am besten am Strand, wo viele Bungalow-Betreiber Tische im Sand aufstellen.

Laem-Din-Markt MARKT $
(Karte S. 220; Chaweng; Gerichte ab 35 B; ⏲4–18 Uhr, Nachtmarkt 18–2 Uhr) Die vielen Stände des belebten Tagesmarkts bieten neben frischem Obst, Gemüse und Fleisch auch Fertiggerichte an. Besucher können z. B. ein Kilo süßer

grüner Orangen kaufen oder nach den Zutaten des am Vorabend genossenen Currys stöbern. Abends empfiehlt sich der benachbarte Nachtmarkt für leckeres Grillhuhn und Currys im südthailändischen Stil.

Tuk Tuk Backpackers CAFÉ $
(Karte S. 220; ☎ 087 268 2575; Chaweng Beach Rd; Hauptgerichte ab 120 B; ⏲10–2 Uhr) Das großartige, kompromisslose, denkwürdige, freche und riesige Western-Café/Restaurant/Bar im Saloon-Stil an der Chaweng Beach Rd bietet gutes Katerfrühstück, mehrere TVs, Billardtische und alle üblichen Annehmlichkeiten.

Hungry Wolf BURGER $$
(Karte S. 220; ☎ 094 408 2243; Chaweng Beach Rd; Hauptgerichte ab 220 B; ⏲10–22 Uhr) An den Wänden des gepflegten Restaurants mit polnischem Betreiber fallen lustige und kräftige Malereien mit britischen kulinarischen Redensarten ins Auge. Dazu gibt's saftige Burger, Steaks, Rippchen, Pizza und viele andere leckere Gerichte. Das Lokal ist nicht groß und zieht einige Kundschaft an, aber der fähige und enthusiastische Besitzer empfängt jeden Gast herzlich.

★ **Dr. Frogs** STEAK $$$
(Karte S. 216; ☎ 077 448505; www.drfrogssamui.com; Rte 4169; Hauptgerichte ab 480 B; ⏲7–23 Uhr) Ganz oben auf einer felsigen Landspitze kombiniert das Dr. Frogs die schöne Aussicht aufs Meer mit köstlichen internationalen Grillgerichten, Meeresfrüchten, Pasta, Pizza und Thai-Spezialitäten. Leckere Steaks und Krabbenküchlein, dazu freundliche Besitzer, was will man mehr? Die Kulisse ist romantisch, und für gequälte Eltern gibt's vorn im Garten einen Kinderspielplatz. Montags und mittwochs wird um 19.30 Uhr live Gitarre gespielt.

★ **Page** FUSION $$$
(Karte S. 220; ☎ 077 422767; www.thelibrarysamui.com/the-page; Gerichte 300–1650 B; ⏲7–24 Uhr; 📶) Wem das ultraelegante Library (S. 219) zu teuer ist, kann stattdessen im zugehörigen Strandrestaurant speisen. Es ist nicht billig, aber mittags ist es zwangloser und bezahlbar, allerdings verpasst man die Designer-Beleuchtung am Abend. Das Sonnenaufgangs-Frühstück ist reizend.

★ **Larder** EUROPÄISCH $$$
(Karte S. 220; ☎ 077 601259; www.thelardersamui.com; Chaweng Beach Rd; Hauptgerichte 300–820 B; ⏲Mo–Sa 12–23 Uhr; 📶) Das Restaurant/Bar/Gastropub zieht mit seiner erfrischenden Karte mit klassischen Gerichten alle Register in einem entspannten und geschmackvollen Ambiente. Die große Weinauswahl und tolle Cocktails runden die Sache ab. Die Palette reicht von langsam gegarten Lamm-Spareribs bis zu Fisch mit Pommes.

Hat Lamai & der Südosten

Als Strand mit den zweitmeisten Besuchern auf Samui weist Hat Lamai im Vergleich zum benachbarten Hat Chaweng eine überraschend kleine Auswahl an annehmbaren Lokalen auf. Der **Lamai-Walking-Street-Nachtmarkt** (Karte S. 225; Lamai; ⏲So 16–22 Uhr) bietet ausgezeichnetes Street Food, aber auch Taschendiebe tummeln sich hier gerne.

Hua Thanon Markt MARKT $
(Karte S. 216; Ban Hua Thanon; Gerichte ab 30 B; ⏲6–18 Uhr) Wer sich dem Rhythmus dieses Dorfmarkts gleich südlich von Lamai hingibt, späht in Südthailands Küchenwelt hinein: Händler verscheuchen Fliegen von frisch geschlachtetem Fleisch, während Hausfrauen ihre Gemüsebündel mit ihren Babys zusammen in Transportkörben an Motorrädern unterbringen. Die Marktstraße führt zu einer Reihe muslimischer Garküchen, die Schmackhaftes wie Hühnchen-Biryani, pikante Currys oder Röstreis mit Kokosmark, Bohnensprossen, Zitronengras und getrockneten Garnelen anbieten.

Pad Thai THAI $
(Karte S. 225; ☎ 077 458560-4; www.manathai.com/samui/phad-thai; Rte 4169; Hauptgerichte ab 70 B; ⏲11–21.30 Uhr) Das elegante, halboffene Restaurant an einer Ecke des riesigen Manathai-Hotels an der Straße ist absolut erschwinglich und eine fantastische Wahl für pfannengerührte Nudeln sowie Suppennudeln, gefolgt von Kokoseis.

Kangaroo THAI $
(Karte S. 225; Lamai Beach Rd; Hauptgerichte ab 120 B; ⏲13–23 Uhr) Das farbenfrohe, effiziente und freundliche Kangaroo serviert ausgezeichnete Thai- und West-Gerichte, und eine Fülle an Meeresfrüchten, darunter Haifisch-steak, Barrakuda-Steak und Blaukrabben sowie standardmäßige Hühnchencurrys, brutzelnde Platten, Gerichte mit gebratenem Reis und Pasta.

★ **La Fabrique** BÄCKEREI $$
(Karte S. 225; ☎ 077 961507; Rte 4169; Frühstück ab 120 B; ⏲6.30–22.30 Uhr; 📶) In der geräumi-

Hat Lamai

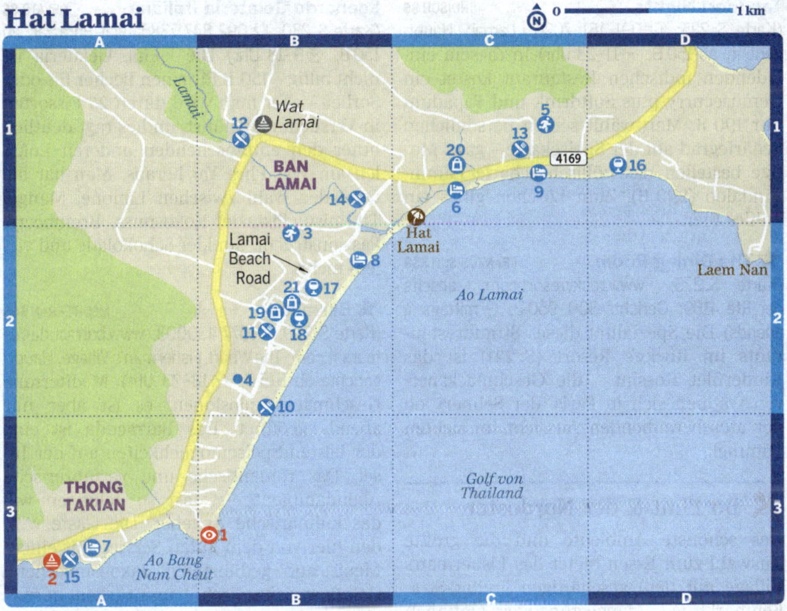

Hat Lamai

Sehenswertes

1 Hin-Ta & Hin-Yai B3
2 Wat Racha Thammaram A3

Aktivitäten, Kurse & Touren

3 Coco Splash Waterpark B2
4 Lamai Muay Thai Camp B2
5 Tamarind Springs C1

Schlafen

6 New Hut C1
7 Rocky's Resort A3
8 Samui Jasmine Resort B2
9 Spa Resort C1

Essen

10 Baobab B2
11 Kangaroo B2
12 La Fabrique B1
13 Pad Thai C1
Radiance .... (siehe 9)
14 Tandoori Nights B1
15 The Dining Room A3

Ausgehen & Nachtleben

16 Beach Republic D1
17 Bear Cocktails B2
18 Lava Lounge B2

Shoppen

20 Island Books C1
19 Island Books B2
21 Lamai-Walking-Street-Nachtmarkt B2

gen, französisch angehauchten Boulangerie/Patisserie beim Wat Lamai auf der Rte 4169 abseits der Hauptstraße zerschneiden Ventilatoren die Luft. Der Service ist flott und zuvorkommend. Zur Wahl stehen frisches Brot, Croissants, Gratins, Baguettes, Meringues, Joghurts, Gebäck und ungewöhnlich gute Frühstücksangebote mit frischem Obst. Dazu gibt's eine Auswahl an Kaffee und Tee.

★ **Baobab** FRANZÖSISCH $$
(Karte S. 225; ☎084 838 3040; Hat Lamai; Hauptgerichte 150–380 B; ⏲8–18 Uhr) Nach einer Mahlzeit im lebhaften Baobab sollte man ein freies Strandtuch schnappen, auf eine Sonnenliege fläzen und das Rauschen der Brandung und die tolle Aussicht oder nebenan eine Massage genießen. Wenn möglich einen der Strandtische belegen. Man braucht beide Hände, um die Karte umzublättern, die voller Frühstücksangebote (ganzer Tag), französischen/thailändischen Gerichten, Gegrilltem, Pasta und beliebten Specials ist – inklusive Rotem Thunfischsteak (350 B).

Tandoori Nights INDISCH $$
(Karte S. 225; ☎091 161 7026; Lamai; Hauptgerichte ab 150 B; ⏲11–23 Uhr) In diesem einladenden indischen Restaurant kostet ein Gemüsecurry plus Softdrink und Papadum nur 190 B. Man wählt seinen persönlichen Schärfegrad auf der Speisekarte – ganz Mutige bestellen das höllisch scharfe Lamm-Vindaloo (290 B). Zum Löschen gibt's ein kühles Bier.

★ **The Dining Room** FRANZÖSISCH $$$
(Karte S. 225; www.rockyresort.com; abseits der Rte 4169; Gerichte 300–950 B; ⏲mittags & abends) Die Spezialität dieses Strandrestaurants im Rocky's Resort (S. 221) ist das Rinderfilet Rossini – die Geschmacksnerven wähnen sich in Paris, der Sehnerv ob der atemberaubenden Aussicht im siebten Himmel.

Bo Phut & der Nordosten

Das schönste Ambiente und die größte Auswahl zum Essen bietet das Fisherman's Village mit dem geschäftigen Freitag-Straßenmarkt; jede Menge günstigere Optionen liegen an der Straße, die landeinwärts auf die Hauptstraße zuführt. An der belebten Hauptmeile von Choeng Mon gibt es viele Imbissoptionen, allerdings sind die Preise hier generell höher, selbst ohne Meerblick. Rund um den Big Buddha Beach, westlich von Choeng Mon, gibt's einige Restaurants und Cafés.

Ninja Crepes THAI $
(Karte S. 230; 4171 Beach Rd, Bo Phut; Hauptgerichte ab 80 B; ⏲9–21 Uhr) Die Besitzer dieses tollen Lokals wurden kürzlich aus ihrem lukrativen Restaurant in Chaweng verjagt, dafür haben sie jetzt einen schönen Blick aufs Meer. Die Location ist weniger gut besucht, deshalb ist es auch ruhiger. Es gibt Thai-Meeresfrüchtegerichte, Currys, Crepes, Suppen und klebrige Desserts.

★ **Salefino** MEDITERRAN $$
(Karte S. 230; ☎091 825 2190; www.salefinosamui.com; Hat Bang Rak; ⏲Mo–Fr 13–15 & 17–21, Sa 17–22.30 Uhr) Das neue Restaurant (eine Zweigstelle des Pepenero; S. 227) serviert köstliche Gerichte mit Meeresfrüchten, Pasta und Tapas mit einer starken Neigung zum Italienischen, einer guten Weinauswahl und einer hübschen Lage am Meer. Die Einrichtung des Salefino ist rustikal schick, abends beim Sonnenuntergang ist es hier besonders reizend.

Leonardo Gelateria Italiana GELATO $$
(Karte S. 230; ☎092 847 7385; Wat Phra Yai; ab 150 B; ⏲9–18 Uhr) Die kleine Gelateria ist nicht billig – 150 B für einen Becher Eis oder Sorbet – aber man wird durch 25 Eissorten in Versuchung geführt, und es ragt deutlich unter den enttäuschenden anderen Lokalen am Wat Phra Yai heraus. Man hat die Qual der Wahl zwischen Limone, Mango, Tiramisu, Pistazie, Kokosnuss, Brombeere, Passionsfrucht, dunkler Schokolade und vielem mehr.

★ **Barracuda** MEDITERRAN $$$
(Karte S. 230; ☎077 430003; www.barracuda-restaurant.com; The Wharf, Fisherman's Village; Hauptgerichte ab 575 B; ⏲18–23 Uhr) Mediterrane Geschmacksexplosionen, es ist aber nur abends geöffnet: Das Barracuda ist eine der besten Speisemöglichkeiten auf der Insel. Das romantische und verführerische Abendambiente ist fast so gelungen wie das kulinarische Angebot. Die Gäste werden hier von dem guten Service mit einem Menü aus gedünsteten Jakobsmuscheln, Gelbflossenthunfisch, Lammrücken, norwegischem Lachs und leckeren Pastagerichten verwöhnt und wohl genährt.

★ **Chez François** FRANZÖSISCH $$$
(Karte S. 230; ☎096 071 1800; www.facebook.com/chezporte; 33/2 Mu 1 Fischerdorf; Menü 1700–1950 B; ⏲Di–Sa18–23 Uhr) Im Chez Francois bestellt man nicht à la carte, aber sein hervorragender kulinarischer Ruf hat auf Ko Samui Wellen geschlagen. Es gibt ein dreigängiges Überraschungsmenü. Man kann einen Tisch reservieren, was man frühzeitig tun sollte, wenn man nur ein paar Tage auf Ko Samui weilt, da es eher klein ist. Man kann nur bar bezahlen.

Das Chez Francois versteckt sich hinter einer Holztür bei einer Apotheke.

★ **Zazen Restaurant** FUSION $$$
(Karte S. 230; ☎077 425085. 098 015 8986; Gerichte 540–900 B, Menü ab 1300 B; ⏲mittags & abends) Ein romantisches Abendessen im **Zazen Resort** (www.samuizazen.com) hat alles zu bieten: Meerblick, Kerzenlicht und gedämpfte Musik. Donnerstag- und Sonntagabend ab 20 Uhr beleben thailändische Tänzerinnen das Geschehen. Man sollte reservieren.

★ **Dining On The Rocks** FUSION $$$
(Karte S. 216; ☎077 245678; www.sixsenses.com/resorts/samui/dining; Choeng Mon; Festpreismenü ab 2800 B; ⏲17–22 Uhr) Beim entlegenen **Six**

Senses Samui wartet hoch über dem Golf Ko Samuis ultimative kulinarische Erfahrung auf neun freischwebenden Veranden. Nach Sonnenuntergang (und Wein) fühlt man sich, als würde man auf einer Holzbarke auf einem funkelnden Sternenmeer speisen. Alle Gerichte des Festpreismenüs werden von kreativen Köchen ersonnen, die regelmäßig mit Aroma, Konsistenz und Temperatur experimentieren.

Mae Nam & die Nordküste

In Mae Nam gibt es haufenweise Lokale, von Strandhütten aus Treibholz mit Palmendach, die einen Mix aus Thai-Küche, westlichem Essen und Meeresfrüchtegerichten servieren, bis zu gehobeneren Restaurants, die sich im Netz der von Lilienteichen gesäumten Sträßchen mehr im Inland befinden. Dies ist eine hübsche Gegend, um einfach herumzustromern und seine eigenen Entdeckungen zu machen. Auf keinen Fall sollte man sich Mae Nams **Straßenmarkt** (Karte S. 216; Mae Nam; ⏲ Do ab 17 Uhr) donnerstagabends entgehen lassen.

★ **Fish Restaurant** INTERNATIONAL $
(Karte S. 216; ☎ 087 472 4097; Rte 4169, Mae Nam; Hauptgerichte ab 50 B; ⏲ 11–23 Uhr) Das beliebte Lokal mit Holzboden bietet eine leckere Auswahl an thailändischen Meeresfrüchtegerichten, panasiatischen Speisen und internationalen Appetitanregern, serviert auf eleganten thailändischen Tischtüchern und zu vernünftigen Preisen, die einen ständigen Strom von Gästen anzieht. Die reizende Lage, ausgezeichnete Frühlingsrollen, köstliche Meeresfrüchte-Currys, gedünsteter Seebarsch und vieles mehr tun ihr Übriges.

Bang Po Seafood SEAFOOD $$
(Karte S. 216; Bang Po; Gerichte ab 100 B; ⏲ abends) Ein Test für die Geschmacksnerven: Das Bang Po Seafood gehört zu den ganz wenigen Inselrestaurants mit Ko-Samui-Traditionskost. So beinhalten die Gerichte z. B. rohe Seeigeleier, Baby-Tintenfische, Meerwasser, Kokosmilch und einheimische Gelbwurz.

★ **Pepenero** ITALIENISCH $$
(Karte S. 216; ☎ 077 963353; www.pepenerosamui.com; Mae Nam; Hauptgerichte ab 250 B; ⏲ Mo–Sa 18–22 Uhr) Das Pepenero ist an eine besser zugängliche Location in Mae Nam gezogen, sorgt aber nach wie vor für Aufsehen auf Ko Samui. Was dem ausgezeichneten und perfekt gestalteten italienischen Restaurant an Aussicht fehlt, macht es mit dem exzellenten Menü (darunter Bretter mit Käse und Aufschnitt) sowie mit der Fürsorge und der Aufmerksamkeit, die die sympathischen, hart arbeitenden Gastgeber ihren Gästen zuteil werden lassen, mehr als wieder wett. Unbedingt einplanen.

Gaon Korean Restaurant KOREANISCH $$
(Karte S. 216; Mae Nam; Hauptgerichte ab 180 B; ⏲ 15–23 Uhr) Direkt in China Town in Mae Nam bietet dieses exzellente Restaurant gegrilltes Fleisch, gegrillten Fisch und gedünstete Meeresfrüchte sowie koreanische Klassiker wie köstliches *bulgogi* (mariniertes Rindfleisch mit Pilzen und Möhren auf einer heißen Platte), Kimchi-Pfannkuchen, koreanisches Eis, ein Kindermenü und eine brutzelnde Auswahl für Vegetarier.

John's Garden Restaurant THAI $$
(Karte S. 216; ☎ 077 247694; www.johnsgardensamui.com; Mae Nam; Hauptgerichte ab 160 B; ⏲ 13–22 Uhr) In diesem entzückenden Gartenrestaurant stehen die Tische zwischen Bambus, Palmen und sorgfältig geschnittenen Hecken. Besonders romantisch wird es, wenn abends die Laternen angehen – deshalb sollte man vorab reservieren, aber nicht den Mückenschutz vergessen (normalerweise wird der auch gestellt, aber Vorsorge ist besser). Die Spezialität unter den thailändischen und europäischen Gerichten ist das leckere Massaman Chicken.

VERRÜCKT NACH KOKOSNÜSSEN

Es wird kaum jemanden überraschen, dass Ko Samuis berühmtestes Naturerzeugnis sich in vielen Gerichten wiederfindet. Morgens gibt es süße Kokosnuss-Marmelade auf das Croissant. *Wai kôo·a* ist ein würzig-saueres Kokoscurry mit Oktopus. *Tom Kha* ist eine wohlschmeckende Hühnersuppe aus Kokosmilch, Zitronengras, Zitronensaft, Ingwer, Fischsauce und Chilipaste. Das Massaman-Curry, das normalerweise mit Hühnchen, Rind oder Lamm gekocht wird, enthält ebenfalls Kokosnuss – das Fleisch köchelt in Gewürzen und Kokosmilch, um es nach dem Braten weicher zu machen. Häufig werden Meeresfrüchte über Kohle aus Kokosnussschalen gegrillt.

★ Farmer INTERNATIONAL $$$
(Karte S. 216; ☎ 077 447222; www.farmersboutiqueresort.com/restaurant; Mae Nam; Hauptgerichte 300–1500 B, Festpreismenü 250–340 B; ⏰ 7–22.30 Uhr) Das fantastische Farmer im gleichnamigen Boutiqueresort liegt traumhaft vor einem fotogenen Reisfeld mit grünen Hügeln in der Ferne und ist eine tolle Wahl, besonders wenn in einer sternklaren Nacht die Kerzen flackern. Das meist europäisch inspirierte Essen schmeckt gut und ist schön angerichtet. Das Farmer bietet einen kostenlosen Abholservice von den Stränden in der Nähe und das Personal ist sehr aufmerksam.

Na Thon & der Westen

An der ruhigen Westküste gibt es einige der besten Meeresfrüchtegerichte auf Ko Samui sowie einige der besten Ausblicke, vor allem bei Sonnenuntergang. In Na Thon hat man zwar eine große Auswahl, die Restaurants überzeugen allerdings nicht besonders. Dafür gibt es einen riesigen Tagesmarkt an der Th Thawi Ratchaphakdi.

Lucky INTERNATIONAL $$
(Karte S. 216; ☎ 077 420392; Na Thon; 100–250 B; ⏰ Mo–Sa 8–21, So 12–21 Uhr; 📶) Das Restaurant mit Meerblick serviert leckere und sättigende westliche Speisen und Thai-Gerichte und bietet sich an, wenn man direkt vom Boot kommt oder die Westküste hinauf reist. Vor allem wegen der Aussicht mit Sonnenuntergängen und dem freundlichen Service ist es durchaus zu empfehlen. Zudem gibt es eine gute Auswahl an vegetarischen Gerichten.

Big John's Seafood Restaurant SEAFOOD $$
(Karte S. 216; ☎ 077 485775; Lipa Noi; Hauptgerichte 150–300 B; 📶) In dem freundlichen Restaurant kann man beim Sonnenuntergang hervorragend Meeresfrüchtegerichte der Westküste genießen. Abends gibt's Live-Unterhaltung.

Phootawan Restaurant THAI $$
(Karte S. 216; ☎ 081 978 9241; Hauptgerichte ab 150 B; ⏰ 9–20.30 Uhr) Wer die Tortur auf sich nimmt, auf einem Roller den Hügel bis zu diesem Restaurant zu erklimmen, wird von

SALZ & GEWÜRZE IN DER SÜDTHAILÄNDISCHEN KÜCHE

Die südthailändische Küche ist zweifelsohne die schärfste regionale Variante im Land der scharfen Regionalküchen. Das Essen ist oft sehr salzig, und natürlich spielen Fisch und Meeresfrüchte eine große Rolle – von frischem Fisch, der gegrillt oder in Suppen gegeben wird, bis zu eingelegtem und fermentiertem Fisch, der in Form von Sauce oder Würze auf den Tisch kommt.

Zwei der wichtigsten Agrarprodukte sind Kokosnüsse und Cashews, und beide werden für viele Gerichte genutzt. Zu fast jeder Mahlzeit gehören ein Teller mit frischen Kräutern und Gemüse und ein pikanter „Dip" aus Garnelenpaste, Chilis, Knoblauch und Limette.

Zu den Gerichten, die Reisenden in Südthailand wahrscheinlich begegnen werden, gehören die folgenden:

Gaang đai þlah Ein sehr scharfes und salziges Curry mit *đai þlah* (gesalzener Fischmagen); schmeckt viel leckerer als es klingt.

Gaang sôm Diese sauer-scharfe Suppe, die als *gaang lěu·ang* (gelbes Curry) bekannt ist, bekommt ihre besondere Note durch Kurkuma.

Gài tôrt hàht yài Das berühmte frittierte Hähnchen aus der Stadt Hat Yai wird durch eine Marinade mit getrockneten Kräutern besonders aromatisch.

Kà·nŏm jeen nám yah Zu diesem Gericht aus dünnen Reisnudeln, die mit einer feurigen, curryartigen Sauce serviert werden, gehört ein Teller mit frischem Gemüse und frischen Kräutern.

Kôo·a glîng Das Hackfleisch mit einer Currypaste ist ein typisches südthailändisches Gericht.

Kôw yam Dieses Gericht ist ein berühmtes Frühstück und besteht aus Reis mit gehackten Kräutern, Bohnensprossen, getrockneten Garnelen, gerösteter Kokosnuss und gemahlenem rotem Chili. Es wird mit einer süß-sauren Sauce auf Fischbasis serviert.

Pàt sà·đor Das Gericht aus „stinkenden Bohnen" mit Shrimps, Knoblauch, Chilis und Shrimppaste ist scharf und hat einen kräftigen Geschmack.

den schönen Panoramablicken über die Bäume hinweg belohnt, das Essen ist allerdings eher Mittelmaß. Am Besten kommt man hierher, wenn die Sonne langsam versinkt.

Südküste

Sweet Sisters Cafe CAFÉ $
(Karte S. 216; Bang Kao; ⏲11–21 Uhr; 📶) Das charmante und gemütliche Café mit einem ansprechenden Innenraum direkt an der Straße im ruhigen Süden von Ko Samui, kurz vor der Abzweigung zur Bucht Ao Bang Kao Charming, ist ein einladender Ort für eine Pause mit Kaffee, Säften und Snacks, während man die Strände, Buchten und Pagoden an der Südküste erkundet.

★**Hemingway's on the Beach** THAI $$
(Karte S. 216; ☎088 452 4433; abseits der Rte 4170, Ao Thong Krut; Hauptgerichte ab 175 B; ⏲Sa, Mo, Di & Do 10–20, So 10–18 Uhr) Das Lokal am Strand an der Rte 4170, dort, wo diese nach Thong Krut einbiegt, bietet anregende Thai-Gerichte – sowie beliebte Kochkurse – und ist ein sehr guter Grund, die Südwestecke von Ko Samui zu besuchen. Hier locken frische Meeresfrüchte und der Ausblick, vor allem bei Sonnenuntergang. Das Hemingway's arrangiert zudem Longtail- und Schnellboottouren um die Inseln, nach dem Essen kann man sich vor Ort massieren lassen.

Ausgehen & Nachtleben

Seit das neue Gesetz in Kraft trat, dass alle Bars um 1 Uhr morgens schließen müssen, geht es auf der Insel nachts ruhiger zu als früher. Samuis größte Partyhochburg ist der aufgeweckte und lärmige Hat Chaweng. Dahinter rangieren Lamai und Bo Phut. Der Rest der Insel ist allgemein recht ruhig, da sich das Nachtleben dort normalerweise auf die Hausbars der Resorts beschränkt. Wer im Sonnenuntergang Cocktails schlürfen will, fährt an die Westküste oder Abschnitte der Nordküste.

Hat Chaweng

★**Drink Gallery** COCKTAILBAR
(Chaweng Beach Rd; Karte S. 220; ⏲16–1 Uhr) Die superstylische Design-Bar an der Chaweng Beach Rd gehört zum Library Hotel (S. 219) und serviert ausgezeichnete Cocktails. Hier geht's ums Sehen und Gesehenwerden, alternativ bewundert man bei tapasartigen Thai-Happen einfach die Kunstwerke im Innenraum.

NICHT VERSÄUMEN

„WALKING STREET" – NACHTMÄRKTE

Diese mit Lebensmitteln vollgepackten Straßenmärkte finden mindestens einmal die Woche statt und bieten Reisenden die Möglichkeit, verschiedene lokale Köstlichkeiten zu probieren, Geschenke zu kaufen und sich unter andere Traveller und Einheimische zu mischen. Sie beginnen meist um 16 Uhr und gehen bis gegen Mitternacht. Wer die Massen umgehen will, kommt vor 18 oder nach 22 Uhr. Taschendiebe sind allgegenwärtig.

Zum Zeitpunkt der Recherche galten die folgenden Öffnungszeiten, aber manche erwägen, öfter aufzubauen:

Ban Chaweng Montag bis Donnerstag und Samstag

Ban Lamai Sonntag

Ban Meanam Donnerstag

Bo Phut (Fisherman's Village) Freitag

Ban Choeng Mon Freitag

Bees Knees Brewpub BRAUEREI
(Karte S. 220; ☎085 537 2498; www.samuibrew.pub; Chaweng Lake Rd; ⏲15–1 Uhr) Das eher charmefreie Dekor und der nachlässige Service sind nicht preisverdächtig, aber das Bier (ab 120 B) – vor Ort gebraut – bekommt viel Lob. Es stehen fünf Sorten zur Wahl (Wheaty Bee, Summer Bee, Black Bee, Bitter Bee, Black-and-Tan) mit reichhaltigen und intensiven Aromen. Von der Bar sieht man durch ein Fenster direkt in die Brauerei nebenan.

Sawasdee Bar BAR
(Karte S. 220; Chaweng Beach Rd; ⏲Mo–Fr 17–24 Uhr) Aus dem blauen, umgebauten VW-Bulli werden fünfmal pro Woche Cocktails (99 B), Schnäpse (140 B), Bier (80 B) und Cocktail-Eimer (450 B) serviert, dazu gibt's Livemusik.

Ark Bar BAR
(Karte S. 220; ☎7–1 Uhr; www.ark-bar.com; Hat Chaweng) Drinks bekommt die Feiergemeinde an der bunten Bar, Gäste legen sich auf Liegen am Strand zurück, und die Party läuft Tag und Nacht. Feuershows beleuchten den Strand nach Sonnenuntergang und DJs legen ab nachmittags Housemusik auf.

Pride Bar SCHWULE & LESBEN
(Karte S. 220; ☎088 753 2921; Chaweng Beach Rd; ⏲17–2 Uhr) Im Herzen von Chaweng zieht

Bo Phut

Bo Phut

Sehenswertes
1 Fisherman's Village B2

Aktivitäten, Kurse & Touren
2 100 Degrees East C2
3 Red Baron D2
4 The Life Aquatic A2

Schlafen
5 Castaway Guesthouse B2
6 Eden B2
Hacienda .... (siehe 1)
7 Scent C2
8 W Retreat Koh Samui A1
9 Zazen A1

Essen
Barracuda .... (siehe 4)
10 Chez François B2
11 Leonardo Gelateria Italiana D1
12 Ninja Crepes B2
13 Salefino D1
14 Zazen Restaurant A2

Ausgehen & Nachtleben
Chez Isa .... (siehe 11)
Coco Tam's .... (siehe 4)
Woobar .... (siehe 8)

Shoppen
15 Fisherman's Village Walking Street (Straßenmarkt) B2

diese entspannte Bar ein gemischtes Publikum aus Thais und Ausländern an.

Hat Lamai & der Südosten

Lamai verfügt nicht über die Auswahl und die Qualität an Bars wie das benachbarte Chaweng, aber für all jene, die mehr Ruhe suchen, ist es ein wesentlich angenehmerer Ort für einen Drink. Es gibt viel weniger Girlie-Bars und die Preise sind etwas niedriger, aber insgesamt haben die Bars weniger Charakter.

Bear Cocktails BAR
(Karte S. 225; Lamai Beach Rd; ⏲17–2 Uhr) Das Bear ist keine traditionelle Bar, sondern ein launiger Freiluft-Cocktailstand an der Straße, der von netten jungen Frauen (Bear und Lek) geschmissen wird. Man holt sich einen Erdbeer-Daiquiri, schnappt sich einen Plastikstuhl und plaudert mit den anderen Gästen. Es liegt in der Nähe des McDonald's; Cocktails kosten 79 B.

Lava Lounge BAR
(Karte S. 225; ☎080 886 5035; Hat Lamai; ⏲16–2 Uhr) Die entspannte Lava Lounge ist eine der besseren Bars in Hat Lamai und wartete mit einer erfrischenden Cocktailkarte auf (99–150 B). Die Happy Hour geht von 16 bis 21 Uhr, dazu gehört ein Cocktail für 79 B.

Beach Republic BAR
(Karte S. 225; ☎077 458100; www.beachrepublic.com; 176/34 Mu 4, Hat Lamai; ⏲7–23 Uhr) Das Beach Republic, leicht zu erkennen an den klaffenden strohgedeckten Sonnendächern, könnte das Paradebeispiel eines Drehorts für eine TV-Show über alkohollastigen Strandurlaub sein. Es gibt Planschbecken, gemütliche Lounge-Sessel, eine ellenlange Cocktailkarte und sogar ein Hotel für diejenigen, die die Party nie verlassen wollen.

Der Sonntags-Brunch (11.30–15.30 Uhr) ist legendär.

Bo Phut & der Nordosten

★ Woobar BAR

(Karte S. 230; ☎077 915999; Bo Phut; ⏲11–24 Uhr; 📶) Die markante Lobbybar des W Retreat mit echtem Wow-Faktor und 270-Grad-Panoramen gibt dem Wort „schick" eine neue Bedeutung. Hierfür sorgen Sitzkisseninseln mitten in einem großen Infinity Pool, der sich bis zum unendlichen Horizont erstreckt. Zweifellos Ko Samuis bester Ort, um einen Sundowner bei coolen Musikmixes zu genießen.

★ Coco Tam's BAR

(Karte S. 230; Fisherman's Village; ⏲13–1 Uhr) Die Gäste können entweder in einer Schaukel an der Bar sitzen oder es sich in einem Sitzsack im Sand gemütlich machen, einen riesigen Cocktail bestellen, der in einem Einmachglas serviert wird, und an einer Shisha (Wasserpfeife; 500 B) ziehen. Es ist ein bisschen teuer, aber in dieser unkonventionellen, schicken Strandbar ist Relaxen angesagt. Besonders schön ist es, wenn die Sonne untergeht, und die Kokosnuss-Milchshakes sind unwiderstehlich. An den meisten Abenden treten Feuertänzer auf.

Chez Isa CAFÉ

(Karte S. 230; ☎082 423 9221; Wat Phra Yai; ⏲9.30–19 Uhr; 📶) In dem kleinen, reizenden und bunten Café gibt's keinen Alkohol (da der Wat Phra Yai daneben liegt), und es schließt früh, aber es ist ein wunderbarer Ort, um bei einem Mocktail den Sonnenuntergang zu bewundern oder tagsüber bei einem Kaffee mit Blick aufs Meer zu entspannen. Auch Schmuck kann man hier erwerben.

Na Thon & der Westen

Im Westen ist die Auswahl an Bars überschaubar, aber die paar, die es gibt, sind recht adrett. Ihr Vorzug ist die Perspektive Richtung Westen mit direktem Blick auf feurige Sonnenuntergänge über dem Golf.

★ Air Bar BAR

(Karte S. 216; Intercontinental Samui Baan Taling Ngam Resort, Taling Ngam; ⏲17–24 Uhr) Von der wundervollen, auf einem Kliff thronenden Freiluftbar in diesem protzigen Resort (S. 223) prostet man der untergehenden Sonne zu, während diese im goldenen Golf versinkt. Wer sich nicht zurückhalten kann und richtig essen will, wählt aus der ausgezeichneten Karte Tapas und Snacks. So ziemlich der romantischste Ort auf der ganzen Insel.

Nikki Beach BAR

(Karte S. 216; ☎077 914500; www.nikkibeach.com/kohsamui; Lipa Noi; ⏲11–23 Uhr; 📶) Das gefeierte Luxuslabel bringt internationalen Flair an Ko Samuis abgeschiedene Westküste. Es gibt alles: Haute Cuisine, schickes Dekor, Jetsetter und atemberaubende Sonnenuntergänge. Brunch- und Dinnerspecials mit verschiedenen Mottos locken die ganze Woche über viele Gäste an. Quartiere in eleganten Villen werden ebenfalls angeboten.

Max Murphys BAR

(Karte S. 216; Na Thon) Der lustige Irish Pub liefert alle üblichen Zutaten für eine gelungene Nacht: Premier League-Spiele, westliches und thailändisches Kneipenessen, Bier vom Fass (Guinness, Kilkenny, Hoegaarden), ein paar Craft-Biere, Cocktails und zuvorkommendes Personal. Es ist so irisch wie eine Schüssel Tom Yam-Suppe, aber nach ein paar Pints ist das auch egal.

Südküste

Buffalo Baby BAR

(Karte S. 216; Bang Kao) Ganz unten an der Südküste bei Ao Bang Kao erwacht diese spaßige Strandbar (geführt vom freundlichen Maurice) samstags ab 17 Uhr zum Leben, wenn die Bang Kao Walking Street, ein lebendiger Straßenmarkt mit Livemusik auf einer Bühne direkt im Sand, loslegt.

Feuershows erhellen gelegentlich den Sand und in der Bar legt samstags ein DJ auf. Der Walking-Street-Markt entwickelt sich immer weiter und wird dauernd größer, ruhig mal hingehen und nachsehen, was so los ist.

☆ Unterhaltung

Paris Follies Cabaret KABARETT

(Karte S. 220; Chaweng Beach Rd; ⏲20–24 Uhr) Das umwerfende und unterhaltsame Kabarett bietet jeden Abend um 20, 21, 22 und 23 Uhr einstündige *gà·teu·i*-Kabarettshows (auch *kàthoey* geschrieben) mit Transvestiten- und/oder Transgender-Künstlern an, die gleichermaßen von Männern und Frauen besucht werden. Der Eintritt ist frei, aber man muss ein Getränk kaufen (ab etwa 300 B).

Shoppen

★ **Central Festival** SHOPPINGZENTRUM
(Karte S. 220; Chaweng Beach Rd; ⌚11–23 Uhr) Die helle, glänzende und riesige Monster-Mall ist voller Läden, Cafés und Restaurants sowie zahllose chinesische Einkäufer. Es gibt tolle Shoppingmöglichkeiten und einige der Essensoptionen sind auch super. Für Kinder gibt's eine aufblasbare Rutsche.

Fisherman's Village Walking Street MARKT
(Karte S. 230; Fisherman's Village; ⌚Fr 17–23 Uhr) Jeden Freitagabend verwandelt der belebte und bunte Straßenmarkt Fisherman's Village in einen Wald aus spitzen Ellbogen, Marktständen, Street Food, Kunsthandwerk, T-Shirts und billigen Cocktails.

Thanon An Thong STRASSE
(Karte S. 216; Na Thon) Nur einen Block vom Pier Richtung Inland befindet sich diese hübsche Straße gesäumt von hölzernen Shophouses, chinesischen Laternen und Singvögeln in Käfigen. In den Souvenirshops bekommt man Produkte und Mitbringsel billiger und stressfreier als in Chaweng.

Island Books BÜCHER
(Karte S. 225; ☎061 193 2132; www.island-books-samui.com; abseits der Rte 4169; ⌚9–19 Uhr) Versteckt an einer Straße abseits der 4169 Richtung Lamai und geführt von Paul aus Liverpool bietet Island Books die größte Auswahl an gebrauchten Büchern – in fast jeder Sprache – auf der Insel. Es gibt eine kleinere **Zweigstelle** (⌚9–19 Uhr) in Lamai selbst.

Praktische Informationen

GEFAHREN & ÄRGERNISSE

Die Sirenen der Krankenwagen, die über die Straßen der Insel rasen, sind allgegenwärtig und ein klares Zeichen dafür, dass die Zahl der Verkehrstoten auf Ko Samui ziemlich hoch ist. Das liegt größtenteils an den vielen (unerfahrenen) Touristen, die Motorräder mieten und viel zu spät bemerken, dass die Kombination von kurvigen Straßen, tropischen Wolkenbrüchen, chaotischem Verkehr und Sand auf den Straßen tödlich sein kann.

An weniger besuchten Stränden muss man unbedingt auf Glasscherben achten – es ist unfassbar, wie viel zerbrochenes Glas da rumliegt. Am Strand in Na Thon findet man teilweise viele Glasscherben, aber auch an Stränden wie der Sandbank, die nach Ko Ma im Nordwesten der Insel führt, kann man gefährliche Stücke finden. Vorsichtig laufen und immer auf der Hut sein.

Das Meer von Samui kann wild sein, auch für gute Schwimmer, und es sind auch schon Leute ertrunken – vor allem in Chaweng und Lamai, wo es starke Strömungen gibt. Normalerweise weisen die Hotels mit Schildern oder Sturmflaggen auf Gefahren und Schwimmbedingungen hin. Wer in einen Brandungsrückstrom gerät (eine starke Oberflächenströmung, die einen Richtung Meer zieht), muss parallel zum Ufer schwimmen, um aus der Strömung zu gelangen, oder sich treiben lassen, bis der Sog sich in tieferem Wasser auflöst und man gerettet ist.

Strandhändler werden staatlich registriert und sollten nummerierte Jacken tragen. Bei nicht aufhörender Belästigung durch Händler sollte man sich Hilfe suchen.

> **ACHTUNG HUNDE!**
>
> Hunde sind überall auf der Insel – sie vermehren sich wie Kaninchen und können beißen. Das Samui Dog & Cat Rescue Centre (S. 215) passt auf sie auf, kastriert/sterilisiert Straßenhunde und impft sie gegen Tollwut (sie haben es weitestgehend unter Kontrolle, aber wer gebissen wird, sollte zum Arzt gehen), die Mitarbeiter haben alle Hände voll zu tun. Die bedrohlichen Hunde lungern in Rudeln bei den Tempeln und an den Stränden herum; vorsichtig sein und sie nicht streicheln.

GELD

Es gibt fast überall Geldautomaten. In den meisten Hotels und Restaurants werden Kreditkarten akzeptiert.

INTERNETZUGANG

WLAN gibt's in allen Unterkünften, Restaurants und Bars. Manche Spitzenhotels stellen es in Rechnung, aber in den mittleren und günstigen Pensionen ist es im Allgemeinen umsonst.

MEDIZINISCHE VERSORGUNG

Die vier privaten Inselkliniken liegen alle nahe Chawengs Tesco-Lotus-Supermarkt an der Ostküste, wo sich die meisten Touristen tummeln. Das staatliche Krankenhaus (Samui Hospital) in Na Thon ist seit ein paar Jahren deutlich besser, lässt aber immer noch zu wünschen übrig: Seine Finanzierung basiert auf Samuis offizieller Einwohnerzahl, welche die vielen illegalen Arbeiter aus Myanmar nicht erfasst.

Bangkok Hospital Samui (Karte S. 220; ☎077 429500, Notruf 077 429555; www.bangkokhospitalsamui.com) Zentral gelegenes und international anerkanntes Krankenhaus in Chaweng. Beste Option bei fast allen Gesundheitsproblemen.

Bandon International Hospital (Karte S. 216; ☎077 245236; www.bandonhospital

samui.com; abseits der Route 4169) Ein privates Krankenhaus mit internationalen Standards der Gesundheitsfürsorge.

Ko Samui Hospital (Karte S. 216; ☎ 077 913200; www.samuihospital.go.th/weben; Na Thon; ⌚ 24 Std.) Öffentliches, staatliches Krankenhaus im Süden von Na Thon.

Samui International Hospital (Karte S. 220; ☎ 077 300394; www.sih.co.th; Chaweng Beach Rd; ⌚ 24 Std.) Internationales Krankenhaus in Chaweng. Rettungsdienst rund um die Uhr und Annahme von Kreditkarten.

NOTFALL

Touristenpolizei (Karte S. 216; ☎ 077 430018; www.samui-tourist-police.com) Nützlich, wenn man Rat sucht oder verhaftet wurde.

POST

In mehreren Inselecken gibt's privat geführte Postfilialen, die jeweils eine kleine Bearbeitungsgebühr verlangen. Fast alle Unterkünfte verschicken frankierte und abgestempelte Post für Gäste.

RECHTSFRAGEN

Die thailändische Polizei lässt Ausländer weitestgehend in Ruhe, aber die Drogengesetze werden teilweise strikt umgesetzt und die Strafen für den Besitz von Drogen können hart sein.

Wird man wegen einer Straftat verhaftet, gestattet einem die Polizei einen Anruf. Sich gegen die Verhaftung zur Wehr zu setzen, macht alles nur noch schlimmer.

Man sollte unbedingt immer eine Kopie des Reisepasses oder des Personalausweises mit sich tragen, da man sich vor der Polizei ausweisen können muss. Obwohl man viele Motorrad- oder Rollerfahrer ohne Helm sieht, ist dieser gesetzlich vorgeschrieben.

Die Touristenpolizei kann in rechtlichen Dingen eine große Hilfe sein.

TOURISTENINFORMATION

Es gibt kein offizielles Touristenbüro auf der Insel. Touristeninformationen findet man in Hotels und Reisebüros.

Siam Map Company (www.siammap.com) Gibt vierteljährig Broschüren heraus, darunter einen Spa-Führer, einen Restaurant-Führer und ein jährliches Verzeichnis mit Tausenden von Unternehmen und Hotels auf der Insel. Die *Samui Guide Map* ist ausgezeichnet, kostenlos und überall auf der Insel zu finden.

VISAVERLÄNGERUNGEN

Das neue Büro der **Einwanderungsbehörde** (Karte S. 216; ☎ 077 423440; Soi 1 Mu 1, Mae Nam; ⌚ Mo–Fr 8.30–16.30 Uhr) liegt südlich der Rte 4169 in Mae Nam. Die Beamten tendieren dazu, Visa eher minimal als maximal zu verlängern. Es liegt besser und ist größer als die früheren Büros in Na Thon, aber die Verlängerung kann trotzdem noch ohne eine konkrete Begründung abgelehnt werden.

Es gibt die Option, drei Monate bis ein Jahr an einem Thai-Sprachkurs auf der Insel teilzunehmen, was einem ein Studentenvisum für die Länge des Aufenthalts garantiert.

ℹ An- & Weiterreise

FLUGZEUG

Ko Samuis **Flughafen** (www.samuiairportonline.com) liegt im Nordosten der Insel, nahe dem Big Buddha Beach.

Bangkok Airways (www.bangkokair.com) verbindet etwa alle 30 Minuten Ko Samui mit Bangkoks Suvarnabhumi International Airport (65 Min.). Bangkok Airways fliegt auch direkt von Samui nach Phuket, Pattaya, Chiang Mai, Singapur, Kuala Lumpur, Hongkong und andere Städte in Südostasien. Bangkok Airways fliegt auch nach Chéngdū und Guǎngzhōu in China. **Bangkok Airways** (Karte S. 220; ☎ 077 420512, 077 420519; www.bangkokair.com) ist am Hat Chaweng und am Flughafen zu finden. Der erste und letzte Flug des Tages (6 bzw. 22 Uhr) kosten am wenigsten.

In der Hauptsaison heißt's möglichst rechtzeitig reservieren, da Flüge nach Ko Samui dann oft ausgebucht sind. Falls Letzteres der Fall ist, kann man theoretisch ab Bangkok nach Surat Thani fliegen und dort eine kurze Fahrt mit der Fähre zur Insel machen. Im Vergleich zu Direktflügen nach Samui sind Flüge nach Surat Thani generell günstiger, aber wesentlich stressiger.

SCHIFF/FÄHRE

Auf dem Festland fungieren Ao Ban Don, Don Sak, Chumphon und Tha Thong (zentrales Surat Thani) als Haupthäfen in Richtung Ko Samui. Tha Thong und Don Sak werden am häufigsten genutzt. Auf Samui legen die meisten Fähren in Na Thon, Mae Nam und Big Buddha Beach an bzw. ab. Schnellfährentickets beinhalten oft Gratis-Shuttles per Wassertaxi.

Zum Festland

Zwischen Ko Samui und Don Sak auf dem Festland fahren regelmäßig Fähren.

Die Schnellfähre **Lomprayah** (☎ 077 4277 656; www.lomprayah.com) legt in Na Thon (400 B; 8, 9.45, 12.45 & 15.30 Uhr) ab und fährt 45 Minuten. Bei einigen Fahrten hat man auch Anschluss zum Bahnhof in Phun Phin (600 B), um nach Surat Thani zu gelangen.

Zudem gibt's die langsamere, aber regelmäßige Autofähre **Raja** (Karte S. 216; ☎ 022 768211-2, 092 274 3423-5; www.rajaferryport.com; Erw. 130 B; 90 Min.) nach Don Sak, die in Thong Yang startet. Das langsame Nachtboot nach Samui (300 B) fährt jeden Abend um 23 Uhr im Zentrum von Surat Thani ab und erreicht

Na Thon gegen 5 Uhr. Um 21 Uhr tritt es die Rückfahrt von Na Thon an und erreicht das Festland gegen 3 Uhr. Auf dem Boot auf das Gepäck achten!

Die Fähren von Lomprayah starten auch am Pralarn Pier in Mae Nam Richtung Chumphon (1100 B; 8 & 12.30 Uhr; 3¾ Std.).

Nach Ko Pha-Ngan & Ko Tao

Täglich verkehren fast ein Dutzend Fähren zwischen Ko Samui und Thong Sala an der Westküste von Ko Pha-Ngan und viele davon fahren weiter nach Ko Tao. Sie starten in Na Thon, dem Pralarn Pier in Mae Nam oder am Pier des Big Buddha Beach, benötigen 20 bis 60 Minuten pro Tour und kosten je nach Fähre pro Fahrt 200 bis 300 B nach Ko Pha-Ngan.

Auf direktem Weg nach Hat Rin geht es mit der *Haad Rin Queen*, die viermal täglich zwischen Hat Rin und Big Buddha Beach (das erste Boot fährt vom Hat Rin um 9.30 Uhr ab und vom Big Buddha Beach ab 10.30 Uhr) hin- und herfährt. Nach der Vollmondparty ist sie doppelt so häufig unterwegs und fährt noch zusätzlich um 7.30 Uhr am selben Tag. Die Überfahrt dauert 50 Minuten und kostet 200 B. Die letzte Fähre legt vom Big Buddha Beach um 18.30 Uhr ab.

Nach Hat Rin und zu den entlegeneren Stränden von Ko Pha-Ngan geht es einmal täglich mit dem kleinen, klapprigen *Thong Nai Pan Express*. Er startet um 12 Uhr in Mae Hat auf Ko Samui, fährt nach Hat Rin und dann die Ostküste hinauf und stoppt an allen Stränden bis hinauf zum Thong Nai Pan Noi. Je nach Fahrtziel kosten die Tickets 200 bis 400 B. Bei schlechtem Wetter fährt das Boot nicht.

BUS & ZUG

Eine Kombination aus Bus und Fähre ist für den Weg nach Ko Samui praktischer als ein Paket aus Zugfahrt und Fähre, denn so muss man in Phu Phin nicht das Verkehrsmittel wechseln. Die Züge sind allerdings sehr viel komfortabler und geräumiger, besonders nachts. Wer den Zug vorzieht, sollte in Chumphon aussteigen und den restlichen Weg mit dem Lomprayah-Katamaran zurücklegen.

Mehrere Anbieter offerieren Kombitickets für Bus und Fähre. Am schnellsten und komfortabelsten ist der Lomprayah-Service, der täglich um 6 und 21 Uhr in Bangkok startet und um 8 und 12.30 Uhr von Ko Samui nach Bangkok fährt. Die gesamte Fahrt dauert zwischen 11 und 14 Stunden und kostet zwischen 1400 B und 1450 B.

Unterwegs vor Ort

Achtung: Wenn man auf Ko Samui unterwegs ist, sieht man überall Schilder, die die Distanz zu bestimmten Bars, Restaurant oder Hotels anzeigen. Für diese Hinweisschildern gilt die Faustregel, dass 300 m etwa 1 km entsprechen.

AUTO & MOTORRAD

Fast alle Resorts auf der Insel vermieten Motorräder und Roller. Die übliche Tagesgebühr für einen Roller liegt zwischen 150 und 200 B, aber bei längerer Mietdauer sollte man versuchen, einen besseren Preis auszuhandeln. Normalerweise muss man seinen Pass als Pfand aushändigen (bei der Planung beachten, dass man den in manchen Hotels ebenfalls benötigen könnte). Benzin wird teilweise in Flaschen zu 40 B pro Liter zum Verkauf angeboten, aber an den Tankstellen ist es viel billiger.

Wer sich für ein Leihmotorrad entscheidet, sollte unbedingt nach einem Schutzhelm mit Plastikvisier fragen, um sich zu schützen, sowie langsam fahren. Wer keinen internationalen Führerschein hat, kann bei einem Unfall Probleme mit der Versicherung bekommen.

MINIBUSSE

Sŏrng·tăa·ou (Minibusse) verkehren tagsüber regelmäßig. Da die Fahrpreise saisonal schwanken und zudem von den Chauffeuren gern künstlich erhöht werden, ist es ratsam, Dritte nach den aktuellen Standardtarifen zu fragen. Von Strand zu Strand geht's für ca. 50 B, über die halbe Insel für maximal 100 B. Fünf Minuten per Motorradtaxi kosten etwa 20 B.

TAXIS

Zahllose Taxis machen einen effektiven Überblick recht schwer und die Fahrpreise sind im Vergleich zu Bangkok maßlos überzogen. Taxis

ABZOCKE BEI MOTORRÄDERN

Selbst wenn man unbeschadet von einer Motorradtour zurückkommt, gibt es Läden, die behaupten, man hätte das Mietfahrzeug beschädigt, und versuchen, dafür eine beträchtliche Geldsumme zu verlangen. Am besten vermeidet man das, indem man zahlreiche Fotos vom Fahrzeug macht, wenn man es ausleiht und darauf achtet, dass die Person, die das Fahrzeug verleiht, dies auch sieht – wenn der Verleiher weiß, dass man Fotos hat, ist es weniger wahrscheinlich, dass er falsche Anschuldigen erhebt.

Wenn er trotzdem Forderungen stellt, sollte man ruhig bleiben. Ein Wutanfall verbessert die eigene Position auch nicht und könnte zur Eskalation des Streits führen.

Wenn die Lage wirklich eskaliert, sollte man die Touristenpolizei (S. 233) rufen, nicht die normale Polizei.

zum Flughafen kosten üblicherweise ca. 500 B. Manche Reisebüros in Hat Chaweng organisieren günstigere Minibusse.

Ko Pha-Ngan เกาะพงัน

12 500 EW.

Ende der 1970er-Jahre war Ko Pha-Ngan noch ein unberührtes Paradies, das Wagemutige anlockte. Seine unschuldigen Tage sind vielleicht schon lange vorbei, aber das sollte einen nicht abschrecken: Diese Golfinsel bietet viel mehr als die Vollmondpartys, die sie berühmt gemacht haben.

Wer sich die ruhigeren Tage im Mondkalender oder die kleineren, aber immer noch wilden Halbmondpartyzeiten für einen Besuch aussucht, erlebt den wahren Charme der Insel. Außerdem ist es leichter, ein Zimmer zu bekommen, die Preise sind vernünftiger und es sind viel weniger Besucher auf der Insel, was mehr Einsamkeit und Ruhe bedeutet. Sogar Hat Rin – Partyhochburg bei Vollmond – ist zu anderen Zeiten ruhig und entspannt, und die Strände sind sauber.

Die ruhigsten Monate sind April bis Juni, wenn die Insel einen Gang langsamer fährt – eine ideale Zeit für einen Besuch mit niedrigeren Preisen, weniger Ellbogen pro Quadratkilometer und sichereren Straßen.

Sehenswertes

Neben den wilden Vollmondpartys hält der große Dschungel im Inland spektakuläre Naturschönheiten bereit, darunter bewaldete Berge, Wasserfälle, unberührten Wald, einen Nationalpark sowie einige der spektakulärsten Strände Thailands. Und wenn der Mond nicht gerade voll ist, ist die Insel ein weitgehend friedlicher und gelassener Ort.

Wer einen der 20 Wats auf Ko Pha-Ngan besuchen möchte, sollte unbedingt daran denken, die Strandklamotten gegen angemessene Kleidung zu tauschen. Die meisten Tempel sind von Sonnenaufgang bis Sonnenuntergang geöffnet.

Hat Than Sadet STRAND

(Karte S. 236) Die Motorroller-Tour von Thong Sala, Ao Thong Nai Pan oder Ban Tai zu dem von Kokospalmen umgebenen schönen Strand Hat Than Sadet lohnt sich. Man läuft den reizenden Sandstreifen entlang, überquert die Brücke am südlichen Ende zu den Mai-Pen-Rai-Bungalows und folgt den Felsen um die Landzunge herum zum Strand Hat Thong Reng. An beiden Stränden kann man gut baden.

Hat Thong Reng STRAND

(Karte S. 236) Der kleinere, sehr abgelegene Strand Hat Thong Reng auf Ao Thong Reng liegt hinter der Landzunge im Süden des großen Bruders Hat Than Sadet. Es ist ein hübscher Sandstreifen, an dem man gut schwimmen kann. Um ihn zu erreichen, folgt man den großen Felsen im südlichen Teil des Hat Than Sadet, dabei sollte man aber auf den Weg achten.

Nam Tok Phaeng WASSERFALL

(Karte S. 236) Der Nam Tok Phaeng steht unter Nationalparkschutz. Nach einer kurzen, aber anstrengenden Wanderung ist dieser Wasserfall eine angenehme Belohnung. Hinter dem Wasserfall (außerhalb der Saison trocken) klettert man weitere 15 Minuten einen Pfad mit vielen Wurzeln hoch (entlang des Phaeng-Domsila-Naturlehrpfads) zum fantastischen **Aussichtspunkt Domsila** (Karte S. 236). Die zwei- oder dreistündige Wanderung verläuft dann in einer Schleife weiter durch den Dschungel, vorbei an anderen Wasserfällen, bevor man wieder an den Ausgangspunkt zurückkehrt. Unbedingt Wasser und gute Schuhe mitbringen.

Ko Pha-Ngans größter Yang-Na-Yai-Baum BAUM

(Karte S. 236) Bei Wat Pho ragt Ko Pha-Ngans größter Yang Na Yai (*Dipterocarpus Alatus*; ยางนา) in den Himmel, der auf dem Weg zum Minitempel Wat Nok (ein kleiner Schrein versteckt im Grünen) einen Abstecher absolut wert ist. Die gigantischen Baumriesen werden mehr als 50 m hoch und sind für Baumliebhaber wahre Schönheiten. Dieses imposante Exemplar ist oft mit bunten Bändern geschmückt.

Hat Khuat STRAND

(Bottle Beach; Karte S. 236) Dieser wunderschöne Sandstreifen, über dem sich grüne Hügel erheben, eignet sich bestens für einen entspannten Bade- und Schnorcheltag, und die Bungalow-Anlagen am Strand laden zum Übernachten ein. Von Ban Chalok Lam, einem Fischerdorf im Norden der Insel, kann man wunderbar hierher wandern – also ausreichend Wasser mitbringen und den Flaschen auf Pfosten folgen, die den Weg markieren. Man erreicht den Strand aber auch mit einem Strandtaxi von Ban Chalok Lam oder Thong Nai Pan.

Deang Waterfall WASSERFALL

(Karte S. 236) In Than Sadet rauscht eine Kette von Wasserfällen zum Strand Ao Thong

Ko Pha-Ngan

Reng, und der hier ist der schönste. Der Deang bietet eine Reihe von Fällen, einen Pool zum Schwimmen und viele Klettermöglichkeiten. Manchmal sieht man sogar Leute, die sich in den Hauptstrom wagen und auf den Felsen vom herabstürzenden Wasser abkühlen lassen. Den Schildern folgen.

Secret Beach STRAND
(Hat Son; Karte S. 244) Nicht wirklich geheim – diese palmengesäumte Bucht mit weichem Sand (alias Hat Son) eine steile Straße runter im Nordwesten der Insel ist ein toller Ort, um Sonnenuntergänge zu bewundern, aber ein Besuch lohnt zu jeder Tageszeit. Um die ganze Stimmung einzufangen, steigt man im Haad Son Resort (S. 243) ab oder genießt einen Cocktail in der Dämmerung in der Secret Beach Bar (S. 251). Hier kann man auch sehr gut schwimmen.

Hat Wai Nam STRAND
(Karte S. 236) Der kleine weiße Sandstrand schlängelt sich zwischen Hat Thian und Hat Yao an der eher abgelegeneren Ostküste entlang. Den winzigen Hat Wai Nam erreicht man zu Fuß von Hat Rin auf dem Pfad den Berg hoch, aber das ist der lange Weg (man braucht mindestens 4 Std.), darum ist es empfehlenswert, mit dem Longtail-Boot herzukommen. Belohnt wird man mit einem einsamen Strand und großartigem Wasser.

Hat Thian STRAND
(Karte S. 236) Hat Thian ist ein schöner, relativ leerer, naturbelassener Strand im Osten, zugänglich nur per Boot oder Wanderung von Hat Rin (S. 237). Vom **Hat Yuan** (Karte S. 236) ist man zu Fuß über den Felsvorsprung in unter zehn Minuten da. Die längere Route von Hat Rin (der Wanderweg hierher startet nördlich von Hat Rin Nok) dauert über zwei Stunden, aber es kann heiß werden – d. h.: unbedingt was zu Trinken einpacken.

Hat Yao (East) STRAND
(Karte S. 236) Dieser hübsche weiße Sandstrand ist nur zu Fuß oder per Boot erreich-

Ko Pha-Ngan

Sehenswertes

1 Deang Waterfall ... D2
2 Aussichtspunkt Domsila ... B3
3 Guanyin-Tempel ... B2
4 Hat Khuat ... C1
5 Hat Than Sadet ... D2
6 Hat Thian ... D4
7 Hat Thong Reng ... D2
8 Hat Wai Nam ... D3
9 Hat Yao (East) ... D3
10 Hat Yuan ... D4
11 Ko Pha-Ngan's größter Yang-Na-Yai-Baum ... C3
12 Nam Tok Phaeng ... B3
13 Wat Phu Khao Noi ... B3

Aktivitäten, Kurse & Touren

Apnea Koh Pha Ngan ... (siehe 15)
14 Chalok Lam to Bottle Beach Trek ... B1
15 Chaloklum Diving ... B1
16 Sail Rock Divers ... B1

Schlafen

17 Anantara Rasananda ... C1
18 Bamboo Hut ... D4
Barcelona ... (siehe 18)
19 Day Lounge & Resort ... C4
Boom's Cafe Bungalows ... (siehe 19)
20 Bottle Beach II ... C1
21 Chills Resort ... A2
22 Divine Comedie ... B3
23 Fantasea ... B1
24 Kupu Kupu Phangan Beach Villas & Spa by l'Occitane ... A3
25 Longtail Beach Resort ... C2
Loyfa Natural Resort ... (siehe 21)
26 Mac Bay ... C3
Mai Pen Rai ... (siehe 5)
Mandalai ... (siehe 15)
Pariya Resort & Villas ... (siehe 18)
27 Sanctuary ... D3
28 Smile Bungalows ... C1

Essen

Bamboo Hut ... (siehe 18)
Bubba's Coffee Bar ... (siehe 22)
29 Crave ... A2
30 Fabio's ... C3
Fisherman's Restaurant ... (siehe 22)
31 JJ's Restaurant ... A2
Sanctuary ... (siehe 27)

Ausgehen & Nachtleben

32 Amsterdam ... A3
Flip Flop Pharmacy ... (siehe 25)
33 Three Sixty Bar ... B1
34 Viewpoint Bar ... C4

bar, was ihm eine umwerfende Atmosphäre von Abgeschiedenheit gibt. Die meisten Besucher kommen mit dem Boot, da man für den 7 km langen Bergpfad von Hat Rin gut vier bis fünf Stunden braucht – nicht loslaufen, wenn es schon dunkel wird.

Guanyin-Tempel BUDDHISTISCHER TEMPEL
(Karte S. 236; 40 B; ⏲7–18 Uhr) Dieser faszinierende chinesische Tempel, laut Ausschilderung „Goddess of Mercy Shrine Joss House", ist Guanyin gewidmet, der buddhistischen Göttin der Gnade. Der chinesische Name des Tempels (普岳山) auf dem Eingangstor bezieht sich auf die Insel in China, die der Legende nach die Heimat der Göttin ist. Die farbenfrohe Haupthalle – die Große Schatzhalle – beherbergt verschiedene Bodhisattvas, darunter Puxian (auf einem Elefanten) und Wenshu (auf einem Löwen).

Hat Rin Nok STRAND
(Sunrise Beach; Karte S. 248) Alias Sunrise Beach, alias Full Moon Party Beach – und trotzdem ist dieser Sandstreifen (man könnte denken) überraschenderweise einer der saubersten und angenehmsten Strände von Ko Pha-Ngan. Der Großteil der Einnahmen aus den monatlichen Partyeintrittsgeldern wird dafür eingesetzt, den Sand zu reinigen und den Strand wieder aufzuhübschen. Sein Ruf als Partyhochburg hält viele Leute fern, darum ist er beizeiten erstaunlich menschenleer.

Wat Phu Khao Noi BUDDHISTISCHER TEMPEL
(Karte S. 236; ⏲Sonnenaufgang–Sonnenuntergang) GRATIS Der Wat Phu Khao Noi nahe dem Krankenhaus in Thong Sala ist der älteste Tempel der Insel. Während Traveller den ganzen Tag über hineinkommen, sind die Mönche nur morgens anwesend.

Aktivitäten

Ko Pha-Ngan hat viele Aktivitäten zu bieten, von Tauchen über Wandern bis zu Kajakfahren, Schnorcheln, Schwimmen und mehr.

Wander- und Schnorcheltagestouren zum Ang Thong Marine National Park starten normalerweise in Ko Samui, aber Reiseveranstalter holen Gäste auch von hier ab.

Viele größere Unterkünfte organisieren Jetskis und Kajaks.

Tauchen & Wassersport

Ko Pha-Ngan erfreut sich einer ruhigeren Tauchszene als das benachbarte Ko Tao, aber es gibt ausreichend professionelle, preisgünstige Tauchanbieter mit Anfänger- bis Profikursen und sogar Freitauchen.

Seit einer Preissenkung können die örtlichen Tarife für Open-Water-Zertifikate mit denen von Ko Tao mithalten. Zudem sind die Gruppen auf Ko Pha-Ngan meist kleiner, da generell weniger Taucher hierherkommen. Empfehlenswerte Tauchschulen sind **Haad Yao Divers**, **Lotus Diving**, **Chaloklum Diving** und **Apnea Koh Pha Ngan** fürs Freitauchen.

Wie die anderen Inseln des Samui-Archipels ist auch Pha-Ngan von mehreren kleinen Riffen umgeben. Beliebtester Schnorchelspot ist ganz klar das nordwestlich gelegene Eiland **Ko Ma**, das von einer charmanten Sandbank mit Ko Pha-Ngan verbunden wird. Auf der östlichen Inselseite gibt's zudem einige interessante Felsriffe.

Für Taucher interessant ist Ko Pha-Ngans Nähe zum mächtigen **Segelfelsen** (Hin Bai) ca. 14 km weiter nördlich: Am besten Tauchspot im Golf von Thailand tummeln sich Walhaie. Zwischen 10 und 30 m Tiefe offenbart sich eine riesige Vielfalt von Korallen und großen Tropenfischen. Hinzu kommt ein vertikal durchschwimmbarer Felsschacht namens „**Chimney**" (Kamin).

Ko Taos Tauchanbieter besuchen auch den Segelfelsen. Ihr Schwerpunkt liegt aber häufiger auf anfängerfreundlichen Flachriffen und den tiefen Gewässern beim Chumphon-Felsen. Die beliebtesten Optionen ab Ko Pha-Ngan sind Tagestouren, die den Chumphon-Felsen, den Segelfelsen und einen weiteren lokalen Top-Tauchsport besuchen. Diese Ausflüge über drei Stationen (3650–4000 B) beinhalten ein komplettes Mittagessen. Segelfelsen-Touren mit zwei Tauchgängen kosten 2500 bis 2800 B.

Apnea Koh Pha Ngan TAUCHEN

(Karte S. 236; ☎092 380 1494; www.apneakohphangan.com; Chalok Lam; ab 1600 B) Freitauchen wird immer beliebter auf Ko Pha-Ngan und dies ist der bekannteste Anbieter der Insel mit Kursen, die am Segelfelsen stattfinden. Ein eintägiger Einführungskurs kostet 4000 B (max. 12 m Tiefe), der zweitägige Standardkurs kostet 7000 B (max. 20 m Tiefe). Der Profikurs kostet 35 000 B.

Sail Rock Divers TAUCHEN

(Karte S. 236; ☎077 374321; www.sailrockdiversresort.com; Ban Chalok Lam; ab 3500 B) Der beliebte und professionelle Anbieter Sail Rock Divers hat einen schönen 3 m tiefen Pool, Bungalowunterkünfte (900–1600 B) sowie ein Restaurant in Chalok Lam. Die Kurse reichen von Anfänger bis Fortgeschrittene.

Chaloklum Diving TAUCHEN

(Karte S. 236; ☎077 374025; www.chaloklum-diving.com; ab 1000 B; ⏲6–20 Uhr) Eines der bewährteren Tauchzentren an der Hauptstraße von Ban Chalok Lam. Die Ausrüstung ist von guter Qualität und die Betreiber bieten einen hohen Standard in allem, was sie tun: Tauchen, Freitauchen, Nachttauchen oder Schnorcheln.

Haad Yao Divers TAUCHEN

(☎086 279 3085; www.haadyaodivers.com; ab 1400 B) Dieser Tauchveranstalter (gegründet 1997) hat sich seinen soliden Ruf mit Sicherheitsstandards und Kundenservice nach europäischem Maßstab erarbeitet. Preislich startet es bei 1400 B für einen Strandtauchgang bei Hat Yao, aber es gibt eine große Auswahl an Kursen und Optionen.

Wake Up WASSERSPORT

(☎087 283 6755; www.wakeupwakeboarding.com; ab 1200 B; ⏲Jan.–Okt.) In seiner kleinen Wassersportschule in Chalok Lam gibt Jamie sein unendliches Wakeboarding-Wissen an Anfänger weiter. Eine Viertelstunde „Fliegen" kostet 1200 B – angesichts des Einzelunterrichts ein tolles Preis-Leistungs-Verhältnis. Kneeboarding, Wakeskating, Wakesurfing and Wasserskilaufen sind auch im Angebot.

Trekking

Fast 90 % von Ko Pha-Ngan ist von unberührtem tropischen Wald bedeckt, davon sind satte 40 % geschützter Nationalpark, der eine Fülle von Wildtieren ein Zuhause bietet. Wer in einsameren Gegenden wandert, sollte unbedingt viel Wasser und Sonnencreme mitnehmen.

Zu den beliebten Wandertouren gehören der Chalok Lam to Bottle Beach Trek und die hügelige Wanderung vom Hat Rin zum Hat Yuan, Hat Thian und dann zum Hat Yao (Osten). Die Route hinauf zum Aussichtspunkt Domsila und weiter über den Wasserfall Nam Tok Phaeng ist ebenfalls eine tolle Wanderung, die man nicht verpassen sollte. Von hier kann man weiter zum Khao Ra wandern, mit 625 m der höchste Berg auf der Insel. Aber: Flip-Flops gegen ordentliche Wanderschuhe austauschen!

Chalok Lam to Bottle Beach Trek WANDERN

(Karte S. 236) Longtail-Boote fahren nach Osten von Chalok Lam zum Bottle Beach, aber man kann die 5 km auch wandern, wobei man sich am besten früh morgens auf den Weg machen sollte, um die Mittagshitze zu umgehen. Der Weg startet direkt am Ende der Straße von Chalok Lam, die den Berg hinaufführt, und ist mit Flaschen gekennzeichnet. Man braucht etwa eine Stunde, aber bei nassem Wetter sollte man die Tour verschieben, denn es kann rutschig werden.

In den Läden von Chalok Lam sollte man sich vor dem Aufbruch über die Bedingungen informieren. Auf der anderen Seite kehren Longtail-Boote zurück nach Chalok Lam oder man fährt mit dem Boot weiter nach Thong Nai Pan.

Kurse

The Phangan Thai Cooking Class KOCHEN

(Karte S. 242; ☎087 278 8898; Thong Sala; 1200–1500 B) An der Hauptstraße in Thong Sala liegt diese nette Schule, geleitet vom freundlichen Chef Oy. Die Zutaten werden erst zusammen auf dem Markt ausgesucht, bevor es dann in der Küche richtig losgeht.

C&M Vocational School SPRACHE, GESUNDHEIT & WOHLBEFINDEN

(Karte S. 244; ☎077 349233; http://thaiculture.education; Ban Sri Thanu) Die große Berufsschule überbrückt mit ihren Kursen in Thailändisch, Kochen, Yoga und Massage die riesige Kluft zwischen den schrillen Vollmondpartys auf Ko Pha-Ngan und der Thai-Kultur.

Schlafen

Ko Pha-Ngans legendäre Tradition der lockeren Partys hat ihren Ruf als Hochburg des einfachen Backpacker-Lifestyles zementiert. Trotzdem haben viele Säulen des örtlichen Tourismus in jüngster Zeit ihre Bambushütten abgerissen und neue, schickere Unterkünfte errichtet.

Doch Backpacker können unbesorgt sein: Es wird noch ein Weilchen dauern, bis der Robinson-Lebensstil verschwindet.

Viele Unterkünfte haben eine Mindestaufenthaltsdauer von drei, vier oder fünf Tagen während der Vollmondzeit, an Weihnachten und Neujahr.

Hat Rin

Die schmale Halbinsel Hat Rin verfügt über drei getrennte Strände. Der schöne hellgelbe Hat Rin Nok (Sunrise Beach) ist das Epizentrum des Vollmondgetümmels, der Hat Rin Nai (Sunset Beach) ist ein weniger eindrucksvoller Sandstreifen auf der gegenüberliegenden Seite der kleinen Landzunge, und der Hat Seekantang (auch bekannt als Hat Leela), gleich südlich vom Hat Rin Nai, ist ein netter kleiner Strand mit weißem Sand und mehr Privatsphäre. Die drei Strände sind durch Ban Hat Rin (Hat-Rin-Stadt) verbunden, eine Ansammlung von Restaurants, Hotels und Bars. Von einem Strand zum nächsten sind es zu Fuß nur ein paar Minuten.

Während der Vollmondpartys erlebt Hat Rin die größte Unterkunftskrise Thailands. Dann verlangen viele Bungalowbetreiber einen Mindestaufenthalt von meist fünf Tagen. Wer erst am Tag der Party (oder selbst am Tag zuvor) anreisen will, sollte unbedingt ein Zimmer im Voraus buchen, sonst muss er vielleicht am Strand schlafen (was allerdings so oder so passieren könnte, entweder beabsichtigt oder nicht). Inzwischen gibt es eine an Viehwaggons erinnernde Art von Schlafsälen, in denen eine kaum vorstellbare Zahl an Betten in kleine, dunkle Räume gestopft wird und es nur ein paar Gemeinschaftstoiletten gibt.

Vollmondsüchtige können auch auf Ko Samui oder an anderen Stränden von Ko Pha-Ngan übernachten und mit dem Schnellboot zur Party fahren – der Preis hängt von der Entfernung ab, aber das Geld, das man spart, wenn man woanders als in Hat Rin übernachtet, macht das sicher wett. Auf gar keinen Fall sollte man während der Partyzeit auf Ko Pha-Ngan ein Fahrzeug steuern, jeden Monat ereignen sich blutige und oft tödliche Unfälle.

Die Zimmerpreise steigen üblicherweise bei Vollmond um 20 % bis 300 %.

Seaview Sunrise BUNGALOW $

(Karte S. 248; ☎077 375160; www.seaviewsunrise.com; Hat Rin Nok; Zi. 500–1400 B; ❄📶) Preisbewusste Vollmondfans, die möglichst nah am Meer schlafen wollen, sollten hier buchen (allerdings beträgt der Mindestaufenthalt während des Vollmondwahnsinns 5 Tage). Manche der Hütten hinten im Dschungel sind zwar düster und muffig, aber die soliden Bungalows am Strand sind hell und mit poliertem Holz ausgestattet. Sie blicken auf eine Reihe von Kokospalmen und das Meer.

Same Same PENSION $

(Karte S. 248; ☎077 375200; www.same-same.com; Ban Hat Rin; B 400 B, Zi. 650 B; ❄📶) Das sympathische Same Same wird von den zwei dänischen Backpackern Christina und Heidi geführt und bietet schlichte, aber helle Zimmer und viel Partyspaß während des Vollmond-Wahnsinns. Außerhalb dieser Zeit versinkt die Pension in Lethargie, aber es ist eine gute Zeit für einen Aufenthalt. Das Restaurant und die Bar sind solide.

Lighthouse Bungalows BUNGALOW **$**
(Karte S. 248; ☎077 375075; www.lighthousebungalows.com; Hat Seekantang; Bungalow 400–1000 B; ❄📶) Diese versteckte Schlafstätte auf den Felsen südlich von Hat Rin bietet einfache Zimmer mit gutem Preis-Leistungs-Verhältnis und Ventilator sowie Bungalows mit Klimaanlage und tollem Meerblick. Es gibt ein Restaurant bzw. einen Gemeinschaftsbereich mit vielen Kissen und in der Hauptsaison Yogakurse. Um zur Anlage zu gelangen, folgt man dem hölzernen Bohlenweg südöstlich vom Hat Leela. Eine Warnung für alle, die das nicht mögen: Hier finden jeden Monat Technopartys statt.

Tommy Resort RESORT **$$**
(Karte S. 248; ☎077 375215; www.tommyresort.com; Hat Rin Nok; Zi. inkl. Frühstück 2200–8500 B; ❄📶🏊) Diese trendige Adresse im Herzen von Hat Rin bietet eine gute Balance zwischen Boutique-Chic und heiterem Flashpacker-Stil mit Standardzimmern, Bungalows und Villen mit Pool. An blühenden Bäumen vorbei geht es zu einem entzückenden weißen Sandstreifen. Der Pool in der Mitte ist azurblau gefliest, das Personal hilfsbereit und zuvorkommend. Alle Zimmer haben Klimaanlage, Kühlschrank und Safe.

Delight PENSION **$$**
(Karte S. 248; ☎077 375527; www.delightresort.com; Ban Hat Rin; Zi. 800–6400 B; ❄📶🏊) Im Zentrum von Hat Rin bietet das freundliche Delight angenehme Quartiere in einem Gebäude im Thai-Stil, das subtil mit Designerelementen (wie Wandgemälde von Pfauen) geschmückt ist und zwischen einem einladenden Swimmingpool und einer idyllischen Lagune voller Seelilien eingebettet liegt.

Pha-Ngan Bayshore Resort RESORT **$$$**
(Karte S. 248; ☎077 375224; Hat Rin Nok; Zi. 2300–6000 B; ❄@📶🏊) Das saubere und gepflegte hotelartige Resort zielt auf die stetig wachsende Schar von Flashpackern in Hat Rin ab. Das Personal ist auf Zack und freundlich – beeindruckende Strandausblicke und ein riesiger Swimmingpool machen es zu einer der Top-Adressen am Sunrise Beach, vor allem wenn man ein Sonderangebot erwischt.

Sarikantang Resort & Spa RESORT **$$$**
(Karte S. 248; ☎077 375055; www.sarikantang.com; Hat Seekantang; Bungalow inkl. Frühstück ab 2400 B; ❄📶🏊) Die cremefarbenen Hütten mit Pfosten und Türbalken aus Teakholz verteilen sich zwischen schwingenden Palmen und bröckelnden, geflügelten Statuen an einem der schönsten Strandabschnitte von Hat Rin. Im zugehörigen Spa kann man sich bei Sonnenuntergang verwöhnen.

The Coast RESORT **$$$**
(Karte S. 248; ☎077 951567; www.thecoastphangan.com; Hat Rin Nai; 3700–10 800 B; ❄📶🏊) Das dunkelgraue, spitzwinklige Resort steht an einem schmalen, aber guten Strandabschnitt abseits des Partytrubels. Die schicken Zimmer sind innen mit poliertem Beton gestaltet und die Betten schmücken weiße Laken. Vom Infinity Pool blickt man aufs Meer und der Service ist traumhaft. Hip, cool und minimalistisch, aber doch gemütlich.

WÜRFELQUALLEN

In den Gewässern vor Ko Pha-Ngan, Ko Samui und Ko Tao gibt es verschiedene Arten von giftigen Quallen, darunter Scheibenquallen, Hydrozoen und Würfelquallen. Die berüchtigtste ist die Würfelqualle, eine wirbellose Nesseltierart, deren Stich – mit einem starken Gift, das Nervensystem, Herz und Hautzellen angreift – zum Tode führen kann. Das Wassertier wird bis zu 3 m lang und ist benannt nach der würfelartigen Form seines Körpers. Der Stich der Qualle kann so schmerzhaft sein, dass der Schwimmer in einen Schockzustand gerät und ertrinkt, bevor er das Ufer erreicht. Nach heftigen Regenfällen sind diese Nesseltiere zahlreicher im Meer anzutreffen.

Auf Ko Pha-Ngan und Ko Samui gibt es die meisten Todes- und Fast-Todesfälle durch Würfelquallen in Thailand. Manche Strände, wie der Hat Rin Nok, sind mit Stationen ausgerüstet, die vor der Gefahr warnen sowie eine Flasche mit ganz normalem Essig bereithalten, den man für 30 Sekunden auf die betroffene Körperstelle auftragen muss. Unbedingt vermeiden, die Einstichstelle zu kratzen oder zu reiben.

Ban Khai bis Ban Tai

Das Wasser bei Ban Tai ist seicht und oft trüb, besonders in der Nebensaison, aber die Übernachtungspreise sind, verglichen mit anderen Gegenden der Insel, recht günstig. Zudem ist man nah bei Thong Sala und nach Hat Rin ist es nicht allzu weit.

Auch die Strände von Ban Khai sind nicht die malerischsten der Insel, doch die Unterkünfte sind preiswert, zudem lockt der Blick auf den Ang Thong Marine National Park (S. 270) in der Ferne.

An diesen Stränden finden neben den Vollmondpartys noch viele andere Partys statt, sodass es in der Regel nicht weit bis zum nächsten alkoholgeschwängerten Trubel ist, selbst wenn das eigene Resort einen ruhigen Eindruck macht.

Boom's Cafe Bungalows BUNGALOWS $
(Karte S. 236; ☎081 979 3814; www.boomscafe.com; Ban Khai; Bungalow 600–1000 B; ❄) Im Boom's fühlt man sich wie beim Besuch seiner thailändischen Familie, von der man nie etwas wusste. Die superfreundliche und hilfsbereite Besitzerin Nok kümmert sich um all ihre Gäste und pflegt alles liebevoll. Keinen kümmert es, dass es keinen Pool gibt, da die Brandung bis fast an die Türschwelle rollt. Es liegt in der östlichsten Ecke von Ban Khai, nahe von Hat Rin.

V-View Beach Resort BUNGALOW $$
(Karte S. 242; ☎077 377436; Bantai Rd; Zi. 600–2100 B; ❄📶🏊) Über diesem ruhigen Strandresort weht ein leichter Hauch von Einsamkeit, und auch wenn das Meer hier etwas morastig sein kann, es gibt reichlich Hängematten und einen schönen Pool, ordentliche Bungalows und einen hilfsbereiten Besitzer.

★ **Divine Comedie** RESORT $$$
(Karte S. 236; ☎077 377869, 080 885 8789; www.divinecomedyhotel.com; Ban Tai; Zi. 2700–4300 B, Suite 4500–5600 B; ❄📶🏊) Ein umwerfender Mix aus dem chinesischen Stil der 1920er-Jahre und vielleicht mexikanischer Hacienda-Architektur mit einer Farbpalette, die zwischen Mint und Ocker wechselt – das funktioniert nicht nur, das betört geradezu. Die Boutique-Oase verfügt über 15 Optionen (10 Bungalows, 5 Zimmer). Die Juniorsuiten haben Dachterrassen, die Standardzimmer kleine Balkone, und der lange Infinity Pool führt zum schmalen Strand. Keine Kinder unter zwölf.

Bay Lounge & Resort RESORT $$$
(Karte S. 236; ☎077 377892; www.thebayphangan.com; Ban Khai; Bungalow inkl. Frühstück 1800–3200 B; ❄📶🏊) Eine schicke intime Option an einem kleinen weißen Privatstrand, der von Felsbrocken und Dschungel eingerahmt wird. Die Bungalows verschmelzen mit ihrer natürlichen Umgebung und wirken innen wegen des speziellen Betons und der modernen Kunst sehr urban. Das Resort liegt auf halbem Weg zwischen der Vollmondparty in Hat Rin und der Halbmondparty in Ban Khai und bietet Transport zu beiden. Check-out-Zeit ist erst um 13 Uhr.

Milky Bay Resort RESORT $$$
(Karte S. 242; ☎077 332762; www.milkybaythailand.com; Ban Tai; Bungalow 1800–13 200 B; ❄@📶🏊) Verschiedene Bungalows im Stil des minimalistischen Schicks mit getönten Fenstern verstecken sich im Schatten hoher Bambushaine auf einem Boden aus Baumrinde und Holzspänen. Ein traumhaftes Bild in Ban Tai. Zudem gibt's einen überdachten Swimmingpool, eine Sauna, ein Fitnessstudio und Tischtennis.

Mac Bay BUNGALOW $$$
(Karte S. 236; ☎077 238443; Ban Khai; Bungalow 1200–8500 B; ❄📶🏊) Im angenehmen Mac Bay in Ban Khai, wo die Black Moon Party (wieder mal muss der Mond als Entschuldigung herhalten, dass Ko Pha-Ngan durchdreht) stattfindet, sind selbst die preiswerteren Bungalows picobello. Zur Bierzeit sucht man sich ein Fleckchen auf dem Sand und guckt zu, wie die Sonne Schatten über den entfernten Inseln des Ang Thong Marine National Park tanzen lässt.

Thong Sala

Der Strand von Thong Sala ist eigentlich nur eine Fortsetzung von Ban Tai, die Sandflächen sind hier aber etwas breiter und liegen günstig in Gehweite der größten Stadt von Ko Pha-Ngan mit ihren Restaurants und Dienstleistungen.

★ **Coco Garden** BUNGALOW $
(Karte S. 242; ☎077 377721, 086 073 1147; www.cocogardens.com; Thong Sala; Bungalow 450–1100 B; ❄📶) 🍃 Das großartige Coco Garden, eine der besten Budgetunterkünfte an der Südküste, ist bei Backpackern superbeliebt und sticht die Resorts in der Nähe aus: gepflegtes Gelände, 25 saubere Bungalows und eine ausgezeichnete Strandbar, wo Hängematten warten und ein Restau-

Thong Sala

Thong Sala

Aktivitäten, Kurse & Touren
1 The Phangan Thai Cooking Class B2

Schlafen
2 B52 Beach Resort B2
3 Baan Manali Resort A1
4 Charu Bay Villas C2
5 Coco Garden B2
6 Hacienda Resort B2
7 Lime n Soda B2
8 Milky Bay Resort D2
9 V-View Beach Resort C2

Essen
10 Ando Loco B2
Dots .... (siehe 12)
11 Fat Cat A2
12 Lebensmittelmarkt A1
13 Nira's A1
14 Satimi A1
15 SOHO A1

Ausgehen & Nachtleben
16 Hub A1

Unterhaltung
17 Moonlight Cinema B1

Shoppen
18 Lilawadee A1
19 Straßenmarkt Thong Sala A2

rant am Strand Frühstück, Mittagessen und Abendessen mit Aussicht serviert.

Hacienda Resort BUNGALOW **$**
(Karte S. 242; ☎077 238825; www.beachresorthacienda.com; Thong Sala; B 300 B, Zi. 500–1500 B; ❄📶🏊) Das schicke und zweckmäßige Hacienda bietet hübsche, blau-weiß gestrichene Bungalows, Zimmer in zweistöckigen Blocks weiter unten und Schlafsäle mit Klimaanlage am Strand. An der Bar am Swimmingpool kann es abends allerdings laut werden. Es gibt ein Büro der Phangan International Diving School und ein Open-Air-Fitnessstudio.

Lime n Soda RESORT **$$**
(Karte S. 242; ☎077 332721; www.limesodathailand.com; Thong Sala; Bungalow 700–2300 B; ❄📶🏊) In diesem soliden und ordentlichen Resort in Thong Sala verstecken sich einfache, saubere geflieste Bungalows im Schatten von Bambuspflanzen und Kokospalmen an einem Deich oberhalb des Strandes.

Baan Manali Resort BUNGALOW **$$$**
(Karte S. 242; ☎077 377917; www.baan-manali.com; Thong Sala; Bungalow 2000–3300 B; ❄📶🏊) Das gut geführte Baan Manali mit seinen 14 ruhigen, sauberen Bungalows, die wunderschön unter Kokospalmen versteckt liegen, ist eine angenehme und entspannende Wahl. Es gibt einen Infinity Pool und ein ausgezeichnetes Restaurant und die Action in Thong Sala ist auch nicht weit weg.

Charu Bay Villas VILLA **$$$**
(Karte S. 242; ☎084 242 2299; www.charubayvillas.com; Ao Bang Charu; Villa & Studio 1490–9900 B; ❄📶) Diese komplett ausgestatteten Villen in der Bucht von Ao Bang Charu, südöstlich von Thong Sala, lohnen sich preislich (vor allem für Gruppen), zusätzlich gibt's auch ein modernes Fitnessstudio am Meer

sowie eine Villa mit zwei Schlafzimmern, Blick auf den Garten und Dachterrasse. Die Beachfront Villa hat drei Schlafzimmer und einen großen Whirlpool und beherbergt locker bis zu zehn Personen.

B52 Beach Resort BUNGALOW $$$
(Karte S. 242; www.b52-beach-resort-phangan.info; Thong Sala; Bungalow 1500–5000 B; ❄ 📶 🏊) Die Bungalows im thailändischen Stil sind mit viel Stroh, polierten Betonböden und rustikalen Baumstämmen, die zum Meer führen, ausgestattet. Es erinnert alles ein wenig an *Familie Feuerstein*, das Personal ist nett und es gibt einen Pool.

Ao Nai Wok bis Ao Sri Thanu

An diesem windigen Küstenstreifen an der Westküste in der Nähe von Thong Sala finden sich Resorts und kleine Strände zwischen Wäldern aus Mangroven. Es gibt hier zwar nicht viel Sand, doch die Preise sind günstig und die Sonnenuntergänge eindrucksvoll.

Loyfa Natural Resort BUNGALOW $$
(Karte S. 236; ☎077 349022; www.loyfanaturalresort.com; Ao Sri Thanu; Zi. 750 B, Bungalow 1300–3100 B, Villa ab 3825 B; ❄ 📶) Loyfa bekommt Bestnoten für sein freundliches, thailändisches Personal, das Französisch spricht, die entzückenden Gärten, die robusten Hütten mit beeindruckendem Meerblick und die zwei Swimmingpools (einen für den Sonnenaufgang, den anderen für den Sonnenuntergang). Moderne Bungalows säumen die Landspitze bis zu einem privaten Stückchen aschgrauen Strandes. Die preiswertesten Zimmer sind in einem Hotelblock untergebracht.

Chills Resort RESORT $$
(Karte S. 236; ☎089 875 2100; www.chillsresort.hotel.phanganbungalows.com; Ao Sri Thanu; Zi. 1000–2300 B; ❄ 📶 🏊) Die schlichten, aber modernen Zimmer des Chills Resort, das an einem herrlichen, abgeschiedenen Strandabschnitt voller Felsvorsprünge nördlich der Ao Hin Kong liegt, erfreuen sich alle eines friedlichen Meerblicks (vor allem bei Sonnenuntergang) sowie einer frischen Brise und bekommen viel Sonne ab.

★ **Kupu Kupu Phangan Beach Villas & Spa by l'Occitane** RESORT $$$
(Karte S. 236; ☎077 377384; www.kupuphangan.com; Ao Nai Wok; Villa ab 8500 B; ❄ 📶 🏊) Das gehobene Resort im Bali-Stil ist mit seinen Lilienteichen, den hohen Palmen, einem Pool wie aus einem Luxusmagazin, einem Spa, Felsen, die den Strand säumen, und atemberaubenden Westküsten-Sonnenuntergängen eines der entzückendsten Refugien der Insel. Die tollen Holzvillen verfügen über Pools und geräumige, elegante Innenräume.

Paragon Spa Resort BUNGALOW $$$
(Karte S. 244; ☎090 982 5276; www.paragonsparesort.com; Ban Sri Thanu; Bungalow 1750–12 000 B; ❄ @ 📶 🏊) Dieses Mini-Refugium mit nur sieben unterschiedlichen Zimmern kombiniert Dekor- bzw. Stilelemente der alten Völker der Khmer, Indiens und Thailands, ohne moderne Annehmlichkeiten zu vernachlässigen. Die Zimmer oben haben Balkone.

Hat Yao & Hat Son

Am Hat Yao, einem der belebteren Strände an der Westküste, kann man gut schwimmen, es gibt viele Resorts und ein paar Extra-Services wie Geldautomaten und Lebensmittelgeschäfte. Hat Son ist ein ruhiger, kleinerer Strand und die angenehme Abgeschiedenheit vermittelt das kribbelnde Gefühl, ein großes Geheimnis entdeckt zu haben.

Shiralea BUNGALOWS $
(Karte S. 244; ☎080 719 9256; www.shiralea.com; Hat Yao; B 275 B, Bungalow 645–1400 B; ❄ 📶 🏊) Die frisch wirkenden Bungalows am Pool sind zwar einfach, aber die Schlafsäle mit Klimaanlage sind toll und die Atmosphäre lustig und gesellig. An der Bar in der Anlage wird Fassbier ausgeschenkt. Zum Strand sind es etwa 100 m. Alle paar Wochen füllt sich das Shiralea mit Studentengruppen aus Contiki.

Haad Son Resort & Restaurant RESORT $$
(Karte S. 244; ☎077 349104; www.haadsonresort.net; Hat Son; Bungalow 1875–6750 B; ❄ @ 📶 🏊) Die Zimmer hier sind ganz unterschiedlich und reichen von großen, älteren Holzbungalows mit Terrassen am Hang bis zu Suiten und Zimmern aus poliertem Beton am Strand. Die abgeschiedene Lage am Strand ist spektakulär und wird noch unterstrichen durch eines der elegantesten Strandrestaurants der Insel, das auf einer mit Regenwald und Felsen bedeckten Halbinsel mit Meerblick steht. Bei Vollmond beträgt der Mindestaufenthalt drei Tage.

Hat Son

Hat Son

Sehenswertes
1 Secret Beach ... A2

Aktivitäten, Kurse & Touren
2 C&M Vocational School ... A3

Schlafen
3 Cookies Salad ... B1
4 Green Papaya ... B1
5 Haad Son Resort & Restaurant ... A2
6 Haad Yao Bay View Resort ... B2
7 Haad Yao High Life ... A2
8 Paragon Spa Resort ... A3
9 Salad Hut ... B1
10 Shiralea ... B2
11 Tantawan Bungalows ... A2

Essen
12 Peppercorn ... B1
13 Pura Vida ... B2

Ausgehen & Nachtleben
14 Belgian Beer Bar ... A3
Secret Beach Bar ... (siehe 1)

Tantawan Bungalows BUNGALOW $$
(Karte S. 244; ☎077 349108; www.tantawanbungalow.com; Hat Son; Bungalow 600–2500 B; ❄ 🏊) Das entspannte, angenehme Teakholznest aus elf Bungalows mit Ventilatoren, Klimaanlage und schönem Pool versteckt sich zwischen Dschungelpflanzen, bietet aber wunderbare Aussichten. Allerdings ist es mit Gepäck ein steiler Aufstieg.

Haad Yao High Life BUNGALOW $$$
(Karte S. 244; ☎077 349114; www.haadyaohighlife.com; Hat Yao; Bungalow mit Klimaanlage 1500–3200 B; ❄ 📶 🏊) Die 25 Bungalows verschiedener Formen und Größen des High Life stehen zwischen Palmen auf einem großen Granitfelsen und bieten eine spektakuläre Aussicht vom Infinity Pool auf das azurblaue Meer weit unten. Das Personal ist höflich und zuvorkommend.

Haad Yao Bay View Resort RESORT $$$
(Karte S. 244; ☎077 349141; www.haadyao-bayviewresort.com; Hat Yao; Zi. & Bungalows inkl. Frühstück ab 1500–4000 B; ❄ @ 📶 🏊) Diese Ansammlung von Bungalows und hotelartigen Unterkünften auf der nördlichen Landspitze des Hat Yao gleicht einer tropischen Fata Morgana. Die Auswahl an Übernachtungsoptionen ist riesig, empfehlenswert sind aber die winzigen Zimmer direkt über dem Meer, die ein gutes Preis-Leistungs-Verhältnis bieten. Mehr Luxus findet man in den Bungalows mit Meerblick oben auf dem Hügel.

Hat Salad

Das Meer an diesem hübschen Strand an der Nordwestküste ist flach und blau, und am südlichen Ende liegen oft einige fotogene Longtail-Boote. Der Strand hat ein leicht rustikales Flair – abends kommen die hiesigen Fischer, um bei Sonnenuntergang ihre Netze auszuwerfen –, kann aber mit vielen Einrichtungen und komfortablen Unterkünften aufwarten.

Cookies Salad RESORT $$$
(Karte S. 244; ☎083 181 7125, 077 349125; www.cookies-phangan.com; Hat Salad; Bungalow 1700–3300 B; 📶 🏊) In diesem Resort an einem steilen Hang kann man in Hängematten entspannen. Die privaten Bungalows im Bali-Stil verteilen sich rund um einen zweistufigen Pool, der in vielen Blautönen funkelt. Ihre fransigen Strohdächer und die dichte tropische Vegetation sorgen für ein gewisses rustikales Flair, doch es mangelt nicht an Komfort. Alle hier sind superfreundlich und die Anlage ist immer schnell ausgebucht.

Salad Hut BUNGALOW $$$
(Karte S. 244; ☎077 349246; www.saladhut.com; Hat Salad; Bungalow 2200–5000 B; ❄ @ 📶 🏊)

Die kleine Gruppe von einem Dutzend Bungalows im Thai-Stil ist vollkommen bodenständig, teilt sich aber einen Strand mit deutlich gehobeneren Optionen. Die Brandung ist nur einen Steinwurf entfernt, der Pool ist allerdings ziemlich klein. Die Gäste können von ihrer lackierten Teakholzveranda oder der Strandbar aus bewundern, wie die Sonne sanft in den goldenen Wellen untergeht.

Green Papaya BUNGALOW $$$
(Karte S. 244; ☎ 077 374230; www.greenpapayaresort.com; Hat Salad; Bungalow 4100–10 400 B;) Die Bungalows aus poliertem Holz auf der ruhigen, eleganten Anlage stechen am schönen Strand von Hat Salad sofort ins Auge, aber die Preise hier sind ziemlich gesalzen.

Ban Chalok Lam (Chaloklum) & Hat Khom

Das kleine und ruhige Fischerdorf Ban Chalok Lam im Norden der Insel ist eine Ansammlung von Teakhäusern und -hütten, die langsam von europäisch angehauchten Bäckereien und authentischen italienischen Restaurants sowie Cafés in russischem Besitz unterwandert wird. *Sŏrng·tăa·ou* fahren die Route von hier nach Thong Sala für etwa 150 B pro Person.

Fantasea BUNGALOW $
(Karte S. 236; ☎ 089 443 0785; www.fantasea-resort-phangan.info; Chalok Lam; Bungalow mit Ventilator/Klimaanlage ab 600/1200 B;) Das freundliche Fantasea weit weg vom Vollmondwahnsinn auf der anderen Seite der Insel ist eine der besseren von mehreren familiengeführten Bungalowanlagen am ruhigen, östlichen Ende von Chalok Lam. Davor befindet sich ein schmaler Strand, an dem man ganz gut schwimmen kann, und es gibt einen erhöhten Restaurantbereich im Thai-Stil, der zum Entspannen einlädt.

Mandalai HOTEL $$$
(Karte S. 236; ☎ 077 374316; www.mandalaihotel.com/web2014; Chalok Lam; Zi. 2000–3000 B;) Das kleine entzückende Boutiquehotel (mit Spa), in dem es nur Zimmer gibt, thront still über den niedrigen Hütten von Chalok Lam. Durch die raumhohen Fenster blickt man auf die orangefarbenen Fischerboote in der Bucht, und es gibt einen kleinen, aber einladenden Swimmingpool im Haupthof, nur ein paar Schritte vom Sand entfernt.

Hat Khuat (Bottle Beach)

Die abgelegene Düne im Norden der Insel hat sich einen Ruf als ruhiges Refugium gemacht und ist darum inzwischen ziemlich beliebt. Mit einem Taxi-Longtail-Boot kommt man je nach Auslastung des Bootes für 100 bis 150 B nach Chalok Lam; man kann auch laufen, sollte aber unbedingt auf dem Weg bleiben und die Mittagssonne vermeiden. Die zweistündige Route wurde mithilfe von Flaschen auf Bäumen markiert. Wasser und Insektenschutzmittel nicht vergessen und rechtzeitig vor der Dunkelheit den Rückweg antreten.

Smile Bungalows BUNGALOW $
(Karte S. 236; ☎ 085 429 4995; www.smilebungalows.com; Hat Khuat; Bungalow 520–920 B; Nov. geschl.) Am westlichen Ende des Strandes bietet das familienbetriebene Smile wahre Abgeschiedenheit und Ruhe sowie eine Auswahl an Holzhütten mit Ventilatoren, die an einem bewaldeten Hügel stehen. Die zweistöckigen Bungalows (920 B) sind besonders reizend.

Bottle Beach II BUNGALOW $
(Karte S. 236; ☎ 081 537 3833; Bottle Beach/Hat Khuat; Bungalow 500–1500 B; Nov. geschl.;) An der östlichen Ecke des Strandes bieten diese einfachen, türkisen Bungalows den idealen Ort zum Entspannen – solange man kann und wenn man nicht so anspruchsvoll ist. Es gibt aber auch ein paar neue moderne Familienbungalows und das Restaurant ist auch in Ordnung.

Thong Nai Pan

Die zwei runden Buchten im Nordosten gehören zu den abgelegensten, aber trotzdem lebhaften Stränden der Insel. Ao Thong Nai Pan Yai (*yai* bedeutet „groß") ist die Südhälfte, wo es ein paar ausgezeichnete Budget- und Mittelklasseunterkünfte gibt, und Ao Thong Nai Pan Noi (*noi* bedeutet „klein") ist Ko Pha-Ngans exklusivster Strand. Beide Buchten sind toll zum Schwimmen und Wandern. Ein Taxi von einem zum andern kostet etwa 100 B. Die Straße von Thong Sala nach Thong Nai Pan ist inzwischen sehr gut.

Longtail Beach Resort BUNGALOW $
(Karte S. 236; ☎ 077 445018; www.longtailbeachresort.com; Thong Nai Pan; Bungalow mit Ventilator/Klimaanlage ab 690/990 B;) Versteckt am hübschen Südende von Thong Nai Pan

am Waldrand – und weit weg vom Vollmondwahnsinn in Full Moon Ko Pha-Ngan – wartet das Longtail mit charmanten Backpackerunterkünften mit Stroh- und Bambusdächern auf, die den Weg durch einen üppigen Garten säumen. Zudem gibt es viele Optionen für größere Gruppen und Familien. Der Sand ist fantastisch und die üppige, grüne Umgebung umwerfend.

Anantara Rasananda RESORT **$$$**
(Karte S. 236; ☎ 077 956660; http://phangan-rasananda.anantara.com; Ao Thong Nai Pan Noi; Villa ab 11000 B; ❄ @ ≋) Man könnte meinen, man wäre plötzlich auf Ko Samui gelandet. Das beeindruckende Fünf-Sterne-Luxus-Resort im Sand mit Doppelvillen – viele mit privaten Tauchbecken – präsentiert einen cleveren Mix aus moderner Ästhetik und traditionellem Design. Das hervorragende Anantara-Management gewährleistet, dass der Service erstklassig ist.

Ostküste

An den recht abgeschiedenen Stränden Hat Thian und Hat Yuan in der Nähe der Südostspitze der Insel gibt es ein paar Bungalowanlagen. Der Fußweg zwischen den beiden Stränden führt über die felsige Landspitze, die sie trennt, und dauert keine zehn Minuten.

Zu den Stränden geht's vom Hat Rin mit einem gecharterten Longtail-Boot (300–400 B) oder mit einem Boot des gebuchten Resorts. Eine unbefestigte Straße nach Hat Yuan ist für Fahrzeuge mit Allradantrieb befahrbar, allerdings nur in der Trockenzeit, und selbst dann ist die Fahrt übers Meer viel einfacher.

Bamboo Hut BUNGALOW **$**
(Karte S. 236; ☎ 087 888 8592; Hat Yuan; Bungalow 400–1000 B;) Das Bamboo Hut liegt wunderbar auf der felsigen Landspitze, die zum Hat Yuan und nach hinten auf das coole, freundliche Hippiedorf im Dschungel zeigt. Es ist sehr beliebt für Yoga-Auszeiten, Meditationstreffs und zur absoluten Entspannung. Die kleinen Bungalows aus dunklem Holz haben Terrassen, das Restaurant bietet eine wunderbare Aussicht und annehmbares Essen.

Barcelona BUNGALOW **$**
(Karte S. 236; ☎ 077 375113; Hat Yuan; Bungalow 400–700 B) Am südlichen Ende vom Hat Yuan ziehen sich diese alten, klapprigen Holzbungalows mit Ventilatoren und Balkonen und teilweise Hängematten hinter einem Palmengarten den Hang hinauf und bieten schöne Aussichten. Der Preis hängt von der Aussicht ab, doch abgesehen von der Größe sind die Unterschiede nicht sehr groß, also ruhig einfach einen preiswerteren nehmen.

Mai Pen Rai BUNGALOW **$$**
(Karte S. 236; ☎ 093 959 8073; www.thansadet.com; Than Sadet; Bungalow 683–1365 B;) Das reizende, ruhige Refugium beim Fluss am Südende des geruhsamen Than Sadet zaubert Gästen automatisch ein friedliches Lächeln aufs Gesicht. Die Bungalows stehen zwischen denen des benachbarten Plaa auf der hügeligen Landspitze – manche direkt auf den Felsen am Meer – und sind mit Strohflechtarbeiten und Giebeldächern verziert. Familienbungalows und ein freundliches Restaurant vor Ort runden das Ganze ab.

★ **Sanctuary** BUNGALOWS **$$$**
(Karte S. 236; ☎ 081 271 3614; www.thesanctuarythailand.com; Hat Thian; 2000–7300 B) Das Sanctuary ist eine freundliche bewaldete Enklave des entspannten Lächelns und eine Oase mit prächtigen Unterkünften, Yogakursen und Detoxsessions. Die mit vielen Naturmaterialien gebauten Bungalows stehen an einem Netz von Dschungelpfaden. Der traumhaft ruhige Hat Thian eignet sich hervorragend zum Schwimmen. Achtung, man kann nur bar bezahlen.

Pariya Resort & Villas RESORT **$$$**
(Karte S. 236; ☎ 087 623 6678; www.pariyahaadyuan.com; Hat Yuan; Villa 8000–17 000 B; ❄ ≋) Die schickste Unterkunft an den Stränden befindet sich direkt vor dem weichsten Sand von Hat Yuan und hat eine große Auswahl an sehr geräumigen und komfortablen Villas, aber sie ist nicht billig. Das Pariya liegt abgelegen und ruhig, darum kommt man aber auch schlecht weg, und es ist sehr einsam – perfekt für manche, aber nicht für jeden.

Essen

Die meisten Besucher gewöhnen sich schnell an den trägen Lebensstil und essen deshalb in ihrer Unterkunft, aber das ist schade, denn Ko Pha-Ngan hat einige ausgezeichnete Restaurants zu bieten, die sich über die Insel verteilen. Zumindest ist es ein weiterer Grund, auf Entdeckungsreise zu gehen.

Hat Rin

Hat Rin hat die größte Ansammlung von Restaurants und Bars auf der Insel, doch die meisten sind ziemlich gewöhnlich, zum Essen braucht man nicht hierher zu kommen.

Palita Lodge SEAFOOD $

(Karte S. 248; Hat Rin Nok; Hauptgerichte ab 100 B) Das Restaurant der gleichnamigen Bungalows vom Sunrise Beach serviert köstliche thailändische Meeresfrüchtegerichte und Menüs mit Blick über den Strand, der außerhalb der Vollmondzeit sehr ruhig ist.

Lazy House INTERNATIONAL $$

(Karte S. 248; Hat Rin Nai; Gerichte 90–270 B; ⏲ mittags & abends) Früher war dies das Heim des Eigentümers. Dessen Essen mochte aber jedermann so sehr, dass er beschloss, hier ein Restaurant mit Abhängmöglichkeit einzurichten. Heute gehört das Lazy House zu Hat Rins besten Möglichkeiten, um sich bei leckerem Shepherd's Pie einen Film anzusehen.

Monna Lisa ITALIENISCH $$

(Karte S. 248; ☎ 084 441 5871; Hat Rin Nai; Pizza & Pasta ab 200 B; ⏲ 15–23 Uhr) Reisende schwärmen von der Pizza hier, aber die Pasta ist auch nicht von schlechten Eltern. Das Monna Lisa wird von einem Team freundlicher Italiener geführt und hat ein schlichtes Open-Air-Flair. Eine weitere Filiale gibt's in Thong Sala.

Om Ganesh INDISCH $$

(Karte S. 248; Hat Rin Nai; Hauptgerichte ab 100 B; ⏲ 9–23 Uhr; 📶) Das routinierte, alteingesessene Om Ganesh hat einen regen Kundenstrom wegen nordindischer Currys, *biryani*-Reis, Roti und Lassis oder auch wegen der Auswahl an chinesischen Gerichten. Menüs ab 300 B.

Südliche Strände

In den letzten Jahren hat Thong Sala sehr viele neue ausgezeichnete Restaurants angelockt – es lohnt sich, zum Essen hierher zu kommen. Zusätzlich gibt es einige wohl etablierte und ausgezeichnete Cafés, die mitunter das beste Frühstück auf der Insel servieren. Die Straße zwischen Thong Sala und dem Hat Rin ist von einigen sehr guten Restaurants und Cafés gesäumt.

Am Samstagabend von 16 bis 22 Uhr wird eine Nebenstraße in Thong Salas Osten zur **Einkaufsmeile** – eine belebte Fußgängerzone, in der vor allem Einheimische ihre Waren an andere Inselbewohner verkaufen. Das große Angebot reicht von Bekleidung bis zu Lebensmitteln.

★ Lebensmittelmarkt MARKT $

(Karte S. 242; Thong Sala; Gerichte 25–180 B; ⏲ 13–23 Uhr) Als berauschender Mix aus Küchendampf und essenden Einheimischen ist Thong Salas großartiger Lebensmittelmarkt ein Muss für alle, die einen preiswerten Imbiss mit einem Schuss Lokalkultur suchen. An den Ständen präsentiert sich eine Galaxie an Thai-Street-Food, von Gemüsecurry-Taschen bis zu Maiskolben, würzige Würstchen, Kebabs, Frühlingsrollen, Hühnchenreis und Kokoseis.

★ Nira's BÄCKEREI $

(Karte S. 242; Thong Sala; Snacks ab 80 B; ⏲ 7–19 Uhr; 📶) Hervorragender Service dank viel Personal, zwei große, helle, miteinander verbundene Räume, superleckere Backwaren, einwandfreier Kaffee (und Raritäten wie Marmite und Vegemite) und moderne Möbel – das Nira's ist in Thong Sala unübertroffen, vielleicht sogar auf der ganzen Insel. Das ist *der* Ort zum Frühstücken. Die Musik ist cool und entspannt.

Eine weitere (kleine) Filiale befindet sich in Hat Rin.

Ando Loco MEXIKANISCH $

(Karte S. 242; ☎ 085 791 7600; www.andoloco.com; Ban Tai; Hauptgerichte ab 50 B; ⏲ Mi–Mo 13–22 Uhr) Dieser superbeliebte mexikanische Treff im Freien kommt überall gut an. Extragroße Margaritas schlürfen, leckere Fajitas und ein oder zwei Quesadillas futtern und dann ein paar Kugeln am Billardtisch versenken mit einem oder zwei Tequilas im Stehen – was will man mehr?

★ Bubba's Coffee Bar CAFÉ $

(Karte S. 236; Ban Tai; Hauptgerichte 120–220 B; ⏲ 7–17 Uhr; 📶) Das Bubba's an der Nordseite der Straße zwischen Thong Sala und Hat Rin ist eine tolle Wahl für einen Koffeinschub. Reinschneien, hinsetzen, entspannen und den köstlichen Kaffee sowie die lässige Atmosphäre genießen (trotz der Massen an Kunden aus den nahegelegenen Hostels). Das gesunde Essen ist ebenfalls toll und das Innere cool.

★ Fat Cat CAFÉ $

(Karte S. 242; Thong Sala; Frühstück ab 70 B, Hauptgerichte 90–195 B; ⏲ Mo–Sa 9–15 Uhr; 📶) Das kleine, charmante, bunte und geschäf-

Hat Rin

0 — 400 m

Hat Rin

Sehenswertes
1 Hat Rin Nok B1

Aktivitäten, Kurse & Touren
2 Full Moon Party B1

Schlafen
3 Delight B1
4 Lighthouse Bungalows C3
5 Pha-Ngan Bayshore Resort B1
6 Same Same B2
7 Sarikantang Resort & Spa C3
8 Seaview Sunrise B1
9 The Coast A1
10 Tommy Resort B1

Essen
11 Lazy House B2
12 Monna Lisa B2
13 Om Ganesh B2
14 Palita Lodge B1

Ausgehen & Nachtleben
15 Mellow Mountain C1
16 Palms Cafe B2
17 Rock C2
Sunrise .... (siehe 5)
Tommy .... (siehe 10)

Transport
18 Haad Rin Queen A2
19 Sŏrng•tăa•ou nach Thong Sala B1
20 Thong Nai Pan Express A2

tige – das Personal läuft sich die Hacken ab – Café in portugiesischer Hand serviert tagsüber gesundes Frühstück und guten Kaffee. Nach dem Aufwachen kann man hier wunderbar sein erstes Mahl des Tages zu sich nehmen, zu jeder anderen Tageszeit ist es aber auch absolut empfehlenswert.

★ Dots CAFÉ $
(Karte S. 242; Thong Sala; Snacks ab 60 B; Mo–Sa 8.30–21, So 9–18 Uhr;) Das helle, freundliche und geräumige Dots ist eine willkommene Ergänzung für Thong Salas Cafékultur, mit einer modernen und entspannten Atmosphäre. Ganz in der Nähe des Lebensmittelmarkts kann man in diesem schönen Laden wunderbar Karottenkuchen, Frappé, aromatisierten Kaffee, heiße Schokolade oder ein Croissant frühstücken.

Satimi EIS $
(Karte S. 242; Thong Sala; 30–40 B/Kugel; Di–So 10.30–18.30 Uhr) Die kleine und geschäftstüchtige Gelateria in einer Seitenstraße verkauft selbst gemachtes Eis und Sorbets aus natürlichen und lokalen Zutaten.

★ **Fisherman's Restaurant** SEAFOOD $$
(Karte S. 236; ☎084 454 7240; Ban Tai; Gerichte 50–600 B; ⏰13.30–22 Uhr) In einem Longtail-Boot sitzend blickt man auf den Sonnenuntergang und den felsigen Pier. Nachts, wenn das Lokal erleuchtet ist, hat es das schönste Ambiente der Insel, und das Essen, vom süchtig machenden gelben Krabbencurry bis zur riesigen Seafood-Platte zum Teilen, ist so fantastisch wie die Atmosphäre. Vor allem während der Partyzeit sollte man im Voraus reservieren.

Fabio's ITALIENISCH $$
(Karte S. 236; ☎077 377180; Ban Khai; Gerichte 150–400 B; ⏰Mo–Sa 18–22 Uhr) Ein anheimelndes, authentisches und echt gutes italienisches Restaurant mit goldenen Wänden, cremefarbener Tischwäsche und Bambusmöbeln. Es gibt nur sieben Tische, darum sollte man im Voraus reservieren. Die hausgemachten Delikatessen wie Meeresfrüchte-Risotto, Pizzas und eisgekühlter Limoncello sind frisch und köstlich und werden kunstvoll präsentiert.

SOHO BURGER $$
(Karte S. 242; Thong Sala; Hauptgerichte ab 180 B; ⏰9.30–24 Uhr) Dieses großartige Burgerrestaurant unter britischer Führung ist modern, stylish, geräumig, einladend, effizient, liegt mitten im Geschehen von Thong Sala und bringt frischen Wind rein. Die Burger sind wunderbar saftig und einen Tick besser als der Rest, aber hier kann man auch prima ein oder mehrere Pints schlürfen, da sich das Lokal abends in eine coole Bar verwandelt.

Andere Strände

JJ's Restaurant THAI $
(Karte S. 236; Ao Wok Tum; Hauptgerichte ab 80 B; ⏰9–21 Uhr) Im idyllisch gelegenen JJ's bewundert man verzückt den Sonnenuntergang vor der Kulisse junger, aufgeforsteter Mangrovenbäume in Ao Wok Tum, genießt dabei die Leckereien aus der Küche und stößt mit einem kühlen Bier darauf an.

Pura Vida CAFÉ $
(Karte S. 244; ☎095 034 9372; Hat Yao; Hauptgerichte ab 120 B; ⏰Mo–Sa 8.30–15 Uhr) Das charmante und helle portugiesische Café ist ein verführerischer Stopp auf dem Weg die Westküste hinauf – einziger Wermutstropfen sind die kurzen Öffnungszeiten. Das Frühstück ist ausgezeichnet, vor allem die Pancakes und der Naturjoghurt, aber auch ein komplettes Frühstück lohnt sich, genau wie die leckeren Burger, Sandwiches und Paninis. Man achte auf das entzückende „Eat Well, Travel Often"-Gemälde auf dem Camper.

Bamboo Hut WESTLICH, THAI $
(Karte S. 236; Hat Yuan; Gerichte 100–300 B; ⏰morgens, mittags & abends; 📶🌿) Kissen im Thai-Stil laden zum Herumlungern ein, man kann aber auch an Teakholztischen in der frischen Brise sitzen und aufs schier unendliche Meer blicken. Das Angebot ist groß und reicht von vegetarischen Spezialitäten und frischem Saft für alle, die gerade eine Fastenkur oder Reinigung hinter sich haben, bis zu klassischen, gut zubereiteten Thai-Gerichten mit Rindfleisch, Hühnchen und Garnelen in allen Varianten.

★ **Peppercorn** STEAK $$
(Karte S. 244; ☎087 896 4363; www.peppercorn-phangan.com; Hat Salad; Hauptgerichte 160–400 B; ⏰Mo–Sa 16–22 Uhr; 🌿) Weinbergschnecken, saftige Steaks und Schnitzel in einer klapprigen Dschungelhütte? Und ob! Das Peppercorn versteckt sich zwar abseits vom Meer im Busch, doch das sollte Feinschmecker nicht davon abhalten, eine von Ko Pha-Ngans besten internationalen Küchen zu testen. Es gibt auch eine feine Auswahl an vegetarischen Gerichten und Mangokuchen zum Nachtisch. Kein Glutamat oder künstliche Zutaten.

★ **Crave** BURGER $$
(Karte S. 236; ☎098 838 7268; www.cravekohphangan.com; Sri Thanu; Hauptgerichte ab 200 B; ⏰Mi–Mo 18–22 Uhr; 📶) Nachts wunderschön mit leuchtenden Laternen geschmückt bietet dieses ausgezeichnete, sehr beliebte und atmosphärische Lokal in Sri Thanu gute Burger in einem gemütlichen und charmanten Ambiente. Auch die Cocktails sind toll und kosten ab 170 B. Schade, dass es nur abends geöffnet ist.

Sanctuary GESUND $$
(Karte S. 236; www.thesanctuarythailand.com; Hat Thian; Hauptgerichte ab 130 B; 📶) Das Restaurant des Sanctuary Resort (S. 246) beweist, das gesundes Essen (Vegetarisches und Meeresfrüchte) auch gut schmecken kann. Die Menüparade reicht von Massaman Curry bis zu knusprigen Frühlingsrollen aus Vietnam. Hinunterspülen sollte man das alles mit einer Brombeer-Sojamilch und einem Honig-Immunstärker. Keine Kreditkarten.

NICHT VERSÄUMEN

VOLLMONDPARTYS

Niemand weiß genau, wann oder wie die wilden **Vollmondpartys** (Karte S. 248; Hat Rin Nok; 100 B; ⏲ Vollmond, Sonnenuntergang–Sonnenaufgang) angefangen haben – die meisten glauben, es war 1988, aber die Berichte über die erste Party reichen von der Abschiedsfeier eines australischen Backpackers im August bis zu einer Gruppe von Hippies, die im Oktober den Elektropartys auf Ko Samui entflohen. Doch das ist alles nicht mehr wichtig: Heute strömen Tausende Menschen jeden Monat auf den petroleumdurchtränkten Sand des **Hat Rin Nok** (alias Sunrise Beach; S. 237), um wie in Trance zu tanzen, bis die Sonne aufgeht.

Am Sunrise Beach, dem pulsierenden Zentrum der Vollmondaction, versammeln sich in der Hauptsaison unfassbare 40 000 Partygäste, während in der Nebensaison immer noch respektable 8000 Pilger mit erweiterten Pupillen hier eintreffen. Wer eine Pause braucht, geht zur Rock-Bar (S. 250) am Südende oder zum Mellow Mountain (S. 251) am Nordende und chillt eine Runde. Alkohol wird den ganzen Strand entlang an den Ständen in Eimern verkauft – Wodka, Gin, Rum, Whisky, gemischt mit Cola und Red Bull –, aber man sollte langsam machen, schnell hat man mehr getankt, als man denkt. Das sollte man sich besser für später aufheben.

Zwischen wummernden Bässen und blinkendem Neon lodern benzingetränkte Feuerseile, Tänzer dürfen über die schwingenden und brennenden Seile springen (Verbrennungen sind an der Tagesordnung). Kritiker monieren, dass die Partys langsam ihre sorglose Atmosphäre verlieren, vor allem wegen steigender Gewalt und der Tatsache, dass die Inselregierung neuerdings 100 B Eintritt von den Partywilligen verlangt (das Geld ist für die dringend erforderliche Reinigung der Strände und für Sicherheitsmaßnahmen gedacht).

Seine Unterkunft muss man weit im Voraus buchen – spontan findet man kein Bett für die Nacht in Hat Rin, aber man kann auch von Ko Samui aus anreisen.

Ausgehen & Nachtleben

Jeden Monat huldigen Party-Pilger in der Vollmondnacht den Vergnügungsgöttern mit tranceartigen Tänzen, wildem Geschrei und fluoreszierendem Bodypainting. Wer es etwas entspannter mag, findet an der Westküste einige ausgezeichnete Bars, in denen man mit einem gut gefüllten Cocktailglas von einer Hügelkuppe oder über Mangrovenbäumen direkt am Ufer dem blutorangefarbenen Sonnenuntergang zuprosten kann. In Thong Sala gibt's auch ein paar gute Bars.

Hat Rin

Hat Rin ist das pulsierende Herz der legendären Vollmondpartys. Wenn der Himmel nicht vom Mond erhellt wird, strömen die Partygänger an andere Orte auf der Südseite der Insel. Die meisten Party-Locations flankieren den Sunrise Beach in Hat Rin von Süd nach Nord.

Rock BAR, NACHTCLUB

(Karte S. 248; ☎ 093 725 7989; Hat Rin Nok; ⏲ 8 Uhr–open end) Beim Feiern bieten sich von der erhöhten Terrasse am hintersten südlichen Ende des Strandes tolle Aussichten – und wunderschöne Panoramen zu jeder anderen Zeit – dazu gibt's leckere Cocktails und verschiedene Platten für eigentlich jeden Geschmack.

Tommy BAR, NACHTCLUB

(Karte S. 248; Hat Rin Nok) Eine der größten Locations von Hat Rin lockt die Massen mit Liegen, niedrigen Tischen, Schwarzlicht und dröhnender Trancemusik bei Vollmond an. Die Drinks werden in einer großen archeartigen Bar ausgeschenkt.

Palms Cafe BAR

(Karte S. 248; Hat Rin; ⏲ 10 Uhr–open end; 📶) Die schicke Café-Bar und das umweltbewusste Restaurant bei Hat Rin Nai ist mit seiner hübschen Lage am Pool ein Hingucker und bietet einen perfekten Zufluchtsort von Hat Rins lauteren, raueren und volleren Seitenstraßen. Es gibt gute Cocktails und eine experimentellere Auswahl an Proteinshakes und Wellness-Drinks.

Sunrise BAR, NACHTCLUB

(Karte S. 248; ☎ 077 375144; Hat Rin Nok) In der Bar am Strand lassen die Trance-Beats die mit Graffiti geschmückten Wände wackeln, bei Vollmond ist hier Drum 'n Bass angesagt.

Mellow Mountain BAR
(Karte S. 248; Hat Rin Nok; ⌚24 Std.; 📶) Diese abgedrehte Bar – auch „Mushy Mountain" genannt (man weiß warum, wenn man da ist) – befindet sich am Nordende vom Hat Rin Nok und bietet herrliche Aussichten auf den Wahnsinn darunter.

Südliche Strände

Hub PUB
(Karte S. 242; ☎088 825 4158; Thong Sala; ⌚8–24 Uhr; 📶) Das riesige Hub mit Holzboden, mitteilsamem Personal und der Toplage an der Ecke direkt unten am Pier ist eine Sportsbar und die erste Wahl für die wichtigen Premier League-Spiele, Fassbier, Cider und ausgezeichnetes Kneipenessen. Sie vermieten hier auch Roller und Motorräder.

Viewpoint Bar BAR
(Karte S. 236; Ban Khai; 📶) Auf dem Rückweg vom Hat Rin nach Thong Sala oder Ban Tai parkt man seinen Roller und macht einen Zwischenstopp in dieser Bar am Viewpoint Hotel in wunderbarer Höhenlage über dem Golf abseits dieser Seite der Straße. Die Aussicht ist einfach umwerfend.

Andere Strände

★ **Belgian Beer Bar** BAR
(Karte S. 244; www.seetanu.com; Ban Sri Thanu; ⌚8–22 Uhr) Diese reizende Bar wird von dem freundlichen Quentin geführt, der Surat Thanis Übernahme durch Yogis und Chakra-Entspannte mit einer verwegenen Auswahl an belgischem Bier trotzt. Das potenteste Amber Bush punktet mit schwindelerregenden 12,5 %. Wem das yogische Fliegen keine Flügel verleiht, probiert es damit.

★ **Secret Beach Bar** BAR
(Karte S. 244; Hat Son; ⌚9–19 Uhr) Man kann einen Tag auf Ko Pha-Ngan kaum besser ausklingen lassen, als in dieser Bar am nordwestlichen Strand der Insel zu beobachten, wie die Sonne im azurblauen Meer versinkt. Einen Tisch aussuchen, einen Mojito bestellen und den Sonnenuntergang durch die Palmwedeln genießen …

Amsterdam BAR
(Karte S. 236; ☎089 072 2233; Ao Plaay Laem; ⌚12–24 Uhr) Nahe Ao Wok Tum an der Westküste zieht das Amsterdam am Hügel Touristen und Einheimische von der ganzen Insel an, die nach einem entspannten Plätzchen zum Beobachten des Sonnenuntergangs suchen und komplett abschalten wollen.

Flip Flop Pharmacy BAR
(Karte S. 236; Thong Nai Pan; ⌚12–1 Uhr; 📶) Die beliebte Strandbar auf dem Sand von Thong Nai Pan mit Flip-Flops an der Wand hat einen tollen Strandblick, einen Pooltisch und eine wunderbare Lage.

Three Sixty Bar BAR
(Karte S. 236; Ban Mae Hat; ⌚8–24 Uhr) Weit oben an einer Straße östlich von Ko Ma hält die Three Sixty Bar, was sie verspricht: Prächtige Rundumblicke, die vor allem bei Sonnenuntergang einfach umwerfend sind.

Shoppen

★ **Straßenmarkt Thong Sala** MARKT
(Karte S. 242; Taladkao Rd, Thong Sala; ⌚Sa 16–22 Uhr) Thong Salas Straßenmarkt findet jeden Samstag ab etwa 16 Uhr statt und bietet eine ausgezeichnete Auswahl an Street Food, Souvenirs, Geschenken, Kunsthandwerk und Kleidung. Hier sieht man das lebendigste Thong Sala.

★ **Lilawadee** KLEIDUNG
(Karte S. 242; ☎630 920327; Thong Sala; ⌚Fr–Mi 10.30–13.30 & 17–21 Uhr) In diesem netten und eigenwilligen Laden bekommt man eine glitzernde Palette an individuellen, umwerfenden Motorradhelmen, die verlockend im hinteren Bereich auf Regalen drapiert sind, sowie Mode, Kunst und Kleidung. Wenn es regnet, ist nur von 12 bis 20 Uhr geöffnet.

Praktische Informationen

GEFAHREN & ÄRGERNISSE

In Ko Pha-Ngan kann man ein paar der schönsten Urlaubserinnerungen sammeln, vorausgesetzt man achtet auf folgende problematische Situationen, die ansonsten böse enden können:

Drogen Es gab Vorfälle, dass Einheimische Touristen ansprechen und ihnen Drogen zu lächerlich niedrigen, verlockenden Preisen anbieten. Wenn man das Angebot ablehnt, geht der Verkäufer sogar noch weiter runter mit dem Preis. Sobald man etwas gekauft hat, informiert der Dealer die Polizei, und man verschwindet im örtlichen Gefängnis und muss eine hohe Geldstrafe zahlen. Wird man aufgefordert, Drogen zu kaufen, muss man standhaft bleiben und ablehnen. Das kann auf Ko Pha-Ngan häufig vorkommen, darum sollte man aufpassen und diese Szenen vermeiden. Man sollte außerdem Folgendes bedenken: Die

Reiseversicherung deckt keine Verletzungen oder Behandlungen ab, die mit Drogen zu tun haben. Zweifellos lassen Drogen Leute auch durchdrehen – es gibt glaubwürdige Berichte über Partygänger, die für längere Zeit ins Delirium versunken sind. Bei Vollmond muss das psychiatrische Krankenhaus Suan Saranrom (Garten der Freuden) in Surat Thani zusätzliches Personal einstellen, um die vielen *fa·ràng* (Westler) zu behandeln, die aufgrund von Zauberpilzen, LSD oder reichlich vorhandenen Halluzinogenen ausrasten.

Frauen unterwegs Weibliche Reisende sollten beim Feiern auf der Insel besonders vorsichtig sein. Vielen Berichten zufolge kam es hier schon oft zu Vergewaltigungen unter Drogen- und Alkoholeinfluss (und das beschränkt sich keineswegs nur auf die Vollmondpartys). Vorsicht ist zudem geboten, wenn Frauen mit einem einheimischen Motorradtaxifahrer mitfahren. Weibliche Passagiere haben schon mehrfach grapschende Chauffeure angezeigt. Es gibt sogar Berichte über schwere sexuelle Übergriffe.

Motorrad & Roller Ko Pha-Ngan verzeichnet mehr Motorradunfälle als Verletzungen, die von den ausgelassenen Vollmondpartys herrühren. Aber die Motorradunfälle häufen sich bei Vollmond natürlich. Heute gibt es ein Netz gut befestigter Straßen (ausgebaut bis nach Than Sadet), aber bei manchen Straßenoberflächen handelt es sich noch immer um ausgefahrene Dreckwege und die Insel hat viele Hügel mit großem Gefälle. Es gibt einen besonderen Notdienst, der die Insel nach verletzten Bikern absucht. Ohne internationalen Führerschein fährt man illegal und die Versicherung deckt einen Unfall vielleicht nicht ab, wodurch die Kosten schnell sehr hoch werden können.

Ertrinken Brandungsrückströme und Alkohol sind keine guten Partner. Viele Urlauber ertrinken jedes Jahr. Beim Schwimmen sollte man klar im Kopf sein und nicht bei einem Vollmondbesäufnis ins Meer springen.

Zwielichtiger Alkohol Dieser Betrug kommt während der Vollmondhysterie häufig an den Trinkbuden am Strand und entlang der Straße vor. Eimer werden mit minderwertigem schwarz gebranntem Reiswhisky oder alte Flaschen mit selbstgemachtem Alkohol gefüllt. Neben eindeutigen Gefahren für die Gesundheit ist der zwielichtige Alkohol auch einer der Hauptverursacher von Motorradunfällen bis zu Ertrinken, Schlägereien und Verbrennungen beim Springen über brennende Seile.

Glas am Strand Um sich vor fiesen Schnittwunden durch Glasscherben im Sand zu schützen, sollte man immer gutes Schuhwerk tragen. Zuletzt war der südliche Bereich vom Strand bei Thong Sala (und anderen Stränden) voller kaputter Flaschen, die einfach liegen gelassen wurden.

GELD

Als Ko Pha-Ngans „Finanzhauptstadt" hat Thong Sala neben vielen Banken und Wechselstuben auch diverse Western-Union-Büros. In Hat Rin gibt's zahlreiche Geldautomaten und ein paar Bankfilialen am Pier. Geldautomaten findet man auch in Hat Yao, Chalok Lum und Thong Nai Pan.

MEDIZINISCHE VERSORGUNG

Vorsicht bei privater medizinischer Versorgung in Ko Pha-Ngan, die Preise schwanken deutlich. Viele Kliniken verlangen eine Gebühr von 3000 B vor der Behandlung. Bei ernsten medizinischen Problemen ist man auf Ko Samui, das in der Nähe liegt und bessere Einrichtungen hat, erheblich besser aufgehoben.

Ko Pha-Ngan Hospital (Karte S. 236; ☎ 077 377034; ⏲ 24 Std.) Das staatliche Krankenhaus, etwa 2,5 km nördlich von Thong Sala, bietet einen 24-Stunden-Notfallservice.

NOTFALL

Hauptpolizeistation (Karte S. 236; ☎ 191, 077 377114; Thong Sala) Bei der Polizeistation, etwa 2 km nördlich von Thong Sala, kann man eine Anzeige aufgeben. Das kann einen zwischen 110 und 200 B für die Versicherung kosten; die Bezahlung zu verweigern, könnte Probleme bereiten. Bei einer Verhaftung hat man das Recht auf einen Anruf bei der Botschaft. Man muss den gestellten „Dolmetscher" nicht akzeptieren. Wird einem ein ernsthaftes Vergehen vorgeworfen, sollte man keinesfalls etwas unterschreiben, das nur auf Thai verfasst ist, oder auf dem Dokument vermerken, dass man die Sprache nicht versteht und unter Zwang unterschreibt.

POST

Hauptpost (Karte S. 242; Thong Sala; ⏲ Mo–Fr 8.30–16.30, Sa 9–12 Uhr)

Filiale (Karte S. 248; Hat Rin)

WÄSCHEREI

Bei vollmondpartybedingter Leuchtfarbe auf den Kleidern ist der Weg zur Wäscherei unnötig – das Zeug geht sowieso nie wieder raus. Das ist eine überprüfte Tatsache. Für alle anderen Wäschebedürfnisse gibt's zahllose Adressen, die Touristenklamotten gerne für ca. 40 B pro kg reinigen. Ein Schnellservice sollte höchstens 60 B pro kg kosten.

TOURISTENINFORMATION

Das staatliche Tourist Authority of Thailand (TAT) ist auf Ko Pha-Ngan nicht vertreten. So bleiben für Touristeninfos nur Prospekte und die örtlichen Reisebüros. Letztere konzentrieren sich auf den Bereich von Hat Rin und Thong Sala. Obwohl die Agenturen pro Geschäftsvorgang eine kleine Provision verlangen, halten branchenínterne Absprachen die Preise relativ stabil und gleich hoch. Wenn es um viel Geld geht, sollte man sich ein vertrauenswürdiges Reisebüro aussuchen: Abzocke beim Buchen ist auch auf Ko Pha-Ngan Realität – vor allem da es auf der Insel keinerlei Touristenpolizei gibt.

Mehrere Mini-Magazine informieren ebenfalls umfassend über lokale Unterkünfte, Restaurants, Aktivitäten und Vollmondpartys. Die beste Option hierfür ist die Phangan Info im Taschenformat (www.phangan.info), die vierteljährlich erscheint und auch als Handy-App erhältlich ist.

Phanganist (www.phanganist.com) ist eine Online-Ressource voller Insidertipps für ganz Ko Pha-Ngan.

Zum Zeitpunkt der Recherche war das rührige Backpackers Information Centre (www.backpackersthailand.com) geschlossen, aber vielleicht hat es in der Zwischenzeit wieder aufgemacht.

ℹ An- & Weiterreise

Wie immer können sich Preise und Abfahrtszeiten für die Fähren jederzeit ändern. Zwischen November und Dezember kommt es vor, dass Fähren wegen starken Seegangs ausfallen.

FLUGZEUG

Ko Pha-Ngans Flughafenpläne liegen auf Eis, man muss abwarten. Zum Zeitpunkt der Recherche gab es Probleme, weil er auf ein Gelände reichte, das zum Than Sadet-Koh Phangan National Park gehört, darum ist alles in der Schwebe.

SCHIFF/FÄHRE

Nach Bangkok, Hua Hin & Chumphon

Die Anbieter **Lomprayah** (Karte S. 242; www.lomprayah.com) und **Seatran Discovery** (www.seatrandiscovery.com) offerieren kombinierte Bus-Boot-Pakete (Lomprayah ab ca. 1300 B, Seatran ab 1000 B), die in der Gegend der Th Khao San in Bangkok ihren Startpunkt haben und Hua Hin und Chumphon passieren. Die gesamte Fahrt dauert zwischen 10 und 17½ Stunden.

Auch die Zugfahrt von Bangkok oder Hua Hin nach Chumphon und die Weiterreise mit der Fähre von dort ist recht stressfrei (solange der Zug keine Panne hat, aber das passiert recht oft). Die Bahnfahrt von Bangkok nach Chumphon (ca. 8½ Std.) kostet für einen Sitzplatz in der 2. Klasse 300 B; die Fährfahrt von Chumphon nach Ko Pha-Ngan nimmt ca. 3 bis 3¾ Stunden in Anspruch und kostet 1000 B.

Nach Ko Samui

Täglich fahren etwa ein Dutzend Boote die Strecke zwischen Thong Sala auf Ko Pha-Ngan und Ko Samui. Sie legen zwischen 7 und 18 Uhr ab und benötigen 20 Minuten bis eine Stunde. Das kostet je nach Boot 200 bis 300 B.

Die **Haad Rin Queen** (Karte S. 248; ☎ 077 484668) pendelt viermal täglich zwischen Hat Rin und dem Big Buddha Beach (das erste Boot startet in Hat Rin um 9.30 Uhr und verlässt den Big Buddha Beach um 10.30 Uhr). Am Tag nach der Vollmondparty fährt das Schiff doppelt so oft und an demselben Tag noch einmal extra um 7.30 Uhr. Die Fahrt dauert 50 Minuten, und man zahlt 200 B. Das letzte Boot verlässt den Big Buddha Beach um 18.30 Uhr.

Der **Thong Nai Pan Express** (Karte S. 248) ist ein klappriges altes Fischerboot (nichts für Ängstliche), der einmal täglich von Mae Nam auf Ko Samui zum Hat Rin auf Ko Pha-Ngan und dann die Ostküste hinauf fährt, wo er auf dem Weg bis zum **Pier** (Karte S. 236) beim Thong Nai Pan Noi an allen Stränden anlegt. Je nach Fahrtziel kosten die Tickets 200 bis 400 B. Bei schlechtem Wetter fährt das Boot nicht.

Nach Ko Tao

Lomprayah-Fähren nach Ko Tao (500–600 B) starten um 8.30, 13 und 17.30 Uhr in Thong Sala auf Ko Pha-Ngan und kommen um 9.30, 14.15 und 18.30 Uhr an. Die Fähre von **Seatran** (450 B, 90 Min.) legt täglich um 8.30, 13.30 und 17 Uhr in Thong Sala ab. Von Hat Rin fahren eine Stunde vor der Abfahrt der Fähren Taxis nach Thong Sala. Die preiswerteren, aber langsameren Boote von **Songserm** (350 B) starten um 12.30 Uhr von Ko Pha-Ngan, kommen um 14 Uhr an und fahren dann weiter nach Chumphon.

Nach Surat Thani & zur Andamanenküste

Täglich fahren vier Boote von **Lomprayah** (550 B, 2¾ Std.) nach Don Sak (und Surat Thani), alle fahren über Ko Samui. Die Boote legen zwischen 7.20 und 14.30 Uhr in Thong Sala ab. Ein Boot von **Seatran** (www.seatrandiscovery.com) (700 B) fährt zudem täglich um 10.30 Uhr von Thong Sala nach Surat Thani, mit einer Busverbindung zum Bahnhof von Phun Phin außerhalb der Stadt. Bei gutem Wetter startet jeden Abend um 23 Uhr ein Nachtboot von Surat Thani (400 B, 7 Std.) aus; in der entgegengesetzten Richtung erfolgt die Abfahrt von Ko Pha-Ngan um 22 Uhr.

ABSTECHER

FLUCHT IN DIE FILMWELT

In einem verführerischen dschungelartigen Garten präsentiert das **Moonlight Cinema** (Karte S. 242; ☎ 093 638 5051; www.moonlightphangan.com; Thong Sala; 150 B; ⏲ Di–Fr 15–1, Sa & So 13–1 Uhr; 📶) eine große Leinwand, tolle Smoothies, eine Bar, fantastisches veganes Essen und einige ausgezeichnete Filme (Kopfhörer erhältlich). Es macht Spaß, hat Atmosphäre und ist höchst entspannend.

Kombinierte Boot-Bus-Tickets gibt's in allen Reisebüros; man sagt einfach, wohin man fahren möchte, und sie verkaufen die entsprechenden Reiseabschnitte. Die meisten Reisenden kommen auf der Fahrt von einer Küste zur anderen durch Surat Thani.

Unterwegs vor Ort

Ein Fahrrad zu leihen, ist keine so gute Idee, es sei denn, man ist fit genug für die Tour de France.

Auf den Hauptstraßen der Insel sind Pick-up-Trucks und *sŏrng·tăa·ou* unterwegs, nach Sonnenuntergang verdoppeln sich die Preise. Zum Verlassen der Insel sollte man bei der eigenen Unterkunft nach kostenlosen oder ermäßigten Shuttles fragen. Touren von Thong Sala zum Hat Rin kosten 100 B; weiter entfernte Strände kosten entsprechend etwa 150 bis 200 B. Von Hat Rin starten ***sŏrng·tăa·ou*** (Karte S. 248) nach Thong Sala westlich des Hat Rin Nok.

Ab Thong Sala, **Chalok Lam** (Karte S. 236) und Hat Rin steuern Longtail-Boote entlegene Ziele wie **Hat Khuat** (Karte S. 236; Bottle Beach) und **Hat Than Sadet** (Karte S. 236) an. Kurztrips sind überall ab 50 B möglich, längere Fahrten kosten bis zu 300 B. Private Charterboote schippern ebenfalls von Strand zu Strand (150 B/15 Min.).

Mietmotorräder gibt's auf der ganzen Insel für 200 bis 250 B pro Tag; wenn man direkt mehrere Tage bucht, wird es billiger. Es besteht Helmpflicht auf Ko Pha-Ngan, und die örtliche Polizei verfolgt das inzwischen auch. Viel wichtiger als das Gesetz ist aber, dass man sogar bei geringer Geschwindigkeit beim Sturz auf den Kopf ernste Verletzungen davontragen kann. Das Leihmotorrad sollte unter dem Sitz genügend Platz haben, um den Helm zu verstauen. Für das Befahren unbefestigter Pisten muss das Leihbike unbedingt einer Honda MTX125 entsprechen – Motorroller mit Direktantrieb können da nicht mithalten. Bei Vollmond sollte man die Straßen meiden.

Ko Tao เกาะเต่า

2032 EW.

Ko Tao war früher das Baby des Trios Samui-Pha-Ngan-Tao und ist natürlich noch immer die kleinste der Inseln. Davon abgesehen ist es jedoch in vielerlei Hinsicht erwachsen geworden. Die Insel gewinnt beständig an Beliebtheit und wird immer teurer, aber noch herrscht auf diesem mit Dschungel bewachsenen Juwel die lebhafte Atmosphäre von Ko Samui, gemischt mit der lässigen Lebensart von Pha-Ngan.

Zusätzlich hat auch Tao einen Joker, ein Highlight, das den anderen Inseln fehlt: leicht erreichbare, vielfältige Tauchmöglichkeiten direkt vor der Küste. Hier können sich die Besucher zwischen leuchtend bunten Korallen mit Haien und Rochen tummeln und dann den Tag mit einem Sundowner am weißen Strand verabschieden – und das Tag für Tag.

Und auch wenn die Insel ein Synonym für Tauchen ist – hier gibt es viel mehr zu erleben. Wanderer und Einsiedler können im feuchten Küstendschungel eine Episode der Fernsehserie *Lost* nachspielen. Und wer lange genug Robinson Crusoe gespielt hat, stürzt sich in die pulsierende Barszene, wo bis zur Morgendämmerung Action herrscht.

Sehenswertes

★ Ao Tanot STRAND

(Karte S. 256) Außer kristallklarem Wasser und ausgezeichneten Schnorchelbedingungen bietet die hübsche Bucht Ao Tanot an der Ostküste außerdem ausgezeichnete Möglichkeiten zum Rock-Jumping von einem großen Felsen in der Bucht. Beim Tauchen und Schnorcheln auf Kaiserfische, Forellenbarsche und Wimpelfische achten. Unter Wasser liegt ein versunkener Katamaran. Es gibt fünf Resort- und Bungalow-Anbieter für alle, die über Nacht bleiben und den herrlichen Sonnenaufgang bewundern wollen.

★ Laem Thian Beach STRAND

(Karte S. 256) Im Windschatten der Landzunge ist dieser abgeschiedene und geschützte kleine weiße Sandstrand in der Mitte der Ostküste, nördlich von Ao Tanot, ein wunderbarer Ort mit ausgezeichneten Schnorchel- und Rock-Jumping-Möglichkeiten und sehr klarem Wasser. Der Wanderweg hierher ist mühsam, leichter geht es mit dem Longtail-Boot. Die mit Graffiti besprühte Ruine eines alten Resorts bröckelt vor sich hin. Wer wandert, sollte viel Wasser und Sonnenschutz einpacken.

Ko Nang Yuan INSEL

(Karte S. 256; 100 B; ⌚10–17 Uhr) Diese drei reizenden Inseln abseits der Nordwestküste von Ko Tao sind durch eine Sandbank miteinander verbunden und haben wunderbare Aussichten von ihren Höhepunkten. Boote starten am Lomprayah-Pier in Mae Hat.

Aktivitäten

Tauchen

Ko Tao ist *der* Ort in Thailand für Tauchanfänger. Die seichten Buchten, die die Insel säumen, sind für den ersten Tauchversuch von Neulingen perfekt geeignet. Das Wasser ist kristallklar, es strotzt nur so vor farbenfrohen Riffen und die Wassertemperatur ist wie in der Badewanne. Da es viele geschützte Tauchstellen gibt, kann man im Meer um Ko Tao das ganze Jahr über tauchen, es kann höchstens während der Regenzeit passieren, dass man ein oder zwei Tage aussetzen muss, wenn das Wasser zu unruhig ist, aber das kommt eher selten vor.

Die besten Tauchspots befinden sich in einem Umkreis von 20 km vor der Küste an Felsen, sogenannten *pinnacles*. Erfahrene Tauchfans bevorzugen aber fast immer die erstklassigen Spots an der Andamanenküste. Zu den hiesigen Meerestieren gehören Zackenbarsche, Muränen, Fledermausfische, Wimpelfische, Barrakudas, Riesen-Drückerfische, Kaiserfische, Clownfische („Nemos"), Stachelrochen und Riffhaie und auch die riesigen Walhaie kommen regelmäßig zu Besuch.

An der Küste stehen Tauchzentren bereit, um werdende Taucher mit der richtigen Ausrüstung auszustatten und sie in einem dreieinhalbtägigen Open-Water-Kurs samt Zertifikat mit den Grundlagen vertraut zu machen. Die starke Konkurrenz unter den Tauchschulen sorgt dafür, dass die Preise unschlagbar niedrig und das Niveau der Leistungen erstklassig ist. Dutzende Tauchanbieter konkurrieren um das Geld der Urlauber, darum sollte man sich erst in Ruhe umschauen. Auf der Insel werden mehr Tauchzertifikate ausgegeben als an irgendeinem anderen Ort der Welt.

★ Apnea Total TAUCHEN
(Karte S. 260; ☎ 081 956 5430, 081 956 5720; www.apneatotal.com; Sairee Beach; 1-/2-Tageskurs 3500/5500 B) Das kompetente, kontaktfreudige und begeisterte Personal des Veranstalters Apnea Total, der schon mehrere Preise in der Welt des Freitauchens gewonnen hat, haben ein besonderes Händchen dafür, Anfängern diesen eindrucksvollen Sport nahezubringen. Ein Schüler-Lehrer-Verhältnis von 3:1 garantiert zudem jede Menge Sicherheit. Der Standard-Einführungskurs dauert über zwei Tage und bringt einen (potenziell) in eine Tiefe von 20 m.

★ Crystal Dive TAUCHEN
(Karte S. 260; ☎ 077 456106; www.crystaldive.com; Mae Hat) Diese preisgekrönte Schule (mit Resort) gehört zwar zu den größten Tauchschulen der Insel (und der Welt), sorgt aber mit hervorragenden Lehrern und kleinen Kursen für eine recht persönliche Atmosphäre. Mehrsprachiges Personal, klimatisierte Unterrichtsräume und zwei hauseigene Swimmingpools runden das Paket ab. Crystal bemüht sich außerdem sehr um Projekte zum Schutz der Meere um Ko Tao. Äußerst empfehlenswert.

New Heaven TAUCHEN
(Karte S. 256; ☎ 077 457045; www.newheavendiveschool.com; Chalok Ban Kao) Die Eigentümer dieser Tauchfirma verbringen viel Zeit damit, die natürliche Schönheit von Ko Taos Unterwasserlandschaft zu erhalten. So kontrollieren sie regelmäßig die Riffe und tragen aktiv zu deren Erholung bei. Das übliche Spektrum an Kursen und Spaßtauchgängen sowie Freitauchen wird durch CPAD-Spezialzertifikate für Forschungstaucher ergänzt. Die Lehrer sind freundlich, beruhigend und ermutigend.

ACE Marine Expeditions TAUCHEN
(Karte S. 260; ☎ 077 456547; www.divephotothai.com; Sairee Village) Die Luxusvariante. Von Anfänger- bis Fortgeschrittenenkurse sowie Kurse für Kinder. Mit dem Schnellboot, durchaus angemessen für James Bond, geht es superschnell hinaus zu den Tauchspots. Es gibt auch Fahrten in den Sonnenuntergang, die den Urlaub noch mal vergolden.

Big Blue Diving TAUCHEN
(Karte S. 260; ☎ 077 456050; www.bigbluediving.com; Sairee Beach) Bei der Tauchschulensuche würde Goldlöckchen wohl Big Blue wählen. Die mittelgroße Firma (nicht zu groß, nicht zu klein) wird für Geselligkeit bei zuverlässig hohem Servicestandard geschätzt. Im hauseigenen Resort kommen Taucher jedes Levels und mit jedem Budget preisgünstig unter, von Backpacker-Schlafsälen bis zu erstklassigen Familienvillen.

Ban's Diving School TAUCHEN
(Karte S. 260; ☎ 077 456466; www.bansdivingresort.com; Sairee Beach) Ban's, ein gut geführtes Tauchunternehmen, das ständig expandiert, ist eine der erfolgreichsten Tauchschulen der Welt, was Tauchzertifikate angeht, und dennoch hat es sich eine Fünf-Sterne-Atmosphäre bewahrt. Die Unterrichtseinheiten in Klassenräumen finden in recht großen Gruppen statt, doch im Wasser erhält jeder Teilnehmer ausreichend individuelle Zuwendung. Hier arbeiten viele internationale Ausbilder, sodass die Schüler in ihrer Muttersprache tauchen lernen können.

Ko Tao

Buddha View TAUCHEN
(Karte S. 256; ☎ 077 456074; www.buddhaview-diving.com; Chalok Ban Kao; ab 1000 B; ⌚ 7–18.30 Uhr) Buddha View ist einer der Großanbieter auf Ko Tao und bietet alle Standardzertifikate für um die 2000 B und Spezialkurse im technischen Tauchen (jenseits der üblichen Grenzen freizeitlicher Unterwassererkundung). Kunden wohnen vergünstigt im freundlichen Resort.

Schnorcheln

Schnorcheln ist eine beliebte Alternative zum Sporttauchen, und eigene Schnorchelabenteuer lassen sich hier leicht organisieren: Kleine Bungalowanlagen an den Ostküstenbuchten verleihen Ausrüstung für 100 bis 200 B pro Tag.

Auf Ko Tao ziehen die meisten Schnorchelfans ohne Führer los. Sie schwimmen selbst zu vorgelagerten Buchten oder fahren mit gemieteten Longtail-Booten weiter raus. Alternativ können bei allen örtlichen Reisebüros geführte Touren gebucht werden, die verschiedene Schnorchelspots rund um die Insel abklappern (500–800 B, meist inkl. Aurüstung, Mittagessen & Guide bzw. Bootskapitän).

Laem Thian wird wegen seiner kleinen Haie geschätzt. Bei **Shark Island** tummeln

Ko Tao

sich viele Fische, aber ironischerweise keine Haie. **Ao Hin Wong** ist für kristallklares Wasser bekannt, während der **Light House Bay** (Karte S. 256) im Norden mit einem verwirrenden Reichtum an farbenprächtigen Seeanemonen aufwartet. Auch Ao Tanot (S. 254) ist ein sehr beliebter Schnorchelspot.

Tauchschulboote nehmen Schnorchler in der Regel zu vergleichbaren Preisen mit. Hinweis: Das Schnorcheln lohnt sich nur an flacheren Stellen wie beispielsweise Japanese Gardens (S. 258), die generell nachmittags von den verschiedenen Tauchbooten angefahren werden.

Freitauchen

Wegen der großen Anzahl an qualifizierten Apnoe-Tauchern auf der Insel bieten viele traditionelle Tauchschulen nun auch Freitauchen an (eine Art der Unterwassererkundung mit verschiedenen Techniken des Atemanhaltens statt technischer Tauchausrüstung). Das Team von Apnea Total (S. 255) hat mehrere Preise in der Welt des Freitauchens gewonnen und ein besonderes Händchen dafür, Anfängern diesen eindrucksvollen Sport nahezubringen. Ein Schüler-Lehrer-Verhältnis von 3:1 garantiert zudem jede Menge Sicherheit. Ebenfalls empfehlenswert ist der äußerst kompetente Anbieter **Blue Immersion** (Karte S. 260; ☎ 081 188 8488; www.blue-immersion.com; Sairee Beach; ab 3000 B). Die Freitauchpreise auf der Insel sind standardisiert, zweieinhalbtägige SSI-Anfängerkurse schlagen mit 5500 B zu Buche.

Technisches Tauchen & Höhlentauchen

Mit **Tech Dive Thailand** (www.techdivethailand.com) oder einer weiteren der wenigen anderen Tauchschulen, die technisches Tauchen anbieten, können erfahrene Taucher und Hardcore-Jacques-Cousteaus ihre Unterwasserausflüge aufs nächste Level heben und technisches Tauchen ausprobieren. Beim technischen Tauchen erkundet man Tiefen ab 40 m, was mehrere Dekompressionsstufen erfordert. Bei einem einzigen Tauchgang kommen außerdem oft verschiedene Atemgasgemische zum Einsatz. Solche Tauchgänge darf nur ein zertifizierter technischer Taucher durchführen. Viele Schulen auf der Insel bieten Trainingskurse an, in denen man verschiedene Zertifizierungen zum technischen Tauchen erhalten kann.

Auch Wracktauchen ist hier ein beliebter Sport. Der Golf ist seit sehr langer Zeit eine wichtige Handelsroute, und so werden hier von alten chinesischen Keramiktransportern bis hin zu japanischen *marus* (Handelsschiffen) ständig neue Wracks entdeckt. Das Wrack der HTMS *Sattakut* und tiefere Tauchziele eignen sich gut für technische Tauchgänge. Tech Dive Thailand führt eine komplette Online-Datenbank mit Dutzenden Wracks.

Höhlentauchen ist auf Ko Tao schwer angesagt. Die abgebrühtesten Gerätetauch-

TAUCHSPOTS IM ÜBERBLICK

Generell sind Tauchspots nicht frei wählbar: Je nach Wetter- und Wasserbedingungen sucht jede Schule täglich verschiedene Stellen aus.

Tiefere Reviere wie der Chumphon-Felsen werden normalerweise morgens besucht. Auf Bootstouren am Nachmittag klappert man flachere Spots wie die Japanese Gardens ab. Es liegen zwei große versunkene Schiffe vor der Küste, um Wracktauer mit Tauchmöglichkeiten zu versorgen.

Wer auf eine erbauliche Walhaisuche am Segelfelsen hofft, sollte eine der täglichen Tauchtouren ab Ko Pha-Ngan wahrnehmen.

Chumphon Pinnacle (max. Tiefe 36 m) Die vier miteinander verbundenen Felsen liegen 11 km nordwestlich von Ko Tao. Hier warten bunte Seeanemonen und große Schulen von Dickkopf-Stachelmakrelen, Thunfischen oder mächtigen Grauen Riffhaien. Auch Walhaie schauen ab und zu vorbei.

Green Rock (Karte S. 256; max. Tiefe 25 m) Fitnessfördernder Unterwasserdschungel mit Gruben, Höhlen und kleinen Kaminen, in denen sich Rochen, Zackenbarsche und Drückerfische tummeln. Super zum Nachttauchen.

Japanese Gardens (Karte S. 256; max. Tiefe 12 m) Dieser entspannte Spot zwischen Ko Tao und Ko Nang Yuan ist ideal für Anfänger. Man bekommt farbenfrohe Korallen und oft auch Schildkröten, Stachelrochen oder Kugelfische zu sehen.

Mango Bay (Karte S. 256; max. Tiefe 16 m) Tauchstelle für Leute, die zum ersten Mal mit einer Atemflasche tauchen. Träge Rifffische beobachten, wie die Tauchanfänger ihre neu erworbenen Fähigkeiten auf dem sandigen Boden ausprobieren.

Lighthouse Bay (Gluay Teun Bay; Karte S. 256; max. Tiefe 14 m) Die seichte Tauchstelle an der nordöstlichen Spitze der Insel eignet sich sehr gut zum Schnorcheln und wartet mit wunderschönen Korallen auf. Hier tummeln sich Gelbschwanz-Barrakudas sowie Papageien- und Wimpelfische.

Segelfelsen (max. Tiefe 40 m) Dieser Spot ist am besten ab Ko Pha-Ngan erreichbar und hat einen mächtigen Felskamin mit vertikal durchschwimmbarer Passage. Taucher sehen große Ozeanfische wie Barrakudas und Königsmakrelen. Der Segelfelsen ist einer der besten Spots in Südostasien, um Wale zu beobachten, die in den letzten Jahren ganzjährig gesichtet wurden, es gibt also keine besondere Saison.

Southwest Pinnacle (max. Tiefe 28 m) An der kleinen Felsengruppe tummeln sich Riesenzackenbarsche und Barrakudas und manchmal auch Walhaie.

Tanot Bay (S. 254; max. Tiefe 18 m) Diese Tauchstelle ist für Taucher jeden Levels geeignet. Sie ist recht seicht und ausgezeichnet zum Schnorcheln. Zu sehen gibt's Kaiserfische, Leopard-Forellenbarsche, Wimpelfische und einen versunkenen Katamaran.

White Rock (Karte S. 256; max. Tiefe 29 m) Beheimatet farbenfrohe Korallen, Kaiserfische, Clownfische und revierverteidigende Drückerfische. Ein beliebter Ort zum Nachttauchen.

HTMS Sattakut (Karte S. 256) Das Schiff wurde 2011 südöstlich von Hin Pee Wee versenkt (30 m tief) und ist inzwischen einer der beliebtesten Wrack-Tauchspots.

---

freaks stehen Schlange, um die halbtägige Fahrt zum Khao Sok National Park zu absolvieren. Der Hauptsee des Parks beherbergt eine verblüffende Unterwasserwelt mit vielen versteckten Grotten, Kalksteinfelsen und lauernden Welsen. In bestimmten Bereichen nähern sich Taucher gefluteten Dörfern, die dem Staudammbau zum Opfer fielen. Bei den meisten Höhlentauchtouren verlässt man Koa Tao mit dem Nachmittagsboot und kehrt am nächsten Tag wieder mit diesem zurück. Übernachtet wird im oder in der Nähe des Parks.

Unterwasserfotos & -videos

Wenn das Portemonnaie schon vor Tauch-Zertifikaten überquillt, könnten eine geliehene Unterwasserkamera oder ein Kurs im Unterwasserfilmen interessante Optionen sein. Viele Tauchschulen heuern professionelle Videofilmer an, um Open-Water-

Tauch-Zertifizierungen zu filmen. Wer sich dafür interessiert, der könnte so nach einem abgeschlossenen Videopraktikum sogar etwas Geld verdienen. Die Tauchveranstalter können den Kontakt zu den sechs Videofilmteams auf der Insel herstellen. Wir empfehlen **ACE Marine Images** (Karte S. 260; ☎077 457054; www.acemarineimages.com; Sairee Beach), eines der führenden Studios für Unterwasserfilme in Thailand. Ein Einführungskurs inklusive Videokamera, Tauchen und Anleitung kostet 4500 B und kann auch für ein PADI-Zertifikat für Fortgeschrittene verwendet werden. **Crystal Images** (Karte S. 260; ☎092 476 4110; www.crystalimages kohtao.com; Mae Hat) und **Oceans Below** (Karte S. 260; ☎086 060 1863; www.oceansbelow.net; Sairee Village) bieten Videofilmkurse und -praktika und haben ihre eigenen speziellen Angebote.

Noch mehr Aktivitäten

★ **Flying Trapeze Adventures** AKROBATIK
(FTA; Karte S. 260; ☎080 696 9269; www.goodtimethailand.com; Sairee Beach; ⏲16–20 Uhr, Kurse 15.30–17.30 Uhr) 90-minütige Anfänger-Trapezkurse (1500 B) in kleinen Gruppen offenbaren, ob man wirklich Talent zum Fliegen hat. In den Kursen der superfreundlichen Truppe gelenkiger Assistenten mutieren Teilnehmer nach maximal vier Sprüngen vom Zirkusneuling zum Profi-Überflieger. Es gibt gelegentlich Abendvorstellungen mit Publikumsbeteiligung. Die Kurszeiten ändern sich abhängig vom Sonnenuntergang, am besten vorher reservieren.

★ **Goodtime Adventures** WANDERN, ABENTEUERSPORT
(Karte S. 260; ☎087 275 3604; www.gtadventures.com; Sairee Beach; ⏲12 Uhr–open end) Mit Goodtime kann man tauchen, durch den

ABTAUCHEN: DIE PASSENDE TAUCHSCHULE AUF KO TAO FINDEN

Wenn Reisende am Pier von Mae Hat an Land gehen, werden sie von Schleppern belagert, die sie in ihr Tauch-Resort locken wollen. Doch auf Ko Tao gibt es Dutzende Tauchzentren. Am besten hat man daher schon bei der Ankunft die Namen einiger renommierter Schulen parat. Wenn man es nicht eilig hat, kann man ruhig erst mal ein paar Tage auf der Insel entspannen und sich mit der Entscheidung Zeit lassen – man trifft garantiert Heerscharen Tauchbegeisterter und Lehrer, die alle ihren Rat und ihre Meinung kundtun.

Fakt ist, dass das Taucherlebnis zum Großteil davon abhängt, wie gut man mit seinem Lehrer zurechtkommt. Andere Faktoren, die berücksichtigt werden sollten, sind die Größe der Tauchgruppe, die Wartung der Ausrüstung und der Zustand der Tauchspots, um nur einige zu nennen.

Die Tauchpreise sind auf der gesamten Insel mehr oder weniger vereinheitlicht, sodass es sich nicht lohnt, auf der Jagd nach dem besten Angebot über die Insel zu hetzen. Ein zertifizierter Open-Water-Tauchkurs (OWD) von **PADI** (www.padi.com) kostet 9800 B; ein OWD-Zertifikat von **SSI** (www.ssithailand.com) mit 9000 B etwas weniger, da die PADI-Unterrichtsmaterialien, die die Zertifizierung enthalten, einen höheren Preis erfordern, der auf die Schüler übertragen wird. Die auf der Insel immer beliebter werden OWD-Kurse von **RAID** (www.diveraid.com) schlagen mit 8500 B zu Buche. Der zertifizierte Fortgeschrittenenkurs **Advanced Open Water Diver** (AOWD) kostet 8500 B, ein Rettungstaucherkurs 9500 B und das Divemaster-Programm stattliche 35 000 B (inklusive des erforderlichen Divemaster-Pack). Freizeittaucher sollten etwa 1000 B pro Tauchgang oder 7000 B für ein Paket mit zehn Tauchgängen einplanen. Diese Preise beinhalten die gesamte Ausrüstung, das Boot, Ausbilder/Führer und Snacks. Wer seine eigene Ausrüstung mitbringt, bekommt in der Regel einen Rabatt. Vorsicht bei Tauchzentren, die zu viele Preisnachlässe anbieten – Sicherheit ist oberstes Gebot, und ein Anbieter, der ungewöhnlich gute Preise macht, spart dafür wahrscheinlich an zu vielen anderen Stellen. Das Geschäft mit den Tauchkursen ist für jedermann zugänglich, da man dafür keinerlei Hürden überwinden muss – darum tauchen überall billige und schlecht geführte Läden mit Superangeboten auf.

Die meisten Tauchschulen haben günstige oder sogar kostenlose Unterkünfte. Fast alle Tauchzentren bieten für alle Teilnehmer an einem Anfängerkurs kostenlose Zimmer mit Ventilator. Im Dezember, Januar, Juni, Juli und August sollte man aber auf Touristenmassen und ausgebuchte Unterkünfte gefasst sein, und auch nach jeder Vollmondparty auf Ko Pha-Ngan fallen massenweise Möchtegern-Taucher ein.

Mae Hat & Sairee Beach

Mae Hat & Sairee Beach

Aktivitäten, Kurse & Touren
ACE Marine Expeditions .... (siehe 34)
ACE Marine Images .... (siehe 34)
1 Apnea Total C3
2 Ban's Diving School B4
3 Big Blue Diving B1
4 Blue Immersion B4
5 Crystal Dive B6
6 Crystal Images A7
7 Flying Trapeze Adventures C3
8 Goodtime Adventures B4
9 Monsoon Gym & Fight Club C5
10 Oceans Below C2
11 Shambhala C2

Schlafen
12 Ananda Villa B6
13 Ban's Diving Resort C4
14 Big Blue Resort B1
15 Captain Nemo Guesthouse B6
16 Ko Tao Central Hostel B6
17 Nadapa Resort B7
18 Palm Leaf Resort B1
19 Place D1
20 Seashell Resort C3
21 Sensi Paradise Resort A7
22 Spicytao Backpackers D2

Essen
23 995 Roasted Duck C2
24 Bang Burgers C3
25 Barracuda Restaurant & Bar C3
26 Café del Sol B6
27 Cappuccino B6
28 Farango's C2
29 Greasy Spoon B7
30 Oishi Kaiso C2
Pranee's Kitchen .... (siehe 12)
31 Safety Stop Pub B6
32 Su Chili C2
33 Taste of Home D2
34 The Gallery C2
35 Whitening A7
36 Zest Coffee Lounge B7

Ausgehen & Nachtleben
37 Fishbowl Beach Bar B4
38 Fizz C3
39 Lotus Bar C3
40 Maya Beach Club B5

Unterhaltung
41 Queen's Cabaret C3

Shoppen
42 Chez Albert C3

Dschungel im Inselinneren wandern, bei Klettertouren mit Abseilen von Fels zu Fels schwingen, seinen Mut beim Klippenspringen testen, Multisport betreiben oder Powerboat fahren. Alternativ dazu stellt man sich direkt all diesen Herausforderungen bei einem ganztägigen Koh-Tao-Abenteuer (3300 B).

★ Shambhala YOGA
(Karte S. 260; ☎084 440 6755; www.shambhalayogakohtao.com; Sairee Beach; ⌚Mo–Sa 10–12 & 18–19.30, So 10–12 Uhr) Ko Taos führendes Yogastudio, das Schülern seit zwei Jahrzehnten das Verbiegen beibringt, belegt einen schönen hölzernen *săh·lah* auf dem bewaldeten Gelände des Blue Wind Resort. Die zweistündigen Kurse werden von erfahrenen Lehrern geleitet und kosten 300 B (2500 B/10 Std.). Man muss nicht vorher buchen, einfach vorbeigehen.

★ Monsoon Gym & Fight Club KAMPFSPORT
(Karte S. 260; ☎086 271 2212; www.monsoongym.com; Sairee Beach) Dieser beliebte Klub kombiniert Thaiboxen-Programme (*moo·ay tai*) und Schlafsäle mit Klimaanlage (300 B) für Schüler, die sich eingeschrieben haben, die Kampfkunst zu erlernen. Es ist eine anregende Art für diejenigen, Zeit in Ko Tao zu verbringen, die Tauchen nicht reizt. Das gut ausgestattete Betonstudio liegt direkt am Thaiboxing-Ring. Für ein Spontantraining zahlt man 300 B, sechs Unterrichtsstunden kosten 1500 B und eine unbegrenzte Nutzung 7000 B im Monat.

Ko Tao Leisure Park BOWLING, MINIGOLF
(Karte S. 256; ☎077 456316; ⌚12–24 Uhr) An der Hauptstraße zwischen Mae Hat und Chalok Ban Kao findet man hier mehrere selbst gezimmerte Bowlingbahnen (300 B/Std.), deren Kegel nach jedem Frame vom Personal neu aufgestellt werden. Nutzer des thematisch gestalteten Minigolfplatzes mit 18 Löchern schlagen ihre Bälle z. B. durch Stonehenge oder über die Golden Gate Bridge. Es gibt auch *pétanque*-Plätze, Tischtennis und einen riesigen Großbildschirm.

Schlafen

Wenn bei einem Inselbesuch auch Tauchen geplant ist, rundet der jeweilige Tauchveranstalter sein Angebot wahrscheinlich mit kostenlosen oder vergünstigten Übernachtungen ab. Manche Tauchschulen haben hauseigene Quartiere, andere kooperieren mit Bungalowbetreibern. Wichtig: Unterkunftsrabatte gelten nur an den eigentlichen Tauchtagen.

Sairee Beach

Der riesige Sairee Beach ist der längste und am stärksten erschlossene Strand der Insel und wird von einer Kette von Tauchanbietern, Bungalowanlagen, Reisebüros, Minimärkten und Internetcafés gesäumt. Am schönsten und ruhigsten ist das Nordende, in den Bars im südlichen Teil herrscht dafür mehr Partystimmung, und es geht oft recht laut zu. Die meisten Gäste entscheiden sich für diesen Strand, denn er bietet eine tolle Mischung aus herrlicher Landschaft und Action, und die Sonnenuntergänge sind königlich.

Spicytao Backpackers HOSTEL $
(Karte S. 260; ☎082 278 7115; www.spicyhostels.com/Home.html; Sairee Village; B 230–280 B; ❄📶) Das schlichte Spicytao liegt versteckt abseits der Hauptstraße in einem ländlichen Garten, und bei den Schnäppchenpreisen und der geselligen Atmosphäre fühlt man sich wie zu Hause. Backpacker schwärmen von der Stimmung und den Mitarbeitern, die ständig Aktivitäten organisieren. Unbedingt vorher buchen!

★ Ban's Diving Resort RESORT $$
(Karte S. 260; ☎077 456466; www.bansdivingresort.com; Sairee Beach; Zi. 700–10 000 B; ❄@📶🏊) Der auf Taucher ausgerichtete Partypalast wartet mit einer breiten Palette an Unterkünften auf, von richtig guten Zimmern über einfache Backpackerbuden bis zu schicken Bergvillen, und er wächst immer weiter. Nach dem Tauchen chillen die Gäste am wunderbaren Strand vor dem Resort oder an einem der zwei Pools, die sich in einem Dschungelstreifen zwischen den zweistöckigen, mit Säulen und Terrassen versehenen weißen Hotelblocks befinden.

Big Blue Resort BUNGALOW $$
(Karte S. 260; ☎077 456050; www.bigbluediving.com; Sairee Beach; B 400 B, Zi. 1500–10 000 B; ❄@) Ein Tauchresort mit Sommerlager-vibe. Der Tag ist geprägt von Tauchkursen, die Abende werden zusammen beim Essen oder mit Feuershows verbracht. Es gibt schlichte Schlafsäle mit Ventilatoren und sechs Betten, Bungalows mit Klimaanlage und Villen sowie luxuriöse Familienvillen. Manche Zimmer und Unterkünfte sind an einen Tauchkurs bei Big Blue (S. 255) gebunden.

★ Place RESORT $$$
(Karte S. 260; www.theplacekohtao.com; Villa 8000–9000 B; ❄📶) Diese romantische Boutique-Unterkunft liegt etwa 15 Minuten zu Fuß oder fünf Minuten im Taxi entfernt vom Sairee Beach auf einem Berg und bietet neun private, von bewachsenen Hügeln umgebene Luxusvillen mit atemberaubendem Meerblick. Es ist der perfekte Ort für die Flitterwochen: Hier gibt es überall private Tauchbecken und der persönliche Küchenchefservice verköstigt all jene, die lieber in ihrem Kuschelnest bleiben, als draußen Nahrung aufzunehmen.

Seashell Resort BUNGALOW $$$
(Karte S. 260; ☎077 456271; www.seashell-kohtao.com; Sairee Beach; Zi. 1950–4500 B, Villa 2680–12 500 B; ❄📶🏊) Hier gibt's eine große Auswahl an Unterkünften, von einfachen Holzbungalows mit Ventilator bis zu hotelartigen Zimmern in einem Block und schicken Villen. Das belebte Resort hat sehr gepflegte Anlagen, doch verglichen mit anderen Optionen sind die Preise überzogen. Aber des Seashell ist trotzdem eine gute Alternative, in der Taucher wie Nichttaucher willkommen sind.

Palm Leaf Resort BUNGALOW $$$
(Karte S. 260; ☎077 456731; www.kohtaopalmleaf.com; Sairee Beach; Bungalow 2000–4500 B; ❄📶🏊) Die Bungalows und Zimmer im Palm Leaf sind gut, aber nicht spektakulär, doch die Lage am ruhigeren nördlichen Ende des samtigen Sairee Beach ist einfach unschlagbar.

Mae Hat

Alle ankommenden Fähren legen am Pier des belebten Dorfes Mae Hat an. Daher ist dies nicht der beste Strand, wenn man ein ruhiges Refugium sucht, er ist aber toll für Besucher, die in erster Linie tauchen wollen. Die charmantesten Unterkünfte erstrecken sich jedoch nördlich und südlich vom Pier am Sandstrand.

Ko Tao Central Hostel HOSTEL $
(Karte S. 260; ☎077 456925; www.kohtaohostel.com; Mae Hat; B 310 B; ❄📶) Das saubere, zentrale und freundliche Hostel erkennt man an seinem Londoner U-Bahn-Logo, den Banksy-Wandgemälden und den Metrostreifen. Es gibt tolle Schlafsäle mit 14 Betten für alle, die nur einen praktischen Schlafplatz in der Nähe des Piers brauchen. Check-out-Zeit ist um 11 Uhr. Die Rezeption ist im Island

Travel nebenan untergebracht. Handtücher werden nicht gestellt, also: mitbringen.

Captain Nemo Guesthouse PENSION $$

(Karte S. 260; www.captainnemo-kohtao.com; Mae Hat; DZ 890–28500 B; ❄📶) Die fünf Zimmer der beliebten kleinen Pension sind vom Pier aus gut zu Fuß erreichbar und fast immer komplett belegt, darum unbedingt vorher reservieren. Die Besitzer sind freundlich und hilfsbereit und halten alles sauber.

Ananda Villa HOTEL $$

(Karte S. 260; ☎077 456478; www.anandavilla.com; Mae Hat; Zi. 600–1800 B; ❄📶) Nah an der Anlegestelle verbreitet dieses freundliche, zweistöckige, creme-weiße Hotel mit Verandas und umgeben von dekorativen Palmen und Tempelbäumen ein koloniales Flair. Die preiswertesten Bungalows haben nur einen Ventilator, aber heißes Wasser, und liegen im Garten auf der anderen Seite der Straße.

Nadapa Resort RESORT $$

(Karte S. 260; ☎077 456495; www.nadaparesort.com; Mae Hat; 2BZ & DZ 1500 B; ❄📶) Es ist kein richtiges Resort, und wer einen Pool und Meerblick will, geht lieber woanders hin, aber das bewährte Nadapa ist hell, sauber und komfortabel, hat farblich gekennzeichnete Zimmer in einem Block mit Balkon und Bungalows mitten zwischen einer Reihe lustiger Comicstatuen. Abseits, aber nicht weit weg von der Action, und nah am Pier.

Charm Churee Villa RESORT $$$

(Karte S. 260; ☎077 456393; www.charmchureevilla.com; Mae Hat; Bungalow 3600–39 100 B; ❄📶🏊) Unter himmelhohen Palmen und abseits vom Getümmel des Piers verstecken sich die Luxusvillen von Charm Churee auf einem 48 ha großen Dschungelgrundstück und stehen für fernöstliche Verwöhnkultur in voller Pracht. Direkt in die Felswand wurden Treppen gehauen, die sich an Palmen vorbei zu verstreuten Teakholzhütten auf grauen Felsen hinunterwinden. Die Villen punkten mit charmantem, ungehindertem Blick auf die brausende Brandung.

Sensi Paradise Resort RESORT $$$

(Karte S. 260; ☎077 456244; www.sensiparadiseresort.com; Mae Hat; Zi. 3300–15 000 B; ❄📶🏊) „Natural Chic" am schönsten Strandabschnitt des eigentlichen Mae Hat, direkt am Fuß von malerischen Felsen – dem Lärm des Piers entkommt das Resort jedoch nicht. Die Zimmer auf dem Hügel sind abgewohnt und ihren Preis nicht wert, doch die neueren Modelle näher am Strand sind sehr hübsch und komfortabel. Freundliche Angestellte und mehrere luftige Teakholz-*săh·lah* sorgen für besonderen Charme.

Chalok Ban Kao

Am Ao Chalok Ban Ko, auf der Straße etwa 1,7 km südlich von Mae Hat, gibt's eine der größten Unterkunft-Konzentrationen auf Ko Tao. Der schmale, sichelförmige Strand ist an beiden Enden von Felsen eingerahmt. Das milchig weiße Wasser ist recht flach, und bei Ebbe kommt eine Sandbank zum Vorschein, zu der man waten kann, um sich dort zu sonnen.

Tao Thong Villa BUNGALOW $

(Karte S. 256; ☎077 456078; Ao Sai Nuan; Bungalow 500–2000 B; ❄@📶) Die schnörkellosen Bungalows, die bei Langzeiturlaubern auf der Suche nach Ruhe beliebt sind, bieten grandiose Ausblicke. Das Tao Thong liegt an zwei winzigen Stränden auf einem felsigen Kap auf halbem Weg zwischen Mae Hat und Chalok Ban Kao. Man erreicht es vom Pier in Mae Hat in einer kurzen Fahrt im Taxiboot.

★ **Dearly Koh Tao Hostel** HOSTEL $$

(Karte S. 256; ☎077 332494; www.thedearlykohtaohostel.com; 14/55 Mu 3, Chalok Ban Kao; B 600–700 B, DZ 1700–3000 B, 3BZ 2400 B; 📶🏊) Das neue Hostel an der Straße, die von Chalok Ban Kao ins Inland führt, vereint alle richtigen Elemente: saubere, komfortable, moderne (aber auch traditionelle) Zimmer, quirliges und freundliches Personal, Rattanmöbel und eine Dachterrasse. Es gibt Schlafsäle und private Zimmer, ein Swimmingpool war zum Zeitpunkt der Recherche im Bau. Frühstück ist inklusive.

Koh Tao Tropicana Resort PENSION $$

(Karte S. 256; ☎077 456167; www.koh-tao-tropicana-resort.com; Chalok Ban Kao; Zi. 820–2500 B) Die freundliche Pension bietet schlichte, niedrige Einheiten, die sich in einer sandigen, schattigen Gartenanlage verteilen, die zwischen Farnwedeln und hohen Palmen flüchtige Blicke auf das blaue Meer freigibt.

New Heaven Resort BUNGALOW $$

(Karte S. 256; ☎077 456422; www.newheavendiveschool.com; Chalok Ban Kao; B 300 B, Zi. & Bungalow 800–3500 B; ❄📶) Im New Heaven, das zum gleichnamigen Tauchanbieter gehört, stehen den Gästen farbenfrohe Hütten auf einem Hügel über dem unglaublich klaren Meer zur Verfügung. Außerdem gibt es Zimmer am Strand mit Klimaanlage, Familienbungalows mit Meerblick und preiswerte Betten im Schlafsaal.

★ **View Point Resort** RESORT $$$
(Karte S. 256; ☎ 091 823 3444; www.viewpointresortkohtao.com; Chalok Ban Kao; Bungalow inkl. Frühstück 2700–18 000 B; ❄📶🏊) In der Nähe des Saan Jao Beach erstreckt sich die üppig grüne Anlage mit Farnen und Palmen auf einem mit Felsen übersäten Hügel, von dem aus sich grandiose Blicke aufs Meer und die Bucht bieten. Alle Unterkünfte, von den exquisiten privaten Suiten, die wie ein luxuriöses Liebesnest von Tarzan und Jane wirken, bis zu den riesigen Bungalows mit toller Aussicht, sind aus Felsen, Holz und Beton gebaute, sehr komfortable, natürliche Domizile. Im Preis inbegriffen ist der Taxitransfer.

Ko Tao Resort RESORT $$$
(Karte S. 256; ☎ 077 456133; www.kotaoresort.com; Chalok Ban Kao; Zi. & Bungalow 2100–9500 B; ❄@📶🏊) Die Zimmer in diesem Resort werden nach „Poolseite" und „Paradieszone" unterschieden und sind alle gut ausgestattet. Man kann Wassersportausrüstung ausleihen und bekommt an mehreren Bars verschiedene fruchtige Cocktails. Der Blick auf das milchig-blaue Wasser ist umwerfend.

Chintakiri Resort RESORT $$$
(Karte S. 256; ☎ 077 456133; Chalok Ban Kao; Zi. & Bungalow 3200–6200 B; ❄@📶🏊) Das Chintakiri, das hoch über dem Meer liegt und auf Chalok Ban Kao blickt, ist eine der luxuriöseren Unterkünfte auf Ko Tao. Die Zimmer liegen rund um den Dschungel und haben schneeweiße, lackierte Wände.

Hin Wong

An der heiteren Ostküste der Insel findet man diese mit Felsen übersäte Küste mit kristallklarem Wasser – bildschön. Die Straße nach Hin Wong ist teilweise asphaltiert, aber unerwartete Sandgruben und steile Hügel können einen vom Motorrad werfen, darum langsam fahren. Zu Fuß ist es steil, aber ein nettes Workout.

Hin Wong Bungalows BUNGALOW $
(Karte S. 256; ☎ 077 456006; Hin Wong; Bungalow 400–700 B; 📶) Die ausreichenden, aber schlichten Wellblechhütten oberhalb der im Meer verstreuten Felsen liegen verteilt in einer naturbelassenen Tropenvegetation. Vor dem luftigen Restaurant ragt ein primitiver Bootssteg ins Meer, auf dem man die Beine baumeln lassen und schwarze Sardinenschwärme im türkisblauen Wasser beobachten kann. Oder man hüpft direkt mit Schnorchel hinein.

View Rock BUNGALOW $
(Karte S. 256; ☎ 077 456549, 077 456548; viewrock@hotmail.com; Hin Wong; Bungalow 500–2000 B; ❄📶) Man fährt über die unbefestigte Straße nach Hin Wong hinunter und folgt den Schildern nördlich der Hin Wong Bungalows. Der Name View Rock ist hier Programm: Aussicht und Felsen. Das Sammelsurium an Holzhütten wirkt wie ein abgeschiedenes Fischerdorf, das zwischen steilen Klippen mit tollem Buchtblick steht. Die Bungalows sind einfach und bescheiden, aber sauber. WLAN gibt's nur im Restaurant.

Ao Tanot (Tanote Bay)

Das felsige Ao Tanot ist stärker besucht als manch andere Ostküstenbucht, aber dennoch recht ruhig und malerisch. Es gibt einige tolle Felsen, von denen man ins saphirblaue Wasser springen kann. Zudem kann man hier ausgezeichnet schnorcheln und in flachem Wasser tauchen.

Poseidon BUNGALOW $
(Karte S. 256; ☎ 077 456735; poseidonkohtao@hotmail.com; Ao Tanot; Bungalow 800–1500 B; 📶) Mit den einfachen, aber annehmbaren Hütten in Strandnähe mit Ventilator bewahrt das Poseidon die Tradition der Budget-Bambusbungalows. Es gibt ein ordentliches Restaurant, wo man auch gut etwas trinken kann.

Family Tanote BUNGALOW $$
(Karte S. 256; ☎ 077 456757; Ao Tanot; Bungalow 1000–3800 B; ❄@📶) Die familienbetriebene Bungalowgruppe an einem Hang eignet sich gut für Einsamkeitssuchende. Direkt vor der Haustür können die Gäste zwischen den Fischen schnorcheln oder zum Restaurant hinaufsteigen, um ein leckeres Essen bei Buchtblick zu genießen.

Ao Leuk & Ao Thian Ok

★ **Jamahkiri Resort & Spa** RESORT $$$
(Karte S. 256; ☎ 077 456400; www.jamahkiri.com; Ao Thian Ok; Bungalow inkl. Frühstück 8400–30 000 B; ❄@📶🏊) In dem weiß verputzten Resort sind zwischen Mosaikmustern und mehrarmigen Statuen auch hölzerne Masken und Fruchtbarkeitsgöttinnen aus

Stein verteilt. Wilde Affenschreie betonen das Dschungelthema genau wie die strohgedeckten Dächer und die Abendgesellschaften mit Tiki-Fackeln. Es gibt unheimlich viele Stufen, aber die Aussicht ist umwerfend, das Spa eines der besten und das Tauchzentrum ausgezeichnet.

Ko Nang Yuan

Zum fotogenen Inselchen Ko Nang Yuan, das direkt vor der Nordwestküste von Ko Tao liegt, geht es problemlos mit dem Lomprayah-Katamaran und mit den Wassertaxis, die vom Mae Hat und Sairee aus starten (einfache Strecke 100 B). Alle Besucher der Insel müssen 100 B Steuern zahlen.

Ko Nangyuan Dive Resort BUNGALOW $$$
(Karte S. 256; ☎077 456088; www.nangyuan.com; Ko Nangyuan; Bungalow inkl. Frühstück 1500–9000 B; ❄📶) Die rustikalen Holz- und Aluminiumbungalows verteilen sich auf drei konischen Inseln, deren Form an Reishüte erinnert und die über eine malerische Sandbank verbunden sind. Tatsächlich ist dies ein privates Inselparadies, tagsüber herrscht aber wegen der Tagesausflügler viel Betrieb. Das Resort besticht außerdem durch das beste Restaurant auf der Insel (genauer gesagt, hier muss man gegessen haben). Im Preis enthalten ist auch eine Rundfahrt nach Ko Tao.

Essen

Angesichts des riesigen Ko Samui am Horizont ist es kaum zu glauben, dass Ko Tao selbst eine ernstzunehmende Gastroszene hat. Die meisten Resorts und Tauchanbieter bieten Restaurants, während sich eigenständige Lokale blitzschnell am Sairee Beach und in Mae Hat ausbreiten. Die Tauchergemeinde hat ein breites internationales Spektrum (z. B. mexikanisch, französisch, italienisch, chinesisch, japanisch) hervorgebracht.

Sairee Beach

★995 Roasted Duck CHINESISCH $
(Karte S. 260; Sairee Village; Hauptgerichte ab 70 B; ⏲9–21 Uhr) In diesem gefeierten Lokal steht man durchaus mal an, um einen Platz zu bekommen, und wer sich fragt, um was es hier eigentlich geht: Man wartet auf ausgezeichnete Entengerichte – ab 70 B für eine dampfende Schüssel gebratenem Vogel mit Nudeln, bis zu 700 B für das ganze Tier, und das alles wird im Handumdrehen serviert. Selbst schuld, wer sich das entgehen lässt.

Su Chili THAI $
(Karte S. 260; Sairee Village; Gerichte 85–225 B; ⏲10–22.30 Uhr) Das einladende und gut besuchte Su Chili serviert frische und leckere Thai-Gerichte, wobei das freundliche Personal immer fragt, wie scharf das Essen sein soll, und es irgendwie immer passt. Empfehlenswert sind die nordthailändischen Spezialitäten oder die Penang-Currys. Es gibt eine Handvoll Gerichte westlicher Hausmannskost für heimwehkranke Esser.

Oishi Kaiso JAPANISCH $
(Karte S. 260; ☎080 041 7263; Sairee Village; Hauptgerichte ab 90 B; ⏲11.30–22.30 Uhr; 📶) Das saubere, sehr schmale Lokal in der Größe eines *gyoza* (japanische Teigtasche) lockt mit seinen *nigiri*, *sashimi* und *maki* immer sehr viele Gäste an, was das Personal souverän meistert, aber wenn man die Rush Hour verpasst ist es ein echtes Erlebnis. Zusätzlich gibt's auch ein paar Thai-Gerichte, aber die findet man überall. Die *gyoza* sind tatsächlich sehr verlockend.

Bang Burgers BURGER $
(Karte S. 260; ☎081 136 6576; Sairee Village; Hauptgerichte ab 130 B; ⏲10–22 Uhr) Man muss Geduld mitbringen und in der Schlange warten, um in dem tollen, unglaublich erfolgreichen Burgerladen in Sairee einen der etwa sechs verschiedenen Burger (Cheese, Double Cheese, Red Chilli Cheese) auf der Speisekarte, inklusive einer Veggie-Variante, genießen zu können. Pommes frites gibt's für 50 B.

★Barracuda Restaurant & Bar FUSION $$
(Karte S. 260; ☎080 146 3267; www.barracudakohtao.com; Sairee Village; Hauptgerichte 240–380 B; ⏲18–22.30 Uhr; 📶) Der gesellige Chefkoch Ed Jones verköstigt die thailändische Prinzessin, wenn sie in der Stadt ist, aber auch Normalsterbliche können für ein paar Baht im Vergleich zu ihrem Budget in den Genuss seiner exquisiten Küche kommen. Einheimische Zutaten werden zu kreativen, frischen Fusionsköstlichkeiten verarbeitet, wie z. B. die Seafood-Platte, das gebratene Thunfischfilet oder die vegetarische Falafel-Platte, dazu empfiehlt sich ein Passionsfrucht-Mojito.

★The Gallery THAI $$
(Karte S. 260; ☎077 456547; www.thegallerykohtao.com; Sairee Village; Hauptgerichte 120–420 B;

⏲12–22 Uhr) Eines der angenehmsten Lokale im Ort, was sich auch im Essen widerspiegelt. Die Spezialität des Hauses ist das *hor mok maprao on* (Hühner-, Shrimps- und Fischcurry, serviert in einer jungen Kokosnuss; 420 B), aber das weiße Schnapperfilet in cremiger roter Currysauce ist ebenfalls ausgezeichnet, zudem gibt's eine Auswahl an vegetarischen Gerichten.

Taste of Home INTERNATIONAL $$
(Karte S. 260; ☎086 012 0727; Sairee Village; Hauptgerichte 120–250 B; ⏲10–13 & 17–22 Uhr; 📶) In dem kleinen, einfachen, bei Expats beliebten Lokal unter deutscher Leitung wird etwas von allem serviert (schwedische Hackbällchen, türkische Köfte, ungarisches Gulasch und Wiener Schnitzel, um nur ein paar zu nennen), aber alles ist lecker und liebevoll zubereitet. Nicht vergessen: Zur Verdauung nach dem Essen den vom Besitzer selbst gemachten Whiskey-and-Cream-Likör probieren!

Farango's PIZZA $$
(Karte S. 260; ☎077 456205; www.farangopizzeria.com; Sairee Village; Gerichte 80–230 B; ⏲11–24 Uhr; 📶) Diese geschäftige Pizzeria mit ihrer guten Filiale in Sairee Village serviert leckere Pizzas und andere italienische Klassiker. Nur Barzahlung.

Mae Hat

Zest Coffee Lounge CAFÉ $
(Karte S. 260; Mae Hat; Gerichte 70–200 B; ⏲6–16 Uhr; 📶) Ganz aus Ziegelsteinen und Holz und auf einem abgewetzten Boden braut das Zest einen ausgezeichneten Kaffee und weckt Schlafmützen zur Frühstückszeit. Die Eier Benedict versüßen einem den Morgen, während Faulenzer und Snacker Ciabattasandwiches mümmeln oder klebrige Süßigkeiten mit cremiger Caffe Latte runterspülen. Es gibt eine Filiale in Sairee (8–17 Uhr), aber diese hier ist besser.

Pranee's Kitchen THAI $
(Karte S. 260; Mae Hat; Gerichte 50–150 B; ⏲7–22 Uhr; 📶) Dieser alte Mae-Hat-Klassiker tischt himmlische Currys und andere thailändische Köstlichkeiten in einem Freiluft-Pavillon mit Sitzkissen, Holztischen und TVs auf. Abends um 18 Uhr laufen englischsprachige Filme.

Safety Stop Pub INTERNATIONAL $
(Karte S. 260; ☎077 456209; Mae Hat; Hauptgerichte 60–250 B; ⏲7–23 Uhr; 📶) Das Bar-Restaurant am Pier ist ein Zufluchtsort für heimwehkranke Briten und erinnert an einen tropischen Biergarten. Sonntags können sich die Gäste den Bauch endlos mit gegrillten Köstlichkeiten vollschlagen. Und das Thai-Essen ist auch gar nicht übel.

Cappuccino CAFÉ $
(Karte S. 260; ☎077 456870; Mae Hat; Gerichte ab 30 B; ⏲7–18 Uhr; 📶) Das Dekor des Cappuccino rangiert mit seinen Marmortischplatten, Wandspiegeln und guten Grooves irgendwo zwischen dem New Yorker Deli in *Seinfeld* und einer französischen Brasserie – ein toller Ort, um einen Tag auf Ko Tao mit Croissants und Cappuccinoschaum zu starten.

Greasy Spoon FRÜHSTÜCK $
(Karte S. 260; Mae Hat; Frühstück 140 B; ⏲6.30–15 Uhr; 📶) Getreu seinem Namen serviert das Greasy Spoon diverse Cholesterinbomben zum Frühstück: Blutwurst, Eier, Wurst, Kartoffelpuffer und Pommes (sowie diverse vegetarische Optionen) treiben jedem Briten die Freudentränen in die Augen. Das einzige, was fehlt, sind kostenlose Ausgaben von *Sun* und *Daily Mirror*.

★ **Whitening** INTERNATIONAL $$
(Karte S. 260; ☎077 456199; Gerichte 160–480 B; ⏲13–1 Uhr; 📶) Das feine, weiße Lokal rangiert irgendwo zwischen Restaurant und schicker Strandbar. Feinschmecker werden die deliziösen Abwandlungen einheimischer und internationaler Gerichte mögen. Mit den nackten Füßen im Sand speist man hier zwischen baumelnden weißen Lichterketten. Und das Beste? Es ist relativ freundlich zum Portemonnaie.

Café del Sol INTERNATIONAL $$
(Karte S. 260; ☎077 456578; www.cafedelsol.ws; Mae Hat; Hauptgerichte ab 100 B; ⏲8–22.30 Uhr; 📶) Ein paar Schritte vom Pier entfernt ist dieses Eckcafé eine ausgezeichnete Wahl, um ein französisches, englisches oder ein Taucherfrühstück zu genießen und den Morgentrubel von Ko Tao zu beobachten. Mittags und abends reicht das Menüspektrum von herzhaften Hamburgern mit Paprika bis zu hausgemachter Pasta. Die Preise sind allerdings etwas überzogen. Das Café vermietet auch Zimmer für 1200 B.

Chalok Ban Kao

South Beach Cafe CAFÉ $
(Karte S. 256; ☎094 369 1979; Chalok Ban Kao; Hauptgerichte ab 100 B; ⏲6–22 Uhr) In diesem

frischen, schicken und hübschen Neuzugang in Chalok Ban Kao ist der Service zwar etwas mau, aber der Kaffee und das Frühstück sind gut. Auf der Karte stehen Panini, Salate, Pizzas, Burger, vegane Gerichte, Cheesecake und Hauswein (99 B/Glas) sowie das obligatorische komplette englische Frühstück (plus einer veganen Variante). Macht früh auf und spät zu.

I (Heart) Salad CAFÉ $$
(Karte S. 256; Chalok Ban Kao; Hauptgerichte ab 120 B; ⌚8–21 Uhr; 📶) Das rustikale Lokal serviert viele gesunde Salate mit frischen Zutaten, eine Auswahl an vegetarischen und veganen Gerichten und klebrige Desserts. Dazu gibt's frische Obstsäfte und gesundes Frühstück nur mit Eiweiß.

Viewpoint Restaurant INTERNATIONAL $$$
(Karte S. 256; ☎077 456444; Chalok Ban Kao; 250–1100 B; ⌚7.30–22 Uhr) Das Viewpoint bietet mit seiner wunderschönen erhöhten Holzterrasse mit Blick auf die Ao Chalok Ban Kao ein äußerst romantisches Ambiente. Auch das Essen kann mit dem besten auf Ko Samui mithalten – man probiere den geschmorten Bauchspeck oder den ganzen Thunfisch aus dem Ofen. Abgesehen von den australischen Rindfleischgerichten sind die Preise angemessen.

Ausgehen & Nachtleben

★ **Lotus Bar** BAR
(Karte S. 260; ☎087 069 6078; Sairee Beach) Das Lotus ist der führende Late-Night-Spot an Sairees Nordende und bietet zudem spektakuläre Sonnenuntergänge aus der ersten Reihe. Muskulöse Feuerjongleure wirbeln brennende Fackeln durch die Luft, und die Drinks sind so groß, dass ein Rettungsschwimmer anwesend sein sollte.

★ **Fizz** BAR
(Karte S. 260; Sairee Beach; ⌚8–1 Uhr) Zum Sonnenuntergang auf einen grünen Sitzsack sinken, einen Designer-Cocktail bestellen und die hypnotisierende Brandung in Einklang mit einer Symphonie an Umgebungsgeräuschen auf sich wirken lassen. Einfach fantastisch!

★ **Earth House** BIERGARTEN
(Karte S. 256; www.theearthhousekohtao.com; ⌚Mo–Sa 12–24 Uhr) Dieses entspannte, abgeschiedene und ländliche Lokal serviert in einem verträumten Garten eine globale Auswahl an 40 Bieren, Craft-Bieren und Cider. Neben einem eigenen chilligen Baumhaus gibt's noch ein Restaurant (Mo–Sa 9–12 & 13–18 Uhr) und daneben sind Bungalows, in denen man seinen Rausch ausschlafen kann, wenn man zu viel Green Goblin (Cider) hatte. Das Earth House liegt an der Straße nach Ao Tanot, kurz vor der Abzweigung nach Ao Leuk.

Fishbowl Beach Bar BAR
(Karte S. 260; ☎062 046 8996; Sairee Beach; ⌚12–2 Uhr) Diese lebhafte Bar bietet unfassbare Aussichten auf den Sonnenuntergang; dazu gibt's ab 20 Uhr Feuershows, Livemusik und DJs.

Maya Beach Club BAR
(Karte S. 260; ☎080 578 2225; www.mayabeachclubkohtao.com; Sairee Beach; ⌚Sa–Do 12–21, Fr bis 2 Uhr) Das Maya konkurriert mit dem Fizz um den umwerfenderen Blick auf den Sonnenuntergang und die entspannte Stimmung. Abends legen DJs auf und es wird Party gemacht. Eine Strandliege schnappen und sich niederlassen.

Unterhaltung

★ **Queen's Cabaret** KABARETT
(Karte S. 260; ☎087 677 6168; Sairee Village) Jeden Abend ist in dieser anheimelnden Bar etwas anderes los. Das Programm reicht von der typischen Show mit Abba-Glamour bis zu heißen Oben-ohne-Sängerinnen. Männer, die weit vorn sitzen, müssen aber damit rechnen, in die Show einbezogen zu werden. Es kostet keinen Eintritt, aber es wird erwartet, dass man einen (recht teuren) Drink zu sich nimmt – aber das ist es absolut wert.

Shoppen

Verglichen mit den Preisen zu Hause sind zwar die meisten Waren billig, doch Tauchausrüstungen stellen die große Ausnahme dar. Auf Ko Tao blättert man westliche Preise plus Versandkosten hin sowie eine Kommission auf jedes Stück – darum ist es besser, zu Hause oder online einzukaufen.

Apotheken verlangen sehr hohe Preise für importierte Sonnenmilch, Shampoos, Mückenschutz und andere Artikel, einschließlich Paracetamol und Aspirin. Preisgünstigere Alternativen findet man in den Filialen von 7-Eleven.

★ **Hammock Cafe Plaeyuan** HAUSHALTSWAREN
(Karte S. 256; ☎082 811 4312; ⌚So–Fr 9–18 Uhr) Das kleine Café in französischer und thai-

ländischer Hand mit Tischen an der Straße nach Chalok Ban Kao verkauft auch eine großartige Auswahl an bunten, von Mlabri handgewebten Hängematten, manche aus bis zu 3 km Stoff. Für eine Sitzhängematte zahlt man um die 1700 B und bis zu 5000 B für die kunstvollste. Zum Verkauf steht zudem schöner Schmuck.

Chez Albert ESSEN & TRINKEN

(Karte S. 260; ☎ 077 332577; Sairee Village; ⏲ Mo–Sa 13.30 Uhr–open end) Der geschäftstüchtige Laden verkauft vor allem Wein, versorgt aber auch die Gaumen der Expats mit Kaffee, Käse, Aufschnitt und anderen importierten Gelüsten und gastronomischen Bedürfnissen.

Praktische Informationen

GEFAHREN & ÄRGERNISSE

Auch wenn ein Mietroller fürs Herumkommen äußerst praktisch ist, ist das hier mit Sicherheit nicht der Ort, um erst fahren zu lernen: Die Straßen von Ko Tao werden zwar immer weiter asphaltiert, aber manche sind immer noch gefährlich. Die Insel strotzt vor steilen Hügeln und Schotterpisten mit unerwarteten Sandgruben sowie Gräben auf der Straße. Mit einem Roller sollte man auf den guten Straßen bleiben und bei Unsicherheiten umdrehen. Und immer einen Helm tragen!

GELD

Mehrere **Banken** (Karte S. 260) säumen die Inselhauptstraße am äußersten Ortsrand von Mae Hat. Fast alle Tauchschulen akzeptieren Kreditkarten gegen eine Bearbeitungsgebühr von 3 %.

Geldwechselschalter findet man am Pier in Mae Hat und beim Chopper's in Sairee Beach.

Die Geldautomaten der örtlichen 7Elevens stehen rund um die Uhr zur Verfügung und befinden sich u. a. rund um Mae Hats Fähranleger.

DENGUEFIEBER

Achtung – das durch Moskitos übertragene Denguefieber ist eine reale und ernsthafte Gefahr. Der Virus kann sich wegen der überfüllten Touristengebiete und der geringen Größe der Insel rasant ausbreiten.

Bis jetzt gibt es keinen allgemein verfügbaren Impfstoff, darum kann man sich nur schützen, in dem man Moskitostiche verhindert, und zwar durch Insektenschutzmittel und lockere, aber schützende Kleidung.

Man sollte mit einrechnen, dass man für das Geldabheben meistens eine Gebühr von ca. 200 B bezahlt.

Geldautomaten (Karte S. 260) befinden sich beim Pier in Mae Hat und am Sairee Beach.

INFOS IM INTERNET

Koh Tao Complete Guide (www.kohtaocompleteguide.com) Praktische Website und eine ausgezeichnete, vierteljährliche und kostenlose Ausgabe in Buchform.

Koh Tao Online (www.kohtaoonline.com) Online-Version der Broschüre *Koh Tao Info*.

INTERNETZUGANG

WLAN ist in fast allen Resorts, Bars und Restaurants vorhanden.

MEDIZINISCHE VERSORGUNG

In der Umgebung von Mae Hat and Sairee gibt es mehrere Tageskliniken und Mini-Krankenhäuser, ernsthafte Gesundheitsprobleme sollte man aber unbedingt auf Ko Samui behandeln lassen.

Ko Tao Hospital (Karte S. 260; ☎ 077 456490; ⏲ 24 Std.) Für allgemeine medizinische und zahnärztliche Behandlungen.

NOTFALL

Polizei (Karte S. 260; ☎ 077 456631) Zwischen Mae Hat und Sairee Beach am ausgefahrenen Abschnitt der Strandstraße.

POST

Post (Karte S. 260; ☎ 077 456170; Mae Hat; ⏲ Mo–Fr 9–17, Sa 9–12 Uhr) An der Kreuzung zwischen Ko Taos innerer Inselhauptstraße und Mae Hats „Down Road" (10–15 Gehminuten ab dem Pier).

TOURISTENINFORMATION

Die staatliche TAT hat auf Ko Tao kein Informationsbüro. Verkehrsmittel und Unterkünfte lassen sich bei den meisten Tauchshops oder jedem der vielen Reisebüros buchen. Solche Dienstleistungen sind immer mit kleinen Provisionen verbunden.

An- & Weiterreise

Preise und Abfahrtszeiten können sich ziemlich überraschend ändern. Zwischen Oktober und Dezember fallen Schiffspassagen mitunter wegen zu schweren Seegangs aus. Wer bei rauem Wasser schnell seekrank wird, sollte statt eines Lomprayah-Katamarans besser die Seatran-Fähre nehmen – diese durchpflügt die Wellen direkt, während die Lomprayah-Katamarane auf ihnen schaukeln. Achtung: Wenn man nach der Vollmondparty von Ko Pha-Ngan nach Ko Tao schippern möchte, sollte man Bootstickets unbedingt *mehrere* Tage im Voraus kaufen!

BUS

Bus-Boot-Pakete von/nach Bangkok gibt es in Reisebüros in ganz Bangkok und Südthailand; sie kosten etwa 1000 B. Die Fahrt dauert insgesamt etwa zwölf Stunden. In Chumphon endet die Busfahrt und es geht mit dem Boot weiter. Wer Richtung Bangkok unterwegs ist, kann auch in Hua Hin aussteigen (das Ticket ist genauso teuer wie das nach Bangkok).

FLUGZEUG

Nok Air (www.nokair.com) fliegt ein- oder zweimal täglich vom Don Mueng Airport in Bangkok nach Chumphon und zurück. Die Flüge von/nach Bangkok kosten meist um die 3000 B. In Chumphon gibt es einen nahtlosen Transfer zum Katamaran nach Ko Tao.

SCHIFF/FÄHRE

Der Bootsverkehr wird selten wegen des Wetters unterbrochen, aber während der Monsunzeit kann es ein paar Tage geben, an denen Verbindungen gestrichen werden, wenn die Wellen zu hoch sind.

Nach Ko Pha-Ngan

Der Katamaran von **Lomprayah** (Karte S. 260) verkehrt dreimal täglich (500–600 B); er verlässt Ko Tao um 6, 9.30 und 15 Uhr und erreicht Ko Pha-Ngan gegen 7, 10.45 und 16 Uhr. Die **Seatran** (Karte S. 260) Discovery Ferry (430 B) bietet die gleiche Verbindung an, legt jedoch erst um 6.30 Uhr ab. Das **Songserm** (Karte S. 260) Schnellboot (350 B) fährt täglich um 10 Uhr los und kommt um 11.30 Uhr auf Ko Pan-Ngan an. Die Abholung vom Hotel ist im Preis inbegriffen.

Nach Ko Samui

Der Katamaran von Lomprayah fährt zweimal täglich (600 B) von Ko Tao ab, und zwar um 9.30 und 15 Uhr, und erreicht Mae Nam auf Ko Samui über Ko Pha-Ngan gegen 11.20 und 16.40 Uhr. Ein früheres Schiff (700 B) startet um 6 Uhr nach Na Thon auf Ko Samui und kommt um 7.50 Uhr an. Die Seatran Discovery Ferry (600 B) bietet eine identische Verbindung um 6.30, 9 und 15 Uhr. Das Songserm-Schnellboot (500 B) legt täglich um 10 Uhr ab und erreicht Ko Samui (wieder über Ko Pha-Ngan) um 13.15 Uhr. Die Abholung vom Hotel ist im Preis inbegriffen.

Nach Surat Thani & zur Andamanenküste

Viele Reisende fahren über Ko Pha-Ngan oder Ko Samui nach Surat Thani. Alternativ dazu bucht man einen Katamaran von Lomprayah nach Surat Thani (800–1000 B), von wo es mit dem Bus weitergeht.

Nach Chumphon

Songserm-Fähren fahren um 14.30 Uhr ab und erreichen Chumphon (500 B) um 17.30 Uhr. Lomprayah-Katamarane (600 B) starten um 10.15 und 14.45 Uhr nach Chumphon, und kommen um 11.45 und 16.15 Uhr an.

ZUG

Auch mit der Bahn können Traveller auf eigene Faust nach Bangkok reisen: Zuerst geht's mit einem Boot nach Chumphon, dann ins Zentrum von Chumphon (oder in irgendeine andere Stadt an der oberen südlichen Golfküste) und von dort mit dem Zug nach Bangkok; wer aus Bangkok kommt, fährt die gleichen Teilstrecken in entgegengesetzter Richtung. Eine Fahrkarte nach Bangkok in der 2. Klasse kostet ca. 300 B, die Fahrt dauert etwa achteinhalb Stunden.

Der Hochgeschwindigkeitskatamaran Lomprayah fährt täglich um 10.15 und 14.45 Uhr von Ko Tao nach Chumphon (600 B, 1½ Std.), und ein Songserm-Schnellboot macht dieselbe Fahrt um 14.30 Uhr (500 B) und kommt um 17 Uhr an. Bei sehr hohen Wellen fahren möglicherweise nicht alle Fähren.

ℹ Unterwegs vor Ort

Bei bereits erfolgter Unterkunftswahl ist es sehr ratsam, rechtzeitig telefonisch einen Shuttle zu organisieren. Viele Tauchschulen bieten ebenfalls kostenloses Abholen bzw. Hinbringen an.

MOTORRAD

Bei Fahrten abseits der gut befestigten Hauptstraßen sind Leihmotorräder eine gefährliche Sache. Der Tagespreis beginnt bei 150 B für einen Roller, größere Leihmotorräder kosten ab 350 B. Bei Wochen- und Monatsmiete gibt es Rabatte. Von Geländefahrzeugen (ATVs) oder Jetskis sollte man lieber absehen – damit passieren viele Unfälle. Eine Flasche Benzin kostet an der Straße 50 B (auf Ko Samui 40 B).

SŎRNG·TĂA·OU

An Mae Hats Pier warten viele *sŏrng·tăa·ou*, Minibusse und Motorräder auf ankommende Fährpassagiere. Nach Sairee Beach oder Chalok Ban Kao bezahlen Einzelpersonen 200 B. Bei mindestens zweiköpfigen Gruppen werden 100 B pro Nase fällig. Touren von Sairee nach Chalok Ban Kao kosten 150 B pro Gruppenpassagier oder 300 B pro Einzelperson. Diese Preise sind kaum verhandelbar. Wer nicht 200 bis 300 B extra hinblättern will, muss warten, bis alle Taxiplätze belegt sind. Fahrten zur Ostküste sind doppelt so teuer. Zudem erhöhen die Chauffeure ihre Tarife, wenn Regen das Meistern der Inselstraßen erschwert.

WASSERTAXI

Wassertaxis starten in Mae Hat, Chalok Ban Kao und nahe der Vibe Bar am Nordabschnitt des Sairee Beach. Bootsfahrten nach Ko Nang Yuan kosten mindestens 100 B. Je nach Passagierzahl lassen sich Longtail-Boote für ca. 1500 B pro Tag chartern.

Ang Thong Marine National Park

อุทยานแห่งชาติหมู่เกาะอ่างทอง

Die rund 40 schroffen Dschungelinseln des **Ang Thong Marine National Park** (Erw./Kind 300/150 B) verteilen sich wie die Perlen eines zerrissenen Smaragdhalsbands übers himmelblaue Meer: Jedes einzelne Eiland ist ein naturbelassenes Königreich mit steilen Kalksteinklippen, versteckten Lagunen und perfekten, pfirsichfarbenen Sandstränden. Diese traumhafte Inselchen inspirierten Alex Garland zu seinem Kultroman *Der Strand*.

Das Naturschutzgebiet in himmlischen Grün- und Blautönen besucht man am besten im Februar, März oder April. Wegen des starken Seegangs zur Monsunzeit ist der Park im November und Dezember fast immer geschlossen.

Sehenswertes

Alle geführten Touren machen Station an der Parkverwaltung auf **Ko Wua Talap**, der größten Insel des Archipels. Je nach saisonalem Wasserstand und Wetter sind auf **Ko Samsao** oder **Ko Tai Plao** natürliche Steinbögen erkennbar. Wegen der recht geringen Meerestiefe (max. 10 m) rund um die Inselkette sind hier große Korallenriffe nur in ein paar geschützten Ecken auf der südwestlichen und nordöstlichen Seite entstanden.

Nahe Ko Tai Plao und Samsao gibt's ein flaches Korallenriff mit ordentlichen, aber keinesfalls hervorragenden Schnorchelmöglichkeiten. An mehreren Stellen können Tauchanfänger flache Höhlen erkunden und bunte Korallengärten, Schildkröten oder Nattern-Plattschwänze (eine hochgiftige Seeschlangenart) bewundern. Pulvrig weiche Sandstrände säumen **Ko Tai Plao**, **Wuakantang** und **Ko Hintap**.

Aussichtspunkt AUSSICHTSPUNKT

(Ko Wua Talap) Dieser Aussichtspunkt bietet den vielleicht tollsten Panoramablick Thailands: Von ganz oben schaut man weit über die schroffen Nachbarinseln, die in faszinierenden Formationen aus dem ruhigen, türkisfarbenen Wasser ragen. Der Aufstieg über den steilen Pfad zum Aussichtspunkt (450 m) dauert ca. eine Stunde. Wanderer sollten feste Schuhe tragen und sich auf den scharfkantigen Kalksteinfelsen angemessen langsam bewegen.

Ein zweiter Pfad führt zur **Tham Bua Bok**, einer Höhle mit lotusförmigen Stalagmiten und Stalagtiten.

Emerald Lagoon SEE

(Ko Mae Ko) Das „Smaragdmeer" auf Ko Mae Ko wird auch Inneres Meer genannt und ist ein beeindruckend großer See (250 x 350 m) in der Inselmitte mit himmlisch minzfarbenem Wasser. Besucher dürfen ihn bewundern, aber nicht hinabsteigen: Der See ist für den unreinen menschlichen Körper absolut tabu. In nächster Nähe geht's über mehrere Treppenfluchten hinauf zu einem spektakulären **Aussichtspunkt**.

Geführte Touren

Am besten erlebt man Ang Thong bei einer der vielen geführten Touren ab Ko Samui oder Pha-Ngan. Der Preis beinhaltet normalerweise Mittagessen, Schnorchelausrüstung, Hotelshuttles und einen (hoffentlich!) kompetenten Guide. Luxusresorts bieten oft Privatboote für Gäste-Gruppenausflüge. Manche Mittelklasse- und Budget-Bleiben betreiben ebenfalls eigene Boote. Falls nicht, stellen sie stressfrei den Kontakt zu Tourveranstaltern her. Tauchzentren auf Ko Samui und Pha-Ngan veranstalten Sporttauchtouren zum Park. Allerdings sind Ang Thongs Tauchspots nicht in der Kategorie Weltklasse zu finden wie die rund um Ko Tao und Pha-Ngan.

Oft werden Tourfirmen so schnell wieder geschlossen, wie sie neu eröffnet haben – daher am besten bei der eigenen Unterkunft nach einem aktuellen Verzeichnis fragen!

Schlafen & Essen

In Ang Thong gibt es keine Resorts, doch auf Ko Wua Talap hat der Nationalpark fünf Bungalows errichtet, in denen zwischen zwei und acht Personen übernachten können (500–1400 B). Zudem können Camper in speziell ausgewiesenen Zonen ihr Zelt aufschlagen. Es ist möglich, online zu buchen, allerdings müssen die Kunden innerhalb von zwei Tagen nach der Reservierung Geld überweisen. Um zu reservieren, wendet man sich an die Nationalparkbüros.

Bei den Touren, die Besucher zum Marine National Park hin und zurück fahren, ist normalerweise Essen enthalten. Ein Restaurant findet man am Hauptbüro des Parks.

Praktische Information

Nationalparkbüros (☎077 286025; www.dnp.go.th)

Anreise & Unterwegs vor Ort

Den Park erreicht man am besten in einer privaten Tagestour ab Ko Samui oder Pha-Ngan (28 bzw. 32 km entfernt). Die Inseln liegen zwischen Ko Samui und dem Hauptanleger in Don Sak. Sie werden jedoch nicht von Fähren angesteuert.

PROVINZ SURAT THANI

Surat Thani อำเภอเมืองสุราษฎร์ธานี

☎077 / 128 990 EW.

Surat Thani, Thai für „Stadt der guten Menschen", war einst die Hauptstadt des alten Srivijaya-Reichs. Heute hat sich der typisch thailändische Ort zu einem Verkehrsknotenpunkt entwickelt, durch den Waren und Menschen geschleust werden. Kaum ein Traveller legt auf dem Weg zu den beliebten Inseln Ko Samui, Ko Pha-Ngan und Ko Tao hier eine Pause ein, doch wer authentische thailändische Arbeiterstädte und gute südthailändische Snacks mag und gern in chinesischen Tempeln herumschnüffelt, sollte sich die Stadt nicht entgehen lassen.

Von ihrer erhöhten Position blickt die riesige **Statue des Guanyin** (Kwan Im; Th Na Muang) herunter, der buddhistische Bodhisattva des Mitgefühls (der eher der Mahayana-Tradition zugeordnet wird). Die Statue steht neben einem Tempel und einer der Gottheit gewidmeten Wohlfahrtsorganisation, deren eigener Krankenwagen durch die Straßen fährt.

Schlafen

Die Preise sind niedrig und man kommt mit relativ wenig Baht ziemlich weit. Wer ganz knapp bei Kasse ist, flitzt schnell durch die Stadt und nimmt die Nachtfähre zur gewünschten Insel.

My Place @ Surat Hotel HOTEL $

(☎077 272288; 247/5 Th Na Muang; DZ 490–590 B, FZ 620 B; ❄📶) Nur Lächeln und kein Staubkörnchen in diesem ausgezeichneten Hotel im Zentrum. Es gibt große, saubere Zimmer, helle Wandfarben, bunte Kissen, moderne Kunst an den Wänden und Duschen mit ordentlichem Druck – und zusätzlich ein sehr gutes Preis-Leistungs-Verhältnis. Es ist zwar eine Budgetunterkunft, aber sie wirkt nicht so; hier wird sich fast jeder wohlfühlen. Frühstück wird in dem mittelmäßigen Café nebenan serviert.

Wangtai Hotel HOTEL $$

(☎077 283020; 1 Th Talad Mai; Zi. 800–2000 B; ❄@📶🏊) Gegenüber vom TAT-Büro (S. 272) auf der anderen Flussseite ist das Wangtai eine elegante Marmorunterkunft im Stadtzentrum und bietet 230 angenehme und gemütliche, ziemlich typische Zimmer mit guter Aussicht auf die Stadt.

Essen & Ausgehen

In Surat Thani bekommt man überall köstliche Straßensnacks am Mittag und am Abend. Neben dem zentralen Nachtmarkt öffnen jeden Abend auch Stände in der Nähe der Abfahrtskais der Nachtboote zu den Inseln; außerdem findet am Sonntagnachmittag ein **Sonntagsmarkt** (⏲16–21 Uhr) in der Nähe des TAT-Büros statt. Tagsüber wird an vielen Ständen in der Nähe des Busbahnhofs im Zentrum *kôw gài òp* (mariniertes gebackenes Hühnchen auf Reis) verkauft.

In Surat Thani gibt es keine tolle Auswahl an Bars und die Stadt ist nach Sonnenuntergang ziemlich ruhig.

Sweet Kitchen INTERNATIONAL $

(Hauptgerichte ab 80 B) Das Restaurant lockt sowohl mit entspannter Musik und einem charmanten, gemütlichen Innenraum als auch mit einer guten Karte und höflichem Service. Die Gerichte reichen von einer ausgezeichneten Meeresfrüchtesuppe über Pasta bis zu Filet Stroganoff und reihenweise thailändischen Speisen. Außerdem gibt es eine gute Auswahl an vegetarischen Optionen.

Nachtmarkt MARKT $

(Sarn Chao Ma; Th Ton Pho; Gerichte ab 35 B; ⏲18–23 Uhr) Eine Mischung an Köstlichkeiten, darunter massenweise mariniertes Fleisch am Spieß, das auf der Zunge zergeht, frische Fruchtsäfte, Nudelgerichte und Nachtische.

Milano PIZZA $$

(☎084 011 2709; Th Bandon; Pizzas ab 190 B; ⏲12–22 Uhr) Das häufig überraschend gut besuchte italienische Restaurant in der Nähe des Piers backt eine leckere Auswahl an Pizzas, während Pasta, weitere internationale Gerichte und Hausmannskost die sehr gute Karte abrunden.

Praktische Informationen

In der Th Na Meuang im Stadtzentrum findet sich praktisch an jeder Ecke eine Bank, darunter eine praktische Filiale direkt dort, wo der Rummel passiert.

Surat Thani

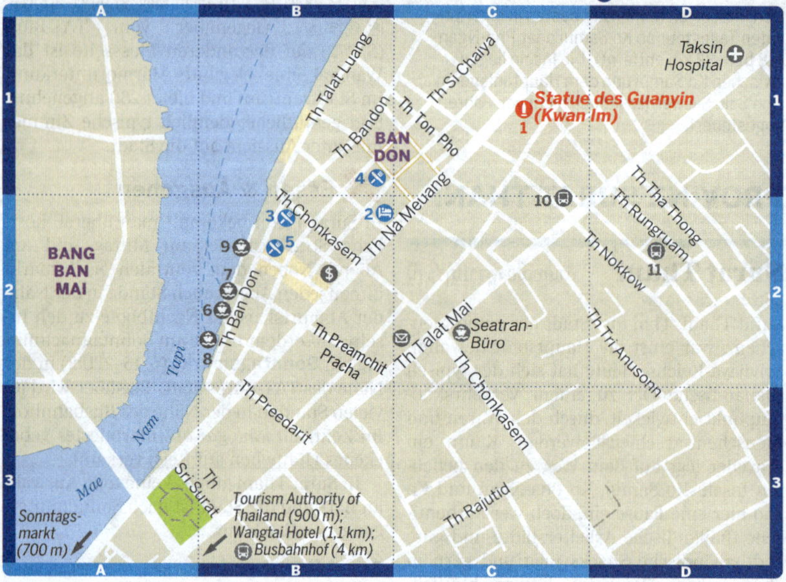

Surat Thani

Highlights
1 Statue des Guanyin (Kwan Im) C1

Schlafen
2 My Place @ Surat Hotel B2

Essen
3 Milano B2
4 Nachtmarkt B1
5 Sweet Kitchen B2

Transport
6 Fähre nach Ko Samui B2
7 Pier der Ko-Tao-Nachtfähre B2
Lomprayah .... (siehe 9)
8 Nachtboote nach Ko Pha-Ngan B2
9 Seatran Discovery B2
Songserm .... (siehe 9)
10 Busbahnhof Talat Kaset 1 .... C2
11 Busbahnhof Talat Kaset 2 .... D2

Post (☎ 077 272013, 077 281966; ⏲ Mo–Fr 8.30–16.30, Sa & So 9–12 Uhr)

Taksin Hospital (☎ 077 273239; Th Talat Mai) Das professionellste der drei Krankenhäuser liegt gleich hinter dem Talat-Mai-Markt im Nordosten der Innenstadt.

Tourism Authority of Thailand (TAT; ☎ 077 288818; 5 Th Talat Mai; ⏲ 8.30–16.30 Uhr) Freundliches Büro im Südwesten der Stadt, das jede Menge nützlicher Broschüren und Karten verteilt. Die Mitarbeiter sprechen gut Englisch.

An- & Weiterreise

Für Touren nach Ko Pha-Ngan bzw. Ko Tao von Bangkok oder Hua Hin aus sollte man mit dem Zug oder Bus und Boot besser über Chumphon als über Surat fahren. Man spart Zeit und die Reise ist angenehmer. Traveller nach/von Ko Samui reisen meistens einfach durch.

FLUGZEUG

Etwa 18 km westlich des Stadtzentrums bietet der Surat Thani International Airport tägliche Shuttles nach Bangkok von Thai Air Asia (www.airasia.com), Thai Smile, Thai Lion Air und Nok Air (www.nokair.com). Flüge von Bangkok nach Surat Thani sind zwar preiswerter als Flüge nach Samui, allerdings braucht man auch eine ganze Menge Zeit vom Flughafen zu den Golfinseln. Air Asia bietet einen praktischen Bus-Boot-Shuttle für ihre Flüge, was den Stress etwas abmildert.

SCHIFF/FÄHRE

Mehrere Unternehmen betreiben Fährverbindungen zu den Inseln. Empfehlenswert sind z. B. **Lomprayah** (S. 233), **Seatran Discovery** (☎ 077 275063; www.seatrandiscovery.com) und auch **Songserm** (☎ 077 377704; www.songserm-expressboat.com).

Bus-Boot-Kombitickets

In der Hauptsaison finden Traveller in der Regel problemlos Bus-Boot-Kombinationen direkt vom Bahnhof Phun Phin (der sich 14 km westlich von Surat befindet) nach Ko Samui und Ko Pha-Ngan. Sie sind nicht teurer als die Fahrt von Surat aus und können viel Wartezeit ersparen.

Zudem betreiben diverse Unternehmen Fähren und Schnellboote zwischen Surat Thani und Ko Tao, Ko Pha-Ngan und Ko Samui. Die meisten Boote, darunter auch die von Raja und Seatran, fahren ab Don Sak (etwa 1 Std. von Surat; der Bustransfer ist im Preis enthalten); die Songserm-Boote starten aber in Surat. Die Fahrt mit den Raja-Fähren kann frustrierend sein, vor allem wenn man wenig Zeit hat. Nach Ko Samui dauert die Fahrt etwa eineinhalb Stunden, nach Ko Pha-Ngan ca. zweieinhalb; allerdings drosselt der Kapitän den Motor oft auf halbe Kraft, sodass die Fahrt bis zu fünf Stunden dauern kann.

Nachtboot

Im Zentrum Surats starten Nachtboote nach **Ko Tao** (600 B; 8 Std., Abfahrt 23 Uhr), **Ko Pha-Ngan** (400 B; 7 Std., Abfahrt 23 Uhr) und **Ko Samui** (300 B; 6 Std., Abfahrt 23 Uhr). Dies sind Frachtschiffe, keine Luxusboote, daher sollte man Essen und Wasser selbst mitnehmen und auf sein Gepäck achten.

BUS & MINIVAN

Der Süden lässt sich am praktischsten mit den häufigen Bussen und Minivans erkunden, die an zwei lokalen Busbahnhöfen namens Talat Kaset 1 und Talat Kaset 2 abfahren. Auf der Nordseite der Th Talat Mai (Surats Hauptstraße) befindet sich der **Talat Kaset 1** mit schnellen Verbindungen nach Nakhon (120 B, 1½ Std.). Auch Busse nach Phun Phin – der von Surat Thani nächstgelegene Bahnhof – starten am Talat Kaset 1. Am **Talat Kaset 2**, auf der Südseite der Th Talat Mai, findet man Busse nach Phuket und Hat Yai, und regelmäßige Minibusse nach Khanom (100 B, 90 Min., stündl.).

Der „neue" Busbahnhof ist nunmehr ein paar Jahre alt, wird aber von Einheimischen immer noch so genannt. Er liegt 7 km südlich der Stadt in Richtung Phun Phin und ist für Verbindungen nach bzw. ab Bangkok zuständig (380–800 B, 11–14 Std.).

Busse & Minivans ab Surat Thani

ZIEL	PREIS	DAUER
Bangkok	425–860 B	10 Std.
Hat Yai	165–300 B	5 Std.
Khanom	100 B	1 Std.
Krabi	170 B	2½ Std.
Phuket	270 B	6 Std.
Trang	180 B	2 Std. 10 Min

ZUG

Wer mit dem Zug ankommt, landet in Phun Phin, einer uninteressanten Stadt 14 km westlich von Surat. Von Phun Phin fahren Busse nach Phuket, Phang-Nga und Krabi – einige davon über Takua Pa, von wo es zum Khao Sok National Park geht. Ab Surat gibt es häufigere Verbindungen, es lohnt sich aber, sich in Phun Phin zuerst die Fahrpläne anzuschauen, so erspart man sich vielleicht eine lahme Fahrt zwischen beiden Städten.

Wer die Fahrt tagsüber unternehmen möchte, ist mit den Expresszügen am besten beraten. Nachts sind die klimatisierten Liegewagen die beste Option. Die Züge von Surat nach Bangkok machen in Chumphon und Hua Hin Halt; von Surat Richtung Süden halten sie in Trang, Hat Yai und Sungai Kolok und überqueren dann die Grenze. Im Bahnhof von Phun Phin gibt es eine Gepäckaufbewahrung, die rund um die Uhr geöffnet ist; pro Tag kostet das Einlagern ca. 20 B. Das Büro, das Fahrkarten im Voraus verkauft, ist von 6 bis 18 Uhr geöffnet (wobei irgendwann zwischen 11 und 13.30 Uhr eine Stunde wegen einer nebulösen Mittagspause geschlossen ist). Die Fahrt nach Bangkok dauert achteinhalb Stunden und kostet je nach Klasse 297 bis 1379 B.

ℹ Unterwegs vor Ort

Klimatisierte Vans zum/ab Surat Thani Airport kosten etwa 100 B pro Person und bringen Passagiere bis zum Hotel.

Innerhalb der Stadt sind *sŏrng·tăa·ou* unterwegs, die zwischen 10 und 30 B kosten (vom Zentrum nach Tesco Lotus sind es etwa 30 B).

Ventilatorgekühlte Busse von Orange fahren alle zehn Minuten vom Bahnhof Phun Phin nach Surat Thani (15 B, 25 Min.). Dafür nehmen Taxis nur 200 B für maximal vier Leute, Sammeltaxis 100 B pro Person. Weitere Taxipreise hängen gleich nördlich vom Bahnhof an der Fußgängerbrücke aus.

PROVINZ NAKHON SI THAMMARAT

Die Provinz Nakhon Si Thammarat ist die Heimat des höchsten Gipfels von Süd-Thailand – der Khao Luang (1835 m), umgeben von den majestätischen Wäldern des Khao Luang National Park. Reisenden ist die Provinz bestens bekannt für den atemberaubenden Wat Phra Mahathat Woramahawihaan in der gleichnamigen Provinzhauptstadt. Mehr als die Summe ihrer Teile ist die Hauptstadt ein angenehmer Ort, vor allem wenn man gerade von Ko Samui, Ko Pha-Ngan oder Ko Tao kommt und auf der Suche nach ein bisschen echter Thai-Atmosphäre ist.

Ao Khanom อ่าวขนอม

Auf halber Strecke zwischen Surat Thani und Nakhon Si Thammarat liegt die malerische Bucht Ao Khanom ruhig am blauen Meer. Die Reisenden, die scharenweise auf die nahen Dschungelinseln strömen, übersehen diese ursprüngliche Region, die einfach Khanom genannt wird; doch sie ist eine schöne Option für Traveller auf der Suche nach einem friedlichen Strand, der nicht vom Kommerz verschandelt ist. Das Wasser ist frei von Jetskis, um die örtlichen rosa Delfine zu schützen, was diese Region besonders beschaulich und unberührt macht. Geführte Touren zeigen Besuchern die Delfine in ihrer natürlichen Umgebung.

Der Strandbereich ist recht lang und besteht eigentlich aus zwei Stränden: dem langen Hauptstrand Hat Nadan und dem kleineren, etwas abgelegeneren Hat Nai Plao. Hinter letzterem Strand liegt der sehr ruhige Hat Thong Yi am Ende der Straße, der wegen seiner wilden Atmosphäre wirklich ein Besuch wert ist. Zudem befinden sich in dieser Gegend mehrere unberührte geologische Highlights, darunter Wasserfälle und Höhlen.

Sehenswertes

Rosa Delfine

Die außergewöhnlichsten Bewohner von Khanom sind die rosa Delfine – eine seltene Albino-Unterart mit einer faszinierend rosafarbenen Haut. Während der Morgen- und Abenddämmerung sind sie regelmäßig am alten Bootssteg und am Pier des Elektrizitätswerks zu sehen. Viele Resorts organisieren inzwischen Tagestouren (ab 1700 B), die neben der Delfinbeobachtung per Boot auch den Besuch der Höhlen und Wasserfälle der Gegend beinhalten.

Wer einfach nur die Delfine sehen möchte, kann für 1200 B (max. 6 Pers.) ein Boot ausleihen, einfach im Hotel nachfragen.

Höhlen

An der Hauptstraße (Hwy 4014) zwischen Khanom und Don Sak liegen zwei schöne Höhlen. In der **Khao Wang Thong** weist eine Lampenreihe Besuchern den Weg durch die Höhlenräume und schmalen Passagen. Den Eingang verschließt ein Metalltor; den Schlüssel bekommt man im Haus am Fuß des Hügels (möglichst eine kleine Spende dalassen!). Rechts von der Hauptstraße an der Rd 4142 liegt die **Khao Krot** mit zwei großen Höhlenräumen (Taschenlampe mitbringen).

Andere Highlights

★ Hat Thong Yi — STRAND

Um wirklich mal dem Trubel zu entkommen, fährt man auf der Hauptstraße am Strand entlang so weit, wie es geht, bis diese auf die 4073 trifft, biegt dann links ab und folgt der Küste an Hat Nai Plao vorbei weiter Richtung Süden. Bis zum Ende durchfahren, dann landet man schließlich am reizenden und häufig menschenleeren Strand Hat Thong Yi mit fantastischen Blicken zurück auf die Bucht. Ein Restaurant am Strand sorgt für das leibliche Wohl.

Dat Fa Mountain — BERG

(Khao Dat Fa) Der Dat Fa (Khao Dat Fa; 732 m), der sich etwa 5 km westlich der Küste am Hwy 4014 (auf die Schilder achten) erhebt, wartet mit einem postkartenwürdigen Blick auf die geschwungene Küste auf. Die Gegend ist touristisch nicht sonderlich entwickelt und der Hügel meistens verwaist, sodass man ungestört anhalten und einige Fotos schießen kann.

Samet Chun Waterfall — WASSERFALL

Am größten Wasserfall der Gegend können sich Besucher in lauwarmen Becken abkühlen und Blicke bis zur Küste genießen. Zum Wasserfall geht es von Ban Kanom zunächst nach Süden, am blauen Schild für Samet Chun biegt man links ein, folgt der Straße ca. 2 km, und biegt rechts ab, nachdem man einen kleinen Fluss überquert hat. Nun geht es auf der unbefestigten Straße den Berg hinauf, bis nach ca. 15 Minuten der Wasserfall hörbar ist und rechts ein kleiner Pfad auftaucht.

Hin Lat Falls — WASSERFALL

Der malerische Hin Lat südlich von Hat Nai Plao ist der kleinste Wasserfall in der Region und am leichtesten zu erreichen. Es gibt Becken, in denen man schwimmen kann, und mehrere Hütten, die Schatten spenden.

Schlafen

Khanoms Strände sind nach wie vor sehr unauffällig und ein ruhiger Zufluchtsort. Viele Resorts haben nur wenige Gäste, und weil die Anlagen oft lange nicht benutzt werden, können manche Zimmer etwas feucht sein. Am besten meidet man die großen Hotels und hält sich an die Bungalowanlagen am Strand. Hier ist es nicht wie auf Ko Samui: Die Optionen liegen recht weit voneinander entfernt, man braucht also ein Fahrzeug, um sich ein paar anzusehen.

Suchada Villa BUNGALOWS $
(☎075 528459; Hat Naiplau; Bungalow inkl. Frühstück 800–1000 B; ❄📶) Das Suchada liegt gleich ab von der Hauptstraße und nur fünf Minuten zu Fuß vom Strand. Es ist an seinen bunten, süßen Bungalows erkennbar.

Sea Breeze House BUNGALOW $$
(☎081 276 1457; www.naiplao.com; Hat Nai Plao; Zi. 850–1650 B; 📶) Diese reizende Unterkunft unter Schweizer Leitung und in sehr abgeschiedener Lage hat ausgezeichnete Zimmer zum Strand, darunter eine große Suite. Wer Ruhe und Frieden sucht, dazu wunderbare Aussichten auf den Sonnenaufgang und die Chance, rosa Delfine zu sehen, ist hier genau richtig – allerdings braucht man einen fahrbaren Untersatz, um zu einem Lokal zu gelangen.

Talkoo Beach Resort BUNGALOW $$
(☎089 871 4442; www.talkoobeachresortkhanom.com; Hat Nadan; Bungalow 1000–1500 B; ❄📶🏊) Das Talkoo bietet mehrere Bungalows in einem Garten am Strand und preiswertere Varianten auf einem trockenen, kargen Gelände auf der anderen Seite der Hauptstraße. Alle sind gut in Schuss, geräumig und komfortabel und warten mit charmanten Details wie naturnahen Badezimmern und traditioneller Kunst auf.

Racha Kiri RESORT $$$
(☎075 300245; www.rachakiri.com; Bungalow 3550–7150 B; ❄📶🏊) Khanoms Nobelrefugium mit Spa, Pool und eleganten Zimmern ist ein schöner Campus mit weitläufigen Villen. Der hohe Preis schreckt die Massen ab und die Lage ist ruhig. Die Zimmer haben eine Terrasse.

Khanom Hill Resort BUNGALOW $$$
(☎081 956 3101; www.khanom.info; Hat Naiplau; Bungalow inkl. Frühstück 2900–3900 B; ❄📶🏊) Viele Traveller schwärmen von diesem Resort, das auf einem kleinen Hügel an einem traumhaften weißen Sandstrand liegt. Zur Wahl stehen moderne Betonvillen mit Strohdächern, preiswertere Bungalows im Thai-Stil und große, für Familien geeignete Apartments. Alle Optionen sind sauber und komfortabel.

Essen & Ausgehen

Preiswertes Essen gibt's am Hat Kho Khao am Ende der Rte 4232. Mehrere Grillimbisse bieten typische Leckereien wie *mŏo nám đòk* (scharfer Salat mit Schweinefleisch) und *sôm·đam* (scharfer grüner Papaya-Salat) an. Weiter im Inland finden mittwochs und sonntags Märkte statt und die Küstenstraße ist gesäumt von einer Auswahl an Thai- und westlichen Restaurants, alle mit Meerblick.

Viele Restaurants am Strand verwandeln sich nach Sonnenuntergang in Bars.

★ **Le Petit Saint-Tropez** INTERNATIONAL $$
(☎093 727 0063; Hauptgerichte ab 300 B; ⏲8–21.30 Uhr) Das charmante Restaurant in offener, luftiger Lage serviert mit Blick auf das Meer köstliche französische und thailändische Gerichte.

CC Beach Bar & Bungalows INTERNATIONAL $$
(☎087 893 8745; www.ccbeachbarthai.wordpress.com; Hauptgerichte 100–300 B; ⏲9–24 Uhr) Diese Strandbar mit Restaurant und wunderbarem Blick auf die Bucht bietet eine gute Auswahl an thailändischen und westlichen Speisen. Englisches Frühstück, Fish & Chips, Gemüsecurry, Pizza und Salat mit frittiertem Wels stehen auf der Karte. Abends dient es auch als Bar.

Praktische Informationen

Im Zentrum von Khanom gibt es einen 7-Eleven mit Geldautomat.

Die Polizeiwache und das Krankenhaus befinden sich gleich südlich von Ban Khanom an der Kreuzung, von der es zum Hat Kho Khao geht.

An- & Weiterreise

Minivans aus Surat Thani und Nakhon fahren täglich zu jeder vollen Stunde zwischen 5 und 17 Uhr und halten in Khanom, das mehrere Kilometer vom Strand entfernt liegt.

Eine Taxifahrt zum/vom Bootsanleger in Don Sak, von wo die Boote zu den Golfinseln fahren, kostet 1000 B, eine Motorradtaxifahrt etwa 300 B.

Unterwegs vor Ort

Von Khanom fahren Motorradtaxis je nach Entfernung für 25 bis 100 B zu den Stränden. Wer im Voraus bucht, wird eventuell vom Personal der Unterkunft kostenlos in Khanom abgeholt.

Traveller, die ihre Unterkunft erreicht haben, kommen dort nur schwer vom Fleck, es sei denn, sie haben ein eigenes Fahrzeug oder buchen eine Tour bei ihrem Hotel. Die beste Lösung ist aber ein Leihroller. Es gibt einen Verleih an dem Punkt, wo die Busse aus Surat Thani halten, der etwa 150 B pro Tag verlangt.

Nakhon Si Thammarat

อำเภอเมืองนครศรีธรรมราช

075 / 120 836 EW.

Die historische Stadt Nakhon Si Thammarat (meist kurz nur „Nakhon“ genannt), in der einer der bedeutendsten Tempel des Königreichs steht, ist ein lohnenswerter Halt zwischen Hat Yai und Surat Thani.

Vor Hunderten Jahren war die Überlandroute zwischen dem Westhafen Trang und dem Osthafen Nakhon Si Thammarat eine von Thailands Haupthandelsverbindungen zur übrigen Welt. Vom einstigen Zustrom kosmopolitischen Dünkels zeugen bis heute die lokale Küche, Tempel und Museen.

Sehenswertes

Südlich vom Uhrturm liegt der ehrfurchtgebietende Wat Mahathat, in der Nähe des Parks und des Platzes von Sanam Na Muang befinden sich die wunderschönen Überreste der historischen Ziegelsteinstadtmauer. Bewundernswert sind zudem die goldfarbenen Statuen der zwölf Tiere des thailändischen Tierkreises oben auf den Laternenpfählen an der Th Ratchadamnoen. Jede einzelne repräsentiert einen der zwölf Stadtstaaten, die dem Königreich Nakhon Si Thammarat untertan waren.

★ Wat Phra Mahathat Woramahawihaan — TEMPEL

(Th Si Thamasok; 8.30–16.30 Uhr) GRATIS Der atemberaubende Wat Phra Mahathat Woramahawihaan (kurz „Mahathat“) ist Südthailands bedeutendster Wat und beherbergt eine imposante, 77 m hohe weiße *chedi* (Stupa) mit Goldkrone, die in den Himmel ragt. Der Legende zufolge brachten Königin Hem Chala und Prinz Thanakuman vor mehr als 1000 Jahren kostbare Reliquien nach Nakhon und bauten eine kleine Pagode zum Schutz der Kleinode. Seitdem ist der Tempel zu einer weitläufigen Anlage angewachsen, zu der täglich Menschenmassen pilgern, um die beliebten Jatukham-Amulette zu kaufen.

Schattenspielfiguren-Museum — MUSEUM

(Th Si Thamasok Soi 3; 9–16.30 Uhr) GRATIS Es gibt zwei Arten der regionalen Schattenspielfiguren: *năng đà·lung* und *năng yài*. Erstere sind nur 1 m hoch und haben bewegliche Gliedmaßen, Letzere sind fast lebensgroß und haben keine beweglichen Bestandteile. Beide Arten werden aufwändig aus Kuhhaut hergestellt. In Suchart Subsins Puppenhaus gibt es ein kleines Museum, in dem Mitarbeiter das Ausschneiden der Figuren zeigen und kleine Vorführungen geben (50 B).

Nationalmuseum — MUSEUM

(075 341075; Th Ratchadamnoen; 150 B; Mi–So 9–16 Uhr) Als das Königreich Tampaling bzw. Tambralinga mit Kaufleuten aus Indien, Arabien, Dvaravati und Champa handelte, wurde die Region um Nakhon zu einem Schmelztiegel des Kunsthandwerks. Relikte aus dieser Zeit gibt's heute in diesem interessanten Nationalmuseum zu sehen.

Alte Stadtmauer — RUINEN

Die faszinierenden und gut erhaltenen Überreste der Ziegelsteinstadtmauer stehen in mehreren Abschnitten entlang des Kanals Khlong Na Meuang beim Park und Platz von Sanam Na Muang, auf beiden Seiten der Th Ratchadamnoen.

Schlafen

Nakhon versprüht den besonderen und authentischen Charme einer echten thailändischen Stadt, auch wenn die Auswahl an Unterkünften nicht besonders ist. Trotzdem findet man einige ausreichende Optionen nicht weit entfernt vom Bahnhof – man darf nur nicht erwarten, dass man ausgerechnet hier das schönste Hotel seines Urlaubs entdeckt.

Thai Hotel — HOTEL $

(075 341509; fax 075 344858; 1375 Th Ratchadamnoen; Zi. mit Ventilator/Klimaanlage 350/450 B;) Nicht weit entfernt vom Bahnhof ist dieses halbwegs schicke Hotel die zentralste Schlafmöglichkeit in der Stadt und absolut annehmbar. Die Wände sind etwas dünn und das WLAN ist unzuverlässig, aber die Zimmer mit TV sind sauber und preisgünstig und die oberen Stockwerken bieten eine gute Aussicht auf das städtische Getümmel. Auch das Personal ist freundlich.

Nakorn Garden Inn — HOTEL $

(075 323777; 1/4 Th Pak Nakhon; Zi. 445 B;) Mit seiner schönen pflanzenreichen Umgebung scheint dieses Hotel eher in einen schattigen Dschungel zu gehören als ins Zentrum, leider sind die meisten Zimmer mit bloßen Backsteinen ziemlich düster, dafür gibt es Klimaanlage, TV, heißes Wasser und Kühlschränke. Außerdem ist es mal eine rustikale Abwechslung zu einem Betonblock und zudem noch preiswert, das Personal spricht aber kein Wort Englisch.

NICHT VERSÄUMEN

KHAO LUANG NATIONAL PARK

Der **Khao Luang National Park** (อุทยานแห่งชาติเขาหลวง; ☎075 300494; www.dnp.go.th; Erw./Kind 400/200 B) rund um den Gipfel des Khao Luang (1835 m) ist für schöne Berg- und Waldwanderpfade, kühle Bäche, Wasserfälle und Obsthaine bekannt. Die hoch aufragende, mit Urwald bedeckte Bergkette ist der Lebensraum einer Fülle von Vogelarten, hier sind angehende Vogelexperten genau richtig. Zudem wachsen im Park mehr als 300 Orchideenarten, von denen man einige nirgendwo sonst auf der Welt findet. Zelten ist erlaubt, außerdem gibt es **Bungalows** (☎075 300494; www.dnp.go.th; 600–2000 B/Nacht). Im Hauptquartier des Parks befindet sich ein Restaurant.

Zum Park geht es für etwa 40 B mit einem *sŏrng·tăa·ou* (Pick-up-Minibus) von Nakhon Si Thammarat nach Lan Saka; meistens fahren die Fahrer auch das zusätzliche Stück bis zum Parkhauptquartier. Der Eingang zum Park und die Büros des Royal Forest Department liegen 33 km vom Zentrum von Nakhon an der Rte 4015, einer Asphaltstraße, die auf den 2,5 km zu den Büros fast 400 m ansteigt, zum Parkplatz sind es weitere 450 m. Auf der Website des Parks stehen viele aktuelle Informationen.

Twin Lotus Hotel HOTEL $$$
(☎075 323777; www.twinlotushotel.net; 97/8 Th Phattanakan Khukhwang; Zi. 1500–2500 B; ❄📶🏊) Man sieht ihm sein Alter an, aber das Twin Lotus mit 401 akzeptablen Zimmern ist immer noch eine gute Wahl für den gehobeneren Geschmack in Nakhon. Das 16-stöckige Gebäude liegt 2 km südöstlich vom Stadtzentrum, auf der anderen Straßenseite ist ein Tesco.

Essen

Nakhon eignet sich hervorragend, um Gerichte mit einer besonderen südthailändischen Note zu probieren. Abends verkaufen muslimische Imbissstandbetreiber köstliche *kôw mòk gài* (Hühnchen-*biryani*), *má·đà·bà* (*murdabag;* indische Pfannkuchen mit Hühnchen- oder Gemüsefüllung) und Roti. Ein gutes Angebot gibt's in der Th Neramit, die später zur Th Pak Nakhon wird – jeden Abend öffnen hier viele Imbissstände.

★ **Krua Talay** THAI $
(1204/29-30 Th Pak Nakhon; Gerichte 50–300 B; ⏲16–22 Uhr) Gegenüber vom Nakorn Garden Inn (S. 276) und unter Aufsicht einer allwissenden Matriarchin serviert dieses Restaurant fantastische Meeresfrüchtegerichte. Hinten gibt's einen hübschen Gartenbereich, wo man Krabbenkuchen, knusprigen Seewolf mit würzigem Salat oder Gemüsepfannen mit Austernsauce genießen kann.

Hao Coffee CAFÉ $
(☎075 346563; Bovorn Bazaar; Gerichte 30–60 B; ⏲7–16 Uhr) Das charmante, verschlossene und gut besetzte Café ist immer voller redseliger Einheimischer und auch an Sammlerstücken und Nippes besteht kein Mangel – von Tropenhelmen über Gewehre bis zu verschiedenen alten Keramikwaren und Wanduhren. Ein toller Ort für ein Rühreifrühstück, ein richtiges Essen oder einen Koffeinkick, entweder drinnen oder an den Tischen vorn.

★ **Pixzel Caffe** CAFÉ $$
(☎086 682 5471; Pizzas ab 120 B; ⏲9–19 Uhr) Laut Eigenwerbung *eight days a week* (8 Tage pro Woche) geöffnet, eine Anlehnung an die Beatles. Dieses künstlerische Lokal, das dünnkrustige Pizzas backt, Kaffee braut und in einem Holzhaus in traditionellem Stil untergebracht ist, liegt genau gegenüber der Straße vom Wat Phra Mahathat. Es ist beliebt und gemütlich – perfekt für eine Pause, wenn man genug Tempel gesehen hat.

Glur House CAFÉ $$
(Th Ratchadamnoen; Hauptgerichte 60–260 B; ⏲8–19 Uhr; 📶) Der schicke Neuzugang in der Stadt ist mit zerschmetterten Skateboards geschmückt. Das coole Café aus rohem Beton ist ein angenehmer Ort zum Abhängen mit einem Mokka-Latte, einem Mint-Latte, einem Karamell-Macchiato, einer italienischen Limo, einem Hotdog, einer Bananenwaffel, einem Brownie oder sogar einer Waffelpizza (warum nicht?).

Praktische Informationen

In der Th Ratchadamnoen am nördlichen Ende der Innenstadt gibt es mehrere Banken und Geldautomaten.

Polizei (☎1155; Th Ratchadamnoen)

Post (Th Ratchadamnoen; ⏲Mo–Fr 8.30–16.30, Sa & So 9–12 Uhr)

Tourism Authority of Thailand (TAT; ☎075 346515; ⊙8.30–16.30 Uhr) Befindet sich in einem schönen Haus von 1926 am nördlichen Ende des Sanam Na Muang (Stadtpark) und verteilt einige nützliche Broschüren. Der Englisch-Wortschatz ist aber begrenzt.

An- & Weiterreise

BUS

Normale Busse nach Bangkok fahren am **Busbahnhof** abseits der Rte 4016 im Westen der Stadt ab, gute 25 Minuten zu Fuß vom Zentrum. Die Fahrt dauert zwölf Stunden und kostet je nach Busklasse 426 bis 851 B. Minibusse nach Hat Yai (140 B), Surat Thani (120 B) und Khanom (80 B) starten auch vom Bahnhof, sowie Busse nach Phuket (350 B).

Wer Nakhon mit dem Minivan verlassen will und eine Haltestelle sucht, sollte auf die kleinen Schalter am Rand der Straßen im Zentrum achten (auch wenn keine Minivans oder Fahrgäste in der Nähe sind). Am besten fragt man aber nach, denn für jedes Fahrziel gibt es einen anderen Abfahrtsort. Minivans nach Krabi und Don Sak fahren vom selben Punkt ab, also aufpassen, dass man das richtige Fahrzeug besteigt! Die Haltestellen liegen in der Nähe der Th Jamroenwithi, Th Wakhit und Th Yommarat.

FLUGZEUG

Mehrere Fluggesellschaften wie Nok Air, Air Asia und Thai Lion Air fliegen täglich vom Bangkok Don Mueang International Airport nach Nakhon. Täglich starten etwa sechs Flüge, die eine Stunde dauern und für eine einfache Strecke etwa 1500 B kosten.

ZUG

Von Nakhon nach Bangkok (133–652 B; mit Halt in Hua Hin, Chumphon & Surat Thani) fahren täglich zwei Züge (13 & 15 Uhr). In die andere Richtung verlassen die Züge Bangkok um 17.35 und 19.30 Uhr. Sie fahren über Nacht, benötigen 15 Stunden und fahren weiter nach Hat Yai und Sungai Kolok.

Unterwegs vor Ort

Sŏrng·tăa·ou (10 B, abends etwas mehr) verkehren in Nord-Süd-Richtung entlang der Th Ratchadamnoen und der Th Si Thammasok. Fahrten mit Motorradtaxi kosten mindestens 30 B und bis zu 50 B bei längeren Strecken. Ein Motorrad vom Zentrum zur Bushaltestelle kostet 40 B.

PROVINZ SONGKHLA

Die zwei Hauptgeschäftszentren der Provinz Songkhla, Hat Yai und Songkhla, leiden weniger unter den politischen Unruhen, die weiter südlich gelegene Städte plagen. Trotzdem gibt es staatliche Reisewarnungen zu diesem Gebiet. Man fällt nicht gerade über ausländische Backpacker, aber es laufen doch einige Reisende über die lokalen Märkte, genießen die muslimisch-thailändische Fusionküche, relaxen an windigen Stränden und tauchen ein in Hat Yais spaßiges und vielseitiges Stadtflair.

Songkhla & Umgebung สงขลา

☎074 / 90780 EW.

Die „große Stadt an zwei Meeren" bietet perfekte Fotomotive. Dennoch verzeichnet das gemütliche Songkhla nur wenige ausländische Besucher. Obwohl die Stadt im Vergleich zu weiter südlich gelegenen Provinzen bislang vom Terrorismus muslimischer Separatisten verschont geblieben ist, bekommt sie dieselbe schlechte Presse ab.

An nahezu jeder Ecke reflektieren Architektur und Küche den lokalen Bevölkerungsmix aus Thailändern, Chinesen und Malaien.

Sehenswertes & Aktivitäten

★ Nationalmuseum MUSEUM

(พิพิธภัณฑสถานแห่งชาติสงขลา; Th Wichianchom; 150 B; ⊙Mi–So 9–16 Uhr, an Feiertagen geschl.) Dieses Haus aus dem Jahr 1878 wurde ursprünglich im chinesischen Stil als Residenz einer örtlichen Berühmtheit gebaut. Dies dürfte wohl das malerischste Nationalmuseum Thailands sein und zeigt Exponate aus allen Perioden der thailändischen Kunst, besonders aus der des Srivijaya-Reichs. Die Besucher laufen barfuß auf den Holzfußböden, während sie die kunstvollen Holzschnitzereien, die historischen Fotos und die von einem Schiffswrack geborgenen Töpferwaren betrachten.

Hat Samila STRAND

(หาดสมิหลา) Bei einem Spaziergang auf diesem schönen weißen Sandstrand kann man die fliegenden Drachen (eine örtliche Leidenschaft) und die traumhaften Sonnenuntergänge bewundern. Die Bronzeskulptur einer **Meerjungfrau** zu Ehren der hinduistisch-buddhistischen Erdgöttin Mae Thorani sitzt auf Felsen am nördlichen Ende des Strandes. Die Einwohner behandeln die Figur wie einen Schrein; sie binden bunte Stoffbänder um ihre Hüfte und reiben ihre Brüste – das soll Glück bringen.

Zum Sonnenbaden eignet sich der Strand allerdings nicht, man kleidet sich hier sehr konservativ. Trotzdem ist er ein sehr nettes Fleckchen, um den Einheimischen zu begegnen und thailändische Strandidylle zu genießen.

Songkhla Aquarium AQUARIUM
(สงขลาอะควาเรี่ยม; ☎088 788 1456; www.songkhlaaquarium.com; Erw./Kind 300/200 B; ⏰9.30–16 Uhr) Kinder suchen den Clownfisch in diesem spaßigen Aquarium und beobachten die Fütterung, die Taucher vorführen. Zudem gibt's eine Gokartbahn (ab 400 B). Erwachsene können sich von der Rötlichen Saugbarbe die Füße sauber knabbern lassen (200 B).

Singora Tram Tour AKTIVITÄTEN
(⏰9–15 Uhr) GRATIS Die kostenlosen, 40-minütigen Tram-Touren (6-mal tgl.) in einer offenen Bahn beginnen neben dem Nationalmuseum. Wer Glück hat, kann einer Führung auf Englisch lauschen. Die Fahrt führt durch den alten Teil der Stadt, vorbei an der Moschee von Songkhla, einem Thai-Tempel und einem chinesischen Schrein und dann hinaus zum Hat Samila.

Schlafen & Essen

Verglichen mit anderen Gegenden am Golf sind die Hotels in und um Songkhla meist günstiger, so kann man sich die jeweils nächsthöhere Unterkunftskategorie relativ gut leisten.

Die beste Adresse für qualitativ hochwertige Meeresfrüchte ist die Straße vor dem BP Samila Beach Hotel bzw. vor allem das Restaurant am dortigen Kreisverkehr. Wer am liebsten Marktkost futtert, findet an den meisten Tagen der Woche Straßenstände. Das beste Café der Stadt ist das ausgezeichnete Blue Smile Cafe.

Sook Soom Boon 2 HOTEL $
(☎074 323809; 14 Th Saiburi; DZ 550–650 B; ❄📶) Der Besitzer der zentral gelegenen Unterkunft spricht gut Englisch und die Zimmer sind preiswert. Es ist nichts Besonderes, aber absolut annehmbar, vor allem wenn man es mit einigen weniger ersprießlichen Optionen in der Nähe vergleicht.

BP Samila Beach Hotel HOTEL $$
(☎074 440222; 8 Th Ratchadamnoen; Zi. 1600–2500 B; ❄@🏊) Als Wahrzeichen bietet dieses Hotel ein großartiges Preis-Leistungs-Verhältnis: Für dieselben Extras würde man auf den Inseln fast das Doppelte bezahlen. Direkt am Strand gibt's hier große Zimmer mit Kühlschrank, Satelliten-TV und Meer- oder Bergblick (beides wirklich toll). Allerdings ist es auf seine Art etwas angestaubt und man sollte vorher den WLAN-Empfang im Zimmer testen.

★ **Blue Smile Cafe** CAFÉ $
(☎061 230 5147; 254 Th Nakhonnai; Hauptgerichte ab 100 B; ⏰Mo, Di, Do & Fr 15–23, Sa & So ab 10 Uhr) Ein toller Ort für einen Snack, einen Kaffee, etwas Alkohol oder coole Beats. Man kann darüber streiten, was an diesem Lokal in kanadischer Hand das Beste ist: der grandiose Dachgarten – fantastisch bei Sonnenuntergang –, die *The Blues Brothers*-Poster, die B52s- und Bob Dylan-Bilder, der Live-Jazz (Fr & Sa ab 19.15 Uhr) oder die leckeren Backwaren.

Ong Heap Huad CAFÉ
(☎081 690 6640; Th Nakhonnai; ⏰10–18 Uhr) Dieses familienbetriebene Laden-Schrägstrich-Café zeigt eine faszinierende museumsartige Sammlung von alten chinesischen und thailändischen Ladenschildern, Antiquitäten, Statuen, Lampen, ausgestopften Tierköpfen und mehr. Es ist ein reizender Ort, um ein Glas Tee zu genießen. Vor dem Laden stehen Urnen und allerlei Nippes und auf dem chinesischen Ladenschild steht 黄協發; er befindet sich gegenüber von Nr. 239.

NICHT VERSÄUMEN

SONGKHLA LAKE ISLAND

Ein beliebtes Zeil für Tagesausflüge ab Songkhla ist die Insel **Ko Yo** (เกาะยอ) in der Mitte des Songkhla-Sees, die allerdings über Brücken mit dem Festland verbunden ist. Die Stoffe und vorgefertigten Kleidungsstücke ihrer berühmten Baumwollweberindustrie sind auf einem Straßenmarkt zu hervorragenden Preisen erhältlich.

Inselbesucher sollten auf keinen Fall den **Wat Phrahon Laem Pho** mit seinem liegenden Riesenbuddha und das **Thaksin Folklore Museum** (☎074 591618; 100 B; ⏰8.30–16.30 Uhr), das die Regionalkultur aktiv bewirbt und bewahrt, verpassen. Seine Pavillons sind Nachbauten südthailändischer Häuser, in denen Folklorekunst und traditionelle Haushaltsgeräte warten.

Praktische Informationen

Banken gibt es überall in der Stadt.

Indonesisches Konsulat (☎ 074 311544; www.kemlu.go.id/songkhla; 19 Th Sadao)

Malaysisches Konsulat (☎ 074 311062; 4 Th Sukhum, Songkhla; ⏰ Mo–Fr 8.15–12 & 13–16 Uhr)

Polizei (☎ 074 321868; Th Laeng Phra Ram)

Post (Th Wichianchom)

An- & Weiterreise

BUS

Der Bus- und Minibusbahnhof befindet sich auf der Songkhla Plaza Alley (abseits der Nakhonnok St) etwa 1 km südlich vom **Blue Smile Cafe**. Täglich fahren drei 2.-Klasse-Busse nach Bangkok (693–1080 B), die unterwegs in Nakhon Si Thammarat, Surat Thani und anderen Orten halten. Minibusse (21 B) und Minivans (30–40 B) nach Hat Yai benötigen 40 Minuten und starten in der Th Ramwithi. Von hier fahren auch *sŏrng·tăa·ou* nach Ko Yo ab.

ZUG

Da keine Züge mehr durch Songkhla fahren, muss man sich für die meisten Fernziele im Süden nach Hat Yai begeben.

Hat Yai

หาดใหญ่

☎ 074 / 191696 EW.

Willkommen im urbanen Zentrum von Süd-Thailand. Durch die Einkaufszentren im westlichen Stil zieht der Duft der geschäftigen Fressbuden, während alte chinesische Männer auf klapprigen Stühlen vor ihren Trödelläden sitzen und das Leben an sich vorbeiziehen lassen. Es fällt auf, dass der Tourismus in der Stadt noch immer vor allem von Malaysiern beherrscht wird, unter die sich ein paar westliche Expats gemischt haben. Hat Yai hat eine düstere Seite, beliebt vor allem bei malaysischen Männern auf einem Wochenendtrip.

Wer hier Halt macht, um die Stadt zu erkunden, wird mit einigen der leckersten Speisen der Region und dem dynamischen Flair der größten Stadt Süd-Thailands belohnt.

Schlafen

Im Zentrum von Hat Yai gibt es in Laufnähe vom Bahnhof Dutzende Businesshotels sowie ein Hostel und einige billige Optionen.

Hat Yai Backpackers HOSTEL $

(www.hatyaibackpackershostel.com; 226 Th Niphat Uthit 1; B 240 B; 📶) Die angenehme Unterkunft im Zentrum hat Frauenschlafsäle mit vier Betten und gemischte Schlafsäle mit acht Betten. Das Personal gibt gern Tipps zum Aufenthalt in Hat Yai.

Red Planet HOTEL $

(☎ 074 261011; www.redplanethotels.com; 152-156 Th Niphat Uthit 2; Zi. ab 900 B; ❄📶) Dieses Hotel in sehr zentraler Lage bietet Sauberkeit, Erschwinglichkeit und guten Service in ordentlichen, modernen, funktionalen Zimmern. Atmosphäre und Motiv sind eher reizlos und die Preise variieren erheblich, abhängig davon wie früh man bucht.

Centara HOTEL $$$

(☎ 074 352222; www.centarahotelsresorts.com; 3 Th Sanehanusorn; Zi./Apt. 4000/5300 B, Suite 8500 B; ❄📶🏊) Zentrale Lage, Pool, 244 ausgezeichnete Zimmer, hervorragender Service und wunderschöne Blicke von den oberen Stockwerken, das alles bietet das Centara. Der abendliche Live-Jazz in der Foyerbar bringt noch mehr Stil rein.

Essen & Ausgehen

Die Stadt ist die inoffizielle kulinarische Hauptstadt Süd-Thailands und wartet mit muslimischen Rotis und Currys, chinesischen Gerichten wie Nudeln, Reis mit Ente und Dim Sum sowie frischem thailändischem Seafood sowie von der Golf- als auch von der Andamanenküste auf. Überall locken Imbissstände, besonders gut ist das Angebot aber in der Th Supasarnrangsan. Mahlzeiten kosten hier zwischen 25 und 80 B.

Hat Yais Nachtleben ist ziemlich schäbig, was in einer Stadt mit einer Szene für käuflichen Sex nicht wirklich überrascht.

Nachtmarkt MARKT $

(Th Montri 1) Der Nachtmarkt wartet mit vielen lokalen Gerichten auf, so bieten beispielsweise mehrere Stände das berühmte frittierte Hühnchen nach Art von Hat Yai sowie *kà·nŏm jeen* (frische Reisnudeln serviert mit Curry) an, und einige Stände verkaufen gegrilltes Seafood.

Daothiam CAFÉ $

(79/3 Thammanoonvithi Rd; Hauptgerichte ab 60 B; ⏰ 7–19 Uhr; 📶) Dieses traditionelle chinesische Café bedient seit 1959 Stammkunden aus Hat Yai. An den Wänden hängen gerahmte Banknoten, das Personal ist freundlich und es gibt eine solide Speisekarte mit thailändischen und chinesischen Gerichten und leckeren Frühstück-Varianten. Merkwürdigerweise bedeutet sein Name „Satellit". Das Daothiam liegt gegenüber der Odean Shopping Mall.

Gedi Chadian CHINESISCH $
(Ko Ti Ocha; 134-136 Th Niphat Uthit 3; Hauptgerichte ab 50 B) Das große, offene, geräumige und sehr belebte Restaurant serviert dampfende Schüsseln mit fabelhaften Wan-Tan-Nudeln, Reis mit Huhn, Schweinefleisch *chā shāo* und andere sättigende chinesische Gerichte. Der Name bedeutet auf Chinesisch „Teeladen der Brüder".

Praktische Informationen

GEFAHREN & ÄRGERNISSE

Angeblich soll die Stadt vor den gewalttätigen Unruhen des tiefen Südens sicher sein, ganz unbehelligt blieb sie aber auch nicht. Das Lee Gardens Plaza Hotel wurde 2012 von Bomben getroffen, wobei im darauffolgenden Feuer vier Menschen starben und 400 verletzt wurden. 2014 explodierten drei Bomben in Hat Yai, acht Menschen wurden verletzt. In den Jahren davor waren Pubs, Malls, Kaufhäuser und Hotels Ziele von weiteren Bombenanschlägen.

Jeder muss selbst entscheiden, ob ihm ein Halt hier zu gefährlich erscheint, aber hier umzusteigen, sollte nicht so riskant sein.

NOTFALL

Touristenpolizei (Th Niphat Uthit 3; ⌚24 Std.)

REISEBÜROS

Cathay Tour (☎086 488 0086; 93/1 Th Niphat Uthit 2; ⌚8–18 Uhr) Superfreundliches Personal und eine breite Palette an Servicen, von Karten für Touren bis zu Visahilfe.

TOURISTENINFORMATION

Tourism Authority of Thailand (TAT; www.tourismthailand.org/hatyai; 1/1 Soi 2, Th Niphat Uthit 3; ⌚8.30–16.30 Uhr) Die sehr hilfsbereiten Mitarbeiter sprechen hervorragend Englisch und haben Berge von Infos über die gesamte Region.

VISAVERLÄNGERUNGEN

Einwanderungsbüro (Th Phetkasem) In der Nähe der Eisenbahnbrücke; Visa-Verlängerungen.

An- & Weiterreise

BUS

Busse zu anderen Provinzen und Minivans in Richtung Süden starten größtenteils 2 km südöstlich vom Zentrum am Busbahnhof. Die meisten Minivans Richtung Norden fahren nunmehr 4 km westlich der Stadt an der Talat Kaset ab. Vom Zentrum aus ist dieses Terminal per Túk-Túk (60 B) erreichbar. Busse verbinden Hat Yai mit fast allen Orten in Südthailand.

Cathay Tour (S. 281) organisiert Minivans zu vielen Zielen im Süden.

Busse ab Hat Yai

ZIEL	PREIS (B)	DAUER (STD.)
Bangkok	688–1130	15
Krabi	182–540	5
Nakhon Si Thammarat	140	4
Pak Bara	130	2
Phuket	370	7.
Songkhla	40	1½
Sungai Kolok	220	4
Surat Thani	240	5
Trang	110	2

FLUGZEUG

Der **Hat Yai International Airport** (☎074 227131; www.hatyaiairportthai.com) liegt ca. 14 km südwestlich der Stadt. Air Asia (www.airasia.com), Nok Air (www.nokair.com), Thai Lion Air (www.lionairthai.com) und **Thai Airways** (THAI; www.thaiairways.com; 182 Th Niphat Uthit 1) fliegen täglich von und nach Bangkok. Thai Smile (www.thaismileair.com) fliegt zum Bangkok Suvarnabhumi International Airport.

Flughafentaxis (182 Th Niphat Uthit 1; 100 B/Pers.; ⌚6.30–18.45 Uhr) rollen sechsmal täglich zum Flughafen (6.45, 10, 12.15, 13.45, 15 & 18.15 Uhr). In einem Privattaxi kostet die Fahrt 320 B.

ZUG

Vier Nachtzüge fahren nach bzw. ab Bangkok (259–945 B; 4-mal tgl., 16 Std.); der Zug fährt über Surat Thani (105 B). Weitere Züge fahren an der Ostküste nach Sungai Kolok (92 B; 7-mal tgl.) oder westwärts nach Butterworth (332 B) und Padang Besar (57 B) in Malaysia (2-mal tgl.).

Der Bahnhof hat ein Reservierungsbüro und eine Gepäckaufbewahrung (tgl. 7–17 Uhr).

Unterwegs vor Ort

Sŏrng·tăa·ou verkehren entlang der Th Phetkasem (10 B/Pers.). Stadtfahrten mit Autorikschas und Motorradtaxis kosten 20 bis 40 B pro Nase.

TIEFER SÜDEN

Die tiefen südlichen Thai-Provinzen sind geprägt durch den Einfluss von Kultur, Sprache, Religion und Geschichte Malaysias und einer regionalen Identität, die zurückzuführen ist auf das malaiische Sultanat der Patani selbst. Die meisten Einwohner der Region

THAILANDS VERGESSENER KRIEG

Nur etwa 300 km südlich der Partyinseln Ko Samui und Ko Pha-Ngan hat es in einem Guerillakrieg zwischen muslimischen Malaien und dem thailändischen Staat, in dem Buddhisten die überwältigende Mehrheit stellen, seit 2004 fast 6000 Tote gegeben. Durch die Dörfer und Städte rumpeln Militärkonvois, Checkpoints dominieren die Straßen und Einwohner müssen DNA-Tests über sich ergehen lassen, um mutmaßliche Aufständische leichter identifizieren zu können.

Etwa 80 % der 1,8 Mio. Einwohner der drei südlichsten thailändischen Provinzen Pattani, Narathiwat und Yala sind Muslime, die zur ethnischen Gruppe der Malaien gehören. Sie sprechen einen malaiischen Dialekt, und viele wünschen sich einen eigenen, unabhängigen Staat, so wie es die Region vor Jahrhunderten einmal war.

Für die schätzungsweise 12 500 bis 15 000 separatistischen Kämpfer ist der tiefe Süden noch immer „Patani" – diesen Namen trug das Sultanat von der Größe Quatars in seinen ruhmreichen Tagen im 14. und 15. Jh. Die Aufständischen betrachten die thailändische Regierung als eine Kolonialmacht und die thailändischen Buddhisten als Eindringlinge in ihrem Land.

Den Separatisten stehen etwa 150 000 Soldaten, Polizisten und Angehörige von Milizen gegenüber. Kaum ein Woche vergeht, ohne dass ein Mitglied der thailändischen Sicherheitskräfte getötet oder verwundet wird, oft bei Hinterhalten entlang der von Kokospalmen gesäumten Straßen der Region oder durch die immer ausgeklügelteren IEDs (*improvised explosive devices*; Sprengfallen).

Gleichzeitig hat der Aufstand Nachbarn zu Feinden gemacht. Es kommt zu grausamen Rachemorden, bei denen buddhistische und muslimische Zivilisten auf der Heimfahrt mit dem Motorrad niedergeschossen oder auf den Kautschukplantagen, die die Grundlage der hiesigen Wirtschaft bilden, geköpft werden. Bomben werden vor Geschäften oder auf Märkten in den Städten gezündet; sie töten wahllos unbeteiligte Opfer. Die wenigen buddhistischen Mönche, die noch in der Region geblieben sind, müssen fast jeden Morgen von der Armee eskortiert werden, wenn sie Almosen sammeln, weil sie Angst um ihr Leben haben, und die Moscheen sind von Einschüssen durchsiebt.

Die Aufständischen haben darauf verzichtet, Ziele außerhalb des tiefen Südens anzugreifen, auch wenn das der thailändischen Psyche schweren Schaden zufügen und ihnen wesentlich größere Aufmerksamkeit in der ganzen Welt verschaffen würde. Sie scheinen

sprechen einen Dialekt des Malaiischen, da sie ihren malaiischen Cousins jenseits der Grenze ethnisch näher stehen.

Das touristische Potenzial in dieser faszinierenden Region ist weitestgehend ungenutzt, da diese durch seit langem schwelende Kämpfe muslimischer Separatisten gegen den thailändischen Staat ausgebremst wird. Den wenigen Besuchern steht folglich nur eine begrenzte Infrastruktur zur Verfügung.

Yala ยะลา

☎073 / 61 250 EW.

Das von Land umgebene Yala zieht sich nach Süden bis zur malaysischen Grenze und ist die südlichste Provinz Thailands. Die gleichnamige Hauptstadt unterscheidet sich deutlich von anderen thailändischen Großstädten. Die breiten Boulevards und das ordentliche gitterförmige Straßennetz liegen um einen riesigen runden Park herum und wirken sehr westlich. Etwa drei Viertel der Einwohner sind Muslime, außerdem ist Yala eine Universitätsstadt und das Bildungszentrum des tiefen Südens.

Sehenswertes

Yalas größte Attraktion, der **Wat Kuha Pi Muk** (Wat Khuhapimuk), ist eine der wichtigsten Pilgerstätten Südthailands. Dieser Höhlentempel aus der Srivijaya-Periode (auch Wat Na Tham oder Höhlentempel genannt) liegt 8 km westlich der Stadt an der Straße von Yala nach Hat Yai (Rte 409) und beherbergt einen liegenden Buddha aus dem Jahr 757.

Weiter südlich in Betong befindet sich der größte **Briefkasten** Thailands, der 1924 gebaut wurde.

Schlafen & Essen

Yala ist ein angenehmer Ort, aber viele der preiswertesten Unterkünfte fungieren auch keine Verbindungen zu den radikaleren islamischen Kämpfern in Indonesien und auf den Philippinen zu haben.

Es scheint jedoch auch keinen gemeinsamen Führer der Aufständischengruppen zu geben, was die sporadischen Friedensgespräche mit der thailändischen Regierung bedeutungslos macht.

Der Aufstand nahm 2004 seine jetzige Dimension an, nachdem die thailändische Armee 32 mutmaßliche muslimische Rebellen in einer alten Moschee in Pattani in die Enge getrieben und brutal ermordet hatte. Die Wurzeln des Konflikts liegen jedoch Hunderte Jahre in der Vergangenheit. Seit dem 16. Jh. war das Sultanat Patani mehrfach für kurze Perioden unfreiwillig der Herrschaft der Thais unterworfen. Doch erst mit dem Anglo-Siamesischen Vertrag von 1909 wurde der tiefe Süden dauerhaft in das Staatsgebiet Thailands eingegliedert. Im Gegenzug dafür, dass Bangkok auf andere Teile der damals von den Briten regierten Förderierten Malaiischen Staaten verzichtete, erkannte Großbritannien die Souveränität Thailands über die Region an.

Seitdem hat sich Thailand, das bevölkerungsreichste buddhistische Land der Welt, daran gemacht, den tiefen Süden nach seinem eigenen Vorbild umzugestalten. Muslimische Schulen wurden geschlossen, und alle Kinder wurden in den Schulen auf Thai unterrichtet, obwohl viele die Sprache nur als Zweitsprache gelernt haben. Sie wurden im Rahmen des nationalen Lehrplans Thailands auch gezwungen, sich mit dem Buddhismus zu beschäftigen, obwohl sie Anhänger des Islam sind. Beamte wurden aus anderen Landesteilen hierher versetzt, um die Region zu regieren.

Doch da der Aufstand fast nur auf drei Provinzen und einen kleinen Teil der benachbarten Provinz Songhkla begrenzt ist, wissen selbst viele Thais nicht einmal, wo die Kämpfe eigentlich stattfinden, und sie sind auch nicht bereit, sich mit den Forderungen der Separatisten irgendwie auseinanderzusetzen. Sie sind mit dem in den Schulen gelehrten Nationalismus geimpft, und die Idee, dass der tiefe Süden sich von Thailand abspalten wollen könnte, ist sowohl für die normalen thailändischen Bürger als auch für die Behörden einfach undenkbar.

Doch irgendeine Form der Autonomie dürfte wahrscheinlich der einzige Weg sein, die Gewalt zu beenden. Bis das passiert, wird Thailands vergessener Krieg weitergehen, und die düstere Liste seiner Opfer wird noch länger werden.

gleichzeitig als inoffizielle Bordelle. Ansonsten gibt es keine großartige Auswahl an Übernachtungsmöglichkeiten in der Stadt, aber das Yala Rama ist eine gute Wahl.

Rund um den Park liegen einige ausgezeichnete Restaurants.

Yala Rama HOTEL $

(☎073 212815; 21 Th Sri Bumrung; Zi. 600 B; ❄📶) Wie die meisten Hotels in der Region wäre dieses zentral gelegene, renommierte neunstöckige Hotel, einen kurzen Fußweg vom Bahnhof entfernt, viel teurer, wenn es nicht im Tiefen Süden läge. Die Zimmer sind sauber und komfortabel, das zugehörige Restaurant ist in Ordnung.

ℹ Praktische Informationen

Betong ist ein offizieller, aber ungünstig gelegener Grenzübergang nach Malaysia; nähere Infos gibt's in Yalas **Einwanderungsbüro** (☎073 231292; Betong; ⏲8.30–16.30 Uhr).

ℹ An- & Weiterreise

Yalas Busbahnhof liegt südlich vom Zentrum. Täglich verkehren drei Busse vom und zum südlichen Busbahnhof in Bangkok (783–1422 B, 15 Std.). Der Bus um 16 Uhr aus Bangkok fährt weiter nach Betong.

Täglich fahren vier Züge zwischen Bangkok und Yala (18 Std.). Zwei Züge pro Tag pendeln zwischen Yala und Sungai Kolok (3–4 Std.). Der Bahnhof befindet sich direkt nördlich vom Stadtzentrum.

Busse nach Hat Yai (160 B, 2½ Std.) halten mehrmals am Tag in der Th Sirirot vor dem Büro von Prudential TS Life.

Minivans nach Betong und Sungai Kolok (100 B, 2 Std.) starten stündlich gegenüber vom Bahnhof.

Pattani ปัตตานี

☎073 / 44 234 EW.

Die Provinz Pattani, das einstige Herz eines großen muslimischen Fürstentums,

REISEN IN DEN TIEFEN SÜDEN: JA ODER NEIN?

Noch nie wurden Traveller oder westliche Ausländer Ziel irgendwelcher Aufständischer. Doch Aufstände sind unvorhersehbar, und Bomben unterscheiden nicht, wen sie töten und wen nicht. Eine verbreitete Taktik der Separatisten sind Sprengsätze, die an vor Geschäften oder auf Märkten geparkten Motorrädern angebracht werden; sie wurden mehrfach in den Stadtzentren von Yala, Pattani, Narathiwat und Sungai Kolok eingesetzt.

Am sichersten ist es, sich nicht länger als nötig auf der Straße aufzuhalten – man könnte zur falschen Zeit am falschen Ort sein. Auch ist es nicht ratsam, am frühen Morgen oder nach Einbruch der Dunkelheit durch ländliche Gebiete zu fahren. Motorradfahren sollte man hier möglichst gar nicht, wenn man nicht eindeutig als Ausländer zu erkennen ist.

Infolge der Aufstände kam der Tourismus weitgehend zum Erliegen, sodass nur noch sehr wenig touristische Infrastruktur vorhanden ist. Von der Fahrt zwischen den größeren Städten mal abgesehen sind Besucher auf ein eigenes Fahrzeug angewiesen. Es gibt nur wenige Hotels und Restaurants und fast kein Nachtleben, und an den wunderschönen Stränden existieren absolut keine Einrichtungen für Besucher.

Wer in dieser Region reisen will, sollte sich gründlich über die aktuelle Situation informieren und den Rat seiner Botschaft befolgen.

das auch die benachbarten Provinzen Yala und Narathiwat umfasste, hat sich nie ganz an die thailändische Herrschaft gewöhnt. Die heutige politische Situation hat zwar die Entwicklung der Region beeinträchtigt, doch die Stadt Pattani kann auf eine 500-jährige Geschichte des Handels mit den berühmtesten Imperialmächten der Welt zurückblicken. Die Portugiesen errichteten hier 1516 einen Handelsposten, 1605 kamen die Japaner durch, 1609 die Holländer, und 1612 ließen die Briten ihre kolonialen Muskeln spielen.

Doch trotz der faszinierenden Geschichte der Stadt hat Pattani außer einigen ganz netten Stränden in der Nähe nicht viel Interessantes zu bieten. Wegen der anhaltenden Aufstände sind all diese Sandstreifen für Individualreisende nicht sicher.

Sehenswertes

Der Mae Nam Pattani (Pattani-Fluss) trennt die Altstadt im Osten von der neueren Stadt im Westen. Entlang der Th Ruedi kann man die Überbleibsel der alten Architektur Pattanis sehen – der chinesisch-portugiesische Stil war früher in diesem Teil Südthailands vorherrschend. In der Th Arnoaru stehen einige alte, aber noch intakte Wohnhäuser im chinesischen Stil.

Pattani könnte eines der besseren Ziele für Strandurlauber in der Region sein. Die Küste zwischen der Stadt Pattani und der Provinz Narathiwat ist einfach umwerfend: unberührt und bis auf ein paar Fischerdörfer menschenleer. Doch im Moment sind große Teile der Gegend zu gefährlich, um sie auf eigene Faust zu erkunden.

Matsayit Klang MOSCHEE

(Th Naklua Yarang) Eine der größten Moscheen Thailands, die Matsayit Klang, ist ein traditionelles Bauwerk aus den 1960er-Jahren mit grünen Kuppeln. Sie dürfte noch immer die wichtigste Moschee Südthailands sein. Nicht-Muslime dürfen außerhalb der Gebetszeiten das Gebäude besuchen.

Schlafen & Essen

Palace Hotel HOTEL $

(☎073 349171; 10-12 Pipit Soi Talattewiwat 2; Zi. 180–350 B; ❄) An diesem Hotel ist kaum was Palastartiges zu finden, aber es ist die einzige Budgetbleibe für Ausländer in der Stadt und liegt in der Nähe des Nachtmarkts. Am besten nimmt man ein Zimmer mit Klimaanlage und Warmwasser.

CS Pattani Hotel HOTEL $$

(☎073 335093; www.cspattanihotel.com; 299 Moo 4, Th Nong Jik; Zi. ab 1400 B; ❄@📶🏊) In diesem Hotel, das mit Soldaten vor der Tür und Metalldetektoren in der Lobby das sicherste der Stadt ist, übernachten thailändische Politiker bei ihren seltenen Besuchen im tiefen Süden. Wegen des Mangels an Reisenden bekommt man hier tolle Zimmer und Einrichtungen zum Schnäppchenpreis.

Nachtmarkt THAI $

(Soi Talattewiwat; Gerichte ab 25 B; ⏰16–21 Uhr) In Pattani kehrt abends viel eher als in den meisten thailändischen Städten Ruhe ein, doch auf dem Nachtmarkt gibt's gutes

Seafood sowie südthailändische Currys und die Standard-Gerichte mit Nudeln und gebratenem Reis.

Praktische Informationen

Am südöstlichen Ende der Th Pipit, in der Nähe der Kreuzung mit der Th Naklua Yarang, gibt's mehrere Banken.

Pattani Hospital (☎ 073 335135, 073 335134, 073 711010; Th Nong Jik)

Polizei (☎ 073 349018; Th Pattani Phirom)

An- & Weiterreise

Minivans und Busse fahren von Pattanis Busbahnhof am Westrand der Stadt ab. Sie fahren mehrmals täglich nach Hat Yai (110 B, 1½ Std.), Narathiwat (110 B, 1½ Std.) und Sungai Kolok (150 B, 2½ Std.).

Busse nach und von Bangkoks südlichem Busbahnhof fahren zweimal täglich (765–1250 B, 14 Std.).

Unterwegs vor Ort

Motorradtaxis verlangen 30 B für kurze Fahrten durch die Stadt, nach Einbruch der Dunkelheit sind aber kaum noch welche zu finden.

Narathiwat นราธิวาส

☎ 073 / 41 342 EW.

Narathiwat, das am Ufer des Bang Nara liegt, ist die wohl muslimischste Stadt Thailands. Viele Moscheen verteilen sich im gesamten Stadtgebiet. Das Flussufer säumen noch immer einige alte chinesisch-portugiesische Gebäude (man übersieht sie allerdings leicht), und gleich außerhalb der Stadt locken ein paar tolle Strände. Doch wegen der Sicherheitslage kommen hier kaum Reisende durch.

Sehenswertes & Aktivitäten

Nur 2 km nördlich der Stadt liegt der **Hat Narathat**, ein 5 km langer Sandstrand. Unter den hohen Kiefern davor parken gern Einheimische. Fünf Kilometer südlich der Stadt liegt der **Ao Manao**, ein herrlicher, von Palmen gesäumter Strand.

Wat Khao Kong BUDDHISTISCHER TEMPEL
(⏲9–17 Uhr) GRATIS Die höchste Figur eines sitzendes Buddhas in Südthailand befindet sich in einem Park im Wat Khao Kong,

ABSEITS DER ÜBLICHEN PFADE

GRENZÜBERGANG NACH MALAYSIA: SUNGAI KOLOK

Sungai Kolok ist sicher nicht der schönste Ort, um einen ersten Eindruck vom „Land des Lächelns" zu gewinnen, aber es stellt die wichtigste Verbindung zwischen Thailand und Malaysia dar. Es ist eine etwas schäbige Grenzstadt, die vor allem für Schmuggel und Prostitution bekannt ist. Der Ort wird seltener zum Ziel der Aufständischen als andere große Städte in der Region, und die instabile Lage im tiefen Süden hat den Ruf der Stadt als „Sin City" („Stadt der Sünde") in den vergangenen Jahren etwas aufgeweicht, denn die malaysischen Männer, die für wilde Wochenendtrips nach Sungai Kolok kamen, bevorzugen nun das sicherere Hat Yai. Auch die Zahl der Traveller, die Thailand hier verlassen, sinkt; dafür kommen mehr Touristen aus Malaysia, die sofort in einen Zug Richtung Norden steigen.

Wer hier Station macht, kann im sauberen und nahe des Bahnhofs liegenden **Merlin Hotel** (☎ 073 611003; 68 Th Charoenkhet; Zi. 600 B; ❄📶) nächtigen. Das **Genting Hotel** (☎ 073 613231; 250 Th Asia 18; Zi. 700 B; ❄@📶🏊) hat einen effizienten Sicherheitsdienst, aber die Zimmer der mittleren Preisklasse sind für den verlangten Preis ziemlich abgewetzt. Das Haus befindet sich einige Hundert Meter östlich vom Bahnhof auf der anderen Straßenseite. Das solide, von Muslimen geführte **Kakyah Restaurant** (43/11 Th Charoenkhet; Gerichte ab 30 B; ⏲10–22 Uhr) serviert gutes malaysisches Essen. Der **Fernbusbahnhof** (Th Asia 18) liegt 2 km westlich vom Zentrum an der Th Asia 18. Täglich fahren vier Busse von und zu Bangkoks südlichem Busbahnhof (707–1414 B, 17–20 Std.). Minivans nach Hat Yai (200 B, 4 Std.) fahren ebenfalls hier ab.

Es gibt ein **Einwanderungsbüro** (☎ 073 614114; Th Charoenkhet; ⏲ Mo–Fr 8–17 Uhr) gegenüber vom Merlin Hotel mit hilfsbereitem, englisch-sprechendem Personal. Vom Zentrum Sungai Koloks sind es 1,5 km bis zum thailändischen Grenzposten (geöffnet 5–21 Uhr). Motorradtaxifahrer verlangen etwa 30 B. Nach dem Erledigen der Ausreiseformalitäten läuft man über die Harmony Bridge zum malaysischen Grenzposten. Sammeltaxis und Busse nach Kota Bharu, der Hauptstadt des malaysischen Bundesstaates Kelantan, fahren 200 m hinter dem malaysischen Grenzposten ab.

6 km nordwestlich der Stadt an der Straße zum Bahnhof in Tanyongmat. Der Buddha aus Stahlbeton ist stolze 17 m lang, 24 m hoch und mit winzigen goldenen Mosaiksteinen besetzt, die magisch in der Sonne funkeln.

Matsayit Klang MOSCHEE
(Yum Iyah Mosque) Am südlichen Ende der Th Pichitbumrung steht die Matsayit Klang, eine hölzerne Moschee im Stil Sumatras. Die Einheimischen nennen sie *old central mosque*. Ein Prinz des früheren Sultanats Pattani soll sie vor über hundert Jahren erbaut haben. Nicht-Muslime dürfen sie außerhalb der Gebetszeiten betreten.

Schlafen & Essen

Die meisten Unterkünfte der Stadt liegen an oder in der Nähe der Th Puphapugdee am Ufer des Bang Nara.

Im Zentrum der Stadt beim Fluss gibt es viele Restaurants und Cafés.

Ocean Blue Mansion HOTEL $
(☎073 511109; 297 Th Puphapugdee; Zi. 400–500 B; ❄📶) Die relativ großen Zimmer haben schon bessere Tage gesehen, aber man hat einen großartigen Blick auf den Fluss. Das Ocean Blue ist einfach die beste Budgetoption.

Tanyong Hotel HOTEL $$
(☎073 511477; 16/1 Th Sophaphisai; Zi. 690–890 B; ❄📶) Seriöses, einladendes Hotel mit großen, komfortablen Zimmern und einem einigermaßen guten Restaurant. Man spricht ein wenig Englisch.

Mangkorntong THAI $
(☎073 511835; 433 Th Puphapugdee; Gerichte 55–200 B; ⏲10–22 Uhr) Auf zwei Terrassen über dem Fluss hat man eine breite Auswahl an Meeresfrüchtegerichten sowie eine Reihe vegetarischer Optionen, und es wird Alkohol ausgeschenkt.

Praktische Informationen

Das Büro der **Tourism Authority of Thailand** (TAT; ☎Narathiwat 073 522411, landesweite Hotline 1672) liegt einige Kilometer südlich der Stadt, gleich auf der anderen Seite der Brücke an der Straße nach Tak Bai.

An- & Weiterreise

Air Asia (www.airasia.com) fliegt täglich von und nach Bangkok (ab 1783 B, 1½ Std.) sowie Thai Smile (www.thaismileair.com; ab 1730 B, 1½ Std.).

Minivans und Busse fahren vom **Busbahnhof** in Narathiwat (☎073 511552), 2 km südlich der Stadt in der Th Rangae Munka. Zweimal täglich fahren Busse von und zu Bangkoks südlichem Busbahnhof (860–1350 B, 15–17 Std.).

Regelmäßig fahren Minivans nach Hat Yai (170 B, 3 Std.), Pattani (100 B, 2 Std.), Sungai Kolok (70 B, 1 Std.) und Yala (100 B, 1½ Std.).

Unterwegs vor Ort

Narathiwat ist klein genug, um zu Fuß erkundet zu werden. Motorradtaxis verlangen 30 B für Fahrten in der Stadt.

Phuket & Andamanenküste

Inhalt ➡

Gut essen

- Eat Bar & Grill (S. 342)
- Efe (S. 370)
- Krua Thara (S. 362)
- One Chun (S. 324)
- Pad Thai Shop (S. 342)

Schön übernachten

- Rayavadee (S. 357)
- Castaway Resort (S. 401)
- Iniala Beach House (S. 309)
- Fin Hostel (S. 339)
- Amanpuri Resort (S. 345)

Auf nach Phuket & an die Andamanenküste!

Thailands Andamanenküste mit dem türkisblauen Wasser ist eine jener Regionen, bei deren Anblick auf einer Postkarte man sofort zum Aussteiger werden und sein ganzes Leben in Flip-Flops verbringen möchte. Weiße Sandstrände, hohe Kalksteinklippen und mit Urwald bedeckte Inseln erstrecken sich von der Grenze zu Myanmar bis nach Malaysia längs der Küste der Andamanensee. Phuket zieht zwar allen Glamour auf sich, aber weiter im Norden erwarten einen Tauchspots von Weltklasse, wenig besuchte Inseln und die Wasserfälle und Höhlen der Nationalparks von Phang-Nga. In Richtung Süden wiederum kann man entspannt von Insel zu Insel ziehen, bis man die Grenze zu Malaysia erreicht.

Der Haken? Die Andamanenküste ist kein Geheimtipp, und ihre Strände sind immer mehr überlaufen von Backpackern, Pauschaltouristen, Jetsettern und allem, was so dazwischen liegt. Protzige Resorts verdrängen die Bambushütten, und thailändische-Rasta-Bars und Authentizität sind nur noch im Hinterland zu finden. Aber wer genau hinschaut, kann hier das Ziel seiner Träume immer noch finden.

Reisezeit

- Im Mai beginnt die fünf Monate andauernde Regenzeit. Einige Resorts schließen, andere senken ihre Preise.
- In Phuket und Trang wird im September das Vegetarierfest gefeiert. Man erblickt Gläubige mit durchbohrten Wangen und darf fantastisches Essen erwarten.
- Im Dezember beginnt die touristische Spitzensaison und es herrschen ideale Tauch- und Schnorchelbedingungen.

Highlights

1. **Trang-Inseln** (S. 385) Kristallklares Wasser und weiße Sandstrände genießen
2. **Ko Lipe** (S. 398) Über farbenprächtigen Korallen schnorcheln und die nahegelegenen unberührten Inseln erkunden
3. **Phuket** (S. 315) Einen berauschenden Mix aus Luxusunterkünften, tollen Spas und Straßenimbiss-Leckereien erleben
4. **Khao Sok National Park** (S. 300) Durch einen echten Jurassic Park wandern
5. **Railay** (S. 355) Die mächtigen Kalksteinklippen über den herrlichen Stränden bestaunen

6 **Ko Phi-Phi** (S. 363) Sich im himmelblauen Wasser treiben lassen und dann die Nacht durchtanzen

7 **Similan-** (S. 307) & **Surin-Inseln** (S. 298) Mit Mantas und Walhaien tauchen

8 **Ko Lanta** (S. 371) Die kulturell faszinierende Altstadt erkunden oder das entspannte Strandleben genießen

9 **Ao Phang-Nga** (S. 311) Mit dem Kajak in spektakuläre, halb überflutete Höhlen hineinpaddeln

10 **Ko Phayam** (S. 295) Der relaxten Strandbar-Atmosphäre verfallen

PROVINZ RANONG

Die nördlichste Provinz der Andamanenküste unterscheidet sich deutlich von dem Tropenparadies mit weißem Sand und türkisblauem Meer, das die Broschüren der Reiseveranstalter vermarkten. In der am dünnsten besiedelten und feuchtesten Region Thailands regnet es bis zu acht Monate im Jahr. Es ist sumpfig, und Strände sind an der Küste dünn gesät.

Dafür besitzt Ranong aber üppige Wälder, und die vielen schönen Inseln – insbesondere Ko Chang (S. 293) und Ko Phayam (S. 295) – sind nicht allzu sehr überlaufen. Die meisten Besucher kommen allerdings hierher, weil sie die Grenze nach Myanmar überqueren wollen.

Ranong (Stadt) ระนอง

077 / 17 500 EW.

Die Stadt am östlichen Ufer der trüben, teebraunen Mündung des Mae Nam Pak Chan (Mae Nam Kra Buri) ist nur eine 45-minütige Bootsfahrt von Myanmar entfernt. Die typische Grenzstadt ist schäbig, hektisch und etwas zwielichtig. Hier leben auch viele Birmanen. Ansonsten hat die Stadt noch Thermalquellen, verfallene historische Gebäude und ein paar wirklich tolle Garküchen zu bieten.

Ranong war früher ein Provinznest, profitiert aber heute (dank der stabiler werdenden politischen Lage in Myanmar) vom grenzüberschreitenden Handel sowie von seiner Funktion als Durchgangsstation für Touristen auf dem Weg zu den nahegelegenen Inseln Ko Phayam und Ko Chang. Mittlerweile gibt es hier idyllische Boutiquehotels und eine relativ stilbewusste Szene.

Aktivitäten

Tauchen

Zu Recht beliebte Tauchtouren mit Übernachtung auf dem Schiff führen von Ranong zu Weltklassezielen wie den Burma Banks und den Surin- und Similan-Inseln.

Andaman International Dive Center TAUCHEN
(089 814 1092; www.aidcdive.com; Bus Terminal, Th Phetkasem; Okt.–April) Veranstaltet hauptsächlich längere Exkursionen (6–14 Tage) zum Mergui-Archipel in Myanmar, aber auch ein paar Touren zu den Surin-Inseln. Eine Tauchtour mit vier Übernachtungen an Bord kostet 20 000 B.

A-One-Diving TAUCHEN
(077 832984; www.a-one-diving.com; 256 Th Ruangrat; Okt.–April) Ist auf Tauchtouren mit Übernachtung an Bord zu den Surin-Inseln und zum Mergui-Archipel in Myanmar (ab 34 900 B) spezialisiert und veranstaltet Tauchkurse fürs PADI-Zertifikat.

Spas & Thermalquellen

★ **Siam Hot Spa** SPA
(077 813551; 73/3 Th Phetkasem; Anwendungen 300–750 B; 11–20 Uhr) Das sehr zu empfehlende Mineralbad hat mehr Klasse als die öffentlichen Thermalbäder gegenüber in Ranong (Stadt). Man badet in einer eigenen Wanne im Freien und lässt sich anschließend mit Salz abreiben oder gönnt sich eine klassische thailändische Massage.

Thermalquelle Rakswarin THERMALQUELLEN
(Th Phetkasem; Eintritt 40 B; 6.30–21 Uhr) Das heilende Wasser sprudelt am südöstlichen Stadtrand so heiß (65 °C) aus einer heiligen Quelle, dass man darin Eier kochen könnte. Die Becken am Fluss haben Fliesen mit Schachbrettmuster und sind mit Duschen, Badetüchern und Sonnenliegen ausgestattet. Man streckt sich aus und lässt die Wärme auf die schmerzenden Glieder wirken.

Schlafen

Rueangrat Hotel HOTEL $
(092 279 9919; rueangratranong@gmail.com; 240/10 Th Ruangrat; Zi. 690 B;) Die hellen, blitzblanken Zimmer dieser Unterkunft sind von der Straße zurückgesetzt und liegen nahe zu Restaurants und Läden. Alle Zimmer sind mit Kühlschrank, TV und ordentlichen Bädern ausgestattet. Im Foyer gibt's kostenlosen Kaffee, freundliches Personal und gutes WLAN.

Ranong Backpacker's Hostel HOSTEL $
(091 041 7555, 077 983978; backpackers.rn@gmail.com; 240/9 Th Ruangrat; B 320 B;) Das Hostel hat zwei Schlafsäle (nach Geschlechtern getrennt) mit acht Stockbetten und ordentlichen Schließfächern. Es gibt hier keinen echten Gemeinschaftsbereich, aber die Unterkunft ist gut geeignet, wenn man vor oder nach dem Besuch in Myanmar ein billiges, sauberes Bett braucht.

Luang Poj PENSION $
(077 833377, 087 266 6333; www.facebook.com/luangpojhostel; 225 Th Ruangrat; Zi. 600 B;) Die Unterkunft, die sich als „Boutique-Gästehaus" anpreist, ist eine prächtig aufgemöbelte Version von Ranongs erstem Hotel aus

Ranong

den 1920er-Jahren mit einer Mischung aus Alt und Neu (indische Kunst, Wandmalereien, einzigartige Lampen und alte Fotos). Die Zimmer sind makellos und gemütlich und in eigenen Farbschemata gehalten (uns gefiel das in Orange). Nachteil: Viele Zimmer haben kein Fenster und alle teilen sich die (sauberen) Bäder.

The B BOUTIQUEHOTEL **$$**
(☎077 823111; Br.ranong@gmail.com; 295/1-2 Th Ruangrat; Zi. 1300–2000 B;) Das modernistische Hotel aus poliertem Beton hat ein gutes Preis-Leistungs-Verhältnis und ist ein Symbol für den Aufschwung, der in Ranong Einzug gehalten hat. Die stilvollen, gemütlichen Zimmer haben schwebende Betten, Regenduschen und eine geschmackvolle, farbenfrohe Einrichtung. Besondere Pluspunkte sind die Snooker-Bar, das Restaurant B und vor allem der Infinity Pool auf dem Dach mit Blick über Ranong und die umliegenden grünen Hügel.

Ranong

Aktivitäten, Kurse & Touren
1 Andaman International Dive Center ... C4
2 A-One-Diving ... B2
3 Thermalquelle Rakswarin ... D4

Schlafen
4 Luang Poj ... B3
5 Ranong Backpacker's Hostel ... B2
6 Rueangrat Hotel ... B2
7 The B ... B2

Essen
8 Tagesmarkt ... B3
9 Nachtmarkt ... C3
10 Ranong Hideaway ... B2
The B Restaurant ... (siehe 7)

Essen & Ausgehen

Ranongs Lebensmittelmärkte haben ein ausgezeichnetes Preis-Leistungs-Verhältnis. Auf dem quirligen **Tagesmarkt** (Th Ruangrat;

GRENZÜBERGANG NACH MYANMAR: VON RANONG (STADT) NACH KAWTHAUNG (VICTORIA POINT)

Die staubige, belebte Hafenstadt an Myanmars südlichster Festlandspitze wurde von den Briten Victoria Point genannt, ist bei den Thais aber als Ko Song (zweite Insel) bekannt. Die meisten Traveller gehen nur kurz über die Grenze, um ihre Visa zu erneuern, aber Kawthaung ist auf alle Fälle ein interessanter Tagesausflug.

Die Stadt lebt hauptsächlich vom Fischfang und dem Handel mit dem Nachbarland, bringt aber auch einige der besten Kickboxer Myanmars hervor. Auf den nahegelegenen Inseln leben Moken („Seenomaden"; in Thailand abschätzig als *chao leh* bezeichnet).

Am leichtesten verlängert man sein Visum mit den „Visa-Trips" (1300 B), die die Reisebüros in Ranong anbieten, z. B. Pon's Place. Man kann die Laufarbeit aber auch gut selber auf sich nehmen.

Anreise zur Grenze

Wenn die Grenze zwischen Thailand und Myanmar geöffnet ist, starten die Boote nach Kawthaung vom Tha Saphan Plaa 5 km südwestlich von Ranong. Der rote *sŏrng·tăa·ou* 4 fährt von Ranong zum Pier (20 B), wo die Kapitäne der Longtail-Boote einen zunächst zur Einreisestelle und dann zu ihrem Boot lotsen (einfache Strecke/hin & zurück 100/200 B pro Pers.). Man braucht eine Fotokopie seines Passes, die man an der Anlegestelle machen kann (5 B).

An der Grenze

An der Kontrollstelle in Kawthaung muss man angeben, ob man als Tagesbesucher kommt oder in Kawthaung übernachten will. In letzterem Fall wird eine Gebühr von 10 US$ fällig, zahlbar nur mit einer frischen Banknote. (Die Kapitäne der Longtail-Boote können sie einem bei Schleppern im Hafen für 500 B beschaffen). Auf der birmanischen Seite wird man von „Helfern" bedrängt, die auf ein Trinkgeld aus sind.

Wer nur kommt, um sein Thailand-Visum verlängern zu lassen, ist in etwa zwei Stunden fertig. Bei der Rückkehr nach Thailand muss man berücksichtigen, dass Myanmars Zeit 30 Minuten hinter der thailändischen hinterherhinkt. Dies kann dazu führen, dass man es zwar noch schafft, die Formalitäten an der birmanischen Einreisestelle zu erledigen, die thailändische Einreisestelle aber bereits zu ist. Bei der Ausreise aus Thailand sollte man also unbedingt die Öffnungszeiten der thailändischen Einreisestelle checken.

Eine wesentlich schnellere, einfachere und bequemere Alternative bietet der Andaman Club 8 km nordwestlich der Stadt, abseits der Rte 4004. An der Anlegestelle wird der Pass unverzüglich abgestempelt. Das Schnellboot nach Myanmar (hin & zurück 950 B, 15 Min./Strecke, 8.30–15.30 Uhr stündl.) bringt einen zu einem schicken Kasino. Der gesamte Trip dauert eine Stunde.

Weiterreise

Man kann in einem der schäbigen, überteuerten Hotels von Kawthaung übernachten, doch zu empfehlen ist das nicht. Wer ein gültiges Visum für Myanmar besitzt, das man vorab bei der Botschaft Myanmars in Bangkok (oder in einem Drittstaat) beantragen muss, kann bis zu 28 Tage im Land bleiben und an jedem gewünschten Ort ausreisen.

Es gibt täglich Flüge von Kawthaung nach Yangon (Rangun).

Hauptgerichte 40–70 B; ⌚5–24 Uhr) gibt's köstliche, günstige thailändische und birmanische Gerichte, und auf dem **Nachtmarkt** (Th Kamlangsap, abseits Hwy 4; Hauptgerichte 30–70 B; ⌚14–19 Uhr) gleich nordwestlich vom Highway findet man hervorragende thailändische Gerichte zu Schnäppchenpreisen. An der Th Ruangrat liegen Restaurants.

Nach Einbruch der Dunkelheit entfaltet sich in Ranong ein munteres Nachtleben mit viel Lokalkolorit und viel Karaoke.

Ranong Hideaway THAILÄNDISCH, INTERNATIONAL **$$**
(☎077 832730; 323/7 Th Ruangrat; Hauptgerichte 110–480 B; ⌚10–23 Uhr; 📶) Das kleine internationale Lokal ist seit Langem ein Lieblingstreff von hier lebenden Ausländern und Geschäftsleuten, die jenseits der Grenze Handel treiben. Unter dem auf Stelzen stehenden Bambusdach erhält man gute Pasta, Pizza, Fleischgerichte, Currys, internationales Frühstück, Bier und ausländische Spirituosen.

The B Restaurant THAILÄNDISCH, INTERNATIONAL $$
(Th Ruangrat; Hauptgerichte 120–390 B; ⌚7–1 Uhr;) Das B hat jetzt zwei Restaurants: ein Freiluftrestaurant auf der Dachterrasse im Hotel (S. 291) sowie dieses neue Lokal an der Straße, das gut betuchte Einheimische anlockt. Man findet eine gute Auswahl thailändischer Gerichte und westliche Klassiker wie Steaks, Pizzas, Pastagerichte und Sandwiches sowie eine gut bestückte Bar. An den meisten Abenden gibt's Livemusik.

Praktische Informationen

Geldautomaten finden sich rund um die Kreuzung der Th Ruangrat mit der Th Tha Meuang.

EINREISE

Andaman Club Immigration Office (abseits der Rte 4004; ⌚7–17 Uhr) Die thailändische Einreisebehörde im Andaman Club 8 km nordwestlich der Stadt.

Einreisebehörde Ranong (Th Chalermprakiat; ⌚8.30–17 Uhr) Das Haupteinreisebüro 4 km südwestlich der Stadt bearbeitet Visaverlängerungen.

Einreisestelle Ranong (Tha Saphan Plaa; ⌚8–17 Uhr) Wer nur kurz einen Abstecher nach Kawthaung (Myanmar) und zurück unternehmen will, kann die Formalitäten auch in dieser kleinen Zweigstelle 5 km südwestlich der Stadt erledigen.

NOTFALL

Polizei (Th Dap Khadi) Ranongs Hauptpolizeiwache.

POST

Post (Th Chonrau; ⌚Mo–Fr 8.30–16.30, Sa & So 9–12 Uhr) Hier kann man Briefe ins Ausland verschicken.

REISEBÜROS

Pon's Place (☎081 597 4549; www.ponplace-ranong.com; Th Ruangrat; ⌚8–19.30 Uhr;) Das freundliche Pon's ist Ranongs Anlaufstelle für alles von WLAN über europäisches Frühstück, Motorradvermietung (200–250 B), Flugbuchungen, Visaverlängerungen (1300 B) bis zu Flughafentransfers und Busfahrplänen. Man kann hier auch ein Auto für einen Tagesausflug in den Laem Son National Park (hin & zurück 2000 B) chartern.

An- & Weiterreise

Der Flughafen Ranong liegt 22 km südlich der Stadt. Nok Air (www.nokair.com) fliegt zweimal täglich nach Bangkok (Don Mueang).

Der **Busbahnhof** (Th Phetkasem) liegt 1 km südöstlich vom Zentrum. Der blaue *sŏrng·tăa·ou* 2 (Passagier-Pick-Up-Truck) fährt am Busbahnhof vorbei. Von hier starten Kleinbusse nach Surat Thani (200 B, 3½ Std., 6 & 14 Uhr) und Chumphon (160 B, 2 Std., stündl. 7–17 Uhr).

Unterwegs vor Ort

Motorradtaxis (Th Ruangrat) sammeln sich am Th Ruangrat und bringen einen für 50 B in der Stadt fast überall hin, u. a. auch zu den Anlegestellen von **Tha Saphan Plaa**, 5 km südwestlich vom Zentrum, wo die Boote nach Myanmar ablegen, und **Tha Ko Phayam**, 6 km südwestlich vom Zentrum, wo man die Boote nach Ko Chang und Ko Phayam nehmen kann. Der rote **sŏrng·tăa·ou 4** hält in der Nähe der Anlegestellen (20 B).

Pon's Place hilft beim Mieten von Motorrädern und Autos und betreibt einen Shuttledienst von seinem Büro/vom Flughafen zu den Fähranlegern (70/200 B).

Ko Chang เกาะช้าง

Die wenig besuchte, ländliche Insel ist (in jeder Hinsicht) weltenweit von ihrer viel beliebteren Namensschwester in der Provinz Trat entfernt. Hier geht es wirklich ganz einfach zu, und Strom und WLAN sind immer noch selten. Die ganze Insel ist eine Oase der Ruhe, statt der Hektik des modernen Lebens

BUSSE AB RANONG

ZIEL	PREIS (B)	DAUER (STD.)	HÄUFIGKEIT
Bangkok	403–627	9–10	7.30, 8.10, 10.30, 13.30, 15.30, 19.30, 20 (VIP) & 20.30 (VIP)
Chumphon	150	2	7–17 Uhr stündl.
Hat Yai	380	7	6, 10 & 20 Uhr
Khao Lak	165	3½	6.30–17.45 Uhr stündl.
Krabi	210	6	7, 10 & 14 Uhr
Phang-Nga	180	5	7, 10 & 14 Uhr
Phuket	225	5-6	6.30–17.45 Uhr stündl.
Surat Thani	190	4-5	6–16 Uhr stündl.

gibt es hier nur das Rauschen der Wellen. In der Nebensaison (Mai–Okt.) ist's besonders verschlafen und viele Einrichtungen sind ganz geschlossen.

Der breite **Ao Yai** an der Westküste besitzt im südlichen Abschnitt schwarzweiß marmorierten Sand und glasklares Wasser; wer weißen Sand vorzieht, kommt am nördlichen Strandabschnitt auf seine Kosten. Ein kurzer Weg führt über die Klippen südwärts zum **Ao Tadaeng**; dieser mit Felsbrocken übersäte Strand ist die schönste Stelle, um auf der Insel den Sonnenuntergang zu erleben.

Im Binnenland liegen die winzige Inselhauptstadt sowie Cashew- und Kautschukplantagen. Unbefestigte Wege ziehen sich kreuz und quer über die Insel, und mit Glück kann man über den Mangroven Seeadler, Andamanen-Schlangenweihen und Nashornvögel sichten.

Aktivitäten

Aladdin Dive Safari TAUCHEN
(☎087 274 7601; www.aladdindivesafari.com; Cashew Resort, Ao Yai; 2 Tauchgänge 5800 B; ⏲Nov.–Mai 10–18 Uhr) Der relativ schicke, etablierte Tauchveranstalter bietet Tagesausflüge zu den Surin- und Similan-Inseln, Open-Water-Tauchkurse (18 700–19 800 B) und Tauchtouren mit Übernachtung an Bord zum Mergui-Archipel (Myanmar), zu den Surin- und Similan-Inseln sowie nach Ko Phi-Phi, Hin Daeng und Hin Muang (15 800 B–19 800 B).

Om Tao YOGA
(☎085 470 9312; www.omtao.net; Ao Yai; Kurse 300 B) Der von Deutschen geführte Veranstalter bietet von November bis April täglich Yoga-Sitzungen (8.30 Uhr). Auf Anfrage gibt es Kurse auch zu anderen Terminen.

Schlafen & Essen

Die meisten Unterkünfte auf Ko Chang sind schlichte Bambushütten, die meist nur von November bis April vermietet werden. Viel mehr als ein Bett, ein Moskitonetz, ein schlichtes Bad, eine Hängematte und einen kleinen Balkon darf man nicht erwarten. Strom steht nur begrenzt zur Verfügung; einige Unterkünfte werden mit Solar- oder Windenergie versorgt.

Die meisten Unterkünfte liegen beim Ao Yai, einige weitere verstecken sich beim Ao Tadaeng, dem Strand, der sich direkt südlich anschließt. Wirkliche Einsamkeit findet man an der Nordwestküste. Restaurants gibt's nur in den Resorts.

★ **Crocodile Rock** PENSION $
(☎080 533 4138; tonn1970@yahoo.com; Ao Yai; Bungalow 400–700 B; ⏲Okt.–April; 📶) Die traumhaften Bambusbungalows mit Metalldächern und Hängematten thronen auf der herrlichen Landzunge im Süden von Ao Yai und bieten einen wunderbaren Blick auf die Bucht. Die tolle Küche verwöhnt die Gäste mit hausgemachtem Joghurt, Brot, Keksen, gutem Espresso und diversen Meeresfrüchte- und vegetarischen Gerichten. Die Anlage ist beliebt; daher vorab reservieren!

Sangsuree Bungalows BUNGALOW $
(☎081 2511 7726; bungalow.sangsuree@gmail.com; Ao Takien; Bungalow 300–500 B; 📶) Ko Changs Nordwestküste ist übersät mit versteckten Buchten. Das Sangsuree mit sieben schlichten Bungalows liegt gleich über einer und bietet einen schönen Blick aufs Meer. Die von einem bezaubernden Ehepaar geführte Unterkunft verspricht klassische, altmodische thailändische Insel-Erholung mit gemeinsamen Mahlzeiten und viel Faulenzen. Der sandige Badestrand ist 10 Gehminuten entfernt.

Little Italy BUNGALOW $
(☎084 851 2760; daniel060863@yahoo.it; Ao Yai; Zi. 400–500 B; 📶) Die Anlage nahe dem Südende des Ao Yai hat gerade einmal drei unter Bäumen stehende makellose Bungalows, die an ein thai-italienisches Restaurant angeschlossen sind. Zwei der Hütten sind aus Beton und Holz, stehen auf Stelzen und haben umlaufende Veranden und Mezzaningeschosse, die dritte ist ebenerdig, besteht aus Beton und bietet ein gefliestes Badezimmer. In der Hochsaison weit im Voraus reservieren!

Sunset Bungalows BUNGALOW $
(☎084 339 5224; Ao Yai; Bungalows 300–600 B; ⏲Okt.–Mitte April) Die niedlichen Holzbungalows mit Bambusterrassen und angeschlossenen Bädern im Thai-Stil stehen unter Bäumen auf dem besten (nördlichen) Standabschnitt von Ao Yai. Das Personal ist superfreundlich.

Praktische Informationen

WLAN gibt's an einigen wenigen Stellen, darunter im Koh Chang Resort (im Süden von Ao Yai). Die Verbindungen sind schlecht.

Es gibt keine Geldautomaten.

Anreise & Unterwegs vor Ort

Aus dem Zentrum von Ranong fahren *sŏrng·tăa·ou* (20 B) und Motorradtaxis (50 B) von der Th Ruangrat zur Anlegestelle Tha Ko Phayam nahe Saphan Plaa, von der täglich um 9.30 und 14 Uhr zwei Longtail-Boote (200 B, 2 Std.) nach Ko Chang ablegen. In der Hauptsaison halten sie an den Stränden der Westküste und kehren dann gegen 8.30 bzw. 13 Uhr zurück. Während des Monsuns fährt nur ein Longtail-Boot um 14 Uhr, das am Hauptpier an der Nordostküste anlegt.

In der Hauptsaison (Nov.–April) verkehren täglich zwei Schnellboote (350 B, 30 Min., 8.30 & 10.30 Uhr) zwischen der Anlegestelle Tha Ko Phayam in Ranong und dem Pier an der Nordostküste von Ko Chang. In der Nebensaison fährt nur das Schnellboot um 8.30 Uhr.

In der Hauptsaison setzen die Schnellboote zwischen Ko Phayam und Ranong auf Anfrage häufig auch Passagiere in Ko Chang (350 B) ab oder nehmen sie dort auf, aber dieser Service ist unzuverlässig; man sollte die Buchung von seinem Resort vornehmen (und bestätigen!) lassen. Longtail-Boote nach Ko Phayam (2000 B) kann man über das Koh Chang Resort chartern.

An der Anlegestelle an der Nordostküste warten Motorradtaxis auf ankommende Boote. Die Fahrt von dort zum Ao Yai kostet 100 B.

Ko Phayam

เกาะพยาม

Die bei Familien immer beliebter werdende Insel Ko Phayam gehört offiziell zum Laem-Son-Nationalpark (S. 297) und ist von herrlichen weißen Stränden gesäumt. Verglichen mit Phuket oder Ko Phi-Phi wirkt die Insel erfrischend natürlich und entspannt. An den spektakulären Küsten im Nordwesten und Südwesten finden sich rustikale Bungalows, kleine Resorts und luftige Strandrestaurants und -bars auf dem Sand. Auf der Insel leben Wildschweine, Affen und viele Vogelarten, darunter Seeadler, Reiher und Nashornvögel.

Das einzige „Dorf" auf der Insel (an der Ostküste bei der Hauptanlegestelle) ist sehr touristisch, aber während eines Fests (z. B. dem Cashew Festival im Februar) erkennt man, dass die Einheimischen ihre Insel noch fest im Griff haben.

Schmale Motorradwege, Betonpisten und unbefestigte Wege führen quer durch das bewaldete Inselinnere; einige dieser Straßen sind sehr ausgefahren und gefährlich – unbedingt langsam fahren!

Sehenswertes & Aktivitäten

Ko Phayam besitzt prächtige helle Sandstrände, zwischen November und April darf man aber nicht erwarten, sie für sich alleine zu haben.

Die eindrucksvollsten Strände sind der **Ao Yai** (Langer Strand) im Südwesten, wo man Boogie- und Surfbretter ausleihen kann (150 B/Std.), und der **Ao Khao Kwai** (Büffelbucht) im Nordwesten, eine goldene Bucht mit vom Dschungel überwucherten Klippen. Der **Ao Mea Mai** südlich der Anlegestelle an der Ostküste ist zum Schwimmen geeignet und bei Familien beliebt.

Schnorcheln gibt um Ko Phayam nicht viel her – im warmen Meereswasser sind alle Korallen abgestorben. Aber die Surin-Inseln sind nicht weit entfernt. Man kann sich Tauchexpeditionen mit Übernachtung an Bord anschließen oder einfach mit Schnellbooten zu ihnen übersetzen lassen. **Phayam Divers** (☎ 086 995 2598; www.phayamlodge.com; Ao Yai; 2 Tauchgänge 4900 B; ⏲ Nov.–April) veranstaltet Tauchausflüge zu den Surin-Inseln sowie mehrtägige Touren mit Übernachtung an Bord zu den Surin-Inseln, nach Ko Tachai und Ko Bon sowie PADI-Open-Water-Tauchkurse (14 900 B). Auch Schnorchler sind willkommen.

Wat Phayam BUDDHISTISCHER TEMPEL

(วัดเกาะพยาม; ⏲ Sonnenaufgang–Sonnenuntergang) GRATIS Versteckt im Dschungel gleich nördlich der Hauptanlegestelle an der Ostküste von Ko Phayam prunkt dieser Tempel mit einem majestätischen goldenen Buddha, flankiert von einer dreiköpfigen *naga* (Schlange).

Schlafen & Essen

Viele Resorts sind ganzjährig geöffnet. Die Stromversorgung rund um die Uhr ist inzwischen fast überall die Norm. Als Standquartier am beliebtesten sind die Strände an der Westküste. Die Ostküste ist zwar ruhiger und man wohnt nahe beim Dorf, aber die Strände sind nicht so gut.

Ao Yai

อ่าวใหญ่

Frog Beach House HOTEL $

(☎ 083 542 7559; www.frogbeachhouse.com; Bungalows 500–1400 B; 📶) Die gepflegten Chalets aus Hartholz sind im traditionellen Thai-Stil gestaltet und bieten Holzböden, Badezimmer vor der Tür, Glaswaschbecken und Moskitonetze. Die Häuser stehen hinter einem schönen Sandstrand an einem kleinen Bach am nördlichen Ende des Ao Yai.

Bamboo Bungalows BUNGALOWS $$

(☎ 077 820012; www.bamboo-bungalows.com; Bungalows 750–2600 B; 📶) Die smarten, rustikalen Bungalows haben Badezimmer drinnen oder draußen, etwas Deko und Balkone mit Hängematten. Sie verteilen sich über einen grünen Garten gleich hinter dem mittleren Abschnitt des schönen Ao Yai. Das Restaurant am Strand ist recht gut, und man kann Kajaks und Boogiebretter ausleihen. In der Hauptsaison gibt's Strom rund um die Uhr.

Aow Yai Bungalows BUNGALOWS $$
(098 313 1777; www.aowyaibungalows.com; Bungalows 700–4000 B;) Dieser französisch-thailändische Anbieter am südöstlichen Ende des Ao Yai vermietete vor zwei Jahrzehnten als erster strohgedeckte Bambusbungalows. Heute hat man die Wahl zwischen kleinen ordentlichen rustikalen Bungalows aus Holz und Bambus, die unter hohen Palmen und Kiefern stehen, größeren Holzbungalows für drei Personen am Strand und Betonbungalows. Nur die teuersten verfügen über eine Klimaanlage.

Ban Nam Cha INTERNATIONAL $$
(Ao Yai; Hauptgerichte 100–250 B; 9–18.30 Uhr) Blinkende Lichter, Gebetswimpel und Schilder aus Treibholz schmücken diese künstlerisch angehauchte, entspannte Restaurantbude. Es gibt fantastische hausgemachte Panini (mit Knoblauch und Pilzen oder Cashew-Pesto), Sandwiches, Kuchen sowie eine Reihe vegetarischer, birmanischer und europäischer Gerichte. In der Leihbücherei kann man sich mit Taschenbüchern eindecken. Das Lokal liegt 500 m landeinwärts hinter dem zentralen Abschnitt des Ao Yai. Vorsicht, die Öffnungszeiten variieren.

Ao Khao Kwai อ่าวเขาควาย

Mr. Gao BUNGALOWS $$
(077 870222; www.mr-gao-phayam.com; Bungalows 1000–1800 B;) Die stabilen, gefirnissten Bungalows aus Holz und Backstein oder aus Bambus sind beliebt bei sportlichen Paaren und Familien. Sie sind ziemlich groß und haben vorne Terrassen, geflieste Bäder und Moskitonetze. Der Inhaber verleiht Kajaks und organisiert Schnorchelausflüge sowie mehrtägige Touren zu den Surin-Inseln. Die Anlage hat jetzt Strom rund um die Uhr. Die teuersten Bungalows verfügen über eine Klimaanlage (für deren Benutzung ein heftiger Aufpreis verlangt wird).

Baan Klong Kleng BUNGALOWS $$
(089 772 5090; www.baanklongkleng.com; Zi. 1300–2000 B; Mitte Okt.–April;) Die schlichten, sauberen Holzbungalows stehen unter Bäumen und bilden eine Reihe bis hinunter zu einem schönen Strandabschnitt. Die Unterkünfte sind komfortabel, wenn auch nicht hinreißend, und bieten stilvolle Keramik-Waschbecken und halb offene Bäder. Im sagenhaften offenen **Strandrestaurant** (Ao Khao Kwai; Hauptgerichte 150–300 B; Mitte Okt.–April 8–22 Uhr;) herrscht gute Stimmung. Serviert werden aromatische thailändische Currys (auch vegetarische), köstliches Frühstück und Fusiongerichte wie Pasta mit grünem Curry.

Ao Hin Khow อ่าวหินขาว

PP Land BUNGALOWS $$
(082 806 0413; www.ppland-heavenbeach.com; Bungalows 900–1400 B;) Die Betonbungalows dieser Ökolodge mit thailändisch-belgischen Besitzern werden rund um die Uhr von Wind und Sonne mit Strom versorgt, und von den Hängematten auf den Terrassen blickt man aufs Meer. Die Inhaber backen Kuchen, betreiben einen Biogarten, bereiten das Abwasser auf und machen sogar eigene, natürliche Waschmittel.

Leider ist der hiesige Strand der am wenigsten eindrucksvollste auf Ko Phayam. Im Resort sind Kinder unerwünscht.

Praktische Informationen

Die meisten Resorts haben WLAN, aber die Signalstärke ist oft schwach. Bargeld mitbringen, weil es auf der Insel keinen Geldautomaten gibt!

An- & Weiterreise

Zwei Fähren legen täglich um 9.30 bzw. 14 Uhr von Tha Ko Phayam (S. 293), 6 km südwestlich der Stadt Ranong, nach Ko Phayam ab (200 B, 2 Std.) und kehren um 8.30 bzw. 15 Uhr zurück. In der Hauptsaison (Nov.–April) unternehmen Schnellboote zwischen 7.30 und 16.30 Uhr fast stündlich die Überfahrt zur Insel (350 B, 35 Min.; Rückfahrten zum Festland 8, 9, 9.30, 11.30, 12, 15.30, 16 & 16.30 Uhr).

In der Hauptsaison legen Schnellboote auf dem Weg von Ko Phayam nach Ranong unterwegs auf Ko Chang (350 B, 20 Min.; 8.30, 9, 12, 12.30, 15 & 15.30 Uhr) an, doch ist dieser Service nicht 100 % zuverlässig.

Unterwegs vor Ort

Die Fahrt mit dem Motorradtaxi von der Anlegestelle nach Ao Khao Kwai/Ao Yai kostet 50/70 B. Die Gehentfernungen sind recht groß: von der Anlegestelle nach Ao Khao Kwai, der nächstgelegenen Bucht, braucht man rund 45 Minuten.

Man kann im Dorf (die bessere Option) oder bei größeren Resorts Motorräder (etwa 250 B) mieten – für die genauere Erkundung der Insel ist ein derartiges Gefährt sowieso unverzichtbar.

Laem Son National Park อุทยานแห่งชาติแหลมสน

Der heitere, 315 km² große **Nationalpark** (☎077 861431; www.dnp.go.th; Erw./Kind 200/100 B; ⏲8–16.30 Uhr) umfasst 60 km der Küstenlinie an der Andamanensee (den längsten geschützten Strandabschnitt Thailands) sowie mehr als 20 Inseln, u. a. auch das immer beliebter werdende Ko Phayam. 85 % der Parkfläche sind offenes Meer. Große Teile der Küste sind von Mangroven gesäumt und von Prielen durchzogen. Dort leben Fische, Rehe, Makaken, Zibetkatzen, Riesenhörnchen und mehr als 100 Vogelarten, darunter auch Weißbauchseeadler.

Der am leichtesten zugängliche Strand ist der wundervolle, von Kasuarinen gesäumte, 3 km lange **Hat Bang Ben**, wo sich die Hauptverwaltung des Parks sowie Unterkünfte befinden. Südlich davon greifen Halbinseln ins Meer hinaus und verbergen einsame, nur mit Longtail-Booten erreichbare Buchten. An all diesen Stränden soll das Baden ganzjährig sicher sein. Von Hat Bang Ben hat man einen Blick auf die Inseln Ko Kam Yai, Ko Kam Noi, Mu Ko Yipun, Ko Khang Khao und, ganz im Norden, auf Ko Phayam. An der gesamten nördlichen Andamanenküste gibt es wohl keinen schöneren Ort für ein Picknick bei Sonnenuntergang.

56 km südlich von Hat Bang Ben liegt **Hat Praphat**, wo Meeresschildkröten ihre Eier ablegen.

Naturpfade starten bei der Parkverwaltung, wo man auch eintägige Bootsausflüge (2500 B, max. 10 Pers.) zu nahen Inseln vereinbaren kann. Wenn man direkt vor der Parkverwaltung nach links (südwärts) zur Anlegestelle abbiegt, kommt man zum Strand, ohne die Parkgebühr bezahlen zu müssen.

Im **Wasana Resort** (☎077 861434; www.wasanaresort.org; Hat Bang Ben; Bungalow mit Ventilator/Klimaanlage 450/800 B; ❄📶) servieren die einladenden niederländisch-thailändischen Besitzer herrlich authentisches Gado-Gado, organisieren Tagesausflüge in den Laem Son National Park, verleihen Fahrräder und haben jede Menge Anregungen zur Erkundung des Parks auf Lager (z. B. zu der hinreißenden, 10 km langen Wanderung über die Landzunge). Der Nationalpark bietet schlichte **Betonbungalows** mit Klimaanlage sowie **Zelte und Stellplätze** (☎077 861431, in Bangkok 02 562 0760; www.dnp.go.th; Hat Bang Ben; Zi. 1000–1800 B, Stellplatz 30 B/Pers., mit Zelt 270 B; ❄).

ℹ An- & Weiterreise

Die Abzweigung zum Laem Son National Park geht 44 km südlich von Ranong nach Westen vom Hwy 4 ab (zw. Km 657 und Km 658). Busse, die von Ranong nach Süden fahren, können einen dort absetzen (als Ziel Hat Bang Ben nennen; 50 B, 1 Std.). An der Abzweigung kann man Fahrzeuge heranwinken, die zum Park fahren oder bei der Agentur am Straßenrand ein Taxi (200 B) anheuern. Vom Hwy 4 bis zum Parkeingang sind es 10 km.

Ein Taxi ab Ranong kostet hin und zurück 2000 B. Pon's Place (S. 293) in Ranong kann Taxis bestellen.

PROVINZ PHANG-NGA

In der Provinz Phang-Nga führen schlammige Flüsse zwischen von Dschungel bedeckten Bergen zu aquamarinblauen Buchten mit verkarsteten Kalksteinfelsen und Unterwasserlandschaften, die zu den schönsten Thailands gehören. Das ist eine Gegend der Nationalparks; vier der schönsten Naturschutzgebiete Thailands liegen ganz in der Nähe.

Phang-Nga ist stark von den Jahreszeiten abhängig. Von Mitte Oktober bis Mitte April strömen die Besuchermassen herbei, angelockt vom klaren Wasser, schneeweißen Stränden und farbenfrohen Korallenriffen. Während des Monsuns (Mai–Okt.) kommen viel weniger Leute, sodass man viel Platz hat.

Khuraburi คุระบุรี

Wer nicht aufpasst, kann Khuraburi leicht übersehen. Das winzige Marktstädtchen, dessen wirtschaftliches Rückgrat Hunderte von Fischern bilden, die Tintenfischen nachstellen, ist ein staubiges, aber stimmungsvolles Tor zu den Surin-Inseln. Ehe die thailändische Regierung anfing, gegen die Schmuggler vorzugehen, hatte die Gegend den schlimmen Ruf, ein Hauptschwerpunkt des Menschenhandels und der illegalen Einwanderung von Myanmar nach Thailand zu sein.

Andaman Discoveries (☎087 917 7165; www.andamandiscoveries.com; 120/2 Mu 1, Th Phetkasem; 3-tägige Tour 6000 B/Pers.; ⏲Mo–Fr 8.30–17.30 Uhr) veranstaltet preisgekrönte, gemeindebasierte Touren, Schnorchelausflüge zu den Surin-Inseln mit Angehörigen der Volksgruppe der *chao leh* („Seenomaden“, Moken), Übernachtungen bei dörflichen Gastfamilien und Ökotouren zum Khao Sok National Park (S. 300). Die Organisation verwaltet auch Gemeindeprojekte, die freiwillige Helfer aufnehmen, und vermietet Fahrräder (150 B/Tag).

Wer übernachten will, findet im **Boon Piya Resort** (☎081 752 5457; 175/1 Th Phetkasem; Bungalows 650 B; ❄📶) geräumige, blitzsaubere, moderne Betonbungalows mit gefliesten Böden, kleinen Balkonen und Bädern mit Warmwasser. Der hilfsbereite Besitzer bucht Transportverbindungen von/zu den Surin-Inseln und von/nach Ko Phra Thong. Den gleichen Service bietet auch **Tom & Am Tour** (☎086 272 0588; 298/3 Mu 1, Th Phetkasem; ⏲24 Std.).

Den **Morgenmarkt** (Th Phetkasem; Hauptgerichte 20–40 B; ⏲6–10 Uhr) am nördlichen Ende der Stadt sollte man sich nicht entgehen lassen. An den Ständen werden Hühner gebraten, Kokoswaffeln gegrillt und in blubbernden Kesseln thailändische Donuts frittiert, die dann in dickes, süßes grünes Curry getunkt werden.

Der kleine **Nachtmarkt** (Th Phetkasem; Hauptgerichte ab 30 B; ⏲15–19.30 Uhr), dessen Spitzenzeit eigentlich der späte Nachmittag ist, bietet Nudelgerichte und gute gebratene Hähnchen. Er liegt am Highway gleich neben dem chinesischen Tempel, 10 Gehminuten südlich der Stadt.

An- & Weiterreise

Die meisten Busse, die zwischen Ranong (105 B, 2 Std.) und Phuket (150 B, 4 Std.) unterwegs sind, halten in Khuraburi. Um andere Ziele, darunter den Khao Sok National Park zu erreichen, nimmt man einen Bus Richtung Phuket und fährt bis zu dem 55 km südlich gelegenen Takua Pa (50 B, 1¼ Std.).

Die Anlegestelle der Boote zu den Surin-Inseln und nach Ko Phra Thong befindet sich 9 km nordwestlich der Stadt. Der Veranstalter, bei dem man sein Boot bucht, wird für einen kostenlosen Transport zur Anlegestelle sorgen.

Surin Islands Marine National Park

อุทยานแห่งชาติหมู่เกาะสุรินทร์

Die fünf wundervollen Inseln, die den **Surin Islands Marine National Park** (☎076 491378; www.dnp.go.th; Erw./Kind 500/300 B; ⏲Mitte Okt.–Mitte Mai) bilden, liegen 60 km vor der Küste und sind 5 km von der Meeresgrenze zwischen Thailand und Myanmar entfernt. Intakter Regenwald, geschützte Buchten mit herrlichen weißen Sandstränden und felsige, ins Meer ausgreifende Landzungen prägen diese auf Granitsockeln ruhenden Inseln.

Dank des völlig klaren, in Jade- und Türkistönen schillernden Wassers sind Meeresbewohner leicht zu erspähen – außer in der Monsunzeit beträgt die Unterwassersichtweite bis zu 30 m. Die geschützten Gewässer werden von Moken (abgeleitet von *oken*, „Salzwasser“, auch abwertend als *chao leh* bezeichnet), einer ethnischen Gruppe malaiischer Abkunft, aufgesucht, die während des Monsuns (Mai–Nov.) auf Ko Surin Tai leben.

Die beiden größten Inseln sind Ko Surin Tai (im Süden) und Ko Surin Neua (im Norden). Die Parkverwaltung, ein Informationsbüro (S. 302) und alle Einrichtungen für Besucher konzentrieren sich in Ao Chong Khad im Südwesten von Ko Surin Nuea. Khuraburi ist das Sprungbrett zum Park.

Sehenswertes & Aktivitäten

Ban Moken DORF

(Ao Bon, Ko Surin Tai) In Ban Moken an der Ostküste von Ko Surin Tai sind Besucher willkommen. Nach dem Tsunami hat sich die Volksgruppe der Moken (Seenomaden) in dieser geschützten Bucht neu angesiedelt; in jedem April wird eine große Zeremonie zu Ehren der Ahnen (**Loi Reua**) durchgeführt. Die farbenprächtigen, beschnitzten Bambus-Pfähle, die in der Gegend aufgestellt sind, symbolisieren die Ahnen der Moken. Die Volksgruppe hatte beim Tsunami vom zweiten Weihnachtstag 2004, der ihr Dorf zerstörte, keine menschlichen Verluste zu beklagen, weil die Menschen die Zeichen der Natur richtig interpretierten und sich rechtzeitig auf die Hügelspitze zurückzogen.

Vom Surin Islands Marine National Park werden zweistündige Ausflüge von Ko Surin Nuea nach Ban Moken (150 B/Pers., mind. 5 Pers.) angeboten, bei denen man durch das Dorf mit seinen auf Stelzen stehenden Hütten spaziert. Wer auf dem **Chok Madah Trail** (800 m) über den dschungelbewachsenen Hügel zu einem einsamen Strand wandern will, sollte im Dorf die Erlaubnis einholen und einen Führer engagieren. Wer hier Kunsthandwerk kauft, hilft den Dorfbewohnern; auch Kleiderspenden sind willkommen. Hingegen sollte man den Dorfbewohnern keine Süßigkeiten und schon gar keine Alkoholika zukommen lassen, denn der Alkoholismus ist ein wachsendes Problem unter den Moken.

Tauchen & Schnorcheln

Zu den Tauchgebieten im Park gehören **Ko Surin Tai**, **Ko Torinla** (im Süden) und der **HQ Channel** zwischen den beiden Hauptinseln. Auch der 14 km südöstlich gelegene Unterwasserfelsen **Richelieu Rock** gehört zum Park und ist eines der besten, wenn nicht das beste Tauchrevier in der Andamanensee). Mantas lassen sich hier blicken; im März und April werden manchmal auch Walhaie gesichtet.

Im Park gibt es keine Tauchveranstalter; Tauchtouren (4 Tage mit Übernachtung an Bord ab 20 000 B) müssen daher über die Zentren in Khao Lak, Phuket oder Ranong gebucht werden. Der Transport ist meist im Preis inbegriffen. Hinzu kommen die Tauchgebühr im Park (200 B/Tag) sowie der fünf Tage gültige Nationalparkeintritt (Erw./Kind 500/300 B).

Die Schnorchelbedingungen sind nicht mehr so fantastisch, wie sie einmal waren, weil die Korallenbleiche die Hartkorallen zerstört hat. Immerhin gibt es aber noch viele bunte Fische und Weichkorallen zu bewundern. Die schönsten Weichkorallen sahen wir bei **Ao Mai Yai** vor der Südwestküste von Ko Surin Nuea. Gut schnorcheln und Meeresschildkröten bewundern kann man an den Stränden von **Ao Sabparod** und **Ao Pak Kaad** vor der Ost- bzw. Südküste von Ko Surin Tai. Viele Fische schwimmen in den Gewässern vor der winzigen Insel Ko Pajumba, doch sind die Korallen dort nicht besonders schön. Hunderte farbenfrohe Fische kann man auch bei Ao Suthep vor der Nordküste von Ko Surin Tai bewundern.

Die nächstgelegene Dekompressionskammer befindet sich in Phuket. Bei Tauchunfällen nehmen die Veranstalter mit der auf Khao Lak stationierten SSS Ambulance (S. 306) Kontakt auf, die die Boote ansteuert und die verletzten Taucher dann südwärts nach Phuket bringt.

Halbtägige Schnorchelausflüge (150 B/Pers., Schnorchelverleih 160 B) starten um 9 und 14 Uhr von der Inselverwaltung. Bei diesen Ausflügen befindet man sich überwiegend in Gesellschaft von Thais, die in der Regel halb bekleidet in Rettungswesten herumplanschen. Für beschaulichere Schnorchelabenteuer mietet man sich ein Longtail-Boot vom Nationalpark (3000 B/Tag) oder besser direkt von den Moken in Ban Moken.

Tourveranstalter in Khuraburi und Khao Lak organisieren Schnorchel-Tagestouren zum Park (Erw./Kind 3700/2450 B).

Greenview Tour SCHNORCHELN
(☎076 472070; www.toursurinislands.com; 140/89 Mu 3 Khuraburi; ⏲7.30–21 Uhr) Der in Hinblick auf Sicherheit, Service und Preis-Leistungs-Verhältnis überzeugende Veranstalter bietet ausgezeichnete Schnorchel-Tagesausflüge (Erw./Kind 3500/2100 B) mit kundigen Guides zu den Surin-Inseln. Im Preis sind Transport, Snacks, ein köstliches Mittagessen und die Ausrüstung inbegriffen. Greenview organisiert auch mehrtägige Aufenthalte auf den Surin-Inseln.

Tiere beobachten & Wandern

Rund um die Parkverwaltung kann man die Ausläufer des Waldes erkunden und Langschwanzmakaken sowie einige der 57 ansässigen Vogelarten erspähen, darunter die an der Andamanensee heimische wunderschöne Kragentaube und den scheuen Rifftriel. Längs der Küste sieht man Brahminenweihe und Riffreiher. Außerdem leben hier zwölf verschiedene Fledertierarten, darunter vor allem Bäume bewohnende Flughunde.

Schlafen & Essen

Ko Surin Neua ist die einzige Insel, auf der man wohnen kann. Die **Bungalows** (☎076 472145; www.dnp.go.th; Ko Surin Neua; Zi. 2000–3000 B, Stellplatz 80 B/Pers., mit gemietetem Zelt 300 B; ⏲Mitte Okt.–Mitte Mai; ❄) sind recht gut, wenn auch überteuert. Bei voller Auslastung (mit rund 300 Pers.) wirkt die Anlage überfüllt. Die Besucher sind hauptsächlich Thailänder, weshalb die Stimmung an ein munteres Ferienlager erinnert. Man kann hier auch zelten (Zelte werden vermietet). Weit im Voraus reservieren!

Die beiden Restaurants im Park liegen bei der Unterkunft und servieren ordentliche thailändische Kost; zu empfehlen ist das **Ao Mai Ngam Restaurant** (Ko Surin Neua; Hauptgerichte 80–180 B, Menü 120–280 B; ⏲7.30–9, 12–14 & 18.30–20 Uhr).

Praktische Informationen

Surin Islands Marine National Park Office
(Ko Surin Neua; ⏲Mitte Okt.–Mitte Mai 7.30–20.30 Uhr) Bietet Infos zu den Inseln und bucht Unterkünfte.

An- & Weiterreise

Falls man nicht im Rahmen einer organisierten Tour kommt, nimmt man die Schnellboote der

Tourveranstalter (hin & zurück 1800 B, einfache Strecke 1¼ Std.), die gegen 9 Uhr ablegen und zwischen 13 und 16 Uhr zurückkehren. Da Tickets ohne Zeitangabe akzeptiert werden, kann man zu jeder Zeit zurückfahren, sollte sich aber sein Ticket am Vorabend der Abreise von der Parkverwaltung auf Ko Surin Neua bestätigen lassen.

Khao Sok National Park

อุทยานแห่งชาติเขาสก

Nach zu vielen faulen Tagen am Strand bietet sich ein Abstecher aufs Festland zu dem wunderbaren, 738 km² großen **Khao Sok National Park** (☎077 395154; www.khaosok.com; Khao Sok; Erw./Kind 300/150 B; ⏲6–18 Uhr) an. Dieser Tiefland-Dschungel (der feuchteste Ort in Thailand) soll mehr als 160 Mio. Jahre alt sein und wäre damit einer der ältesten Regenwälder auf Erden. Wasserfälle und Höhlen verbergen sich in der dichten Vegetation.

Das große Gebiet des Nationalparks ist eines der letzten intakten Habitate für große Säugetiere. In den feuchten Monaten kann man hier Bären, Wildschweine, Gauren, Tapire, Gibbons, Hirsche, Marmorkatzen, wild lebende Elefanten und vielleicht sogar einen Tiger entdecken. Hinzu kommen mehr als 300 Vogelarten, 38 Fledertierarten und eine der größten (und geruchsintensivsten) Blumen der Welt, die immer seltener werdende *Rafflesia kerrii*, die in Thailand nur im Khaob Sok National Park vorkommt.

Die beste Zeit für einen Besuch ist die Trockenzeit (Dez.–April). In den Monsun-Monaten (Juni–Okt.) werden die Wege rutschig und Blutegel zur Plage. Andererseits sind die Wasserfälle in dieser Zeit besonders eindrucksvoll und die Tiere lassen sich besonders häufig sehen.

DAS DORF DER TOTEN

Ban Sok, das Dorf an den Ufern des Mae Nam Sok nahe dem Eingang zum Khao Sok National Park, hat eine so düstere Vergangenheit, dass es sich einen neuen Namen gab. In den 1940er-Jahren fegte eine verheerende Pockenepidemie durch Takua Pa und Phuket und dezimierte die Bevölkerung. Die Menschen flohen in diese Kalksteinberge. Leider folgte ihnen der Tod: So viele Menschen starben, dass der Ort, den sie 1944 besiedelt hatten, als Ban Sop, „Dorf der Toten", bekannt wurde. Als 1961 die Rte 401 als Verbindung zwischen Surat Thani und Phang-Nga gebaut wurde, benannten die Einwohner ihr Dorf um; der neue Name Ban Sok hat keine besondere Bedeutung.

Sehenswertes & Aktivitäten

Beliebte Aktivitäten sind Kajakfahren (800 B) und, in der Regenzeit, Tubing (500 B. Von der Elefantentour raten wir dringend ab.

Die 1,8 km lange Straße, die von der Rte 401 nach Nordosten zur Parkverwaltung (S. 302) führt, ist von Gästehäusern und Reiseveranstaltern gesäumt, die Parktouren und Führerdienste anbieten. Wir empfehlen einen Kanu- und Wandertrip (2 Tage mit einer Übernachtung 2500 B/Pers.) zum Stausee Chiao Lan, bei dem man auf dem See in schwimmenden Hütten übernachtet. Die Tour kann man über die Parkverwaltung und alle Tourveranstalter buchen; der Preis ist überall gleich.

Chiaw-Lan-See SEE

(เขื่อนเชี่ยวหลาน; Tagestour/mit Übernachtung 1500/2500 B) Der eindrucksvolle, 165 km² große See liegt 65 km (eine Fahrtstunde) östlich der Parkverwaltung (S. 302). Er entstand 1982 durch den riesigen, aus Schieferlehm aufgeschütteten Rajjaprabha- oder Chiaw-Lan-Damm. Die aus dem See aufragenden Kalksteinspitzen erreichen bis zu 960 m und sind damit mehr als dreimal so hoch wie die Formationen in der Bucht von Phang-Nga. Die meisten Besucher des Sees machen eine Tagestour oder eine Tour mit Übernachtung (jeweils inkl. Transport, Boot & Führer).

Örtliche Fischer bieten am Rand des Staudamms Charterboote (2000 B/Tag), mit denen man die Buchten, Wasserläufe und Seitenarme am Seeufer erkunden kann.

Zwei Höhlen am Südwestufer lassen sich zu Fuß erkunden. In der Höhle **Tham Nam Thalu** finden sich eindrucksvolle Kalksteinformationen und unterirdische Wasserläufe. Während der Regenzeit sollte man die Höhle besser meiden – es sind dann schon tödliche Unfälle vorgekommen. Die Höhle **Tham Si Ru** besitzt vier aufeinander zulaufende Gänge, die zwischen 1975 und 1982 von kommunistischen Aufständischen als Versteck genutzt wurden.

Wandern

Die Wandermöglichkeiten im Khao Sok National Park sind ausgezeichnet. Die meisten Pensionen und Veranstalter organisieren

Wanertouren (ganzer Tag 1200–2000 B); man sollte darauf achten, dass der Führer zertifiziert ist (diese Guides tragen offizielle Plaketten). Die Parkverwaltung vermittelt verlässliche Führer (1200 B/Tag).

Einfache Wanderkarten sind bei der Parkverwaltung erhältlich. Von dort kann man auf eigene Faust zum Wasserfall bei **Wing Hin** (2,8 km) wandern. Für Wanderungen zu den Wasserfällen bei **Bang Hua Rad** (3 km), dem elfstufigen Wasserfall bei **Sip-Et Chan** (4 km), zum **Than Sawan** (6 km), dem eindrucksvollsten und einsamsten Wasserfall, sowie zum **Than Kloy** (7 km) benötigt man einen Führer.

Schlafen

Alle Pensionen haben WLAN, aber die Verbindungen sind nicht immer gut.

Jungle Huts BUNGALOWS **$**
(077 395160; www.khaosokjunglehuts.com; 242 Mu 6, Khao Sok; Zi. mit Ventilator/Klimaanlage 400/1200 B;) Diese beliebte Unterkunft umfasst eine Ansammlung ordentlicher, individuell gestalteter Bungalows, die alle über ein Badezimmer und eine Veranda verfügen. Es gibt schlichte, auf Stelzen stehende Bambushütten, größere Holzhütten, rosafarbene Betonbungalows und Zimmer, die von schwindelerregenden Laufgängen abgehen.

Tree Tops River Huts BUNGALOWS **$$**
(081 747 3030; www.treetopsriverhuts.com; 54 Mu 6, Khao Sok; Zi. 500–1200 B;) Die sauberen und stabilen, wenn auch etwas in die Jahre gekommenen Bungalows mit Steinwänden, Veranden und kleinen Badezimmern stehen auf hohen Stelzen inmitten der Bäume an einer Uferstelle nahe der Parkverwaltung. Die preiswertesten haben nur Ventilatoren und sind schlichter, verfügen aber auch über Warmwasser. Das nette, teilweise offene Restaurant blikt auf den Fluss.

Art's Riverview Jungle Lodge PENSION **$$**
(090 167 6818; www.info@artsriverviewlodge.com; 54/3 Mu 6, Khao Sok; Zi. 1200–2400 B;) Die Lodge in einem Dschungel voller Affen an einem rauschenden Fluss mit einer von Kalksteinklippen gesäumten Badestelle hat die schönste Lage in Khao Sok. Die auf Stelzen stehenden Bungalows bestehen aus Backstein, aus Holz oder haben eine Holzverkleidung. Alle sind geräumig und komfortabel, und viele bieten Flussblick. Es gibt eine Vielzahl an Unterkünften, darunter auch welche, die für Familien geeignet sind.

TOUREN DURCH DEN KHAO SOK NATIONAL PARK

Geführte Touren durch und rund um den Khao Sok National Park werden bis zu 50 % billiger, wenn sie direkt bei den Pensionen oder Reisebüros in der Nähe des Parks gebucht werden. Bucht man die Tour an entfernteren Orten (z. B. Phuket oder Khao Lak) sind im Preis die teure Fahrt zum Park sowie die Kommission für den Vermittler enthalten.

Eine Reihe familienfreundlicher Aktivitäten werden ebenfalls angeboten. Die Anlage befindet sich 1,5 km nordöstlich der Rte 401, wo ein Schild den Weg weist.

Nichtgäste können die hiesige Badestelle besuchen, die auch bei den Einheimischen (sowie den Affen) beliebt ist.

Jasmine Garden RESORT **$$$**
(082 282 3209; www.khaosokjasmine.com; 35/6 Mu 6, Khao Sok; DZ 3800 B;) Die von einer Familie geführte Anlage bietet Unterkunft mit Klasse, wenn auch ohne Luxus, und außerdem Kochkurse (800 B). Die fünf orangefarbenen Betonbungalows öffnen sich zu geräumigen Terrassen mit Blick auf einen hellblauen Pool und spektakuläre Klippen. Zur feinen Ausstattung gehören geschnitzte Holzbetten, Buddha-Malereien, Fliesenböden und viel Teakholz. Vorab reservieren!

★ **Elephant Hills** RESORT **$$$**
(076 381703; www.elephanthills.com; 170 Mu 7, Tambon Klong Sok; 3 Tage All-inclusive ab 20 300 B;) Fünfköpfige Familien, Backpacker in den Flitterwochen und Alleinreisende – alle sind mit diesem Resort zufrieden. Oberhalb von Mae Nam Sok, am Fuß der von dunstigem Dschungel überwucherten Kalksteinbergen bietet Khao Soks einziges Zeltlager der Spitzenklasse naturverbundenen Luxus nach Serengeti-Art. Die luftigen Zelte sind mit Holzmöbeln, richtigen großen Badezimmern, Oberlichtern und Hängematten auf den Veranden ausgestattet.

Im Preis inbegriffen sind die Mahlzeiten und geführte Wanderungen und Kanutouren den Fluss hinunter mit einem Abend im zugehörigen Elefantenlager. Die zwölf Elefantenkühe (die aus anderen Lagern gerettet wurden, wo sie Touristen durch die Gegend tragen mussten) werden hier freundlich behandelt. Man kann die Dickhäuter füttern, baden und Zeit mit ihnen verbringen – ein einmaliges Erlebnis. Wer will, kann auch eine Nacht in dem schwimmenden **Rainforest Camp** (Chiao Lan Lake) verbringen. Reservierung erforderlich!

Essen

★ Pawn's Restaurant THAILÄNDISCH $$
(Khao Sok; Hauptgerichte 110–250 B; ⏲9–22 Uhr;) Ein freundliches, nur aus Frauen bestehendes Team leitet dieses schlichte, aber zu Recht beliebte offene Esslokal 500 m südwestlich der Nationalparkverwaltung, wo man leckere Currys (von scharfen mit rotem Kürbis und Gemüse bis zu cremigen mit Tofu oder Hähnchen-Massaman) und große, herzhafte Frühstücksgerichte bekommt.

Chao Italian Restaurant ITALIENISCH $$
(☎087 264 2106; Khao Sok; Hauptgerichte 100–320 B; ⏲12–22 Uhr;) Die richtige Adresse für feine Holzofenpizza, zubereitet von einem altgedienten Koch der italienischen Restaurants auf Phuket, sowie für Pasta, Salate und die üblichen thailändischen Currys. Freundliches Personal tischt die Speisen unter dem hohen Strohdach auf. Das Lokal liegt ein paar Minuten südlich der Nationalparkverwaltung.

Praktische Informationen

Khao-Sok-Nationalparkverwaltung (☎077 395154; www.khaosok.com; ⏲6–18 Uhr) Die Verwaltung befindet sich rund 1,8 km nordöstlich der Rte 401; die Ausfahrt liegt nahe Km 109. Sie bietet hilfreiche Karten und Infos.

An der Zufahrtsstraße zur Parkverwaltung gibt's mehrere Geldautomaten.

An- & Weiterreise

Von Surat nimmt man einen Bus Richtung Takua Pa, von der Andamanenküste einen nach Surat Thani. Die Busse halten an der Rte 401, 1,8 km südwestlich vom Besucherzentrum. Wenn keine Schlepper der Pensionen da sind, muss man bis zu seiner Unterkunft laufen (50–2000 m).

Ein Bus nach Bangkok (1000 B, 11 Std.) fährt täglich um 18 Uhr.

Minivans fahren täglich u. a. nach:

ZIEL	PREIS (B)	DAUER (STD.)
Khao Lak	200	1¼
Ko Lanta	800	5
Ko Tao	1000	8
Krabi	350	3
Phang-Nga	250	2
Surat Thani	200	1

Ko Phra Thong & Ko Ra

เกาะพระทอง/เกาะระ

Laut einer Legende vergruben Piraten vor vielen Jahrhunderten einen goldenen Buddha im Sand von Ko Phra Thong, der „Insel des Goldenen Buddha". Die Statue wurde nie gefunden, doch die Insel hat heute andere Schätze zu bieten: endlose Sandstrände, Mangroven, eine reiche Vogelwelt und seltene Orchideen.

Die lange, schmale, bewaldete Insel ist mit nur rund 300 Einwohnern so ruhig wie eine Nacht auf dem offenen Meer. Fischen (nach Tintenfischen, Garnelen und Quallen) bleibt der Hauptgewerbezweig; die örtliche Delikatesse ist streng riechendes *gà·Ъì* (fermentierte Paste aus Garnelen). An der Südwestküste liegen 10 km unberührter, goldener Sandstrand am blauen Meer.

Unmittelbar nördlich liegt die nahezu verlassene Insel Ko Ra mit ihren goldenen Stränden und Mangroven. Die kleine Insel, die eigentlich nur ein von Dschungel überwucherter Berg ist, besitzt eine beeindruckende Vielfalt an Wildtieren (darunter mehr als 100 Vogelarten, Bengalkatzen, Malaien-Gleitflieger, Wildschweine, Warane, Schuppentiere und Plumploris).

Schlafen & Essen

Mr. Chuoi's BUNGALOWS $
(☎087 898 4636, 084 855 9886; www.mrchuoibarandhut.com; Ko Phra Thong; Bungalows 500–750 B;) Die Anlage an der Nordwestküste der Insel umfasst schlichte, hübsche, künstlerisch angehauchte Bungalows aus Holz und Bambus; Strom gibt's nur abends. Vor Ort finden sich ein zahmes Reh, eine lustige Bar und ein ordentliches Restaurant, in dem Mr. Chuoi persönlich für Stimmung sorgt. Wenn man vorher anruft, kann er den Transport nach Ko Phra Thong arrangieren.

Golden Buddha Beach Resort BUNGALOWS $$$
(☎081 892 2208, 081 895 2242; www.goldenbuddharesort.com; Ko Phra Thong; Bungalows 3500–85 000 B; ⏲Okt.–Mai;) Das schickste Resort der Gegend lockt Yogafans, Paare und Familien an, die ein abgeschiedenes Refugium suchen. Die Holzhäuser in Privatbesitz sind individuell gestaltet, bieten Natur-Schick und werden kurz- und langfristig vermietet. Es gibt auch größere, für Familien geeignete Häuser. Die Zimmer haben Freiluftbäder und sind mit Holz-

schnitzereien geschmückt. Durch den Wald und die Gartenanlagen hindurch kann man einen Blick auf den sagenhaften, 10 km langen Strand erhaschen. Alles trifft sich im mit Mosaikboden ausgestatteten Clubhaus mit **Restaurantbar** (Hauptgerichte 220–400 B; ⌚7.30–21.30 Uhr;).

Horizon BUNGALOWS $$$
(☎081 894 7195; www.horizonecoresort.com; Ko Phra Thong; Bungalows 1300–1900 B) Die Ökolodge am Nordweststrand hat sieben geräumige, zottelige Bungalows aus Holz und Bambus, die mit Ventilatoren ausgestattet sind und Platz für zwei oder vier Personen bieten. Wo immer möglich, wurden natürliche regionale Produkte aus nachwachsenden Rohstoffen verwendet. Horizon organisiert Wanderausflüge auf die Nachbarinsel Ko Ra (1600 B, mind. 3 Pers.) und besitzt die einzige Tauchschule der Insel, **Blue Guru** (☎096 284 8740; www.blue-guru.org; Ko Phra Thong; 2 Tauchgänge 4500–6500 B; ⌚Okt.–Mai) mit einer idealen Lage zur Erkundung der Gewässer rund um die nahegelegenen Surin-Inseln.

An- & Weiterreise

Prinzipiell kann man am Pier von Khuraburi ein Longtail-Boot nach Ko Phra Thong (hin & zurück 1500 B) chartern, aber Bootsführer sind schwer zu finden. Für den gleichen Preis können die eigene Unterkunft auf Ko Phra Thong oder Touranstalter und Pensionen in Khuraburi den Transport organisieren.

Khao Lak & Umgebung เขาหลัก

Wenn die Leute von Khao Lak sprechen, meinen sie in der Regel die Reihe Strände, die an der Westküste der Provinz Phang-Nga rund 70 km nördlich von Phuket zu finden ist. Das Gebiet ist eine zentrale Basis zur Erkundung der nördlichen Andamanenküste, weil von hier aus leichte Tagesausflüge zu den Similan- und den Surin-Inseln, zu den Nationalparks Khao Sok und Khao Lak/Lam Ru und sogar nach Phuket unternommen werden können.

Auf das südliche Ende von **Hat Khao Lak** folgt **Hat Nang Thong**. Beide Strände liegen in Gehweite zum Ort Khao Lak, einer schmucklosen, aber praktischen Ansammlung von niedrigen Hotels, Restaurants, Bars, Läden sowie Tour- und Taucherveranstaltern am grauen Hwy 4.

Rund 2,5 km weiter nördlich ist **Hat Bang Niang** mit seinen schmaleren Sandstränden noch ruhiger. Die 12 bzw. 13 km nördlich von Hat Khao Lak gelegenen Strände von **Hat Pakarang** und **Hat Bang Sak** präsentieren sich als ein völlig verschlafener, ununterbrochener Sandstreifen vor einer Kulisse aus dichten Mangroven und Gummibaumplantagen. Hier fühlt man sich wirklich fern allem Welttrubel.

Sehenswertes

Khao Lak/Lam Ru National Park NATIONALPARK
(อุทยานแห่งชาติเขาหลัก-ลำรู่; ☎076 485243; www.dnp.go.th; Erw./Kind 200/100 B; ⌚8–16.30 Uhr) Der gewaltige, 125 km² große Park gleich südlich vom Hat Khao Lak präsentiert sich als eine Collage aus Meeresklippen, 1000 m hohen Bergen, Stränden, Mündungsgebieten, Wasserfällen, bewaldeten Tälern und Mangroven. An Wildtieren finden sich Nashornvögel, Drongos, Tapire, Seraue, Affen, Kragenbären und Bengalenwarane. Das Besucherzentrum der Parkverwaltung liegt 3 km südlich der Ortschaft Khao Lak abseits des Hwy 4. Es gibt hier wenig Informationsmaterial, aber ein malerisches **Freiluftrestaurant** (nahe Hwy 4, Khao Lak, Hauptgerichte 130–250 B; ⌚8.30–19 Uhr) auf einem schattigen Hang mit Blick aufs Meer. Von hier führt ein leichter Natur-Rundweg (3 km, 1 Std.) südwärts rund um das Kap zum oft einsamen **Hat Lek**.

Aktivitäten & geführte Touren

Eintägige Tauch- und Schnorchelausflüge zu den Similan- und Surin-Inseln sind sehr beliebt; wenn möglich, sollte man aber besser eine Tour mit Übernachtung an Bord machen. Da die Inseln rund 70 km vom Festland (1½ Std. per Schnellboot) entfernt sind, geht es auf solchen Touren ohne die Tagesausflüglermassen deutlich entspannter zu. Tauchveranstalter bieten Touren mit Bordübernachtung ab rund 19 000/35 000 B (3 bzw. 6 Tage) und Tagesausflüge für 5000 bis 6000 B an.

Tagesausflüge beinhalten in der Regel zwei Tauchgänge. Bei den mehrtägigen Touren gleitet man bis zu viermal täglich ins Meer. Zwar wurde das Gebiet um die Similan- und die Surin-Inseln in den letzten Jahren von einer großflächigen Korallenbleiche betroffen, aber der Richelieu Rock (S. 299) gleich nördlich der Surin-Inseln ist immer noch der

Khao Lak

Khao Lak

Sehenswertes

1 Khao Lak/Lam Ru National Park A5

Aktivitäten, Kurse & Touren

2 Fantastic A4
3 Hat Khao Lak A5
4 Hat Nang Thong A3
5 Sea Bees B3
6 Sea Dragon Dive Centre B2

Schlafen

7 Fasai House B2
8 To Zleep B3
9 Walker's Inn B4

Essen

10 Go Pong B2
11 Khao Lak/Lam Ru National Park Restaurant A5
12 PhuKhaoLak B4

Transport

13 Cheaper Than Hotel B4

beste Tauchspot der Region – von März bis April lassen sich hier auch Walhaie blicken. Wegen der riesigen Manta-Rochen sind auch **Ko Bon** und **Ko Tachai**, die zu den Similan-Inseln gehören, lohnende Tauchspots. Die meisten Tauchveranstalter heißen auch Schnorchler willkommen, und Tourveranstalter bieten Tagesausflüge ab 3700 B.

Open-Water-Zertifizierungskurse kosten zwischen 10 500 und 16 650 B. Anfänger können sich für rund 6000 B „Discover Scuba"-Touren zu den Similan-Inseln anschließen. In den Preisen ist die Tauchgebühr des Nationalparks (700 B) aber noch nicht enthalten.

Die Tauchsaison bei den Similan- und Surin-Inseln dauert von Mitte Oktober bis Mitte Mai, wenn auch die Nationalparks geöffnet sind. Die Touren im April und Mai finden nur bei geeignetem Wetter statt.

★ Fantastic SCHNORCHELN

(☎076 485998; www.fantasticsimilan.com; Erw./Kind 3200/2200 B; ⌚Mitte Okt.–Mitte Mai) Die urkomischen Schnorcheltouren zu den Similan-Inseln werden von Mitgliedern des örtlichen Travestie-Ensembles geleitet. Vergleichbares gibt es nirgendwo sonst, und zudem kommt man zu den besten Schnorchelstellen. Im Preis inbegriffen ist die Abholung aus dem Hotel in Phuket oder Khao Lak. Unbedingt online oder telefonisch reservieren!

★ Wicked Diving TAUCHEN

(☎085 795 2221; www.wickeddiving.com; Th Nangthong, Khao Lak; 2 Tauchgänge 5700 B; ⌚Okt.–Mai) Der außerordentlich gut geführte, umweltbewusste Veranstalter bietet Tages- und Über-Nacht-Ausflüge zum Schnorcheln und Tauchen (3-tägiger Schnorchelausflug zu den Surin-Inseln 12 300 B), mehrtägige Touren mit Bordübernachtung (3-tägige Tour zu den Similan-Inseln ab 19 400 B), Naturschutztrips und diverse Tauchkurse (PADI-Open-Water-Zertifikat 16 500 B).

Sea Bees TAUCHEN

(☎076 485174; www.sea-bees.com; Th Phetkasem, Khao Lak; 2 Tauchgänge 2900–4900 B; ⌚11–19 Uhr) Der gut organisierte, von Deutschen geführte Veranstalter bietet Tagestouren zu den Similan-Inseln mit zwei Tauchgängen, eintägige Schnuppertrips (8500 B), Open-Water-Kurse (16650 B), Tauchkurse für Fortgeschrittene und Touren zu den Similan-Inseln mit Bordübernachtung (2 Tage ab 17500 B). Schnorchler können sich den Tagesausflügen anschließen (2900 B).

Sea Dragon Dive Centre TAUCHEN
(☎076 485420; www.seadragondivecenter.com; Th Phetkasem, Khao Lak; 2 Tauchgänge 6000 B; ⏲9–21 Uhr) Das äußerst effiziente Sea Dragon ist das älteste Tauchunternehmen in Khao Lak und bietet einen hohen Standard. Zur Wahl stehen Schnorchel-Tagesausflüge (3500 B), Wracktauchen (2600 B), Open-Water-Zertifizierungskurse (10500–15000 B) und diverse Touren zu den Similan- und Surin-Inseln mit Bordübernachtung (3 Tage ab 10500 B). Vor dem Büro befindet sich ein kleiner Pool.

Khao Lak Land Discovery ABENTEUER
(☎076 485411; www.khaolaklanddiscovery.com; 21/5 Mu 7, Th Phetkasem, Khao Lak; ⏲8–20.30 Uhr) Der mehrsprachige Veranstalter gehört zu den verlässlichsten in Khao Lak und organisiert abenteuerbetonte Tagesausflüge (Erw./Kind 2200/1600 B) in den Nationalpark Khao Lak/Lam Ru sowie Tages- und Über-Nacht-Ausflüge in den Khao Sok National Park (2 Tage Erw./Kind 6700/4700 B). Auch Schnorchelausflüge zu den Similan-Inseln (Erw./Kind 3700/2450 B) sind im Angebot.

Schlafen

Im verstopften Zentrum des Orts Khao Lak herrschen billigere Unterkünfte vor, während Ferienanlagen mit drei oder vier Sternen die Küste säumen. Hotels der Spitzenklasse finden sich am Hat Pakarang und Hat Bang Sak. Wer in der Zeit zwischen November und April kommen will, sollte vorab buchen.

Walker's Inn PENSION $
(☎084 840 2689; www.walkersinn.com; 26/61 Mu 7, Th Phetkasem, Khao Lak; B/Zi. 250/600 B; ❄📶) Das seit langem bei Backpackern beliebte Walker's wirkt mittlerweile betagt. Die Zimmer sind schlicht und altmodisch, im Schlafsaal gibt's nur Ventilatoren. Aber der Preis stimmt. Der Pub im Erdgeschoss serviert herzhaftes Frühstück und typische thailändische und westliche Gerichte. Es gibt auch einen Motorradverleih (200 B/Tag).

Bed Hostel HOSTEL $
(☎087 387 4050; krittayakorn.DZ@gmail.com; 6/3 Mu 5, Hat Bang Niang; B mit Ventilator/Klimaanlage 370/450 B, Zi. 1600 B; ❄📶) Das bescheidene, von einer Familie geführte Hostel hat keinen Gemeinschaftsbereich, aber die kompakten Schlafsäle sind sauber und mit Schließfächern ausgestattet. Die Unterkunft geht in Ordnung, wenn man nach einem Tag voller Tauchabenteuer oder des Faulenzens am Strand einfach einen Schlafplatz braucht. Das Hostel ist 15 Gehminuten vom Strand entfernt.

To Zleep PENSION $$
(☎076 485899; www.tozleep.com; Th Phetkasem, Khao Lak; Zi. 700–1200 B; ❄📶) Dieser schachbrettartige Block an der Straße ist eine geschmackvolle, an ein Hostel erinnernde Unterkunft mit farbenfrohen Wandmalereien und kleinen, makellos schicken Zimmern. Einige haben Stockbetten, andere Doppelbetten. Alle Zimmer sind mit minimalistischen Möbeln und Betonböden ausgestattet und zeigen ein Farbe-auf-Weiß-Schema. Der Aufpreis für die größten und hellsten Eck-Doppelzimmer mit Blick in die Berge lohnt sich.

Fasai House PENSION $$
(☎076 485867; www.fasaihouse.com; 5/54 Mu 7, Khao Lak; Zi. 950 B; ❄@🏊) Die Pension, eine der besten Budgetunterkünfte in Khao Lak, überzeugt mit freundlichem Personal und schlichten, blitzblanken, motelartigen Zimmern mit Klimaanlage, die sich in einem netten, gelb getünchten Block um einen kleinen Pool befinden. Das Haus ist eine gute Bleibe für Taucher. Um hinzukommen, hält man auf dem Hwy 4 Richtung Nordende von Khao Lak nach dem Schild Ausschau.

Casa de La Flora DESIGNHOTEL $$$
(☎076 428999; www.casadelaflora.com; 67/213 Mu 5, Hat Bang Niang; Zi. mit Frühstück 12600–30200 B; ❄📶🏊) Auf einem gepflegten Grundstück am See mit zeitgenössischer Kunst residiert dieses gut geführte, schicke, moderne Hotel. Es besteht aus smarten würfelförmigen Villen und Suiten aus Glas und Beton, die mit holzvertäfelten Wänden, doppelseitigen Spiegeln, klobigen Betonbadewannen und eigenen Tauchbecken ausgestattet sind. Praktische und nette Details sind iPod-Anschlüsse, Espressomaschinen in den Zimmern, Föne und natürlich die Kissen nach Wunsch. Schalenartige Schlafliegen säumen den Infinity Pool, über den man aufs Meer blickt.

Essen

Kulinarische Highlights sind im Ort Khao Lak und an den umliegenden Stränden nicht zu erwarten, es gibt aber ein paar beliebte Treffs, wo Traveller ihre Taucherlebnisse austauschen können. Taucher, die frühmorgens aufbrechen wollen, werden Schwierigkeiten haben, vor 8.30 Uhr ein Frühstück zu bekommen.

Go Pong THAILÄNDISCH $
(Th Phetkasem, Khao Lak; Hauptgerichte 50–140 B; ⏲10–23 Uhr) Das fantastische kleine Straßenlokal mit treuem Stammpublikum zur Mittagszeit serviert echte Thai-Küche: Gebratene Nudeln, sensationelle scharfe Reisgerichte und aromatische Nudelsuppen. Alle Gerichte sind sehr geschmacksintensiv.

Takieng THAI $$
(26/43 Mu 5, Hat Bang Niang; Hauptgerichte 120–400 B; ⏲12–22 Uhr; 📶) Das Takieng ist das beliebtere und attraktivere der zwei Freiluft-Thai-Restaurants, die unter aufgestelzten Wellblechdächern am Hwy 4, 2,5 km nördlich der Ortschaft Khao Lak, zu finden sind. Hier gibt's frisch gedämpften Fisch in süßem grünen Curry, brillantes *lâhp* mit Hähnchen oder Schweinefleisch, wunderbar würzige Currys und gebratenen Tintenfisch in köstlicher Chili-Sauce. Der Service ist makellos.

Jumbo Steak & Pasta ITALIENISCH $$
(☎098 059 8293; Th Phetkasem, Ban Khukkhuk; Hauptgerichte 80–280 B; ⏲10–22 Uhr) Das winzige Lokal an der Westseite des Hwy 4, 6 km nördlich der Ortschaft Khao Lak, gehört einem früheren Küchenchef des Le Meridien, der wunderbare Pastagerichte in allen Geschmacksrichtungen anbietet, sowie eine Reihe von Pizzas und tolle Steaks. Die Gerichte sind von hoher Qualität, die Portionen aber nicht gerade riesig.

PhuKhaoLak INTERNATIONAL, THAI $$
(☎076 485141; www.phukhaolak.com; Mu 7, Th Phetkasem, Khao Lak; Hauptgerichte 100–350 B; ⏲Okt.–Mai 7–22 Uhr; 📶🌶) Das Lokal mit seinen eingedeckten Tischen, die sich am südlichen Ende der Hotel- und Restaurantzone von Khao Lak bis auf den Rasen hinaus ausbreiten, ist kaum zu übersehen. Und das sollte man auch nicht, denn Gäste erwartet hier ein großes Angebot gut zubereiteter thailändischer und europäischer Gerichte, darunter gebratener, gegrillter oder geschmorter Fisch, Filetsteaks, Pastagerichte und Sandwiches. Mit Köstlichkeiten wie würzigem Tofu mit Erdnusssauce kommen hier auch Vegetarier auf ihre Kosten.

Praktische Informationen

WLAN ist weithin verfügbar.

Geldautomaten, Banken und Wechselstuben verteilen sich längs der Küste. Im Zentrum der Ortschaft **Khao Lak** gibt's einen Geldautomaten.

SSS Ambulance (☎076 209347, Notfall 081 081 9000; ⏲24 Std.) Bei Tauchunfällen bringt die SSS Ambulance die Verletzten in das **Phuket International Hospital** (Karte S. 316; ☎076 361818, 076 249400; www.phuketinternationalhospital.com; 44 Th Chalermprakiat). Auch Opfer von Auto-. oder Motorradunfällen werden versorgt.

DER TSUNAMI VON 2004

Am 26. Dezember 2004 verursachte ein Seebeben vor der Küste Sumatras eine gewaltige Welle, die an die thailändische Andamanenküste brandete und fast 5400 (nach anderen Schätzungen noch wesentlich mehr) Menschenleben forderte und einen Schaden von Millionen US-Dollar verursachte.

2005 rief Thailand ein landesweites Katastrophen-Warnsystem ins Leben. Die Öffentlichkeit wird über das landesweite Rundfunknetz, Dutzende von Fernsehkanälen sowie durch SMS benachrichtigt. Für Traveller, die nicht Thailändisch sprechen, gibt es Türme an den Stränden gefährdeter Gebiete, von denen aus Warnungen in verschiedenen Sprachen durchgesagt werden; Blinklichter weisen auf die Meldung hin.

Zur Erinnerung an die Opfer der Katastrophe wurde in Ban Nam Khem, einem Tintenfischerdorf 26 km nördlich von Hat Khao Lak, das durch den Tsunami fast ausgelöscht wurde, der wellenförmige **Tsunami Memorial Park** (Ban Nam Khem; ⏲24Std.) GRATIS geschaffen. Das **Boot 813** (Bang Niang) liegt im Binnenland 1 km hinter dem Hat Bang Niang an der Stelle, an die es die Welle geschleudert hatte. Unweit davon befindet sich das **International Tsunami Museum** (พิพิธภัณฑ์สึนามิระหว่างประเทศ; Hwy 4, Bang Niang; Erw./Kind 200/100 B; ⏲9–21 Uhr). Die bewegenden Gedenkstätten waren schon zuvor inoffizielle Pilgerstätten, an denen die Menschen der Opfer gedachten.

Anreise & Unterwegs vor Ort

Alle Busse, die zwischen Takua Pa (60 B, 45 Min.) und Phuket (100 B, 2 Std.) unterwegs sind, halten am Hat Khao Lak, wenn man den Fahrer darum bittet. Die Haltestelle der Busse Richtung **Norden** oder **Süden** liegt am Hwy 4.

Minivans fahren täglich nach Ko Samui (850 B, 8 Std., 9 Uhr) und tagsüber stündlich nach Krabi (350 B, 3½ Std., 8–16 Uhr). Die Fahrgäste werden an den Unterkünften abgeholt.

Khao Lak Land Discovery (S. 305) betreibt Minivans zum Phuket International Airport (600 B, 1¼ Std.). Alternativ kann man auch ein Taxi von **Cheaper Than Hotel** (☎ 085 786 1378, 086 276 6479; cheaperkhaolak1@gmail.com, Hwy 4) zum Flughafen von Phuket (1000 B) und zu Zielen weiter im Süden nehmen. Ansonsten kostet ein Taxi von Khao Lak zum Flughafen 1200 B. Man kann sich auch von einem Bus Richtung Phuket „am Flughafen" absetzen lassen. Man steigt an einer Kreuzung aus, wo in der Regel Motorradtaxis bereit stehen, um einen zum Flughafen zu bringen (10 Min., 100 B).

Zahlreiche Pensionen und Reiseveranstalter, vermieten Motorräder (200–250 B/Tag).

Similan Islands Marine National Park

อุทยานแห่งชาติหมู่เกาะสิมิลัน

Der wunderschöne, bei Tauchern in aller Welt bekannte, 70 km² große **Similan Islands Marine National Park** (☎ 076 453272; www.dnp.go.th; Erw./Kind 500/300 B; ⏲ Mitte Okt.–Mitte Mai) liegt 70 km vor der Küste der Provinz Phang-Nga. Die glatten Granitinseln sind über dem klaren, blauen Wasser genauso eindrucksvoll wie die Unterwasserwelt: Die Inseln sind mit Regenwald bedeckt und von blendend weißen, von Korallenriffen gesäumten Stränden umgeben. Unglücklicherweise sind viele Steinkorallen durch die Korallenbleiche eingegangen, aber die Weichkorallen und die sonstige Fauna sind noch intakt. Inzwischen wurden die Similan-Inseln allerdings vom Tourismus entdeckt, und viele Strände und Schnorchelstellen sind von Tagesausflüglern überschwemmt.

Unterkünfte gibt's auf Ko Miang (Insel 4) und Ko Similan. Das Besucherzentrum des Parks (S. 308) und die meisten Einrichtungen befinden sich auf Ko Miang. Die Inseln haben zwar alle einen Namen, man kennt sie aber vor allem unter ihrer jeweiligen Nummer.

Hat Khao Lak ist das Sprungbrett zum Park. Die Anlegestelle und die Nationalparkzentrale auf dem Festland (S. 308) befinden sich in Thap Lamu, 12 km südlich (vom Hwy 4 die Rte 4147 nehmen).

Aktivitäten

Tauchen & Schnorcheln

Die Similan-Inseln bieten Tauchspots aller Schwierigkeitsstufen, mit Tauchtiefen von 2 bis 30 m. Felsriffe gibt es bei **Ko Hin Pousar** (Insel 7) und Tauchhöhlen bei **Hin Pousar** (Elefantenkopf-Felsen), wo man auf Meeresbewohner von winzigen Federwürmern und Weichkorallen bis zu Fischschwärmen, Mantarochen und seltenen Walhaien trifft. **Ko Bon** und **Ko Tachai** gehören zu den besseren Tauch- und Schnorchelrevieren. Tauchstellen gibt es bei allen sechs Inseln nördlich von **Ko Miang**, während die Inseln 1, 2 und 3 im südlichen Teil des Parks als Schildkrötennistplätze gesperrt sind.

Im Nationalpark gibt es keine Einrichtungen für Taucher, man muss sich also einer Tour anschließen. Die Tauchschulen am Hat Khao Lak organisieren Tagesausflüge (2 Tauchgänge 6000 B) und Touren mit Übernachtung an Bord (3/6 Tage ab ca. 19 000/35 000 B), ebenso auch die Tauchzentren in Phuket (Tagesausflug mit 2 Tauchgängen ab 5600 B, 3 Tage mit Bordübernachtung ab 18 900 B).

Veranstalter in Khao Lak bieten Schnorchelausflüge (1 Tag ab 3200 B). Bei den Tagestouren werden in der Regel drei oder vier Stellen aufgesucht.

Tiere beobachten & Wandern

Der Wald rund um das Besucherzentrum auf Ko Miang besitzt einige Wanderwege und viele Tiere und Pflanzen. Die sagenhafte Nikobarentaube mit ihrer wilden Mähne aus graugrünen Federn ist hier heimisch. Sie gehört zu den 39 im Park vertretenen Vogelarten. Landkrabben mit haarigen Beinen, Flughunde und Gleithörnchen sind im Wald leicht zu erspähen.

Ein schmaler, mit Informationstafeln ausgestatteter Strandweg führt vom Besucherzentrum 400 m nach Osten zu einer kleinen, zum Schnorcheln geeigneten Bucht. Von diesem Weg zweigt der **Viewpoint Trail** ab. Nachdem man 500 m (30 Min.) steil bergauf geklettert ist, hat man von oben einen schönen Panoramablick. Ein 500 m langer Weg bringt einen in 20 Minuten vom Besucherzentrum durch den Wald Richtung Westen zum **Sunset Point**, einer nach Westen blickenden Granitplattform.

Auf Ko Similan führen ein 2,5 km langer Weg durch den Wald zu einem **Aus-**

Similan Islands Marine National Park

sichtspunkt und ein kürzerer, steiler Aufstieg vom Strand an der Nordküste hinauf zum **Sail Rock** (auch Balance Rock genannt), der tagsüber von Besuchern geradezu überflutet ist.

Schlafen & Essen

Um ein Bett oder ein Zelt zu bekommen, muss man mindestens zwei bis drei Monate vorab reservieren.

Ein **Restaurant** (Ko Miang/Insel 4); Hauptgerichte 120–150 B, Mittagsbüffet 230 B; ⌚7.30–20.30 Uhr) neben dem Parkbüro auf Ko Miang serviert einfache thailändische Gerichte. Für Besucher, die auf Ko Similan übernachten, gibt's dort ebenfalls ein Restaurant.

Similan Islands Marine National Park Accommodation BUNGALOWS $$
(☎076 453272, in Bangkok 02 562 0760; www.dnp.go.th; Ko Miang (Insel 4); Zi. mit Ventilator/Klimaanlage 1000/2000 B, Stellplatz mit gemietetem Zelt 570 B; ⌚Mitte Okt.–Mitte Mai; ❄) Auf Ko Miang gibt's 20 Bungalows, die besten mit Balkonen, sowie Zelte. Man zahlt für die Lage, die Bungalows sind schlicht. Tagsüber kommen viele Reisegruppen vorbei. Strom ist von 18 bis 6 Uhr verfügbar.

Gebucht wird im Voraus online, telefonisch oder in der Parkzentrale auf dem Festland in Thap Lamu. Wer zelten will, braucht Insektenschutzmittel gegen die äußerst lästigen Moskitos.

Praktische Informationen

Similan Islands Marine National Park Headquarters (☎076 453272; www.dnp.go.th; 93 Mu 5, Thap Lamu; ⌚Mitte Okt.–Mitte Mai 8–17 Uhr) In diesem Büro südlich von Khao Lak kann man weit im Voraus Unterkünfte auf den Similan-Inseln buchen.

Similan Islands Marine National Park Visitors Centre (Ko Miang/Insel 4); ⌚Mitte Okt.–Mitte Mai 7.30–20 Uhr) Besucherzentrum auf Ko Miang.

An- & Weiterreise

Zu den Similan-Inseln gibt es keine öffentlichen Verkehrsmittel. Theoretisch können Individualreisende bei Tagestourveranstaltern in Khao Lak Überfahrten mit dem Schnellboot buchen (hin & zurück 1900 B, 1½ Std. einfache Strecke), wobei diese individuelles Reisen nicht unterstützen. Die meisten Veranstalter sammeln ihre Passagiere am Hat Khao Lak auf, wenn man aber über den Nationalpark bucht, muss man sich auf eigene Faust zum Büro in Thap Lamu durchschlagen und dort auf einen Transport zur Anlegestelle warten.

Die Tauchzentren und Tourveranstalter am Hat Khao Lak und in Phuket buchen Tagestouren/Touren mit Übernachtung (ab 4900/8500 B), Tauchtouren (3 Tage mit Übernachtung an Bord 10 500–19 000 B) und mehrtägige Touren. Im Preis sind der Transport zum Park, die Verpflegung und die Unterkunft enthalten. Das alles kostet nur wenig mehr, als wenn man versucht, auf eigene Faust zu den Inseln zu kommen und dort zu bleiben.

Natai นาใต้

076

Offiziell liegt Natai in der Provinz Phang-Nga, ist aber eigentlich ein echter Vorposten des Highlife von Phuket – ja, noch schicker und sagenhafter als diese Provinz. Die aufstrebende Luxusenklave liegt nur 26 km nördlich des Phuket International Airport und ist damit von Phuket aus leichter zu erreichen als manche Teile der gleichnamigen Provinz. Es gibt hier wenig, abgesehen von dem herrlichen, weiten Sandstrand, der im türkisblauen Wasser verschwindet, und von den Restaurants und Unterkünften, die zu den exklusivsten im südlichen Thailand gehören. Außer mit sehr gut gefüllter Reisekasse sollte man gar nicht erst herkommen.

Schlafen & Essen

★ Iniala Beach House DESIGNHOTEL $$$
(076 451456; www.iniala.com; 40/14 Mu 6, Ban Natai; DZ Vollpension 2200–3100 US$;) Von den kundig zubereiteten Empfangsdrinks aus Passionsfrüchten über den individuell zugeschnittenen Service und das Restaurant im Haus bis hin zum kühnen, einmaligen, futuristischen Design verströmt diese Unterkunft Coolness, Kreativität und Raffinesse. Das ist das tollste Designhotel im südlichen Thailand – zehn Innenarchitekten haben die zehn individuell gestalteten Zimmer entworfen, die sich auf drei in sich abgeschlossene Villen mit je drei Suiten und ein Penthouse verteilen. Schlanke, dunkel geflieste Infinity Pools ziehen sich hinunter bis zum herrlichen Strand von Natai.

Aleenta BOUTIQUEHOTEL $$$
(in Bangkok 02 514 8112; www.aleenta.com; 33 Mu 5, Ban Natai; Zi. mit Frühstück 24 900–77 100 B;) Die schicken, loftartigen Zimmer sind nur durch deckenhohe Fenster von den gemeinschaftlich genutzten Infinity Pools getrennt. Laufstege führen über Seerosenteiche zu den abgeschirmten, superschicken Villen und Suiten, bei denen sich hohe Palmen in privaten Pools spiegeln. Die zweistöckigen Vierbettzimmer mit Einbauküchen sind ideal für Familien. Noble Cabanas stehen um den schwarz gefliesten Infinity Pool am Meeresufer, und es gibt ein elegantes Spa.

Esenzi SEAFOOD $$$
(076 451456; www.esenzirestaurant.com; 40/14 Mu 6, Ban Natai; Hauptgerichte 700–2000 B; Di–Sa 18–23 Uhr;) Meeresfrüchte aus aller Welt stehen auf der Karte im Esenzi, der jüngsten Verkörperung des hochgelobten Restaurants im Iniala Beach House. Die Gerichte stammen teils aus Europa, aus Japan, den USA und aus Thailand. Wer ausgiebig tafeln will, leistet sich das Acht-Gänge-Verkostungsmenü (8000 B). Der Service und die Weinkarte sind erstklassig.

An- & Weiterreise

Ein Taxi vom/zum Flughafen von Phuket kostet 700 B. Alternativ mietet man ein Auto am Flughafen (ab 1454 B/Tag) und fährt selber.

Ao Phang-Nga อ่าวพังงา

Mit türkisfarbenem Wasser, aus dem schroffe Kalksteinfelsen aufragen, weißen Stränden und verfallenen Fischerdörfern ist Ao Phang-Nga eine der spektakulärsten Landschaften an der Andamanenküste. Kein Wunder, dass sich James Bonds Erzfeind Scaramanga *(Der Mann mit dem goldenen Colt)* hier zwischen den Klippen und Schwalbennestern sein Versteck einrichtete. Heutige Auftragskiller mit Weltherrschaftsambitionen dürften den Ort aber links liegen lassen, da hier das ganze Jahr über jede Menge Touristen, Motorboote und hochseetüchtige Kajaks anzutreffen sind.

Phang-Nga พังงา

076 / 10 800 EW.

Phang-Nga ist eine nicht weiter interessante Kleinstadt vor einer Kulisse wunderschöner

Ao Phang-Nga

0 — 10 km

Kalksteinklippen. Wenn man nicht gerade während des jährlichen **Vegetarierfest** (Ende Sept. oder Okt.) kommt, gibt's hier nicht viel zu sehen oder zu tun. Der Ort ist einfach ein Zwischenstopp für Traveller, die nordwärts nach Khao Lak (S. 303) oder zum Khao Sok National Park (S. 300) wollen. Die meisten Hotels und Einrichtungen liegen an der Th Phetkasem.

Geführte Touren

Zwar ist es spaßig, sich seine eigene Route durch Ao Phang-Nga zusammenzustellen, indem man ein Boot chartert, aber einfacher (und billiger) ist es, sich der Tour eines Veranstalters in Phang Nga anzuschließen – die meisten haben ihre Büros am Busbahnhof. Die Qualität ist unterschiedlich, die Routen und Preise sind aber überall nahezu identisch.

Sayan Tours BOOTSFAHRT

(☎ 090 708 3211, 076 430348; www.sayantour.com; Alter Busbahnhof, abseits der Th Phetkasem; halber/ganzer Tag 800/1100 B; ⏰ 7–21 Uhr) Der seit langem bestehende Veranstalter von Touren durch Ao Phang-Nga bietet Tagesausflüge nach Ko Panyi, Ko Phing Kan und zur (mit Stalaktiten bedeckten) Höhle Tham Lod sowie Touren mit Übernachtung auf Ko Panyi (1950 B).

Mr. Kean Tour BOOTSFAHRT

(☎ 089 871 6092; Alter Busbahnhof, abseits der Th Phetkasem; halber/ganzer Tag 800/1100 B; ⏰ 7–18 Uhr) Mr. Kean veranstaltet seit mehr als 25 Jahren Touren durch Ao Phang-Nga. Die halb- und ganztägigen Ausflüge führen u. a. zur Tham Lod, nach Ko Phing Kan und Ko Panyi. Zusätzlich kann man Kajak fahren (300 B/Pers.) und wandern oder die Nacht auf Ko Panyi (1750 B) verbringen.

Schlafen & Essen

Mehrere Imbisse an der Th Phetkasem verkaufen leckeres *kà·nŏm jeen* (dünne Weizennudeln) mit Hähnchencurry, *nám yah* (scharfes Fisch-Curry) oder *nám prík* (scharfe Sauce). Es gibt einen kleinen Nachtmarkt (Th Phetkasem; Hauptgerichte ab 30 B; 16–21 Uhr) an der Th Phetkasem neben dem 7-Eleven.

Thaweesuk Hotel PENSION $

(☎ 076 412100; www.thaweesukhotel.com; 79 Th Phetkasem; Zi. mit Frühstück & Ventilator/Klimaanlage 450/800 B;) Die einladende, von einer Familie geführte Unterkunft residiert in einem historischen Gebäude mit einem farbenfrohen, mit Mosaikboden verzierten Foyer im Norden der Th Phetkasem. Die Zimmer im Erdgeschoss mit Kaltwasser und Ventilator oder Klimaanlage sind schlicht, kompakt und sauber. Die Zimmer mit Warmwasser und Klimaanlage im ersten Stock sind dank lackierter Holzböden deutlich stilvoller. Es gibt auch ein Familienzimmer mit vier Betten. Das Frühstück wird unten in dem wie eine Lounge wirkenden Foyer serviert.

The Sleep HOTEL $$

(☎ 076 411828; 144 Th Phetkasem; Zi. 600–1000 B;) Das brandneue Hotel bietet die modernsten Zimmer in Phang-Nga. Sie haben eine Einrichtung in Weiß und dunklem Holz, bequeme Betten, TVs und Kühlschränke, aber die Badezimmer sind sehr eng. Den kostenlosen Morgenkaffee genießt man auf einer Terrasse.

An- & Weiterreise

Der Phang-Nga nächstgelegene Flughafen befindet sich in Phuket, 1½ Fahrtstunden entfernt.

Phang-Ngas **Busbahnhof** (Th Phetkasem) liegt 4 km südlich vom Stadtzentrum. Motorradtaxis berechnen einheitlich 50 B vom/zum Busbahnhof.

Die Kleinbusse zum Khao Sok National Park (250 B, 2 Std., 8.30, 10.30, 12, 14, 15.30 & 17.30

Uhr) holen/setzen die Fahrgäste an den Unterkünften ab.

Busse fahren täglich nach Takua Pa (150 B, 1½ Std., 8, 10, 11, 12, 14 & 17.20 Uhr), wo man Anschluss nach Khao Lak, Ranong und zum Khao Sok National Park hat.

Ao Phang-Nga Marine National Park อุทยานแห่งชาติอ่าวพังงา

Die klassische Karstlandschaft des 400 km² großen **Ao Phang-Nga National Park** (☎ 076 481188; www.dnp.go.th; Erw./Kind 300/100 B; ⏲ 8–16 Uhr) wurde berühmt als eine der Kulissen des James-Bond-Films *Der Mann mit dem goldenen Colt*. Hohe steilwandige Klippen umsäumen die 42 Inseln, von denen einige Höhlen besitzen, die nur bei Ebbe zugänglich sind. Die Bucht besteht aus großen und kleinen Gezeitenkanälen, die in Nord-Süd-Richtung durch Thailands größte, unberührt erhaltene Mangrovenwälder führen.

In der Meeres- und Kalksteinwelt des Nationalparks verbergen sich Reptilien wie Bengalenwarane, Bindenwarane, Flugdrachen, Streifenruderschlangen, Bambusottern und Malayische Mokassinottern. An Säugetieren finden sich u. a. Seraue, Javaneraffen, Weißhandgibbons und Südliche Brillenlanguren.

In der Hauptsaison (Nov.–April) wird die Bucht zu einer verstopften Autobahn für Ein-Tages-Touristen. Doch wenn man am frühen Morgen vorbei kommt (am besten vom Ko-Yao-Archipel aus) oder länger draußen bleibt, kann man durchaus ein Stück Strand, Meer und Karst für sich alleine haben. Eine Kajaktour ist der beste Weg, das Gebiet kennenzulernen.

Sehenswertes & Aktivitäten

In Tha Dan, 9 km südlich des Zentrums von Phang-Nga, kann man Boote chartern, um die halb überfluteten Höhlen und seltsam geformten Inseln des Nationalparks zu erkunden. Für eine halbtägige Tour zahlt man zwischen 1500 und 2000 B.

Zwei- bis dreistündige Touren (1000 B/Pers.) führen zu den überlaufenen Inseln Ko Phing Kan (เกาะเขาพิงกัน, James-Bond-Insel) und Ko Panyi (เกาะปันหยี) sowie zu weiteren Zielen im Park. In Tha Surakul, 13 km südwestlich von Phang-Nga in Takua Thung, werden Privatboote zu Preisen vermietet, die denen der Touren entsprechen. Bei der Nationalparkverwaltung kann man Boote (1400 B, max. 4 Pers.) für dreistündige Inselrundfahrten mieten. In Phuket ist John Gray's Seacanoe (S. 322) die beste Adresse für Kajakfahrten zum Ao Phang-Nga National Park.

Schlafen & Essen

Die meisten Besucher kommen im Rahmen einer Tagestour von einer der beiden Ko-Yao-Inseln, aus Phuket oder Phang-Nga.

Unterkünfte im Ao Phang-Nga National Park BUNGALOWS $$
(☎ 076 481188, in Bangkok 02 562 0760; www.dnp.go.th; Rte 4144; Bungalows 800–1000 B) Auf einem ruhigen, schattigen Gelände, 8,5 km südlich des Zentrums von Phang-Nga, stehen schlichte Bungalows mit Klimaanlage, die jeweils Platz für zwei bis drei Personen bieten. Am Ufer gibt's ein einfaches thailändisches Restaurant.

An- & Weiterreise

Vom Zentrum Phang-Ngas fährt man auf dem Hwy 4 ca. 7 km Richtung Süden und biegt dann nach links auf die Rte 4144 ab und erreicht nach 2,6 km die Parkverwaltung in Tha Dan. Gegenüber der Parkverwaltung befindet sich die Anlegestelle, an der man Boote zur Erkundung des Parks mieten kann. Alternativ nimmt man ein *sŏrng·tăa·ou* nach Tha Dan (30 B).

BUSSE AB PHANG-NGA

ZIEL	PREIS (B)	DAUER (STD.)	HÄUFIGKEIT
Bangkok (VIP)	829	12	16, 17, 19, 20 Uhr
Bangkok (1. Klasse)	533–622	12	8.40, 15, 16.30, 17.30, 18.30, 19.30 Uhr
Hat Yai	265	6	8.50, 9.50, 10.50, 12.50, 13.50 Uhr
Krabi	80	1½	stündl. 7.30–18 Uhr
Phuket	80	1½	stündli. 5.30–17.30 Uhr
Ranong	170	5	10.15 Uhr
Surat Thani	150	4	9.30, 11.30, 13.30, 15.30 Uhr
Trang	175	3½	stündl. 8–16.20 Uhr

Ko Yao เกาะยาว

Dank der Berge im Inselinneren, der unberührten Strände, der reichen und vielfältigen Vogelwelt und der freundlichen Bevölkerung aus muslimischen Fischern sind Ko Yao Yai und Ko Yao Noi entspannte Ausgangspunkte, um in die Karstlandschaft von Ao Phang-Nga einzutauchen. Die Inseln gehören zwar zum Nationalpark Ao Phang-Nga (S. 311), sind aber von Phuket und anderswo aus leicht zugänglich.

Ko Yao Noi ist kleiner als die Nachbarinsel, aber auf ihr leben die meisten Menschen. Die kleine, ganzjährig ansässige Bevölkerung lebt vom Fischen, dem Anbau von Kokospalmen und dem Tourismus. Die Insel ist kein klassisches Strandziel: die Buchten an der Ostküste, an der die meisten Resorts liegen, werden bei Ebbe zu Schlickwatt. Aber der **Hat Pasai** (Ko Yao Noi) an der Südostküste und der **Hat Paradise** (Ko Yao Noi) an der Nordostküste sind einfach prächtig.

Ko Yao Yai ist doppelt so groß und weniger erschlossen als die Nachbarinsel. Die am besten zugänglichen Strände sind der **Hat Lo Pared** (Ko Yao Yai) an der Südwestküste und der puderweiße **Hat Chonglard** (Ko Yao Yai) an der Nordostküste.

Aktivitäten

Über die Pensionen oder Anbieter an den Anlegestellen lassen sich problemlos ganztägige Drei-Insel-Schnorcheltouren (2000 B) durch Ao Phang-Nga vereinbaren.

Kajaks (500 B/Tag) kann man auf Ko Yao Noi an vielen Stellen ausleihen, darunter bei Sabai Corner.

Amazing Bike Tours (S. 322) veranstaltet von Phuket aus beliebte Tagestouren für kleine Gruppen nach Ko Yao Noi. Wer die vielen unbefestigten Straßen auf Ko Yao Noi oder Ko Yao Yai auf eigene Faust erkunden will, kann in vielen Pensionen Räder (250 B/Tag) mieten; auf Ko Yao Noi ist die Auswahl größer.

Elixir Divers TAUCHEN
(☎ 087 897 0076; www.elixirdivers.com; 2/3 Mu 3, Ko Yao Yai; 2 Tauchgänge 2900–3900 B; ⏲ Okt.–April) Ko Yao Yais einzige Tauchschule ist ein kompetenter Veranstalter, der eine Reihe von PADI-Kursen, Tagestouren mit zwei Tauchgängen vor Ort und in Ko Phi-Phi, Touren mit Übernachtung nach Hin Daeng, Hin Muang und zu den Similan-Inseln (22 900 B) sowie Schnorchelausflüge nach Ao Phang-Nga, Krabi und Ko Phi-Phi anbieten. Elixir sorgt auch für den Hin- und Rücktransport von Travellern, die auf Ko Yao Noi übernachten.

Mountain Shop Adventures KLETTERN
(☎ 083 969 2023; www.facebook.com/mountainshopadventures; Tha Khao, Ko Yao Noi; halber Tag 3200 B; ⏲ 9–19 Uhr) Auf Ko Yao Noi gibt's mehr als 150 Kletterpfade, die Inhaber Mark überwiegend selber erschlossen hat. Angeboten werden Touren für Anfänger und Fortgeschrittene; oft fährt man dabei per Boot zu abgelegenen Kalksteinklippen.

Marks improvisiertes Büro liegt von der Anlegestelle Tha Kao gleich die Straße hinunter. Am besten nimmt man vorab mit ihm Kontakt auf.

Island Yoga YOGA
(☎ 087 387 9475; www.thailandyogaretreats.com; 4/10 Mu 4, Hat Tha Khao, Ko Yao Noi; Kurs 600 B) Die beliebte Yoga-Schule veranstaltet täglich um 10 Uhr Sitzungen, bei denen man vorbeikommen kann, Kurse mit Anmeldung um 7.30 und 16.30 Uhr sowie mehrtägige Yoga- und Tai-Chi-Klausuren.

Schlafen & Essen

Fast alle Unterkünfte auf Ko Yao Noi befinden sich an der Ostküste. Je weiter man nach Norden kommt, umso rauer wird die Straße, und Läden und Restaurants finden sich nur noch sehr selten. Auf Ko Yao Yai

---

INSIDERWISSEN

PRÄHISTORISCHE KUNST

Auf vielen Kalksteininseln von Ao Phang-Nga finden sich prähistorische Felskunststätten mit Felsmalereien und Felsritzungen an den Wänden und Decken von Höhlen, unter Felsüberhängen, an Klippen und Felsmassiven. Felskunst sehen kann man in Khao Khian, Ko Panyi, Ko Raya, Tham Nak und Ko Phra At Thao. Die Bilder in **Khao Khian** (der am stärksten besuchten Felskunststätte) zeigen menschliche Figuren, Fische, Krabben, Garnelen, Fledermäuse, Vögel und Elefanten, aber auch Boote, Waffen und Angelgerät und beziehen sich offenkundig auf die gemeinsame, lebenswichtige Arbeit des Fischens im Meer. Die meisten Malereien sind monochrom, einige aber mit Randlinien in Gelborange, Blau, Grau und Schwarz.

gibt's weniger Unterkünfte und Verpflegungsmöglichkeiten.

Ko Yao Noi

Hill House BUNGALOWS $$
(089 593 9523; www.hillhouse-kohyaonoi.com; Hat Tha Khao, Ko Yao Noi; Zi. 1100–1300 B;) Die freundliche, schlichte Anlage an einem Hang umfasst gepflegte Bungalows aus dunklem Holz mit Warmwasser, Ventilator und Moskitonetzen. Von den Hängematten auf den Terrassen hat man einen schönen Blick durch die Bäume auf die Karstfelsen von Ao Phang-Nga.

Sabai Corner Bungalows PENSION $$
(076 597497; www.sabaicornerbungalows.com; Hat Khlong Jark, Ko Yao Noi; Bungalows 1000–1900 B;) Die schlichten Bungalows mit brummenden Ventilatoren, Moskitonetzen und Terrassen mit Hängematten liegen auf einer felsigen Landzunge und haben einen prächtigen Blick aufs Meer. Seltsamerweise fehlen Verbindungstüren zu den Bädern; man muss nach draußen gehen, um zu ihnen zu gelangen. Das gute, entspannte **Uferrestaurant** (Hauptgerichte 95–300 B; 8–22 Uhr) ist prima zum Abhängen und vermietet Kajaks.

Ko Yao Island Resort RESORT $$$
(076 597474; www.koyao.com; 24/2 Mu 5, Hat Khlong Jark, Ko Yao Noi; Villen 7400–19 900 B;) Die offenen, strohgedeckten Bungalows bieten einen heiteren Blick über den von Bäumen beschatteten Garten und den zum Strand gerichteten Infinity Pool bis hin zum weißen Strand. Uns gefielen die anmutigen, luftigen, fast an Safarizelte erinnernden Villen mit ihren Terrassen, auf denen Ventilatoren für Kühlung sorgen, und den halb offenen Badezimmern. Es gibt einen schicken Restaurant- und Barbereich, und der Service ist erstklassig.

Suntisook BUNGALOWS $$$
(075 582750, 089 781 6456; www.facebook.com/suntisookkoyaonoi; 11/1 Mu 4, Hat Tha Khao, Ko Yao Noi; Zi. 2000–2200 B;) Die komfortablen, frischen, nicht besonders großen Bungalows aus lackiertem Holz verteilen sich über eine prächtige Gartenanlage, die nur Meter von einem ruhigen Strand entfernt ist. Alle Bungalows haben geräumige Veranden mit Hängematten, Kühlschränke und Topfpflanzen. Die Anlage wird von einer hilfsbereiten thailändischen Familie, die Englisch spricht, effizient geführt. Sie betreiben vor Ort auch ein gutes, authentisches **Restaurant** (Hauptgerichte 60–150 B; 7.30–21 Uhr;). Kajaks werden vermietet. In der Nebensaison (Mai–Okt.) ist die Anlage manchmal zeitweilig geschlossen.

Chaba Café INTERNATIONAL $
(087 887 0625; Hat Khlong Jark, Ko Yao Noi; Hauptgerichte 80–220 B; Mo–Sa 9–17 Uhr;) Das niedlich-rustikale Café hinter dem nördlichen Abschnitt des Hat Khlong Jark hat auch eine kleine Galerie und ist geprägt von Pastellfarben, Wänden aus Treibholz und sanfter Musik. Zu dem auf Bio-Zutaten ausgerichtetem Angebot gehören mit Honig gesüßte Säfte, Shakes mit Kokosmilch und Avocado, Chrysanthemen-Tee sowie selbst gebackene Panini, Kekse und Kuchen, Suppen, Pasta und Thai-Gerichte.

Pizzeria La Luna ITALIENISCH $$
(085 0689 4326; zw. Hat Khlong Jark & Hat Tha Khao, Ko Yao Noi; Hauptgerichte 170–320 B; 15–22 Uhr;) Das entspannte, halb offene Straßenrestaurant hat eine große Auswahl an Holzofenpizzas, darunter auch vegetarische, und in der Hauptsaison (Okt.–Mai) auch hausgemachte Pasta, Salate, Kuchen und Vorspeisen. An der Holztheke kann man auch prima einfach nur einen Cocktail schlürfen.

★ **Rice Paddy** INTERNATIONAL, THAILÄNDISCH $$$
(076 454255, 082 331 6581; Hat Pasai, Ko Yao Noi; Hauptgerichte 180–890 B; 12–22 Uhr, Mai–Okt. 18–22 Uhr;) Das niedliche, ganz in Holz aufgemachte Restaurant mit thailändischen und internationalen Gerichten liegt an der Ecke zur Straße am südwestlichen Ende des Hat Pasai. Es gehört Deutschen und ist etwas Besonderes. Zu den leckeren Speisen gehören kurz gebratenes *sôm đam* (würziger grüner Papaya-Salat), fantastische Falafel und Hummus sowie würzige, mit Früchten verfeinerte Currys und frische Salate. Es gibt auch ausgezeichnete vegetarische Gerichte und anständige Cocktails.

Zum Zeitpunkt der Recherche gab es Gerüchte, dass das Restaurant an einen neuen Standort auf der Insel umziehen wollte.

Ko Yao Yai

Thiwson Beach Resort BUNGALOWS $$$
(081 956 7582; www.thiwsonbeach.com; 58/2 Mu 4, Hat Chonglard, Ko Yao Yai; Zi. Inkl. Frühstück 2000–3600 B;) Mit Abstand die netteste unter den bescheideneren Bungalow-Anlagen auf der Insel. Die ordentlichen,

NACHHALTIGES SPA

Wer sich die Anstrengungen des Kletterns, Kajak- und Radfahrens gründlich herausmassieren lassen will, ist im naturverbundenen, eleganten **Six Senses Spa** (☎076 418500; www.sixsenses.com; 56 Mu 5, zw. Hat Khlong Jark & Hat Tha Khao, Ko Yao Noi; Anwendungen 4200–25 000 B; ⏲8–21 Uhr) genau richtig. Die Therapeuten dieses auf Stelzen stehenden „Spa-Dorfs" sind in Massagetraditionen und Naturheilverfahren aus China, Indien und Thailand ausgebildet. Wer sich noch länger verwöhnen lassen will, übernachtet in einer der 56 **Poolvillen** (☎076 418500; www.sixsenses.com; 56 Mu 5, zw. Hat Khlong Jark & Hat Tha Khao, Ko Yao Noi; Villa mit Frühstück 35 000–66 000 B; ❄📶🏊) 🍃 dieser Fünf-Sterne-Anlage am Hang, die sehr der ökologischen Nachhaltigkeit verpflichtet ist.

mit Stroh oder Wellblech gedeckten Hütten haben polierte Fußböden, Freiluftbäder und breite Terrassen. Sie blicken über den Pool hinweg auf den Strand an der Nordostküste, den schönsten der Insel. Die Bungalows direkt am Strand sind die größten, aber die Zimmer mit Ventilator sind in der Nebensaison ein echtes Schnäppchen.

Glow Elixir RESORT $$$
(☎087 808 3838; www.glowhotels.com/elixir; 99 Mu 3, Prunai, Ko Yao Yai; Bungalows mit Frühstück 9100–23 200 B; ❄@📶🏊) Neben seinem eigenen seidenweichen Strandabschnitt im Südwesten der Insel bietet das älteste der Vier-Sterne-Resorts auf Yao Yai am Strand und an einem Hang stehende Spitzdachvillen in typisch thailändischem Stil. Sie besitzen dunkle Holzfußböden, Freiluftduschen und Keramik-Waschbecken in Fischgestalt. Zu einigen Villen gehört auch ein privater Pool. Man genießt den spektakulären Sonnenuntergang über Phuket und die Massage-Pagoden. In der Hauptsaison steht auch ein Tauchzentrum (S. 312) zur Verfügung.

Koh Yao Yai Village RESORT $$$
(☎076 363700; www.kohyaovillage.com; 78 Mu 4, Ko Yao Yai; Zi. 4300–10 200 B; ❄📶🏊) Das umweltfreundliche Resort ist gehoben, aber preislich nicht abgehoben. Es bietet sehr große, elegant möblierte Villen mit Badezimmern im Freien. Die Anlage steht hoch oben in den Bäumen und bietet eine spektakuläre Aussicht über das Meer nach Phuket. Es gibt einen wunderbaren Infinity Pool, ein Spa und ein Restaurant. Die Lage ist praktisch, um an den Hat Chonglard zu kommen, den besten Strand auf der Insel.

ℹ Praktische Informationen

In Ta Khao, der größten Siedlung auf Ko Yao Noi, gibt's Geldautomaten und ein paar weitere an der Ostküste. Es gibt auch einen Geldautomaten an der Anlegestelle von Tha Bang Rong (S. 319) auf Phuket, von der Boote nach Ko Yao ablegen.

Auf Ko Yao Yai finden sich ein paar Geldautomaten. Es ist klug, Bargeld mitzunehmen; andernfalls kann man in die Verlegenheit kommen, nach Tha Bang Rong zurückfahren zu müssen, um an Bargeld zu kommen.

ℹ An- & Weiterreise

VON/NACH AO NANG

Von November bis April legt um 11 Uhr ein Schnellboot von der Anlegestelle am Hat Noppharat Thara nach Ko Yao Noi und Ko Yao Yai ab (jeweils 650 B, 45 Min.). Von dort fährt es weiter zum Tha Bang Rong in Phuket und kehrt gegen 15 Uhr zurück.

VON/NACH KO PHI-PHI

Von Oktober bis April fahren drei Schnellboote pro Woche von/nach Ko Phi-Phi (500 B) und Ko Lanta (500 B).

VON/NACH KRABI

Zwischen 9 und 17.30 Uhr verkehren täglich häufig Longtail-Boote (150 B) zwischen der Tha Khao auf Ko Yao Noi und der Tha Len in Krabi (33 km nordwestlich der Stadt Krabi). Von der Tha Len fahren *sŏrng·tăa·ou* (100 B) über Krabis Busbahnhof zur Th Maharat in Krabi.

VON/NACH PHANG-NGA

Von der Tha Dan in Phang-Nga legt um 13 Uhr eine Fähre nach Ko Yao Noi ab (200 B, 1½ Std.), die um 7.30 Uhr zurückkehrt.

VON/NACH PHUKET

Von Phukets Tha Bang Rong gibt's täglich Schnellboote (200 B, 30 Min., 7.50, 8.40, 9.15, 9.50, 10.30, 11.30, 13.30, 14.30, 17 & 17.40 Uhr) sowie Longtail-Boote (120 B, 1 Std., 9.15, 12.30 & 17 Uhr) nach Ko Yao Noi. Manche Boote legen unterwegs an der Tha Klong Hia auf Ko Yao Yai (200 B, 25 Min.) an. Zwischen 6.30 und 16.40 Uhr fahren die Boote nach Phuket zurück.

Von Tha Bang Rong fahren Taxis zu den Resorts auf Phuket (600–800 B); täglich fahren auch *sŏrng·tăa·ou* (40 B) nach Phuket (Stadt) (7, 8.30, 11 & 14.30 Uhr).

Unterwegs vor Ort

Zwischen der Tha Manok auf Ko Yao Noi und der Tha Klong Hia auf Ko Yao Yai sind häufig Shuttleboote im Einsatz (50 B). Auf den Inseln sind *túk-túks* unterwegs (einfache Strecke ca. 150 B). Die meisten Pensionen vermieten Motorräder (250–300 B/Tag). Die Fahrt mit dem *sŏrng·tăa·ou* zu den Resorts kostet 100 B.

UMWELTFREUNDLICHE TOUREN

Unsere Empfehlung: Eine Radtour (S. 322) machen und auf die hinsichtlich Tier- und Umweltschutz fragwürdigen Elefantenritte und Geländewagentouren, die auf Phuket angeboten werden, verzichten.

PROVINZ PHUKET

Zunächst einmal zur Aussprache: Das „Ph" in „Phuket" (ภูเก็ต) wird als „P" und nicht als „F" ausgesprochen. Auf der größten Insel Thailands hat man kaum je das Gefühl, vollständig von Wasser umgeben zu sein. Andererseits findet deshalb hier auch jeder ein Plätzchen.

Phuket verspricht derart viele abwechslungsreiche Erlebnisse – Strandurlaub, Kultur, Tauchen, fabelhaftes Essen, Hedonismus und ganzheitliche Vergnügungen –, dass Besucher die Qual der Wahl haben. Jeder Strand ist anders, von den gehobenen Resorts von Surin und Ao Bang Thao über das familienorientierte Rawai bis zum Sündenpfuhl von Patong mit ihren verkaterten Partymachern und Go-Go-Girls.

An der Ostküste liegt die kulturbeflissene Hauptstadt Phuket (Stadt), und im Norden finden sich Wildschutzgebiete und Nationalparks.

Aktivitäten

An Aktivitäten mit Nervenkitzel (Bungee-Jumping, Seilrutschen) herrscht auf Phuket kein Mangel. Die Sicherheitsstandards und die Qualität der Ausrüstung variieren – es hat schon schwere, auch tödliche Unfälle gegeben. Deshalb sollte man Erkundigungen einholen und, wenn man irgendwelche Bedenken hat, auf das Abenteuer lieber verzichten.

Tauchen & Schnorcheln

In Bezug auf die Top-Tauchspots in der Andamanensee liegt Phuket beneidenswert zentral. Die vielgerühmten Similan-Inseln sind 100 km nordwestlich, und Dutzende Tauchstätten finden sich rund um die Inseln Ko Phi-Phi und Ko Lanta, die 40 bzw. 72 km südöstlich liegen. Die Touren zu diesen Zielen sind von Phuket aus etwas teurer als von etwas näher gelegenen Orten, da man die Überführungskosten berappen muss.

Die meisten Veranstalter in Phuket bringen ihre Kunden zu den neun Tauchgebieten rund um die Insel, z. B. **Ko Raya Noi** und **Ko Raya Yai** (auch Ko Racha Noi bzw. Ko Racha Yai genannt), aber diese Stätten rangieren nicht so hoch auf der Hitliste. Am besten ist noch das Riff vor der Südspitze von Raya Noi, wo es Weichkorallen und jede Menge Meeresfische gibt, aber in der Regel bleibt es erfahrenen Tauchern vorbehalten. Mantas und Marmor-Zitterrochen werden hier oft erspäht, gelegentlich auch Walhaie.

Eintägige Touren (mit 2 Tauchgängen) zu nahen Spots beginnen ab 3000 B. Wer nicht tauchen oder nur schnorcheln will, kann meist zu deutlich geringeren Preisen mitfahren. Open-Water-Zertifikate mit dreitägiger Ausbildung gibt's für 11 480 bis 18 400 B. Manche Schulen erheben eine zusätzliche Gebühr von 500 B für die Ausrüstung.

In Phuket veranstalten viele Anbieter auch Tauchexpeditionen mit Übernachtung an Bord, die zu den Similan-Inseln (S. 307) oder zum Mergui-Archipel in Myanmar führen.

Direkt vor Phuket sind die Bedingungen zum Schnorcheln nicht wirklich berauschend, aber Brille, Schnorchel und Flossen kann man in den meisten Hotelanlagen ausleihen (200 B/Tag). Wegen größerer Sichtweiten und einer artenreicheren Fauna sind die Bedingungen zum Tauchen und Schnorcheln vor den Küsten der kleinen vorgelagerten Inseln wie Ko Raya Yai und Ko Raya Noi deutlich besser.

Wie auch sonst in der Andamanensee sind die Monate von November bis April die besten zum Tauchen. Dann herrscht gutes Wetter, und die See ist glatt und klar. Die meisten Tauchveranstalter arbeiten aber auch in der Nebensaison – sofern das Wetter mitspielt. Dann sind die Ausflüge wesentlich günstiger.

Die zu empfehlenden Tauchschulen haben Filialen überall auf der Insel, darunter in Patong (S. 332), Kata (S. 338) und Karon (S. 341).

Surfen

Als Surfziel ist Phuket noch ein Geheimtipp. Sobald im Sommer der Monsun beginnt,

Phuket (Provinz)

Phuket (Provinz)

Highlights
1 Großer Buddha ... B6

Sehenswertes
2 Bang-Niew-Schrein ... C5
3 Chalong Bay Rum ... B6
4 Chow-Lair-Dorf ... C5
5 Hat Mai Khao ... A2
6 Hat Nai Thon ... A3
7 Hat Nai Yang ... A2
8 Denkmal der Heldinnen ... B4
9 Khao Phra Thaew Royal Wildlife & Forest Reserve ... B3
10 Khao Rang ... C5
Nam Tok Bang Pae ... (siehe 13)
11 Nam Tok Ton Sai ... B3
12 Phuket Aquarium ... C6
13 Phuket Gibbon Rehabilitation Project ... C3
14 Sirinat National Park ... B2
15 Sui-Boon-Tong-Schrein ... C5
16 Thalang National Museum ... B4
17 Wat Sireh ... C5
18 Wat Suwan Khiri Wong ... B5

Aktivitäten, Kurse & Touren
19 Amazing Bike Tours ... B5
20 Atsumi ... B6
Banyan Tree Spa ... (siehe 32)
21 Bob's Kite School ... B6
22 Cable Jungle Adventure Phuket ... B3
Cool Spa ... (siehe 12)
Coqoon Spa ... (siehe 7)
23 John Gray's Seacanoe ... B5
Kiteboarding Asia ... (siehe 7)
24 Phuket Elephant Sanctuary ... C3
25 Phuket Riding Club ... B2
26 Phuket Thai Cookery School ... C5
27 Phuket Wake Park ... B5
28 Sea Fun Divers ... A5
29 Soi Dog ... B2
30 Splash Jungle ... B2

Schlafen
31 Anantara Phuket Layan ... A3
32 Banyan Tree ... A3
Discovery Beach Resort ... (siehe 7)
Panwa Boutique Beach Resort ... (siehe 12)
33 Pensiri House ... B3
34 Point Yamu by Como ... C4
Pullman ... (siehe 6)
Unterkunft im Sirinat National Park ... (siehe 14)
Slate ... (siehe 7)
Sri Panwa ... (siehe 12)

Essen
35 Bang Rong Seafood ... C3
Breeze Restaurant ... (siehe 34)
36 Coconut Tree ... A3
Elements ... (siehe 6)
37 Kaab Gluay ... B5
Mr. Kobi ... (siehe 7)
38 Nachtmarkt ... D4
39 Som Tum Lanna ... B6
40 Taste Bar & Grill ... B3

Unterhaltung
41 Phuket Simon Cabaret ... A5

Shoppen
42 Wochenendmarkt ... B5

Praktisches
43 Phuket International Hospital ... B5

türmt sich das Meer zu rollenden Wogen auf. Die besten Wellen gibt's von Juni bis September, und dann finden auch die jährlichen Surfwettbewerbe am Hat Kata Yai (S. 337), Phukets beliebtestem Surfspot, sowie am Hat Kalim gleich nördlich von Patong statt. Phuket Surf (S. 338) hat sich am Südende des Kata Yai nahe der besten Stelle niedergelassen, an der die Wellen bis zu 2 m hoch werden. Vor dem Jachtclub am **Hat Nai Han** (หาดในหาน; Karte S. 330) gibt es sogar noch höhere Wellen (bis zu 3 m). Vorsicht: Sowohl am Kata als auch am Nai Han gibt es einen heimtückischen, lebensgefährlichen Brandungsrückstrom!

Am geschützten Strand von **Hat Kalim** brechen sich konstante, bis zu 3 m hohe Wellen. Diese hohl brechenden Wellen gelten als die besten der Insel. Am nördlichsten Abschnitt des Hat Kamala (S. 342) gibt es gute, 3 m hohe Wellen direkt am Strand. 1 km weiter nördlich gibt es am Strand von **Laem Singh** (แหลมสิงห์), der durch eine große Landzunge vom Wind geschützt ist, richtig große und schnelle Wellen, während die Surfbedingungen am Hat Surin (S. 344) zu den anspruchsvollsten auf Phuket gehören.

Hat Nai Yang (S. 348) hat eine konstante, aber leichte Brandung, die sich bereits mehr als 200 m vor der Küste bricht. Bessere Wellen gibt es am **Hat Nai Thon**; die Wellengänge werden mehrmals im Jahr bis zu 3 m hoch.

In der Nebensaison kann man an den meisten der genannten Strände Surfbretter leihen (150–300 B/Std.).

Seekajakfahren

Mehrere in Phuket ansässige Veranstalter bieten Kanutouren durch die malerische

DER GROSSE BUDDHA VON PHUKET

Der **Große Buddha** (พระใหญ่; Karte S. 316; www.mingmongkolphuket.com; abseits der Rte 4021; ⌚6–19 Uhr) GRATIS thront prächtig auf dem Nakkerd Hill, dem schönsten Aussichtspunkt auf Phuket, nordwestlich vom Verkehrskreisel in Chalong. Die 45 m hohe Figur ist von der halben Insel aus sichtbar. Die Anlage ist ein wenig touristisch, aber bimmelnde Glöckchen und wehende Flaggen vermitteln einen munteren Eindruck. Unter dem Zeltdach des goldenen Schreins erweist man seine Verehrung und steigt dann hinauf auf die Plattform, von wo aus man in die schöne Bucht von Kata und auf den schimmernden Strand von Karon blickt und im Südosten die winzigen Kanalinseln in der Bucht von Chalong erkennen kann.

Von der Rte 4021 folgt man 1 km nördlich des Verkehrskreisels in Chalong der Ausschilderung. Die 6 km lange Landstraße führt nach Westen steil hinauf, vorbei an Terrassen mit Bananenplantagen und dichten Waldstücken.

Bucht von Ao Phang-Nga mit ihren hohen Karstfelsen, die nordöstlich von Phuket nahe dem Festland aus dem Meer ragen. Mit Kajaks gelangt man auch in halb unter Wasser stehende Höhlen, die für Longtail-Boote unbefahrbar sind. Im Preis einer ganztägigen Paddeltour (ca. 4000 B/Pers.) sind die Mahlzeiten, die Ausrüstung und der Transport per Boot inbegriffen. Einige Veranstalter bieten Kajak- und Camping-Pauschaltouren nach Ao Phang-Nga und zum Khao Sok National Park (3 Tage ab 13 500 B, 6 Tage ab 23 500 B). John Gray's Seacanoe (S. 322) ist der beste und bekannteste Anbieter auf der Insel.

Kitesurfen

Wie überall erfreut sich dieser Trendsport auch auf Phuket zunehmender Beliebtheit. Die besten Strände dafür sind Hat Nai Yang (S. 348; April–Okt.) und Rawai (S. 329; Mitte Okt.–März). Alle genannten Anbieter sind Mitglieder der International Kiteboarding Organisation (www.ikointl.com).

Jachtsport

Phuket gehört zu den Zielen in Südostasien, die besonders oft von Jachten angesteuert werden. An den Küsten liegen die unterschiedlichsten Schiffe vor Anker – von 80 Jahre alten Holzschaluppen bis hin zu den modernsten Hightech-Motorjachten.

An mehreren Orten gibt es Jachthäfen mit ganzjährigen Liegeplätzen. Auskunft über die aktuellen Hafenformalitäten sollte man vorab bei den Marinas einholen. In der Hauptsaison zahlt man für das Chartern eines Boots ohne Skipper pro Tag mindestens 11 300 B.

Wasserparks

Splash Jungle WASSERPARK

(Karte S. 316; ☎076 372111; www.splashjunglewaterpark.com; 65 Mu 4, Soi 4, Mai Khao; Erw./Kind 1450/700 B; ⌚10–18 Uhr) In Sichtweite des Flughafens von Phuket bietet dieser große Wasserpark einen Wellenpool, einen Kinderpool mit Wasserkanonen, 12 bunte, kurvenreiche Wasserrutschen für alle Altersgruppen, eine „Super-Bowl"-Rutsche und – eine Bar für alle, die zwischendurch eine Pause einlegen wollen. Für 400 B pro Person extra wird man von seinem Hotel abgeholt und wieder zurückgebracht. Kinder unter 5 Jahren sind kostenlos mit dabei.

Phuket Wake Park WASSERSPORT

(Karte S. 316; ☎076 510151; www.phuketwakepark.com; 86/3 Mu 6, Th Vichitsongkram, Kathu; Erw./Kind 2-stündiger Besuch 750/350 B, Tageskarte 1250/650 B; ⌚9–18 Uhr; 👪) Hier kann man sich vor der Hügelkulisse auf Kathus prächtigem See mit dem Wakeboard vergnügen. Der Veranstalter wendet sich hauptsächlich an Teenager und größere Kinder. Man kann zwei Stunden oder einen ganzen Tag auf dem See unterwegs sein, außerdem gibt's auch Wakeboarding-Kurse (1000 B/Std.). Die Ausrüstung kann gemietet werden (500 B), und auch ein Shuttledienst von/zu den Hotels ist vorhanden.

Kurse

Thai-Kochkurse werden in Kata (S. 339), Phuket (Stadt) (S. 322), Ko Sireh (S. 329) und Patong (S. 333) angeboten.

Praktische Informationen

GEFAHREN & ÄRGERNISSE

➡ Auf den Fernstraßen Phukets werden jedes Jahr Tausende von Menschen verletzt oder getötet. Wer trotzdem nicht auf ein Motorrad verzichten will, sollte sich mit solchen Gefährten auskennen und keinesfalls auf den Schutzhelm verzichten. Im Preis der Vermietung ist nur selten eine Versicherung enthalten.

- Besondere Vorsicht ist an der Straße von Patong nach Karon sowie von Kata zum Gebiet Rawai–Hat Nai Han geboten, denn es gibt Berichte von nächtlichen Überfällen, bei denen die Gangster ihre Opfer auf Motorrädern verfolgten und auch vor dem Einsatz von Messern nicht zurückschreckten.
- Frauen sollten es sich zweimal überlegen, ehe sie sich oben ohne (was in Thailand sowieso absolut tabu ist) oder (vor allem an einsamen Stränden) ohne Begleitung in die Sonne legen, da gelegentlich sexuelle Übergriffe vorkommen.
- Nachts oder am frühen Morgen sollte man nicht alleine joggen gehen.

INFOS IM INTERNET

Zu den örtlichen englischsprachigen Zeitungen gehören:

Phuket Gazette (www.phuketgazette.net) Wöchentliche Infos zu inselweiten Aktivitäten, Restaurants und Unterhaltungsangeboten, garniert mit den neuesten Skandalen.

Phuket News (www.thephuketnews.com) Eine weitere Quelle für aktuelle Nachrichten zur Insel und dem lokalen Leben.

MEDIZINISCHE VERSORGUNG

Die örtliche medizinische Versorgung ist generell gut. Die örtlichen Krankenhäuser verfügen über moderne Geräte, Notaufnahmen und Einrichtungen zur ambulanten Versorgung.

Die meisten Tauchunfälle werden im **Phuket International Hospital** (S. 306) versorgt, das über eine Dekompressionskammer verfügt.

TOURISTENINFORMATION

Büros der **Touristeninformation** (Karte S. 321; Th Thalang; ⌚9–16.30 Uhr) finden sich in Phuket (Stadt). Polizeiwachen gibt's an allen größeren Stränden.

ℹ An- & Weiterreise

BUS & MINVAN

Die Fernbusse nutzen den **Busbahnhof Phuket, Terminal 2** (S. 327) 4 km nördlich von Phuket (Stadt).

Die Reisebüros auf Phuket verkaufen Tickets (Preis für die Fähre enthalten) für klimatisierte Minivans zu Zielen in Südthailand, darunter nach Krabi, Ranong, Trang, Surat Thani, Ko Samui und Ko Pha-Ngan. Der Preis ist in der Regel etwas höher als für den Bus.

FÄHRE & SCHNELLBOOT

Die **Tha Rassada** (Karte S. 316; Tha Rassada), 3 km südöstlich von Phuket (Stadt), ist die Hauptanlegestelle der Boote nach Ko Phi-Phi, Krabi, Ao Nang, Ko Lanta, zu den Trang-Inseln, nach Ko Lipe und sogar zur Insel Pulau Langkawi in Malaysia (wo es Fährverbindungen nach Penang gibt). Weitere Boote nach Krabi und Ao Nang (über Ko Yao) starten von der **Tha Bang Rong** (Karte S. 316; Tha Bang Rong), 26 km nördlich der Tha Rassada.

FLUGZEUG

Der **Phuket International Airport** (☎076 632 7230; www.phuketairportthai.com; Phuket Airport) liegt 30 km nordwestlich von Phuket (Stadt). Die Fahrt von dort zu den Stränden im Süden dauert 45 bis 60 Minuten. Eine Reihe von Fluglinien fliegen Ziele im Inland an.

ℹ Unterwegs vor Ort

Der öffentliche Nahverkehr auf Phuket ist eine Katastrophe und zwingt Besucher, entweder am einmal gewählten Strand zu bleiben, sich ein Auto oder Motorrad zu mieten oder auf stark überteuerte Taxis oder *túk-túks* zurückzugrei-

FLÜGE VON/NACH PHUKET

ZIEL	HÄUFIGKEIT	PREIS (B)	FLUGLINIE
Bangkok (Don Muang)	14-mal tgl.	1600	Air Asia
Bangkok (Don Muang)	8-mal tgl.	1680	Nok Air
Bangkok (Suvarnabhumi)	7- bis 9-mal tgl.	1700	Bangkok Airways
Bangkok (Suvarnabhumi)	9- bis 10-mal tgl.	2500	THAI
Chiang Mai	3-mal tgl.	2100	Air Asia
Dubai	1- bis 2-mal tgl.	16 370	Emirates
Hat Yai	tgl	1600	Bangkok Airways
Hong Kong	tgl	3800	Air Asia
Ko Samui	4- bis 5-mal tgl.	3300	Bangkok Airways
Kuala Lumpur	5-mal tgl.	2200	Air Asia
Seoul	tgl	12 800	Korean Air
Shanghai	2-mal tgl.	7350	China Eastern
Singapur	tgl	2000	Air Asia

TAXIS IN PHUKET

Taxis sind auf Phuket weiterhin mächtig überteuert. Für die 15-minütige Fahrt vom Hat Karon zum Hat Patong werden beispielsweise 400 B verlangt. Preistafeln verkünden den *Höchstpreis* zu bestimmten Zielen, aber die Fahrer lassen sich kaum von diesem Preis herunterhandeln.

Um Abzocke zu vermeiden, sollte man sich die Telefonnummer eines Taxis mit Taxameter notieren und während seines Aufenthalts immer nur denselben Fahrer bestellen. Am leichtesten geht das, wenn man gleich bei der Ankunft ein Taxameter-Taxi vom Flughafen nimmt (dort sind sie am leichtesten greifbar). Die Taxis mit Taxameter stehen 50 m rechts vom Ausgang des Ankunftsterminals. Der festgelegte Preis beträgt 50 B für die ersten 2 km, 12 B pro Kilometer für die folgenden 15 km und für alle folgenden Kilometer je 10 B; hinzu kommt eine „Flughafensteuer" von 100 B. Vom Flughafen aus werden zu keinem Ziel auf der Insel mehr als 700 B fällig.

Zunehmend beliebter wird in Thailand die Taxi-App Grab (www.grab.com/th). Über Grab gebuchte Taxis nutzen den Taxameter und schlagen eine kleine Einstiegsgebühr auf. Damit sind sie viel günstiger als Taxis, die man auf der Straße heranwinkt. Die Unterkunft kann bei der Buchung von Taxis helfen – viele Hotelangestellte haben die Grab-App und sind daran gewöhnt, damit Taxis für Touristen zu bestellen.

fen. Es fahren zwar *sŏrng·tăa·ou* von Phuket (Stadt) zu den Stränden, aber um von einem Strand zu einem anderen (z. B. vom Hat Surin zum Hat Patong) zu kommen, muss man oft über Phuket (Stadt) fahren, was dann Stunden in Anspruch nimmt.

Phuket (Stadt) เมืองภูเก็ต

☎076 / 78 900 EW

Ehe Flipflops und Selfie-Sticks das Bild bestimmten, war Phuket eine Insel der Kautschukplantagen, Zinnminen und erwerbstüchtigen Kaufleute. Händler aus Arabien, China, Indien und Portugal ließen sich in Phuket nieder und verwandelten die Stadt in einen farbenfrohen Schmelztiegel der Kulturen. Bis heute ist dieses historische Erbe in der Stadt deutlich zu erkennen. Bei einem Bummel durch die Straßen entdeckt man schöne chinesisch-portugiesische Gebäude, die heute Künstlercafés, ausgefallene Galerien, bunte Textilläden und fantastische Restaurants beherbergen. Seitengassen führen zu in Weihrauchschwaden gehüllten chinesisch-taoistischen Schreinen.

Die Altstadt ist das Zentrum der Hipster und lockt insbesondere Künstler und Musiker an. Damit setzt eine schnelle Gentrifizierung ein. Hundert Jahre alte Laden- und Wohnhäuser werden restauriert, und es scheint, als ob jedes zweite Gebäude heute ein trendiges Café mit polierten Betonwänden oder ein skurriles Gästehaus wäre. Doch ist Phuket (Stadt) immer noch ein wunderbarer Ort, um zur Abwechslung von den Stränden mal etwas Kultur zu erleben. Alle Bereiche sind durch ein Netz von *sŏrng·tăa·ou verbunden.*

Sehenswertes

Phuket Thaihua Museum MUSEUM

(พิพิธภัณฑ์ภูเก็ตไทยหัว; Karte S. 321; ☎076 211224; 28 Th Krabi; 200 B; ⏲9–17 Uhr) Das schicke Museum in einer früheren chinesischen Sprachschule zeigt viele Fotos und auf Englisch erläuterte Ausstellungsstücke zur Geschichte Phukets, angefangen von der chinesischen Einwanderung (viele einflussreiche Familien der Stadt sind chinesischer Abkunft), über die Ära der Zinnminen bis zur heutigen Küche, Mode und Literatur. Man erhält zudem einen Einblick in die Geschichte des Gebäudes, das eine bemerkenswerte Mischung europäischer (Art déco, Klassizismus) und chinesischer (das Giebeldach und der Stuck) Architekturstile darstellt.

Shrine of the Serene Light SCHREIN

(ศาลเจ้าแสงธรรม, Saan Jao Sang Tham; Karte S. 321; Th Phang-Nga; ⏲8.30–12 & 13.30–17.30 Uhr) GRATIS Eine Reihe chinesischer Tempel bringen Farbe in die Stadt, besonders stimmungsvoll ist dieser restaurierte Schrein, der sich am Ende einer 50 m langen Gasse versteckt. Die Wände sind mit taoistischen Gravuren verziert, das Deckengewölbe ist vom Weihrauch geschwärzt. Der Altar ist immer mit brennenden Kerzen und frischen Blumen geschmückt. Die Andachtsstätte wurde in den 1890er-Jahren von einer örtlichen Familie errichtet.

Phuket (Stadt)

Phuket (Stadt)

Sehenswertes
1 Jui-Tui-Schrein A3
2 Phuket Philatelic Museum C2
3 Phuket Thaihua Museum B2
4 Shrine of the Serene Light B2
5 Standard Chartered Bank C2

Aktivitäten, Kurse & Touren
Blue Elephant Cooking School .... (siehe 13)
Suay Cooking School .... (siehe 18)

Schlafen
6 Ai Phuket Hostel B2
7 Art-C House D4
8 Casa Blanca C2
9 RomManee B2
10 RomManee Classic B2
11 Tint @ Phuket Town C2

Essen
12 Abdul's Roti Shop C2
13 Blue Elephant A2
14 Indy Market C2
15 Kopitiam by Wilai B2
16 One Chun C2
17 Raya C2
18 Suay B3
19 Surf & Turf by Soul Kitchen C2
20 Torry's Ice Cream Boutique B2

Ausgehen & Nachtleben
21 Bookhemian B2
22 Ka Jok See B3
23 Rockin' Angels B2
24 Timber Hut B1

Shoppen
25 Ban Boran Textiles B2
26 Drawing Room C3
27 Oldest Herbs Shop B2
28 Ranida C2

Praktisches
29 Tourism Authority of Thailand C2
30 Touristeninformation B2

Khao Rang AUSSISCHTSPUNKT
(เขารัง, Phuket Hill; Karte S. 316) Wer sich die Stadt aus der Vogelperspektive anschauen will, sollte zu Fuß oder motorisiert den Khao Rang, 3 km nordwestlich vom Zentrum, aufsuchen. Dank der neuen Aussichtsplattform hat man einen herrlichen Panoramablick über Phuket (Stadt) bis zur Bucht von Chalong, nach Laem Phanwa und zum Großen Buddha (S. 318). Am besten kommt man werktags, wenn es auf dem Gipfel relativ ruhig ist. Oben gibt's auch ein paar Restaurants. Zu Fuß braucht man eine Stunde, sollte den Marsch aber nicht nach Einbruch der Dunkelheit unternehmen. Die Fahrt mit dem Taxi kostet 700 B.

Aktivitäten

★ **John Gray's Seacanoe** KAJAKFAHREN
(Karte S. 316; ☎076 254505; www.johngray-seacanoe.com; 86 Soi 2/3, Th Yaowarat; Erw./Kind ab 3950/1975 B) Der älteste, angesehenste und bei Weitem umweltbewussteste Anbieter von Kajaktouren auf Phuket. Bei der Tour „Hong by Starlight" geht man den Massen aus dem Weg, paddelt in den Sonnenuntergang und bewundert die berühmte nächtliche Bio-Lumineszenz von Ao Phang-Nga. Wie alle beliebten Marken in Thailand wird der Name „Seacanoe" oft von anderen missbraucht und John Grays Touren gnadenlos kopiert. Das Original hat seinen Sitz 3,5 km nördlich von Phuket (Stadt).

Amazing Bike Tours RADFAHREN
(Karte S. 316; ☎087 263 2031, 076 283436; www.amazingbiketoursthailand.asia; 32/4 Th Chaofa; halb-/ganztägige Tour 1900/3200 B) Der sehr zu empfehlende Abenteuer-Veranstalter bietet halbtägige Radtouren für kleine Gruppen durch die Dörfer im Nordosten Phukets, wunderbare Tagestouren rund um Ko Yao Noi sowie anspruchsvollere dreitägige Abenteuerfahrten im Khao Sok National Park (14 900 B) und der Provinz Krabi (15 900 B). Im Preis inbegriffen sind das Fahrrad, der Schutzhelm, Mahlzeiten, Wasser und der Eintrittspreis in die Nationalparks.

MÄRKTE IN PHUKET

Eine wunderbare Art, in Phuket (Stadt) Lokalkolorit zu schnuppern, ist ein Besuch auf den Märkten. Am eindrucksvollsten ist der **Wochenendmarkt** (Karte S. 316; abseits der Th Chao Fa West; ⏲ Sa & So 16–22 Uhr).

Kurse

★ **Suay Cooking School** KOCHEN
(Karte S. 321; ☎081 797 4135; www.suayrestaurant.com; 50/2 Th Takua Pa; Kurs 2500 B/Pers.) Hier lernt man bei einem der besten Köche auf Phuket in seiner besonders relaxten und vergnüglichen Schule. Noy Tammasak führt die Teilnehmer zunächst über den örtlichen Markt und kocht anschließend mit ihnen drei Gerichte, die dann bei einer guten Flasche Wein verspeist werden. Sehr zu empfehlen; mindestens drei Teilnehmer.

Blue Elephant Cooking School KOCHEN
(Karte S. 321; ☎076 354355; www.blueelephantcookingschool.com; 96 Th Krabi; halbtägige Kurse 3296 B; ⏲ Mo–Sa) Hier erlernt man in einem hinreißend restaurierten sino-portugiesischen Gebäude die komplizierte Kunst der thailändischen Königsküche. Angeboten werden halbtägiger Gruppenunterricht (vor- oder nachmittags), aber auch Privatunterricht, bei dem acht vegetarische Gerichte zubereitet werden (7000 B). Bei den Kursen, die vormittags stattfinden, ist ein Marktbesuch inbegriffen. Vorab reservieren!

Schlafen

Phuket (Stadt) bietet unzählige Budgetunterkünfte. Hippe Hostels, Pensionen und Boutiquehotels verteilen sich über die Altstadt.

Ai Phuket Hostel HOSTEL $
(Karte S. 321; ☎076 212881; www.aiphukethostel.com; 88 Th Yaowarat; B 299 B, DZ 700–900 B; ❄@📶) Die Doppelzimmer dieses beliebten, gut organisierten Hostels im Herzen der Altstadt sind klein, haben aber Holzböden und sind mit Schwarzweißfotos dekoriert. Zwei Zimmer haben eigene Bäder. Nicht alle Zimmer haben Fenster, was in der Altstadt nicht selten ist. Die Schlafsäle mit 6 (im Frauen vorbehaltenen Schlafsaal) bis 8 Betten sind ebenfalls fensterlos, aber farbenfroh und sauber. Es gibt Gemeinschaftsbäder aus poliertem Beton mit Warmwasser und im Erdgeschoss eine kleine Lounge zum Abhängen.

Art-C House PENSION $
(Karte S. 321; ☎082 420 3911; ArtCphuket@hotmail.com; 288 Th Phuket; DZ 800 B; 📶) Nicht viele Pensionen verfügen wie das Art-C über eine eigene Kletterwand und drinnen eine (kleinere) Wand zum Bouldern. Außerdem gibt's hier zehn ordentliche Privatzimmer, die fürs teure Phuket durchaus günstig sind. Im Erdgeschoss befindet sich ein Café, und das Personal ist freundlich. Nichtgäste können sich

NICHT VERSÄUMEN

SINO-PORTUGIESISCHE ARCHITEKTUR

Bei einem Spaziergang durch die Th Thalang, die Th Dibuk, die Th Yaowarat, die Th Ranong, die Th Phang-Nga, die Th Rassada und die Th Krabi kann man sich die architektonischen Schätze sino-portugiesischer Architektur in Phuket (Stadt) anschauen. Zu den prächtigsten Gebäuden gehören die **Standard Chartered Bank** (ธนาคารสแตนดาร์ดชาร์เตอร์ด; Karte S. 321; Th Phang-Nga), Thailands älteste ausländische Bank, das **THAI-Büro** (Karte S. 321; ☎076 360444; www.thaiairways.com; 78/1 Th Ranong, Phuket (Stadt); ⏰8–16.30 Uhr) und die **alte Post**, in der heute das **Phuket Philatelic Museum** (พิพิธภัณฑ์ตราไปรษณียากรภูเก็ต; Karte S. 321; ☎076 211020; Th Montri; ⏰Mo–Fr 9–16.30, Sa bis 12 Uhr) GRATIS untergebracht ist. Manche der besonders farbenfroh restaurierten Gebäude säumen die Soi Romanee abseits der Th Thalang – die Gasse beherbergte einst Bordelle, Spielhöllen und Opiumhöhlen.

Die am besten restaurierten Wohnhäuser finden sich an der Th Thalang, der Th Dibuk und der Th Krabi. Das prachtvolle **Phra Phitak Chyn Pracha Mansion** (1903) wurde restauriert und ist heute Sitz des Nobelrestaurants **Blue Elephant** (Karte S. 321; ☎076 354355; www.blueelephant.com; 96 Th Krabi; Hauptgerichte 420–980 B, Menüs 1150–2050 B; ⏰11.30–14 & 18.30–22 Uhr; 📶🖉) und einer **Kochschule** (S. 322).

an der Kletterwand erproben (350 B/Tag). Es gibt keinen Lift – man klettert ins Zimmer (Seile werden kostenlos bereitgestellt).

★ **Casa Blanca** BOUTIQUEHOTEL $$

(Karte S. 321; ☎076 219019; www.casablancaphuket.com; 26 Th Phuket; DZ 2300–2800 B; ❄📶🏊) Das ganz in Weiß und Pastelltönen gehaltene, elegant renovierte sino-portugiesische Schmuckstück erhält durch maurisch anmutende Akzente wie gemusterte Fliesen und die von Pflanzen gesäumte Terrasse besonderen Glanz. Moderne Kunst schmückt die in hellen Grün- und Blautönen gestalteten schicken Zimmer. Die Deluxe-Zimmer haben Balkone mit Blick auf die Stadtlandschaft; die Superior-Zimmer blicken auf den kleinen Pool. Im bunten Foyer serviert ein winziges Café Gebäck frisch aus dem Ofen.

Tint @ Phuket Town BOUTIQUEHOTEL $$

(Karte S. 321; ☎076 217099; www.thetintphuket.com; 2/11 Th Dibuk; Zi. 1600–3100 B; ❄📶) Die verschiedenen Etagen in diesem recht neuen Boutiquehotel mit vernünftigen Preisen sind farblich voneinander abgehoben, die kompakten, komfortablen modernen Zimmer sind in Pastelltönen von Orange und Pink bis zu Blau und Meergrün gehalten. Alle Zimmer sind mit TV, Kühlschrank, Schreibtisch und kleinem Balkon ausgestattet. Das Personal ist einladend und effizient. Das Hotel liegt an einer kleinen Gasse abseits der Th Dibuk.

RomManee BOUTIQUEHOTEL $$

(Karte S. 321; ☎089 728 9871; www.therommanee.com; Soi Romanee; DZ 1200 B; ❄📶) Die „Boutique-Pension" an Phukets schönster Straße hat mit ihrer türkisfarbenen Fassade, den lackierten Betonböden und dem Empfangstresen aus Massivholz definitiv viel Stil. Die vier geräumigen Zimmer mit Holzböden, Flachbild-TVs, farblich akzentuierten Wänden, Stühlen in Neonfarben und geschmackvollen Lampen haben eine künstlerische und moderne Anmutung und konkurrenzfähige Preise. Die Treppen sind steil, einen Aufzug gibt es nicht. Es gibt noch eine weniger stilvolle **Dependance** (Karte S. 321; ☎076 214488; 4-6 Th Krabi; DZ 1200-1500B; ❄📶) einen Block weiter.

Essen

★ **Abdul's Roti Shop** FRÜHSTÜCK $

(Karte S. 321; Th Thalang; Hauptgerichte ab 40 B; ⏰Mo–Sa 7–16, So bis 12 Uhr) Seit Jahren bereitet der inzwischen über 75 Jahre alte Abdul seine leckeren, legendären und lockeren *roti* vorn in seinem Laden zu. Das Brot gibt's süß mit Bananen oder herzhaft mit würzigem Huhn, Rindfleisch oder Fisch-Massaman (Curry).

Kopitiam by Wilai THAILÄNDISCH $

(Karte S. 321; ☎083 606 9776; www.facebook.com/kopitiambywilai; 18 Th Thalang; Hauptgerichte 95–180 B; ⏰Mo–Sa 11–22 Uhr; 📶) Das Restaurant in einem stimmungsvollen alten Ladenhaus serviert traditionelle Phuket-Gerichte, z. B. *pàt tai* (dünne Reisnudeln mit Ei, Tofu und/oder Garnelen) mit einem gewissen Extra oder fantastisches *mee sua* (gebratene Nudeln mit Ei, Gemüse, Garnelen, Seebarsch und Tintenfisch). Dazu trinkt man frischen Chrysanthemen- oder Passionsfrucht-Saft.

Indy Market MARKT $

(Karte S. 321; Limelight Av; Hauptgerichte 30–100 B; Mi–Fr 16–22.30 Uhr) Einheimische Familien, Schulkinder und Studenten strömen zu diesem kleinen, zentral gelegenen Markt mit seinen ausgezeichneten Imbissständen, an denen es alles von Grillspeisen und Teigtaschen bis zu Sushi und Süßwaren gibt. Man findet hier auch ein paar Freiluftbars, Livemusik und Stände mit Kleidung und Schmuck.

★ **One Chun** THAILÄNDISCH $$

(Karte S. 321; 076 355909; 48/1 Th Thepkasattri; Hauptgerichte 90–350 B; 10–22 Uhr;) Das Schwesterrestaurant des **Raya** (Karte S. 321; 076 218155; rayarestaurant@gmail.com; 48/1 Th Dibuk; Hauptgerichte 180–650 B; 10–22 Uhr) hat preiswertere Gerichte, weshalb die Einheimischen Abend für Abend in Scharen herkommen. Im One Chun gibt es hervorragende Meeresfrüchte – das Krabbencurry in Kokosmilch ist das beste in Phuket (Stadt) –, aber auch ein tolles rotes Curry mit gebratener Ente. Das stimmungsvolle Ladenhaus-Ambiente mit Dekor der 1950er-Jahre und gefliesten Böden rundet das kulinarische Erlebnis ab.

★ **Torry's Ice Cream Boutique** EISCREME $$

(Karte S. 321; 076 510888; www.torrysicecream.com; Soi Romanee; Eiscreme & Desserts 60–200 B; Di–So 11–21.30 Uhr) Das sehr beliebte Café in der schönsten Straße von Phuket (Stadt) liefert Eis, Sorbet und ortstypische Desserts für Feinschmecker. Das Ambiente in dem geschickt umgebauten alten Ladenhaus ist schick – ein Kronleuchter baumelt über der Eistheke –, und man bekommt auch Kaffee, Tee und Säfte.

Surf & Turf by Soul Kitchen FUSION $$

(Karte S. 321; 089 104 7432; 115 Th Phang-Nga; Hauptgerichte 240–420 B; 17.30–22.30 Uhr;) Das entspannte, stilvolle Restaurant punktet mit einer Mischung aus thailändischer und europäischer Küche. Zu den Gerichten zählen hausgemachte Ravioli mit gelber Currysauce oder dünn geschnittenes australisches Rindfleisch auf delikatem weißem Risotto. Die Portionen sind nicht besonders groß, aber sehr aromatisch und schön angerichtet. Die Weinkarte ist klein, aber erlesen.

★ **Suay** INTERNATIONAL, THAILÄNDISCH $$$

(Karte S. 321; 081 797 4135; www.suayrestaurant.com; 50/2 Th Takua Pa; Hauptgerichte 300–1000 B; 17–24 Uhr) In diesem umgebauten Haus gleich südlich der eigentlichen Altstadt wird fabelhafte Fusionküche serviert. Mit dem zunehmenden Ruhm des Chefkochs sind auch die Preise gestiegen, aber das Essen ist weiterhin hervorragend. Die gegrillten Lammkoteletts mit Zitronengras und Papaya-Salsa, das Massaman (Curry) mit geschmorter Rinderwange und das Wolfsbarsch-Steak in grünem Curry beeindrucken genauso wie die vielen aromatischen Salate.

Ausgehen & Nachtleben

In Phuket (Stadt) kann man feiern wie die Einheimischen. Die Bars haben bis weit in die Nacht hinein geöffnet und werden fast ausschließlich von Thais und hier lebenden Ausländern besucht.

★ **Bookhemian** CAFÉ

(Karte S. 321; 098 090 0657; www.bookhemian.com; 61 Th Thalang; Mo–Fr 9–19, Sa & So bis 20.30 Uhr;) Jede Stadt sollte ein Café haben, das derart cool ist. Mit seinem auf verschiedene Ebenen verteilten Grundriss

DIE GROSSE SÄUBERUNGSAKTION AM STRAND VON PHUKET

Seit 2014 geht man gegen illegale Bautätigkeit und kommerzielle Aktivitäten an den überfüllten Stränden der Insel vor. Zunächst wurden alle an den Stränden zur Vermietung angebotenen Sonnenliegen, Liegestühle und Sonnenschirme verboten und Tausende dieser Möbel unter den Augen bewaffneter Soldaten fortgeschafft. Illegal errichtete Bauten wurden planiert, darunter auch gut etablierte Strandclubs und Restaurants; andere mussten ihre Fläche stark verkleinern.

Ein Vorteil dieses Vorgehens ist, dass die Strände sauberer und freier sind als zuvor. Strandmatten und Sonnenschirme kann man immer noch in begrenzter Zahl und in ausgewiesenen Bereichen mieten; Sonnenliegen bleiben aber verboten. Innerhalb der ausgewiesenen Bereiche dürfen Touristen eigene Sonnenschirme oder Liegestühle aufstellen. Jetskis, die gleich zu Beginn verboten wurden, sind am Hat Patong immer noch sehr häufig. Einige Geschäfte machen einfach anderswo weiter.

Die Lage ist im Fluss, und mit weiteren Veränderungen ist durchaus zu rechnen.

INSIDERWISSEN

VEGETARIERFEST: BODY-PIERCING, BÖLLER & GEISSELUNGEN

Ohrenbetäubender, maschinengewehrartiger Krach füllt die Straßen, graubrauner Rauch hängt in der Luft, und Männer und Frauen laufen durch für den Verkehr gesperrte Straßen. Ihre Wangen sind von Spießen und Messern, aber auch von Lampen und Baumzweigen durchbohrt. Einigen läuft das Blut aus offenen, von Peitschenhieben verursachten Wunden hinunter. Man befindet sich hier nicht in einem Kriegsgebiet, sondern beim **Vegetarierfest** (www.phuketvegetarian.com; ⏲ Ende Sept.–Okt.), einem der wichtigsten Feste auf Phuket, das seinen Mittelpunkt in Phuket (Stadt) hat.

Das Fest an den ersten neun Tagen des neunten Monats im chinesischen Mondkalender feiert den Beginn der taoistischen Fastenzeit, in der fromme Chinesen auf Fleisch, Milchprodukte und Alkohol verzichten. Am Auffälligsten für Ausländer sind die in geschwinden Schritten täglich durch die Stadt ziehenden Prozessionen mit prächtig kostümierten Kindern und *gà·teu·i* (auch *kàthoey* geschrieben; thailändische Transsexuelle und Transvestiten), die Armeen farblich abgestimmte Wimpel tragender Jugendlicher und vor allem die Männer und Frauen, die ihre Leiber geißeln und peinigen. Die Ladenbesitzer in den zentralen Straßen von Phuket (Stadt) stellen Altäre vor ihren Läden auf und spenden den neun Kaisergöttern, die das Fest beschwört, neun winzige Tassen mit Tee, Weihrauch, Früchte, Böller, Kerzen und Blumen.

Medien bringen die neun Kaisergötter auf die Erde: Sie verfallen in einen Trancezustand, durchbohren ihre Wangen mit sehr unterschiedlichen Geräten, schlitzen ihre Zungen auf oder geißeln sich mit stachelbesetzten Metallkugeln. Die so zeitweilig besessenen Medien (vor allem Männer) machen an den Ladenaltären Halt, nehmen die angebotenen Früchte und den Tee und segnen das Haus. Die Ladenbesitzer und ihre Familien erweisen mit der *wâi*-Geste (thailändischer Gruß mit zusammengelegten Handflächen) ihren Respekt. Das Ganze ist ein wildes, surreales und überwältigendes, kaum zu beschreibendes Ereignis.

Das Fest konzentriert sich in Phuket (Stadt) auf fünf chinesische Tempel. Am wichtigsten ist der **Jui-Tui-Schrein** (ศาลเจ้าจุ้ยตุ่ยเต้าโบ้เก้ง; Karte S. 321; Soi Puthorn; ⏲ 8–20 Uhr) GRATIS abseits der Th Ranong, gefolgt vom **Bang-Niew-Schrein** (ศาลเจ้าบางเหนียว; Karte S. 316; Th Ong Sim Phai; ⏲ 6–18 Uhr) GRATIS und dem **Sui Boon Tong Shrine** (ศาลเจ้าซุ่ยบุ่นต๋อง; Karte S. 316; Soi Lorong; ⏲ unterschiedliche Öffnungszeiten) GRATIS. Veranstaltungen gibt es auch im nahegelegenen Kathu (woher das Fest stammt) und in Ban Tha Reua. Wer früh genug (gegen 6 Uhr) am Startpunkt irgendeiner Prozession erscheint, kann zusehen, wie eine erstaunlich professionelle, mit Latexhandschuhen ausgerüstete Crew die Wangen der Gläubigen durchbohrt – nichts für schwache Nerven! Bei anderen Zeremonien laufen die Gläubigen z. B. über glühende Kohlen oder erklimmen Leitern aus Messerscheiden. In den Tempeln sind alle Leute weiß gewandet. In den Seitenstraßen hinter den Prozessionsstraßen gibt's Imbissstände mit fabelhaftem vegetarischen Essen; viele Restaurants bieten in der Festzeit nur vegetarische Gerichte an.

Merkwürdigerweise gibt es keine Hinweise auf derartige Rituale im Zusammenhang mit der taoistischen Fastenzeit aus China. Die ortsansässigen Chinesen behaupten, das Fest sei 1825 in Kathu von einer Gruppe von Theaterleuten aus China ins Leben gerufen worden. Nachdem sie ernsthaft erkrankt waren, weil sie es versäumt hatten, die neun Kaisergötter des Taoismus zu besänftigen, unterzogen sie sich dort einer neuntägigen Buße mit Selbstgeißelungen, Meditationen und dem Verzicht auf Fleisch.

Phukets **Tourism Authority of Thailand** (TAT; Karte S. 321; ☎ 076 211036; www.tourismthailand.org/Phuket; 191 Th Thalang; ⏲ 8.30–16.30 Uhr) druckt einen Festkalender. Das Fest wird auch in Trang, Krabi, Phang-Nga und anderen Städten im Süden gefeiert.

ist es zugleich Café und Ausstellungsfläche. Im vorderen Raum stehen gebrauchte Bücher zum Verkauf, Fahrräder hängen an der Wand, und es gibt guten Kaffee, Tee und Kuchen sowie ganztägiges Frühstück, Salate, Sandwiches und Pasta.

Timber Hut CLUB

(Karte S. 321; ☎ 076 211839; 118/1 Th Yaowarat; ⏲ 18–2 Uhr) Seit 27 Jahren treffen sich Thais, Traveller und hier lebende Ausländer in diesem zweistöckigen Pub und Club, trinken Bier und Whisky und gehen bei den Livebands mit, die alles von Hardrock bis zu Pop und Hip-Hop abdecken. Kein Grundpreis!

Ka Jok See CLUB

(Karte S. 321; ☎076 217903; kajoksee@hotmail.com; 26 Th Takua Pa; ⏲Nov.–April 20–1 Uhr, Mai–Okt. kürzere Öffnungszeiten) Das hundert Jahre alte Haus hat mit der Krimskrams-Sammlung des Eigentümers viel vom Charme des alten Phuket und darüber hinaus zwei Identitäten: Es ist zum einen ein glamouröses Restaurant und zum anderen ein verrückter Partytreff. Es gibt gutes Thai-Essen (Büfett 2500 B/Pers.), aber sobald die Tische abgeräumt sind, startet die wilde Party mit prima Musik und – wenn man Glück hat – extravagantem Cabaret. Das Haus hat kein Schild. Wer hier essen und feiern will, sollte einen oder zwei Monate im Voraus reservieren.

Rockin' Angels BAR

(Karte S. 321; ☎089 654 9654; 55 Th Yaowarat; ⏲Di–So 18–1 Uhr) Die anheimelnde Bar in der Altstadt ist vollgepackt mit Biker-Andenken und eingerahmten Schallplatten. Wenn Patrick, der aus Singapur stammende Besitzer, wie an den meisten Abenden gegen 21.30 Uhr mit seiner Bluesband loslegt, wird's laut. Das Bier ist kalt. Das Publikum besteht aus einer guten Mischung aus Thailändern und ortsansässigen Ausländern.

Shoppen

Überall in der Altstadt gibt's lässig-schicke Boutiquen, die Schmuck, Kleidung für Frauen, Stoffe und Souvenirs verkaufen, sowie skurrile Galerien und Antiquitätenläden.

★ **Ranida** ANTIQUITÄTEN, MODE

(Karte S. 321; ☎076 214801; 119 Th Thalang; ⏲Mo–Sa 10–20 Uhr) In dem eleganten Mode- und Antiquitätengeschäft gibt's antike Buddha-Statuen und andere Skulpturen, Bio-Textilien und ambitionierte, elegante Damenmode, die von alten thailändischen Gewändern und Stoffen inspiriert ist.

Drawing Room KUNST

(Karte S. 321; ☎086 899 4888; isara380@hotmail.com; 56 Th Phang-Nga; ⏲9–18 Uhr) Mit ihrem Street-Art-Flair, das an Brooklyn vor dem Boom oder an East London erinnert, ist diese weit offene Kooperative die interessanteste unter den vielen Galerien der Stadt. Man findet hier leuchtend bunte, abstrakte Malereien oder auch komische Zeichnungen mit Bleistift und Tinte. Metallmöbel und Fahrräder stehen auf den Betonböden. House tönt gedämpft durch die Räume.

Ban Boran Textiles TEXTILIEN

(Karte S. 321; ☎076 211563; 51 Th Yaowarat; ⏲10.30–18 Uhr) Auf den Regalen dieses Ladens stapeln sich hochwertige Seidenschals, birmanische Lackarbeiten, Sarongs, Leinenhemden, schicke bunte Handtaschen und Baumwolltextilien aus Chiang Mai.

Oldest Herbs Shop ESSEN & TRINKEN

(Karte S. 321; ☎099 359 9564; Th Thalang; ⏲Mo–Sa 7.30–18, So bis 11.30 Uhr) Lust auf Ginseng oder getrocknete Insekten? Phukets ältester Kräuterladen ist bei einem Bummel auf der Th Thalang schon wegen der Duftschwaden gar nicht zu verfehlen. In dem seit

BUSSE AB DEM BUSBAHNHOF PHUKET, TERMINAL 2

ZIEL	PREIS (B)	DAUER (STD.)	HÄUFIGKEIT	BUSKLASSE
Bangkok	913	13	17 & 18.30 Uhr	VIP
	587	13–14	6.30, 7, 13.30, 15.30, 17.30, 18 & 18.30 Uhr	mit Klimaanlage
Chiang Mai	1646	22	12.30 Uhr	VIP
Hat Yai	507	7	21.45 Uhr	VIP
	326	7	7.30–12.30 stündl., 19.30 & 21.30 Uhr	mit Klimaanlage
Ko Samui	450	8 (Bus/Fähre)	9 Uhr	mit Klimaanlage
Ko Pha-Ngan	550	9½ (Bus/Fähre)	9 Uhr	mit Klimaanlage
Krabi	140	3½	4.50–19 Uhr stündl.	mit Klimaanlage
Phang-Nga	80	2½	4.50–19 Uhr stündl.	mit Klimaanlage
Ranong	225	6	5.30–18.10 Uhr stündl.	mit Klimaanlage
Satun	329	7	8.15, 10.15, 12.15 & 20.15 Uhr	mit Klimaanlage
Surat Thani	195	5	8, 10, 12 & 14 Uhr	mit Klimaanlage
Trang	230	5	4.50–19 Uhr stündl.	mit Klimaanlage

Generationen bestehenden Familienunternehmen erhält man chinesische Kräutermedizin oder kann auch einfach nur zusehen, wie die Kräuter auf antiken Waagen abgewogen und mit anderen vermischt werden.

Praktische Informationen

Es gibt zahlreiche Geldautomaten in der Th Phuket, der Th Ranong, der Th Montri und der Th Phang-Nga. WLAN ist überall verfügbar.

Anreise & Unterwegs vor Ort

AUTO & MOTORRAD

In der Th Rassada gibt's billige Autovermieter. Eine gute Wahl ist **Pure Car Rent** (Karte S. 321; ☎076 211002; www.purecarrent.com; 75 Th Rassada; ⏲8–19 Uhr), das ungefähr in der Mitte der anderen zu finden ist. Für einen Mietwagen zahlt man ca. 1200 B pro Tag (inkl. Versicherung). Die großen Autovermietungsketten am Flughafen von Phuket nehmen vergleichbare Preise.

Motorräder kann man in der Th Rassada, darunter auch bei Pure Car Rent, und an vielen anderen Stellen in der Stadt für 200 bis 250 B pro Tag mieten.

BUS

Terminal 1 des Busbahnhof Phuket wird hauptsächlich von Minivans genutzt. Von 7 bis 17 Uhr fahren hier auch ein Nahverkehrsbus (30 B) und Minivans (50 B) nach Patong.

Fernbusse nutzen **Terminal 2** (Karte S. 316; Th Thepkrasattri) 4 km nördlich von Phuket (Stadt); die Anfahrt kostet per Motorradtaxi 100 B und mit Taxi 300 B.

VOM/ZUM FLUGHAFEN

Egal, was einem Schlepper am Flughafen glauben machen wollen: Stündlich fährt ein staatlicher, leuchtend orangefarbener Flughafenbus (www.airportbusphuket.com) vom Flughafen über das Denkmal der Heldinnen (S. 351) nach Phuket (Stadt) (100 B, 1 Std.; 8–20.30 Uhr). Ein Taxi vom Flughafen in die Stadt kostet 650 B.

MINIVAN

Vom **Busbahnhof Phuket, Terminal 1** (Karte S. 321; Th Phang-Nga) 500 m östlich des Zentrums von Phuket (Stadt) fahren Kleinbusse zu Zielen in ganz Südthailand, u. a. nach:

ZIEL	PREIS (B)	DAUER (STD.)
Hat Yai	360	7
Ko Lanta	280	5
Krabi	140	3
Phang-Nga	100	2
Surat Thani	200	4

STRANDSICHERHEIT

In der Monsunzeit (Mai–Okt.) kann das Baden wegen starker Wellen und starker Unterströmungen gefährlich sein. Dutzende Personen ertrinken jährlich an Phukets Stränden, vor allem in Laem Singh, Kamala, Karon und Patong. Unbedingt die roten Flaggen beachten, die auf gefährliche Brandungsrückströmungen hinweisen!

Zu jeder Jahreszeit sollte man beim Schwimmen auf Jetskis achten. Der Gouverneur von Phuket hat Jetskis zwar 1997 verboten und das Verbot wurde 2014 erneuert, aber die Durchsetzung dieses Verbots ist eine andere Sache. Auch Longtail-Boote können zur Gefahr werden, weil sie dem Strand sehr nahe kommen. Man darf nicht davon ausgehen, dass der Bootsführer einen im Wasser sieht!

SŎRNG·TĂA·OU & TÚK-TÚK

Sŏrng·tăa·ou von der Größe eines Busses fahren zwischen 7 und 17 Uhr regelmäßig von der Th Ranong (nahe dem Tagesmarkt) zu Phukets Stränden (20–40 B/Std., 30–90 Min.); zu anderen Zeiten muss man zu den Stränden ein *túk-túk* chartern, was 400 B (Rawai, Kata und Ao Bang Thao), 500 B (Patong, Karon und Surin) oder 600 B (Kamala) kostet. Leuten, die einem erzählen, die Strände seien nur mit dem Taxi erreichbar, sollte man keinesfalls Glauben schenken.

Für eine Stadtfahrt verlangen *túk-túk*-Fahrer 100 bis 200 B und Motorradtaxis 50 B.

Laem Phanwa แหลมพันวา

Das langgezogene, dicht bewaldete Kap ragt gleich südlich der Stadt Phuket weit ins Meer hinein. Für viele ist es das letzte Überbleibsel dessen, was die Insel früher einmal war: sich selbst überlassene Natur. Erschlossen ist im Wesentlichen nur das Gebiet um den Hafen an der Spitze des Kaps, 12 km südlich von Phuket (Stadt), wo sich eine Reihe von Resorts der Spitzenklasse sowie das Phuket Aquarium finden.

Unberührt sind die Buchten und Strände zu beiden Seiten des Hafens, die von felsigen Landzungen und Mangroven geschützt werden und über eine traumhafte, kurvenreiche Küstenstraße erreichbar sind. Hier herrschen Ruhe und Frieden, und es gibt kaum Nachtleben.

NICHT VERSÄUMEN

CHALONG BAY RUM

Als Marine Lucchini und Thibault Spithakis, die beide aus angesehenen französischen Winzerfamilien stammen, sich kennenlernten und verliebten, verband sie das Interesse an Spirituosen, insbesondere an feinem Rum. So wurden sie Branntweinbrenner und gründeten ihre eigene Brennerei **Chalong Bay Rum** (ฉลองเบย์รัม ดิสทิลเลอรี่; Karte S. 316; ☎093 575 1119; www.chalongbayrum.com; 14/2 Mu 2, Soi Palai 2; Führung 300 B; ⌚Führungen 14–18 Uhr stündl.).

Sie wollten natürlichen Rum französischer Art herstellen, wie er in Martinique gebrannt wird; den braut man aus Zuckerrohrsaft, nicht (wie sonst bei Rum üblich) aus Rübenmelasse. Thailand ist der viertgrößte Produzent von Zuckerrohr weltweit, und mehr als 200 Varietäten werden derzeit angebaut. 2012 importierten sie schließlich 40 Jahre alte kupferne Armagnac-Brennkessel und nahmen den Namen einer Bucht einer der wundervollsten Inseln der Welt in den Namen ihrer Marke auf.

Der Chalong Bay Rum ist weiß, hat ein tolles Aroma, gewann 2015 bei der San Francisco World Spirits Competition eine Goldmedaille und eignet sich als Grundstoff für wundervolle Mojitos – die man bei den Führungen, bei denen man sehr viel über Rum erfährt, auch probieren kann.

Die Führung sollte man vorab buchen, denn man braucht eine Wegbeschreibung! Rund 3 km nördlich vom Verkehrskreisel in Chalong biegt man bei der Ausschilderung zum Zoo nach Osten ab. Kurz dahinter folgt das Hinweisschild zur Brennerei.

Sehenswertes & Aktivitäten

Phuket Aquarium AQUARIUM
(สถานแสดงพันธุ์สัตว์น้ำภูเก็ต; Karte S. 316; ☎076 391126; www.phuketaquarium.org; 51 Th Sakdidej; Erw./Kind 180/100 B; ⌚8.30–16.30 Uhr) Phukets beliebtes Aquarium befindet sich beim Hafen an der Spitze von Laem Phanwa und gewährt einen Einblick in Thailands herrliche Unterwasserwelt. Die Sammlung von Meeresbewohnern, die hier gezeigt wird, ist zwar nicht gerade die allergrößte, aber alles ist hilfreich in englischer Sprache erläutert.

Sehenswert sind die Schwarzspitzen-Riffhaie, die wie Zebras gestreiften Welse und die Zitteraale, die eine Spannung von bis zu 600 V erzeugen können.

★ **Cool Spa** SPA
(Karte S. 316; ☎076 371000; www.coolspaphuket.com; Sri Panwa, 88 Mu 8, Th Sakdidej; Anwendungen ab 4500 B; ⌚10–21 Uhr) Dieses elegante Wunderland der Obstwickel, Gesichtsmasken, Abreibungen und Pools auf einem Hügel mit Blick aufs Meer gehört zu den besten Spas auf Phuket. Die Lage an der südlichsten Spitze von Laem Phanwa ist traumhaft.

Schlafen & Essen

Das Gebiet ist bestimmt von Vier- und Fünf-Sterne-Resorts.

In den Meeresfrüchterestaurants am Hafen kann man die schaukelnden Fischerboote beobachten.

★ **Sri Panwa** RESORT $$$
(Karte S. 316; ☎076 371000; www.sripanwa.com; 88 Mu 8, Th Sakdidej; DZ mit Frühstück 29 700–279 000 B; P ❄ 📶 🏊) Die Anlage, ein ernsthafter Kandidat für den Titel des besten Hotels auf Phuket, liegt idyllisch an der mit Dschungel bedeckten südlichsten Spitze von Laem Phanwa. Die Villen haben mehrere Zimmer, Whirlpools, Freiluftduschen, private Pools, Musikanlagen und einen herrlichen Meerblick. Auch die preiswerteren Zimmer sind immer noch wunderbar komfortabel; das beflissene Personal meint, dass sie so schön sind, dass die Gäste sie gar nicht mehr verlassen wollen, wenn sie sie gesehen haben.

Panwa Boutique Beach Resort RESORT $$$
(Karte S. 316; ☎076 393300; www.panwaboutiquebeachresort.com; 5/3 Mu 8, Ao Yon; DZ mit Frühstück 4300–15 600 B; P ❄ 📶 🏊) Mit seinem eigenen Strandabschnitt und Blick auf Chalong, Rawai und den Großen Buddha (S. 318) bietet dieses etwas betagte Resort an der Westküste des Kaps Abgeschiedenheit, große Zimmer, einen fantastischen Pool, drei Restaurants und Vier-Sterne-Service zu günstigen Preisen.

An- & Weiterreise

Von der Th Ranong in Phuket (Stadt) fahren *sŏrng·tăa·ou* (7–17 Uhr, 30 B); die letzte Haltestelle ist das Phuket Aquarium. Die Anfahrt per Taxi kostet 400 B.

Ko Sireh

เกาะสิเหร่

Die winzige Insel 4 km östlich von Phuket (Stadt) ist mit Phuket durch eine Brücke verbunden und vor allem bekannt für den liegenden Buddha im **Wat Sireh** (วัดบ้านเกาะสิเหร่; Karte S. 316; Th Sireh; tagsüber) GRATIS auf dem Hügel und das **Chao-Leh-Dorf** (หมู่บ้านชาวเล; Karte S. 316).

Thailands größte Siedlung der Urak Lawoi (abschätzig auch *chao leh* genannt) ist wenig mehr als eine Siedlung aus Wellblechhütten, die auf Stelzen stehen. Die Urak Lawoi sind das sesshafteste der drei Seenomadenvölker; sie leben nur in dem Gebiet von hier bis zum Tarutao-Langkawi-Archipel und sprechen eine malaiische Sprache, die stark vom Thailändischen beeinflusst ist.

Eine einzige Straße umrundet die Insel. Sie führt an ein paar Villen, Garnelenfarmen, Kautschukplantagen, einem unberührten Waldstück und dem **Hat Teum Suk** (หาดเติมสุข) vorbei, einem Strand an der Ostküste. Gleich südlich davon macht die **Phuket Thai Cookery School** (Karte S. 316; 082 474 6592; www.phuketthaicookery.com; Ko Sireh; 1-tägiger Kochkurs 2900 B; 8–15 Uhr, Mi geschl.) Besucher bei einem Kochkurs (bis zu 6 Std.) samt Marktbesuch mit thailändischen Gewürzen vertraut. Interessenten werden von den meisten Orten auf Phuket abgeholt und wieder zurückgebracht.

Es gibt zwar ein paar Hotels und Restaurants, die meisten Besucher kommen aber im Rahmen eines Tagesausflugs. Von der Th Ranong in Phuket (Stadt) fahren *sŏrng·tăa·ou* (7–17 Uhr, 20 B), die Taxifahrt aus Phuket (Stadt) kostet 300 B.

Rawai

ราไวย์

Rawai ist ein schöner Ort zum Übernachten und zum Wohnen, daher sieht man in diesem Abschnitt der Südküste von Phuket viele Pensionäre, Künstler, thailändische und ausländische Unternehmer, und der Dienstleistungssektor boomt.

Die Gegend ist nicht nur von ihren Stränden geprägt, sondern auch durch steil aufragende, in die Andamanensee abfallende, üppig grüne Küstenhügel, die Phukets schönen südlichsten Punkt **Laem Phromthep** (แหลมพรหมเทพ; Karte S. 330; Rte 4233) bilden. Wer eine abgeschiedenere Stelle sucht, um den Sonnenuntergang zu bewundern, findet 1,5 km weiter nördlich einen **einsamen Aussichtspunkt** (มุมมอง; Karte S. 330; Rte 4233). In den Hügeln finden sich kleine Wohnanlagen, die nur durch ein paar Straßen verbunden sind. Jedes Jahr kommen aber immer mehr hinzu, und man kann sich förmlich vorstellen, wie die Grundstücksspekulation auch noch den letzten Meeresfrüchtegrill und die letzte Tiki-Bar verdrängt. Man kann nur hoffen, dass bis dahin noch ein paar Jahrzehnte (oder zumindest einige Jahre) bleiben. Trotz dieser Entwicklungen ist die Natur immer noch spürbar, ganz besonders am Strand.

Aktivitäten

Rawai ist das Zentrum von Phukets wachsender Muay-Thai-Begeisterung. Es gibt ein halbes Dutzend Schulen, wo Schüler (beiderlei Geschlechts) in Trainingslagern mit professionellen Thai-Boxern die traditionelle Kampfkunst erlernen.

Hat Rawai ist ein ausgezeichneter Ort, um mit **Charterbooten** (Karte S. 330; Hat Rawai) zu benachbarten Inseln zu fahren. Zu den Zielen von Schnorchelausflügen gehören das ruhige Ko Bon (Langtail-Boot/Schnellboot 1200/2400 B) und Coral Island (1800/3500 B, max. 8 Pers.).

Kingka Supa Muay Thai GESUNDHEIT & FITNESS
(Karte S. 330; 076 226495; www.supamuaythaiphuket.com; 43/42 Mu 7, Th Viset; pro Veranstaltung/Woche 600/3000 B; Mo–Sa 7–19, So 9–18 Uhr) Diese Muay-Thai-Halle wurde von einem früheren Meister dieser Sportart eröffnet (der aber nicht hier lehrt). Aus aller Welt kommen die Leute, um von erfahrenen thailändischen Profis die Kunst des Thai-Boxens zu erlernen. In den Schlafsälen leben die thailändischen und ausländischen Teilnehmer der Trainingslager. Touristen können Schnupperkurse im Thai-Boxen sowie Taekwondo-Sitzungen (200 B) besuchen.

Sinbi Muay Thai GESUNDHEIT & FITNESS
(Karte S. 330; 083 391 5535; www.sinbi-muaythai.com; 100/15 Mu 7, Th Sai Yuan; pro Veranstaltung/Woche 400/3000 B; Mo–Sa 7.30–19 Uhr) Ein angesehenes *moo·ay tai*-Trainingslager, das Kurse für Männer und Frauen anbietet.

Bob's Kite School KITESURFEN
(Karte S. 316; 092 459 4191; www.kiteschoolphuket.com; Rte 4024; 1-stündiger Unterricht 1500 B, 3-tägiger Kurs 11 000 B; Nov.–April) Phukets älteste, von Deutschen geführte Kitesurfing-Schule ist mit eifrigem, freundlichem Personal immer noch sehr gut im Geschäft. Von Mai bis Mitte Oktober finden

Hat Nai Han & Hat Rawai

Hat Nai Han & Hat Rawai

Highlights
1 Laem Phromthep B4

Sehenswertes
2 Hat Nai Han B2
3 Hat Rawai C3
4 Einsamer Aussichtspunkt B3

Aktivitäten, Kurse & Touren
Charterboote .... (siehe 3)
5 Kingka Supa Muay Thai C1
6 Sinbi Muay Thai B1

Schlafen
7 Good 9 at Home C2
8 Phu Na Na D1
9 Sabai Corner A1
10 Vijitt D1

Essen
11 Flip Side C3
12 German Bakery C1
13 Rum Jungle C1

Ausgehen & Nachtleben
14 Laguna Rawai D2
15 Nikita's C3
16 Reggae Bar B2

die Kurse an der Nordwestseite der Insel am Hat Nai Yang (S. 348) statt. Ausrüstung wird verliehen (1000 B/Std.).

Atsumi SPA
(Karte S. 316; ☎081 272 0571; www.atsumihealing.com; 34/18 Soi Pattana, Th Sai Yuan; Massage 600–1000 B, Anwendungen 1200–1600 B, Detox-Pauschalangebot 5500–9100 B; ⌚9–17 Uhr) Auf Phuket dreht sich nicht alles um Alkohol und sahnige Currys, denn es gibt auch eine blühende Wellness-Szene. In diesem erdverbundenen Refugium des Fastens und Entgif-

tens kann man für eine viertägige Fastenkur mit Wasser, Säften und/oder Kräutern sowie Massagen einchecken. Aber auch wer nicht fasten will, ist zu den Spa-Sitzungen willkommen, wo einen traditionelle Thai-Massagen, Öl- und Tiefengewebs-Anwendungen sowie als Markenzeichen Thaiatsu- Massagen (ein Zwischending aus Thai- und Shiatsu-Massage) sowie Yogasitzungen (300 B) erwarten.

Schlafen

Good 9 at Home PENSION $

(Karte S. 330; ☎088 457 6969; www.facebook.com/good9athome; 62 Mu 6, Soi Wassana, Hat Rawai; DZ 900 B; ❄📶) An einem niedlichen Hof vom **Hat Rawai** (หาดราไวย์; Karte S. 330) 300 m die Straße hinauf liegen die sieben frischen, glänzenden und zeitgemäß eingerichteten Zimmer mit farbenfroh dekorierten Wänden, gefliesten Badezimmern, ein paar Kunstwerken und gutem Preis-Leistungs-Verhältnis. Das limettengrün und grau angestrichene Haus ist sauber, gemütlich und freundlich; an der Ecke ist erfreulicherweise ein kleiner Kaffeeausschank untergebracht.

Phu Na Na BOUTIQUEHOTEL $$

(Karte S. 330; ☎076 226673; www.phunana-phuket.com; 43/234 Mu 7, Th Viset; DZ 1500–3900 B; ❄📶🏊) Die smarten Zimmer mit vernünftigem Preis-Leistungs-Verhältnis liegen rund um einen Pool und wirken mit komfortablen Betten, Kühlschrank, Mikrowelle, ordentlichem Bad und Terrasse wie kleine Apartments. Alle sind gepflegt, der **Hat Friendship** (Hat Mittraphap, หาดมิตรภาพ; Karte S. 330) liegt in Gehweite und die Restaurants am Hat Rawai sind nur eine kurze Motorrad- oder Túk-túk-Fahrt entfernt.

Vijitt RESORT $$$

(Karte S. 330; ☎076 363600; www.vijittresort.com; 16 Mu 2, Th Viset; Villen mit Frühstück 6700–26 000 B; P❄📶🏊) Die friedliche Anlage in einem Garten voller Frangipani ist wahrscheinlich die eleganteste in der Gegend. Die Luxusvillen prunken mit Kalksteinböden, großen Badewannen, Freiluftduschen und privaten Terrassen (teilweise mit eigenem Pool), von denen aus sich ein prächtiger Blick aufs Meer bietet. Der eindrucksvolle, mehrstufige Infinity Pool hat einen schwarzen Boden und schaut auf den Hat Friendship.

Essen & Ausgehen

Am Hat Rawai gibt es ein Dutzend, Einheimischen gehörende Meeresfrüchtegrills, die an der Straße den Fang des Tages zubereiten (Hauptgerichte 90–300 B) sowie ein paar internationale Restaurants.

German Bakery EUROPÄISCH $

(Karte S. 330; Th Viset; Hauptgerichte 80–200 B; ⌚7.30–16.30 Uhr) Das von einem deutsch-thailändischen Paar geführte lustige und freundliche, halb offene Restaurant hat in der Gegend das beste Gebäck. Man bekommt gutes Schwarzbrot, ausgezeichnetes Frühstück (zu empfehlen sind die Ananas-Pfannkuchen) und prima Bratwurst mit Sauerkraut.

Som Tum Lanna THAILÄNDISCH $$

(Karte S. 316; ☎081 597 0569; 3/7 Th Sai Yuan, Hat Rawai; Hauptgerichte 80–250 B; ⌚Di–So 9–17 Uhr) Das *sôm·đam* (würziger grüner Papaya-Salat) sollte man mild bestellen – es ist immer noch scharf genug. Der Fisch ist in dieser Bude mit Isan-Küche durchaus gut, aber nicht besser als anderswo. Das Hähnchen ist dagegen einmalig.

Flip Side BURGER $$

(Karte S. 330; ☎090 869 5552; 469/1 Th Viset, Hat Rawai; Hauptgerichte 250–490 B; ⌚11–22.30 Uhr, Di geschl.; 📶) Dieser Strandtreff bietet allen, die Abwechslung von der thailändischen Küche suchen, westliche Speisen und Bier. Die saftigen und sättigenden Gourmet-Burger werden auf Holzplatten serviert. Es gibt auch Hühnerflügel, Fish & Chips, Salate, Sandwiches und andere Happen sowie ein großes Sortiment belgischer, deutscher und US-amerikanischer Biere. Der Service kann saumselig sein.

★ **Rum Jungle** INTERNATIONAL $$$

(Karte S. 330; ☎076 388153; www.facebook.com/Rum-Jungle-Cafe-Rawai-Phuket-173738946050909; 69/8 Mu 1, Th Sai Yuan; Hauptgerichte 280–620 B; ⌚Mo–Sa 15–23 Uhr; 🍸) Das halb offene, strohgedeckte Restaurant mit außergewöhnlicher Weltmusik als Soundtrack gehört zu den besten in Rawai und serviert tolle italienische und internationale Gericht in einem entspannten Ambiente. Die neuseeländische Lammkeule ist so ausgezeichnet wie die gedämpften Muscheln, und alle Pastasaucen werden frisch zubereitet. Zu den verführerischen vegetarischen Gerichten gehören Auberginen-Parmigiana und Pasta Gorgonzola. Im Voraus reservieren!

Nikita's BAR

(Karte S. 330; ☎076 288703; www.nikitas-phuket.com; Hat Rawai; Hauptgerichte 220–800 B;

⏲10–24 Uhr; 📶) Der beliebte Freilufttreff blickt gleich westlich des Piers von Rawai hinaus aufs Meer. Zu trinken gibt's preisgünstige Biere und Cocktails, Kaffee, grünen Tee und eine gute Auswahl an Shakes. Wie wär's etwa mit einer Mango-Margarita? Dank ordentlicher Holzoffenpizzas, westlicher Gerichte und vielen Meeresfrüchten ist auch für den Hunger gesorgt.

Reggae Bar BAR

(Karte S. 330; Th Viset; ⏲12 Uhr–open end, wechselnde Öffnungszeiten) Diese kreativ-chaotische, entspannte Lounge rund um einen alten Holzschuppen bietet klassische Roots-Musik. Tagsüber eine Lederschmiede, verwandelt sich der Laden abends in ein Lokal mit improvisierten Jam-Sessions, Konzerten, Barbecues und Partys, bei denen örtliche Reggaebands und manchmal einige der legendärsten thailändischen Rastas auftreten. Ledergürtel baumeln herunter, die Wände sind mit Kunst gepflastert, und Schwarzlicht-Graffiti bedecken alle offenen Flächen.

Laguna Rawai CLUB

(Karte S. 330; ☎098 031 2700; www.lagunarawai.com; 178/15 Th Viset; ⏲17–2 Uhr; 📶) Das Laguna ist eines der wenigen Nachtlokale im ruhigen Rawai und wird am Wochenende munter, wenn sich hier Thais, Ausländer und Bargirls drängen. Gegenüber dem Club finden sich eine Reihe von Bars, in denen man Poolbillard spielen kann. Der Club und die Bars sind bis 2 Uhr geöffnet, manchmal auch länger.

An- & Weiterreise

Rawai liegt 18 km südwestlich von Phuket (Stadt). *Sŏrng·tăa·ou* fahren von der Th Ranong in Phuket (Stadt) nach Rawai (30 B; 7–17 Uhr); einige fahren weiter zum Hat Nai Han (40 B), aber nicht alle – also unbedingt nachfragen! Ein Taxi von Rawai zum Nai Han kostet 200 B.

Taxis fahren von Rawai und vom Hat Nai Han zum Flughafen von Phuket (750 B), nach Patong (700 B) und nach Phuket (Stadt) (500 B).

Hat Patong หาดป่าตอง

☎07620,600 / 20 600 EW.

Patong (ป่าตอง) ist offen für alles und das berüchtigtste Ziel auf Phuket, an dem sich die Geister scheiden. Fast alles gibt's hier für den richtigen Preis. Das gilt zwar auch für andere Orte in Thailand, aber Patong bekennt sich offen dazu – was natürlich nicht heißt, dass man das auch mögen muss. Doch trotz Beton, Silikon und zweifelhafter Moral ist dieser Ort irgendwie auch echt und ehrlich.

Blickt man auf den breiten, weißen Sandstrand und die prächtige halbmondförmige Bucht, versteht man, wie alles einmal anfing. Hier findet man jede Menge Tauchshops und Spas, gehobene Restaurants, Fischgrills am Straßenrand, extravagantes Cabaret, Thai-Boxen, staubige Antiquitätenläden und natürlich alle Möglichkeiten, bis in den Morgen zu feiern.

Mit krebsroten Russen in schlecht gefälschten Marken-T-Shirts, chinesischen Reisegruppen, dem völligen Fehlen von Stadtplanung und Landschaftspflege und dem ungezügelten Interesse, aus der Midlife-Crisis von Männern aus dem Westen ein Geschäft zu machen, ist Patong auch unfreiwillig komisch.

Sehenswertes & Aktivitäten

Der **Wat Suwan Khiri Wong** (วัดสุวรรณคีรีวงศ์; Karte S. 316; Ecke Th Phra Barami & Th Phisit Karani; ⏲tagsüber) GRATIS gleich abseits der Th Phra Barami am nordöstlichen Ende von Patong bietet willkommene Erholung vom draußen herrschenden Chaos. Weniger ruhig, aber einen Blick wert ist der **Good Luck Shrine** (ศาลเจ้าโชคดี; Ecke Th Tawiwong & Th Phra Barami), eine schöne goldene Bodhisattva-Statue inmitten eines Kreisverkehrs, die mit Bändern in Regenbogenfarben geschmückt ist und von steinernen Elefanten mit Blumenschmuck, Weihrauch und Kerzen bewacht wird.

★ **Sea Fun Divers** TAUCHEN

(Karte S. 316; ☎076 340480; www.seafundivers.com; 29 Soi Karon Nui; 2/3 Tauchgänge 3900/4400 B, Open-Water-Zertifikat 18 400 B; ⏲9–18 Uhr) Der ausgezeichnete, sehr professionelle Tauchveranstalter bietet ein hohes Niveau, tadellosen Service und engagierte, erfahrene Tauchlehrer (ist aber auch teurer als andere Tauchveranstalter). Das Unternehmen hat seinen Sitz im Resort Le Meridien am südlichen Ende von Patong; eine Filiale (S. 338) befindet sich in Kata Noi.

Nicky's Handlebar ABENTEUER

(☎076 343211; www.nickyhandlebars.com; 41 Th Rat Uthit; halb-/ganztägige Tour inkl. Motorrad ab 7000/9000 B) Die großen Bikes laden ein, eine Tour zu machen, sind aber nichts für Amateure. Nicky veranstaltet schon über ein Jahrzehnt Harley-Touren rund um Phuket. Ganztägige Touren führen durch die Provinz Phang-Nga; es gibt auch halbtägige Optionen und einen Motorradverleih für Erkundungsfahrten auf eigene Faust (ab 4800 B). Man braucht seinen heimischen Motorrad-Führerschein. Nach der Tour kann man sich an der Bar (S. 336) erfrischen.

Pum Thai Cooking School KOCHEN
(076 346269; www.pumthaifoodchain.com; 204/32 Th Rat Uthit; 3/5-stündiger Kurs 1700/3700 B; 11–21 Uhr) Dieses Restaurant mit Kochschule (und Filialen in Thailand, Frankreich und Großbritannien) veranstaltet täglich Kurse. Der beliebte Kurs „Little Wok“ (5 Std.) umfasst auch einen Marktbesuch, und die Teilnehmer erhalten ein Kochbuch.

Schlafen

Zwischen November und April wird es schwierig, in Patong eine Bleibe für unter 1000 B zu finden, wenn man nicht vorab ein Bett in einem Hostel reserviert hat. In der Nebensaison fallen die Preise aber um 40 bis 60%.

★ **Wire Hostel** HOSTEL $
(076 604066; 66/10 Th Bangla; B 340–550 B;) Patongs derzeit angesagtestes Hostel residiert mitten im Bauch der Bestie: eine Gehminute entfernt vom Nachtleben der Th Bangla. Das Design ist recht stilvoll. Die Schlafsäle verteilen sich auf drei Etagen und haben keine Türen (man kann aber ein Doppelbett bekommen, wenn man unter aller Augen intim werden möchte). Im Erdgeschoss gibt's eine Bar, die Gemeinschaftsbäder sind sauber, aber es kann im Haus natürlich laut werden. Vorab reservieren!

Patong Backpacker Hostel HOSTEL $
(076 341196; 140 Th Thawiwong; B 300–550 B;) Das immer gut besuchte Budget-Hostel hat eine tolle Lage gleich auf der anderen Seite der Strandstraße, eine einladende Gemeinschaftslounge und exzentrisches, aber freundliches Personal. Die bunt angestrichenen Schlafsäle bieten Platz für drei bis zehn Gäste, gute Matratzen und kleine Schließfächer. Im Obergeschoss ist es am hellsten, dafür haben die Schlafsäle in den unteren Etagen jeweils ein eigenes angeschlossenes Bad.

Lupta Hostel HOSTEL $
(076 602462, 092 934 6453; www.luptahostel.com; 138 Th Tawiwong; B/DZ 690/1390 B;) Nur 100 m abseits der Th Bangla bietet dieses gepflegte Hostel kompakte, komfortable Schlafsäle in Weiß und hellem Holz mit vier bis acht Betten, aber nicht alle haben ein Fenster. Zu jedem Bett gehören ein Schließfach, ein Stromanschluss und ein winziges Bord. Ein Schlafsaal ist Frauen vorbehalten. Es gibt noch ein Privatzimmer und eine gesellige Lobby mit Kissen, Barhockern und Rattanlampen.

Priew Wan Guesthouse PENSION $$
(076 344441; info@priewwanguesthouse.com; 83/9 Th Rat Uthit; DZ 1600 B;) Das seit langem von einer Familie geführte verlässliche Gästehaus versteckt sich in einer Wohnstraße, die aber nur 10 Gehminuten vom Nordende des Hat Patong entfernt ist. Die sauberen, recht großen Zimmer haben Balkone, Safes, Kühlschränke, TVs und ein gutes Preis-Leistungs-Verhältnis. Das Personal ist freundlich, und in der Nebensaison (April–Okt.) gibt's beträchtlichen Rabatt.

★ **BYD Lofts** APARTMENTS $$$
(076 343024; www.bydlofts.com; 5/28 Th Hat Patong; Apt. 3600–9900 B;) Die über vier Gebäude verteilte Anlage wirkt wie einer noblen Innenarchitektur-Zeitschrift entsprungen. Die stilvoll-komfortablen Apart-

TIGER KINGDOM

An irgendeinem Punkt der Reise erhält man unvermeidlich eine Broschüre, in der Phukets umstrittenes Tiger Kingdom angepriesen wird. Das 2013 eröffnete Tiger Kingdom Phuket bietet (wie das Original in Chiang Mai) Hunderten von Besuchern täglich die Gelegenheit, die „zahmen“ Tiger anzufassen, sie zu füttern und mit ihnen zu posieren.

Es gibt jede Menge Probleme mit dem Tierschutz, aber auch mit der Sicherheit der Besucher. Immer wieder sollen Tiere misshandelt, in zu enge Käfige gesperrt und mit Medikamenten ruhig gestellt worden sein, um sie fügsam zu machen. Wie der berühmt-berüchtigte **Tiger Temple** in Kanchanaburi weist Tiger Kingdom alle Vorwürfe, dass die Tiere misshandelt würden, entschieden zurück.

2014 wurde ein australischer Tourist beim Besuch des Tiger Kingdom schwer verletzt. Der Tiger, der ihm die Verletzung zugefügt hatte, wurde aus dem Verkehr gezogen.

Wegen der beträchtlichen Probleme mit dem Tierschutz rät Lonely Planet ausdrücklich von dem Besuch im Tiger Kingdom ab.

Hat Patong

0 200 m
A
B
C
D
1
2
3
4
5
6
7
Hat Kalim (600 m); Hat Kamala (6 km)
Th Phra Barami
ANDAMANEN-SEE
Th Phra Barami
Kaab Gluay (500 m); Wat Suwan Khin Wong (750 m); Phuket (Stadt) (13 km)
Th Thawiwong
Th Chaloem Phra Kiat
Th Hat Patong
Th Rat Uthit
Hat Patong
Th Sawatdirak
Th Pangmuang Sai Kor
Th Sai Nam Yen
Ao Patong
Th Paradise
Air Asia
Geldautomat
Th Bangla
Geldautomat
Th Thawiwong
Th Rat Uthit
Soi Post Office
Soi Prisanee
Soi Permpong Pattana
Th Pangmuang Sai Kor
Soi Kepsap
Th Rat Uthit
Th Ruamchai
Th Ruamchai
Sŏrng·tăa·ou nach Phuket (Stadt)
Th Prachanukro
Th Nanai
La Gritta (700 m)
Phuket Simon Cabaret (800 m); Hat Karon (5 km); Hat Kata (9 km)
1
2
3
4
5
6
7
8
9
10
11
12
13
14
15
16
17
18
19
20
21

Hat Patong

ments sind nur ein paar Gehminuten vom Strand entfernt und haben weiße Böden und Wände; klare Linien und farbenfrohe Kunst. Zu einigen Zimmern gehören eigene Pools. Ansonsten gibt es auch noch den türkisfarbenen Pool auf dem Dach.

Impiana Phuket Cabana HOTEL $$$
(☎076 340138; www.impiana.com; 41 Th Thawiwong; DZ 12 000–27 000 B; P ❄ 📶 🏊) Die Anlage im Stil eines Hüttendorfs steht am besten (dem nördlichen) Strandabschnitt nahe beim Geschehen. Die Zimmer bieten allen erdenklichen Komfort. Gute asiatisch-mediterrane Fusionküche gibt's im am Pool gelegenen Sala Bua (S. 336). Und im coolen Glaswürfel des **Swasana Spa** (Massage oder Anwendung 1500–5900 B; ⏰10–19 Uhr) kann man sich das ganze Wellnessprogramm gönnen und dabei aufs Meer blicken.

Essen

Abends gibt's überall im Ort günstige Verkaufsstände, die Meeresfrüchte und Nudelgerichte anbieten, besonders in den Gassen um die Th Bangla sowie im **Patong Food Park** (Th Rat Uthit; Hauptgerichte 50–200 B; ⏰16.30–24 Uhr). Die schicksten Restaurants findet man auf den Klippen am nördlichen Stadtrand.

Chicken Rice Briley THAILÄNDISCH $
(☎081 597 8380; Th Rat Uthit, Patong Food Park; Hauptgerichte 50–200 B; ⏰6–21 Uhr) Eines der wenigen Lokale im Patong Food Park (s. oben), in dem man auch tagsüber etwas zu essen bekommt. Die geschmorte Hähnchenbrust wird auf Reis mit einer Schale Hühnerbrühe und kleinen Fleischstücken serviert, die man in die fantastische Chili-Sauce stippen kann. Es gibt auch einen beliebten Schweinefleisch-Eintopf auf Reis sowie Mango mit Klebereis. Kein Wunder, dass das Restaurant immer voll ist.

★ **Ella** INTERNATIONAL $$
(☎076 344253; 100/19-20 Soi Post Office; Hauptgerichte 150–400 B; ⏰9–24 Uhr; 📶) Das Bistro-Café mit viel Beton und industriell anmutendem Ambiente ist eine nette Überraschung. Zu den ganztägig angebotenen einfallsreichen Frühstücksgerichten gehören scharf gewürztes Rührei à la Rajasthan, Massaman-Hähnchen-Tacos, mit Hühnchen und Gemüse gefüllte Omelettes sowie Arme Ritter aus Baguettes mit karamellisierten Bananen. Abends ist das Lokal auch eine coole Bar für ein paar Cocktails. Im Obergeschoss werden ähnlich gestaltete **Zimmer** (DZ 2200–4000 B; ❄ 📶) vermietet.

★ **No.9 2nd Restaurant** ASIATISCH $$
(☎076 624445; 143 Th Phra Barami; Hauptgerichte 165–800 B; ⏰11.30–23.30 Uhr, am 5. & 20. jedes Monats geschl.) Dank einer einfallsreichen Mischung leckerer thailändischer, japanischer und westlicher Gerichte ist dieses täuschend schlichte Restaurant mit Holztischen und Fotos an den Wänden eines der beliebtesten in Patong. Es ist selten, dass ein Lokal gleichzeitig authentisches Sushi, vegetarische Thai-Currys und Lammhachse anbieten kann, ohne dass es irgendwelche Einbußen an Qualität gibt.

★ **Georgia Restaurant** GEORGISCH $$
(☎076 390595; 19 Th Sawatdirak; Hauptgerichte 200–390 B; ⏲12–22 Uhr, So geschl.) Der Zustrom russischer Besucher nach Patong hat zum Aufblühen von Lokalen geführt, die auf sie ausgerichtet sind. Das Georgia ist das beste unter diesen Restaurants und serviert russische Salate und Klöße, leckeres *khachapuri* (mit Käse gefülltes Brot), *ajapsandali* (ein reichhaltiger Gemüseeintopf) und klassische osteuropäischer Gerichte wie Soljanka im Tontopf.

Kaab Gluay THAILÄNDISCH $$
(Karte S. 316; ☎076 346832; 58/3 Th Phra Barami; Hauptgerichte 135–250 B; ⏲11–2 Uhr; 📶) Das geschäftige, halb offene Straßenlokal wurde seit unserem letzten Besuch umgestaltet und zeichnet sich durch authentische, günstige Thai-Gerichte, aufmerksames Personal und richtig buchstabierte englische Speisekarten aus. Man speist unprätentiös unter einem hohen Dach mit Deckenventilatoren. Zu essen gibt's z. B. rotes Curry mit Garnelen, Hühnchen-Satay, Fisch süßsauer, frittiertes Huhn im Honigmantel, klassische Nudel- und Pfannengerichte sowie mehr als 30 würzige thailändische Salate.

Sala Bua FUSION $$$
(☎076 340138; www.impiana.com; 41 Th Thawiwong; Hauptgerichte 220–610 B; ⏲11–23 Uhr) Hier gibt's asiatisch-mediterrane Fusionküche im eleganten Ambiente eines Vier-Sterne-Resorts am Meer. Zum Auftakt gönnt man sich einen Caesar Salad mit Räucherlachs oder einen Salat mit Langusten, Avocados und gebratenem Gemüse und geht dann zu Holzofenpizza, Spaghetti mit Meeresfrüchten oder *pá·naang* Curry-Ossobuco über.

SCHWULENFEST IN PHUKET

Bangkok und Pattaya richten große Schwulenfeste aus, aber das **Phuket Gay Pride Festival** (www.phuket-pride.org; ⏲April) gilt weithin als das beste in Thailand und vielleicht sogar in ganz Südostasien. Seit dem Beginn im Jahr 1999 wurde der Termin mehrmals verlegt, fällt aber in der Regel auf Ende April. Zum Termin strömen (überwiegend männliche) Feierlustige zur viertägigen Wochenendparty aus aller Welt auf die Insel, vor allem nach Patong.

Aktuelle Infos zu kommenden Festivals und zur örtlichen Schwulenszene findet man unter Gay Patong (www.gaypatong.com).

In der übrigen Zeit findet sich der Mittelpunkt der homosexuellen (überwiegend männlichen) Szene auf Phuket in den Straßen, die das Royal Paradise Hotel mit der Th Rat Uthit in Patong verbinden.

Ausgehen & Nachtleben

Einige Besucher sind der Meinung, dass die Barszene in Patong einem selbst den Appetit auf *pàt tai* verdirbt. Wer aber Lust auf dröhnende Bässe, blinkende Neonreklamen und kurze Röcke hat, wird sich hier wohlfühlen.

Illuzion CLUB
(www.illuzionphuket.com; 31 Th Bangla; ⏲21 Uhr–Open End) Patongs immer noch angesagtester Megaclub bietet auf mehreren Ebenen ein Durcheinander von Dance- und Akrobatikshows, internationale DJs, regelmäßig Abende für Frauen, die ganze Nacht Electro-Rhythmen, LED-Bildschirme und unzählige Bars.

Craft Beer Lounge BAR
(www.grandmercurephuketpatong.com; Soi 1, Th Rat Uthit, Grand Mercure Phuket Patong; ⏲10–23 Uhr) Die schicke zeitgenössische Bierbar hat mehr als 100 internationale Fassbiere und Craft-Biere, hauptsächlich aus den USA, sowie einheimische Marken auf Lager. Für 500 B kann man eine Stunde lang so viel Singha-Bier trinken, wie man will, aber die Barkeeper bieten auch richtige Cocktails. Die Lounge versteckt sich hinten im Foyer des Grand Mercure.

Nicky's Handlebar BAR
(☎076 343211; www.nickyhandlebars.com; 41 Th Rat Uthit; ⏲7–1 Uhr; 📶) In der lustigen Biker-Kneipe sind alle willkommen. Die frühere Kaschemme sieht besser aus denn je. Es gibt ein gutes Bierangebot, und auf der Karte stehen westliche und thailändische Gerichte, darunter der nach eigener Aussage schärfste Burger in Thailand. Hier werden auch Harley-Touren (S. 332) veranstaltet und Maschinen vermietet (ab 4800 B).

Zag Club SCHWULE & LESBEN, BAR
(123/8-9 Royal Paradise Complex; ⏲21–3 Uhr) In diesem Favoriten der Schwulenszene gibt's jeden Abend drei glitzernde Cabaret-Vorstellungen (22.40, 23.40 & 1.20 Uhr). Dazwischen wird getrunken und zu Hits der Charts getanzt.

Aussie Bar PUB

(www.phuketaussiebar.com; Th Bangla; ⏲9 Uhr–open end; 📶) Der Laden hält, was er verspricht: Aussie-Sport auf vielen Bildschirmen, Aussie-Essen auf der Karte und jede Menge biertrinkende australische Touristen. Es gibt Poolbillard und Tischfußball. Die Bar ist ein schöner Kontrast zu den umliegenden Go-Go-Bars.

Unterhaltung

Travestieshows und Thai-Boxen stehen in Patong im Mittelpunkt.

Bangla Boxing Stadium SPORT

(☎076 273416; www.banglaboxingstadiumpatong.com; Th Pangmuang Sai Kor; Stadion/Platz am Ring 1700/2500 B; ⏲Mi, Fr & So 21 Uhr) Eine Runde Muay Thai nach der anderen, mit Boxern aus Thailand und dem Ausland.

Phuket Simon Cabaret CABARET

(Karte S. 316; ☎076 342114; www.phuket-simoncabaret.com; 8 Th Sirirach; Erw. 800–1000 B, Kind 600–800 B; ⏲Shows 18, 19.30 & 21 Uhr) Rund 500 m südlich der Stadt zeigt das Simon bunte, unterhaltsame Travestieshows, die bei asiatischen Touristen ungeheuer populär sind. Das Theater mit seinen 600 Plätzen ist großartig, die Kostüme sind prächtig und die Ladyboys überzeugend. Das Haus ist in der Regel ausgebucht – vorab reservieren!

Rock City LIVEMUSIK

(www.rockcitypatong.com; 169 Th Rat Uthit; ⏲20–2 Uhr) Die dunkle, verschwitzte Höhle des Rock lockt mit ihren AC/DC-, Metallica- und Guns N' Roses-Tributebands gleichermaßen Touristen und Einheimische an. Die Livemusik startet gegen 21 Uhr.

Praktische Informationen

Überall in der Stadt gibt's Geldautomaten, Wechselstuben und WLAN.

An- & Weiterreise

Sŏrng·tăa·ou fahren von der Th Ranong in Phuket (Stadt) zum südlichen Ende des Hat Patong (7–18 Uhr, 40 B). Von dort kann man laufen oder ein Motorradtaxi (einfache Strecke 30 B) oder *túk-túk* nehmen. Ein *túk-túk* nach Betriebsschluss für eine Fahrt ab Phuket (Stadt) zu chartern, kostet 500 B. Ein „Lokalbus" verkehrt von 7 bis 17 Uhr zwischen dem **Busbahnhof Phuket, Terminal 1** in Phuket (Stadt) und Patong (30 B), von dort aus fahren auch Minivans, die sich dann auf den Weg machen, wenn sie voll besetzt sind (50 B).

Taxis vom/zum Flughafen kosten 800 B. Ein Minibus fährt vom Flughafen nach Patong (180 B/Pers., mind. 10 Pers.).

Unterwegs vor Ort

Fahrten mit einem *túk-túk* kosten in Patong rund 200 B. Zahlreiche Läden vermieten Motorräder (250 B), **Nicky's Handlebar** vermietet Harleys (ab 4800 B). Die gesetzliche Helmpflicht wird in Patong strikt durchgesetzt; Kontrollen mit Straßensperren sind jederzeit möglich. Der Autovermieter **Avis** (☎062 604 0361; www.avisthailand.com; 239/1 Th Rat Uthit; ⏲7.30–19 Uhr) findet sich am südlichen Ende der Stadt.

Hat Kata หาดกะตะ

Mit seinem muntereren Strand ist Kata (กะตะ) für Touristen jeden Alters reizvoll, die mehr Klasse als in Karon haben wollen und auf den Amüsierbetrieb in Patong lieber verzichten. Einsame Strandabschnitte sucht man hier vergebens, dafür kann man aber eine Menge unternehmen. In der Zwischensaison und der Regenzeit kann man surfen, und sonst gibt es wundervolle Tages-Spas, tolles Essen und ein erstklassiges Yogastudio.

Eine felsige Landzunge teilt den Strand mit dem goldenen Sand in zwei Hälften: **Hat Kata Yai** (หาดกะตะใหญ่; Karte S. 338) liegt im Norden, der ruhigere **Hat Kata Noi** (หาดกะตะน้อย; Karte S. 338) im Süden. An der Verbindungsstraße zwischen ihnen standen die ersten Villen der Reichen auf Phuket.

Die wichtigste Straße, die Th Kata, verläuft parallel zum Strand. Preiswertere Restaurants, Bars und Pensionen finden sich an der Th Thai Na, die gleich südlich der Stelle, wo die Th Kata über den Hügel nach Karon führt, ins Inselinnere abzweigt.

Sehenswertes & Aktivitäten

Die kleine Insel **Ko Pu** liegt gleich vor der Küste. Wegen starker Brandungsrückströmen muss man aber unbedingt die roten Flaggen beachten und darf sich in der Regenzeit nur ins offene Meer wagen, wenn man ein kräftiger und erfahrener Schwimmer ist.

An Katas beiden Stränden herrschen von April bis November gute Surfbedingungen. Stehpaddelausrüstung und Kajaks werden vermietet (300/900 B pro Std./Tag). Am Kata Noi gibt's eine Filiale des sehr gut bewerteten Veranstalters Sea Fun Divers.

Rumblefish Adventure TAUCHEN

(Karte S. 338; ☎095 441 8665; www.rumblefishadventure.com; 98/79 Beach Centre, Th Kata, Hat

Hat Karon & Hat Kata

Hat Karon & Hat Kata

Sehenswertes

1 Hat Kata Noi A5
2 Hat Kata Yai A4

Aktivitäten, Kurse & Touren

Baray Spa ..... (siehe 17)
Boathouse Cooking Class ..... (siehe 18)
3 Dino Park A3
4 Dive Asia A3
5 Dive Asia A3
Infinite Luxury Spa ..... (siehe 14)
6 Kata Hot Yoga B5
Phuket Surf ..... (siehe 22)
7 Rumblefish Adventure B4
8 Sea Fun Divers B5
9 Sunrise Divers A3

Schlafen

10 Doolay Hostel A3
11 Fantasy Hill Bungalow A3
12 Fin Hostel A4
13 In On The Beach A1
14 Kata Rocks A5
15 Marina Phuket A3
16 Pineapple Guesthouse A3
Rumblefish Adventure ..... (siehe 7)
17 Sawasdee Village B4

Essen

18 Boathouse Wine & Grill B5
19 Eat Bar & Grill B3
20 Elephant Cafe A1
21 Istanbul Restaurant B5
22 Kata Mama A5
23 Pad Thai Shop B3
24 Red Duck B4

Ausgehen & Nachtleben

25 After Beach Bar B5
26 Art Space Cafe & Gallery B4
Ska Bar ..... (siehe 22)

Kata; Tagestour mit 2/3 Tauchgängen 3500/3900 B; ⏲10–19 Uhr) Der schrecklich schicke Tauchveranstalter im Beach Centre in Kata bietet alle üblichen Kurse, Tagesausflüge sowie Tauchtouren mit Bordübernachtung. Der PADI-Open-Water-Kurs kostet 12 500 B. Zum Unternehmen gehört ein kleines **Hostel** (Karte S. 338; ☎076 330315; www.rumblefishadventure.com; 98/79 Th Kata, Hat Kata; B 300 B, DZ 400–950 B; ❄📶): Taucher erhalten kostenlos ein Bett, falls eines frei ist. Vorab reservieren!

Phuket Surf SURFEN
(Karte S. 338; ☎063 870280; www.phuketsurfing.com; Hat Kata Yai; Surfunterricht 1500 B, Surfbrettverleih 150/500 B pro Std./Tag; ⏲April–Ende Okt. 8–19 Uhr) Verleiht Surfbretter und bietet 1½-stündigen Einzelunterricht im Surfen. Auf der Webseite stehen Infos zu den örtlichen Surfwellen.

Sea Fun Divers TAUCHEN
(Karte S. 338; ☎076 330124; www.seafundivers.com; 14 Th Kata Noi, Katathani; Tagestour mit 2/3 Tauchgängen 3900/4400 B; ⏲9–18 Uhr) Der ausgezeichnete, sehr professionelle Tauchveranstalter bietet ein hohes Niveau, tadellosen Service und engagierte, erfahrene Tauchlehrer (ist aber auch teurer als andere Tauchveranstalter). Das Open-Water-Zertifikat kostet 18 400 B. Sea Fun hat auch eine Filiale (S. 332) im Resort Le Meridien am südlichen Ende von Patong.

Dive Asia TAUCHEN

(Karte S. 338; ☎076 330598; www.diveasia.com; 24 Th Karon, Hat Kata; Tagestour mit 2/3 Tauchgängen 3400/4900 B; ⏰10–21 Uhr) Dieser Veranstalter bietet eine ganze Palette von PADI-Zertifizierungskursen (Open-Water-Zertifikat 11480 B), eintägige Tauchausflüge nach Ko Phi-Phi sowie Tauchtouren mit Übernachtung an Bord zu den Similan- und den Surin-Inseln (ab 21000 B). Eine weitere Filiale (S. 341) befindet sich in Karon.

Kurse

Kata Hot Yoga YOGA

(Karte S. 338; ☎076 605950; www.katahotyoga.com; 217 Th Koktanod, Hat Kata; 550 B/Sitzung; ⏰9–10.30, 17.15–18.45, 19.15–20.45 Uhr) Noch mehr Hitze gefällig? Bei Kata Hot Yoga werden Bikrams Berühmte Asanas in 90-minütigen Sitzungen in einem glühend heißen Raum gelehrt. Neben dem erfahrenen Inhaber leiten ausländische Experten die Sitzungen. Teilnehmer aller Niveaus sind willkommen; eine Reservierung ist nicht erforderlich. Die mehrere Sitzungen umfassenden Pauschalangebote sind günstig.

Boathouse Cooking Class KOCHEN

(Karte S. 338; ☎076 330015; www.boathouse-phuket.com; 182 Th Koktanod, Hat Kata; Kurs 2570–4095 B; ⏰Kurse Mi, Sa & So 10 Uhr) Katas nobles **Spitzenrestaurant** (Karte S. 338; ☎076 330015; www.boathouse-phuket.com; 182 Th Koktanod, Hat Kata; Hauptgerichte 470–1750 B, Verkostungsmenüs 1800–2200 B; ⏰11–22.30 Uhr) bietet fantastische ein- und zweitägige Thai-Kochkurse, die von dem angesehenen Chefkoch geleitet werden.

Schlafen

Hostels und Pensionen ballen sich nahe dem Nordende des Hat Kata Yai; schickere Hotels und Resorts finden sich weiter südlich.

Wer ohne gebuchte Unterkunft hier hängenbleibt, findet wahrscheinlich im Beach Centre ein Zimmer. Dabei handelt es sich um einen Komplex aus neuen Reihenhäusern mit viel zu vielen Pensionen, als dass man sie hier auflisten könnte. Von der Th Kata biegt man gleich südlich der Kreuzung mit der Th Thai Na landeinwärts ab; die Zufahrt ist ausgeschildert.

★ **Fin Hostel** HOSTEL $

(Karte S. 338; ☎088 753 1162; www.finhostelphuket.com; 100/20 Th Kata/Patak West; B/Kapseln/DZ 400/600/2000 B; ❄📶🏊) Das gepflegte, effiziente Hostel verteilt sich auf zwei von der Straße zurückgesetzte Gebäude in Gehweite des Strandes von Kata. Die Schlafsäle sind blitzsauber und haben bequeme Matratzen. Die „Kapseln" sind etwas besser: mit Vorhängen abgetrennte Plätze mit einer Matratze für ein oder zwei Personen; die Privatzimmer sind mit ein wenig skurriler Deko, Sitzsäcken, TVs und Kühlschränken ausgestattet.

Es gibt einen ordentlichen Gemeinschaftsbereich und einen kleinen Pool auf der Dachterrasse.

Fantasy Hill Bungalow BUNGALOWS $

(Karte S. 338; ☎076 330106; fantasyhill@hotmail.com; 8/1 Th Kata, Hat Kata; DZ 600–1200 B; P❄📶) Versteckt in einem üppigen Garten an einem niedrigen Hügel liegt das lange bestehende, friedliche Fantasy Hill gleichwohl zentral. Die ältlichen, aber gepflegten Bungalows und Zimmer (die billigsten sind klein und haben nur Ventilator) bieten ein für die Lage tolles Preis-Leistungs-Verhältnis, und das Personal ist freundlich. Am besten nimmt man ein Eckzimmer mit Klimaanlage und Blick über Kata hinaus.

Sabai Corner BUNGALOWS $$

(Karte S. 330; ☎089 875 5525; www.facebook.com/Sabai-Corner-150517525037992; Hat Kata, abseits der Rte 4233; Chalets 2000 B; P📶) Kein anderes Zimmer auf der Insel kann mit dem sagenhaften, 270° weiten Blick aufs Meer prunken, der sich von diesen einsam an einem Hügel stehenden Chalets aus bietet. Bei allen handelt es sich um geräumige, freistehende Einraumwohnungen, die mit Bädern mit Terrazzoboden, Himmelbett, Kühlschrank, Sofa und Safe sowie einem an der Wand montierten TV und einer großen Außenterrasse mit Liegestühlen ausgestattet sind. Vorab reservieren!

★ **Kata Rocks** DESIGNHOTEL $$$

(Karte S. 338; ☎076 370777; www.katarocks.com; 186/22 Th Koktanod, Hat Kata; DZ 35000–84800 B; P❄📶🏊) Das schicke, zeitgenössische Luxushotel erstrahlt in reinem Weiß und thront auf den Klippen zwischen den beiden Stränden von Kata. Die Villen sind Apartments von minimalistischem Schick, ausgestattet mit iPad-gesteuerten Musikanlagen, komplett eingerichteten Küchen, Nespresso-Maschinen, eigenen Pools, hipper zeitgenössischer Kunst an den Wänden und Elektro-Jalousien. Halb versenkte Sonnenliegen säumen den blass türkisfarbenen Infinity Pool mit Meerblick.

Das innovative **Infinite Luxury Spa** (Anwendungen 3600–9500 B; 10–22 Uhr) verbindet traditionelle Anwendungen mit hypermoderner Technologie, z. B. in Form von EnergyPods gegen den Jetlag.

★ Sawasdee Village BOUTIQUEHOTEL $$$
(Karte S. 338; 076 330979; www.phuketsawasdee.com; 38 Th Kade Kwan, Hat Kata; DZ 4800–15 000 B;) Das opulente Boutique-Resort verbindet klassischen thailändischen Stil mit marokkanisch anmutenden Zügen und liegt in einer üppigen tropischen Landschaft mit Kanälen, Wasserfällen, buddhistischer Kunst und einem hinreißenden **Spa** (Anwendungen 1100–5000 B; 10–22 Uhr). Die verzierten Bungalows mit Spitzdach sind nicht groß, haben aber sehr bequeme Betten, Holzböden, Balkendecken und viel Flair. Die Villen sind exquisite, zweistöckige Häuser mit direktem Zugang zu einem der beiden romantischen Pools.

Essen

Kata Mama THAILÄNDISCH $
(Karte S. 338; 076 284006; Hat Kata Yai; Hauptgerichte 100–200 B; 8–22 Uhr) Unser Favorit unter mehreren preiswerten Meeresfrüchtebuden am südlichen Ende des Hat Kata Yai: Dank freundlicher Bedienung, verlässlich schmackhaften Thaigerichten und dem entspannten Strand-Ambiente herrscht in diesem seit lange bestehenden Lokal immer großer Betrieb.

★ Red Duck THAILÄNDISCH $$
(Karte S. 338; 084 850 2929; 88/3 Th Koktanod, Hat Kata; Hauptgerichte 240–380 B; Di–So 12–23 Uhr;) Die Gerichte sind teurer als in anderen Thai-Restaurants, aber lecker, frei von Glutamat und mit den frischesten Zutaten zubereitet. Besonders gut sind die Meeresfrüchte-Currys und Suppen. Es gibt auch eine große Auswahl veganer thailändischer Klassiker wie Ananas- oder Kokos-Curry oder ein Gemüse-*larb*.

Man speist drinnen oder auf der kleinen Außenterrasse. Der Service ist hervorragend.

★ Istanbul Restaurant TÜRKISCH $$
(Karte S. 338; 091 820 7173; www.istanbulrestaurantphuket.com; 100/87 Th Koktanod, Hat Kata; Hauptgerichte 210–320 B; 8–22 Uhr) Das nette, von einer Familie geführte Lokal ist aus gutem Grund das beliebteste Restaurant mit ausländischer Küche in Kata. Das hervorragende Essen reicht von großem Frühstück europäischer und türkischer Art bis zu authentischen, sehr schmackhaften Hauptgerichten wie *hünkârbeğendi* (Auberginenpüree mit Rindfleisch), Kebab und Lahmacun. Hinzu kommen ausgezeichnete Suppen, Salate und leckere Desserts.

Ausgehen & Nachtleben

★ Art Space Cafe & Gallery BAR
(Karte S. 338; 090 156 0677; Th Kade Kwan, Hat Kata; 11–1 Uhr) Dieser schräge Mehrzweckladen ist ohne jeden Zweifel die fabelhafteste und skurrilste Bar auf Phuket. Der bunte Laden ist mit Malereien und Skulpturen geschmückt, die vor allem die weibliche Form feiern. Geführt wird das Lokal von einem exzentrischen kreativen Kopf und dessen Frau, einer Tattoo-Künstlerin, die hier ordentliche Cocktails und vegetarische Gerichte (160–400 B) servieren. In der Regel gibt's gegen 20 Uhr Livemusik.

★ Ska Bar BAR
(Karte S. 338; www.skabar-phuket.com; 186/12 Th Koktanod; 13–2 Uhr) Versteckt in den Felsen an der südlichsten Biegung des Hat Kata Yai und scheinbar mit dem Stamm eines großen, alten Banyan-Baums verwachsen, ist das Ska unsere Lieblingsbar für einen Drink zum Sonnenuntergang. Die thailändischen Barkeeper tragen zu dem entspannten Rasta-Flair bei; Bojen, Papierlaternen und Wimpel baumeln von der Decke. Freitagabends gibt's in der Regel eine Feuer-Show.

After Beach Bar BAR
(Karte S. 338; 081 894 3750; Rte 4233; 9–23 Uhr) Der 180° weite Blick von dieser auf Stelzen stehenden strohgedeckten Reggaebar, die sich an eine Klippe über dem Strand von Kata klammert, ist wunderbar: Man blickt auf Meer und Wellen, felsige Halbinseln und von Palmen bedeckte Hügel. Man lauscht Bob Marley und genießt den Sonnenuntergang. Wenn der Feuerball schließlich versunken ist, leuchten bis zum Horizont die Lichter der Fischerboote. Man bekommt hier auch ein sehr aromatisches *pàt tai*.

Praktische Informationen

Es gibt viele Geldautomaten, und WLAN ist überall verfügbar.

Anreise & Unterwegs vor Ort

Sŏrng·tăa·ou fahren von der Th Ranong in Phuket (Stadt) nach Kata (40 B/, 7.30–18 Uhr). Sie halten an der Th Pak Bang (gegenüber dem Kata Beach Resort).

Von Kata gibt's Taxis zum Flughafen von Phuket (1200 B), nach Phuket (Stadt) (600 B), nach Patong (500 B) und Karon (300 B). Vom Flughafen verkehrt ein Minibus nach Kata (200 B/Pers., mind. 10 Pers.).

Motorräder werden überall vermietet (250 B/Tag).

Hat Karon หาดกะรน

Hat Karon wirkt wie ein Zwischending aus Hat Patong und Hat Kata: entspannt, ein bisschen glamourös und ein bisschen anrüchig. Trotz der Megaresorts findet man hier pro Kopf mehr Liegefläche am Strand als in Patong oder Kata. Je weiter nach Norden man kommt, desto schöner wird der breite, goldene Sandstrand; an der nördlichsten Ecke (erreichbar über eine raue Straße hinter dem Kreisverkehr) wirkt das Wasser wie türkisfarbenes Glas.

An den Straßen und Plätzen hinter dem Strand finden sich recht gute Thai-Restaurants, unglaublich viele russische Hinweisschilder, billige Go-Go-Bars, T-Shirt-Verkäufer und der hübsche Karon Park mit einem künstlichen See vor der Bergkulisse. Das nördliche Ende des Orts, nahe dem Kreisverkehr, ist von Pauschaltouristen geprägt; der südliche Ortsteil geht in das elegantere Kata über.

Aktivitäten

In der Nebensaison (April–Okt.) kann man am Südende des Hat Karon Surfunterricht nehmen (1200 B/Std.) und Surfbretter/Bodyboards (300/150 B pro Std.) ausleihen.

Das in Kata ansässige Dive Asia hat ein Büro im Süden von Karon.

Sunrise Divers TAUCHEN

(Karte S. 338; ☎084 626 4646, 076 398040; www.sunrise-divers.com; 269/24 Th Patak East; 3 Tauchgänge 3700–3900 B, Tauchausflug mit Bordübernachtung ab 12 900 B; ⏲9–17 Uhr) Phukets größter Veranstalter von Touren mit Übernachtung an Bord, wird von einem lange auf Phuket ansässigen Blogger geführt und organisiert mehrtägige Tauchtouren (von günstig bis luxuriös) zu den Similan- und Surin-Inseln, zum Mergui-Archipel in Myanmar sowie nach Ko Phi-Phi. Es gibt auch eintägige Tauchausflüge, u. a. nach Ko Phi-Phi und zu den Similan-Inseln.

Dive Asia TAUCHEN

(Karte S. 338; ☎076 396199; www.diveasia.com; Th Karon/Patak West; Tagestour 2950 B) Veranstaltet eine große Reihe von PADI-Zertifizierungskursen (Open-Water-Zertifikat 14 900 B) sowie eintägige Tauchausflüge nach Ko Phi-Phi und Ausflüge mit Bordübernachtung zu den Similan- und den Surin-Inseln (ab 21 000 B). Die Hauptfiliale (S. 339) befindet sich in Kata.

Dino Park MINIGOLF

(Karte S. 338; ☎076 330625; www.dinopark.com; Th Karon/Patak West; Erw./Kind 240/180 B; ⏲10–23 Uhr) In diesem bizarren Vergnügungspark am südlichen Ende des Hat Karon trifft *Jurassic Park* auf Minigolf. Die achtzehn Löcher verteilen sich über ein Labyrinth aus Höhlen, Wasserfällen, Lagunen, grünen Gärten und Dinosaurierfiguren. Kinder (aber auch alle anderen) werden hier ihren Spaß haben, zumal Erwachsene sich auch in die im Stil von *Familie Feuerstein* aufgemachte Bar am Eingang verdrücken können.

Schlafen

★ **Doolay Hostel** HOSTEL $

(Karte S. 338; ☎062 451 9546; www.doolayhostel.com; 164 Th Karon/Patak West; B 450–600 B; ❄📶) In diesem recht neuen Hostel, das gleich auf der anderen Straßenseite gegenüber dem Strand liegt, verteilen sich 40 Betten auf sechs kompakte Schlafsäle zu vier und acht Betten. Die Matratzen sind gut und die Badezimmer sauber; das Personal ist hilfsbereit. Es gibt einen netten Gemeinschaftsbereich und als Highlight im 2. Stock eine lange Terrasse mit Sitzsäcken, auf der man gut abhängen und aufs Meer blicken kann. Vorab reservieren!

Pineapple Guesthouse PENSION $

(Karte S. 338; ☎076 396223; www.pineapplephuket.com; 291/4 Karon Plaza; B/DZ 300/1100 B; ❄@📶) Versteckt rund 400 m hinter dem Hat Karon findet sich diese ordentliche Budgetunterkunft mit einem herzlichen thailändisch-englischen Management. Die altmodischen, aber sauberen und recht komfortablen Zimmer haben bunte Bildtapeten und Kühlschränke; manche verfügen auch über einen kleinen Balkon. Außerdem gibt's einen schlichten, sauberen Schlafsaal mit zehn Betten, eigenem Bad und großen Schließfächern (in der Nebensaison April–Okt. geschl.).

In On The Beach HOTEL $$

(Karte S. 338; ☎076 398220; www.karon-inonthebeach.com; 695-697 Mu 1, Th Patak West; DZ mit

Frühstück 3500–4800 B; P ❄ ☏ ≋) Das nur Schritte vom Nordende des Hat Karon entfernte, etwas betagte Hotel hat komfortable Zimmer mit cremefarbenen Wänden rund um einen tiefblauen Pool, die zum Zeitpunkt der Recherche gerade renoviert werden sollten. Viele haben Meerblick, das Personal ist freundlich, und das Frühstück wird auf der Dachterrasse serviert. Da es in der Nebensaison einen beträchtlichen Rabatt gibt, ist das Haus eine ideale Unterkunft für Surfer.

Marina Phuket RESORT $$$
(Karte S. 338; ☎076 330625; www.marinaphuket.com; 47 Th Karon; DZ mit Frühstück 6600–18 600 B; P ❄ ☏ ≋) Erhöhte Plankenwege führen durch den üppigen, ruhigen Garten zu den im klassischen Thai-Stil aufgemachten komfortablen und abgeschiedenen Zimmern mit Blick aufs Meer oder den Dschungel. Alle haben luftige Terrassen, ein Dekor aus warmem Holz, Teakmöbel und Seidenüberwürfe. In den Villen gibt es auch Whirlpools. Zur Anlage gehören ein großer Pool, ein Spa und nicht weniger als vier Restaurants.

Essen

Verlässliche Thai- und Meeresfrüchterestaurants gibt es am nördlichen Ende des Hat Karon sowie an der Hauptstraße nahe dem südlichen Abschnitt des Hat Karon.

★ **Pad Thai Shop** THAILÄNDISCH $
(Karte S. 338; Th Patak East; Hauptgerichte 50–80 B; ⏲8–19 Uhr, Fr geschl.) In dem wunderbaren Straßenimbiss gibt's sättigenden pikanten Hühnchen-Eintopf sowie geradezu absurd gutes *kôw pàt poo* (gebratener Reis mit Krabben), *pàt see·éw* (gebratene Nudeln) und Nudelsuppe. Ferner erhält man ein wirklich wundervolles *pàt tai*: süß und pikant, mit Tofu, Ei und Erdnüssen sowie einer Beilage aus Frühlingszwiebeln, Bohnensprossen und Limetten.

Elephant Cafe THAILÄNDISCH, INTERNATIONAL $$
(Karte S. 338; ☎076 398129; 489 Th Patak East; Hauptgerichte 80–390 B; ⏲10–23 Uhr; ✎) Das verlässliche und beliebte Lokal mit thailändischen und westlichen Gerichten serviert in einem umschlossenen, gartenartigen Ambiente u. a. Currys und würzige Salate, Steaks, Koteletts und Pizzas, viele vegetarische Speisen sowie Kuchen und Cocktails.

★ **Eat Bar & Grill** GRILL $$$
(Karte S. 338; ☎085 292 5652; www.eatbargrill.com; 250/1 Th Patak East; Hauptgerichte 200–800 B; ⏲11–22 Uhr; ☏) Wunderbare Burger und hervorragende Steaks, die zu den besten auf Phuket gehören, hat dieses entspannte Restaurant mit Holztheke und begrenzten Plätzen (deshalb vorab reservieren!) zu bieten. Auf der Karte stehen auch andere Gerichte, darunter eine prima Lammkeule, aber Rindfleisch steht eindeutig im Mittelpunkt: nach Kundenwunsch zubereitet, stilvoll angerichtet und angesichts der Qualität auch durchaus günstig. Dazu gibt's ordentliche Cocktails.

Anreise & Unterwegs vor Ort

Sŏrng·tăa·ou fahren zwischen 7.30 und 18 Uhr häufig zwischen der Th Ranong in Phuket (Stadt) zum Hat Karon (30 B).

Die Taxifahrt von Karon zum Flughafen von Phuket kostet 1000 B, nach Phuket (Stadt) 550 B, nach Patong 400 B und nach Kata 200 B. Vom Flughafen fährt ein Minibus nach Karon (200 B, mind. 10 Pers.).

Motorräder werden vermietet (250 B/Tag).

Hat Kamala หาดกมลา

Als relaxtes Zwischending aus dem Hat Karon und dem Hat Surin lockt Kamala ungezwungene Langzeitgäste, Familien und junge Pärchen an. Die Bucht ist prachtvoll und ruhig. Palmen und Kiefern stehen am grünen, felsigen Nordende; dort ist das Wasser smaragdgrün, und rund um das Felsriff kann man einigermaßen ordentlich schnorcheln. Hinter dem Strand verläuft auf ganzer Länge ein gepflasterter Weg vor den üppigen grünen Hügeln, von denen man nur hoffen kann, dass sie nie bebaut werden. Schicke neue Resorts haben sich bereits in die südlichen Uferklippen hineingefressen, und auch Jetskis haben schon ihren Weg nach Kamala gefunden, aber für die Verhältnisse in Phuket ist der Ort recht ruhig und entspannt, und auch das Nachtleben hält sich in Grenzen.

Sehenswertes & Aktivitäten

Während des Monsuns (Mai–Okt.) kann man am südlichen Abschnitt des Hat Kamala Surfbretter (300 B/Std.) mieten und Surfunterricht (1500 B) nehmen.

Tsunami Memorial DENKMAL
(อนุสรณ์สถานสึนามิ; Karte S. 344) Kamala gehörte zu den Gebieten auf Phuket, die von dem Tsunami am 26. Dezember 2004 besonders schwer getroffen wurden. Das Denkmal „Heart of the Universe“ gedenkt der Umge-

kommenen mit einem bewegenden, an eine Welle erinnernden Oval aus Metall, das von dem prominenten thailändischen Künstler Udon Jiraksa geschaffen wurde.

Schlafen

Baan Kamala PENSION $
(Karte S. 344; ☎076 279053; www.baankamala phuket.com; 74/42 Mu 3; B 450–550 B, DZ 2000 B; ❄📶) Die einladende Unterkunft, ein Zwischending aus Pension und Hostel, bietet große, helle Schlafsäle mit sechs Betten für Backpacker und eine Reihe individuell gestalteter Privatzimmer für Anspruchsvollere. Die Betonwände der geräumigen Zimmer sind mit Malereien geschmückt, die Betten sind bequem, die Bäder aber etwas eng. Im Gemeinschaftsbereich findet sich ein Longtail-Boot.

Papa Crab BOUTIQUEHOTEL $$
(Karte S. 344; ☎076 385315; www.phuketpapa crab.com; 93/5 Mu 3; DZ 2300 B; ❄📶) Das elegante Gästehaus vereint anheimelnde Zimmer mit einer friedlichen Lage und diskretem, freundlichen Personal. Eine Holzbrücke führt von der Lobby über den Seerosenteich zu den geschmackvoll in ruhigen Farben (Limettengrün und Weiß) gestalteten Zimmern mit Terrakottaböden und Betten aus dunklem Holz. Das Hotel ist besser als viele teurere Optionen in der Nähe; im August ist es normalerweise geschlossen.

Cape Sienna HOTEL $$$
(Karte S. 344; ☎076 337300; www.capesienna.com; 18/40 Mu 6, Th Nakalay; DZ 4600–16 650 B; ❄📶🏊) Das schicke, romantische Hotel auf der südlichen Landzunge bietet von seiner Lobby, dem Pool und von allen Zimmern einen prächtigen Blick auf das türkisfarbene Meer. Die Zimmer sind mit allen Annehmlichkeiten ausgestattet und präsentieren sich hell, schick und modern. Orange- und türkisfarbene Farbtupfer sorgen für Auflockerung. Zu den Deluxe-Zimmern gehören Whirlpools auf dem Balkon. Über der Anlage befindet sich Kamalas luftigste Cocktailbar, das **Vanilla Sky** (Karte S. 344; 18/40 Mu 6, Th Nakalay, Cape Sienna; ⏲17–24 Uhr). Gute Steaks gibt's auf dem Gelände im Steakhaus Plum.

Essen

Meena Restaurant THAI $
(Karte S. 344; Hat Kamala; Hauptgerichte 80–150 B; ⏲9–17 Uhr; Mai–Okt. geschl.) Das von einer Familie geführte Lokal am Nordende des Strands, in dem Sarongs in Regenbogenfarben oder mit Leopardenmuster als Tischtücher dienen, ist eine echte Entdeckung. Die Inhaber sind superfreundlich, das authentische thailändische Essen und die frischen Frucht-Shakes außergewöhnlich gut. Das rustikale Ambiente ist genau das, was man in Kamala zu finden hofft.

Isaan Popeye Thai Food THAILÄNDISCH $
(Karte S. 344; ☎089 056 9605; 74/43 Mu 3; Hauptgerichte 100–200 B; ⏲9.30–22 Uhr) Dank der überzeugenden Kombination aus authentischen, würzigen Gerichten aus Nordostthailand, frischen Meeresfrüchten und klassischen Pfannen- und Nudelgerichten ist dies eines der wenigen Restaurants in Kamala, das auch Einheimische besuchen. Es gibt auch westliches Frühstück. Das Restaurant ist fünf Gehminuten vom Strand entfernt.

★ **Blue Manao** THAILÄNDISCH $$
(Karte S. 344; ☎076 385783; 93/13 Mu 3, Th Hat Kamala; Hauptgerichte 130–530 B; ⏲12–23 Uhr; 📶) Das relaxte, von Franzosen geführte Restaurant in Marineblau hat mehr Atmosphäre als die nahegelegene Konkurrenz und eine etwas interessantere Karte. Die Meeresfrüchte – Barrakuda, Tintenfisch mit gelbem Curry – sind die Hauptattraktion, es gibt aber auch ausgezeichnete traditionelle thailändische Currys (mit Fleisch, Fisch oder vegetarisch) und europäische Desserts sowie eine richtige Bar.

Plum INTERNATIONAL $$$
(Karte S. 344; ☎076 337300; 18/40 Mu 6, Th Nakalay, Cape Sienna; Hauptgerichte 500–5000 B; ⏲18–23 Uhr, Mo geschl.; ✍) Im Mittelpunkt die-

PHUKET FANTASEA

Die Broschüren und Schlepper, die Phuket Fantasea, einen 60 Mio. US$ teuren „Kultur-Themenpark" gleich östlich vom Hat Kamala als eine der besten „familienfreundlichen" Attraktionen anpreisen, sind gar nicht zu übersehen. Obwohl der Park bei asiatischen Touristen und auch einigen aus dem Westen sehr beliebt ist, empfehlen wir, sich genauer mit den vielen Fragen zum Tierschutz auseinanderzusetzen, die mit dieser an Las Vegas erinnernden Einrichtung verbunden sind, in der die Tiere gezwungen werden, täglich ihre „Vorstellung" zu geben. Danach kann man immer noch entscheiden, ob man sich das anschauen will.

Hat Kamala, Hat Surin & Ao Bang Thao

ses Lokals, das zum Teil Steakhaus, zum Teil Meeresfrüchterestaurant europäischer Art ist, steht der Holzkohlengrill, auf dem zarte importierte Steaks liebevoll zubereitet werden. Es gibt aber auch eine große Auswahl an Meeresfrüchten, Pastagerichten, Risottos und Salaten. Man isst mit einem herrlich weiten Blick hinunter auf den schönen Strand und die Bucht. Vorab reservieren, wenn man in einer Cabana am Pool speisen will.

An- & Weiterreise

Sŏrng·tăa·ou fahren von der Th Ranong in Phuket (Stadt) nach Kamala (40 B, 7–17 Uhr). *Sŏrng·tăa·ou* verbinden darüber hinaus Kamala mit Hat Surin (20 B). Ein Taxi vom/zum Flughafen kostet 700 B.

Hat Surin หาดสุรินทร์

Surin (สุรินทร์) mit seinem breiten, goldenen Strand, dem Wasser, dessen Färbung von türkis am seichten Ufer zu tiefblau am Horizont übergeht, sowie den üppig grünen, mit Felsbrocken übersäten Landzungen ist so schön wie nur irgendein Ort auf Phuket. Hinzu kommen auch noch hinreißende Galerien, fabelhafte Boutiquen und Fünf-Sterne-Resorts. Heutzutage ist Surin ein recht

Hat Kamala, Hat Surin & Ao Bang Thao

exklusives Ziel für wohlhabende Ausländer und Thais.

Phukets Vorgehen gegen unlizenzierte Strandrestaurants und Bars hat Surin besonders hart getroffen. Alle Einrichtungen am Strand wurden abgerissen, einige Betreiber haben ihren Sitz weiter die Straße hinauf an die Ao Bang Thao (S. 346) verlegt, andere haben einfach zugemacht. Daher gibt es hier heute weniger Restaurants und Bars als irgendwo sonst an Phukets Westküste.

Trotzdem ist Hat Surin weiterhin einladend und schön. Nördlich schließt sich der kleine, abgeschlossene **Hat Pansea** (หาดพันซี) mit seinen exklusiven Resorts an.

Die gut besuchte **Masjid Mukaram Bang Thao** (มัสยิดมุการ์ร่ม บางเทา; Karte S. 344; Rte 4025; tagsüber) GRATIS vermittelt einen guten Einblick in das Dorfleben auf Phuket. Die Moschee ist eine interessante Abwechslung zum Strandleben.

Schlafen

Am Hat Surin gibt's einige der schicksten Resorts auf Phuket, aber kaum Budgetunterkünfte.

Benyada Lodge HOTEL $$
(Karte S. 344; 076 271777; www.benyadalodge-phuket.com; 106/52 Mu 3, Hat Surin; DZ mit Frühstück 1500–3000 B;) Das Hotel ist eine Unterkunft mit vernünftigen Preisen in einem Viertel, das von gehobenen Resorts bestimmt wird, und liegt nur einige Minuten vom Strand entfernt. Das Benyada hat große, recht altmodische, aber komfortable Zimmer; die besten verfügen über kleine Balkone. Der Service ist freundlich. Von der Bar auf der Dachterrasse kann man den Sonnenuntergang genießen.

★ **Surin Phuket** RESORT $$$
(Karte S. 344; 076 621580; www.thesurinphuket.com; 118 Mu 3, Hat Pansea; Bungalows mit Frühstück 14 600–34 400 B; P) Fast jede Anlage an einem so wundervollen Strand wäre erste Wahl. Aber die Bungalows im Surin, die sich unter dem Blattwerk am Hang verstecken und auf den Hat Pansea blicken, bieten dazu noch anheimelnde, erdverbundene und luxuriöse Zimmer, und der sechseckige Pool mit Meerblick ist prächtig abstrakt. Zu vielen der „Cottages" muss man ein ganzes Stück hügelauf und über Holzstege laufen.

★ **Amanpuri Resort** RESORT $$$
(Karte S. 344; 076 324333; www.amanresorts.com; Hat Pansea; Villen 1000–3100 US$; P) Dezent, luxuriös und unglaublich friedlich: Das Amanpuri ist ein Promi-Magnet und eines der besten und exklusivsten Hotels auf Phuket. Bei den anmutigen Bungalows im traditionellen Design ist die Lage am ruhigen Hat Pansea das Entscheidende: Die Cabanas blicken aufs Meer, die Badezimmer sind riesig, und das Dekor wird von warmem Holz bestimmt; viele haben einen eigenen Pool. Aktivitäten aller Art (Yoga, Kajakfahren, Surfen) sind im Angebot, es gibt einen jetschwarzen Pool und erstklassigen Service.

Essen & Ausgehen

Die kulinarische Szene in Surin ist jetzt ziemlich verwaist, weil alle Strandlokale beseitigt wurden. Die meisten Restaurants liegen an der Th Srisoonthorn oder an der Soi gleich vor dem Strand.

Blue Lagoon THAILÄNDISCH $
(Karte S. 344; 087 923 8235; Th Srisoonthorn; Hauptgerichte 80–180 B; 7.30–23 Uhr) Das fa-

miliengeführte, halb offene Lokal gehört zu den wenigen Restaurants, die es in Surin nach dem Abriss der Strandlokale noch gibt. Es serviert leckere Versionen klassischer thailändischer Gerichte, Meeresfrüchte und westliches Frühstück. Das Restaurant ist bodenständiger als die meisten anderen vor Ort.

Bocconcino DELI, ITALIENISCH $$$
(Karte S. 344; ☎076 386531; www.bocconcinophuket.com; 8/71 Mu 3, Th Srisoonthorn; Hauptgerichte 320–520 B; ⊙9–22 Uhr; 📶) Ein italienisches Deli ist wohl kaum der Grund, nach Phuket zu reisen, aber das feine, erfrischende *gelato* des Bocconcino passt prima nach Surin. Das elegante, von ortsansässigen Ausländern frequentierte Speiselokal ist ein Traum für Italienfreunde mit Wein, Kaffee, Kuchen, Käse, Fleischwaren, hausgemachter Pasta, Pizza und wechselnden Spezialitäten. Als kleinere Mahlzeit bieten sich traditionelle Salate, z. B. mit Tomaten und Mozzarella an. Das Restaurant liegt 600 m östlich des Hat Surin.

Oriental Spoon THAILÄNDISCH, INTERNATIONAL $$$
(Karte S. 344; ☎076 316500; 106/46 Mu 3, Hat Surin; Hauptgerichte 350–1300 B; ⊙11–23 Uhr; 📶) Das große Restaurant im Resort **Twin Palms** (Karte S. 344; ☎076 316500; www.twinpalms-phuket.com; 106/46 Mu 3, Hat Surin; DZ mit Frühstück 8900–26 100 B; ❄@📶🏊) ist beim beliebten Sonntagsbrunch (1990 B) immer gut besucht. Lohnend ist aber auch das ungewöhnliche Angebot an Peranakan-Gerichten, einer Mischung aus thailändischer, chinesischer und malaiischer Küche: würzige, scharfe und saure Speisen mit viel Tamarinde und Zitronengras. Darüber hinaus gibt's westliche Gerichte und eine umfangreiche Weinkarte.

9th Glass Wine Bar & Bistro WEINBAR
(Karte S. 344; ☎076 068 0068; www.the9thglass.com; 106/16 Mu 3, Hat Surin; ⊙Mo–Sa 16–24 Uhr) Die Bar hat die größte Weinauswahl in Surin, mit Tropfen aus Europa, Australien, Neuseeland und Südafrika, außerdem gute Cocktails und viele Spirituosen. Die elegante, intime Bar serviert Häppchen zu den Getränken und auch Hauptgerichte westlicher Art. Sie liegt dem Strand so nahe, wie das in Surin heute möglich ist.

ℹ Praktische Informationen

An der Th Srisoonthorn gibt's Geldautomaten. Alle Hotels haben WLAN.

ℹ An- & Weiterreise

Sŏrng·tăa·ou fahren von der Th Ranong in Phuket (Stadt) zum Hat Surin (40 B, 7–17 Uhr) und dann weiter zum Hat Kamala; ein gechartertes *túk-túk* und Taxis kosten 500 B. Für ein Taxi vom/zum Flughafen zahlt man 700 B.

Ao Bang Thao หาดบางเทา

Der hinreißende **Hat Bang Thao**, ein 8 km langer weißer Sandstrand, ist der Kitt, der die disparaten Elemente dieser Gegend zusammenhält. In der südlichen Hälfte der Region finden sich Drei- und Vier-Sterne-Resorts und ein schicker Strand. Weiter landeinwärts liegen ein altes, von Kanälen gesäumtes Fischerdorf, ein paar reiche Villensiedlungen und erstklassige Restaurants. Bauarbeiten sind im Gang; mehr als anderswo auf Phuket ist die Erschließung der Ao Bang Thao noch nicht abgeschlossen.

Direkt im Zentrum liegt der etwas bizarre Laguna-Phuket-Komplex, eine Reihe von Vier- und Fünf-Sterne-Resorts rund um einen asphaltierten Naturpfad und einen künstlichen See (auf dem Shuttleboote für die Touristen herumfahren). Am Nordende der Bucht kommt die Natur zu ihrem Recht: Hier erstrecken sich der weiße Strand und das tropische, blaue Meer in die Ferne und bieten jenseits des Betriebs jene friedsame Ruhe, wegen der man eigentlich gekommen war.

Schlafen

Der Laguna-Phuket-Komplex umfasst sieben Luxusresorts. Günstigere Strandresorts liegen im Süden der Ao Bang Thao.

★ Anantara Phuket Layan RESORT $$$
(Karte S. 316; ☎076 317200; www.anantara.com; 168 Mu 6, Soi 4, Hat Layan; DZ 14 000 B, Villen 16 500–81 500 B; P❄📶🏊) Der Neuzugang an seiner eigenen, unberührt anmutenden Bucht gleich nördlich des Hat Bang Thao ist eine exquisite Anlage der Spitzenklasse. Die schicken Zimmer im zeitgenössisch-thailändischen Stil sind mit dunklem Holz verkleidet und bieten Marmorböden, Keramik-Waschbecken und Apple-Gadgets. Zu den Villen gehören dunkel geflieste Pools und ein Butler-Service rund um die Uhr. Eine lässige Loungebar blickt hinunter auf den Pool am Strand. Speisen kann man in drei ausgezeichneten Restaurants oder in seiner eigenen Strandhütte.

Banyan Tree RESORT $$$
(Karte S. 316; ☎076 372400; www.banyantree.com; 33 Mu 4, Th Srisoonthorn, Laguna Phuket; DZ mit Frühstück 17 900–31 500 B; P❄@📶🏊) Die große Anlage, die als erste Bungalows mit eigenem zugehörigen Pool baute, ist eines der feinsten Hotels auf Phuket, eine grüne, schattige Oase des dezenten Luxus. Man wohnt in eleganten Villen mit freistehenden, oben offenen Badehäusern und eigenem Pool; zudem gibt's einen Pool, der Erwachsenen vorbehalten ist.

Im zugehörigen **Spa** (Karte S. 316; www.banyantreespa.com; Massage oder Behandlung 3500–9500 B; ⏲10–22 Uhr) sollte man sich unbedingt verwöhnen lassen.

Essen

An der Ao Bang Thao ballen sich einige der besten internationalen Restaurants auf Phuket. Wer günstig essen will, besucht den neuen **Nachtmarkt** (Karte S. 316, Laguna Phuket, Ao Bang Thao; Hauptgerichte ab 40 B; ⏲17–22 Uhr).

★**Pesto** THAILÄNDISCH, INTERNATIONAL $$
(Karte S. 344; ☎082 423 0184; Th Bandon-Cherngtalay; Hauptgerichte 135–530 B; ⏲12–23 Uhr; 🖉) Ein in Paris ausgebildeter thailändischer Chefkoch und eine winzige Bude am Straßenrand ergeben zusammen ein fantastisches Lokal für köstliche, günstige Thai- und internationale Gerichte. Mediterran sind die leichte Pasta mit Pesto und die Hummer-Lasagne, thailändisch der gegrillte Thunfisch auf Andamanen-Seegras, das *dôm yam gûng* (sauer-scharfe Garnelensuppe), der frittierte und mit Kurkuma gewürzte Fisch und natürlich die Currys.

Andaman Restaurant THAILÄNDISCH $$
(Karte S. 344; 82/9 Mu 3, Hat Bang Thao; Hauptgerichte 195–325 B; ⏲8–22 Uhr; 📶) Das schlichte, zum **Andaman Bangtao Bay Resort** (Karte S. 344; ☎076 314290; www.andamanresort.com; DZ mit Frühstück 1900–5900 B; P❄📶🏊) gehörende Restaurant am Meer wirkt mit den rustikalen Bambuslaternen und den Treibholzmöbeln echt paradiesisch. Auf der über mehrere Ebenen bis zum Sand hinunterreichenden Plattform werden ganz ordentliche gegrillte Meeresfrüchte und thailändische Currys serviert.

★**Bampot** INTERNATIONAL $$$
(Karte S. 344; ☎093 586 9828; www.bampot.co; 19/1 Mu 1, Th Laguna; Hauptgerichte 500–1200 B; ⏲18–24 Uhr) Eisblaue Sitznischen, herunterbaumelnde Pfannen, Tische mit schwarzer Oberfläche und weiße Ziegelwände, an denen Kunstwerke hängen, bilden die Kulisse für die ambitionierten, europäisch inspirierten Gerichte (Hummer-Käsemakkaroni, Seebarsch-Ceviche mit Pomelos) frisch aus der offenen Küche. Kreativ komponierte Cocktails und ausländische Weine runden das Angebot ab.

★**Taste Bar & Grill** FUSION $$$
(Karte S. 316; ☎087 886 6401; www.tastebargrill.com; 3/2 Mu 5, Th Srisoonthorn, Ao Bang Thao; Hauptgerichte 390–990 B; ⏲Di–So 12–23 Uhr; 📶) Minimalistisch-moderne Gestaltung, erstklassiger Service, ungezwungene Eleganz und köstliche Fusion-Küche machen dieses Restaurant zu einer hervorragenden Option. Die Gerichte zeigen thailändische und mediterrane Einflüsse, und auch die Steaks sind prima. Mit den Meeresfrüchten kann man nichts falsch machen, und es gibt auch ausgezeichnete Salate und eine große Auswahl an Vorspeisen.

Tatonka INTERNATIONAL $$$
(Karte S. 344; ☎076 324349; 382/19 Mu 1, Th Laguna; Hauptgerichte 350–790 B; ⏲Mo–Sa 18–22 Uhr; 🖉) Das Tatonka preist sich als Heimat der „Globetrotter-Küche" an, für die Inhaber und Eigentümer Harold Schwarz örtliche Produkte mit Kochtechniken verbindet, die er in Europa, Colorado und Hawaii erlernt hat. Das bunte, vorspeisenartige Angebot umfasst einfallsreiche vegetarische und Meeresfrüchtegerichte und leckere Sachen wie Peking-Enten-Pizza, Pasta mit grünem Curry oder Auberginen-„Plätzchen" mit Ziegenkäse. In der Hauptsaison sollte man vorab reservieren!

An- & Weiterreise

Sŏrng·tăa·ou verkehren zwischen der Th Ranong in Phuket (Stadt) und Ao Bang Thao (30 B, 7–17 Uhr). Ein *túk-túk* zu chartern kostet 400 B, ein Taxi vom/zum Flughafen 700 B.

Sirinat National Park

อุทยานแห่งชาติสิรินาถ

Der **Sirinat National Park** (Karte S. 316; ☎076 328226, 076 327152; www.dnp.go.th; 89/1 Mu 1, Hat Nai Yang; Erw./Kind 200/100 B; ⏲6–18 Uhr) setzt sich aus den einzigartigen Stränden von Nai Thon, Nai Yang und Mai Khao sowie dem ehemaligen Nai Yang National Park und dem Mai-Khao-Naturreservat zusammen. Insgesamt umfasst er 22 km² Küstengebiet sowie 68 km² offenes Meer und erstreckt sich vom Nordende von Ao Bang Thao bis zur nördlichsten Spitze Phukets. Dieses Gebiet gehört zu den schönsten Teilen der Insel. Hier ist der Andrang der Touristen etwas geringer als anderswo, insbesondere am **Hat Mai Khao** (หาดไม้ขาว; Karte S. 316), und die Stimmung ist entspannt. Kitesurfer strömen von Mai bis Oktober zum **Hat Nai Yang** (หาดในยาง; Karte S. 316), denen man beim Faulenzen auf dem Sand zuschauen kann. In der Nebensaison ist es in diesem Teil Phukets ziemlich ruhig.

Das gesamte Gebiet ist nicht mehr als 15 Minuten vom Phuket International Airport entfernt.

Aktivitäten

Während der Monsunzeit (Mai–Okt.) kann man am Hat Nai Yang prima kitesurfen. Mehrere Schulen sind hier vertreten, darunter **Kiteboarding Asia** (Karte S. 316; ☎081 591 4594; www.kiteboardingasia.com; 116 Mu 1, Hat Nai Yang; 1-stündiger Unterricht 2000 B, 3-tägiger Kurs 11 000 B; ⏲April–Okt.), **Kite Zone** (☎083 395 2005; www.kitesurfthailand.com; Hat Nai Yang; 1-stündiger Unterricht 1100 B, 3-tägiger Kurs 10 000 B; ⏲Mai–Ende Okt.) und Bob's Kite School (S. 329), deren Hauptsitz Rawai ist.

FREIWILLIGENARBEIT MIT TIEREN

Rund 2 km vom Hat Mai Khao entfernt schützt die gemeinnützige Stiftung **Soi Dog** (Karte S. 316; ☎081 788 4222; www.soidog.org; 167/9 Mu 4, Soi Mai Khao 10; Eintritt gegen Spende; ⏲Mo–Fr 9–12 & 13–15.30 Uhr, Führungen 9.30, 11, 13.30 & 14.30 Uhr) Hunderte von Katzen und Hunden (einige wurden vor den illegalen Hundefleischhändlern gerettet). Die Tiere werden sterilisiert oder kastriert und danach an Besitzer vermittelt, außerdem setzt sich die Stiftung für die Stärkung des Tierschutzes ein. Besuchen kann man die Einrichtung im Rahmen einer gründlichen Führung. Die Anlage für „alte Hunde" kann etwas traurig stimmen, aber die Tiere haben hier ein gutes Zuhause. Besucher können mit den Tieren spielen, sie ausführen oder sich für längerfristige Mitarbeit verpflichten.

Phukets längster Strand, der Hat Mai Khao, ist ein 10 km langer schöner, umschlossener Sandstreifen, der sich von südlich des Flughafens bis zur nördlichsten Spitze der Insel erstreckt. Meeresschildkröten legen hier zwischen November und Februar ihre Eier ab. Das ganze Jahr über muss man sich vor starken Brandungsrückströmen hüten. Die Bucht von Hat Nai Yang, 3 km südlich des Flughafens, wird von einem Riff geschützt, das 20 m weit ins Meer abfällt und gute Bedingungen zum Schnorcheln (Hauptsaison) und fantastische zum Surfen und Kitesurfen (Monsunzeit) schafft. Der **Hat Nai Thon** (หาดในทอน; Karte S. 316) an der Westküste, 7 km südlich des Flughafens, ist ein halbmondförmiger goldener Sandstrand, der (außer auf dem Höhepunkt des Monsuns) gute Badebedingungen bietet und fern dem auf Phuket üblichen geschäftigen Gewimmel liegt.

Phuket Riding Club REITEN
(Karte S. 316; ☎081 787 2455; www.phuketriding club.com; 60/9 Th Thepkasattri, Mu 3, Mai Khao; 1-/2-stündiger Ausritt 1200/2200 B; ⏲7.30–18.30 Uhr) Hier kann man den Traum eines Ausritts in tropischen Gefilden verwirklichen. Der Phuket Riding Club veranstaltet lustige ein- oder zweistündige Ausritte an den Stränden und durchs Hinterland im Norden Phukets. Einen Tag im Voraus buchen!

Schlafen

Neben Spitzenresorts gibt's in dieser Gegend auch günstigere Unterkünfte. Für letztere sollte man weit im Voraus reservieren.

Pensiri House PENSION $
(Karte S. 316; ☎076 327683; www.pensirihouse.com; 112 Mu 5, Hat Nai Yang; DZ 800–1200 B; ❄📶) Diese freundliche Unterkunft, die sich 300 m landeinwärts vom Hat Nai Yang befindet, ist die beste Budgetoption in der Gegend. Die Zimmer verteilen sich auf zwei Gebäude. Die schönsten – im neuen Block – sind groß, hell, modern und haben Balkone. Alle Zimmer sind mit TV, Kühlschrank und Safe ausgestattet.

Unterkünfte im Sirinat National Park CAMPING, BUNGALOWS $
(Karte S. 316; ☎076 327152, in Bangkok 02 562 0760; www.dnp.go.th; 89/1 Mu 1, Hat Nai Yang; Stellplatz 30 B/Pers., Bungalows 700–1000 B) Bei der Parkverwaltung am nördlichen Ende des Hat Nai Yang gibt's Stellplätze (eigenes Zelt mitbringen!) und auf einem prächtigen,

ABSTECHER

KHAO PHRA THAEW ROYAL WILDLIFE & FOREST RESERVE

อุทยานสัตว์ป่าเขาพระแทว

Das **Khao Phra Thaew Royal Wildlife & Forest Reserve** (Karte S. 316; abseits der Rte 4027 & Hwy 402; Erw./Kind 200/100 B) umfasst 23 km² unberührten Insel-Regenwald (immergrünen Monsunwald) im Norden von Phuket. Als Königsbesitz ist es besser geschützt als die meisten thailändischen Nationalparks, allerdings hat das Personal den Ruf, Besuchern gegenüber nicht besonders hilfreich zu sein. Die höchste Erhebung ist der 442 m hohe Khao Phra.

Einst tummelten sich hier Tiger, Malaienbären, Nashörner und Elefanten, aber heute beschränkt sich die Fauna auf Menschen, Wildschweine, Affen, Plumploris, Languren, Gibbons, Hirsche, Zibetkatzen, Flughunde, Kobras, Pythons, Hörnchen und andere kleinere Tiere.

Die Gibbon-Wilderei ist ein großes Problem auf Phuket, zu dem nicht zuletzt auch der Tourismus beiträgt: Gefangene Gibbons werden durch die Touristenbars geschleppt. Das aus Spenden finanzierte kleine **Phuket Gibbon Rehabilitation Project** (โครงการคืนชะนีสู่ป่า; Karte S. 316; ☎076 260492; www.gibbonproject.org; abseits der Rte 4027; Eintritt gegen Spende; ⊙9–16.30 Uhr, Sa bis 15 Uhr) nimmt Gibbons, die in Gefangenschaft gehalten wurden, in der Hoffnung auf, sie wieder auswildern zu können. Wenn man gegen 9 Uhr kommt, hört man den Morgengesang der Gibbons. Man kommt den Tieren übrigens nicht besonders nahe, was für Kinder vielleicht enttäuschend ist, aber die Freiwilligen hier leisten hervorragende Arbeit.

Es gibt auch schöne Hügelwanderungen und einige malerische Wasserfälle, darunter den **Nam Tok Ton Sai** (น้ำตกโตนไทร; Karte S. 316; ☎076 311998; abseits des Hwy 402; Erw./Kind 200/100 B) und den **Nam Tok Bang Pae** (น้ำตกบางแป; Karte S. 316, abseits der Rte 4027; Erw./Kind 200/100 B), der vom Gibbon Project über einen 300 m langen Weg durch den Dschungel zu erreichen ist. Die Wasserfälle sind besonders eindrucksvoll während der Monsunzeit von Juni bis November. Auf Anfrage sind Parkranger vielleicht bereit, Wanderer durch den Park zu führen; der Preis liegt bei rund 1500 B. Versteckt in den Hügeln findet sich hinter einer Zone von Ananas-, Kautschuk- und Mangoplantagen das **Cable Jungle Adventure Phuket** (Karte S. 316; ☎081 977 4904; www.cablejunglephuket.com; 232/17 Mu 8, Th Bansuanneramit; ohne/mit Abholung vom Hotel 2150/2300 B; ⊙9–17 Uhr), ein Labyrinth aus Seilrutschen zwischen alten Feigenbäumen. Die Seilrutschen verlaufen zwischen 6 und 50 m über dem Boden, die längste ist 300 m lang. Man braucht geschlossenes Schuhwerk. Die Abholung vom Hotel wird angeboten.

Im Park gibt's weder Unterkünfte noch Restaurants, man ist aber mit einem Taxi oder einem Motorrad schnell in anderen Gebieten von Phuket.

Um von Phuket (Stadt) zum Khao Phra Thaew Royal Wildlife & Forest Reserve zu gelangen, nimmt man die Th Thepkasattri 13 km nach Norden zum Distrikt Thalang. Am Heldinnendenkmal (S. 351) fährt man 9 km auf der Rte 4027 Richtung Nordosten, biegt dann nach links (Westen) in Richtung Nam Tok Bang Pae ab und erreicht nach einem Kilometer das Phuket Gibbon Rehabilitation Project. Die Taxifahrt kostet 800 B. Das Schutzgebiet ist auch über den Hwy 402 erreichbar, 6 km nordwestlich des Heldinnendenkmals.

schattigen Steilufer mit weißem Sand gleich hinter dem Strand große, mit Klimaanlagen ausgestattete Betonbungalows. Vorab online oder telefonisch reservieren!

Discovery Beach Resort PENSION $$
(Karte S. 316; ☎082 497 7500; discovery-phuket@hotmail.com; 90/34 Mu 5, Hat Nai Yang; DZ 1800–3200 B; ❄📶) Die Zimmer in dieser gut zugänglichen Anlage sind etwas altmodisch, aber makellos und mit Sofas, TVs, Kühlschränken und guten Betten ausgestattet. Die Unterkunft ist nicht besonders schick, bietet aber dank der Lage direkt am Strand ein prima Preis-Leistungs-Verhältnis.

★ **Slate** RESORT $$$
(Karte S. 316; ☎076 327006; www.theslatephuket.com; 116 Mu 1, Hat Nai Yang; DZ 7700–22 000 B, Villen 45 400–61 500 B; P❄📶🏊) Das Design dieser Anlage, die zu den einmaligen Megaresorts auf Phuket gehört, ist von der Geschichte des Zinnbergbaus auf der Insel inspiriert. Zum ausgesuchten Dekor gehö-

NICHT VERSÄUMEN

ELEFANTENASYL

Das **Phuket Elephant Sanctuary** (Karte S. 316; ☎094 990 3649; www.phuketelephantsanctuary.org; 100 Mu 2, Pa Klok, am 4027 Highway; Erw./Kind 3000/1500 B; ⌚9.30–13 & 14–17.30 Uhr; 👪) ist das einzige echte Refugium (Vorsicht vor Nachahmern!) für Dickhäuter, die beim Einsatz in der Tourismus- oder der Holzindustrie misshandelt wurden. Hier hat man die seltene Gelegenheit, den Tieren nahe zu kommen. Leider müssen Elefanten in Phuket und anderswo in Thailand immer noch als Reittiere für Touristen herhalten oder für sie Kunststücke vorführen.

Hier müssen alle Touren im Voraus gebucht werden. Wer längere Zeit mit den Tieren verbringen will, kann sich für eine Woche als freiwilliger Helfer verpflichten – gleichzeitig werden pro Woche nur sechs Freiwillige angenommen. Der Preis von 16 000 B, in dem die Unterkunft und drei vegetarische Mahlzeiten pro Tag enthalten sind, geht direkt in die Versorgung der Elefanten.

ren Schraubzwingen, Waagen und andere Bergbaugerätschaften; die Türen zu den schicken, stilvollen, luxuriösen Zimmern und Villen bestehen aus künstlich gealtertem Metall. Die besten Zimmer haben eigene Tauchbecken. Auf dem Gelände befinden sich drei Restaurants und das fantastische **Coqoon Spa** (Karte S. 316; Massage oder Anwendung 2000–8000 B; ⌚10–20 Uhr).

Pullman RESORT $$$
(Karte S. 316; ☎076 303299; www.pullmanphuketarcadia.com; 22/2 Mu 4, Hat Nai Thon; DZ 6500 B, Villen 24 400–32 400 B; P❄@📶🏊) Dank der spektakulären Lage hoch auf den Klippen über dem nördlichen Abschnitt des Hat Nai Thon genießen Gäste hier von dem Augenblick, wo sie die Bogenbrücke zur Lobby überschreiten, einen herrlichen Ausblick aufs Meer. Traumhafte spiegelnde Pools erstrecken sich über dem Meer. Der Service ist hervorragend. Alle Zimmer und Villen sind großzügig, sehr komfortabel und haben Balkone.

✕ Essen

Mr. Kobi THAILÄNDISCH $$
(Karte S. 316; Hat Nai Yang; Hauptgerichte 150–350 B; ⌚10–23 Uhr) Auf dem Schild steht: „Gebrochenes Englisch wird hier perfekt gesprochen", aber der allseits beliebte Mr. Kobi spricht sehr gut Englisch. Er kümmert sich um die Drinks, während Malee die Meeresfrüchte und beliebten Thai-Gerichte zubereitet, die in einem erfrischend unprätentiösen Ambiente serviert werden. An einer Wand wird die Geschichte des Tsunami von 2004 erzählt.

Coconut Tree THAILÄNDISCH $$
(Karte S. 316; ☎098 364 6366; Th Hat Nai Thon, Hat Nai Thon; Hauptgerichte 100–300 B; ⌚10–22 Uhr; 📶) Das freundliche, relaxte Lokal nahe dem südlichen Ende des Strands bietet gute Meeresfrüchtegerichte wie in der Pfanne gebratene Krabben mit schwarzem Pfeffer oder Tigergarnelen, die mit allem Möglichen von gelben Curry bis zu Bitteringwer zubereitet werden, sowie beliebte westliche Gerichte. Von der rustikalen, halb offenen Veranda mit einigen Topfpflanzen blickt man über hohe Palmen und Kasuarinen hinaus auf die Andamanensee.

Elements THAILÄNDISCH $$$
(Karte S. 316; ☎076 303299; www.pullmanphuketarcadia.com; 22/2 Mu 4, Pullman, Hat Nai Thon; Hauptgerichte 270–1320 B; ⌚12–22.30 Uhr) Hoch auf den Klippen über dem nördlichsten Ende des Strands bietet Nai Thons schickstes Resort (s. linke Spalte) raffinierte Thai-Gerichte in einem geräumigen und noblen Speiseraum mit hohen Pfeilern, abstrakter moderner Kunst, Plätzen drinnen und draußen und schönem Ausblick auf die Bucht. Zum Mittagessen gibt's auch Burger und Sandwiches und freitags ein Meeresfrüchte-Barbecue.

ℹ An- & Weiterreise

Sŏrng·tăa·ou fahren von Phuket (Stadt) zum Hat Nai Yang (7–17 Uhr, 40 B). Ein Taxi von/zum Flughafen kostet je nach Strand zwischen 400 und 500 B.

Amphoe Thalang อำเภอถลาง

Fern den Stränden ist der untouristische Amphoe (Landkreis) Thalang (ถลาง) ein Gebiet, das Traveller eigentlich nur auf dem Weg zu irgendeinem anderen Ziel passieren. Das ist schade, weil es hier einige faszinierende kulturelle Attraktionen gibt, darunter das **Thalang National Museum** (พิพิธภัณฑสถานแห่งชาติ ถลาง; Karte S. 316; ☎076 379895; Th Srisoonthorn/Rte 4027; Erw./Kind 200/100 B; ⌚9–16 Uhr). Die meisten besuchen das Museum als Zwischenstation auf dem Weg zum lohnenden, zu Recht beliebten Phuket Elephant Sanctuary (S. 350).

Der Landkreis erstreckt sich um das **Heldinnendenkmal** (อนุสาวรีย์ท้าวเทพกษัตรีท้าวศรีสุนทร; Karte S. 316; Hwy 402) 13 km nördlich von Phuket (Stadt), das sich zwar nicht direkt in der Mitte von Phuket befindet, aber die zentrale Kreuzung bildet, wo die Straßen aus allen Richtungen zusammenkommen.

Schlafen & Essen

★ Point Yamu by Como RESORT $$$
(Karte S. 316; ☎076 360100; www.comohotels.com/pointyamu; 225 Mu 7, Pa Klok, Laem Yamu; DZ mit Frühstück 10 200–51 000 B; P ❄ ☎ ≋) In der hohen Eingangshalle umrahmen weiße Mosaikpfeiler Teiche, in denen sich die Palmen spiegeln. Die Fünf-Sterne-Anlage verbindet thailändische Elemente (Mönchsroben-Orange, Hummerfallen als Lampen) mit einem cool-zeitgenössischen, italienischen Entwurf. Die großen Zimmer (einige mit eigenem Pool) sind königsblau oder türkisfarben gehalten, und intensivieren so auf dem gesamten Anwesen den Blick auf das grenzenlose Meer und das Panorama von Ao Phang-Nga.

Bang Rong Seafood THAILÄNDISCH, SEAFOOD $$
(Karte S. 316; ☎081 370 3401, 093 737 9264; Tha Bang Rong, abseits der Rte 4027; Hauptgerichte 120–350 B; ⊙10–18 Uhr) Das rustikale Lokal, eine ehemalige Fischfarm, befindet sich auf einem schwimmenden Pier in den Mangroven und ist 750 m östlich der Rte 4027 über einen Plankenweg erreichbar. Die roten und weißen Schnapper, Krabben oder Muscheln wählt man selber und hat so die Garantie, dass alles frisch ist. Alles wird gedämpft, frittiert, gegrillt, gekocht oder gebacken, es gibt aber kein Bier, weil das Restaurant muslimisch ist.

★ Breeze Restaurant INTERNATIONAL $$$
(Karte S. 316; ☎081 271 2320; www.breezecapeyamu.com; Laem Yamu; Hauptgerichte ab 700 B, Verkostungsmenüs 2000–2150 B; ⊙Mi–So 12–22 Uhr; ☎ 🖉) Das noble, aber dezente Restaurant gehört zu den besten auf Phuket und genießt eine herrliche Lage auf einem Hügel in meerumschlossener Abgeschiedenheit 20 km nordöstlich von Phuket (Stadt). Von dem mit Säulen verzierten offenen Speisesaal blickt man von blauen Sitzsäcken aus auf den Pool und das Meer. Auf der wöchentlich wechselnden Karte stehen wundervoll einfallsreiche europäische Gerichte aus regionalen Zutaten und klassische Cocktails in thailändischer Abwandlung. Vorab reservieren!

An- & Weiterreise

Sŏrng·tăa·ou auf dem Weg von Phuket-Stadt zum Hat Surin und zur Ao Bang Thao kommen am Heldinnendenkmal vorbei (7–17 Uhr, 30 B), das sich in Gehweite zum Thalang National Museum befindet. Um zu anderen Zielen im Landkreis zu gelangen, ist man aufs Auto oder Taxi angewiesen. Die Taxifahrt von Phuket (Stadt) zum Phuket Elephant Sanctuary kostet 700 B.

PROVINZ KRABI

Wenn Traveller von der traumhaften Andamanenküste schwärmen, meinen sie meist Krabi. Das Markenzeichen der Provinz sind die Kalksteinformationen, die sich wie eine riesige, zu Abenteuern einladende Festung an der Küste entlangziehen, aus Inseln emporragen und hinter idyllischen weißen Sandstränden erheben. Kletterer finden ihr Paradies in Railay, Möchtegern-Robinsons auf Ko Lanta, Ko Phi-Phi oder einer der anderen mehr als 150 Inseln vor dieser 120 km langen Küste.

Krabi (Stadt) กระบี่

☎075 / 31 475 EW.

Die geschäftige Stadt Krabi liegt majestätisch inmitten unglaublich kantig aus den Mangroven aufragenden Kalksteinfelsen, aber im Zentrum des quirligen, kompakten Ortes verblüfft vor allem die Menge der Pensionen und Reisebüros. Die Stadt ist ein wichtiger Verkehrsknoten, um den herum sich eine kräftige Traveller-Szene entwickelt. An Restaurants und Souvenirläden, die den üblichen Krimskrams verhökern, herrscht wirklich kein Mangel.

Wenn man aber eine Weile bleibt, entdeckt man hinter der touristischen Oberfläche doch das reale Provinzleben.

Sehenswertes & Aktivitäten

★ Wat Tham Seua BUDDHISTISCHER TEMPEL
(วัดถ้ำเสือ, Tigerhöhlentempel; ⊙Sonnenauf–Sonnenuntergang) Der weitläufige Hügel- und Höhlentempel-Komplex 9 km nordwestlich von Krabi (Stadt) ist ein lohnender, nicht allzu anstrengender Tagesausflug. Am Parkeingang beginnt der mörderisch steile Aufstieg, der über 1260 Stufen auf den 600 m hohen

Krabi (Stadt)

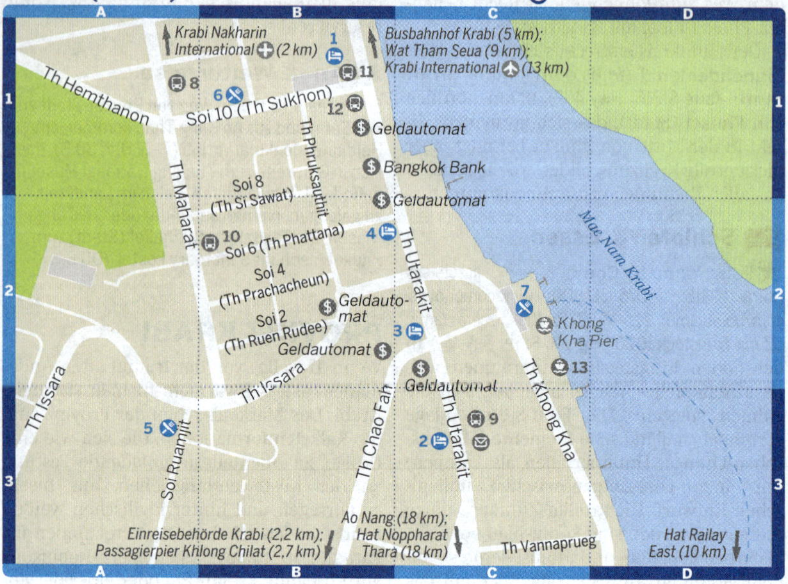

Karstgipfel führt. Die 30- bis 40-minütige Kraxelei wird mit dem Blick auf goldene Buddhastatuen, einen vergoldeten Stupa und spektakuläre Sicht auf das Meer hinter Ao Nang belohnt. Man sollte früh aufbrechen und Trinkwasser mitnehmen; auf dem Gipfel gibt es aber Zapfhähne.

Sea Kayak Krabi KAJAKFAHREN
(☎ 089 724 8579, 075 630270; www.seakayakkrabi.com) Dieser Veranstalter hat eine Reihe von zu empfehlenden Seekajaktouren im Programm, darunter zur Ao Tha Len (halber/ganzer Tag 900/1500 B) mit ihren hochragenden Meeresklippen, nach Ko Hong (ganzer Tag 2200 B), das für seine smaragdgrüne Lagune berühmt ist, und nach Ban Bho Tho (ganzer Tag 2200 B), wo es Karstformationen und Meereshöhlen mit 2000 bis 3000 Jahre alten Malereien gibt. In den genannten Preisen sind Führer, Abholung, Trinkwasser und ein Mittagessen enthalten.

Geführte Touren

Viele Unternehmen veranstalten Tagesausflüge nach Khlong Thom, das 45 km südöstlich von Krabi am Hwy 4 liegt. Dabei wird an Thermalquellen und Süßwasserteichen Halt gemacht. Der Preis liegt bei ca. 1200 bis 2000 B inklusive Transport, Führer, Mittagessen und Getränken. Ordentliches Schuhwerk anziehen! Darüber hinaus gibt's noch andere „Dschungeltouren", Inseltrips und Ausflüge in die Mangroven.

Schlafen

★ **Pak-Up Hostel** HOSTEL $
(☎ 075 611955; www.pakuphostel.com; 87 Th Utarakit; B/Zi. 380/850 B; ❄@📶) Das immer noch beste Hostel in Krabi hat moderne, klimatisierte Schlafsäle aus poliertem Beton. Die großen, aus Holz gezimmerten Stockbetten sind in die Wand eingebaut und bieten pro Bett ein eigenes Schließfach. Die großen, modernen Gemeinschaftsbäder haben Kabinen mit Kaltwasser und Regenduschen mit Warmwasser. Die beiden Doppelzimmer teilen sich ein Bad, und es gibt auch Schlafsäle nur für Frauen. Es gibt eine muntere Bar, und die Atmosphäre ist jugendlich und lustig.

Seacation HOSTEL $
(☎ 075 622828; www.seacationkrabi.com; 11/5 Soi 6 Th Maharat; B/Zi. 450/1200 B; ❄@📶) Das neue Hostel ist smart, auch wenn es durch seine Gestaltung und die langen Korridore etwas anstaltsartig wirkt. Die komfortablen Schlafsäle haben ordentliche Betten und große Schließfächer, und es gibt einen eindrucksvollen Gemeinschaftsbereich mit Billardtisch. Die Privatzimmer sind kompakt. Das Personal ist freundlich und die Lage ideal.

Krabi (Stadt)

Schlafen
1 Apo ... B1
2 Chan Cha Lay ... C3
3 Pak-Up Hostel ... C2
4 Seacation ... B2

Essen
5 Gecko Cabane ... A3
6 May & Mark's ... B1
7 Nachtmarkt ... C2

Ausgehen & Nachtleben
Playground ... (siehe 3)

Transport
8 Sŏrng·tăa·ou zur Ao Luk ... A1
9 Sŏrng·tăa·ou nach Ao Nang & Hat Noppharat Thara ... C3
10 Sŏrng·tăa·ou nach Ao Nang & Hat Noppharat Thara ... B2
11 Sŏrng·tăa·ou nach Ban Laem Kruat ... B1
12 Sŏrng·tăa·ou zum Busbahnhof Krabi ... B1
13 Tha Khong Kha ... C2

Apo HOTEL $$
(☎093 709 1811; www.apohotel.com; 189 Th Utarakit; Zi. 1000–1700 B; ❄📶) Die beste unter mehreren frischen, modernen Pensionen in einem sonst nicht weiter bemerkenswerten Block besitzt große, helle, glänzende, minimalistisch-schick eingerichtete Zimmer mit bunten Farben und an der Wand montierten TVs. Die Zimmer verteilen sich auf zwei Gebäude, einige haben kleine Balkone mit Blick auf den Fluss. Der einzige Nachteil ist, dass es keinen Aufzug gibt.

Chan Cha Lay PENSION $$
(☎075 620952; www.lovechanchalay.com; 55 Th Utarakit; Zi. mit Ventilator 400–1400 B; ❄@📶) Die Zimmer mit Klimaanlage und angeschlossenem Bad in dieser lange bestehenden Unterkunft sind in mediterranen Blau- und Weißtönen gestrichen; die Freiluftbäder sind aus weißen Kieseln und poliertem Beton gebaut. Die Unterkunft gehört vor Ort zu den komfortabelsten und stimmungsvollsten in dieser Preisklasse. Die Zimmer mit Gemeinschaftsbad und Ventilator oder Klimaanlage sind schlicht und klein, aber blitzsauber.

Essen & Ausgehen

Nachtmarkt MARKT, THAILÄNDISCH $
(Th Khong Kha; Hauptgerichte 30–70 B; ⌚16–22 Uhr) Der Markt neben der Tha Khong Kha ist ein beliebter Ort, um abends etwas zu essen. Man bekommt authentisches *sôm·đam* (scharfen grünen Papayasalat) gebratene Nudeln aus dem Wok, *đôm yam gûng* (Suppe mit Garnelen und Zitronengras), gegrillten Schnapper, Satays aller Art sowie cremige thailändische Desserts und frisch gepresste Säfte. Ein Vorteil ist, dass es auch englischsprachige Speisekarten gibt.

★ **May & Mark's** INTERNATIONAL, THAILÄNDISCH $$
(☎081 396 6114; 34 Th Sukhon; Hauptgerichte 75–250 B; ⌚7–22 Uhr; 📶) Ein typischer Traveller-Treff mit einer Kaffeetheke aus bunt lackiertem Beton, in dem immer viel los ist. Uns gefielen der ausgezeichnete Espresso und die große Auswahl an leckeren Omelettes, Pfannkuchen und hausgemachtem Brot. Darüber hinaus gibt es beliebte Thai-Gerichte und internationale Salate, Sandwiches und Hauptgerichte, darunter auch viele Optionen für Vegetarier.

Gecko Cabane THAILÄNDISCH, FUSION $$
(☎081 958 5945; 1/36-37 Soi Ruam Jit, Th Maharat; Hauptgerichte 70–550 B; ⌚11–23 Uhr; 📶) In diesem schmucken Gebäude, das aus zwei traditionellen Ladenhäusern entstand, gibt's Thai-Gerichte mit Pfiff und stilvoll angerichtete westliche Speisen. Gegessen wird auf einer Terrasse aus dunklem Holz oder in einem an ein Wohnzimmer erinnernden Innenraum. Besonders gut sind das langsam gegarte Massaman-Curry und die Lammkeule mit Stampfkartoffeln, aber alle Gerichte sind schmackhaft und günstig.

Playground BAR
(www.facebook.com/krabiplaygroundbar; 87 Th Utarakit; ⌚19–2 Uhr; 📶) Die Bar des Pak-Up Hostels mit großem Außenbereich hält mit Bier-Pong, Open-Mike-Abenden und gelegentlicher Livemusik die Inselbar-Tradition auf dem Festland am Leben. Die Happy Hour dauert bis 21.30 Uhr.

Praktische Informationen

Alle Pensionen und viele Restaurants bieten kostenloses WLAN.

Bangkok Bank (Th Utarakit; ⌚8.30–15.30 Uhr) Tauscht Bargeld, löst Reiseschecks ein und hat Geldautomaten.

Einreisebehörde Krabi (☎075 611097; 382 Mu 7, Saithai; ⌚Mo–Fr 8.30–16.30 Uhr) Das Büro rund 4 km südwestlich von Krabi nimmt Visaverlängerungen vor.

Krabi Nakharin International Hospital (☎075 626555; www.krabinakharin.co.th; 1 Th Pisanpob) Liegt 2 km nordwestlich der Stadt.

Post (Th Utarakit; ⌚ Mo–Fr 8.30–16.30, Sa & So 9–12 Uhr) Nimmt Postsendungen ins Ausland an.

An- & Weiterreise

BUS

Der **Busbahnhof Krabi** (☎ 075 663503; Ecke Th Utarakit & Hwy 4) liegt 4 km nördlich des Zentrums von Krabi in Talat Kao nahe der Kreuzung der Th Utarakit mit dem Hwy 4.

FLUGZEUG

Der Flughafen befindet sich 14 km nordöstlich von Krabi am Hwy 4. Die meisten Inlandsfluglinien bieten Flüge zwischen Bangkok und Krabi. Bangkok Air (www.bangkokair.com) fliegt täglich nach Ko Samui, Air Asia (www.airasia.com) nach Chiang Mai.

MINIVAN

Reisebüros fahren mit klimatisierten Minivans und VIP-Bussen zu beliebten Touristenzentren im Süden, aber in denen sitzt man dicht eingezwängt unter anderen Backpackern. Die meisten bieten kombinierte Tickets (Kleinbus und Fähre) nach Ko Samui (700 B, 5 Std.) und Ko Pha-Ngan (850 B, 7 Std.). Weitere (in der Regel preiswertere) Minivans fahren vom **Busbahnhof** ab. Von Krabi aus gibt es Verbindungen u. a. nach:

ZIEL	PREIS (B)	DAUER (STD.)
Hat Yai	230	4
Ko Lanta	250–300	2½
Phuket	140	2–3
Satun	200	4
Surat Thani	180	2½
Trang	100	2

SCHIFF/FÄHRE

Die Fähren nach Ko Phi-Phi und Ko Lanta legen am **Passagierpier Khlong Chilat** (Tha Khlong Chilat), 4 km südwestlich von Krabi ab. Wer seine Fahrkarte in einem Reisebüro kauft, wird kostenlos zum Pier gebracht.

Hat Railay Ost Longtail-Boote (150 B, 45 Min.) starten vom **Tha Khong Kha** in Krabi (7.45–18 Uhr). Die Schiffer warten mit dem Ablegen, bis acht Passagiere zusammengekommen sind, man kann aber auch das ganze Boot chartern (1200 B). Die Boote zum Hat Railay West starten in Ao Nang.

Ko Jum Von November bis Ende April machen die Boote nach Ko Lanta einen Halt bei Ko Jum (400 B, 1 Std.), wo einen Longtail-Boote an den Strand bringen.

Ko Lanta Von November bis Ende April legt täglich um 11.30 Uhr ein Boot ab (400 B, 2 Std.). In der Regenzeit kommt man nur mit den häufig verkehrenden, klimatisierten Minivans zur Ko Lanta (250–300 B, 2½ Std.). Diese Kleinbusse fahren auch in der Hauptsaison.

Ko Phi-Phi Die Boote fahren ganzjährig (300–350 B, 1½–2 Std.; 9, 10.30, 13.30 & 15 Uhr; Rückfahrten 9, 10, 13.30 & 15.30 Uhr). In der Nebensaison (Mai–Okt.) fahren die Boote nicht immer täglich.

Phuket & Ko-Yao-Inseln Die schnellste Verbindung sind Direktboote vom Pier am Hat Noppharat Thara (S. 362), 19 km südwestlich von Krabi. *Sŏrng·tăa·ou* (50 B) fahren zwischen dem Tha Khong Kha in Krabi und dem Pier am Hat Noppharat Thara; die Taxifahrt kostet 600 B. Mehrmals täglich fahren Boote von der Tha Len (150 B), 33 km nordwestlich von Krabi (Stadt) nach Ko Yao Noi.

SŎRNG·TĂA·OU

Sŏrng·tăa·ou fahren zwischen 6 und 19 Uhr vom Busbahnhof ins Zentrum von Krabi (Stadt) (30 B) und weiter zum Hat Noppharat Thara (50 B), nach Ao Nang (60 B) und zum Muschelfriedhof an der Ao Nam Mao (70 B); sie nehmen unterwegs Fahrgäste auf.

Die bequemsten Stellen, um sie in Krabi (Stadt) zu erwischen, sind die Th Utarakit und die Th Maharat. Von der Th Maharat fahren *sŏrng·tăa·ou* nach **Ao Luk** (80 B, 1 Std., 6–15 Uhr), nach Ao Nang und zum **Hat Noppharat Thara**. Von der Th Utarakit gibt's es ebenfalls eine Verbindung nach **Ao Nang** und zum **Hat Noppharat Thara**

BUSSE VON/NACH KRABI

ZIEL	PREIS (B)	DAUER (STD.)	HÄUFIGKEIT
Bangkok (VIP)	862	12	17 Uhr
Bangkok (mit Klimaanlage)	587	12	8, 8.20, 16, 17, 18 Uhr
Hat Yai	255	4½	8.30–19.20 Uhr stündl.
Phuket	140	3	8.30–19.20 Uhr alle 30 Min.
Ranong	210	5	8.30 & 12 Uhr
Satun	212	5	11, 13, 14 & 15 Uhr
Surat Thani	150	2½	4.30–16.30 Uhr stündl.
Trang	110	2	7.30–17 Uhr alle 30 Min.

sowie eine nach **Ban Laem Kruat**. In der Gegenrichtung ist die Th Utarakit die beste Stelle für *sŏrng·tăa·ou* zum **Busbahnhof**.

In der Hauptsaison fahren *sŏrng·tăa·ou* in ausgedünntem Takt und für einen etwas höheren Fahrpreis weiter bis 22 Uhr.

Unterwegs vor Ort

Das Zentrum von Krabi lässt sich zu Fuß erkunden. Die *Sŏrng·tăa·ou* vom Busbahnhof nach Krabi (30 B) halten in der Th Utarakit vor dem River View Hotel. Die meisten Reiseveranstalter und Pensionen, darunter das Pak-Up Hostel, vermieten Motorräder (200 B/Tag).

VOM/ZUM FLUGHAFEN

Ein Taxi vom Flughafen nach Krabi (Stadt) oder umgekehrt kostet 350 B, ein Motorradtaxi 200 B. Reisebüros und das **Pak-Up Hostel** (S. 352) können Plätze für den Flughafenbus (130 B) besorgen. Mehrere internationale Autovermietungen haben Büros am Flughafen (Auto ab 1100 B).

Railay ไร่เล

Krabis märchenhafte Kalksteinfelsen sind in Railay (auch Rai Leh geschrieben), dem ultimativen Kletterparadies an der Andamanenküste, am spektakulärsten. Affen tummeln sich neben den Kletterern an den prächtigen Felswänden, während drunten einige der herrlichsten Strände Thailands vor einer echten Dschungelkulisse liegen.

Die am stärksten frequentierten Gebiete von Railay, das nur per Boot erreichbar aber nur eine 15-minütige Bootsfahrt von Ao Nang entfernt ist, liegen zwischen dem lückenhaften, zum Schwimmen ungeeigneten Strand von Hat Railay East und den Spitzenresorts und den schönen weißen Sandstränden von Hat Railay West und Hat Tham Phra Nang.

Railay ist heute stärker überlaufen als früher und sieht viele Tagesausflügler. Glücklicherweise ist die Gegend aber immer noch weniger erschlossen als Ko Phi-Phi. Außerhalb von Hat Railay West und Hat Railay East hören die Resorts auf, und es herrscht eine angenehm entspannte thailändische Rasta-Atmosphäre.

Sehenswertes

Tham Phra Nang HÖHLE

(ถ้ำพระนาง, Prinzessinnenhöhle; Hat Tham Phra Nang) Die Höhle am Ostende von Hat Tham Phra Nang ist ein wichtiger Schrein für die örtlichen (muslimischen und buddhistischen) Fischer, die geschnitzte Holzphalli in der Hoffnung opfern, der hier hausende Geist einer ertrunkenen indischen Prinzessin werde für guten Fang sorgen. Einer Legende zufolge scheiterte hier im 3. Jh. v. Chr. die Barke, die jene Prinzessin trug. Ihr Geist bezog die Höhle und erweist allen seine Gunst, die ihm Respekt bezeugen.

Sa Phra Nang LAGUNE

(See der heiligen Prinzessin) Etwa auf halber Strecke des Wegs vom Hat Railay Ost zum Hat Tham Phra Nang führt ein schwieriger Trampelpfad die bewaldete Klippenwand hinauf zu dieser versteckten Lagune. Zunächst klettert man steil den Hügel hinauf (mit unterstützenden Seilen). Oben geht's nach rechts weiter zur Lagune, zu der man den Hügel hinunterklettern muss. Geht man oben nach links, erreicht man schnell einen spektakulären **Aussichtspunkt** auf den Klippen. Das Ganze ist ein strapaziöses, aber durchaus machbares kurzes Abenteuer.

Aktivitäten

Klettern

Mit mehr als 1000 Routen in 51 Zonen (teils für Anfänger, teils für erfahrene Kletterer), die allesamt einen unvergleichlichen Ausblick von Klippenspitzen bieten, gehört Railay zu den besten Kletterzielen weltweit. Man kann hier Monate mit Kletter- und Erkundungstouren verbringen – und viele Leute tun das. Unglaublich populär ist „Deep-Water-Soloing“: Dabei hangeln sich die Kletterer ohne jede Sicherung an Simsen hoch über dem Meer entlang. Wer abstürzt, fällt wahrscheinlich nur ins tiefe Wasser, ohne sich Blessuren zu holen. Auch wagemutige Anfänger können das probieren.

Die meisten Kletterer starten mit der **Muay Thai Wall** und der **One, Two, Three Wall** am südlichen Ende des Hat Railay East, denn dort gibt es mindestens 40 Routen der Schwierigkeitsgrade 4b bis 8b (französisches System). Die mächtige **Thaiwand Wall** am südlichen Ende des Hat Railay West ist eine nackte Kalksteinklippe mit einigen der anspruchsvollsten Kletterrouten (Schwierigkeitsgrad 6a bis 7c+).

Zu den weiteren erstklassigen Kletterstellen zählen **Hidden World** mit typischen mittelschweren Routen, das wenig bekannte 7c+-Juwel **Wee's Present Wall** (Hat Railay West) und **Diamond Cave** sowie der **Ao Nang Tower**, die gleichermaßen bei Kletterexperten beliebt sind. Ausgezeichnete Infos für Kletterer gibt's online unter www.railay.com.

Railay

Railay

Sehenswertes

1 Sa Phra Nang D4
2 Tham Phra Nang C4
3 Aussichtspunkt D3

Aktivitäten, Kurse & Touren

4 Ao Nang Tower A1
5 Basecamp Tonsai B1
6 Diamond Cave D2
7 Hidden World D4
8 Hot Rock C3
9 King Climbers C3
10 Muay Thai Wall D3
11 One, Two, Three Wall D3
12 Real Rocks D2
13 Thaiwand Wall C3
14 Wee's Present Wall C2

Schlafen

15 Anyavee Railay Resort D2
16 Chill Out B1
17 Forest Resort C1
18 Railay Cabana D2
19 Railei Beach Club C2
20 Rayavadee C3
21 Sand Sea Resort C3
22 Sunrise Tropical Resort C3

Essen

23 Mama's Chicken B1
Sunset Restaurant .... (siehe 21)

Ausgehen & Nachtleben

Chill Out .... (siehe 16)
24 Last Bar D2

Transport

25 Fähranleger D3
Longtail-Boote nach Ao Nam Mao .... (siehe 25)
26 Longtail-Boote nach Ao Nang C3
27 Longtail-Boote nach Ao Nang B1
Longtail-Boote nach Krabi .... (siehe 25)

Kletterkurse kosten 1000 B für einen halben und 1800 B für einen ganzen Tag. Privatunterricht kostet 3000 B für einen halben und 4500 B für einen ganzen Tag. Dreitägige Kurse (6000 B) beinhalten auch das Vorstiegklettern, bei der man sich mit Karabinern an Haken in der Felswand sichert. Von den Kletterschulen können erfahrene Kletterer die Ausrüstung für zwei Personen für rund 1200 B pro Tag ausleihen. (Die Qualität kann unterschiedlich sein.) Die Standardausrüstung besteht aus einem 60 m langen Seil, zwei Klettergurten und Kletterschuhen. Wer auf eigene Faust klettern will, bringt besser seine eigene Ausrüstung mit.

Basecamp Tonsai KLETTERN
(☎081 149 9745; www.tonsaibasecamp.com; Hat Ton Sai; halber/ganzer Tag 800/1500 B, 3-tägiger Kurs 6000 B; ⊙8–17 & 19–21 Uhr) Der seit langem bestehende, relaxte Kletterveranstalter ist mit Deep-Water Soloing (700 B) groß im Geschäft.

King Climbers KLETTERN
(☎081 797 8923; www.railay.com; Walking St; halber/ganzer Tag 1000/1800 B, 3-tägiger Kurs 6000 B; ⊙Mo–Fr 8.30–21, Sa & So bis 18 Uhr) Eine der größten, ältesten und angesehensten Kletterschulen.

Hot Rock KLETTERN
(☎085 641 9842; www.railayadventure.com; Hat Railay East; halber/ganzer Tag 1000/1800 B, 3-tägiger Kurs 6000 B; ⊙9–20 Uhr) Das Unternehmen gehört einem Pionier des Kletterns in Railay und hat einen guten Ruf.

Real Rocks KLETTERN
(☎080 718 1351; www.realrocksclimbing.com; Hat Railay East; halber/ganzer Tag 1000/1800 B, 3-tägiger Kurs 6000 B; ⊙8–22 Uhr) Ein effizienter thailändisch-US-amerikanischer Kletterveranstalter mit guter Bewertung.

Tauchen & Schnorcheln

Tauchveranstalter in Railay veranstalten Touren zu Tauchstätten in der Gegend, darunter nach Ko Poda. Zwei Tauchgänge kosten 3700 B, ein Open-Water-Tauchkurs 14 500 B. Angeboten werden auch Tauchausflüge nach Ko Phi-Phi und zum **Wrack der King Cruiser** (Ko Phi-Phi Don) für 4900 B. Die meisten Tauchveranstalter aus Ao Nang, wo es die größere Auswahl gibt, holen Teilnehmer auch in Railay ab.

Ganztägige Schnorcheltrips zu vielen Inseln, darunter nach Ko Poda, Ko Hong und Ko Kai, lassen sich über die Resorts und Tourveranstalter ab 1200 B vereinbaren, man kann aber auch Longtail-Boote (halber/ganzer Tag 1800/2800 B) am Hat Railay West chartern. Ein eintägiger Schnorchelausflug nach Ko Phi-Phi kostet 2400 B. Wer nur einfach etwas vor Railay schnorcheln will, kann in den meisten Resorts Taucherbrille und Schwimmflossen für jeweils rund 150 B ausleihen.

> **LUXUS AM MEER**
>
> Das exklusive **Rayavadee** (☎075 620740; www.rayavadee.com; Hat Tham Phra Nang; Pavillon mit Frühstück 15 900–51 500 B, Villa mit Frühstück 58 500–138 000 B; ❄📶🏊) belegt eines der wohl schönsten Ufergrundstücke in Thailand. Die zweistöckigen Pavillons mit pilzförmigen Kuppeln stehen auf einem riesigen Gelände voller Banyan-Bäume, Blumen und unregelmäßiger Teiche und bieten tolle alte Möbel, regionale Wellnessprodukte, alle modernen Einrichtungen und sogar einen Butlerservice. Einigen Pavillons haben eigene Pools. Zur Anlage gehören ein erstklassiges Spa, ein Fitnesscenter und nicht weniger als vier Restaurants.

Kajakfahren

Kajaks kann man am Hat Railay West oder am Hat Ton Sai mieten (200/800 B pro Std./Tag).

Schlafen & Essen

Touren mit Übernachtung auf einsamen Inseln lassen sich mit örtlichen Bootseignern vereinbaren, man muss aber seine Campingausrüstung und Verpflegung selbst mitbringen.

Hat Railay East หาดไร่เลย์ทิศตะวันออก

Rund um Hat Railay East gibt's viele Mittelklasseoptionen und landeinwärts eine ganze Menge Bars.

Anyavee Railay Resort RESORT $$
(☎075 819437; www.anyaveerailay.com; Hat Railay East; Zi. 3050–3600 B; ❄📶🏊) Diese Anlage gehört beständig zu den besten Mittelklasseoptionen auf dieser teuren Insel. Die Zimmer sind zwar nicht die neuesten, aber geräumig und sauber. Sie bieten große Balkone, Kühlschränke und Safes und verteilen sich um ei-

nen richtigen Dschungelgarten – in dem sich Affen tummeln – mit einem schönen Pool vor einer Kulisse von Karstfelsen.

Sunrise Tropical Resort RESORT $$$
(☎075 819418; www.sunrisetropical.com; Hat Railay East; Bungalow mit Frühstück 3900–6300 B; ❄@📶🏊) Die schicken „Chalets" und „Villen" sind so schön wie die besten am Hat Railay West, aber die Preise entsprechen Hat Railay Ost – sie dürften also mit das beste Preis-Leistungs-Verhältnis in Railay bieten. Die Bungalows haben ein smartes, ruhiges Dekor, Hartholzböden, freistehende Betten oder Matratzen auf Holzplattformen, luxuriöse Badezimmer mit blau gefliesten Böden sowie private Balkone oder Terrassen.

Hat Railay West หาดไร่เลย์ทิศตะวัน

Am Hat Railay West finden sich Luxusresorts und die besten Strandrestaurants.

★ **Railei Beach Club** VILLEN $$$
(☎086 685 9359; www.raileibeachclub.com; Hat Railay West; Haus 2900–28 800 B; ❄📶) Versteckt in einem bewaldeten Gelände, das sich nach hinten bis zu üppig bewachsenen Kalksteinklippen erstreckt liegen am nördlichen Ende des Strands diese Wohnhäuser im thailändischen Stil. Sie bieten Platz für sechs bis acht Personen und werden im Auftrag der abwesenden Eigentümer vermietet. Die Häuser verfügen über Terrassen, Küchen und alle Annehmlichkeiten. Hinzu kommen noch ein paar kleinere, aber sehr stilvoll mit dunklem Holz ausgekleidete Häuser für zwei Personen. Nur wenige bieten Klimaanlagen.

Sand Sea Resort RESORT $$$
(☎075 819463; www.krabisandsea.com; Hat Railay West; Bungalows mit Frühstück 3000–6500 B; ❄@📶🏊) Das günstigste Resort an diesem herrlichen Strand bietet alles von ältlichen „Superior"-Bungalows über kürzlich renovierte Cottages bis hin zu smarten, funkelnden, topmodernen Zimmern mit allen Annehmlichkeiten. Das Gelände ist zwar nicht so schick wie bei den Nachbarn, aber die Zimmer sind komfortabel, und es gibt zwei friedliche Pools im Grünen; von einem hat man einen Ausblick in die Karstlandschaft. Insgesamt hat das Resort angesichts der Lage ein durchaus vernünftiges Preis-Leistungs-Verhältnis.

Im empfehlenswerten **Sunset Restaurant** (Hat Railay West; Hauptgerichte 180–400 B; ⏰11–21 Uhr; 📶) am Strand notieren die rot behemdeten Kellner die bestellten gegrillten Meeresfrüchte oder Thai-Currys auf ihren iPads.

Railay Highlands

Rund um die Railay Highlands gibt's viele Mittelklasseunterkünfte.

Railay Cabana BUNGALOWS $
(☎084 534 1928, 075 621733; Railay Highlands; Bungalows 800 B) Die Lage des tropischen Berg-Refugiums in einer von Karstklippen umgebenen Senke ist grandios. Mango- und Mangostanbäume, Bananenstauden und Guaven stehen um die knarrenden, aber sauberen strohgedeckten Bambusbungalows mit Strom rund um die Uhr. Die Anlage wurde zum Zeitpunkt der Recherche renoviert, man muss also mit gestiegenen Preisen rechnen. Sie befindet sich gleich nördlich von Tham Phra Nang Nai landeinwärts hinter dem Hat Railay East.

Hat Ton Sai หาดต้นไทร

Am Hat Ton Sai, dem abgelegensten Strand, finden sich die besten Budgetoptionen, viele preiswerte Restaurants und eine muntere Backpacker- und Kletterszene. Strom gibt's an diesem Strand nur abends.

Forest Resort BUNGALOWS $
(☎081 149 9745; www.basecamptonsai.com; Hat Ton Sai; B 200 B, Zi. & Bungalows 400–800 B) Die Bambusbungalows sind etwas weniger schmuddelig als die kahlen Zellen mit Betonboden für drei Personen, die hier als Schlafsäle dienen. Die beste Option sind die Bungalows aus Holz und Ziegeln mit Blechdach, gefliesten Böden, Bädern aus rotem Backstein und eigenen Veranden. Alle Zimmer sind mit Ventilatoren ausgestattet, die nur laufen, wenn es Strom gibt (18–1 Uhr). Falls niemand da ist, fragt man bei Basecamp Tonsai, das die Anlage verwaltet.

Chill Out BUNGALOWS $$
(☎087 699 4527, 084 186 8138; www.chilloutkrabi.com; Hat Ton Sai; B 300 B, Bungalows 600–1200 B; 📶) Diese Anlage ist zwar nicht luxuriöser als die anderen in Ton Sai, zeichnet sich aber durch eine gesellige, entspannte Atmosphäre und etwas mehr Stil aus. Bunte ausländische Fahnen zieren die Türen der schlichten Hütten mit Blechdächern und Holzböden, die mit Terrassen, Badezimmern mit Kaltwasser sowie mit Moskitonetzen ausgestattet sind. Im funktionalen Schlafsaal stehen

Stockbetten. In der Bar (s. unten) herrscht großer Betrieb. Strom und WLAN gibt's nur abends.

Mama's Chicken THAI $

(Hat Ton Sai; Hauptgerichte 70–100 B; ⏲7–22 Uhr; ✎) Das Lokal ist zwar an den Dschungelpfad umgezogen, der landeinwärts zum Hat Railay Ost und West führt, gehört aber mit internationalem Frühstück, Frucht-Smoothies und einer reichen Palette günstiger Thai-Gerichte (darunter ein seltenes Massaman-Curry mit Tofu und andere vegetarische Abwandlungen) weiterhin zu den beliebtesten in Ton Sai.

Ausgehen & Nachtleben

Es gibt eine ganze Menge Bars landeinwärts hinter dem Hat Railay West und am Hat Railay East. Reggae-Bars finden sich am Hat Ton Sai.

★ **Last Bar** BAR

(Hat Railay East; ⏲11 Uhr–open end) Eine verlässliche, immer volle Tiki-Bar, die sich bis zum Rand der Mangroven ausbreitet. Auf der einen Ebene gibt's Wimpel, Ballons und Sitzecken mit Kissen, auf einer anderen eingedeckte Esstische mit Kerzenbeleuchtung. Hinten spielt Livemusik, und unten am Wasser sind Feuer-Shows zu sehen.

Chill Out BAR

(Hat Ton Sai; ⏲11 Uhr–open end; 📶) In Ton Sais bester Dschungel-Reggae-Bar entspannt man sich bei kaltem Bier, Livemusik, DJ-Rhythmen und wilden Feuer-Shows.

Praktische Informationen

Unter www.railay.com finden sich viele Infos zum Ort. Geldautomaten stehen am Hat Railay East und an den Pfaden zum Hat Railay West. Die größeren Resorts wechseln Bargeld. WLAN ist weithin verfügbar.

Die **Klinik** (☎084 378 3057; Railay Bay Resort, Hat Railay West; ⏲8–22 Uhr) behandelt kleinere Verletzungen. Bei ernsthaften Unfällen und Krankheiten, muss man nach Krabi oder Phuket fahren.

An- & Weiterreise

Longtail-Boote nach Railay fahren von der Tha Khong Kha in Krabi und vom Ufer in Ao Nang und Ao Nam Mao. Die **Longtail-Boote** (⏲7.45–18 Uhr) nach Krabi starten vom Hat Railay East. In beide Richtungen fahren die Boote zwischen 7.45 und 18 Uhr, sobald auch Passagiere gekommen sind (150 B, 45 Min.). Das ganze Boot zu chartern kostet 1200 B.

Die Fahrt mit den Booten vom südöstlichen Ende von Ao Nang zum Hat Railay West oder Hat Ton Sai (15 Min.) kostet zwischen 8 und 18 Uhr 100 B und von 18 bis 24 Uhr 150 B. Die Boote legen erst ab, wenn acht Passagiere gekommen sind. Private Charterboote fahren für 800 B. Von Mai bis Oktober endet der Betrieb schon um 17 Uhr. **Longtail-Boote** (⏲8–18 Uhr) fahren nach dem gleichen Fahrplan vom Hat Railay West zurück nach Ao Nang. Vom Hat Ton Sai fahren die **Boote** (⏲8–18 Uhr) seltener, weil die Verbindung von weniger Menschen genutzt wird. Daher geht es häufig schneller, wenn man zunächst nach Hat Railay West fährt.

Bei starkem Seegang stellen die Boote aus Ao Nang und Krabi den Betrieb ein. Man bekommt aber vielleicht noch ein **Longtail-Boot** (⏲8–18 Uhr) vom Hat Railay East nach Ao Nam Mao (100 B, 15 Min.), von wo aus man per *sŏrng·tăa·ou* (50 B) nach Krabi oder Ao Nang gelangt.

Ganzjährig fährt eine Fähre um 9.45 Uhr von der **Fähranlegestelle** am Hat Railay East nach Ko Phi-Phi (400 B, 1¼ Std.); Longtail-Boote fahren heran, um Passagiere in Empfang zu nehmen. Die Boote nach Ko Lanta (500 B, 2 Std., tgl. 10.45 Uhr) verkehren nur in der Hauptsaison (Okt.–April). Nach Phuket (650 B, 2¼ Std.) startet ganzjährig eine Fähre um 15.15 Uhr. Einige Fähren nehmen vor dem Hat Railay West Passagiere auf.

Ao Nang

อ่าวนาง

Zunächst die traurige Wahrheit: Wegen der ungebremsten Erschließung und den unansehnlichen Neubauten, die sich im Schatten der atemberaubenden Karstlandschaft drängen, ist Ao Nang recht hässlich. Hinzu kommt eine stellenweise ziemlich anrüchige Halbwelt.

Doch wenn man über all das hinwegsieht und sich auf die von Kalksteinlandzungen eingerahmten goldenen Sandstrände konzentriert, gibt es hier auch vieles, das man mögen kann. In der Trockenzeit schimmert das Meer türkisfarben; in der Regenzeit wühlen Brandungsrückströme die kaffeebraunen Untiefen auf. Wer in klarerem Wasser schnorcheln will, bucht einfach eine Fahrt zu den kleinen Inseln am Horizont, wo das Wasser das ganze Jahr über weniger trübe ist. Taucher finden in der Nähe einige erstklassige Tauchstellen. Ao Nang ist kompakt und ein offen touristisches Reiseziel. Aber genau deswegen strömen auch die Besucher.

Sehenswertes

Muschelfriedhof NATURSCHUTZGEBIET

(สุสานหอย, Gastropod Fossil, Su-San Hoi; Erw./Kind 200/100 B; ⏲8–18 Uhr) Der Muschelfriedhof liegt 8 km östlich von Ao Nang am Ostende der Ao Nam Mao: Hier kann man riesige Platten bewundern, die von Millionen winzigen, 75 Mio. Jahre alten Muscheln gebildet wurden. Es gibt ein staubiges **Besucherzentrum** (⌚8–16.30 Uhr) mit leidlich interessanten geologischen Exponaten und Stände, an denen Snacks verkauft werden. Die Fahrt mit dem *sŏrng·tăa·ou* kostet ab Krabi/Ao Nang 70/50 B.

Aktivitäten

Tauchen & Schnorcheln

In Ao Nang gibt's zahllose Tauchschulen, die Trips zu 15 Inseln in der Gegend anbieten, z. B. nach Ko Si, Ko Ha, Ko Poda, Yava Bon und Yava Son. Recht einmalig ist das Tauchgebiet vor Ko Mac Urai mit zwei Unterwassertunneln voller Hart- und Weichkorallen. Für einen Ausflug mit zwei Tauchgängen bezahlt man ca. 3200 B.

Andere Touren führen weiter hinaus: für 3500 bis 3900 B zum Wrack der King Cruiser (S. 357) oder nach Ko Phi-Phi sowie für 5700 bis 6000 B nach Hin Daeng, Hin Muang und **Ko Haa** südlich von Ko Lanta. Ein Open-Water-Kurs kostet 14 900 B. Die meisten Tauchveranstalter organisieren auch Schnorchelausflüge (ab 1800 B).

The Dive TAUCHEN
(☎082 282 2537; www.thediveaonang.com; 249/2 Mu 2; 2 Tauchgänge 3500 B; ⌚11–20 Uhr) Dieser engagierte Tauchveranstalter mit ausgezeichnetem Ruf bietet Ausflüge nach Ko Phi-Phi (3500 B), denen sich auch Schnorchler anschließen können (2500 B), und nach Ko Haa (6200 B). Open-Water-Zertifizierungskurse gibt's für 14 900 B.

Aqua Vision TAUCHEN
(☎086 944 4068; www.diving-krabi.com; 76/12 Mu 2; 2/3 Tauchgänge 3600/4500 B; ⌚9–19 Uhr) Die verlässliche, gut informierte Tauchschule veranstaltet Tauchausflüge in der Gegend, Trips mit zwei Tauchgängen nach Ko Phi-Phi, Open-Water-Tauchkurse (14 900 B) und „Safaris" nach Hin Daeng, Hin Muang und Ko Haa (5700–6600 B) sowie Schnorchelausflüge in der Gegend (1800 B).

Kon-Tiki TAUCHEN
(☎075 637 826; www.kontiki-krabi.com; 161/1 Mu 2; 2/3 Tauchgänge 3200/4000 B; ⌚9–21 Uhr) Der als gut bewertete, große Tauchanbieter veranstaltet lustige Tauchausflüge nach Ko Phi-Phi (3900 B) und Ko Haa (6300 B), abendliche Tauchgänge in der Gegend (4800 B) und Schnorchel-„Safaris" (2700 B) sowie Open-Water-Zertifizierungskurse (15 500 B).

Radfahren

Mit **Krabi Eco Cycle** (☎081 607 4162, 075 637250; www.krabiecocycle.com; 309/5 Mu 5; halb-/ganztägige Tour 1500/3000 B) kann man auf eine Tour de Krabi gehen. Bei der empfehlenswerten Tagestour radelt man 15,5 km weit durch Kautschukplantagen vorbei an kleinen Dörfern und Thermalquellen bis zum smaragdgrünen Emerald Pool. Das Mittagessen ist bei allen Touren außer der halbtägigen reinen Fahrradtour im Preis inbegriffen.

Kajakfahren

Mehrere Unternehmen veranstalten Kajaktouren zu umliegenden Mangroven und Inseln; die Preise variieren je nach Ziel und sind teurer, wenn Schnellboote eingesetzt werden. Zu den beliebten Zielen gehört die versteckte Lagune von Ko Hong, wo es Seeschwalbennester gibt (die – ökologisch fragwürdig – als Zutat zur Vogelnestersuppe gefragt sind). Angeboten werden auch Trips zu den hohen Meeresklippen von Ao Tha Len sowie zu den Meereshöhlen und den 2000 bis 3000 Jahre alten Malereien in Ban Bho Tho. Im Preis sind immer ein Mittagessen, Trinkwasser, Kajaks und Führer inbegriffen.

Geführte Touren

In allen Reisebüros kann man die beliebten Vier- oder Fünf-Insel-Touren buchen. Der Preis liegt zwischen 1400 und 2000 B, je nachdem, ob man sich für ein Longtail- oder ein Schnellboot entscheidet. Der **Ao Nang Long-Tail Boat Service** (Hat Ao Nang, nordwestliches Ende; ⌚8–16 Uhr, Mai–Okt. bis 14 Uhr) und der **Ao Nang Long-Tail Boat Service Club** (Hat Ao Nang, südöstliches Ende; ⌚8–24 Uhr, Mai–Okt. bis 20 Uhr) bieten private Chartertouren nach Hong Island (2400 B) und Bamboo Island (3800 B) sowie halbtägige Ausflüge nach Ko Kai (Chicken Island) und Ko Poda (1700 B); die maximale Teilnehmerzahl liegt bei sechs Personen.

Tourveranstalter bieten halbtägige Ausflüge nach Khlong Thom (Erw./Kind 1200/800 B), bei denen man auch Süßwasserbecken und Thermalquellen besucht.

Eine Schnellboottour nach Ko Phi-Phi mit einem Stopp auf Bamboo Island kostet 2800 B.

Schlafen

Ao Nang bietet eine gute Mischung aus Hostels, Pensionen, Hotels und Resorts, aber die beliebten Unterkünfte sind in der Hauptsaison schnell komplett belegt, daher stets im Voraus buchen! In der Nebensaison fallen die Preise um 50 %.

★ Glur HOSTEL **$**
(☎075 695297, 089 001 3343; www.krabiglurhostel.com; 22/2 Mu 2, Soi Ao Nang; B 600 B, DZ 1300–1500 B; P❄@📶🏊) Das fabelhafte Hostel-Refugium gehört einem talentierten thailändischen Architekten und seiner Frau, die es auch entworfen und gebaut haben und betreiben. Aus Schiffscontainern, Glas, Sicht- und poliertem Beton entstanden luxuriöse Schlafsäle mit durch Vorhänge abgeteilten, türkisfarbenen Stockbetten sowie (ebenfalls mit Stockbetten ausgestattete) Privatzimmer, die sich über den hübschen, mit einem kleinen Pool versehenen Garten verteilen.

Das Hostel liegt in fußläufiger Entfernung 1,5 km nordöstlich des Zentrums von Ao Nang.

Anawin BUNGALOWS **$$**
(☎075 637664, 081 677 9632; www.anawinbungalows.com; 263/1 Mu 2; Bungalows 1000–1600 B; ❄📶) Die zehn sauberen, kleinen, knallgelben Betonhütten mit TVs und kleinen Veranden verstecken sich in einer ruhigen, grünen Ecke rund 400 m nordöstlich des Strands von Ao Nang. Die Zimmer sind ein bisschen altmodisch, aber recht groß, und der Inhaber ist freundlich.

Phra Nang Inn HOTEL **$$$**
(☎075 637130; www.vacationvillage.co.th; Th Ao Nang; Zi. mit Frühstück 4000–8500 B; ❄📶🏊) Eine strohgedeckte Explosion aus rustikalem Kokosholz, Muschelvorhängen, leuchtend in Orange und Purpur gestrichenen Wänden und aufwändigen thailändischen Fliesen mit mexikanischer Anmutung. Die Anlage verteilt sich auf zwei Flügel und es gibt zwei Pools. Die Zimmer sind nicht groß und einige könnten eine Renovierung vertragen (die zum Zeitpunkt der Recherche gerade beginnen sollte), aber die Lage ist prima, und am Strand ist eine Bar.

Red Ginger Chic HOTEL **$$$**
(☎075 637999; www.redgingerchicresort.com; 168 Mu 3; Zi. 5500–12 350 B; ❄📶🏊) An einem Boulevard voller Hotels am äußersten Westende von Ao Nang liegt das modische und farbenfrohe Red Ginger mit verzierten Fliesen, roten Papierlaternen, drapierten Stoffen und einer Theke aus Milchglas im Foyer.

Die geräumigen, schicken Zimmer haben elegante Tapeten, moderne Möbel und große Balkone mit Blick auf einen ausgedehnten Pool. Effizientes Personal.

Essen & Ausgehen

In Ao Nang gibt's viele mittelmäßige Restaurants mit thailändischer, indischer, italienischer und skandinavischer Kost. Bei weitem am besten sind die Meeresfrüchtelokale. Preiswerte Mahlzeiten gibt's an den Imbissständen, die abends an der Straße nach Krabi (nahe dem McDonald's) aufgebaut werden.

Dort bekommt man *roti* (Pfannkuchen), *gài tôrt* (Brathähnchen), Hamburger und dergleichen. Mittags findet man Imbissstände gleich nördlich vom Krabi Resort.

Krua Ao Nang Cuisine SEAFOOD **$$**
(☎075 695260; Soi Sunset; Hauptgerichte 150–400 B; ⏲10–22 Uhr) Das Lokal ist eines der besten (und beliebtesten) von mehreren Meeresfrüchterestaurants mit herrlichem Meerblick an dieser Fußgängergasse am westlichen Ende des Strands. Am Eingang findet man den Fang des Tages in einer schiffsförmigen Eistheke – man zahlt für die Meeresfrüchte pro Kilo. Das Restaurant ist wegen der Aussicht etwas teurer als andere Optionen in Ao Nang.

Myeong Dong KOREANISCH **$$**
(☎075 813164; 345 Mu 2; Hauptgerichte 150–700 B; ⏲11–22 Uhr; 📶) Der koreanische Grill ist bei den vielen asiatischen Besuchern in Ao Nang beliebt und bietet Abwechslung von den Meeresfrüchten und den mittelmäßigen westlichen Gerichten. Die Grillspeisen stehen im Zentrum, es gibt aber auch klassische koreanische Suppen und Eintöpfe.

Der Grill steht auf dem Tisch, man bestellt das gewünschte Fleisch; Gemüse und Beilagen gibt's kostenlos dazu.

Last Fisherman BAR
(☎081 267 5338; 266 Mu 2; ⏲10–24 Uhr) Man sitzt an den luftigen Tischen mit Blick auf den Strand oder an der Theke in Form eines Longtail-Boots und genießt in diesem relaxten, beliebten Lokal am südlichen Ende von Ao Nang seinen Drink zum Sonnenuntergang.

Praktische Informationen

Bei den sogenannten „Touristeninformationen" an der Hauptstraße durch Ao Nang handelt es sich allesamt um private Reiseveranstalter.

Es gibt viele Geldautomaten und Wechselstuben (geöffnet ca. 10–20 Uhr).

An- & Weiterreise

AUTO & MOTORRAD

An der Hauptstraße vermieten Dutzende Läden Motorräder (200–250 B). Ein paar Shops vermieten Autos ab 1100 B pro Tag. Budget Car Hire (www.budget.co.th) hat einen Schalter am Flughafen von Krabi (Auto ab 1200 B/Tag).

VOM/ZUM FLUGHAFEN

Zwischen 9 und 17 Uhr fahren stündlich weiße Flughafenbusse (150 B), die vor dem McDonald's an der Straße nach Krabi halten. Private Taxis (500 B) und Minivans (150 B) fahren vom/zum Flughafen.

MINIVAN

Minivans (oft kombiniert mit Fähren) fahren täglich Ziele überall im Süden Thailands an.

ZIEL	PREIS (B)	DAUER (STD.)
Khao Sok	400	3
Ko Lanta	400	3
Ko Lipe	1000	6
Ko Samui	700	4
Ko Tao	1100	7
Ko Pha-Ngan	850	5
Phuket	450	3

SCHIFF/FÄHRE

Der Ao Nang Long-Tail Boat Service (S. 360) und der Ao Nang Long-Tail Boat Service Club (S. 360) betreiben Boote zum Hat Railay West (15 Min., 100–150 B/Pers.). Die Boote fahren, wenn acht Passagiere eingestiegen sind; man kann das ganze Boot für den Preis von acht Passagieren chartern.

SŎRNG·TĂA·OU

Sŏrng·tăa·ou fahren von/nach Krabi (60 B, 30 Min.). Die Strecke führt vom Busbahnhof in Krabi über die Th Maharat zum Tha Khong Kha in Krabi und weiter zum Hat Noppharat Thara, nach Ao Nang und zum Muschelfriedhof. Die Fahrt von Ao Nang zum Hat Noppharat Thara oder zum Muschelfriedhof kostet 30 B.

Hat Noppharat Thara

หาดนพรัตน์ธารา

Nördlich von Ao Nang ist der goldgelbe Strand noch etwas naturbelassener. Er zieht sich 4 km lang um eine wenig bebaute Landzunge, bis man schließlich an einer natürlichen Lagune anlangt, an der sich die Zentrale des **Hat Noppharat Thara-Mu Ko Phi-Phi National Park** (อุทยานแห่งชาติหาดนพรัตน์ธารา-หมู่เกาะพีพี; ☎ 075 661145; www.dnp.go.th; Erw./Kind Ko Phi-Phi 400/200 B, andere Inseln 200/100 B) befindet. Im Besucherzentrum gibt es thailändisch und englisch beschriftete Infos zur Ökologie der Korallenriffe und Mangroven.

Hat Noppharat Thara ist ruhiger und weniger bebaut als Ao Nang. Mehrere Resorts werben fälschlich mit einer „zentralen Lage in Ao Nang". Aber vermutlich wird man am Ende zufrieden sein, wenn man an diesem Strand landet.

Schlafen & Essen

Mehrere Restaurants mit typischen Thai-Snacks (Brathähnchen, Papaya-Salat, Nudeln & Pfannengerichte) sammeln sich nahe der Nationalparkzentrale und in einer kleinen Enklave nahe dem Sabai Resort. An der Uferstraße gibt's einige ordentliche Meeresfrüchterestaurants.

Sabai Resort HOTEL $$

(☎ 075 637791; www.sabairesort.com; 79/2 Mu 3; Bungalows 1300–3500 B; ❄@📶🏊) Dieses Hotel ist die am professionellsten geführte Bungalowanlage in der Gegend. Die gepflegten minzgrünen Bungalows mit Ziegeldach sind mit Ventilator oder Klimaanlage ausgestattet und haben Terrassen aus Kieseln und Beton, von denen aus man auf den unter Palmen liegenden Pool und Blumengärten blickt. Die Zimmer für vier Personen eignen sich für Familien.

Unterkunft im Hat Noppharat Thara-Mu Ko Phi-Phi National Park BUNGALOWS, CAMPING $$

(☎ 075 661145; www.dnp.go.th; Stellplatz 30 B/Pers., Bungalows 1000 B; ❄) Rustikale, aber gepflegte Betonbungalows mit Klimaanlagen und Strom rund um die Uhr finden sich gleich jenseits der Strandstraße (kein WLAN). Stellplätze gibt es direkt hinter der Parkzentrale, man braucht aber sein eigenes Zelt, weil Zelte nicht länger vermietet werden. Vorab online oder im Besucherzentrum reservieren!

★ **Krua Thara** SEAFOOD $$

(☎ 075 661166; 82 Mu 5; Hauptgerichte 150–250 B; ⌚ 11–22 Uhr) Das große Lokal unter dem Blechdach ist eines der besten Restaurants an der südlichen Andamanenküste und eines der besten Meeresfrüchterestaurants in Südthailand. Dabei ist es ganz bescheiden und verarbeitet einfach nur die frischsten Fische, Krabben, Muscheln, Austern, Hummer, Tintenfische und Garnelen zu den verschiedensten Gerichten. Die gedämpften gelben Meeresschnecken (eine örtliche Delikatesse) und die mit gelbem Curry in der Pfanne gebratenen Krabben sind besonders denkwürdig.

Praktische Informationen

Hat Noppharat Thara-Mu Ko Phi-Phi National Park Visitors Centre (075 661145; www.dnp.go.th; 8–16.30 Uhr) Das Büro informiert über den Nationalpark und bucht Unterkünfte im Park.

An- & Weiterreise

SCHIFF/FÄHRE

Boote fahren von der Anlegestelle am Hat Noppharat Thara zu folgenden Zielen:

Ko Phi-Phi *Ao Nang Princess* fährt zwischen ungefähr November und April täglich (450 B, 2 Std.) und zwischen Mai und Oktober mittwochs, freitags und sonntags. Die Boote legen um 9.30 Uhr ab und kehren um 15.30 über Railay von Ko Phi-Phi zurück.

Ko Lanta Um 10.30 Uhr fährt ein Boot von *Ao Nang Princess* nach Ko Lanta (550 B, 2¾ Std.).

Phuket Zwischen November und April ist die schnellste Verbindung nach Phuket das Schnellboot von **Green Planet** (075 637488; www.krabigreenplanet.com) nach Tha Bang Rong (1200 B, 1¼ Std.) über Ko Yao Noi und Ko Yao Yai (jeweils 650 B, 45 Min.). Das Boot legt vom Pier am Hat Noppharat Thara um 11 Uhr ab und kehrt um 15 Uhr aus Phuket zurück; der Transport zur Unterkunft in Phuket ist im Preis enthalten. Es gibt noch ein Boot von *Ao Nang Princess* nach Phuket (700 B, 3 Std., 16 Uhr, Mai–Okt. eingeschränkter Betrieb).

SŎRNG·TĂA·OU

Die *sŏrng·tăa·ou* zwischen Krabi (60 B) und Ao Nang (30 B) halten in Hat Noppharat Thara.

Ko Phi-Phi เกาะพีพีดอน

Mit traumhaft geschwungenen, hellgelben Stränden und üppigem Urwald sind Phi-Phi Don und Phi-Phi Leh – die gemeinsam als Ko Phi-Phi bezeichnet werden– zu den beliebtesten Zielen an der Andamanenküste geworden. Ko Phi-Phi Don ist ein hedonistisches Paradies, wo Touristen im azurblauen Meer herumtollen und die ganze Nacht auf dem feinen Sand feiern. Das kleinere Ko Phi-Phi Leh ist unbebaut und frei von Hotels; hohe, zerklüftete Klippen blicken hinunter auf Korallenriffe und das kristallklare Wasser. Besucher kommen nur tagsüber oder mit Kreuzfahrten in den Sonnenuntergang.

Durch die ungezügelte Erschließung sind das Zentrum von Ko Phi-Phi Don und die beiden es einrahmenden Buchten zu einem lärmenden Chaos aus Hotels, Restaurants, Bars und Läden geworden. Wer es beschaulicher mag, begibt sich zu den hinreißenden weißen Buchten an der Ostküste oder an den weniger erschlossenen Hat Yao im Süden. Wer sich ökologisch rücksichtsvoll verhält und seine Erwartungen zügelt, kann sich von Ko Phi-Phi immer noch verführen lassen wie viele andere Traveller. Es kann aber auch sein, dass man es hier nicht aushält.

Sehenswertes

★ Aussichtspunkt von Phi-Phi AUSSICHTSPUNKT
(จุดชมวิวเกาะพีพีดอน; Karte S. 364; Ko Phi-Phi Don; 30 B) Der anstrengende, aber lohnende Aufstieg zum Aussichtspunkt führt über Hunderte von Stufen und schmale, kurvenreiche Pfade steil hinauf und dauert etwa 20 bis 30 Minuten. Man folgt der Ausschilderung an der Straße, die Richtung Nordosten aus Ton Sai Village herausführt. Die meisten Besucher werden unterwegs eine Pause einlegen müssen – Wasserflasche nicht vergessen! Die Aussicht von oben ist herrlich: Man erblickt die üppige Berglandschaft von Phi-Phi in voller Pracht.

Aktivitäten

Watersports Experience WASSERSPORT
(096 924 4043; www.watersportsexperience.com; Ko Phi-Phi Don; ohne/mit Sport 1500/2500 B pro Pers.; Tour 10–18 Uhr) Mit einem Schnellboot geht's durch die Gewässer rund um Phi-Phi Don und Phi-Phi Leh. Dabei können die Teilnehmer sich im Stehpaddeln oder Wakeboarden versuchen, Wasserski fahren, von Klippen springen oder schnorcheln. Wer keine Lust auf sportliche Betätigung hat, kann zu einem günstigeren Preis mitfahren. Die Tour kann in jedem Reisebüro im Ton Sai Village gebucht werden. Das Bier ist im Preis enthalten.

Tauchen

Kristallklares Wasser und jede Menge Meereslebewesen sind das ideale Rezept für erstklassige Taucherlebnisse. Auf Phi-Phi herrschen inselweit feste Tauchpreise: Open-Water-Zertifizierungskurse kosten 13 800 B, die üblichen Touren mit zwei Tauchgängen schlagen mit 2500 bis 3500 B und ein „Discover Scuba"-Abenteuer mit 3400 B zu Buche. Ausflüge nach Hin Daeng und Hin

Ko Phi-Phi Don

Ko Phi-Phi Don

Highlights
1 Aussichtspunkt von Phi-Phi C3

Aktivitäten, Kurse & Touren
2 Blue View Divers C3
3 Hat Yao C4
4 Klettergebiet Hin Taak B4
5 Klettergebiet Ton Sai Tower B3

Schlafen
6 Paradise Pearl Bungalow C4
7 Phi-Phi Island Village B2
8 PP Erawan Palms Resort B1
9 Rantee View C3
10 Relax Beach Resort C2
11 Viking Natures Resort C4
12 Zeavola B1

Essen
13 Jasmin B1
Paradise Pearl Bungalow .... (siehe 6)
Relax Beach Resort .... (siehe 10)

Ausgehen & Nachtleben
14 Sunflower Bar C3

Muang, 60 km weiter südlich, sind ab Ko Phi-Phi ein teurer Spaß (5500 B) – etwas günstiger ist es, sich dafür einer Tauch-Crew auf Ko Lanta anzuschließen.

Blue View Divers TAUCHEN

(Karte S. 364; ☎ 094 592 0184; www.blueviewdivers.com; Phi Phi Viewpoint Resort, Ao Lo Dalam, Ko Phi-Phi Don; 2 Tauchgänge 2500 B; ⌚ 10–20 Uhr) Der professionelle, gut organisierte Veranstalter legt Wert auf die Beteiligung örtlicher Gemeinden, Strandsäuberungen und Umweltschutz. Geboten werden Touren mit zwei Tauchgängen (2500 B), abendliche Tauchgänge (1900 B), Open-Water-Kurse (13 800 B) und Discover Scuba (3400 B).

Princess Divers TAUCHEN
(Karte S. 367; ☎ 088 768 0984; www.princessdivers.com; Ton Sai Village, Ko Phi-Phi Don; ⏰ 9.30–22 Uhr) Der empfehlenswerte, mehrsprachige Tauchveranstalter setzt große Boote statt Longtail-Booten oder Schnellbooten ein. Angeboten werden „Discover Scuba"- (3400 B) und SSI/PADI-Open-Water-Kurse (12 900/13 800 B).

Schnorcheln

Ko Mai Phai (Bamboo Island; Ko Phi-Phi Don), 6 km nördlich von Phi-Phi Don, ist eine beliebtes, flaches Schnorchelgebiet, wo man kleine Haie sehen kann. Gut schnorcheln kann man längs der Ostküste von **Ko Nok** (nahe der Ao Ton Sai), an der Ostküste von **Ko Nai** sowie vor dem **Hat Yao**. Die meisten Resorts vermieten die Komplettausrüstung (Schnorchel, Brille und Flossen) für 200 B pro Tag.

Schnorchelausflüge kosten zwischen 600 und 1500 B (ohne Nationalparkgebühren); der Preis hängt davon ab, ob man mit einem Longtail- oder einem Schnellboot fährt. Schnorchler können sich auch Tauchtouren anschließen.

Klettern

Auf Ko Phi-Phi gibt's gute, zum Klettern geeignete Sandsteinklippen, und der Ausblick ist spektakulär. Die Hauptklettergebiete sind der **Ton Sai Tower** (Karte S. 364; Ko Phi-Phi Don) am westlichen Rand der Ao Ton Sai und das eine kurze Fahrt mit dem Longtail-Boot entfernte **Hin Taak** (Karte S. 364; Ko Phi-Phi Don) auf der anderen Seite der Bucht. Kletterveranstalter sind aber dünn gesät; die meisten sammeln sich im nahegelegenen Railay. Der **Adventure Club** (Karte S. 367; ☎ 081 895 1334; www.diving-in-thailand.net; 125/19 Mu 7, Ton Sai Village, Ko Phi-Phi Don; 2 Tauchgänge 2500 B; ⏰ 7–22 Uhr) 🍃 kann Veranstalter empfehlen.

Kurse

Pum Restaurant & Cooking School KOCHEN
(Karte S. 367; ☎ 081 521 8904; www.pumthaifoodchain.com; 125/40 Mu 7, Ton Sai Village, Ko Phi-Phi Don; ⏰ Kurse 11, 16 & 18 Uhr) Fans der Thai-Küche können hier sehr zu empfehlende Kochkurse besuchen, von zweistündigen (1500 B) über fünfstündige Unternehmungen unter dem Motto „gesunder Lebensstil" bis zu – die teuerste Variante – einem ganztägigen Kurs mit Pum höchstpersönlich (7500 B). Man erfährt etwas über die Geheimnisse der Zubereitung einiger der ausgezeichneten Gerichte, die in Pums Restaurant im Ton Sai Village serviert werden, und nimmt ein Kochbuch mit nach Hause.

Geführte Touren

Seit Leonardo DiCaprio in der Verfilmung von Alex Garlands *Der Strand* hier einen Joint rauchte, ist Ko Phi-Phi Leh eine Pilgerstätte

DIE BESTEN TAUCHSSPOTS UM KO PHI-PHI

Leopardenhaie und Echte Karettschildkröten sind bei den Tauchstätten um Ko Phi-Phi ein vertrauter Anblick. Im Februar und März lassen sich rund um Hin Daeng, Hin Muang, Hin Bida und Ko Bida Nok manchmal auch Walhaie erspähen. Die besten Sichtverhältnisse herrschen zwischen November und Februar. Zu den besten Tauchspots um Ko Phi-Phi gehören:

TAUCHSPOT	TIEFE (M)	MERKMALE
Anemone Reef	17–26	Hartkorallenriff mit vielen Seeanemonen und Clownfischen
Hin Bida Phi-Phi (Ko Phi-Phi Don)	5–30	Unterirdische Felszinne mit Hartkorallen, Schildkröten und Leopardenhaien. Gelegentlich kann man auch Mantas und Walhaie beobachten
King Cruiser Wreck	12–30	Um die 1997 gesunkene Passagierfähre tummeln sich Schnapper, Leopardenhaie, Barrakudas, Skorpionfische, Feuerfische und Meeresschildkröten
Kledkaeo Wreck (Ko Phi-Phi Don)	14–26	Um das 2014 versenkte ausgemusterte Schiff der thailändischen Marine tummeln sich Feuerfische, Schnapper, Zackenbarsche und Barrakudas
Ko Bida Nok (Ko Phi-Phi Don)	18–22	Karstmassiv mit Gorgonien, Leopardenhaien und Barrakudas; gelgentlich lassen sich auch Walhaie und Mantarochen blicken
Phi-Phi Leh	5–18	Der Rand der Insel ist mit Korallen und Austern bedeckt. Man findet hier Muränen, Kraken, Seepferde und Felspassagen

geworden. Abgesehen von Longtail-Boot-Touren nach Phi-Phi Leh und Ko Mai Phai über Phi-Phi Don organisieren Tourveranstalter auch Sonnenuntergangsfahrten rund um Ko Phi-Phi Leh, die auch zur Monkey Bay und dem Strand bei Wang Long führen.

PP Original Sunset Tour BOOTSFAHREN

(Karte S. 367; Ton Sai Village, Ko Phi-Phi Don; 900 B/Pers.; Touren 13 Uhr) Bei der sensationellen Sonnenuntergangstour rund um Ko Phi-Phi Leh tanzt man auf dem Doppeldeckerboot zu sanften Rhythmen, fährt zwischen den schroffen Klippen von Ao Pi Leh Kajak, schnorchelt und isst schließlich abends vor dem Strand der Ao Maya gebratenen Reis. Ein engagiertes, gut organisiertes Team leitet den wundervollen Ausflug.

Maya Bay Sleepaboard BOOTSFAHREN

(Karte S. 367; www.mayabaytours.com; Ton Sai Village, Ko Phi-Phi Don; 3500 B/Pers.) Campen am Maya Beach auf Ko Phi-Phi Leh ist nicht mehr erlaubt, man kann mit Maya Bay Sleepabord die Nacht aber gleich vor der Küste an Bord verbringen. Im Preis inbegriffen sind Verpflegung, Schlafsack und die Nationalpark-Eintrittsgebühr; die Touren starten um 15 Uhr und kehren am nächsten Vormittag um 10 Uhr zurück. Das gleiche Team veranstaltet auch die beliebte **Plankton Sunset Cruise** (www.mayabaytours.com; Ko Phi-Phi Leh; 1700 B/Pers.; 15–20 Uhr) nach Ko Phi-Phi Leh.

Captain Bob's Booze Cruise BOOTSFAHREN

(Karte S. 367; 094 464 9146; www.phiphiboozecruise.com; Ko Phi-Phi Don; Frauen/Männer 2500/3000 B; Touren 13–19 Uhr) Einer der beliebtesten Ausflüge auf Phi-Phi, warum auch immer. Mit alkoholischen Getränken geht's in die Gewässer rund um Phi-Phi Don und Phi-Phi Leh. Die Tage dieser Kreuzfahrten könnten gezählt sein, denn die Einheimischen ärgern sich über die betrunkenen *fa·ràng* (Leute aus dem Westen), die an Land torkeln, wenn nüchternere Reisende gerade zum Abendessen ausgehen.

Schlafen

Besonders in der Hauptferienzeit muss man auf Ko Phi-Phi Don mit einem Mangel an Unterkünften und Wucherpreisen rechnen, daher unbedingt vorab buchen! In der Nebensaison (Mai–Okt.) entspannt sich die Lage, und die Preise fallen dramatisch.

Auf Ko Phi-Phi Leh gibt's keine Unterkünfte, und man darf dort auch nicht mehr campen. Die einzige Option ist die Übernachtung in einem Boot vor der Küste mit Maya Bay Sleepaboard.

Ton Sai Village & Ao Lo Dalam บ้านต้นไทร/อ่าวโละดาลัม

Auf der flachen, zugebauten, stundenglasförmigen Landzunge zwischen der Ao Ton Sai und der Ao Lo Dalam drängen sich die Unterkünfte. Das zentrale Ton Sai wird auch das „Touristendorf" genannt.

Ao Lo Dalam ist der traditionelle Backpackerstrand mit vielen schlichten Hostels. Der von hinreißenden Karstklippen umrahmte Strand ist vielleicht der schönste auf Ko Phi-Phi. Er ist aber vollgestopft mit Menschen, Longtail-Booten, vielen Strandbars und Tagesausflüglern. Nach 21 Uhr verwandelt er sich in einzigen Freiluft-Nachtclub.

Rock Backpacker HOSTEL $

(Karte S. 367; 081 607 3897; Ton Sai Village, Ko Phi-Phi Don; B 300 B, Zi. mit Ventilator/Klimaanlage 900/2000 B;) Das ordentliche Hostel auf dem Hügel über dem Dorf hat saubere, große Schlafsäle mit Stockbetten, kleine Privatzimmer, ein einladendes Restaurant mit Bar und eine rustikale, mit Graffitis bedeckte Fassade. Das ist immer noch eine der günstigeren Unterkünfte in Ton Sai, und es gibt hier eine muntere Backpacker-Szene – nur einen überschwänglichen Empfang darf man im Rock Backpacker nicht erwarten. Keine Reservierung.

Ibiza House HOSTEL, HOTEL $$

(Karte S. 367; 080 537 1868, 075 601274; ibizahouseppth@gmail.com; Ao Lo Dalam, Ko Phi-Phi Don; B 1000–1500 B, Zi. mit Frühstück 3500 B, Villen 5000–15 000 B;) Die hiesigen Schlafsäle sind mit Stockbetten, abschließbaren Behältern statt Schließfächern und Gemeinschaftsbädern ihr Geld nicht wert, aber man kommt ja wegen des großen, ewig beliebten Pools, der an zwei Seiten von der strategisch platzierten Bar flankiert wird, in der regelmäßig Partys steigen. Die Zimmer und Villen sind groß, sauber und überteuert, auch wenn das Preis-Leistungs-Verhältnis immerhin besser ist. Dafür hat man aber den Strand direkt vor der Tür.

Tropical Garden Bungalows BUNGALOWS $$

(Karte S. 367; 089 729 1436; www.thailandphiphitravel.com; Ton Sai Village, Ko Phi-Phi Don; Zi. 1100–1800 B;) Wem es nichts ausmacht, zum Essen, Trinken und Sonnenbaden zehn Minuten zu laufen, findet hier ein

Ton Sai Village

Ton Sai Village

Aktivitäten, Kurse & Touren

1 Adventure Club B3
2 Captain Bob's Booze Cruise A3
3 Maya Bay Sleepaboard C3
4 PP Original Sunset Tour B3
5 Princess Divers C2
6 Pum Restaurant & Cooking School B3

Schlafen

7 Ibiza House C1
8 Rock Backpacker C2
9 Tropical Garden Bungalows D1
10 Up Hill Cottage D1

Essen

11 Efe B3
12 Esan Ganeang B2
13 Lebensmittelmarkt B3
14 Papaya Restaurant C3
Unni's .... (siehe 11)

Ausgehen & Nachtleben

15 Banana Bar C2
16 Carlito's C4
17 Relax Bar B3
18 Slinky B1

Unterhaltung

19 Kong Siam C2

wenig Ruhe (obwohl die Bars in Hörweite liegen). Die schlichten Bungalows mit Balkonen und Hängematten stehen dicht beieinander in einem schattigen Garten nahe dem Pfad zum Aussichtspunkt. Die Billigsten sind nur mit Ventilatoren ausgestattet.

Es gibt einen kleinen, blumenumsäumten Pool mit einer schwimmenden Bar.

Up Hill Cottage BUNGALOWS $$$
(Karte S. 367; ☎ 075 601124; www.phiphiuphill cottage.com; 140 Mu 7, Ton Sai Village, Ko Phi-Phi

SCHLAFLOSE NÄCHTE AUF KO PHI-PHI

Die Lärmbelästigung ist auf Ko Phi-Phi ein echtes Problem. Am schlimmsten ist es an der zentralen Ao Ton Sai und der Ao Lo Dalam, aber auch am Hat Hin Khom kann man in den frühen Abendstunden nicht mit Ruhe rechnen. Die Bars in Dalam und Ton Sai haben eine Sperrstunde um 2 Uhr (die mehr oder weniger eingehalten wird), die stoppt aber keine privaten Partys und hindert angetrunkene Nachtschwärmer nicht daran, weiter Türen zu knallen, zu kotzen, hinzufallen oder um 4 Uhr orientierungslos durch einen voll besetzen Schlafsaal zu torkeln.

Die ruhigsten Unterkünfte auf Ko Phi-Phi finden Traveller:

- an der Ostküste der Insel
- an der Nebenstraße, die das südöstliche Ende der Ao Ton Sai mit der Ao Lo Dalam verbindet
- auf dem Hügel nahe der Straße zum Aussichtspunkt von Phi-Phi (S. 363)
- am **Hat Yao** (Long Beach; Karte S. 364; Ko Phi-Phi Don)

Ansonsten bleibt nur, sich ins Unvermeidliche zu fügen und mitzufeiern.

Don; Zi. 2000–2500 B;) Die Zimmer der cremefarben angestrichenen Holzbungalows sind in hübschen Pastelltönen gehalten, von denen sich die farbenfrohen Bettdecken und die launig gefliesten Bäder abheben. Die meisten haben eigene Balkone mit (unterschiedlich schönem) Blick auf die Insel. Die Anlage liegt *ein wenig* außerhalb des Trubels am östlichen Ende der Hauptstraße, die nordwärts aus Ton Sai Village hinausführt. Der Pool ist klein. Vorsicht mit den vielen Stufen!

Hat Hin Khom หาดหินคม

Das Gebiet liegt eine viertelstündige Strand- oder Dschungelwanderung östlich von Ao Ton Sai und wartet mit ein paar kleinen, weißen Sandstränden an felsigen Buchten sowie einigen Mittelklasseresorts auf.

Viking Natures Resort BUNGALOWS $$$
(Karte S. 364; 083 649 9492, 075 819399; www.vikingnaturesresort.com; Hat Hin Khom, Ko Phi-Phi Don; Bungalows 1500–4500 B;) Wenn man nach Atmosphäre sucht, sind diese komfortablen Bungalows aus dunklem Holz, Stroh und Bambus genau das Richtige: Sie sind mit Treibholz, Muschelvorhängen, aus Stein gemeißelten Waschbecken und farbenfroher Kunst dekoriert und haben Lounge-Bereiche mit Hängematten, von denen aus man einen fabelhaften Ausblick auf Ko Phi-Phi Leh hat. Die Bungalows verteilen sich auf einen steilen Dschungelgarten (den man sich manchmal mit Affen teilen muss) und der bis zu einem kleinen Strand hinunterreicht.

Hat Yao หาดยาว

Der muntere, weiße Sandstrand an der Südküste ist ideal zum Baden, man darf aber nicht erwarten, ihn für sich zu haben. Von Ton Sai kommt man zu Fuß über den Hat Hin Khom in einer halben Stunde her oder nimmt vom Pier in Ton Sai ein Longtail-Boot (100–150 B).

Paradise Pearl Bungalow RESORT $$$
(Karte S. 364; 075 601248; www.phiphiparadisepearl.com; Hat Yao, Ko Phi-Phi Don; Zi. mit Frühstück 3000–5000 B;) Der ausgedehnte Komplex aus dunklen thailändischen Holz-Chalets, die mit Kunst ausgestattet sind, versteckt sich auf der felsigen Landzunge an der nördlichen Biegung des Hat Yao. Die angenehm altmodischen Holzhütten am Strand haben freistehende Betten, Spitzenvorhänge und Tee-/Kaffeemaschinen. Das gemütliche **Restaurant** (Karte S. 364; Hat Yao, Ko Phi-Phi Don; Hauptgerichte 120–400 B; 7.30–22 Uhr;) wird gern von jungen Pärchen besucht und erstreckt sich bis zum Rand des Sands.

Hat Rantee หาดรันตี

An der entspannten, abgelegenen kleinen Bucht an der Ostküste gibt es grau-goldenen Strand, Familienbungalows der Mittelklasse und gute Schnorchelmöglichkeiten. Hin gelangt man per Longtail-Boot vom Pier in Ton Sai (700 B; hin & zurück 200 B/Pers., mind. 4 Pers.; Gäste, die reserviert haben, werden von den Resorts kostenlos abgeholt) oder durch eine anstrengende 45-minütige Wanderung über den Aussichtspunkt.

Rantee View BUNGALOWS $$
(Karte S. 364; ☎092 124 0599; Hat Rantee, Ko Phi-Phi Don; Bungalows mit Ventilator 1500 B, mit Klimaanlage 2500–4500 B; ❄📶) Die Anlage umfasst schlichte, einigermaßen annehmbare Bambus-Bungalows und neuere, saubere, geflieste Betonbungalows mit Klimaanlage und breiten Veranden, die auf den gepflegten Gartenpfad hinunter zum Strand blicken. Kein Restaurant. Die Anlage ist in der Nebensaison geschlossen.

Hat Phak Nam หาดผักน้ำ

Der prächtige weiße Sandstrand teilt sich die Bucht mit einem kleinen Fischerdorf. Er ist ruhig und hat einige wenige Mittelklasseunterkünfte. Wer den schweißtreibenden einstündigen Anmarsch über den Aussichtspunkt scheut, chartert an der Ao Ton Sai ein Longtail-Boot (1000 B; per Sammel-Bootstaxi hin & zurück 200 B/Pers.).

Relax Beach Resort BUNGALOWS $$$
(Karte S. 364; ☎089 475 6536; www.phiphirelaxresort.com; Hat Phak Nam, Ko Phi-Phi Don; Bungalows 2100–4600 B; @📶) Die 47, im thailändischen Stil lackierten Bungalows haben Holzböden, strohgedeckte Dächer, zweistufige Terrassen mit Sitzkissen sowie (bei den besten Zimmern) Bäder mit Mosaikboden. Sie sind von üppigem Dschungel umgeben. Es gibt ein gutes, auf Meeresfrüchte spezialisiertes **Restaurant** (Karte S. 364; Hauptgerichte 120–350 B; ⏲7.30–21 Uhr; 📶) mit thailändischen und internationalen Gerichten und eine luftige Bar. Die Anlage wird von charmantem Personal geführt, das die Gäste wie Familienmitglieder behandelt.

Ao Lo Bakao อ่าวโละบาเกา

Der von Palmen gesäumte und von spektakulären Hügeln umgebene feine Sandstrand in der im Nordosten der Insel gelegenen Ao Lo Bakao gehört zu den schönsten auf Ko Phi-Phi – über das blaue Meer blickt man hinüber auf die vorgelagerten Inselchen Ko Mai Phai (Bambusinsel) und Ko Mung (Moskito-Insel). Die Fahrt mit dem Longtail-Boot von der Ao Ton Sai kostet 1000 B.

Phi-Phi Island Village BUNGALOWS $$$
(Karte S. 364; ☎075 628900; www.phiphiislandvillage.com; Ao Lo Bakao, Ko Phi-Phi Don; Zi. mit Frühstück 7300–26 400 B; ❄📶🏊) Das riesige Resort mit 201 Bungalows aus Holz und Beton, die überwiegend gleich hinter dem Strand inmitten wogender Palmen stehen, ist eine abgeschlossene Welt für sich, in der alles gleich vor Ort ist, darunter zwei Pools, ein Restaurant, ein Café, ein Spa, ein Tauchveranstalter, Tennisplätze und sogar ein eigener Tsunami-Schutzraum. Das Resort arrangiert den Transfer seiner Gäste von/nach Ton Sai mit Longtail-Booten. Bei Online-Buchung gibt's Rabatt.

Hat Laem Thong หาดแหลมทอง

Die Resorts sind hier teuer, aber dieser weiße Sandstrand an der Nordostküste ist (als Stopp von Tagestouren aus Phuket) trotzdem voll, und am Nordende befindet sich zudem eine kleine, vermüllte Siedlung der Moken (Seenomaden). Die Fahrt mit einem an der Ao Ton Sai gecharterten Longtail-Boot kostet 1200 B; die Hotels kümmern sich um den An- und Abtransport ihrer Gäste.

★**Zeavola** HOTEL $$$
(Karte S. 364; ☎075 627000; www.zeavola.com; Hat Laem Thong, Ko Phi-Phi Don; Bungalows mit Frühstück 11 100–22 100 B; ❄📶🏊) Von Hibiskussträuchern gesäumte Wege führen zu den schattigen Teak-Bungalows mit schicker, entschieden asiatischer Raumaufteilung drinnen und draußen. Alle haben Glaswände an drei Seiten, schöne Armaturen aus den 1940er-Jahren, alte Möbel, große Keramik-Waschbecken, Duschen drinnen und draußen sowie Tee- und Kaffeemaschinen auf der eigenen Terrasse. Der Service ist makellos. Die schönsten Villen bieten eigene Infinity Pools, und es gibt ein fabelhaftes, auf Paare ausgerichtetes Spa.

PP Erawan Palms Resort HOTEL $$$
(Karte S. 364; ☎075 627500; www.pperawanpalms.com; Hat Laem Thong, Ko Phi-Phi Don; Zi. mit Frühstück 4500–9000 B; ❄📶🏊) Auf dem Gelände ist aller Stress im Nu verschwunden. Durch Gartenanlagen gelangt man auf gewundenen Pfaden zu den hellen, geräumigen, modernen, aber doch traditionell anmutenden „Cottages" und den kleineren Zimmern, die alle mit Kunst und Kunsthandwerk aus Thailand ausstaffiert sind. Die Betten könnten größer und besser sein, aber es gibt eine einladende Pool-Bar, und der Service ist freundlich.

Essen

★**Esan Ganeang** THAILÄNDISCH $
(Karte S. 367; Ton Sai Village, Ko Phi-Phi Don; Hauptgerichte 70–150 B; ⏲10–24 Uhr) In einer Gasse mit vielen bei Einheimischen belieb-

> **ACHTUNG DIEBE!**
>
> Diebstahl ist auf Ko Phi-Phi Don ein Problem. Daher sollte man seine Sachen im Auge behalten, Fenster schließen und Türen absperren.

ten Ladenlokalen bietet das von einer Familie geführte Esan Ganeang fantastische, authentische Gerichte aus der Isan-Region im Nordosten Thailands. Hier erwarten einen feurige Salate und Suppen, mildere Currys und aromatische Nudelgerichte. Zu den Gerichten sollte man unbedingt auch Klebereis bestellen.

Lebensmittelmarkt MARKT, THAILÄNDISCH $
(Karte S. 367; Ton Sai Village, Ko Phi-Phi Don; Hauptgerichte 60–80 B; ⌚7–22 Uhr) Das preiswerteste und authentischste Essen auf Ko Phi-Phi gibt's auf diesem Markt nahe der Anlegestelle. Ein paar engagierte, örtliche Standinhaber bieten hier leckeres *pàt tai*, gebratenen Reis, *sôm·đam* (scharfen grünen Papaya-Salat) und geräucherten Wels.

★ Unni's INTERNATIONAL $$
(Karte S. 367; ☎091 837 5931; Ton Sai Village, Ko Phi-Phi Don; Hauptgerichte 140–600 B; ⌚8–23 Uhr; 📶) In dem bei hier lebenden Ausländern beliebten Lokal mit hellem, angenehmem Café-Ambiente gibt's hausgemachte Frühstücks-Bagel mit allem Möglichen von Räucherlachs bis Fleischbällchen, und Spezialitäten wie Toast mit Avocados und Feta. Zu den ausgezeichneten internationalen Angeboten gehören die großen griechischen Salate, die Pastagerichte, Burritos, Nachos, Burger, Tapas und Cocktails.

★ Efe TÜRKISCH $$
(Karte S. 367; ☎095 150 4434; Ton Sai Village, Ko Phi-Phi Don; Hauptgerichte 170–640 B; ⌚12–22.30 Uhr; 📶) Mit der tollen Auswahl von Kebabs auf brutzelnden Pfannen, von Salaten und Wraps ist dieser mediterrane Newcomer schnell zum Lieblingsrestaurant wählerischer Traveller und ortsansässiger Ausländer geworden. Es gibt hier auch prima Burger und Pizzas. Das gemütliche Lokal hat drinnen ein paar Tische sowie eine winzige Terrasse. In der Hauptzeit fürs Abendessen wird man auf einen Tisch warten müssen.

★ Jasmin SEAFOOD $$
(Karte S. 364; Hat Laem Thong, Ko Phi-Phi Don; Hauptgerichte 150–500 B; ⌚10–22 Uhr) Man sollte aus seinem Luxusresort ausbrechen, um einmal in diesem schönen und relaxten, halb offenen Meeresfrüchterestaurant mitten am idyllischen Strand von Laem Thong zu speisen. Der liebevoll gegrillte frische Fisch (zum Kilopreis) ist die Spezialität, aber es gibt auch alle typischen Thai-Gerichte, westliche Standardkost, Sandwiches und Frühstück sowie ordentliche Cocktails.

Papaya Restaurant THAILÄNDISCH $$
(Karte S. 367; ☎087 280 1719; Ton Sai Village, Ko Phi-Phi Don; Hauptgerichte 70–450 B; ⌚8.30–22 Uhr) Preiswert, schmackhaft, würzig: Die authentischen Thai-Gerichte mit viel Basilikum und Chili kommen in großen Portionen. Es gibt die üblichen Currys und auch *sôm·đam* (scharfen grünen Papaya-Salat) und *đôm yam*.

Ausgehen & Nachtleben

Billiger Whisky, Red Bull und scheußlich süße Cocktails machen Ko Phi-Phi zur Domäne wilden Feierns und schlimmer Kater. Vorsicht vor Leuten, die einem an den Stränden Drogen anbieten – es könnte sich um verdeckte Ermittler der örtlichen Polizei handeln.

Banana Bar BAR
(Karte S. 367; Ton Sai Village, Ko Phi-Phi Don; ⌚11–2 Uhr; 📶) *Das* alternative Bar-Ziel in Ton Sai Village für alle, die der House- und Techno-Beschallung am Strand entgehen wollen. Das Banana verteilt sich über mehrere Ebenen. Man sitzt auf dem Dach oder auf Kissen auf den erhöhten Decks rund um die Bar. Der Laden bietet starke Musik und ist bei Leuten beliebt, die sich ihre eigenen Zigaretten drehen. Es gibt hier auch mexikanisches Essen.

Slinky CLUB
(Karte S. 367; Ao Lo Dalam, Ko Phi-Phi Don; ⌚21–2 Uhr) Immer noch die beste Feuershow am Ao Lo Dalam und immer noch die angesagteste Stranddisco mit dröhnenden Bässen, eimerweise Cocktails (ab 350 B) und massenweise Touristen, die Kontakt suchen, flirten und zur Musik wild herumtanzen.

Relax Bar BAR
(Karte S. 367; Ton Sai Village, Ko Phi-Phi Don; ⌚12–1 Uhr) Die intime Bar wird ihrem Namen gerecht. Sie hat einen Kühlschrank, der auf arktische Temperaturen kühlt, und deshalb das kälteste Bier von Phi-Phi serviert, und unterscheidet sich von anderen auf der Insel darin, dass sie neben Travellern und Expats auch Einheimische anlockt.

Die Drinks haben vernünftige Preise. Es gibt kein WLAN – hier muss man sich also miteinander unterhalten.

Sunflower Bar BAR

(Karte S. 364; Ao Lo Dalam, Ko Phi-Phi Don; ⏲11–2 Uhr; 📶) Das klapprige Schmuckstück aus Treibholz gehört zu den entspanntesten Bars vor Ort. Hier kann man prima ein Bier trinken, während die Sonne im Meer versinkt. Durch den Tsunami von 2004 zerstört, wurde sie aus altem Holz wieder aufgebaut. Die Sitzecken aus Langbooten sind nach den vier Liebsten benannt, die der Inhaber durch die Fluten verloren hat.

Carlito's BAR

(Karte S. 367; Ao Ton Sai, Ko Phi-Phi Don; ⏲11–1 Uhr; 📶) Etwas weniger wild geht's in dieser Strandbar am Ao Lo Dalam mit Lichterketten, mit Kerzen geschmückten Tischen und Plastikstühlen auf dem Sand zu. Es gibt jeden Abend Feuer-Shows und Livemusik, aber der Treff ist eleganter und romantischer als die meisten Strandbars auf Ko Phi-Phi.

☆ Unterhaltung

Kong Siam LIVEMUSIK

(Karte S. 367; Ton Sai Village, Ko Phi-Phi Don; ⏲18–2 Uhr) In diesem beliebten Lokal, das Thais und *fa·ràng* (westliche Ausländer) gleichermaßen anlockt, gibt's jeden Abend Livemusik. Der Inhaber ist ein talentierter Gitarrist, und seine Mitstreiter und die anderen hier auftretenden Musiker sind auch nicht schlecht.

ℹ Praktische Informationen

Geldautomaten gibt's überall im Tourist Village auf Ko Phi-Phi Don, aber nicht an den Stränden der Ostküste und nicht auf Ko Phi-Phi Leh. WLAN ist überall vorhanden.

Phi-Phi Island Hospital (Karte S. 364; ☎075 622151) Notfallversorgung am westlichen Ende der Ao Ton Sai. Ernste Fälle sollten umgehend per Boot nach Krabi oder (besser noch) Phuket gebracht werden.

Post (Karte S. 367; Ton Sai Village, Ko Phi-Phi Don; ⏲Mo–Fr 9–17 & Sa 9–13 Uhr) Verschickt Sendungen ins Ausland.

ℹ An- & Weiterreise

Ko Phi-Phi Don ist von **Ao Nang, Krabi, Phuket, Railay und Ko Lanta aus erreichbar**. Die meisten Boote legen an der **Ao Ton Sai** (Karte S. 367; Ton Sai Village, Ko Phi-Phi Don) an, einige wenige aus Phuket nutzen aber die isolierte Anlegestelle **Tha Laem Thong** (Karte S. 364) im Norden. Die Fähren verkehren ganzjährig, aber nicht unbedingt an jedem Tag.

Es gibt auch kombinierte Schiff-Minivan-Tickets zu Zielen in ganz Thailand, z. B. für Bangkok (850 B, 11 Std., 15.30 Uhr), Ko Samui (500 B, 6½ Std., 10.30 Uhr) und Ko Pha-Ngan (600 B, 7 Std., 10.30 Uhr).

Nach Ko Phi-Phi Leh gelangt man im Rahmen von Touren oder per Longtail- (600–800 B) oder Schnellboot (2500 B).

ℹ Unterwegs vor Ort

Auf Ko Phi-Phi Don gibt es keine richtigen Straßen. Einige Einheimische nutzen zwar Motorräder, aber Ausländer können nirgendwo welche mieten. Man geht überwiegend einfach zu Fuß, doch können in der Ao Ton Sai Langboote für kurze Fahrten zu anderen Stellen auf beiden Inseln gechartert werden.

Longtail-Boote fahren von der Ao Ton Sai zum Hat Yao (100–150 B), Hat Rantee (700 B), nach Hat Phak Nam und der Ao Lo Bakao (1000 B), nach Laem Thong (1200 B) und zur Wai-King-Höhle (auf Ko Phi-Phi Leh; 600 B).

Wer ein Longtail-Boot für drei oder sechs Stunden chartert, zahlt 1500 bzw. 3000 B; die Charter eines Schnellboots für einen halben Tag kostet 5000 B.

Ko Lanta เกาะลันตา

☎075 / 26 800 EW.

Die frühere Domäne von Seenomaden entwickelte sich vom einsamen thailändischen Hinterland zu einem Refugium für asiatische und europäische Traveller, vor allem für Skandinavier, die die herrlichen kilome-

SCHIFFE/FÄHREN VON/NACH KO PHI-PHI DON

ZIEL	PREIS (B)	DAUER (STD.)	NACH KO PHI-PHI	VON KO PHI-PHI
Ao Nang	450	1¾	9.30 Uhr	15.30 Uhr
Ko Lanta	350–600	1½	8, 11.30, 13 & 16 Uhr	11.30, 15 & 15.30 Uhr
Krabi	350	1½–2	9, 10.30, 13.30 & 15.30 Uhr	9, 10.30, 13.30 & 15.30 Uhr
Phuket	350	1¼–2	9, 11, 13, 13.30 & 15 Uhr	9, 11, 14, 14.30 & 15.30 Uhr
Railay	450	1¼	9.45 Uhr	15.30 Uhr

Ko Lanta

terlangen Strände (die im Norden allerdings unter alarmierender Erosion leiden) sowie die nahen Tauchspots von Hin Daeng, Hin Muang und Ko Haa erleben wollen.

Das charmante Ko Lanta ist ruhiger und authentischer als der laute Nachbar Ko Phi-Phi, allerdings wächst die Backpacker-Partyszene. Lanta ist flacher als umliegende Inseln und von guten Straßen durchzogen, die sich über 22 km vom Nord nach Süd erstrecken, sodass man Ko Lanta auch prima per Motorrad erkunden kann. Eine Rundfahrt enthüllt einen bunten Schmelztiegel der Kulturen: Brathähnchenstände stehen im Schatten schlanker Minarette, an der Ostküste drängen sich die Dörfer der Moken (Seenomaden) mit ihren auf Stelzen ruhenden Hütten, und im grün-braunen Gewirr der Mangroven verbergen sich kleine buddhistische Tempel.

Ko Lanta ist eine Doppelinsel, aber eigentlich meint man damit das südliche Ko Lanta Yai. Die Boote legen im staubigen Ban Sala Dan an der Nordspitze von Ko Lanta Yai an.

Sehenswertes

★ Ban Si Raya — DORF

(บ้านศรีรายา, Altstadt von Lanta; Karte S. 376) Ban Si Raya liegt in der Mitte der Ostküste. Sie war der ursprüngliche Hafen der Insel und ihr Handelszentrum, weil arabische und chinesische Handelsschiffe, die zwischen Phuket, Penang und Singapur fuhren, hier einen sicheren Hafen fanden. Die Stimmung unterscheidet sich deutlich von anderen Orten auf der Insel. Einige der anmutigen, auf Stelzen stehenden, gut erhaltenen 100 Jahre alten Holzhäuser und Ladenzeilen wurden zu bezaubernden, stimmungsvollen Gästehäusern umgewandelt. In den Restaurants am Pier speist man frische Meeresfrüchte und blickt auf den Ozean. Drum herum finden sich einige nette unkonventionelle Läden.

Tham Khao Maikaeo — HÖHLE

(ถ้ำเขาไม้แก้ว; Karte S. 376; ☎089 288 8954; Führungen 300 B) Dieser Komplex aus Höhlen und Tunneln wurde über Jahrmillionen vom Monsunregen aus den Kalksteinspalten herausgefräst. Die Säle voller Stalaktiten und Stalagmiten erreichen teilweise die Größe von Kathedralen, dann wieder gibt es winzige Durchgänge, durch die man sich auf allen Vieren zwängen muss, und schließlich erreicht man sogar einen unterirdischen See. Eine einheimische Familie veranstaltet stündlich Wanderungen zu den Höhlen (Stirnlampen werden gestellt). Das Ganze dauert insgesamt zwei Stunden, und angemessenes Schuhwerk ist für den Besuch unerlässlich. Die Höhle ist an der Hauptstraße ausgeschildert, die vom Hat Khlong Tob zur Ostküste führt. Wegen der Termine vorab anrufen.

Lanta Animal Welfare — TIERSCHUTZZENTRUM, FREIWILLIGENARBEIT

(Karte S. 374; ☎084 304 4331; www.lantaanimalwelfare.com; 629 Mu 2, Ban Phra Ae; Besichtigung gegen Spende; ⏲10–16 Uhr) Das schon lange existierende Tierrettungszentrum kümmert sich um ca. 30 Hunde und 60 Katzen. Streunende Tiere werden gefüttert, sterilisiert und an Besitzer vermittelt, außerdem unternimmt das Zentrum Impfkampagnen und leistet Öffentlichkeitsarbeit in Sachen Tierschutz. Bei den stündlichen Führungen (40 Min.) können Besucher die Einrichtungen besichtigen und mit den Katzen spielen. Besucher, die Hunde ausführen wollen, sind willkommen, ebenso Freiwillige, die länger mitarbeiten wollen.

Aktivitäten

Tauchen & Schnorcheln

Einige der besten Tauchspot Thailands sind nur einen Katzensprung von Ko Lanta entfernt. Am besten taucht man bei den Unterwasserriffen Hin Muang und Hin Daeng, die man im Boot in zwei Stunden erreicht. Diese einsamen Korallenriffe mitten im Meer sind wichtige Weideplätze für große Meeresfische wie Haie, Thunfische, Barrakudas und gelegentlich auch Walhaie und Mantarochen. Hin Daeng gilt allgemein als Thailands zweitbester Tauchspot nach dem Richelieu Rock (S. 299) nahe der Grenze zu Myanmar.

Die Tauchspots um Ko Haa bieten bei einer Tiefe von 18 bis 34 m konstant gute Sichtverhältnisse, viele Meeresbewohner (darunter Schildkröten) und eine Höhle mit drei Kammern, die als „Kathedrale" bekannt ist. Die Tauchveranstalter auf Ko Lanta bieten auch Touren zum Wrack der *King Cruiser* (S. 357), zum **Anemonenriff** (Ko Phi-Phi Don) und nach einige andere Ko Phi-Phi Tauchplätze an.

Die Tauchsaison auf Ko Lanta dauert von November bis April, doch veranstalten einige Anbieter auch in der Nebensaison Tauchtouren, sofern das Wetter es zulässt. Trips nach Hin Daeng und Hin Muang kosten 3600 bis 4500 B, nach Ko Haa zahlt man 3100 bis 4000 B. PADI-Open-Water-Kurse gibt's für 13 700 bis 15 900 B. In den Preisen ist die Nationalparkgebühr in der Regel nicht enthalten.

Von Mitte Oktober bis April veranstalten Anbieter überall auf Ko Lanta vier Inseln einbeziehende Schnorchel- und Kajaktouren (1200–1900 B) nach Ko Rok Nok, den Trang-Inseln und zu anderen Inseln in der näheren Umgebung.

Scubafish TAUCHEN

(Karte S. 376; ☎075 665095; www.scubafish.com; Ao Kantiang; 2 Tauchgänge 3500 B; ⌚8–20 Uhr) Der alteingesessene Anbieter im Süden der Insel (näher bei den Tauchstellen) hat einen hervorragenden Ruf. Er bietet auf persönliche Interessen zugeschnittene Aktivitäten wie z. B. „Liquid Lense", einen Kurs in Unterwasser-Fotografie, ist aber teurer als andere Veranstalter. Beliebt sind die dreitägigen Tauch-Pauschaltouren (9975 B). Das eintägige „Discover Scuba" kostet 5200 B, der Open-Water-Zertifizierungskurs 15 900 B.

Lanta Diver TAUCHEN

(Karte S. 374; ☎075 668058; www.lantadiver.com; 197/3 Mu 1, Ban Sala Dan; 2 Tauchgänge 3600 B; ⌚10–18 Uhr) Der sehr professionelle skandinavische Anbieter hat seinen Sitz nahe dem Pier und kleinere Ableger in den Resorts. Tagestouren mit zwei Tauchgängen nach Hin Daeng und Hin Muang kosten 3600 bis 4100 B, „Discover Scuba" mit zwei Tauchgängen 4500 B und der Open-Water-Zertifizierungskurs 14 400 B.

Blue Planet Divers TAUCHEN

(Karte S. 374; ☎075 668165; www.divinglanta.com; 3 Mu 1, Ban Sala Dan; 2 Tauchgänge 3100 B; ⌚8.30–21 Uhr) Die erste Schule auf Ko Lanta, die sich auf Unterricht im Freitauchen (ab 2700 B) spezialisiert hat, bietet auch Open-Water-Zertifizierung (13 700 B), „Discover Scuba" (4300 B) und Schnorchelausflüge (1500 B).

Go Dive TAUCHEN

(Karte S. 374; ☎075 668320; www.godive-lanta.com; 6 Mu 1, Ban Sala Dan; 2 Tauchgänge 3300 B; ⌚Okt.–April) Eine der neueren Tauchschulen auf Ko Lanta. Angeboten werden Touren mit zwei Tauchgängen nach Hin Daeng/Hin Muang (4200 B), „Discover Scuba" mit zwei Tauchgängen (3900 B) und Open-Water-Zertifizierungen (PADI/SSI 13 900/12 900 B).

Yoga

In der Hauptsaison (Nov.–April) bieten **Oasis Yoga** (Karte S. 374; ☎085 115 4067; www.oasisyoga-lanta.com; Hat Khlong Dao) und **Relax Bay** (Karte S. 374; ☎075 684194; www.relaxbay.com; Ao Phra Ae; Zi. 1800–4900 B; ❄📶🏊) Kurse zum Vorbeikommen (250–400 B). Sri Lanta (S. 377) bietet ganzjährig Kurse (550 B).

Kurse

Time for Lime KOCHEN

(Karte S. 374; ☎075 684590; www.timeforlime.net; Hat Khlong Dao; ⌚Kurs 16 Uhr) Die beliebte Schule mit Restaurant liegt am südlichen Hat Khlong Dao und veranstaltet in der Hauptsaison ausgezeichnete Kochkurse (2000 B), die eine etwas interessantere Rezeptauswahl bieten als sonst in Thai-Kochschulen üblich. Die fünfstündigen Kurse gibt's auch für Vegetarier. Wer mehr als einen Kurs bucht, erhält Rabatt. Die Gewinne gehen an Lanta Animal Welfare. Vorab buchen! Im Restaurant vor Ort gibt's montags bis samstags ein Verkostungsmenü (540 B).

Schlafen

In der Nebensaison (Mai–Okt.) schließen manche Resorts, andere senken ihre Preise um 50 %. In der Hauptsaison ist Reservieren unerlässlich.

Hat Khlong Dao หาดคลองดาว

Costa Lanta HOTEL $$$

(Karte S. 374; ☎075 668186; www.costalanta.com; Hat Khlong Dao; Zi. mit Frühstück 7100–

Ko Lanta Nord

9700 B; ❄📶🏊) Die vom Zen-Buddhismus inspirierten freistehenden Hütten befinden sich in einem von Gezeitenkanälen durchzogenen Garten voller Kokospalmen am nördlichen Ende des Hat Khlong Dao. Alles – Boden, Wände, Waschbecken – besteht aus poliertem Beton, und die minimalistisch-schicken Hütten haben nach zwei Seiten große Tore, um keine Enge aufkommen zu lassen und für einen frischen Luftzug zu sorgen. Die Badezimmer sind riesig.

Lanta Island Resort BUNGALOWS $$$
(Karte S. 374; ☎075 684124; www.lantaislandresort.com; 10 Mu 3, Hat Khlong Dao; Bungalows

Ko Lanta Nord

Sehenswertes

1 Lanta Animal Welfare B4

Aktivitäten, Kurse & Touren

2 Blue Planet Divers B2
3 Go Dive B2
4 Hat Khlong Dao A2
5 Hat Khlong Khong A5
6 Hat Phra Ae A3
7 Lanta Diver B2
8 Oasis Yoga A2
9 Time for Lime A2

Schlafen

10 Bee Bee Bungalows A5
11 Chill Out House A2
12 Costa Lanta A1
13 Hutyee Boat A3
14 Lanta Baan Nok Resort A3
15 Lanta Island Resort A2
16 Lazy Days A4
17 Long Beach Chalet A3
18 Relax Bay A4
19 Where Else! A4

Essen

20 Kung Restaurant B3
21 Patty's Secret Garden A3

Ausgehen & Nachtleben

Feeling Bar .... (siehe 19)
22 Irie A2
Island Bar .... (siehe 15)

1800–5300 B; ❄📶🏊) Die ältlichen Betonbungalows mit weißen Fliesenböden sind recht groß und gepflegt und stehen ein paar Meter vom Strand in einem grünen Garten mit einem Pool. Die Bungalows halten etwas Abstand voneinander, sodass man seine Privatsphäre hat. Die **Island Bar** (Karte S. 374; 10 Mu 3, Hat Khlong Dao; ⏲12 Uhr–open end; 📶) der Anlage ist ein netter Ort für einen Drink zum Sonnenuntergang; in der Hauptsaison gibt's Livemusik.

Hat Phra Ae หาดพระแอ

Chill Out House HOSTEL $
(Karte S. 374; ☎082 183 2258; www.chillouthouselanta.com; Hat Phra Ae; B 220 B, DZ 280–320 B; ⏲Sept.–April; 📶🏊) Die geschäftige Backpacker-„Baumhaus-Gemeinschaft" abseits des Strandes hat drei unterschiedliche, schlichte Schlafsäle, Gemeinschaftsbäder, Türen aus Kreidetafeln und klapprige Doppelzimmer mit eigenen Bädern. Die Anlage ist schlicht, aber hinsichtlich Stimmung und Preis unschlagbar: Es gibt Schaukeln

an der Bar, einen Gemeinschafts- iPod-Anschluss und eine wunderbar entspannende Lounge voller Hängematten.

Lanta Baan Nok Resort BUNGALOWS $$
(Karte S. 374; ☎075 684459; lantabaannokresort@gmail.com; Hat Phra Ae; Bungalows 1500 B; ❄📶) Das neue Resort umfasst acht makellose, komfortable Bungalows mit modernen Bädern, Betten auf erhöhten Plattformen und Balkonen mit Hängematten. Die Stimmung ist angenehm entspannt; das Preis-Leistungs-Verhältnis ist ordentlich. Zum Strand läuft man ein kurzes Stück.

Hutyee Boat BUNGALOWS $$
(Karte S. 374; ☎083 633 9723; Hat Phra Ae; Bungalows 600–1200 B; 📶) Das Hippie-Paradies aus großen, schlichten Bungalows auf Stelzen (nur mit Ventilator) versteckt sich in einem Dickicht aus Palmen und Bambus gleich abseits vom Strand (hinter dem Nautilus Resort). Die Bungalows bieten geflieste Bäder, kleine Kühlschränke und schaukelnde Hängematten. Die Anlage wird von einer freundlichen muslimischen Familie geführt.

Long Beach Chalet BUNGALOWS $$$
(Karte S. 374; ☎075 695668; www.longbeachchalet.net; Hat Phra Ae; Bungalows 3000–9000 B; 📶🏊) Die großen Holzbungalows auf Betonstützen haben Balkone und liegen 200 m vom Strand in einem gepflegten Garten rund um einen kühlen Pool. Die Bungalows bestehen jeweils aus zwei Hälften: das Schlafzimmer befindet sich in der einen, das Bad in der anderen. Das Personal ist effizient.

Lazy Days BUNGALOWS $$$
(Karte S. 374; ☎075 656291; www.lantalazydays.com; Hat Phra Ae; Bungalows 4200–5000 B; ❄📶) Die neun komfortablen Bambusbungalows mit Strohdächern und Balkonen verstecken sich an einer lauschigen Stelle am Ende des Hat Phra Ae. Sie bieten tolle Betten, Bäder mit Warmwasser, TVs, Kühlschränke und Safes. Die Anlage hat ein Restaurant.

Hat Khlong Khong หาดคลองโขง

★**Bee Bee Bungalows** BUNGALOWS $$
(Karte S. 374; ☎081 537 9932; Hat Khlong Khlong; Bungalow 700–1000 B; ⏲Okt.–April;

WO AUF KO LANTA ÜBERNACHTEN?

Ban Sala Dan In dem charaktervollen Ort gibt's ordentliche Budgetunterkünfte. Die Lage ist praktisch wegen der Meeresfrüchterestaurants mit Lokalkolorit und der Bootsanlegestelle, aber unpraktisch, wenn man an den Strand will.

Hat Khlong Dao (Karte S. 374) Der einst wunderbare, 2 km lange weiße Sandstrand, wo sich prima baden ließ, ist jetzt so erodiert, dass bei Flut gar kein Sand mehr übrig ist.

Hat Phra Ae (Langer Strand; Karte S. 374) Am sandigen Hat Phra Ae, 3 km südlich von Ban Sala Dan, ist ein großes Touristendorf entstanden. Der Strand beginnt zu erodieren, aber noch gibt es einen schönen Abschnitt an seiner Nordflanke.

Hat Khlong Khong (Karte S. 374) Hier erlebt man strohgedeckte Rasta-Bars, Strandvolleyball, Vollmondpartys und gelegentlich stark beworbene „Mushroom-Shakes". Der Strand liegt 9 km südlich von Ban Sala Dan.

Hat Khlong Nin (Karte S. 376) Die Hauptstraße Richtung Süden gabelt sich 13 km südlich von Ban Sala Dan (nach dem Hat Khlong Tob). Die rechte Abzweigung folgt auf 14 km der Küste bis zu Ko Lantas Südspitze. Der hübsche weiße Sandstrand von Hat Khlong Nin ist der erste; an seinem Nordende gibt es viele kleine Pensionen im Flashpacker-Stil. Einfach Vergleiche anstellen!

Ao Kantiang (Karte S. 376) Die herrliche Bucht mit Sandstränden vor einer Kulisse aus hohen Hügeln liegt im Südwesten und bildet ein eigenes Dorf mit Minimärkten, Motorradverleihern und Restaurants.

Ao Mai Pai (Karte S. 376) Die üppige, nahezu unbekannte Bucht an der südwestlichen Kurve direkt vor dem Kap bietet Strände, die zu den schönsten auf Ko Lanta zählen.

Laem Tanod (Karte S. 376) An der wilden, dschungelbedeckten und bergigen Südspitze gibt es schroffe Felshänge und eine atemberaubende Aussicht.

Ban Si Raya (S. 372) Es gibt einige Pensionen in Ko Lantas oft übersehener, wunderbar altmodischer und unglaublich reicher Altstadt an der Ostküste, die ihren eigenen Boheme-Charme besitzt.

Ko Lanta Süd

Ko Lanta Süd

Highlights
1 Ban Si Raya D2

Sehenswertes
2 Laem Tanod C4
3 Mu Ko Lanta National Park C4
4 Tham Khao Maikaeo B1

Aktivitäten, Kurse & Touren
5 Ao Kantiang A4
6 Ao Mai Pai C4
7 Hat Khlong Nin A1
Scubafish .... (siehe 8)

Schlafen
8 Baan Laanta Resort & Spa A4
9 Baan Phu Lae C4
10 La Laanta C4
11 Mango House D2
Unterkünfte im Mu Ko Lanta National Park .... (siehe 23)
12 Old Times D2
13 Phra Nang Lanta A4
14 Round House A1
15 Sri Lanta A2
16 Sriraya D2

Essen
17 Caoutchouc C2
18 Drunken Sailors A3
La Laanta .... (siehe 10)
19 Phad Thai Rock'n'Roll B3

Ausgehen & Nachtleben
20 Why Not Bar A4

Shoppen
21 Hammock House D2
22 Malee Malee D2

Praktisches
23 Mu Ko Lanta National Park (Verwaltung) C4
Mu Ko Lanta National Park (Besucherzentrum) .... (siehe 23)

(📶) Die Anlage besteht aus einem Dutzend kreativ gestalteter Bambushütten, die von superfreundlichen Leuten verwaltet werden. Jeder Bungalow ist einzigartig; einige stehen auf Stelzen inmitten der Bäume. Im Restaurant vor Ort gibt's eine Bibliothek mit zerlesenen Taschenbüchern, auf dass man sich nicht langweilt, während man auf die köstlichen Thai-Gerichte wartet.

Where Else! BUNGALOWS $$
(Karte S. 374; ☎092 942 6554, 093 293 6545; where-else-lanta@hotmail.com; Hat Khlong Khong; Bungalows 600–1500 B; 📶) Ein Stück Lanta-Boheme bestehend aus strohgedeckten Bungalows mit halb offenen Bädern mit Kaltwasser; wer nächtlichen Gelagen und tropischem Ungeziefer aus dem Weg gehen will, sucht besser woanders. Bei Backpackern ist die Anlage mit coolem Besitzer und ausgelassener Strandatmosphäre, deren Zentrum die beliebte Feeling Bar (S. 379) bildet, jedenfalls sehr beliebt. Die teureren Bungalows sind mehrstöckig und bieten Platz für bis zu vier Personen.

Hat Khlong Nin หาดคลองนิน

Round House PENSION $$
(Karte S. 376; ☎086 950 9424; www.lantaround house.com; Hat Khlong Nin; Bungalows ohne/mit Bad 800/1500 B, Haus 3000 B; ❄📶) In der netten Pension am Nordende des Strands stehen mehrere Optionen zur Auswahl: Die auf Stelzen stehenden Bambus- und Holzbungalows mit Ventilator sind schlicht und die preiswertesten Unterkünfte haben Gemeinschaftsbäder mit Warmwasser. Sie stehen gleich hinter dem luftigen Strandrestaurant. Daneben gibt es ein cooles rundes Haus aus Lehmziegeln für zwei Personen, Zimmer aus Beton mit Veranden sowie ein ideal für Familien geeignetes Strandhaus mit Klimaanlage. Morgens gibt's Yogasitzungen (300 B).

Sri Lanta BOUTIQUEHOTEL $$$
(Karte S. 376; ☎075 662688; www.srilanta.com; Hat Khlong Nin; Zi. 3400–7400 B; ❄📶🏊) 🍃 Das bei asiatischen Touristen beliebte Öko-Hotel am südlichen Ende des Strands besteht aus komfortablen, sehr hellen Holzvillen in Gärten, die sich vom Strand bis zum Hang des Hügels erstrecken. In dem von Blumen gesäumten Strandbereich gibt's zwei Pools, ein Restaurant und Massagepavillons. Das Resort gibt sich mit biologisch abbaubaren Produkten, Müllvermeidung und sparsamem Energieverbrauch umweltbewusst.

Ao Kantiang อ่าวกันเตียง

Baan Laanta Resort & Spa HOTEL $$$
(Karte S. 376; ☎075 665091; www.baanlaan ta.com; Ao Kantiang; Bungalows mit Frühstück 4500–5500 B; ❄📶🏊) Auf dem hübsch gestalteten Gelände hinter einem idyllischen weißen Sandstrand finden sich komfortable Holzbungalows mit Terrassen und ein von Frangipani-Bäumen umgebener dunkel-sinnlicher Infinity Pool, an dem Elefantenfiguren aus ihren Rüsseln erfrischende Fontänen ins Wasser speien. Die Einrichtung ist etwas altmodisch, aber die Bungalows sind recht groß und mit Sofas und Futon-Betten auf erhöhten Plattformen ausgestattet. Vor Ort befindet sich die Tauchschule Scubafish (S. 373).

Phra Nang Lanta HOTEL $$$
(Karte S. 376; ☎075 665025; www.vacationvillage.co.th; Ao Kantiang; Zi. 4250–5252 B; ❄📶🏊) Die 15 prächtigen Wohnstudios aus Beton, die wie mexikanische Lehmziegelbauten anmuten, könnten durchaus den Seiten einer Innenarchitekturzeitschrift entsprungen sein. In den Innenräumen finden sich klare Linien, viel Hartholz, viel Weiß, bunte Farbakzente, Sitzkissen und Keramik-Waschbecken. Draußen ranken sich Blüten und Blätter über die dem Sonnenschutz dienenden Spalierwände aus Bambus. Der Pool und das Restaurant mit Bar blicken auf den schönen Strand. In der Nebensaison gibt's tolle Angebote.

Ao Mai Pai อ่าวไม้ไผ่

★ **La Laanta** BOUTIQUEHOTEL $$$
(Karte S. 376; ☎087 883 9966, 087 883 9977; www.lalaanta.com; Ao Mai Pai; Bungalows mit Frühstück 2800–6200 B; ❄📶🏊) Die von einem jungen, auch Englisch sprechenden thailändisch-vietnamesischen Paar geführte Anlage ist eine der stimmungsvollsten auf Ko Lanta. Die strohgedeckten Bungalows haben polierte Betonböden, Hochbetten, gemalte Blumenmuster an den Wänden und Terrassen, von denen man auf einen sandigen Volleyballplatz blickt, der in den felsigen Strand übergeht. Das lässige **Restaurant** (Karte S. 376; Ao Mai Pai; Hauptgerichte 120–350 B; ⌚8–21 Uhr; 📶) bietet schmackhafte Thai-Gerichte, darunter auch viele vegetarische. Die Anlage befindet sich gleich vor dem Nationalpark, fernab von allem Anderen.

Baan Phu Lae BUNGALOWS $$$
(Karte S. 376; ☎085 474 0265, 075 665100; www.baanphulaeresort.com; Ao Mai Pai; Bungalow mit

Ventilator 1800 B, mit Klimaanlage 2000–2400 B; ⏲ Okt.–April; ❄📶) Auf den einsamen Felsen am Nordende des letzten Strands vor Lantas Südspitze stehen die netten, kanariengelben, strohgedeckten Betonbungalows mit Ventilator oder Klimaanlage, farbenfroher Kunst, Bambusbetten und eigenen Veranden. Gleich dahinter thronen klimatisierte Bungalows aus Holz auf Stelzen. Die Betreiber arrangieren Tauch- und Schnorchelausflüge, Kochkurse, Massagen und Verkehrsmittel.

Laem Tanod แหลมโตนด

Unterkünfte im Mu Ko Lanta National Park BUNGALOWS, CAMPING $
(Karte S. 376; ☎075 660711, in Bangkok 02 561 4292; www.dnp.go.th; Laem Tanod; Bungalows 1500–3000 B, Stellplatz 40 B/Pers., mit gemietetem Zelt 300 B) Inmitten zerklüfteter Felsvorsprünge und der tosenden Wogen ist das einsame Gelände rund um die Nationalparkverwaltung ein toller Ort, um hier in Zelten oder in schlichten Bungalows für vier bis acht Personen zu übernachten. Es gibt Toiletten, fließendes Wasser und auch einen Laden, aber sein Essen muss man selbst mitbringen. In der Verwaltung erhält man auch die Genehmigung fürs Campen auf Ko Rok.

Ban Si Raya บ้านศรีรายา

Sriraya PENSION $
(Karte S. 376; ☎075 697045; punpun_3377@hotmail.com; Ban Si Raya; Zi. mit Gemeinschaftsbad 600 B; 📶) In dem schlichten, aber schön restaurierten chinesischen Shophouse mit dicken Balken erwarten einen viel Stil und ein freundlicher Empfang. Die Wände sind in Erdtönen gestrichen, bunte Bettlaken setzen einen Farbakzent. Am besten nimmt man das Zimmer mit Balkon zur Straße mit Blick auf das malerische Zentrum der Altstadt. Das Restaurant bietet wunderbares Essen.

★ **Old Times** PENSION $$
(Karte S. 376; ☎075 697255, 075 697288; www.theoldtimeslanta.com; Ban Si Raya; Zi. 500–1700 B; ❄📶) Die ausgezeichnete Pension befindet sich in zwei stilvoll aufgemöbelten, 100 Jahre alten Gebäuden aus Teakholz, die sich an der Straße direkt gegenüberstehen. Die makellos stilvollen Zimmer von unterschiedlicher Größe und Preisklasse tragen von Musikstücken inspirierte Namen wie z. B. „Yellow Submarine". Das beste ist hell und mit Schwarzweißfotos geschmückt. Es springt über den Anlegesteg vor, wo es einen mit Sitzkissen ausgestatteten Gemeinschaftsbereich gibt. Das Haus ist lustig, frisch und freundlich.

★ **Mango House** PENSION $$$
(Karte S. 376; ☎095 014 0658; www.mangohouses.com; Ban Si Raya; Suite 2500–3000 B, Villen 4000–7000 B; 📶) Die 100 Jahre alten chinesischen Teakhäuser – frühere Opiumhöhlen – stehen auf Stelzen am Hafen. Die originalen, abgewetzten Holzböden sind erhalten, und die Decken sind hoch. Die drei Suiten sind

ABSTECHER

MU KO LANTA NATIONAL PARK

Der 1990 gegründete **Mu Ko Lanta National Park** (อุทยานแห่งชาติหมู่เกาะลันตา; Karte S. 376; ☎075 660711, in Bangkok 02 561 4292; www.dnp.go.th; Erw./Kind/Motorrad 200/100/20 B; ⏲8–18 Uhr) schützt 16 Inseln der Ko-Lanta-Gruppe, darunter auch die Südspitze von Ko Lanta Yai. Der Park wird aber zunehmend durch wildwuchernde Bauprojekte an der Westküste von Ko Lanta Yai bedroht. Und auch anderen Inseln in der Gruppe ergeht es nur wenig besser.

Ko Rok Nai (Ko Rok Nai) ist immer noch sehr schön: Klippen bilden die Kulisse einer sichelförmigen Bucht, es gibt einen weißen Sandstrand und schöne Korallenriffe. Mit einer bei der Parkverwaltung erhältlichen Genehmigung darf man auf dem benachbarten **Ko Rok Nok** campen. Östlich von Ko Lanta Yai liegt **Ko Talabeng** (Karte S. 372) mit spektakulären Kalksteinhöhlen, die man auf Seekajaktouren (1300 B) besuchen kann. Die Nationalparkgebühr wird beim Besuch jeder der Inseln fällig. Ko Rok Nai, Ko Rok Nok und Ko Haa (S. 360) sind vom 16. Mai bis zum 31. Oktober für Besucher gesperrt.

Die Nationalparkverwaltung und das Besucherzentrum befinden sich in Laem Tanod an der Südspitze von Ko Lanta Yai und sind über eine steile, asphaltierte Straße zu erreichen. Es gibt dort einige einfache Wanderwege, zwei benachbarte Strände und einen herrlich malerischen Leuchtturm, außerdem Stellplätze und Bungalows in einer wilden Naturlandschaft.

so groß wie Häuser und mit Einbauküchen, Satelliten-TV, DVD-Playern und Deckenventilator ausgestattet. Hinzu kommen die neuen, stilistisch an die Altstadt angepassten Villen am Ufer mit Platz für zwei bis sechs Personen. In der Nebensaison fallen die Preise um 50 %.

Essen

Am günstigsten sind die Meeresfrüchterestaurants am Nordrand von Ban Sala Dan, wo auf Veranden über dem Wasser frische Meeresfrüchte nach Gewicht verkauft (inkl. der Zubereitungskosten) und zubereitet werden.

Phad Thai Rock'n'Roll THAI $
(Karte S. 376; ☎ 080 784 8729; www.facebook.com/phadthairock77; Ao Kantiang; Hauptgerichte 90–150 B; ⏲ 11–21 Uhr) Es passiert nicht alle Tage, dass das scharf-aromatische *pàt tai* am Straßenrand von einem Gitarristen aufgetischt wird. Hier gibt's nur sechs Gerichte („Jazz" – gebratener Reis –, „Blues" – gebratene Nudeln –, jeweils mit Hühnchen, Schwein, Meeresfrüchten oder Gemüse), die schnell und kunstgerecht in einem schlichten, modernen Ambiente zubereitet werden. Da der Laden beliebt ist, und es auch nur sechs Tische gibt, muss man sich auf Wartezeit einstellen.

★ **Drunken Sailors** INTERNATIONAL, THAILÄNDISCH $$
(Karte S. 376; ☎ 075 665076; www.facebook.com/drunkensailors; Ao Kantiang; Hauptgerichte 130–200 B; ⏲ 9–15 & 18–22 Uhr; 📶 ✎) Das entspannte Haus ist vollgestopft mit Sitzsäcken, Hängematten und niedrigen Tischen, die bis auf die Terrasse hinausquellen. Auf der Karte stehen leckere Gerichte aus aller Welt mit hochwertigen Zutaten, darunter hausgemachte Pasta, Baguettes, Burger und erstklassige Thai-Gerichte, u. a. perfekt mit Ingwer gewürzte Pfannengerichte und nach Gästewunsch zubereitetes rotes Curry. Der Kaffee, der Kuchen und die Säfte sind weitere Pluspunkte. In der Nebensaison ist das Restaurant ein paar Monate geschlossen.

★ **Kung Restaurant** SEAFOOD $$
(Karte S. 374; ☎ 075 656086; 413 Mu 1, Ban Sala Dan; Hauptgerichte 90–220 B; ⏲ 17–23 Uhr) Das von Einheimischen und thailändischen Reisenden sehr geschätzte thailändisch-chinesische Restaurant serviert in schlechtem Ambiente nahe der Anlegestelle in Sala Dan köstlichen frischen Fisch (Preis nach Gewicht). Wolfsbarsch, Schnapper und Barrakuda sind schnell ausverkauft, man sollte also früh am Abend kommen. Auf der Karte stehen auch viele typische Thai- und einige chinesische Gerichte.

Patty's Secret Garden THAILÄNDISCH $$
(Karte S. 374; ☎ 098 978 8909; 278 Mu 2, Hat Phra Ae; Hauptgerichte 120–320 B; ⏲ 9–23 Uhr; 📶 👪) Das familienfreundliche Lokal in einem schönen, schattigen Garten voller Pflanzen und Blumen ist heute kein Geheimtipp mehr, da immer mehr Traveller es entdecken. Auf der Karte stehen thailändische und westliche Gerichte. Es gibt auch Speisen für Kinder und gutes Frühstück.

Caoutchouc INTERNATIONAL, THAILÄNDISCH $$
(Karte S. 376; ☎ 075 697060; Ban Si Raya; Hauptgerichte 150–300 B; ⏲ 10–21 Uhr) Thailändisch-internationale Aromen, verbunden zu köstlich-kreativen Schöpfungen genießt man in diesem rustikal-schicken, von einem exzentrischen, aber freundlichen Franzosen geführten Restaurant 800 m südlich des Piers der Altstadt. Die Karte ist kurz, aber die Spezialitäten wechseln ständig, z. B. gibt's frischen Feta mit Reis oder einen Shrimps-Curry-Salat und dazu einen Mango- oder Ananas-Lassi.

Ausgehen & Nachtleben

An den meisten Stränden, vor allem rund um den Hat Phra Ae finden sich lässige Bars mit sanfter Musik bis spät in die Nacht. Alles ist im Fluss, darum sollte man die Plakate überall auf der Insel studieren, wenn man erfahren will, wo gerade ein Event ansteht. In der Nebensaison (Mai–Okt.) ist es sehr ruhig.

★ **Why Not Bar** BAR
(Karte S. 376; Ao Kantiang; ⏲ 11–2 Uhr; 📶) In dem munteren, mit Treibholz verkleideten Strandtreff an der Ao Kantiang hält man sich an die schlichten Dinge: Feuertänzer, starke Cocktails, quirliges Barpersonal und abends fantastische Livemusik. Man setzt sich auf dem erhöhten Deck an einen der niedrigen Holztische.

Feeling Bar BAR
(Karte S. 374; Hat Khlong Khong; ⏲ 11 Uhr–open end; 📶) Das Anhängsel der klapprigen, aber geliebten Bungalows von Where Else! (S. 377) hält mit den „Friday Feeling"-Strandpartys das alte Hippie- und Backpacker-Flair von Ko Lanta am Leben. Es gibt drei verschiedene Theken und strohgedeckte Plattformen zum Zechen.

Irie BAR
(Karte S. 374; ☎084 170 6673; ⏲11 Uhr–Open End) Der Live-Reggae am Montagabend (in der Hauptsaison) dieses klapprigen Treffs ist auf ganz Lanta berühmt, manchmal treten auch Rockbands auf. Ansonsten ist das Irie jederzeit ein guter Ort für einen entspannten Drink. Es gibt auch ganz ordentliches thailändisches Essen.

Shoppen

★Hammock House HAUSHALTSWAREN
(Karte S. 376; ☎084 847 2012; www.jumbohammock.com; Ban Si Raya; ⏲10–18 Uhr) Einmalige, hochwertige, farbenfrohe Hängematten, hergestellt von Dorfbewohnern und Angehörigen des bedrohten Bergvolks der Mlabri aus dem Norden Thailands, erhält man in diesem Laden, der in der Nebensaison (Mai–Okt.) manchmal zeitweise geschlossen ist.

★Malee Malee MODE & ACCESSOIRES
(Karte S. 376; ☎075 697235; 55/3 Mu 2, Ban Si Raya; ⏲9–21 Uhr) Ein unkonventionelles Wunderland skurriler, handgemachter Dinge – von im Siebdruckverfahren bedruckten und von Hand bemalten T-Shirts und Seidenschals über Tagebücher, Spielsachen und Babykleidung bis hin zu Malereien, Schmuck und Handtaschen. Die Preise sind günstig, es macht Spaß zu stöbern, und vorn befindet sich ein niedliches Café (Kaffeespezialitäten ca. 80 B).

Praktische Informationen

Geldautomaten gibt's überall an der Westküste. Geldautomaten, die ausländische Karten akzeptieren, finden sich in **Ban Sala Dan** (Karte S. 374; Ban Sala Dan), **Ban Si Raya** (Karte S. 376; Ban Si Raya) und am **Hat Khlong Nin** (Karte S. 376; Hat Khlong Nin).

Polizeiwachen gibt's am **Hat Phra Ae** (Karte S. 374; Hat Phra Ae) und in **Ban Sala Dan** (Karte S. 374; ☎075 668192; Ban Sala Dan) sowie einen **Polizeiposten** (Karte S. 376; Ao Kantiang) im Süden der Insel.

Ko Lanta Hospital (Karte S. 376; ☎075 697017; Ban Si Raya) Rund 1 km südlich von Ban Si Raya (Altstadt).

Mu Ko Lanta National Park (Verwaltung) (Karte S. 376; ☎075 660711, in Bangkok 02 561 4292; Laem Tanod; ⏲8–16 Uhr) Die Hauptverwaltung des Nationalparks befindet sich im äußersten Süden von Lanta.

Mu Ko Lanta National Park (Besucherzentrum) (Karte S. 376; Laem Tanod; ⏲8–18 Uhr) Das Besucherzentrum des Nationalparks befindet sich im äußersten Süden von Lanta.

Nützliche Infos bietet der Lanta Pocket Guide (www.lantapocketguide.com)

Post (Karte S. 374; Hat Phra Ae)

An- & Weiterreise

Nach Ko Lanta kommt man mit dem Boot oder im klimatisierten Minivan. Wer auf eigene Faust anreist, muss eine der häufig verkehrenden **Autofähren** (Motorrad/Fußgänger/Auto 20/20/200 B; ⏲6–22 Uhr) von Ban Hua Hin nach Ban Khlong Mak (auf Ko Lanta Noi) nehmen und von dort nach Ko Lanta Yai weiterreisen.

MINIVAN

Minivans sind ganzjährig unterwegs und die einfachste Option, wenn man vom Festland kommt. Sie sind aber in dieser Region immer sehr voll, und Staus an den Autofähren können Verspätungen verursachen. Die meisten Minivans holen Passagiere von den Resorts ab. In der Nebensaison fahren weniger.

Minivans zum Flughafen von Krabi (300 B, 2½ Std.) und zur Stadt Krabi (300 B, 3 Std.) fahren zwischen 7 und 16 Uhr stündlich in beide Richtungen. In Krabi kann man zu anderen Zielen umsteigen, z. B. nach Khao Lak und Bangkok. Von Ko Lanta werden u. a. folgende Ziele angesteuert:

ZIEL	PREIS (B)	DAUER (STD.)	HÄUFIGKEIT
Ko Pha-Ngan	750	8½	8 Uhr
Ko Samui	550	6½	8 Uhr
Phuket	500	6	8 & 12 Uhr
Trang	450	3	8, 9, 10.30 & 13 Uhr

SCHIFF/FÄHRE

In Ban Sala Dan gibt's zwei Schiffsanlegestellen. Die der **Passagierfähren** (Karte S. 374; Ban Sala Dan) liegt 300 m von der Haupteinkaufsstraße entfernt, die Autofähren nutzen einen **Anleger** (Karte S. 374; Ban Sala Dan) 2 km weiter östlich.

Von Mitte Oktober bis Mitte April fährt die Hochgeschwindigkeitsfähre von **Tigerline** (☎075 590490, 081 358 8989; www.tigerlinetravel.com) zwischen Phuket (1500 B, 2 Std.) und Ban Sala Dan (Ko Lanta) und weiter nach Ko Lipe (1700 B, 5 Std.) über Ko Ngai (750 B, 1 Std.), Ko Kradan (850 B, 1½ Std.) und Ko Muk (850 B, 2 Std.). Die Fähre startet um 10 Uhr Richtung Süden, kehrt am Folgetag um 10 Uhr von Ko Lipe zurück, stoppt gegen 15 Uhr in Ko Lanta und fährt anschließend Richtung Norden weiter.

Ko Phi-Phi Fähren zwischen Ko Lanta und Ko Phi-Phi fahren ganzjährig. Die Boote legen in Ko Lanta um 8 und 13 Uhr ab (300 B, 1½ Std.) und fahren von Ko Phi-Phi um 11.30 und 15 Uhr zurück. In der Hauptsaison sind auch Schnellboote zwischen Ko Lanta und Ko Phi-Phi im Einsatz (700–800 B, 1 Std.).

Krabi Von November bis Ende April fahren Schiffe von Ko Lanta zur Anlegestelle Khlong Chilat in Krabi (400 B, 2 Std.; 8.30 & 23.30 Uhr, Rückfahrt ab Krabi 11.30 Uhr). In der Hauptsaison legen sie unterwegs in Ko Jum (400 B, 1 Std.) an.

Phuket Ganzjährig fahren Fähren nach Phuket (500 B, 8 & 13 Uhr), normalerweise muss man aber auf Ko Phi-Phi umsteigen.

Trang-Inseln Zwischen November und Anfang April brausen Schnellboote von Ko Lanta zu den Trang-Inseln; zu den Anbieter gehören der **Satun Pak Bara Speedboat Club** (Karte S. 396; ☎ 099 404 0409, 099 414 4994; www.spcthailand.com) und **Bundhaya Speedboat** (☎ 075 668043; www.bundhayaspeedboat.com). Sie legen u. a. in Ko Ngai (650 B, 30 Min.), Ko Muk (900 B, 1 Std.), Ko Kradan (1150 B, 1¼ Std.), Ko Bulon Leh (1600 B, 2 Std.) und Ko Lipe (1900 B, 3 Std.) an.

Ko Lanta Noi Eine **Autofähre** (Karte S. 372; Ko Lanta Noi) und eine **Passagierfähre** (Karte S. 372; Ko Lanta Noi) verbinden Ko Lanta Noi und Ko Lanta Yai.

Unterwegs vor Ort

Die meisten Resorts schicken Fahrzeuge zu den Fähren – die Fahrt zum Resort ist kostenlos, in umgekehrter Richtung zahlt man zwischen 100 und 400 B. Alternativ nimmt man ein Motorradtaxi vor dem 7-Eleven in Ban Sala Dan; der Preis liegt je nach Entfernung zwischen 50 und 400 B.

Motorräder (250 B/Tag) kann man überall (ohne enthaltene Versicherung) mieten, genau so wie Fahrräder (150 B/Tag). Anbieter in Ban Sala Dan vermieten kleine Geländewagen (1300 B/Tag).

Ko Jum & Ko Si Boya

เกาะจำ/เกาะศรีบอยา

Das gleich nördlich von Ko Lanta gelegene Ko Jum und seine niedrige Nachbarinsel Ko Si Boya sind noch erstaunlich wenig erschlossen, und die wenigen Neubauten verstecken sich unter den Bäumen. Man kann hier kaum etwas anderes tun als an den langen, breiten Stränden von Ko Jum zu wandern (der Strand von Ko Si Boya ist weniger eindrucksvoll) und die erfrischend rustikale Schönheit zu genießen.

Ko Jum war früher die ausschließliche Domäne der Moken (Seenomaden) auf Lanta, aber nach der kommunistischen Machtübernahme in China (1949) strömten ethnische Chinesen auf die Insel. Zu jener Zeit lebten hier überhaupt keine ethnischen Thai, schließlich aber verschmolzen die drei Kulturen zu einer Mischung, die man am besten morgens in dem stimmungsvoll verfallenen Fischerdorf Ban Ko Jum an der Südostküste der Insel erlebt.

Ko Jum ist eine Insel, aber die Einheimischen bezeichnen nur den flacheren südlichen Teil von Ko Jum mit diesem Namen, den hügeligen Nordteil hingegen als Ko Pu.

Schlafen & Essen

Ko Jum

Die Unterkünfte reihen sich an Ko Jums Westküste. Die meisten Resorts haben eigene Restaurants; manche sind in der Nebensaison (Mai–Okt.) geschlossen.

Bodaeng BUNGALOWS $

(☎ 081 494 8760; Hat Yao, Ko Jum; Bungalows 200–400 B) Eine altmodische Hippie-Bude mit sehr schlichten Bambusbungalows und ein paar neueren Holzhütten mit eigenem Bad, die sich unter den Bäumen hinter dem Hat Yao verteilen. Es gibt nur die Meeresbrise und keine Ventilatoren, kein WLAN und Hocktoiletten in den Gemeinschaftstoiletten. Manchmal ist auch der Strom nur eingeschränkt verfügbar. Aber die Inhaberin ist charmant, und man wohnt direkt am Strand.

★ **Woodland Lodge** BUNGALOWS $$

(☎ 081 893 5330; www.woodland-koh-jum.com; Hat Yao, Ko Jum; Bungalows 1300–1700 B; WLAN) Diese Anlage ist dank der geschmackvollen, sauberen Bambushütten mit Ventilator, ordentlichen Strohdächern, polierten Holzböden und Veranden, die sich großzügig über das schattige Gelände verteilen, unsere Lieblingsunterkunft auf Ko Jum. In den Familienbungalows aus Beton und Holz finden drei Personen Platz. Die freundlichen britisch-thailändischen Besitzer organisieren Bootsausflüge und führen vor Ort das ausgezeichnete **Fighting Fish Restaurant** (Hat Yao; Hauptgerichte 100–300 B; ⏲ 8–16 & 18–22 Uhr; WLAN).

★ **Koh Jum Beach Villas** VILLEN $$$

(☎ 086 184 0505; www.kohjumbeachvillas.com; Hat Yao, Ko Jum; Villa mit Frühstück 12 000–32 000 B; WLAN, Pool) Die schickste Unterkunft auf Ko Jum: die geräumigen, eleganten Wohnhäuser aus Holz mit Wohnzimmer, Küche und Meerblick (einige auch mit einem eigenem romantischen Infinity Pool) liegen in Gartenanlagen voller Frangipani-Bäume und Bougainvilleen vor dem herrlich goldenen Strand. Die Verwaltung legt Wert auf Umweltschutz und soziale Verträglichkeit. Das Personal ist nett, und das **Restaurant** (Hat Yao; Hauptgerichte 250–900 B; ⏲7.30–22 Uhr; 📶) und die Bar sind ausgezeichnet.

Koh Jum Lodge RESORT **$$$**
(☎089 921 1621; www.kohjumlodge.com; Hat Yao, Ko Jum; Bungalows mit Frühstück 4500–7000 B; ⏲Nov.–April; 📶≋) Bei der stilvollen Öko-Lodge mit 19 geräumigen Cottages prägen viel Hartholz und Bambus, hauchdünne Moskitonetze, Kokospalmen, thailändische Schnitzereien, Seidenüberwürfe, gepflegte Anlagen, Massagepavillons und vorn ein weißer, gebogener Sandstrand voller Hängematten das Bild. Hier findet man ein seltenes Gleichgewicht von Authentizität und Komfort.

Hong Yong Restaurant THAILÄNDISCH **$**
(Ban Ting Rai, Ko Jum; Hauptgerichte 70–100 B; ⏲7.30–21 Uhr) Wenn Einheimische etwas empfehlen sollen, schicken sie einen ins Hinterland zu diesem improvisierten Dorfrestaurant in Pastellrosa, in dem die quirlige Rosa große Portionen köstlicher Thai-Currys, Pfannengerichte und internationales Frühstück zu günstigen Preisen auftischt. Probieren sollte man das aromatische Massaman-Curry oder die saisonalen Meeresfrüchtespezialitäten. Der Laden ist auch als das Rosa's bekannt.

Ko Si Boya

Das niedrige, ländliche Ko Si Boya schöpft bislang nur einen kleinen Tropfen des jährlichen Touristenstroms ab – manche Besucher kommen aber gerade deswegen immer wieder.

Siboya Bungalows BUNGALOWS **$$**
(☎081 979 3344; www.siboyabungalows.com; Ko Si Boya; Bungalows 350 B, Haus 500–1800 B; 📶) Der Strand von Ko Si Boya ist nicht gerade spektakulär, aber die Mangroven sind unberührt und stecken voller Leben. Die Bungalows und Privathäuser sind groß, stilvoll und erschwinglich, und das ausgezeichnete Restaurant ist mit Highspeed-Internet ausgestattet. Kein Wunder, dass sich hier freundliche, verschwiegene Leute in ihren Fünfzigern wie in einer Rentner-Version von Alex Garlands *Der Strand* versammeln. In den familienfreundlichen Häusern finden vier Personen Platz.

ℹ An- & Weiterreise

Zwischen November und Mai setzt das Boot von Krabi nach Ko Lanta Passagiere zum vollen Fahrpreis auch in Ko Jum ab (400 B, 1 Std., 11.30 Uhr); das Boot kehrt um 8.30 Uhr von Ko Lanta zurück. In der Hauptsaison fahren täglich um 8.30 Uhr Boote von Ko Jum nach Ko Phi-Phi (600 B, 1½ Std.), die die Passagiere von den Resorts am Hat Yao einsammeln; die Boote fahren um 14Uhr von Ko Phi-Phi zurück.

Nach Ko Jum fahren ganzjährig Longtail-Boote (100 B, 30 Min.; 9, 10, 11.30, 12, 13, 14.30, 16, 17.30 & 18.15 Uhr, Rückfahrten 6.30, 7.15, 7.40, 8, 8.30, 10.30, 13.30, 14.30 & 16 Uhr) aus Ban Laem Kruat, das 38 km südöstlich von Krabi am Ende der Rte 4036, abseits des Hwy 4, liegt.

Wer von Laem Kruat nach Ko Jum übersetzt, muss beachten, dass die Boote drei verschiedene Piers anlaufen – die Anlegestellen von Ban Ko Jum und Mu Tu sind die praktischsten. Die Pensionen organisieren die Abholung von den Piers, wenn man vorab Bescheid gibt. Ansonsten ist man auf die Freundlichkeit von Fremden angewiesen.

Von Laem Kruat fahren täglich Boote nach Ko Si Boya (50 B, 15 Min.; stündl. 8–17.30 Uhr, Rückfahrten stündl. 6.15–17 Uhr). Für eine Abholung vom Pier bei **Siboya Bungalows** anrufen!

Sŏrng·tăa·ou warten in Laem Kruat auf die Boote und fahren über den Flughafen von Krabi und Nua Khlong (wo man Anschluss nach Ko Lanta hat) nach Krabi (100 B).

ℹ Unterwegs vor Ort

Mehrere Läden in Ban Ko Jum und einige Pensionen auf Ko Jum vermieten Fahrräder (100 B) und Motorräder (250 B).

PROVINZ TRANG

Die südlich von Krabi gelegene Provinz Trang hat einen von eindrucksvollen Kalksteinformationen geprägten Abschnitt der Andamanenküste. Auch mehrere herrliche Inseln gehören zu ihr, auf die etwas weniger Besucher kommen als auf die nahegelegenen, bekannteren Urlaubsziele. Abenteuerlustige können im üppigen Landesinneren eine eindrucksvolle Natur erleben, zu der Dutzende malerische Wasserfälle und Kalksteinhöhlen gehören. Da die Provinz als Reiseziel weit weniger bekannt ist als Krabi, erblickt man hier eher Kautschukplantagen als Herden von T-Shirt-Verkäufern. Die Verkehrsverbindungen sind gut; in der Hauptsaison (Nov.–April) gelangt man leicht von einer Insel zur nächsten bis hinunter nach Malaysia.

Trang (Stadt) ตรัง

075 / 60 000 EW.

Die meisten Reisenden nehmen Trang nur als Sprungbrett zu den nahen Inseln mit. Wer sich aber für Kultur, thailändisches Essen oder Märkte interessiert, sollte hier einen oder gar zwei Tage bleiben. In dieser typisch thailändischen Stadt findet man sich schnell zurecht. Hier vergisst man auf den sogenannten Nassmärkten (*wet markets*; Märkte, auf denen viel Wasser benutzt wird, zum Putzen wie auch zum Frischhalten der meist leicht verderblichen Waren) schnell die Zeit, bummelt an den Ständen der Straßenhändler vorbei oder genießt einen Kaffee in einem der chinesischen Kaffeehäuser. Und fast immer kann man hier auf irgendeinem Fest ein wenig Lokalkolorit schnuppern.

Die meisten für Traveller wichtigen Einrichtungen befinden sich an der Th Praram VI zwischen **Uhrturm** und Bahnhof.

Sehenswertes & Aktivitäten

Eine Erkundung lohnen die munteren, bunten **Nass- und Trockenmärkte** an der Th Ratchadamnoen und der Th Sathani.

Tourveranstalter rund um den Bahnhof und in der Th Praram VI bieten Bootsausflüge zum Hat Chao Mai National Park und zu den Trang-Inseln (850 B, zzgl. Parkgebühr), Schnorcheltrips nach Ko Rok (1700 B/Pers.) und private Autotouren zu örtlichen Höhlen und Wasserfällen (2000 B, max. 4 Pers.).

Wat Tantayaphirom BUDDHISTISCHER TEMPEL
(วัดตันตยาภิรม; Th Tha Klang) GRATIS Zum einigermaßen interessanten Wat Tantayaphirom gehört ein riesiger, weißer und goldener *chedi* (Stupa), in dem ein Fußabdruck Buddhas verehrt wird.

Feste & Events

★ **Vegetarierfest** KULTUR
(Okt.) Das buddhistische Fest ist zugleich ein kulinarisches Fest für Vegetarier – durch den Verzicht auf Fleisch erwerben die Teilnehmer sich Verdienst. Trang feiert das wunderbare neuntägige Fest stadtweit, gleichzeitig mit Phukets Vegetarierfest (S. 325) in den ersten beiden Oktoberwochen.

Schlafen & Essen

Die Stadt ist berühmt für sein *mŏo yâhng* (knusprig gegrilltes Schweinefleisch), Biskuitgebäck, sehr frühes *dim sum*-Frühstück und die *râhn go·Ƃii* (Kaffeehäuser), in denen echter Filterkaffee ausgeschenkt wird. *Mŏo yâhng* bekommt man vormittags in einigen Kaffeehäusern oder auf dem Nassmarkt in der Th Ratchadamnoen, wo man das Fleisch nach Gewicht bezahlt.

Yamawa Guesthouse PENSION $
(099 402 0349, 075 290477; www.yamawaguesthouse.blog.com; 94 Th Visetkul; Zi. mit Ventilator/Klimaanlage 350/450 B;) Die in der Hauptsaison (Nov.–April) oft ausgebuchte Budgetpension hat schlichte, saubere Zimmer mit Kühlschrank, Ventilator oder Klimaanlage und ordentlichem Preis-Leistungs-Verhältnis. Die netten, einheimischen Betreiber händigen einem detaillierte Karten von Trang aus, haben kluge Ratschläge parat und vermieten Motorräder (250 B/Tag). Vorab reservieren!

Mitree House PENSION $$
(075 212292; mitreehouse.trang@gmail.com; 6-8 Th Sathani; Zi. 750–1050 B;) Die neuere Pension in guter Lage hat makellose, moderne Zimmer mit bequemen Betten und Bädern von ordentlicher Größe. Die billigsten haben kein Fenster, die teureren im Obergeschoss sind groß und hell. Auf beiden Etagen gibt's Gemeinschaftsbereiche, das Personal ist hilfsbereit, und das schlichte Frühstück ist im Preis enthalten. Motorräder werden für 250 B pro Tag vermietet. Gutes WLAN.

Rua Rasada Hotel HOTEL $$$
(075 214230; www.ruarasadahotel.com; 188 Th Phattalung; Zi. mit Frühstück 6000–60 000 B;) Trangs schickstes Hotel, ein mächtiger Monolith, liegt praktisch gegenüber dem Busbahnhof, eine 10-minütige Motorradfahrt (40 B) nordöstlich vom Bahnhof. Von außen zeigt das Hotel sein Alter, und auch drinnen wirkt es ein wenig wie aus den 1980er-Jahren. Aber die Zimmer sind sehr groß und komfortabel, und der Pool ist riesig. In der Nebensaison darf man normalerweise einen Preisnachlass von 40 bis 50 % erwarten.

★ **Nachtmarkt** MARKT $
(zw. Th Praram VI & Th Ratchadamnoen; Hauptgerichte ab 40 B; 16–21 Uhr) Der schönste Nachtmarkt an der Andamanenküste macht einem mit blubbernden Currys, Brathähnchen, Fisch, frittiertem Tofu, *pàt tai* und diversen thailändischen Desserts den Mund wässrig. Man sollte mit leerem Bauch und Abenteuerlust hierher kommen. Am Wochenende gibt's einen zweiten, ähnlich wundervollen **Nachtmarkt** (Bahnhof; Hauptgerichte ab 40 B; Do–So 18–22 Uhr) gegenüber vom Bahnhof.

Trang

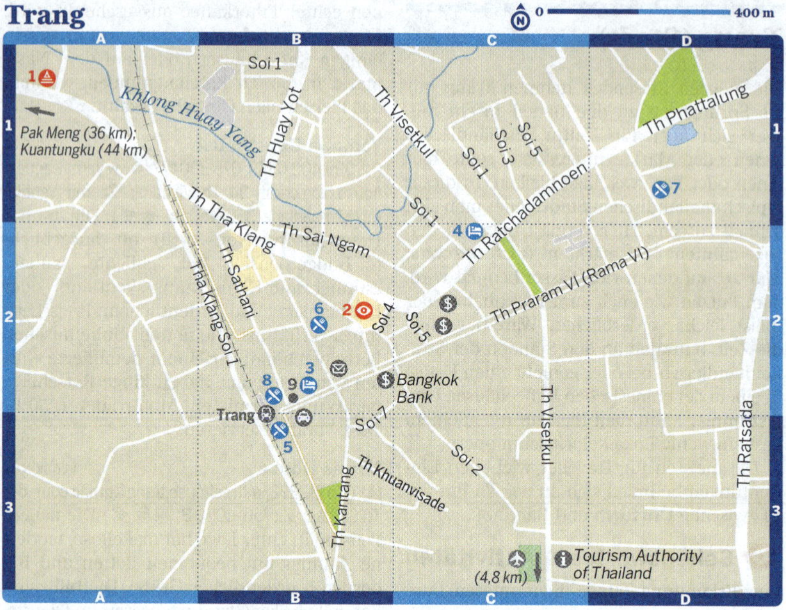

Trang

Sehenswertes

1 Wat Tantayaphirom A1
2 Nass- & Trockenmarkt B2

Schlafen

3 Mitree House B2
4 Yamawa Guesthouse C2

Essen

5 Asia Ocha B3
6 Khao Tom Kim B2
7 Nachtmarkt D1
8 Nachtmarkt B2

Praktisches

9 Trang Happy Trip & Tour B2

Asia Ocha THAILÄNDISCH $
(Th Kantang; Hauptgerichte 25–200 B; ⌚7–17 Uhr) Das seit mehr als 60 Jahren bestehende chinesisch-thailändische Café alter Schule mit alten Marmortischen und Deckenventilatoren serviert leckere Suppen, köstliche gebratene Ente und knuspriges Schweinefleisch. Es gibt auch ein paar westliche Gerichte.

Khao Tom Kim THAILÄNDISCH $$
(50 Th Kantang; Hauptgerichte 60–200 B; ⌚15.30–24 Uhr) Das bei den Einheimischen beliebte Lokal ist dank der soliden Auswahl an Currys und Meeresfrüchtegerichten immer gut besucht. Es ist länger geöffnet als die meisten Restaurants in Trang. Es gibt eine englische Speisekarte, aber viel Englisch verstehen die Kellner nicht.

Praktische Informationen

Geldautomaten und Wechselstuben finden sich an der Th Praram VI. Die folgenden akzeptieren ausländische Karten:

Geldautomat (Th Praram VI)

Bangkok Bank (Th Praram VI)

Es gibt auch einen **Geldautomaten in der Th Ratchadamnoen** (Th Ratchadamnoen), der ausländische Karten akzeptiert.

Post (Ecke Th Praram VI & Th Kantang; ⌚Mo–Fr 8.30–16.30, Sa 9–12 Uhr) Postsendungen ins Ausland.

Tourism Authority of Thailand (TAT; ☎075 211580, 075 215867; www.tourismthailand.org; 199/2 Th Visetkul; ⌚8.30–16.30 Uhr) Touristeninformation; besser wendet man sich aber an eines der vielen Reisebüros in der Nähe des Bahnhofs.

Trang Happy Trip & Tour (☎075 219757; www.facebook.com/tranghappytrip&tour; 22 Th Sathani; ⌚6.30–22 Uhr) Die kompetenten und verlässlichen Sai und Jip führen dieses Reisebüro nahe dem Bahnhof. Sie können Privatautos beschaffen und vermieten Motorräder, buchen Kleinbus- und Schiffstickets/Transfers und veranstalten Tagestouren um die Trang-Inseln.

An- & Weiterreise

BUS

Busse fahren von Trangs **Neuem Busbahnhof** (Th Phattalung) 3,5 km nordöstlich vom Bahnhof. Nach Bangkok fahren klimatisierte Busse 1. Klasse (583 B, 12 Std.; 9.30, 16.30, 17 & 17.30 Uhr) sowie komfortablere VIP-Busse mit 24 Plätzen (907 B; 17 & 17.30 Uhr). Von Bangkok starten VIP-Busse/klimatisierte Busse zwischen 18.30 und 19.30 Uhr.

FLUGZEUG

Der Flughafen ist 5 km südlich von Trang. Air Asia (www.airasia.com) und Nok Air (www.nokair.com) fliegen ihn täglich aus Bangkok (Don Mueang) an.

Minivans zur Stadt (90 B) stehen bei der Ankunft von Flügen bereit. In der Gegenrichtung kostet die Fahrt mit Taxi, Motorradtaxi oder *túk-túk* (ausgesprochen *đúk đúk*) 100 bis 120 B. Die Reisebüros im Ankunftsbereich des Flughafens verkaufen kombinierte Taxi-Fähre-Tickets zu den Trang-Inseln, z. B. nach Ko Ngai (1000 B).

MINIVAN & SAMMELTAXI

Minivans fahren von Trangs **Neuem Busbahnhof** aus. Die in Reisebüros verkauften Minivan-Tickets schließen den Transport aus der Stadt zum Busbahnhof ein.

Der örtliche Nahverkehr wird von klimatisierten Minivans bestritten. Vom Busbahnhof fahren sie zwischen 7.30 und 16 Uhr regelmäßig nach Pak Meng (80 B, 1 Std.), Hat Chao Mai (100 B, 1 Std.) und Kuantungku (100 B, 1 Std.). In der Stadt halten sie manchmal gleich östlich der Stelle, an der die Th Tha Klang die Bahngleise überquert.

ZUG

Nur zwei Züge fahren täglich von Bangkok nach Trang: der Express 83 und der Schnellzug 167, die von Bangkoks Bahnhof Hualamphong um 17.05 bzw. 18.30 Uhr abfahren und in Trang am nächsten Morgen um 8.05 bzw. 10.30 Uhr ankommen.

Von Trang fahren diese Züge um 13.30 bzw. 17.25 Uhr ab und kommen in Bangkok um 5.35 bzw. 8.35 Uhr des Folgetags an. Die Preise schwanken von 245 B für die 3. Klasse bis zu 1480 B für die 1. Klasse (klimatisierter Schlafwagen).

Unterwegs vor Ort

Túk-túk (ausgesprochen đúk đúks) und Motorradtaxis sammeln sich nahe dem Bahnhof; eine Stadtfahrt kostet 40 B. Reisebüros vermieten Motorräder (250 B/Tag). Die meisten Büros können auch einen Mietwagen organisieren (200 B/Tag). Autos kann man auch am Flughafen mieten.

Der blaufarbene „Stadtbus" fährt zwischen dem Bahnhof und dem Neuen Busbahnhof (12 B) via Th Sathani.

Strände von Trang

Trangs Strände sind überwiegend nur Sprungbretter zu den Trang-Inseln und recht schmuddelig. Aber die umliegende Landschaft ist eindrucksvoll: Kalksteinformationen steigen aus dampfenden Tälern voller Palmen und aus dem wogenden Meer. Große Teile gehören zum Hat Chao Mai National Park.

Der **Hat Pak Meng** ist wenig mehr als ein schmuddeliger Strand und die Anlaufstelle für die Boote vom und zum hübschen Ko Ngai, aber die Kalkstein-Karstlandschaft ist

TRANSPORT AB TRANG

Busse ab Trang

ZIEL	PREIS (B)	DAUER (STD.)	HÄUFIGKEIT
Hat Yai	120	3	5.30–17.30 Uhr alle 30 Min.
Krabi	110	2	5.30–18.30 Uhr stündl.
Phang-Nga	170	4	5.30–18.30 Uhr stündl.
Phuket	230	5	5.30–18.30 Uhr stündl.

Minivan & Sammeltaxi ab Trang

ZIEL	PREIS (B)	DAUER (STD.)	HÄUFIGKEIT
Hat Yai	120	2	6–18 Uhr stündl.
Ko Lanta	250	2½	9.50–16.30 Uhr 5-mal tgl.
Krabi	100	2	7–17 Uhr stündl.
Satun	120	2	6–18 Uhr alle 40 Min.
Surat Thani	160	3	7–17 Uhr stündl.

Trang (Provinz)

so spektakulär wie in Railay oder Ko Phi-Phi. Gleich südlich liegt vor einer Kulisse aus Kasuarinen der **Hat Chang Lang**, ein schönerer Strand, der aber auch nicht mit denen auf den Nachbarinseln mithalten kann. Die Zentrale des Hat Chao Mai National Park befindet sich am südlichen Ende des Strands.

Sehenswertes & Aktivitäten

Reiseveranstalter am Pak Meng organisieren eintägige Bootsausflüge nach Ko Muk, Ko Cheuk, Ko Ma und Ko Kradan sowie eintägige Schnorcheltouren. Im Preis (750 B/Pers., zzgl. Eintrittsgebühr in den Hat Chao Mai National Park) ist jeweils das Mittagessen enthalten. Taucherbrille, Schnorchel und Flossen kann man am Pier leihen (je 50 B).

Hat Chao Mai National Park NATIONALPARK

(อุทยานแห่งชาติหาดเจ้าไหม; ☎075 203308; www.dnp.go.th; Erw./Kind 200/100 B; ⏲9–16 Uhr) Der 231 km² große Park umfasst die Küste vom Hat Pak Meng bis nach Laem Chao Mai sowie (neben einer Vielzahl kleinerer Eilande) die Inseln Ko Muk, Ko Kradan und Ko Cheuk. Bei einer Tour längs der Küsten und zwischen den Inseln kann man eventuell gefährdete Dugongs und seltene Riesenstörche sowie häufigere Arten wie Muntjaks, Indische Fischotter, Makaken, Languren, Wildschweine, Schuppentiere, Mangrovereiher, Riffreiher, Weißbauchseeadler und Warane beobachten.

Die Parkverwaltung (☎075 210 099; www.dnp.go.th; Hat Chang Lang; ⏲8–16 Uhr) befindet sich am südlichen Ende des Hat Chang Lang, an dem die Uferstraße ins Landesinnere abschwenkt.

Schlafen & Essen

Mehrere Meeresfrüchterestaurants, die bei thailändischen Tagesausflüglern und Wochenendgästen beliebt sind, finden sich am Hat Pak Meng, wo die Rte 4162 auf die Küste trifft.

Unterkünfte im Hat Chao Mai National Park CAMPING, BUNGALOWS $
(☎ 075 203308; www.dnp.go.th; Hat Chang Lang; Bungalows 800 B, Stellplatz 30 B/Pers., mit gemietetem Zelt 225 B) Die schlichten Hütten mit Ventilator bieten ausreichend Platz für zwei bis sechs Personen. Man kann unter den Kasuarinen zelten, und es gibt ein Restaurant.

Anantara Si Kao HOTEL $$$
(☎ 075 205888; www.sikao.anantara.com; Hat Chang Lang; Zi. mit Frühstück 4080–13 680 B; P ❄ 🛜 ≋) Mit Deluxe-Zimmern mit Meerblick, schönen Holzböden, großen Schreibtischen und herrlicher Sicht auf die Karstfelsen von Pak Meng bringt dieses Hotel trendigen Glamour an den nördlichen Abschnitt des Hat Chang Lang. Eindrucksvolle Holzsäulen und balinesische Möbel schmücken die Lobby, es gibt viele Aktivitäten, und der Blick aufs Meer vom italienischen Restaurant **Acqua** (Hauptgerichte 300–1050 B; ⏲ 6–22.30 Uhr; ✎) ist atemberaubend.

An- & Weiterreise

Klimatisierte Minivans fahren zwischen 7.30 und 16 Uhr regelmäßig von Trangs Neuem Busbahnhof (S. 385) in Trang zum Hat Pak Meng (80 B, 1 Std.) und zum Hat Chao Mai (100 B, 1 Std.). Die Taxifahrt aus Trang kostet 1000 B.

Schiffe fahren täglich um 12 Uhr von Pak Meng nach Ko Ngai (350 B, 1 Std.) und kehren um 9 Uhr morgens nach Pak Meg zurück (350 B, 1 Std.). Ein gechartertes Longtail-Boot kostet 1500 B.

Die Verwaltung des Hat Chao Mai National Parks liegt 1 km abseits der Hauptstraße an einer deutlich ausgeschilderten Abzweigung.

Trang-Inseln

Die von üppigem Dschungel bedeckten und von weißen Sandstränden gesäumten Trang-Inseln sind weniger erschlossen als andere Inseln an der Andamanenküste und weit weniger bevölkert. Sie sind ein schönes Ziel für Flitterwöchner – es gibt kaum Nachtleben. Wer die ganze Nacht Party machen will, sollte woanders hinfahren.

An- & Weiterreise

Die Boote zu den Trang-Inseln fahren von drei verschiedenen Anlegestellen: Hat Yao, Kuantungku und Pak Meng, die sich alle eine Stunde südlich von Trang befinden. Kleinbusse fahren regelmäßig zu diesen Anlegestellen (80–100 B, 1 Std., 7.30–16 Uhr). Bucht man das Schiffsticket bei einer Reiseagentur in Trang, kümmert diese sich um den Transfer zum Boot.

Zwischen November und April verbinden Schnellboote von Tigerline (S. 380) und Satun Pak Bara (S. 381) Ko Muk, Ko Kradan und Ko Ngai mit Phuket, Ko Phi-Phi, Ko Lanta und Ko Lipe.

Minivans fahren regelmäßig von Trang zum Hat Chao Mai National Park (100 B, 1 Std., 7.30–16 Uhr).

Ko Ngai เกาะไหง (ไห)

Das von Korallen und klarem Meer umgebene, dicht bewaldete Ko Ngai (Ko Hai) ist zugleich die familienfreundlichste der Trang-Inseln und ein Paradies für Flitterwöchner. Der lange, hellgelbe, vom Wind zerzauste Strand an der Ostküste geht sacht und sandig in das türkisblaue Wasser über und ist daher prima für Kinder geeignet. Vorgelagert ist ein Riff, zu dem man gut schnorcheln kann. Eine einheimische Bevölkerung gibt es auf der hinreißenden Insel nicht, der gesamte Hauptstrand steht im Zeichen von Badespaß.

Ko Ngai ist zwar offiziell Teil der Provinz Krabi, aber vom Festland am einfachsten über das 16 km nordöstlich gelegene Pak Meng zu erreichen.

Aktivitäten

Auf Ko Ngai befinden sich einige Tauchzentren (Tauchgänge ab 1300 B). Die Resorts vermieten Schnorchel und Schwimmflossen (300 B/Tag) sowie Seekajaks (150 B/Std.). Man kann sich auch halbtägigen Schnorchelausflügen zu nahegelegenen Inseln anschließen (ab 600 B).

Schlafen & Essen

Thanya Resort BUNGALOWS $$$
(☎ 075 206 967, 086 950 7355; www.kohngaithanyaresort.com; Zi. mit Frühstück 3700–6900 B; ❄ @ 🛜 ≋) Diese Anlage am südlichen Ende des Hauptstrands bietet balinesi-

DER 50-B-PREISAUFSCHLAG

Fähren und Schnellboote von Tigerline (S. 380) stoppen, statt anzulegen, oft im Meer vor den Trang- und Satun-Inseln. Für den An- und Abtransport zum Land wird ein Aufschlag von 50 B genommen, den die Bootsleute fordern, sobald man in das Longtail-Boot gestiegen ist. In der Regel tuckern sie erst los, wenn man bezahlt hat. Das Ganze ist etwas nervend, wird aber die Reise nicht ruinieren – einfach Kleingeld griffbereit haben!

schen Schick. Die Teakbungalows sind dunkel, aber stilvoll und geräumig. Sie haben Warmwasserduschen drinnen und draußen ländliche Duschen mit Wassereimern (erst mal ausprobieren!). Man entspannt an dem herrlichen Pool am Strand. Von seiner Terrasse blickt man über den Rasen voller Frangipanis bis hinunter zum Sandstrand. Vor Ort gibt es ein **Tauchzentrum** (☎085 056 3455; 1 Tauchgang 1300–1500 B) sowie ein **Thai-Restaurant** (Hauptgerichte 150–300 B; ⌚7–20 Uhr; 📶) mit vernünftigen Preisen.

Coco Cottage BUNGALOWS **$$$**
(☎089 724 9225; www.coco-cottage.com; Bungalows 3300–7900 B; ⌚Okt.–Mai; ❄📶) Bei den Cottages am Nordende des Hauptstrands handelt es sich um extravagante Kokospalmhütten mit Blätterdach, Wänden aus Stammholz und Laternen aus Kokosnussschalen, die in einem Dschungelgarten stehen. In den Bungalows mit Meerblick blickt man durch wandhohe Fenster auf die Andamanensee. Weitere Highlights sind Bambusliegen, Massagepavillons und ein ordentliches **Strandrestaurant mit Bar** (Hauptgerichte 170–260 B; ⌚7–10, 11–16 & 18–21.30 Uhr), das Gerichte der Thai- und der Fusionküche auftischt.

Ko Hai Fantasy Resort & Spa RESORT **$$$**
(☎075 210 317; www.kohhai.com; Zi. 3300–17 200 B; ❄📶🏊) Die gepflegten, komfortablen, modernen und recht großen Zimmer erstrecken sich hinter dem südlichen Ende des Hauptstrands über einen netten Garten bis hinauf zu dem umliegenden Hügel. Das Meeresfrüchterestaurant ist ordentlich, es gibt einen Minimarkt, und Schnorchel- und Inseltrips lassen sich vereinbaren.

Talay Lounge Restaurant THAILÄNDISCH, INTERNATIONAL **$$**
(Thapwarin Resort; Hauptgerichte 170–300 B; ⌚Mitte Juni–Mitte Mai 7–22 Uhr; 📶) In dieser Strandlounge mit Restaurant, in dem man alles von gegrilltem Schnapper bis zu Pizza und Pasta bekommt, kann man abends unter den Gummibäumen Feuershows erleben. Das Restaurant gehört zum **Thapwarin Resort** (☎081 894 3585; www.thapwarin.com; Nordende des Hauptstrands; Bungalow mit Frühstück und Garten-/Meerblick 4500/5500 B; ⌚Mitte Juni–Mitte Mai; ❄📶), am Nordende des Hauptstrands von Ko Ngai.

An- & Weiterreise

Täglich fährt ein Boot von Ko Ngai nach Pak Meng (350 B, 1 Std, 9 Uhr; Rückfahrt nach Ko Ngai 12 Uhr). Man kann auch Longtail-Boote von/nach Pak Meng (1500 B), Ko Muk (1500 B), Ko Kradan (1500 B) und Ko Lanta (2000 B) chartern – bei **Ko Ngai Seafood Bungalows** (☎095 014 1853; kob_1829@hotmail.com; mittlerer Abschnitt des Hauptstrands; Bungalow 1500–1800 B; ⌚ganzjährig; 📶) nachfragen! Die meisten Resorts arrangieren Transfers zum Festland.

Zwischen Mitte Oktober und Mitte April stoppen die Fähren von **Tigerline** (S. 380) auf der Route zwischen Phuket und Ko Lipe direkt vor der Küste von Ko Ngai. Zwischen November und Anfang April bieten die Schnellboote des **Satun Pak Bara Speedboat Club** (S. 381) und von **Bundhaya Speedboat** (☎074 750389, 074 750388; www.bundhayaspeedboat.com) einen schnelleren und komfortableren Transport von Insel zu Insel.

Die Anlegestelle befindet sich beim Koh Ngai Resort, aber Longtail-Boote setzen ihre Passagiere in der Regel an dem Resort ab, in dem sie wohnen.

SCHIFF/FÄHREN VON/NACH KO NGAI

ZIEL	UNTERNEHMEN	PREIS (B)	DAUER
Ko Lanta	Tigerline	750	1 Std.
	Speedboat	650	30 Min.
Ko Lipe	Tigerline	1600	4 Std.
	Speedboat	1300	2½ Std.
Ko Kradan	Tigerline	750	30 Min.
	Satun Pak Bara Speedboat Club	400	25 Min.
Ko Muk	Tigerline	750	1 Std.
	Speedboat	350	30 Min.
Ko Phi-Phi	Tigerline	1350	2½ Std.
	Satun Pak Bara Speedboat Club	1350	2 Std.
Phuket	Tigerline	1800	3½ Std.
	Satun Pak Bara Speedboat Club	2150	3 Std.

Ko Muk เกาะมุก

Die Ankunft auf dem mit Dschungel bedeckten Ko Muk ist unvergesslich, gleichgültig ob man an dem weißen Puderzuckerstrand von **Hat Sivalai** im Osten, an dem bescheidenen, Lokalkolorit bietenden **Hat Lodung** oder am **Hat Farang** (Hat Sai Yao, Charlie Beach) im Südwesten anlegt, wo jadegrünes Wasser an den wunderschönen Strand grenzt.

Das Unterkunftsangebot verbessert sich ständig, der Sonnenuntergang an der Westküste ist prachtvoll und die Hauptsiedlung an der größten Anlegestelle wirkt authentischer als jene auf vielen Touristeninseln. Man gelangt leicht zu den meisten anderen Inseln in der Provinz. Die Traveller, die hierher kommen, wollen vor allem die Ruhe genießen und keine wilden Partys feiern. Allerdings gibt es einen beständigen Strom von Pauschaltouristen, die den Hat Sivalai unsicher machen, und von Tagesausflüglern aus Ko Lanta, die die Tham Morakot sehen wollen.

Sehenswertes & Aktivitäten

Zwischen Ko Muk und Ko Ngai liegen die beiden Karst-Inselchen **Ko Cheuk** und **Ko Waen**, die beide kleine Sandstrände und gute Schnorchelmöglichkeiten bieten (die Korallen haben aber Schaden genommen).

Das Koh Mook Garden Beach Resort verleiht Fahrräder (150 B/Tag) und Karten für Radtouren; viele Resorts vermieten Kajaks (100–300 B/Std.) und Motorräder (250 B/Tag). Man kann stundenlang durch Kautschukplantagen und muslimische Fischerdörfer (angemessene Kleidung tragen!) wandern.

Tham Morakot HÖHLE

(ถ้ำมรกต, Emerald Cave) Ein schöner Kalksteintunnel führt an der Westküste von Ko Muk 80 m tief in eine Höhle hinein. Kein Wunder, dass hier einst Piraten ihre erbeuteten Schätze versteckten! Man muss durch den teilweise stockfinsteren Tunnel schwimmen, um zu einem kleinen, von hohen Kalksteinwänden umgebenen weißen Sandstrand zu gelangen. Gegen Mittag fällt ein Lichtstrahl von oben hinein. Zur Besichtigung muss man die Nationalparkgebühr (Erw./Kind 200/100 B) entrichten.

Schlafen & Essen

Die schicksten Unterkünfte sind am Hat Sivalai, der einen kurzen Fußmarsch von der Hauptanlegestelle an der Ostküste entfernt ist. Preiswertere Unterkünfte gibt's am Hat Lodung westlich der Anlegestelle hinter Mangroven und einem Dorf mit Stelzenhäusern, aber der Strand ist nicht annähernd so schön.

Das Meer ist am halbmondförmigen Hat Farang sauberer, wo preisgünstigere Resorts hinter dem Strand liegen. Von/zur Anlegestelle kann man ein Motorradtaxi nehmen (50 B, 10. Min.).

Koh Mook Hostel HOSTEL $

(☎089 724 4456; www.kohmookhostel.com; B 380 B; ❄📶) Das einzige Hostel auf den Trang-Inseln wird von einer freundlichen muslimischen Familie geführt und umfasst zwei recht große und saubere Schlafsäle, von denen einer Frauen vorbehalten ist. Sie sind – genauso wie der Gemeinschaftsbereich – in luftigen Pastelltönen gestaltet. Die angeschlossene Bäckerei mit Café serviert hausgemachtes Brot, Kuchen und Pizza. Das Hostel ist 10 Gehminuten vom schönen Hat Sivalai entfernt.

Koh Mook Garden Beach Resort PENSION $$

(☎081 748 3849; DaDakohmook@gmail.com; Hat Lodung; Zi. 1000–1500 B; ❄📶) Das bezaubernd verfallene und sehr entspannte Garden Beach Resort unterscheidet sich durch seine familiäre Atmosphäre von den anonymeren und professionelleren Resorts. Die Bungalows – ältere, schlichte aus Bambus und neuere, komfortablere aus Beton – verteilen sich über einen Garten, der zu einem eigenen kleinen Abschnitt des Hat Lodung führt. Das angeschlossene Restaurant serviert schmackhaftes thailändisches Essen.

Phusambig Resort HOTEL $$$

(☎09 1706 7727; cee210919@hotmail.com; Zi. mit Frühstück 1200–2700 B; ❄📶) Die Bungalows dieses entspannten, einladenden Resorts liegen in einem Garten 10 Gehminuten vom Hat Farang. Sie sind unterschiedlich ausgestattet und unterschiedlich groß. Die preiswertesten haben nur Ventilatoren, aber alle sind modern, haben ordentliche Bäder und sind insgesamt etwas besser als ähnlich ausgepreiste Bungalows anderswo. In der Nebensaison hört man nachts die Ochsenfrösche.

Sivalai HOTEL $$$

(☎089 723 3355; www.komooksivalai.com; Hat Sivalai; Bungalows mit Frühstück 5500–8500 B; ❄📶🏊) Auf einer pfeilförmigen, von weißem Sand bedeckten Halbinsel mit Blick auf Karstinseln und das Festland hat das Sivalai die schönste Lage auf Ko Muk. Die eleganten Bungalows aus dunklem Holz sind recht groß und geschmackvoll, einige verfügen über umlaufende Veranden. Es gibt zwei Pools und ein praktisches Spa (Massagen ab 700 B). Das Restaurant befindet sich direkt an der Spitze der Halbinsel.

★ Hilltop Restaurant THAILÄNDISCH **$$**
(Hauptgerichte 100–300 B; ⌚9–22 Uhr) Das immer noch stimmungsvollste Restaurant auf Ko Muk wird von einer freundlichen Familie geführt und serviert in einem dschungelartigen Gartenambiente alle beliebten thailändischen Gerichte. Die Meeresfrüchtecurrys, deren Schärfe nach Gästewunsch angepasst wird, sind hervorragend und verlocken zum Wiederkommen. Aber alle Gerichte werden mit Liebe und Sorgfalt zubereitet. Das Restaurant befindet sich rund 800 m landeinwärts hinter dem Hat Farang.

An- & Weiterreise

Zwischen November und April fahren Schiffe und Longtail-Boote täglich um 12, 13 und 17 Uhr von der Anlegestelle in Kuantungku nach Ko Muk (120–250 B, 30 Min.) und kehren um 8, 9 und 14 Uhr zum Festland zurück. In den übrigen Monaten wird der Betrieb weitgehend eingestellt, aber das günstigste Longtail-Boot fährt ganzjährig um 13 Uhr. Mit kombinierten Kleinbus-Schiff-Tickets kommt man von/nach Trang (350 B, 1½ Std.) und vom/zum Flughafen von Trang (500 B, 1½ Std.). Man kann auch Longtail-Boote von/nach Kuantungku chartern (800 B, 30 Min.).

Zwischen November und Anfang April ist Ko Muk ein Zwischenstopp der Schnellboote von Tigerline (S. 380) und Satun Pak Bara (S. 381), die Ko Lanta (950 B, 1 Std.), Ko Ngai (350–B, 30 Min.) und Ko Lipe (1400–1600 B, 2 Std.) miteinander verbinden.

Longtail-Boote von Ko Muk nach Ko Kradan (800 B, 30 Min.), Ko Ngai (1000 B, 1 Std.) und Pak Meng (1500 B, 45–60 Min.) lassen sich leicht am Pier chartern oder auf Nachfrage von der Unterkunft beschaffen.

INSIDERWISSEN

FEUCHTE HOCHZEIT

An jedem Valentinstag ist Ko Kradan Schauplatz einer ungewöhnlichen Hochzeitszeremonie. Rund 40 Paare ziehen Taucheranzüge an und schwimmen hinunter zu einem Unterwasseraltar inmitten der Korallenriffe, um vor dem Standesbeamten des Bezirks Trang ihr Ehegelübde abzulegen. Wie es die Paare schaffen, unter Wasser „ich will" zu sagen, bleibt ihr Geheimnis, immerhin aber kam die Zeremonie 2000 ins *Guinness Buch der Rekorde* als größte Unterwasserhochzeit der Welt. Wer selber lieber statt Brautschleier den Taucherhelm aufsetzen will, findet Infos unter www.underwaterwedding.com.

Ko Kradan เกาะกระดาน

Das schöne Ko Kradan hat schmale, seidenweiche, weiße Sandstrände, badewannenwarmes seichtes Wasser und vom Hauptstrand an der Ostküste eine traumhafte Aussicht über das funkelnde, türkisblaue Meer hinüber nach Ko Muk, Ko Libong und zu den Kalksteinfelsen. Das Wasser ist sauber, klar und einladend; im Binnenland gibt es einen kleinen, aber üppigen Urwald.

Aktivitäten

Hat South SCHNORCHELN
Obwohl die Korallen vor Ko Kradan dezimiert sind, hat man bei ruhigem Wetter gute Schnorchelmöglichkeiten vor dem Südstrand, der von der Pension Paradise Lost am Südende des Hauptstrands aus leicht bei einer zehnminütigen Wanderung über einen ausgeschilderten Dschungelpfad zu erreichen ist.

Hat Sunset STRAND
Ein kurzer, ausgeschilderter Weg am Südende des Hauptstrands führt an der Pension Paradise Lost vorbei über den Hügelkamm zum Sunset Beach, einem überwiegend feuchten und felsigen Sandstrand am offenen Meer – ein schöner Ort, um in einiger Einsamkeit den leuchtend rosa Sonnenuntergang am Strand zu erleben.

Schlafen & Essen

Kalume HOTEL **$$**
(☎080 932 0029; www.kalumekradan.com; Zi. 1200–1800 B; 📶) Das billigste Strandresort besteht aus einer Reihe von Bambus- und Holzbungalows in einem Garten. Deren Einrichtung ist minimal, und sie sind weder besonders schön noch besonders geräumig, aber man ist nur Schritte vom besten Strand von Ko Kradan entfernt, das Personal ist freundlich, und das entspannte Barrestaurant ist ein netter Ort, um den Abend zu genießen.

Paradise Lost PENSION **$$**
(☎081 894 2874; www.kokradan.wordpress.com; B 300 B, Bungalows 700–1200 B) Das im Binnen-

SCHIFFE/FÄHREN VON/NACH KO KRADAN

ZIEL	UNTERNEHMEN	PREIS (B)	DAUER
Hat Yao (für Trang)	Tigerline	1050	1 Std.
Ko Lanta	Tigerline	950	1½ Std.
	Satun Pak Bara Speedboat Club	1150	1¼ Std.
Ko Lipe	Tigerline	1600	3½ Std.
	Satun Pak Bara Speedboat Club	1400	2 Std.
Ko Muk	Satun Pak Bara Speedboat Club	300	15 Min.
Ko Ngai	Tigerline	750	30 Min.
	Satun Pak Bara Speedboat Club	400	45 Min.

land liegende Anwesen war eine der ersten Unterkünfte auf Ko Kradan und liegt in Gehweite zu allen drei Hauptstränden von Ko Kradan. Es gibt einen luftigen Schlafsaal mit fünf Betten und Ventilator, aber die Bungalows sind schlicht, und die billigsten teilen sich das Bad. Die größeren und teureren Holzbungalows haben eigene Bäder, sind aber auch nur funktional. Die Anlage ist in der Nebensaison geschlossen.

Die offene **Küche** (Hauptgerichte 140–350 B; ⌚8–21 Uhr) tischt schmackhaftes Essen in großen Portionen auf.

Seven Seas Resort HOTEL $$$

(☎075 2033 8990; www.sevenseasresorts.com; Zi. mit Frühstück 6000–12 000 B; ❄📶🏊) Das Boutique-Resort ist die bei weitem eleganteste und beste Option auf Ko Kradan. Die superschicken Zimmer locken mit Terrazzoböden, in tropische Gärten übergehenden Badezimmern drinnen und draußen, riesigen, niedrigen Betten und in einigen Fällen auch eigenen Strandhütten viele skandinavische Traveller an. Am pechschwarzen Infinity Pool serviert das luftige **Restaurant** (Hauptgerichte 200–1000 B; ⌚7–22 Uhr; 📶) teure thailändische und internationale Gerichte. Das Resort liegt erstklassig in der Mitte des Hauptstrands von Ko Kradan.

An- & Weiterreise

Von November bis April fahren täglich um 8.30 und 13 Uhr Boote nach Kuantungku auf dem Festland; im Ticket ist die anschließende Kleinbusfahrt nach Trang (450 B) und zum Flughafen von Trang (550 B) inbegriffen. Ab Trang fahren Kleinbusse mit anschließender Fährfahrt nach Ko Kradan um 11 sowie um 16 Uhr. Für die Fahrt von/nach Kuantungku (1500 B, 45–60 Min.), Ko Muk (800 B, 30 Min.) und Ko Ngai (1500 B, 1 Std.) kann man Longtail-Boote chartern.

Von Mitte Oktober bis Mitte Mai legt die Fähre Phuket–Ko Lipe von Tigerline (S. 380) vor Ko Kradan einen Zwischenstopp ein. Von November bis Anfang April bietet der Satun Pak Bara Speedboat Club (S. 381) schnellere und günstigere Verbindungen.

Ko Libong เกาะลิบง

Die größte Trang-Insel ist mit einem Longtail-Boot nur 30 Minuten vom Hat Yao auf dem Festland entfernt. Das prächtige, dicht bewaldete Juwel voller Kautschukbäume und dichter Mangroven ist mehr wegen seiner spektakulären Tier- und Pflanzenwelt, zu der Dugongs und viele Zugvögel gehören, bekannt als wegen seiner schmalen, goldbraunen Strände. Auf der Insel lebt eine kleine muslimische Fischergemeinde, und an der Westküste gibt's ein paar Resorts. Die raue Schönheit und der gar nicht touristische Charme der Insel kann Besucher verzaubern.

Sehenswertes

Libong Archipelago Wildlife Reserve NATURSCHUTZGEBIET

Das große Mangrovengebiet bei Laem Ju Hoi an der Ostküste von Ko Libong steht unter dem Schutz der Botanischen Verwaltung. Die Meereskanäle sind eines der letzten Habitate des gefährdeten Dugongs: mehr als 100 dieser Seekühe weiden das Seegras, das in der Bucht wächst. Die meisten Resorts auf Ko Libong veranstalten mit Booten Dugong-Beobachtungstouren (1000–1500 B), die von Naturkundlern geführt werden.

Schlafen & Essen

Fast alle Unterkünfte von Ko Libong befinden sich an der Westküste, wo es die schönsten Strände gibt.

Libong Beach Resort BUNGALOWS $$

(☎084 849 0899; www.libongbeach-resort.com; Bungalows 1000–2500 B; ❄📶) In der niedlichen Anlage gibt's alles von kahlen Schup-

ABSEITS DER ÜBLICHEN PFADE

KO SUKORN

เกาะสุกร

Das wenig besuchte Ko Sukorn ist ein Naturparadies mit dunkelgelben Stränden, hellgrünem Meer, von Dschungel überwucherten Landzungen aus schwarzen Felsen sowie Dörfern mit Pfahlbauten, in denen die 2600 muslimischen Einwohner hausen, deren Reis- und Wassermelonenfelder sowie Kautschukplantagen links und rechts der schmalen Asphaltstraßen liegen.

Wenige Hügel, ein tolles Panorama, viel Schatten – aus diesen Gründen lässt sich Ko Sukorn am besten mit einem gemieteten Fahrrad (200 B) erkunden, zumal man so auch Gelegenheit hat, mit Einheimischen ins Gespräch zu kommen. Am Hauptstrand an der Südwestküste der Insel befinden sich ein paar entspannte Resorts. Wenn man den Strand verlässt, unbedingt so kleiden, dass man die Gefühle der Einheimischen nicht verletzt!

Den leuchtend rosafarbenen Sonnenuntergang über den vorgelagerten Inseln kann man am herrlichen langen Strand vor dem **Yataa Island Resort** (☎089 647 5550; www.yataaresort.com; Ao Lo Yai; Bungalows mit Frühstück 1400–6500 B; ❄📶🏊) genießen, dessen klimatisierte Betonbungalows mit grünem Dach einen kühlen blauen Pool umrahmen. Auch das Restaurant ist ausgezeichnet. Eine Alternative ist **Sukorn Cabana** (☎089 724 2326; www.sukorncabana.com; Bungalows mit Frühstück 900–1500 B; ⊙Mai geschl.; ❄📶); die Anlage verfügt über alte, aber saubere Bungalows mit Strohdach, Kühlschrank, polierter Holzverkleidung und gemütlicher Veranda.

Am einfachsten kommt man nach Ko Sukorn, wenn man das Resort seiner Wahl beauftragt, den Transport ab Trang zu organisieren (1900 B/Pers.) und am preiswertesten, wenn man ein *sŏrng·tăa·ou* von Trang nach Yan Ta Khao (80 B, 40 Min.) nimmt und dort nach Ban Ta Seh (50 B, 45 Min.) umsteigt, wo Longtail-Boote nach Ban Saimai (50 B), der Hauptsiedlung auf Ko Sukorn, ablegen, sobald sie voll besetzt sind. Die Pensionen und Reisebüros in Trang organisieren einen Transport per *sŏrng·tăa·ou* und Boot (250–350 B) über Ban Ta Seh nach Ban Saimai; die Fahrt startet in Trang täglich um 11 Uhr.

Alternativ kann man von Trang nach Ban Ta Seh auch ein Taxi nehmen (900 B). Die Resorts sind einen 3 km langen Fußmarsch von Ban Saimai entfernt; ein Motorradtaxi für die Strecke kostet 100 B. Man kann auch Longtail-Boote chartern, die einen direkt zu den Strandresorts bringen (400 B).

pen hinter einem trüben Bach bis zu komfortablen Chalets aus Holzfurnier mit Strohdach, die am Strand stehen und halb offene Bäder bieten. Tierbeobachtungstouren werden veranstaltet, man erhält Infos zu Verkehrsmitteln und kann Motorräder mieten (250 B/Tag). Uns gefiel das Restaurant; probieren sollte man das *pàt see·éw* (gebratene Nudeln) oder das *đôm yam kà-mîn* (Suppe aus Meeresfischen mit Kurkuma).

Libong Relax Beach Resort BUNGALOWS $$$
(☎094 582 5113, 091 825 4886; www.libongrelax.com; Zi. mit Frühstück 1600–3700 B; ❄📶) Die erste Wahl in diesem freundlichen und entspannten Resort sind die stilvollen Holzbungalows mit Terrakotta-Waschbecken, glänzenden Böden und Fenstertüren, die sich zum Meer hin öffnen. Die Bambushütten mit Ventilator sind rustikaler, schlicht und kompakt, aber gepflegt. Das Resort veranstaltet Touren zur Beobachtung von Vögeln und Dugongs, Schnorchelausflüge und vermietet Kajaks (200 B/Std.). Das **Strandrestaurant** (Hauptgerichte 120–350 B; ⊙7.30–15 & 17–21 Uhr; 📶) bietet gute thailändische Gerichte.

ℹ An- & Weiterreise

Tagsüber fahren Longtail-Boote, wenn sie voll sind, vom Hat Yao (100 B/Pers., 30 Min.) nach Ban Ma Phrao an Ko Libongs Ostküste. Auf Ko Libong bringen Motorradtaxis einen zu den Resorts an der Westküste (100 B/Pers.). Vom Hat Yao ein Longtail-Boot zu den Resorts zu chartern, kostet 900 B. Man kann Boote nach Ko Kradan (1800 B), Ko Muk (1800 B) und Ko Ngai (2300 B) chartern.

PROVINZ SATUN

Satun fristete touristisch bis vor Kurzem ein Schattendasein, aber das hat sich mit der zunehmenden Beliebtheit der weißen Sandstrände von Ko Lipe geändert – aus dem einstigen Backpacker-Geheimtipp wurde ein Strandparadies für die Massen. Der Rest der Provinz ist nach wie vor nur eine Durchgangsstation für Traveller auf dem Weg nach

Ko Lanta im Norden oder Pulau Langkawi (Malaysia) im Süden. Dabei verpassen sie die einsamen Strände und Meereshöhlen auf Ko Tarutao, die rauen Naturpfade und rauschenden Wasserfälle auf Ko Adang, die rustikale Schönheit von Ko Bulon Leh und schließlich die unbeschwerte Stadt Satun.

Zwar ist die Bevölkerung der Provinz Satun überwiegend muslimisch, sie blieb aber von den politischen Unruhen in den ebenfalls vorwiegend muslimischen Nachbarprovinzen Yala, Pattani und Narathiwat weitgehend verschont.

Satun สตูล

074 / 23 800 EW.

Die abgelegene kleine Stadt in einem nebelverhangenen Dschungeltal, das von Kalksteinklippen und einem trüben Fluss eingerahmt wird, ist überraschend geschäftig; immerhin ist sie Hauptort und Mittelpunkt einer Provinz, in der mehr als 300 000 Menschen leben. Von den wenigen Besuchern, die hier durchkommen, sind die meisten auf dem Weg von oder nach Malaysia oder Segler, die ihre Jachten in der hoch angesehenen Werft von Satun preiswert reparieren lassen. Wer sich aber etwas umschaut, findet interessante chinesisch-portugiesische Architektur und Sakralbauten, köstliches Essen, freundlich lächelnde Einwohner und viel authentischen Charme. Das Umland ist schön und lädt zur Erkundung ein.

Sehenswertes & Aktivitäten

Satuns ausgezeichnetes kleines **Museum** (พิพิธภัณฑ์สถานแห่งชาติสตูล, Kuden Mansion; Soi 5, Th Satun Thanee; 50 B; Mi–So 9–16 Uhr) residiert in einer restaurierten sino-portugiesischen Villa, die 1902 als Residenz für einen geplanten Besuch König Ramas V. erbaut wurde. Heute werden hier informative Ausstellungen zur Lokalgeschichte, zu den Sitten und Gebräuchen und dem muslimischen Leben im Süden Thailands gezeigt.

Satuns Schönheit erlebt man bei einem Spaziergang über den **Monkey Mountain**, einen dschungelbedeckten Kalksteinhügel, der von unzähligen Makaken bewohnt wird.

Schlafen & Essen

Preiswerte chinesische und muslimische Schnellrestaurants finden sich an der Th Burivanich und der Th Samanta Prasit. Die chinesischen Imbisse sind auf *kôw mŏo daang* (rotes Schweinefleisch mit Reis) spezialisiert, die muslimischen bieten Roti mit südthailändischem Hähnchen-Curry und die örtliche Version von Biryani. Es gibt auch einen ordentlichen Nachtmarkt.

Satun Tanee Hotel PENSION $

(074 711010, 074 712309; www.satuntaneehotel.com; 90 Th Satun Thanee; Zi. 300–570 B;) Hinter der Fassade in Limettengrün und Orange finden sich recht große, moderne Zimmer mit bequemen Betten und Parkettböden sowie im obersten Stock (kein Fahrstuhl) schäbigere, billigere, nicht renovierte Zimmer nur mit Ventilator. Das Ganze wirkt etwas wie ein Wohnheim, aber die renovierten Zimmer haben ein gutes Preis-Leistungs-Verhältnis, und der Empfang ist freundlich.

★ **Nachtmarkt** MARKT $

(abseits der Th Satun Thanee; Hauptgerichte ab 40 B; 17–21 Uhr) Satuns beliebter munterer Nachtmarkt sorgt mit aromatischem *pàt tai*, gebratenem Fisch, Hähnchen-Satay und ausgezeichneten scharfen südthailändischen Currys fürs leibliche Wohl. Samstags gibt's einen größeren Nachtmarkt in der Th Burivanich.

Ausgehen & Nachtleben

★ **On's Living Room** BAR

(074 724133; 36 Th Burivanich; 17–2 Uhr;) Satuns einzige Bar westlicher Art nimmt das Erdgeschoss eines stimmungsvollen, geschmackvoll umgebauten Ladenhauses im sino-portugiesischen Stil ein. Es gibt eine schöne lange Holztheke, einen Billardtisch und viel Raum zum Abhängen. Hier sammeln sich Satuns winzige Ausländergemeinde und alle *fa·ràng*, die durch die Stadt kommen. Im oberen Stockwerk finden sich Zimmer von On's Guesthouse.

Praktische Informationen

Bangkok Bank (Th Burivanich; Mo–Fr 8.30–15.30 Uhr) Die Filiale hat einen Devisenschalter und einen Geldautomaten. Mehr Geldautomaten stehen an der Th Burivanich.

Einreisebehörde (074 711080; Th Burivanich; Mo–Fr 8.30–16.30 Uhr) Das Büro gegenüber dem Uhrenturm bearbeitet Visaanträge und -verlängerungen. Für Traveller ist es einfacher, über den Grenzkontrollpunkt bei Tha Tammalang aus Thailand aus- und wieder einzureisen.

Polizei Satuns Hauptwache.

Post (Ecke Th Satun Thanee & Th Samanta Prasit; Mo–Fr 8.30–16.30, Sa 9–12 Uhr) Satuns Hauptpost.

Satun

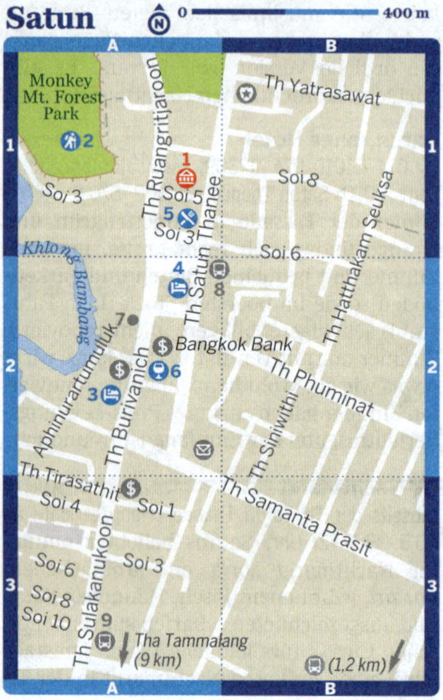

Satun

Sehenswertes
1 Satun National Museum A1

Aktivitäten, Kurse & Touren
2 Monkey Mountain A1

Schlafen
3 On's Guesthouse A2
4 Satun Tanee Hotel A2

Essen
5 Nachtmarkt A1

Ausgehen & Nachtleben
6 On's Living Room A2

Praktisches
7 Einreisebehörde A2

Transport
8 Buses nach Trang und Hat Yai A2
9 *Sŏrng·tăa·ou* nach Tha Tammalang . A3

An- & Weiterreise

Der Satun am nächsten gelegene Flughafen befindet sich zwei Fahrtstunden entfernt in Hat Yai.

BUS

Busse fahren vom Busbahnhof **Satun** 2 km südlich der Stadt. Die **Busse nach Trang** (100 B, 2 Std., 5–16.30 Uhr stündl.) nehmen auch am 7-Eleven an der Th Satun Thanee Fahrgäste auf. Die Busse nach Trang fahren über La-Ngu (50 B), wo man *sŏrng·tăa·ou* nach Pak Bara (20 B) nehmen kann, die einen zu den Booten nach Ko Lipe und zu anderen Inseln bringen.

Busse fahren u. a. nach:

Bangkok – VIP-Klasse (1042 B, 14 Std., 16 Uhr)

Bangkok – mit Klimaanlage (679 B, 14 Std., 7, 14.30, 15 & 16.30 Uhr)

Krabi (215 B, 5 Std., 8.15, 10.15, 12.15 & 20 Uhr)

Phuket (329 B, 8 Std., 8.15, 10.15, 12.15 & 20 Uhr)

MINIBUS & SAMMELTAXI

Kleinbusse fahren vom Busbahnhof Satun nach Krabi (200 B, 5 Std., 7 & 14 Uhr), Trang (120 B, 2 Std., 5–17 Uhr stündl.), Hat Yai (100 B, 2 Std., 6–17 Uhr) und zum Flughafen Hat Yai (300 B 2½ Std., 6–17 Uhr); die **Minivans nach Hat Yai** nehmen auch am 7-Eleven an der Th Satun Thanee Fahrgäste auf. Es fahren auch Minivans nach Kuala Perlis in Malaysia (400 B). Sie verkehren nicht täglich und holen die Passagiere von ihren Unterkünften ab. **On's Guesthouse** (074 724133; onmarch13@hotmail.com; 36 Th Burivanich; B 250 B, Zi. 350–600 B;) kann Tickets besorgen.

SCHIFF/FÄHRE

Von Tha Tammalang (10 km südlich von Satun) fahren täglich zwei Fähren nach Pulau Langkawi (10 & 15 Uhr, 300 B) in Malaysia. In umgekehrter Richtung starten täglich um 10.30 Uhr und 17.15 Uhr Fähren von Pulau Langkawi nach Satun (36 RM).

Unterwegs vor Ort

Das Zentrum von Satun lässt sich leicht zu Fuß erkunden, man kann aber bei On's Guesthouse Fahrräder (150 B/Tag) und Motorräder (250 B/Tag) mieten.

Sŏrng·tăa·ou zum Busbahnhof kosten 40 B pro Person. Die orangefarbenen *sŏrng·tăa·ou* nach **Tha Tammalang** nehmen Fahrgäste am 7-Eleven an der Th Sulakanukoon auf. Stadtfahrten mit Motorradtaxis kosten 50 B.

Pak Bara ปากบารา

074 / 3000 EW.

Pak Bara, 60 km nordwestlich von Satun, ist das wichtigste Sprungbrett zu den bezaubernden Inseln des Ko Tarutao Marine National Park (S. 395). Die Einrichtungen in Pak Bara werden langsam besser, weil immer mehr Touristen kommen, wenn auch fast nur auf dem Weg zu den Inseln.

Die Hauptstraße aus La-Ngu (Rte 4052) endet am Pier, der eigentlich eine riesige

Wartehalle für die Passagiere der Schnellboote nach Ko Lipe und Ko Tarutao ist. Am Pier liegt auch das **Besucherzentrum** (Karte S. 396; ☎074 783485; Pak Bara Pier; ⌚8–17 Uhr) des Ko Tarutao Marine National Park. Reisebüros vor Ort arrangieren Tagestouren (2000 B) zu den Inseln des Parks.

ℹ An- & Weiterreise

BUS

In Satun nimmt man den normalen Bus nach Trang, steigt in La-Ngu (50 B, 30 Min.) aus und fährt dann von dort aus mit einem *sŏrng·tăa·ou* nach Pak Bara (20 B, 20 Min.). Täglich fahren auch ein paar Minivans diese Strecke (60 B). Die Haltestelle des Busses und der Minivans befindet sich vor dem 7-Eleven an der Th Satun Thanee.

MINIVANS VON/NACH PAK BARA

Klimatisierte Minivans fahren zwischen 7.30 und 18.30 Uhr alle 45 Minuten von Hat Yai zur Anlegestelle in Pak Bara (120 B, 2 Std.). Zwischen Mitte Mai und Mitte Oktober verkehren sie möglicherweise seltener.

SCHIFF/FÄHRE

Von Mitte Oktober bis Mitte Mai fahren um 11.30 Uhr **Schnellboote** (S. 381) vom **Fährhafen in Pak Bara** (Karte S. 396) zur Ao Pante Malacca auf Ko Tarutao (450 B, 30 Min.) und weiter nach Ko Lipe (650 B, 1½ Std.). Zwischen Oktober und Mai fahren um 11 und 14.30 Uhr Schnellboote nur nach Ko Tarutao (450 B). Weitere Schnellboote um 9.30, 12.30, 13.30 und 15.30 Uhr steuern direkt Ko Lipe an. Die Boote kehren von Ko Lipe um 9.30, 11.30, 12.30, 13 und 13.30 Uhr zurück.

Das Boot nach Ko Bulon Leh (450 B, 30 Min.) legt um 12.30 Uhr ab und fährt weiter nach Ko Li Pe. Wer das Boot nach Bulon verpasst, kann auch von den örtlichen Fischern ein Longtail-Boot chartern (2000 B, 1½ Std.). In der Nebensaison sind die Verbindungen nach Ko Lipe seltener, es fährt aber generell täglich ein Boot um 11.30 Uhr von Pak Bara nach Ko Lipe (Rückfahrt 9.30 Uhr), sofern das Wetter mitspielt.

Ko Tarutao Marine National Park อุทยานแห่งชาติหมู่เกาะตะรุเตา

Der **Ko Tarutao Marine National Park** (Karte S. 396; ☎074 783485; www.dnp.go.th; Erw./Kind 200/100 B; ⌚Mitte Okt.–Mitte Mai) ist eine der schönsten und ursprünglichsten Gegenden Thailands. Er umfasst 51 Inseln, die mit weitgehend intaktem, von Tieren wimmelndem Regenwald bedeckt und von gesunden Korallenriffen und leuchtend weißen Stränden umgeben sind. In ihm kann man Südliche Brillenlanguren, Javaneraffen, Kantschile, Wildschweine, Indische Fischotter, Fischkatzen, Pythons, Bindenwarane, Brahminenweihen, Weißbauchseeadler, Nashornvögel, Riffreiher und Eisvögel erspähen.

Ko Lipe ist zu einem bekannten Touristenziel geworden, und hier wohnen auch die meisten Traveller. Die Insel unterliegt nicht dem Bebauungsverbot, das sonst im Nationalpark gilt, weil es auf ihr Siedlungen der Urak Lawoi (einer Ethnie der Seenomaden) gibt.

Die einzigen weiteren Inseln, auf denen man übernachten kann, sind Ko Tarutao, die größte Insel und Sitz der Parkverwaltung (S. 398), und Ko Adang.

Müll ist ein Problem auf den Inseln. Als Besucher sollte man seinen Teil beitragen und Müll vermeiden. Abgesehen von Ko Lipe ist der Park offiziell von Mitte Oktober bis Mitte Mai geschlossen.

Ko Tarutao เกาะตะรุเตา

Der Großteil der stolzen 152 km² großen Insel ist mit Dschungel bedeckt, der sich steil bis zu dem 713 m hohen Gipfel, der höchsten Erhebung im Park hinaufzieht; so ist Ko Tarutao eine der urtümlichsten Inseln ganz Thailands. Sie ist zu großen Teilen von Mangrovensümpfen und Kalksteinklippen eingefasst und mit ihren steilen Trails und rauen Stra-

MINIVANS VON/NACH PAK BARA

ZIEL	PREIS (B)	DAUER (STD.)	HÄUFIGKEIT
Hat Yai	120	2	11.30, 13.30, 15.30 Uhr
Hat Yai Airport	200	2	11.30, 13.30, 15.30 Uhr
Ko Lanta	400	3	11.30 Uhr
Krabi	350	4	11.30 Uhr
Phuket	500	6	1.30, 13 Uhr
Trang	200	2	11.30, 13, 14, 15 Uhr

Ko Tarutao Marine National Park & Umgebung

Ko Tarutao Marine National Park & Umgebung

Sehenswertes
1 Ao Pante Malacca F2
2 Ko Sarang A4
3 Ko Tarutao Marine National Park D3
4 Tham Jara-Khe F2
Toe-Boo-Kliff .... (siehe 1)

Schlafen
Nationalparkunterkünfte an der Ao Molae .... (siehe 6)
Nationalparkunterkünfte an der Ao Pante Malacca .... (siehe 1)
Nationalparkunterkünfte an der Ao Son .... (siehe 7)
5 Bulone Resort E1
Chaolae Homestay .... (siehe 5)
Unterkunft im Ko Tarutao Marine National Park .... (siehe 12)

Essen
6 Ao Molae Canteen E2
Ao Pante Malacca Canteen .... (siehe 1)
7 Ao Son Canteen E3
Bulone Resort .... (siehe 5)
Su's Corner .... (siehe 5)

Praktisches
8 Ao-Molae-Ranger-Station E3
Ao-Son-Ranger-Station .... (siehe 7)
9 Ao-Taloh-Udang-Ranger-Station F4
10 Ao-Taloh-Waw-Ranger-Station F3
Ko Tarutao Marine National Park – Parkverwaltung .... (siehe 1)
11 Ko Tarutao Marine National Park – Besucherzentrum G1
Ko Tarutao – Besucherzentrum .. (siehe 1)
12 Laem-Son-Ranger-Station C4
13 Mu Ko Phetra National Park – Parkverwaltung G1
14 Ranger-Station B4
15 Ranger-Station B3

Transport
16 Satun Pak Bara Speedboat Club F1

ßen im Inselinneren ein tolles Gefilde für fitte Wanderer und Mountainbiker. Die Strände von Ko Tarutao sind weniger einladend, weil das Wasser trüb ist und Müll angeschwemmt wird. Wer einen idyllischen Strand und gute Schnorchelbedingungen sucht, fährt besser nach Ko Adang oder Ko Rawi.

Ko Tarutao hat eine düstere Vergangenheit als Gefängnisinsel - einer der Gründe, warum es nicht erschlossen wurde.

Offiziell ist die Insel von Mitte Mai bis Mitte Oktober für Besucher geschlossen.

Sehenswertes & Aktivitäten

Mit einem befahrbaren Fluss und langen, asphaltierten Straßen lässt sich Ko Tarutao ideal auf eigene Faust erkunden. In der Parkverwaltung kann man Kajaks (200/500 B pro Std./Tag) und Mountainbikes (50/250 B) mieten.

Toe-Boo-Kliff AUSSICHTSPUNKT

(จุดชมวิวผาโต๊ะบู; Karte S. 396) Hinter der Parkverwaltung an der Ao Pante Malacca an der Nordwestküste der Insel führt ein steiler, 500 m (20 Min.) langer Pfad durch den Dschungel unter einem Kalksteinfelsen, von dem die Feuchtigkeit heruntertropft, entlang und dann über eine Reihe von in den Stein gehauenen Stufen hinauf auf die spektakuläre Felsspitze, von der man eine sagenhafte Aussicht über Ko Tarutao bis hinüber nach Ko Adang und zu den umliegenden Inseln genießt.

Tham Jara-Khe HÖHLE

(ถ้ำจระเข้, Krokodilhöhle; Karte S. 396) Folgt man dem Fluss, der an der **Ao Pante Malacca** (อ่าวพันเตมะละกา; Karte S. 396; Ko Tarutao) an der Nordwestküste von Ko Tarutao ins Meer mündet, ins Landesinnere, gelangt man zur Tham Jara-Khe, in der früher einmal gefährliche Leistenkrokodile gelebt haben. Bei Ebbe ist die Höhle 1 km weit schiffbar; sie kann im Rahmen von Longtail-Boot-Touren (500 B) besucht werden, die am Anleger an der Ao Pante Malacca starten.

Schlafen & Essen

Schlichte, staatlich verwaltete Bungalows finden sich an der **Ao Pante Malacca** (Karte S. 396; www.dnp.go.th; Ao Pante Malacca; Zi. 600–1200 B; ⏲ Mitte Okt.–Mitte Mai), der **Ao Molae** (Karte S. 396; www.dnp.go.th; Ao Molae; Zi. 600 B; ⏲ Mitte Okt.–Mitte Mai) und an der **Ao Son** (Karte S. 396; www.dnp.go.th; Ao Son; Zi. 350–550 B; ⏲ Nov.–Mitte Mai). Wasser ist rationiert, und Strom gibt's von 18.30 bis 6 Uhr. An der Ao Molae, der Ao Son, der Ao Makham, der Ao Taloh Waw und der Ao Taloh Udang kann man auch campen. Die Einrichtungen sind sehr schlicht; oft dringen Affen in die Zelte ein. Man sollte die Zelte also unbedingt gut schließen.

Die Unterkünfte können online oder einfacher beim Besucherzentrum des Parks (S. 395) in Pak Bara gebucht werden.

Schlichte Kantinen mit thailändischem Essen gibt's an der **Ao Pante Malacca**

POLITISCHE GEFANGENE

Zwischen 1938 und 1948 diente Ko Tarutao als Straflager für mehr als 3000 thailändische Kriminelle sowie 70 politische Gefangene. Dazu gehörten So Setabutra, der in seiner Haftzeit auf Ko Tarutao das erste thailändisch-englische Wörterbuch zusammenstellte, und Sittiporn Gridagon, ein Sohn Ramas VII.

Im Zweiten Weltkrieg versiegte der Nachschub an Lebensmitteln und Medikamenten; Hunderte Gefangene starben an Malaria, Hunger und Misshandlungen. Andere Gefangene und Wärter meuterten und betätigten sich als Piraten in der Straße von Malakka, bis britische Truppen 1946 dem Treiben ein Ende setzten.

Die Ruinen des Lagers für politische Gefangene sieht man an der Ao Taloh Udang. Man kann auch Ao Taloh Waw besuchen, die Stätte des Lagers der Kriminellen an der Ostküste, von dem aber keine Gebäude erhalten sind. Im Besucherzentrum von Ko Tarutao finden sich einige Exponate zur Vergangenheit von Ko Tarutao als Gefängnisinsel.

(Karte S. 396; Ao Pante Malacca; Hauptgerichte 80–180 B; ⌚7.45–14.30 & 17.30–20.30 Uhr), der **Ao Molae** (Karte S. 396; Ao Molae; Hauptgerichte 70–140 B; ⌚7–14 & 17–21 Uhr) und der **Ao Son** (Karte S. 396; Ao Son; Hauptgerichte 60–140 B; ⌚7–20 Uhr).

ℹ Praktische Informationen

Zentrale des Ko Tarutao Marine National Park (Karte S. 396; Ao Pante Malacca, Ko Tarutao; ⌚8–17 Uhr)

Ko Tarutao Visitors Centre (Karte S. 396; Ao Pante Malacca, Ko Tarutao; ⌚8–17 Uhr) Karten und Infos zur Gegend.

Rangerstationen gibt's auf der gesamten Insel, an der **Ao Molae** im Nordwesten, der **Ao Son** an der Westküste, der **Ao Taloh Udang** im Süden und der **Ao Taloh Waw** im Osten der Insel.

ℹ An- & Weiterreise

Zwischen Mitte Oktober und Mitte Mai fahren täglich drei Schnellboote von Pak Bara zum **Fährhafen** (Karte S. 396; Ao Pante Malacca, Ko Tarutao) an der Ao Pante Malacca auf Ko Tarutao (450 B, 30 Min.). Sie legen um 11, 11.30 und 14.30 Uhr ab. In der Hauptsaison werden auch Tagestouren zur Insel per Schnellboot ab Pak Bara (inkl. Parkgebühren, Mittagessen, Getränke & Schnorcheln ca. 2000 B) veranstaltet.

Wer an der Ao Molae wohnt, kommt dorthin von der Ao Pante Malacca mit einem Kleinbus, der bei Nachfrage täglich um 11 oder 13 Uhr fährt (50 B/Pers.).

Ko Lipe เกาะหลีเป๊ะ

Ko Lipe, früher ein beschauliches Tropenparadies, ist heute das Paradebeispiel für die ungezügelte Erschließung der thailändischen Inseln. Ko Lipe hat zwei schöne, weiße, breite Sandstrände, die von dschungelbedeckten Hügeln getrennt sind und liegt in der Nähe geschützter Korallenriffe. Aber das Zentrum hat sich in ein ständig wachsendes Labyrinth aus Hotels, Restaurants, Cafés, Reisebüros und Läden verwandelt. Die größten Verlierer dabei waren die 700 Einwohner des Urak-Lawoi-Dorfs, deren Vorfahren König Rama V. die Insel 1909 als Wohnsitz überlassen hatte. Die Seenomaden verkauften das Land aber in den 1970er-Jahren.

Trotz der Bautätigkeit gibt es immer noch viel Liebenswertes auf Ko Lipe: prächtige, halbmondförmige weiße Sandstrände, sensationelle Tauchspots, ein dschungelüberwuchertes Inselinneres, lässige Reggaebars, eine ansteckend freundliche Atmosphäre und eine ganze Reihe Einwohner, die auf Umweltschutz Wert legen. Man darf nur nicht erwarten, die Insel für sich allein zu haben.

Aktivitäten

Tauchen

Tauchen ist hervorragend, wenn die Unterwassersicht zu Beginn der Regenzeit (Mitte April–Mitte Juni) aufklart. Es gibt einige tolle Spots zum Strömungstauchen und zwei wirklich tolle Felsen.

Der **Eight Mile Rock** ist eine Felsnadel im tiefen Wasser, die Teufelsrochen und die sehr seltenen Walhaie anlockt. **Stonehenge** ist bekannt für die ortsansässigen Seepferdchen, seltene Zebrahaie und die Felsen. In **Ko Sarang** (Karte S. 396) gibt es prachtvolle Weichkorallen, die sich in der Strömung wiegen und zwischen denen eine derart große Zahl von leuchtend bunten Fischen hin und her flitzt, dass viele diesen Tauchspot für den schönsten rund um Ko Lipe halten.

Ko Lipe Diving TAUCHEN
(Karte S. 400; ☎088 397 7749, 087 622 6204; www.kolipediving.com; Walking St; 1/2 Tauchgänge 1700/2800 B; ⌚8–22 Uhr) Der gut organisierte, professionelle Tauchveranstalter erhält ständig glänzende Kritiken für seine spe-

ziellen Kurse und Tauchgänge, bei denen der Unterricht im Vordergrund steht. „Discover Scuba" mit zwei Tauchgängen kostet 2800 B; PADI-Zertifizierungskurse belaufen sich auf 14 500 B.

Forra Dive TAUCHEN
(Karte S. 400; ☎ 084 407 5691; www.forradiving.com; Hat Sunrise; 1/2 Tauchgänge 1500/2800 B) Das von Franzosen geführte Unternehmen ist einer der ältesten Tauchveranstalter vor Ort. Angeboten werden „Discover Scuba" (ab 1500 B) und Open-Water-Tauchkurse (14 500 B) sowie Qualifikationskurse für Fortgeschrittene.

Eine weitere Filiale befindet sich an der **Walking St** (Karte S. 400; ☎ 084 407 5691; www.forradiving.com; Walking St; 1/2 Tauchgänge 1500/2800 B).

Davy Jones' Locker TAUCHEN
(Karte S. 400; ☎ 085 361 7923; www.scubadivekohlipe.com; Hat Pattaya; Tauchgänge ab 2500 B) „Discover Scuba" mit einem Tauchgang kostet 2500 B, die PADI Open Water-Zertifizierung 14 000 B (inkl. kostenloser Unterkunft im Ko Lipe Backpackers).

Schnorcheln

Gute Korallenbänke finden sich an der Südküste sowie rund um **Ko Kra** (Karte S. 400) und **Ko Usen** (Karte S. 400), die beiden Inselchen gegenüber dem Hat Sunrise (Vorsicht vor ankommenden Longtail-Booten!). Die meisten Resorts vermieten komplette Maske-Schnorchel-&-Schwimmflossen-Sets (200 B). Reisebüros und einige Tauchveranstalter organisieren Ausflüge nach Ko Adang, Ko Rawi und zu anderen, von Korallen gesäumten Inseln, bei denen die Teilnehmer an vier verschiedenen Stellen schnorcheln (ab 450 B/Pers.).

Kitesurfen

Man kann vor Ko Lipe kitesurfen, aber die Winde sind launisch. Forra Dive vermietet die erforderliche Ausrüstung.

Yoga

Im Castaway Resort gibt's Yoga am Strand (400 B; 7, 9 & 16.30 Uhr).

Schlafen

Immer mehr Resorts auf Ko Lipe bleiben ganzjährig geöffnet. Ein paar bescheidene Bambus-Bungalows halten noch durch, aber immer mehr Resorts machen sich vor allem am Hat Pattaya breit. Wer es ruhiger mag, sollte sich für den weniger überlaufenen Hat Sunset entscheiden. In der Hauptsaison und rund um Feiertage schnellen die Preise in die Höhe, und man sollte rechtzeitig vorab buchen.

GRENZÜBERGANG NACH MALAYSIA

Bei der Einreise nach Malaysia muss die Uhr um eine Stunde vorgestellt werden.

Von Ko Lipe nach Pulau Langkawi

Von Mitte Oktober bis Mitte April fahren Tigerline (S. 380), Bundhaya Speedboat (S. 381) und der Satun Pak Bara Speedboat Club (S. 381) täglich von Ko Lipe nach Pulau Langkawi in Malaysia (1000–1200 B, 2½ Std., Abfahrten 9.30, 10.30, 11 & 16 Uhr). 1½ Stunden vor der geplanten Abfahrt der Fähre holt man sich im Büro der **Einreisebehörde** (Karte S. 400; ⏲ 8–18 Uhr) im Zentrum des Hat Pattaya den Ausreisestempel. Im umgekehrter Richtung legen die Schiffe nach Ko Lipe um 9.30 und 14.30 Uhr malaysischer Zeit in Pulau Langkawi ab.

Von Satun nach Kuala Perlis oder Pulau Langkawi

Zur Zeit fahren keine Schnell- oder Longtail-Boote von Satun nach Pulau Langkawi in Malaysia.

Man kann aber in Satun einen Minivan nach Kuala Perlis (400 B) in Malaysia nehmen, der über den Grenzübergang Wang Prajan/Wang Kelian fährt. Die Kleinbusse fahren aber nicht täglich. Bustickets gibt's in On's Guesthouse (S. 394).

An der Grenze

Bürger der EU, der USA, Australiens, Kanadas und mehrerer anderer Länder können ohne vorab beantragtes Visum für bis zu 90 Tage nach Malaysia einreisen. Wer sich nicht sicher ist, unter diese Regelung zu fallen, erkundigt sich vorab bei der nächstgelegenen malaysischen Botschaft oder dem nächsten malaysischen Konsulat und beantragt dort sein Visum.

Ko Lipe

Ko Lipe

Sehenswertes
1 Ko Kra D1
2 Ko Usen D3

Aktivitäten, Kurse & Touren
Castaway Divers .... (siehe 8)
Davy Jones' Locker .... (siehe 9)
4 Forra Dive A1
3 Forra Dive D1
5 Ko Lipe Diving A1

Schlafen
6 Bila Beach B2
7 Blue Tribes A2
8 Castaway Resort D2
9 Koh Lipe Backpackers Hostel B2
10 Serendipity D3

Essen
11 Barracuda C2
12 Elephant Coffee House A1
13 Nee Papaya D2
14 Papaya Mom A1

Ausgehen & Nachtleben
15 Pooh's Bar C2

Praktisches
16 Einreisebehörde C2

Transport
17 Fähranleger C2

Koh Lipe Backpackers Hostel HOSTEL $$
(Karte S. 400; ☎085 361 7923; www.kohlipe-backpackers.com; Hat Pattaya; B 500 B, Zi. 2500–3000 B; ❄📶) Das einzige Hostel auf Ko Lipe macht einen etwas beliebigen Eindruck. Die Zimmer und der Schlafsaal sind in einem zeitgenössisch gestalteten Betonblock am westlichen Abschnitt des Hat Pattaya untergebracht. Es gibt nur Gemeinschaftsduschen, aber eigene Schließfächer und WLAN. Vor Ort befindet sich die Tauchschule Davy Jones' Locker (S. 399) (Taucher erhalten Rabatt), und die Lage am Strand ist toll. Im Obergeschoss befinden sich schlichte, aber recht komfortable Privatzimmer mit Klimaanlage.

Bila Beach BUNGALOWS $$
(Karte S. 400; ☎087 570 3684; www.bilabeachresort.com; Hat Sunset; Bungalows 1500 B) Die stilvollen Bungalows mit fransigem Strohdach stehen auf einer Klippe hoch über einer winzigen, abgeschiedenen Bucht, die an den Hat Sunset angrenzt und Felsen und einen weißen Privatstrand besitzt. Unten am Strand gibt's eine tolle Reggaebar aus

Bambus und ein Restaurant. Die Anlage ist ideal für Hippie-Flitterwochen. Ein kurzer, schweißtreibender Fußmarsch bringt einen vom Hat Pattaya über den Hügel hierher.

Blue Tribes BUNGALOWS $$$
(Karte S. 400; ☎080 546 9464, 083 654 0316; www.bluetribeslipe.com; Hat Pattaya; Bungalows 1800–3000 B; 📶) Das Blue Tribes versteckt sich in Gärten voller Blumen und gehört zu den entspannteren Resorts am Hat Pattaya. Die beste Option sind die zweistöckigen, strohgedeckten Holzbungalows mit Wohnzimmer im Erd- und Schlafzimmer mit Meerblick im Obergeschoss. Andere Bungalows sind schlicht und schmucklos, haben aber Balkone und sind nur Schritte vom Strand entfernt. Das angeschlossene Restaurant ist wirklich gut.

★ **Castaway Resort** HOTEL $$$
(Karte S. 400; ☎083 138 7472, 081 170 7605; www.castaway-resorts.com; Hat Sunrise; Bungalows 2700–4750 B; 📶) Die geräumigen Bungalows aus dunklem Holz mit Hängematten auf den Terrassen, unzähligen Kissen, Ventilatoren und schicken Moderne-trifft-Natur-Bädern sind die besten, die Ko Lipe zu bieten hat. Das einladende Resort gehört auch zu den umweltfreundlichsten: Warmes Wasser und Licht – Klimaanlagen gibt es nicht – werden mit Solarstrom erzeugt. Es gibt ein lässiges Strandcafé, in der Hauptsaison Yogakurse (450 B) und eine gute Tauchschule.

★ **Serendipity** BUNGALOWS $$$
(Karte S. 400; ☎088 395 5158; www.serendipityresort-kohlipe.com; Hat Sunrise; Zi. 6720–14 400 B; ❄📶🏊) Die exquisit gestaltete Anlage steht einsam über dem mit Felsbrocken übersäten Südende des Hat Sunrise und ist über einen Plankenweg zu erreichen. Die geräumigen strohgedeckten Bungalows aus dunklem Holz haben eigene Terrassen mit herrlicher Aussicht, hervorragende Betten und stilvolle Bäder; die teuersten auch Tauchbecken. Wer ganz tief in die Tasche greifen will, mietet die üppige, 200 m² große Suite „Big Lebowski".

Essen

Es gibt tolle Meeresfrüchte; die besten Restaurants liegen meist im Hinterland. Preiswert essen kann man an den Roti-Ständen und in den kleinen thailändischen Cafés an der Walking St. Man sollte das der Müllvermeidung dienende Angebot vieler Resorts und Restaurants nutzen, seine Wasserflasche bei ihnen aufzufüllen.

★ **Nee Papaya** THAI $
(Karte S. 400; Hauptgerichte 80–150 B; ⏲9–23 Uhr) In dem netten Lokal gibt's jeden Abend günstigen gegrillten Fisch, alle üblichen Currys (darunter auch ein umwerfendes *pá·naang* mit Rindfleisch), Nudeln und Pfannengerichte (vegetarisch oder mit Rindfleisch, Hühnchen oder Meeresfrüchten), dazu eine Auswahl an scharfen Isan-Gerichten. Die Köchin verwendet auf Wunsch weniger Chili, am besten schmeckt ihr Essen aber, wenn es nach örtlichem Geschmack gewürzt ist, und genau deshalb strömen viele thailändische Touristen hierher.

★ **Barracuda** SEAFOOD $$
(Karte S. 400; Hauptgerichte 80–250 B; ⏲9–22 Uhr) Jedes zweite Restaurant auf Ko Lipe bietet frische Meeresfrüchte vom Grill, aber dieses schätzen die Einheimischen am meisten. Die anderen Gerichte auf der Karte sind ebenfalls prima, vor allem die Salate. Das verfallene, etwas versteckte Ambiente trägt zu dem Eindruck bei, dass man in einem Laden ist, der auf Thais, nicht auf Ausländer ausgerichtet ist.

Elephant Coffee House INTERNATIONAL $$
(Karte S. 400; ☎089 657 2178; www.facebook.com/ElephantKohLipe; Walking St; Hauptgerichte 120–420 B; ⏲8–1 Uhr) Die Theke ist ein Long-

FREIWILLIGE AM STRAND

Trash Hero (www.trashhero.org), die Idee eines thailändisch-schweizerischen Duos, leistet mit zunehmendem Erfolg Pionierarbeit. Regelmäßig montags werden Reinigungsaktionen mit Freiwilligen durchgeführt, um die weißen Sandstrände auf Ko Lipe und weitere Strände im Ko Tarutao Marine National Park zu säubern und zu schützen. Das Programm startete im Dezember 2013 mit dem Ziel, für den Schutz der Strände nur vor Ort verfügbare Materialien und Menschen einzusetzen. Die örtlichen Unternehmen gelobten schnell Unterstützung und stellten Longtail-Boote, Essen, Getränke und Abfallbehälter zur Verfügung.

Mehr als 1000 freiwillige Helfer (Einheimische und Reisende) haben seither von den hiesigen Stränden 21 000 kg an Abfall fortgeschafft. An elf offiziellen Standorten in Thailand und Indonesien veranstaltet Trash Hero inzwischen wöchentliche Säuberungsaktionen.

> **SICHERHEIT AM STRAND**
>
> Beim Schwimmen sollte man, insbesondere in der Nebensaison, die Longtail-Boote genau im Auge behalten. Badende sind von ihnen schon überfahren worden. Man darf nicht davon ausgehen, dass die Bootsführer einen bemerken.
>
> Zu keiner Jahreszeit sollte man in der schmalen Straße zwischen Ko Lipe und Ko Adang schwimmen – die Strömung ist reißend und kann tödlich sein.

tail-Boot, gebrauchte Bücher werden verkauft, und Schwarzweißfotos des örtlichen Alltagslebens schmücken die getünchten Betonwände. Das lässige zeitgemäße Café serviert den ganzen Tag fabelhaftes Frühstück, Arme Ritter, ausgezeichneten Kaffee und hausgemachtes Müsli mit tropischen Früchten. Darüber hinaus gibt's frische Salate, Sandwiches, Burger und Pizzas sowie gelegentlich Livemusik.

Papaya Mom THAILÄNDISCH **$$**

(Karte S. 400; Walking St; Hauptgerichte 90–500 B; ⏲8–22 Uhr; 🗷) Die große Karte des freundlichen Lokals sprengt die Grenzen regionaler thailändischer Küchen und enthält auch einige westliche Gerichte, aber thailändische Touristen und viele Einheimische kommen vor allem wegen der feurigen, authentischen Isan-Gerichte aus dem Nordosten Thailands. Vegetarier können den üppigen Obststand plündern und schauen ansonsten in die gute vegetarische Karte, auf der z. B. ein köstliches Pfannengericht mit Tofu und Bohnensprossen steht.

Ausgehen & Nachtleben

Kaffeehäuser verteilen sich über die ganze Insel; besonders viele finden sich in der Walking St.

Ein paar mit Treibholz verkleidete Rasta-Bars sind immer noch an den Stränden zu finden, vor allem am Hat Pattaya und am Hat Sunset.

Pooh's Bar BAR

(Karte S. 400; ☎089 463 5099, 074 750345; www.poohlipe.com; Walking St; ⏲13–1 Uhr; 📶) Der weitläufige Komplex (zu dem Bungalows, eine Tauchschule und mehrere Restaurants gehören) wurde von einem Pionier des hiesigen Tourismus geschaffen und ist immer noch ein beliebter Treff hier lebender Ausländer. Abends gibt's Filme und Sportereignisse auf dem Großbildschirm und oft auch Livemusik.

Praktische Informationen

Einreisebehörde (S. 399) Die Behörde hat jetzt ihren eigenen offiziellen Kiosk am Strand neben dem Bundaya Resort.

An- & Weiterreise

Zwischen Mitte Oktober und Mitte Mai fahren Schnellboote von Pak Bara über Ko Tarutao oder Ko Bulon Leh nach Ko Lipe (650 B, 1½ Std.; 9.30, 11.30, 12.30, 13.30 & 15.30 Uhr, Rückfahrten nach Pak Bara 9.30, 11.30, 12.30, 13 & 13.30 Uhr). In der Nebensaison sind die Verkehrsverbindungen vom Wetter abhängig, aber in der Regel fährt täglich um 11.30 Uhr ein Boot direkt von Pak Bara nach Ko Lipe (Rückfahrt 9.30 Uhr).

Von November bis Ende April fährt um 10 Uhr eine Schnellfähre von Tigerline (S. 380) von Ko Lipe über Ko Phi-Phi (1750 B, 7 Std.), Ko Lanta (1500 B, 5 Std.), Ko Muk (1400 B, 3½ Std.), Ko Kradan (1600 B, 3½ Std.) und Ko Ngai (1400 B, 4½ Std.) nach Phuket (2100 B, 8 Std.).

Von Mitte November bis Ende März legen Boote von Bundhaya Speedboat (S. 381) und dem Satun Pak Bara Speedboat Club (S. 381) um 9 Uhr in Ko Lipe nach Ko Lanta (1900 B, 3 Std.) ab; sie fahren über Ko Bulon Leh (600 B, 1 Std.), Ko Kradan (1400 B, 2 Std.), Ko Muk (1400 B, 2 Std.) und Ko Ngai (1600 B, 2½ Std.). Die Schnellboote fahren um 10.30 Uhr von Ko Lanta zurück.

Von Mitte Oktober bis Mitte April fahren auch Boote von Ko Lipe nach Pulau Langkawi (1000–1200 B, 2½ Std.) in Malaysia.

Egal, mit welchem Boot man anreist, sie fahren alle von/zum **schwimmenden Fähranleger** (Karte S. 400) vor dem Hat Pattaya, wo man in ein Longtail-Boot (50 B) umsteigen und 20 B „Eintrittsgebühr" zahlen muss. Das ist Bestandteil einer örtlichen Vereinbarung, die Einheimischen an den Einkünften zu beteiligen. Schnellboote setzen einen *vielleicht* auch direkt am Hat Pattaya ab. In der Nebensaison (Mai–Okt.) legen die meisten Boote am Hat Sunrise an, und es fällt keine Gebühr für die Überfahrt mit einem Longtail-Boot an.

Unterwegs vor Ort

Es gibt wenig, was Entspannender ist, als zwischen den Dschungelparadiesen von Ko Rawi, Ko Adang und den umliegenden Inselchen herumzuschippern. Am besten heuert man am **Taxibootstand** (Karte S. 400; Hat Sunrise) am Hat Sunrise einen Kapitän an, der den hiesigen Seenomaden angehört. Kajaks (250 B/Std.) kann man überall auf der Insel mieten, darunter bei Daya's.

Ko Adang & Ko Rawi เกาะอาดัง/เกาะราวี

Ko Adang, die 30 km² große Insel unmittelbar nördlich von Ko Lipe, ist ein ehemaliges Piratenversteck und hat düstere, dicht bewaldete Hügel, weiße Sandstrände und gesunde Korallenriffe. Es gibt ein Seenomadendorf an der Ostküste und ein illegal errichtetes Resort, das noch eröffnet werden soll. Übernachten kann man in Nationalparkunterkünften, oder man kann zelten.

Ko Rawi, eine felsige, 29 km² lange dschungelbedeckte Ellipse 1 km westlich von Ko Adang, ist nahezu unbewohnt. Es gibt fantastische Strände im Norden und Süden der Insel und große Korallenriffe vor der Küste, die sich ausgezeichnet zum Schnorcheln eignen.

Beide Inseln sind beliebte Ziele von Schnorchel-Tagesausflügen ab Ko Lipe.

Sehenswertes & Aktivitäten

Auf Ko Adang gibt's ein paar kurze Dschungelpfade, die zu kleinen Wasserfällen führen. Einen wundervollen Ausblick hat man vom Chado-Kliff, einen halbstündigen Fußmarsch über dem Hauptstrand. Auch auf Ko Rawi finden sich ein paar Wanderwege.

Gute Schnorchelstellen gibt's es sowohl vor Ko Adang als auch vor Ko Rawi. Zu den besten Stellen zählen der Norden von Ko Yang, 1 km südlich des südöstlichen Endes von Ko Rawi, und das winzige Ko Hin Ngam 3 km weiter südlich mit Unterwasserfeldern aus Riesenmuscheln, leuchtenden Seeanemonen und streifenförmigen Kieselstränden.

Schlafen & Essen

Auf Ko Adang kann man zelten oder in schlichten Bungalows übernachten. Mit Parkgenehmigung ist das Zelten nahe der Rangerstation an der Ao Lik auf Ko Rawi (Stellplatz 30 B/Pers., mit gemietetem Zelt 200 B) erlaubt, aber die Einrichtungen sind sehr einfach.

An der Unterkunft auf Ko Adang gibt's ein Restaurant, und ein sehr schlichtes auf Ko Rawi an der Rangerstation an der Südostküste.

Unterkunft im Ko Tarutao Marine National Park BUNGALOWS $
(Karte S. 396; ☎ 089 736 9328; www.dnp.go.th; Ko Adang; DZ 600 B, Stellplatz 30 B/Pers., mit gemietetem Zelt 280 B; ⏲ Mitte Okt.–Mitte Mai) Die Nationalpark-Unterkünfte auf Ko Adang befinden sich vom Strand zurückgesetzt nahe der Rangerstation Laem Son im Südosten der Insel. Es gibt hübsche, aber schlichte Doppelzimmer mit Ventilator und Familienbungalows für sechs Personen, jeweils mit angeschlossenem Bad und Kaltwasser (1800 B), sowie Stellplätze. Die Unterkünfte bucht man vorab online oder im Besucherzentrum des Parks in Pak Bara (S. 395). Ein kleines Restaurant bietet gute Thai-Gerichte.

Praktische Informationen

Auf Ko Adang und Ko Rawi gibt's weder Geldautomaten noch Läden. Unbedingt Bargeld und alles, was man so braucht, mitbringen!

Die Rangerstationen befinden sich nahe der Unterkunft auf **Ko Adang** (Karte S. 396) und auf Ko Rawi an der **Südost-** (Karte S. 396; Ko Rawi) und der **Südwestküste** (Karte S. 396; Ko Rawi).

An- & Weiterreise

Longtail-Boote bringen Besucher von Ko Lipe nach Ko Adang (ca. 400 B) oder Ko Rawi (600 B), der Preis hängt vom eigenen Verhandlungsgeschick ab. Schon bei einem kurzen Halt an den Inseln wird die Parkgebühr fällig.

Ko Bulon Leh เกาะบุโหลนเล

Das anmutige und beschauliche Ko Bulon Leh, 23 km westlich von Pak Bara, ist von dem für die Andamanensee typischen glasklaren Wasser umgeben und besitzt makellose weiße Strände mit hohen Kasuarinen. Die prächtige Insel befindet sich in jener wundervollen Phase, wo die Erschließung zwar so weit fortgeschritten ist, dass man einige Einrichtungen findet, aber noch nicht so weit, dass man Wochen im Voraus buchen müsste (obwohl die Zahl der Bungalows immer weiter zunimmt).

Der hinreißende weiße Hauptstrand erstreckt sich an der Ostküste vom Bulone Resort am nordöstlichen Kap bis zum Pansand Resort. An manchen Abschnitten wird er schmaler, vor allem dort, wo knorrige Mangroven angrenzen oder mächtige ausgebleichte Baumstämme an Land gespült wurden. Das macht es aber auch leicht, ein verstohlenes, schattiges Plätzchen mit traumhafter Aussicht zu finden.

Sehenswertes & Aktivitäten

Dagegen kann man die wilde Schönheit der Nordküste in der tiefblauen, mit Korallenresten durchsetzten Bucht von **Ao Panka Yai** bewundern, wo man auch gut schnorcheln kann. Die Bucht ist über einen kleinen, asphaltierten Weg mit **Ao Panka Noi** verbunden, einem Fischerdorf an der nordöstlichen Küste mit einer Reihe guter, einfacher Restaurants. In der Nähe führt ein ausgeschilderter Pfad nach Westen durch einen Rest von Dschungel und durch Kautschukplantagen schließlich südwärts zur **Ao Muang** (Mangobucht), an der eine Tintenfischersiedlung der Urak Lawoi (Seenomaden) liegt.

Vor **Laem Son** in der nordöstlichen Ecke der Insel und die Ostküste hinunter finden sich gute Korallen. Schnorchelausrüstung (200 B) und Kajaks kann man im Bulone Resort und im Pansand Resort mieten. Die besten Schnorchelbedingungen herrschen bei Ebbe.

Die Resorts organisieren geführte Schnorcheltrips (1700 B, 4 Std., max. 6 Pers.) zu anderen Inseln. Diese Trips führen meist auch zu dem kristallklaren Wasser um **Ko Gai**. Den schönsten Anblick bietet **White Rock**, wo Felsnadeln, auf denen Vögel sich niedergelassen haben, steil aus dem offenen Meer ragen. Unter der Wasseroberfläche liegt ein von Muscheln besetztes Felsenriff, um das unzählige bunte Fische schwimmen.

Schlafen & Essen

Die meisten Unterkünfte sind von Mitte April bis November geschlossen. Um etwas zu essen, lohnt sich der Weg hinüber zur Ao Panka Noi. Es gibt ein paar einheimische Restaurants und Läden in dem muslimischen Dorf zwischen der Ao Panka Noi und der Ao Panka Yai. Alle Resorts verfügen über ein eigenes Restaurant.

Chaolae Homestay BUNGALOWS $
(Karte S. 396; ☎086 290 2519, 086 967 0716; www.facebook.com/chaolae.homestay; Ao Panka Yai, Ko Bulon Leh; Bungalows 600 B; ⏲Dez.–April) Schlichte Bungalows aus Bambus und Holz mit Kaltwasserduschen und Hocktoiletten. Die herrlich ruhige, schattige Anlage wird von einer freundlichen Urak-Lawoi-Familie geführt und ist nur ein paar Schritte von den ordentlichen Schnorchelstellen der Ao Panka Yai entfernt.

Das Restaurant ist ebenfalls akzeptabel. Kein WLAN.

Bulone Resort HOTEL $$$
(Karte S. 396; ☎081 897 9084; www.bulone-resort.com; Main Beach; Bungalows mit Frühstück 3000–4500 B; ⏲Nov.–April; ❄📶) Das Resort sitzt auf dem Nordostkap mit Zugang zu zwei exquisiten weißen Stränden und hat damit die beste Lage auf der Insel. Die niedlichen, weißen Holzbungalows (mit Ventilator oder Klimaanlage) haben schmale Doppelbetten mit Eisengestell und werden gut von der Meeresbrise durchlüftet. Dahinter türmen sich die neuen, auf Stelzen stehenden Bungalows im Stil von Berghütten, die einen prächtigen Ausblick gewähren.

Es gibt Strom rund um die Uhr, ein **Restaurant** (Hauptgerichte 180–350 B; ⏲7.30–10 & 18–22 Uhr; 📶) mit thailändischer und internationaler Küche und einen Kaffeeausschank.

Su's Corner THAI, FRÜHSTÜCK $
(Karte S. 396; ☎081 189 7183; Ao Panka Noi, Ko Bulon Leh; Hauptgerichte 80–140 B; ⏲7–20 Uhr) Wer aus gebratenem Reis ohne Fleisch etwas Magisches zaubert, verdient hohes Lob. Dieses schlichte Freiluftcafé mit nur wenigen, unter Palmen stehenden Tischen gleich landeinwärts vom Ao Panka Noi ist zu Recht für seine Baguettes, Shakes, Kuchen und aromatischen Thai-Gerichte beliebt.

Praktische Informationen

Auf Ko Bulon Leh gibt's keine Geldautomaten, der nächstgelegene befindet sich in Pak Bara. Bargeld mitbringen! WLAN ist vorhanden, aber die Signalstärke ist nicht immer gut.

An- & Weiterreise

Von November bis April fährt täglich um 12.30 Uhr ein Schnellboot von Pak Bara nach Ko Bulon Leh (450 B, 30 Min.). Longtail-Boote bringen einen zu dem seinem Resort am nächsten liegenden Strand (50 B). Zurück nach Pak Bara startet das **Boot** (Karte S. 396) um 9 Uhr aus der Bucht vor dem Pansand Resort. Man kann auch Longtail-Boote von/nach Pak Bara (2000 B, 1½ Std.) chartern.

Von November bis April fährt täglich um 14 Uhr ein Schnellboot von Ko Bulon Leh nach Ko Lipe (600 B, 1 Std.), das vor dem Pansand Resort stoppt. Das Boot kommt aus Ko Lanta (1600 B, 2 Std.) und stoppt unterwegs in Ko Ngai (1050 B, 1½ Std.), Ko Muk (900 B, 1 Std.) und Ko Kradan (900 B, 1 Std.). Die Rückfahrt startet um 9 Uhr in Ko Lipe.

Thailands Inseln & Strände verstehen

Thailands Inseln & Strände aktuell

Seit dem Sturz der letzten demokratisch gewählten Zivilregierung durch den Putsch 2014 verharrt Thailand in einer Art künstlicher Ruhe. Die Militärherrschaft hat scheinbar das Land stabilisiert, doch da die Wahlen erneut bis mindestens Ende 2018 verschoben wurden, bleibt das Land politisch zweigeteilt: Auf der einen Seite stehen die Armen vom Land und auf der anderen die traditionelle Elite und die städtische Mittelklasse. Nach dem Tod des geliebten Königs Rama IX. 2016 hat Thailand erstmals nach 70 Jahren einen neuen König.

Top-Bücher

The Lioness in Bloom: Modern Thai Fiction about Women (ins Englische übersetzt von Susan Fulop Kepner; 1996) Kurzgeschichten, die die Erfahrungen von thailändischen Frauen im 20 Jh. beschreiben.

Four Reigns (Kukrit Pramoj; 1953) Das Leben einer Frau innerhalb und außerhalb des königlichen Palastes während der Herrschaft von vier thailändischen Königen.

Bangkok 8 (John Burdett; 2003) Thriller über einen thailändischen Detektiv, der mit einem FBI-Agenten in Bangkok einen Mörder aufspürt.

The Sad Part Was (Prabda Yoon; 2017) Satirische Kurzgeschichten über das Leben der Mittelklasse-Thais im modernen Bangkok.

Top-Filme

Leben nach dem Tod in Bangkok (2003) Einfühlsame Geschichte über die Beziehung zwischen einer Thailänderin und einem Japaner.

Tom-Yum-Goong (2005) Tony Jaa, Thailands Jackie Chan, brilliert in diesem erfolgreichen Kampfkunst-Film.

Paradoxocracy (2013) Schildert die politische Entwicklung des Landes seit der Revolution von 1932.

By the Time it Gets Dark (2016) Das Massaker an Studenten der Thammasat University in Bangkok (1976).

Die Jahre seit dem Putsch

Ende August 2017 floh Yingluck Shinawatra, die letzte demokratisch gewählte Premierministerin Thailands, ins Exil nach Dubai und verhindert damit, wegen Korruptionsvorwürfen, die sie und ihre Unterstützer für rein politisch motiviert halten, vor Gericht gestellt zu werden. Für die Militärregierung, die Yingluck im Mai 2014 von der Macht verdrängte, war ihre Flucht zweifellos eine Erleichterung. Wäre sie schuldig gesprochen und inhaftiert worden, hätte das möglicherweise zu Straßenprotesten ihrer zahlreichen Anhänger geführt – und zu einer Wiederholung der politischen Gewalt, die Thailand zwischen 2010 und 2014 aufwühlte.

Trotzdem geht niemand in Thailand davon aus, dies sei das Ende der Shinawatras und ihrer Pheu Thai-Partei, die seit dem Jahr 2001 alle Parlamentswahlen gewonnen hat. Thailand bleibt grundsätzlich geteilt zwischen den Vielen, die die Shinawatras als die einzigen Politiker ansehen, die je irgendetwas für sie getan haben, und einer Koalition der traditionellen Elite, der städtischen Mittelschicht und der Wähler im Süden des Landes, die den Shinawatras Korruption in gewaltigem Umfang vorwerfen.

Seit der Machtübernahme durch das Militär 2014 ist Thailand in einer politischen Warteschleife gefangen – wiederholt wurden angekündigte Wahlen verschoben. Im Oktober 2017 kündigte Thailands Führer, der ehemalige General Prayuth Chan-o cha, Parlamentswahlen für den November 2018 an, erklärte aber gleichzeitig, das endgültige Datum werde erst Mitte 2018 bestätigt. Da dies nicht geschah, rechnet man inzwischen damit, dass die Wahlen frühestens Anfang 2019 stattfinden werden.

Das Militär hat seiner Regierung den Titel National Council for Peace and Order (Nationaler Rat für Frieden und Ordnung; NCPO) – verliehen. Während der NCPO mangelnde Stabilität im Land als Erklärung für die fortwährende Verschiebung der Wahlen angibt, hat er gleichzeitig in den zurückliegenden drei Jahren eine neue Verfassung ausgearbeitet – Thailands zwanzigste während der vergangenen rund 80 Jahre. Wie alle früheren Verfassungen Thailands ist auch die neueste Version darauf ausgelegt, die Macht desjenigen zu beschränken, der die nächste Wahl gewinnt.

Während nun alle auf die nächsten Wahlen warten, wird dem NCPO vorgeworfen, er habe versucht, die Medien mundtot zu machen, sowie kritische Akademiker und politische Gegner einzusperren. Der NCPO musste sich auch mit einer Reihe von Menschenhandels-Skandalen auseinandersetzen, die weltweit Beachtung fanden. Der Tod des beliebten Königs Bhumibol Adulyadej im Oktober 2016, des Monarchen, der Thailand am längsten diente, hat die Ungewissheit im Land nur noch verstärkt.

Südlicher Separatismus

Thailands Süden steht für goldene Strände und wehende Palmen, aber im äußersten Süden, an der Grenze zu Malaysia, lodert ein langjähriger Aufstand, bei dem thailändische Sicherheitskräfte gegen ethnisch malayische muslimische Separatisten vorgehen. Die drei südlichsten Provinzen Thailands, Yala, Pattani und Narathiwat, sowie Teile der benachbarten Provinz Songkhla gehörten einst zum Sultanat Pattani, das in dieser Region vom 15. Jh. bis zur Wende zum 20. Jh. herrschte, als das buddhistische Siam Anspruch auf diese Gebiete erhob. Diese Regionen haben ihre muslimische Kultur und Religion beibehalten und sprechen eine eigene Sprache: Yawi, einen malaiischen Dialekt. Nach mehr als hundertjähriger thailändischer Herrschaft sehnen viele der 1,8 Mio. Einwohner dieser Region einen eigenständigen Staat herbei oder zumindest eine Autonomie von Bangkok.

Schon lange schwelt der Groll gegenüber den thailändischen Behörden, die in dieser Region regieren, wozu auch gehört, dass die muslimische und Yawi sprechende Bevölkerung im Schulalter auf Thailändisch unterrichtet und im Buddhismus unterwiesen wird. Der Aufstand begann 2004, nachdem Sicherheitskräfte in Tak Bai, in der Provinz Narathiwat, eine Demonstration mit Gewalt niederschlugen, was 85 Opfer forderte. Gegenwärtig beteiligen sich schätzungsweise 12 000 bis 15 000 Aufständische an den sporadischen Attacken. Seit 2004 forderte der Aufstand über 6500 Menschenleben. Damit ist dies der blutigste Konflikt in Südostasien, allerdings waren bisher nie Ausländer Ziel der Angriffe.

Nach wie vor werden immer wieder Friedensgespräche geführt, die jedoch bislang alle an der mangelnden Bereitschaft der Konfliktpateien, Kompromisse einzugehen oder einander zu vertrauen, gescheitert sind. So ist auch nach mehr als einem Jahrzehnt der Gewalt kein Ende des Aufstandes in Sicht und viele Thais wissen nur sehr vage, was im äußersten Süden des Landes vor sich geht.

FLÄCHE: **513115 KM²**

BIP: **406,8 MRD. US$**

INFLATION: **1,35%**

BIP PRO KOPF: **5901 US$**

ARMUTSQUOTE: **10,5%**

ARBEITSLOSIGKEIT: **0,8%**

Gäbe es nur 100 Menschen in Thailand, ...

wären 94 Buddhisten
wären 5 Muslime
wäre 1 Christ

Flächennutzung (%)

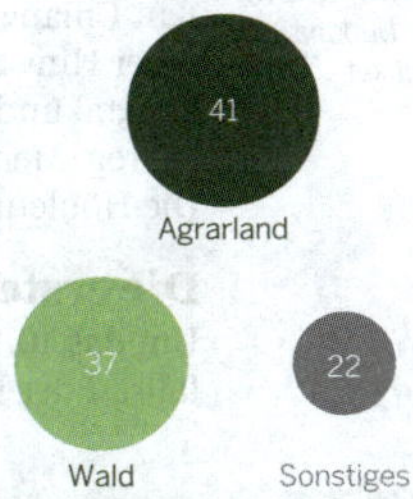

Einwohner pro km²

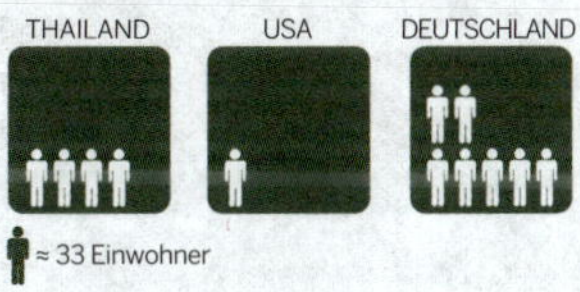

Geschichte

Thailands Geschichte nimmt ihren Anfang in der Jungsteinzeit, setzt sich durch jene Zeit hindurch fort, in der die hinduistischen und buddhistischen Kulturen entstanden und verdichtet sich in einer Phase großer Einwanderungswellen, vieler Kriege und unterschiedlichster Königreiche. Seit 1932 ist das Land nominell eine Demokratie, doch durch die vielen Putsche gab es seitdem erst wenige wirklich demokratische Regierungen.

Der Anfang

Die Geschichte beginnt mit Zuwanderern aus allen Himmelsrichtungen, die abwechselnd das Gebiet beherrschten, aus dem zunächst Siam und schließlich Thailand werden sollte. Mit der Zeit begann sich eine auf Sprache, Religion und Monarchie begründete nationale Identität zu entwickeln. Während es die thailändischen Könige schafften, sich der Kolonialisierung durch die expansionistischen Mächte des Westens zu widersetzen, lockerten sie ihre absolute Herrschaft über das Land, als der Widerstand von innen zu stark wurde. Seit Einführung der konstitutionellen Monarchie 1932 wird das Land, von ein paar demokratischen Ausrutschern abgesehen, in erster Linie vom Militär beherrscht. Unterdessen halten die politische Spannungen an.

Bedeutende Heilige Stätten

- *Tham Phraya Nakhon, Khao Sam Roi Yot National Park*
- *Sanctuary of Truth, Pattaya*
- *Wat Phra Mahathat Woramahawihaan, Nakhon Si Thammarat*
- *Tempel der Khmer, Phetchaburi*
- *Großer Buddha, Phuket*

Frühgeschichte

Über die Kulturen, die in Thailand vor dem 5. und 6. Jh. existierten, ist wenig bekannt. Mindestens 500 000 Jahre alte Knochenreste des *Homo erectus* wurden in der Provinz Lampang in Nordthailand gefunden. In Ban Chiang, der bedeutendsten Fundstätte des Landes, entdeckten Forscher Hinweise auf eine der ältesten Agrargesellschaften der Welt. Im Mekongtal und auf der Hochebene von Khorat lebten wohl schon vor 10 000 Jahren Menschen, die Bauern waren und Bronzewerkzeug herstellten. Die Höhlenmalereien im Pha Taem National Park sind gut 3000 Jahre alt.

Die ersten Königreiche

Um das 10. Jh. n. Chr. herum wanderte das Volk der Tai, die als die Vorfahren der heutigen Thais gelten, aus dem Süden Chinas in das heutige

ZEITLEISTE

4000–2500 v. Chr.

In der Jungsteinzeit entwickeln Siedler im Norden Thailands die Töpferei, den Reisanbau und die Bronzeherstellung.

6.–11. Jh.

Die buddhistische und hinduistische, durch Indien geprägte und vermutlich eng mit der Kultur der Mon verbundene Dvaravati-Kultur breitet sich durch ihre Stadtstaaten in Zentralthailand aus.

9.–13. Jh.

Angkor dehnt seine Herrschaft aus: Teile Thailands stehen noch immer unter dem Einfluss des üppigen architektonischen und bildhauerischen Stils des einst dominanten südostasiatischen Königreichs.

Südostasien ein. Die Einwanderer kamen in mehreren Wellen ins Land, sprachen einsilbige Tonsprachen aus der Sprachgruppe der Tai-Kadai und stellten wohl die bedeutendste ethnolinguistische Gruppe in Südostasien dar. Einige von ihnen ließen sich an den Flüssen auf dem Gebiet des heutigen Thailand nieder, andere siedelten in Teilen des heutigen Laos und in der Gegend des Shan-Staats im heutigen Myanmar.

Sie lebten als Bauern, Jäger und Händler in Dörfern, die sie zu Verwaltungseinheiten zusammenfassten. Diese *meu·ang*, die unter der Herrschaft eines Lehnsherrn standen, bildeten die Grundbausteine des Tai-Reichs. Mit der Zeit breiteten sich die Tai von den Gebirgstälern im Norden in die zentrale Tiefebene und auf das Hochplateau im Nordosten aus. Dort gab es mehrere bedeutende Handelszentren, die von einheimischen und auswärtigen Machthabern wie den Mon-Dvaravati, den Khmer (aus Kambodscha) und den (malaiischen) Srivijaya beherrscht wurden.

Dvaravati

Das Volk der Mon beherrschte Teile des heutigen Myanmar sowie das westliche Thailand bis in die zentrale Tiefebene. Mit den Mon eng verbunden ist die buddhistische Kultur der Dvaravati, die ihre Blütezeit im 6. bis 9. Jh. erlebte. Allerdings ist über diese Zeit nur wenig bekannt. Das Zentrum dieser Kultur war vermutlich Nakhon Pathom, von wo aus Handelsrouten nach Birma, Kambodscha, Chiang Mai, Laos sowie in Richtung Nordosten führten. Dies belegen die dortigen Buddha-Darstellungen, Tempel und Steininschriften in der Sprache der Mon, die eindeutig der Dvaravati-Kultur zuzuordnen sind.

Die Dvaravati-Kultur war eine von vielen Kulturen, die von Indien beeinflusst waren, und die sich in Südostasien ausbreiteten. Für die Wissenschaftler ist sie aber einzigartig, hat sie doch einen Kunstschatz und ein Netz von Handelsstraßen hinterlassen, das die zentrale Basis des modernen thailändischen Staates werden sollte.

Steinreliefs in Angkor Wat belegen, dass Tais als Söldner in den Truppen der Khmer dienten. Die Khmer bezeichneten diese Tais als „Syam", was 1592 von dem englischen Kaufmann James Lancaster in „Siam" abgewandelt wurde.

Khmer

Die Dvaravati geben Historikern noch Rätsel auf, das Königreich der Khmer hingegen gilt als weniger geheimnisvoll und wird als „Römisches Reich" Südostasiens beschrieben. Dieses Königreich, das für ausgefallene Architektur und Bildhauerei bekannt ist, hatte einen prägenden Einfluss auf die Kunst und Religion in der Region. Das im 9. Jh. begründete Khmer-Reich hatte seine Hauptstadt in Angkor (im heutigen Kambodscha), von wo es bis in das heutige Zentrum und den Nordosten Thailands vordrang. Rund um Tempel im Stil von Angkor wurden Verwaltungszentren in Lopburi (damals Lavo), Sukhothai und Phimai (in der Nähe von Nakhon Ratchasima) errichtet und über Straßen mit der Hauptstadt verbunden.

10. Jh.
Die Tais kommen in Wellen von Südchina aus in das Gebiet des heutigen Thailands. Ihr Siedlungsgebiet reicht von den nördlichen Bergtälern bis in die zentralen Ebenen und das nordöstliche Hochplateau.

1240–1438
Die Herrscher von Sukhothai gründen in etwa diesem Zeitraum das erste souveräne Königreich auf thailändischem Boden. Die Epoche gilt als Zeit des künstlerischen und kulturellen Aufbruchs.

1283
Ramkhamhaeng aus Sukhothai entwickelt aus den Schriften der Inder, Mon und Khmer die erste Thai-Schrift. Der Buddhismus wird zur Staatsreligion bestimmt.

1292
Chiang Mai wird zur Hauptstadt des Königreichs Lan Na. König Mengrai, ein erfahrener Diplomat, geht wichtige Bündnisse ein, die eine Bedrohungen von außen beseitigen und der Kultur erlauben, sich zu entfalten.

Die großen Bauprojekte der Khmer brachten ihre Macht im Grenzgebiet zum Ausdruck und sind Zeugnisse der fortschrittlichsten Techniken der damaligen Zeit. So ist diese Ära der thailändischen Geschichte stark von Elementen der Khmer-Kultur geprägt, z.B. dem Hinduismus, Brahmanismus, dem Theravada- und dem Mahayana-Buddhismus.

Srivijaya

Während das thailändische Festland von den Machtzentren im Norden und Westen beeinflusst wurde, war die malaiische Halbinsel wirtschaftlich und kulturell mit den Zivilisationen des Südens verbunden. Vom 8. bis zum 13. Jh. wurde die Halbinsel vom Staatenbund der Srivijaya beherrscht, die den Seehandel zwischen dem Südchinesischen Meer und dem Indischen Ozean kontrollierten. Die Hauptstadt der Srivijaya war vermutlich Palembang auf Sumatra.

Zu den Stadtstaaten von Srivijaya gehörte auch Tambralinga, dessen Hauptstadt sich in der Nähe des heutigen Nakhon Si Thammarat befand. Im 13. Jh. wurde dieser Staat buddhistisch, während sich die anderen Staaten weiter im Süden dem Islam zuwandten und damit eine religiöse Grenze zogen, die bis heute besteht. Überreste der Srivijaya-Kultur sind noch rund um Chaiya und Nakhon Si Thammarat zu sehen. Auch viele Kunstformen der Srivijaya wie das Schattentheater *năng đà·lung* und das klassische Tanzdrama *lá·kon* werden bis zum heutigen Tag gepflegt.

König Naresuan wird als Nationalheld verehrt. Als eine Art Kultfigur genießt er besonders bei der thailändischen Armee hohes Ansehen. Der kostspielige Dreiteiler *King Naresuan – Der Herrscher von Siam*, in dem seine Lebensgeschichte erzählt wird, ist ein Kassenschlager und wurde von der thailändischen Regierung mitfinanziert.

Entstehung der Tai-Königreiche

Im 13. Jh. begann der Niedergang der Großreiche. An ihre Stelle traten wohlhabende Stadtstaaten der Tai, deren politische und militärische Herrschaft auf kleine Gebiete begrenzt war. Schließlich gingen die miteinander rivalisierenden Stadtstaaten in mehreren Königreichen auf, in denen sich allmählich eine thailändische Identität entwickelte. Die für die Einigung des Landes bedeutsamsten Königreiche dieser Zeit sind nach heutigem Stand der Forschung Lan Na, Sukhothai und Ayutthaya.

Lan Na

Das Königreich Lan Na in Norden Thailands wurde Mitte des 12. Jhs. von König Mengrai in Chiang Saen am oberen Mekong gegründet. Streit zwischen benachbarten Städten schlichte er, indem er sie eroberte. Dann zog er weiter nach Süden, wo er 1292 seine Hauptstadt Chiang Mai, „die neue Stadt", errichtete. Der König war ein geschickter Diplomat und schmiedete Bündnisse mit möglichen Rivalen wie König Muang von Phayao und König Ramkhamhaeng von Sukhothai. Das bronzene Denkmal zur Erinnerung an dieses Bündnis steht noch heute in Chiang Mai. Mengrai gelang es auch, Anfang des 14. Jhs. eine Invasion der Mongolen zu verhindern und statt weiter Krieg zu führen, diplomatische Beziehungen aufzubauen.

1351–1767

Herrschaft des Königreichs Ayutthaya, das sich auf seinem Höhepunkt um 1600 bis über Teile von Birma, Laos und Kambodscha erstreckte, was es zur prägenden Macht in Südostasien jener Zeit machte.

1438

Nach dem Tod des letzten Königs von Sukhothai gliedert Boromaracha II. von Ayutthaya es in sein Reich ein.

1441–1487

König Tilokarat von Lan Na führt sein Reich zu höchster Blüte. Mit Ayutthayas Herrschern konkurriert er um die Macht in Nordthailand.

1511

Mit der Gründung der ersten Handelsniederlassung in Ayutthaya nimmt der Portugiese Duarte Fernandes als erster Europäer diplomatische Beziehungen mit Thailand auf; andere europäische Länder folgen.

Die Könige von Lan Na werden dafür verehrt, dass sie die im heutigen Thailand weit verbreitete singhalesische Tradition des Theravada-Buddhismus übernommen und die unverwechselbare Kultur des Nordens bewahrt haben. Allerdings litt das Königreich unter Intrigen im Herrscherhaus und kriegerischen Auseinandersetzungen mit rivalisierenden Mächten, besonders mit den Königreichen Sukhotai und Ayutthaya, sodass es zu keiner größeren Ausdehnung kam.

Sukhothai

Im 13. Jh. schlossen sich mehrere Thai-Fürsten zusammen und entrissen dem Khmer-Reich die Herrschaft über die zentrale Tiefebene. Ihre neue Hauptstadt nannten sie Sukhothai (Morgenröte der Glückseligkeit). In den Augen der Thais war Sukhothai das erste wirklich thailändische Königreich und die Epoche gilt als eine Zeit des künstlerischen und kulturellen Aufbruchs.

Am meisten verehrt wurde König Ramkhamhaeng, der aus den Schriften der Inder, Mon und Khmer die Thai-Schrift entwickeln ließ und den Theravada-Buddhismus zur Staatsreligion bestimmte.

In seiner Blüte erstreckte sich das Königreich Sukhothai im Süden bis nach Nakhon Si Thammarat, im Norden bis ins obere Mekong-Tal im heutigen Laos und bis nach Bago (Pegu) im Süden Birmas. Von 1448 bis 1486 befand sich Sukhothais Hauptstadt in Phitsanulok, doch zu dieser Zeit ging bereits ein neuer Stern an Thailands Himmel auf: Ayutthaya.

Ayutthaya

Als Mitte des 14. Jhs. die Ära der Khmer zu Ende ging, übernahm das Königreich Ayutthaya die Herrschaft über das Gebiet am Chao Phraya. Es sollte 416 Jahre lang bestehen und sich selbst als bedeutendstes der ersten Königreiche von Siam bezeichnen. Nicht zuletzt durch die Einverleibung großer Teile des Khmer-Reiches konnte es seinen Einflussbereich stark ausdehnen und eine wichtige Rolle beim Aufbau des modernen thailändischen Staates und seines Gesellschaftssystems spielen.

Die Lage auf einer Insel zwischen zwei Flussarmen begünstigte den internationalen Handel im Merkantilismus des 17. Jhs. und machte Ayutthaya reich. Zudem schützte sich das Königreich mit Söldnertruppen und hochwertigen Feuerwaffen aus Portugal. Die Flüsse gewährleisteten auch die Verbindung zum Golf von Thailand und ins Hinterland.

Zur gleichen Zeit „entdeckten" die europäischen Kaufleute Südostasien, und in Ayutthaya entstanden viele ausländische Niederlassungen. Die Besucher aus dem Westen berichteten von den weltoffenen Märkten und dem kosmopolitischen Königshof in Ayutthaya. So erklärte der Londoner Engelbert Kaempfer 1690: „Von den Ländern Asiens ist das Königreich von Siam das großartigste."

Top-Geschichtsbücher

Thailand: A Short History (David K Wyatt; 2003)

A History of Thailand (Chris Baker u. Pasuk Phongpaichit; 2009)

Chronicle of Thailand: Headlines Since 1946 (herausgegeben von Nicholas Grossman; 2010)

1556

Birmanen erobern die Lan-Na-Stadt Chiang-Mai, die bis ins 18. Jh. unter ihrer Oberhoheit bleiben wird.

1688

Nach dem Tod des proausländischen Königs Narai kommt es zu einer Palastrevolution und der Vertreibung der Franzosen. Bis in die 1800er-Jahre unterhält Thailand kaum noch Beziehungen mit dem Westen.

1700

Schätzungen zufolge erreicht die Bevölkerungszahl in Ayutthaya 1 Mio. Ayutthaya ist somit in jener Zeit die größte Stadt der Welt.

1767

Nach einer 14-monatigen Belagerung wird Ayutthaya von den Birmanen eingenommen. Das Ende des Königreichs ist besiegelt.

Von den Khmer hatten die Herrscher von Ayutthaya die höfischen Sitten, die Sprache und die Idee des Königtums übernommen. Der Monarch betrachtete sich selbst eher als den *devaraja* (Gottkönig) der Khmer denn als den gerechten König der Sukhothai *(dhammaraja)*. Die Bewohner des Königreichs bezahlten weiterhin Tribut an den Kaiser von China, der diese rituelle Unterwerfung mit Geschenken und Handelsprivilegien belohnte.

Doch die birmanische Expansion setzte der Blütezeit Ayutthayas ein Ende. 1569 eroberte König Bayinnaung die Stadt, die von König Naresuan nochmals zurückgewonnen werden konnte. Doch 1765 drang die ehrgeizige birmanische Dynastie der Kongbaung nach Osten vor, um den politischen und wirtschaftlichen Rivalen zu beseitigen. Nachdem die birmanischen Truppen die Hauptstadt ein Jahr lang belagert hatten, wurde sie 1767 schließlich erobert, zerstört und die Bevölkerung ausgelöscht. Auch die Umgebung wurde entvölkert. Die Eroberung und Zerstörung Ayutthayas war so grauenhaft, dass viele Thais bis heute in ihren birmanischen Nachbarn nur erbarmungslose Feinde und Aggressoren sehen.

1868 erließ König Mongkut (Rama IV.) ein Gesetz, das Ehemännern verbot, ihre Frauen oder Kinder ohne deren Zustimmung zu verkaufen. Nach dem alten Recht, so hieß es, wurde eine Frau „behandelt wie ein Wasserbüffel".

Die Bangkok-Periode

Mit der Zerstörung Ayutthayas erlosch die Königsdynastie, das Reich versank im Chaos. Der ehemalige General Taksin übernahm die Herrschaft, indem er mögliche Rivalen besiegte. Er verlegte die Hauptstadt nach Thonburi, an jenen kleinen Ort flussabwärts von Ayutthaya, der besser an die Handelswege angebunden war. Taksin, der Sohn eines Chinesen und einer Thai, festigte seine Macht, indem er den Handel mit China förderte.

Nach 15 Jahren auf dem Thron wurde er 1782 vom Militär abgesetzt. Einer der Putschisten, Chao Phraya Chakri, bestieg den Thron als Phraphutthayotfa Chulalok (posthum als Rama I. bekannt; reg. 1782–1809) und begründete die bis heute regierende Chakri-Dynastie. Der neue König verlegte seine Hauptstadt auf die andere Seite des Chao Phraya, ins heutige Bangkok.

DES KÖNIGS FREUNDE

In den 1680er-Jahren lud König Narai viele ausländische Botschafter nach Ayutthaya ein, um sich mit fremden Kulturen, Produkten und Ideen vertraut zu machen. Der königliche Hof kaufte alles: Fernrohre, Stundengläser, Papier, Walnussbäume, Käse, Wein und ganze Marmorbrunnen. Mit französischen Jesuiten beobachtete Narai eine Mondfinsternis in seinem Palast in Lopburi, von Ludwig XIV. erhielt er einen Globus als Geschenk.

Um 1680 nahm König Narai auch den griechischen Abenteurer Constantine Phaulkon in seine Dienste, der später der Verschwörung zum Sturz des kranken Königs beschuldigt wurde. Doch dann stürzten die Ankläger selbst den König vom Thron und richteten Phaulkon hin.

1768	1782	1826	1851–68
Nach der Zerstörung Ayutthayas erklärt König Taksin, Sohn eines Chinesen und einer Thai, Thonburi zur neuen Hauptstadt und erneuert die Thai-Vorherrschaft.	König Rama I. besteigt den Thron und begründet die bis heute regierende Chakri-Dynastie. Bangkok wird zur neuen Hauptstadt.	König Rama III. unterzeichnet einen Vertrag mit Großbritannien, um mit ihm gemeinsam gegen die Birmanen zu kämpfen.	König Mongkut (Rama IV.) öffnet sich westlichen Einflüssen. Er modernisiert das Land und integriert es in den damaligen Weltmarkt.

In den ersten 100 Jahren der Bangkok-Periode konzentrierten sich die Herrscher auf die Wiederherstellung dessen, was durch die Zerstörung Ayutthayas verloren gegangen war. Überliefertes Wissen wurde bewahrt oder in neue Gesetze und Handbücher für Regierungsarbeit integriert, es floss in religiöse und historische Texte ein und wurde Teil der Literatur. Zur gleichen Zeit änderten die neuen Machthaber ihre auf Verteidigung ausgerichtete Politik in eine der kriegerischen Expansion und weiteten ihren Einfluss in jede Richtung aus. Nach der Zerstörung der Hauptstädte von Laos und Kambodscha drängte das Königreich Siam die birmanischen Aggressoren zurück und machte Chiang Mai zum Vasallen. Die besiegten Völker wurden umgesiedelt und trugen beträchtlich zur Steigerung der Reisernte in Siam bei, die größtenteils nach China exportiert wurde.

Anders als die Herrscher Ayutthayas, die sich mit dem Hindu-Gott Vishnu identifiziert hatten, verstanden sich die Chakri-Könige als Verteidiger des Buddhismus. Sie ließen Textsammlungen zusammenstellen, wichtige buddhistische Texte ins Thai übersetzen und viele königliche Tempel bauen.

Etwa zur gleichen Zeit, Mitte des 19. Jhs., bildeten sich auch eine neue soziale Ordnung und ein marktwirtschaftliches System heraus. Siam öffnete sich dem Westen und übernahm von dort neue Ideen in Wissenschaft und Technik, reformierte sein Schulsystem, die Infrastruktur und die Gesetzgebung. Dabei sollte einer der größten Modernisierer, König Mongkut (Rama IV., reg. 1851–1868), eigentlich gar nicht König werden – 27 Jahre lang hatte er zuvor im Kloster gelebt und dort die Thammayut-Sekte gegründet, die die strenge Disziplin der Mon-Mönche übernommen hatte. Während seines Klosteraufenthalts studierte er westliche Wissenschaften und lernte Pali, Sanskrit, Latein und Englisch.

Auf dem Thron gelangt (1851–1868), schloss er Verträge mit westlichen Staaten, die dem Königreich den Zugang zum Weltmarkt öffneten. Außerdem hob er königliche Monopole auf und verlieh den Briten extraterritoriale Rechte.

Mongkuts Sohn Chulalongkorn (Rama V.), der von 1868 bis 1910 regierte, unternahm noch wesentlich größere Anstrengungen, um die alte politische Ordnung durch einen modernen Nationalstaat zu ersetzen. Er schaffte die Sklaverei und den Frondienst ab, die es, wenn auch ohne Auswirkungen, auch nach dem Untergang des Ayutthaya-Reiches noch gegeben hatte. König Chulalongkorn schuf das Berufsbeamtentum, eine Polizei und ein stehendes Heer und ließ Reformen zur Vereinheitlichung der Gesetze, Gerichte und Steuerbehörden durchführen. Mithilfe fortschrittlicher Bewässerungsanlagen und aufgrund des Wachstums der bäuerlichen Bevölkerung konnten die landwirtschaftlichen Erträge Siams gesteigert werden. Schulen nach europäischem Vorbild wurden eingerichtet, die Wehrpflicht und eine Kopfsteuer für alle Männer eingeführt.

Chulalongkorn (Rama V.) genießt eine fast schon sektenähnliche Verehrung, u. a. wegen der liebenswerten Fotos, die ihn in europäischer Kleidung, gewöhnlichem Bauerngewand oder in militärischem Pomp zeigen. Er brach mit der Tradition, indem er sich seinen Untertanen in der Öffentlichkeit zeigte, und die Verbreitung von Bildern von sich erlaubte.

Wahrzeichen aus der Bangkok-Periode

Wat Arun

Wat Phra Kaew & Großer Palast

Dusit Palace Park

1855

Der zwischen dem Königreich Siam und Großbritannien abgeschlossene Bowring-Vertrag fördert die thailändische Wirtschaft und sichert den Briten in Siam Extraterritorialität zu.

1868–1910

Weiterer Wandel von der alten politischen Ordnung hin zum Modell des Nationalstaates unter Chulalongkorn (Rama V.). Der europäische Imperialismus gewinnt in den Nachbarländern zunehmend an Boden.

1874

Sklaverei und Frondienst, die es auch nach dem Untergang des Ayutthaya-Reiches noch gegeben hatte, werden abgeschafft. Gründung von Berufsbeamtentum, Polizei und einem stehendem Heer.

1893

Im Streit um Gebiete in Indochina blockiert Frankreich den Chao Phraya. Bangkok ist gezwungen, das Gebiet an Frankreich abzutreten, was den französischen Einfluss in der Region stärkt.

Bei der „Zivilisierung" seines Landes stützte sich Chulalongkorn auf ausländische Berater, besonders britische. So wurde am Königshof auch viel vom jahrhundertealten Protokoll abgeschafft und durch westliche Gepflogenheiten ersetzt. Italienische Künstler gaben der Architektur des Landes ein neues Gesicht und entwarfen z. B. völlig neue Thronsäle.

Als Phibul Songkhram 1939 den Namen des Landes von „Siam" in „Prathet Thai" (dt. Thailand) änderte, sah man darin eine nationalistische Geste zur Einigung der Tai sprechenden Bevölkerung.

Wie sein Vater galt auch Chulalongkorn als gewiefter Diplomat, dem es gelang, die europäischen Mächte perfekt gegeneinander auszuspielen und damit die Kolonialisierung seines Reiches zu verhindern. Als Preis für seine Unabhängigkeit musste Thailand jedoch Gebiete an Frankreich (Laos 1893 und Kambodscha 1907) und an Großbritannien (drei malaiische Staaten in Birma 1909) abtreten. Auch das ehemalige Königreich Pattani fiel 1902 an Großbritannien, das zu dieser Zeit über das heutige Malaysia herrschte, das hinzugewonnene Territorium aber schon sieben Jahre später wieder an Thailand verlor. Viele Menschen im Tiefen Süden betrachten Thailand immer noch als koloniale Besatzungsmacht.

Siam, das sich im Lauf des 19. Jhs. zu einem Staat im modernen Sinn mit klar definierten geografischen Grenzen entwickelt hatte, legte 1902 den Namen „Siam" ab und nannte sich fortan Prathet Thai (Land der Thai) oder Ratcha-anachak Thai (Königreich der Thai). Schon ab 1913 galten alle Menschen, die innerhalb seiner Grenzen lebten, als „Thai".

Demokratie vs. Militär

1932 setzte eine Gruppe junger Offiziere und Beamter, die sich als Khana Ratsadon (Volkspartei) bezeichnete, der absoluten Monarchie ein unblu-

DAS LIBERALE GEGENGEWICHT

Der Anwalt Pridi Phanomyong (1900–1983), der in Frankreich studiert hatte, war einer der bürgerlichen Anführer der Revolution von 1932 und Mitbegründer der Volkspartei. Durch eine Verfassung wollte er demokratische Reformen in Thailand einführen und das Eingreifen des Militärs in die Politik per Gesetz verhindern. Er trat für die Verstaatlichung von Land und Produktivkraft ein, wollte die Industrialisierung unter staatlicher Führung und mehr Schutz für Arbeiter. 1934 gründete er die Thammasat-Universität. Außerdem war er die Leitfigur von Seri Thai, der Widerstandsbewegung gegen die japanische Besetzung Thailands im Zweiten Weltkrieg. 1946 war er für kurze Zeit Premierminister.

Obwohl Pridi Phanomyong durchaus als erfahrener Staatsmann anerkannt wurde, war er doch umstritten und den Militärs unter Phibul ein ständiger Dorn im Auge. So wurde er von seinen Kritikern als Kommunist beschimpft und unter dem Verdacht des Mordes an König Ananda ins Exil verbannt. Mit dem Ende des Kalten Krieges erscheint sein Vermächtnis in neuem Licht. Man hat die Bedeutung des Gegengewichts erkannt, das seine demokratischen Bemühungen zu den militärischen Interessen bildeten. Im Jahr 2000 ernannte ihn die UNESCO zu einer der großen Persönlichkeiten des 20. Jhs.

1909

Der anglo-siamesische Vertrag legt Siams Südgrenzen fest. Die Provinzen Yala, Pattani und Narathiwat werden Siam zugeschlagen, südlichere Gebiete werden später Teil der Unfederated Malay States.

1913

König Vajiravudh ordnet an, dass alle Bürger Nachnamen tragen müssen, die eindeutig einer Familie zugeordnet werden können. Davor hatten die meisten Thais nur einen Vornamen verwendet.

1916

Die Chulalongkorn-Universität wird von König Vajiravudh als erste thailändische Universität gegründet. Auch heute noch werden die Abschlusszeugnisse von Mitgliedern der königlichen Familie ausgehändigt.

1917

Siam entsendet Truppen zur Unterstützung der Alliierten im Ersten Weltkrieg in der Hoffnung, die Franzosen und Briten dafür zu gewinnen, die Souveränität des Landes zu schützen.

tiges Ende und erwirkte die Einführung einer konstitutionellen Monarchie. Die Anführer der Gruppe hatten die demokratischen Prinzipien während ihres Studiums in Europa kennengelernt.

In den Jahren nach dem Umsturz versuchten miteinander rivalisierende Gruppen – Royalisten, Militärs und Bürgerliche – die Oberhand im neuen Machtgefüge zu gewinnen. Selbst die Volkspartei hatte keine einheitliche Vorstellung von einem demokratischen Thailand. Kurz vor den Parlamentswahlen übernahm der militärische Flügel der Partei kurzerhand die Regierung. Diese zwang 1933 den Vorsitzenden des zivilen Flügels, den in Frankreich ausgebildeten Anwalt Pridi Phanomyong, ins Exil, nachdem er zum Ärger der Generäle einen am Sozialismus angelehnten Wirtschaftsplan eingeführt hatte. 1935 folgte die Abdankung von König Prajadhipok (Rama VII.), der anschließend nach Großbritannien ging. Bei den ersten allgemeinen Wahlen Thailands 1937 wurde nur über die Hälfte der Sitze in der neu geschaffenen gesetzgebenden Volksversammlung abgestimmt. General Phibul Songkhram, einer der militärischen Anführer der Volkspartei, wurde Premierminister. Dieses Amt bekleidete er von 1938 bis 1944 und noch einmal von 1948 bis 1957.

Phibuls Amtszeit im Zweiten Weltkrieg war gekennzeichnet von nationalistischen Tendenzen, in deren Mittelpunkt die „Nation" und das „Thai-Sein" standen. Er kollaborierte mit den Japanern und erlaubte ihnen, Thailand als Basis für die Invasion der Staaten in Südostasien zu nutzen. Die Regierung Phibuls hoffte, dadurch die Gebiete zurückzubekommen, die Thailand durch die französische Expansion in Indochina verloren hatte, und wollte dafür auch den USA und Großbritannien den Krieg erklären. Doch Seni Pramoj, der thailändische Botschafter in Washington und Mitglied von Seri Thai, der Bewegung zur Befreiung Thailands, weigerte sich, die offizielle Kriegserklärung zu übergeben. Damit bewahrte er sein Land vor den harten Konsequenzen, die unterlegene Nationen nach dem Zweiten Weltkrieg auf sich nehmen mussten. Phibul musste 1944 zurücktreten und wurde als Kriegsverbrecher vor Gericht gestellt.

Im Bestreben, pro-royalistische Stimmungen in der Bevölkerung einzudämmen, wurde Ananda Mahidol, der Neffe des abgedankten Königs, 1935 als Rama VIII. zum König gekrönt – obwohl er erst zehn Jahre alt war und den Großteil seiner Kindheit auf Schulen im Ausland verbracht hatte. Als er schließlich nach Thailand zurückkehrte, wurde er 1946 unter mysteriösen Umständen in seinem Schlafzimmer erschossen. Im gleichen Jahr bestieg sein Bruder Bhumibol Adulyadej (auch Phuumíphon Adunyádèt geschrieben) den Thron. Er war der am längsten regierende König der thailändischen Geschichte bis zu seinem Tod im Oktober 2016.

Nach dem Krieg kam es in Thailand zu einer kurzen demokratischen Blüte: In allgemeinen Wahlen wurde über die Verteilung aller Sitze in der Volksversammlung abgestimmt, mithilfe der 1946 verabschiedeten

Die 1946 gegründete Demokratische Partei (Phak Prachathipat) ist die am längsten existierende politische Partei Thailands.

1924

Der Don Mueang International Airport (1914 als Militärbasis eröffnet) begrüßt seinen ersten kommerziellen Flug und öffnet so das Land für den zivilen Flugverkehr.

1932

Ein unblutiger Staatsstreich beendet die absolute Monarchie und etabliert eine konstitutionellen Monarchie. Die Putschisten hatten die demokratischen Prinzipien während ihres Studiums in Europa kennengelernt.

1935

Abdankung von König Prajadhipok. Die Regierung bestimmt den Prinzen Mahidol zu dessen Nachfolger.

1939

Der englische Name des Landes wird offiziell von Siam in Thailand geändert, um die Landesbezeichnung enger an der ethnischen Mehrheit auszurichten.

Verfassung sollten die Militärs in die Schranken gewiesen und mehr demokratische Rechte gewährleistet werden. Doch der Tod von König Ananda setzte all dem ein Ende und lieferte dem Militär den Vorwand, mit Phibul an der Spitze wieder die Regierung zu übernehmen.

Militärdiktatur

Als General Sarit Thanarat 1957 die Macht von Phibul übernahm, errichtete er eine Militärdiktatur: Er schaffte die Verfassung ab, löste das Parlament auf und verbot alle politischen Parteien. Ab den 1950er-Jahren griffen die USA direkt in Südostasien ein, um einer kommunistischen Expansion in der Region den Riegel vorzuschieben. Während des Kalten Krieges unterstützte die US-Reigerung sowohl General Sarit als auch die folgenden Militärdiktatoren Thanom Kittikachorn und Praphat Charusathien, die das Land von 1964 bis 1973 beherrschten. Im Gegenzug dafür, dass die USA während des Vietnamkrieges Militärstützpunkte in Thailand einrichten durfte, erhielt das Land umfangreiche Wirtschaftsleistungen.

1973 organisierten linke Aktivisten – vor allem Intellektuelle und Studenten – gemeinsam mit Bauern, Arbeitern und Teilen der Mittelklasse politischen Kundgebungen, auf denen sie von der Militärregierung die Verabschiedung einer Verfassung verlangten. Als das Militär am 14. Oktober eine große Demonstration in Bangkok brutal niederschlug, gab es 77 Tote und mehr als 800 Verletzte. Ein Denkmal in Bangkok in der Th Ratchadamnoen Klang nahe des Demokratiedenkmals erinnert an dieses blutige Ereignis. König Bhumibol setzte dem Blutvergießen schließlich ein Ende und zwang Thanom und Praphat, das Land zu verlassen.

In den folgenden Jahren wurde die Studentenbewegung zunehmend radikaler, weshalb bei vielen Thais Furcht vor einem hausgemachten Kommunismus aufkam. Als Thanom 1976 nach Thailand zurückkehrte – angeblich um Mönch zu werden –, wurde er von der königlichen Familie herzlich empfangen. Prompt protestierten Demonstranten an der Thammasat-Universität gegen den in ihren Augen Verantwortlichen für das Massaker vom 14. Oktober 1973. Als rechtsgerichtete antikommunistische Gruppen des bürgerlichen Lagers die Studenten angriffen, kam es zu gewalttätigen Auseinandersetzungen. Daraufhin gingen viele Studenten und Intellektuelle in den Untergrund und schlossen sich den bewaffneten kommunistischen Rebellen an, die als Nationale Befreiungsarmee (People's Liberation Army of Thailand, PLAT) im Dschungel von Nord- und Südthailand kämpften.

Das Land blieb derweil bis Ende der 1980er-Jahre unter der Herrschaft der Militärs, erlebte unter der Regierung des „politischen Soldaten" und Generals Prem Tinsulanonda aber eine Periode politischer und wirtschaftlicher Stabilität. Mit militärischen Aktionen und Amnestieprogrammen gelang es ihm, die kommunistische Guerillabewegung zu zer-

1941

Im Zweiten Weltkrieg dringen japanische Truppen nach Thailand ein, um von hier aus das britisch kontrollierte Malaysia und Burma zu erobern. Auf japanischen Druck hin unterzeichnet Thailand ein Bündnis mit Japan.

1945

Nach Ende des Zweiten Weltkriegs verzichtet Thailand auf die während des Krieges von den Franzosen und den Briten eroberten Gebiete in Laos, Kambodscha und Malaysia.

1946

König Bhumibol Adulyadej (Rama IX.) besteigt den Thron und wird der am längsten regierende Monarch in der Geschichte Thailands; Thailand wird Mitglied der Vereinten Nationen.

1957

Mit dem Staatsstreich von Sarit Thanarat beginnt die Herrschaft des Militärs, die bis 1973 andauern wird. Die Verfassung wird abgeschafft, das Parlament aufgelöst, und alle Parteien werden verboten.

schlagen. Doch der wirtschaftliche Erfolg hatte auch seine Schattenseite: Führende Geschäftsleute kritisierten zunehmend die Rolle der Militärs in der Regierung und prangerten ihre Mentalität des Kalten Krieges als mittlerweile überholt an. Ihrer Meinung nach sollte man Kommunisten als Geschäftspartner und nicht als Feinde betrachten.

Alles nur Big Business

Bei den Parlamentswahlen 1988 unterlag Prem der Chat-Thai-Partei unter Chatichai Choonhavan. Dieser holte Geschäftsleute aus der Provinz, die über beste Verbindungen verfügten, in seine Regierung. Damit verlagerte er die Regierungsmacht weg von den Bürokraten und begann, Thailand in einen asiatischen Tigerstaat zu verwandeln. Doch die politischen Entscheidungen wurden nicht selten wie eine Ware gekauft und verkauft, sodass Chatichai im Februrar 1991 unter dem Vorwurf extremer Korruption vom Militär gestürzt wurde. Der Putsch bestätigte einen neuen Trend in der thailändischen Politik: Nämlich dass sich Geschäftsleute und Bildungsbürger aus Bangkok mit dem Militär gegen geldgierigen Klüngel aus provinziellen Politikern und Unternehmern verbündeten.

Als sich nach den Parlamentswahlen von 1992 der nicht gewählte Oberkommandierende der Royal Thai Army und Chef des Obersten Stabs der Streitkräfte, Suchinda Kraprayoon, selbst zum Ministerpräsidenten ernannte, stieß dies auf breiten Widerstand innerhalb der Bevölkerung. Die anschließenden Zusammenstöße zwischen Demonstranten und dem Militär gingen als „Schwarzer Mai" in die thailändische Geschichte ein: Unter der Führung des ehemaligen Bürgermeisters von Bangkok, Chamlong Srimuang, protestierten rund 200 000 Menschen, die aufgrund ihres zunehmenden Wohlstands als „Mobiltelefon-Mob" bezeichnet wurden, in den Straßen von Bangkok. Die Massendemonstration eskalierten zu drei Nächte dauernden gewaltsamen Auseinandersetzungen mit schwer bewaffneten Soldaten, die erst durch den Appell von König Bhumibol in der Nacht zum 20. Mai beendet wurden.

Infolge des „Schwarzen Mais" forderten die Anhänger der Demokratie erneut eine Verfassungsreform. In den 1990er-Jahren dominierte im thailändischen Parlament zumeist die Demokratische Partei, die die Interessen der städtischen Mittelschicht und der Geschäftsleute vertrat. Die größte Unterstützung fand sie in den Ballungsgebieten im Süden, wo die Bewohner der ehemaligen Fischerdörfer längst vom Tourismus und dem Export von Gummi, Zinn und Fisch lebten. Auf der anderen Seite des politischen Spektrums standen die ehemals mit dem Militär verbündeten Politiker in Zentralthailand und die Bewohner der neuen Provinzzentren im landwirtschaftlich geprägten Nordosten, die vor allem an den Finanzspritzen durch den Staat interessiert waren. Diese politischen Konfliktlinien bestehen bis heute.

1959

Die erste thailändische Tourismusbehörde wird geschaffen. Das erste Auslandsbüro wird 1965 in New York eröffnet, 1968 folgt ein Regionalbüro in Chiang Mai.

1965

Im Vietnamkrieg erlaubt Thailand in einem „Gentlemen's Agreement" den USA die Einrichtung von Militärstützpunkten. Rund 80 % der US-Luftangriffe in Nord-Vietnam werden von Thailand aus geflogen.

1968

Thailand ist Gründungsmitglied des Verbands Südostasiatischer Nationen (ASEAN), mit dem regionales Wirtschaftswachstum, sozialer Fortschritt, Frieden und Stabilität gefördert werden sollen.

1973

Thailändische Studenten, Arbeiter und Bauern zwingen die Militärregierung unter Thanom Kittikachorn zum Rücktritt.

1997 war es mit dem Wirtschafts-Boom vorbei, und ganz Asien befand sich in der Krise. Thailands Wirtschaft ächzte unter hohen Auslandsschulden, einer Überschuldung des Immobiliensektors und der Abwertung des Baht. In den ersten Monaten der Krise mussten für 1 US$ statt 25 bereits 56 B bezahlt werden. Der Internationale Währungsfonds sprang ein und stützte die thailändische Währung mit mehr als 17 Mrd. US$, verlangte im Gegenzug aber finanzpolitische und juristische Reformen sowie eine Liberalisierung der Märkte.

Nach der Krise war es für die Demokraten ein Leichtes, wieder an die Macht zu gelangen, doch erwiesen sie sich schnell als unfähig, den weiteren wirtschaftlichen Niedergang aufzuhalten.

Thaksinokratie

Im Jahr 2000 besserte sich die Wirtschaftslage allmählich, und geschäftliche Interessen verdrängten das Militär als dominierende politische Kraft in der thailändischen Politik. Der ehemalige Polizist Thaksin Shinawatra, der mit seinen Telekommunikationsunternehmen Milliarden verdient hatte, setzte auf die zunehmende nationalistische Stimmung in der Bevölkerung und gewann mit seiner TRT-Partei (für Thai Rak Thai, „Thais lieben Thais“) die Parlamentswahlen von 2001. Der selbst ernannte Politikunternehmer löste umgehend seine Wahlversprechen für die ländliche Entwicklung ein, erließ den Bauern ihre Schulden, schuf Kapitalfonds für Dörfer und sorgte für eine günstige medizinische Versorgung.

Thaksin Shinawatra war der erste Premierminister Thailands, der eine volle Amtszeit von vier Jahren absolvierte. Seine Schwester Yingluck brachte es immerhin auf drei Jahre, bevor sie aus dem Amt geputscht wurde.

Dank der Verfassungsreform von 1997, bei der die Position des Ministerpräsidenten deutlich gestärkt worden war, erwies sich seine Regierung als eine der stabilsten in Thailands neuerer Geschichte. Die sich erholende Wirtschaft und sein zupackender, wenn auch autoritärer Führungsstil bescherten ihm 2005 einen überwältigenden Wahlsieg und Thailand eine Einparteienregierung. Thaksins Beliebtheit bei den Arbeitern und der Landbevölkerung kannte keine Grenzen.

Doch nur ein Jahr später wurden Thaksin Machtmissbrauch und Interessenkonflikte vorgeworfen, besonders im Zusammenhang mit dem Verkauf seines Familienunternehmens Shin Corporation an die Regierung von Singapur. Den Deal im Wert von umgerechnet 1,88 Mrd. US$ musste er nicht versteuern – als Rechtsgrundlage diente ein neues Telekommunikationsgesetz, an dessen Ausarbeitung er maßgeblich beteiligt gewesen war. Nach Massenprotesten in Bangkok, bei denen seine Amtsenthebung gefordert wurde, setzte ihn das Militär am 19. September 2006 in einem unblutigen Staatsstreich ab, und Thaksin ging ins Exil. Die TRT-Partei wurde durch Gerichtsbeschluss aufgelöst, wichtigen Parteiführern wurde für fünf Jahre die Teilnahme am politischen Leben verboten. Wie versprochen setzte die Übergangsregierung für den Dezember allgemeine Wahlen an, damit dem Land wieder zu einer Zivil-

1976

Das Militär schlägt die Studentenproteste gewaltsam nieder und beendet damit eine kurze Periode instabiler Demokratie.

1979

Nach drei Jahren Militärherrschaft werden wieder Parlamentswahlen durchgeführt. Thailand gewährt Roten Khmer, die vor der nordvietnamesischen Invasion Kambodschas fliehen, Schutz.

1980

Die Regierung von Prem Tinsulanonda schwächt die Bewegung der aufständischen Kommunisten mit militärischen Aktionen und Amnestieprogrammen und findet schließlich eine politische Lösung.

1984

Rote Khmer fliehen nach Thailand. An der Nordostgrenze kommt es in der Folge zu schweren Auseinandersetzungen mit kambodschanischen Truppen, die von Vietnam unterstützt werden.

regierung verholfen werden konnte. Das Ergebnis gefiel allerdings weder dem Militär noch der Bangkoker Ober- und Mittelschicht: Nachdem Thaksins politische Verbündete eine Mehrheit erlangt hatten, wurde unter Führung von Samak Sundaravej eine neue Regierung gebildet.

Gegen diese Regierung protestierte ein Bündnis aus Militär und Thaksin-Gegnern, die mittlerweile die Volksallianz für Demokratie (PAD) gegründet hatten. Sie bestand größtenteils aus den städtischen Eliten und Royalisten, die bald als „Gelbhemden" bekannt wurden (gelb ist die Farbe des Wochentags, an dem König Bhumibol geboren wurde). Man ging allgemein davon aus, dass Thaksin während seiner Amtszeit Ambitionen auf den Thron gehabt habe oder zumindest die königliche Erbfolge habe unterbrechen wollen.

Im September 2008 enthob das Verfassungsgericht Samak Sundaravej wegen eines Formfehlers seines Amtes: Als Amtsträger hatte er eine Kochsendung im Fernsehen moderiert, worin das Gericht einen Interessenkonflikt sah. Aus Angst, dass nach Neuwahlen wieder ein Thaksin-Anhänger die Regierung übernehmen würde, besetzten die Gelbhemden im November 2008 eine Woche lang die beiden größten Flughäfen Thailands, Suvarnabhumi und Don Mueang. Schließlich inszenierte das Militär stillschweigend einen Staatsstreich und erwirkte auch einen Gerichtsbeschluss, der Thaksins Marionetten weiter schwächte. Mit der Bildung von Koalitionen in letzter Minute schaffte es der Demokrat Abhisit Vejjajiva schließlich, die Mehrheit der Parlamentsabgeordneten auf sich zu vereinen und sich als 27. Premierminister Thailands vereidigen zu lassen.

Freilich dauerte es nicht lange, bis sich Thaksins Anhänger ihrerseits organisierten und die United Front for Democracy Against Dictatorship bildeten, besser bekannt als die „Rothemden". In ihren Reihen fanden sich vor allem Thais aus dem Norden und Nordosten, aber auch Gegner des Militärputsches, Aktivisten für die Demokratie und eingefleischte Thaksin-Anhänger. Es herrschte eine Art Klassenkampf, denn einige Rothemden bekannten sich offen zu ihrer totalen Ablehnung der Aristokratie. Die heftigste Demonstration der Rothemden fand 2010 statt, nachdem das höchste thailändische Gericht Thaksin des Machtmissbrauchs während seiner Regierungszeit für schuldig befunden und die Beschlagnahmung von 46 Mrd. US$ aus seinem Vermögen angeordnet hatte. Die Rothemden besetzten zwei Monate lang die zentralen Einkaufsstraßen in Bangkok. Sie forderten die Absetzung der Regierung und Neuwahlen. Da Opposition und Regierung keinen Kompromiss finden konnten, vertrieb das Militär die Demonstranten im Mai 2010 mit Gewalt. Bei den blutigen Zusammenstößen starben 91 Menschen, Teile der Innenstadt gingen in Flammen auf; der Schaden durch Brandstiftung wird auf 15 Mrd. US$ geschätzt.

1988

Chatichai Choonhavan wird der erste gewählte Premierminister seit 1976 und holt gut vernetzte Geschäftsleuten aus der Provinz in seine Regierung.

1991/92

General Suchinda versucht sich wegen der Korruption der Chatichai-Regierung an die Macht zu putschen, König Bhumibol interveniert, um nach dem „Schwarzen Mai" einen Bürgerkrieg zu verhindern.

1997

Die Wirtschaftskrise in den Tigerstaaten trifft auch Thailand. Die „Volksverfassung" wird verabschiedet. Unter Beteiligung des IWF werden Schritte zur Reform und Stabilisierung der thailändischen Währung eingeleitet.

2001

Der Milliardär Thaksin Shinawatra wird zum Ministerpräsidenten gewählt. Zügig setzt er seine Wahlversprechen zur ländlichen Entwicklung, zum Schuldenerlass für Bauern und zu einem günstigeren Gesundheitswesen um.

Bei den Parlamentswahlen 2011 gewann die Thaksin politisch nahe stehende Partei Pheu Thai die Mehrheit der Mandate, und Thaksins Schwester Yingluck Shinawatra wurde zur ersten weiblichen Premierministerin gewählt (sie war gleichzeitig auch der jüngste Premier in Thailands Geschichte). Viele sahen in ihr allerdings lediglich eine vorgeschobene Stellvertreterin ihres Bruders. Demonstrationen gegen die Regierung nahmen zu und erreichten gegen Ende 2013 ihren Höhepunkt, als Teile des Zentrums von Bangkok durch Demonstranten besetzt wurde, die Yinglucks Rücktritt forderten.

Im Mai 2014, nach einer Reihe gewaltsamer Auseinandersetzungen, bei denen 28 Menschen getötet wurden, war es schließlich soweit: Yingluck war gezwungen, ihr Amt aufzugeben. Eine Übergangsregierung wurde ernannt, doch schon am 20. Mai verhängte das thailändische Militär das Kriegsrecht. Zwei Tage später übernahm das Militär die Kontrolle über das Land – es war Thailands 13. Staatsstreich seit 1932. General Prayuth Chan-o-cha übernahm die Führung des „Nationalen Rats zur Erhaltung des Friedens“ (NCPO – unter diesem Namen regierte die Junta) und ordnete umgehend die Ausarbeitung einer neuen Verfassung an – der 20. in den letzten rund 80 Jahren.

Am 26. Dezember 2004 rollte der tödlichste Tsunami seit Beginn der Datenerfassung über den Indischen Ozean und forderte allein im Süden Thailands schätzungsweise 5000 Menschenleben, weitere 9000 Menschen trugen Verletzungen davon. Heute hat die Region längst wieder in die Normalität zurückgefunden. Die Tafeln, auf denen die Tsunami-Evakuierungsrouten von den Stränden verzeichnet sind, gehören zu den wenigen noch sichtbaren Erinnerungen an die große Tragödie, die sich hier zugetragen hat.

Seitdem wurden die Wahlen wiederholt verschoben – sie werden wahrscheinlich frühestens 2019 stattfinden – und die neue Verfassung ausgearbeitet. Insgesamt blieb es in Thailand ruhig, auch nachdem Yingluck im August 2017 ins Exil floh, um so zu vermeiden, wegen Korruptionsvorwürfen vor Gericht erscheinen zu müssen – Vorwürfe, die sie als rein politisch motiviert bezeichnete. Wer auch immer die nächste Wahl gewinnt – Pheu Thai wird voraussichtlich die größte Partei im Repräsentantenhaus stellen –, wird sich mit einem vollständig vom Militär ernannten Senat auseinandersetzen müssen und ist, wie jede zukünftige Regierung, gesetzlich verpflichtet, einen auf 20 Jahre angelegten, vom NCPO entworfenen Reformplan umzusetzen. Diese Maßnahmen werden die Macht der kommenden Regierung deutlich einschränken und die Position der Armee als wichtiger Akteur in der thailändischen Politik auch für die Zukunft sicherstellen.

Ärger im Tiefen Süden

Seit 2001 führen muslimische Separatisten in den südlichsten Provinzen Pattani, Narathiwat und Yala einen wenig beachteten Kleinkrieg gegen die Zentralregierung. Diese drei Provinzen des tiefen Südens bildeten einst das historische Sultanat Pattani, bis es von der Chakri-Dynastie erobert wurde. Unter König Chulalongkorn wurde die traditionell herrschende Elite durch Regierungsbeamte und Bürokraten aus Bangkok ersetzt. Zur Politik, während des Zweiten Weltkriegs einen thailändischen Nationalstaat zu formen, gehörte es auch, den Vielvölkerstaat mit den

2003
Die Regierung ergreift Maßnahmen gegen das Drogenproblem – etwa 2500 Menschen werden getötet. Menschenrechtsgruppen beschuldigen die Regierung, die wiederum macht kriminelle Banden verantwortlich.

2004
Ein verheerender Tsunami fordert in Thailand mehr als 5000 Todesopfer und zerstört Fischerei- und Tourismusindustrie. Im Süden, wo es schon seit 2001 brodelt, kommt es wieder zu Aufständen der Muslime.

2006
König Bhumibol feiert sein 60-jähriges Thronjubiläum. Die Regierung von Ministerpräsident Thaksin wird gestürzt, er geht ins Exil. Thaksins Verbündete gewinnen die folgenden Wahlen.

2008
Gegen Thaksin eingestellte, pro-royalistische „Gelbhemden“ besetzen Bangkoks internationale Flughäfen, die eine Woche lang geschlossen bleiben.

verschiedenen Religionen in eine einheitliche, homogene thailändisch-buddhistische Gesellschaft zu verwandeln. Im Tiefen Süden formierte sich dagegen Widerstand in Form einer bis heute aktiven separatistischen Bewegung, die für die Unabhängigkeit von Pattani kämpft. Die Politik der Assimilierung wurde in den 1980er- und 1990er-Jahren schließlich aufgegeben, und der damalige Premierminister Prem sicherte den Muslimen seine Unterstützung im Kampf für ihre kulturellen Rechte und religiöse Freiheit zu. Außerdem bot er eine Amnestie für die bewaffneten Aufständischen an und förderte die wirtschaftliche Entwicklung der schon lange armen Region.

Die Thaksin-Regierung indes verfolgte einen anderen Ansatz für diese Region. Die nunmehr stärker ausgeübte Kontrolle durch die Zentralregierung in Bangkok wurde als der kaum verschleierte Versuch betrachtet, in diese traditionelle Hochburg der Demokratischen Partei einzubrechen. Doch dabei ließ man die sensible und tief verwurzelte muslimische Kultur des tiefen Südens außer Acht. 2002 löste die Regierung die alte aus Bürgern, Polizei und Militär bestehende Grenzsicherungsbehörde auf. Dabei war gerade diese Einheit der viel gerühmte Garant für Frieden und Stabilität in der Region und sicherte zudem die Kommunikation zwischen der thailändischen Zentralregierung und den Muslimen im Süden. An ihrer Stelle übernahm die thailändische Provinzpolizei die Verantwortung für die Sicherheit. 2004 ging die Zentralregierung erbarmungslos gegen Demonstranten vor, wobei insgesamt mehr als 180 Muslime ums Leben kamen, die meisten von ihnen unbewaffnete Zivilisten. 2005 wurde das Kriegsrecht über das Gebiet verhängt.

Auch nach mehr als einem Jahrzehnt der Gewalt ist kein Ende des Konflikts in Sicht. Zwar finden sporadisch weiterhin Friedensgespräche statt, da aber Kompromissbereitschaft nicht zu erkennen ist und auf beiden Seite tiefes Misstrauen herrscht, ist kaum einer der Beobachter op-

ZEICHEN EINER BEVORSTEHENDEN WAHL

Im Wahlkampf pflastern thailändische Kandidaten die Straßen und Strommasten mit politischen Plakaten und Schildern zu. Traditionelle Wahlplakate zeigen den Kandidaten, der mit ernster Miene in einer offiziellen Uniform posiert. Inzwischen wird zunehmend auch auf eine moderne Werbesprache mit einprägsamen Slogans und auffälligen Motiven gesetzt.

Während sich Anwohner über die Verkehrsbehinderung durch die Schilder beschweren, freuen sich die Hersteller derselben über die zusätzlichen Einnahmen. Alle Plakaten sind Vandalismus oder Diebstahl ausgesetzt. Vor allem solche aus Kunststoff sind beliebt – lassen sie sich doch gut als behelfsmäßige Sonnenschirme oder für Dachreparaturen verwenden.

2008

Auf Antrag Kambodschas wird der Khao Phra Wihan (in Kambodscha als Phra Vihear bekannt) ins Weltkulturerbe aufgenommen, was die Grenzspannungen mit Thailand wieder aufleben lässt.

2009

Die Proteste der thaksinfreundlichen „Rothemden" führen zur Absage des 4. Ostasiengipfels in Pattaya. In Bangkok wird der Ausnahmezustand erklärt.

2010

Die thaksinfreundlichen „Rothemden" besetzen zwei Wochen lang Bangkoks Innenstadt und fordern die Absetzung der Regierung und Neuwahlen; bei der militärischen Niederschlagung gibt es 91 Opfer.

2011

Die Puea Thai-Partei gewinnt die Wahlen; Thaksins Schwester Yingluck Shinawatra wird erste Premierministerin Thailands. Sie verspricht eine Politik der Versöhnung.

timistisch. Eine gewisse Form der Autonomie für den äußersten Süden könnte eine Lösung sein, doch mehrere aufeinander folgende thailändische Regierungen waren nicht bereit, den Verlust der Kontrolle über diese Region auch nur in Erwägung zu ziehen.

Aktuelle Politik

Regierung

In dem politischen Drama, das sich seit einem Jahrzehnt in Thailand abspielt, geht es auch um die ewig gleiche Frage, wie die Legislative zu strukturieren ist und wer letztendlich den größeren Anteil an der Macht bekommt. Die Nationalversammlung, also das thailändische Parlament, besteht aus zwei Kammern, dem Repräsentantenhaus und dem Senat. Von den derzeit insgesamt 650 Abgeordneten wurde bislang ein Teil direkt gewählt, der andere Teil durch Verhältniswahl nach der Parteienzugehörigkeit entsandt. Doch mit Thailands neuester Verfassung wird sich das ändern, der 250 Sitze umfassende Senat wird zukünftig vollständig vom Militär ernannt. Der Gedanke ist, die Macht jeder Regierung einzuschränken und gleichzeitig den Einfluss der Armee zu erhalten, damit sich eine Situation wie in den späten 1990er-Jahren nicht wiederholt, als direkte Wahlen sowohl zum Repräsentantenhaus als auch zum Senat Thaksin Shinawatra und seiner Partei Thai Rak Thai die fast vollständigen Machtübernahme über die Nationalversammlung ermöglichten.

Bei den Wahlen geben die Thais je eine Stimme für einen Kandidaten ihres Wahlkreises und für die von ihnen gewünschte Partei ab. Aus diesen Stimmen werden die direkt gewählten Abgeordneten und die über den Stimmenanteil der jeweiligen Partei gewählten Vertreter ermittelt.

Das Repräsentantenhaus wählt dann den Regierungschef, in der Regel den Vorsitzenden der Mehrheitspartei. Die NCPO, die durch den Putsch 2014 an die Macht kam, schlug inzwischen vor, dass in Zukunft auch ein nicht gewählter Premierminister eingesetzt werden kann.

In Thailand besteht Wahlpflicht für alle Wahlberechtigten ab 18 Jahren; die Mitglieder der Geistlichkeit dürfen nicht wählen. Die Wahlbeteiligung bei nationalen Wahlen nimmt seit 2000 stetig zu, ein Beleg dafür, dass die verschiedenen Thaksin-Regierungen bei der Politisierung der Armen in ländlichen Gebieten erfolgreich waren. Bei jeder Wahl wird traditionell der Vorwurf des Stimmenkaufs erhoben. Gerüchten zufolge sollen Parteifunktionäre der unteren Ebenen tatsächlich in den Dörfern unterwegs sein und Leute für das Versprechen, sie zu wählen, bezahlen. Manchmal nehmen die Dorfbewohner das Geld von mehreren Parteien und behaupten, sich bei der Stimmabgabe nicht beeinflussen zu lassen.

Auf den Stimmzetteln können Wähler auch „nein" ankreuzen, wenn sie keinen der Kandidaten wählen möchten. Es ist auch durchaus üblich,

Eine der ersten Maßnahmen der Junta nach dem Putsch 2014 war, sich der Kriminalität und des Lasters anzunehmen. In Phuket kamen Soldaten zum Einsatz, die nicht lizenzierte Imbissstände, Massage-Angebote und fliegende Händler von den Stränden vertreiben sollten. Heute gibt es tatsächlich weniger kommerziellen Aktivitäten an Phukets Stränden, doch viele Geschäftemacher haben inzwischen einfach an anderer Stelle erneut ihre Zelte aufgeschlagen.

2012

Im März explodieren mehrere Autobomben im Tiefen Süden mit 16 Toten und mehr als 300 Verletzten.

2012

Erneute Proteste der „Gelbhemden". Höhepunkt ist eine 10 000 Mann starke Demonstration gegen Premierministerin Yingluck, die für eine Marionette des gestürzten Premierministers Thaksin gehalten wird.

2013

Der Internationale Gerichtshof entscheidet, dass der Tempel Phra Wihan zu Kambodscha gehört, wobei das umgebende Gebiet sowie ein etwa 100 km langer Grenzabschnitt weiterhin umstritten bleiben.

2013

Mit den militanten Separatisten im Süden werden Friedensgespräche aufgenommen, aber bald wieder abgebrochen.

den Stimmzettel ungültig zu machen, indem man etwas darauf schreibt oder ihn unleserlich macht.

In Thailand wurden infolge diverser Staatsstreiche bislang 19 Verfassungen verabschiedet. Die 20. wurde im April 2017 vom König unterzeichnet, ist aber noch nicht rechtskräftig. Bei jeder Neuauflage wurde versucht, die Machtbefugnisse innerhalb der Regierung zugunsten der gerade herrschenden Partei (Militär, Royalisten, Bürgerliche) und zu Ungunsten der politischen Gegner zu verteilen.

Medien

Südostasiatische Regierungen gehören in der Regel nicht zu den größten Fans unzensierter Medien, doch Thailand hat sich während der 1990er-Jahre dem Trend widersetzt. Tatsächlich ist die Pressefreiheit in der Verfassung von 1997 verankert, wenn auch mit recht großen Schlupflöchern versehen. Mit dem Aufstieg von Thaksin Shinawatra, der mit Telekommunikation Milliarden gemacht hatte, endete dieses Arrangement Anfang des 21. Jhs. Unter Thaksin als Premierminister und wegen der parlamentarischen Mehrheit seiner Partei sah sich die Presse mit Zensur und rechtlichen Einschüchterungen konfrontiert, wie man sie seit der Zeit der Militärdiktaturen in den 1970er-Jahren nicht mehr erlebt hatte. So strengte die Regierung unzählige Verleumdungsklagen gegen Personen, Publikationen und Medienunternehmen an, die es gewagt hatten, peinliche Enthüllungen über das Thaksin-Regime zu veröffentlichen.

Nach Thaksins Absetzung 2006 gelang es den Medien, dafür zu sorgen, dass die Pressefreiheit auch in der neuen Verfassung garantiert bleibt. Doch Papier, so scheint es, ist geduldig. Nach wie vor ist die Presse in Thailand nicht vor Einschüchterungen, Klagen und physischen Angriffen geschützt. Bestehende Notstandsgesetze wurden nach dem Putsch um umfassende Befugnisse in Bezug auf die nationale Sicherheit erweitert und kommen immer wieder gegen die Presse zur Anwendung.

Infolge des Staatsstreichs von 2014 gerieten Medien und Meinungsfreiheit erheblich unter Druck. Schon kurz nach dem Machtwechsel wurden 15 TV- und Radiosender geschlossen und 100 Websites blockiert, während rund 1000 Menschen – Wissenschaftler, Blogger, Journalisten, Studenten und Oppositionspolitiker – unterschiedlich lange in Haft genommen wurden. Inzwischen zensieren sich die thailändischen Medien in vorauseilendem Gehorsam, um jede mögliche Konfrontation mit dem Staat zu vermeiden. Einige Websites, z.B. die des thailändischen Ablegers von Human Rights Watch, sind auch weiterhin in Thailand selbst nicht erreichbar.

Darüber hinaus kam es zu einem starken Anstieg von Verurteilungen wegen Majestätsbeleidigung – die diesbezüglichen Gesetze gehören zu den strengsten weltweit. Kritiker werfen der Armee vor, die Gesetze vornehmlich anzuwenden, um politische Gegner zum Schweigen zu bringen. Zu den jüngsten Fällen gehören Bürger, die zu langen Haftstrafen verurteilt wurden, weil sie Kommentare auf ihren Facebook-Seiten gepostet hatten; andere kamen ins Gefängnis, nachdem sie in einem Bühnenstück aufgetreten waren, in dem angeblich die Monarchie diffamiert wurde.

2013–2014

Proteste gegen die Regierung wegen des Entwurfs eines Amnestie-Gesetzes. In den ersten drei Monaten des Jahres 2014 werden Teile Bangkoks durch Demonstranten gesperrt.

2014

Im Mai unternimmt das Militär seinen 13. Putsch seit 1932, um die Puea-Thai-Regierung von Yingluck Shinawatra abzusetzen.

2016

Nach 70 Jahren auf dem Thron stirbt König Bhumibol Adulyadej (Rama IX.) am 13. Oktober. Sein Sohn König Vajiralongkorn folgt ihm als Rama X.

2017

Um zu vermeiden, wegen Korruptionsvorwürfen vor Gericht zu erscheinen, flieht Yingluck Shinawatra, die letzte demokratisch gewählte Premierministerin Thailands, im August ins Exil.

Bevölkerung & Kultur

Thailands nationale Identität legt sich wie ein alles vereinender Mantel über die ethnischen und regionalen Unterschiede, die durch eine lange Migrationsgeschichte und die geografische Nähe zu anderen ethnischen Gruppen entstanden sind.

Volksgruppen

Etwa 75% der Bevölkerung Thailands gehören der Gruppe der Thais an. Bei oberflächlicher Betrachtung könnte man einen Eindruck ethnischer Homogenität gewinnen, tatsächlich gibt es jedoch feine regionale Unterschiede. In den zentralen Ebenen (Chao-Phraya-Tal) haben die Siam-Thais das Land durch ihre historischen Königreiche vereint und so ihre Sprache und Kultur verbreitet. Heute gilt der Dialekt Zentralthailands als „Hochthailändisch", und die Einheitskultur wird von Bangkok aus durch die Medien und das Bildungssystem in alle Teile des Landes getragen.

Es sind die hier lebenden Menschen – die Südthailänder *(bàk đâi*; oft auch *pàk tâi* geschrieben*)* –, die dem Süden einen ganz eigenen Charakter geben. Der Dialekt ist etwas schneller als das Standard-Thai, die Currys sind schärfer, und die regionale Kultur ist geprägt vom muslimischen Volksglauben, was sich durch die geografische Nähe zu Malaysia und den historisch bedingten muslimischen Bevölkerungsanteil erklärt .

Die ethnische Minderheit der Malaien macht etwa 3% der thailändischen Bevölkerung aus, wobei die meisten dieser Menschen in den Provinzen des tiefen Südens leben. Die übrigen Minderheiten im Süden umfassen einen kleineren Anteil nicht thailändisch sprechender Moken *(chow lair)*. Außerdem leben immer mehr europäische und andere nichtasiatische Ausländer in Thailand.

Thai-Chinesen

Außerhalb Chinas gibt es in keinem Land der Erde so viele Menschen chinesischer Abstammung wie in Thailand: Hakka, Teochew und Han-

UNSICHTBARE MIGRANTEN

In der Zeit der schwersten Konflikte in Myanmar flohen Unzählige über die Grenze nach Thailand, darunter etwa 150 000 aufgrund politischer Verfolgung bzw. wegen ethnischer Konflikte. Die überwiegende Mehrheit bildeten jedoch Wirtschaftsmigranten (geschätzt etwa 2 bis 3 Mio.). Sie übernahmen einfache Tätigkeiten in der Fischverarbeitung, im Baugewerbe, in Fabriken oder als Hausangestellte – Tätigkeiten, in denen zuvor ungelernte Thais aus dem Nordosten ein Auskommen fanden.

Die meisten Hotel- und Gastronomieangestellten im Süden stammen vermutlich aus Myanmar. Viele Thais glauben, dass Thailand auf diese Arbeitskräfte aus dem Ausland angewiesen ist, da die Bevölkerung altert und zu wenig eigene Nachkommen hat. Andere sind wenig glücklich über den Zustrom. Menschen aus Myanmar, die in Südthailand leben, beklagen ihrerseits ausbeuterische Arbeitsbedingungen, insbesondere in der Fischindustrie, und die Tatsache, dass sie für alles Mögliche als Sündenbock herhalten müssen.

Chinesen oder Kantonesen der zweiten oder dritten Generation machen 14% der Bevölkerung aus. In Bangkok und den nahen Küstenregionen leben viele Einwanderer aus China, die von Anfang bis Mitte des 20. Jhs. aufgrund der besseren beruflichen Aussichten ins Land kamen. Im Lauf der Geschichte wurden die Töchter wohlhabender Chinesen immer wieder mit Mitgliedern des thailändischen Hofes verheiratet, wodurch royale Verbindungen und eine chinesische Blutlinie entstanden, die bis zum heutigen König reicht.

In den meisten Städten Thailands liegt der Handel weitgehend in der Hand thai-chinesischer Familien, und an vielen Orten im Land werden traditionell chinesische Feste wie das alljährliche Vegetarierfest begangen.

Chinesisch-buddhistische, meist sehr bunte Tempel, die eine Verbindung zu Traditionen und Glauben der Südchinesen offenbart, sind weit verbreitet – vor allem in Südthailand. Überall findet man Tempel der Mazu (auch Tianhou oder Tienhau genannt), der Himmelskönigin und Göttin der Fischer und aller, die ihr Leben aus dem Meer bestreiten – sie sind typisch für die am Meer gelegenen Provinzen Chinas, von woher die Vorfahren der meisten Thai-Chinesen stammen. Man trifft hier auch auf Tempel für den Kriegsgott Guandi, der häufig mit rotem Gesicht dargestellt wird, sowie für eine Menge anderer taoistischer Gottheiten, die teilweise kaum bekannt sind. Guanyin, die chinesisch-buddhistische Göttin der Barmherzigkeit, wird von den Thai-Chinesen ebenfalls sehr verehrt – ebenso wie andere, in ganz China gleichermaßen angebetete Bodhisattvas. Chinesische Zunfthäuser und Ahnenhallen sind gleichfalls reichlich vorhanden.

Thailands Alltag in Zahlen

Durchschnittsheiratsalter Mann/Frau: 27/24 Jahre

Mindesttageslohn in Bangkok: 300 B

Einstiegsgehalt bei abgeschlossener Berufsausbildung: 12 000 B/Monat

Thais muslimischen Glaubens

Mit etwa 5% der Bevölkerung stellen die Muslime die größte religiöse Minderheit in Thailand, die Seite an Seite mit der buddhistischen Mehrheit lebt. Viele der islamischen Bewohner Thailands sind im Süden zu Hause, wobei sich die Mehrheit aber über das gesamte Land verteilt. Tatsächlich sind die meisten Muslime im Süden Thailands ethnisch gesehen Malaien und sprechen neben Thailändisch auch Malaiisch oder Yawi (einen malaiischen Dialekt, geschrieben mit arabischen Schriftzeichen). In Nordthailand leben außerdem zahlreiche muslimische Chinesen, die Ende des 19. Jhs. aus Yunnan einwanderten.

Regionale Identität

Religion, Monarchie und Tradition sind die prägenden Merkmale der thailändischen Gesellschaft. Thailand ist das einzige Land in Südostasien, das nie von einer fremden Macht kolonisiert wurde, was die Thais mit tiefem Stolz erfüllt. Allerdings ist das Land alles andere als homogen, so herrscht beispielsweise im Süden eine starke kulturelle Identität vor, die mehr im Einklang mit der islamischen Kultur Malaysias auf der anderen Seite der Grenze steht.

Anstelle eines Handschlags begrüßt man sich in Thailand mit dem *wâi*. Ähnlich wie beim Gebet drückt man hierfür die eigenen Handflächen gegeneinander.

Bevor moderne politische Grenzen die malaiische Halbinsel in zwei Länder teilten, waren die Stadtstaaten, Sultanate und Dörfer Teil des Srivijaya-Reichs mit seinen unterschiedlichen Sitten und Sprachen, dessen Zentrum im heutigen Indonesien lag und dessen Ausdehnung der ständigen Konkurrenz um die Kontrolle über die Schifffahrtsrouten geschuldet war. Die Namen und Bezeichnungen vieler südthailändischer Städte und Orte haben ihren Ursprung im Malaiischen, und so manche lokale kulturelle Tradition wäre einem Bewohner Sumatras eher vertraut als einem aus dem Norden Thailands. Auch die chinesische Kultur hat in Südthailand ihren Platz, wie an den zahlreichen Tempeln, den Clanhäusern und der weit verbreiteten Verwendung chinesischer Schriftzeichen in Läden und Geschäften zu sehen ist. Es ist dieser Mix aus heimischen und „fremden" Kulturen, die den Süden so einmalig macht.

DAS GESICHT WAHREN

Der Glaube an das Konzept, stets das Gesicht wahren zu müssen, ist bei Thais tief verankert. Konfrontationen gehen sie beispielsweise aus dem Weg, und sie bemühen sich stets, sich und andere nicht zu blamieren (es sei denn, das wäre *sà·nùk* – „nur zum Spaß"). Wer in dieser Kunst perfekt ist, bringt in Unterhaltungen keine negativen Themen zur Sprache, drückt seine Überzeugung oder Meinung nicht ungeniert aus und behauptet nicht, Experte auf einem bestimmten Gebiet zu sein. Zustimmung und Harmonie gelten als die wichtigsten sozialen Tugenden.

Während Menschen aus dem Westen häufig der Meinung sind, eine hitzige Diskussion sei o.k., empfinden Thais Personen, die laut werden, als unhöflich und launisch. Die Beherrschung zu verlieren, bedeutet für alle Anwesenden einen Gesichtsverlust, und Thais, die verärgert wurden, können sehr extrem reagieren.

Kleinere Peinlichkeiten wie ein Stolpern oder Hinfallen können eine Gruppe von Thais möglicherweise zum Kichern bringen. Das ist dann aber keine Schadenfreude über das Missgeschick, man will dem Betroffenen nur dabei helfen, sein Gesicht zu wahren, indem man den Zwischenfall einfach weglacht.

Lebensstil

Das alltägliche Leben der südlichen Thais hängt im Wesentlichen davon ab, ob sie auf dem Land wohnen oder in der Stadt.

Diejenigen, die in ländlichen Küstengebieten wohnen, sind in der Regel auf Kautschukplantagen oder in der Fischerei beschäftigt, manche betreiben auch Reisanbau oder Viehzucht. Kautschukbauern leben in kleinen Siedlungen – meistens im Landesinneren – umgeben von Gummibaumplantagen und zum Trocknen aufgehängten Latexmatten; viele Inseln an der Andamanenküste sind umsäumt von schattigen Gummibaumwäldern. Die traditionellen muslimischen Dörfer sind direkt über dem Wasser als eine Reihe miteinander verbundener Pfahlbauten errichtet. Lange hielten die dort lebenden Menschen die Andamanensee für ein ruhiges Meer, das niemand fürchten muss. Diese Gewissheit wurde ihnen durch den Tsunami 2004 auf grausame Weise genommen.

Es gibt keine allgemein akzeptierte Methode, Thai ins Englische zu transkribieren, was erklärt, weshalb manche Wörter und Ortsnamen in unterschiedlichen Schreibweisen existieren.

Das Leben in den Städten Südthailands ähnelt dem geschäftig-modernen Trubel im Rest des Landes, wobei die vielen chinesischen und indischen Händler die Städte hier einzigartig machen. Die kommerziellen Zentren sind auch die Marktorte, wo die bunten Fischerboote täglich ihren Fang (und damit auch ein unvergessliches Aroma) in den Häfen abliefern.

Familienbande

Die Bedeutung der Familie in der thailändischen Gesellschaft wird dem Besucher u.a. anhand der vielen Familienbetriebe vor Augen geführt, in denen es auch heute noch üblich ist, dass drei Generationen zusammenarbeiten. Oft wohnen auch alle unter einem Dach. Die Älteren sind in den Alltag eingebunden, sie verkaufen beispielsweise Süßigkeiten an Kinder aus der Nachbarschaft oder vermieten Motorräder an Touristen. Obwohl der Tourismus die traditionelle Lebensweise der Inselbewohner stark verändert hat, tragen diese Arbeitsplätze dazu bei, dass sich viele Kinder trotz ihres Ehrgeizes keine Arbeit auf dem Festland suchen, sondern zu Hause bleiben und so die Familiebande stärken.

Religion

Buddhismus

Etwa 93% der Thais sind Anhänger des Theravada-Buddhismus bzw. des Hinayana- oder „Kleineres Fahrzeug"-Buddhismus bekannt, der von der Schule des Mahayana-Buddhismus („Größeres Fahrzeug") zu unterscheiden ist. Der wesentliche Unterschied zwischen den Glaubensströmungen ist, dass Theravada-Buddhisten davon ausgehen, dass jeder Einzelne für seine eigene Erleuchtung verantwortlich ist, während Mahayana-Buddhisten das Heil des anderen über das eigene stellen.

Das große Ziel aller Formen des Buddhismus ist *nibbana* („Nirwana" in Sanskrit), was wörtlich eigentlich „Ausblasen" oder „Auslöschen" aller Begierden und damit allen Leidens *(dukkha)* bedeutet. Nibbana ist das Ende des Kreislaufs der Wiedergeburten (sowohl von Augenblick zu Augenblick als auch von Leben zu Leben), der die Existenz bestimmt. In der Praxis streben die meisten Thai-Buddhisten allerdings eher nach einer Wiedergeburt in einer „besseren" Existenz als nach dem überirdischen Ziel des *nibbana.* Um dieses Ziel zu erreichen, sammeln Buddhisten Verdienste *(tam bun)*, beispielsweise, indem sie Essen an Mönche verteilen, dem Tempel spenden und regelmäßig an Gottesdiensten im örtlichen Wat (Tempel) teilnehmen. Sehr gut kommt die buddhistische Karma-Lehre im thailändischen Sprichwort *tam dee, dâi dee*; *tam chôo a, dâi chôo a* („Aus guten Taten folgt Gutes, aus schlechten Taten Schlechtes") zum Ausdruck.

Es gibt im Thai-Buddhismus keinen bestimmten Tag für den Gottesdienst; stattdessen besuchen die Gläubigen ihren Tempel an religiösen Feiertagen oder wenn es sich einrichten lässt bzw. in Gedenken an ein spezielles Familienereignis. Die meisten Tempelbesuche fallen auf die sogenannten *wan prá* (heilige Tage), die nach dem traditionellen Mondkalender bestimmt werden und viermal im Monat stattfinden. Weitere gute Taten sind das Speisen der *sangha* (Gemeinschaft von Mönchen und Nonnen) des Tempels, meditieren, den Mönchen beim Vortrag von *sutten* (Reden des Buddha) zuzuhören und die Teilnahme an Gesprächen über *dharma* (rechtes Verhalten).

Islam

Thailand – vor allem Südthailand – ist die Heimat von 3,3 Mio. Muslimen (knapp 5% der thailändischen Bevölkerung). Viele Thai-Muslime sind ethnisch gesehen Malaien und folgen in der Regel einer Mischung aus der moderaten Version des sunnitischen Islam und vorislamischem Animismus.

Ein Jahrzehnt der Bewegung in Richtung einer konservativeren Auslegung des Islam hat inzwischen zu strengeren Praktiken geführt, u.a. dazu, viele lokale kulturelle Elemente aus dem religiösen Alltag zu verbannen. Einflüsse von Außen werden mit Argwohn betrachtet; viele Muslime empfinden die vorrangig buddhistische Regierung sowie das Bildungssystem der eigenen Lebensweise gegenüber als intolerant. Schulen und Infrastruktur im mehrheitlich muslimischen Süden sind in der Regel unterfinanziert und folgen dem gleichen Lehrplan wie anderswo (womit also auch Unterricht über den Buddhismus obligatorisch ist). Die Auseinandersetzung mit der Regierung in Bangkok gilt manchmal als eine eher religiöse und weniger als eine politische.

DIE SACHE MIT DEN SPITZNAMEN

Nach der Geburt bekommen thailändische Babys verheißungsvolle Vornamen, die oft vom Patriarchen oder der Matriarchin der Familie verliehen werden. Diese poetischen Namen landen dann auf offiziellen Formularen und Namenskarten, während das Kind allen anderen mit einem einsilbigen Spitznamen vorgestellt wird. Thai-Spitznamen sind in der Regel liebevoll-neckisch gemeint und oft vom Aussehen des Kindes (Moo, was „Schwein" bedeutet, sollte er/sie mollig sein) oder der Lieblingsbeschäftigung (Toon, kurz für „Cartoon", für kleine Zeichentrickfans) inspiriert. Mädchen werden oft Lek oder Noi genannt (beide Worte bedeuten „klein").

DAS VOLK DER CHOW LAIR

Südthailand ist die Heimat einer der kleinsten ethnischen Gruppen des Landes – der *chow lair* (auch *chao leh* geschrieben; wörtlich „Menschen des Meeres" oder „Seenomaden"). Die auch als Moken *(mor·gaan)* bekannten *chow lair* sind eine ethnische Gruppe malaiischer Herkunft, die entlang der Küste, von Myanmar im Norden bis ins südlich gelegene Borneo, zu finden sind. Die heute existierenden traditionellen *chow lair*-Gruppen sind Jäger und Sammler und gehören zu den wenigen Völkern, die in erster Linie auf dem Meer leben (obwohl in den vergangenen Jahren viele in Hüttensiedlungen auf diversen Inseln gezogen sind). Vielleicht als Folge dieser maritimen Lebensweise über Generationen hinweg verfügen viele *chow lair* über die ungewöhnliche Fähigkeit, unter Wasser gut zu sehen; zudem können sie ihren Atem für lange Zeit anhalten. Das Leben auf See hat ihnen auch auf andere Weise geholfen, denn während des Tsunamis von 2004 verlor so gut wie kein *chow lair* sein Leben. Ihr überliefertes Wissen half ihnen, die Gefahr zu erkennen, die eine plötzlich auftretende Ebbe signalisiert, weswegen sie rechtzeitig in höher gelegene Gebiete fliehen konnten.

Bis in die 1980er hat man den *chow lair* nicht besonders viel Beachtung geschenkt. Doch nachdem der Wert ihrer Inseln für den Tourismus erkannt worden war, sicherten sich Unternehmer große Strandabschnitte, während die *chow lair* auf kleinere, weniger wertvolle Inseln umsiedelten. In Anbetracht dieser Entwicklung war es wahrscheinlich unvermeidlich, dass die Kultur der *chow lair* langsam verschwinden würde. Heute leben viele Seenomaden vom Tourismus, schippern Gäste um die Inseln oder bestücken die Fisch- und Meeresfrüchte-Büfetts der Touristenresorts mit ihrem Fang. Ein Überbleibsel der traditionellen *chow lair*-Kultur kann man allerdings alle zwei Jahre im Mai und November während der *boat floating*-Zeremonie miterleben: Ein aufwendig gestaltetes Modellboot (symbolisch mit Pech und Unglück beladen) wird auf Nimmerwiedersehen aufs offene Meer hinausgeschickt.

Moscheen findet man in ganz Südthailand, architektonisch interessant sind aber nur wenige, und in den meisten haben Frauen keinen Zutritt. Beim Besuch einer Moschee ist eine Kopfbedeckung Pflicht, und Schuhe bleiben grundsätzlich draußen.

Andere Religionen

Etwa 1,2 % der thailändischen Bevölkerung sind Christen, zu finden vor allem unter den Bergvölkern, die von Missionaren und vietnamesischen Einwanderern beeinflusst wurden. Konfuzianer, Taoisten, Mahayana-Buddhisten und Hindus machen gemeinsam ein weiteres halbes Prozent aus. Darüber hinaus gibt es eine Gemeinschaft von rund 70 000 Sikhs. Animistische Religiosität und Spiritualität, die auf eine Zeit lange vor Buddhismus und Hinduismus zurückgeht, zeigt sich am deutlichsten in Form von „Geisterhäusern" – Schreinen, die den *prá poom* (Schutzgeister) des Grundstücks ein Zuhause geben –, aber auch in Festen wie Loi Krathong, das seine Ursprünge im animistischen Glauben hat und den Geist des Wassers ehrt.

Kunst

Traditionell stand in Thailand seit jeher religiöse und zeremonielle Kunst im Zentrum kreativen Schaffens. Malerei, Bildhauerei, Musik und Theater spielen immer noch eine große Rolle im zeremoniellen Leben der Thais, und religiöse Kunst ist weiterhin eine sehr lebendige Kunstform.

Architektur

Das eindrucksvollste Erbe im Bereich der Architektur sind die glänzenden buddhistischen Tempel (Wat). Ein typisches Element der Tempelarchitektur ist der *chedi* (Stupa), ein Denkmal in Form einer Bergspitze, das die Dauerhaftigkeit des Buddhismus versinnbildlichen soll. Viele

Tempel beherbergen Reliquien von Königen oder Buddha sowie die sterblichen Überreste bedeutender Mönche und Nonnen. Thai-Tempel mischen Einflüsse auch aus anderen Ländern und Regionen, vom maiskolbenförmigen Stupa im Khmer-Stil bis zum glockenförmigen Stupa aus Sri Lanka.

Die thailändischen Tempel sind stark von der hinduistisch-buddhistischen Ikonografie geprägt. Die Schlange *naga* wacht über Buddha, während er meditiert, und ist oft an Geländern am Eingang und an Dachgiebeln zu sehen. Auf der Spitze des Dachs befindet sich der *chôr fáh*, eine goldene Silhouette in Form eines fliegenden Vogels.

Die Lotusknospe ist ein weiteres heiliges Motiv, das oft als Verzierung von Tempeltoren, Verandasäulen und Türmen der *chedis* aus der Sukhothai-Ära dient. Buddha wird häufig meditierend auf einem Podest in Form einer Lotusblüte dargestellt, die an die buddhistischen Lehren erinnern soll. Ein Lotus kann selbst in einem fauligen Teich blühen – eine Metapher dafür, dass religiöse Vollkommenheit auch aus den unzuträglichsten Situationen erwachsen kann.

Im späten 19. und frühen 20. Jh. begann man in Thailand, traditionelle Architektur mit europäischen Formen zu verbinden. So sind in Seestädten wie Bangkok und Phuket (Stadt) schöne Beispiele chinesisch-portugiesischer Architektur entstanden: Gebäude aus stuckverzierten Backsteinen mit kunstvollen Fassaden. Dieser Stil folgte den Händlern der Kolonialzeit über die Meere und wird von den Einheimischen oft auch als „Alt-Bangkok“ oder „Ratanakosin“ bezeichnet.

Literatur

In der gesamten klassischen Thai-Literatur ist kein anderes Werk so präsent und derart einflussreich auf die thailändische Kultur wie das *Ramakian*. Sein indischer Vorläufer, das *Ramayana*, kam vor 900 Jahren mit den Khmer nach Thailand. Zwar blieben die Hauptthemen die gleichen, doch schmückten die Thais das *Ramayana* mit zahlreichen

Top-Sachbücher

Typisch Thai (Philip Cornwel-Smith) Fotos und Beiträge zu Thailands Eigenarten.

A Kingdom in Crisis: Thailand's Struggle for Democracy in the Twenty-First Century (Andrew MacGregor Marshall) In Thailand verboten – vor der Reise lesen!

Bangkok Days (Lawrence Osborne) Ein witziger, aufschlussreicher Bericht über das Leben eines Engländers in Bangkok

THAI-LITERATUR IN ÜBERSETZUNG

Thai-Literatur wird in der Regel in Thai geschrieben. Zu den modernen Werken, die man mit etwas Glück in einer (englischen) Übersetzung finden kann, gehören die folgenden:

The Sad Part Was (Prabda Yoon; 2017) Sammlung verspielter Kurzgeschichten, die das thailändische Stadtleben persiflieren.

Pisat (Evil Spirits) (Seni Saowaphong; 1957) Handelt von Konflikten zwischen alter und junger Generation.

Lai Chiwit (Many Lives; Kukrit Pramoj; Übersetzung 1996) Sammlung von Kurzgeschichten über das Leben von elf Thais.

Monsoon Country (Pira Sudham; 1988) Erzählt auf brillante Weise vom Kampf der Bevölkerung des Nordostens gegen die Natur und die Zivilisation.

The Judgement (Chart Korbjitti; 1981) Drama über einen jungen Dorfbewohner, der fälschlicherweise eines Verbrechens beschuldigt wird.

Jasmin, Homer und das Chamäleon (S.P. Somtow; 1994) Der unterhaltsame Bildungsroman mischt traditionelle Ideen mit moderner thailändischer Popkultur.

Married to the Demon King (Sri Doruang; 2004) Version des indischen Epos Ramayana im modernen Bangkok.

Mehrere thailändische Romane und Kurzgeschichten in der Übersetzung von Marcel Barang (darunter auch Geschichten von Chart Korbjitti und dem zweimaligen Gewinner des S.E.A. Write Awards, Win Lyovarin) können als E-Books auf www.thaifiction.com heruntergeladen werden.

biografischen Details über den Erzbösewicht Ravana (im *Ramakian* Thotsakan genannt) und seine Frau Montho aus. Hanuman, der Affengott, unterscheidet sich im thailändischen Epos erheblich durch seinen koketten Charakter (in der Hindu-Version folgt er strikt seinem Keuschheitsgelübde).

Das Epos *Phra Aphai Mani* wurde vom Dichter Sunthorn (1786–1855) geschrieben und ist das bekannteste Werk der klassischen Literatur Thailands. Die Geschichte spielt auf der Insel Ko Samet und dreht sich um das Schicksal eines verbannten Prinzen.

Der führende postmoderne Autor ist Prabda Yoon, dessen Kurzgeschichtensammlung *Probability* 2002 den S.E.A. Write Award gewann. Der Autor, von dem bislang erst eines seiner Bücher in eine andere Sprache übersetzt wurde, arbeitet auch als Filmemacher. So schrieb er die Drehbücher für die Pen-Ek-Ratanaruang-Filme *Leben nach dem Tod in Bangkok* und *Invisible Waves* und hat selbst bei einem Film inszeniert. 2004 wurde er von Thailands Kulturministerium beauftragt, ein Stück über den Tsunami von 2004 zu schreiben. Das Ergebnis, *Where We Feel: A Tsunami Memoir by an Outsider*, wurde entlang der Andamanenküste kostenlos verteilt.

Musik

Traditionelle Thai-Musik mag für den Besucher ein wenig seltsam klingen, da die thailändische Standardtonleiter die Achttonoktave anders unterteilt als die europäische. Thailändische Tonleitern wurden erstmals von dem thailändisch-deutschen Komponisten Peter Feit transkribiert, der auch unter seinem thailändischen Namen Phra Chen Duriyang bekannt ist und 1932 Thailands Nationalhymne komponierte.

Das klassische Orchester, das *Ƀèe·pâht*, kann aus fünf bis 20 Musikern bestehen. Das *ja·kêh*, ein schlankes, gitarrenähnliches Instrument, das horizontal auf dem Boden gespielt wird, ist das populärste. Zu den landestypischen Holzblasinstrumenten gehören die *klòo·i*, eine einfache Holzflöte, und *Ƀèe*, ein hohes Holzblasinstrument mit einem Mundstück aus Schilfrohr, das oft bei Thai-Boxkämpfen zu hören ist. Das vielleicht bekannteste Instrument ist das *kĭm* (Hackbrett), das die hellen, klimpernden Töne hervorbringt, die man oft in Thai-Restaurants hört.

Die moderne Thai-Musikszene ist selbstbewusst und vielfältig. Das beliebteste Genre ist zweifellos *lôok tûng* (ein mit der amerikanischen Country- und Westernmusik vergleichbarer Musikstil), das vornehmlich die Arbeiterklasse anspricht. In den 1970er-Jahren schwappte der politische Folkrock aus den USA und Europa ins Land. Er wurde von den Thais *pleng pêu·a chee·wít* („Lieder fürs Leben") genannt. Die größten modernen Thai-Musik-Ikonen sind die Rock-Veteranen Carabao, der Popstar Thongchai „Bird" MacIntyre, die manchmal umstrittene Sängerin Tata Young und die *lôok tûng*-Königin Pumpuang Duangchan, die 1992 jung auf tragische Weise starb.

Heute gibt es Hunderte Thai-Bands, die vor allem die Jugend begeistern. Das Spektrum reicht von quietschvergnügten Boy- und Girl-Bands bis hin zu Metal-Rockern, deren Musik unweigerlich zum Mitsingen verführt und die man nur schwer wieder aus dem Kopf bekommt.

Malerei

Mit Ausnahme der prähistorischen und historischen Höhlenmalereien , wie sie im Süden des Landes zu finden sind, gibt es kaum noch Belege antiker Malerei in Thailand, was mitunter auf die verheerende birmanische Invasion von 1767 zurückzuführen ist. Die überwiegende Mehrheit von dem, was an Malerei existiert, ist religiöser Natur; meistens handelt es sich um Tempelgemälde, auf denen die verschiedenen Leben Buddhas darstellt sind.

Kunstbücher

The Thai House: History and Evolution (2002; Ruethai Chaichongrak)

The Arts of Thailand (1998; Steve Van Beek)

Flavours: Thai Contemporary Art (2005; Steven Pettifor)

Bangkok Design: Thai Ideas in Textiles & Furniture (2006; Brian Mertens)

Buddhist Temples of Thailand: A Visual Journey Through Thailand's 40 Most Historic Wats (2010; Joe Cummings)

The Roots of Thai Art (2012; Piriya Krairiksh)

Thailands säkulare Skulptur und Malerei hat seit der Blütezeit in den 1980er-Jahren zunehmend internationale Anerkennung gefunden. Einige vom Impressionismus inspirierte Künstler gehörten mit zu den ersten, die diesen hoch angesehenen Status erreichten. Es folgten Vertreter der Fireball-Schule wie Manit Sriwanichpoom, der sich auf politisch motivierte Mixed-Media-Installationen spezialisiert hat. In den vergangenen Jahren haben sich Thailands Künstler wieder weg von sowohl traditionellen Einflüssen als auch politischen Kommentaren in Richtung zeitgenössischer Kunst bewegt, bei der persönliche Themen Schwerpunkt sind, beispielsweise bei den Genderfragen behandelnden Werken von Pinaree Sanpitak oder Maitree Siriboons Arbeiten zum Thema Identität.

Kino

Im thailändischen Filmgeschäft gibt es zwei parallele Strömungen: finanziell erfolgreiche und cineastisch wertvolle Filme. Überschneidungen gibt es so gut wie nie.

Das populäre thailändische Kino boomte in den 1960er- und 1970er-Jahren, vor allem als der Staat eine Steuer auf Hollywood-Importe erhob und so für einen Wachstumsschub der heimischen Kinobranche sorgte. Die meisten Filme waren billige Actionstreifen, sogenannte *nám nôw* („Stinkendes Wasser"), aber die unrealistischen (ja sogar unsinnigen) Storys und die prächtigen Farben hinterließen einen bleibenden Eindruck bei den thailändischen Filmemachern von heute.

Um die Jahrtausendwende schaffte das thailändische Kino den Sprung auf die internationale Bühne, u.a. dank der düsteren und fesselnden Filme des Arthouse-Regisseurs und Drehbuchautors Pen-Ek Ratanaruang der am Pratt Institute studierte. Sein jüngster Film, *Samui Song* (2017), erzählt von einer TV-Darstellerin und ihrem ausländischen Ehemann, der sich einem Kult angeschlossen hat. Apichatpong Weerasethakul, ein weiterer von der Kritik gefeierter Regisseur, hat bereits drei Preise in Cannes erhalten, darunter die Goldene Palme (der höchste Preis des Festivals) für seinen Film *Uncle Boonmee erinnert sich an seine früheren Leben* (2010). Seine späteren Arbeiten, etwa das Drama *Friedhof der Könige* (2015), gelten eher als Mainstream.

Auf internationalen Filmfestivals sind heute immer mehr Experimentalfilme thailändischer Regisseure zu sehen. Nawapol Thamrongrattanarit erntete viel Applaus für sein Drehbuch *Bangkok Traffic Love Story* (2009). Sein Debüt als Regisseur hatte er dann 2012 mit 36. In diesem Film werden 36 feste Kameraeinstellungen für die Darstellung von verlorener Liebe und verlorenen Erinnerungen verwendet. *Mary Is Happy, Mary Is Happy* (Nawapol Thamrongrattanarit; 2013) ist ein Filmfestivalhit, der auf dem Twitter-Feed eines thailändischen Teenies basiert. Zu seinen neuesten Filmen gehören *Heart Attack* (2015) und der Dokumentarfilm *The Master* (2014).

Festivalfilme profitieren auch von unabhängigen Filmclubs und Eigenwerbung in sozialen Medien. Auf diese Art und Weise umgehen Filmemacher mit kleinem Budget die großen Studios, die (sehr wachsamen) Zensoren und die unberechenbaren, kontroversenscheuen Filmtheater. 2009 führte die Zensurbehörde ein siebenstufiges Notensystem (inklusive Aufführungsverbot) ein. Zensiert zu werden ist aber nicht das kommerzielle Ende eines Films. Tatsächlich ist es oft gleichbedeutend mit sofortigem Indie-Erfolg. Im Jahr 2013 forderten gleich zwei politische Dokus die Zensoren heraus. In Pen-Eks historischem Film *Paradoxocracy* mussten kritische Dialoge ausgeblendet werden. Nontawat Numbenchapols *Boundary* war anfangs verboten. Das Verbot wurde aber nach einem Appell aufgehoben. Der thailändische Horrorfilm *Arbat* wurde 2015 verboten, weil in ihm „Fehlverhalten" thailändischer Mönche gezeigt wird, was als Beleidigung gegen den Buddhismus gesehen wurde.

Die großen Studios drehen am liebsten Geistergeschichten, Horrorstreifen, historische Epen, kitschige Liebesfilme und schrille Komödien. Aufwendige historische Filme sind ein doppelter Erfolg: Sie bringen Geld und fördern die nationale Identität. Das Epos *King Naresuan – der Herrscher von Siam* wurde als Propagandawerkzeug kritisiert. Der Film konzentriert sich auf die Zeit des Ayutthaya-Königs, der einen Invasionsversuch der Birmanen abwehrt. Jeder Teil (bisher wurden sechs gezeigt) war ein Riesenerfolg an den Kinokassen.

Theater & Tanz

Das traditionelle thailändische Theater besteht im Wesentlichen aus vier dramatischen Formen: *Kŏhn* ist ein ursprünglich nur am königlichen Hof aufgeführtes Tanzdrama, bei dem einige der Charaktere maskiert sind. Es stellt Szenen aus dem *Ramakian* nach. *Lá·kon* hingegen ist ein Tanzdrama für das „normale" Volk. *Lí·gair* ist eine grelle, laute folkloristische Theaterform, eine bunte, teils improvisierte Mischung aus Melodrama, Comedy und Musik. Und schließlich ist da noch *hùn lŏo·ang (lá·kon lék),* ein klassisches Puppentheater bei dem Religion und Volksmärchen im Mittelpunkt stehen.

Die meisten dieser Formen kann man in Bangkok entweder bei Dinner-Shows für Touristen oder auch bei offiziellen Theateraufführungen erleben. Der Süden hat darüber hinaus eigene, unverwechselbare Theaterstile hervorgebracht, deren Wurzeln in die Zeit vor der Ankunft des Islam auf der malaiischen Halbinsel zurückreichen. Das bekannteste und zugleich älteste erhaltene Thai-Tanzdrama ist *má·noh·rah,* das die Geschichte von Prinz Suthon erzählt, der aufbricht, um die entführte Manohraa, eine *gin·ná·ree-* (Vogelfrau-)Prinzessin, zu retten. Wie beim *lí·gair* wird das Stück von den Darstellern mit improvisierten, komischen Kommentaren in Reimform bereichert. In Trang hat sich eine eigene Form von *lí·gair* entwickelt. Hier geht es in der Geschichte um indische Händler, die ihre Thai-Frauen auf einen Besuch nach Indien mitnehmen.

Ein weiterer Theaterstil des Südens, der auf eine jahrhundertealte Tradition zurückblicken kann, ist das Schattenpuppentheater, wie man es auch aus Indonesien und Malaysia kennt. Bei den Aufführungen werden zweidimensionale Figuren, die aus Büffelhaut hergestellt sind, zwischen einer Leinwand und einer Lichtquelle bewegt. Heute gilt Nakhon Si Thammarat als Hauptstadt des Schattentheaters; hier gibt es regelmäßig Aufführungen bei Festivals. Obwohl diese Form des Theaters leider eine aussterbende Kunst ist, werden die Puppen von Travellern gern als Souvenirs gekauft.

Wirtschaft

Dank des Tourismus, der Fischerei, der Garnelenzucht und des Kautschuks ist der Süden die wohlhabendste Region Thailands. Die meisten derjenigen, die auf Kautschukplantagen den Bäumen den wertvollen Saft entnehmen, sind in ihren Beruf hineingeboren worden – wie schon ihre Eltern vor ihnen. Ganz anderes sieht es bei der Garnelen- und der Fischzucht aus. Bei diesen beiden Erwerbsquellen handelt es sich um relativ neue Industriezweige, die von der Regierung als wirtschaftliche Entwicklungsprogramme für die ländlichen Gemeinden angeschoben wurden, nachdem der kommerzielle Fischfang zunehmend an Boden verloren hatte. Das Wagnis erwies sich als profitabel, und Thailand ist heute einer der führenden Exporteure von Garnelen aus Aquakulturen. Allerdings arbeiteten die Fischfarmen bis vor Kurzem weitgehend unreguliert, was zu einer ganzen Reihe von Umweltproblemen geführt hat, etwa zu Wasserverschmutzung und der Zerstörung von Mangrovenwäldern (S. 442).

Die größten Auswirkungen auf die Wirtschaft der Region hat allerdings zweifellos der Tourismus, der viele kleine Dörfer in zweisprachige Unternehmen verwandelt hat. Frauen, die sonst Produkte auf dem Markt verkauft hätten, haben auf die traditionelle Thai-Massage umgeschult. Andere Klein- und Kleinstunternehmen, wie sie das Leben in Thai-Dörfen bestimmen, haben ihre Angebote auf Touristen zugeschnitten: Geschäfte in Strandnähe verkaufen nun Sonnenschutz und Postkarten anstelle von Reiswhisky und gegrilltem Fisch, andere preisen anstelle von Staubwedeln und Strohbesen Sarongs oder Henna-Tattoos an, während Fischer gelegentlich ihre Netze an Land lassen, weil sie ihren Touristenfang zum Schnorcheln schippern.

Die Mittelklasse wächst in ganz Thailand seit Jahrzehnten, die Kluft zwischen Arm und Reich schwindet. Die Armutsquote ist seit 1986 von 67% auf 10% im Jahr 2017 gefallen, und das durchschnittliche Einkommen in Thailand ist auf 4900 US$ pro Jahr gestiegen. Menschen, die in ländlichen Gebieten leben, verdienen allerdings deutlich weniger. Über Nahrung und Unterkunft verfügen aber selbst mittellose Thais. Woran es den Menschen auf den untersten Sprossen der thailändischen Gesellschaft vor allem mangelt, sind die Mittel für eine anständige Ausbildung, materielle Güter oder für die medizinische Versorgung.

Thailands Demografie

Bevölkerung: 68,4 Mio.

Geburtenrate: 1,5 Kinder pro Frau

Bevölkerungsanteil der Menschen über 65 Jahre: 11%

Urbanisierungsrate: 3%

Lebenserwartung: 74,7 Jahre

Thailands Sexindustrie

Thailand hat eine lange, komplexe Geschichte der Prostitution, die bis heute anhält. Zudem ist das Land etwa seit dem Vietnamkrieg ein Ziel des internationalen Sextourismus. Allein in Bangkok ziehen mehrere unübersehbare Rotlichtbezirke Ausländer an, doch es gibt auch eine etwas unauffälligere einheimische Sexbranche und darüber hinaus noch unzählige informelle Möglichkeiten für käuflichen Sex.

Geschichte & kulturelle Sichtweisen

Nicht erst seit Thailand als ultimatives Ziel internationaler Sextouristen gilt, spielt Prostitution dort eine bedeutende Rolle. In der gesamten thailändischen Geschichte war das Gewerbe akzeptiert und weit verbreitet, wenn auch gesellschaftlich nicht immer sonderlich geschätzt.

Jeder kann seinen Teil dazu beitragen, den Kindersextourismus zu stoppen, indem man verdächtiges Verhalten über eine spezielle Hotline (☎1300) oder direkt in der Botschaft des Heimatlandes des Täters meldet.

Auf Druck der Vereinten Nationen hin wurde Prostitution 1960 für illegal erklärt. Seit 1966 gelten für gewisse Etablissements wie Go-Go-Bars, Bierkneipen, Massagesalons, Karaokebars und Badehäuser jedoch andere Gesetze: Sie dürfen Dienste nichtsexueller Art legal anbieten (Tanzen, Massagen, Abendbegleitungen), Dienste sexueller Art hingegen werden vermittelt, sind jedoch nicht deren Hauptgeschäft.

Mit Ankunft des US-Militärs in Südostasien während des Vietnamkriegs passten Geschäftsleute den bestehenden Rahmen an die neue Klientel an und schufen so eine internationale Sextourismusindustrie, die bis heute weiterexistiert und sogar einen wichtigen Bestandteil der thailändischen Tourismusbranche darstellt.

Die Internationale Arbeitsorganisation ILO, eine Behörde der UN, riet 1998 den südostasiatischen Staaten – auch Thailand –, Prostitution als Wirtschaftssektor anzuerkennen, der Einkommen erzeugt. Man schätzt, dass ein Drittel der Unterhaltungsetablissements bei den Behörden registriert ist und die Mehrheit eine informelle Steuer in Form von Bestechungsgeldern an Polizisten zahlt.

PRO & CONTRA

Frauenrechtsverbände stehen dem Thema Prostitution unterschiedlich gegenüber. Für die einen gilt sie als Ausbeutung und Verletzung der Menschenrechte, andere wiederum akzeptieren, dass es Angebot und Nachfrage gibt, und versuchen die Risiken der Branche durch HIV-/AIDS-Prävention und Aufklärungsprogramme (insbesondere für Wirtschaftsflüchtlinge) zu mindern. Sexarbeiterorganisationen bezeichnen Prostitution als legitimen Beruf. Aus deren Sicht ist den Frauen durch arbeitsrechtliche Maßnahmen am besten geholfen, so fordern sie eine gerechte Bezahlung, Rechtshilfe sowie Regelungen für Krankheits- und Urlaubszeiten. Laut Gewerkschaften, die Sexarbeitern freundlich gesinnt sind, bieten die quasi-legalen kommerziellen Sexetablissements des Landes Dienstleistungsjobs für Personen, die keine Sexarbeiter (sondern Spülkräfte, Köche, Reinigungskräfte) sind und die Arbeitnehmerrechte genießen würden, wäre der Arbeitgeber ein Restaurant oder Hotel.

Wirtschaftliche Anreize

Unabhängig von ihrem Hintergrund arbeiten die meisten Frauen aus finanziellen Gründen in der Sexindustrie: Viele finden, die Arbeit als Prostituierte sei für ihren Bildungsgrad einer der höchstbezahlten Jobs, was besonders dann ins Gewicht fällt, wenn sie finanziellen Verpflichtungen (Angehörige, Schulden) nachkommen müssen.

Die Internationale Arbeitsorganisation schätzt den Tagesverdienst von thailändischen Sexarbeitern auf 270 B (9 US$), was dem Durchschnittslohn eines thailändischen Arbeitnehmers in der Dienstleistungsindustrie entspricht. Diese Faktoren bilden für ungelernte Frauen vom Land (und auch für Männer) den Anreiz, in der Sexindustrie zu arbeiten.

Wie in großen Teilen der thailändischen Gesellschaft üblich, geht ein großer Prozentsatz des Lohns der Prostituierten zurück in deren Heimatdörfer, um ihre Familien zu unterstützen (Eltern, Geschwister, Kinder).

Zu den Organisationen, die grenzübergreifend tätig sind, um die Kinderprostitution zu stoppen, gehört EXPAT International (End Child Prostitution & Traffiking; www.ecpat.org), die in Deutschland durch den EXPAT Deutschland e.V. (www.ecpat.de) vertreten ist.

Eine illegale (und riesige) Industrie

Theoretisch ist Prostitution in Thailand verboten. Die Gesetze sind aber widersprüchlich oder werden nicht durchgesetzt. Einige Beobachter sind der Ansicht, dass die hohe Nachfrage nach sexuellen Diensten die Eindämmung der Sexindustrie erschwert. Trotzdem wollen viele Aktivisten und Regierungsstellen missbräuchliche Praktiken in der Branche reduzieren.

Zahlen zur Prostitution, die demographische Zusammensetzung in der Sexindustrie und ihre wirtschaftliche Bedeutung lassen sich nur schwer ermitteln, denn die Illegalität erschwert die Datenerhebung. Außerdem nutzen unterschiedliche Organisationen verschiedene Ansätze, um Daten zu sammeln. 2003 wurden im Zusammenhang mit Maßnahmen zur Legalisierung der Prostitution Zahlen genannt, nach denen die thailändische Sexindustrie 4,3 Mrd. US$ (ca. 3% des BIP) schwer ist und rund 200 000 Menschen beschäftigt. Einer Studie der Chulalongkorn University von 2003 zufolge arbeiten hingegen 2,8 Mio. Menschen in der Sexindustrie, darunter 1,98 Mio. erwachsene Frauen, 20 000 erwachsene Männer sowie 800 000 Kinder und Jugendliche unter 18 Jahren.

Coalition Against Trafficking in Women (CATW; www.catwinternational.org) ist eine internationale Nichtregierungsorganisation zur Bekämpfung von Prostitution, Frauen- und Kinderhandel.

Kinderprostitution & Menschenhandel

In Ballungszentren mit vielen Arbeitsmöglichkeiten wie Bangkok leben viele heimatlose und marginalisierte Menschen (Immigranten aus Myanmar, ethnische Minderheiten aus den Bergen, verarmte Thais vom Land). Die Kinder betteln häufig und kommen über Gangs und Kleinkriminalität zur Prostitution. Laut Studien diverser Forschungseinrichtungen sind in Thailand 60 000 bis 800 000 Kinder in die Prostitution involviert.

1966 verabschiedete das Land eine Gesetzesreform, die das Problem anging. Hier werden zwei Altersgruppen unterschieden: 15- bis 18-Jährige und unter 15-Jährige. Kunden, Besitzern der Etablissements und auch Eltern, die mit Kinderprostitution zu tun haben, drohen Geld- und Haftstrafen (nach der alten Regelung konnten nur die Prostituierten selbst strafrechtlich belangt werden). In vielen Ländern gibt es zudem Gesetze, die es gestatten, Personen, die sich im Ausland des Kindesmissbrauchs schuldig gemacht haben, im eigenen Land zu belangen.

Thailand dient darüber hinaus als Durchgangsland und Ziel des Menschenhandels (auch des Kinderhandels) mit den Ausgangsorten Myanmar, Laos, Kambodscha und China. Der UNO zufolge ist Menschenhandel ein Verbrechen gegen die Menschlichkeit und umfasst das Anwerben, Befördern, Beherbergen und Aufnehmen einer Person durch Gewalt, Betrug oder Nötigung zum Zweck der Ausbeutung. 2015 stufte das amerikanische Innenministerium Thailand als Land der Stufe 3 ein, d.h. es erfüllt nicht die Mindestanforderung zur Verhinderung des Menschenhandels und unternimmt auch nichts Nennenswertes in dieser Sache.

This Is Us (☎02 526 1294; www.empowerfoundation.org/index_en.html) ist ein Museum, das von einer Interessenvertretung von Sexarbeitern gegründet wurde und in dem Besucher Einblicke in Geschichte und Alltag jener Menschen bekommen, die in Thailands Sexindustrie arbeiten.

Natur & Umwelt

Im Osten der Golf von Thailand, im Westen die Andamanensee, ein Randmeer des Indischen Ozeans – Thailand verfügt über zwei der verführerischsten Küstenlinien der Welt, mit herrlichen Kalkfelsen, die aus dem Meer ragen, und ungeheuer üppigen Korallenriffen unter Wasser. Hunderte tropische Inseln in allen Formen und Größen zieren die Küste, von flachen, mit Mangroven bewachsenen Sandbänken bis hin zu Karstmassiven, die sich – umringt von weißen Sandstränden – über dem azurblauem Meer erheben.

Geografie

Thailands seltsame Form wird oft mit einem Elefantenkopf verglichen: Der Rüssel ist die Malaiische Halbinsel, den Rest des Kopfes bilden die Berge im Norden. Mit einer Fläche von 517000 km² ist Thailand nur unwesentlich größer als Spanien. Über erstaunliche 1650 km hinweg erstreckt es sich entlang der Nord-Süd-Achse und hat ein äußerst vielfältiges Klima, u.a. mit zwei verschiedenen Arten von Monsunen (sowohl aus dem Südwesten als auch dem Nordwesten). Im Norden des Landes erheben sich hohe bewaldete Berge, während der Süden von einem langen Grat von Kalksteinhügeln bestimmt wird, die mit tropischen Regenwäldern bedeckt sind.

Vor der Andamanen- sowie der Golfküste erstrecken sich ausgedehnte faszinierende Korallenriffe, vor allem rund um die granitenen Surin- und Similan-Inseln in der Andamanensee. Weitere wundervolle Riffe sowie Thailands spektakulärste Kalksteininselszenerie liegen im Ao Phang-Nga National Park in der Nähe von Phuket. Die Westküste ist für Taucher besonders besuchenswert, hier ist das Wasser erstaunlich klar und voller unterschiedlichster Meeresbewohner.

Natur

Thailand hat im Kampf gegen den illegalen Elfenbeinhandel hervorragende Resultate erzielt. Wurden im Jahr 2014 in Bangkok noch mehr als 7000 Elfenbein-Produkte verkauft, sank diese Zahl bis Juni 2016 auf unter 300.

Mit seinen unterschiedlichen Klimazonen und der entsprechend abwechslungsreichen Topografie, ist es kaum überraschend, dass in Thailand eine bemerkenswerte Vielfalt an Flora und Fauna beheimatet ist. Was hingegen überrascht, ist die relativ gute Verfassung, in der sich Thailands Umwelt noch immer befindet, vor allem in Anbetracht der unerbittlichen Bautätigkeiten überall im Land. Trotzdem zeichnen sich Probleme ab, so beispielsweise im Hinblick auf vom Aussterben bedrohte Arten, Küstenschutz oder Meeresverschmutzung.

Tiere

Tiere, die an den Küsten und auf den Inseln Thailands leben, müssen sich den Gezeiten und der sich ständig verändernden Mischung aus Salzwasser und Süßwasser anpassen. Neben den größeren bekannten Tieren gibt es überall auch außergewöhnliche Lebewesen zu beobachten, etwa den seltsamen kleinen Schlammspringer, einen Fisch, der bei Ebbe das Wasser verlässt und sich durch den Schlick zieht, oder aber den riesigen Bindenwaran, eine gefürchtete, bis zu 350 cm lange Eidechse, die klettern kann und im Zweifelsfall ihren kleineren Beutetieren auch schwimmend nachstellt.

Ganz sicher wird dem Thailandbesucher die wunderbare Vielfalt der Vogelwelt nicht verborgen bleiben – hier finden sich 10 % aller Arten, die auf der Erde vorkommen. Schnepfenvögel und andere Wattvögel bevölkern die Küsten- und Uferregionen, Reiher (darunter auch Graureiher) stolzieren durch die Sümpfe. Schick gefiederte, weiß-braune Brahminenweihe ziehen ihre Kreise, und viele der wunderbar bunten Eisvögel lassen sich bodennah, auf kleinen Ästen nach Insekten Ausschau haltend, beobachten. Bestimmt wird man auch auf eine Truppe geselliger Makaken treffen, die mit Hingabe Krabben knacken. Vielleicht kann man den Affen auch dabei zusehen, wie sie sich ins Wasser stürzen. Mit etwas Glück lässt sich ein Fleckenmusang erspähen, ein außergewöhnliches, katzenartiges Lebewesen mit marmoriertem Fell, oder ein Serau, ein scheues, ziegenähnliches Tier, das erstaunlich flink selbst scheinbar unzugängliche Kalksteinfelsen erklimmen kann.

Die Meere auf beiden Seiten der thailändischen Halbinsel sind Heimat Hunderter Korallenarten sowie der Riffe, die durch diese winzigen Lebewesen geschaffen wurden und die unzähligen Fischarten, Krustentieren und kleinen wirbellosen Tieren ein Zuhause bieten. Hier trifft man auf einen der weltweit kleinsten Fische, die knapp 1 cm große Zwerggrundel – am anderen Ende der Skala warten die größten Knorpelfische, die bis zu 12 m langen Walhaie. Zu den Riffbewohnern gehören Anemonenfische, Papageienfische, Lippfische, Skalare, Drückerfische und Feuerfische. In den tieferen Gewässern leben größere Arten wie Zackenbarsch, Barrakuda, Hai, Manta, Marlin und Thunfisch. Auch Begegnungen mit Schildkröten, Walen und Delfinen sind möglich.

Bedrohte Arten

Zwar ist Thailand Mitunterzeichner des Washingtoner Artenschutzabkommens (CITES – Übereinkommen über den internationalen Handel mit gefährdeten Arten freilebender Tiere und Pflanzen), die Umsetzung dieses Handelsverbots ist allerdings oft noch lasch. Lebensraumverlust, Wilderei und Umweltverschmutzung haben dazu geführt, dass eine erschreckend hohe Zahl von Thailands Säugetieren, Reptilien, Fischen und Vögeln vom Aussterben bedroht ist. Selbst Bestände ehemals häufiger Arten schwinden inzwischen in alarmierendem Tempo. Seltene Säugetiere, Vögel, Reptilien, Insekten, Muscheln und tropische Zierfische werden tagtäglich aus dem Land geschmuggelt und an Sammler auf der ganzen Welt verkauft – oder getötet, um daraus Souvenirs für Touristen herzustellen.

Viele von Thailands Meerestieren sind bedroht, einschließlich der Walhaie, obwohl sie in letzter Zeit wieder häufiger in thailändischen Gewässern gesichtet werden. Die Bestände der Meeresschildkröten gehen rapide zurück, sie werden für ihre Eier, Fleisch und Panzer gejagt. Viele Arten von Haien sind vom Aussterben bedroht, weil ihre Flossen noch immer zu Haifischflossensuppe verarbeitet werden, einem auch in Thailand sehr beliebtem Gericht. Das Land ist der weltweit größte Exporteur von Haifischflossen, wobei der größte Teil nach Hongkong geht.

Die außergewöhnlichen Dugongs (vergleichbar mit Seekühen und manchmal auch Seeschweine genannt) hielt man in Thailand für ausgestorben, doch kleinere Bestände haben sich gehalten, vor allem rund um Trang im Süden Thailands. Aber auch diese wenigen Tiere sind durch den Verlust ihres Lebensraums sowie die tödlichen Schiffsschrauben der Touristenboote massiv bedroht.

Langsam erkennt die thailändische Regierung die Bedeutung des Umweltschutzes. Viele Zoos des Königreichs widmen sich inzwischen aktiv der Zucht und der Arterhaltung. Organisationen wie das Phuket Elephant Sactuary und das Phuket Gibbon Rehabilitation Centre versu-

Sieht jemand in Thailand einen weißen Elefanten, muss er das dem Bureau of the Royal Household (www.brh.thaigov.net) melden. Anschließend wird der König entscheiden, ob das Tier alle Kriterien für einen Königlichen Weißen Elefanten erfüllt.

chen, das öffentliche Bewusstsein für die heimische Tierwelt und deren bedrohte Lage zu schärfen und haben eine Reihe von Tierrettungs- und Rehabilitationsprojekten ins Leben gerufen.

Pflanzen

Dank zweier Monsunzeiten ist Südthailand geprägt von üppiger Vegetation. Die meisten der küstenfernen Wälder sind immergrüne Regenwälder, während Bäume, die am Meer oder auf Kalkstein wachsen, aus Mangel an Süßwasser und wegen der rauen Mineralien in ihrer Entwicklung eher eingeschränkt sind.

Die schönsten Bäume der Küsten sind sicher Thailands zahlreiche Palmenarten, darunter auch einige, die sonst nirgendwo auf der Welt zu finden sind. Alle haben kleine, harte Blätter in den charakteristischen fächer- oder federartigen Formen, die helfen, Sonnenwärme zu verteilen und Wasser zu sparen. Auffällig sind die bezaubernden Palmfarne, die in den Spalten der Kalksteinfelsen wachsen, obwohl dort so gut wie keine Erde zu finden ist. Die Schönheit dieser Palmfarne ist zugleich ihr Verhängnis: Als Zierpflanzen begehrt, verschwinden sie mehr und mehr aus ihrem natürlichen Lebensraum.

In Thailand finden sich auch um die 75 Arten von Mangroven, kleine Bäume, die sich perfekt dem Leben auf Salzwasserböden angepasst haben. Wie auf Fußspitzen erheben sie sich auf ihren hohen Wurzeln und erfüllen eine wichtige ökologische Funktion, indem sie Sedimente und Nährstoffe in der Küstenzone halten und diese somit vor Erosion durch die heftigen Monsunregen schützen. Der durch Mangroven geschaffene Lebensraum dient als sicherer Platz für die Eiablage und Kinderstube unzähliger Meeresorganismen. Trotzdem hat Thailand mindestens 50% seiner Mangrovensümpfe zugunsten von Garnelenfarmen und großen Hotelanlagen zerstört. Mit landesweiten Mangrovenrestaurierungsprojekten wird nun versucht, diese massiven Verluste rückgängig zu machen.

Nationalparks

Thailands Nationalparks erfreuen sich größter Beliebtheit. Die populären Urlaubsinseln Ko Chang und Ko Samet liegen direkt vor dem Festland entlang der östlichen Golfküste. Anders der kaum erschlossene Ko Tarutao Marine National Park, der wegen seiner Abgeschiedenheit ideal für Freunde unberührter Natur ist. Ao Phang-Nga nördlich von Phuket ist mit seinen Kalksteinfelsen und den Mangroven, die sich aus aquamarinfarbenem Wasser erheben, der Inbegriff paradiesischer Schönheit. Die Similan und Surin Islands Marine National Parks in der Andamanensee weisen einige der weltweit besten Tauchspots auf.

Etwa 13% der Fläche Thailands ist den 127 Nationalparks (einschließlich der Meeresnationalparks) und 44 Naturschutzgebieten vorbehalten. 18 von Thailands Schutzgebieten sind Inseln und Mangrovensümpfen gewidmet. In Thailands Parks und Schutzgebieten finden sich mehr als 850 verschiedene einheimische und Zugvögelarten sowie u.a. eine zurückgehende Zahl Tiger, Nebelparder, Koupreys, Elefanten, Tapire, Gibbons und asiatische Schwarzbären.

Trotz einer anders lautenden Regelung garantiert die offizielle Bezeichnung „Nationalpark" oder „Schutzgebiet" nicht grundsätzlich Schutz für Lebensräume und Tierwelt. Lokale Bauern, reiche Landentwickler und andere Geschäftsleute sorgen oft (ob nun auf legale oder illegale Weise) dafür, dass der Umweltschutz selbst in Thailands Nationalparks nicht greift. Inseln, die eigentlich nicht erschlossen werden dürften, werden nicht selten trotzdem in Resorts verwandelt, und nicht immer kann die Regierung ihre eigenen Vorschriften nachhaltig durchsetzen.

Umweltprobleme

Thailand ist wohlhabender, fortschrittlicher und seine Bevölkerung oft besser gebildet, als dies bei vielen Nachbarn in der Region der Fall ist. Tatsächlich existiert hier ein Bewusstsein für Umweltfragen, wie man es in Ländern wie Kambodscha und Myanmar kaum vorfindet – auch wenn die Umsetzung dieses Bewusstseins oft nur mit Einschränkungen vonstatten geht. Obwohl sich das langsam ändert, so ist der Standard noch häufig weit von dem entfernt, was in Europa, Nordamerika oder Australien in diesen Bereichen getan wird.

Die meisten Probleme sind auf den ersten Blick nicht als solche erkennbar. Nur die deutlichsten, etwa Umweltverschmutzung, Verstädterung und ein Mangel an ausreichender Planung, sind für Besucher unübersehbar. Bei näherer Betrachtung wird allerdings offensichtlich, dass die Umwelt in den meisten Fällen das größte Opfer der rasant voranschreitenden Modernisierung des Landes ist. Viele Thais sehen kein Problem darin, Mangroven abzuholzen, um Platz für Garnelenfarmen zu schaffen, oder die Stromversorgung mit Energie aus Staudämmen in Laos oder mittels fragwürdiger Erdgasförderung in Myanmar sicherzustellen (die entsprechenden Exportvereinbarungen waren noch mit den ehemaligen Militärherrschern des Landes ausgehandelt worden).

Eine Reihe gut gemeinter Umweltgesetze deutet darauf hin, dass sich auch in Thailand ökologisches Bewusstsein zunehmend durchsetzt, doch Korruption und Mangel an politischer Entschlossenheit verhindern oft die entsprechende Anwendung der Gesetze. Die tiefe Spaltung innerhalb der thailändischen Politik lässt vermuten, dass sich an dieser Situation so bald kaum etwas ändern wird. Ironischerweise sorgt jedoch genau dieser Mangel an politischer Stabilität dafür, dass Investoren abgeschreckt werden, was der Umwelt zumindest gelegentlich zugutekommt.

Umweltprobleme an Land

Obwohl nach aktuellen Schätzungen noch immer etwa 25 % der Fläche Thailands bewaldet ist (im Vergleich: in Großbritannien sind es bescheidene 13 %), so ist die Entwaldung dennoch der Bereich, in dem Asien dem Westen in Bezug auf Umweltschäden am meisten hinterherhinkt. Die National Forest Policy der Regierung aus dem Jahr 1985 empfiehlt, dass 40 % des Landes bewaldet sein sollen, und das vollständige Verbot der Abholzung aus dem Jahr 1989 war ein großer Schritt in die richtige Richtung. Nach dem Gesetz sollen 25 % der Landesfläche Wäldern vorbehalten sein, doch das Abholzungsverbot hat dazu geführt, dass sich die Deckung des Bedarfs an natürlichen Ressourcen in die Nachbarländer verlagert hat. Während in Thailand die illegale Rodung nur in verhältnismäßig kleinem Maß betrieben wird, waren die Auswirkungen des Verbots in Kambodscha, Laos und Myanmar gewaltig. Riesige Mengen Holz kommen aus diesen Ländern illegal über die Grenze.

Trotz Thailands CITES-Mitgliedschaft werden alle möglichen Landtierarten aus dem Königreich geschmuggelt – entweder lebend oder auch nur bestimmte Körperteile verschiedener Tiere, die für die traditionelle chinesische Medizin von Bedeutung sind. Thailändische Gesetze stellen Tiger zwar unter Schutz, trotzdem ist das Land einer der größten Exporteure von begehrten Körperteilen dieser Raubkatzen nach China (angeblich haben Tigerpenis und -knochen medizinische Wirkung und steigern die Libido). Andere Tiere werden (oft illegal) gejagt, um Souvenirs für Touristen herzustellen. Zu den meist gefährdeten Arten zählen Elefanten, Dschungelspinnen, Rieseninsekten und Schmetterlinge sowie – entlang der Küste – Muscheln und Kugelfische.

Die Regierung hat dafür gesorgt, dass in den Restaurants kein *ah·hăhn bàh* (Dschungelessen) mehr angeboten wird, für das vom Aussterben be-

SÜDTHAILANDS NATIONALPARKS

PARK	BESONDERHEITEN	AKTIVITÄTEN
Mu Ko Chang National Marine Park	Meerespark mit Inseln, Regenwald, Wasserfällen und Korallenriffen	Schnorcheln, tauchen, Elefantenbegegnungen, wandern
Khao Laem Ya/Mu Ko Samet National Park	Meerespark mit Stränden und Korallenriffen in Küstennähe	Schnorcheln, tauchen, Bootsfahrten, windsurfen
Kaeng Krachan National Park	Nationalpark auf dem Festland mit Wasserfällen und Wäldern; reiche Vogelwelt, Wildtiere	Vogelbeobachtung
Khao Sam Roi Yot National Park	Küstenpark mit Höhlen, Bergen, Klippen und Stränden; Seraue, Irawadidelfine, 300 Vogelarten	Höhlentouren, Vogelbeobachtung, Kajak fahren
Ang Thong Marine National Park	40 malerische Tropeninseln mit Korallenriffen, Lagunen und Kalkfelsen	Seekajak fahren, wandern, schnorcheln
Khao Luang National Park	Nationalpark auf dem Festland mit bewaldeten Bergen und Wasserfällen; Wildtiere, Vögel und Orchideen	Wandern
Ao Phang-Nga National Marine Park	Küstenbucht mit Kalksteinfelsen, Inseln und Höhlen; Korallenriffe und Mangroven	Seekajak fahren, schnorcheln, tauchen
Khao Lak/Lam Ru National Park	Küstenpark mit Klippen und Stränden; Nashornvögel, Affen und Bären	Wandern, Bootsfahrten
Khao Sok National Park	Nationalpark auf dem Festland mit dichtem Regenwald, Wasserfällen und Flüssen; Tiger, Affen, Rafflesien & 180 Vogelarten	Wandern, Elefantenbegegnungen, Tubing
Laem Son National Park	Küsten- & Meerespark mit 100 km langen Mangrovenwäldern; Dschungel- und Zugvögel	Vogelbeobachtung, Bootsfahrten

drohte Tierarten wie Muntjaks, Bären, Schuppentiere, Gibbons, Zibetkatzen oder Gaure ihr Leben lassen mussten. Ein großes Problem ist, dass Nationalparkbeamte schlecht bezahlt und geschult sind, gleichzeitig von ihnen aber erwartet wird, dass sie sich bewaffneten Wilderern und den Söldnerarmeen reicher und mächtiger Paten entgegenstellen.

Der weit verbreitete Gedanke, dass sich Ökotourismus schützend auf Natur und Umwelt auswirkt, ist in Thailand ausgiebig getestet worden. In einigen Fällen hat der Tourismus auf jeden Fall positive Auswirkungen gehabt. Die Expansion von Thailands Nationalparks ist weitgehend dem Tourismus zu verdanken. Im Khao Yai National Park wurden sämtliche Hotels und Golfplätze abgerissen bzw. zurückgebaut, um die Lebenswelt des Parks nicht zu belasten. Der Druck vonseiten der Regierung und auch aus dem privaten Sektor hat im Hinblick auf den Tourismus dafür gesorgt, dass die Fischereiindustrie keinen Sprengstoff mehr an den Riffen der Similan- und Surin-Inseln einsetzt.

Gleichwohl zeigt der Tourismus ab und zu auch seine negativen Seiten, so z. B. massive Bautätigkeiten in der Nähe (und oft auch innerhalb) von Nationalparks, um ohne Rücksicht auf Flora und Fauna Bungalows, Luxushotels und Strandbars aus dem Boden zu stampfen. Ko Phi-Phi und Ko Samet sind zwei Nationalparks, in denen geschäftliche Interessen eindeutig über die der Umwelt gesiegt haben. In beiden Parks

PARK	BESONDERHEITEN	AKTIVITÄTEN
Similan Islands Marine National Park	Meerespark mit Granitinseln, Korallenriffen, Unterwasserhöhlen und Seevögeln	Schnorcheln, tauchen
Sirinat National Park	Küstenpark mit von Kasuarinen gesäumten Stränden, Schildkröten und Korallenriffen	Wandern, schnorcheln, tauchen
Surin Islands Marine National Park	Granitinseln, Korallenriffe, Walhaie und Mantas	Schnorcheln, tauchen
Hat Chao Mai National Park	Küstenpark mit sandigen Stränden, Mangrovenwäldern, Lagunen und Koralleninseln; Dugong (Seeschwein) & Mangrovenvögel	Seekajakfahren, schnorcheln, tauchen
Khao Phanom Bencha National Park	Bergurwald auf dem Festland mit rauschenden Wasserfällen; Affen	Wandern
Ko Phi-Phi Marine National Park	Meerespark mit vielen Inseln, Stränden, Lagunen und Meeresklippen; Korallenriffe & Walhaie	Seekajak fahren, schnorcheln, tauchen
Ko Tarutao Marine National Park	Meerespark mit vielen Inseln, bewaldeten Tropeninseln, Stränden; Affen, Wildtiere & Vögel	Schnorcheln, wandern, tauchen
Mu Ko Lanta Marine National Park	Meerespark mit vielen Inseln und malerischen Stränden; Korallenriffe und Riffhaie	Seekajak fahren, wandern, schnorcheln, tauchen
Mu Ko Phetra Marine National Park	Selten besuchter Meerespark mit vielen Inseln; Dugong (Seeschwein), Vögel und Korallenriffe	Seekajak fahren, schnorcheln
Tharnbok Korannee National Park	Küstenpark mit Mangrovenwäldern und Kalksteinhöhlen; Affen, Orchideen und Seevögel	Seekajak fahren

begann die Entwicklung in Gebieten der *chow lair* (auch Seenomaden genannt, ein halb-nomadisches Volk, das entlang der Küste lebt; auch *chao leh* geschrieben). Ko Lipe im Ko Tarutao Marine National Park und Ko Muk im Hat Chao Mai National Park scheinen sich inzwischen ähnlich zu entwickeln.

Müll- und Abwasserentsorgung werden in allen besiedelten Gebieten zu immer größeren Herausforderungen. Das gilt ganz besonders in Regionen, in denen der Zustrom von Touristen die lokale Infrastruktur überfordert. Eine erfreuliche Entwicklung war die Verabschiedung des Umweltgesetzes im Jahr 1992, das Umweltqualitätsnormen, Naturschutzgebiete und Belastungsgrenzen festlegt und hierfür staatliche Mittel bereithält. Pattaya erhielt daraufhin im Jahr 2000 seine erste Kläranlage, was deutlich zur Verbesserung der örtlichen Bedingungen beigetragen hat.

Während sich die Thais in der Regel nur ungern an größeren Umweltkampagnen beteiligen, so ist doch ihr Bewusstsein für das Thema gewachsen, vor allem wenn es sie persönlich betrifft. Seit Jahren haben Bürger vor Ort gegen den Bau von Dämmen demonstriert, wenn auch meist ohne Erfolg. Thailand hat sich zum Ziel gesetzt, die Produktion von erneuerbarer Energie bis zum Jahr 2021 um ein Viertel zu steigern. Die Energy Authority of Thailand (EGAT) plant, nach der Inbetriebnah-

Der weiße Sand von Thailands berühmten Stränden besteht aus winzige Korallenstücken, die von Korallen fressenden Fischen ausgeschieden wurden.

me 95% der durch die 3,5 Mrd. US$ teure Xayaburi-Talsperre (eine von elf entlang des unteren Mekongs) in Nord-Laos erzeugten elektrischen Leistung abzunehmen. Die Stauung des Mekong zur Erzeugung von Wasserkraft sorgt sicherlich für „sauberen" Strom, allerdings auf Kosten der Umwelt. Sie trägt zum Aussterben des gefährdeten Mekong-Riesenwels bei sowie zum Rückzug des Irawadidelfins aus dem Mekong.

Umweltprobleme im Meer

Thailands Korallenriffe, einschließlich jener entlang der Andamanenküste zwischen Ranong und dem nördlichen Phuket sowie den Surin- und Similan-Inseln, gehören zu den beeindruckendsten der Welt. Rund 600 Arten von Korallenfischen, vom Aussterben bedrohte Meeresschildkröten und andere seltene Lebewesen sind hier zu Hause.

Der Tsunami von 2004 verursachte an etwa 13% der Korallenriffe in der Adamanensee zwar erhebliche Schäden, allerdings deutlich geringere als zunächst angenommen und vor allem geringere im Vergleich zu den Umweltzerstörungen, die eine Industriegesellschaft hinterlässt. Korallenriffe erholen sich auf natürliche Weise, und dieser natürliche Prozess half den Korallen in der Adamanensee, in nur zwei bis drei Jahren nach dem Tsunami wieder nachzuwachsen. Es wird jedoch davon ausgegangen, dass etwa 25% der thailändischen Korallenriffe infolge der Umweltverschmutzung durch die Industrie abgestorben sind und dass sich der jährliche Verlust von gesunden Riffen weiterhin mit großer Geschwindigkeit fortsetzen wird. Auch an der Nordküste des Tauchzentrums Phuket sind tote Korallenriffe sichtbar. Die größte Bedrohung für Korallen ist die Sedimentation von moderner Küstenentwicklung: neue Eigentumswohnungen, Hotels, Straßen und Häuser. Eine große Menge Sediment im Wasser hemmt das Wachstum von Korallen. Andere häufige Probleme sind die Verschmutzung durch verankerte Ausflugsboote, Müll und ins Meer eingeleitetes Abwasser sowie allgemein die landwirtschaftliche und industrielle Entwicklung der Küsten. Selbst menschlicher Urin im Wasser erzeugt chemische Verbindungen, die empfindliche Korallenriffe töten können.

In Thailand wurden 2016 atemberaubende 300 000 t Garnelen gezüchtet, von denen zwei Drittel in den Export gingen.

Die Auswirkungen des Tsunamis auf die Küste zeigten unmittelbar die Bedeutung der Mangrovenwälder auf, die als Puffer gegen Sturmfluten wirken. Zuvor galten die Mangroven als Ödland und wurden wahllos abgeholzt. Es wird geschätzt, dass etwa 80% der Mangrovenwälder der Golfküste und 20% jener an der Andamanenküste der Schaffung von Fisch- und Garnelenfarmen, touristischen Bauten oder zur Versorgung der Holzkohlenindustrie zum Opfer gefallen sind. Die Garnelenfarmen stellen den bedeutendsten Faktor dar, weil Thailand der weltweit führende Produzent von Schwarzen Tigergarnelen ist und die kurzlebigen, immens viel Verschmutzung produzierenden Betriebe in unberührten Mangrovensümpfen angelegt werden, was mit unglaublichen ökologischen und sozialen Kosten verbunden ist. Garnelenfarmen sind ein sehr großes Geschäft (Thailand produziert jährlich um die 300 000 t Garnelen), und die großen Garnelenzuchtbetriebe können ihren Geschäften oft trotz der Umweltschutzgesetze nachgehen. Stimmen, die dagegen protestieren, können sich nur recht selten in der Öffentlichkeit Gehör verschaffen.

Die gewaltige Fischindustrie Thailands und seiner Nachbarn trägt ebenfalls zur Verschlechterung des allgemeinen Zustands des Meere bei. In der Asien-Pazifik-Region sind in den vergangenen 25 Jahren die Fischfangerträge um bis zu 33% zurückgegangen, und der obere Teil des Golfs von Thailand ist inzwischen nahezu leergefischt. Die größte Anteil des kommerziellen Fangs geht in den internationalen Markt und landet nur selten auf einem thailändischen Tisch. Die Meeresfrüchte, die in Thailand angeboten werden, stammen in der Regel aus Fischfarmen.

Teil der Lösung sein

Auf den ersten Blick scheinen die Umweltprobleme in Thailand überwältigend zu sein, doch es gibt einiges, was Reisende tun können, um die Auswirkungen des eigenen Besuchs zu minimieren oder sogar eine positive Wirkung zu erzielen. Die Art und Weise, auf die man als Besucher sein Geld ausgibt (und vor allem wofür), hat einen starken Einfluss auf die Wirtschaft des Königreichs und auf die Rentabilität einzelner Unternehmen. Man kann immer Fragen stellen, bevor man Geld ausgibt, und es dann an anderer Stelle tun, wenn einem die Antworten nicht gefallen. Zum Beispiel verfügen viele große Resorts nicht über Zufahrtsstraßen. Stattdessen bringen sie ihre Gäste mit Traktoren über sensible Wattgebiete zu ihrer Unterkunft. Wer sich bei der Buchung nach den Transfermöglichkeiten erkundigt, kann sich gegen diese zerstörerische Praxis entscheiden.

Von den unzähligen Tauchläden in der Region bemühen sich viele, die negativen Auswirkungen ihres Geschäfts auf die Riffe so gering wie möglich zu halten. Tauchläden, die anbieten, unerfahrene Touristen über lebenden Riffen zu schulen, tragen allerdings möglicherweise zur Schädigung des lokalen Ökosystems bei. Es lohnt sich, vor der Buchung nachzufragen, ob sich das Unternehmen an irgendwelchen Umweltschutzprojekten beteiligt. Es ist wichtig, Korallen weder zu betreten noch zu berühren und darauf zu achten, Bewegungen zu vermeiden, die Korallen – auch versehentlich – in Mitleidenschaft ziehen könnten. Auch sollte man Fische und andere Meeresbewohner nicht scheuchen oder anderweitig belästigen (verantwortlich arbeitende Tauchlehrer sollten darauf hinweisen).

Nachdem inzwischen mehr und mehr Beweise vorliegen, die die Behauptungen von Tierschutzexperten bestätigen, dass Elefantenritte und -shows den sanften Riesen schaden, weil sie oft misshandelt werden, damit sie dem Menschen gefügig sind, bietet eine kleine, aber wachsende Anzahl von Schutzgebieten nachhaltigere Begegnungen mit diesen beeindruckenden Tieren. Dort kann man mit Elefanten, die ihren wohlverdienten Ruhestand genießen, umherstreifen oder sie baden. Lonely Planet empfiehlt, nicht auf Elefanten zu reiten oder Aufführungen mit den Tieren zu besuchen. Wir bitten Traveller zudem dringend, sich vor Organisationen zu hüten, die einerseits für ihre Schutzeinrichtung werben, gleichzeitig aber dort Ausritte und Shows anbieten.

Wer seinen Besuch mit einem positiven Beitrag für die Entwicklung des Landes verbinden möchte, kann sich bei einer der vielen ökologischen und sozialen Gruppen im Königreich engagieren. Die Recherche vor Abreise kann dazu beitragen, die Organisation zu finden, die den eigenen Werten entspricht.

Eine Gruppe ökologisch engagierter buddhistischer Mönche, bekannt als Thai Ecology Monks, setzt auf friedlichen Aktivismus, um lokale Gemeinschaften in ihrem Kampf gegen Abholzung und andere Umweltausbeutung zu unterstützen.

Thai-Massage

Für viele Besucher ist eine Thai-Massage nur eine weitere Form, sich zu entspannen oder den Muskelkater nach einer langen Bus- oder Zugfahrt loswerden zu können. Doch diese komplexe Kunst ist ein wichtiger Bestandteil der traditionellen Thai-Medizin und die Frucht geistiger und medizinischer Wurzeln, die bis in die Zeit von Buddha selbst zurückreichen.

Spiritueller & Philosophischer Ursprung

Die thailändische Form der Massage hat ihren Ursprung in den tantrisch-buddhistischen Vajrayana-Lehren, die in Indien und Tibet entstanden sind. Übersetzt aus dem Sanskrit, bedeutet Vajrayana „Diamant-" oder „Blitzfahrzeug", und stellt wegen der Ritualisierung von Praktiken (im Gegensatz zu in erster Linie abstrakten Meditationen), um das Nirwana zu erreichen, einen Übergang im Mahayana-Buddhismus dar. Das Vajrayana führte z. B. die Ideen des Mantra (ein Symbol, Wort oder eine Gruppe von Wörtern, die bei spiritueller Transformation eine Hilfe sein können) und des Mandala (ein Symbol, oft künstlerisch dargestellt, das das Universum repräsentiert) ein. Diese Denkrichtung hatte ihre Blütezeit in Indien und Tibet zwischen dem 6. und 11. Jh. Ihr größter Einfluss auf Thailand liegt jedoch in ihrer Heilkunst.

Wie bei der thailändischen Kultur allgemein, kamen auch die Einflüsse auf die Medizin aus verschiedenen Richtungen, u. a. aus China, Indien und anderen südostasiatischen Regionen. Sowohl Ayurveda als auch die traditionelle chinesische Medizin sind Teil der Grundlagen der Thai-Massage. Ein fachkundiger Masseur wird den 10 Sen-Linien bzw.

TRADITIONELLE THAI-MEDIZIN

Ähnlich wie bei den anderen Schulen der asiatischen Medizin, wird das Thema Gesundheit auch in der Traditionellen Thailändischen Medizin (TTM) ganzheitlich betrachtet und umfasst nicht allein den physischen Körper, sondern auch Herz, Geist, Seele sowie den Energiefluss durch die Sen. Dabei kommt den vier Elementen – Feuer, Wasser, Luft und Erde – besondere Bedeutung zu, indem jedes Element bestimmend ist für Körperteile und Funktionen: Erde regiert die Organe, Luft den „Wind" (in der Regel sind damit Atmung und Verdauung gemeint), Wasser regelt die Körperflüssigkeit und Feuer die vier Arten der Körperwärme (inkl. Zirkulation). Ein Leben in Harmonie mit der Natur, gutem Essen und im Einklang mit den eigenen natürlichen Zyklen (von Tag und Nacht, aber auch dem Alterungsprozess) gelten in der TTM als Schlüssel für die Gesundheit des Menschen.

Geschmacksrichtungen sind für die Thais nicht nur in kulinarischer Hinsicht wichtig, das erstreckt sich auch auf den Bereich der Medizin. Wie ein pflanzliches Heilmittel schmeckt, bestimmt wie es die Elemente ausbalanciert und welche Krankheiten damit behandelt werden können. So geht man z. B. gegen Müdigkeit mit Süßem vor, Salziges kommt gegen Verstopfung zum Einsatz, und mit Bitterem bekämpft man Infektionen. Zu einer TTM-Behandlung gehören im Allgemeinen pflanzliche Heilmittel, Massagen und Veränderungen des persönlichen Lebensstils.

-Kanälen folgen, die, mit spezifischen Druckpunkten versehen, den Körper durchziehen und die den Meridiane der chinesischen Medizin und indischen *nadis* ähnlich sind. In der Thai-Theorie transportieren diese Kanäle verschiedene Arten von „Wind" (je nach Sen-Linie), die der Luft entstammen, die durch die Lunge inhaliert wird. Ist eine Leitung blockiert oder nicht im Gleichgewicht, sind Symptome oder Krankheit die Folge. Gleichzeitig kommen bestimmte Streck-, Dreh- und Dehnungen (Asanas) aus dem Yoga zur Anwendung, um durch ihre lockernde Wirkung, in Verbindung mit Druckpunktmassage und rhythmischer Kompression, Gelenke zu entspannen.

Eine Thai-Massage wird oft als „Ausdruck der Güte" bezeichnet, weil die mitfühlende Absicht des Heilers im Mittelpunkt der Anwendung steht. In ihrer wahren Form wird sich der Masseur während der Massage mit seinem Kunden in einem meditativen Zustand verbinden und beide Beteiligte werden durch Demut und Konzentration einen tieferen Sinn des Bewusstseins erfahren.

König Rama V. gab ein Lehrbuch über traditionelle Thai-Medizin (inkl. Massage) in Auftrag, das 1900 fertiggestellt wurde.

Geschichte

Jivaka Komarabhacca, Arzt des Buddha, gilt als Gründerfigur der Thai-Massage und der traditionellen Thai-Medizin. Obwohl er in buddhistischen Schriften nicht sonderlich ausführlich erwähnt wird, kommt Dr.

DIE ZEHN SEN – DIE 10 ENERGIELINIEN

Die Thai-Massage baut auf den folgenden 10 Energielinien auf. Ein guter Masseur ist bestrebt, Gleichgewicht zwischen ihnen zu schaffen und/oder die Blockade einzelner oder aller dieser Linien zu beheben.

SEN	ORT	WICHTIGSTE INDIKATIONEN
Sen Sumana	Von der Zungenspitze zum Solarplexus	Verdauungssystem, Asthma, Herzkrankheiten, Bronchitis
Sen Ittha	Beginnt am linken Nasenflügel, verläuft über Stirn und Kopf, den Rücken hinab, bis zum linken Knie	Kopfschmerzen, Erkältungskrankheiten, Harntraktstörungen, Rückenschmerzen
Sen Pingkhala	Wie Sen Ittha – aber bezogen auf die rechte Seite	Wie Sen Ittha, zzgl. Gallenblase und Leberkrankheiten
Sen Kalathari	Zwei Linien, die, von den Zehen- zu den Fingerspitzen, über den Körper ein X bilden	Verdauungsprobleme, Leistenbruch, Arthritis, mental-psychische Störungen
Sen Sahatsarangsi	Vom linke Auge die linke Körperseite hinunter, beim Beinansatz Wechsel auf die Rückseite des linken Beines, dann unterhalb des Fußes zur Vorderseite des linken Beines, hoch bis zum Nabel	Zahnschmerzen, Augenprobleme, Depression, Magen-Darm-Störungen
Sen Thawari	Wie Sen Sahatsarangsi – aber bezogen auf die rechte Seite	Wie Sen Sahatsarangsi, zzgl. Blinddarmreizungen und Gelbsucht
Sen Lawusang	Vom linken Ohr zur linken Brustwarze, bis ins Zentrum des Solarplexus	Ohrenbeschwerden, Husten, Zahnschmerzen, Magen-Darm-Störungen
Sen Ulangwa	Wie Sen Lawusang – aber bezogen auf die rechte Seite	Wie Sen Lawusang, zzgl. Juckreiz and Schlafstörungen
Sen Nanthakrawat	Zwei Linien, die beide am Nabel beginnen: die eine verläuft zur Harnröhre, die andere zum Anus	Unfruchtbarkeit, Impotenz, Durchfall, unregelmäßige Menstruation
Sen Kitchanna	Beim Mann: vom Nabel bis zum Penis. Bei der Frau: vom Nabel bis zur Gebärmutter	Wie Sen Nanthakrawat, zzgl. Probleme mit dem Geschlechtstrieb

Jivaka in der thailändischen Überlieferung ein extrem hoher Status zu; im Großen Palast in Bangkok steht eine Statue von ihm, und häufig findet man sein Bild neben Buddha-Statuen, als beschütze er ihn. Es heißt, der Arzt habe die Kunst der Massage in den Klöstern verbreitet, um die Schmerzen der Mönche zu lindern, unter denen diese oft nach den langen Stunden der Meditation litten. Auch heute noch ehren thailändische Masseure mit einem *wâi kroo* (eine thailändische Geste, mit der einem Lehrer Respekt gezollt werden soll) den Arzt mit Gesängen, die seinen Namen enthalten.

In den Klöstern gaben Meister die Massage-Techniken und -Kenntnisse über Generationen hinweg an ihre Schüler weiter. Mit der Unterstützung des Königtums und der Hingabe der Praktizierenden, wurden die Techniken zur Heilung von Kranken und Verletzten in der Gemeinschaft immer weiterentwickelt. Bis in die 1830er-Jahre erfolgte die Überlieferung ausschließlich mündlich. Erst mit der Erbauung des Wat Pho wurde das Wissen der Thai-Massage-Kunst schließlich auch auf Steingravuren und Statuen festgehalten. Als anerkannter Beruf gilt die Ausübung der Thai-Massage jedoch erst seit den 1920er-Jahren.

Thai-Massage

Wo? Wie viele?

Im Süden Thailands gibt's in jedem Touristengebiet viele Massage-Angebote. Die meisten davon in klimatisierten Räumen mit großen Liegestühlen für Fußmassagen und Maniküre/Pediküre sowie einem gesonderten Bereich für Ganzkörpermassagen auf ein, zwei Reihen durch Vorhänge getrennter Matratzen. Einige Praxen bieten zudem Körperpeelings und andere Wellnessangebote. Entlang belebter Strände findet man geschützte, erhöhte Plattformen mit Reihen von Matratzen, wo man sich in seinem Schwimm-Outfit auseinandernehmen lassen kann – allerdings mit Blick aufs Meer. In abgelegeneren Gebieten gibt es mitunter nur ein oder zwei Massage-Therpeuten, doch diese unabhängig arbeitenden Fachkräfte sind in der Regel besser qualifiziert als jene, die in den größeren Läden arbeiten.

Massagen sind üblicherweise in der Nähe exklusiver Resorts am teuersten, wobei es durchaus Ausnahmen gibt. Manchmal reicht ein ein- oder zweiminütiger Fußmarsch weg von der Hauptstraße oder den Strand entlang, um günstigere Angebote zu finden. Für eine einstündige Thai- oder Fußmassage kann man mit 200 B bis 500 B rechnen. Bei zusätzlichen Leistungen wie Öl, Aloe bei Sonnenbrand, Aromatherapie oder heiße Heilkräuterstempel wird es teurer.

Die gehobenere Alternative ist eine Deluxe-Massage in einem Spa, in- oder außerhalb eines Resorts. Die hier arbeitenden Fachleute verfügen meistens über mehr offizielle Nachweise ihres Könnens als ihre Kollegen und Kolleginnen in den Straßengeschäften oder am Strand, was aber nicht grundsätzlich bedeutet, dass sie besser arbeiten. Der wahre Vorteil einer solchen Spa-Massage liegt in der luxuriöseren Umgebung, einer schönen Aussicht, Teakholz-Möbeln, einen entspannenden Soundtrack, Wasserberieselung, umgeben von vielen angenehmen Gerüchen und mehr Privatsphäre. Außerdem hat man in einem Spa die Wahl aus einer ganzen Reihe anderer Anwendungen und Dienstleistungen wie Blumenbäder, Fußbehandlungen oder Body Wraps. Die Preise für eine Thai-Massage in derartigem Ambiente fangen in der Regel bei etwa 500 B an.

Aller Anfang…

An belebteren Stränden, zumal an solchen der etwas „lockereren" Art, hört man schon mal Schlepper fragen, ob man nicht eine „Massage" haben möchte – und verweisen dann auf den Salon, vor dem sie stehen. In eher besseren Stadtteilen sind vor solchen Salons draußen, meist neben der Tür, die im Inneren angebotenen Dienstleistungen auf einer Tafel aufgelistet. Möglicherweise wird man aber auch durch eine Gruppe kichernder Masseusen aufmerksam, die vor ihrem Laden ein Päuschen einlegen. Die meisten Massage-Therapeuten sind weiblich, wobei es auch einige wenige Männer in diesem Berufsfeld gibt. Wenn das Personal professionell gekleidet ist, in der Regel in Uniform, wird es sich wahrscheinlich um ein anständiges Massagestudio handeln. Falls die Frauen hingegen auffallend jung, leicht bekleidet oder stark geschminkt sind, kann man das als Hinweis dahingehend verstehen, dass eine andere Art von Dienstleistung im Mittelpunkt des Angebots steht. Private Massageräume im hinteren Bereich des Salons, anstelle eines üblicheren, durch Vorhänge abgetrennten Massagebereichs, sind ebenfalls ein Zeichen dafür, dass hier Pikanteres als eine klassische Thai-Massage praktiziert wird. Männer, die sich nach einer „Öl-Massage" erkundigen, erhalten gelegentlich, auch in scheinbar gehobenen Betrieben, Behandlungen, die nicht im offizielen Angebot aufgeführt sind. Wenn man erkennt, dass die Massage in diese Richtung verläuft, steht man am besten auf und geht.

Sobald man sich entschieden hat, zieht man seine Schuhe aus und folgt seiner Masseuse. Manchmal wird man gebeten, vollständig bekleidet zu bleiben, manchmal wird einem ein Pyjama im Thai-Stil oder ein Sarong gereicht. Ist Letzteres der Fall, zieht man sich entweder hinter einem Vorhang oder in einer Umkleidekabine bis auf die Unterwäsche aus und streift sich das neue Outfit über. Am Strand wird man in der Regel auch in Badeklamotten massiert, Frauen, die ihr Bikini-Oberteil ausziehen möchten, erhalten eventuell einen Sarong.

Eine Fußmassage beginnt mit einem Fußbad und Feuchtigkeitsbehandlung, dann folgt die (durchaus kräftige) Bearbeitung der Druckpunkte.

Die Massage

Eine Thai-Massage ist nichts für Weicheier. Los geht's in der Regel mit entspannendem Durchkneten des Rückens, der Arme und der Beine. Die Masseuse wird sich mehrfach erkundigen, ob der Druck sanft bzw. kräftig genug ist. Dann wird's rauer – Gelenke, meist Finger und Zehen, manchmal aber auch das ganze Bein bzw. der ganze Arm, der Rücken und der Nacken, werden nach allen Regeln der Chiropraktik gelockert. Anschließend wird selbst die zierlichste Masseuse den Körper in Yoga-Verrenkungen drehen und wenden, Beine und Arme gefühlt um mehrere Zentimeter verlängern, und, so mag er sich vorkommen, den Gast in eine menschliche Brezel verwandeln. Man beginnt eine Thai-Massage auf dem Rücken liegend. Nach etwa der Hälfte der Behandlungszeit geht's

WAT PHO

Der Wat Pho, neben dem Königspalast in Bangkok, ist das nationale Herzstück der Thai-Massage. Bevor der königliche Wat von Rama I. in den späten 1800er-Jahren erbaut wurde, existierte an dieser Stelle schon ein Zentrum für Traditionelle Thailändische Medizin. Der zukünftige Wat nahm dessen Wissen in seinen Lehrplan auf und wurde schließlich Heimat der erste offiziellen Schule für Thai-Massage; so zieren Schrifttafeln der Sen-Linien die Innenwände des Tempels. Nach wie vor gilt die Schule als die beste im Land und Besucher können an Ausbildungskursen teilnehmen oder sich einfach nur massieren lassen. 2008 wurde der Wat Pho von der UNESCO in das Weltdokumentenerbe aufgenommen. Der Leiter der Schule, Khun Serat, ist der Enkel des Gründers, und viele der Lehrer sind Nachfahren des ursprünglichen Lehrkörpers.

Unter www.watphomassage.com erfährt man alles Wissenswerte über 30-stündige Thai-Massage- oder Fußmassage-Kurse oder zu Trainingsprogrammen, die mehrere Monate dauern. Einen fünftägigen Kurs kann man schon ab 9500 B belegen (man kann sich im Wat aber auch nur einfach einer 30- oder 60-minütigen traditionellen Massage hingeben, was zwischen 260 und 420 B kostet).

Heilkundler empfehlen, nach einer Massage viel Wasser oder grünen Tee zu trinken, um gelöste Giftstoffe auszuschwemmen.

über in die Bauchlage. Das Finale erlebt man mit dem Kopf im Schoß seines Masseurs oder seiner Masseuse für eine abschließende Kopfmassage und ein letztes (knackiges) Dehnen des Rückens. Insgesamt ist die Behandlung an sich nicht wirklich entspannend, trotzdem fühlt man sich danach einfach unglaublich. Man sollte seinen Masseur im Voraus wissen lassen, falls man irgendwelche Verletzungen hat, und auch mitteilen, wenn für einen die persönlichen Grenzen der Belastbarkeit erreicht sind. Wie bei jedem guten Workout, sollte man seine Grenzen kennen – und sich auch an sie halten.

Gleichzeitig sind Thai-Massagen, insbesondere in vielen touristischen Gebieten, inzwischen oft nur noch eine verwässerte Form des Originals. Nicht selten erlebt man, dass Gelenke und Knochen nicht im Ansatz belastet (bzw. gelockert) werden. Ältere Frauen neigen dazu, am heftigsten hinzulangen, aber auch bei jüngeren weiß man erst, zu welch qualvollen Therapievarianten sie in der Lage sind, wenn man mit der Nase auf dem Knie aufschlägt.

Wer nun meint, Angst haben zu müssen, gemach! Schwedische und andere Arten der Massage stehen oft ebenfalls zur Auswahl. Man verpasst in einem solchen Fall allerdings eine großartige kulturelle, womöglich sogar spirituelle Erfahrung. Eine einfachere Fußreflexzonenmassage (gibt's eigentlich in allen Massagestudios) eignet sich wunderbar für den „Einstieg“, sofern man noch nie eine professionelle Thai-Massage erlebt hat, bzw. etwaige Berührungsängste hegt.

Praktische Informationen

Allgemeine Informationen

Aktivitäten

Klettern

Thailands zahllose Kletterspots reichen von Felsen, die Anfänger erklimmen können, bis hin zu Routen für erfahrene Profi-Kraxler. Die meisten Optionen liegen im Süden; der Norden wartet jedoch mit ein paar anspruchsvollen Berggipfeln auf.

Kochen

Lokaler Unterricht im Zubereiten authentischer Thai-Gerichte steht bei vielen Travellern hoch im Kurs. Zahlreiche einheimische Küchenchefs teilen ihre Geheimnisse gern mit ausländischen Feinschmeckern. Dabei informieren sie die Kursteilnehmer teils direkt auf den Märkten über die rezeptspezifischen Zutaten.

Meditation & Spiritualität

Viele Thais tanken gern neue Kraft in der spirituellen Atmosphäre von Tempeln und Meditationszentren. Traveller können es ihnen gleichtun.

Surfen & Kiteboarden

In der Jahresmitte türmt der Monsun anständige Wellen zum Surfen vor Phuket auf. Die Ostküste lockt Kiteboarder fast ganzjährig mit starken Winden.

Thaiboxen

Wer von Turniersiegen im *moo·ay tai* (auch Muay Thai; Thaiboxen) träumt, findet landesweit diverse Trainingslager. Diese kombinieren den Kampfsportunterricht im Ring auch mit Programmen zur Verbesserung der allgemeinen Fitness.

PRAKTISCH & KONKRET

Maße & Gewichte Thailand verwendet das metrische System. Gold und Silber werden in *bàat* (15 g/Einheit) abgewogen.

Radio Landesweit gibt's über 400 Programme auf AM und FM. Zudem sind viele kleinere Stationen und internationale Sender per Online-Stream empfangbar.

TV Die sechs terrestrischen TV-Netzwerke Thailands werden durch internationales TrueVision-Kabelfernsehen und immer mehr digitale Kanäle ergänzt.

Zeitungen & Zeitschriften Unter den englischsprachigen Zeitungen sind die *Bangkok Post* (www.bangkokpost.com), die wirtschaftslastige *Nation* (www.nationmultimedia.com) und die *KhaoSod English* (www.khaosodenglish.com), die als Parallelausgabe eines thailändischen Mainstream-Blattes erscheint. Zeitungsstände verkaufen auch Wochenmagazine wie *Economist* und *Time*.

Arbeiten in Thailand

Thailand bietet viele Möglichkeiten für befristete Jobs (vor allem als Englischlehrer bzw. -lehrerin). Wer hier legal arbeiten will, benötigt neben einem Non-Immigrant-Visum (S. 458) auch eine offizielle Arbeitsgenehmigung. Eine solche kann im Voraus bei diplomatischen Vertretungen Thailands beantragt werden. Ajarn.com (www.ajarn.com) liefert nützliche Hintergrundinfos zum Unterrichten vor Ort und betreibt auch eine Online-Jobbörse.

Botschaften & Konsulate

Neben ihren Botschaften in Bangkok unterhalten einige Länder auch Konsulate in Chiang Mai, Pattaya, Phuket und Songkhla.

Deutschland (Karte S. 94; ☎02 287 9000; www.bangkok.diplo.de; 9 Th Sathon Tai/South; ⏲Mo–Fr 7.30–11.30 Uhr; Ⓜ Lumphini, Ausgang 2)

Kambodscha (Karte S. 102; ☎02 957 5851; 518/4 Soi Ramkhamhaeng 39, Th Pracha Uthit; ⏰Mo–Fr 8.30–12 & 14–17 Uhr; Ⓜ Phra Ram 9, Ausgang 3, dann Taxi) Hat auch ein Konsulat in Sa Kaew.

Laos (Karte S. 102; ☎02 539 6667; 502/1–3 Soi Sahakarnpramoon, Th Pracha Uthit/Soi Ramkhamhaeng 39; ⏰Mo–Fr 8–12 & 13–16 Uhr; Ⓜ Phra Ram 9, Ausgang 3, dann Taxi)

Malaysia (Karte S. 94; ☎02 629 6800; www.kln.gov.my/web/tha_bangkok/home; 33–35 Th Sathon Tai/South; ⏰Mo–Fr 8–16 Uhr; Ⓜ Lumphini, Ausgang 2) Verfügt auch über ein Konsulat in Songkhla.

Myanmar (Karte S. 94; ☎02 233 7250; www.myanmarembassybkk.com; 132 Th Sathon Neua/North; ⏰Mo–Fr 9–12 & 13–15 Uhr; Ⓢ Surasak, Ausgang 3)

Österreich (☎02 105 6710; www.bmeia.gv.at/oeb-bangkok/; No. 14 Soi Nantha-Mozart, Sathorn Soi 1, South Sathorn Rd, Thungmahamek, Sathorn)

Schweiz (☎02 674 6900; www.eda.admin.ch/countries/thailand/de/home/vertretungen/botschaft.html; 35 Th Witthayu Nuea/North Wireless Rd, Lumphini, Pathum Wan; ⏰Mo–Fr 9–11.30 Uhr)

Feiertage & Ferien

1. Januar Neujahr

Februar (wechselnde Termine) Makha Bucha, buddhistischer Feiertag

6. April Chakri-Tag

13.–15. April Songkran

1. Mai Tag der Arbeit

5. Mai Krönungstag, erinnert an die Krönung des Königspaars 1946

Mai/Juni (wechselnde Termine) Visakha Bucha, buddhistischer Feiertag

Juli (wechselnde Termine) Asanha Bucha, buddhistischer Feiertag

28. Juli Geburtstag des Königs

12. August Geburtstag der Königin

23. Oktober Chulalongkorn-Tag

Oktober/November (wechselnde Termine) Ork Phansaa, Ende der buddhistischen Fastenzeit

5. Dezember Geburtstag des verstorbenen Königs

10. Dezember Verfassungstag

31. Dezember Silvester

PREISKATEGORIEN: ESSEN

Die folgenden Preiskategorien beziehen sich auf ein Standard-Hauptgericht.

$ unter 150 B

$$ 150–350 B

$$$ über 350 B

Fotos & Video

Bei Personenaufnahmen ist stets angemessene Zurückhaltung angebracht: Immer erst höflich auf Thai um Erlaubnis bitten (die Sätze rechtzeitig und richtig lernen!), dann auf die Zustimmung durch verlegenes Kopfnicken warten! In regelmäßig besuchten Bergregionen verlangen Stammesangehörige oft Geld als Gegenleistung für Fotos. Angehörige anderer Bergstämme gestatten wiederum keinerlei Aufnahmen von sich.

Frauen unterwegs

Weibliche Reisende sehen sich in Thailand meist nur mit wenigen Problemen konfrontiert: Frauen wird hier generell großer Respekt entgegengebracht (den man auch stets angemessen erwidern sollte).

➡ Weit draußen auf dem Land, bei Tempelbesuchen und auf dem Weg zum/vom Strand sollten sich Touristinnen respektvoll verhüllen. Vor allem in Großstädten zeigen die Thailänderinnen (besonders die jüngeren) aber heute mehr Haut als früher. So können auch Touristinnen nun vielerorts bauchfrei oder Tops mit Spaghettiträgern tragen, ohne den örtlichen Sittsamkeitsanspruch herauszufordern.

➡ Wie überall sonst auf der Welt können Übergriffe und Vergewaltigungen auch in Thailand vorkommen – vor allem, wenn die Täter „leichte Beute" in Form von alleinreisenden und/oder betrunkenen Frauen wittern. Auf dem Heimweg von Bars sollten Touristinnen ohne Begleitung ihre Sinne daher unbedingt noch beisammen haben! Weibliche Traveller tun auch gut daran, einsame Gegenden nie allein zu erkunden und niemals nachts bei Fremden mitzufahren.

➡ Bei Kontakten mit einheimischen Männern sollten Frauen immer die örtliche Etikette beachten: Wer hier eigentlich nur belanglos flirten möchte, weckt bei vielen männlichen Thais ernstere Absichten. Wenn Frauen dann einfach gehen oder sich jemand anderem zuwenden, kann dies beim Gegenüber unbeabsichtigt das Gefühl des Gesichtsverlustes auslösen – und der Verschmähte wird dann eventuell unangenehm.

Freiwilligenarbeit

In Thailand gibt's viele tolle Organisationen, die die Freiwilligenarbeit mit kulturellen Erlebnissen kombinieren. Die Online-Datenbank von Volunteer Work Thailand (www.volunteerworkthailand.org) führt entsprechende Möglichkeiten auf. Für weitere Infos zu ehrenamtlichen Engagements vor Ort s. S. 38.

Gefahren & Ärgernisse

Thailand gilt allgemein als recht sicheres Reiseziel. Dennoch ist auch hier stets angemessene Vorsicht angebracht – insbesondere bei Kontaktaufnahme zu Fremden (sowohl bei Thais als auch bei Ausländern) und/oder bei Solotrips.

➜ Um Probleme wie Abzocke, Betrug und heimlicher Diebstahl möglichst zu vermeiden, sollten Traveller ihre Sinne immer gut beisammen haben.

➜ In Thailand herrschen andere Ansichten zur Sexualität als im Westen, und das sollte man immer im Hinterkopf behalten. Harmloses Flirten können männliche Thais gegebenenfalls schnell als ernsthaftere Intentionen missverstehen.

Abzocke

Thailänder können so freundlich und entspannt wirken, dass bei Ausländern manchmal schnell ein falsches Sicherheitsgefühl entsteht. Dies öffnet Abzocke aller Art dann Tür und Tor. Vor allem Bangkok ist bekannt für Betrugsmaschen, bei denen sich falsche Freunde über längere Zeit hinweg das persönliche Vertrauen ihrer Opfer erschleichen und diese dann mit vermeintlichen Schnäppchen abzocken. Bei Letzteren handelt es sich meistens um angeblich kostbare „Edelsteine", die aber in Wirklichkeit hübsch funkelnde Imitate aus Glas sind.

Von Fremden angebotene Hilfe beim Shoppen oder Sightseeing sollte man grundsätzlich ignorieren: Anderenfalls wird unweigerlich eine Provision fällig!

Diebstahl & Betrug

Auf persönliche Besitztümer sollte man besonders gut aufpassen. Daher unbedingt immer das Hotelzimmer gut abschließen und die wichtigsten Wertgegenstände (Reisepass, Bargeld, Kreditkarten) stets direkt am Körper tragen! Hotelsafes sind nicht unbedingt sicher.

Dieselben Vorsichtsmaßnahmen gelten auch unterwegs. Abgeschlossenes Gepäck schreckt Diebe in Fernreisebussen aber leider kaum ab.

Beim Bezahlen per Kreditkarte sollte der Verkäufer die Karte stets direkt vor den Augen des Kunden durch die Maschine ziehen: Skrupellose Geschäftsleute erschummeln sich bei einem einzigen Kauf eventuell drei oder vier Abbuchungen. Manchmal werden die Einzugsermächtigungen erst viel später im Abstand von mehreren Wochen oder sogar Monaten einzeln bei einer Bank eingelöst. So können Kunden vielleicht nicht mehr nachvollziehen, ob ein Betrag gleich mehrmals vom selben Händler eingezogen wurde.

Um nicht die ganze Reisekasse auf einen Schlag einzubüßen, sollten Kreditkartenzahlungen nie direkt aufs Bankkonto zugreifen. So wird Betrügern der ungehinderte Zugriff auf vorhandene Geldmittel verwehrt.

Bei Betrugsfällen jeglicher Art wendet man sich an die **Touristenpolizei** (☎24-Std.-Hotline 1155).

Drogenbesitz

Trotz der scheinbar regellosen Atmosphäre vor Ort sind jeglicher Besitz, Konsum, Kauf, Verkauf und Schmuggel von Drogen (u. a. Opium, Heroin, Kokain, Amphetamine, Marihuana, halluzinogene Pilze) in Thailand strengstens verboten. Bei Drogenbesitz, -konsum oder -handel müssen auch Ausländer mit sehr unangenehmen Konsequenzen und mindestens einem Jahr Gefängnis rechnen. Drogenschmuggel (offiziell „Grenzübertritt mit illegalen Betäubungsmitteln") wird vergleichsweise deutlich härter und potenziell mit der Todesstrafe geahndet.

Grenz- & Krisengebiete

Thailand unterhält im Allgemeinen freundschaftliche Beziehungen zu seinen Nachbarn, deswegen ist der Personen- und Warenverkehr an den meisten Grenzübergängen uneingeschränkt möglich. Wegen der anhaltenden Ausschreitungen im äußersten Süden rät Lonely Planet von der Überquerung des Grenzübergänge von Sungai Kolok und Padang Besar nach Malaysia ab. Besucher sollten zudem alle Provinzen mit muslimischer Bevölkerungsmehrheit (Yala, Pattani, Narathiwat) meiden.

Körperliche Angriffe

Körperliche Angriffe auf Traveller sind in Thailand sehr selten, kommen aber dennoch vor. „Gesichtsverlust" (z. B. durch öffentliche Bloßstellung oder Demütigung) kann insbesondere männliche Thais zu unerklärlich heftigen und/oder gewalttätigen Reaktionen veranlassen – vor allem, wenn Alkohol im Spiel ist. Ein potenzielles Risiko geht auch von betrunkenen Touristen aus.

Schlepper & Provisionshaie

Schlepper haben in Asien eine lange Tradition. In Thailand sind sie zwar nicht so zahlreich wie z. B. in Indien, sie treiben aber dennoch ihr Unwesen. In Bangkok werden Neuankömmlinge oft von Túk-túk-Fahrern, Hotelangestellten oder Barmädchen zu Stadttouren überredet. Diese enden fast immer in Seide-, Schmuck- oder Kunsthandwerksläden mit extrem aggressiver Verkaufspolitik.

Schlepper bringen Traveller zu bestimmten Unterkünften und kassieren eine Provision (S. 457).

Reisebüros sind berüchtigt, frisch Eingetroffene so lange zu bequatschen, bis sie einer Übernachtung in überteuerten, ungünstig gelegenen Hotels zustimmen.

Manche Reiseagenturen tarnen sich als Vertretungen der staatlichen Tourismusbehörde TAT. So versehen sie z. B. Angestellte mit gefälschten TAT-Abzeichen oder hängen große TAT-Schilder auf. In den Büros werden den Travellern dann Bus- und Zugtickets verkauft und saftige Provisionen einkassiert. Offizielle TAT-Vertretungen buchen aber keine Hotelzimmer oder Verkehrsmittel! Bei Anbietern solcher Dienstleistungen handelt es sich daher um Reiseagenturen und nicht um Büros der staatlichen Touristeninformation.

Wer seine Reiseverbindungen plant, sollte die Preise mehrerer Agenturen vergleichen, da die Provision stark variieren kann. Vorsicht auch vor allen Reisebüros, die Kunden aggressiv zum Buchen von Komplettpaketen (Flugtickets, Hotelzimmer, geführte Touren usw.) nötigen!

Staatliche Reiseinformationen

Staatliche Reise-Websites mit nützlichen Infos und aktuellen Warnhinweisen:

Deutschland (www.auswaertiges-amt.de/de/thailandsicherheit/201558)

Österreich (www.bmeia.gv.at/reise-aufenthalt/reiseinformation/land/thailand/)

Schweiz (www.eda.admin.ch/countries/thailand/de/home.html)

Geld

Der Baht (B) ist Thailands allgemeine Währungseinheit. Ein Baht entspricht 100 Satang. Geldstücke gibt es zu 25 und 50 Satang sowie im Wert von 1, 2, 5 und 10 B. Ältere Münzen haben nur eine Prägung in thailändischer Schrift, während auf neueren thailändische und arabische Zahlen stehen. Die goldfarbene 2-B- und die silberfarbene 1-B-Münze besitzen die gleiche Größe. Satang-Münzen sind meist nur in Supermärkten gebräuchlich, die nicht auf den nächsten vollen Baht-Betrag aufrunden.

Geldscheine kursieren im Wert von 20 (grün), 50 (blau), 100 (rot), 500 (violett) und 1000 B (beige).

Devisenbestimmungen

Barbeträge ab einem Gesamtwert von 20 000 US$ müssen bei der Einreise beim thailändischen Zoll angemeldet werden. Zudem gelten für ausländische Besucher bestimmte finanzielle Vorgaben; je nach Art des Visums sind ausreichende Geldmittel nachzuweisen, die in der Regel jedoch nicht das geschätzte Reisebudget übersteigen. Nur selten wird ein Nachweis verlangt, dennoch ist er gesetzlich vorgesehen. Das **thailändische Außenministerium** (☎02 203 5000; www.mfa.go.th) hat Infos.

Bei allen Geschäftsbanken Thailands kann man legal Konten für ausländische Währung eröffnen. Sofern das Geld von außerhalb des Landes eingezahlt wird, gibt es keinerlei Beschränkungen bezüglich der Abhebungen und kein Mindestguthaben.

Geldautomaten, Kredit- & Lastschriftkarten

Geldautomaten sind in ganz Thailand sehr weit verbreitet und eine verlässliche Quelle für Bargeld. Mit Bank- und Kreditkarten aus der Heimat kann man an ihnen Beträge vom eigenen Konto abheben (allerdings nur in Baht). Der Umtausch von Fremdwährung in die des Landes ist auch bei manchen Bankfilialen möglich.

Allerdings wird an thailändischen Geldautomaten für jede internationale Transaktion eine Gebühr von 200 B berechnet. Hinzu kommen dann noch die Umtausch- und Fremdnetz- bzw. Auslandsgebühren der eigenen Bank. Vor dem Start empfiehlt sich daher die Eröffnung eines speziellen Bankkontos mit kostenfreier Geldautomatennutzung im Ausland (inkl. Rückerstattung von Gebühren, die an Fremdgeräten anfallen).

Als einzige thailändische Bank erhebt Aeon nur 150 B pro internationaler Transaktion. Das Unternehmen hat aber lediglich ein recht kleines Automatennetz, dessen Geräte meist in Kettenfilialen von Big C oder Tesco Lotus zu finden sind.

In manchen thailändischen Läden, Hotels und Restaurants kann man per Kredit- oder Bankkarte bezahlen. Visa und MasterCard werden dabei am häufigsten akzeptiert. Karten von American Express lassen sich aber meist nur in Hotels und Restaurants der Spitzenklasse benutzen.

Diverse Kartenaussteller unterhalten in Bangkok spezielle Hotlines, über die man den Diebstahl oder Verlust seiner Kredit- bzw. Lastschriftkarte melden kann (für Details s. jeweilige Unternehmenswebsite).

Geldwechsel

Banken und die selteneren privaten Wechselstuben bieten die besten Wechselkurse. Beim Umtausch in Baht werden US-Dollar am häufigsten akzeptiert, gefolgt von britischen Pfund und Euro. Die meisten Banken verlangen für das Einlösen von Reiseschecks eine Provision plus Bearbeitungsgebühr.

Aktuelle Wechselkurse sind in den Tageszeitungen *Bangkok Post* und *Nation* sowie direkt an den Aushängen in den Banken nachzulesen.

Internetzugang

In Thailands Hotels und Pensionen ist WLAN nun fast schon Standard – ebenso in vielen Cafés, Restaurants und Bars. Zudem werden internetfähige Mobilfunknetze auch hier immer größer und performanter. Internetcafés sterben in den Großstädten zunehmend aus, sind aber in Touristenhochburgen immer noch vorhanden (jedoch in deutlich geringerer Anzahl als früher).

Karten & Stadtpläne

ThinkNet (www.thinknet.co.th) gibt qualitativ hochwertige zweisprachige Stadtpläne und Regionalkarten heraus, auch in interaktiver Form auf CD.

GPS-Nutzer verwenden in Thailand größtenteils Garmin-Geräte und damit kompatible Karten; diese sind genau und umfassend.

Öffnungszeiten

An öffentlichen Feiertagen sind Thailands Behörden und Banken nicht besetzt. Manche Bars bzw. Clubs haben während Wahlperioden und an bestimmten Feiertagen, an denen ein Alkoholverbot herrscht, geschlossen; mitunter gibt's auch eine Sperrstunde (variiert jeweils lokal). Viele Bankfilialen in Einkaufszentren haben vergleichsweise längere Öffnungszeiten.

Post

Die thailändische Post arbeitet sehr effektiv und verlangt für Inlandssendungen nur wenig Porto. Die meisten Postfilialen auf dem Land sind werktags von 8.30 bis 16.30 Uhr und samstags von 9 bis 12 Uhr geöffnet. Die größeren Hauptfilialen in den Provinzhauptstädten haben teilweise auch den halben Sonntag geöffnet.

Die meisten Postfilialen in den Provinzen verkaufen Versandkartons. Achtung: Kein Bargeld oder andere Wertsachen auf dem Postweg verschicken!

Der Service für postlagernde Sendungen funktioniert allgemein sehr zuverlässig. Wer seine Post abholen möchte, muss seinen Reisepass vorlegen und etwas Papierkram erledigen.

Klima

Bangkok

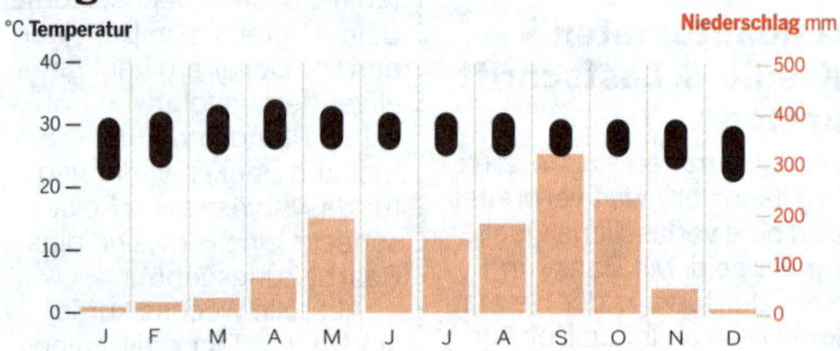

Phuket

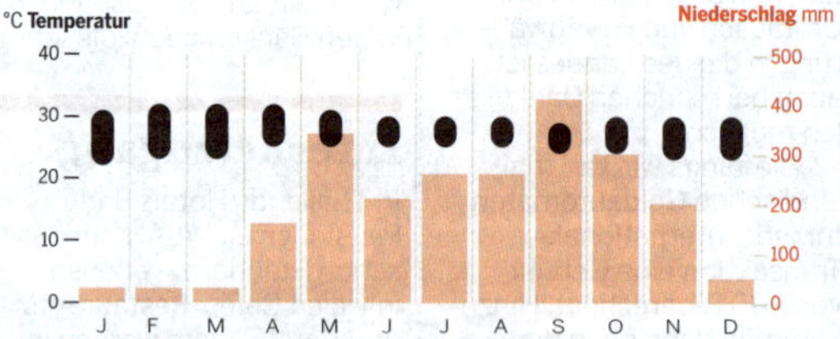

Rechtsfragen

Thailands Polizei lässt Ausländer (vor allem Traveller) normalerweise in Ruhe. Die Beamten gehen einem meist aus dem Weg, um nicht Englisch mit Fremden sprechen zu müssen. Besonders bei Bagatellvergehen im Straßenverkehr drücken sie so auch einmal ein Auge zu. Allerdings müssen Ausländer überall mit sofort zu entrichtenden Bußgeldern rechnen, wenn sie beim Motorradfahren keinen Schutzhelm tragen (besonders auf Phuket).

Eine gewichtige Ausnahme sind Drogendelikte. Sie werden von den meisten thailändischen Polizisten entweder als soziale Plage angesehen, gegen die zu Felde gezogen werden muss, oder als Möglichkeit, den eigenen Geldbeutel über Bestechungsgelder steuerfrei zu füllen.

Wer verhaftet wird, darf bei der eigenen Botschaft oder einem Konsulat in Thailand anrufen.

Es gibt eine ganze Reihe von Gesetzen, die Dauer und Umstände der Inhaftierung vor Anklageerhebung oder Prozessbeginn regeln. Die Entscheidungsbefugnis liegt aber oft im Ermessen der Polizei. Bei Ausländern fällt dies oft zugunsten des Inhaftierten aus. Trotzdem gilt, wie überall sonst auf der Welt: Respektloses Verhalten verschlimmert die Lage.

Das thailändische Gesetz kennt keine Unschuldsvermutung im engeren Sinn. Stattdessen werden Angeklagte als Verdächtige behandelt, über deren Schuld oder Unschuld vor Gericht entschieden wird. Die Prozesse werden meist schnell eingeleitet.

Bei Verhaftungen kann die **Touristenpolizei** (☎24-Std.-Hotline 1155) äußerst hilfreich sein. Die Beamten haben allerdings keinerlei Entscheidungsgewalt bei Fällen, die in den Zuständigkeitsbereich der regulären Polizei fallen.

Dennoch können sie bei Verständigungsproblemen helfen und den Kontakt zur eigenen Botschaft erleichtern. Die Hotline nimmt rund um die Uhr Beschwerden in Bezug auf die Unterkunft und Notrufe entgegen.

Reisen mit Behinderung

Für Reisende mit körperlichem Handicap ist Thailand immer noch ein gigantischer Hindernisparcours. Das gilt vor allem für Bangkok mit seinen hohen Bordsteinen, holperigen Bürgersteigen und dem hektischen Verkehr. Viele Straßen können nur auf Fußgängerbrücken überquert werden, zu denen steile Treppen hinaufführen. Busse und Boote halten nur so kurz, dass selbst Menschen ohne Behinderung kaum ein- oder aussteigen können. Rampen oder andere Zugangsmöglichkeiten für Rollstuhlfahrer sind selten.

Einige Spitzenklassehotels geben sich Mühe, den Zugang zu ihren Räumlichkeiten für Gäste mit Behinderung zu erleichtern. In Luxushotels, bei denen genügend Angestellte pro Gast tätig sind, kann das Personal helfen, Barrieren zu überwinden. Überall sonst ist man ziemlich auf sich allein gestellt.

Zu den nützlichen Adressen, die allgemeine Infos für Reisende mit Behinderung bieten, gehören:

Mobility International Schweiz (www.mis-ch.ch)

My Handicap Deutschland (www.myhandicap.de)

My Handicap Schweiz (www.myhandicap.ch)

Nationale Koordinierungsstelle Tourismus für Alle e. V. (www.natko.de)

Schwule & Lesben

Die thailändische Kultur begegnet männlichen und weiblichen Homosexuellen relativ tolerant. Die LGBT-Szenen in Bangkok, Pattaya und Phuket sind ziemlich bekannt. In puncto Klamotten oder Verhalten wird die LGBT-Gemeinde allgemein kommentarlos akzeptiert. Mit dem öffentlichen Austausch von Zärtlichkeiten machen sich Heteros wie Homos keine Freunde.

Man sollte wissen, dass Lesben generell klare Geschlechterrollen einnehmen. Das mag daran liegen, dass Thailand noch immer ein konservativ geprägtes Land ist. Offen „männliche" Lesben, „Tom" (von *tomboy*) genannt, tragen meist kurzes Haar und Männerkleidung, außerdem bandagieren sie ihre Brüste. Feminine Lesben bezeichnen sich als „*Dêe*" (von *lady*). Ausländische Lesben, die nicht in diese Kategorien passen, lösen eventuell Irritationen aus.

Utopia (www.utopia-asia.com) liefert Thailandinfos für die LGBT-Gemeinde und gibt einen Reiseführer für Homosexuelle heraus.

Strom

In Thailand sind 220 V Wechselstrom üblich. In die meisten Steckdosen passen zweipolige Rund- oder Flachstecker.

Typ A
120 V/60 Hz

Typ C
220 V/50 Hz

Telefon

Von Deutschland, Österreich und der Schweiz erreicht man Anschlüsse in Thailand mit der Landesvorwahl 66. Die anfängliche „0" aller thailändischen Telefonnummern ist bei Inlandsgesprächen einzugeben, fällt bei Telefonaten aus dem Ausland aber weg. Die nächsten drei Ziffern nach der „0" stehen für die Ortsvorwahl der jeweiligen Provinz (heute fester Bestandteil der Anschlussnummer). Handynummern beginnen immer mit „08" oder „09".

Auslandsgespräche

Wer von Thailand aus im Ausland anrufen möchte, wählt nach einem internationalen Zugangscode den jeweiligen Ländercode (☎49 Deutschland, ☎43 Österreich, ☎41 Schweiz) und die eigentliche Anschlussnummer.

Die Standard-Direktvorwahl der Communications Authority of Thailand (CAT) ist ☎001 und gilt in puncto Gesprächsqualität als am besten. Sie ermöglicht Verbindungen in die meisten Länder, ist jedoch auch am teuersten. Am zweitbesten ist die etwas günstigere Vorwahl ☎007 des Telekommunikationsanbieters TOT mit verlässlicher Gesprächsqualität. Inhaber einer thailändischen SIM-Karte kommen in den Genuss der eigenen, meist sehr günstigen Direktvorwahl des Anbieters.

Unter ☎100 lassen sich R-Gespräche und normale Auslandstelefonate mit Vermittlung führen. Alternativ kontaktiert man kostenlos die Vermittlung des Ferngesprächsservices oder wählt 001 9991 2001 (CAT-Telefone) bzw. 1 800 000 120 (TOT-Telefone).

Handys

Am einfachsten telefoniert man mit vor Ort gekauften Handys mit thailändischer SIM-Karte. Zu den gängigen Mobilfunkanbietern zählen AIS, DTAC und True Move.

Traveller haben zwei Möglichkeiten: Zum einen können sie thailändische Handys bei städtischen Einkaufszentren oder in Telefonläden kaufen; in Provinzstädten sind diese in der Nähe der Märkte zu finden. Zum anderen lassen sich auch mitgebrachte GSM-kompatible Geräte ohne SIM-Lock verwenden. Zunächst erwirbt man eine SIM-Karte von einem der hiesigen Anbieter (am beliebtesten sind AIS und DTAC) inklusive Telefonnummer. Aufgrund einer neuen Regelung, nach der alle Telefonnummern registriert werden müssen, ist beim Kauf der Reisepass vorzulegen. Nach der SIM-Aktivierung kann Gesprächsguthaben in Form von Prepaid-Karten (meist 50–500 B) gekauft werden. SIM- und Auflade-karten gibt's landesweit bei 7-Eleven-Märkten.

Thailand hat ein 3G-Netzwerk. In Bangkok bieten DTAC und True Move eine 4G-LTE-Abdeckung, wobei die Geschwindigkeit nicht dem Standard entspricht. Je nach Netzausbau bzw. -kapazität schwanken Netzabdeckung und Gesprächsqualität bei den verschiedenen Providern von Jahr zu Jahr. True hat anscheinend die beste Datenanbindung. Telekommunikationsfirmen offerieren zumeist pauschale Kombipakete auf Guthabenbasis.

Es gibt verschiedene Werbeangebote, wobei Inlandsgespräche per Handy normalerweise landesweit ca. 1 bis 2 B pro Minute kosten (ins Ausland 5–9 B/Min.). SMS sind die günstigste „Gesprächsoption" (meist 3 B/Nachricht). Die einzelnen Anbieter offerieren allesamt unbegrenztes Datenvolumen, meist für eine Woche oder einen Monat – es lohnt sich also die Angebote zu vergleichen.

Wer vom Hotelzimmer aus nach Übersee telefoniert, berappt meist Zusatzgebühren (teils den CAT-Tarif plus 50 %). Manchmal können Gäste aber Ortsgespräche gratis oder zum Standardpreis führen. Einige Pensionen stellen Handys oder Festnetzanschlüsse für Auslandsgespräche zur Verfügung, wobei jeweils pro Gesprächsminute abgerechnet wird.

Toiletten

Typisch asiatische Hocktoiletten werden in Thailand immer seltener, allerdings gibt es noch immer ein paar Exemplare in ländlichen Gebieten, Busbahnhöfen in der Provinz, älteren Wohnhäusern und einfachen Restaurants. Gleichzeitig sind westliche Sitztoiletten immer weiter verbreitet und überall dort vorhanden, wo es ausländische Touristen gibt.

Hocktoiletten werden folgendermaßen benutzt: Mit dem Gesicht zur Tür stellt man die Füße auf die Standflächen rechts und links. Zum Spülen schöpft man mit der Plastikkelle Wasser aus dem Becken bei der Toilette und gießt es in den Abfluss. Mancherorts liegt etwas Toilettenpapier (5 B) am Eingang aus. Anderenfalls muss man selbst welches mitbringen oder sich mit Hand und Wasser säubern.

Selbst wenn es Sitztoiletten gibt, verkraften die Rohre eventuell kein Toilettenpapier. In diesem Fall ist ein extra Abfalleimer für benutztes Toilettenpapier und Damenhygieneartikel vorhanden. Mit kleinen Wasserschläuchen verfügen einige Toiletten auch über die thailändische Version eines Bidets.

Touristeninformation

Die staatlich betriebene Tourismus- und Werbebehörde **Tourism Authority of Thailand** (TAT; ☎landesweites Callcenter 1672; www.tourismthailand.org) gibt ausgezeichnete Broschüren zu Sehenswürdigkeiten, Unterkünften und Verkehrsmitteln heraus. Ihr Hauptsitz in Bangkok wird durch 22 Regionalvertretungen im ganzen Land ergänzt. Die TAT unterhält auch einige Infobüros im Ausland; Kontaktdetails liefert die Website.

Unterkunft

Eine Reservierung ist auch außerhalb der Hauptsaison immer ratsam (vor allem in Touristenhochburgen). In der deutlich günstigeren Nachsaison (Mai–Okt.) liegen die Zimmertarife bei spontanem Erscheinen ohne Vorausbuchung aber teilweise unter den Online-Preisen.

UNTERKÜNFTE ONLINE BUCHEN

Unter http://lonelyplanet.com/thailand/hotels gibt's Unterkunftsbewertungen und unabhängig recherchierte Infos von Lonely Planet Autoren (inkl. Empfehlungen zu den besten Adressen). Zudem kann man online buchen.

DAS GESCHÄFT MIT DER PROVISION

In vielen beliebten Touristengegenden werden Besucher von aufdringlichen Anwerbern und Fahrern angesprochen oder sogar bedrängt. Diese erhalten von Pensionen für potenzielle Gäste eine Provision. Das mag nerven, gilt in Thailand jedoch als akzeptable Werbeform für kleinere Unternehmen. Hat man die Regeln durchschaut, kann man das Spiel zu seinen Gunsten laufen lassen. Anwerber bekommen Geld, wenn sie Gäste zu einer Pension oder zu einem Hotel bringen (unabhängig davon, ob sie einchecken oder nicht).

Von Unterkünften, die Provisionszahlungen ablehnen, werden Besucher wiederum gezielt weggelotst; angeblich sind diese geschlossen. Bei der weniger aggressiven Variante behaupten Anwerber, das Hotel, das Provision zahlt, sei das, nach dem man gefragt hatte. Wer auf Widerstand trifft, kann die betreffende Unterkunft anrufen und sich abholen lassen. Die aggressiven Geschäftstaktiken sind in der Branche meist bekannt.

Hostels

Thailand hat im Vergleich zum übrigen Asien weniger Hostels – vor allem, weil Pensionen hier so günstig sind. Besonders in den Backpacker-Hochburgen gibt's aber dennoch recht viele Herbergen mit Schlafsaalbetten (ab ca. 300 B/Übern.), Privatzimmern, den üblichen Traveller-Services und optionaler Online-Buchung (fast immer möglich).

Hotels

In den Provinzhauptstädten und kleineren Ortschaften sind die thailändisch-chinesische Hotels älteren Datums, wie sie früher im ganzen Land Standard waren, die billigste Option. Die meisten richten sich an thailändische Gäste, die Englischkenntnisse des Personals sind entsprechend begrenzt. Diese Hotels sind mehrstöckige Gebäude. Die Zimmer gehören teils zur Mittelklasse (mit eigenem Bad, Klimaanlage & TV), teils sind es billigere mit Gemeinschaftsbad und Ventilator.

In einigen der älteren Hotels gibt es nur Hocktoiletten und statt Duschen *klongs* (große Terrakottabehälter, aus denen man sich das Wasser herausschöpft). Zwar haben die thailändisch-chinesischen Hotels einigen unbeabsichtigten Retro-Charme, sind aber – sofern nicht kürzlich renoviert – einfach zu alt und zu schäbig, um in puncto Preis-Leistungs-Verhältnis mit Pensionen konkurrieren zu können.

In den letzten Jahren gibt es einen Trend zu Budgetunterkünften, die ältere Backpacker und junge wohlhabende Reisende ansprechen sollen und das Ambiente einer Pension mit dem Komfort eines Hotels verbinden. Man findet diese „Flashpacker"-Hotels in größeren Touristenstädten; sie ergänzen die pure Zweckmäßigkeit der Vergangenheit mit stilvollem Dekor und mehr Bequemlichkeit.

Internationale Hotelketten gibt es in Bangkok, Phuket und anderen Nobelstrandorten. Viele dieser hochwertigen Resorts kombinieren traditionelle thailändische Architektur mit modernem Minimalismus.

Die meisten Spitzenklasseoptionen und manche Mittelklassehotels erheben zusätzlich eine Umsatzsteuer in Höhe von 7 % und eine Servicegebühr in Höhe von 10 %. Die Zuschläge werden häufig als *plus plus* bezeichnet. Oft ist ein Frühstücksbüfett im Zimmerpreis enthalten. Serviert das Hotel ein Frühstück im westlichen Stil, nennt sich dieses meist „ABF" (kurz für *American breakfast*).

Vor allem in bekannten Ferienorten nehmen Mittelklasse- und Kettenhotels Reservierungen im Voraus entgegen. Wer direkt über die Hotelwebsite oder ein Online-Reisebüro bucht, bekommt eventuell Rabatte. In den Unterkünften werden die meisten Kreditkarten akzeptiert, mit American Express kann man hingegen nur selten bezahlen.

Pensionen

Pensionen sind in Thailand generell am günstigsten und entlang aller Backpackerrouten vorhanden. In entlegeneren Gebieten mit weniger Besuchern wie der Ostküste sind sie weniger verbreitet.

Die Preise richten sich nach Serviceangebot und Lage. In Kleinstädten sind die günstigsten Pensionen (250–400 B) meist mit Gemeinschaftsbädern und klapprigen Ventilatoren ausgestattet. Für 400 bis 800 B gibt's ein eigenes Bad, eine Klimaanalage und manchmal auch einen Fernseher. In Strandorten zahlt man deutlich mehr: Einfache Quartiere mit Ventilator kosten dort mindestens 600 bis 800 B. Viele Pensionen machen ihren Hauptumsatz mit Hausrestaurants, die typische Backpacker-Kost (Bananenpfannkuchen und Frucht-Shakes) servieren. Diese sind praktisch und laden dazu ein, andere Reisende kennenzulernen, mit typisch thailändischer Küche haben die Gerichte jedoch nichts zu tun.

Mit freundlichem, kompetentem Personal und Büchertauschbörsen sorgen die meisten Pensionen gezielt für Backpacker-Atmosphäre. Allerdings gibt es auch genügend Häuser mit unfreundlichen, schlecht gelaunten Mitarbeitern.

Viele Pensionen können online gebucht werden. Wegen wechselnder Hygiene- und Qualitätsstandards ist es jedoch ratsam, das Zimmer persönlich zu inspizieren, bevor man sich dort einquartiert. In Touristenhochburgen finden sich meist nahe gelegene Alternativen, falls die gewünschte Option ausgebucht sein sollte. Pensionen akzeptieren meistens nur Bargeld.

Unterkünfte in Nationalparks

Die meisten Nationalparks haben Bungalows oder Zeltplätze für Übernachtungsgäste. Je nach Park und Größe bieten Bungalows Platz für bis zu zehn Personen und kosten 800 bis 2000 B. Sie sind bei thailändischen Großfamilien beliebt, deren mitgebrachten Vorräte zum Überleben der Apokalypse reichen würden. In manchen Parks gibt es außerdem *reu·an tăa·ou* (Langhäuser).

In vielen Nationalparks kann auch gezeltet werden (mit einem eigenem Zelt kostet dies 30 bis 90 B pro Übernachtung). Hinweis: Die vor Ort erhältliche Leihausrüstung (z. B. Zelte, Schlafsäcke) ist eventuell in schlechtem Zustand.

Alle Unterkünfte in Nationalparks erfordern rechtzeitige Online-Reservierung bei der **thailändischen Nationalpark-Behörde** (☎02 562 0760; http://nps.dnp.go.th; 61 Th Phahonyothin, Bangkok).

Versicherung

Eine Reiseversicherung sichert Versicherungsnehmer im Falle von Diebstahl, Verlust oder gesundheitlichen Problemen ab. Die Versicherungen decken unterschiedlich umfangreiche medizinische Leistungen. Wichtig ist, dass die Versicherung im Notfall den Rücktransport in die Heimat bezahlt.

Einige Versicherungen schließen gefährliche Aktivitäten wie Tauchen, Motorradfahren oder sogar Trekking aus. Einen vor Ort erworbenen Motorradführerschein erkennen manche Versicherungen nicht an. Für Taucher ist eine Tauchversicherung wichtig.

Eine Versicherung, die die Arztkosten und den Krankenhausaufenthalt sofort bezahlt und nicht erst im Nachhinein, kann sich als nützlich erweisen. Um Ansprüche später geltend machen zu können, müssen sämtliche Unterlagen eingereicht werden.

Weltweiter Reiseversicherungsschutz wird auch unter www.lonelyplanet.com/bookings angeboten. Man kann online Versicherungen abschließen, den Schutz erweitern oder einen Schadensfall geltend machen, selbst wenn man bereits unterwegs ist.

Visa

Non-Immigrant-Visa

Non-Immigrant-Visa mit 90 Tagen Gültigkeit müssen vorab bei diplomatischen Vertretungen Thailands beantragt werden. Sie sind für Ausländer vorgesehen, die in Thailand studieren, Geschäfte tätigen, im Ruhestand einen längeren Urlaub verbringen oder Familienangehörigen einen ausgedehnten Besuch abstatten wollen. Dabei gibt's auch Optionen mit mehrfacher Einreise; diese werden bei Beantragung in europäischen Ländern vergleichsweise häufiger gewährt. Wichtig: Wer eine offizielle Arbeitsgenehmigung für Thailand erlangen will, muss bereits ein gültiges Non-Immigrant-Visum besitzen!

Touristenvisa & Visafreiheit

Dank bilateraler Abkommen können Bürger der meisten Länder (u. a. Deutschland, Österreich, Schweiz) gebühren- und visumfrei nach Thailand einreisen. Direkt bei Ankunft gibt's dabei ein Visum, dessen Gültigkeitsdauer von Staatsangehörigkeit und Art der Einreise abhängt: Flugpassagiere bekommen 15 bis 90 (standardmäßig 30) Tage bewilligt. Überlandreisende müssen sich dagegen mit 15 bis 30 Tagen begnügen, wobei die maximale Aufenthaltsdauer nur Besuchern aus G7-Nationen gewährt wird.

Offiziell verlangen die Einreisebestimmungen auch ein gültiges Anschluss- bzw. Rückflugticket und den Nachweis ausreichender Finanzmittel für die ganze Aufenthaltsdauer – wer eines oder beides davon nicht vorlegen kann, kann theoretisch abgewiesen werden. In der Praxis kommt dies jedoch kaum vor.

Bei geplanten Aufenthalten von über 30 Tagen (oder eventuell nur 15 Tagen bei Einreise auf dem Landweg) beantragt man am besten rechtzeitig vor dem Start ein entsprechendes Touristenvisum – entweder die Standard-Variante (60 Tage) oder gleich die sechsmonatige Option mit mehrfacher Einreise. Bei letzterer muss

PREISKATEGORIEN: SCHLAFEN

Die folgenden Angaben gelten jeweils für ein Doppelzimmer mit eigenem Bad in der Hauptsaison. Sofern nicht anderweitig vermerkt, verstehen sich die Preise stets ohne staatliche Steuern. Diese werden meistens aber nur in größeren (Spitzenklasse-)Hotels verlangt.

$ unter 1000 B

$$ 1000–4000 B

$$$ über 4000 B

man Thailand alle 60 Tage offiziell verlassen (egal ob nur kurz zu Fuß oder per Flieger) und kann dann jeweils direkt danach wieder zurückkehren. Anträge auf Touristenvisa sind bei diplomatischen Vertretungen Thailands zu stellen. Diese erteilen auch Infos zum genauen Prozedere (inkl. aktuelle Gebühren).

Das **thailändische Außenministerium** (Ministry of Foreign Affairs; ☎02 203 5000; www.mfa.go.th) ist für alle Angelegenheiten in Sachen Einreise und Visa zuständig. Achtung: Die Bestimmungen ändern sich regelmäßig. Daher den aktuellen Stand unbedingt rechtzeitig über die Website des MFA oder bei einer diplomatischen Vertretung Thailands ermitteln! Im Internet fasst Thaivisa (www.thaivisa.com) die momentanen Regularien am besten zusammen.

GLOSSAR: ZIMMERBUCHUNG

Die Unterkunftssuche ohne Reservierung ist in Thailand generell recht leicht (vor allem im Budget- und Mittelklassebereich). Man sollte dennoch zumindest für die ersten paar Tage nach der Ankunft per Vorausbuchung auf Nummer Sicher gehen. Hierbei hilft folgendes Mini-Glossar:

Guten Tag. สวัสดี sà-wàt-dee

Ich möchte gern ein Zimmer reservieren. ขอจองห้องหน่อย kŏr jorng hôrng nòy

... ein Einzelzimmer ห้องเดี่ยว hôrng dèe·o

... ein Doppelzimmer ห้องเตียงคู่ hôrng đee·ang kôo

Mein Name ist ... ผม/ดิฉันชื่อ... pŏm/dì-chăn chêu ... (m/w)

Vom ... bis zum ... (Datum bzw. Kalendertage) จากวันที่... ถึงวันที่... jàhk wan têe ... tĕung wan têe ...

Wie hoch ist der Preis ...? ...ละเท่าไร ... lá tôw-rai

... pro Übernachtung คืน keun

... für zwei Personen สำหรับสองคน săm·ràp sŏrng kon

Vielen Dank. ขอบคุณ kòrp kun

Visum verlängern & erneuern

Wer über den genehmigten Zeitraum hinaus in Thailand bleiben möchte, kann bei allen örtlichen Einwanderungsbüros eine Visumsverlängerung beantragen. Dies kostet meist 1900 B. Je nach Bearbeitungsstelle lassen sich die 15 bzw. 30 Standardtage um sieben bis zehn Tage aufstocken, wenn die Verlängerung vor Ablauf des Visums beantragt wird. Touristenvisa mit 60-tägiger Gültigkeit sind nach freiem Ermessen der Behörden um maximal 30 Tage verlängerbar.

Eine Möglichkeit der Visumserneuerung besteht darin, Thailand auf dem Landweg zu verlassen. Bei der Wiedereinreise wird ein neues 15-Tage-Visum (oder 30 Tage, wenn man einen Reisepass aus einen der G7-Staaten besitzt) ausgestellt. Manche Kurzzeitbesucher verbinden einen solchen „Visa Run" mit einem Tagesausflug.

Das übliche Bußgeld, das man bei überschrittener Aufenthaltsdauer entrichten muss, beträgt 500 B pro Tag (insgesamt max. 20 000 B). Es kann entweder am Flughafen oder im Voraus bei einem Einwanderungsbüro beglichen werden. Das Überziehen eines einzigen Tages kostet nichts. Kinder unter 14 Jahren, die in Begleitung eines Elternteils reisen, sind von der Regelung ausgenommen.

In Thailand ansässige Ausländer verlängern ihr Visum am besten bei dem Einwanderungsbüro, das ihrer örtlichen Wohnadresse am nächsten liegt.

Zeit

In Thailand (MEZ +6 Std.) erfolgen Zeitangaben oft gemäß der 24-Stunden-Skala.

Zoll

Die thailändische Zollbehörde (www.customs.go.th) unterhält eine hilfreiche Website mit genauen Angaben zu Zollbestimmungen. Auch in Thailand ist die Einfuhr bestimmter Produkte verboten, darunter illegale Drogen, Feuerwaffen und Munition (sofern sie nicht vorab angemeldet sind) und pornografische Medien. Erlaubt ist u. a. Folgendes:

- persönliche Gebrauchsgegenstände (Bekleidung und Hygieneartikel) in angemessener Menge
- professionelle Berufsausrüstung
- 200 Zigaretten
- 1 l Wein oder Spirituosen

Wer mit Repliken von Antiquitäten oder mit neu gegossenen Buddhafiguren aus Thailand ausreisen will, benötigt zwingend eine Exportgenehmigung. Diese ist rechtzeitig beim **Office of the National Museum** (Karte S. 74; ☎02 224 1370; National Museum, 4 Th Na Phra That, Bangkok; ⏲Di–Fr 9–16 Uhr; Chang-Pier, Maharaj-Pier, Phra-Chan-Tai-Pier) zu beantragen: Dort sind alle zu prüfenden Objekte und jeweils zwei Frontalaufnahmen davon vorzulegen. Antragssteller müssen zudem alle originalen Kaufbelege und eine Kopie ihres Reisepasses einreichen. Begutachtung und Bewilligung dauern zusammen etwa vier Tage.

Verkehrsmittel & -wege

AN- & WEITER-REISE

Flug-, Zugtickets und Touren lassen sich unter lonelyplanet.com/bookings buchen.

Einreise

Die Einreiseformalitäten für Thailand sind sowohl auf dem Luftweg als auch auf dem Landweg erfrischend unkompliziert: Der Reisepass und die ausgefüllten Ankunfts- und Ausreisekarten reichen aus. Letztere werden auf dem Hinflug verteilt; wer auf dem Landweg einreist, kann sie an einem Einreiseschalter bekommen.

Flugzeug

Flughäfen & Fluglinien

Bangkok ist Thailands größte Drehscheibe für In- und Auslandsflüge. Die Stadt gehört zu den betriebsamsten Luftkreuzen der Welt; neben den meisten großen Fluggesellschaften starten und landen hier auch viele kleinere Fluglinien. Chiang Mai, Ko Samui und Phuket bieten ebenfalls Auslandsverbindung. Thailands kleinere Provinzflughäfen bedienen Inlandsrouten und teilweise auch Ziele innerhalb Asiens.

SUVARNABHUMI INTERNATIONAL AIRPORT

Suvarnabhumi International Airport (☎02 132 1888; www.suvarnabhumiairport.com) Thailands größter Flughafen (Aussprache *sù·wan·na·puhm*) für In- und Auslandsverbindungen nahm 2006 den Betrieb auf. Er liegt

REISEN & KLIMAWANDEL

Der Klimawandel stellt eine ernste Bedrohung für unsere Ökosysteme dar. Zu diesem Problem tragen Flugreisen immer stärker bei. Lonely Planet sieht im Reisen grundsätzlich einen Gewinn, ist sich aber der Tatsache bewusst, dass jeder seinen Teil dazu beitragen muss, die globale Erwärmung zu verringern.

Fast jede Art der motorisierten Fortbewegung erzeugt CO_2 (die Hauptursache für die globale Erwärmung), doch Flugzeuge sind mit Abstand die schlimmsten Klimakiller – nicht nur wegen der großen Entfernungen und der entsprechend großen CO_2-Mengen, sondern auch, weil sie diese Treibhausgase direkt in hohen Schichten der Atmosphäre freisetzen. Die Zahlen sind erschreckend: Zwei Personen, die von Europa in die USA und wieder zurück fliegen, erhöhen den Treibhauseffekt in demselben Maße wie ein durchschnittlicher Haushalt in einem ganzen Jahr.

Die englische Website www.climatecare.org und die deutsche Internetseite www.atmosfair.de bieten sogenannte CO_2-Rechner. Damit kann jeder ermitteln, wie viele Treibhausgase seine Reise produziert. Das Programm errechnet den zum Ausgleich erforderlichen Betrag, mit dem der Reisende nachhaltige Projekte zur Reduzierung der globalen Erwärmung unterstützen kann, beispielsweise Projekte in Indien, Honduras, Kasachstan und Uganda.

Lonely Planet unterstützt gemeinsam mit Rough Guides und anderen Partnern aus der Reisebranche das CO_2-Ausgleichs-Programm von climatecare.org. Alle Reisen von Mitarbeitern und Autoren von Lonely Planet werden ausgeglichen. Weitere Informationen gibt's auf www.lonelyplanet.com.

30 km östlich von Bangkoks Zentrum und hat eine Website, die Details zu Ankunfts- bzw. Abflugzeiten in Echtzeit liefert

DON MUEANG INTERNATIONAL AIRPORT

Der **Don Mueang International Airport** (☎02 535 2111; www.donmueangairportthai.com) Liegt 25 km nördlich von Bangkoks Zentrum und wurde 2006 stillgelegt, dann aber als hauptstädtische Drehscheibe für Billigflüge wiedereröffnet. Hier starten und landen auch viele internationale Kurzstreckenflüge (hauptsächlich zu/ab Zielen in Asien), die alle von Terminal 1 abgewickelt werden. Terminal 2 ist dagegen für Inlandsflüge zuständig.

PHUKET INTERNATIONAL AIRPORT

Phuket International Airport (☎076 632 7230, www.phuketairportthai.com) In- und Auslandsverbindungen.

SAMUI INTERNATIONAL AIRPORT

Samui International Airport (www.samuiairportonline.com) In- und Auslandsverbindungen (u. a. nach/ab Singapur).

Flugtickets

In Thailand ist es oft noch immer praktisch, ein Reisebüro aufzusuchen, vor allem bei Inlandsreisen oder Touren in die Nachbarländer. Die Provisionssätze variieren stark, deshalb lohnt es sich, die Preise verschiedener Agenturen vor der Buchung zu vergleichen. Bezahlen per Kreditkarte ist im Allgemeinen sicher, da die meisten Kreditkartengesellschaften Schadenersatz leisten, wenn Kunden zweifelsfrei belegen können, dass sie für ihr Geld keine angemessene Gegenleistung erhalten haben. Manche Reisebüros akzeptieren nur Bargeld. In diesem Fall sollte man die Tickets sofort verlangen, und sich nicht auf den nächsten Tag vertrösten lassen. Nach dem Buchen oder Hinterlegen einer Anzahlung ist es ratsam, umgehend bei der Fluggesellschaft anzurufen, und eine telefonische Bestätigung der Buchung einzuholen.

In der Hauptsaison (Dez.–März) können Thailandflüge teuer sein und die Sitze sind schnell ausgebucht.

Auf dem Landweg

Thailand grenzt an Laos, Malaysia, Kambodscha und Myanmar. Die Reise auf dem Landweg ist in alle Nachbarländer über offizielle Grenzübergänge möglich, und dank immer besser ausgebauter Fernstraßen werden auch Reisen von Thailand nach China einfacher.

Bus, Auto & Motorrad

Es gibt Straßenverbindungen in alle Nachbarländer Thailands, die man mit dem Bus, Sammeltaxi oder dem eigenen Auto nutzen kann. In einigen Fällen fährt man mit dem Bus zur Grenze, überquert den Grenzübergang zu Fuß, und fährt dann mit einem anderen Bus oder einem Sammeltaxi auf der anderen Seite weiter. In anderen Fällen, z. B. an der Grenze zu Kambodscha oder Malaysia, werden die Einreiseformalitäten im Bus abgewickelt, bevor die Reise über die Grenze fortgesetzt wird.

Zug

Mehrere Grenzübergänge bieten die Möglichkeit, per Zug anzureisen und dann drüben im anderen Land direkt auf vierrädrige Verkehrsmittel umzusteigen. Beispiele hierfür sind Aranya Prathet–Poipet (Thailand–Kambodscha) und Nong Khai–Vientiane (Thailand–Laos).

Züge fahren auch zu den Übergängen Sungai Kolok und Padang Besar an der Grenze zu Malaysia. Aufgrund der andauernden Gewalt in Thailands Tiefem Süden raten wir Travellern jedoch dringend von diesen beiden Routen ab!

Grenzübergänge

Man sollte unbedingt sicherstellen, dass man mit den relevanten Visumsinformationen vertraut ist (S. 458).

CHINA

Die Provinz Yúnnán im Südwesten Chinas kann über Laos erreicht werden. Das chinesische Visum muss man vor der Abreise besorgen, idealerweise in Bangkok oder Chiang Mai.

Der wichtigste Grenzübergang in Laos ist Boten–Mengla. Boten erreicht man in nur vier bis fünf Stunden ab Chiang Khong über den Ort Huay Xai.

KAMBODSCHA

An der Grenze gibt's kambodschanische Touristenvisa für 30 US$. Bei manchen Übergängen beträgt die Gebühr 1200 B. Man muss ein Passfoto mitbringen und sollte möglichst den Kerlen aus dem Weg gehen, die Gesundheitszertifikate oder andere „medizinische" Dokumente gegen Zusatzgebühr ausfertigen wollen.

Aranya Prathet–Poipet Direkteste Überlandroute zwischen Bangkok und Angkor Wat.

Chong Sa–Ngam Choam Abgeschiedener Grenzübergang bei den man auf der kambodschanischen Seite für privaten Weitertransport sorgen muss (statt Sammeltaxi).

Hat Lek–Krong Koh Kong Küstenübergang für Traveller auf dem Weg nach/ab Ko Chang/Sihanoukville.

O Smach–Chong Chom Aufgrund der Kämpfe im Gebiet Khao Phra Wihan gelegentlich geschlossen. Auf der kambodschanischen Seite muss man für privaten Weitertransport sorgen.

Pong Nam Ron–Pailin Schleichweg ab Ko Chang (über Chanthaburi) nach Battambang und Angkor Wat.

LAOS

Von Thailands Norden und Nordosten aus geht's recht stressfrei hinüber nach Laos.

Entsprechende Touristenvisa (35–50 US$; idealerweise in sauberen, nicht zerknitterten Scheinen) gibt's direkt an der Grenze. Der Antrag erfordert jeweils ein Passfoto. Gelegentlich verlangen die laotischen Grenzer (eigenhändig) überhöhte Visumgebühren. Direktbusse verkehren zwischen Großstädten auf beiden Seiten der Grenze, was den Zwischenstopp an dieser jeweils zur reinen Formalität ohne Übernachtungsbedarf macht.

Chiang Khong–Huay Xai Der Übergang über die vierte thailändisch-laotische Freundschaftsbrücke wird immer beliebter. Ab Huay Xai schippern Boote nach Luang Prabang.

Chong Mek–Vangtao Übergang nach Süd-Laos; ab Vangato fahren Busse nach Pakse.

Nakhon Phanom–Tha Khaek Führt über die dritte thailändisch-laotische Freundschaftsbrücke ins zentrale Laos.

Nong Khai–Vientiane Führt über die erste thailändisch-laotische Freundschaftsbrücke und ist die Hauptverbindung zwischen den beiden Ländern.

Mukdahan–Savannakhet Führt über die zweite thailändisch-laotische Freundschaftsbrücke und wird hauptsächlich von Einheimischen genutzt.

MALAYSIA

Malaysia, vor allem die Westküste, ist von Thailand aus leicht per Bus, Zug oder sogar Boot zu erreichen.

Neben den unten aufgeführten Grenzübergängen gibt es auch noch folgende weitere Übergänge: Hat Yai–Padang Besar und Sungai Kolok–Kota Bharu. Wir raten von diesen Übergängen allerdings wegen der Gewalt im Tiefen Süden Thailands ab.

Ko Lipe–Pulau Langkawi In der Hauptsaison sorgen Boote für eine bequeme Verbindung zwischen diesen beiden Andamaneninseln.

Satun–Kuala Perlis Minivans pendeln zwischen Satun (Thailand) und Kuala Perlis (Malaysia).

Nach/ab Langkawi per Boot Öffentliche Boote verkehren zwischen Thailands Andamanenküste und der malaysischen Insel Langkawi. Auf dieser Route gelten besondere Bestimmungen für Privatboote, die im Ausland registriert bzw. deren Skipper und/oder Mannschaftsmitglieder und/oder Passagiere keine thailändischen Staatsbürger sind: Nach dem Einlaufen in Thailands Hoheitsgewässer sind solche Kähne (samt allen Personen an Bord!) innerhalb von 24 Stunden bei allen zuständigen thailändischen Behörden (Einwanderung, Zoll, Hafenmeister) anzumelden. Diese müssen auch jeweils vor dem Ablegen Richtung Langkawi aufgesucht werden. Offiziell ein- bzw. auschecken kann man landesweit u. a. an allen großen Seehäfen. Die meisten Benutzer von Privatbooten erledigen das Prozedere jedoch auf bzw. in Phuket, Krabi, Ko Samui, Pranburi oder Pattaya.

MYANMAR

Zwischen Thailand und Myanmar gibt's aktuell vier Grenzübergänge. Zukünftig gelangen Ausländer potenziell auch über den Singkhon-Pass von der thailändischen Provinz Prachuap Khiri Khan aus auf birmanischen Boden. Wichtig: Vor jeglichem Grenzübertritt ist zuerst ein Visum bei einer diplomatischen Vertretung Myanmars zu erlangen!

Ban Phu Nam Ron–Htee Khee Von allen vier Übergängen am abgeschiedensten und am seltensten genutzt. Ab Kanchanburi fahren Verkehrsmittel nach Ban Phu Nam Ron. Drüben in Htee-Khee besteht dann Anschluss nach Dawei in Süd-Myanmar.

Mae Sai–Tachileik Liegt in der Nähe von Chiang Mai und Chiang Rai; ist daher beliebt bei Travellern, die ihr Visum für Thailand per „Visa Run" erneuern wollen.

Mae Sot–Myawaddy Liegt abgeschieden und wird hauptsächlich von Einheimischen genutzt. In Myawaddy besteht Verkehrsanschluss zu den birmanischen Städten Hpa-an, Mawlamyine und Yangon.

Ranong–Kawthoung Zwischen dem Süden Thailands und Myanmars; praktisch bei Trips entlang der Andamanenküste.

Übers Meer

Bangkok und die großen Inseln werden regelmäßig von Kreuzfahrtschiffen angesteuert.

In der Hauptsaison besteht Fährverbindung zwischen Ko Lipe (Thailand) und Pulau Langkawi (Malaysia).

UNTERWEGS VOR ORT

Auto & Motorrad

Landeserkundungen mit einem Leihauto oder -motorrad können praktisch, aber auch ziemlich gefährlich sein: Hier muss man z. B. ständig mit Verkehrsteilnehmern rechnen, die rote Ampeln missachten, rechts überholen oder auf der falschen Straßenseite fahren. Wichtig: Angesichts der zahlreichen Risiken auf Thailands Straßen sollten Selbstfahrer unbedingt eine Reiseversicherung haben, die für alle medizinischen Behandlungskosten im Ausland (inkl. Notfallflüge in die Heimat) aufkommt!

Benzin

Moderne Tankstellen gibt's zuhauf in Thailand, überall dort, wo es geteerte Straßen gibt. In abgelegeneren ländlichen Regionen kann man *ben·sin/nám·man rót yon* (Benzin) in der Regel an kleinen Ständen in den Dörfern oder am Straßenrand bekommen. Treibstoff ist in Thailand grundsätzlich bleifrei. Lkws und auch einige Autos fahren mit Diesel. Thailand hat mehrere alternative Treibstoffe eingeführt, darunter Gasohol (eine Mischung aus Benzin und Ethanol mit verschiedenen Oktan-Stufen,

91 % oder 95 %) und komprimiertes Erdgas für Taxis mit Hybridmotoren. Die Website von BKK Auto (www.bkkautos.com) liefert aktuelle Infos zu Kraftstoffen und weiteren News zum Thema Auto.

Führerschein

Wer als Tourist ein Kraftfahrzeug (inkl. Motorrad) in Thailand bewegen will, braucht dafür theoretisch eine internationale Fahrerlaubnis (International Driving Permit, IDP; Achtung: grundsätzlich nur zusammen mit einem nationalen Führerschein gültig!). Auf eine solche bestehen örtliche Auto- und Motorradvermieter in der Praxis allerdings nicht immer.

Mieten

In den meisten Großstädten sowie an großen Flughäfen findet man thailändische und internationale Firmen, die neben normalen Autos auch Geländewagen und Vans verleihen. Einheimische Anbieter sind mitunter günstiger als die globalen Großketten, haben aber teils Fuhrparks von schwankender Qualität (u. a. oft älter und/oder weniger gut gewartet).

In größeren Städten und vielen kleineren Touristenzentren gibt's Mietmotorräder (ab 200 B/Tag) bei Pensionen und kleinen Familienbetrieben. Feuerstühle lassen sich landesweit recht einfach ausleihen und sind super für Erkundungen auf eigene Faust.

➡ Achtung: Viele Touristen werden in Thailand zu Unfallopfern, weil sie sich ohne ausreichende Erfahrung auf ein Motorrad setzen und/oder die Regeln bzw. Gefahren im örtlichen Straßenverkehr nicht kennen!

➡ Mietmotorräder sollten vorab immer ganz genau inspiziert werden. Und beim Verleiher grundsätzlich nach Schutzhelmen fragen: In Thailand herrscht Helmpflicht!

➡ Man sollte langsam fahren, vor allem auf rutschigen Straßen, um Unfälle zu vermeiden, und unbedingt eine adäquate Krankenversicherung abgeschlossen haben.

➡ Anfänger sollten sich an kleinere Maschinen mit 100 cm^3 Hubraum und Automatik halten.

➡ Zwecks Fahrzeugkontrolle ist es ratsam, das Gewicht so gleichmäßig wie möglich entlang des Rahmens des Motorrads zu verteilen.

➡ Man tut gut daran, sich zu erinnern, dass man bei einem Unfall sowohl für die eigenen Arztrechnungen als auch für die Schäden am Motorrad aufkommen muss.

Verkehrsregeln, Gefahren & Ärgernisse

In Thailand herrscht Linksverkehr – jedenfalls offiziell. Abgesehen davon werden Verkehrsschilder und Tempolimits in aller Regel nicht weiter beachtet.

Verkehrsregel Nummer eins: Das größere Fahrzeug hat stets Vorfahrt. So steht es zwar nicht in der thailändischen Straßenverkehrsordnung, aber im ungeschriebenen Gesetz der Straße. Die erlaubte Höchstgeschwindigkeit liegt innerorts bei 50 km/h und auf den meisten Fernstraßen bei 80 bis 100 km/h, doch überall auf den Schnellstraßen trifft man auch Schnecken mit 30 km/h und Raser mit 150 km/h.

Der Verkehr in Bangkok ist chaotisch. Die Straßen sind schlecht ausgeschildert, und überall können einem plötzlich Motorräder oder auch ganze Autolawinen entgegen der Fahrtrichtung begegnen. Abgesehen vom thaitypischen Missachten der Verkehrsregeln besteht die größte Schwierigkeit beim Fahren außerhalb Bangkoks darin, mit den vielen verschiedene Fahrzeugtypen auf derselben Straße klarzukommen. So begegnet man beispielsweise Lastwagen, Fahrrädern, Túk-Túk und Motorrädern. Die Gefahr wird oft dadurch erhöht, dass die Lichter der Fahrzeuge nicht funktionieren. Im ländlichen Raum ist der Verkehr zwar oft geringer, die Gefahr durch freilaufende Hühner, Hunde und Wasserbüffel aber umso größer.

➡ Blinker werden oft benutzt, um überholende Fahrzeuge vor entgegenkommendem Verkehr zu warnen.

➡ Ein Blinken nach links bedeutet, man kann überholen, ein Blinken nach rechts warnt vor Gegenverkehr.

➡ Man hupt, um das Überholen anzukündigen. Wenn ein Fahrer aufblendet, heißt das, dass man nicht überholen soll.

Versicherung

Alle registrierten Fahrzeuge, die auf Thailands Straßen unterwegs sind, müssen zumindest haftpflichtversichert sein. Die besseren Verleiher bieten Vollkaskoversicherungen für ihre Fahrzeuge an.

➡ Bevor man den Mietvertrag unterschreibt, erkundet man sich am besten genau nach der Haftpflichtversicherung und lässt sich die Versicherungsunterlagen samt Ausstellungsdatum zeigen.

➡ Wer mit einem nicht versicherten Fahrzeug einen Unfall baut, hat ein richtig großes Problem am Hals.

Bus & Minivan

Das thailändische Busnetz ist gut ausgebaut und zuverlässig. Busfahrten sind ein großartiger Weg, um die Landschaft und die Einheimischen kennenzulernen. Die thailändische Regierung subventioniert das Transportunternehmen *(bò·rí·sàt kǒn sòng)*, das üblicherweise als Baw Khaw Saw (BKS) abgekürzt wird. Jede Stadt und jeder Ort mit Busanschluss hat eine BKS-Haltestelle, auch wenn es sich dabei vielleicht nur um eine unbefestigte Haltestelle am Straßenrand handelt.

Bei Weitem am verlässlichsten sind die Busgesellschaften, die die staatlichen BKS-Haltestellen benutzen. Diese Gesellschaften sind teilweise staatliche und teilweise private Unternehmen mit Konzession.

Man sollte Vorsicht walten lassen, um Buskundenfängern und damit verbundenen Problemen aus dem Weg zu gehen. Um Busunternehmen, die direkt von Touristenzentren abfahren (z. B. in der Th Khao San in Bangkok), macht man besser einen großen Bogen: Bei solchen Fahrten kommt es immer wieder zu Diebstählen und „Provisionspausen".

Minivans privater Unternehmen sind eine immer weiter verbreitete Mittelklasseoption. Aufgrund ihrer kleineren Abmessungen können sie gleich am Markt starten (statt an auswärts gelegenen Busbahnhöfen) und Passagiere direkt zu ihrem Hotel bringen.

Klassen

Am günstigsten und langsamsten sind *rót tam·má·dah* (normale Busse mit Ventilator), die in jedem Nest halten – ebenso überall, wo jemand ein Handzeichen am Straßenrand gibt. Diese Busse verkehren aber nur noch vereinzelt in ländlichen Gegenden oder im Nahverkehr. Überall sonst sind sie größtenteils durch klimatisierte Busse ersetzt worden.

Der Großteil des Busverkehrs wird mittels klimatisierter Busse abgewickelt, die *rót aa* (klimatisierter Bus) heißen. Auf längeren Strecken verkehren in der Regel mindestens zwei Arten: 2. Klasse und 1. Klasse. Letztere sind mit Toiletten ausgestattet. „VIP"- und „Super VIP"-Busse haben weniger Sitze, sodass jeder in eine Liegesitzposition gebracht werden kann. Manchmal heißen diese Busse auch *rót norn* (Schlafbus).

Insbesondere für Fernstrecken empfiehlt es sich, eine Jacke mitzubringen, da es in den klimatisierten Bussen oft arktisch kalt ist.

Solche Busse bieten normalerweise einen recht guten Service und meistens gibt es sogar Getränke und Videos.

Die meisten Nachtbusse halten irgendwo unterwegs für eine mitternächtliche *kôw đôm'* (Reissuppe). Die Passagiere werden geweckt und erhalten außerhalb des Busses eine Mahlzeit.

Reservierungen

- An allen BKS-Busbahnhöfen kann man Fahrkarten für klimatisierte BKS-Busse reservieren.
- Für normale Busse mit Ventilator können keine Tickets reserviert werden.
- Über die meisten Hotels und alle Reisebüros können Fahrkarten für private Busunternehmen gebucht werden, aber Interessenten wenden sich besser direkt an die Büros der einzelnen Gesellschaften, damit sie auch wirklich bekommen, was sie bezahlen.

Fahrrad

Außerhalb von Bangkok sind Drahtesel fast in ganz Thailand ein ideales Fortbewegungsmittel: günstig, umweltfreundlich und langsam genug für intensives Sightseeing. Landesweit sind vielerorts Leihfahrräder erhältlich (vor allem bei Pensionen). Deren Qualität lässt mitunter zu wünschen übrig. Allerdings liegt der Tagespreis manchmal bei nur 100 B, während meist auch keine Kaution hinterlegt werden muss.

Größtenteils asphaltierte Straßen mit breiten Seitenstreifen machen auch Radtouren durch Thailand zur beliebten Option. Aufgrund hoher Zollgebühren sind die lokalen Verkaufspreise für Importbikes jedoch ziemlich hoch. So bringt man besser sein eigenes Gefährt aus der Heimat mit: Die Einfuhr erfordert keine spezielle Genehmigung. Allerdings muss das Fahrrad möglicherweise beim thailändischen Zoll angemeldet werden; bei Ausreise ohne das gute Stück wird dann eine Zollgebühr fällig.

Radler sollten auch unbedingt geeignetes Werkzeug und Ersatzteile in ausreichender Menge mit im Gepäck haben.

Flugzeug

Thailändische Inlandflüge sind weiterhin erschwinglich. Die meisten starten in Bangkok, doch auch Ko Samui und Phuket bieten einige Verbindungen zu Zielen innerhalb des Königreichs.

Thai Airways International fliegt von Bangkok viele Provinzhauptstädte an. Bangkok Air ist eine weitere renommierte Fluggesellschaft für Inlandsflüge. Air Asia und Nok Air bieten die günstigsten Inlandsflüge.

Nahverkehr

Motorradtaxi

In vielen thailändischen Städten können *mor·đeu·sai ráp jâhng* (Motorräder mit 100–125 cm³ Hubraum) inklusive Fahrer für Kurzstrecken gemietet werden. Wenn man kein Gepäck oder nur eine kleine Tasche dabei hat, sind sie für eilige Trips durch den Straßendschungel unschlagbar.

In den meisten Städten versammeln sich Motorradtaxis zur Passagiersuche in der Nähe von Straßenkreuzungen. Normalerweise tragen die Fahrer nummerierte westenartige Jacken. Kurze Fahrten kosten ab 10 B. Den Preis am besten vor Abfahrt aushandeln!

Skytrain & Metro

Bangkok ist Thailands einzige Stadt, in der öffentliche Nahverkehrszüge über und unter der Erde verkehren. Die als Skytrain und Metro bekannten Systeme haben viel dazu beigetragen, die berüchtigten Staus in der Hauptstadt zu reduzieren, sie verkehren jedoch nur auf drei Routen.

Stadtbusse & *Sŏrng·tăa·ou*

Bangkok besitzt Thailands größtes Stadtbusnetz. Am besten macht man es wie die Einheimischen: Thais stoppen öffentliche Busse, indem sie an einer Haltestelle mit der Handfläche nach unten eine Winkbewegung vollführen. Dann suchen sie sich einen Platz und bezahlen den Fahrpreis entweder sofort oder manchmal auch beim Aussteigen.

Andernorts wird der Nahverkehr von *sŏrng·tăa·ou* besorgt. Die kleinen Pick-ups, auf deren Ladefläche zwei Bänke für Passagiere montiert sind, verkehren manchmal auf festen Routen wie Busse, gelegentlich dienen sie aber auch als Sammeltaxis für Fahrgäste, die in dieselbe Richtung wollen. In Touristenzentren lassen sich *sŏrng·tăa·ou* wie normale Taxis mieten – dann aber den Fahrtpreis im Voraus aushandeln! Normalerweise kann man *sŏrng·tăa·ou* überall entlang ihrer Routen heranwinken und später beim Aussteigen bezahlen.

Je nach Region folgen *sŏrng·tăa·ou* eventuell auch festen Routen ab dem Stadtzentrum, die auswärtige Gebiete oder sogar Ziele innerhalb der Provinzen bedienen. Manchmal kommen dabei größere Fahrzeuge mit sechs Rädern zum Einsatz (manchmal *rót hòk lór* genannt).

Taxi

In Bangkok existiert ein offizielles Taxisystem mit Gebührenzählern. In anderen Städten findet man Privatautos mit verhandelbaren Preisen. Man kann ein Taxi auch benutzen, um zur nächsten Stadt zu fahren, sollte aber den Preis unbedingt vorher aushandeln, da nur wenige Taxifahrer ihre Gebührenzähler auf weiteren Strecken einschalten.

SĂHM·LÓR & TÚK-TÚK

Săhm·lór (auch *săamláw*) sind dreirädrige Fahrradrikschas und heutzutage beinahe ausgestorben.

Die moderne Version der mit Wadenkraft betriebenen *săhm·lór* ist das Túk-Túk (sprich: *đúk đúk*). Die laut knatternden Motoren dieser kleineren Nutzfahrzeuge werden meist mit Autogas betrieben und spucken jede Menge Funken.

Wie bei allen anderen Verkehrsmitteln muss der Preis vor dem Start ausgehandelt werden. In Touristenzentren verlangen Túk-Túk-Fahrer oft übertreiben hohe Summen von Ausländern. Deshalb sollte man bereits vor Fahrtbeginn eine Ahnung von dem angemessenen Fahrpreis haben. Hotelangestellte helfen hierbei mit realistischen Angaben weiter.

Wer mehr über Fahrradrikschas und deren Design erfahren möchte, wirft am besten einen Blick in den Lonely Planet Bildband *Chasing Rickshaws* von Lonely Planet Gründer Tony Wheeler.

Schiff/Fähre

Auf den Flüssen und Kanälen in Bangkok und im Süden sind Longtail-Boote das Transportmittel schlechthin.

Zwischen dem Festland und den Inseln im Golf von Thailand oder in der Andamanensee sieht man außerdem 8 bis 10 m lange Holzboote mit Innenbordmotor und einem einfachen Holzdach, das Passagiere und Fracht schützt. In Touristengegenden sind schnellere und teurere Luftkissen- oder Tragflügelboote unterwegs.

Trampen

Trampen ist nirgendwo vollkommen sicher und deshalb grundsätzlich nicht zu empfehlen. Traveller die trampen, sollten sich darüber im Klaren sein, dass sie ein kleines, aber möglicherweise ernstes Risiko eingehen.

Heutzutage sieht man in Thailand nur selten Tramper, und die meisten Autofahrer werden nicht verstehen, was der Ausländer, der mit ausgestrecktem Daumen am Straßenrand steht, eigentlich will. Thais strecken beim Trampen nämlich nicht den Daumen heraus, sondern den Arm, und wedeln mit der Hand, wobei die Handfläche nach unten zeigt. Mit dieser Geste winkt man auch Taxis oder Busse heran, und so kann es passieren, dass jemand anhält und auf die nächste Bushaltestelle hinweist, falls eine in der Nähe ist.

In einigen Nationalparks, in denen es keine öffentlichen Verkehrsmittel gibt, sind Thailänder aber oft bereit, Leute mitzunehmen, die am Straßenrand stehen.

Zug

Thailands Schienennetz stellt für die weite Fahrt in den Süden oder von Bangkok nach Chiang Mai die bequemste Alternative zu Bussen dar. Verspätungen sind auf vielen Strecken jedoch an der Tagesordnung.

Das insgesamt 4500 km lange Streckennetz wird von der **State Railway of Thailand** (SRT; www.railway.co.th) betrieben; es umfasst vier Hauptstrecken in Richtung Norden, Süden, Nordosten und Osten. Alle Fernzüge starten am Bangkoker Bahnhof Hualamphong.

Bahnhofsservice

Alle thailändischen Bahnhöfe haben eine Gepäckaufbewahrung („Cloak Room"). Meist gibt's auch einen Ticketschalter, der 15 bis 30 Minuten vor Einfahrt des jeweiligen Zuges öffnet. Hinzu kommen Zeitungshändler, Imbissstände und Cafés.

In den meisten Bahnhöfen hängen Fahrpläne auf Englisch aus (das gilt aber nicht unbedingt für kleinere Bahnhöfe). Auf Bangkoks Bahnhof Hualamphong gibt es jede Menge Fahrpläne.

Klassen

Mit 1., 2. und 3. Klasse bietet die SRT drei verschiedene Wagenklassen an, bei denen aber je nach Zugtyp (Ordinary, Rapid und Special-Express) erhebliche Unterscheide bestehen.

Erste Klasse Wagen mit Privatabteilen; nur in den Zügen der Kategorien Rapid, Express und Special Express.

Zweite Klasse In 2.-Klasse-Abteilen ohne Schlafmöglichkeiten sind die gepolsterten Sitze, ähnlich wie in Bussen, paarweise in Fahrtrichtung montiert. In 2.-Klasse-Abteilen mit Schlafmöglichkeiten sind die Sitze paarweise gegenüberliegend montiert, und lassen sich in zwei Schlafkojen verwandeln. Die untere der beiden bietet mehr Kopffreiheit als die obere und ist darum teurer. Kinder bekommen immer die untere Koje. 2.-Klasse-Wagen (mit Klimaanlage oder Ventilator) hängen nur an Rapid- oder Expresszügen.

Dritte Klasse 3.-Klasse-Abteile bestehen normalerweise aus gegenüberliegenden Sitzpaaren. Jede Bank ist normalerweise für zwei bis drei Passagiere vorgesehen, aber in überfüllten Zügen auf dem Land interessiert das niemanden.

Preise

Die Zugpreise berechnen sich aus dem Grundtarif und diversen Zuschlägen. Letztere hängen vom jeweiligen Zugtyp (Special-Express, Express, Rapid oder Ordinary) sowie der Klasse und Entfernung ab. Klimaanlagen und Schlafkojen schlagen ebenfalls mit Zuschlägen zu Buche.

Reservierungen

Reservierungen sind frühestens 60 Tage und spätestens einen Tag vor dem geplanten Abfahrtstermin möglich. Man kann Buchungen direkt am Bahnhof vornehmen. Zugfahrkarten kann man aber auch in Reisebüros kaufen, die dafür normalerweise eine separate Servicegebühr verlangen. Wer vom Ausland eine Fernzugreise plant, sollte der State Railway of Thailand (über die Kontaktseite der Website) mindestens zwei Wochen vor Reisebeginn eine Reservierungs-Mail schicken. Die staatliche Bahngesellschaft bestätigt die Buchung ebenfalls per E-Mail. Eine Stunde vor Abfahrt müssen die Fahrkarten dann am vorgesehenen Ausgangsbahnhof abgeholt und bezahlt werden.

Bei Schlafwagenzügen auf Fernstrecken ab Bangkok ist es ratsam, im Voraus zu buchen, vor allem im April und in der Hauptreisezeit (Dez. & Jan.).

Anders als Schlafkojen sollten Sitzplätze für Kurzstrecken mindestens einen Tag im Voraus gebucht werden.

Bei Reiserücktritt gibt's einen Teil des Fahrkartenpreises zurück. Die Höhe der Erstattung berechnet sich nach den verbleibenden Tagen zwischen Stornierung und dem vorgesehenen Abfahrtstermin. Alle Einzelheiten diesbezüglich lassen sich im Reisezentrum des Bahnhofs klären.

Gesundheit

Die Gesundheitsrisiken und der Standard der medizinischen Versorgung hängen in Thailand immer vom Aufenthaltsort und der Art des Reisens ab. Die meisten größeren Städte und Haupttouristenziele bieten eine angemessene oder sogar hervorragende medizinische Versorgung. Dies ist allerdings in abgeschiedenen ländlichen Gegenden leider nicht der Fall.

Viele Traveller befürchten, sich exotische Viruserkrankungen einzufangen, wenn sie in tropische Breitengrade reisen, dabei bereiten bereits bestehende Krankheiten sowie Unfälle (z. B. im Straßenverkehr) viel häufiger Probleme.

Die meisten Reisenden werden irgendwann einmal krank. Atemwegsinfektionen, Durchfall und Denguefieber sind die größten Gesundheitsrisiken. Zum Glück können die meisten Krankheiten aber relativ leicht vermieden oder behandelt werden.

VOR DER REISE

Infos im Internet

International Travel & Health (www.who.int/ith) liefert Informationen der Weltgesundheitsorganisation (WHO).

Centers for Disease Control & Prevention (www.cdc.gov) hält länderspezifische Informationen bereit.

Travelling Well Gesundheitsleitfaden mit Website von Dr. Deborah Mills (www.travellingwell.com.au).

Medikamente

Medikamente sollten in ihren eindeutig beschrifteten Originalverpackungen mitgeführt werden. Der Hausarzt sollte eventuell bestehende Krankheiten in einem unterzeichneten und datierten Brief beschreiben, ebenso notwendige Medikamente und Spritzen oder Nadeln. Herzkranke sollten eine Kopie ihres letzten EKGs mitnehmen.

Wer regelmäßig Medikamente einnehmen muss, packt besser einen Extravorrat ein. In Thailand sind viele Medikamente nicht verschreibungspflichtig und problemlos in der Apotheke erhältlich, manchmal ist es aber schwierig, ein Medikament zu finden, das dieselben Inhaltsstoffe hat, wie das Präparat von daheim.

Versicherung

Man sollte auf keinen Fall ohne Krankenversicherung reisen – Unfälle passieren! Eventuell muss man für risikoreichere Aktivitäten wie Klettern oder Tauchen eine Zusatzversicherung abschließen. Gleiches gilt auch fürs Roller- oder Motorradfahren Falls die Krankenversicherung nicht im Ausland gilt, sollte man unbedingt eine spezielle Reiseversicherung abschließen. In den meisten Krankenhäusern muss man noch vor der Aufnahme „beweisen", dass man die Behandlung bezahlen kann, entweder durch Vorlage einer entsprechenden Versicherungspolice oder eines anderen Nachweises.

Am besten erkundigt man sich vor der Reise beim Versicherer, wie Abrechnungen abgewickelt werden, und bewahrt sämtliche Unterlagen (Arztberichte, Rechnungen usw.) sorgfältig auf.

EMPFOHLENE IMPFUNGEN

Die einzige Impfung, die aufgrund internationaler Vorschriften verlangt wird, ist die gegen Gelbfieber. Der Impfstatus wird aber nur geprüft, wenn man sich sechs Tage vor der Einreise in einem Land aufgehalten hat, das zur Risikozone gehört (nur Afrika und Südamerika).

Spezielle Kliniken für Reisemedizin sind die besten Quellen für Infos zu notwendigen Impfungen. Die Centers for Disease Control (www.cdc.gov) bieten Infos rund um das Thema Gesundheit auf Reisen sowie Empfehlungen zu Impfungen.

REISEAPOTHEKE

Die persönliche Reiseapotheke sollte die folgenden Dinge beinhalten:

- Abführmittel
- Abschwellende Mittel
- Antibakterielle Creme, z.B. Infectopyoderm
- Antibiotika gegen Hautinfektionen, z.B. Amoxicillin/Clavulansäure oder Cefalexin
- Antibiotika gegen Reisedurchfall, z.B. Norfloxacin, Ciprofloxacin oder Azithromycin gegen bakteriell verursachten Durchfall; Tinidazol gegen Giardiasis oder Amöbenruhr
- Antihistaminika, z.B. Cetrizin
- Antipilzmittel, z.B. Clotrimazol
- Antiseptika, z.B. Jod
- Bei Neigung zu Blasenentzündung entsprechende Antibiotika
- DEET-haltiges Insektenschutzmittel
- Erste-Hilfe-Bedarf wie Schere, Pflaster, Verbände, Gaze, Thermometer (ohne Quecksilber!) , sterile Nadeln und Spritzen (inklusive Arztbrief) , Sicherheitsnadeln, Pinzette
- Handwaschgel oder -tücher (mit Alkohol)
- Ibuprofen oder andere Entzündungshemmer
- Medikamente gegen Pilzbefall oder Candidose (vaginaler Pilzbefall), z.B. Clotrimazol oder Diflucan
- Orale Rehydrierungslösungen (z.B. Elotrans) und „Stopper" (z.B. Loperamid) gegen Durchfall und Medikamente gegen Übelkeit (z.B. Dimenhydrinat)
- Paracetamol
- Steroidhaltige Salbe gegen allergische Ausschläge, z.B. 1- bis 2%iges Hydrocortison
- Verhütungsmittel

IN THAILAND

Frauen & Gesundheit

- Im Jahr 2016 wurde das Zika-Virus auch in Thailand nachgewiesen, und zwei Fälle von Geburtsschäden wurden gemeldet, die mit dem Virus in Verbindung stehen. Auf der Website der International Association for Medical Assistance for Travellers (www.iamat.org) gibt es aktuelle Informationen zur Lage.
- Damenhygieneartikel sind in den städtischen Zentren Thailands leicht erhältlich.
- Es empfiehlt sich ausreichende Vorräte der persönlichen Verhütungsmethode einzupacken, da diese möglicherweise vor Ort nicht verfügbar sein kann.
- Dehydrierung und lange Busreisen ohne Toilettenpause können zu Blasenentzündungen führen; am besten entsprechende Antibiotika von daheim mitbringen.

Infektionskrankheiten

Denguefieber

Diese durch Moskitos übertragene Krankheit breitet sich in Südostasien immer weiter aus, vor allem in den Städten. Auf den südlichen Inseln Thailands ist das Risiko besonders hoch. Da es keinen Impfstoff gibt, kann man sich nur schützen, indem man Moskitostiche vermeidet. Die Moskitoart, die das Fieber überträgt, ist tagsüber unterwegs, also sind zu jeder Zeit Maßnahmen gegen Insektenstiche angebracht.

Symptome sind hohes Fieber, starke Kopfschmerzen (vor allem hinter den Augen), Übelkeit und Gliederschmerzen (das Denguefieber hieß deshalb einst „Knochenbrecherfieber"). Manche Patienten bekommen auch Ausschlag (der sehr stark jucken kann) und Durchfall. Es gibt keine spezielle Behandlung außer Ruhe und Paracetamol. Kein Aspirin oder Ibuprofen nehmen – sie begünstigen Blutungen! Man sollte einen Arzt aufsuchen, der die Diagnose stellen und den Verlauf verfolgen kann.

Denguefieber kann sich zu dem lebensbedrohlichen hämorrhagischen Denguefieber entwickeln, was bei Travellern aber sehr selten vorkommt. Das Risiko steigt erheblich, wenn man sich bereits einmal mit Denguefieber infiziert hat und sich danach mit einem anderen Serotyp infiziert.

Geschlechtskrankheiten

Die häufigsten durch sexuelle Kontakte übertragenen Krankheiten in Thailand sind Herpes, Warzen, Syphilis, Tripper und Chlamydien. Menschen, die diese Krankheiten in sich tragen, haben oft keine Symptome. Kondome können Tripper und Chlamydieninfektionen verhindern, nicht aber Warzen oder Herpes. Wer nach einem sexuellen Kontakt Ausschlag, Schwellungen, Ausfluss oder Schmerzen beim Wasserlassen feststellt, sollte sofort zum Arzt gehen. Wenn man während der Reise sexuell aktiv war, sollte man sich zu Hause auf Geschlechtskrankheiten untersuchen lassen.

Hepatitis A

Das Risiko, sich mit Hepatitis A zu infizieren, ist in Bangkok mittlerweile nicht mehr so groß, im Rest des Landes aber immer noch hoch. Das Virus wird mit dem Essen oder über Wasser übertragen und befällt die Leber. Zu den Symptomen zählen Gelbsucht (Gelbfärbung der Haut und Augen), Übelkeit und Teilnahmslosigkeit. Es gibt keine spezielle Behandlung. In seltenen Fällen kann die Krankheit bei Infizierten über 40 Jahren tödlich verlaufen. Wer Thailand bereist, sollte auf jeden Fall gegen Hepatitis A geimpft sein.

Hepatitis B

Hepatitis B ist die einzige durch Geschlechtsverkehr übertragene Krankheit, die durch eine Impfung vermieden werden kann. Hepatitis B wird durch Körperflüssigkeiten übertragen, einschließlich sexuellen Kontakten. In einigen Teilen Thailands sind bis zu 20 % der Bevölkerung infiziert, meist ohne sich dessen bewusst zu sein. Zu den Spätfolgen gehören Leberkrebs, Leberzirrhose und der Tod.

HIV

In Thailand ist HIV mittlerweile eine der häufigsten Todesursachen bei Menschen unter 50 Jahren. Deshalb gilt: Niemals ungeschützten Sex haben, ausschließlich sterile Spritzen/Nadeln verwenden und sich besser kein Tattoo stechen lassen.

Influenza

Influenza (Grippe) ist in den Tropen das ganze Jahr über präsent und die häufigste Krankheit unter Travellern. Sie kann durch eine Impfung vermieden werden, darum sollte jeder eine solche Impfung in Betracht ziehen. Es gibt keine spezielle Behandlung, außer Ruhe und Paracetamol.

Larva migrans cutanea

Diese Krankheit wird durch die Larve des Hakenwurms verursacht und tritt besonders häufig an Thailands Stränden auf. Der Ausschlag beginnt mit einer kleinen Schwellung und breitet sich dann linienförmig aus. Der damit verbundene Juckreiz ist besonders nachts sehr stark. Die Krankheit ist medikamentös einfach zu behandeln, und die befallene Stelle sollte nicht herausgeschnitten oder vereist werden!

Leptospirose

Mit Leptospirose kann man sich durch Kontakt mit verseuchtem Süßwasser infizieren – häufig tritt die Krankheit deshalb nach Rafting- oder Kajaktouren auf. Erstsymptome wie Kopfschmerzen und Fieber sind denen einer Grippe sehr ähnlich. Der Krankheitsverlauf variiert von leichten Beschwerden bis hin zu einer lebensbedrohlichen Erkrankung. Die Diagnose erfolgt durch einen Bluttest. Leptospirose kann mit Doxycyclin problemlos behandelt werden.

Malaria

In den meisten von Touristen besuchten Gegenden Thailands, vor allem in Städten und Badeorten, ist das Malariarisiko minimal bis nicht vorhanden. Das Risiko der Nebenwirkungen ist wahrscheinlich höher als das Risiko, sich zu infizieren. Wer in ländliche Regionen mit hohem Malariarisiko reisen will (eher nicht der Durchschnittstraveller), sollte vorher einen Arzt konsultieren und sich über das passende

DAS HILFT GEGEN MOSKITOS

Wer folgende Ratschläge befolgt, wird nicht so schnell von Moskitos gestochen:

- DEET-haltige Insektenschutzmittel auf freie Körperstellen auftragen.
- Unter einem Moskitonetz schlafen, das mit Permethrin imprägniert ist.
- Unterkünfte mit Trennwänden und Ventilatoren aussuchen.
- In Gegenden mit hohem Malariarisiko die Kleidung mit Permethrin einsprühen.
- Langärmlige Oberteile und lange Hosen in hellen Farben tragen.
- Mückenspiralen benutzen.
- Insektenschutzmittel im Zimmer versprühen, bevor man ausgeht.

SELTEN, ABER ERNST ZU NEHMEN

Filariose Moskitos übertragen die Fadenwurmkrankheit, von der viele Einheimische betroffen sind; am besten alles tun, um Stiche zu vermeiden!

Hepatitis E Wird durch verunreinigtes Essen oder Wasser übertragen und verursacht ähnliche Symptome wie die Hepatitis A; kann bei schwangeren Frauen einen ungünstigen Verlauf nehmen. Beim Essen und Trinken entsprechende Hygieneregeln beachten!

Japanische Enzephalitis Diese Viruserkrankung wird durch Mückenstiche übertragen und kommt besonders oft in ländlichen Gegenden vor. Eine Impfung ist sinnvoll, wenn man mehr als einen Monat außerhalb der Städte verbringt.

Meliodose Wird beim Kontakt zwischen Haut und erregerhaltigem Boden übertragen. Die Symptome ähneln denen der Tuberkulose (TB). Es gibt keine Impfung, aber Medikamente dagegen.

Strongyloidiasis Beim Kontakt zwischen Haut und erregerhaltigem Boden wird ein Parasit, der Zwergfadenwurm, übertragen. In der Bevölkerung weit verbreitet. Charakteristisch ist der strichförmige Ausschlag am Oberkörper, der kommt und geht. Daran kann sich eine starke Infektion anschließen. Die Krankheit wird medikamentös behandelt.

Tuberkulose Die Hauptsymptome sind Fieber, Husten, Gewichtsverlust, starker Nachtschweiß und Müdigkeit. Die Behandlung ist langwierig und beinhaltet diverse Medikationen.

Typhus Das Flohfleckfieber wird durch einen Flohbiss übertragen, das Milbenfleckfieber durch einen Milbenbiss. Die Symptome reichen von Fieber und Muskelkrämpfen bis hin zu Hautausschlägen. Man sollte Maßnahmen zur Vermeidung von Insektenstichen ergreifen und Doxycyclin (ein Antibiotikum) einnehmen.

Vogelgrippe Viele Infizierte hatten zuvor Kontakt mit erkrankten oder toten Vögeln.

Medikament sowie die richtige Dosis informieren.

Malaria wird durch einen Parasiten ausgelöst, der durch den Stich eines infizieren Moskitos übertragen wird. Das Hauptsymptom ist Fieber, doch die Erkrankung kann auch mit allgemeinen Symptomen wie Kopfschmerzen, Durchfall, Husten und Schüttelfrost einhergehen – den für viele Infektionskrankheiten typischen Symptomen. Eine Diagnose ist nur durch einen Bluttest möglich.

Masern

Diese hoch ansteckende Virusinfektion wird durch Tröpfcheninfektion (Husten oder Niesen) oder direkten Kontakt übertragen und ist nach wie vor in Thailand weit verbreitet. Masern beginnen mit hohem Fieber und Ausschlag. Sie können von Komplikationen wie Lungenentzündungen oder Hirnerkrankungen begleitet werden. Es gibt keine spezielle Behandlung. Unbedingt impfen lassen!

Tollwut

Diese tödliche Krankheit wird durch den Biss oder den Speichel eines infizierten Tieres übertragen (meistens ein Hund oder ein Affe). Man sollte nach jedem Tierbiss sofort einen Arzt aufsuchen, um mit der Behandlung zu beginnen. Wenn man sich vor der Reise gegen Tollwut impfen lässt, erleichtert das die Behandlung nach der Infizierung sehr.

Jede Bisswunde sollte zunächst vorsichtig mit Wasser und Seife ausgewaschen und dann mit einem jodhaltigen Antiseptikum gereinigt werden. Wer keine Tollwutimpfung hat, muss sich so schnell wie möglich Tollwut-Immunglobulin spritzen lassen, gefolgt von fünf Dosen Impfstoff in den folgenden 28 Tagen. Wer bereits geimpft ist, benötigt nur zwei nachträgliche Dosen Impfstoff in einem Abstand von drei Tagen.

Typhus

Die ernste bakterielle Infektion wird über Nahrungsmittel und Wasser verbreitet. Sie führt zu hohem ansteigendem Fieber und starken Kopfschmerzen. Sie kann von trockenem Husten und Magenschmerzen begleitet werden. Typhus wird durch einen Bluttest nachgewiesen und mit Antibiotika behandelt. Die Impfung wird für alle Traveller empfohlen, die länger als eine Woche in Thailand bleiben oder außerhalb der großen Städte reisen wollen. Achtung: Die Impfung gewährt keinen 100%igen Schutz; Vorsicht bei allem, was man isst und trinkt, ist geboten!

Medizinische Versorgung & Kosten

Bangkok gilt in vielen Ländern Südostasiens als Anlaufpunkt für erstklassige medizinische Versorgung. Private Krankenhäuser sind teurer als andere Einrichtungen, haben aber auch einen höheren Standard und englischsprachiges Personal. Die Kosten sind im Vergleich zu denen in den meisten westlichen Ländern relativ niedrig.

Eine Selbstbehandlung kann angemessen sein, falls es sich um ein kleines Problem handelt (z.B. Durchfall), geeignete Medikamente vorhanden sind und kein Arzt und kein Krankenhaus in der Nähe sind.

Beim Einkauf von Medikamenten ohne Rezept sollte man Vorsicht walten lassen: Fälschungen oder unsachgemäß gelagerte bzw. abgelaufene Medikamente sind keine Seltenheit, vor allem außerhalb der Städte.

Reisedurchfall

Reisedurchfall ist bei Weitem die häufigste Erkrankung bei Travellern. Bis zu 50% erleben die eine oder andere Art Durchfall innerhalb der ersten zwei Wochen nach Reiseantritt. In mehr als 80% der Fälle ist ein Bakterium der Auslöser (es gibt diverse Übeltäter), sodass ein Antibiotikum schnell Abhilfe verschaffen kann.

Man spricht von Reisedurchfall, wenn man innerhalb von 24 Stunden mehr als dreimal wässrigen Stuhl hatte und noch mindestens ein weiteres Symptom hinzukommt, z.B. Erbrechen, Fieber, Krämpfe, Übelkeit oder allgemeines Unwohlsein.

Die Behandlung besteht darin, genügend Flüssigkeit in den Körper zu bringen. Rehydrierungslösungen sind dafür am besten geeignet, z.B. Elektrolyte. Antibiotika wie Norfloxacin, Ciprofloxacin oder Azithromycin töten die Bakterien schnell.

Loperamid stoppt nur den Durchfall, beseitigt aber nicht die Ursache. Es kann trotzdem nützlich sein (z.B. wenn eine lange Busreise ansteht). Bei Fieber oder Blut im Stuhl sollte Loperamid auf keinen Fall eingenommen werden. Wem Antibiotika nicht helfen, der sollte unbedingt einen Arzt aufsuchen.

Giardia lamblia ist ein Parasit, der relativ häufig Traveller befällt. Symptome sind Übelkeit, Blähungen, Müdigkeit und zeitweise auftretender Durchfall. Wer viel aufstoßen muss und dabei einen leichten Eiergeruch wahrnimmt, könnte sich mit dem Parasiten infiziert haben. Das Mittel der Wahl ist Tinidazol; Metronidazol ist eine weitere Option.

Die Amöbenruhr kommt unter Travellern sehr selten vor, aber weniger zuverlässige Labors können sie oft nicht feststellen. Die Symptome ähneln denen des bakteriell verursachten Durchfalls. Wer Blut im Stuhl hat, sollte stets umgehend einen Arzt aufsuchen. Die Behandlung erfolgt mit zwei Medikamenten: Tinidazol oder Metronidazol töten die Parasiten im Darm, und ein weiteres Medikament beseitigt die Zysten. Bleibt die Krankheit unbehandelt, können Leberabszesse entstehen.

Umweltrisiken

Essen

Die meisten Durchfallerkrankungen entstehen durch Essen im Restaurant. Um sie zu vermeiden, sollte man nur frisch zubereitetes Essen zu sich nehmen und generell Speisen meiden, die schon eine Weile auf dem Büfett stehen. Obst sollte unbedingt geschält und Gemüse gekocht werden. Am besten isst man in gut besuchten Restaurants mit hohem Durchlauf.

Hautprobleme

Hitzepocken sieht man in den tropischen Regionen häufig. Sie entstehen, wenn sich Schweiß unter der Hautoberfläche staut. Kalte Duschen und Körperpuder helfen.

Dann gibt es noch zwei Pilze, mit denen Traveller oft zu kämpfen haben. Einer befällt die Leistengegend, die Achselhöhlen und die Zehenzwischenräume. Zunächst sieht man nichts weiter als einen roten Fleck, der sich langsam ausbreitet und normalerweise juckt. Man sollte diese Stellen trocken halten, zusehen, dass die Kleidung nicht an ihnen reibt, und ein Antimykotikum (wie Clotrimazol oder Lamisil) auftragen. Der Pilz *Tinea versicolor* verursacht kleine, helle Flecken, zumeist auf dem Rücken, der Brust und den Schultern. Am besten einen Arzt aufsuchen!

Wenn das Klima feucht ist, entzünden sich Schnitte und Kratzer leicht. Korallenschnitte entzünden sich besonders schnell. Man sollte Wunden sofort mit sauberem Wasser reinigen und ein Antiseptikum auftragen. Bei eindeutigen Anzeichen einer Infektion sollte man einen Arzt aufsuchen.

Hitze

Die meisten Reisenden brauchen mindestens zwei Wochen, um sich an die Hitze zu gewöhnen. Am besten beugt man angeschwollenen Füßen und Fußgelenken sowie Muskelkrämpfen, die auf extremes Schwitzen zurückzuführen sind, vor, indem man ausreichend viel trinkt und körperliche Anstrengung um die Mittagszeit vermeidet.

Ein Hitzschlag ist ein medizinischer Notfall, der sofort behandelt werden muss. Die Symptome treten ganz plötzlich auf und umfassen Schwächeanfälle, Übelkeit, Fieber von über 41°C, Schwindel, Verwirrung, Verlust der Koordinationsfä-

LEITUNGSWASSER

Obwohl es laut Behörden als trinkbar gilt, trinken die Thais kein Leitungswasser, und Traveller sollten das ebenfalls nicht. Während des Aufenthalts hält man sich besser an in Flaschen abgefülltes oder gefiltertes Wasser.

QUALLENSTICHE

Wer mit einer Würfelqualle in Berührung kommt, kann mit einer kleineren – aber gleichwohl schmerzhaften – Blessur davonkommen, schlimmstenfalls jedoch sterben. Es gibt zwei Arten von Würfelquallen: Manche haben viele Tentakel, andere nur einen.

In thailändischen Gewässern treibt sich auch die gefährlichere der beiden herum – die mit mehreren Tentakeln ausgestattete Qualle –, und bei einer starken Vergiftung kann ein Erwachsener innerhalb von zwei Minuten sterben. Man findet diese Quallenart zumeist während der warmen Monate an sandigen Stränden in der Nähe von Flussmündungen oder in Mangrovenwäldern.

Es gibt verschiedene Würfelquallen mit nur einem Tentakel. Manche können schwerwiegende Symptome hervorrufen, die als Irukandji-Syndrom bekannt sind. Auch wenn die Wunde harmlos aussieht, können schon fünf bis 40 Minuten später Beschwerden wie Rückenschmerzen, Übelkeit, Erbrechen, Schweißausbrüche und Atemnot auftreten. Es existieren noch weitere Quallenarten in Thailand, deren Tentakel unangenehme Hautirritationen, aber keine schlimmen Symptome hervorrufen. Schützen kann man sich eigentlich nur, indem man spezielle Kleidung trägt, z. B. Neoprenanzüge.

Laut Fachleuten ist bei schweren, lebensbedrohlichen Vergiftungen die oberste Priorität, die Person am Leben zu erhalten. Während jemand medizinische Hilfe holt, sollte ein anderer sofort mit der Reanimation beginnen, sofern das Opfer bewusstlos ist. Ist der Verletzte bei Bewusstsein, muss die betroffene Körperstelle 30 Sekunden lang großzügig mit Essig ausgespült werden.

Essig kann auch Reizungen reduzieren, die von kleinen Stichen herrühren. Am besten sorgt man so oder so dafür, dass das Opfer schnellstmöglich in medizinische Behandlung kommt, vor allem auch für den Fall, dass sich innerhalb der nächsten 40 Minuten weitere Symptome entwickeln.

higkeit, Anfälle und eventuell sogar einen Kreislaufkollaps und Bewusstlosigkeit.

Insektenbisse & -stiche

Wanzen leben in den Ritzen von Möbeln und Wänden, und sie kriechen nachts in die Betten, um sich an Menschen gütlich zu tun. Bisse können mit Antihistaminika behandelt werden.

Zecken bekommt man beim Wandern in ländlichen Gegenden. Im Allgemeinen machen sie es sich hinter den Ohren, auf dem Bauch und in den Armbeugen gemütlich. Wer einen Zeckenbiss hat und Symptome wie Schwellungen an der Bissstelle oder an einer anderen Stelle, Fieber oder Muskelschmerzen beobachtet, sollte einen Arzt aufsuchen. Doxycyclin wirkt gegen durch Zecken übertragene Krankheiten.

Blutegel finden sich in feuchten Regenwaldgebieten. Sie übertragen keine Krankheiten, aber ihre Bisse jucken oft wochenlang und heftig; die Bissstellen können sich auch leicht entzünden. Ein jodhaltiges Antiseptikum, das auf den Biss aufgetragen wird, hilft Infektionen zu vermeiden.

Bienen- und Wespenstiche stellen eigentlich nur eine Gefahr für Menschen dar, die allergisch darauf reagieren. Wer eine solche Allergie hat, sollte für den Notfall eine Adrenalinspritze mit sich führen (z. B. einen EpiPen). Für alle anderen ist der Schmerz nach dem Stich das Hauptproblem – am besten kühlt man die Stichstelle und nimmt bei Bedarf ein Schmerzmittel.

Parasiten

Die lokale Bevölkerung Thailands hat sich mit zahlreichen Parasiten rumzuschlagen, doch Traveller sind in der Regel seltener davon betroffen. Eine Parasiteninfektion lässt sich vermeiden, indem man Schuhe trägt und auf rohes Essen (vor allem Fisch und Schwein) sowie auf ungekochtes Gemüse verzichtet.

Schlangen

Es passiert nur selten, dass Traveller von einer Schlange gebissen werden, aber es gibt immerhin mehr als 85 giftige Schlangenarten in Thailand. In Gegenden, in denen Schlangen vorkommen, sollte man deshalb immer Stiefel und lange Hosen tragen.

Das thailändische Rote Kreuz hat diverse Gegengifte zur Behandlung von Schlangenbissen vorrätig.

Sonnenbrand

Selbst an einem wolkenverhangenen Tag kann man sich einen Sonnenbrand holen. Man sollte Sonnenmilch mit einem hohen Lichtschutzfaktor (min. 30) benutzen und sich nach dem Schwimmen erneut eincremen, stets einen Hut mit breiter Krempe tragen sowie eine Sonnenbrille. Wer doch einen Sonnenbrand abgekriegt hat, sollte die Sonne meiden, bis sich die Haut vollständig erholt hat, kühlende Kompressen anlegen und gegebenenfalls Schmerztabletten nehmen. Auch Cremes mit 1% Hydrokortison helfen (diese sollte man zweimal täglich auftragen).

Sprache

Die offizielle Sprache Thailands ist eigentlich der Dialekt, der in Zentralthailand gesprochen und geschrieben wird. Er hat sich als Lingua franca aller thailändischen und nichtthailändischen Bevölkerungsgruppen im Königreich etabliert.

Thai ist eine Tonsprache, d.h., dass die Bedeutung einer einzelnen Silbe durch abweichende Stimmlagen (Ton) bei der Aussprache verändert werden kann. Standard-Thai verfügt über fünf Töne: tief, mittel, fallend, hoch und steigend. Die Begriffe hoch, tief und mittel sind relativ; die Tonhöhe hängt immer vom Stimmumfang des Sprechers ab – die Töne sind also nicht festgelegt wie bei einer Notenpartitur.

➡ **tiefer Ton** – „Flach" wie der mittlere Ton. Er wird relativ tief ausgesprochen (bezogen auf den jeweiligen Stimmumfang), unbetont und gleichmäßig, z.B. bei bàht (Baht, die thailändische Währung).

➡ **mittlerer Ton** – Wird ebenfalls „flach" ausgesprochen, der Ton befindet sich in der Mitte des Stimmumfangs des Sprechers wie in di („gut"). Es wird kein Akzent auf den Buchstaben gesetzt.

➡ **fallender Ton** – Beginnt hoch und fällt schnell ab. Die Tonlage ähnelt der in der deutschen Sprache, wenn man jemanden von Weitem ruft, z.B. mâi („nein"/„nicht").

➡ **hoher Ton** – Fällt Ausländern meist am schwersten. Die Tonlage ist am oberen Ende des Stimmspektrums angesiedelt, der Ton wird so flach gesprochen wie möglich. Ein Beispiel ist máh (Pferd).

➡ **steigender Ton** – Beginnt tief und steigt dann gleichmäßig an. Erinnert an die Betonung bei Nachfragen („Ja?"), z.B. in sǎhm („drei").

NOCH MEHR GEFÄLLIG?

Wer noch mehr über die Sprache erfahren und ein paar praktische Wendungen für seine Reise lernen möchte, sollte sich den *Sprachführer Thai* von Lonely Planet zulegen. Man findet den Titel unter **http://shop.lonelyplanet.de** und im Buchhandel.

Die thailändische Regierung hat ein Transkriptionssystem eingeführt, das Royal Thai General Transcription System (RTGS), mit dem Thai mit den Buchstaben des lateinischen Alphabets geschrieben werden kann. Es wird für offizielle Dokumente, Straßenschilder und auf Karten verwendet. Dennoch wird man auf Schildern und Speisekarten auch lokale Varianten entdecken. Im Allgemeinen haben wir uns in diesem Band an den am weitesten verbreiteten Schreibweisen orientiert. Achtung: Das Transkriptionssystem orientiert sich am Englischen, weshalb insbesondere auf die unten erläuterte Aussprache der Vokale geachtet werden muss!

Bei den farbig unterlegten Aussprachehilfen trennen die Bindestriche Silben innerhalb eines Wortes voneinander. Manche Silben werden mittels eines Punktes noch weiter unterteilt, um die Aussprache von Mehrfachvokalen zu erleichtern, z.B. mêu·a-rai („als").

Der Vokal a wird wie das erste „e" in „Wecker" gesprochen, das aa wie das „ä" in „mähen"; das ah erinnert an das „a" in „Vater", das ai wird wie „ei" ausgesprochen, air wie in „Flair" ohne „r", eu spricht man wie das „ö" in „Töpfe". Der Laut ew erinnert an ein „ü" und wird mit runden Lippen gesprochen, das oh klingt wie in „ou" (Vokale einzeln sprechen), or wie das „o" in „Horn" und ow wie „au".

Die meisten Konsonanten werden wie im Deutschen gesprochen. Ausnahmen sind das ƀ (ein harter Plosiv, ausgesprochen wie eine Mischung aus „b" und „p"), das đ, ein harter „t"-Laut wie in „Bett", das ng (wie in „Klinge"), das im Thai anders als im Deutschen auch am Wortanfang stehen kann, und das r wie im englischen Wort „run". In der Alltagssprache klingt dieser gerollte Laut häufig wie ein „l".

GRUNDBEGRIFFE

Die thailändische Gesellschaftsstruktur gebietet, dass man sich verschiedener Register bedient, abhängig davon, mit wem man spricht. Wir haben hier die dem Kontext entsprechende Form verwendet.

Wer höflich sein will, beendet seinen Satz mit kráp (für Männer) oder kâ (für Frauen). Das bezieht sich auf das Geschlecht des Sprechers; üblicherweise bejaht man so auch Fragen oder drückt Zustimmung aus.

Die männliche bzw. weibliche Form haben wir an den jeweils relevanten Stellen mit den Abkürzungen „m./f." bei der Transkription kenntlich gemacht.

Hallo.	สวัสดี	sà-wàt-di
Tschüss.	ลาก่อน	lah gòrn
Ja.	ใช่	tschâi
Nein.	ไม่	mâi
Bitte.	ขอ	kŏr
Danke.	ขอบคุณ	kòrp kun
Gern geschehen.	ยินดี	yin di
Entschuldigen Sie.	ขออภัย	kŏr à-pai
Entschuldigung.	ขอโทษ	kŏr tôht

Wie geht es Ihnen?
สบายดีไหม — sà-bai di măi

Gut. Und Ihnen?
สบายดีครับ/ค่า แล้วคุณล่ะ — sà-bai di kráp/kâ láa·ou kun lâ (m./f.)

Wie ist Ihr Name?
คุณชื่ออะไร — kun tschêu à-rai

Mein Name ist …
ผม/ดิฉันชื่อ … — pŏm/dì-tschăn tschêu … (m./f.)

Sprechen Sie Englisch?
คุณพูดภาษาอังกฤษได้ไหม — kun pôot pah-săh ang-grìt dâi măi

Ich verstehe nicht.
ผม/ดิฉันไม่เข้าใจ — pŏm/dì-chăn mâi kôw jai (m./f.)

ESSEN & TRINKEN

Ich hätte gern (die Speisekarte).
ขอ (รายการอาหาร) หน่อย — kŏr (rai gahn ah-hăhn) nòy

Was würden Sie empfehlen?
คุณแนะนำอะไรบ้าง — kun náa-nam à-rai bâhng

Das war köstlich!
อร่อยมาก — à-ròy mâhk

Prost!
ไชโย — tschai-yoh

FRAGEWÖRTER

Wann?	เมื่อไร	mêu·a-rai
Warum?	ทำไม	tam-mai
Was?	อะไร	à-rai
Wer?	ใคร	krai
Wo?	ที่ไหน	têe năi

Die Rechnung, bitte.
ขอบิลหน่อย — kŏr bin nòy

Ich esse kein/e/n …	ผม/ดิฉันไม่กิน …	pŏm/dì-tschăn mâi dschin … (m./f.)
Eier	ไข่	kài
Fisch	ปลา	ɓlah
Nüsse	ถั่ว	tòo·a
rotes Fleisch	เนื้อแดง	néu·a daang

Wichtige Begriffe

Abendessen	อาหารเย็น	ah-hăhn yen
Bar	บาร์	bah
Café	ร้านกาแฟ	ráhn gah-faa
Dessert	ของหวาน	kŏrng wăhn
Essstäbchen	ไม้ตะเกียบ	mái đà-dschèe·ap
Flasche	ขวด	kòo·at
Frühstück	อาหารเช้า	ah-hăhn tschów
Gabel	ส้อม	sôrm
Getränkekarte	รายการเครื่องดื่ม	rai gahn krêu·ang dèum
Glas	แก้ว	gâa·ou
heiß	ร้อน	rórn
kalt	เย็น	yen
Löffel	ช้อน	tschórn
Markt	ตลาด	đà-làht
Messer	มีด	mêet
mit	มี	mi
Mittagessen	อาหารกลางวัน	ah-hăhn glahng wan
ohne	ไม่มี	mâi mi
Restaurant	ร้านอาหาร	ráhn ah-hăhn
scharf	เผ็ด	pèt
Schüssel	ชาม	tschahm
Speisekarte	รายการอาหาร	rai gahn ah-hăhn
Tasse, Becher	ถ้วย	tôo·ay

Teller	จาน	jahn
Vegetarier	คนกินเจ	kon dschin jair

Fleisch & Fisch

Ente	เป็ด	ɓèt
Fisch	ปลา	ɓlah
Fleisch	เนื้อ	néu·a
Huhn	ไก่	gài
Krebs	ปู	ɓu
Meeresfrüchte	อาหารทะเล	ah-hăhn tá-lair
Rind	เนื้อ	néu·a
Schwein	หมู	mŏo
Tintenfisch	ปลาหมึก	ɓlah mèuk

Obst & Gemüse

Aubergine	มะเขือ	má-kĕu·a
Banane	กล้วย	glôo·ay
Bohnen	ถั่ว	tòo·a
Gemüse	ผัก	pàk
Guave	ฝรั่ง	fa-ràng
Kartoffeln	มันฝรั่ง	man fa-ràng
Kokosnuss	มะพร้าว	má-prów
Limette	มะนาว	má-now
Mango	มะม่วง	má-môo·ang
Mangostane	มังคุด	mang-kút
Nüsse	ถั่ว	tòo·a
Obst	ผลไม้	pŏn-lá-mái
Papaya	มะละกอ	má-lá-gor
Pilze	เห็ด	hèt
Rambutan	เงาะ	ngó
Tamarind	มะขาม	má-kăhm
Tomaten	มะเขือเทศ	má-kĕu·a têt
Wassermelone	แตงโม	đaang moh

Sonstiges

Chilli	พริก	prík
Ei	ไข่	kài
Eis	น้ำแข็ง	nám kăang
Fischsauce	น้ำปลา	nám ɓlah
Nudeln	เส้น	sên
Öl	น้ำมัน	nám man
Pfeffer	พริกไทย	prík tai
Reis	ข้าว	kôw
Salat	ผักสด	pàk sòt
Salz	เกลือ	gleu·a
Sojasauce	น้ำซีอิ๊ว	nám si-éw
Suppe	น้ำซุป	nám súp
Tofu	เต้าหู้	đôw hôo
Zucker	น้ำตาล	nám đahn

Getränke

Bier	เบียร์	bi·a
Kaffee	กาแฟ	gah-faa
Milch	นมจืด	nom jèut
Orangensaft	น้ำส้ม	nám sôm
Sojamilch	น้ำเต้าหู้	nám đôw hôo
Tee	ชา	chah
Wasser	น้ำดื่ม	nám dèum
Zuckerrohrsaft	น้ำอ้อย	nám ôy

NOTFALL

Hilfe!	ช่วยด้วย	tschôo·ay dôo·ay
Hauen Sie ab!	ไปให้พ้น	ɓai hâi pón

Rufen Sie einen Arzt!
เรียกหมอหน่อย — rêe·ak mŏr nòy

Rufen Sie die Polizei!
เรียกตำรวจหน่อย — rêe·ak đam·ròo·at nòy

Ich bin krank.
ผม/ดิฉันป่วย — pŏm/dì-tschăn ɓòo·ay (m./f.)

Ich habe mich verlaufen.
ผม/ดิฉัน หลงทาง — pŏm/dì-tschăn lŏng tahng (m./f.)

Wo sind die Toiletten?
ห้องน้ำอยู่ที่ไหน — hôrng nám yòo têe năi

SCHILDER

ทางเข้า	Eingang
ทางออก	Ausgang
เปิด	Offen
ปิด	Geschlossen
ที่ติดต่อสอบถาม	Information
ห้าม	Verboten
ห้องสุขา	Toiletten
ชาย	Männer
หญิง	Frauen

SHOPPEN & SERVICE

Ich hätte gern …
อยากจะซื้อ … — yàhk jà séu …

Ich sehe mich nur um.
ดูเฉย ๆ — du tschĕu·i tschĕu·i

Kann ich mir das genauer ansehen?
ขอดูได้ไหม — kŏr du dâi măi

Wie viel kostet das?
เท่าไร — tôw-rai

Das ist zu teuer.
แพงไป — paang bai

Können Sie den Preis senken?
ลดราคาได้ไหม — lót rah-kah dâi măi

Da ist ein Fehler auf der Rechnung.
บิลใบนี้ผิดนะครับ/คะ — bin bai née pìt ná kráp/kâ (m./f.)

UHRZEIT & DATUM

Wie viel Uhr ist es?
กี่โมงแล้ว — gèe mohng láa·ou

Morgen	เช้า	tschów
Nachmittag	บ่าย	bài
Abend	เย็น	yen
gestern	เมื่อวาน	mêu·a wahn
heute	วันนี้	wan née
morgen	พรุ่งนี้	prûng née
Montag	วันจันทร์	wan jan
Dienstag	วันอังคาร	wan ang-kahn
Mittwoch	วันพุธ	wan pút
Donnerstag	วันพฤหัสฯ	wan pá-réu-hàt
Freitag	วันศุกร์	wan sùk
Samstag	วันเสาร์	wan sŏw
Sonntag	วันอาทิตย์	wan ah-tít

UNTERKUNFT

Wo ist ein/e …?	… อยู่ที่ไหน	… yòo têe năi
Hotel	โรงแรม	rohng raam
Jugendherberge	บ้านเยาวชน	bâhn yow-wá-tschon
Pension	บ้านพัก	bâhn pák
Zeltplatz	ค่ายพักแรม	kâi pák raam
Haben Sie ein … Zimmer?	มีห้อง … ไหม	mi hôrng … măi
Doppelzimmer	เตียงคู่	đi·ang kôo
Einzelzimmer	เดี่ยว	dèe·o
Zweierzimmer	สองเตียง	sŏrng đi·ang

Bad	ห้องน้ำ	hôrng nám
Fenster	หน้าต่าง	nâh đàhng
Klimaanlage	แอร์	aa
Moskitonetz	มุ้ง	múng
Wäscherei	ห้องซักผ้า	hôrng sák pâh

VERKEHRSMITTEL & -WEGE

Öffentliche Verkehrsmittel

Auto	รถเก๋ง	rót gĕng
Boot	เรือ	reu·a
Bus	รถเมล์	rót mair
Fahrradrikscha	สามลอ	săhm lór
Flugzeug	เครื่องบิน	krêu·ang bin
Motorrad	มอร์เตอร์ไซค์	mor-đeu-sai
Taxi	รับจ้าง	ráp jâhng
Túk-Túk	ตุ๊ก ๆ	đúk đúk
Zug	รถไฟ	rót fai

Wann fährt der … Bus?	รถเมล์คัน … มาเมื่อไร	rót mair kan … mah mêu·a rai
erste	แรก	râak
letzte	สุดท้าย	sùt tái
nächste	ต่อไป	đòr bai
Eine … Fahrkarte, bitte.	ขอตั๋ว …	kŏr đŏo·a …
einfache	เที่ยวเดียว	têe·o di·o
Hin- & Rückfahrt	ไปกลับ	bai glàp
Ich hätte gern einen … Platz.	ต้องการที่นั่ง …	đôrng gahn têe nâng …
Gang	ติดทางเดิน	đit tahng deun
Fenster	ติดหน้าต่าง	đit nâh đàhng

Bahnsteig	ชานชาลา	chan-chah-lah
Ticketschalter	ช่องขายตั๋ว	tschôrng kăi đŏo·a
Fahrplan	ตารางเวลา	đah-rahng wair-lah

ZAHLEN

1	หนึ่ง	nèung
2	สอง	sŏrng
3	สาม	săhm
4	สี่	sèe
5	ห้า	hâh
6	หก	hòk
7	เจ็ด	jèt
8	แปด	ɓàat
9	เก้า	gôw
10	สิบ	sìp
11	สิบเอ็ด	sìp-èt
20	ยี่สิบ	yêe-sìp
21	ยี่สิบเอ็ด	yêe-sìp-èt
30	สามสิบ	săhm-sìp
40	สี่สิบ	sèe-sìp
50	ห้าสิบ	hâh-sìp
60	หกสิบ	hòk-sìp
70	เจ็ดสิบ	jèt-sìp
80	แปดสิบ	ɓàat-sìp
90	เก้าสิบ	gôw-sìp
100	หนึ่งร้อย	nèung róy
1000	หนึ่งพัน	nèung pan
10 000	หนึ่งหมื่น	nèung mèun
100 000	หนึ่งแสน	nèung săan
1 000 000	หนึ่งล้าน	nèung láhn

Wann ist die Ankunft in (Chiang Mai)?
ถึง (เชียงใหม่) กี่โมง — tĕung (tschi·ang mài) dschèe mohng

Hält er in (Saraburi)?
รถจอดที่ (สระบุรี) ไหม — rót jòrt têe (sà-rà-bù-ree) măi

Bitte sagen Sie mir Bescheid, wenn wir (Chiang Mai) erreichen.
เมื่อถึง (เชียงใหม่) กรุณาบอกด้วย — mêu·a tĕung (tschi·ang mài) gà-rú-nah bòrk dôo·ay

Ich möchte in (Saraburi) aussteigen.
ขอลงที่(สระบุรี) — kŏr long têe (sà-rà-bù-ree)

Auto- & Radfahren

Ich möchte ein/einen ... mieten.	อยากจะ เช่า ...	yàhk jà tschôw ...
Auto	รถเก๋ง	rót gĕng
Motorrad	รถ มอเตอร์ไซค์	rót mor-ɗeu-sai
Ich möchte ...	ต้องการ ...	dôrng gahn
Mein Rad reparieren lassen.	ซ่อมรถจักรยาน	sôrm rót jàk-gà-yahn
ein Rad leihen.	เช่ารถจักรยาน	tschôw rót dschàk-gà-yahn

Ist dies die Straße nach (Ban Bung Wai)?
ทางนี้ไป (บ้านบุ่งหวาย) ไหม — tahng née ɓai (bâhn bùng wăi) măi

Wo ist eine Tankstelle?
ปั๊มน้ำมันอยู่ที่ไหน — ɓâm nám man yòo têe năi

Kann ich hier parken?
จอดที่นี่ได้ไหม — jòrt têe née dâi măi

Wie lange kann ich hier parken?
จอดที่นี่ได้นานเท่าไร — jòrt têe née dâi nahn tôw-rai

Ich brauche einen Mechaniker.
ต้องการช่างรถ — đôrng gahn tschâhng rót

Ich habe einen Platten.
ยางแบน — yahng baan

Ich habe kein Benzin mehr.
หมดน้ำมัน — mòt nám man

Brauche ich einen Helm?
ต้องใช้หมวกกันน็อกไหม — đôrng tschái mòo·ak gan nórk măi

WEGBESCHREIBUNGEN

Wo ist ...?
... อยู่ที่ไหน — ... yòo têe năi

Wie lautet die Adresse?
ที่อยู่คืออะไร — têe yòo keu à-rai

Könnten Sie das bitte aufschreiben?
เขียนลงให้ได้ไหม — kĕe·an long hâi dâi măi

Können Sie mir (das auf der Karte) zeigen?
ให้ดู (ในแผนที่) ได้ไหม — hâi doo (nai păan têe) dâi măi

Links/rechts abbiegen.
เลี้ยวซ้าย/ขวา — lée·o sái/kwăh

Es ist ...	อยู่ ...	yòo ...
geradeaus	ตรงไป	đrong ɓai
hinter	ที่หลัง	têe lăng
neben	ข้างๆ	kâhng kâhng
vor	ตรงหน้า	đrong nâh

GLOSSAR

ah·hăhn – Essen
ao/ow – Bucht oder Golf

bâhn/ban – Haus oder Dorf
bòht – zentrales Heiligtum oder Kapelle in einem thailändischen Tempel
BTS – Bangkok Mass Transit System (Skytrain)

chedi – Stupa; Monument, in dem Buddha-Reliquien aufbewahrt werden
chow lair/chao leh/chow nám – nomadisches Fischervolk

dhamma – richtiges Verhalten und Wahrheit gemäß der buddhistischen Doktrin

fa·ràng – Ausländer europäischer Abstammung; Guave

ga·teu·i/kathoey – das „dritte Geschlecht" in Thailand; gewöhnlich männliche Transvestiten und Transsexuelle („Ladyboys")
gò – siehe *ko*

hàht/hat – Strand
hôrng/hong – Raum oder Kammer; Inselhöhlen, die zur Hälfte unter Wasser liegen

Isan/ìsăhn – der Nordosten Thailands

jataka – Geschichten aus den früheren Leben des Buddha
jeen – Chinese

kathoey – siehe *ga·teu·i*
khao/kŏw – Hügel oder Berg
klorng/klong/khlong – Kanal
ko/koh/gò – Insel
Khun – Ehrenbezeichnung, die vor dem Vornamen benutzt wird
laem/lăam – Kap

masjid/mátsàyít – Moschee
meu·ang/muang – Stadt
moo·ay tai/muay·thai – Thaiboxen
MRT – Metropolitan Rapid Transit (Metro); die U-Bahn in Bangkok

nám – Wasser oder Saft
nám đòk – Wasserfall
nibbana – Nirvana; das Erlöschen aller Begierden und daher allen Leidens
nóy/noi – klein

ow – siehe *ao*

pak tai/ɓàk đâi – Südthailand
Pali – Sprache, die sich aus dem Sanskrit ableitet, und in der die buddhistischen Schriften verfasst sind
prá/phra – Mönch oder Buddha-Bildnis
prang/ɓrang – Turm im Khmer-Stil auf Tempeln

bàk đâi – Südthailand
ɓèe·pâht/pii-phâat – klassisches Thai-Orchester
ɓrang – siehe *prang*

ráhn goh·ɓêe – Cafés (Südthailand)
Ramakian – thailändische Version des indischen Epos Ramajana
reu·an tăa·ou – ein Langhaus
rót aa – blau-weißer klimatisierter Bus
rót tam·má·dah – gewöhnlicher Bus (ohne Klimaanlage) oder Zug (kein Schnell- oder Expresszug)

săh·lah/sala – überdachter, an den Seiten geöffneter Saal, der für Zusammenkünfte oder als Ruhestätte genutzt wird

săhm·lór – dreirädrige Fahrradrikscha
sangha – die Gemeinde der buddhistischen Mönche; Tempelbewohner (Mönche und Nonnen)
sà·nùk – Spaß
soi – Gasse oder enge Straße
Songkran – thailändisches Neujahr, das Mitte April stattfindet
sŏrng·tăa·ou – Kleinlastwagen mit zwei Bänken hinten, der als Bus oder Taxi dient
SRT – staatliche Eisenbahn Thailands
stupa/chedi – konisch geformtes Monument, das Buddha-Reliquien beherbergt
suttas – Reden des Buddha

talat – siehe *đa·làht*
TAT – staatliche Tourismusbehörde Thailands
tha/tâh – Pier, Bootslandesteg
tâm/tham – Höhle
thànŏn – Straße (in diesem Band Abkürzung „Th")
túk-túk – motorisiertes *săhm·lór*

vipassana – buddhistische Einsichtsmeditation

wâi – thailändische Begrüßungsgeste, Handflächen vor der Brust gegeneinander drücken
wan prá – die buddhistischen heiligen Tage im Monatsverlauf, die sich nach den Mondphasen richten (Vollmond, Neumond, Halbmond)
wang – Palast
wát – Tempel, Kloster
wi·hăhn/wihan – Gegenstück zum *bòht* in thailändischen Tempeln; enthält Buddha-Bildnisse, aber nicht von Sema-Steinen begrenzt

yài – groß

Hinter den Kulissen

WIR FREUEN UNS ÜBER EIN FEEDBACK

Post von Travellern zu bekommen, ist für uns ungemein hilfreich – Kritik und Anregungen halten uns auf dem Laufenden und helfen, unsere Bücher zu verbessern. Unser reiseerfahrenes Team liest alle Zuschriften ganz genau, um zu erfahren, was an unseren Reiseführern gut und was schlecht ist. Wir können solche Post zwar nicht individuell beantworten, aber jedes Feedback wird garantiert schnurstracks an die jeweiligen Autoren weitergeleitet, rechtzeitig vor der nächsten Nachauflage.

Wer Ideen, Erfahrungen und Korrekturhinweise zum Reiseführer mitteilen möchte, hat die Möglichkeit dazu auf **www.lonelyplanet.com/contact/guidebook_feedback/new**. Anmerkungen speziell zur deutschen Ausgabe erreichen uns über **www.lonelyplanet.de/kontakt**.

Hinweis: Da wir Beiträge möglicherweise in Lonely Planet Produkten (Reiseführer, Websites, digitale Medien) veröffentlichen, ggf. auch in gekürzter Form, bitten wir um Mitteilung, falls ein Kommentar nicht veröffentlicht oder ein Name nicht genannt werden soll. Wer Näheres über unsere Datenschutzpolitik wissen will, erfährt das unter www.lonelyplanet.com/privacy.

DANK DER AUTOREN

Damian Harper

Ich danke vor allem dem verstorbenen Neil Bambridge – vielen lieben Dank für alles, mögest du in Frieden ruhen. Außerdem möchte ich mich bei Neils Frau Ratchi, bei Maurice Senseit, bei den freundlichen Mitarbeitern von Nira in Thong Sala, bei Piotr, Gemma, James Horton, George W., Celeste Brash und bei allen anderen bedanken, die mir unterwegs geholfen haben, egal auf welche Weise.

Tim Bewer

Ein herzliches *kòrp jai lăi lăi dêu* all den stets freundlichen Leuten im Isan, die trotz meiner unzähligen Fragen so gut wie immer ihrem Ruf als wohlwollende und gastfreundliche Menschen gerecht wurden; speziell gilt das für Prapaporn Sompakdee (vor allem für ihr Wissen um knusprig gebratenes Schweinefleisch), sowie Julian Wright. Ein besonderer Dank geht an meine Frau Suttawan – für alles.

Austin Bush

Ein großes Dankeschön den für Thailand zuständigen Redakteuren Dora Ball und Clifton Wilkinson! Außerdem danke ich allen Menschen vor Ort in Bangkok und Nordthailand.

David Eimer

Mein Dank gilt meinen Inselmitautoren und dem gesamten Lonely Planet Team in London. Danke Alex und Co. für die Abende in Phuket! Und wie immer danke ich all jenen, die mich mit Infos versorgt haben, ob wissentlich oder unwissentlich.

Andy Symington

Ich wurde bei meiner Arbeit von sehr vielen Leuten – von Taxifahrern genauso wie von den Mitarbeitern in den Besucherzentren – mit großartigen Ratschlägen und auf andere Weise unterstützt. Bei allen möchte ich mich bedanken! Ein besonderer Dank geht zudem an Siriporn Chiangpoon, Ian auf Koh Chang, Maitri in Si Racha, Chayanan in Chanthaburi und an die freundlichen Freiwilligen in Ang Sila.

QUELLENNACHWEIS

Die Klimakartendaten stammen von Peel MC, Finlayson BL & McMahon TA (2007) *Updated World Map of the Köppen-Geiger Climate Classification, Hydrology and Earth System Sciences*, 11, 1633–44.

Abbildungen S. 72, S. 78 von Michael Weldon.

Titelfoto: Railay, Krabi, IakovKalinin/Getty Images ©

ÜBER DIESES BUCH

Dies ist die 2. deutschsprachige Auflage von *Thailand · Inseln & Strände*, basierend auf der 11. englischsprachigen Auflage von *Thailand's Islands & Beaches*, die von Damian Harper, Tim Bewer, Austin Bush, David Eimer und Andy Symington recherchiert und geschrieben wurde. Die vorangegangene Auflage wurde von Mark Beales, Austin Bush, David Eimer, Damian Harper und Isabella Noble geschrieben. Dieser Reiseführer wurde von folgenden Mitarbeitern betreut:

Projektredakteure Dora Ball, Tanya Parker, Clifton Wilkinson

Produktredakteurin Grace Dobell

Leitende Produktredakteurin Kate Chapman

Leitende Kartografin Diana Von Holdt

Layoutdesign Wibowo Rusli

Redaktionsassistenz Judith Bamber, Imogen Bannister, Peter Cruttenden, Melanie Dankel, Andrea Dobbin, Bruce Evans, Victoria Harrison, Jennifer Hattam, Gabrielle Innes, Lou McGregor, Rosie Nicholson, Susan Paterson, Tamara Sheward

Kartografieassistenz Anita Banh, Alison Lyall

Umschlagrecherche Naomi Parker

Dank an Ross Taylor, Rachel Rawling, Kirsten Rawlings, Victoria Smith, Maureen Wheeler, Tracy Whitmey

Register

Verweise auf Karten **000**
Verweise auf Fotos **000**

Verweise auf Karten **000**
Verweise auf Fotos **000**

L

M

Verweise auf Karten **000**
Verweise auf Fotos **000**

Kartenlegende

Sehenswertes

- Strand
- Vogelschutzgebiet
- buddhistisch
- Schloss/Palast
- christlich
- konfuzianisch
- hinduistisch
- islamisch
- jainistisch
- jüdisch
- Denkmal
- Museum/Galerie/historisches Gebäude
- Ruine
- schintoistisch
- sikhistisch
- taoistisch
- Weingut/Weinberg
- Zoo/Tierschutzgebiet
- andere Sehenswürdigkeit

Aktivitäten, Kurse & Touren

- bodysurfen
- tauchen
- Kanu/Kajak fahren
- Kurs/Tour
- Sento-Bad/Onsen
- Ski fahren
- schnorcheln
- surfen
- Schwimmbecken
- wandern
- windsurfen
- andere Aktivität

Schlafen

- Unterkunft
- Camping

Essen

- Lokal

Ausgehen & Nachtleben

- Bar/Kneipe
- Café

Unterhaltung

- Unterhaltung

Shoppen

- Shoppen

Praktisches

- Bank
- Botschaft/Konsulat
- Krankenhaus/Arzt
- Internetzugang
- Polizei
- Post
- Telefon
- Toilette
- Touristeninformation
- andere Einrichtung

Geografisches

- Strand
- Tor
- Hütte/Unterstand
- Leuchtturm
- Aussichtspunkt
- Berg/Vulkan
- Oase
- Park
- Pass
- Picknickplatz
- Wasserfall

Städte

- Hauptstadt (Staat)
- Hauptstadt (Bundesland/Provinz)
- Großstadt
- Kleinstadt/Ort

Verkehrsmittel

- Flughafen
- Grenzübergang
- Bus
- Seilbahn/Gondelbahn
- Fahrrad
- Fähre
- Metro/Muni-Station
- Einschienenbahn
- Parkplatz
- Tankstelle
- U-Bahn/SkyTrain-Station
- Taxi
- Bahnhof/Zug
- Straßenbahn
- U-Bahnhof
- anderes Verkehrsmittel

Achtung: Nicht alle der abgebildeten Symbole werden auf den Karten im Buch verwendet

Verkehrswege

- Mautstraße
- Autobahn
- Hauptstraße
- Landstraße
- Verbindungsstraße
- sonstige Straße
- unbefestigte Straße
- Straße im Bau
- Platz/Promenade
- Treppe
- Tunnel
- Fußgänger-Überführung
- Stadtspaziergang
- Abstecher (Stadtspaziergang)
- Pfad/Wanderweg

Grenzen

- Internationale Grenze
- Bundesstaat/Provinz
- umstrittene Grenze
- Region/Vorort
- Meerespark
- Klippen
- Mauer

Gewässer

- Fluss/Bach
- periodischer Fluss
- Kanal
- Wasser
- Trocken-/Salz-/periodischer See
- Riff

Gebietsformen

- Flughafen/Startbahn
- Strand/Wüste
- Friedhof (christlich)
- Friedhof
- Gletscher
- Watt
- Park/Wald
- Sehenswürdigkeit (Gebäude)
- Sportgelände
- Sumpf/Mangrove